Lexikon Literaturverfilmungen

LEXIKON LITERATUR-VERFILMUNGEN

Verzeichnis deutschsprachiger Filme 1945 - 2000

Zusammengestellt von
Klaus M. Schmidt und Ingrid Schmidt

2., erweiterte und aktualisierte Auflage

Verlag J. B. Metzler
Stuttgart · Weimar

Die Deutsche Bibliothek – CIP-Einheitsaufnahme

Schmidt, Klaus M.:
Lexikon Literaturverfilmungen : Verzeichnis deutschsprachiger Filme 1945 - 2000 /
zsgest. von Klaus M. und Ingrid Schmidt. - 2., erw. und aktualisierte Aufl..
- Stuttgart ; Weimar : Metzler, 2000
ISBN 3-476-01801-6

ISBN 3-476-01801-6

Gedruckt auf säure- und chlorfreiem, alterungsbeständigem Papier.

www.metzlerverlag.de
info@metzlerverlag.de
Einbandgestaltung: Willy Löffelhardt
Druck und Bindung: Franz Spiegel Buch GmbH, Ulm
Printed in Germany
März / 2001

Verlag J.B. Metzler Stuttgart • Weimar

Inhaltsverzeichnis

Einleitung

Mit diesem Lexikon wollen wir ein längst überfälliges Arbeitsinstrument für Literatur- und Medienwissenschaftler, Filmhistoriker und allgemeine Film- und Literaturfans zur Verfügung stellen. Wertungen und Deutungen überlassen wir den Benutzerinnen und Benutzern. Einige Statistiken zum vorliegenden Material sollen die Arbeit weiter erleichtern.

Das Lexikon ist aufgeteilt in vier Indizes: Autorenindex, Index zu den Buchtiteln, Filmtitelindex und Index zu den Regisseurinnen und Regisseuren. Damit ist der *Informationseinstieg von allen Richtungen* her gewährleistet, wobei der Autorenindex die vollständigsten Informationen enthält. Aber auch bei den Indizes zu Buch- und Filmtiteln und zum Verzeichnis der Regisseurinnen und Regisseure wurden die wichtigsten Informationen erhalten, damit ein zu häufiges Rückblättern auf den Autorenindex nicht notwendig ist.

Wie jedes Sammelwerk dieser Art ist auch das vorliegende unvollständig. Dies gilt besonders für die *Daten über Schriftsteller*, die der sogenannten populären oder der Jugend- und Kinderliteratur angehören und deshalb leider nur sporadisch in einschlägigen Literaturlexika und biographischen Nachschlagewerken vorkommen. Hier stießen wir an Grenzen, da weitere Angaben nur sehr schwer zugänglich waren. Trotzdem hielten wir es für außerordentlich wichtig, daß bei einem Nachschlagewerk wie dem unseren keine willkürlichen Grenzen zwischen Werken der sogenannten Hochkultur und der populären Literatur oder der Kinder- und Jugendliteratur gezogen wurden. Im vorliegenden Lexikon sind solche Gattungsunterscheidungen, wenn überhaupt, nur an Genrebezeichnungen wie „Kriminalroman" oder „Kinderbuch" zu erkennen. Weitere Grenzziehungen sollen, wenn sie partout für sinnvoll gehalten werden, dem Benutzer überlassen sein.

Eine systematische Erfassung der Literaturverfilmungen erfolgte für den Zeitraum 1945 – 2000. Allerdings sind die Daten für das Jahr 2000 nicht vollständig, da nur bis zum Sommer dieses Jahres neues Material aufgenommen wurde. Ungefähr 1300 Filme sind gegenüber der ersten Auflage neu dazugekommen, darunter auch Filme aus den Jahren 1945 – 1995. Da viele neue Quellen, vor allem auch Datenbanken aus dem Internet, inzwischen zugänglich geworden sind, ließ sich der bestehende Datenstand erheblich verbessern. Als allgemeines Kriterium für die Aufnahme galt nicht etwa die Beschränkung auf deutschsprachige Filmemacher, Drehbuchschreiber oder Darsteller sondern einzig und allein, ob ein Werk in einem deutschsprachigen Land produziert oder zumindest koproduziert wurde.

Der deutschsprachige Raum beschränkt sich auf die Länder Bundesrepublik Deutschland, ehemalige Deutsche Demokratische Republik, Republik Österreich und Schweiz. Als BRD wird die BRD vor und nach der Wende bezeichnet. Die Bezeichnung

Deutschland (DTL) gilt bis 1948. Autoren der DDR, die sowohl vor als auch nach der Wende publiziert haben, werden sowohl der DDR als auch der BRD zugeordnet. In der neuen Ausgabe taucht zum Beispiel jetzt auch die von Volker Schlöndorff für das amerikanische Fernsehen produzierte Bearbeitung von Arthur Millers *Tod eines Handlungsreisenden* auf, da eine deutsche Produktionsfirma an diesem Projekt beteiligt war.

Gelegentlich haben wir uns auch erlaubt, ein Werk aus der früheren Periode mit aufzunehmen, wenn es dem Informationszusammenhang dient. Dasselbe gilt auch für einige wenige Filme, die im nicht deutschsprachigen Raum produziert wurden. Zum Beispiel wird Luchino Viscontis Verfilmung von Thomas Manns *Tod in Venedig* in unserem Werk aufgeführt, um einen möglichst vollständigen Überblick der Thomas Mann-Verfilmungen zu gewährleisten. Ebenfalls aus Gründen der Vollständigkeit haben wir auch Beispiele von *Literarisierungen* aufgenommen, das sind literarische Bearbeitungen von Filmen, die oft im Zuge der gemeinsamen Vermarktung von Film und Literatur entstanden sind. Neben einigen auf diese Weise entstandenen Kriminalromanen ist eines der bekanntesten Beispiele die Literarisierung von Fassbinders Erfolgsfilm *Die Ehe der Maria Braun* durch Gerhard Zwerenz. Zu erkennen sind solche Literarisierungen an dem späteren Erscheinungsdatum des Buches gegenüber dem Film. Allerdings waren diese Daten nicht immer zuverlässig eruierbar.

Bei Verfilmungen von dramatischer Literatur haben wir uns bemüht, nur solche Produktionen aufzunehmen, die auch speziell als Film konzipiert wurden, also keine Aufzeichnungen von Theaterinszenierungen. Aber auch dabei gibt es Grenzfälle wie etwa die Fernsehaufzeichnung von Fassbinders Theaterinszenierung seiner *Bremer Freiheit* oder die Verfilmung von Gründgens' Faustinszenierung. Im Zweifelsfall wurde eine Produktion eher aufgenommen als weggelassen.

Eine gesonderte Behandlung von Kinofilm- und Fernsehproduktionen haben wir bewußt vermieden, nicht nur weil durch das komplizierte Kooperationssystem zwischen Kinoproduktion und Fernsehen besonders in der BRD die Grenzen oft fließend sind, sondern weil damit ebenfalls der Gesamtüberblick etwa in bezug auf Autoren, Regisseure, Bearbeitung bestimmter Titel, etc. verlorengegangen wäre. Dennoch ist im Hauptindex zu den Autorinnen und Autoren jede Verfilmung, sofern die Information zugänglich war, als *Kino- oder Fernsehfilm* gekennzeichnet.

Neben der allgemeinen alphabetischen Ordnung gilt für jeden einzelnen Lexikonartikel die chronologische Reihung. *Autorenteams* und deren *Lebensdaten*, sind gemeinsam in alphabetischer Ordnung aufgeführt. Wir haben uns bemüht, bei ausländischer Literatur auf die *Originaltitel* in transkribierter Form zurückzugehen, was besonders bei kleineren Erzählungen nicht immer möglich war. Stand nur der deutsche Buchtitel zur Verfügung, so wird dieser in Klammern aufgeführt. Bei einigen Verfilmungen konnte kein literarischer Titel mehr ermittelt werden. In den meisten Fällen ergab sich aber zumindest ein Hinweis auf das verfilmte literarische Genre.

Genrebezeichnungen wurden nach Möglichkeit vereinheitlicht. So wurden Bezeichnungen wie „Lustspiel", „Schwank", „Farce", etc. unter der Rubrik „Komödie“ vereinheitlicht. Auch Verfilmungen von Opern und Operetten wurden in das Lexikon aufgenommen, wenn die Angaben auch nicht immer deutlich nach Verfasser von Libretto und Komponist getrennt sind. Eine erhebliche Erweiterung gegenüber der ersten Auflage erfolgte für diese Genres, wenn sie eigens für den Film oder das Fernsehen inszeniert wurden. Die *Titel der Vorlage* sind, wenn zugänglich, in der Originalsprache zitiert, und die deutschen Übersetzungen wurden in Klammern gesetzt. Häufig konnten die Titel der deutschen Übersetzung nicht durch bibliographische Datenbanken bestätigt werden, wenn auch die Quelle für den Film z.B. sagt, „nach gleichnamigem Roman“.

Erscheinungsdaten beziehen sich bei Literaturtiteln auf die Erstpublikation, bei Filmen auf die Spielzeiteröffnung im Kino oder auf die Erstsendung. Allerdings waren diese Daten nicht immer zuverlässig zu erbringen, da viele Quellen oft willkürlich die Kriterien Produktionsabschluß und Erstaufführung vermischen.

Bei Regisseurinnen und Regisseuren haben wir auf die Angaben von Herkunftsland und Lebensdaten verzichtet, da für Regisseurinnen und Regisseure, die überwiegend fürs Kino gearbeitet haben, diese Information leicht den einschlägigen Filmlexika entnommen werden können. Bei reinen Fernsehregisseuren und Fernsehregisseurinnen stehen, wo immer möglich, *Informationen zum Herkunftsland* und der Sendeanstalt der jeweiligen Fernsehproduktion zur Verfügung.

Das vorliegende Werk ist das Ergebnis langjähriger Sammelarbeit aus Archiven, Nachschlagewerken und Zeitschriften. Besonderer Dank sei Herrn Joachim Kländer vom Rundfunk- und Fernseharchiv in Frankfurt für die Benutzung der Originalunterlagen ausgesprochen, sowie Herrn Gunther Scholz, mit dessen Hilfe uns zusätzliche Daten der DEFA zur Verfügung gestellt wurden.

Die Sammelarbeit zu diesem Lexikon erfolgte mit Hilfe einer elektronischen Datenbank, wodurch eine rasche Sortierung und Indizierung des Materials möglich wurde. Für die revidierte und erweiterte Auflage wurde eine neue Datenbank mit Web-Oberfläche geschaffen, wofür Herr Werner Dietl, Salzburg, verantwortlich zeichnet. Damit wurde es möglich, Inkonsistenzen, Duplizierungen und andere Fehler, effektiver zu eliminieren als durch herkömmliches Durchlesen von Korrekturfahnen. Die endgültige Form der Druckvorlage wurde direkt über die Web-Oberfläche als Datenbankreport mit zwischengeschalteter LaTeX-Verarbeitung erstellt.

Statistischer Überblick

Anzahl der Produktionen von Literaturverfilmungen

1940 – 1949	66
1950 – 1959	951
1960 – 1969	1400
1970 – 1979	1070
1980 – 1989	1152
1990 – 1999	598
2000 –	19
ohne Datum	13
Kinoproduktionen	1690
Fernsehproduktionen	3568
Insgesamt erfaßt	**5265**

Produktionen nach Herkunftsländern

Bundesrepublik Deutschland	3406
ehemalige Deutsche Demokratische Republik	712
Österreich	339
Schweiz	96
Deutschland vor 1945	18
nicht deutschsprachig	694

Koproduktionen nach Herkunftsländern

Bundesrepublik Deutschland	494
Österreich	124
Schweiz	49
ehemalige Deutsche Demokratische Republik	16
Deutschland vor 1945	1

Verfilmungen nach Herkunftsland und Sprachraum der literarischen Vorlage

Vorwiegend deutschsprachiger Raum

Bundesrepublik Deutschland	1230
Deutschland vor 1945	1079
Österreich	701
ehemalige Deutsche Demokratische Republik	443
Schweiz	196
Insgesamt	**3649**

Vorwiegend englischsprachiger Raum

Großbritannien	489
Vereinigte Staaten von Amerika	348
Irland	63
Canada	6
Australien	6
ehem. Rhodesien	1
Insgesamt	**913**

Romanischer Sprachraum

Frankreich	435
Italien	81
Spanien	30
Belgien	29
Argentinien	11
Griechenland (antik)	10
Rumänien	4
Chile	4
Brasilien	2
Columbien	2
Uruguay	2
Griechenland (modern)	1
Portugal	1
Equador	1
Insgesamt	**613**

Slavischer Sprachraum

Rußland (vor 1917 und heutiges)	94
Sowjetunion	68
ehem. Tschechoslowakei	61
Polen	42
ehem. u. heutiges Jugoslawien	3
Ukraine	3
Bulgarien	1
Litauen	1
Tschechische Republik	1
Insgesamt	**274**

Skandinavischer und niederländischer Sprachraum

Schweden	51
Dänemark	43
Norwegen	26
Niederlande	12
Island	4
Insgesamt	**136**

Sonstige Sprachräume

Ungarn	70
Israel	16
Türkei	6
Finnland	2
Japan	2
Indien	1
Marokko	1
Syrien	1
Insgesamt	**99**

Ohne Angabe	**0**

Verfilmungen nach literarischen Genres

Epische Formen

Roman	1537
Erzählung	845
Autobiographie	31
Bericht	27
Biographie	15
Texte	15
Comic	14
Tagebuch	13
Bildergeschichte	8
Reportage	8
Briefe	8
Epos	7
Sachbuch	6
Essay	5
Volksbuch	3
Chronik	2
Dokumente	1
Fabel	1
Insgesamt	**2546**

Dramatische Formen

Schauspiel	995
Komödie	730
Oper	83
Hörspiel	75
Operette	52
Musikkomödie	28
Volksstück	11
Monolog	9
Szenario	9
Dialog	7
Märchenspiel	7
Musikspiel	5
Musical	2
Schattenspiel	1
Szenen	1
Insgesamt	**2015**

Lyrische Formen

Gedicht	10
Ballade	3
Insgesamt	**13**

Kinder- und Jugendliteratur

Märchen	147
Kinderbuch	72
Jugendbuch	44
Jugendroman	39
Kindererzählung	30
Kinderroman	23
Jugenderzählung	12
Märchenspiel	7
Kinderstück	4
Jugendstück	4
Jugendhörspiel	2
Kinderkomödie	1
Insgesamt	**385**

Kriminalliteratur

Kriminalroman	296
Kriminalstück	36
Kriminalkomödie	25
Kriminalerzählung	25
Insgesamt	**382**

Ohne Angabe	**0**

Abkürzungen von Ländernamen

ARG = Argentinien
AUST = Österreich
AUSTRAL = Australien
BELG = Belgien
BRAS = Brasilien
BRD = Bundesrepublik Deutschland
BULG = Bulgarien
CAN = Canada
CH = Schweiz
CHIL = Chile
COL = Columbien
CSR = ehem. Tschechoslowakei
CZ = Tschechische Republik
DDR = ehemalige Deutsche Demokratische Republik
DK = Dänemark
DTL = Deutschland vor 1945
EQU = Equador
ESP = Spanien
FIN = Finnland
FR = Frankreich
GB = Großbritannien
GR = Griechenland (antik)
HEL = Griechenland (modern)
HU = Ungarn
IND = Indien
IRL = Irland
ISL = Island
ISR = Israel
IT = Italien
JAP = Japan
JUG = ehem. u. heutiges Jugoslawien
LIE = Liechtenstein
LIT = Litauen
LUX = Luxemburg
MAR = Marokko
NL = Niederlande
NOR = Norwegen
PL = Polen
PORT = Portugal
RHOD = ehem. Rhodesien
RU = Rumänien
RUS = Rußland (vor 1917 und heutiges)
SLO = Slowakische Republik
SU = Sowjetunion
SVE = Schweden
SYR = Syrien
TUR = Türkei
UKR = Ukraine
URUG = Uruguay
USA = Vereinigte Staaten von Amerika

Sonstige Abkürzungen:

A = Autor
BT = Buchtitel
DB = Drehbuch
FT = Filmtitel
KF = Kinofilm
R = Regisseur
TV = Fernsehfilm

Bemerkungen zur Statistik

Bei der Auswertung dieser Statistik muß Folgendes berücksichtigt werden:

1. Einige Filme vor 1940, die aus Gründen des Informationszusammenhangs mit aufgenommen wurden, erscheinen nicht in der Aufschlüsselung nach Jahrzehnten.
2. Bei den Produktionen und Koproduktionen nach Herkunftsländern sind nur solche statistisch erfaßt, die von deutschsprachigen Ländern ausgingen.
3. Da viele Autoren mehr als einem Land zugeordnet wurden (z.B. DDR und BRD), ergeben sich Doppelzählungen.
4. Auch bei den Genres treten einige Doppelzählungen auf, wenn etwa eine Verfilmung auf einem Schauspiel beruht, das wiederum die dramatische Bearbeitung eines Romans ist.
5. Die Anzahl der verfilmten Bücher ist **4526**.

Erklärungen zum Autorenregister

Bouchaud, Jean =
Weder Herkunftsland noch Daten des Autors bekannt

Beckmann, Heinz (DDR) =
Lebensdaten des Autors nicht bekannt

Böll, Heinrich (BRD 1917–1985) =
Autor mit Herkunftsland und Lebensdaten

Aitmatov, Dshingis (SU 1928–) =
Nur Geburtsjahr bekannt

Kräly, Hans (BRD –1950) =
Nur Todesjahr bekannt

Sjöwall, Mal (SVE 1935–) & **Wahlöö, Per** (SVE 1926–1975) =
Autorenteam mit vollständigen Lebensdaten

Charpentier, Jules (= Josef & Berta Engelsberger) =
Name ist Pseudonym, richtiger Name in Klammern

Bowles, Paul (1910–1999) (Erzählung) (basiert auf mehreren Erzählungen) =
Nur Genre bekannt, mehrere Titel in einem Film

Harvey (1945) (*Mein Freund Harvey* 1950) =
Originaltitel und Titel der deutschen Übersetzung mit Erscheinungsjahr

A Coffin from Hongkong (1963) (dt. 1963) =
Originaltitel mit Erscheinungsjahr, Titel der deutschen Übersetzung nicht bekannt, aber Erscheinungsjahr

Hét pofon (*Sieben Ohrfeigen* 1962) =
Nur das Erscheinungsjahr der Übersetzung bekannt

(*Die Grenzziehung* 1981) (in Ges. Werke 1981) =
Nur deutscher Titel bekannt, erschienen innerhalb der gesammelten Werke

Wir sind Utopia (1943) (> *Gottes Utopia* (Schauspiel) (1950)) (Roman) =
Ursprünglich Roman, erschien später als Schauspiel unter neuem Titel

Die Feuerzangenbowle (1935) (Roman) (> Komödie 1938) =
Ursprünglich als Roman, später als Komödie erschienen

Der Prozeß der Jeanne d'Arc zu Rouen (1431) (< nach Seghers) =
Buch basiert auf einem Buch von anderem/r Autor/in

Look homeward, Angel (1929) (*Schau heimwärts Engel* 1932) (Schauspiel/Roman) (Roman von Thomas Wolfe 1929, Schauspiel von Ketti Frings 1958) =
Erschien zuerst als Roman von Th. Wolfe, dann als Schauspiel von K. Frings

Hoffman (1969) (*Shall I Eat You Now?*) =
Englische Ausgabe unter anderem Titel

A la recherche du temps perdu (1913) (Roman) (Kapitel aus dem Roman) =
Ein Kapitel aus dem Roman verfilmt

Die Räuber (1781) (Schauspiel) (nach Motiven) =
Freie Bearbeitung nach Motiven des Werkes

Hochzeitsreise (Schauspiel) R: Glück, Wolfgang =
Buchtitel und Genre bekannt, aber kein Erscheinungsjahr

Herr Korbes empfängt (1957) (Komödie<Hörspiel) =
Erschien zuerst als Hörspiel

Ende der Anfrage (1967) (Essay) (< Dokumentarbericht) (> Hörspiel) =
Erschien zuerst als Dokumentarbericht, dann als Hörspiel und Essay

FT: Das Boot (1981); KF/TV: BRD/ARD =
Sowohl als Kinofilm als auch als Fernsehfilm erschienen

FT: Bolwieser (1976/77) 2 Teile (1983); KF/FF: BRD/Bavaria/ZDF =
Erschien zuerst als 2-teiliger Fernsehfilm, dann als Kinofilm

Autoren und Autorinnen

Abbott, George (USA 1889–1995) & **Holm, John C.** (USA 1904–)
Three Men on a Horse (1935) (*Drei Mann auf einem Pferd* 1947) (Komödie) R: Meisel, Kurt; DB: Kampendonk, Gustav; FT: Drei Mann auf einem Pferd (1957); KF: BRD
Three Men on a Horse (1935) (*Drei Mann auf einem Pferd* 1947) (Komödie) R: Moszkowicz, Imo; FT: Drei Mann auf einem Pferd (1978); TV: BRD/ARD

Abraham, Paul (DTL 1892–1960)
Die Blume von Hawaii (1931) (Operette) R: Cziffra, Géza von; DB: Cziffra, Géza von; FT: Die Blume von Hawaii (1953); KF: BRD
Viktoria und ihr Husar (1930) (Operette) R: Schündler, Rudolf; DB: Eis, Egon; Marischka, Franz; FT: Viktoria und ihr Husar (1954); KF: BRD

Abraham, Paul (DTL 1892–1960) & **Grünwald, Alfred** (AUST 1884–1951)
Ball im Savoy (1933) (Operette) R: Martin, Paul; DB: Löhner-Beda, Fritz; Martin, Paul; Tassié, Franz; FT: Ball im Savoy (1955); KF: BRD/Central-Europa Film

Abraham, Peter (DDR 1936–)
Ein Kolumbus auf der Havel (1975) (Kinderbuch) R: Kratzert, Hans; FT: Ein Kolumbus auf der Havel (1978); TV: DDR
Komm mit mir nach Chicago (1979) (Erzählung) R: Fürneisen, Bodo; DB: Abraham, Peter; FT: Komm mit mir nach Chicago (1982); TV: DDR
Pianke (1981) (Kinderbuch) R: Friedrich, Gunter; DB: Abraham, Peter; Friedrich, Gunter; FT: Pianke (1982); TV: DDR
Die Schüsse der Arche Noah (1970) (Roman) R: Schlegel, Egon; DB: Mehnert, Günter; Schlegel, Egon; FT: Die Schüsse der Arche Noah (1983); KF: DDR/DEFA
Das Schulgespenst (1978) (Kinderbuch) R: Losansky, Rolf; FT: Das Schulgespenst (1987); KF: DDR/DEFA

Abramow-Newerly, Jaroslav (PL)
Klik-Klak (1975) (Schauspiel) R: Haaf, Wilm ten; FT: Kornelia (1984); TV: BRD/ARD/BR

Abse, Dannie (GB 1923–)
The Eccentric (1961) (Schauspiel) R: Overhoff, Gerhard; FT: Ein komplizierter Mensch (1962); TV: BRD/ARD/SWF

Abshagen, Karl Heinz (BRD 1895–)
Canaris: Patriot und Weltbürger (1950) (Biographie) R: Weidenmann, Alfred; DB: Reinecker, Herbert (= Berg, Alex); FT: Canaris (1954); KF: BRD/f.a.mainz film

Achard, Marcel (FR 1899–1974)
Voulez vous jouer avec moi? (1924) (dt. 1925) (Schauspiel) R: Wall, Marcel; DB: Wall, Marcel; FT: Darf ich mitspielen? Ein Zirkusspiel (1958); TV: BRD/ARD/SWF
La belle marinière. La vie est belle (1930) (Schauspiel) R: Jugert, Rudolf; FT: Zeit des Glücks (1961); TV: BRD/ARD/BR
L'idiote (1960) (Komödie) R: Kolman, Trude; FT: Die aufrichtige Lügnerin (1968); TV: BRD/ARD/BR
L'idiote (1960) (Komödie) R: Klingenberg, Gerhard; FT: Die aufrichtige Lügnerin (1989); TV: BRD/ARD/HR

Addamo, Sebastiano (IT 1925–)
(*Morgens ging er aus dem Haus*) (Kriminalstück) R: Hausdorf, Rainer; DB: Enders, Horst; FT: Nicht nur zur Weihnachtszeit (1978); TV: DDR/DDR1

Aderhold, Egon (DDR)
Rike (1985) (Kinderroman) R: Hattop, Karola; DB: Aderhold, Egon; FT: Rike (1989); TV: DDR/DDR2

Adler, Hans (BRD 1880–1957) & **Steinbrecher, Alexander** (AUST 1910–1982)
Meine Nichte Susanne (1948) (Musikkomödie) R: Liebeneiner, Wolfgang; DB: Liebeneiner, Wolfgang; FT: Meine Nichte Susanne (1949); KF: BRD

Adlon, Hedda (BRD)
Hotel Adlon; das Haus, in dem die Welt zu Gast war (1955) (Autobiographie) R: Baky, Josef von; DB: Burri, Emil; Simmel, Johannes Mario; FT: Hotel Adlon (1955); KF: BRD/CCC Filmkunst GmbH

Adrien, Philippe (FR 1939–)
La Baye (1967) (Schauspiel) R: Peymann, Claus; FT: Sonntags am Meer (1970); TV: BRD/ARD/WDR

Agaoglu, Adalet (TUR 1929–)
(Roman) R: Okan, Bay; DB: Okan, Bay; FT: Mercedes mon amour (1995); KF: BRD/CH/FR/TUR/Manfilm/DRS/L'européen/CNC/Evren Film

Ahlsen, Leopold (BRD 1927–)
Philemon und Baukis (1956) (> Die Bäume stehen draußen) (Schauspiel) R: Völger, Werner; FT: Philemon und Baucis (1956); TV: BRD/ARD/SDR
Philemon und Baukis (1956) (> Die Bäume stehen draußen) (Schauspiel) R: Zbonek, Edwin; DB: Fentsch, Erna; FT: Am Galgen hängt die Liebe (1960); KF: BRD
Alle Macht der Erde (1961) (Hörspiel) R: Everding, August; DB: Everding, August; Pigge, Helmut; FT: Alle Macht der Erde (1962); TV: BRD/ARD/SR
Sie werden sterben, Sire (1964) (Schauspiel) R: Moszkowicz, Imo; DB: Ahlsen, Leopold; FT: Sie werden sterben, Sire (1964); TV: BRD/ARD/WDR

Aischylos (GR 524–455 v.C.)
Die Perser (472 v.C.) (Schauspiel) R: Lietzau, Hans; FT: Die Perser (1961); TV: BRD/ARD/SFB
Orestie (458 v.C.) (Schauspiel) R: Wild, Franz Josef; FT: Die Orestie (1966); TV: BRD/ARD/BR

Aitmatov, Cingiz T. (SU 1928–)
Dzamilja (1958) (*Dshamilja* 1962) (Erzählung) R: Veth, Kurt; FT: Dzamilja (1975); TV: DDR
Dzamilja (1958) (*Dshamilja* 1962) (Erzählung) R: Teuber, Monica; DB: McGee, Christopher; Rothman, Ruth; FT: Jamila (1994); KF: BRD/GB

Alarcón y Ariza, Pedro Antonio de (ESP 1833–1891)
El sombrero de tres picos (1874) (dt. 1886) (Erzählung) R: Erler, Rainer; DB: Oelschlegel, Gerd; FT: Der Dreispitz (1967); TV: BRD/ARD/WDR
El clavo (*Der Nagel*) (Erzählung) R: Döpke, Oswald; DB: Ajuèn, El d'; Klante, Diethard; FT: Der Nagel (1970); TV: BRD/ZDF

Alazraki, Bernard (FR)
Divorce à la française (*Scheidung auf französisch* 1978) (Schauspiel) R: Spier, Wolfgang; FT: Scheidung auf französisch (1980); TV: BRD/ZDF

Albaret, Céleste (FR 1891–1984)
Monsieur Proust. Souvenirs recueillis par Georges Belmont (1973) (*Monsieur Proust. Céleste Albaret. Aufgezeichnet von Georges Belmont.* 1974) (Autobiographie) R: Adlon, Percy; DB: Adlon, Percy; FT: Céleste (1981); KF: BRD/Pelemele/ARD/BR

Albee, Edward (USA 1928–)
Everything in the Garden (1968) (Schauspiel) R: Loebner, Vera; FT: Alles im Garten (1979); TV: DDR

Albert, Eugen d' (DTL 1864–1932) & **Guimerá, Angel** (ESP 1845–1924) & **Lothar, Rudolf** (HU 1865–1943)
Tierra Baja (1903) (*Tiefland* 1904) (Oper) R: Riefenstahl, Leni; DB: Riefenstahl, Leni; FT: Tiefland (1954); KF: BRD/Riefenstahl-Film der Tobis
Tierra Baja (1903) (*Tiefland* 1904) (Oper) R: Kelch, Werner; FT: Tiefland (1964); TV: BRD/ZDF

Alcoforado, Mariana (PORT 1640–1723)
Cartas de amor de la monja portuguesa (1696) (*Liebesbriefe eine portugiesischen Nonne* 1913) (Briefe) R: Franco, Jess; DB: Dietrich, Erwin C. (= Thomas, Michael; Gregor, Frank); FT: Liebesbriefe einer portugiesischen Nonne (1976); KF: BRD/Ascot Film GmbH & Co./Cinemec Zweite Produktions KG/Elite Film

Alexander, Patrick (BRD 1926–)
Der Verdammte (1957) (Schauspiel) R: Bublitz, Hans Waldemar; DB: Alexander, Patrick; FT: Der Verdammte (1957); TV: BRD/ARD/SFB

Alexis, Willibald (= Häring, Georg Wilhelm Heinrich) (DTL 1798–1871)
Die Hosen des Herrn von Bredow (1846) (Roman) R: Petzold, Konrad; DB: Kaltofen, Günter; Petzold, Konrad; FT: Die Hosen des Ritters von Bredow (1973); KF: DDR/DEFA

Allan, A.J. (GB)
(Kriminalerzählung) R: Hess, Joachim; FT: Abenteuer in Norfolk. Eine mystische Kriminalgeschichte (1961); TV: BRD/ARD/NDR

Allende, Isabel (CHIL 1942–)
La casa de los espíritus (1982) (*Das Geisterhaus* 1984) (Roman) R: August, Bille; DB: August, Bille; FT: Das Geisterhaus (1993); KF: BRD/DK/PORT/USA/Neue Constantin - House of Spirits Films/Costa do Castelo Filmes

Alsberg, Max (DTL 1877–1933) & **Hesse, Otto Ernst** (DTL 1891–1946)
Voruntersuchung (1930) (Schauspiel) R: Hess, Joachim; DB: Ebermayer, Erich; FT: Die Voruntersuchung (1967); TV: BRD/ARD/SWF

Altendorf, Wolfgang (BRD 1921–)
Schleuse (1957) (Schauspiel) R: Elsner, Reinhard; FT: Schleuse (1958); TV: BRD/ARD/SFB

Der Transport (1959) (Roman) R: Roland, Jürgen; DB: Mansfeld, Michael; Rameau, Paul H.; Wuttig, Heinz Oskar; FT: Der Transport (1961); KF: BRD/Fono Film

Altkirch, Ferdinand (AUST)

(Roman) R: Cziffra, Géza von; DB: Kampendonk, Gustav; FT: So ein Millionär hat's schwer (1958); KF: AUST/Österreichische Film GmbH (ÖFA)

Altkirch, Ferdinand (AUST) & **Bibo, Günther** (AUST) & **Rosen, Willy** (AUST)

Man braucht kein Geld (1932) (Operette) (nach der Komödie von Altkirch; Musik von Rosen) R: Böse, Carl; DB: Flatow, Curth; Paulsen, Peter; FT: Der Onkel aus Amerika (1952); KF: BRD/CCC Filmkunst GmbH

Amanshauser, Gerhard (AUST 1928–)

Schloß mit späten Gästen (1975) (Roman) R: Hawlik, Alois; DB: Amanshauser, Gerhard; FT: Schloß mit späten Gästen (1982); TV: AUST/ORF

Ambesser, Axel von (BRD 1910–1988)

Wie führe ich eine Ehe? (1940) (Komödie) R: Tannert, Hannes; DB: Tannert, Hannes; FT: Wie führe ich eine Ehe? (1956); TV: BRD/ARD/SWF

Das Abgründige in Herrn Gerstenberg (1946) (Komödie) R: Ambesser, Axel von; DB: Ambesser, Axel von; FT: Das Abgründige in Herrn Gerstenberg (1966); TV: BRD/ZDF

Die Totenehrung (Erzählung) R: Davy, Walter; FT: Der Vorhang fällt (1986); TV: AUST/ORF2

Ambler, Eric (GB 1909–1998)

A Kind of Anger (1964) (*Eine Art von Zorn* 1975) (Kriminalroman) R: Edel, Ulrich; DB: Edel, Ulrich; FT: Eine Art von Zorn (1984); TV: BRD/ZDF

Amery, Carl (BRD 1922–)

Ich stehe zur Verfügung (1967) (Schauspiel) R: Koch, Heinrich; DB: Amery, Carl; FT: Ich stehe zur Verfügung (1968); TV: BRD/ARD/HR

Ammer, Peter (BRD)

(Roman) R: Albin, Hans; DB: Billian, Hans; FT: Pudelnackt in Oberbayern (1968); KF: BRD

Amstein, Jürg (CH) & **Burkhard, Paul** (CH 1911–1977) & **Charell, Erik** (CH) & **Sautter, Emil** (CH 1889–)

Das Feuerwerk (1949) (Musikkomödie) R: Hoffmann, Kurt; DB: Lützkendorf, Felix; Neumann, Günter; Witt, Herbert; FT: Feuerwerk (1954); KF: BRD/NDF Prod.

Anar (SU 1938–)

(Erzählung) R: Hildebrandt, Hans-Joachim; DB: Ebeling, Wolfgang; FT: Verzeihung, hab' ich sie geweckt? (1988); TV: DDR/DDR1

Anderland, Raoul (= Rein, Rolf Dieter) (BRD)

Verrat ist kein Gesellschaftsspiel (1969) (Kriminalroman) R: Staudte, Wolfgang; FT: Verrat ist kein Gesellschaftsspiel (1972); TV: BRD/ZDF

Andersch, Alfred (BRD 1914–1980)

Biologie und Tennis (1961) (Hörspiel) R: Kehlmann, Michael; DB: Krapp, Helmut; FT: Biologie und Tennis (1958); TV: BRD/ARD/HR

Sansibar oder Der letzte Grund (1957) (Roman) R: Wolffhardt, Rainer; DB: Ahlsen, Leopold; FT: Sansibar (1961); TV: BRD/ARD/SDR

Die Rote (1960) (Roman) (Neufassung 1972) R: Käutner, Helmut; DB: Andersch, Alfred; Käutner, Helmut; FT: Die Rote (1962); KF: BRD/IT

Winterspelt (1974) (Roman) R: Fechner, Eberhard; DB: Fechner, Eberhard; FT: Winterspelt 1944 (1978); KF: BRD/Ullstein AV/Sunny Point/ARD/SFB/HR

Sansibar oder Der letzte Grund (1957) (Roman) R: Wicki, Bernhard; FT: Sansibar oder Der letzte Grund (1987); TV: BRD/ARD/WDR

Der Vater eines Mörders (1980) (Roman) R: Caspari, Carlheinz; FT: Der Vater eines Mörders (1987); TV: BRD/ZDF

Andersen, Hans Christian (DK 1805–1875)

Svinedrenegen (*Der Schweinehirt*) (Märchen) R: Fredersdorf, Herbert B.; DB: Fredersdorf, Herbert B.; Surmann, Emil; FT: Die Prinzessin und der Schweinehirt (1953); KF: BRD

(*Das Feuerzeug*) (Märchen) R: Hartmann, Siegfried; DB: Hartmann, Siegfried; Kocialek, Anneliese; Rodrian, Fred; FT: Das Feuerzeug (1959); KF: DDR/DEFA

Kejserens nye klaeder (*Des Kaisers neue Kleider*) (Märchen) R: Schäfer, Harald; DB: Groß-Denker, Annemarie; FT: Des Kaisers neue Kleider (1962); TV: BRD/ARD/HR

(Märchen) R: Batta, Ernst; FT: Wenn man will ... (1964); TV: BRD/ARD/WDR

Svinedrenegen (*Der Schweinehirt*) (Märchen) R: Leupschitz, Florian; DB: Richter, Gerd; FT: Die Prinzessin und der Schweinehirt (1970); TV: AUST/ORF

(*Der kleine und der große Klaus*) (Märchen) R: Bleiweiß, Celino; DB: Küchenmeister, Claus; Küchenmeister, Wera; FT: Der kleine und der große Klaus (1971); TV: DDR/DFF

Prindsessen på aerten (*Die Prinzessin auf der Erbse*) (Märchen) R: Kögel, Heinz; DB: Schmidt-Behrens, Friedrich; FT: Die Prinzessin auf der Erbse (1975); TV: DDR

Svinedrenegen (*Der Schweinehirt*) (Märchen) R: Ehrlich, Harry; DB: Ensikat, Peter; FT: Die Prinzessin und der Schweinehirt (1975); TV: DDR

Kejserens nye klaeder (*Des Kaisers neue Kleider*) (Märchen) R: Brüggemann, Erika; FT: Des Kaisers neue Kleider (1978); TV: CH

Lille pige med svovlstikkerne (*Das Mädchen mit den Schwefelhölzchen*) (Märchen) R: Hechelmann, Friedrich; Weißflog, Peter; FT: Ein Weihnachtstraum (1984); TV: BRD/ARD/SDR

Kejserens nye klaeder (*Des Kaisers neue Kleider*) (Märchen) R: Hoflehner, Johannes; DB: Hoflehner, Johannes; FT: Des Kaisers neue Kleider (1987); TV: AUST/ORF1

(*Tölpelhans*) (Märchen) R: Schwarz, Bodo; DB: Hürtgen, Joachim; FT: Tölpelhans (1989); TV: DDR/DDR2

(Märchen) R: Ráza, Ludvíc; DB: Ráza, Ludvík; Schulz, Michael; FT: Der Reisekamerad (1990); TV: BRD/CSR/FR/IT/AUST/FR/Omnia/ZDF/Slovenski/RAI/Due/TVE/Films du sabre/FR3

Kejserens nye klaeder (*Des Kaisers neue Kleider*) (Märchen) R: Herz, Juraj; DB: Fiedler, Bernd; FT: Des Kaisers neue Kleider (1993); TV: BRD/Omnia/ZDF/TVE

Andersen, Lale (BRD 1910–1972)

Der Himmel hat viele Farben (1974) (Autobiographie/Roman) R: Fassbinder, Rainer Werner; DB: Fassbinder, Rainer Werner; Purzer, Manfred; FT: Lili Marleen (1981); KF: BRD/Roxy/CIP/Rialto

Andersen Nexø, Martin (DK 1869–1954)

Lotterisvensken (1919) (Erzählung) R: Kunert, Joachim; DB: Gerlach, Jens; Kunert, Joachim; FT: Der Lotterieschwede (1958); KF: DDR/DEFA

Pelle erobreren (1906) (*Pelle der Eroberer* 1912) (Roman) R: Steinke, Christian; DB: Kaltofen, Günter; FT: Pelle, der Eroberer (1984/85); KF: DDR/DEFA

Anderson, Maxwell (USA 1888–1959)

Joan of Lorraine (1947) (*Johanna von Lothringen* 1953) (Schauspiel) R: Kehlmann, Michael; FT: Johanna von Lothringen (1959); TV: BRD/ARD/BR

Anderson, Robert (USA 1917–)

Tea and Sympathy (1953) (dt. 1955) (Schauspiel) R: Kolman, Trude; FT: Tee und etwas Sympathie (1967); TV: BRD/ARD/BR

Andreas, Fred (BRD 1898–)

Das Gesetz der Liebe (1936) (Roman) R: Schweikart, Hans; DB: Salomon, Ernst von; FT: Das Gesetz der Liebe (1949); KF: BRD/Bavaria

Der Mann, der zweimal leben wollte (1932) (Roman) R: Tourjansky, Viktor; DB: Braun, Harald; Pauck, Heinz; FT: Der Mann, der zweimal leben wollte (1950); KF: BRD

Die Hexe (1952) (Roman) R: Ucicky, Gustav; DB: Burri, Emil; Simmel, Johannes Mario; Uzicky, Gustav; FT: Die Hexe (1954); KF: BRD

Andreev, Leonid N. (RUS 1871–1919)

(*Finsternis*) (Erzählung) R: Wirth, Franz Peter; DB: Kohout, Pavel; FT: Roulette (1977); TV: BRD

Andres, Stefan (BRD 1906–1970)

Wir sind Utopia (1943) (> Gottes Utopia (Schauspiel) (1950)) (Roman) R: Wild, Franz Josef; FT: Gottes Utopia (1955); TV: BRD/ARD/BR

El Greco malt den Großinquisitor (1936) (Erzählung) R: Barabás, Stanislav; FT: El Greco malt den Großinquisitor (1976); TV: BRD/ZDF

Wir sind Utopia (1943) (> Gottes Utopia (Schauspiel) (1950)) (Roman) R: Barabás, Stanislav; FT: Wir sind Utopia (1976); TV: BRD/ZDF

Wir sind Utopia (1943) (> Gottes Utopia (Schauspiel) (1950)) (Roman) R: Damek, Dagmar; DB: Damek, Dagmar; FT: Wir sind Utopia (1987); TV: BRD/ZDF

Andresen, Thomas (= Christ, Martin) (BRD 1934–)

(Roman) R: Barabás, Stanislav; DB: Barabás, Stanislav; Carle, Heinrich; FT: Tödlicher Ausgang (1979); TV: BRD/ZDF

Andric, Ivo (JUG 1892–1975)

Gospojdica (1945) (*Das Fräulein*) (Roman) R: Jasny, Vojtech; DB: Ahlsen, Leopold; FT: Das Fräulein (1980); TV: BRD/CH/ARD/DRS

Andrzejewski, Jerzy (PL 1909–1983)

Intermezzo i inne opowiadania (1945) (Erzählung) R: Deickert, Karl-Heinz; DB: Schedlich, Hajo; FT: Intermezzo (1971); TV: BRD/ZDF

Wielki tydzien (1945) (*Warschauer Karwoche* 1964) (Roman) R: Wajda, Andrzej; DB: Wajda, Andrzej; FT: Die Karwoche (1995); KF: BRD/PL/Berliner Spiele/Studio Babelsberg/Telewizja Polska S.A./Le Studio Canal+/Héritage Films

Anonym (DTL)

(Erzählung) R: Ballmann, Herbert; DB: Bortfeldt, Kurt; Probst, Anneliese; FT: Der Teufel vom Mühlenberg (1954); KF: DDR/DEFA

(Märchen) (urjgurisches Volksmärchen) R: Klein, Gerhard; DB: Klein, Rosel; FT: Geschichte vom armen Hassan (1958); KF: DDR/DEFA

Das Nibelungenlied (1200) (Epos) R: Reinl, Harald; DB: Fodor, Ladislas; Petersson, Harald G.; Reinl, Harald; FT: Die Nibelungen Teil I: Siegfried (1966); KF: BRD/JUG/CCC/Avala, Belgrad

Das Nibelungenlied (1200) (Epos) R: Reinl, Harald; DB: Fodor, Ladislas; Petersson, Harald G.; Reinl, Harald; FT: Die Nibelungen: 2. Teil: Kriemhilds Rache (1967); KF: BRD/JUG/CCC/Avala, Belgrad

Lalebuch (1597) (> Die Schiltbürger (1598)) (Volksbuch) R: Friedrich, Gunter; FT: Die Schildbürger (1977); TV: DDR

Herzog Ernst (1180) (Volksbuch) (Zeichentrickfilm) R: Dammbeck, Lutz; DB: Dammbeck, Lutz; FT: Herzog Ernst (1993); KF: BRD/Lutz Dammbeck Filmprod./La sept/arte/ARD/WDR

Anouilh, Jean (FR 1910–1987)

L'alouette (1953) (*Jeanne oder Die Lerche* 1956) (Schauspiel) R: Wirth, Franz Peter; DB: Gottschalk, Hans; Wirth, Franz Peter; FT: Jeanne oder Die Lerche (1956); TV: BRD/ARD/SDR

Eurydice (1942) (*Euridike* 1946) (Schauspiel) R: Braun, Harald; DB: Braun, Harald; FT: Eurydice (1957); TV: BRD/ARD/SWF

Antigone (1943) (dt. 1946) (Schauspiel) R: Wild, Franz Josef; FT: Antigone (1958); TV: BRD/ARD/BR

Colombe (1950) (*Colombe* 1951) (Schauspiel) R: Erfurth, Ulrich; DB: Erfurth, Ulrich; FT: Colombe (1958); TV: BRD/ARD/HR

Léocadia (1939) (*Leocadia* 1947) (Komödie) R: Wolffhardt, Rainer; DB: Pigge, Helmut; FT: Leocadia (1958); TV: BRD/ARD/SDR

Romeo et Jeannette (1946) (*Romeo und Jeanette* 1949) (Schauspiel) R: Goslar, Jürgen; FT: Romeo und Jeanette (1958); TV: BRD/ARD/BR

Ornifle ou le courant d'air (1955) (*Der Herr Ornifle* 1956) (Komödie) R: Schnell, Raoul Wolfgang; FT: Der Herr Ornifle (1959); TV: BRD/ARD/NWRV

L'invitation au château (1947) (*Einladung ins Schloß oder Die Kunst, das Spiel zu spielen* 1948) (Komödie) R: Wagner, Klaus; FT: Einladung ins Schloß (1961); TV: BRD/ARD/HR

L'Hurluberlu ou le réactionnaire amoureux (1959) (*General Quixotte oder der verliebte Reaktionär* 1959) (Schauspiel) R: Beauvais, Peter; FT: General Quixotte (1961); TV: BRD/ARD/BR

Becket ou l'honneur de Dieu (1959) (*Becket oder Die Ehre Gottes* 1960) (Schauspiel) R: Wolffhardt, Rainer; FT: Becket oder Die Ehre Gottes (1962); TV: BRD/ARD/SDR

Cécile ou l'école des pères (1953) (*Cécile oder Die Schule der Väter* 1955) (Schauspiel) R: Schwarze, Hans-Dieter; FT: Cécile oder Die Schule der Väter (1962); TV: BRD/ARD/Bavaria

La valse des toréadors (1952) (*Der Walzer des Toreros* 1957) (Schauspiel) R: Beauvais, Peter; DB: Laurenze, Ernst; FT: Der Walzer des Toreros (1962); TV: BRD/ARD/NDR

Pauvre Bitos ou le dîner des têtes (1956) (*Der arme Bitos oder Das Diner der Köpfe* 1959) (Schauspiel) R: Beauvais, Peter; FT: Der arme Bitos oder Das Diner der Köpfe (1963); TV: BRD/ARD/WDR

La grotte (1961) (*Die Grotte* 1962) (Schauspiel) R: Kehlmann, Michael; FT: Die Grotte (1963); TV: BRD/ARD/BR

Eurydice (1942) (*Eurydike* 1946) (Schauspiel) R: Cremer, Ludwig; FT: Eurydike (1964); TV: BRD/ARD/WDR

Antigone (1943) (dt. 1946) (Schauspiel) R: Wirth, Franz Peter; FT: Antigone (1965); TV: BRD/ARD/WDR

L'invitation au château (1947) (*Einladung ins Schloß oder Die Kunst, das Spiel zu spielen* 1948) (Komödie) R: Käutner, Helmut; DB: Käutner, Helmut; FT: Leben wie die Fürsten (1966); TV: BRD/ARD/SFB

L'alouette (1953) (*Jeanne oder Die Lerche* 1956) (Schauspiel) R: Moszkowicz, Imo; FT: Lerche (1966); TV: BRD/ARD/Bavaria

Romeo et Jeannette (1946) (*Romeo und Jeanette* 1949) (Schauspiel) R: Biltz, Karl Peter; FT: Romeo und Jeanette (1968); TV: BRD/ARD/SWF

Monsieur Barnett (1975) (Schauspiel) R: Liebeneiner, Wolfgang; FT: Mister Barnett (1969); TV: BRD/ARD/SFB

Ornifle ou le courant d'air (1955) (*Der Herr Ornifle* 1956) (Komödie) R: Käutner, Helmut; DB: Käutner, Helmut; FT: Ornifle oder Der erzürnte Himmel (1972); TV: BRD/ARD/HR

L'orchestre (1960) (*Das Orchester* 1960) (Schauspiel) R: Haugk, Dietrich; FT: Das Orchester (1981); TV: BRD/ARD/BR

Antes, Klaus (BRD 1940–)

Lebenslänglich, Protokolle aus der Haft (1972) (Erzählung) R: Fassbinder, Rainer Werner; DB: Fassbinder, Rainer Werner; FT: Ich will doch nur, daß ihr mich liebt (1975/76); KF: BRD/Bavaria/ARD/WDR

Antonioni, Michelangelo (IT 1912–)

(Erzählung) R: Antonioni, Michelangelo; DB: Antonioni, Michelangelo; Guerra, Tonino; Wenders, Wim; FT: Jenseits der Wolken (1995); KF: BRD/FR/IT/Road Movies/Sunshine Cine B/France 3 Cinéma/Cecchi Gori Group Tiger

Anzengruber, Ludwig (AUST 1839–1889)

Die Kreuzlschreiber (1872) (Komödie) R: Borsody, Eduard von; DB: Bielen, Otto; Borsody, Eduard von; FT: Die Kreuzlschreiber (1950); KF: BRD/DDR/Tobis Filmkunst/DEFA

Der Pfarrer vom Kirchfeld (1871) (Schauspiel) R: Fleck, Jacob; Fleck, Luise; DB: Frohn, Herbert; FT: Der Pfarrer von Kirchfeld (1950); KF: AUST/Excelsior Film

Das vierte Gebot (1878) (Schauspiel) R: Borsody, Eduard von; DB: Borsody, Eduard von; Schreyvogel, Friedrich; FT: Das vierte Gebot (Der Weg abwärts) (1950); KF: AUST

Doppelselbstmord (1876) (Komödie) R: Rabenalt, Arthur Maria; FT: Hochzeit im Heu (1951); KF: BRD/AUST

Der Pfarrer vom Kirchfeld (1871) (Schauspiel) R: Lehner, Alfred; FT: Das Mädchen vom Pfarrhof (1955); KF: AUST/BRD

Der Pfarrer vom Kirchfeld (1871) (Schauspiel) R: Deppe, Hans; DB: Lotz-Dupont, Ilse; Yost, Tibor; FT: Der Pfarrer von Kirchfeld (1955); KF: BRD

Der Meineidbauer (1871) (Schauspiel) R: Jugert, Rudolf; DB: Fentsch, Erna; FT: Der Meineidbauer (1956); KF: BRD/Eichberg-Film GmbH

Der Schandfleck (1877) (Roman) R: Fredersdorf, Herbert B.; DB: Ottawa, Theodor; FT: Der Schandfleck (1956); KF: AUST

Der Meineidbauer (1871) (Schauspiel) R: Jugert, Rudolf; FT: Die Sünderin vom Fernerhof (1956); KF: BRD

Doppelselbstmord (1876) (Komödie) R: Grädler, Theodor; FT: Doppelselbstmord (1961); TV: BRD/ARD/BR

Das vierte Gebot (1878) (Schauspiel) R: Davy, Walter; DB: Davy, Walter; FT: Das vierte Gebot (1964); TV: BRD/ARD/BR

Der Sternsteinhof (1885) (Roman) R: Geissendörfer, Hans W.; DB: Geissendörfer, Hans W.; Weigel, Hermann; FT: Sternsteinhof (1975); KF: BRD/Roxy/ARD/BR

(Erzählung) R: Fischer, Olf; DB: Fischer, Olf; Weber, Oskar; FT: Die Widerspenstigen (1977); TV: BRD

Der Schandfleck (1877) (Roman) R: Pölsler, Julian; DB: Pölsler, Julian; Sengmüller, Franz Xaver; FT: Der Schandfleck (1999); TV: BRD

Apitz, Bruno (DDR 1900–1979)

Esther (1959) (Erzählung) R: Trösch, Robert; DB: Pöpperl, Adam; Trösch, Robert; FT: Esther (1960); TV: DDR

Nackt unter Wölfen (1958) (Roman) R: Leopold, Georg; DB: Apitz, Bruno; Leopold, Georg; FT: Nackt unter Wölfen (1960); TV: DDR

Nackt unter Wölfen (1958) (Roman) R: Beyer, Frank; DB: Apitz, Bruno; Hirschmeier, Alfred; Schäfer, Willi; FT: Nackt unter Wölfen (1962); KF: DDR/DEFA

Arbusov, Aleksej Nikolaevič (SU 1908–1986)

(*Sonnig aber Frosteinbrüche*) (Schauspiel) R: Stahnke, Günter; FT: Sonnig aber Frosteinbrüche (1978); TV: DDR

Staramodnaja comedija (1976) (*Altmodische Komödie* 1977) (Schauspiel) R: Wild, Franz Josef; FT: Altmodische Komödie (1979); TV: BRD/ARD/BR

Arden, Jane (GB)

The Party (1958) (Schauspiel) R: Rothe, Edward; FT: Die Party (1963); TV: BRD/ARD/BR

Arden, John (GB 1930–)

Live Like Pigs (1958) (*Leben und leben lassen* 1966) (Schauspiel) R: Palitzsch, Peter; FT: Leben und leben lassen (1969); TV: BRD/ARD/WDR

Sergeant Musgrave's Dance (1959) (Schauspiel) R: Umgelter, Fritz; FT: Der Tanz des Sergeanten Musgrave (1969); TV: BRD/ARD/Bavaria

Ardrey, Robert (USA 1908–)
Shadow of Heroes (1958) (dt. 1961) (Schauspiel) R: Kehlmann, Michael; FT: Schatten der Helden (1960); TV: BRD/ARD/BR
Thunderrock (1951) (*Leuchtfeuer*) (Schauspiel) R: Elsner, Reinhard; DB: Elsner, Reinhard; FT: Leuchtfeuer (1963); TV: BRD/ARD/NDR

Ariosto, Ludovico (IT 1474–1533)
Il negromante (1520) (Schauspiel) R: Jurgons, Gert; FT: Der Nekromant (1978); TV: DDR

Aristophanes (GR 445–385 v.C.)
Lysistrata (411 v.C.) (Komödie) R: Stöger, Alfred; DB: Loser, Kaspar; FT: Triumph der Liebe (1947); KF: AUST
Lysistrata (411 v.C.) (Komödie) R: Kortner, Fritz; DB: Kortner, Fritz; FT: Die Sendung der Lysistrata (1960); KF: BRD/Gyula Trebitsch
Lysistrata (411 v.C.) (Komödie) R: Palma, Bernd; DB: Unger, Heinz R.; FT: Heut' abend tanzt Lysistrate (1980); TV: AUST/ORF

Arjouni, Jakob (BRD 1964–)
Happy Birthday, Türke! Ein Kayankaya-Roman (1987) (Roman) R: Dörrie, Doris; DB: Dörrie, Doris; FT: Happy Birthday, Türke! (1991); KF: BRD/Cobra/ZDF

Arnaud, Michel (FR 1907–1993)
D'après nature ou presque (1957) (*Die letzte Folge*) (Schauspiel) R: Lang, Franz M.; DB: Lang, Franz M.; Vernier, Claude; FT: Die letzte Folge (1964); TV: BRD/ARD/SWF

Arnim, Achim von (DTL 1781–1831)
Der tolle Invalide auf dem Fort Ratonneau (1818) (Roman) R: Herzog, Werner; FT: Lebenszeichen (1968); KF: BRD

Arnim, Bettina von (DTL 1785–1859)
Die Günderode (1840) (Briefe) R: Habeck, Anne; FT: Jeder Augenblick, den ich lebe, ist ganz dein (1981); TV: DDR
Frühlingskranz (1844) (Briefe) R: Hercher, Karin; DB: Habeck, Anne; FT: Leb in mir. Aus Bettina von Arnims "Frühlingskranz" (1983); TV: DDR

Arnim, Bettina von (DTL 1785–1859) & **Arnim, Gisela von** (DTL)
Reichsgräfin Gritta von Rattenzuhausbeiuns (1843) (Roman) R: Brauer, Jürgen; DB: Kozik, Christa; FT: Gritta vom Rattenschloß (1985); TV: DDR/DEFA

Arnold, Franz (BRD 1878–1960) & **Bach, Ernst** (DTL 1876–1929)
Der wahre Jakob (1925) (Komödie) R: Deppe, Hans; DB: Lüthge, Bobby E.; FT: Eine Nacht im Séparée (1949); KF: BRD
Der Fürst von Pappenheim (1923) (Schauspiel) R: Deppe, Hans; DB: Fichelscher, Walter F.; Lüthge, Bobby E.; FT: Der Fürst von Pappenheim (1952); KF: BRD/Central-Europa Film
Der keusche Lebemann (1921) (Komödie) R: Böse, Carl; DB: Flatow, Curth; Lüthge, Bobby E.; FT: Der keusche Lebemann (1952); KF: BRD/CCC Filmkunst GmbH
Weekend im Paradies (1928) (Komödie) R: Hoffmann, Kurt; DB: Schünzel, Reinhold; FT: Liebe im Finanzamt (1952); KF: BRD
Hurra - ein Junge (1926) (Komödie) R: Marischka, Ernst; DB: Marischka, Ernst; FT: Hurra - ein Junge (1953); KF: BRD
Unter Geschäftsaufsicht (1928) (Komödie) R: Böse, Carl; DB: Bastian-Klinger, Vineta; FT: Der keusche Josef (1953); KF: BRD
Die spanische Fliege (1913) (Komödie) R: Böse, Carl; DB: Kahn, Edgar; FT: Die spanische Fliege (1954); KF: BRD
Der wahre Jakob (1925) (Komödie) R: Schündler, Rudolf; DB: Kampendonk, Gustav; FT: Der wahre Jakob (1960); KF: BRD
Hurra, ein Junge (1926) (Komödie) R: Schleif, Wolfgang; DB: Kampendonk, Gustav; FT: Ach, Egon (1961); KF: BRD
Der wahre Jakob (1925) (Komödie) R: Neureuther, Erich; DB: Bardili, Werner; FT: Der wahre Jakob (1965); TV: BRD/ARD/Bavaria
Weekend im Paradies (1928) (Komödie) R: Sydow, Rolf von; FT: Weekend im Paradies (1965); TV: BRD/ARD
Der kühne Schwimmer (1923) (Komödie) R: Kraus, Fred; FT: Der kühne Schwimmer (1967); TV: BRD/ARD/WDR
Die spanische Fliege (1913) (Komödie) R: Neureuther, Erich; FT: Die spanische Fliege (1967); TV: BRD/ARD/WDR
Die spanische Fliege (1913) (Komödie) R: Kraus, Fred; FT: Die spanische Fliege (1970); TV: BRD/ARD/WDR
Die vertagte Nacht (1924) (Komödie) R: Eder, Otto Anton; DB: Wiener, Hugo; FT: Die vertagte Nacht (1970); TV: BRD/ARD/BR

Die vertagte Hochzeitsnacht (Komödie) R: Wesseler, Karl; DB: Wiener, Hugo; FT: Zufall, alles Zufall oder Die vertagte Hochzeitsnacht (1972); TV: BRD/ARD/WDR

Der keusche Lebemann (1921) (Komödie) R: Weidenmann, Alfred; FT: Der keusche Lebemann (1978); TV: BRD/ZDF

Liebe unter Geschäftsleuten (Komödie) R: Schwarze, Hans-Dieter; FT: Liebe unter Geschäftsleuten (1980); TV: BRD/ZDF

Der kühne Schwimmer (1923) (Komödie) R: Wesseler, Karl; DB: Wesseler, Karl; FT: Der kühne Schwimmer (1981); TV: BRD/ARD/WDR

Stöpsel (1926) (Komödie) R: Schnitzler, Peter Dieter; DB: Beyer, Axel; FT: Adel verpflichtet zu nichts (1985); TV: BRD/ARD/WDR

Die vertagte Nacht (1924) (Komödie) R: Huber, Eduard; Wesseler, Karl; DB: Schneider, Jörg; FT: Die vertagte Hochzeitsnacht (1986); TV: CH/DRS

Der wahre Jakob (1925) (Komödie) R: Millowitsch, Willy; FT: Der wahre Jakob (1988); TV: BRD/ARD/WDR

Der keusche Lebemann (1921) (Komödie) R: Millowitsch, Willy; FT: Der keusche Lebemann (1992); TV: BRD/ARD

Die spanische Fliege (1913) (Komödie) FT: Die spanische Fliege (1995); TV: BRD

Arnold, Franz (BRD 1878–1960) & **Wiener, Hugo** (AUST 1904–1993)

Skandal um Dodo (Komödie) R: Borsody, Eduard von; FT: Skandal um Dodo (1958); KF: AUST/Donau

Arnold, Johannes (DDR 1928–)

Hieronymus Lotter (1979) (Roman) (Szenen aus dem Roman) R: Unger, Michael; FT: Hieronymus Lotter (1982); TV: DDR

Arrabal, Fernando (ESP 1932–)

Piquenique en campagne (1952) (*Picknick im Felde* 1969) (Schauspiel) R: Lilienthal, Peter; FT: Picknick im Felde (1962); TV: BRD/ARD/SWF

Guernica (1959) (Schauspiel) R: Lilienthal, Peter; DB: Lilienthal, Peter; FT: Jede Stunde verletzt und die letzte tötet (Guernica) (1963); TV: BRD/ARD/SFB

Artaud, Antonin (FR 1896–1948)

Le théâtre et son double (1938) (Essay) R: Fassbinder, Rainer Werner; DB: Fassbinder, Rainer Werner; FT: Theater in Trance (1981); TV: BRD

Artinger, Annemarie (= Schwarzer, Annemarie) (BRD 1902–)

Anonyme Briefe (1949) (Roman) R: Rabenalt, Arthur Maria; DB: Rodde, E.G. von; FT: Anonyme Briefe (1949); KF: BRD

Ok Mama! (1949) (Roman) R: Rabenalt, Arthur Maria; DB: Schwenzen, Per; Wedekind, Joachim; FT: Solang es hübsche Mädchen gibt (1955); KF: BRD

Artmann, Hans Carl (AUST 1921–2000)

How much, Schatzi? (1971) (Texte) R: Radax, Ferry; DB: Radax, Ferry; FT: Hasard und Entenbraten (1974); TV: AUST/ORF

kleinere taschenkunststücke. fast eine chinoiserie (1969) (Texte) R: Schwabenitzky, Reinhard; DB: Schwabenitzky, Reinhard; FT: kleinere taschenkunststücke. fast eine chinoiserie (1977); TV: AUST/ORF

Ashe, Judith (GB)

(Schauspiel) R: Assmann, Arno; DB: Reade, Leslie; Unna, H. W.; FT: Mit und ohne Begleitung (1954); TV: BRD/ARD/NWDR Hamburg

Ashford, Jeffrey (GB 1926–)

(Kriminalroman) R: Kehlmann, Michael; DB: Kehlmann, Michael; Merz, Carl; FT: Kurzer Prozeß (1967); KF: BRD/UFP

Asmodi, Herbert (BRD 1923–)

Nachsaison (1959) (Komödie) R: Fuchs, Herbert; DB: Asmodi, Herbert; FT: Nachsaison (1961); TV: AUST/ORF

Nachsaison (1959) (Komödie) R: Wolffhardt, Rainer; DB: Asmodi, Herbert; FT: Nachsaison (1962); TV: BRD/ARD/SDR

Mohrenwäsche (1964) (Komödie) R: Wolffhardt, Rainer; DB: Asmodi, Herbert; FT: Mohrenwäsche (1966); TV: BRD/ARD/SDR

Wer ist der Nächste? (Kriminalstück) R: Assmann, Arno; FT: Wer ist der Nächste? (1970); TV: BRD/ARD/SWF

Nasrin oder Die Kunst zu träumen (1970) (Komödie) R: Jasny, Vojtech; DB: Asmodi, Herbert; FT: Nasrin oder Die Kunst zu träumen (1972); TV: BRD/ARD/SWF

Aspinall, Tim (GB)

(*Der Garten*) (Schauspiel) R: Liebeneiner, Wolfgang; FT: Der Garten (1983); TV: BRD/ZDF

Aszlanyi, Karoly (HU 1908–1938)

Hét pofon: Aludni is tilos (1958) (*Sieben Ohrfeigen* 1962) (Roman) R: Thiele, Rolf; DB: Eser, Willibald; FT: Ohrfeigen (1970); KF: BRD/Maris (Horst Lockau)

Hét pofon: Aludni is tilos (1958) (*Sieben Ohrfeigen* 1962) (Roman) R: Liebeneiner, Wolfgang; DB: Glattauer, Herbert O.; FT: Die sieben Ohrfeigen (1971); TV: AUST/BRD/ORF/ZDF

Atkinson, Alex (USA 1916–1962)
Exit Charlie (1955) (Schauspiel) R: Wagner, Konrad; FT: Vorsätzlich (1961); TV: BRD/ARD/HR

Atwood, Margaret Eleanor (CAN 1939–)
The Handmaid's Tale (1985) (Roman) R: Schlöndorff, Volker; DB: Pinter, Harold; FT: Die Geschichte der Dienerin (1989); KF: BRD/USA/Bioskop/Cinecom International/Odyssey/Cinetudes Films

Audiberti, Jacques (FR 1899–1965)
La logeuse (1954) (Schauspiel) R: Cremer, Ludwig; DB: Cremer, Ludwig; FT: Die Zimmerwirtin (1967); TV: BRD/ARD/ Bavaria

Audry, Colette (FR 1906–)
Soledad, pièce en trois actes (1956) (Schauspiel) R: Haaf, Wilm ten; DB: Haaf, Wilm ten; FT: Soledad (1957); TV: BRD/ ARD/DFS

Auerbach, Alfred (BRD 1873–1954)
Auf'm Amt (Komödie) R: Strecker, Frank; DB: Thouet, Peter M.; FT: Auf'm Amt (1981); TV: BRD/ARD/SDR

Auernheimer, Raoul (AUST 1876–1948)
Die Hochzeitsreise nach Baden-Baden: fröhliche Reise- und Badegeschichten (1929) (Erzählung) R: Glück, Wolfgang; FT: Hochzeitsreise (1977); TV: AUST/ ORF

Wiener Klatsch: 6 Einakter (1974) (Schauspiel) R: Madeja, Georg; FT: Wiener Klatsch (1984); TV: AUST/ORF/ZDF

Aust, Stefan (BRD 1946–)
Der Baader-Meinhof-Komplex (1985) (Bericht) R: Hauff, Reinhard; DB: Aust, Stefan; FT: Stammheim (1986); KF: BRD/ Bioskop/Thalia Theater

Der Pirat: die Drogenkarriere des Jan C. (1990) (Bericht) R: Schadewald, Bernd; DB: Dünnwald, Jürgen; Göhre, Frank; Schadewald, Bernd; FT: Der Pirat (1997); TV: BRD/CH/AUST/Arte/manufactum Film- und Fernsehprod./Jochen Ludwig/ DRS/ORF

Aveline, Claude (FR 1901–1992)
Madame Maillart (1949) (*Herbst der Leidenschaft* 1950) (Roman) R: Basedow, Rolf; FT: Der Schüchterne, der Feuer fing (1978); TV: BRD/ARD/BR

Averčenko, Arkadij T. (SU 1882–1925)
(Erzählung) R: Overhoff, Gerhard; FT: Die Aufrüstung (1960); TV: BRD/ARD/ SDR

(Erzählung) R: Overhoff, Gerhard; FT: Das Grammophon (1962); TV: BRD/ ARD/SDR

Avermaete, Roger (BELG 1893–)
(Komödie) R: Siebert, Günter; DB: Rohkohl, Dieter; FT: Empfohlenes Haus (1960); TV: BRD/ARD/RB

Axelrod, George (USA 1922–)
The Seven Year Itch (1952) (*Meine Frau erfährt kein Wort* 1955) (Komödie) R: Wild, Franz Josef; FT: Meine Frau erfährt kein Wort (1969); TV: BRD/ARD/BR

Axt, Maria (BRD)
Zimmer 777 (1983) (Jugendroman) R: Tröster, Jürgen; DB: Axt, Maria; Horn, Christina; FT: Whopper-Punch 777 (1988); KF: BRD/Tröster Film/Roxy

Ayckbourn, Alan (GB 1939–)
Just Between Ourselves (1978) (Komödie) R: Schirk, Heinz; FT: Ganz unter uns (null); TV: BRD/ARD/SR

Aymé, Marcel (FR 1902–1967)
Le passe muraille (1943) (Erzählung) R: Vajda, Ladislaus; DB: Békeffi, István; FT: Ein Mann geht durch die Wand (1959); KF: BRD

Babay, Jósef (HU 1898–1956)
(Roman) R: Ucicky, Gustav; DB: Walter, Kurt E.; FT: Zwei blaue Augen (1955); KF: BRD

Babel, Isaak (SU 1894–1941)
(Erzählung) R: Bauer, Jochen; DB: Unger, Heinz R.; FT: Verdammte Engel (1977); TV: BRD/ARD/SFB

Marija (1935) (Schauspiel) R: Flick, Horst G.; FT: Marija (1978); TV: BRD/ ZDF

Bachmann, Ingeborg (AUST 1926–1973)
Unter Mördern und Irren (1961) (Erzählung) (In "Das dreißigste Jahr") R: Schulze-Rohr, Peter; FT: Blaues Wild (1970); TV: BRD/ARD/BR

Der gute Gott von Manhattan (1958) (Hörspiel) R: Kirschner, Klaus; FT: Der gute Gott von Manhattan (1972); TV: BRD/ ZDF

Drei Wege zum See (1972) (Erzählung) R: Haneke, Michael; FT: Drei Wege zum See (1976); TV: AUST/BRD/ORF/ARD/ SWF

Das Gebell (1972) (Erzählung) R: Glück, Wolfgang; DB: Glück, Wolfgang; FT: Das Gebell (1976); TV: AUST/ORF

Alles (1961) (Erzählung) (In "Das dreißigste Jahr") R: Damek, Dagmar; FT: Nachtgelächter (1985); TV: AUST/ORF

Der Schweißer (1978) (Erzählung) R: Damek, Dagmar; DB: Damek, Dagmar; FT: Das ganz helle Licht (1986); TV: BRD/ ARD/BR3

Der Fall Franza (1979) (Roman) R: Schwarzenberger, Xaver; DB: Basedow, Rolf; Garcia, Consuelo; FT: Franza (1987); TV: AUST/ORF

Malina (1971) (Roman) R: Schroeter, Werner; DB: Jelinek, Elfriede; FT: Malina (1990); KF: BRD/AUST/Kuchenreuther Filmproduktion GmbH/ZDF/Neue Studio Film

Ihr glücklichen Augen (1972) (Erzählung) R: Heinrich, Margaretha; DB: Heinrich, Margaretha; Jordan, Christian; FT: Ihr glücklichen Augen (1992); TV: AUST/BRD/ORF/Thalia Film GmbH, Wien/ZDF

Bachwitz, Hans (DTL 1882–) & **Roland, Marc** (DTL 1894–) & **Rotter, Fritz Friedrich** (BRD 1901–) & **Stransky, Otto** (DTL 1889–1932) & **Sturm, Hans** (DTL 1874–1933)

Liebe und Trompetenblasen (1928) (Operette) R: Weiss, Helmut; DB: Böttger, Fritz; FT: Liebe und Trompetenblasen (1953); KF: BRD

Baer, Harry (BRD 1947–) & **Pfaue, Justus** (BRD 1942–)

Bas-Boris Bode. Der Junge, den es zweimal gibt (1985) (Jugendroman) R: Baer, Harry; DB: Pfaue, Justus; FT: Bas-Boris Bode. Der Junge, den es zweimal gab (6 Teile) (1985); TV: BRD/ZDF

Bagnold, Enid (GB 1889–1981)

The Chalk Garden (1956) (Komödie) R: Rothe, Edward; FT: Der Kreidegarten (1967); TV: BRD/ARD/BR

Bahr, Hermann (AUST 1863–1934)

Das Konzert (1909) (Komödie) R: Völger, Werner; FT: Das Konzert (1956); TV: BRD/ARD/HR

Das Konzert (1909) (Komödie) R: Engel, Thomas; DB: Hellwig, Paul; Wuttig, Heinz Oskar; FT: Nichts als Ärger mit der Liebe (1956); KF: AUST

Der Meister (1904) (Komödie) R: Thiele, Rolf; DB: Keindorff, Eberhard; Sibelius, Johanna; FT: Skandal in Ischl (1957); KF: AUST/Vienna Film

Der Krampus (1902) (Komödie) R: Glück, Wolfgang; DB: Glück, Wolfgang; FT: Der Herr Hofrat (1969); TV: AUST/ORF

Der Querulant (1914) (Komödie) R: Hudecek, Vaclav; DB: Nachmann, Kurt; FT: Der Querulant (1969); TV: AUST/BRD/ORF/ZDF

Das Konzert (1909) (Komödie) R: Haugk, Dietrich; FT: Das Konzert (1975); TV: BRD/ARD

Die Kinder (1911) (Komödie) R: Wilhelm, Kurt; FT: Die Kinder (1979); KF: BRD

Bahr, Rüdiger (BRD)

Der schwarze Bumerang (1982) (Roman) R: Dietrich, Wolf; DB: Bahr, Rüdiger; FT: Der schwarze Bumerang (1982); TV: BRD/FR/AUST/CH

Bahre, Jens (DDR 1945–)

Der Dicke und ich (1976) (Kinderbuch) R: Lotz, Karl-Heinz; DB: Bahre, Jens; FT: Der Dicke und ich (1981); KF: DDR/DEFA

Baier, Jo (BRD)

Wildfeuer (1991) (Roman) R: Baier, Jo; DB: Baier, Jo; Klooss, Reinhard; FT: Wildfeuer (1991); KF: BRD/Bavaria

Baierl, Helmut (DDR 1926–)

Die Feststellung (1958) (Schauspiel) R: Bergmann, Werner; Fischer, Hannes; Klein, Gerhard; FT: Die Feststellung (1957/58); KF: DDR/DEFA

Das zweite Leben des Friedrich Wilhelm Georg Platow (Szenario) R: Kühn, Siegfried; DB: Baierl, Helmut; FT: Das zweite Leben des Friedrich Wilhelm Georg Platow (1973); KF: DDR/DEFA

Bakker, Piet (NL 1897–1960)

Ciske de Rat (1941) (dt. 1946) (Roman) R: Staudte, Wolfgang; DB: Staudte, Wolfgang; FT: Ciske - ein Kind braucht Liebe (1955); KF: BRD/NL/Omega Film

Bakos, Eva (AUST 1929–)

Heirate nur keine Wienerin (1977) (Erzählung) R: Eder, Otto Anton; FT: Heirate nur keine Wienerin (1977); TV: AUST/ORF

Das gläserne Wappen (1983) (Roman) R: Zanke, Susanne; DB: Zanke, Susanne; FT: Das gläserne Wappen (1983); TV: AUST/BRD/Thalia Film/ORF/ZDF

Balász, Béla (HU 1848–1949)

(Erzählung) R: Hartmann, Siegfried; DB: Hartmann, Siegfried; FT: Karlchen, durchhalten! (1979); TV: DDR

Balchin, Nigel (GB 1908–1970)

A Way through the Woods (1951) (*Elf Jahre und ein Tag* 1952) (Roman) R: Reinhardt, Gottfried; DB: Lustig, Jan; FT: Elf Jahre und ein Tag (1963); KF: BRD

Baldi, Claude (FR)

Les Vigies (Schauspiel) R: Schnell, Raoul Wolfgang; DB: Hendrich, Johannes; Schnell, Raoul Wolfgang; FT: Und hätte die Liebe nicht (1959); TV: BRD/ARD/SFB

Ballinger, Bill S. (USA 1912–)

The Longest Second (1957) (*Die längste Sekunde* 1960) (Kriminalroman) R: Kühn, Kristian; DB: Kühn, Kristian; FT: Die längste Sekunde (1980); TV: BRD/ZDF

Ballot, Helmut (BRD 1917–)
Das Haus der Krokodile (1974) (Kindererzählung) R: Haaf, Wilm ten; DB: Haaf, Wilm ten; FT: Das Haus der Krokodile (1976); TV: BRD/ARD/BR

Balzac, Honoré de (FR 1799–1850)
(Erzählung) R: Fröhlich, Gustav; DB: Fröhlich, Gustav; FT: Der Bagnosträfling (1949); KF: BRD

Le père Goriot (1834) (*Vater Goriot*) (Roman) R: Klaren, Georg C.; Rudolph, Hans Georg; DB: Barckhausen, Joachim; Stenbock-Fermor, Alexander von; FT: Karriere in Paris (1952); KF: DDR

Le colonel Chabert (1832) (*Oberst Chabert* 1884) (Roman) R: Collande, Volker von; DB: Grund, Hartmut; FT: Oberst Chabert (1956); TV: BRD/ARD/BR

La Rabouilleuse (1842) (*Ein Junggesellenheim*) (Roman) R: Daquin, Louis; DB: Daquin, Louis; Wischnewski, Klaus; FT: Die im Trüben fischen (Les Arrivistes) (1960); KF: DDR/FR/DEFA/Société nouvelle Pathé Cinéma

Mercadet ou le faiseur (1851) (*Herr Mercadet, der Schwindler* 1851) (Komödie) R: Hoffmann, Paul; DB: Schübel, Theodor; FT: Die Geschäfte des Herrn Marcadet (1965); TV: BRD/ARD/Bavaria

(Erzählung) R: Cremer, Ludwig; DB: Armand, Jacques; FT: Das Landhaus (1965); TV: BRD/ARD/SWF

Le colonel Chabert (1832) (*Oberst Chabert* 1884) (Roman) R: Cremer, Ludwig; DB: Appel, Paul-Herbert; FT: Oberst Chabert (1967); TV: BRD/ARD/Bavaria/WDR

Contes drôlatiques (1837) (*Drollige Erzählungen*) (Erzählung) R: Zachar, Josef; DB: Nachmann, Kurt; FT: Die tolldreisten Geschichten nach Honoré de Balzac (1968); KF: BRD

Contes drôlatiques (1837) (*Drollige Erzählungen*) (Erzählung) R: Zachar, Josef; FT: Komm, liebe Maid, und mache ... (1969); KF: BRD

Le père Goriot (1834) (*Vater Goriot*) (Roman) R: Jorre, Guy; DB: Bory, Jean-Louis; FT: Vater Goriot (1972); TV: BRD/ARD/BR

Splendeurs et misères des courtisanes (1839) (*Glanz und Elend der Kurtisanen* 1923) (Erzählung) R: Knötzsch, Hans; DB: Eidam, Klaus; FT: Die schöne Kurtisane (1984); TV: DDR

Contes drôlatiques (1837) (*Drollige Erzählungen*) (Erzählung) R: Keil, Gerd; DB: Bernhardy, Werner; FT: Mönch ärgere dich nicht (1986); TV: DDR/DDR1

Contes drôlatiques (1837) (*Drollige Erzählungen*) (Erzählung) R: Knötzsch, Hans; DB: Bernhardy, Werner; FT: Die Wäscherin von Portillon (1986); TV: DDR/DDR2

Bang, Hermann Joachim (DK 1857–1912)
Stille existenser (1886) (*Am Wege* 1898) (Roman) R: Beauvais, Peter; DB: Beauvais, Peter; FT: Am Wege (1975); TV: BRD/AUST/ARD/SWF/ORF

(*Ein herrlicher Tag*) (Erzählung) R: Klante, Diethard; FT: Ein herrlicher Tag (1976); TV: BRD/ZDF

Ludvigsbakke (1896) (*Ludwigshöhe* 1908) (Roman) R: Cornell, Jonas; FT: Ludwigshöhe (1978); TV: BRD/ARD/NDR

Barckhausen, Christiane (DDR 1942–)
Schwestern: Tonbandprotokolle aus 6 Ländern (1985) (Autobiographie) R: Denecke, Gabriele; DB: Schawohl, Lotti; FT: Margarita (1986); TV: DDR/DDR1

Barker, Ronald Ernest (USA)
(*Der Tod ritt Dienstags*) (Roman) R: Valerii, Tonino; DB: Gastaldi, Ernesto; Valerii, Tonino; FT: Der Tod ritt Dienstags (1967); KF: BRD/IT

Barkow, Nick (BRD)
Das Lied vom traurigen Sonntag (1988) (Roman) R: Schübel, Rolf; DB: Schübel, Rolf; Thoma, Ruth; FT: Gloomy Sunday - Ein Lied von Liebe und Tod (1999); KF: BRD/HU/ARD/Studio Hamburg/Dom Film/WDR/Premiere/Arte/TF2/PolyGram/Focus

Barlach, Ernst (DTL 1870–1930)
Die echten Sedemunds (1920) (Schauspiel) R: Lietzau, Hans; DB: Carls, Carl Dietrich; FT: Die echten Sedemunds (1965); TV: BRD/ARD/SFB

Barret, Pierre (FR 1936–1988) & **Gurgan, Jean-Noël** (FR)
Le roi des derniers jours (1981) (*Der König der letzten Tage: die grauenvolle und exemplarische Geschichte der Wiedertäufer zu Münster 1534-1535* 1982) (Sachbuch) R: Toelle, Tom; DB: Purzer, Manfred; FT: König der letzten Tage (1993); TV: BRD/AUST/CH/IT/Zweite Unitel/West-Film/ZDF/ORF/SRG/RCS/Antenna 3

Barrett, Karen Lawton (USA)
Cheated Hearts (1990) (*Wilde Herzen* 1992) (Roman) R: Horman, Sherry; DB: Horman, Sherry; FT: Leise Schatten (1992); KF: BRD

Barrie, James Matthew Sir (GB 1860–1937)
The Twelve Pound Look (1910) (Komödie) R: Haaf, Wilm ten; FT: Der entscheidende Augenblick (1957); TV: BRD/ARD/BR
Mary Rose (1920) (dt. 1920) (Schauspiel) R: Neumann, Martin; FT: Rosalinde (1957); TV: BRD/ARD/NWRV Hamburg
Alice, Sitbythe-Fire (1905) (Märchenspiel) R: Verhoeven, Paul; FT: Froher Herbst des Lebens (1961); TV: BRD/ARD/BR
Mary Rose (1920) (dt. 1920) (Schauspiel) R: Rothe, Edward; FT: Mary Rose (1961); TV: BRD/ARD/WDR
Peter Pan (1904) (dt. 1911) (Märchenspiel) R: Verhoeven, Paul; DB: Verhoeven, Paul; FT: Peter Pan (1962); TV: BRD/ARD/Bavaria

Bartlett, Vernon (GB 1894–)
Calf Love (1929) (*Backfischliebe*) (Roman) R: Hädrich, Rolf; FT: Backfischliebe (1985); TV: BRD/ARD/NDR/WDR

Bartos-Höppner, Barbara (BRD 1923–)
(Erzählung) R: Dahlen, Armin; DB: Dahlen, Armin; FT: Ab nach Nazareth (1984); TV: BRD/ZDF
(Erzählung) R: Dahlen, Armin; DB: Dahlen, Armin; FT: Auf nach Bethlehem (1984); TV: BRD/ZDF

Bartsch, Rudolf Hans (AUST 1873–1952)
Schwammerl (1912) (*Schubertroman*) (Roman) R: Marischka, Ernst; DB: Marischka, Ernst; FT: Das Dreimäderlhaus (1958); KF: AUST

Barylli, Gabriel (AUST 1957–)
Butterbrot (1986) (Schauspiel) R: Barylli, Gabriel; DB: Barylli, Gabriel; FT: Butterbrot (1990); KF: BRD/Günter Rohrbach für Bavaria/Iduna Film
Honigmond (1990) (> Roman (1995)) (Komödie) R: Barylli, Gabriel; DB: Barylli, Gabriel; Hartmann, Tinka; Vogel, Ute; FT: Honigmond (1996); KF: BRD/Roxy/MTM Cineteve/Pro7

Baschow, Pavel P. (SU 1879–1950)
(Märchenspiel) R: Harbort, Christine; DB: Schunk-Föhr, Ingrid; FT: Die schwarzgoldene Schlange (1988); TV: DDR/DDR1

Bassani, Giorgio (IT 1916–)
Il giardino dei Finzi Contini (1962) (*Der Garten der Finzi Contini* 1963) (Roman) R: Sica, Vittorio De; DB: Bonicelli, Vittorio; Pirro, Ugo; FT: Der Garten der Finzi Contini (1970); KF: BRD/IT

Bassewitz, Gerdt von (DTL 1878–1923)
Peterchens Mondfahrt (1912) (Märchen) R: Urchs, Wolfgang; DB: Urchs, Wolfgang; FT: Peterchens Mondfahrt (1990); KF: BRD/Televersal/Iduna/TC Filmstudio/ZDF
Peterchens Mondfahrt (1912) (Märchen) (Zeichentrick) R: Urchs, Wolfgang; DB: Urchs, Wolfgang; FT: Peterchens Mondfahrt (1990); KF: BRD

Bastian-Klinger, Vineta (BRD 1902–)
Paradies der Matrosen (Roman) R: Reinl, Harald; DB: Braun, Curt Johannes; Weiss, Helmut; FT: Paradies der Matrosen (1959); KF: BRD/Kurt Ulrich Produktion

Bauer, Josef Martin (BRD 1901–1970)
So weit die Füße tragen (1955) (Roman) R: Umgelter, Fritz; FT: So weit die Füße tragen (6 Teile) (1959); TV: BRD/ARD/BR
Die Reise nach Steiermark (1971) (Hörspiel) R: Grädler, Theodor; DB: Bauer, Josef Martin; FT: Die Reise nach Steiermark (1965); TV: BRD/ARD/BR

Bauer, Wolfgang (AUST 1941–)
Change (1969) (Schauspiel) R: Wirth, Franz Peter; FT: Change (1971); TV: BRD/ARD/Bavaria
Magic Afternoon (1969) (Schauspiel) R: Bauer, Wolfgang; FT: Magic Afternoon (1971); TV: BRD/ARD/WDR
Change (1969) (Schauspiel) R: Fischerauer, Bernd; DB: Bauer, Wolfgang; Fischerauer, Bernd; FT: Change (1974); KF: BRD
Der Fieberkopf (1967) (Roman) R: Homschak, Claus; DB: Homschak, Claus; FT: Fieberkopf. Roman in Briefen (1975); TV: AUST/ORF

Baum, Vicki (AUST 1888–1960)
Das Joch (1931) (Erzählung) R: Reinert, Emil Edwin; Zimmermann, Franz; DB: Kröhnke, Erich; Reinert, Emil Edwin; Simmel, Johannes Mario; FT: Verträumte Tage (1950); KF: BRD/FR
Stud. Chem. Helene Willfüer (1929) (Roman) R: Jugert, Rudolf; DB: Kohner, Frederick (= Köllner, Hans F.); FT: Studentin Helene Willfüer (1955); KF: BRD/CCC Filmkunst GmbH
Vor Rehen wird gewarnt (1952) (Roman) R: Hächler, Horst; DB: Schwarzer, Philipp (= Huth, Jochen); FT: Liebe (1956); KF: BRD/IT/CCC Filmkunst GmbH
Menschen im Hotel (1929) (Roman) R: Reinhardt, Gottfried; DB: Fodor, Ladislas; Jacoby, Hans; FT: Menschen im Hotel (1959); KF: BRD/FR/CCC Filmkunst GmbH/Modernes

Pariser Platz 13 (1931) (Komödie) R: York, Eugen; FT: Haus der Schönheit (1963); TV: BRD/ARD/SWF

Rendezvous in Paris (1951) (< Das große Einmaleins (1935)) (Roman) R: Kubach, Gabi; DB: Kubach, Gabi; FT: Rendezvous in Paris (1982); KF: BRD/ARD/SDR

Die goldenen Schuhe (1958) (Roman) R: Haugk, Dietrich; FT: Die goldenen Schuhe (5 Teile) (1983); TV: BRD/ZDF

Hell in Frauensee (1927) (Roman) R: Panzer, Wolfgang; DB: Bieler, Manfred; FT: Hell in Frauensee (1983); TV: BRD/FR/CH/ARD/SDR

Rendezvous in Paris (1951) (< Das große Einmaleins (1935)) (Roman) R: Haugk, Dietrich; FT: Rendezvous in Paris (1983); TV: BRD/ZDF

Hotel Shanghai (1939) (Roman) R: Patzak, Peter; DB: Vagenshtain, Angel; FT: Shanghai 1937 (1996); TV: AUST/Durniok Produktion/Shanghai Film Studio

Baumert, Walter (DDR 1929–)

Schau auf die Erde: die Jugend des Friedrich Engels (1981) (Roman) R: Wekwerth, Peter; DB: Baumert, Walter; FT: Flug des Falken (1985; 4 Teile); TV: DDR

Baumgarten, Harald (BRD 1890–)

Oberarzt Dr. Solm (1954) (Roman) R: May, Paul; DB: Heuser, Kurt; Lotz-Dupont, Ilse; FT: Oberarzt Dr. Solm (1954); KF: BRD/Delos Film

Bayard, Jean-François (FR 1796–1853) & **Donizetti, Gaetano** (IT 1797–1848) & **Saint-Georges, Henri** (FR 1801–1875)

La fille du régiment (1840) (*Die Regimentstochter*) (Oper) (Libretto von Bayard und Saint-Georges) R: Klaren, Georg C.; DB: Göbel, Margarethe; Klaren, Georg C.; FT: Die Regimentstochter (1953); KF: AUST

Bayer, Ingeborg (BRD 1927–)

David und Dorothee (1977) (Jugenderzählung) R: Krippendorf, Klaus-Peter; FT: David und Dorothee (1979); TV: BRD/ARD/SFB

Bayer, Konrad (AUST 1932–1964)

(Texte) R: Radax, Ferry; DB: Radax, Ferry; FT: Am Rand (1961/63); KF: AUST

Der Kopf des Vitus Behring (1963) (Erzählung) R: Radax, Ferry; DB: Radax, Ferry; FT: Der Kopf des Vitus Behring (1970); TV: BRD/ARD/WDR

Thorstein (Erzählung) R: Radax, Ferry; DB: Radax, Ferry; FT: Berg Berg (1972); TV: BRD/ARD/WDR/SFB

Stille Nacht, heilige Nacht (1962) (Erzählung) R: Homschak, Claus; FT: Ein heiliger Abend (1980); TV: AUST/ORF

Der Kopf des Vitus Behring (1963) (Erzählung) R: Renner, Ulrike; DB: Renner, Ulrike; FT: Der Kopf des Vitus Behring (1983); KF: AUST

Beaty, David (GB 1919–)

The Siren Song (1964) (*Sirenengesang* 1965) (Roman) R: Doniol-Valcroze, Jacques; DB: Doniol-Valcroze, Jacques; FT: Sirenengesang (1974); TV: BRD/ARD/WDR

(Roman) R: Doniol-Valcroze, Jacques; DB: Doniol-Valcroze, Jacques; FT: Opfer der Leidenschaft (1976); KF: BRD/FR

Beaumarchais, Pierre Augustin Caron de (FR 1732–1799)

La folle journée ou le mariage de Figaro (1785) (dt. 1906) (Komödie) R: Schuh, Oscar Fritz; FT: Ein toller Tag (1945); KF: DTL

La folle journée ou le mariage de Figaro (1785) (dt. 1906) (Komödie) R: Erfurth, Ulrich; DB: Erfurth, Ulrich; FT: Der tolle Tag (1962); TV: BRD/ARD/HR

Beaumarchais, Pierre Augustin Caron de (FR 1732–1799) & **Da Ponte, Lorenzo** (IT 1749–1838) & **Mozart, Wolfgang Amadeus** (AUST 1756–1791)

Nozze di Figaro (1786) (*Figaros Hochzeit* 1880) (Oper) R: Wildhagen, Georg; DB: Wildhagen, Georg; FT: Figaros Hochzeit (1949); KF: DDR/DEFA

Beaumarchais, Pierre Augustin Caron de (FR 1732–1799) & **Salieri, Antonio** (IT 1750–1825)

Tarare (1787) (Oper) R: Martinoty, Jean-Louis; FT: Tarare (1989); TV: BRD/ARD/S3/SDR

Beauvoir, Simone de (FR 1908–1986)

La femme rompue (1967) (*Eine gebrochene Frau* 1969) (Roman) R: Guthke, Frank; DB: Loewe, Elke; FT: Weil's solche Liebe nicht tagtäglich gibt (1986); TV: BRD/ZDF

Becher, Johannes R. (DDR 1891–1958)

Das Führerbild (1946) (> Der Weg nach Füssen (1953)) (Schauspiel) R: Bornemann, Fritz; DB: Bornemann, Fritz; FT: Der Weg nach Füssen (1962); TV: DDR

Die Winterschlacht (1953) (Schauspiel) R: Bornemann, Fritz; DB: Bornemann, Fritz; FT: Die Winterschlacht (1963); TV: DDR

Abschied (1940) (Autobiographie) R: Günther, Egon; DB: Günther, Egon; Kunert, Günter; FT: Abschied (1968); KF: DDR/DEFA

Becher, Ulrich (BRD 1910–1990)
Mademoiselle Löwenzorn (1953) (Komödie) R: Klingenberg, Gerhard; DB: Klingenberg, Gerhard; FT: Mademoiselle Löwenzorn (1965); TV: BRD/ARD/WDR
Samba (1950) (Schauspiel) R: Dieterle, William; DB: Davy, Walter; FT: Samba (1966); TV: BRD/ARD/NDR
Feuerwasser (1951) (Roman) R: Staudte, Wolfgang; FT: Feuerwasser (1977/78); TV: BRD/ZDF

Becher, Ulrich (BRD 1910–1990) & **Preses, Peter** (AUST 1907–1961)
Der Bockerer (1946) (Komödie) R: Kehlmann, Michael; FT: Der Bockerer. Ein dramatisches Possenspiel (1963); TV: AUST/ORF/BRD/ARD/BR
Der Bockerer (1946) (Komödie) R: Antel, Franz; DB: Artmann, H. C.; Nachmann, Kurt; FT: Der Bockerer (1981); KF: BRD/AUST/TIT München/Neue Delta Wien
Der Bockerer (1946) (Schauspiel) R: Antel, Franz; DB: Antel, Franz; Becher, Martin; Ferolli, Beatrice; Pritil, Wilhelm; Szokoll, Carl; FT: Der Bockerer II - Österreich ist frei (1996); KF: AUST/Dieter Prochlatko für epo/Terra
Der Bockerer (1946) (Schauspiel) R: Antel, Franz; DB: Antel, Franz; FT: Der Bockerer III - Die Brücke von Andau (2000); KF: AUST

Becker, Jurek (DDR 1937–1997)
Jakob der Lügner (1969) (Roman) R: Beyer, Frank; DB: Becker, Jurek; Beyer, Frank; FT: Jakob der Lügner (1974); KF: DDR/Barrandov/DEFA
Der Boxer (1976) (Roman) R: Fruchtmann, Karl; FT: Der Boxer (1980); TV: BRD/ZDF
Schlaflose Tage (1978) (Roman) R: Klante, Diethard; DB: Klante, Diethard; FT: Schlaflose Tage (1982); TV: BRD/ARD/BR
Bronsteins Kinder (1986) (Roman) R: Kawalerowicz, Jerzy; DB: Kawalerowicz, Jerzy; FT: Bronsteins Kinder (1990); KF: BRD/Novafilm Fernsehproduktion/ZDF
Schlaflose Tage (1978) (Roman) DB: Becker, Jurek; FT: Schlaflose Tage (1991); TV: BRD
Die Mauer (1994) (Erzählung) R: Beyer, Frank; DB: Becker, Jurek; FT: Wenn alle Deutschen schlafen (1994); TV: BRD/ZDF

Becker, Marta (BRD 1912–)
Mijnheer hat lauter Töchter (1962) (Jugendbuch) R: Vogeler, Volker; DB: Houwer, Rob; FT: Mijnheer hat lauter Töchter (1968); TV: BRD/ARD/WDR

Becker, Miriam (BRD)
Tödlicher Freispruch: der erste Roman zur Serie im ZDF (1998) (Roman) (Roman zur Serie) R: Odermatt, Urs; Serafini, Marco; DB: Becker, Miriam; FT: Anwältin Lisa Falk: Eine Frau für alle Fälle (1997-98); TV: BRD/Aspekt Telefilm-Produktion GmbH/ZDF
Gefährliche Liebe: der zweite Roman zur Serie im ZDF (1998) (Roman) (Roman zur Serie) R: Odermatt, Urs; Serafini, Marco; DB: Becker, Miriam; FT: Anwältin Lisa Falk: Eine Frau für alle Fälle (1997-98); TV: BRD/Aspekt Telefilm-Produktion GmbH/ZDF
Drei mit Herz: Claudias Geschichte (1999) (Roman) (Roman zur Serie) R: Gies, Hajo; Gies, Martin; Kratz, Käthe; DB: Becker, Miriam; FT: Drei mit Herz (1999); TV: BRD/ARD
Drei mit Herz: Evas Geschichte (1999) (Roman) (Roman zur Serie) R: Gies, Hajo; Gies, Martin; Kratz, Käthe; DB: Becker, Miriam; FT: Drei mit Herz (1999); TV: BRD/ARD
Drei mit Herz: Brittas Geschichte (1999) (Roman) (Roman zur Serie) R: Gies, Hajo; Gies, Martin; Kratz, Käthe; DB: Becker, Miriam; FT: Drei mit Herz (1999); TV: BRD/ARD

Becker, Rolf (BRD 1923–)
Gestatten - mein Name ist Cox (1954) (> Kriminalroman (1960)) (Hörspiel) R: Jacoby, Georg; DB: Jacoby, Georg; Wedekind, Joachim; FT: Gestatten, mein Name ist Cox (1954); KF: BRD

Becker, Rolf A. (BRD)
Marienhof (1992) (Roman) (Roman zur Serie) R: Braun, Bettina; Grieser, Johannes; Haimrich, Raoul W.; Klingenfuss, Rainer; Krää, Günther; Lang, Carl; Roitzheim, Tanja; Schäfer, Johannes; Schlotterbeck, Dieter; Wagner, Hannes; Wiedl, Alexander; Zimmermann, Peter; FT: Marienhof (1992); TV: BRD/Bavaria
Harry & Sunny (1993) (Roman) R: Haugk, Dietrich; FT: Harry & Sunny (1993); TV: BRD

Becker-Riepen, Rolf O. (BRD)
Leichte Beute (1970) (Roman) R: Rabenalt, Arthur Maria; DB: Olsen, Rolf; Rieger, Arthur; FT: Haie an Bord (1970); KF: BRD

Beckett, Samuel (IRL 1906–1989)
En attendant Godot (1952) (*Warten auf Godot* 1954) (Schauspiel) R: Hädrich, Rolf; DB: Epple, Kuno; FT: Warten auf Godot (1963); TV: BRD/ARD/HR

Play (1963) (*Spiel* 1963) (Schauspiel) R: Fruchtmann, Karl; FT: Spiel (1965); TV: BRD/ARD/RB

He Joe (1966) (*He Joe* 1968) (Schauspiel) R: Beckett, Samuel; FT: He Joe (1979); TV: BRD/ARD/SDR

Quad (1992) (*Quadrat* 1996) (< Drehbuch) (Schauspiel) R: Beckett, Samuel; FT: Quadrat I + II (1981); TV: BRD/ARD/SDR

Mercier et Camier (1970) (*Mercier und Camier* 1972) (Roman) R: Bertram, Christian; FT: Mercier und Camier (1983); TV: BRD/ARD/N3/SFB

Nacht und Träume (1983) (< Drehbuch) (Schauspiel) R: Beckett, Samuel; FT: Nacht und Träume (1983); TV: BRD/ARD/SDR

He Joe (1966) (Schauspiel) R: Asmus, Walter D.; FT: Drei Spiele von Samuel Beckett (1990); TV: BRD/ARD/SDR/1Plus

Rockaby (1981) (Schauspiel) R: Asmus, Walter D.; FT: Drei Spiele von Samuel Beckett (1990); TV: BRD/ARD/SDR/1Plus

Footfalls (1976) (Schauspiel) R: Asmus, Walter D.; FT: Drei Spiele von Samuel Beckett (1990); TV: BRD/ARD/SDR/1Plus

Beckmann, Heinz (DDR 1907–)

Kindersegen heißt sich regen (Schauspiel) R: Kulosa, Christa; FT: Kindersegen heißt sich regen (1980); TV: DDR

Becque, Henri (FR 1837–1899)

La Parisienne (1885) (dt. 1901) (Musikkomödie) R: Steckel, Leonard; FT: Die Pariserin (1959); TV: BRD/ARD/SFB

Bedford, Sybille (GB 1911–)

A Legacy (1956) (*Das Legat* 1964) (Roman) R: Rilla, Walter; DB: Frenes, Alix du; FT: Das Vermächtnis (1969); TV: BRD/ARD/BR

Beer, Otto F. (AUST 1910–) & **Preses, Peter** (AUST 1907–1961)

Man ist nur zweimal jung (1956) (Komödie) R: Weiss, Helmut; DB: Neumeister, Wolf; FT: Man ist nur zweimal jung (1958); TV: AUST/Excelsior Film/Wiener Mundus-Film

Beethoven, Ludwig van (DTL 1770–1827) & **Bouilly, Jean Nicolas** (FR 1763–1842) & **Sonnleithner, Joseph** (DTL 1766–1835) & **Treitschke, Friedrich** (DTL 1770–1842)

Fidelio (1814) (Oper) R: Felsenstein, Walter; DB: Eisler, Hanns; Felsenstein, Walter; FT: Fidelio (1955); KF: AUST

Behan, Brendan (IRL 1923–1964)

A Garden Party (1967) (*Eine Garten-Party* 1983) (Hörspiel) R: Jung-Alsen, Kurt; FT: Gartenparty (1972); TV: DDR/DDR1

Behrman, Samuel Nathaniel (USA 1893–1973)

Biography (1933) (dt. 1948) (Komödie) R: Schroth, Carl-Heinz; FT: Biographie und Liebe (1961); TV: BRD/ARD/WDR

No Time for Comedy (1939) (*Der Elfenbeinturm* 1947) (Komödie) R: Wild, Franz Josef; FT: Keine Zeit für Komödie (Der Elfenbeinturm) (1961); TV: BRD/ARD/BR

Békefi, István (Stephan) (HU) & **Stella, Adorján** (HU)

(*Die unentschuldigte Stunde*) (Komödie) R: Kutschera, Rolf; DB: Zander, Helmut; FT: Unentschuldigte Stunde (1957); TV: BRD/ARD/NWRV Hamburg

(*Die unentschuldigte Stunde*) (Komödie) R: Forst, Willi; DB: Forst, Willi; Nachmann, Kurt; FT: Die unentschuldigte Stunde (1957); KF: AUST

(Schauspiel) R: Käutner, Helmut; FT: Tagebuch eines Frauenmörders (1969); TV: BRD/ARD/SFB

Beleites, Edith (BRD 1953–)

Die Sturzflieger (1994) (Roman) R: Bringmann, Peter F.; DB: Seelig, Matthias; FT: Die Sturzflieger (1995); KF: BRD/Bavaria/ARD/WDR

Vatertag (1996) (Roman) R: Horman, Sherry; DB: Hopkins, Kit; FT: Irren ist männlich (1996); KF: BRD/Hager Moss Film KG/Pro7

Männerpension (1996) (Roman) R: Buck, Detlev; DB: Buck, Detlev; Theophil, Eckhard; FT: Männerpension (1996); KF: BRD/Boje Buck Produktion GmbH/ARD/WDR

Widows - Erst die Ehe, dann das Vergnügen (1998) (Roman) (Roman zum Film) R: Horman, Sherry; DB: Hopkins, Kit; FT: Widows - Erst die Ehe, dann das Vergnügen (1998); KF: BRD/Hager Moss Film KG

2 Männer, 2 Frauen - 4 Probleme (1998) (Roman) (Roman zum Film) R: Naefe, Vivian; DB: Fürstenberg, Molly von; Jago, Barbara; Kärger, Walter; Katz, Pamela; FT: 2 Männer, 2 Frauen - 4 Probleme!? (1998); KF: BRD/Olga Film GmbH/ZDF

Beleites, Edith (BRD 1953–) & **Pfannenschmidt, Christian** (BRD 1953–)

Hotel Elfie (2000) (Roman) (Roman zur Serie) R: Kabisch, Christine; DB: Pfannenschmidt, Christian; FT: Hotel Elfie (1999); TV: BRD/ZDF

Belicke, Kurt (DDR, BRD 1929–)
Das Hochzeitskleid war tintenblau (Hörspiel) R: Respondek, Gerhard; DB: Belicke, Kurt; FT: Das Hochzeitskleid war tintenblau (1972); TV: DDR/DDR1

Bell, Neal (USA)
Two Small Bodies (1980) (Kriminalstück) R: B, Beth (= Billingsly, Beth); DB: B., Beth (= Billingsly, Beth); Bell, Neal; FT: Zwei Körper (1993); TV: BRD/Daniel Zuta Filmprod./Samsa/ZDF/arte

Bellow, Saul (USA 1915–)
(*Das Mahl/Orangensoufflé*) (Schauspiel) R: Löbe, Horst; FT: Das Mahl/Orangen-Soufflé (1968); TV: BRD/N3/RB
(Schauspiel) R: Tausig, Otto; FT: Von unten hervor (1969); TV: BRD/ARD/WDR

Benatzky, Ralph (AUST 1884–1957)
Bezauberndes Fräulein (1933) (Musikkomödie) R: Thomalla, Georg; DB: Bastian-Klinger, Vineta; Dortenwald, Rudolf; FT: Bezauberndes Fräulein (1953); TV: BRD/Algefa

Benatzky, Ralph (AUST 1884–1957) & **Berr, Georges** (FR 1867–1942) & **Verneuil, Louis (= Bocage, Louis Colin du)** (FR 1893–1952)
Ma soeur et moi (1931) (*Meine Schwester und ich* 1930) (Komödie) R: Martin, Paul; DB: Companéez, Jacques; Neubach, Ernst; Than, Joseph; FT: Meine Schwester und ich (1954); KF: BRD/CCC Filmkunst GmbH
Les Chantrels (Komödie) R: Jankó, Ilo von; DB: Jankó, Ilo von; FT: Es bleibt in der Familie (1958); TV: BRD/ARD/HR
Affairs of State (1952) (Komödie) R: Collande, Volker von; FT: Staatsaffairen (1961); TV: BRD/ARD/HR
Les Chantrels (Komödie) R: Spier, Wolfgang; FT: Es bleibt in der Familie (1981); TV: BRD/ZDF

Benatzky, Ralph (AUST 1884–1957) & **Gilbert, Robert** (BRD 1899–) & **Müller, Hans** (AUST 1882–1950)
Im Weißen Rößl (1930) (< frei nach dem Lustspiel von Blumenthal und Kadelburg) (Komödie) R: Forst, Willi; DB: Budjuhn, Horst; Charell, Erik; FT: Im Weißen Rößl (1952); KF: BRD

Benatzky, Ralph (AUST 1884–1957) & **Hirsch, Hugo** (DTL 1884–) & **Kadelburg, Gustav** (DTL 1851–1925) & **Rebner, Arthur** (DTL –1949)
Die tolle Lola (1922) (Musikkomödie) R: Deppe, Hans; DB: Fichelscher, Walter F.; Lüthge, Bobby E.; FT: Die tolle Lola (1954); TV: BRD

Bencsik, Imre (HU)
(Komödie) R: Balsinger, Johannes; DB: Balsinger, Johannes; FT: Garantiert ungestört (1990); TV: DDR/DFF2

Bender, Ludwig (DTL 1819–1895)
Kirsch und Kern (1950) (Komödie) R: Grädler, Theodor; FT: Kirsch und Kern (1971); TV: BRD/ARD/BR

Bender, Ludwig (DTL 1819–1895) & **Kahn, Edgar** (DTL)
Spatzen in Gottes Hand (1934) (Komödie) R: Paul, Heinz; DB: Bender, Ludwig; Kahn, Edgar; FT: Spatzen in Gottes Hand (Glück aus Ohio) (1950); KF: BRD

Bendl, Edmund Josef (AUST)
Der Sonnblick ruft (1951) (Roman) R: Frowein, Eberhard; DB: Frowein, Eberhard; Prack, Josef; FT: Der Sonnblick ruft (1952); KF: BRD/AUST

Benedetti, Aldo de (ESP 1893–1970)
(Komödie) R: Wild, Franz Josef; FT: Ein Tag im April (1965); TV: BRD/ARD/BR

Benedix, Peter (AUST 1877–1954) & **Christ, Lena** (DTL 1881–1920)
Erinnerungen einer Überflüssigen (1912) (> Der Weg der Lena Christ (Roman) (1940) von Benedix, P.) (Autobiographie) R: Geissendörfer, Hans W.; DB: Geissendörfer, Hans W.; FT: Der Fall Lena Christ (1969); TV: BRD/ARD/BR

Benes, Jara (AUST 1897–1949) & **Tolarski, Viktor** (AUST)
Auf der grünen Wiese (1936) (Operette) R: Böttger, Fritz; DB: Fischer, Hanns H.; FT: Auf der grünen Wiese (1953); KF: AUST
Auf der grünen Wiese (1936) (Operette) R: Zbonek, Edwin; DB: Weiser, Elly; FT: Auf der grünen Wiese (1971); TV: BRD/AUST/ZDF/ORF

Ben-Gavriel, Mosche, Y. (ISR 1891–1965)
Das Haus in der Karpfengasse (1958) (Roman) R: Hoffmann, Kurt; DB: Angermann, Gerd; FT: Das Haus in der Karpfengasse (1964); KF: BRD/Independent Film
Das Haus in der Karpfengasse (1958) (Roman) R: Wirth, Franz Peter; DB: Angermann, Gerd; FT: Das Haus in der Karpfengasse (3 Teile) (1965); TV: BRD/ARD

BenGershôm, Ezra (= König, Joel) (ISR 1922–)
Den Netzen entronnen. Die Aufzeichnungen des Joel König (1967) (Tagebuch) R: Lilienthal, Peter; DB: Becker, Jurek; Lilienthal, Peter; Ziemann, Ulla; FT: David (1979); KF: BRD/Joachim von Vietinghoff/Pro-ject/FFAT (Peter Lilienthal)/ZDF

Benjamin, Walter (DTL 1892–1940)
Lichtenberg. Ein Querschnitt (1979) (Hörspiel) R: Franksen, Jan; FT: Lichtenberg. Ein Querschnitt (1980); TV: BRD/ARD/SFB

Bennecke, Traudel (DDR)
Der Versager (Komödie) R: Ostrowsky, Hartmut; FT: Der Versager (1979); TV: DDR

Bentin, Jenny (BRD)
Die Schule am See (1997) (Roman) (Roman zur Serie) R: Dresewski, Brigitte; FT: Die Schule am See (1997); TV: BRD

Benzoni, Juliette (FR 1920–)
Catherine (1963) (Roman) R: Borderie, Bernard; DB: Borderie, Bernard; FT: Catherine - Ein Leben für die Liebe (1968); KF: BRD/IT/FR

Berck, Marga (BRD 1875–1970)
Sommer in Lesmona (1951) (Roman) R: Beauvais, Peter; DB: Baumgart, Reinhard; FT: Sommer in Lesmona (6 Teile) (1987); TV: BRD/ARD/RB

Bergel, Pablo (ARG 1946–)
Historias de papá y amigomío (1984) (Roman) R: Chiesa, Alcides; Meerapfel, Jeanine; DB: Chiesa, Alcides; Meerapfel, Jeanine; FT: Amigomío (1993); KF: BRD/ARG/Malena Films/Telefilm Saar/ARD/WDR/NDR/SR/Chelco Producciones/arte

Bergengruen, Werner (BRD 1892–1964)
Das Feuerzeichen (1949) (Roman) R: Wisbar, Frank; DB: Bergengruen, Werner; FT: Das Feuerzeichen (1965); TV: BRD
Die drei Falken (1937) (Erzählung) R: Cap, Franz; DB: Geiger, Franz; FT: Die drei Falken (1974); TV: BRD/ARD/WDR

Berger, Josef (DTL) & **Seitz, Franz sen.** (CH)
(Schauspiel) R: Tourjansky, Viktor; DB: Külb, Karl Georg; FT: Ehe für eine Nacht (1952); KF: BRD/Allegro-Film/Ariston

Bergius, C. C. (BRD 1910–)
Heißer Sand (1961) (Roman) R: Gräwert, Günter; DB: Altmann, Georg; Willschrei, Karl Heinz; FT: Heißer Sand (1971); TV: BRD/ZDF
Nebel im Fjord der Lachse (1973) (Roman) R: Itzenplitz, Eberhard; DB: Bieler, Manfred; FT: Nebel im Fjord (1987); TV: BRD/ZDF

Bergman, Hjalmar (SVE 1883–1931)
Swedenhielms (1925) (*Der Nobelpreis* 1940) (Komödie) R: Völger, Werner; DB: Hendrich, Johannes; FT: Der Nobelpreis (1959); TV: BRD/ARD/SFB
(Erzählung) R: Siebert, Günter; DB: Besch, Lutz; FT: Der neue Talar (1961); TV: BRD/ARD/RB

Bergner, Edith (DDR, BRD 1917–) & **Zaprasis, Fotis** (DDR)
Das Mädchen mit dem roten Pullover (1975) (Kinderbuch) R: Kratzert, Hans; FT: Taubenjule (1983); KF: DDR/DEFA

Bermange, Barry (GB 1933–)
(Schauspiel) R: Biltz, Karl Peter; DB: Bermange, Barry; FT: Szenen aus dem Eheleben (1972); TV: BRD/ARD/SWF

Bernanos, Georges (FR 1888–1948)
Dialogue des Carmélites (1949) (dt. 1950) (Schauspiel) R: Wagner, Konrad; FT: Die begnadete Angst (1958); TV: BRD/ARD/NWRV

Bernard, Marc (FR 1900–1983)
Le carafon (1961) (Schauspiel) R: Semmelroth, Wilhelm; FT: Nur eine Karaffe ... (1962); TV: BRD/ARD/WDR

Bernard-Luc, Jean (FR)
Hibernatus (1957) (*Der Winterschläfer* 1960) (Komödie) R: Goslar, Jürgen; DB: Goslar, Jürgen; FT: Der Winterschläfer (1959); TV: BRD/ARD/BR

Bernauer, Rudolf (AUST 1880–1953)
Wie einst im Mai (1914) (Musikkomödie) R: Engel, Thomas; DB: Kudritzki, Horst; FT: Wie einst im Mai (1961); TV: BRD/ARD/SFB

Berndorff, Hans Rudolf (BRD 1895–1963)
Shiva und die Galgenblume (1943) (Kriminalroman) (aus altem Material neu zusammengest. u. synchron.) R: Andres, Hans Georg; Steinhoff, Hans; DB: Andres, Hans Georg; Krützen, Michaela; Steinhoff, Hans; FT: Shiva und die Galgenblume (1945/93); KF: DTL/BRD/Lichtblick/arte/ZDF
Cancan und großer Zapfenstreich (1962) (Roman) R: Thiele, Rolf; DB: Laforet, Georg (= Seitz, Franz); Lotz-Dupont, Ilse; FT: Das schwarzweiß-rote Himmelbett (1962); KF: BRD/Franz Seitz Film

Bernhard, Thomas (AUST 1931–1989)
Der Italiener. Fragment (1971) (Erzählung) R: Radax, Ferry; DB: Bernhard, Thomas; Radax, Ferry; Vandenberg, Gerard; FT: Der Italiener. Ein Film (1971); TV: BRD/ARD/WDR
Der Kulterer (1967) (Erzählung) R: Jasny, Vojtech; DB: Jasny, Vojtech; FT: Der Kulterer (1974); TV: AUST/BRD/ORF/ZDF

Bernhardy, Werner (DDR, BRD)
Ein Polterabend (Komödie) R: Bois, Curt; DB: Bernhardy, Werner; Bois, Curt; FT: Ein Polterabend (1955); KF: DDR/DEFA

Bernstein, Henry (FR 1876–1953)
Melo (1929) (Schauspiel) R: Baky, Josef von; DB: Czinner, Paul; Mayer, Carl; Sibelius, Johanna; FT: Der träumende Mund (1952); KF: BRD

Berthold, Will (= Gimpel, Erich) (BRD 1910–)
Spion für Deutschland (1956) (Roman) R: Klingler, Werner; DB: Reinecker, Herbert (= Berg, Alex); FT: Spion für Deutschland (1956); KF: BRD/Berolina
Kreuzer Pommern (1959) (Roman) R: Meisel, Kurt; FT: Kriegsgericht (1959); KF: BRD
Nachts wenn der Teufel kam (1959) (Roman) R: Siodmak, Robert; DB: Lüddecke, Werner Jörg; FT: Nachts wenn der Teufel kam (1959); KF: BRD
Division Brandenburg: Die Haustruppe des Admiral Canaris (1960) (Roman) R: Philipp, Harald; DB: Philipp, Harald; FT: Division Brandenburg (1960); KF: BRD/Union-Film

Beseler, Horst (DDR, BRD 1925–)
Die Linde vor Priebes Haus (1970) (Erzählung) R: Hattop, Karola; DB: Klein, Rosel; Rank, Heiner; FT: Die Dorflinde (1980); TV: DDR
Tiefer blauer See (1976) (Erzählung) R: Noczynski, Fred; FT: Tiefer blauer See (1981); TV: DDR
Tule Hinrichs Sofa (1981) (Roman) R: Unger, Michael; FT: Tule Hinrichs Sofa (1983); TV: DDR

Beste, Konrad (BRD 1890–1958)
Das vergnügliche Leben der Doktorin Löhnefink (1934) (Erzählung) R: Verhoeven, Paul; DB: Lustig, Carl Friedrich; FT: Dieser Mann gehört mir (1950); KF: BRD

Betti, Ugo (IT 1892–1953)
Corruzione al Palazzo di Giustizia (1944) (*Korruption im Justizpalast* 1950) (Schauspiel) R: Wirth, Franz Peter; DB: Gottschalk, Hans; Wirth, Franz Peter; FT: Korruption (1957); TV: BRD/ARD/SDR
Il giocatore (1953) (Schauspiel) R: Cella, Ettore; FT: Der Spieler (1962); TV: BRD/ARD/DRS

Betz, Martin (AUST 1964–)
(Dialog) R: Svoboda, Antonin; DB: Betz, Martin; Svoboda, Antonin; FT: Betongräser (1995); KF: AUST/

Beuchler, Klaus (DDR 1926–)
Pirat mit Hindernissen (1974) (Jugendbuch) R: Hübner, Wolfgang; DB: Beuchler, Klaus; Rodrian, Fred; FT: Pirat mit Hindernissen (1975); TV: DDR
Jan Oppen: eine Berliner Familiengeschichte (1983) (Jugendroman) R: Hattop, Karola; DB: Beuchler, Klaus; Hattop, Karola; FT: Jan Oppen (1987); TV: DDR/DDR1

Beyerlein, Franz Adam (DTL 1871–1949)
Der Zapfenstreich (1903) (Schauspiel) R: Hurdalek, Georg; DB: Heuser, Kurt; Hurdalek, Georg; FT: Der große Zapfenstreich (1952); KF: BRD

Bielen, Otto Karl Stephan (AUST 1900–)
Das kleine Bezirksgericht (Komödie) R: Glück, Wolfgang; FT: Das kleine Bezirksgericht (1961); TV: AUST/ORF

Bieler, Manfred (BRD 1934–)
Drei Rosen aus Papier (1970) (Hörspiel) R: Lauterbach, Ulrich; DB: Bieler, Manfred; FT: Drei Rosen aus Papier (1967); TV: BRD/ARD/HR
Der junge Roth (1968) (Erzählung) R: Wolffhardt, Rainer; DB: Bieler, Manfred; FT: Der junge Roth (1969); TV: BRD/ZDF
Der junge Roth (1968) (Erzählung) R: Staudte, Wolfgang; DB: Bieler, Manfred; FT: Die Person (1970); TV: BRD/ARD/WDR
Das Kaninchen bin ich (1962) (> Maria Morzeck oder Das Kaninchen bin ich (1969)) (Roman) R: Maetzig, Kurt; DB: Bieler, Manfred; Maetzig, Kurt; FT: Das Kaninchen bin ich (1972); KF: DDR/DEFA
Maria Morzeck oder Das Kaninchen bin ich (1969) (Roman) R: Flick, Horst G.; DB: Hedrich, Johannes; FT: Maria Morzeck. Ein Mädchen aus Ost-Berlin (1976); TV: BRD/ZDF

Der Mädchenkrieg (1975) (Roman) R: Brustellin, Alf; Sinkel, Bernhard; DB: Brustellin, Alf; Sinkel, Bernhard; FT: Der Mädchenkrieg (1977); KF: BRD

Bienek, Horst (BRD 1930–1990)

Die erste Polka (1979) (Roman) R: Emmerich, Klaus; DB: Krapp, Helmut; FT: Die erste Polka (1978); KF: BRD

Königswald oder Die letzte Geschichte (1984) (Erzählung) R: Schamoni, Peter; DB: Bienek, Horst; Schamoni, Peter; FT: Die letzte Geschichte von Schloß Königswald (1990); TV: BRD/ZDF

Bienek, Horst (BRD 1930–1990) & **Grabner, Hasso** (DDR)

Die Zelle (1968) (Roman) R: Bienek, Horst; DB: Bienek, Horst; FT: Die Zelle (1971); KF: BRD

Die Zelle (1968) (Roman) R: Deutsch, Peter; DB: Pederzani, Hans-Albert; FT: Auftrag für M+S (1977); TV: DDR

Bierce, Ambrose (USA 1842–1914)

(1891) (Erzählung) R: Sander, Ingrid; FT: Auf's Horn genommen (1973); TV: DDR

One of the Missing (1891) (*Tales of Soldiers and Civilians*) (Erzählung) R: Kramberg, Karl-Heinz; FT: Einer von den Vermißten (1984); TV: BRD/ARD/BR

Biernath, Horst (BRD 1905–1978)

Vater sein dagegen sehr (1953) (Roman) R: Meisel, Kurt; DB: Jacoby, Hans; FT: Vater sein dagegen sehr (1957); KF: BRD

Biesalski, Kurt (DDR, BRD 1935–)

Mann gegen Mann (1976) (Erzählung) R: Maetzig, Kurt; DB: Pfeiffer, Anne; FT: Mann gegen Mann (1974/75); KF: DDR/DEFA

Letzte Liebe (1986) (Erzählung) R: Witte, Udo; FT: Mama mia (1987); TV: DDR/DDR1

Bilenkin, Dimitrii (SU)

(Erzählung) R: Ehlers, Jens Carl; FT: Flugfieber (1988); TV: BRD/ARD/WDR

Bilhaud, Paul (FR 1854–1933)

Les dragées d'Hercules (1883) (*Herkulespillen*) (Schauspiel) R: Günther, Michael; FT: Herkulespillen (1980); TV: BRD/ZDF

Biller, Gerhard (BRD)

Königliches Abenteuer (Komödie) R: Hess, Joachim; FT: Königliches Abenteuer (1966); TV: BRD/ARD/SWF

Billetdoux, François (FR 1927–1991)

Va donc chez Tèrpe (1961) (Schauspiel) R: Lietzau, Hans; FT: Dann geh zu Thorp (1964); TV: BRD/ARD/BR

Billinger, Richard (AUST 1890–1965)

Die Bauernpassion (1955) (> Schauspiel (1960)) (Hörspiel) R: Lippl, Alois Johannes; DB: Zillig, Winfried; FT: Die Bauernpassion. Ein Osterspiel (1955); TV: BRD/ARD/BR

(Erzählung) R: Weiss, Helmut; DB: Neumeister, Wolf; FT: Auf Wiedersehn am blauen Meer (1961); KF: BRD

Rauhnacht (1931) (Schauspiel) R: Weise, Klaus; FT: Rauhnacht (1985); TV: BRD/ZDF

Rosse (1931) (Schauspiel) R: Baier, Jo; DB: Baier, Jo; FT: Rosse (1988); TV: BRD/ARD/BR

Binding, Rudolf G. (DTL 1867–1938)

Moselfahrt aus Liebeskummer (Erzählung) R: Hoffmann, Kurt; DB: Lotz-Dupont, Ilse; FT: Moselfahrt aus Liebeskummer (1953); KF: BRD

Die Perle (1938) (Erzählung) R: Schleif, Wolfgang; DB: Scheschkewitz, Jürgen; FT: Die Perle (1977); TV: BRD/ARD/HR

Bingham, Charlotte (GB 1942–)

To Hear a Nightingale (1988) (*Flieg mit dem Wind* 1991) (Roman) R: Zeisberg, Karola; DB: Engelke, Barbara; FT: Rivalinnen der Liebe (Wer die Nachtigall hört) (1999); TV: BRD/ARD

Birabeau, André (FR 1890–)

(Erzählung) R: Ode, Erik; DB: Ode, Erik; FT: Eine große Liebe (1957); TV: BRD/ARD/NWRV

Fiston (1937) (*Mein Sohn, der Herr Minister* 1937) (Komödie) R: Tannert, Hannes; FT: Mein Sohn, der Herr Minister (1958); TV: BRD/ARD/SWF

Dame nature (1936) (*Das Paradies* 1964) (Schauspiel) R: Quest, Hans; FT: Das Paradies (1960); TV: BRD/ARD/NRWV Köln

Fiston (1937) (*Mein Sohn, der Herr Minister* 1937) (Komödie) R: Hauff, Eberhard; FT: Mein Sohn, der Herr Minister (1982); TV: BRD/ZDF

Bischoff, Bengta (BRD 1909–)

Das gelbe Haus am Pinnasberg (1970) (Roman) R: Vohrer, Alfred; DB: Flügel, Ernst; Vohrer, Alfred; FT: Das gelbe Haus am Pinnasberg (1970); KF: BRD

Bisson, Alexandre (FR 1848–1912)

Le député de Bompignac (1884) (Komödie) R: Preen, Joachim; DB: Asmodi, Herbert; FT: Der Abgeordnete von Bompignac (1977); TV: BRD/ZDF

Blank-Eismann, Marie (DTL 1885–)
Sissi; Schicksalsweg einer Kaiserin (1937) (Roman) R: Marischka, Ernst; DB: Marischka, Ernst; FT: Sissi (1955); KF: AUST

Blau, Edouard (FR 1836–1906) & **Offenbach, Jacques** (FR 1819–1880) & **Toché, Raoul** (FR 1850–1895)
Belle Lurette (1883) (*Die schöne Lurette*) (Operette) R: Kolditz, Gottfried; DB: Bernhardy, Werner; FT: Die schöne Lurette (1960); TV: DDR/DEFA

Blazek, Vratislav (CSR 1925–1973)
Prilis stedry vecer (1960) (*Und das am Heiligabend* 1961) (Roman) R: Reisch, Günter; DB: Kant, Hermann; FT: Ach, Du Fröhliche (1961/62); KF: DDR

Blettenberg, Detlef (BRD 1949–)
Siamesische Hunde (1987) (Kriminalroman) R: Sydow, Rolf von; DB: Sydow, Rolf von; FT: Bangkok Story (1989); TV: BRD/ Manfred Durniok Prod./ARD/BR

Blickensdorfer, Walter (CH)
(Kriminalroman) R: Michel, Max; DB: Bruggemann, Alfred; Trivas, Victor; FT: Die Heuchler (1960); KF: CH
Die Gejagten (Kriminalroman) R: Michel, Max; DB: Michel, Max; FT: Die Gejagten (1961); KF: CH

Blobel, Brigitte (BRD 1942–)
Immenhof (1993) (Roman) R: Bartmann, Stefan; Erhardt, Gero; FT: Immenhof (1994); TV: BRD
Die Unzertrennlichen (1994) (Roman) (Roman zur Serie) FT: Die Unzertrennlichen (1994); TV: BRD
Mensch, Pia! (1996) (Roman) (Roman zur Serie) R: Hattop, Karola; FT: Mensch, Pia! (1996); TV: BRD
Plötzlich ist alles anders (1997) (Roman) R: Damek, Dagmar; DB: Blobel, Brigitte; FT: Und plötzlich war alles anders (1997); TV: BRD/ZDF
Liebe, Lügen und Geheimnisse (1997) (Roman) R: Camoglio, Maria Teresa; DB: Blobel, Brigitte; FT: Liebe, Lügen und Geheimnisse (1998); TV: BRD

Bloehmer, Klaus (BRD) & **Heim, Peter** (BRD 1924–)
Wer glaubt schon an den Weihnachtsmann (Roman) R: Baky, Josef von; DB: Corbett, Gerda; Wuttig, Heinz Oskar; FT: Die Frühreifen (1957); KF: BRD/CCC Filmkunst GmbH

Bloomfield, Robert (USA 1912–)
When Strangers Meet (1956) (Kriminalroman) R: Nazzaro, Ray; Zugsmith, Albert; DB: Elkins, Michael; Hill, Robert J.; FT: Einer frißt den anderen (1963); KF: BRD/USA/IT/Ernst Neubach/Michael Arthur Films/Unione Cinematografica Internazionale

Blum, Robert (AUST 1881–1952)
Meine Schwester und ich (1927) (Musikkomödie) R: Wirth, Franz Peter; FT: Meine Schwester und ich (1956); TV: BRD/ARD/ SDR

Blyton, Enid (Mary) (GB 1896–1968)
Five on a Treasure Island (1945) (*Fünf Freunde erforschen die Schatzinsel* 1953) (Kinderbuch) R: Hedman, Katrin; DB: Hedman, Katrin; FT: Fünf Freunde in der Tinte (1970); KF: BRD/DK

Bobrowski, Johannes (DDR 1917–1965)
Levins Mühle (1964) (Roman) R: Seemann, Horst; DB: Seemann, Horst; FT: Levins Mühle (1980); KF: DDR/DEFA

Boccaccio, Giovanni (IT 1313–1375)
Decamerone (1353) (Erzählung) FT: Decameron 40 (1974); TV: DDR
Decamerone (1353) (Erzählung) (Episode aus Decamerone) R: Kramberg, Karl-Heinz; FT: Der Mann mit dem Falken (1981); TV: BRD/ARD/BR

Bock, Christian (DK 1906–)
(Hörspiel) R: Weidenmann, Alfred; DB: Reinecker, Herbert (= Berg, Alex); Weidenmann, Alfred; FT: Ich und du (1953); KF: BRD
(*Der Teufel fährt in der 3. Klasse*) (Hörspiel) R: Schröder-Jahn, Fritz; DB: Bock, Christian; FT: Der Teufel fährt in der 3. Klasse (1954); TV: BRD/ARD/NWDR Hamburg
(*Vater braucht eine Frau*) (Hörspiel) R: Schröder-Jahn, Fritz; DB: Bock, Christian; FT: Vater braucht eine Frau (1954); TV: BRD/ARD/NWDR Hamburg
(Hörspiel) R: Quest, Hans; DB: Wedekind, Joachim; FT: Das Mädchen ohne Pyjama (1957); KF: BRD

Bock, Franz Heinrich (= Hohenstein, Alexander) (BRD)
Wartheländisches Tagebuch aus den Jahren 1941/42 (1961) (Tagebuch) R: Grabe, Hans-Dieter; DB: Grabe, Hans-Dieter; FT: Er nannte sich Hohenstein (1994); TV: BRD/ZDF

Bodansky, Robert (DTL) & **Böttger, Fritz** (DTL) & **Lehár, Franz** (HU 1879–1948) & **Willner, Alfred Maria** (DTL 1859–1929)
Der Graf von Luxemburg (1909) (Operette) (Libretto von Bodansky) R: Jacobs, Werner; DB: Eser, Willibald; Joseph, Rudolph; FT: Der Graf von Luxemburg (1957); TV: BRD/CCC Filmkunst GmbH

Bodansky, Robert (DTL) & **Hardt-Warden, Bruno** (DTL) & **Stolz, Robert** (AUST 1880–1975)
Der Tanz ins Glück (1920) (Operette) R: Stöger, Alfred; DB: Belmont, Lilian; Koselka, Fritz; FT: Tanz ins Glück (1952); KF: AUST/Wiener Mundus-Film

Bodelsen, Anders (DK 1937–)
Taenk pa ett tal (1968) (Roman) R: Erler, Rainer; DB: Erler, Rainer; FT: Der Amateur (1972); TV: BRD/ARD/WDR

Boesch, Wolfgang (AUST)
Nicht einmal Klavier (1981) (Komödie) R: Pataky, Zoltan; FT: Nicht einmal Klavier (1985); TV: AUST/ORF

Boeser, Knut (BRD 1944–)
Rosa Roth (1996) (Roman) R: Rola, Carlo; DB: Boeser, Knut; FT: Rosa Roth - Lügen (1996); TV: BRD/UFA Fernsehproduktion GmbH/ZDF
Rosa Roth (1996) (Roman) R: Rola, Carlo; DB: Boeser, Knut; FT: Rosa Roth - ...Montag, 26. November (1996); TV: BRD/AUST/UFA Fernsehproduktion GmbH/ZDF/ORF

Böhmler, Rudolf (BRD)
Monte Cassino (1955) (Bericht) R: Reinl, Harald; DB: Bartsch, J. Joachim; Soltikow, Michael Graf; FT: Die grünen Teufel von Monte Cassino (1958); KF: BRD

Boileau, Pierre (FR 1906–1989)
Operation Primevère (1973) (*Leiche auf Urlaub* 1976) (Kriminalroman) R: Tögel, Hans-Jürgen; FT: Leiche auf Urlaub (1981); TV: BRD/FR/ARD/SWF/France A2

Boileau, Pierre (FR 1906–1989) & **Narcejac, Thomas** (FR 1908–)
Les visages de l'ombre (1953) (*Die Gesichter des Schattens* 1961) (Kriminalroman) R: Kühn, Kristian; DB: Carle, Heinrich; Kühn, Kristian; FT: Gesichter des Schattens (1984); TV: BRD/ZDF
Terminus (1980) (*Abschied von Lucienne* 1982) (Kriminalroman) R: Tögel, Hans-Jürgen; FT: Rückfahrt in den Tod (1986); TV: BRD/ZDF
Maléfices (1961) (*Das Geheimnis des gelben Geparden* 1962) (Kriminalroman) R: Rola, Carlo; DB: Wilhelm, Uwe; FT: Das Geheimnis des gelben Geparden (1990); TV: BRD/ZDF
L'ingénieur aimait trop les chiffres (1953) (*Die Gleichung geht nicht auf* 1983) (Kriminalroman) R: Favart, Michel; DB: Favart, Michel; Satour, Marc; FT: Die Gleichung geht nicht auf (1990); TV: BRD/FR/IT/ZDF/A2/RAI2
Champ clos (1988) (*In inniger Feindschaft* 1992) (Kriminalroman) R: Faraldo, Claude; DB: Lanteri, Mireille; Rubinstein, Béatrice; FT: In inniger Feindschaft (1990); TV: BRD/FR/ARD/SWF/FR3
La vie en miettes (1972) (*Das Leben ein Alptraum* 1974) (Kriminalroman) R: Caiano, Mario; DB: Franceschi, Sarah; FT: Das Leben ein Alptraum (1990); TV: BRD/IT/FR/ZDF/RAI2/A2
La mort a dit: peut-être (1967) (*Parfum für eine Selbstmörderin* 1969) (Kriminalroman) R: Bonnot, Alain; DB: Bonnot, Alain; FT: Parfum für eine Selbstmörderin (1990); TV: BRD/FR/ZDF/A2
Le tenaille (1975) (*Wenn eine Tote mit zwei Männern lebt* 1977) (Kriminalroman) R: Grosse, Nina; DB: Grosse, Nina; Kramm, Peter; Schütte, Oliver; FT: Tote leben nicht allein (1990); TV: BRD/FR/IT/ZDF/TF1/RAI2
Celle qui n'était plus (1952) (*Tote sollten schweigen* 1974) (Kriminalroman) R: Koralnik, Pierre; DB: Koralnik, Pierre; Madran, Philippe; FT: Böses Erwachen (1991); TV: CH/Télévision Suisse Romande

Boldt, Johannes (BRD 1885–)
(Roman) R: Cziffra, Géza von; DB: Kampendonk, Gustav; FT: Schlag auf Schlag (1958); KF: BRD

Böll, Heinrich (BRD 1917–1985)
Ein Tag wie sonst (1980) (Hörspiel) R: Götz-Pflug, Curt; DB: Götz-Pflug, Curt; FT: Ein Tag fast wie sonst (1955); TV: BRD/ARD/SFB
Bilanz (1963) (Hörspiel) R: Burmester, Gustav; FT: Stunde der Wahrheit (1958); TV: BRD/ARD/NWRV Hamburg
Das Brot der frühen Jahre (1955) (Roman) R: Vesely, Herbert; FT: Das Brot der frühen Jahre (1962); KF: BRD
Hauptstädtisches Journal (Erzählung) R: Straub, Jean-Marie; DB: Huillet, Danièle; Straub, Jean-Marie; FT: Machorka-Muff (1963); KF: BRD

Doktor Murkes gesammeltes Schweigen (1958) (Erzählung) R: Hädrich, Rolf; DB: Hädrich, Rolf; Hildebrandt, Dieter; FT: Dr. Murkes gesammeltes Schweigen (1964); TV: BRD/ARD/Dt. Verl. GmbH

Billard um halbzehn (1959) (Erzählung) R: Straub, Jean-Marie; DB: Huillet, Danièle; Straub, Jean-Marie; FT: Nicht versöhnt oder Es hilft nur Gewalt, wo Gewalt herrscht (1965); KF: BRD

(Erzählung) R: Witt, Claus Peter; FT: Wie in schlechten Romanen (1966); TV: BRD/ARD/NDR

Nicht nur zur Weihnachtszeit (1952) (Erzählung) R: Jasny, Vojtech; DB: Böll, Heinrich; FT: Nicht nur zur Weihnachtszeit (1970); TV: BRD

Ende einer Dienstfahrt (1966) (Erzählung) R: Schwarze, Hans-Dieter; DB: Giani, Alois M.; Huber, Heinrich; FT: Ende einer Dienstfahrt (1971); TV: BRD/AUST/ARD/ORF/FS2

Der Zuschlag (1970) (Erzählung) R: Vollmar, Wolf; DB: Vollmar, Wolf; FT: Der Zuschlag (1973); TV: BRD/ARD/WDR

Haus ohne Hüter (1954) (Roman) R: Wolffhardt, Rainer; DB: Christoff, Daniel; FT: Haus ohne Hüter (1975); TV: BRD/ZDF

Die verlorene Ehre der Katharina Blum (1974) (Erzählung) R: Schlöndorff, Volker; Trotta, Margarethe von; DB: Böll, Heinrich; Schlöndorff, Volker; Trotta, Margarethe von; FT: Die verlorene Ehre der Katharina Blum (1975); KF: BRD/Paramount-Orion/Bioskop/ARD/WDR

Ansichten eines Clowns (1963) (Roman) R: Jasny, Vojtech; DB: Böll, Heinrich; Jasny, Vojtech; FT: Ansichten eines Clowns (1976); KF: BRD/Independent Film/MFG/Filmaufbau

Gruppenbild mit Dame (1971) (Roman) R: Petrovic, Aleksandar; DB: Böll, Heinrich; Kolbe, Jürgen; Petrovic, Aleksander; FT: Gruppenbild mit Dame (1977); KF: BRD/FR/Stella/Cinema 77/Artistes Associées/ZDF

Monolog eines Kellners (1952) (Erzählung) R: Weidenmann, Alfred; DB: Ahlsen, Leopold; Reinecker, Herbert (= Berg, Alex); FT: Der große Karpfen Ferdinand und andere Weihnachtsgeschichten (1978); TV: BRD/ZDF

Klopfzeichen (1961) (Hörspiel) R: Schwarzbach, Helmut; FT: Klopfzeichen (1980); TV: AUST/ORF

Bilanz (1958) (Hörspiel) R: Schwarzbach, Helmut; FT: Bilanz eines Lebens (1982); TV: AUST/ORF

Der Mönch und der Räuber (Erzählung) R: Schwarzbach, Helmut; FT: Der Mönch und der Räuber (1987); KF: AUST/ORF

Bollinger, Max (CH 1929–)

Marios Trompete (Kindererzählung) R: Hermann, Ludwig; DB: Bollinger, Max; FT: Marios Trompete (1975); TV: CH/BRD/DRS/ARD/SWF

Ein Sommer mit 13 (Jugenderzählung) R: Cortesi, Mario; DB: Bollinger, Max; FT: Ein Sommer mit 13 (1976); TV: CH/BRD/DRS/ARD/SWF

Zu klein in einer großen Welt (Kindererzählung) R: Gröner, Werner; FT: Zu klein in einer großen Welt (1979); TV: CH/BRD/DRS/ARD/SWF

Bolt, Robert Oxton (GB 1924–)

Flowering Cherry (1958) (Schauspiel) R: Burmester, Gustav; DB: Epple, Kuno; FT: Blühende Träume (1959); TV: BRD/ARD/NWRV

A Man for All Seasons (1960) (*Thomas More* 1960) (Schauspiel) R: Klingenberg, Gerhard; FT: Thomas More (1964); TV: BRD/ARD/WDR

Bolton, Guy (GB 1884–1979) & **Maugham, W. Somerset** (GB 1874–1965)

Theatre (1937) (*Julia, du bist zauberhaft* 1966) (> Theatre (Komödie) (1942)) (Roman) R: Haaf, Wilm ten; FT: Bezaubernde Julia (1960); TV: BRD/ARD/SWF

Theatre (1937) (*Julia, du bist zauberhaft* 1966) (> Theatre (Komödie) (1942)) (Roman) R: Weidenmann, Alfred; DB: Keindorff, Eberhard; Sibelius, Johanna; FT: Julia, du bist zauberhaft (1961); KF: AUST/FR

Theatre (1937) (*Julia, du bist zauberhaft* 1966) (> Theatre (Komödie) (1942)) (Roman) R: Glück, Wolfgang; DB: Sauvajon, Marc-Gilbert; FT: Julia (1985); TV: BRD/ARD/BR

Boothe, Claire (USA 1903–)

The Women (1966) (Schauspiel) R: Fassbinder, Rainer Werner; DB: Fassbinder, Rainer Werner; FT: Frauen in New York (1977); TV: BRD/ARD/NDR

Borchardt, Rudolf (DTL 1877–1945)

Der unwürdige Liebhaber (1923) (Erzählung) R: Cremer, Ludwig; DB: Ost, Heinrich; Urfer, Selma; FT: Der unwürdige Liebhaber (1980); TV: BRD/ARD/BR

Borchert, Wolfgang (DTL 1921–1947)

Draußen vor der Tür (1947) (Hörspiel) R: Liebeneiner, Wolfgang; FT: Liebe 47 (1948); KF: BRD

Draußen vor der Tür (1947) (Hörspiel) R: Noelte, Rudolf; FT: Draußen vor der Tür (1957); TV: BRD/ARD/NWRV

Nachts schlafen die Ratten doch. Die Küchenuhr (1947) (Erzählung) (zwei Erzählungen in einem Film) R: Farell, Rene; FT: Nachts schlafen die Ratten doch. Die Küchenuhr (1969); TV: BRD/ARD/SWF

Schischyphusch oder Der Kellner meines Onkels (1947) (Erzählung) R: Kubli, Guy; FT: Schischyphusch oder Der Kellner meines Onkels (1981); TV: BRD/ARD/BR

Boretz, Allen (USA 1900–1986) & **Murray, John** (USA 1906–)

Room Service (1937) (*Theater im Hotel* 1973) (Komödie) R: Hädrich, Rolf; FT: Bedienung, bitte! (1960); TV: BRD/ARD/HR

Borgelt, Hans (BRD 1914–)

Zuhaus in fremden Betten (1977) (Roman) R: Günther, Michael; DB: Borgelt, Hans; FT: Zuhaus in fremden Betten (1981); TV: BRD/ZDF

Bork, Teda (BRD)

Im Namen einer Mutter (1956) (Roman) R: Engels, Erich; DB: Corbett, Gerda; Engels, Erich; FT: Im Namen einer Mutter (1960); KF: BRD

Born, Hanspeter (CH 1938–)

Mord im Kehrsatz (1989) (Bericht) R: Lyssy, Rolf; DB: Bretscher, Walter; Lyssy, Rolf; Madsen, Christine; FT: Ein klarer Fall (1994); TV: CH/BRD/AUST/SF/DRS/ZDF/ORF

Born, Nicolas (BRD 1937–1979)

Die Fälschung (1979) (Roman) R: Schlöndorff, Volker; DB: Carrière, Jean-Claude; Schlöndorff, Volker; Trotta, Margarethe von; FT: Die Fälschung (1981); KF: BRD/FR/Bioskop/Artemis/Argos

Börner, Klaus Erich (DTL 1915–1943) & **Keller, Gottfried** (CH 1819–1890)

Ursula (Erzählung) R: Thiele, Rolf; DB: Thiele, Rolf; FT: Mädel von heute (Primanerinnen) (1951); KF: BRD

Ursula (Erzählung) R: Günther, Egon; DB: Schütz, Helga; FT: Ursula (1978); TV: CH/DDR/DRS/Ciné Groupe/DEFA

Borowiak, Simone (BRD 1964–)

Frau Rettich, die Czerni und ich (1992) (Roman) R: Imboden, Markus; DB: Borowiak, Simone; Kantereit, Hans; FT: Frau Rettich, die Czerni und ich (1997); KF: BRD/Bavaria/Lunaris Film

Bosshart, Jakob (CH 1862–1924)

Durch Schmerzen empor (1903) (Roman) R: Jent, Louis; DB: Jent, Louis; FT: Die Magd (1976); TV: CH/DRS

Bote, Hermann (DTL –1520)

Dil Ulenspiegel (1515) (Volksbuch) R: Ophüls, Marcel; DB: Ophüls, Marcel; Pauck, Heinz; Schmidt-Bianch, H.; FT: Till Eulenspiegel (1971); TV: BRD/ARD

Böttcher, Alfred (DDR 1903–1972)

Betragen: 4 (1968) (Jugendbuch) R: Friedrich, Gunter; DB: Friedrich, Gunter; FT: Warum kann ich nicht artig sein? (1974); TV: DDR

Böttcher, Maximilian (DTL 1872–1950)

Krach im Hinterhaus (1934) (Komödie) R: Kobler, Erich; DB: Gillmann, Karl Peter; Rösler, Jo Hanns; FT: Krach im Hinterhaus (1949); KF: BRD

Krach im Hinterhaus (1934) (Komödie) R: Lanske, Hermann; DB: Schubert, Hans; FT: Krach im Hinterhaus (1966); TV: AUST/ORF

Bouchaud, Jean (FR)

C'était comment déjà? (*Wie war das damals?* 1965) (Schauspiel) R: Engel, Thomas; FT: Wie war das damals? (1983); TV: BRD/ZDF

Bowen, Elizabeth D. C. (IRL 1899–1973)

(Erzählung) R: Panzer, Wolfgang; FT: Gespenster (1985); TV: BRD/ARD/WDR

Bowles, Paul (USA 1910–1999)

(Erzählung) (basiert auf mehreren Erzählungen) R: Alberti, Irene von; Schlaich, Frieder; DB: Alberti, Irene von; Schlaich, Frieder; FT: Paul Bowles - Halbmond (1994); KF: BRD/Filmgalerie 451

Boyss, Frank (BRD)

(Komödie) R: Muras, Claus; DB: Muras, Claus; FT: Wir fahren mit der U-Bahn nach St. Pauli (1970); KF: BRD

Braddon, Mary Elizabeth (GB 1837–1915)

Lady Audley's Secret (1862) (*Lady Audleys Gemeimnis* 1975) (Kriminalroman) R: Semmelroth, Wilhelm; DB: Asmodi, Herbert; FT: Lady Audleys Gemeimnis (1978); TV: BRD/ARD/WDR

Bradley, John (AUSTRAL 1944–)

The Neck in the Rope (Kriminalstück) R: Wild, Franz Josef; FT: Kopf in der Schlinge (1955); TV: BRD/ARD/BR

Bradley, Marion Zimmer (GB 1930–1999)

The Mists of Avalon (1982) (*Die Nebel von Avalon* 1983) (Roman) R: Edel, Ulrich; DB: Scott, Gavin; FT: Die Nebel von Avalon (2001); KF: BRD/USA/Constantin Film Produktion GmbH/Stillking/TNT/Warner Bros.

Bramble, Forbes (GB 1939–)

Two Timers (*Zwischen der Zeit* 1960) (Schauspiel) R: Liebeneiner, Wolfgang; FT: Betrug der Zeiten (1967); TV: BRD/ARD/SR

Brandel, Marc (= Beresford, Marcus) (USA 1919–)
Ashes to Ashes (Kriminalstück) R: Semmelroth, Wilhelm; FT: Immer nur Mordgeschichten (1968); TV: BRD/ARD/WDR

Brandenburg, Rainer (BRD)
Knastmusik: das Buch zur Fernsehserie (1991) (Roman) (Roman zur Serie) FT: Knastmusik (1991); TV: BRD
Oppen & Ehrlich (1992) (Roman) (Roman zum Film) FT: Oppen und Ehrlich (1992); TV: BRD
Vera Wesskamp: die Geschichte einer starken Frau (1993) (Roman) (Roman zur Serie) R: Strecker, Frank; FT: Vera Wesskamp (1992); TV: BRD

Brandmeier, Monika (BRD 1959–)
Ein Stück Nacht trennt mich von dir (Erzählung) R: Haus, Dieter; FT: Ein Stück Nacht trennt mich von dir (1983); TV: BRD/ARD/WDR

Brandstätter, Alois (AUST 1938–)
Die Abtei (1977) (Roman) R: Madeja, Georg; FT: Die Abtei (1982); TV: AUST/ORF
Zu Lasten der Briefträger (1974) (Roman) R: Madeja, Georg; FT: Zu Lasten der Briefträger (1984); TV: AUST/ORF
Altenehrung (1983) (Roman) R: Madeja, Georg; FT: Die Enthüllung (1985); TV: AUST/ORF

Brandstätter, Roman (PL 1906–1987)
Milczenie (1957) (*Das Schweigen* 1958) (Schauspiel) R: Korngiebel, Hanns; FT: Das Schweigen (1961); TV: BRD/ARD/SFB
Dzien gniewa (1962) (*Der Tag des Zornes* 1964) (Schauspiel) R: Meisel, Kurt; FT: Der Tag des Zornes (1966); TV: BRD/ARD/BR

Brasch, Thomas (DDR, BRD 1945–)
Vor den Vätern sterben die Söhne (1977) (Erzählung) R: Holldack, Claudia; DB: Holldack, Claudia; Mieke, Eva Maria; FT: Vor den Vätern sterben die Söhne (1981); TV: BRD/Ullstein AV/ZDF

Bratt, Harald (BRD 1897–1967)
Alexa (1940) (Schauspiel) R: Borsody, Eduard von; DB: Bratt, Harald; FT: Rausch einer Nacht (1950); KF: BRD
Die göttliche Freundin (1946) (Komödie) R: Haaf, Wilm ten; FT: Die göttliche Freundin (1957); TV: BRD/ARD/HR

Brauchitsch, Manfred von (BRD)
Ohne Kampf kein Sieg (1964) (Autobiographie) R: Kurz, Rudi; DB: Kurz, Rudi; FT: Ohne Kampf kein Sieg (5 Teile) (1966); TV: DDR

Braun, Curt Johannes (BRD 1903–)
Das verschlossene Haus (1948) (Bericht) R: Engel, Erich; DB: Braun, Curt Johannes; FT: Das seltsame Leben des Herrn Bruggs (1951); KF: BRD
Die große Kurve (1941) (Komödie) R: Hoffmann, Kurt; DB: Keindorff, Eberhard; Sibelius, Johanna; FT: Musik bei Nacht (1953); KF: BRD
Die Stadt ist voller Geheimnisse (1947) (Schauspiel) R: Kortner, Fritz; DB: Braun, Curt Johannes; Kortner, Fritz; FT: Die Stadt ist voller Geheimnisse (1954); KF: BRD

Braun, Frank F. (BRD 1895–1979)
Von Liebe reden wir später (1954) (Roman) R: Anton, Karl; DB: Anton, Karl; Zibaso, Werner P.; FT: Von Liebe reden wir später (1952/53); KF: BRD
Das Mädchen mit der Mundharmonika (Roman) R: Tourjansky, Viktor; DB: Coubier, Heinz; Jacobs, Werner; FT: Arlette erobert Paris (1953); KF: BRD

Braun, Lily (DTL 1865–1916)
Memoiren einer Sozialistin - Kampfjahre (1911) (Roman) R: Wirth, Franz Peter; DB: Pigge, Helmut; FT: Zerbrochene Brücken (2 Teile) (1986); TV: BRD/AUST/ZDF/ORF

Braun, Matthias (BRD 1933–)
Die Troerinnen des Euripides (1959) (Schauspiel) R: Verhoeven, Paul; DB: Verhoeven, Paul; FT: Die Troerinnen des Euripides (1959); TV: BRD/ARD/BR

Braun, Volker (DDR, BRD 1939–)
Unvollendete Geschichte (1977) (Erzählung) R: Beyer, Frank; DB: Plenzdorf, Ulrich; FT: Der Verdacht (1991); KF: BRD/DEFA

Braune, Rudolf (DTL 1907–1932)
Junge Leute in der Stadt (1932) (Roman) R: Engel, Richard; FT: Susi oder Das verschenkte Girl (1980); TV: DDR/DEFA
Junge Leute in der Stadt (1932) (Roman) R: Lotz, Karl-Heinz; FT: Junge Leute in der Stadt (1985); KF: DDR/DEFA

Brauner, Artur (= Bernd, Art) (BRD 1918–)
(Erzählung) R: Rademakers, Fons; DB: Hengge, Paul; FT: Der Rosengarten (1989); KF: BRD/AUST/A. Brauner/CCC/Canon Film/ZDF/ORF
(Erzählung) R: Astrakhan, Dmitri; DB: Brauner, Artur (= Bernd, Art); FT: Kasachstan Lady (2000); KF: BRD/RUS/CCC Filmkunst GmbH/Gran Film

Bräunig, Werner (DDR 1934–1976)
Gewöhnliche Leute (1969) (Erzählung) R: Simon, Rainer; DB: Freitag, Manfred; Nestler, Joachim; FT: Aus unserer Zeit (1969); KF: DDR/DEFA
Jeder Tag im Herbst (Erzählung) R: Perlwitz, Dieter; DB: Perlwitz, Dieter; FT: Jeder Tag im Herbst (1975); TV: DDR
Brautlacht, Erich (BRD 1902–1957)
Das Beichtgeheimnis (1956) (Roman) R: Tourjansky, Viktor; FT: Das Beichtgeheimnis (1956); TV: BRD
Bréal, Pierre-Aristide (FR 1905–)
Les Hussards (1954) (Komödie) R: Richter, Hans; FT: Die Husaren kommen (1955); TV: BRD/ARD/NWDR
Brechbühl, Beat (CH 1939–)
Kneuss (1970) (Roman) R: Meili, Gaudenz; DB: Brechbühl, Beat; Meili, Gaudenz; FT: Kneuss (1977); KF: CH/BRD/Ciné-Group/Sator
Brecht, Bertolt (DTL, DDR 1898–1956)
Herr Puntila und sein Knecht Matti (1948) (Schauspiel) R: Cavalcanti, Alberto; DB: Cavalcanti, Alberto; FT: Herr Puntila und sein Knecht Matti (1955); KF: AUST/BRAS
Mutter Courage und ihre Kinder (1941) (Schauspiel) R: Staudte, Wolfgang; FT: Mutter Courage und ihre Kinder (1956); KF: BRD
Der kaukasische Kreidekreis (1949) (Schauspiel) R: Wirth, Franz Peter; DB: Gottschalk, Hans; Wirth, Franz Peter; FT: Der kaukasische Kreidekreis (1958); TV: BRD/ARD/SDR
Die Gesichte der Simone Machard (1943) (Schauspiel) R: Bellag, Lothar; DB: Bellag, Lothar; FT: Die Gesichte der Simone Machard (1960); TV: DDR
Mutter Courage und ihre Kinder (1941) (Schauspiel) R: Palitzsch, Peter; Wekwerth, Manfred; DB: Palitzsch, Peter; Wekwerth, Manfred; FT: Mutter Courage und ihre Kinder (1960); KF: DDR/DEFA
Das Leben des Galilei (1943) (Schauspiel) R: Monk, Egon; DB: Monk, Egon; FT: Leben des Galilei (1962); TV: BRD/ARD/Studio Hamburg
Flüchtlingsgespräche (1961) (Dialog) R: Buckwitz, Harry; FT: Flüchtlingsgespräche (1964); TV: BRD/ARD/HR
Furcht und Elend des dritten Reiches (1945) (Schauspiel) (Szene) FT: Die jüdische Frau (1964); TV: BRD/ARD/NDR
Der Prozeß der Jeanne d'Arc zu Rouen 1431 (1952) (< nach Seghers) (Schauspiel) R: Palitzsch, Peter; DB: Palitzsch, Peter; FT: Der Prozeß der Jeanne d'Arc zu Rouen 1431 (1964); TV: BRD/ARD/ORF/WDR
Furcht und Elend des dritten Reiches (1945) (Schauspiel) (Szene) R: Busch, Rolf; FT: Rechtsfindung (1964); TV: BRD/ARD/NDR
Furcht und Elend des dritten Reiches (1945) (Schauspiel) (Szene) R: Scholz, Marcus; FT: Der Spitzel (1964); TV: BRD/ARD/NDR
Furcht und Elend des dritten Reiches (1945) (Schauspiel) (Szene) R: Ladiges, Peter M.; FT: Der Verrat (1964); TV: BRD/ARD/NDR
Schweyk im Zweiten Weltkrieg (1944) (Schauspiel) (nach Hašek) R: Wolffhardt, Rainer; DB: Wolffhardt, Rainer; FT: Schweyk im Zweiten Weltkrieg (1965); TV: BRD/ARD/SDR
Der gute Mensch von Sezuan (1942) (Schauspiel) R: Umgelter, Fritz; FT: Der gute Mensch von Sezuan (1966); TV: BRD/ARD/SDR
Herr Puntila und sein Knecht Matti (1948) (Schauspiel) R: Hädrich, Rolf; DB: Hädrich, Rolf; FT: Herr Puntila und sein Knecht Matti (1966); TV: BRD/ARD/HR
Furcht und Elend des dritten Reiches (1945) (Schauspiel) (Szene aus dem Einakterzyklus) R: Kampf, Helmut; FT: Das Kreidekreuz (1966); TV: BRD/ARD/NDR
Die Gesichte der Simone Machard (1943) (Schauspiel) R: Karge, Manfred; FT: Die Gesichte der Simone Machard (1968); TV: DDR/DFF
Vier Männer und ein Pokerspiel oder Zuviel Glück ist kein Glück (1926) (Erzählung) R: Vollmar, Wolf; FT: Vier Männer und ein Pokerspiel (1968); TV: BRD/ARD/HR
Baal (1918) (Schauspiel) R: Schlöndorff, Volker; DB: Schlöndorff, Volker; FT: Baal (1969); KF: BRD
Die Hochzeit (1919) (Komödie) R: Wolffhardt, Rainer; FT: Kleinbürgerhochzeit (1969); TV: BRD/ARD/RB
Die Geschäfte des Herrn Julius Caesar (1957) (Roman) R: Huillet, Danièle; Straub, Jean-Marie; DB: Huillet, Danièle; Straub, Jean-Marie; FT: Geschichtsunterricht (1972); KF: BRD/IT/Janus/Straub-Huillet

Der Arbeitsplatz oder Im Schweiße deines Angesichts sollst du kein Brot essen (1930) (Erzählung) R: Mühl, Christa; DB: Hecht, Werner; Mühl, Christa; FT: Tod und Auferstehung des Wilhelm Hausmann (1977); TV: DDR

Safety first (1927) (Erzählung) R: Mühl, Christa; FT: Die Rache des Kapitäns Mitchell (1979); TV: DDR

Furcht und Elend des dritten Reiches (1945) (Schauspiel) R: Bonhoff, Ursula; FT: Furcht und Elend des dritten Reiches (1981); TV: DDR

Die heilige Johanna der Schlachthöfe (1932) (Schauspiel) R: Kirchner, Alfred; FT: Die heilige Johanna der Schlachthöfe (1981); TV: BRD

Die Mutter (1932) (Schauspiel) R: Heinz, Wolfgang; FT: Die Mutter (1981); TV: DDR

Die unwürdige Greisin (1934) (Erzählung) R: Hercher, Karin; FT: Die unwürdige Greisin (1985); TV: DDR

Mutter Courage und ihre Kinder (1941) (Schauspiel) R: Karge, Manfred; FT: Mutter Courage und ihre Kinder (1987); TV: BRD/ZDF

Die Bestie (Erzählung) R: Thyret, Margot; DB: Hecht, Werner; FT: Die Bestie (1988); TV: DDR/DDR1

Der Mantel des Ketzers (Erzählung) R: Vogel, Peter; DB: Vogel, Peter; FT: Der Mantel des Ketzers (1989); TV: DDR/DDR1

Flüchtlingsgespräche (1961) (*Furcht und Elend des dritten Reiches* 1945) (Dialog/Szenen) R: Runze, Ottokar; DB: Hiob, Hanne; Runze, Ottokar; FT: Hundert Jahre Brecht (1997); KF: BRD/Ottokar Runze Filmprod./Bernd Hellthaler Euro-Arts

Brecht, Bertolt (DTL, DDR 1898–1956) & **Hölderlin, Friedrich** (DTL 1770–1843) & **Sophokles** (GR 497–406 v.C.)

Antigone (442 v.C.) (Schauspiel) (Übertragung von Hölderlin; für die Bühne bearbeitet von Brecht) R: Huillet, Danièle; Straub, Jean-Marie; DB: Huillet, Danièle; Straub, Jean-Marie; FT: Antigone (1991); KF: BRD/FR/Regina Ziegler Filmprod./ Pierre Grise Prod.

Brecht, Bertolt (DTL, DDR 1898–1956) & **Weill, Kurt** (DTL, USA 1900–1950)

Die Dreigroschenoper (1928) (Oper) R: Pabst, Georg Wilhelm; DB: Balász, Bela; Lania, Leo; Vajda, Ladislaus; FT: Die Dreigroschenoper (1931); KF: BRD/FR

Die Dreigroschenoper (1928) (Oper) R: Kehlmann, Michael; FT: Die Dreigroschenoper (1957); TV: BRD/ARD/HR

Die Dreigroschenoper (1928) (Oper) R: Staudte, Wolfgang; DB: Blitzstein, Mark; Staudte, Wolfgang; Weisenborn, Günther; FT: Die Dreigroschenoper (1962); KF: BRD/FR/Kurt Ulrich,Berlin/C.E.C.,Paris

Die Dreigroschenoper (1928) (Oper) R: Hollmann, Hans; FT: Die Dreigroschenoper (1995); TV: BRD/ARD

Bredel, Willi (DDR 1901–1964)

Verwandte und Bekannte (1943) (Roman) R: Leopold, Georg; DB: Pederzani, Hans-Albert; FT: Verwandte und Bekannte (1974); TV: DDR

Dein unbekannter Bruder (1937) (Roman) R: Weiß, Ulrich; DB: Trampe, Wolfgang; Weiß, Ulrich; FT: Dein unbekannter Bruder (1982); KF: DDR/DEFA

Peter Brakel (1940) (Erzählung) R: Friedrich, Gunter; DB: Lindner, Wolfgang; FT: Und laß dir kein Unrecht gefallen (1984); TV: DDR

Die Enkel (1953) (Roman) R: Schmenger, Ursula; DB: Mendelsohn, Luise; Söllig, Helmut; FT: Zwischen Abschied und Wiedersehen (1986); TV: DDR/DDR1

Bredow, Ilse von (BRD 1922–)

Kartoffeln mit Stippe (1979) (Roman) R: Gottlieb, Franz Josef; DB: Bredow, Ilse Gräfin von; FT: Kartoffeln mit Stippe (3 Teile) (1990); TV: BRD/AUST/CH/ZDF/ ORF/SRG

Ein Bernhardiner namens Möpschen und andere Erinnerungen an eine glückliche Kindheit in der Mark Brandenburg (1991) (Roman) R: Unterberg, Gabriele; Unterberg, Hannelore; DB: Bredow, Ilse Gräfin von; FT: Ein Bernhardiner namens Möpschen (1996); KF: BRD

Breest, Jürgen (BRD 1936–)

Der Spatzenmörder (1987) (Kriminalroman) R: Gremm, Wolf; DB: Breest, Jürgen; FT: Der Spatzenmörder (1989); TV: BRD/ ZDF

Brehmer, Joachim (DDR 1944–)

Meine Frau Inge und meine Frau Schmidt (Hörspiel) R: Oehme, Roland; DB: Brehmer, Joachim; Oehme, Roland; FT: Meine Frau Inge und meine Frau Schmidt (1985); KF: DDR/DEFA

Breinersdorfer, Fred (BRD 1946–)

Der Dienstagmann (1984) (Kriminalroman) R: Guthke, Frank; DB: Guthke, Frank; FT: Der Dienstagmann (1988); TV: BRD/ZDF

Der Hammermörder (1986) (Kriminalroman) R: Schadewald, Bernd; DB: Breinersdorfer, Fred; FT: Der Hammermörder (1990); TV: BRD/ZDF/CCC Television Arthur Brauner

Reiche Kunden killt man nicht (1988) (Kriminalroman) R: Guthke, Frank; DB: Breinersdorfer, Fred; FT: Reiche Kunden killt man nicht (1991); TV: BRD

Eine Hand voll Gras (2000) (Schauspiel) R: Richter, Roland Suso; DB: Timm, Uwe; FT: Eine Hand voll Gras (2000); KF: BRD/Bavaria/Kinowelt Filmproduktion/MTM Cineteve/ARD/WDR

Breinholst, Willy (DK)

Kys din kone, aegtemandens hobbybok (1962) (Roman) R: Kolstö, Egil; DB: Breinholst, Willy; Kolstö, Egil; FT: Vergiß nicht, deine Frau zu küssen (1967); KF: BRD/DK

Breitbach, Joseph (CH 1903–1980)

Das Jubiläum (1960) (> Die Jubilarin 1965) (Komödie) R: Fiedler, Gerlach; DB: Berndt, Alfred; Dietrich, Annette; FT: Die Jubilarin (1969); TV: BRD/ARD/SFB

Das Jubiläum (1960) (> Die Jubilarin 1965) (Komödie) R: Kaus, Wolfgang; FT: Die Jubilarin (1979); TV: BRD/ARD/HR

Die Radieschen. Rot gegen Rot. Zwei Erzählungen aus den 20er Jahren (1929) (Erzählung) R: Busch, Rolf; FT: Radieschen (1979); TV: BRD/ARD/NDR

Das blaue Bidet oder Das eigentliche Leben (1970) (Roman) R: Witt, Claus Peter; DB: Poser, Caspar von; FT: Das blaue Bidet oder Ein Kapitalist wird besichtigt (1982); TV: BRD/ZDF

Breitwieser, Peter (BRD)

Embryo-XY (Kriminalroman) R: Gremm, Wolf; DB: Gremm, Wolf; FT: Inka-Connection (1995); TV: BRD

Breloer, Heinrich (BRD 1942–)

Todesspiel (1996) (Schauspiel) R: Breloer, Heinrich; DB: Breloer, Heinrich; FT: Todesspiel (1997); TV: BRD/Multimedia Gesellschaft für Audiovisuelle Information mbH

Brentano, Bernard von (BRD 1901–1964)

Theodor Chindler (1936) (Roman) R: Geissendörfer, Hans W.; DB: Geissendörfer, Hans W.; FT: Theodor Chindler. Die Geschichte einer deutschen Familie (1979); TV: BRD/ARD/WDR

Die ewigen Gefühle (1939) (Roman) R: Beauvais, Peter; FT: Die ewigen Gefühle (1984); TV: BRD/ARD/WDR

Breton, Auguste le (FR 1913–)

Du rififi chez les hommes (1953) (Kriminalroman) R: Patellière, Denys de la; DB: Patellière, Denys de la; FT: Rififi in Paris (1965); KF: BRD/FR/IT

Brett, Michael (GB 1907–)

Doctor in Person (1959) (Kriminalkomödie) R: Verhoeven, Paul; DB: Verhoeven, Paul; FT: Der geheimnisvolle Dr. Mander (1957); TV: BRD/ARD/BR

(*Was man so die Liebe nennt*) (Komödie) R: Kausch, Walter; FT: Was man so die Liebe nennt (1968); TV: BRD/ARD/SWF

Breuer, Kurt (AUST 1896–) & **Eckhardt, Fritz** (AUST 1907–) & **Löhner, Fritz** (AUST 1883–1942) & **Wiener, Hugo** (AUST 1904–1993)

Gruß und Kuß aus der Wachau (1949) (> Operette v. Benes, Jara) (Musikspiel) R: Schulz, Fritz; DB: Farkas, Karl; FT: Gruß und Kuß aus der Wachau (1950); KF: AUST

Brĕzan, Jurij (= Svitz, Dužan) (DDR, BRD 1916–)

Die schwarze Mühle (1968) (Kindererzählung) R: Bleiweiß, Celino; DB: Kaltofen, Günter; FT: Die schwarze Mühle (1975); TV: DDR

Brezina, Thomas (AUST 1963–)

Die Knickerbocker-Bande (1993) (Kinderbuch) (Reihe) R: Vajda, Marijan David; DB: Brezina, Thomas; Dor, Milan; Strobel, Susanne; FT: Die Knickerbocker-Bande - Das sprechende Grab (1995); KF: AUST/Dor Film

Die Knickerbockerbande (1993) (Kinderbuch) (Reihe) R: Lasnig, Guntmar; DB: Brezina, Thomas; Dor, Milan; FT: Die Knickerbockerbande (TV Miniserie) (1997); TV: AUST/Dor Film

Bridie, James (GB 1888–1951)

Mr. Gillie (1950) (Schauspiel) R: Götz-Pflug, Curt; FT: Mr. Gillie (1957); TV: BRD/ARD/NWRV Hamburg

Daphne Laureola (1949) (*Daphne Laureola* 1956) (Schauspiel) R: Schwarz, Heinz Wilhelm; FT: Daphne Laureola (1962); TV: BRD/ARD/WDR

Brinkmann, Jürgen (DDR 1934–)

Schotter und Ginster (Roman) (Szenen aus dem Roman) R: Werner, Hans; FT: Schotter und Ginster (1980); TV: DDR

Broch, Hermann (AUST 1886–1951)

Esch oder Die Anarchie (1931) (Roman) R: Boldt, Rainer; FT: Esch oder die Anarchie (1978); TV: AUST/BRD/ORF/ARD/SFB

Die Schuldlosen (1950) (Roman) R: Saad, Margit; DB: Saad, Margit; FT: Die Erzählung der Magd Zerlinde (1990); TV: BRD/ARD

Brödl, Günter (AUST 1955–)
Draußen in der Stadt (1978) (Jugendstück) R: Rossacher, Hannes; FT: Draußen in der Stadt (18 Teile) (1978); TV: AUST/ORF2

Brödl, Herbert (AUST 1949–)
Die Farben der Vögel (1980) (Erzählung) R: Brödl, Herbert; DB: Grapow, Jobst; FT: Die Farben der Vögel (1988/89); KF: AUST/Cinedoc

Bröger, Achim (BRD 1944–)
Moritzgeschichten (1979) (Kinderbuch) R: Ullrich, Hans-Georg; DB: Bröger, Achim; FT: Moritzgeschichten (1982); TV: BRD/ZDF

Brösel (= Feldmann, Rötger) (BRD)
Werner - beinhart! (1990) (Comic) (Zeichentrickfilm) R: Hahn, Gerhard; List, Niki; DB: Feldmann, Rötger; FT: Werner - Beinhart! (1990); KF: BRD/Neue Constantin Film
Das Rennen (1988) (Comic) R: Beißel, Udo; Schaack, Michael; DB: Feldmann, Andi; Feldmann, Rötger; FT: Werner - Das muß kesseln!!! (1996); KF: BRD/Senator Film
Werner - Volles Rooäää!!!: Fäkalstau in Knöllerup (1999) (Comic) R: Hahn, Gerhard; DB: Feldmann, Andi; Feldmann, Rötger; Sievers, Christian; FT: Werner - Volles Rooäää!!! (1999); KF: BRD/Achterbahn

Browne, Wynyard (GB)
The Ring of Truth (1960) (Komödie) R: Verhoeven, Paul; FT: Die Sache mit dem Ring (1961); TV: BRD/ARD/SDR

Brückner, Christine (BRD 1921–)
Jauche und Levkojen (1975) (Roman) R: Gräwert, Günter; Wolffhardt, Rainer; DB: Grund, Hartmut; Mieke, Eva Maria; Schröder, Wilfried; FT: Jauche und Levkojen (17 Teile) (1979-80); TV: BRD/ARD/WDR
Nirgendwo ist Poenichen (1979) (Roman) R: Hädrich, Rolf; Wolffhardt, Rainer; DB: Grund, Hartmut; Mieke, Eva Maria; Schröder, Wilfried; FT: Nirgendwo ist Poenichen (36 Teile) (1980-82); TV: BRD/ARD/WDR

Bruckner, Ferdinand (AUST 1891–1958)
Fährten (1945) (Schauspiel) R: Kehlmann, Michael; FT: Fährten (1960); TV: BRD/ARD/BR
Elisabeth von England (1930) (Schauspiel) R: Korngiebel, Hanns; FT: Elisabeth von England (1961); TV: BRD/ARD/SFB
Heroische Komödie (1955) (Schauspiel) R: Rothe, Edward; DB: Laurenze, Ernst; Rothe, Edward; FT: Heroische Komödie (1962); TV: BRD/ARD/WDR
Die Verbrecher (1929) (Schauspiel) R: Kehlmann, Michael; FT: Die Verbrecher (1964); TV: BRD/ARD/BR
Krankheit der Jugend (1947) (Schauspiel) (Szenen) R: Huillet, Danièle; Straub, Jean-Marie; DB: Huillet, Danièle; Straub, Jean-Marie; FT: Der Bräutigam, die Komödiantin und der Zuhälter (1968); KF: BRD/Janus Film und Fernsehen/Straub-Huillet

Brüggemann, Kurt (BRD) & **Lutz, Josef Maria** (BRD 1893–1972)
Birnbaum und Hollerstauden (1951) (Volksstück) (Musik von Brüggemann) R: Grädler, Theodor; DB: Ahlsen, Leopold; FT: Birnbaum und Hollerstauden (1971); TV: BRD/ARD/BR

Brühl, Hans (AUST)
Willkommen in Mergenthal (Schauspiel) R: Antel, Franz; DB: Antel, Franz; Nachmann, Kurt; Philipp, Gunther; FT: Ja, so ist das mit der Liebe (1954); KF: AUST

Brunhoff, Jean de (FR 1899–1937)
Histoire de Babar, le petit éléphant (1931) (*Die Geschichte von Babar, dem kleinen Elefanten* 1939) (Kinderbuch) (Zeichentrickfilm basierend auf den Babar-Büchern) R: Jafelice, Raymond; DB: Jafelice, Raymond; Saunder, Peter; FT: Babar - König der Elefanten (1998); KF: BRD/FR/CAN/Nelvana Prods./Home Made Movies/TMO-Loonland/Clifford Ross Co.

Brüning, Elfriede (DDR, BRD 1910–)
Wie andere Leute auch (1982) (Roman) (Szenen) R: Unger, Michael; FT: Wie andere Leute auch (1985); TV: DDR

Brunngraber, Rudolf (AUST 1901–1960)
Prozeß auf Leben und Tod (1948) (> Pogrom (1956)) (Roman) R: Pabst, Georg Wilhelm; DB: Brunngraber, Rudolf; Heuser, Kurt; Roboz, Emeric; FT: Der Prozeß (1948); KF: AUST

Bruns, Ursula (BRD 1922–)
Dick und Dalli und die Ponies (1952) (Jugendbuch) R: Schleif, Wolfgang; DB: Bädecker, Peer; Ebermayer, Erich; FT: Die Mädels vom Immenhof (1955); KF: BRD

Brussig, Thomas (DDR, BRD 1965–)
Am kürzeren Ende der Sonnenallee (1999) (Roman) R: Haußmann, Leander; DB: Brussig, Thomas; Haußmann, Leander; FT: Am kürzeren Ende der Sonnenallee (1998); KF: BRD/Boje Buck/Ö-Film/Sat1
Helden wie wir (1995) (Roman) R: Peterson, Sebastian; DB: Brussig, Thomas; Dittrich, Markus; Peterson, Sebastian; FT: Helden wie wir (1999); KF: BRD/Senator Film

Bruyn, Günter de (DDR, BRD 1926–)
Buridans Esel (1968) (Roman) R: Zschoche, Herrmann; DB: Plenzdorf, Ulrich; FT: Glück im Hinterhaus (1979); KF: DDR/DEFA
Hochzeit in Weltzow (1960) (Erzählung) R: Kissimov, Georgi; FT: Hochzeit in Weltzow (1979); TV: DDR
Märkische Forschungen (1978) (Roman) R: Gräf, Roland; DB: Bruyn, Günter de; Gräf, Roland; FT: Märkische Forschungen (1982); KF: DDR/DEFA
Buchbinder, Ludwig Bernhard (= Klinger, Gustav) (DTL 1849–1922) & **Jarno, Georg** (DTL 1868–1920)
Die Förster-Christl (1908) (Operette) R: Rabenalt, Arthur Maria; DB: Böttger, Fritz; Wedekind, Joachim; FT: Die Förster-Christl (1952); KF: BRD
Die Förster-Christl (1908) (Operette) R: Gottlieb, Franz Josef; DB: Böttger, Fritz; Furch, Janne; FT: Die Förster-Christl (1962); KF: BRD
Buchheim, Lothar-Günther (BRD 1918–)
Das Boot (1973) (Roman) R: Petersen, Wolfgang; DB: Petersen, Wolfgang; FT: Das Boot (1979-81); KF/FF: BRD/Bavaria/Radiant/ARD/WDR/SDR
Das Boot (1973) (Roman) (um 60 Min. erweitert) R: Petersen, Wolfgang; DB: Petersen, Wolfgang; FT: Das Boot - Der Director's Cut (1996); TV: BRD/Bavaria/Radiant/ARD/WDR/SR
Büchner, Georg (DTL 1813–1837)
Woyzeck (1850) (Schauspiel) R: Klaren, Georg C.; DB: Klaren, Georg C.; FT: Wozzek (1947); KF: DTL
Woyzeck (1850) (Schauspiel) R: Herlischka, Bohumil; DB: Herlischka, Bohumil; FT: Woyzeck (1962); TV: BRD/ARD/SWF
Dantons Tod (1835) (Schauspiel) R: Umgelter, Fritz; DB: Umgelter, Fritz; FT: Dantons Tod (1963); TV: BRD/ARD/SDR
Leonce und Lena (1836) (Komödie) R: Schwarz, Heinz Wilhelm; FT: Leonce und Lena (1963); TV: BRD/ARD/WDR
Woyzeck (1850) (Schauspiel) R: Bluwal, Marcel; FT: Woyzek (1964); TV: BRD
Woyzeck (1850) (Schauspiel) R: Noelte, Rudolf; DB: Noelte, Rudolf; FT: Woyzeck (1966); TV: BRD/ZDF/HR
Lenz (1839) (Erzählung) R: Moorse, George; DB: Moorse, George; FT: Lenz (1971); KF: BRD/Literarisches Colloquium/Barbara Moorse Workshop
Woyzeck (1850) (Schauspiel) R: Hess, Joachim; FT: Woyzek (1971); TV: BRD
Woyzeck (1850) (Schauspiel) R: Herzog, Werner; DB: Herzog, Werner; FT: Woyzeck (1978); KF: BRD/Werner Herzog Filmproduktion
Woyzeck (1850) (Schauspiel) R: Herbrich, Oliver; DB: Herbrich, Oliver; FT: Wodzeck (1983/84); KF: BRD/Oliver Herbrich Filmprod. München/ARD/BR
Buchrieser, Franz (AUST)
Das Produkt (1976) (Monolog) R: Buchrieser, Franz; DB: Buchrieser, Franz; FT: Das Produkt oder Rudi Ingar - eine Geschichte aus Wien (1979); TV: BRD/ZDF
Buchwieser, Andreas (BRD)
Wildbach (1993) (Roman) (Roman zur Serie) R: Henschel, Wolfgang F.; Klisch, Stefan; Liechti, Hans; Nikel, Thomas; Nüchtern, Rüdiger; Pölsler, Julian; Riedlsperger, Erhard; Werner, Hans; Witting, Klaus; Zens, Michael; FT: Wildbach (1993-); TV: BRD
Buck, Pearl S. (USA 1892–1973)
The Big Wave (1948) (*Die springende Flut* 1953) (Erzählung) R: Gorski, Peter; FT: Die große Woge (1958); TV: BRD/ARD/NWRV
Buero Vallejo, Antonio (ESP 1916–)
The Double Case History of Dr. Valmy (1969) (Schauspiel) R: Schiemann, Georg; FT: Dr. Valmy (1980); TV: DDR
Bukovcan, Ivan (CSR)
Kým kohút nezaspieva (1971) (*Ehe der Hahn kräht* 1977) (Schauspiel) R: Jasny, Vojtech; FT: Ehe der Hahn kräht (1978); TV: BRD/ZDF
Bukowski, Oliver (BRD)
Bis zum Horizont und weiter (Hörspiel) R: Kahane, Peter; DB: Bukowski, Oliver; FT: Bis zum Horizont und weiter (1998); KF: BRD/Polyphon Film/ARD/MDR
Bulgakow, Michail (SU 1891–1940)
Master i Margarita (1968) (*Der Meister und Margarita* 1968) (Roman) R: Wajda, Andrzej; FT: Pilatus und andere (1972); TV: BRD/ZDF
Sobac'e serdce (1968) (*Hundeherz* 1968) (Erzählung) R: Lattuada, Alberto; DB: Lattuada, Alberto; Melander, Viveca; FT: Warum bellt Herr Bobikow? (1975); KF: BRD/IT
Bulwer, Edward G. Lord Lytton (GB 1803–1873)
The Last Days of Pompeji (1834) (*Die letzten Tage von Pompeji* 1834) (Roman) R: Bonnard, Mario; DB: Concini, Ennio de; Leone, Sergio; FT: Die letzten Tage von Pompeji (1959); KF: BRD/IT/ESP

Bunje, Carl (BRD 1897–1985)
Der Etappenhase (1936) (Komödie) R: Becker, Wolfgang; DB: Dortenwald, Rudolf; Lüthge, Bobby E.; FT: Der Etappenhase (1956); KF: BRD

Burger, Hannes (BRD 1937–)
Feichtenreut (1973) (Roman) R: Wirth, Franz Peter; DB: Wirth, Franz Peter; FT: Die Leute von Feichtenreut (1976); TV: BRD/ARD/WDR

Burger, Hermann (CH 1942–)
Schilten: Schulbericht zuhanden der Inspektorenkonferenz (1976) (Roman) R: Kuert, Beat; DB: Kuert, Beat; Maassen, Michael; FT: Schilten (1978/79); KF: CH/ Beat Kuert, Barbara Riesen/Filmkollektiv, Zürich

Burnett, Frances Hodgson (GB 1849–1924)
Little Lord Fauntleroy (1886) (*Der kleine Lord* 1949) (Jugendroman) R: Wild, Franz Josef; FT: Der kleine Lord (1962); TV: BRD/ARD/BR
Little Lord Fauntleroy (1886) (*Der kleine Lord* 1949) (Jugendroman) R: Pichler, Ernst; DB: Kaulla, Guido; Kaulla, Thekla; FT: Der kleine Lord (1980); TV: AUST/ ORF
Little Lord Fauntleroy (1886) (*Der kleine Lord* 1949) (Jugendroman) R: Albano, Gianfranco; DB: Donati, Lorenzo; Donati, Sergio; FT: Der kleine Lord (1994); KF: BRD/IT/Taurus/Redfilm Group/RAI

Burroughs, Edgar Rice (USA 1875–1950)
Tarzan and the Forbidden City (1938) (Erzählung) (nach Motiven) R: Schenkel, Carl; DB: Blake, J. Anderson; Johnson, Bayard; FT: Tarzan und die verlorene Stadt (1997); KF: BRD/USA/Velace/Geissler

Busch, Wilhelm (DTL 1832–1908)
Tobias Knopp (1875) (Bildergeschichte) (Zeichentrickfilm des ersten Teils) R: Fieber, Gerhard; Liebeneiner, Wolfgang; FT: Tobias Knopp, Abenteuer eines Junggesellen (1950); KF: BRD
Max und Moritz; eine Bubengeschichte in sieben Streichen (1865) (Bildergeschichte) R: Diehl, Ferdinand; FT: Spuk mit Max und Moritz (1951); KF: BRD
Max und Moritz; eine Bubengeschichte in sieben Streichen (1865) (Bildergeschichte) R: Schultze, Norbert; Stefani, Francesco; FT: Max und Moritz (1956); KF: BRD
Hans Huckebein (1870) (Bildergeschichte) R: Quaß, Ernst Michael; FT: Alice Kaluza tanzt - nach Wilhelm Busch (1958); TV: BRD/ARD
Max und Moritz; eine Bubengeschichte in sieben Streichen (1865) (Bildergeschichte) R: Mezger, Theo; FT: Max und Moritz (1959); TV: BRD/ARD/SDR
Die fromme Helene (1873) (Bildergeschichte) R: Ambesser, Axel von; DB: Ambesser, Axel von; Hurdalek, Georg; FT: Die fromme Helene (1965); KF: BRD
Max und Moritz; eine Bubengeschichte in sieben Streichen (1865) (Bildergeschichte) R: Hudecek, Vaclav; FT: Max und Moritz (1968); TV: AUST/Neue Thalia
Max und Moritz; eine Bubengeschichte in sieben Streichen (1865) (Bildergeschichte) R: Vollmer, Veit; FT: Max und Moritz (1999); TV: BRD

Bush-Fekete, Leslie (Ladislas) (HU, USA 1896–1971)
(Komödie) R: Glück, Wolfgang; FT: Ende schlecht - alles gut (1962); TV: AUST/ ORF
(*Immer und noch ein Tag*) (Komödie) R: Quest, Hans; FT: Immer und noch ein Tag (1965); TV: BRD/ARD/SFB

Busson, Paul (AUST 1873–1924)
Winterlegende (Schauspiel) R: Matula, Barbara; FT: Winterlegende (1984); TV: AUST/ORF

Buzzati, Dino (IT 1906–1972)
Il deserto dei Tartari (1940) (*Die Festung* 1954) (Roman) R: Zamurovic, Ceco; DB: Hennig, Martin; FT: Festung Bastiani (1976); TV: BRD/ZDF

Caillavet, Gaston A. de (FR 1869–1915) & **Flers, Robert de** (FR 1872–1927) & **Rey, Étienne** (FR)
La belle aventure (1920) (*Die Fahrt ins Blaue* 1920) (Komödie) R: Beauvais, Peter; FT: Die Fahrt ins Blaue (1956); TV: BRD/ ARD/SWF

Cain, James Mallahan (USA 1892–1977)
The Embezzler (1943) (*Der Defraudant* 1951) (Kriminalroman) R: Wirth, Franz Peter; DB: Illing, Werner; Wirth, Franz Peter; FT: Konto ausgeglichen (1959); TV: BRD/ARD/SDR

Cakowskij, Alexander Borisowitsch (SU)
Pobeda (1981) (*Der Sieg* 1981) (Roman) R: Matwejew, Jewgenij; FT: Der Sieg (1985); KF: DDR/SU/DEFA

Calderón de la Barca, Pedro (ESP 1600–1681)
La dama duende (1636) (*Dame Kobold* 1822) (Komödie) R: Völger, Werner; FT: Dame Kobold (1953); TV: BRD/ARD/ NWDR

El alcalde de Zalamea (1651) (*Der Richter von Zalamea* 1822) (Schauspiel) R: Hellberg, Martin; DB: Hellberg, Martin; FT: Der Richter von Zalamea (1955); KF: DDR/DEFA

El alcalde de Zalamea (1643) (Schauspiel) R: Wagner, Konrad; FT: Der Richter von Zalamea (1958); TV: BRD/ARD/NWRV Hamburg

La vida es sueño (1636) (*Das Leben ein Traum* 1812) (Schauspiel) R: Erfurth, Ulrich; FT: Das Leben ein Traum (1963); TV: BRD/ARD/WDR

Calvino, Italo (IT 1923–1985)

(Erzählung) R: Carlo, Carlo di; DB: Carlo, Carlo di; FT: Die Verfolgung (1973); TV: BRD/ZDF

Calzabigi, Raniero da (IT 1714–1795) & **Gluck, Christoph Willibald** (DTL 1714–1787)

Orfeo ed Euridice. Che faro senza Euridice (1762) (Oper) R: Kaslik, Václav; FT: Orpheus und Eurydike (1968); TV: AUST/BRD/ORF/ZDF

Calzabigi, Raniero da (IT 1714–1795) & **Mozart, Wolfgang Amadeus** (AUST 1756–1791)

La finta giardinera (1775) (Oper) R: Mielke, Georg F.; FT: Die Gärtnerin aus Liebe (1989); TV: DDR/AUST/DDR1/ORF

Camoletti, Marc (FR 1923–)

Boeing-Boeing (1961) (Komödie) R: Quest, Hans; FT: Boeing-Boeing (1965); TV: BRD/ARD/WDR

Boeing-Boeing (1961) (*Boeing-Boeing* 1970) (Komödie) R: Haugk, Dietrich; DB: Haugk, Dietrich; FT: Boeing-Boeing (1978); TV: BRD/ARD/WDR

Campton, David (GB 1924–)

The Cactus Garden (1967) (*Der Kaktusgarten* 1960) (Schauspiel) R: Haaf, Wilm ten; FT: Der Kaktusgarten (1967); TV: BRD/ARD/SWF

Camus, Albert (FR 1913–1960)

Les justes (1950) (*Die Gerechten* 1950) (Schauspiel) R: Hädrich, Rolf; DB: Krapp, Helmut; FT: Die Gerechten (1959); TV: BRD/ARD/HR

Le malentendu (1944) (*Das Mißverständnis* 1950) (Schauspiel) R: Cremer, Ludwig; FT: Das Mißverständnis (1960); TV: BRD/ARD/SWF

Les possédés (1959) (*Besessenen* 1960) (Schauspiel) R: Kehlmann, Michael; FT: Die Besessenen (1962); TV: BRD/ARD/BR

La peste (1947) (*Belagerungszustand* 1948) (Roman) R: Umgelter, Fritz; DB: Umgelter, Fritz; FT: Der Belagerungszustand (1963); TV: BRD/ARD/WDR

Jonas ou L'artiste au travail (1957) (*Jonas oder Der Künstler bei der Arbeit* 1959) (Erzählung) R: Barabás, Stanislav; DB: Barabás, Stanislav; FT: Jonas oder Der Künstler bei der Arbeit (1970); TV: BRD/ARD/NDR

Les justes (1950) (*Die Gerechten* 1950) (Schauspiel) R: Guthke, Frank; FT: Die Gerechten (1981); TV: BRD/ZDF

La mort heureuse (1971) (*Der glückliche Tod* 1972) (Roman) R: Rusnak, Josef; DB: Rusnak, Josef; FT: Kaltes Fieber (1988); TV: BRD/ARD/BR

Canetti, Elias (AUST, GB 1905–1994)

Die Stimmen von Marrakesch (1967) (Bericht) R: Lesowsky, Wolfgang; DB: Lesowsky, Wolfgang; FT: Die Stimmen von Marrakesch (1984); TV: AUST/ORF

Canning, Victor (GB 1911–)

The Great Affair (1969) (Kriminalroman) R: Neureuther, Erich; DB: Storz, Oliver; FT: Das ganz große Ding (1966); TV: BRD/ARD/SDR

Čapek, Karel (CSR 1890–1938)

(Erzählung) R: Biltz, Karl Peter; DB: Bláha, Zdenek; FT: Ein Mordanschlag (1971); TV: BRD/ARD/SWF

(Kindererzählung) R: Kuri, Waldemar; FT: Eine Räubergeschichte (1971); TV: BRD/ARD/SWF

(Erzählung) R: Proll, Jens-Peter; FT: Kommissar Engel und das Baby (1975); TV: DDR

(Erzählung) R: Hoffmann, Kurt; DB: Bieler, Manfred; FT: Geschenk eines Heiratsschwindlers (1976); TV: BRD/ZDF

Capote, Truman (USA 1925–1987)

Jug of Silver (1949) (Erzählung) R: Schimmelpfennig, Heinz; DB: Schimmelpfennig, Heinz; FT: Das Glück sucht seine Kinder (1958); TV: BRD/ARD/SWF

Miriam (1949) (*Miriam* 1962) (Erzählung) R: Corti, Axel; DB: Corti, Axel; FT: Miriam (1968); TV: AUST/ORF

(Erzählung) R: Kubach, Gabi; DB: Kubach, Gabi; FT: Verkaufte Träume (1977); TV: BRD/ARD/WDR

Capra, Fritjof (USA 1939–)

The Turning Point: Science, Society and the Rising Culture (1982) (*Wendezeit* 1983) (Sachbuch) R: Capra, Bernt; DB: Byars, Floyd; Capra, Fritjof; FT: Wendezeit (1990); KF: AUST/USA/Atlas Leasing/Mindwalk Prod.

Caragiale, Jon Luca (RU 1852–1912)
O scrisoare perduta (1884) (*Ein verlorener Liebesbrief* 1942) (Komödie) R: Pfeiffer, Hermann; FT: Ein verlorener Brief (1962); TV: BRD/ARD/WDR
O faclie de pasti (1889) (*Eine Osterkerze* 1892) (Erzählung) R: Gabrea, Radu; DB: Dohnal, Meir; Gabrea, Radu; Schuller, Frieder; FT: Fürchte dich nicht, Jakob! (1981); KF: BRD/Galla-Film/Neue-Tele-Contact Film/TIT-Film/Film Form Lissabon

Carey, Peter (AUSTRAL 1943–)
(Erzählung) R: Haffter, Petra; DB: Haffter, Petra; FT: Vom anderen Stern (1982); KF: BRD/C + H Film

Carlon, Patricia (GB 1927–)
The Price of an Orphan (1964) (*Das Kind*) (Kriminalroman) R: Schirk, Heinz; DB: Schirk, Heinz; Schirk, Ilka; FT: Das Kind (1975); TV: BRD/ZDF

Carmichael, Fred (USA)
(*Teegebäck und Platzpatronen*) (Kriminalkomödie) R: Spier, Wolfgang; DB: Mestre, Ulrich del; FT: Teegebäck und Platzpatronen (1980); TV: BRD/ZDF

Carney, Daniel (RHOD 1944–)
The Whispering Death (1969) (Roman) R: Goslar, Jürgen; DB: Finch, Scott; Goslar, Jürgen; FT: Der flüsternde Tod (1975); KF: BRD

Carroll, Lewis (GB 1832–1898)
Alice's Adventures in Wonderland (1865) (*Alice im Wunderland* 1869) (Erzählung) R: Svankmajer, Jan; FT: Alice (1989); KF: CH

Carroll, Sidney (USA 1877–1958)
(Schauspiel) R: Dieterle, William; FT: Ich fand Julia Harrington (1960); TV: BRD/ARD/SFB

Carter, Nick (USA)
(Kriminalroman) R: Flaadt, Tony; DB: Ferry, Jean; Nahum, Jacques; FT: In geheimer Mission (1975); TV: BRD/ZDF

Cary, Falkland L. (GB 1897–1989)
Echo (Schauspiel) R: Haaf, Wilm ten; FT: Echo (1963); TV: BRD/ARD/SR

Casey, Rosemary (USA –1976)
Late Love (1954) (*Liebe im September* 1970) (Komödie) R: Rabenalt, Arthur Maria; FT: Liebe im September (1962); TV: BRD/ARD/WDR

Casona, Alejandro (ESP 1903–1965)
Los árboles mueren de pie (1949) (*Bäume sterben aufrecht* 1950) (Komödie) R: Hamel, Peter; FT: Bäume sterben aufrecht (1958); TV: BRD/ARD/SWF

Caspari, Carlheinz (BRD 1921–)
Der Zweikampf (Hörspiel) R: Caspari, Carlheinz; DB: Caspari, Carlheinz; FT: Der Zweikampf (1967); TV: BRD/ARD/NDR

Caspary, Vera (USA 1904–)
Laura (1943) (*Laura* 1952) (Kriminalroman) R: Wild, Franz Josef; FT: Laura (1962); TV: BRD/ARD/BR

Castans, Raymond (FR 1920–)
Auguste (1958) (Komödie) R: Pfeiffer, Hermann; FT: Auguste (1961); TV: BRD/ARD/WDR

Čechov, Anton Pavlovič (RUS 1860–1904)
Medved (1888) (*Der Bär*) (Komödie) R: Horn, Peter A.; FT: Der Bär (1955); TV: BRD/ARD/SWF
(*Das schwedische Zündholz*) (Erzählung) R: Krüger, Detlof; DB: Günther, Johannes von; FT: Das Streichholz unterm Bett (1955); TV: BRD/ARD/NWDR Hamburg
(Erzählung) R: Horn, Peter A.; DB: Horn, Peter A.; FT: Zwischen Zwölf und Eins (1957); TV: BRD/ARD/SWF
(*Das Jubiläum*) (Komödie) R: Zadek, Peter; FT: Das Jubiläum (1962); TV: BRD/ARD/RB
(Erzählung) R: Erler, Rainer; DB: Schübel, Theodor; FT: Die Rache (1962); TV: BRD/ARD/Bavaria
(*Der Jähzornige*) (Erzählung) R: Erler, Rainer; DB: Schübel, Theodor; FT: Der jähzornige junge Mann (1963); TV: BRD/ARD/Bavaria
Cajka (1896) (*Die Möve*) (Schauspiel) R: Herlischka, Bohumil; FT: Die Möwe (1963); TV: BRD/ARD/SWF
(Erzählung) R: Sydow, Rolf von; DB: Schübel, Theodor; FT: Die Nacht der Schrecken (1963); TV: BRD/ARD/Bavaria
(*Das Duell*) (Erzählung) R: Schweikart, Hans; DB: Lehmann, Leo; FT: Das Duell (1964); TV: BRD/ARD/WDR
(Erzählung) R: Haugk, Dietrich; FT: Gerechtigkeit in Worowogorsk (1964); TV: BRD/ARD/Bavaria
(Erzählung) R: Schwarze, Hans-Dieter; DB: Schübel, Theodor; FT: Pflicht ist Pflicht (1966); TV: BRD/ZDF
(Erzählung) R: Itzenplitz, Eberhard; DB: Lehmann, Leo; FT: Drei Jahre (1967); TV: BRD/ARD/WDR
(Erzählung) R: Hornak, Vido; FT: Roman von der Baßgeige (1971); TV: BRD/ARD/Ceskosl. Telev.
(*Das Gastmahl*) (Erzählung) FT: Das Gastmahl (1974); TV: DDR

Palata No.6 (1892) (*Krankensaal No.6*) (Erzählung) R: Fruchtmann, Karl; DB: Fruchtmann, Karl; FT: Krankensaal 6 (1974); TV: BRD/ARD/RB

(*Die Braut Nadja*) (Erzählung) R: Keil, Gerd; FT: Die Braut Nadja (1975); TV: DDR

(*Das Leben einer Frau*) (Erzählung) R: Proll, Jens-Peter; FT: Das Leben einer Frau (1976); TV: DDR

(Erzählung) R: Cremer, Ludwig; DB: Simon, Neil; FT: Der gute Doktor (1979); TV: BRD/ZDF

(Roman) R: Vogel, Peter; DB: Schulte, Susan; FT: Liebesgeschichten. Erzählung einer Unbekannten (1979); TV: BRD/ARD/SWF

(*Der Jähzornige*) (Erzählung) R: Gies, Hajo; FT: Der Jähzornige (1980); TV: AUST/ORF

Visnevyj sad (1904) (*Der Kirschgarten* 1960) (Schauspiel) R: Karge, Manfred; Langhoff, Matthias; FT: Der Kirschgarten (1981); TV: BRD/ZDF

Medved (1888) (*Der Bär*) (Komödie) R: Askarian, Don; DB: Askarian, Don; FT: Der Bär (1984); TV: BRD

Tri sestry (1901) (*Drei Schwestern* 1902) (Schauspiel) R: Langhoff, Thomas; FT: Drei Schwestern (1984); TV: DDR

(Roman) R: Saless, Sohrab S.; DB: Saless, Sohrab S.; FT: Der Weidenbaum (1984); KF: BRD/CSR/ARD/RB/Slovensky-Film

Tri sestry (1901) (*Drei Schwestern* 1902) (Schauspiel) R: Trotta, Margarethe von; FT: Fürchten und Lieben (1987); KF: BRD

(*Tragödie auf der Jagd*) (Erzählung) R: Klingenberg, Gerhard; DB: Lehmann, Leo; FT: Tragödie auf der Jagd (1987); TV: BRD

Ariadna (Erzählung) R: Richter, Jochen; DB: Richter, Jochen; FT: Ariadna (1990); TV: BRD/ARD/BR

(*Das Duell*) (Erzählung) R: Rieke, Janek; DB: Hoepfner-Juretzka, Michaela; Rieke, Janek; FT: Neulich am Deich (1995); KF: BRD/Hamburger Filmwerkstätten e.V./Universität Hamburg (Aufbaustudium Film)

Cederstrand, Ditte (DK 1915–1984)

Bagerbørn (1967) (*Alle meine Kinder* 1969) (Roman) R: Kaufmann, Edgar; DB: Jäckel, Gerhard; FT: Alle meine Kinder (1976); TV: DDR

Celan, Paul (RU 1920–1970)

Die Todesfuge (1948) (Gedicht) R: Dubowski, Grzegorz; Opel, Adolf; DB: Opel, Adolf; FT: Die Todesfuge (1977); TV: AUST/PL/ORF/Televisia Polska

Cerda, Carlos (CHIL 1942–)

Transmission (Erzählung) R: Scholz, Gunter; DB: Haubold, Günter; Scholz, Gunter; FT: Verzeihung, sehen Sie Fußball? (1983); KF: DDR/DEFA

Cerio, Claretta (BRD)

Alte Weiber stinken (Erzählung) R: Verdan, Renée; DB: Verdan, Renée; FT: Maria am Fenster (1987); TV: BRD/ARD/NDR

Cervantes Saavedra, Miguel de (ESP 1547–1616)

(*Der Adept*) (Erzählung) R: Haaf, Wilm ten; DB: Gött, Emil; FT: Der Schwarzkünstler (1955); TV: BRD/ARD/BR

Don Quijote de la Mancha (1605) (Roman) R: Rien, Carlo; FT: Don Quijote von der Mancha (1965); TV: BRD/ZDF

Cesbron, Gilbert (FR 1913–1979)

Les Saints vont en enfer (1952) (*Die Heiligen gehen in die Hölle* 1953) (Roman) R: Wolffhardt, Rainer; DB: Pigge, Helmut; Wolffhardt, Rainer; FT: Ruf ohne Echo (1959); TV: BRD/ARD/SDR

Cetto, Gitta von (BRD 1908–)

Stefanie oder Die liebenswerten Torheiten (1956) (Roman) R: Baky, Josef von; DB: Burri, Emil; Simmel, Johannes Mario; FT: Stefanie (1958); KF: BRD

Chamisso, Adelbert von (DTL 1781–1838)

Peter Schlemihls wundersame Reise (1814) (Erzählung) R: Hess, Günter; DB: Hess, Günter; FT: Peter Schlemihl (1955); TV: BRD/ARD/SFB

Peter Schlemihls wundersame Reise (1814) (Erzählung) R: Cravenne, Marcel; FT: Peter Schlemihl (1966); TV: FR

Chandler, Raymond (USA 1888–1959)

I'll be waiting (*Ich werde warten* 1982) (Kriminalerzählung) R: Barabás, Stanislav; FT: Ich werde warten (1982); TV: BRD/ARD/SWF

Charms, Daniil I. (SU 1906–1942)

(*Zwischenfälle* 1990) (Texte) R: Kreihsel, Michael; DB: Kreihsel, Michael; FT: Charms: Zwischenfälle (1995); TV: AUST/BRD/Wega-Film/ORF/ARD/NDR

Charpentier, Jules (= Charpentier, Josef) (AUST) & **Engelsberger, Berta** (AUST)

Das Haus auf dem Hügel (Kriminalroman) R: Klingler, Werner; DB: Kunze, Norbert; FT: Das Haus auf dem Hügel (1964); KF: BRD/FR

Chase, James Hadley (GB 1906–1985)

Harvey (1945) (*Mein Freund Harvey* 1950) (Komödie) R: Moszkowicz, Imo; DB: Moszkowicz, Imo; FT: Mein Freund Harvey (1959); TV: BRD/ARD/NWRV Köln

The World in my Pocket (1958) (*An einem Freitag um halb zwölf* 1973) (Kriminalroman) R: Rakoff, Alvin; DB: Harvey, Frank; FT: An einem Freitag um halb zwölf (1961); KF: BRD/Corona

Mission to Venice (1954) (*Mord am Canale Grande* 1964) (Kriminalroman) R: Versini, André; DB: Robert, Jacques; Versini, André; FT: Mord am Canale Grande (1963); KF: BRD/FR/IT/Eichberg/Mezger et Woog/Marceau/Cocinor/Adelphia

A Coffin from Hongkong (1962) (*Ein Sarg aus Honkong* 1963) (Kriminalroman) R: Köhler, Manfred R.; DB: Köhler, Manfred R.; FT: Ein Sarg aus Honkong (1964); KF: BRD/FR

(Roman) R: Vohrer, Alfred; DB: Keindorff, Eberhard; Sibelius, Johanna; FT: Wartezimmer zum Jenseits (1964); KF: BRD/Rialto Film

Lay Her Among the Lilies (1950) (*Die Katze im Sack* 1960) (Kriminalroman) R: Roland, Jürgen; DB: Menge, Wolfgang; FT: Die Katze im Sack (1965); TV: BRD/ARD

You Have Yourself a Deal (1966) (*Schwarze Perle aus Peking* 1967) (Kriminalroman) R: Gessner, Nicolas; DB: Brehm, Richard; Gessner, Nicolas; Vilfrid, Jacques; FT: Die Blonde von Peking (1966); KF: BRD/FR/IT/Hans Eckekamp/Films Copernic/Clesi Cinematografica

A Lotus for Miss Quon (1961) (*Lotosblüten für Miss Quon* 1963) (Kriminalroman) R: Roland, Jürgen; DB: Brewer, James; FT: Lotosblüten für Miss Quon (1966); KF: BRD/IT/FR

Harvey (1945) (*Mein Freund Harvey* 1950) (Komödie) R: Sydow, Rolf von; FT: Mein Freund Harvey (1967); TV: BRD/ARD/WDR

The Flesh of the Orchid (1948) (*Ein Grab voll roter Orchideen* 1971) (Kriminalroman) R: Chéreau, Patrice; DB: Carrière, Jean-Claude; Chéreau, Patrice; FT: Das Fleisch der Orchidee (1974); KF: BRD/FR/IT

I would rather stay poor (1962) (*Lohngelder für Pittsville* 1964) (Kriminalroman) R: Zanussi, Krzysztof; DB: More, Julian; More, Sheila; Zanussi, Krzysztof; FT: Pittsville - Ein Safe voll Blut (Lohngelder für Pittsville) (1974); TV: BRD/PL/ZDF/Manfred Durniok

(Kriminalroman) R: Passer, Ivan; DB: Lasky, Jesse jr.; FT: Frankensteins Spukschloß (1975); KF: BRD

Just Another Sucker (1960) (*Dumme sterben nicht aus* 1962) (Kriminalroman) R: Schlöndorff, Volker; DB: Frye, E. Max; FT: Palmetto - dumme sterben nicht aus (1998); KF: BRD/USA/Rialto Film GmbH

Chatrian, Alexandre (FR 1826–1890) & **Erckmann, Émile** (FR 1822–1899)

L'esquisse mystérieuse (1899) (Erzählung) R: Horn, Peter A.; DB: Horn, Peter A.; FT: Das geheimnisvolle Bild (1955); TV: BRD/ARD/SWF

Chatwin, Bruce (GB 1942–)

The Viceroy of Ouidah (1980) (*Der Vizekönig von Ouidah* 1982) (Roman) R: Herzog, Werner; DB: Herzog, Werner; FT: Cobra Verde (1987); KF: BRD/Werner Herzog Filmproduktion/ZDF

Utz (1988) (*Utz* 1992) (Roman) R: Sluizer, George; DB: Whitemore, Hugh; FT: Utz (1992); KF: BRD/IT/GB/Cine Electra/Goldschmidt-Sargent/ARD/NDR/Academy/BBC/Viva Pictures

Chayefsky, Paddy (USA 1924–1992)

Gideon (1961) (Schauspiel) R: Semmelroth, Wilhelm; DB: Semmelroth, Wilhelm; FT: Gideon (1966); TV: BRD/ARD/WDR

(*Die Mutter*) (Schauspiel) R: Jent, Louis; FT: Die Mutter (1978); TV: CH/BRD/DRS/ARD/BR

(*Ein Zug nach Manhattan*) (Erzählung) R: Sydow, Rolf von; DB: Burger, Eric; FT: Ein Zug nach Manhattan (1981); TV: BRD

Cheever, John (USA 1912–1982)

Children (> Schauspiel von Gurney, Albert Ramsdell (1975)) (Erzählung) R: Döpke, Oswald; DB: Schübel, Theodor; FT: Kinder (1981); TV: BRD/ZDF

Chesnot, Pierre (FR 1935–)

A vos souhaits (1977) (*Gesundheit, Monsieur* 1981) (Komödie) R: Sydow, Rolf von; FT: Wohl bekomm's (1982); TV: BRD/ZDF

Chessex, Jacques (CH 1934–)

L'ogre (1973) (Roman) R: Edelstein, Simon; DB: Edelstein, Simon; FT: L'ogre (1986); KF: CH

Chesterton, Gilbert Keith (GB 1874–1936)

The Father Brown Stories (1929) (Erzählung) R: Horn, Peter A.; DB: Horn, Peter A.; FT: Pater Brown findet Daniel Boom (1955); TV: BRD/ARD/SWF

The Man Who Was Thursday (1908) (*Der Mann, der Donnerstag war* 1910) (Roman) R: Umgelter, Fritz; DB: Umgelter, Fritz; FT: Der Mann, der Donnerstag war (1960); TV: BRD/ARD/Bavaria

The Amazing Adventures Of Father Brown (1935) (Erzählung) R: Ashley, Helmut(h); DB: Békeffi, István; Jacoby, Hans; FT: Das schwarze Schaf (1960); KF: BRD/Bavaria

(Erzählung) R: Ambesser, Axel von; DB: Eis, Egon; Merz, Carl; FT: Er kann's nicht lassen (1962); KF: BRD

Magic (1913) (*Magie* 1914) (Komödie) R: Umgelter, Fritz; FT: Magie (1965); TV: BRD/ARD/BR

Chézy, Helmina von (= Klencke, Wilhelmine Christiane von) (DTL 1738–1856)

Rosamunde (1824) (Schauspiel) R: Beilharz, Norbert; DB: Beilharz, Norbert; FT: Rosamunde (1997); TV: BRD/Norbert Beilharz/Floris Film/SDR/Arte

Chiesa, Francesco (CH 1871–1973)

L'innocenza (1986) (Erzählung) R: Hermann, Villi; DB: Gregorio, Angelo; FT: Unschuld (1986); TV: CH/Imago/SSR/Télévision Suisse-Romande (TSR)

Choderlos de Laclos, P.A. (FR 1741–1803)

Les liaisons dangereuses (1782) (Roman) R: Schulze-Rohr, Peter; FT: Gesellschaftsspiel (1966); TV: BRD/ARD/NDR/WDR

Chraïbi, Driss (MAR 1926–)

Une enquête au pays (1982) (*Ermittlungen im Landesinnern* 1992) (Roman) R: Müller, Ray; DB: Müller, Ray; FT: Tödliche Dienstreise (1996); TV: BRD/ARD

Christ, Lena (DTL 1881–1920)

Die Rumplhanni (1916) (Roman) R: Wolffhardt, Rainer; DB: Dallmayr, Horst; FT: Die Rumplhanni (2 Teile) (1981); TV: BRD/ARD

Madam Bäurin (1920) (Roman) R: Bogner, Franz Xaver; DB: Bogner, Franz Xaver; FT: Madame Bäurin (1993); KF: BRD/ARD/BR

Christen, Rosmarie (CH)

Aladin (Märchen) R: Formigoni, Carlo; FT: Aladin (1987); TV: CH/DRS

Christensen, Wilfred (DK)

Forellen: 4 dramatiske Skitser (1941) (*Die Forelle*) (Schauspiel) R: Hartl, Karl; DB: Burri, Emil; Simmel, Johannes Mario; FT: Weg in die Vergangenheit (1954); KF: AUST

Christie, Agatha (GB 1890–1976)

The Spider's Web (1957) (*Das Spinnennetz* 1965) (Kriminalkomödie) R: Umgelter, Fritz; DB: Metzner, Gerhard; FT: Das Spinnennetz (1956); TV: BRD/ARD/HR

Love from a Stranger (1936) (*Ein Fremder klopft an* 1967) (> Schauspiel von Vosper, Frank (1937)) (Kriminalerzählung) R: Haaf, Wilm ten; FT: Ein Fremder kam ins Haus (1957); TV: BRD/ARD/BR

Christopher, John (GB 1922–)

The Guardians (1970) (*Die Wächter* 1975) (Roman) R: Wirth, Franz Peter; DB: Mühlbauer, Wolfgang; Wirth, Franz Peter; FT: Die Wächter (6 Teile) (1986); TV: BRD/ARD

Ciaula, Tommaso Di (IT)

Tuta Blu: ire, ricordi e sogni di un operaio del Sud (1978) (*Der Fabrikaffe und die Bäume: Wut, Erinnerungen und Träume eines apulischen Bauern, der unter die Arbeiter fiel* 1983) (Roman) R: Furtwängler, Florian; DB: Ciaula, Tommaso Di; Furtwängler, Florian; Kammerer, Peter; FT: Tommaso Blu (1988); TV: BRD/ARD/BR3

Cjurupa, Esfir' J. (SU)

Olesek (*Oljeschek* 1965) (Jugendbuch) R: Schmenger, Ursula; DB: Wilbrandt, Doris; FT: Ninotschka sucht den Frühling (1973); TV: DDR

Claer, Hans Henning (BRD 1931–)

Laß jucken, Kumpel (1971) (Roman) R: Marischka, Franz; DB: Marischka, Franz; FT: Laß jucken, Kumpel (1) (1972); KF: BRD/Planet

Laß jucken, Kumpel (1971) (Roman) R: Marischka, Franz; DB: Marischka, Franz; FT: Laß jucken, Kumpel (2) Das Bullenkloster (1972); KF: BRD

Laß jucken, Kumpel (1971) (Roman) R: Marischka, Franz; DB: Marcus, F.G.; Marischka, Franz; FT: Laß jucken, Kumpel (3) Maloche, Bier und Bett (1974); KF: BRD

Laß jucken, Kumpel (1971) (Roman) R: Marischka, Franz; DB: Claer, Hans Henning; Marischka, Franz; FT: Laß jucken, Kumpel (5) Zwei Kumpel auf der Alm (1974); KF: BRD

Laß jucken, Kumpel (1971) (Roman) R: Marischka, Franz; DB: Marcus, F.G.; Marischka, Franz; FT: Laß jucken, Kumpel (4) Der Kumpel läßt das Jucken nicht (1974); KF: BRD

Laß jucken, Kumpel (1971) (Roman) R: Marischka, Franz; DB: Claer, Hans Henning; FT: Laß jucken, Kumpel (6) Laß laufen, Kumpel (1981); KF: BRD/Planet

Clairvaux, Gustave (FR)
(*Pardon die Leiche bin ich*) (Kriminalkomödie) R: Knötzsch, Hans; FT: Pardon die Leiche bin ich (1982); TV: DDR/DDR1

Claudel, Paul (FR 1868–1955)
Le soulier de satin (1930) (*Der seidene Schuh* 1939) (Schauspiel) R: Wild, Franz Josef; FT: Der seidene Schuh (1955); TV: BRD/ARD/BR
Le soulier de satin (1930) (*Der seidene Schuh* 1939) (Schauspiel) R: Sellner, Gustav Rudolf; DB: Gottschalk, Hans; Sellner, Gustav Rudolf; FT: Der seidene Schuh (1965); TV: BRD/ARD/WDR
Mort de Judas (1936) (Monolog) R: Dhomme, Sylvain; FT: Der Tod des Judas (1965); TV: BRD/ARD/SR
Le pain dur (1918) (*Das harte Brot* 1926) (Schauspiel) R: Müller, Hans-Reinhard; FT: Das harte Brot (1966); TV: BRD/ARD/BR

Claudius, Eduard (DDR 1911–1976)
Grüne Oliven und nackte Berge (1945) (Roman) R: Hellberg, Martin; DB: Claudius, Eduard; Hellberg, Martin; FT: Wo du hingehst ... (1957); KF: DDR/DEFA

Claus, Manfred (DDR)
Liebling, mir fehlen die Worte (Komödie) R: Ostrowsky, Hartmut; FT: Liebling, mir fehlen die Worte (1988); TV: DDR/DDR1

Clausen, Thomas (DDR)
(Märchen) R: Knust, Dieter; DB: Knust, Dieter; Korn, Nina; FT: Susanna und der arme Teufel (1983); TV: DDR/DDR1

Clavel, Maurice (FR 1920–1979)
Leonor (Schauspiel) R: Wälterlin, Oskar; FT: Leonore (1962); TV: BRD/CH/ARD/SRG(DRS)

Cleland, John (GB 1709–1889)
Memoirs of a Woman of Pleasure (1749) (*Fanny Hill* 1906) (Roman) R: Meyer, Russ; DB: Hill, Robert J.; FT: Fanny Hill (1964); KF: BRD

Clemens, Brian (USA)
(Erzählung) R: Ode, Erik; DB: Defrank, Rolf; FT: Nach all den Jahren (1967); TV: BRD/ARD/SDR

Cobbold, Marika (GB)
Guppies for tea (1993) (*Guppies zum Tee* 1994) (Roman) R: Meyer, Stephan; DB: Kister, Gabriele; FT: Guppies zum Tee (1994); TV: BRD

Coburn, Andrew (USA 1932–)
Off duty (1981) (*Die Schwarzarbeiter* 1981) (Kriminalroman) R: Vianey, Michel; DB: Vianey, Michel; FT: Zwei Profis steigen aus (Un dimanche de flics) (1982/ 83); KF: BRD/FR

Cocteau, Jean (FR 1889–1963)
Le bel indifférent (1940) (*Der schöne Teilnahmslose* 1965) (> Der schöne Gleichgültige (1993)) (Schauspiel) R: Wirth, Franz Peter; DB: Gottschalk, Hans; FT: Der schöne Gleichgültige (1956); TV: BRD/ARD/HR
La voix humaine (1930) (*Die geliebte Stimme* 1933) (Schauspiel) R: Wild, Franz Josef; FT: Die geliebte Stimme (1960); TV: BRD/ARD/BR

Coke, Peter (GB 1913–)
Breath of Spring (1959) (Komödie) R: Wild, Franz Josef; FT: Feine Herrschaften (Modell Frühlingshauch) (1966); TV: BRD/ARD/BR

Colantuoni, Alberto (IT 1880–1959)
I fratelli Catiglioni (1932) (*Geld ohne Arbeit* 1932) (Komödie) R: Beauvais, Peter; DB: Beauvais, Peter; Conta, Manfred von; FT: Geld ohne Arbeit (1956); TV: BRD/ ARD/SWF

Collins, Wilkie (GB 1824–1889)
The Moonstone (1868) (*Der Monddiamant* 1973) (Roman) R: Horn, Peter A.; DB: Horn, Peter A.; FT: Sergeant Cuff kann den Mondstein nicht finden (1955); TV: BRD/ARD/SWF
The Woman in White (1860) (dt. 1965) (Roman) R: Semmelroth, Wilhelm; DB: Asmodi, Herbert; FT: Die Frau in Weiß (3 Teile) (1971); TV: BRD/ARD/WDR
Armadale (1866) (*Der rote Schal* 1967) (Roman) R: Semmelroth, Wilhelm; DB: Asmodi, Herbert; FT: Der rote Schal (1973); TV: BRD/ARD/WDR
The Moonstone (1868) (*Der Monddiamant* 1973) (Roman) R: Semmelroth, Wilhelm; DB: Asmodi, Herbert; FT: Der Monddiamant (1974); TV: BRD/ARD/ WDR
Poor Miss Finch (1872) (Roman) R: Semmelroth, Wilhelm; DB: Asmodi, Herbert; FT: Lucilla (1980); TV: BRD/ARD/ WDR

Collodi, Carlo (IT 1856–1945)
Le aventure di Pinocchio (1883) (*Die Geschichte vom hölzernen Bengele* 1905) (> Pinocchios Abenteuer) (Erzählung) R: Beck, Walter; DB: Beck, Walter; Beichler, Margot; FT: Turlis Abenteuer (1969); KF: DDR/DEFA

Le aventure di Pinocchio (1883) (*Die Geschichte vom hölzernen Bengele* 1905) (> Pinocchios Abenteuer) (Erzählung) R: Barron, Steve; DB: Barron, Steve; Berman, Barry; Mills, Sherry; FT: Die Legende von Pinocchio (1996); KF: BRD/GB/FR/Dieter Geissler Filmprod./Pro7/Davis Films/Alta Vista/Bibo/Cine Vox

Companeez, Jacques (FR)

(*Schweigepflicht*) (Erzählung) R: Steckel, Leonard; DB: Companéez, Jacques; FT: Du mein stilles Tal (Schweigepflicht) (1955); KF: BRD/CCC Filmkunst GmbH

Compton, David Guy (GB 1930–)

The Continuous Catherine Mortenhoe (1974) (*Der gekaufte Tod* 1981) (> Death Watch (1981)) (Roman) R: Tavernier, Bertrand; DB: Rayfield, David; Tavernier, Bertrand; FT: Death Watch - Der gekaufte Tod (1979); KF: BRD/FR

Conchon, Georges (FR 1925–1990)

La corrida de la victoire (1959) (*Die Asche des Sieges* 1961) (Roman) R: Haugk, Dietrich; DB: Haugk, Dietrich; FT: Asche des Sieges (1969); TV: BRD/ARD/Bavaria

Conners, Barry (USA 1883–1933)

The Patsy (1925) (*Uschi* 1963) (Komödie) R: Schwarz, Heinz Wilhelm; FT: Patsy (1962); TV: BRD/ARD/WDR

Conrad, Joseph (GB 1857–1924)

(Erzählung) R: Klante, Diethard; DB: Klante, Diethard; FT: Nachricht aus Colebrook (1971); TV: BRD/ZDF

Tomorrow (1903) (*Morgen* 1965) (Erzählung) R: Klingenberg, Gerhard; FT: Morgen (1980); TV: AUST/ORF

Victory (1915) (*Sieg* 1927) (Roman) R: Glowna, Vadim; DB: Doherty, Christopher; Glowna, Vadim; Hembus, Joe; Tuck, Leonard; FT: Des Teufels Paradies (1989); TV: BRD/ZDF

Conradi, Peter (BRD 1945–)

Manni der Libero (1980) (Jugendroman) R: Gottlieb, Franz Josef; DB: Pfaue, Justus; FT: Manni der Libero (13 Teile) (1982); TV: BRD/ZDF

Constant de Rebecque, Benjamin de (FR 1767–1830)

Adolphe: anecdote trouvée dans les papiers d'un inconnu (1816) (*Adolphe: Erzählung aus den gefundenen Papieren eines Unbekannten* 1817) (Roman) R: Ickert, Klaus; FT: Gefühlssachen (1984); TV: BRD/ARD/BR

Constantin-Weyer, Maurice (FR 1881–1964)

Un sourire dans la tempête (1947) (*Ein Lächeln im Sturm*) (Roman) R: Chanas, Rene; DB: Chanas, Rene; Lefèvre, René; FT: Ein Lächeln im Sturm (1950); KF: AUST/FR

Conty, Jean-Pierre (FR 1917–1984)

Affaire vous concernant (1955) (*Ein unbeschriebenes Blatt* 1980) (Kriminalstück) R: Hädrich, Rolf; FT: Ein unbeschriebenes Blatt (1959); TV: BRD/ARD/HR

Quand épousez-vous ma femme? (*Wann heiraten Sie meine Frau?* 1971) (Schauspiel) R: Pein, Joachim; FT: Wann heiraten Sie meine Frau? (1978); TV: BRD/ZDF

Cook, Kenneth (AUSTRAL 1929–)

Chain of Darkness (1962) (Roman) R: Fruchtmann, Karl; DB: Fruchtmann, Karl; FT: Ketten (1976); TV: BRD/ZDF

Cooney, Ray (GB)

Funny Money (1995) (Komödie) R: Wigger, Stefan; FT: Viel, viel Geld (1972); TV: BRD/ARD/SFB

Not Now Darling (1970) (*Nid jetz, Schatz!* 1970) (Schauspiel) R: Matter, Franz; FT: Der müde Ehemann (1979); TV: CH/DRS

Cooney, Ray (GB) & **Stone, Gene** (USA 1913–)

Why Not Stay for Breakfast? (1974) (*Bleib doch zum Frühstück* 1972) (Komödie) R: Wilbrandt, Jörg; FT: Bleib doch zum Frühstück (1990); TV: DDR/DFF2

Cooper, Giles (GB 1918–1966)

(Hörspiel) R: Schaaf, Johannes; DB: Schaaf, Johannes; FT: Ein ungebetener Gast (1963); TV: BRD/ARD/RB

Cooper, James Fenimore (USA 1789–1851)

The Last of the Mohicans (1826) (*Der letzte Mohikaner* 1826) (Roman) R: Reinl, Harald; DB: Bartsch, J. Joachim; Simonelli, Giovanni; FT: Der letzte Mohikaner (1965); KF: BRD/ESP/IT

The Deerslayer (1841) (*Der Wildtöter* 1841) (Roman) R: Groschopp, Richard; DB: Ebeling, Wolfgang; Günther, Egon; FT: Der Wildtöter (1966); TV: DDR/DEFA

The Deerslayer (1841) (*Der Wildtöter* 1841) (Roman) R: Groschopp, Richard; DB: Ebeling, Wolfgang; Groschopp, Richard; FT: Chingachcook, die große Schlange (1967); KF: DDR/DEFA

The Last of the Mohicans (1826) (*Der letzte Mohikaner* 1826) (Roman) R: Gaspard-Huit, Pierre; FT: Der letzte Mohikaner (1969); TV: BRD/FR

Coppel, Alec (USA -1972)
The Gazebo (1959) (Kriminalkomödie) R: Haaf, Wilm ten; FT: Der Aussichtsturm (1964); TV: BRD/ARD/SR

Corbett, Gerda (BRD) & **Mansfeld, Michael (= Heinze, Eckart)** (BRD 1922–1979)
Kolibri (Kriminalstück) R: Jariv, Nathan; FT: Kolibri (1971); TV: BRD/ZDF

Cordes, Alexandra (BRD 1935–1986)
Anna Maria (1981) (Roman) R: Bleiweiß, Celino; FT: Anna Maria - eine Frau geht ihren Weg (1994); TV: BRD

Cordier, Charles (BELG)
(Schauspiel) R: Krüger, Detlof; FT: Der ungebetene Gast (1954); TV: BRD/ARD/ NWDR Hamburg

Corneille, Pierre (FR 1606–1684)
Othon (1664) (Schauspiel) R: Straub, Jean-Marie; DB: Huillet, Danièle; Straub, Jean-Marie; FT: Othon. Die Augen wollen sich nicht zu jeder Zeit schließen oder Vielleicht wird Rom sich ... (1970); KF: BRD/ IT/Janus/Straub-Huillet

Cornelsen, Horst (BRD 1909–)
Kleine Fische auf Justitias Grill (1984) (Erzählung) R: Dietrich, Wolf; Frohmann, Clemens; Schirk, Heinz; Schnell, Heinz-Otto; Schultze, Norbert jr.; DB: Mleinek, Mischa; FT: Justitias kleine Fische (26 Folgen) (1988); TV: BRD/Sat1

Costa, Martin (AUST 1895–1974)
Der alte Sünder (Schauspiel) R: Antel, Franz; DB: Antel, Franz; Costa, Martin; FT: Der alte Sünder (1950/51); KF: AUST
Fiakermilli - Liebling von Wien (Schauspiel) R: Rabenalt, Arthur Maria; DB: Costa, Martin; Rabenalt, Arthur Maria; FT: Fiakermilli - Liebling von Wien (1952); KF: AUST
Bruder Martin (1929) (Schauspiel) R: Ambesser, Axel von; DB: Fentsch, Erna; FT: Und der Himmel lacht dazu (1954); KF: AUST

Costa, Martin (AUST 1895–1974) & **Lang, Hans** (AUST 1908–)
Hofrat Geiger (Komödie) R: Wolff, Hans; DB: Wolff, Hans; FT: Hofrat Geiger (1947/48); KF: AUST/Sascha Film
Hofrat Geiger (Komödie) R: Jacobs, Werner; DB: Furch, Janne; FT: Mariandl (1961); KF: AUST
Hofrat Geiger (Komödie) R: Weck, Peter; DB: Weck, Peter; FT: Hofrat Geiger (1996); TV: AUST/ORF

Coster, Charles de (BELG 1827–1879)
La legende et les aventures ... d'Ulenspiegel (1868) (*Tyll Ulenspiegel und Lamm Goedzak: Legende von ihren heroischen,lustigen und ruhmreichen Abenteuern im Lande Flandern und andern Orts* 1909) (Roman) R: Philipe, Gérard; DB: Barjavel, René; Ivens, Joris; Philipe, Gérard; FT: Till Ulenspiegel, der lachende Rebell (1956); KF: DDR/FR

Cotton, Jerry (= Höber, Heinz-Werner; Müller, Heinz-Werner) (BRD 1931–1996)
Mordnacht in Manhattan (1963) (Kriminalroman) R: Philipp, Harald; FT: Mordnacht in Manhattan (1965); KF: BRD/FR
Schüsse aus dem Geigenkasten (1965) (Kriminalroman) R: Umgelter, Fritz; DB: Hurdalek, Georg; Luebbe, Gustav H.; FT: Schüsse aus dem Geigenkasten (1965); KF: BRD/FR/Allianz Filmproduktion/ Studio Hamburg Filmproduktion/Les Films Astoria
Die Rechnung eiskalt serviert (1966) (Kriminalroman) R: Ashley, Helmut(h); DB: Hurdalek, Georg; FT: Die Rechnung eiskalt serviert (1966); KF: BRD/FR/Allianz Filmproduktion/Constantin Film Produktion GmbH/Prodex
Um Null Uhr schnappt die Falle zu (Kriminalroman) R: Philipp, Harald; DB: Denger, Fred; Nachmann, Kurt; FT: Um Null Uhr schnappt die Falle zu (1966); KF: BRD/Allianz Filmproduktion/Constantin Film Produktion GmbH/Prodex
Dynamit in grüner Seide (1965) (Kriminalroman) R: Reinl, Harald; DB: Schulz, Rolf; Stern, Christa; FT: Dynamit in grüner Seide (1967); KF: BRD/IT/Allianz Film/ Constantin Film Produktion GmbH/Cineproduzioni Associati
Der Tod im roten Jaguar (1968) (Kriminalroman) R: Reinl, Harald; DB: Luebbe, Gustav H.; Reinecker, Herbert (= Berg, Alex); FT: Der Tod im roten Jaguar (1968); KF: BRD/IT/Allianz Filmproduktion/Associated
Todesschüsse am Broadway (1967) (Kriminalroman) R: Reinl, Harald; FT: Todesschüsse am Broadway (1968); KF: BRD

Coubier, Heinz (BRD 1905–)
Die Lorbeermaske (Schauspiel) R: Meyen, Harry; DB: Meyen, Harry; FT: Die Lorbeermaske (1958); TV: BRD/ARD/ NWRV Hamburg
Aimée oder Der gesunde Menschenverstand (1938) (Komödie) R: Schnell, Raoul Wolfgang; FT: Aimée (1961); TV: BRD/ ARD/NDR

Courteline, Georges (FR 1860–1929)
(*Pariser Geschichten: groteske Szenen und Einakter* 1956) (Komödie) R: Barma, Claude; FT: Szenen aus dem Paris der Jahrhundertwende (1953); TV: BRD/ARD/NWDR Hamburg
Boubouroche (1893) (*Boubouroche* 1901) (Komödie) R: Ginsberg, Ernst; FT: Boubouroche (1956); TV: BRD/ARD/BR
La Brige, Rapéteaux (Komödie) R: Michal, Robert; FT: Ca va! (La Brige, Rapéteaux) (1962); TV: BRD/ARD/BR
Les Boulingrin (1898) (Komödie) R: Umgelter, Fritz; DB: Umgelter, Fritz; FT: Ein ruhiges Heim (1970); TV: BRD/ARD/SDR
Les gaietés de l'escadron (1886) (Roman) R: Engelmann, Ulrich; FT: Der Pferdeapfel und die Rose (1982); TV: DDR

Courths-Mahler, Hedwig (DTL 1867–1950)
Die Bettelprinzeß (1914) (Roman) R: Voges, Bruno; FT: Die Bettelprinzeß (1974); TV: BRD/ARD/SDR
Griseldis (1916) (Roman) R: Beauvais, Peter; FT: Griseldis (1974); TV: BRD/ARD/SDR
Die Kriegsbraut (1915) (Roman) R: Toelle, Tom; DB: Toelle, Tom; FT: Die Kriegsbraut (1974); TV: BRD/ARD/SDR
Der Scheingemahl (1919) (Roman) R: Westphal, Gert; DB: Westphal, Gert; FT: Der Scheingemahl (1974); TV: BRD/ARD/SDR
Eine ungeliebte Frau (1918) (Roman) R: Toelle, Tom; DB: Toelle, Tom; FT: Eine ungeliebte Frau (1974); TV: BRD/ARD/SDR

Coward, Noël (Pierce) Sir (GB 1899–1973)
Hay Fever (1925) (Komödie) R: Wild, Franz Josef; DB: Wild, Franz Josef; FT: Weekend (1957); TV: BRD/ARD/BR
Nude with Violin (1957) (*Akt mit Geige* 1948) (Komödie) R: Kolman, Trude; DB: Kolman, Trude; FT: Akt mit Geige (1959); TV: BRD/ARD/BR
Private Lives (1930) (*Intimitäten* 1931) (> Hochzeitsreise) (Komödie) R: Hamel, Peter; DB: Hamel, Peter; FT: Intimitäten (1959); TV: BRD/ARD/SWF
(Komödie) R: Thieme, Bernhard; FT: Das Maß ist voll (1961); TV: BRD/ARD/BR
Quadrille (1950) (*Quadrille* 1952) (Komödie) R: Schroth, Carl-Heinz; FT: Quadrille (1961); TV: BRD/ARD/WDR
Quadrille (1950) (*Quadrille* 1952) (Komödie) R: Wild, Franz Josef; DB: Sperl, Gabriela; Wild, Franz Josef; FT: Quadrille (1961); TV: BRD/ARD/BR
(Komödie) R: Beauvais, Peter; DB: Beauvais, Peter; FT: Zwischen den Zügen (1961); TV: BRD/ARD/SWF
Blithe Spirit (1941) (*Heitere Geister* 1949) (> Fröhliche Geister) (Komödie) R: Tausig, Otto; FT: Geisterkomödie (1962); TV: BRD/ARD/SWF
Present Laughter (1942) (*Nach Afrika* 1951) (Komödie) R: Sydow, Rolf von; FT: Amouren (1964); TV: BRD/ARD/WDR
South Sea Bubble (1950) (Komödie) R: Wilhelm, Kurt; FT: Südsee-Affäre (1965); TV: BRD/ARD/WDR
Song at twilight (1966) (*Duett im Zwielicht* 1968) (Komödie) R: Wilhelm, Kurt; FT: Duett im Zwielicht (1969); TV: BRD/ARD/BR
Hay Fever (1925) (Komödie) R: Sydow, Rolf von; FT: Weekend (1980); TV: BRD/ZDF

Crane, Stephen (USA 1871–1900)
The Blue Hotel (*Das blaue Hotel* 1955) (Erzählung) R: Barabás, Stanislav; FT: Das blaue Hotel (1975); TV: BRD/ARD/SDR

Crébillon, Claude de (FR 1707–1777)
La nuit et le moment (1755) (*Die Verführung* 1948) (Roman) R: Rabenalt, Arthur Maria; FT: Hilfe, mich liebt eine Jungfrau (1970); KF: BRD

Crémieux, Hector Jonathan (FR 1828–1892) & **Halévy, Ludovic** (FR 1834–1908) & **Offenbach, Jacques** (FR 1819–1880)
Orphée aux enfers (1858) (*Orpheus in der Unterwelt* 1926) (Operette) R: Bonnet, Horst; DB: Bonnet, Horst; FT: Orpheus in der Unterwelt (1973); KF: DDR/DEFA

Crepon, Tom (DDR, BRD 1938–)
Leben und Tode des Hans Fallada (1978) (Biographie) R: Gräf, Roland; FT: Fallada - letztes Kapitel (1988); KF: DDR/DEFA

Cronin, Archibald Joseph (GB 1896–1981)
Jupiter Laughs (1940) (*Jupiter lacht*) (Schauspiel) R: Fischer, O.W.; DB: Fischer, O.W.; Menzel, Gerhard; FT: Ich suche dich (1953); KF: BRD

Crouse, Russel (USA 1893–1966) & **Lindsay, Howard** (USA 1889–1968)
The Great Sebastians (1956) (*Die großen Sebastians* 1963) (Komödie) R: Spier, Wolfgang; FT: Die großen Sebastians (1979); TV: BRD/ZDF

Csokor, Franz Theodor (AUST 1885–1969)
3. November 1918 (1936) (Schauspiel) R: Zbonek, Edwin; FT: 3. November 1918 (1968); TV: BRD/ZDF

Cueni, Claude (CH 1956–)
Schneller als das Auge (1987) (Kriminalroman) R: Gessner, Nicolas; DB: Gessner, Nicolas; Morhaim, Joseph; FT: Schneller als das Auge (Supertrick) (1988); TV: CH/BRD/AUST/SRG/ZDF/ORF

Cuzzani, Augustín (ARG 1924–1987)
El centroforward murió al amanecer (1955) (Komödie) R: Wekwerth, Peter; DB: Wekwerth, Peter; FT: Der Mittelstürmer verweigert das Paradies (1987); TV: DDR/DDR1

Czerwenka, Rudi (BRD 1927–)
Stolzer Hahn (1979) (Komödie) R: Ostrowsky, Hartmut; FT: Stolzer Hahn (1979); TV: DDR

Czeslik, Oliver (BRD)
Heilige Kühe (1992) (Schauspiel) R: Janson, Uwe; DB: Czeslik, Oliver; FT: Heilige Kühe (1993); TV: BRD/ARD/WDR

Cziffra, Géza von (AUST 1900–1989)
Das unsterbliche Antlitz (1942) (Schauspiel) R: Cziffra, Géza von; DB: Cziffra, Géza von; FT: Das unsterbliche Antlitz (1947); KF: AUST
Anita und der Teufel (Komödie) R: Cziffra, Géza von; DB: Cziffra, Géza von; FT: Höllische Liebe (1949); KF: AUST
Zwei blaue Augen (Schauspiel) R: Cziffra, Géza von; DB: Hassencamp, Oliver; Kampendonk, Gustav; FT: Der falsche Adam (1955); KF: BRD/Arion Film

Dahl, Roald (GB 1916–1990)
Parson's Pleasure (1959) (Erzählung) R: Thiemt, Hans Georg; FT: Des Pfarrers Freude (1966); TV: BRD/ARD/SR

Dahn, Daniela (DDR, BRD 1949–)
Warum ausgerechnet ich (1984) (Hörspiel) R: Stranka, Erwin; FT: Liane (1987); KF: DDR/DEFA

Dahn, Felix (DTL 1834–1912)
Ein Kampf um Rom (1876) (Roman) R: Siodmak, Robert; DB: Fodor, Ladislas; FT: Kampf um Rom, 2 Teile (1968/69); KF: BRD/IT/ROM/CCC/Pegaso/Studiol Cinematografic

Dale, Septimus (USA)
The Little Girl Eater (Erzählung) R: Gremm, Wolf; DB: Gremm, Wolf; FT: Die Brüder (1976); KF: BRD/Regina Ziegler Filmproduktion

Danek, Oldrich (CSR 1927–)
Svatba snatkového podvodnìka (1962) (*Der Heiratsschwindler heiratet* 1970) (Schauspiel) R: Spier, Wolfgang; DB: Hendrich, Johannes; FT: Der Heiratsschwindler heiratet (1966); TV: BRD/ARD/WDR

Danella, Utta (BRD 1949–)
Regina auf den Stufen (1969) (Roman) R: Fischerauer, Bernd; FT: Regina auf den Stufen (1990); TV: AUST/BRD/ORF/ZDF

Daniger, Margot (BRD 1905–)
Winterkühle Hochzeitsreise (1933) (Roman) R: Borsody, Eduard von; DB: Borsody, Eduard von; Pinelli, Aldo von; FT: Ich hab mich so an dich gewöhnt (1952); KF: AUST

Däniken, Erich von (BRD 1935–)
Erinnerungen an die Zukunft (1968) (Bericht) R: Reinl, Harald; DB: Reinl, Harald; Roggersdorf, Wilhelm; FT: Erinnerungen an die Zukunft (1969); KF: BRD

Darbon, Leslie (GB)
Time to Kill (1979) (Kriminalstück) R: Itzenplitz, Eberhard; DB: Itzenplitz, Eberhard; FT: Bereit zum Mord (1985); TV: CH/DRS

Dark, Jason (BRD 1945–)
Die Dämonenhochzeit (1997) (Roman) R: Knoesel, Klaus; DB: Gottwald, Christoph; FT: Geisterjäger John Sinclair - Die Dämonenhochzeit (1997); TV: BRD/Martin Zimmermann, John de Mol/RTL
Alptraum-Sommer: Geisterjäger John Sinclair (Romanserie) (1992) (Roman) R: Anderson, Daniel; FT: Geisterjäger John Sinclair (1999); TV: BRD/RTL

Däs, Nelly (BRD)
Das Mädchen vom Fährhaus (1988) (Roman) R: Näter, Thorsten; DB: Däs, Nelly; FT: Nadja - Heimkehr in die Fremde (1995); TV: BRD

Daudet, Alphonse (FR 1840–1897)
L'Arlésienne (1872) (Schauspiel) R: Laemmle, Peter; DB: Laemmle, Peter; FT: Die Frau aus Arles (1988); TV: BRD/ARD/HR

David, Janina (GB 1930–)
A Square of Sky and A Touch of Earth (1964) (*Ein Stück Himmel* 1981) (Autobiographie) R: Wirth, Franz Peter; DB: Lehmann, Leo; FT: Ein Stück Himmel (1982/86); TV: BRD/ARD/WDR

David, Kurt (DDR, BRD 1924–)
Freitags wird gebadet: aus dem Tagebuch eines Minderjährigen (1964) (Jugendbuch) R: Gendries, Klaus; DB: David, Kurt; FT: Aus dem Tagebuch eines Minderjährigen (1965); TV: DDR/DFF

Die Überlebende (1972) (Erzählung) R: Steinke, Christian; DB: Steinke, Christian; FT: Die Überlebende (1975); TV: DDR

Der Spielmann vom Himmelpfortgrund (1978) (Roman) (über Franz Schubert) R: Hawemann, Horst; FT: Leise flehen meine Lieder (1978); TV: DDR

Rosamunde, aber nicht von Schubert (1982) (Erzählung) R: Kramer, Jurij; FT: Flüchtige Bekanntschaft (1983); TV: DDR

Davis, Gustav (AUST 1856–1951)

Das Protektionskind (Komödie) R: Wild, Franz Josef; DB: Sperl, Gabriela; Wild, Franz Josef; FT: Das unverhoffte Glück (1986); TV: BRD/ARD/BR

Day-Helveg, Anne (= Lothringer, Anne) (BRD)

Liane, das Mädchen aus dem Urwald (1956) (Roman) R: Borsody, Eduard von; DB: Salomon, Ernst von; FT: Liane, das Mädchen aus dem Urwald (1956); KF: BRD/Arca-Filmproduktion GmbH

Liane zwischen zwei Welten (1957) (Roman) R: Leitner, Hermann; DB: Salomon, Ernst von; FT: Liane - die weiße Sklavin (1957); KF: BRD/IT

Degener, Volker (BRD 1941–)

Geht's uns was an? (1981) (Kinderbuch) R: Klar, Hanna Laura; Le Page, Pierre; DB: Lücker, Reiner; FT: Der Schrei des Shi-Kai (1984); TV: BRD/ARD/SFB

Degenhardt, Franz-Josef (BRD 1931–)

Zündschnüre (1973) (Roman) R: Hauff, Reinhard; DB: Driest, Burkhard; FT: Zündschnüre (1974); KF: BRD/ARD/WDR

Brandstellen (1975) (Roman) R: Brandt, Horst E.; DB: Bengsch, Gerhard; FT: Brandstellen (1977); KF: DDR/DEFA

Deichsel, Wolfgang (BRD 1939–)

Der Simulant; Der falsche Sohn (Komödie) R: Stein, Peter; FT: Agent Bernd Etzel (Der Simulant; Der falsche Sohn) (1968); TV: BRD/ARD/WDR

Deitmer, Sabine (BRD 1947–)

Kalte Küsse (1993) (Roman) R: Schenkel, Carl; DB: Greenough, Kimball; Reuter, Thomas; Sokoloff, Alex; FT: Kalte Küsse (1997); TV: BRD/Bluescreen Film/RTL

Dekker, Thomas (GB 1572–1632)

Shoemaker's Holiday (1600) (Komödie) R: Haugk, Dietrich; DB: Dorst, Tankred; FT: Der Richter von London (1966); TV: BRD/ARD/WDR

Del Valle-Inclan, Ramón M. (ESP 1866–1936)

(Schattenspiel) R: Schlechte, Werner; FT: Blutbund (1966); TV: BRD/ARD/RB

Delius, Frederick (GB 1862–1934) & **Keller, Gottfried** (CH 1819–1890)

Romeo und Julia auf dem Dorfe (1901) (< Erzählung (1876)) (Oper/Erzählung) R: Weigl, Petr; FT: Romeo und Julia auf dem Dorfe (1984); TV: BRD/AUST/ARD/WDR/ORF

Denevi, Marco (ARG 1922–)

Rosaura a las diez (1955) (*Rosaura kam um zehn* 1961) (Roman) R: Gräwert, Günter; DB: Gräwert, Günter; FT: Rosaura kam um zehn (1976); TV: BRD/ZDF

Denger, Fred (BRD 1920–)

Langusten (1955) (Schauspiel) R: Semmelroth, Wilhelm; FT: Langusten (1960); TV: BRD/ARD/Bavaria

Langusten (1955) (Schauspiel) R: Grädler, Theodor; FT: Langusten (1961); TV: AUST/ORF

Langusten (1955) (Schauspiel) R: Hädrich, Rolf; DB: Hädrich, Rolf; FT: Langusten (1989); TV: BRD/ARD/WDR

Denneborg, Heinrich Maria (BRD 1909–1987)

Jan und das Wildpferd (1957) (Kinderbuch) R: Lombard, Benton Claus; FT: Jan und das Wildpferd (1967); TV: BRD/ARD/WDR

Dennery, Siegfried N. (BRD)

Der Räuber mit der sanften Hand (1995) (Roman) R: Mühlbauer, Wolfgang; DB: Dennery, Siegfried N.; Mühlbauer, Wolfgang; FT: Der Räuber mit der sanften Hand (1995); TV: BRD

Deutsch, A. J. (USA)

A subway Named Moebius (Erzählung) R: Geschonneck, Matti; DB: Geschonneck, Matti; FT: Moebius (1991); KF: BRD/Ottokar Runze Filmprod./Deutscher Fernsehfunk

Deval, Jacques (FR 1890–1972)

Ombre chère (1952) (Komödie) R: Bublitz, Hans Waldemar; DB: Bublitz, Hans Waldemar; FT: Geliebter Schatten (1953); TV: BRD/ARD/NWDR

Tovaritch (1934) (*Towàrisch* 1935) (Komödie) R: Tannert, Hannes; FT: Towarisch (1955); TV: BRD/ARD/SDR

La femme de ta jeunesse (1949) (*Die Frau deiner Jugend* 1952) (Komödie) R: Wenninger, Hermann; FT: Die Frau deiner Jugend (1958); TV: BRD/ARD/NWRV

Ce soir à Samarcande (1950) (Komödie) R: Rothe, Edward; FT: Heute nacht in Samarkand (1961); TV: BRD/ARD/SFB

Tovaritch (1934) (*Towàrisch* 1935) (Komödie) R: Ammann, Max Peter; FT: Towarisch (1961); TV: BRD/ARD/HR

Soubrette (Komödie) R: Quest, Hans; FT: Kammerjungfer (1964); TV: BRD/ARD/SFB

Les voyageurs (1964) (Schauspiel) R: Itzenplitz, Eberhard; FT: Auf einem Bahnhof bei Dijon (1965); TV: BRD/ARD/SR

(Komödie) R: Haaf, Wilm ten; FT: Ein Tag ohne Morgen (1966); TV: BRD/ARD/SR

La manière forte (*Simone, der Hummer und die Ölsardine* 1956) (Komödie) R: Schroth, Carl-Heinz; DB: Jacobsen, Karin; FT: Simone, der Hummer und die Ölsardine (1969); TV: BRD/ARD/BR

Mon enfant, ma soeur (Kriminalkomödie) R: Wilhelm, Kurt; FT: Familienpapiere (null); TV: BRD/ARD/Bavaria

Dick, Sieglinde (BRD)

Sattel im Gepäck (1975) (Erzählung) R: Dobberke, Claus; DB: Deubener, Gudrun; FT: Platz oder Sieg? (1981); KF: DDR/DEFA

Dickens, Charles (GB 1812–1870)

A Christmas Carol (1843) (*Der Weihnachtsabend* 1847) (Erzählung) R: Haaf, Wilm ten; DB: Höllering, Franz; FT: Ein Weihnachtslied in Prosa (1955); TV: BRD/ARD/BR

A Christmas Carol (1843) (*Der Weihnachtsabend* 1847) (Erzählung) R: Wild, Franz Josef; DB: Höllering, Franz; FT: Ein Weihnachtslied in Prosa (1960); TV: BRD/ARD/BR

The Chimes (1845) (*Die Sylvesterglocken* 1876) (Erzählung) R: Haaf, Wilm ten; FT: Die Glocken von London (1962); TV: BRD/ARD/BR

A Christmas Carol (1843) (*Der Weihnachtsabend* 1847) (Erzählung) R: Hauk, Herbert; DB: Meister, Annemarie; FT: Dinner für acht (1980); TV: AUST/ORF

(Märchen) R: Wien, Dieter; FT: Die Zaubergräte (1983); TV: DDR

Didelot, Francis (FR 1902–)

Six heueres d'angoisse (*Sechs Stunden Angst* 1957) (Kriminalroman) R: York, Eugen; DB: Biller, Gerhard; FT: Sechs Stunden Angst (1964); TV: BRD/ARD/SWF

Diderot, Denis (FR 1713–1785)

Paradoxe sur le comédien (1758) (*Das Paradox über den Schauspieler*) (Dialog) R: Cramer, Heinz von; DB: Cramer, Heinz von; FT: Paradox über den Komödianten (1970); TV: BRD/ARD/WDR

Jacques le fataliste (1796) (*Jakob und sein Herr* 1792) (Roman) R: Fürneisen, Bodo; FT: Merkwürdiges Beispiel einer weiblichen Rache (1987); TV: DDR/DEFA

Dies, Albert Christoph (AUST 1755–1822)

Biographische Nachrichten von Josef Haydn (1810) (Biographie) R: Schwarzbach, Helmut; DB: Schwarzbach, Helmut; FT: Das bescheidene Genie (1982); TV: AUST/ORF

Diggelmann, Walter M. (CH 1927–1979)

Die Vergnügungsfahrt (1969) (Roman) R: Cremer, Ludwig; DB: Cremer, Ludwig; FT: Oliver (1971); TV: BRD/ARD/HR

Dinelli, Mel (USA 1912–1991)

The Man (1950) (Schauspiel) R: Haaf, Wilm ten; FT: Der Mann von draußen (1961); TV: BRD/ARD/SWF

Dinner, William (USA) & **Morum, William** (USA)

The Late Edwina Black (1949) (*Die selige Edwina Black* 1958) (Kriminalstück) R: Verhoeven, Paul; FT: Die selige Edwina Black (1958); TV: BRD/ARD/BR

Dits, Hans Emil (AUST 1905–)

Das Bekenntnis der Ina Kahr (1950) (Roman) R: Pabst, Georg Wilhelm; FT: Das Bekenntnis der Ina Kahr (1954); KF: BRD

Djilas, Milovan (JUG 1911–)

(*Die Fremde* 1966) (Erzählung) R: Caspari, Carlheinz; DB: Caspari, Carlheinz; FT: Die Fremde (1972); TV: BRD/ARD/NDR

Döblin, Alfred (DTL 1878–1957)

Berlin Alexanderplatz (1929) (Roman) R: Jutzi, Piel; DB: Marin, Karl Heinz; Wilhelm, Hans; FT: Berlin - Alexanderplatz (1931); KF: DTL/Allianz Filmproduktion

Die beiden Freundinnen und der Giftmord (1925) (Essay) R: Corti, Axel; FT: Die beiden Freundinnen (1978); TV: BRD/ZDF

Berlin Alexanderplatz (1929) (Roman) R: Fassbinder, Rainer Werner; DB: Fassbinder, Rainer Werner; FT: Berlin Alexanderplatz (13 Teile) (1980); TV: BRD/ARD

Dockwiller, Henrik (DTL)

Der Mann in der Schürze (1947) (Komödie) R: Essberger, Ruprecht; DB: Essberger, Ruprecht; Puhl, Fritz; FT: Der Klax (1954); TV: BRD/ARD/NWDR

Doderer, Heimito von (AUST 1896–1966)

Ein Mord den jeder begeht (1938) (Roman) R: Witt, Claus Peter; DB: Hubalek, Claus; FT: Ein Mord den jeder begeht (1979); TV: BRD/ZDF

Die Merowinger oder Die totale Familie (1962) (Roman) R: Schmidt, Ernst jr.; DB: Janicek, Günther; Schmidt, Ernst jr.; FT: Die totale Familie (1981); KF: AUST

Eine Tätowierte; Eine Person von Porzellan; Trethofen; Ein anderer Kratki-Baschik (1972) (Erzählung) R: Schottenberg, Michael; DB: Horowitz, Michael; FT: Das Diarium des Dr. Döblinger (1986); TV: AUST/ORF1

Die Strudlhofstiege oder Melzer und die Tiefe der Jahre (1951) (Roman) R: Madeja, Georg; DB: Molny, Erika; FT: Melzer oder die Tiefe der Jahre (1987); TV: BRD/AUST/HU/ARD/NDR/ORF/MTV

Doelle, Franz (DTL) & **Rotter, Fritz Friedrich** (BRD 1901–)

Wenn der weiße Flieder wieder blüht (1928) (Musikspiel) R: Deppe, Hans; DB: Keindorff, Eberhard; Sibelius, Johanna; FT: Wenn der weiße Flieder wieder blüht (1953); KF: BRD

Donat, Stefan (DTL)

Kitty und die Weltkonferenz (1938) (Schauspiel) R: Weidenmann, Alfred; DB: Reinecker, Herbert (= Berg, Alex); FT: Kitty und die große Welt (1956); KF: BRD

Donelly, Elfie (BRD 1950–)

Der rote Strumpf (1979) (Kinderbuch) R: Tumler, Wolfgang; DB: Donelly, Elfie; FT: Der rote Strumpf (1980); KF: BRD

Donizetti, Gaetano (IT 1797–1848) & **Schiller, Friedrich von** (DTL 1759–1805)

Maria Stuarda (1835) (Oper) (nach dem Schauspiel von Schiller) R: Weigl, Petr; DB: Bardari, Giuseppe; FT: Maria Stuart (1988); TV: BRD/ZDF

Dor, Milo (AUST 1923–)

Romeo und Julia in Wien (1954) (Roman) R: Jugert, Rudolf; DB: Ashley, Helmuth; Fernau, Joachim; FT: Nina (Romeo und Julia in Wien) (1956); KF: BRD

Salto Mortale (1960) (Erzählung) R: Engel, Thomas; FT: An einem ganz gewöhnlichen Tag (1966); TV: BRD/ARD/WDR

Nichts als Erinnerung (1959) (Roman) R: Kehlmann, Michael; DB: Dor, Milo; FT: Nichts als Erinnerung (1973); TV: BRD/AUST/ARD/NDR/ORF

Die weiße Stadt (1969) (Roman) R: Kehlmann, Michael; DB: Dor, Milo; FT: Die weiße Stadt (1974); TV: BRD/AUST/ARD/NDR/ORF

Tote auf Urlaub (1952) (Roman) R: Davy, Walter; DB: Dor, Milo; FT: Tote auf Urlaub (1980); TV: BRD/AUST/ARD/NDR/ORF

Der letzte Sonntag (1982) (Roman) R: Moszkowicz, Imo; DB: Müller, Robert; FT: Weltuntergang (1984); TV: BRD/AUST/ARD/NDR/ORF

Dor, Milo (AUST 1923–) & **Federmann, Reinhard** (AUST 1923–1976)

Internationale Zone (1953) (Roman) R: Dor, Milo; DB: Dor, Milo; Federmann, Reinhard; FT: Internationale Zone (1994); TV: AUST/ORF/Dor Film Produktionsgesellschaft GmbH

Dörfer, Alfred (AUST) & **Hader, Josef** (AUST)

Indien (Komödie) R: Harather, Paul; DB: Hader, Josef; Harather, Paul; FT: Indien (1993); KF: AUST/Dor Film/Österreichisches Filminst./ORF

Dörmann, Felix (AUST 1870–1928) & **Eysler, Edmund** (DTL 1874–1949)

Der unsterbliche Lump (1910) (Operette) R: Rabenalt, Arthur Maria; DB: Braun, Curt Johannes; FT: Der unsterbliche Lump (1953); TV: BRD

Dörmann, Felix (AUST 1870–1928) & **Jacobson, Leopold** (AUST 1878–1943) & **Strauss, Oscar** (AUST 1870–1954)

Ein Walzertraum (1907) (< Novelle von Müller, Hans 1892-1950) (Operette) R: Kraus, Fred; DB: Jannings, Beryll; Kraus, Fred; FT: Ein Walzertraum (1969); TV: BRD/AUST/ZDF/ORF

Dorpat, Draginja (BRD 1931–)

Ellenbogenspiele (1965) (Roman) R: Becker, Wolfgang; DB: Eser, Willibald; FT: Ellenbogenspiele (1969); KF: BRD

Dörrie, Doris (BRD 1955–)

Keiner liebt mich (Erzählung) R: Dörrie, Doris; DB: Dörrie, Doris; FT: Keiner liebt mich (1994); KF: BRD/Cobra/ZDF

Bin ich schön (1994) (Erzählung) R: Dörrie, Doris; DB: Basedow, Rolf; Dörrie, Doris; Stadler, Ruth; FT: Bin ich schön (1998); KF: BRD/Constantin/Fanes

Dorst, Tankred (BRD 1925–)

Die Kurve (1960) (Schauspiel) R: Zadek, Peter; FT: Die Kurve (1961); TV: BRD/ARD/WDR

Große Schmährede an der Stadtmauer (1962) (Schauspiel) R: Klingenberg, Gerhard; FT: Große Schmährede an der Stadtmauer (1963); TV: BRD/ARD/WDR

Toller (1968) (Schauspiel) R: Zadek, Peter; FT: Rotmord (1969); TV: BRD/ARD/WDR

Auf dem Chimborazo (1975) (Schauspiel) R: Beauvais, Peter; FT: Auf dem Chimborazo (1977); TV: BRD/ARD

Amely, der Biber und der König auf dem Dach (Märchen) R: Eder, Otto Anton; FT: Amely, der Biber und der König auf dem Dach (1985); TV: BRD/ARD

Das lange Gespräch mit dem Vogel (Roman) R: Zanussi, Krzysztof; DB: Dorst, Christopher; Zanussi, Krzysztof; FT: Das lange Gespräch mit dem Vogel (1990); TV: BRD/Regina Ziegler Filmprod./ARD/WDR

Dostal, Nico (AUST 1895–1981)

Clivia (1934) (Operette) R: Anton, Karl; DB: Anton, Karl; FT: Clivia (1954); KF: BRD

Dostojewski, Feodor (RUS 1821–1881)

Prestuplenie i nakazanie (1866) (*Schuld und Sühne* 1891) (Roman) R: Lothar, Frank; DB: Götz-Pflug, Curt; FT: Raskolnikow (1953); TV: BRD/ARD/NWDR Berlin

Prestuplenie i nakazanie (1866) (*Schuld und Sühne* 1891) (Roman) R: Wirth, Franz Peter; DB: Ahlsen, Leopold; FT: Raskolnikoff (1959); TV: BRD/ARD/SDR

Belye noci (1848) (*Helle Nächte* 1911) (Erzählung) R: Semmelroth, Wilhelm; DB: Schmitthenner, Hansjörg; Semmelroth, Wilhelm; FT: Helle Nächte (1964); TV: BRD/ARD/WDR

Krotkaja (1876) (*Die Sanfte*) (Erzählung) R: Schmidt, Willi; DB: Schmidt, Willi; FT: Die Sanfte (1964); TV: BRD/ARD/SFB

Idiot (1868) (*Der Idiot* 1921) (Roman) R: Sydow, Rolf von; DB: Lehmann, Leo; FT: Der Idiot (3 Teile) (1968); TV: BRD/ARD/WDR

Vecnyj muz (1870) (*Der ewige Gatte*) (Erzählung) R: Barabás, Stanislav; DB: Barabás, Stanislav; FT: Der ewige Gatte (1969); TV: BRD/ARD/NDR

Krotkaja (1876) (*Die Sanfte*) (Erzählung) R: Barabás, Stanislav; DB: Barabás, Stanislav; FT: Die Sanfte (1969); TV: BRD/CSR/ARD/Cechoslov. Telev.

(*Die Ballade von der Geige*) (Erzählung) R: Sander, Ingrid; FT: Die Ballade von der Geige (1972); TV: DDR

Besy (1872) (*Die Dämonen* 1907) (Roman) R: Witt, Claus Peter; DB: Ahlsen, Leopold; Witt, Claus Peter; FT: Die Dämonen (4 Teile) (1977); TV: BRD/ARD/NDR

Skvernyj anekdot (*Eine heikle Geschichte* 1890) (> Eine dumme Geschichte) (Erzählung) R: Fruchtmann, Karl; DB: Wesker, Arnold; FT: Das Hochzeitsfest (1977); TV: BRD/ARD/SFB

Djadjuskin son (*Onkelchens Traum* 1909) (Erzählung) R: Pause, Wolf-Dieter; DB: Bauer, Friedhold; FT: Das Idol von Mordassow (1979); TV: DDR

Brat'ja Karamazovy (1880) (*Die Brüder Karamasov*) (Roman) R: Senter, Harald; FT: Der Großinquisitor (1985); TV: AUST/ORF

Prestuplenie i nakazanie (1866) (*Schuld und Sühne* 1891) (Roman) R: Vajda, Andrzej; DB: Vajda, Andrzej; FT: Schuld und Sühne (1988); TV: BRD

Douglas, Felicity (= Royal-Dawson, Felicity) (GB)

It's Never Too Late (1956) (*Die liebe Familie* 1956) (Komödie) R: Weiss, Helmut; DB: Friedmann, Erni; Weiss, Helmut; FT: Die liebe Familie (1956); KF: AUST

It's Never Too Late (1956) (*Die liebe Familie* 1956) (Komödie) R: Olden, John; FT: Die liebe Familie (1957); TV: BRD/ARD/NWRV Hamburg

It's Never Too Late (1956) (*Die liebe Familie* 1956) (Komödie) R: Jaray, Hans; DB: Kalbeck, Florian; FT: Die liebe Familie (1960); TV: AUST/ORF1

Doyle, Arthur Conan Sir (GB 1859–1930)

(Kriminalerzählung) R: Horn, Peter A.; DB: Horn, Peter A.; FT: Sherlock Holmes liegt im Sterben (1954); TV: BRD/ARD/SWF

The Hound of the Baskervilles (1902) (*Der Hund von Baskerville* 1950) (Kriminalroman) R: Umgelter, Fritz; DB: Umgelter, Fritz; FT: Der Hund von Baskerville (1955); TV: BRD/ARD/HR

(Kriminalroman) R: Fisher, Terence; DB: Siodmak, Curt; FT: Sherlock Holmes und das Halsband des Todes (1962); KF: BRD/FR/IT

The Adventure of the Speckled Band (1892) (Kriminalerzählung) R: May, Paul; DB: Cooper, Giles; FT: Das gefleckte Band (1967); TV: BRD/ARD/WDR

(*Die Liga der Rothaarigen*) (Kriminalerzählung) R: May, Paul; FT: Die Liga der Rothaarigen (1967); TV: BRD/ARD/WDR

(Kriminalerzählung) R: May, Paul; DB: Palmer, Nicholas; FT: Das Beryll-Diadem (1968); TV: BRD/ARD/WDR

(Kriminalerzählung) R: May, Paul; DB: Tilsley, Vincent; FT: Das Haus bei den Blutbuchen (1968); TV: BRD/ARD/WDR

Drach, Albert (AUST 1967–)
Untersuchung an Mädeln (1971) (Roman) R: Payer, Peter; DB: Beyer, Wolfgang; Payer, Peter; FT: Untersuchung an Mädeln (1999); KF: AUST/Dor Film

Dragt, Tonke (NL 1930–)
De zevensprong (*Das Geheimnis des 7. Weges* 1984) (Kindererzählung) R: Mewen, Karst van der; FT: Das Geheimnis des 7. Weges (1984); TV: BRD/ARD/SWF

Dragun, Osvaldo (ARG 1929–)
Heroica de Buenos Aires (1967) (Schauspiel) R: Bornemann, Fritz; FT: Morgen werde ich einen Sombrero tragen (1981); TV: DDR

Dreger, Erik (BRD 1893–1954)
Union der festen Hand (1931) (Roman) R: Witt, Claus Peter; DB: Hubalek, Claus; FT: Union der festen Hand (2 Teile) (1979); TV: BRD/ZDF

Dreher, Konrad (DTL 1859–1944) & **Krägel, Josef** (DTL) & **Rauchenegger, Benno** (DTL 1843–1910)
Jägerblut (1898) (Musikspiel) (Musik von Josef Krägel) R: Asam, Werner; DB: Asam, Werner; FT: Jägerblut (1996); TV: BRD

Dreiser, Theodore (USA 1871–1945)
(Erzählung) R: Holub, Otto; FT: Steinreich (1976); TV: DDR

Drewitz, Ingeborg (BRD 1923–1986)
Das Hochhaus (1975) (Roman) R: Hartwig, Thomas; DB: Hartwig, Thomas; FT: Das Hochhaus (1980); TV: BRD/ZDF

Dreyer, Max (DTL 1862–1946)
Reifeprüfung (Schauspiel) R: Erfurth, Ulrich; DB: Aeckerle, Fritz; Bille, Gerhard; FT: Reifende Jugend (1955); TV: BRD/ARD
Altersschwach (1910) (Erzählung) R: York, Eugen; DB: Pillau, Horst; FT: Spätsommer (1966); TV: BRD/ZDF

Driest, Burkhard (BRD 1939–)
Die Verrohung des Franz Blum (1974) (Roman) R: Hauff, Reinhard; DB: Driest, Burkhard; FT: Die Verrohung des Franz Blum (1974); KF: BRD/Bioskop
Sanfte Morde (1997) (Roman) (Roman zum Film) R: Schadewald, Bernd; DB: Driest, Burkhard; FT: Sanfte Morde (1997); TV: BRD

Drieu La Rochelle, Pierre (FR 1893–1945)
Une femme à sa fenêtre (1930) (Roman) R: Granier-Deferre, Pierre; DB: Granier-Deferre, Pierre; Semprun, Jorge; FT: Die Frau am Fenster (1974); KF: BRD/FR/IT

Droste-Hülshoff, Annette von (DTL 1797–1848)
Die Judenbuche (1842) (Roman) R: Horbelt, Rainer; DB: Horbelt, Rainer; FT: Die Judenbuche (1980); TV: BRD/ARD/BR

Druten, John William van (USA 1910–1957)
The Voice of the Turtle (1943) (*Das Lied der Taube* 1951) (Komödie) R: Bublitz, Hans Waldemar; FT: Lied der Taube (1953); TV: BRD/ARD/NWRV Berlin
I Remember Mama (1944) (*So war Mama* 1960) (Komödie) R: Völger, Werner; FT: Die Unvergessliche (So war Mama) (1955); TV: BRD/ARD/SFB
Old Acquaintance (1941) (*Meine beste Freundin* 1957) (Schauspiel) R: Goslar, Jürgen; FT: Meine beste Freundin (1962); TV: BRD/ARD/SFB
I Remember Mama (1944) (*So war Mama* 1960) (Komödie) R: Engel, Thomas; FT: So war Mama (1962); TV: BRD/ARD/HR

Du Maurier, Daphne (GB 1907–1989)
September Tide (1949) (Schauspiel) R: Bublitz, Hans Waldemar; FT: Septemberflut (1953); TV: BRD/ARD/NWDR

DuFrênes, Alix (BRD 1925–)
Die Schwestern (1952) (Roman) R: Wilhelm, Kurt; FT: Die Schwestern (1957); TV: BRD/ARD/BR

Dufresne, Auguste-Charles (FR)
(*Das unbewohnte Eiland*) (Schauspiel) R: Lietzau, Hans; DB: Lietzau, Hans; FT: Das unbewohnte Eiland (1957); TV: BRD/ARD/SWF

Dujeprow, Anatolij (SU)
(Erzählung) R: Schmidt, Gerhard; DB: Storz, Oliver; Wedegärtner, Joachim; FT: Die Insel der Krebse (1975); TV: BRD/ZDF

Dumas, Alexandre (fils) (FR 1824–1895)
La dame aux camelias (1848) (*Die Kameliendame* 1919) (Roman) R: Toelle, Tom; FT: Die Kameliendame (1978); TV: BRD/AUST/ARD/SDR/ORF
La dame aux camelias (1848) (*Die Kameliendame* 1919) (Roman) R: Neumeier, John; DB: Neumeier, John; FT: Die Kameliendame (1987); KF: BRD/Polyphon

Dumas, Alexandre (père) (FR 1802–1870)

Souvenirs d'une favorite (1865) (*Lady Hamilton: die Memoiren einer Favoritin* 1905) (Roman) R: Christian-Jaque (= Maudet, Christian); DB: Brewer, Jameson; Christian-Jaque; Zibaso, Werner P.; FT: Lady Hamilton - zwischen Schmach und Liebe (1968); KF: BRD/USA/IT/FR

La tour de Nesle (1832) (*Der Turm von Nesle* 1833) (> Der Turm der Lüste) (Schauspiel) R: Antel, Franz; DB: Legrand, Françoise; Nachmann, Kurt; FT: Der Turm der verbotenen Liebe (1968); KF: BRD/IT/FR/Rapid Films/Cinematografica/EGE

Les trois Mousquetaires (1844) (*Die drei Musketiere* 1844) (Roman) R: Thomas, Michael; DB: Gregor, Manfred; FT: Die Sex-Abenteuer der drei Musketiere (1970); KF: BRD/CH/Avco

Joseph Balsamo (1846) (*Joseph Balsamo genannt Graf Cagliostro: aus den Memoiren eines Arztes* 1900) (Roman) R: Hunebelle, André; DB: Ulbrich, Walter; FT: Cagliostro (1973/74); TV: BRD/ZDF

Les trois mousquetaires (1844) (*Die drei Musketiere* 1844) (Roman) R: Herek, Stephen; DB: Loughery, Stephen; FT: Die drei Musketiere (1993); KF: AUST/USA/Wolfgang Odelga Filmproduktion GmbH/Walt Disney Productions (aka Walt Disney Pictures)/One For All Productions, Inc./Caravan Pictures

La reine Margot (1845) (*Die Königin Margot* 1845) (> Die Bartholomäusnacht) (Roman) R: Chéreau, Patrice; DB: Chéreau, Patrice; Thompson, Danièle; FT: Bartholomäusnacht (1994); TV: BRD/FR/IT/NEF Filmproduktion/Degeto Film/Centre national de la cinématographie (CNC)/D.A. Films/France 2 Cinéma (FR 2)/Le Studio Canal+/RCS Films & TV/Renn Productions

Le comte de Monte-Christo (1846) (*Der Graf von Monte-Christo* 1913) (Roman) R: Dayan, Josée; DB: Decoin, Didier; FT: Der Graf von Monte Christo (1998); TV: BRD/FR/IT/Taurus Film/Cité Films/DD Productions/GMT Productions/TF1/Mediaset

Duncan, Ronald Fred. H. (GB 1914–1988)

(Erzählung) R: Wolffhardt, Rainer; DB: Wolffhardt, Rainer; FT: Mandala (1972); TV: BRD/ZDF

Dünnebier, Anna (BRD 1944–)

Lindhoops Frau (1981) (Roman) R: Itzenplitz, Eberhard; DB: Scheibler, Peter; FT: Lindhoops Frau (1985); TV: BRD/ZDF

Duras, Marguerite (FR 1914–1996)

Les eaux et forêts (1965) (*Seen und Schlösser* 1966) (Schauspiel) R: Fiedler, Gerlach; DB: Berndt, Alfred; Dietrich, Annette; FT: Seen und Schlösser (1969); TV: BRD/ARD/SFB

La maladie de la mort (1982) (*Die Krankheit Tod* 1985) (Erzählung) R: Handke, Peter; DB: Handke, Peter; FT: Das Mal des Todes (1986); TV: AUST/ORF

Durbridge, Francis Henry (GB 1912–1998)

The Other Man (1958) (*Der Andere* 1962) (Kriminalroman) R: Höne, Joachim; DB: Durbridge, Francis Henry; FT: Der Andere (1959); TV: BRD/ARD/NWRV

A Time of Day (1959) (*Es ist soweit* 1961) (Kriminalroman) R: Quest, Hans; DB: Durbridge, Francis Henry; FT: Es ist soweit (1960); TV: BRD/ARD/Bavaria

The Scarf (1960) (*Das Halstuch* 1962) (Kriminalroman) R: Quest, Hans; DB: Durbridge, Francis Henry; FT: Das Halstuch (1962); TV: BRD/ARD/WDR

(Kriminalroman) R: Zehetgruber, Rudolf; DB: Zehetgruber, Rudolf; FT: Piccadilly null Uhr zwölf (1963); KF: BRD/Divina-Film

The world of Tim Frazer (1962) (*Tim Frazer* 1963) (Kriminalroman) R: Quest, Hans; DB: Durbridge, Francis Henry; FT: Tim Frazer (1963); TV: BRD/ARD

Tim Frazer Again (1964) (*Tim Frazer und der Fall Salinger* 1965) (Kriminalroman) R: Quest, Hans; DB: Durbridge, Francis Henry; FT: Tim Frazer - Der Fall Salinger (1964); TV: BRD/ARD/WDR

My Wife Melissa (1967) (*Melissa* 1968) (Kriminalroman) R: May, Paul; DB: Durbridge, Francis Henry; FT: Melissa (1966); TV: BRD/ARD/WDR

The desperate people (1966) (*Der Schlüssel* 1967) (Kriminalroman) R: May, Paul; DB: Durbridge, Francis Henry; FT: Die Schlüssel (1966); TV: BRD/ARD/WDR

A Man called Harry Bent (1970) (*Ein Mann namens Harry Bent* 1970) (Kriminalroman) R: Beauvais, Peter; DB: Durbridge, Francis Henry; FT: Ein Mann namens Harry Bent (1968); TV: BRD/ARD/WDR

Bat out of Hell (1972) (*Wie ein Blitz* 1972) (Kriminalroman) R: Sydow, Rolf von; DB: Durbridge, Francis Henry; FT: Wie ein Blitz (1970); TV: BRD/ARD/WDR

A Game of Murder (1975) (*Die Kette* 1978) (Kriminalroman) R: Sydow, Rolf von; DB: Durbridge, Francis Henry; FT: Die Kette (1977); TV: BRD/ARD

Suddenly at Home (1973) (*Plötzlich und unerwartet* 1972) (Kriminalstück) R: Engel, Thomas; DB: Durbridge, Francis Henry; FT: Plötzlich und unerwartet (1985); TV: BRD/ZDF

Greatly-Missed (1986) (*Kein Alibi für eine Leiche* 1986) (Kriminalstück) R: Dietrich, Wolf; DB: Durbridge, Francis Henry; FT: Kein Alibi für eine Leiche (1986); TV: BRD/ZDF

Nightcap (1986) (*Mord am Pool* 1984) (> Kriminalstück "Nightcap") (Kriminalroman) R: Klingenberg, Gerhard; DB: Durbridge, Francis Henry; FT: Mord am Pool (1986); TV: BRD/ARD

The Gentle Hook (1975) (*Dies Bildnis ist zum Morden schön* 1974) (Kriminalstück) R: Gräwert, Günter; DB: Dahn, Dorothee; FT: Dies Bildnis ist zum Morden schön (1987); TV: BRD/ZDF

A Touch of Fear (Kriminalstück) R: Gottlieb, Franz Josef; DB: Durbridge, Francis Henry; FT: Tagebuch für einen Mörder (1988); TV: BRD/ZDF

Durian, Wolf (= Bechtle, Walter Wolfgang) (DTL 1892–)

Kai aus der Kiste (1936) (Jugendbuch) R: Mezger, Theo; FT: Kai aus der Kiste (1960); TV: BRD/ARD/SDR

Kai aus der Kiste (1936) (Jugendbuch) R: Meyer, Günther; DB: Meyer, Günther; FT: Kai aus der Kiste (1988); TV: DDR/DEFA

Düringer, Roland (AUST 1963–)

Von Travnicek bis Hinterholz 8 (2000) (Komödie) R: Sicheritz, Harald; DB: Düringer, Roland; Sicheritz, Harald; FT: Hinterholz 8 (1998); KF: AUST/Dor Film

Durrell, Lawrence (GB 1912–1990)

Actis (1961) (Schauspiel) R: Moszkowicz, Imo; FT: Actis (1964); TV: BRD/ARD/WDR

Dürrenmatt, Friedrich (CH 1921–1991)

Die Panne (1956) (Erzählung) R: Umgelter, Fritz; DB: Umgelter, Fritz; FT: Die Panne (1957); TV: BRD/ARD/BR

Der Richter und sein Henker (1952) (Kriminalroman) R: Wirth, Franz Peter; DB: Gottschalk, Hans; Wirth, Franz Peter; FT: Der Richter und sein Henker (1957); TV: BRD/ARD/SDR

Das Versprechen (1958) (Roman) R: Vajda, Ladislaus; DB: Jacoby, Hans; Vajda, Ladislaus; FT: Es geschah am hellichten Tag (1958); KF: BRD/CH/ESP/FR/CCC Filmkunst GmbH/Praesens-Film AG/Chamartín Producciones y Distribuciones

Der Besuch der alten Dame (1956) (Komödie) R: Cremer, Ludwig; DB: Dürrenmatt, Friedrich; FT: Der Besuch der alten Dame (1959); TV: BRD/ARD/SWF

Herr Korbes empfängt (1957) (< Hörspiel) (Komödie) R: Noelte, Rudolf; FT: Abendstunde im Spätherbst (1960); TV: BRD/ARD/NWRV

Herr Korbes empfängt (1957) (< Hörspiel) (Komödie) R: Burckhardt, Roger; DB: Burckhardt, Roger; FT: Abendstunde im Spätherbst (1960); TV: CH/SRG

Die Ehe des Herrn Mississippi (1952) (Schauspiel) R: Hoffmann, Kurt; DB: Dürrenmatt, Friedrich; Hoffmann, Kurt; Schweikart, Hans; FT: Die Ehe des Herrn Mississippi (1961); KF: BRD/CH/CCC Filmkunst GmbH/Praesens-Film,Zürich

Nächtliches Gespräch mit einem verachteten Menschen (1957) (Schauspiel) R: Schlechte, Werner; FT: Nächtliches Gespräch mit einem verachteten Menschen (1962); TV: BRD/ARD/SDR

Der Besuch der alten Dame (1956) (Komödie) R: Wicki, Bernhard; FT: Der Besuch (1963); KF: BRD

Die Physiker (1962) (Komödie) R: Umgelter, Fritz; FT: Die Physiker (1964); TV: BRD/ARD/SDR

Romulus der Große (1958) (Komödie) R: Käutner, Helmut; DB: Käutner, Helmut; FT: Romulus der Große (1965); TV: BRD/ARD/SFB

Grieche sucht Griechin (1955) (Erzählung) R: Thiele, Rolf; DB: Laforet, Georg (= Seitz, Franz); FT: Grieche sucht Griechin (1966); KF: BRD/Franz Seitz Film

Frank V, Oper einer Privatbank (1960) (Komödie) (Neufassung 1964) R: Dürrenmatt, Friedrich; DB: Dürrenmatt, Friedrich; FT: Frank V, Oper einer Privatbank (1967); TV: BRD/ARD/NDR

Der Meteor (1966) (Komödie) R: Lindtberg, Leopold; DB: Dürrenmatt, Friedrich; FT: Der Meteor (1968); TV: CH/BRD/DRS/ARD/SWF

Der Richter und sein Henker (1952) (Kriminalroman) R: Schell, Maximilian; DB: Dürrenmatt, Friedrich; Goldmann, Bo; Schell, Maximilian; FT: Der Richter und sein Henker (1975); KF: BRD/IT/MFG(Maximilian Schell)/TRAC, Rom

Nächtliches Gespräch mit einem verachteten Menschen (1957) (Schauspiel) R: Kubli, Guy; FT: Nächtliches Gespräch mit einem verachteten Menschen (1981); TV: BRD/ARD/BR

Der Besuch der alten Dame (1956) (Komödie) R: Ammann, Max Peter; FT: Der Besuch der alten Dame (1982); TV: CH/BRD/DRS/ARD/BR/Polyphon

Herr Korbes empfängt (1957) (< Hörspiel) (Komödie) R: Everding, August; FT: Abendstunde im Spätherbst (1988); TV: BRD/ZDF

Der Richter und sein Henker (1952) (Kriminalroman) R: Geissendörfer, Hans W.; DB: Geissendörfer, Hans W.; FT: Justiz (1993); KF: BRD/CH/GFF/LUNA/ARD/BR/SDR/DRS

Das Versprechen (1958) (Roman) R: Hofmann, Nico; DB: Eichinger, Bernd; Wilhelm, Uwe; FT: Es geschah am hellichten Tag (1996); TV: BRD/Constantin/Sat1

Duval, Georges (FR 1847–1919) & **Hennequin, Maurice** (FR 1863–1926)

Le coup de fouet (1900) (*Sein Doppelgänger* 1908) (Komödie) R: Günther, Michael; FT: Sein Doppelgänger (1982); TV: BRD

Duvernois, Henri (FR 1875–1937)

Chabichou (1925) (Komödie) R: Podehl, Peter; FT: Chabichou (1964); TV: BRD/ARD/SR

Dvorsky, Ladislav (CSR 1931–)

(*Die Insel der Silberreiher*) (Erzählung) R: Jires, Jaromil; FT: Die Insel der Silberreiher (1976); TV: DDR

Dymow, Ossip (RUS 1878–1959)

Nju (1908) (Schauspiel) R: Semmelroth, Wilhelm; FT: Nju (1965); TV: BRD/ARD/WDR

Ebner-Eschenbach, Marie von (AUST 1830–1916)

Krambambuli (1883) (Schauspiel) R: Antel, Franz; FT: Heimatland (1955); KF: BRD

Krambambuli (1883) (Schauspiel) R: Antel, Franz; FT: Ruf der Wälder (1965); KF: AUST

Krambambuli (1883) (Schauspiel) R: Antel, Franz; DB: Olsen, Rolf; Rieger, August; FT: Was geschah auf Schloß Wildberg (Sie nannten ihn Krambambuli) (1972); KF: BRD/Neue Delta/Divina

Der Muff (Erzählung) R: Brandauer, Karin; DB: Brandauer, Karin; Kouba, Heide; FT: Der Muff (1976); TV: AUST/ORF

(Erzählung) R: Schulze-Rohr, Peter; DB: Hubalek, Claus; FT: Er läßt die Hand küssen (1978); TV: BRD/ZDF

(Erzählung) R: Oppermann, Ingrid; DB: Oppermann, Ingrid; FT: Die Nachbarn (Aus heiterem Himmel) Ein Film in 9 Episoden (1982); TV: BRD/ARD

Krambambuli (1883) (Schauspiel) R: Schwarzenberger, Xaver; DB: Mitterer, Felix; FT: Krambambuli (1998); TV: AUST/BRD/Almaro Film/Satel/ORF/ARD/BR/SWR

Eckert, Wolfgang (DDR, BRD 1935–)

Familienfoto (1981) (Roman) R: Büchner, Norbert; FT: Familienfoto (1981); TV: DDR

Eckhardt, Fritz (AUST 1907–)

Rendezvous in Wien (1948) (Komödie) R: Weiss, Helmut; DB: Keindorff, Eberhard; Sibelius, Johanna; FT: Whisky, Wodka, Wienerin (1958); KF: AUST

Zölestine (Komödie) R: Wilhelm, Kurt; DB: Eckhardt, Fritz; FT: Zölestine (1958); TV: BRD/ARD/BR

Muttertag (Komödie) R: Woess, Werner; FT: Muttertag (1990); TV: AUST/ORF1

Eckstein, Ernst (DTL 1845–1900)

Der Besuch im Carcer (1875) (Erzählung) R: Mezger, Theo; DB: Mezger, Theo; Sommer, Werner; FT: Der Besuch im Karzer (1961); TV: BRD/ARD/SDR

Eco, Umberto (IT 1932–)

Il nome della rosa (1980) (*Der Name der Rose* 1982) (Roman) R: Annaud, Jean-Jacques; DB: Birkin, Andrew; Brach, Gérard; Franklin, Howard; Goddard, Alain; FT: Der Name der Rose (1986); KF: BRD/IT/FR/Neue Constantin/Cristaldi Films/Films Ariane/ZDF

Edel, Peter (DDR 1921–1983)

Die Bilder des Zeugen Schattmann (1969) (Roman) R: Jung-Alsen, Kurt; DB: Böhm, Rudolf; Edel, Peter; Jung-Alsen, Kurt; FT: Die Bilder des Zeugen Schattmann (4 Teile) (1972); TV: DDR

Edschmid, Kasimir (BRD 1890–1966)

Wenn es Rosen sind, werden sie blühen (1950) (> Georg Büchner, eine deutsche Revolution (1966)) (Roman) R: Klingenberg, Gerhard; DB: Scheschkewitz, Jürgen; FT: Friede den Hütten! Krieg den Palästen! (1970); TV: BRD/ARD/HR

Wenn es Rosen sind, werden sie blühen (1950) (> Georg Büchner, eine deutsche Revolution (1966)) (Roman) R: Herbst, Helmut; DB: Herbst, Helmut; FT: Eine deutsche Revolution (1981); KF: BRD/Cinegrafik/ZDF

Edwards, Amelia Ann Blanford (GB 1831–1892)
The Demon Lover (Erzählung) R: Panzer, Wolfgang; FT: Die Verschwörung (1985); TV: BRD/ARD/WDR

Egel, Karl Georg (DDR 1919–) & **Kurganow, Oskar** (DDR)
Der erste Frühling (Erzählung) R: Kunert, Joachim; DB: Egel, Karl-Georg; Kunert, Joachim; Kurganow, Oskar; FT: Das Verhör (1977); TV: DDR

Egel, Karl Georg (DDR 1919–) & **Wiens, Paul** (DDR 1922–)
Genesung (1956) (Erzählung) R: Wolf, Konrad; DB: Egel, Karl-Georg; Wiens, Paul; FT: Genesung (1956); KF: DDR/DEFA

Egen, Jean (FR 1920–1995)
Les tilleuls de Lautenbach (1979) (*Die Linden von Lautenbach* 1983) (Roman) R: Saint-Jacques, Bernard; DB: Saint-Jacques, Bernard; FT: Die Linden von Lautenbach (1982); KF: BRD/FR

Ehrenburg, Ilja (SU 1891–1967)
Trest D. E. (1923) (*Trust D. E. oder die Geschichte vom Untergang Europas* 1925) (Roman) R: Schröder, Claudia; DB: Schröder, Claudia; FT: Europa abends (1990); TV: BRD/ARD/NDR

Eich, Günter (BRD 1907–1972)
Beatrice und Juana (Hörspiel) R: Klingenberg, Gerhard; DB: Klingenberg, Gerhard; FT: Beatrice und Juana (1963); TV: BRD/ARD/SWF

Eichendorff, Joseph Freiherr von (DTL 1788–1857)
Die Freier (1833) (Komödie) R: Umgelter, Fritz; DB: Umgelter, Fritz; FT: Die Freier (1969); TV: BRD/ARD/BR
Aus dem Leben eines Taugenichts (1826) (Roman) R: Bleiweiß, Celino; DB: Bleiweiß, Celino; FT: Aus dem Leben eines Taugenichts (1973); KF: DDR/DEFA
Aus dem Leben eines Taugenichts (1826) (Roman) R: Sinkel, Bernhard; DB: Brustellin, Alf; Sinkel, Bernhard; FT: Taugenichts (1978); KF: BRD/ABS(Alf Brustellin/Bernhard Sinkel)/Solaris(Bernd Eichinger)/ARD/WDR

Eicke, Doris (BRD 1901–)
Der sündige Herr Hanselmann (1956) (Roman) R: Schwarze, Hans-Dieter; FT: Was macht Papa denn in Italien? (1961); KF: BRD

Eisendle, Helmut (AUST 1939–)
Das nachtländische Reich des Doktor Lipsky (1979) (Erzählung) R: Madeja, Georg; FT: Das nachtländische Reich des Doktor Lipsky (1983); TV: AUST/ORF1

Eisenreich, Herbert (AUST 1925–1986)
Wovon wir leben und woran wir sterben (1958) (Hörspiel) R: Döpke, Oswald; DB: Döpke, Oswald; FT: Wovon wir leben und woran wir sterben (1960); TV: BRD/ARD/RB

Eliot, Thomas Stearns (USA 1888–1965)
Murder in the Cathedral (1935) (*Mord im Dom* 1946) (Schauspiel) R: Lietzau, Hans; FT: Mord im Dom (1962); TV: BRD/ARD/BR
The Confidential Clerk (1953) (*Der Privatsekretär* 1954) (Komödie) R: Wild, Franz Josef; FT: Der Privatsekretär (1963); TV: BRD/ARD/BR
The Cocktail Party (1949) (*Die Cocktailparty* 1950) (Komödie) R: Lauterbach, Ulrich; FT: Die Cocktailparty (1964); TV: BRD/ARD/HR

Ellin, Stanley (USA 1916–1986)
The Blessington Method (1964) (*Die Segensreich-Methode und andere seltsame Geschichten* 1966) (Kriminalerzählung) R: Lilienthal, Peter; DB: Lilienthal, Peter; Schneider, Peter; FT: Robert (Abgründe) (1966); TV: BRD/ARD
Huneker Gambit (Erzählung) R: Vesely, Herbert; FT: Mein Name ist Weiss (1970); TV: BRD/ARD/SWF
(*Der 8-Stunden-Mann*) (Erzählung) R: Carlo, Carlo di; FT: Der 8-Stunden-Mann (1974); TV: BRD/ZDF

Emmermann, Heide-Marie (BRD 1942–)
Die heilige Hure: "Credo an Gott und sein Fleisch" (1991) (Autobiographie) R: Othenin-Girard, Dominique; DB: Kirchner, Wolfgang; Welzel, Petra; Yiannopoulos, Christos; FT: Die heilige Hure (1998); TV: BRD/Calypso Film Produktion/RTL

Ende, Michael (BRD 1929–1995)
Jim Knopf und Lukas der Lokomotivführer (1960) (*Jim Knopf und die Wilde 13* 1961) (Kinderbuch) FT: Jim Knopf und Lukas der Lokomotivführer (1961); TV: BRD/Augsburger Puppenkiste/ARD/HR
Jim Knopf und die Wilde 13 (1961) (Kinderbuch) FT: Jim Knopf und die Wilde 13 (1962); TV: BRD/Augsburger Puppenkiste/ARD/HR
Jim Knopf und Lukas der Lokomotivführer (1960) (*Jim Knopf und die Wilde 13* 1961) (Kinderbuch) R: Jenning, Manfred; DB: Jenning, Manfred; FT: Jim Knopf und Lukas der Lokomotivführer (1976); TV: BRD/Augsburger Puppenkiste/ARD/HR

Jim Knopf und die Wilde 13 (1961) (Kinderbuch) FT: Jim Knopf und die Wilde 13 (1977); TV: BRD/Augsburger Puppenkiste/ARD/HR

Die unendliche Geschichte: von A bis Z (1979) (Roman) R: Petersen, Wolfgang; DB: Petersen, Wolfgang; Weigel, Hermann; FT: Die unendliche Geschichte (1983); KF: BRD/Neue Constantin-Bavaria

Momo (1973) (Roman) R: Schaaf, Johannes; DB: Coscia, Marcello; Ende, Michael; Fendel, Rosemarie; Schaaf, Johannes; FT: Momo (1985/86); KF: BRD/IT/Rialto Film/Iduna/Cinecitta/Sacis

Die unendliche Geschichte: von A bis Z (1979) (Roman) R: Miller, George; DB: Howard, Karin; FT: Die unendliche Geschichte II (1988); KF: BRD/USA/The Neverending Story Film/Cine Vox

Jim Knopf und Lukas der Lokomotivführer (1960) (*Jim Knopf und die Wilde 13* 1961) (Kinderbuch) (Zeichentrick) FT: Jim Knopf (Serie - 52 Folgen) (1999); TV: BRD/FR/ARD/Saban

Die unendliche Geschichte: von A bis Z (1979) (Roman) R: MacDonald, Peter; DB: Liebermann, Karin Howard; FT: Die unendliche Geschichte III (null); KF: BRD/AUST/FR/GB/IRL/CineVox/Studio Babelsberg/Dieter Geissler Filmprod.

Ender, Roland (DDR, BRD)

Glücklich aber verheiratet (Komödie) R: Hill, Peter; FT: Glücklich aber verheiratet (1981); TV: DDR

Wer ist denn Wuttke (Komödie) R: Schäfer, Eberhard; FT: Wer ist denn Wuttke (1984); TV: DDR

Endert, Torsten (DDR)

Kein Wort von Einsamkeit (1986) (Hörspiel) R: Böhlich, Bernd; DB: Böhlich, Bernd; FT: Kein Wort von Einsamkeit (1990); TV: DDR/DFF

Engelmann, Bernt (DDR, BRD 1921–)

Großes Verdienstkreuz (1974) (Roman) R: Veth, Kurt; DB: Egel, Karl-Georg; FT: Sein letzter Fall (1976); TV: DDR

England, Barry (GB 1934–)

End of Conflict (1964) (Schauspiel) R: Fortuin, Herman; FT: Fall erledigt (1965); TV: BRD/ARD/WDR

Ensikat, Peter (DDR, BRD 1941–)

Gavroche (1967) (Jugendstück) R: Bellmann, Dieter; FT: Gavroche (1987); TV: DDR/DDR1

Enzensberger, Hans Magnus (BRD 1929–)

Requiem für eine romantische Frau: die Geschichte von Auguste Bumann und Clemens Brentano; mit einem Capriccio als Zugabe (1988) (Dokumente) R: Knöpfel, Dagmar; DB: Knöpfel, Dagmar; FT: Requiem für eine romantische Frau (1998); KF: BRD/Knöpfel/Arte/ARD/HR/WDR/BR/Das Werk/Cinecas

Ephräm, von Edessa (SYR 306–373)

(*Das Leben der heiligen Maria*) (Bericht) R: Moorse, George; DB: Moorse, George; FT: Maria (1974); TV: BRD/ZDF

Erb, Ute (BRD 1940–)

Die Kette an Deinem Hals (1960) (Roman) R: Witt, Claus Peter; DB: Hubalek, Claus; Witt, Claus Peter; FT: Die Kette an Deinem Hals (1965); TV: BRD/ARD/NDR

Erdinç, Fahri (TUR)

(*Fliegende Hunde*) (Erzählung) R: Sander, Ingrid; FT: Fliegende Hunde (1973); TV: DDR

Erdman, Nikolaj Robertowitsch (SU 1902–1970)

Samoubijca (1928) (*Der Selbstmörder*) (Komödie) R: Jasny, Vojtech; FT: Bis später - ich muss mich erschießen (1984); TV: BRD/ZDF

Erichsen, Uwe (BRD)

Das Leben einer Katze (1984) (Kriminalroman) R: Graf, Dominik; DB: Erichsen, Uwe; Fromm, Christoph; FT: Die Katze (1997); TV: BRD/Bavaria/ZDF

Erler, Rainer (BRD 1933–)

Das blaue Palais: ein Thriller, d. morgen schon Realität sein kann (5 Romane in e. Bd.) (1987) (Roman) (Roman zum Film) R: Erler, Rainer; DB: Erler, Rainer; FT: Das blaue Palais: Das Genie (1974); TV: BRD

Das blaue Palais: ein Thriller, d. morgen schon Realität sein kann (5 Romane in e. Bd.) (1987) (Roman) (Roman zum Film) R: Erler, Rainer; DB: Erler, Rainer; FT: Das blaue Palais: Das Medium (1974); TV: BRD

Das blaue Palais: ein Thriller, d. morgen schon Realität sein kann (5 Romane in e. Bd.) (1987) (Roman) (Roman zum Film) R: Erler, Rainer; DB: Erler, Rainer; FT: Das blaue Palais: Der Verräter (1974); TV: BRD

Das blaue Palais: ein Thriller, d. morgen schon Realität sein kann (5 Romane in e. Bd.) (1987) (Roman) (Roman zum Film) R: Erler, Rainer; DB: Erler, Rainer; FT: Das blaue Palais: Der Gigant (1976); TV: BRD

Das blaue Palais: ein Thriller, d. morgen schon Realität sein kann (5 Romane in e. Bd.) (1987) (Roman) (Roman zum Film) R: Erler, Rainer; DB: Erler, Rainer; FT: Das blaue Palais: Unsterblichkeit...? (1976); TV: BRD

Fleisch (1980) (Roman) (Roman zum Film) R: Erler, Rainer; DB: Erler, Rainer; FT: Fleisch (1979); TV: BRD/ZDF

Reise in eine strahlende Zukunft (1986) (Roman) (Roman zum Film) R: Erler, Rainer; DB: Erler, Rainer; FT: News - Bericht über eine Reise in eine strahlende Zukunft (1986); TV: BRD/Books & Films Australia/Pentagramma/Reflex Film Ltd/ ZDF/ORF

Zucker (1989) (Roman) (Roman zum Film) R: Erler, Rainer; DB: Erler, Rainer; FT: Zucker (1989); TV: BRD/Books & Films/Pentagramma/Reflex Film Ltd

Die Kaltenbach-Papiere (1991) (Kriminalroman) (Roman zur Serie) R: Erler, Rainer; DB: Erler, Rainer; FT: Die Kaltenbach-Papiere (1990); TV: BRD

Erné, Nino (BRD 1921–)

Nachruf auf Othello (1976) (Roman) R: Braun, Michael; DB: Müller, Robert; FT: Nachruf auf Othello (1983); TV: BRD/ZDF

Ernst, Hans (BRD 1904–)

Im Herbst verblühen die Rosen (1956) (Roman) R: Trenker, Luis; DB: Lotz-Dupont, Ilse; Yost, Tibor; FT: Wetterleuchten um Maria (1957); KF: BRD

Ernst, Otto (DTL 1862–1926)

Flachsmann als Erzieher (1901) (Komödie) R: Sydow, Rolf von; DB: Weisenborn, Günther; FT: Flachsmann als Erzieher (1968); TV: BRD/ARD/Telefilm Saar

Erofeew, Venedikt V. (SU 1938–1990)

Moskva-Petuski (1977) (*Die Reise nach Petuschki* 1978) (Gedicht) R: Ehlers, Jens Carl; DB: Ehlers, Jens Carl; FT: Moskau - Petuschki (1991); TV: BRD/Normahlfilm

Erskine, Rosalind (GB 1944–)

Passion Flower Hotel (1962) (*The Passion-Flower Hotel* 1962) (Roman) R: Farwagi, Andre; DB: Nicolas, Paul; FT: Leidenschaftliche Blümchen (1977); KF: BRD

Ervine, St. John Greer (IRL 1883–1971)

The First Mrs. Fraser (1929) (*Die erste Frau Selby* 1960) (Komödie) R: Baky, Josef von; DB: Kay, Juliane; FT: Du bist die Richtige (1954); TV: BRD/AUST

The First Mrs. Fraser (1929) (*Die erste Frau Selby* 1960) (Komödie) R: Quest, Hans; FT: Die erste Mrs. Selby (1960); TV: BRD/ARD/NWRV

Eser, Willibald (BRD)

Monika und die Sechzehnjährigen (Roman) R: Steinberger, Charly; FT: Monika und die Sechzehnjährigen (1975); KF: BRD

Estridge, Robin (GB)

Permission To Kill (Kriminalroman) R: Frankel, Cyril; DB: Estridge, Robin; FT: Vollmacht zum Mord (1975); KF: AUST

Evert, Manfred (BRD) & **Krää, Gernot** (BRD)

Die Distel (1992) (Roman) R: Krää, Gernot; DB: Evert, Manfred; Krää, Gernot; FT: Die Distel (1992); TV: BRD/Avista Productions/ARD/BR

Evertier, Paul (= Brinkmann, Jürgen) (DDR 1934–)

Monsieur bleibt im Schatten (1971) (Kriminalroman) R: Keil, Gerd; DB: Enders, Horst; FT: Monsieur bleibt im Schatten (1982); TV: DDR

Ewers, Hans Heinz (DTL 1871–1943)

Alraune (1911) (Roman) R: Rabenalt, Arthur Maria; FT: Alraune (1952); KF: BRD

Der Letzte Wille der Stanislawa d'Asp (Erzählung) R: Schmid, Daniel; DB: Schmid, Daniel; FT: La Paloma (1974); TV: CH/FR/Artco/Les Films du Losange

Eymouche, Claude (FR)

Et le bel aujourd'hui (1972) (Roman) R: Baratier, Jacques; DB: Eymouche, Claude; Jourat, Stephane; FT: Haben Sie Interesse an der Sache? (1973); KF: BRD/FR

Eysler, Edmund (DTL 1874–1949) & **Lindau, Carl** (DTL 1853–1934) & **Stein, Leo** (DTL 1862–1920)

Bruder Straubinger (1903) (Operette) R: Marischka, Hubert; DB: Marischka, Hubert; Österreicher, Rudolf; FT: Küssen ist keine Sünd' (1950); KF: BRD

Schützenliesel (1905) (Operette) R: Schündler, Rudolf; DB: Böttger, Fritz; Nebhut, Ernst; FT: Schützenliesel (1954); KF: BRD/Central-Europa Film

Fagyas, Maria (= Bush-Fekete, Maria) (USA)

The Devil's Lieutenant (1970) (*Der Leutnant und sein Richter* 1971) (Roman) R: Goldschmidt, John; FT: Der Leutnant und sein Richter (1984); TV: BRD/ZDF

Falkenhayn, Harry (DDR)

Einer vom Rummel (1977) (Erzählung) R: Großmann, Lothar; DB: Großmann, Lothar; FT: Einer vom Rummel (1983); KF: DDR/DEFA

Fall, Leo (AUST 1873–1925)
Die geschiedene Frau (1908) (Operette) R: Jacoby, Georg; DB: Forster, Walter; Wedekind, Joachim; FT: Die geschiedene Frau (1953); KF: BRD
Die Rose von Stambul (1916) (Operette) R: Anton, Karl; DB: Forster, Walter; Wedekind, Joachim; FT: Die Rose von Stambul (1953); KF: BRD

Fall, Leo (AUST 1873–1925) & **Léon, Victor** (AUST 1858–1940)
Der fidele Bauer (1907) (Operette) R: Marischka, Georg; FT: Der fidele Bauer (1951); KF: AUST

Fallada, Hans (DTL 1893–1947)
Jeder stirbt für sich allein (1947) (Roman) R: Harnack, Falk; DB: Stemmle, Robert A.; FT: Jeder stirbt für sich allein (1962); TV: BRD/ARD/SFB
Wer einmal aus dem Blechnapf frißt (1934) (Roman) R: Umgelter, Fritz; DB: Mueller-Freienfels, R.; FT: Wer einmal aus dem Blechnapf frißt (1962); TV: BRD/ARD/Bavaria
Wolf unter Wölfen (1937) (Roman) R: Kasprzik, Hans-Joachim; DB: Jörn, Klaus; FT: Wolf unter Wölfen (1965); TV: DDR/DFF
Kleiner Mann, was nun? (1932) (Roman) R: Kasprzik, Hans-Joachim; DB: Kasprzik, Hans-Joachim; FT: Kleiner Mann, was nun? (1967); TV: DDR/DEFA
Der Trinker (1950) (Roman) R: Haugk, Dietrich; DB: Storz, Oliver; FT: Der Trinker (1967); TV: BRD/ARD/Bavaria
Jeder stirbt für sich allein (1947) (Roman) R: Kasprzik, Hans-Joachim; DB: Jörn, Klaus; Kasprzik, Hans-Joachim; FT: Jeder stirbt für sich allein (3 Teile) (1970); TV: DDR
Bauern, Bonzen und Bomben (1931) (Roman) R: Monk, Egon; DB: Monk, Egon; FT: Bauern, Bonzen und Bomben (5 Teile) (1973); TV: BRD/ARD
Kleiner Mann, was nun? (1932) (Roman) R: Zadek, Peter; DB: Dorst, Tankred; FT: Kleiner Mann, was nun? (1973); TV: BRD/ARD/WDR
Jeder stirbt für sich allein (1947) (Roman) R: Vohrer, Alfred; DB: Cubelic, Miodrag; Czerwik, Anton; FT: Jeder stirbt für sich allein (1976); KF: BRD/Lisa Film/Constantin/Terra
Ein Mann will nach oben (1953) (Erzählung) R: Ballmann, Herbert; DB: Wittlinger, Karl; FT: Ein Mann will nach oben (1978); TV: AUST/BRD/CH/ORF/ZDF/SRG
Der eiserne Gustav (1938) (Roman) R: Staudte, Wolfgang; DB: Asmodi, Herbert; FT: Der eiserne Gustav (1979); TV: BRD/ARD/SWF
Die Geschichte vom goldenen Taler (Märchen) R: Fürneisen, Bodo; DB: Borkmann, Eberhard; Fürneisen, Bodo; FT: Die Geschichte vom goldenen Taler (1985); TV: DDR
Altes Herz geht auf die Reise (1936) (Roman) R: Knötzsch, Hans; DB: Renner, Wenzel; FT: Altes Herz geht auf die Reise (1987); TV: DDR/DDR1
Der Trinker (1950) (Roman) R: Toelle, Tom; DB: Plenzdorf, Ulrich; FT: Der Trinker (1995); TV: BRD/Artus-Film/ARD/WDR/ORF

Farrell, Henry (USA)
How Awful about Allan (1963) (*Scheußlich, die Sache mit Allan* 1965) (Kriminalroman) R: Lilienthal, Peter; DB: Lilienthal, Peter; FT: Horror (1969); TV: BRD/ARD/SDR

Fasquelle, Solange (FR 1933–)
Le trio infernal (1972) (Roman) R: Girod, Francis; DB: Girod, Francis; Rouffio, Jacques; FT: Trio Infernal (1974); KF: BRD/FR/IT

Fassbinder, Rainer Werner (BRD 1946–1982)
Katzelmacher (1968) (Schauspiel) R: Fassbinder, Rainer Werner; DB: Fassbinder, Rainer Werner; FT: Katzelmacher (1969); KF: BRD/antitheater/xfilm
Die bitteren Tränen der Petra von Kant (1971) (Schauspiel) R: Fassbinder, Rainer Werner; DB: Fassbinder, Rainer Werner; FT: Die bitteren Tränen der Petra von Kant (1972); KF: BRD/Tango
Bremer Freiheit. Ein bürgerliches Trauerspiel (1973) (Schauspiel) R: Fassbinder, Rainer Werner; DB: Fassbinder, Rainer Werner; FT: Bremer Freiheit; Frau Geesche Gottfried - Ein bürgerliches Trauerspiel (1972); TV: BRD/ARD/SR
Der Müll, die Stadt und der Tod (1976) (Schauspiel) R: Schmid, Daniel; DB: Fassbinder, Rainer Werner; Schmid, Daniel; FT: Schatten der Engel (1976); KF: BRD/Albatros(Michael Fengler)

Fast, Howard Melvin (USA 1914–)
The Winston-Affair (1959) (*Die Affäre Winston* 1960) (Roman) R: Mezger, Theo; FT: Die Affäre Winston (1976); TV: BRD/ZDF

Fauchois, René (FR 1882–1962)
Prenez garde à la peinture (1932) (Schauspiel) R: Beauvais, Peter; DB: Beauvais, Peter; FT: Der selige Christopher Bohn (1955); TV: BRD/ARD/SWF
Prenez garde à la peinture (1932) (Schauspiel) R: Beauvais, Peter; FT: Bilderkomödie (1963); TV: BRD/ARD/WDR

Faulkner, William (USA 1897–1962)
Requiem for a Nun (1951) (*Requiem für eine Nonne* 1956) (Schauspiel) R: Meisel, Kurt; FT: Requiem für eine Nonne (1965); TV: BRD/ARD/BR

Fauquez, Arthur (BELG)
Gestes de Renart le Goupil (1960) (*Reineke Fuchs* 1965) (Kinderstück) R: Eder, Otto Anton; FT: Reineke Fuchs (1973); TV: AUST/ORF
Gestes de Renart le Goupil (1960) (*Reineke Fuchs* 1965) (Kinderstück) R: Jessen, Uwe-Detlev; FT: Reineke Fuchs (1976); TV: DDR

Faure, Lucie (FR 1908–)
Le malheur fou (1970) (Roman) R: Chabrol, Claude; DB: Chabrol, Claude; Enfield, Norman; FT: Die verrückten Reichen (1975); KF: BRD/FR/IT

Fauser, Jörg (BRD 1944–)
Der Schneemann (1981) (Kriminalroman) R: Bringmann, Peter F.; DB: Seelig, Matthias; FT: Der Schneemann (1985); KF: BRD
Für eine Mark und acht (Hörspiel) R: Karmakar, Romuald; DB: Farin, Michael; Karmakar, Romuald; FT: Das Frankfurter Kreuz (1997); TV: BRD/FR/Die Zweite Hauskunst/Haute Court/arte

Fechner, Eberhard (BRD 1926–1992)
Die Comedian Harmonists: 6 Lebensläufe (1988) (Biographie) R: Vilsmaier, Joseph; DB: Büscher, Jürgen; Egger, Jürgen; Richter, Klaus; FT: Comedian Harmonists (1999); KF: BRD/AUST/Bavaria Atelier GmbH/Iduna Film Produktiongesellschaft/Senator Film Produktion GmbH/Dor Film Produktionsgesellschaft GmbH/Televersal

Fehér, Klára (HU 1919–)
Nem vagyunk angyalok (1959) (*Wir sind doch keine Engel* 1965) (Komödie) R: Volkmer, Rüdiger; FT: Wir sind doch keine Engel (1979); TV: DDR

Feiler, Max Christian (BRD 1908–)
Die sechste Frau (1939) (Komödie) R: Erfurth, Ulrich; FT: Die sechste Frau (1959); TV: BRD/ARD/NWRV Hamburg

Fekete, István (HU 1900–1970)
Vuk: allatregeny (1965) (*Der schlaue Fuchs* 1968) (Roman) R: Dargay, Attila; DB: Dargay, Attila; Imre, Istvan; Tharbay, Ede; FT: Wuk, der Fuchs (1981); KF: BRD/HU/Infa Film/Hungarofilm

Felmar, Karl (AUST) & **Friese, Ernst** (AUST)
Der Mann in der Wanne (1945) (Komödie) R: Antel, Franz; DB: Belmont, Lilian; Koselka, Fritz; FT: Der Mann in der Wanne (1952); KF: AUST

Feltz, Kurt (BRD) & **Hentschke, Heinz** (BRD 1895–1970) & **Raymond, Fred** (AUST 1900–1954) & **Wallner, Max** (AUST)
Saison in Salzburg (1939) (Operette) (Libretto von Feltz) R: Marischka, Ernst; DB: Marischka, Ernst; FT: Saison in Salzburg (1952); TV: AUST
Saison in Salzburg (1939) (Operette) (Libretto von Feltz) R: Gottlieb, Franz Josef; DB: Marischka, Ernst; FT: Saison in Salzburg (1961); TV: AUST

Ferdinand, Roger (FR 1898–1967)
Trois garçons, une fille (1947) (*Drei Jungen und ein Mädchen* 1948) (Komödie) R: Beauvais, Peter; FT: Drei Jungen, ein Mädchen (1955); TV: BRD/ARD/SWF
Trois garçons, une fille (1947) (*Drei Jungen und ein Mädchen* 1948) (Komödie) R: Sydow, Rolf von; FT: Drei Jungen und ein Mädchen (1962); TV: BRD/ARD/Bavaria

Fermaud, Michel (FR)
Les portes claquent (1950) (*Die Türen knallen* 1950) (Komödie) R: Fuchs, Herbert; FT: Die Türen knallen (1962); TV: BRD/ARD/NDR

Fernau, Joachim (= Forster, John) (BRD 1909–1988)
Heldentum nach Ladenschluß (1954) (Bericht) R: Schleif, Wolfgang; Stapenhorst, Fritz; DB: Fernau, Joachim; Fischer, Hanns H.; FT: Heldentum nach Ladenschluß (1955); KF: BRD
Und sie schämeten sich nicht: ein Zweitausend-Jahrbericht (1958) (Bericht) R: Thiele, Rolf; DB: Flügel, Ernst; Thiele, Rolf; FT: Komm nur, mein liebstes Vögelein (1968); KF: BRD/IT/Roxy Film GmbH/Sancro International Film

Ferner, Max (= Sommer, Max) (DTL 1881–)
Salvator (Volksstück) R: Palme, Erich; DB: Fitz, Hans; FT: Mönche, Mädchen und Panduren (1952); KF: BRD

Ferner, Max (= Sommer, Max) (DTL 1881–) & **Neal, Max** (DTL 1865–1941)

Die drei Dorfheiligen (1929) (Komödie) R: Dörfler, Ferdinand; DB: Dörfler, Ferdinand; FT: Die drei Dorfheiligen (1949); TV: BRD/Ferdinand-Dörfler-Film

Das sündige Dorf (1932) (Komödie) R: Jacobs, Werner; DB: Dalman, Joseph; Stöckel, Joe; FT: Das sündige Dorf (1966); KF: BRD/Music House Film

Die drei Dorfheiligen (1929) (Komödie) R: Fischer, Olf; FT: Die drei Dorfheiligen (1973); TV: BRD/ARD

Das sündige Dorf (1932) (Komödie) R: Fischer, Olf; FT: Das sündige Dorf (1974); TV: BRD/ARD

Der müde Theodor (1927) (Komödie) R: Wesseler, Karl; FT: Der müde Theodor (1979); TV: BRD/ARD/WDR

Die drei Dorfheiligen (1929) (Komödie) R: Löwinger, Sissy; DB: Ferner, Max; FT: Die drei Dorfheiligen (1993); TV: AUST/ORF

Der müde Theodor (1927) (Komödie) R: Asam, Werner; FT: Der müde Theodor (1995); TV: BRD/ARD

Ferolli, Beatrice (BRD 1932–)

Alle unsere Spiele (1966) (Schauspiel) R: Davy, Walter; DB: Davy, Walter; Ferolli, Beatrice; FT: Alle unsere Spiele (1967); TV: AUST/ORF

Fetzen fliegen (1978) (Komödie) R: Janda, Gerhard; DB: Janda, Gerhard; FT: Duett zu Dritt (1976); KF: AUST/Sascha Film

Schloßhotel Orth (1997) (Roman) (Roman zur Serie) R: Witt, Claus Peter; FT: Schloßhotel Orth (1996); TV: AUST/BRD/ZDF

Ferretti, Jacopo (IT 1795–1867) & **Rossini, Gioacchini Antonio** (IT 1792–1868)

La Cenerentola, ossia La bontà in trionfo (1817) (Oper) (Libretto von Ferretti) R: Ponnell, Jean-Pierre; DB: Ponnell, Jean-Pierre; FT: La Cenerentola (1981); KF: BRD/Unitel

Feth, Monika (BRD 1941–)

Die blauen und die grauen Tage (1996) (Jugendbuch) R: Damek, Dagmar; DB: Feth, Monika; FT: Die blauen und die grauen Tage (null); TV: BRD/ZDF

Feuchtwanger, Lion (DTL, USA 1884–1958)

Wahn - oder Der Teufel in Boston (1948) (Schauspiel) R: Klingenberg, Gerhard; FT: Wahn - oder Der Teufel in Boston (1965); TV: BRD/ARD/WDR

Goya oder Der arge Weg der Erkenntnis (1951) (Roman) R: Wolf, Konrad; DB: Vagenshtein, Angel; Wolf, Konrad; FT: Goya oder Der arge Weg der Erkenntnis (1971); KF: DDR/SU

Die Brüder Lautensack (1945) (Roman) R: Kasprzik, Hans-Joachim; DB: Börner, Albrecht; Kasprzik, Hans-Joachim; FT: Die Brüder Lautensack (1971-73); TV: DDR

Exil (1940) (Roman) R: Günther, Egon; FT: Exil (1981); TV: BRD/FR/ARD/WDR

Die Geschwister Oppermann (1933) (Roman) R: Monk, Egon; DB: Monk, Egon; FT: Die Geschwister Oppermann (1983); TV: BRD/ZDF

(*Briefwechsel mit Stefan Zweig*) (Briefe) R: Münstermann, Wolfgang; FT: Ich stehe Ihnen natürlich zur Verfügung (1984); TV: DDR

Die Witwe Capet (1956) (Schauspiel) R: Keil, Gerd; FT: Die Witwe Capet (1984); TV: DDR

Narrenweisheit oder Tod und Verklärung des Jean Jacques Rousseau (1952) (Roman) R: Kramer, Jurij; DB: Schirmer, Bernd; FT: Narrenweisheit oder Tod und Verklärung des Jean Jacques Rousseau (2 Teile) (1989); TV: DDR/DDR1

Der Wartesaal: Erfolg (1934) (Roman) R: Seitz, Franz; DB: Seitz, Franz; FT: Erfolg (1991); KF: BRD/Franz Seitz Film/BR

Feustel, Günter (DDR, BRD 1924–)

Die Puppe (Kinderbuch) (Zeichentrick) R: Rätz, Günter; DB: Rätz, Günter; FT: Angst (1981); KF: DDR/DEFA

Die fliegende Windmühle (1976) (Roman) R: Rätz, Günter; DB: Rätz, Günter; FT: Die fliegende Windmühle (1981); KF: DDR/DEFA

Feydeau, Georges (FR 1821–1873)

La puce à l'oreille (1907) (*Der Floh im Ohr* 1953) (Komödie) R: Sydow, Rolf von; FT: Der Floh im Ohr (1966); TV: BRD/ARD/Bavaria

Le chat en poche (1888) (*Die Katze im Sack*) (Komödie) R: Vasil, Paul; FT: Die Katze im Sack (oder Der Sänger aus Bordeaux) (1967); TV: BRD/ARD/WDR

Mais ne te promène donc pas toute nue (1912) (*Lauf doch nicht splitternackt herum*) (Komödie) R: Loos, Peter; FT: Lauf doch nicht splitternackt herum (1969); TV: BRD/ARD/SDR

Monsieur Chasse (1892) (*Monsieur Chasse oder Wie man Hasen jagt* 1955) (Komödie) R: Sydow, Rolf von; FT: Monsieur Chasse (1972); TV: BRD/ARD/SWF

L'hôtel de libre-échange (1894) (Komödie) R: Günther, Michael; FT: Hotel Paradies (1979); TV: BRD/ZDF

La puce à l'oreille (1907) (*Der Floh im Ohr* 1953) (Komödie) R: Rothemund, Sigi; FT: Der Floh im Ohr (1980); TV: BRD/ZDF

Consolation (1872) (*Herzliches Beileid*) (Komödie) R: Eckl, C. Rainer; FT: Herzliches Beileid (1981); TV: BRD/AUST/ARD/SFB/ORF

(*Der Nächste bitte*) (Komödie) R: Günther, Michael; FT: Der Nächste bitte (1981); TV: BRD/ZDF

Le ruban (1894) (*Das Ordensband*) (Komödie) R: Günther, Michael; FT: Das Ordensband (1981); TV: BRD/ZDF

Le système Ribadier (1892) (Komödie) R: Witt, Claus Peter; FT: System Ribadier (1981); TV: BRD/ZDF

Fanny (1858) (*Fanny* 1974) (Roman) R: Ickert, Klaus; FT: Fanny Margane (1984); TV: BRD/ARD/BR

Fichelscher, Walter F. (BRD 1891–)

(Erzählung) R: Liebeneiner, Wolfgang; DB: Liebeneiner, Wolfgang; FT: Das tanzende Herz (1953); KF: BRD

Field, Herman H. (GB 1910–) & **Mierzenski, Stanislaw** (PL)

Angry Harvest (1958) (*Bittere Ernte* 1961) (Roman) R: Holland, Agnieszka; DB: Hengge, Paul; Holland, Agnieszka; FT: Bittere Ernte (1984/85); KF: BRD/Arthur Brauner CCC Filmkunst/Admiral/ZDF

Fielding, Joy (CAN 1945–)

The Deep End (1986) (*Ein mörderischer Sommer* 1988) (Kriminalroman) R: Rothemund, Sigi; DB: Levine, Ben; Ziedrich, Ecki; FT: Joy Fieldings Mörderischer Sommer (1996); TV: BRD/Rainer Jahreis, Peter Lohner/Christoph Mueller, Michael Smeaton/Frankfurter Filmprod./Pro7

Life Penalty (1986) (*Lebenslang ist nicht genug* 1986) (Kriminalroman) R: Rothemund, Sigi; DB: Hock, Allison; FT: Joy Fieldings Lebenslang ist nicht genug (1997); TV: BRD/Pro7

Filippo, Eduardo de (IT 1900–1984)

Filumena Marturano (1947) (*Philomena Marturano* 1957) (Schauspiel) R: Cella, Ettore; FT: Philomena Marturano (1960); TV: BRD/ARD/BR

Sabato, domenica e lunedi (*Samstag, Sonntag, Montag* 1975) (Roman) R: Mouchtar-Samorai, David; DB: Mouchtar-Samorai, David; FT: Samstag - Sonntag - Montag (1998); TV: BRD

Firner, Walter (AUST 1905–)

Das Kuckucksei (1942) (Schauspiel) R: Firner, Walter; DB: Firner, Irma und Walter; FT: Das Kuckucksei (1948); KF: AUST

Fischer, Erica (BRD 1943–)

Aimée & Jaguar (1994) (Roman) R: Färberböck, Max; DB: Färberböck, Max; Munro, Rona; FT: Aimée & Jaguar (1997); KF: BRD/Senator Film

Fischer, Josef (AUST 1903–1993)

Der Fünfminutenvater (Komödie) R: Hübler-Kahla, J. A.; DB: Fischer, Karl; FT: Der Fünfminutenvater (Die Wirtin zum Roten Ochsen) (1951); KF: AUST

Die große Schuld (Schauspiel) R: Lehner, Alfred; DB: Fischer, Karl; FT: Die große Schuld (1952); KF: AUST

Fischer, Marie-Louise (BRD 1922–)

Wildes Blut (1968) (Roman) R: Rieger, August; DB: Rieger, August; FT: Peter und Sabine (1968); KF: BRD/Lisa Film

Frauenstation (1964) (Roman) R: Thiele, Rolf; DB: Zibaso, Werner P.; FT: Frauenstation (1975); KF: BRD

Frauenstation (1964) (Roman) R: Rödl, Josef; DB: Rödl, Josef; FT: Alarm auf Station 2 (1993); TV: BRD

Hörigkeit des Herzens (1993) (Roman) R: Rola, Carlo; DB: Wussow, Yvonne; FT: Hörigkeit des Herzens (1993); TV: BRD/Klaus André/Phönix Film/Sat1

Das Schicksal der Lilian H. (1975) (Roman) R: Vajda, Marijan David; DB: Fischer, Claus Cornelius; FT: Das Schicksal der Lilian H. (1993); TV: BRD/Manfred Haid/tele München/RTL

Fischer, Otto Peter Leck (DK 1904–1956)

Frisondag (1954) (dt. 1956) (Schauspiel) R: Semmelroth, Wilhelm; FT: Ein Ausgangstag (1957); TV: BRD/ARD/NWRV

Fitz, Hans (BRD 1891–)

Der Frontgockel (1937) (Komödie) R: Dörfler, Ferdinand; DB: Cortan, F.B.; Fitz, Hans; FT: Der Frontgockel (1955); KF: BRD

Fitzgerald, Francis Scott (USA 1896–1940)

(Erzählung) R: Kaufmann, Rainer; DB: Hertwig, Ralf; Richter, Kathrin; FT: Einer meiner ältesten Freunde (1994); KF: BRD/Claussen & Wöbke Filmproduktion GmbH/ARD/BR

Flatow, Curth (BRD 1920–)

Das einfache Mädchen (Erzählung) R: Jacobs, Werner; DB: Hachfeld, Eckart; FT: Das einfache Mädchen (1957); KF: BRD/CCC Filmkunst GmbH

Das Geld liegt auf der Bank (1968) (Komödie) R: Wesseler, Karl; FT: Das Geld liegt auf der Straße (1978); TV: BRD/ARD/WDR

Durchreise (1984) (Schauspiel) R: Weck, Peter; DB: Flatow, Curth; FT: Durchreise (1992); TV: BRD/AUST/ZDF/Nova Film Otto Meissner, Berlin/ORF

Flaubert, Gustave (FR 1821–1880)

Le candidat (1874) (*Der Kandidat* 1914) (Komödie) (Adaption von Carl Sternheim) R: Wagner, Klaus; FT: Der Kandidat (1965); TV: BRD/ARD/HR

Madame Bovary (1857) (*Madame Bovary* 1907) (Roman) R: Schwarze, Hans-Dieter; DB: Höllering, Franz; FT: Madame Bovary (Miniserie) (1968); TV: BRD/ZDF

Madame Bovary (1857) (*Madame Bovary* 1907) (Roman) R: Schott-Schöbinger, Hans; DB: Mann, Arnulf; FT: Die nackte Bovary (1969); KF: BRD/IT

Le candidat (1874) (*Der Kandidat* 1914) (Komödie) (Adaption von Carl Sternheim) R: Engel, Thomas; FT: Der Kandidat (1986); TV: BRD/ARD

Bouvard et Pécuchet (1881) (Erzählung) R: Buetti, Daniele; Giuliani, Danielle; Marioth, Georg; DB: Buetti, Daniele; Giuliani, Danielle; Marioth, Georg; FT: Lichtschlag (1989); TV: CH/BRD/SRG/ZDF

Flegel, Walter (BRD 1934–)

Der Regimentskommandeur (1971) (Roman) R: Bellag, Lothar; DB: Flegel, Walter; Tenschert, Joachim; FT: Der Regimentskommandeur (1971); TV: DDR

Fleischmann, Sid (USA 1920–)

The Whipping Boy (1986) (*Prinz Flegel: fast ein Märchen* 1989) (Märchen) R: Macartney, Sydney; DB: Brindle, Max; FT: Der Prinz und der Prügelknabe (1994); KF: BRD/GB/Gemini-Films

Fleisser, Marieluise (BRD 1901–1974)

Der starke Stamm (1946) (Schauspiel) R: Wild, Franz Josef; DB: Wild, Franz Josef; FT: Der starke Stamm (1956); TV: BRD/ARD/BR

Pioniere in Ingolstadt (1928) (Schauspiel) R: Fassbinder, Rainer Werner; DB: Fassbinder, Rainer Werner; FT: Pioniere in Ingolstadt (1971); KF: BRD/Janus-Antitheater

Abenteuer aus dem englischen Garten (1969) (Erzählung) R: Saad, Margit; FT: Abenteuer aus dem englischen Garten (1982); TV: BRD/ARD/BR

Fletcher, Lucille (USA 1912–)

(*Der Mann im Lift* 1962) (Kriminalroman) R: Löbe, Horst; FT: Der Mann im Fahrstuhl (1962); TV: BRD/ARD/RB

Fletcher, Lucille (USA 1912–) & **Ullman, Allan** (USA 1909–1982)

Sorry, Wrong Number (1948) (*Falsch verbunden* 1953) (< Kriminalstück) (Kriminalroman) R: Verhoeven, Paul; DB: Pigge, Helmut; FT: Bedaure, falsch verbunden (1962); TV: BRD/ARD/Bavaria

Flex, Walter (DTL 1887–1917)

Wanderer zwischen beiden Welten (1916) (Erzählung) R: Kramberg, Karl-Heinz; DB: Kramberg, Karl-Heinz; FT: Wanderer zwischen beiden Welten (1987); TV: BRD/ARD/BR

Flieger, Jan (DDR, BRD 1941–)

Der Sog (1985) (Kriminalroman) R: Witte, Udo; FT: Alles umsonst (1988); TV: DDR/DDR1

Floss, Rolf (DDR 1936–)

Irina (1969) (Erzählung) R: Korbschmitt, Hans-Erich; DB: Floss, Rolf; FT: Reisefieber (1970); TV: DDR

Tanzstunde eines jungen Mannes (1979) (Roman) R: Büchner, Norbert; FT: Tanzstunde eines jungen Mannes (1981); TV: DDR

Focke, Gerd (DDR)

Gefrühstückt wird um 8 (Schauspiel) R: Ostrowsky, Hartmut; FT: Gefrühstückt wird um 8 (1978); TV: DDR

Fodor, Ladislas (Laszlo) (HU 1896–1978)

(*Fräulein Fortuna*) (Schauspiel) R: Schweikart, Hans; DB: Eis, Egon; Schweikart, Hans; FT: Ein Haus voll Liebe (1954); KF: BRD/AUST

(*Ärztliches Geheimnis*) (Schauspiel) R: Engel, Erich; DB: Colpet, Max; Nelken, Dinah; FT: Liebe ohne Illusion (1955); KF: BRD/CCC Filmkunst GmbH

(Schauspiel) R: Völger, Werner; DB: Völger, Werner; FT: Gericht bei Nacht (1957); TV: BRD/ARD/SFB

(Schauspiel) R: Marischka, Georg; DB: Marischka, Georg; FT: Die Abiturientin (1958); TV: BRD/ARD/NWRV

(*Abschied von den Wolken*) (Erzählung) R: Reinhardt, Gottfried; DB: Hurdalek, Georg; FT: Abschied von den Wolken (1959); KF: BRD/CCC Filmkunst GmbH

Fontane, Theodor (DTL 1819–1898)

Stine (1890) (Roman) und Irrungen, Wirrungen (1888) (Roman) R: Buch, Fritz Peter; FT: Das alte Lied (1945); KF: DTL

Mathilde Möhring (1907) (Roman) R: Hansen, Rolf; DB: Kampendonk, Gustav; FT: Ich glaube an dich (Mein Herz gehört dir) (1945); KF: DTL

Unterm Birnbaum (1885) (Erzählung) R: Braun, Harald; DB: Braun, Harald; Heynecke, Kurt; FT: Der stumme Gast (1945); KF: DTL

Frau Jenny Treibel (1892) (Roman) R: Pohl, Arthur; DB: Pohl, Arthur; FT: Corinna Schmidt (1951); KF: DDR/DEFA

Effi Briest (1895) (Roman) R: Jugert, Rudolf; DB: Budjuhn, Horst; FT: Rosen im Herbst/Effi Briest (1955); KF: BRD

Unterm Birnbaum (1885) (Erzählung) R: Klingenberg, Gerhard; DB: Reinecker, Herbert (= Berg, Alex); FT: Unterm Birnbaum (1963); TV: BRD/ARD/WDR

Schach von Wuthenow (1883) (Erzählung) R: Schwarze, Hans-Dieter; DB: Meichsner, Dieter; FT: Die Geschichte des Rittmeisters Schach von Wuthenow (1966); TV: BRD/ARD/Bavaria

Irrungen - Wirrungen (1888) (Roman) R: Noelte, Rudolf; DB: Noelte, Rudolf; FT: Irrungen - Wirrungen (1966); TV: BRD/ARD/SFB

Stine (1890) (Roman) R: Haaf, Wilm ten; DB: Krischke, Traugott; FT: Stine (1967); TV: BRD/ZDF

Mathilde Möhring (1907) (Roman) R: Witt, Claus Peter; DB: Cremer, Ludwig; FT: Mathilde Möhring (1968); TV: BRD/ARD/WDR

Unwiederbringlich (1891) (Roman) R: Harnack, Falk; FT: Unwiederbringlich (1968); TV: BRD

Effie Briest (1895) (Roman) R: Luderer, Wolfgang; DB: Luderer, Wolfgang; FT: Effi Briest (1970); TV: DDR/DFF

Frau Jenny Treibel (1892) (Roman) R: Ballmann, Herbert; DB: Dölfing, Michael; FT: Frau Jenny Treibel (1972); TV: BRD/ARD/SFB

Unterm Birnbaum (1885) (Erzählung) R: Kirsten, Ralf; DB: Kirsten, Ralf; FT: Unterm Birnbaum (1973); KF: DDR/DEFA

Effi Briest (1895) (Roman) R: Fassbinder, Rainer Werner; DB: Fassbinder, Rainer Werner; FT: Fontane Effi Briest (1974); KF: BRD/Tango

Der Stechlin (1899) (Roman) R: Hädrich, Rolf; DB: Meichsner, Dieter; FT: Der Stechlin (3 Teile) (1974/75); TV: BRD/ARD/NDR

Frau Jenny Treibel (1892) (Roman) R: Albiro, Hartwig; DB: Hammel, Claus; FT: Frau Jenny Treibel oder Wo sich Herz zu Herzen findet (1976); TV: DDR

Cecile (1887) (Roman) R: Damek, Dagmar; DB: Damek, Dagmar; Krischke, Traugott; FT: Cecile (1977); TV: BRD/ZDF

Grete Minde (1880) (Roman) R: Genée, Heidi; DB: Genée, Heidi; FT: Grete Minde. Der Wald ist voller Wölfe (1977); TV: AUST/BRD/ORF/Sascha/ZDF/Solaris

Mathilde Möhring (1907) (Roman) R: Schleif, Wolfgang; DB: Bruchhäuser, Wilfried W.; FT: Mathilde Möhring (1977); TV: BRD/ARD/SFB

Schach von Wuthenow (1883) (Erzählung) R: Engel, Richard; DB: Collin, Christian; FT: Schach von Wuthenow (1977); TV: DDR

Kriegsgefangen (1870) (Bericht) R: Mezger, Theo; DB: Asmodi, Herbert; FT: Gefangen in Frankreich. Theodor Fontane im Krieg 1870/71 (1979); TV: BRD/ZDF

Stine (1890) (Roman) R: Langhoff, Thomas; FT: Stine (1979); TV: DDR

Frau Jenny Treibel (1892) (Roman) R: Wild, Franz Josef; DB: Jens, Walter; FT: Frau Jenny Treibel (1982); TV: BRD/ARD/BR

L'Adultera (1882) (Roman) R: Langhoff, Thomas; DB: Habeck, Anne; FT: Melanie van der Straaten (1982); TV: DDR/DEFA

Mathilde Möhring (1907) (Roman) R: Hercher, Karin; FT: Mathilde Möhring (1983); TV: DDR

Die Poggenpuhls (1896) (Roman) R: Hercher, Karin; DB: Habeck, Anne; FT: Die Poggenpuhls (1984); TV: DDR

Vor dem Sturm (1878) (Roman) R: Wirth, Franz Peter; DB: Asmodi, Herbert; FT: Vor dem Sturm (1984); TV: BRD/AUST/ARD/NDR/ORF

Graf Petöfy (1884) (Roman) R: Mühl, Christa; DB: Habeck, Anne; FT: Franziska (1985); TV: DDR

Wanderungen durch die Mark Brandenburg (1882) (Erzählung) R: Itzenplitz, Eberhard; DB: Kliem, Peter; Pillau, Horst; FT: Wanderungen durch die Mark Brandenburg (5 Teile) (1986); TV: BRD/ARD/NDR/SFB

Forester, Cecil Scott (GB 1899–1966)

Payment Deferred (1926) (*Zahlungsaufschub* 1951) (Kriminalroman) R: Wirth, Franz Peter; DB: Wirth, Franz Peter; FT: Zahlungsaufschub (1962); TV: BRD/ARD/SDR

Forster, Friedrich (BRD 1895–1958)

Bergkristall: Ein weihnachtl. Spiel nach Adalbert Stifter (1954) (Schauspiel) R: Lippert, Albert; FT: Bergkristall (1954); TV: BRD/ARD/NWDR

Der Graue (1931) (Schauspiel) R: Umgelter, Fritz; DB: Umgelter, Fritz; FT: Der Graue (1955); TV: BRD/ARD/HR

Robinson soll nicht sterben (1932) (Schauspiel) R: Baky, Josef von; FT: Robinson soll nicht sterben (1957); KF: BRD

Robinson soll nicht sterben (1932) (Schauspiel) R: Wild, Franz Josef; FT: Robinson soll nicht sterben (1963); TV: BRD/ARD/BR

Forster, Thomas B. (DTL)

Das letzte Rezept (1935) (Schauspiel) R: Hansen, Rolf; DB: Beyer, Hans-Joachim; Yost, Tibor; FT: Das letzte Rezept (1951); KF: BRD

Forsyth, Frederick (GB 1938–)

The O.D.E.S.S.A. File (1972) (Roman) R: Neame, Ronald; DB: Markstein, George; Ross, Kenneth; FT: Die Akte Odessa (1974); KF: BRD/GB

Forte, Dieter (BRD 1935–)

Gesundheit! (1979) (Schauspiel) R: Patzak, Peter; FT: Gesundheit! (1979); TV: BRD/ARD/SWF

Foster, Harold R. (USA 1892–)

Prince Valiant in the Days of King Arthur (1951) (*Prinz Eisenherz* 1955) (Comic) R: Hickox, Anthony; DB: Frost Beckner, Michael; Hickox, Anthony; Lorenz, Carsten; FT: Prinz Eisenherz (1996); KF: BRD/GB/IRL/Constantin/Babelsberg/Lakeshore/Hearts/Legacy/Celtridge

Foster, Paul (USA 1931–)

The Hessian Corporal (1967) (Schauspiel) R: Cramer, Heinz von; FT: Der hessische Korporal (1972); TV: BRD/ARD/SFB

France, Anatole (= Thibault, Jacques-Anatole) (FR 1844–1924)

L'affaire Crainquebille (1901) (Erzählung) R: Kissel, Helmut; DB: Kissel, Helmut; FT: Der Alte aus der Tomatengasse (1982); TV: BRD/ARD/SWF

Francke, Peter (AUST)

Gottes Engel sind überall (1947) (Roman) R: Thimig, Hans; DB: Francke, Peter; Heuser, Kurt; FT: Gottes Engel sind überall (1947); KF: AUST

In Hamburg sind die Nächte lang (Roman) R: Michel, Max; DB: Francke, Peter; FT: In Hamburg sind die Nächte lang (1955); KF: BRD

Frank, Bruno (DTL 1887–1945)

Sturm im Wasserglas (1930) (Komödie) R: Purukker, Willy; FT: Sturm im Wasserglas (1955); TV: BRD/ARD/BR

Zwölftausend (1927) (Schauspiel) R: Umgelter, Fritz; DB: Umgelter, Fritz; FT: Zwölftausend (1956); TV: BRD/ARD/BR

Sturm im Wasserglas (1930) (Komödie) R: Baky, Josef von; DB: Rezzori, Gregor von; FT: Sturm im Wasserglas (1960); KF: BRD/Filmaufbau

Perlenkomödie (1928) (Komödie) R: Umgelter, Fritz; FT: Perlenkomödie (1966); TV: BRD/ARD/BR

Sturm im Wasserglas (1930) (Komödie) R: Grädler, Theodor; FT: Sturm im Wasserglas (1969); TV: BRD/ARD/BR

Trenck (1926) (Roman) R: Umgelter, Fritz; DB: Ahlsen, Leopold; FT: Merkwürdige Lebensgeschichte des Friedrich Freiherrn von der Trenck (1972); TV: AUST/BRD/FR/IT/ORF/ZDF/FR2/RAI

Sturm im Wasserglas (1930) (Komödie) R: Graf, Rüdiger; FT: Sturm im Wasserglas (1990); TV: BRD/ARD/BR

Frank, Christopher (FR 1942–1993)

La nuit américaine (1972) (*Nachtblende* 1973) (Roman) R: Zulawski, Andrzej; DB: Frank, Christopher; Zulawski, Andrzej; FT: Nachtblende (1974); KF: BRD/FR/IT

Frank, Leo (= Maier, Frank Leo) (AUST 1925–)

Nachtstreife (1983) (Kriminalroman) R: Bauer, Jochen; DB: Frank, Leo; FT: Nachtstreife (1985); TV: AUST/BRD/ORF/ARD

Das Archiv (1978) (Kriminalroman) R: Bauer, Jochen; DB: Frank, Leo; FT: Das Archiv (1986); TV: AUST/ORF

Frank, Leonhard (BRD 1882–1961)

Michaels Rückkehr (1957) (Erzählung) R: Ballmann, Herbert; DB: Ballmann, Herbert; FT: Der Prozeß wird vertagt (1958); KF: DDR/DEFA

Die Jünger Jesu (1949) (Roman) R: Hasler, Joachim; FT: Chronik eines Mordes (1965); KF: DDR/DEFA

Deutsche Novelle (1954) (Roman) R: Döpke, Oswald; DB: Pauker, Peter; FT: Deutsche Novelle (1972); TV: BRD/ZDF

Die Ursache (1916) (Erzählung) R: Kramer, Jurij; FT: Der Mörder (1976); TV: DDR

Das Ochsenfurter Männerquartett (1927) (Roman) R: Verhoeven, Michael; FT: Das Männerquartett (1977); TV: BRD/ZDF

Das Ochsenfurter Männerquartett (1927) (Roman) R: Kramer, Jurij; FT: Ende vom Lied (1979); TV: DDR

Die Ursache (1916) (Erzählung) R: Verhoeven, Michael; DB: Verhoeven, Michael; FT: Die Ursache (1980); TV: BRD/ZDF

Karl und Anna (1927) (Roman) R: Simon, Rainer; DB: Simon, Rainer; FT: Die Frau und der Fremde (1984); KF: DDR/DEFA

Frank, Martin (CH)

Ter Fögi ische Souhung (1998) (Roman) R: Gisler, Marcel; DB: Gisler, Marcel; Nadler, Rudolf; FT: Der Traum vom schlafenden Hund (1998); TV: CH/FR/Vega/Arena/Avventura/SF DRS/Kanal Plus/ARD/WDR/Teleclub

Frank, Wolfgang (BRD 1909–)

Der Stier von Scapa Flow: Leben und Taten des U-Boot-Kommandanten Günther Prien (1958) (Roman) R: Reinl, Harald; DB: Bartsch, J. Joachim; FT: U 47-Kapitänleutnant Prien (1958); KF: BRD/Arca-Filmproduktion GmbH

Franke, Herbert W. (AUST 1927–)

Der Atem (Erzählung) R: Schilling, Niklaus; DB: Klein, Gad; Schilling, Niklaus; FT: Der Atem (1989); KF: BRD/CH/AUST/Visual-Hans-Jürgen Seybusch Ges./BR Xanadu/DRS/ORF

Franken, Rose (BRD 1895–1988)

Claudia (1938) (Schauspiel) R: Reichert, Franz; FT: Claudia (1960); TV: BRD/ARD/NWRV

Franz, Carl (DTL)

Der Postraub in der Subach (1825) (Chronik) R: Schlöndorff, Volker; DB: Schlöndorff, Volker; FT: Der plötzliche Reichtum der armen Leute von Kombach (1971); KF: BRD/Hallelujah-Film/ARD/HR

Franzos, Karl Emil (DTL 1848–1904)

(Erzählung) R: Proll, Jens-Peter; FT: 15 Schritte Distanz (1975); TV: DDR

Fraser, Georg (= Zeiz, August Hermann) (DTL)

Ein anständiger Mensch (1950) (Komödie) R: Ode, Erik; DB: Fraser, George; Gillmann, Karl Peter; Schwabach, Kurt; FT: Skandal in der Botschaft (1950); KF: BRD

Frede, Richard (GB 1934–)

The Boy, the Devil and Divorce (1993) (*Nicht ohne meine Eltern* 1996) (Roman) R: Castelberg, Christian von; DB: Piper, Henriette; FT: Nicht ohne meine Eltern (1998); TV: BRD/Objectiv Film/ZDF

Fredersdorf, Herbert B. (BRD 1899–1971)

(Erzählung) R: Martin, Paul; DB: Backhaus, Helmuth M.; Flatow, Curth; FT: Ich zähle täglich meine Sorgen (1960); KF: BRD

Freeling, Nicolas (GB 1927–)

Gun Before Butter (1963) (Kriminalroman) R: Zadek, Peter; DB: Müller, Robert; Zadek, Peter; FT: Van der Valk und das Mädchen (1972); TV: BRD/Iduna/ARD/WDR

Love in Amsterdam (1962) (Erzählung) R: Petersen, Wolfgang; DB: Müller, Robert; FT: Van der Valk und die Reichen (1973); TV: BRD/AUST/ARD/WDR/ORF

(*Van der Valk und die Toten*) (Kriminalroman) R: Cravenne, Marcel; DB: Müller, Robert; FT: Van der Valk und die Toten (1975); TV: BRD/AUST/ARD/WDR/ORF

Freeman, David (USA 1941–)

A Bedfull of Foreigners (1976) (*Ein Bett voller Gäste* 1976) (Schauspiel) R: Fuchs, Herbert; FT: Ein Bett voller Gäste (1979); TV: AUST/CH/BRD/ORF/DRS/ZDF

Fremlin, Celia (= Goller, Celia Margaret) (GB 1914–)

Possession (1969) (*Klimax oder außerordentliches Beispiel von Mutterliebe* 1972) (Roman) R: Gremm, Wolf; DB: Gremm, Wolf; FT: Tödliche Liebe (1986); TV: BRD/ZDF

Appointment with Yesterday (1972) (*Begegnung mit der Vergangenheit* 1976) (> Rendezvous mit Gestern (1988)) (Roman) R: Gremm, Wolf; FT: Im Schatten der Angst (1988); TV: BRD/ZDF

The Spider Orchid (1977) (*Die Spinnenorchidee* 1988) (Kriminalroman) R: Gremm, Wolf; DB: Gremm, Wolf; FT: Klippen des Todes (1993); TV: BRD/Regina Ziegler Filmprod.

The Hours Before Dawn (1958) (*Die Stunden vor Morgengrauen* 1987) (Kriminalroman) R: Gremm, Wolf; DB: Gremm, Wolf; FT: Die Stunden vor dem Morgengrauen (1996); TV: BRD/Regina Ziegler Filmprod./ZDF

Frenkel, Frank Dimitri (NL)

(*Spiegel*) (Schauspiel) R: Malzacher, Gig; FT: Spiegel (1980); TV: BRD/ARD/SWF

Freund, Philip (USA 1909–)

The Pursuit of Dr. Plummer (Kriminalstück) R: Semmelroth, Wilhelm; DB: Semmelroth, Wilhelm; FT: Eine Tote soll ermordet werden (1972); TV: BRD/ARD/WDR

Freyhofer, Christian (BRD)

Adieu, Prinzessin (Roman) R: Hess, Joachim; FT: Adieu, Prinzessin (3 Teile) (1961); TV: BRD/ARD/NWRV

Freytag, Gustav (DTL 1816–1895)
Die Journalisten (1854) (Schauspiel) R: Umgelter, Fritz; DB: Umgelter, Fritz; FT: Die Journalisten (1961); TV: BRD/ARD/BR

Frick, Hans Joe (BRD 1930–)
Mulligans Rückkehr (1972) (Roman) R: Käutner, Helmut; FT: Mulligans Rückkehr (1978); TV: BRD/ZDF
Die blaue Stunde (1977) (Roman) R: Frick, Hans; FT: Hans - ein Junge in Deutschland (1985); TV: BRD/ARD/HR

Fried, Amelie (BRD)
Traumfrau mit Nebenwirkungen (1996) (Roman) R: Freundner, Thomas; DB: Fried, Amelie; Probst, Peter; FT: Traumfrau mit Nebenwirkungen (1998); TV: BRD/Bavaria/ZDF
Am Anfang war der Seitensprung (1998) (Roman) R: Griesmayr, Hartmut; DB: Probst, Peter; FT: Am Anfang war der Seitensprung (1999); TV: BRD/Veith von Fürstenberg/Bavaria/ARD

Friedrich, Herbert (DDR 1926–)
Assad und die brennenden Steine (1961) (Kindererzählung) R: Büchner, Norbert; DB: Friedrich, Herbert; FT: Assad (1970); TV: DDR

Friedrichs, Horst (BRD 1943–)
Liebling Kreuzberg: Der Verbieter (1997) (Kriminalroman) (Roman zur Serie) R: Loebner, Vera; Masten, Werner; Schirk, Heinz; DB: Becker, Jurek; FT: Liebling Kreuzberg (1986-); TV: BRD/Novafilm Fernsehproduktion/ARD/SFB
Liebling Kreuzberg - Der Bauch eines Richters (1997) (Kriminalroman) (Roman zur Serie) R: Loebner, Vera; Masten, Werner; Schirk, Heinz; DB: Becker, Jurek; FT: Liebling Kreuzberg (1986-); TV: BRD/Novafilm Fernsehproduktion/ARD/SFB
Liebling Kreuzberg - Die Sache Anja Clemens (1998) (Kriminalroman) (Roman zur Serie) R: Loebner, Vera; Masten, Werner; Schirk, Heinz; DB: Becker, Jurek; FT: Liebling Kreuzberg (1986-); TV: BRD/Novafilm Fernsehproduktion/ARD/SFB
Wolffs Revier: Russisches Roulette (Bd. 1) (1998) (Kriminalroman) (Romane zur Serie) R: Adam, Peter; Bohn, Ralph; Fratzscher, Peter; Hofmann, Ilse; Lähn, Michael; Mackenroth, Michael; Prietzel, Claudia; Stelzer, Manfred; Stephan, Bernhard; Wiegand, Christine; FT: Wolffs Revier (1993-); TV: BRD/Sat1
Flotter Dreier (1996) (Roman) (Roman zur Serie) DB: Mattner, Christoph; FT: Ein flotter Dreier (1996); TV: BRD
Alphateam: blutiges Geld (1998) (Roman) (Roman zur Serie) R: Delbridge, John; Erhardt, Gero; Kabisch, Christine; Monk, Sebastian; Schultze, Norbert; DB: Friedrichs, Horst; FT: Alphateam - Die Lebensretter im OP (1997); TV: BRD/Sat1
Cascadeur: die Jagd nach dem Bernsteinzimmer (1998) (Kriminalroman) (Roman zum Film) R: Martins, Hardy; DB: Kossmann, Uwe; Wilhelm, Uwe; FT: Cascadeur: die Jagd nach dem Bernsteinzimmer (1998); TV: BRD/Cascadeur Filmproduktion GmbH/FIMA Filmproduktion GmbH/Pro7
Sylvia - eine Klasse für sich (1998) (Roman) (Roman zur Serie) R: Keusch, Erwin; Kranz, Heidi; DB: Friedrichs, Horst; FT: Sylvia - eine Klasse für sich (1998); TV: BRD/Sat1
Stan Becker - echte Freunde (1999) (Roman) (Roman zur Serie) R: Heidelbach, Kaspar; DB: Kluger, Martin; FT: Stan Becker - echte Freunde (1999); TV: BRD/Sat1
Südsee - eigene Insel (1999) (Roman) (Roman zum Film) R: Bahmann, Thomas; DB: Bahmann, Thomas; Thurner, Hans; FT: Südsee - eigene Insel (1999); KF: BRD/Indigo Film/Senator Film Produktion GmbH/Sat1/Traumwerk

Friel, Brian (IRL 1929–)
Philadelphia, here I come! (1965) (*Ich komme, Philadelphia* 1981) (Schauspiel) R: Fruchtmann, Karl; FT: Philadelphia, ich bin da! (1967); TV: BRD/ARD/RB

Fries, Fritz Rudolf (DDR, BRD 1935–)
Das Luftschiff (1974) (Roman) R: Simon, Rainer; DB: Fries, Fritz Rudolf; Simon, Rainer; FT: Das Luftschiff (1983); KF: DDR/DEFA

Frings, Ketti (USA 1909–1981) & **Wolfe, Thomas** (USA 1900–1938)
Look Homeward, Angel (1929) (*Schau heimwärts, Engel* 1932) (Schauspiel/Roman) (Roman von Thomas Wolfe 1929; Schauspiel von Ketti Frings 1958) R: Olden, John; DB: Olden, John; FT: Schau heimwärts, Engel (1961); TV: BRD/ARD/NDR

Frisch, Max (CH 1911–1991)
Rip van Winkle (1953) (Hörspiel) (erscheint in Stiller) DB: Kozuszek, Götz; FT: Zum Freispruch verurteilt (1954); TV: BRD/ARD/NWDR Hamburg
Die chinesische Mauer (1947) (Schauspiel) (Neufassung 1955) R: Cremer, Ludwig; DB: Cremer, Ludwig; FT: Die chinesische Mauer (1958); TV: BRD/ARD/SWF

Die große Wut des Philipp Hotz (1958) (Komödie) R: Verhoeven, Paul; DB: Verhoeven, Paul; FT: Die große Wut des Philipp Hotz (1960); TV: BRD/ARD/SDR

Santa Cruz (1947) (Schauspiel) R: Moszkowicz, Imo; FT: Santa Cruz (1961); TV: BRD/ARD/WDR

Herr Biedermann und die Brandstifter (1958) (Schauspiel) R: Matiasek, Helmuth; DB: Matiasek, Helmuth; FT: Biedermann und die Brandstifter (1963); TV: AUST/ORF

Die chinesische Mauer (1947) (Schauspiel) (Neufassung 1955) R: Lietzau, Hans; FT: Die chinesische Mauer (1965); TV: BRD/ARD/SWF

Don Juan oder Die Liebe zur Geometrie (1953) (Komödie) R: Kehlmann, Michael; FT: Don Juan oder Die Liebe zur Geometrie (1965); TV: BRD/ARD/BR

Nun singen sie wieder (1946) (Schauspiel) R: Umgelter, Fritz; DB: Umgelter, Fritz; FT: Nun singen sie wieder (1965); TV: BRD/ARD/SDR

Herr Biedermann und die Brandstifter (1958) (Schauspiel) R: Wolffhardt, Rainer; DB: Frisch, Max; FT: Biedermann und die Brandstifter. Ein Lehrstück ohne Lehre (1967); TV: BRD/ARD/RB

Graf Öderland (1951) (Schauspiel) (Neufassung 1961) R: Hädrich, Rolf; DB: Hädrich, Rolf; FT: Graf Öderland (1968); TV: BRD/ARD/HR

Biografie. Ein Spiel (1967) (Schauspiel) R: Hädrich, Rolf; DB: Frisch, Max; Hädrich, Rolf; FT: Biografie. Ein Spiel (1970); TV: BRD/ARD/HR

Skizze eines Unglücks (1972) (Tagebuch) (aus dem Tagebuch 1966-1971) R: Radanowicz, Georg; DB: Janett, Georg; Radanowicz, Georg; FT: Das Unglück (1976); TV: BRD/CH/ARD/NDR/DRS

Andorra (1962) (Schauspiel) R: Ammann, Max Peter; FT: Andorra (1980); TV: CH/DRS

Montauk (1980) (Erzählung) R: Dindo, Richard; DB: Dindo, Richard; FT: Max Frisch, Journal I-III (1981); KF: CH/BRD/AUSTR/Saga/DRS/ARD/NDR/ORF

Blaubart (1982) (Erzählung) R: Zanussi, Krzysztof; DB: Zanussi, Krzysztof; FT: Blaubart (1984); TV: BRD/CH/ARD/WDR/DRS

Tagebuch 1966-1971 (1972) (Tagebuch) (Szenen) R: Bechert, Hilde; FT: Skizze eines Unglücks (1985); TV: BRD/ARD/BR

Homo Faber (1957) (Roman) R: Schlöndorff, Volker; DB: Schlöndorff, Volker; Wurlitzer, Rudi; FT: Homo Faber (1990); KF: BRD/FR/GR/Bioskop/Stefi 2/Action Films

Mein Name sei Gantenbein (1964) (Roman) R: Bechert, Hilde; DB: Bechert, Hilde; Dexel, Klaus; FT: Zürich Transit (1992); TV: CH/BRD/AUST/Bechert und Dexel Film/SRG/ARD/BR/ORF

Der Mensch erscheint im Holozän (1979) (Erzählung) R: Bütler, Heinz; Eicher, Manfred; DB: Bütler, Heinz; Eicher, Manfred; FT: Holozän (1993); TV: CH/ECM/George Reinhart Productions/Televisione Svizzera Italiana (TSI)

Frischmuth, Barbara (AUST 1941–)

Baum des vergessenen Hundes (Erzählung) R: Eckl, C. Rainer; FT: Baum des vergessenen Hundes (1976); TV: AUST/ORF

Otter (Erzählung) R: Hawlik, Alois; FT: Otter (1985); TV: AUST/ORF

Fritsch, Gerhard (AUST 1924–1969)

Moos auf den Steinen (1956) (Roman) R: Lhotsky, Georg; DB: Lhotsky, Georg; FT: Moos auf den Steinen (1968); KF: AUST/West-Film

(Texte) R: Weck, Peter; DB: Rittig, Kurt; Rosendorfer, Herbert; FT: Vor Gericht seh'n wir uns wieder (2 Teile) (1978); TV: AUST/ORF2

Frost, Rex (GB)

Small Hotel (1956) (*Das kleine Hotel*) (Komödie) R: Hauff, Eberhard; FT: Das kleine Hotel (1981); TV: BRD/ZDF

Fruchtmann, Karl (BRD 1915–)

Plötzlich (1961) (Schauspiel) R: Fruchtmann, Karl; DB: Fruchtmann, Karl; FT: Plötzlich (1970); TV: BRD/ARD/RB

Früh, Kurt (CH 1915–1979)

In allen Gassen wohnt das Glück (Erzählung) R: Früh, Kurt; DB: Früh, Kurt; Streuli, Schaggi; FT: In allen Gassen wohnt das Glück (1956); KF: BRD

Fry, Christopher (GB 1907–)

A Phoenix Too Frequent (1946) (*Ein Phönix zuviel* 1954) (Komödie) R: Umgelter, Fritz; DB: Umgelter, Fritz; FT: Ein Phönix zuviel (1955); TV: BRD/ARD/HR

The Lady's Not For Burning (1949) (*Die Dame ist nicht fürs Feuer* 1950) (Komödie) R: Rothe, Edward; FT: Die Dame ist nicht fürs Feuer (1960); TV: BRD/ARD/BR

Venus Observed (1950) (*Venus im Licht* 1951) (Komödie) R: Beauvais, Peter; FT: Venus im Licht (1960); TV: BRD/ARD/SFB

The Dark is Light Enough (1954) (*Das Dunkel ist Licht genug* 1955) (Komödie) R: Wolffhardt, Rainer; DB: Strübel, Gustav; Wolffhardt, Gustav; FT: Das Dunkel ist Licht genug (1963); TV: BRD/ARD/SDR

A Phoenix Too Frequent (1946) (*Ein Phönix zuviel* 1954) (Komödie) R: Bommert, Günter; FT: Ein Phönix zuviel (1963); TV: BRD/ARD/RB

Fuger, Berry (BRD)

Gute Zeiten - Schlechte Zeiten (3 Bde.) (1993) (Roman) (Roman zur Serie) R: Distl, Geral; Klimke, Klaus; Knöpfel, Dagmar; Kossack, Joachim; Neumann, Jurij; Onneken, Edzard; Schäfer, Johannes; Schels, Evelyn; Senn, Andreas; Weber Jürgen; Willbrandt, Jörg; Zeller, Ariane; Zimmermann, Peter; Zschiechow, Michaela; DB: Watson, Reg; FT: Gute Zeiten - Schlechte Zeiten (1992-); TV: BRD/Grundy UFA TV Produktions GmbH/RTL

Die Drei: Machtspiele (1996) (Kriminalroman) (Roman zur Serie) R: Bohn, Ralph; Carow, Heiner; Klein, Dietmar; Lähn, Michael; Stephan, Bernhard; FT: Die Drei (1996); TV: BRD/Nostro Film/Sat1

Mobbing Girls: vier gegen den Rest der Firma (1998) (Roman) (Roman zur Serie) FT: Mobbing Girls (1998); TV: BRD/ARD

Fühmann, Franz (DDR 1922–1984)

Kameraden (1955) (Roman) R: Jung-Alsen, Kurt; DB: Bortfeldt, Kurt; FT: Betrogen bis zum jüngsten Tag (1957); KF: DDR/DEFA

Das schlimme Jahr (1963) (Erzählung) R: Kirsten, Ralf; DB: Freitag, Manfred; Kirsten, Ralf; Nestler, Joachim; FT: Der verlorene Engel (Ein Tag im Leben des Bildhauers Ernst Barlach) (1971); KF: DDR/DEFA

König Ödipus (1966) (Roman) R: Jung-Alsen, Kurt; DB: Fühmann, Franz; Jung-Alsen, Kurt; FT: Das Geheimnis des Ödipus (1974); TV: DDR

König Ödipus (1966) (Roman) R: Simon, Rainer; DB: Simon, Rainer; FT: Der Fall Ö. (1990); KF: DDR/GR/CSR/FR/DEFA/TORO-Film/ZDF/Maxcapita/Filmove Studio Barrandov

Funt, Julian (USA)

The Magic and the Loss (1954) (Schauspiel) R: Völger, Werner; FT: Jeder lebt allein (1957); TV: BRD/ARD/NWRV

Fussenegger, Gertrud (AUST 1912–)

Die Mohrenlegende (1937) (Erzählung) R: Friedel, Gernot; FT: Die Mohrenlegende (1984); TV: AUST/ORF

Pilatus (1979) (Schauspiel) R: Schwarzbach, Helmut; FT: Pilatus (1984); TV: AUST/ORF

G., Rita (BRD)

(Texte) R: Sanders-Brahms, Helma; DB: Sanders-Brahms, Helma; FT: Die Berührte (1981); KF: BRD/Helma Sanders Filmprod./Mainline

Gabbe, Tamara Grigorewna (SU)

(*Die Ringe aus Zinn*) (Schauspiel) R: Jessen, Uwe-Detlev; FT: Die Ringe aus Zinn (1979); TV: DDR

Gaboriau, Emile (FR 1835–1873)

La corde au cou (1873) (*Die tugendhafte Gräfin* 1968) (Roman) R: Semmelroth, Wilhelm; DB: Asmodi, Herbert; FT: Der Strick um den Hals (1974); TV: BRD/ARD/WDR

L'affaire Lerouge (1866) (Roman) R: Semmelroth, Wilhelm; DB: Asmodi, Herbert; FT: Die Affäre Lerouge (1976); TV: BRD/ARD/WDR

Gaines, Ernest J. (USA 1933–)

A Gathering of Old Men (1983) (*Ein Aufstand alter Männer* 1987) (Roman) R: Schlöndorff, Volker; DB: Fuller, Charles; FT: Ein Aufstand alter Männer (1987); TV: BRD/USA/Bioskop Film/ARD/HR/Consolidated Productions/Jennie & Co./Zenith

Galeano, Eduardo (URUG 1940–)

(Erzählung) R: Bechert, Hilde; FT: Die Liebenden von Zumpa (1984); TV: BRD/ARD/BR

Gallico, Paul William (USA 1897–1976)

Ludmilla (1955) (*Ludmilla* 1957) (Roman) R: Tressler, Georg; FT: Ein wunderbarer Sommer (1957); KF: BRD

Flowers for Mrs. Harris (1959) (*Ein Kleid von Dior* 1959) (Erzählung) R: Weck, Peter; FT: Ein Kleid von Dior (1982); TV: BRD/ARD/NDR

Mrs. Harris, M. P. (1965) (*Freund mit Rolls-Royce* 1969) (Roman) R: Tressler, Georg; DB: Willis, Ted; FT: Mrs. Harris - Freund mit Rolls Royce (1984); TV: BRD/ARD/NDR

Mrs. Harris Goes to New York (1960) (*Der geschmuggelte Henry* 1961) (Roman) R: Gottlieb, Franz Josef; DB: Gottlieb, Franz Josef; Willis, Ted; FT: Der geschmuggelte Henry (1987); TV: BRD/ARD/NDR

Mrs. Harris Goes to Moscow (1974) (*Mrs. Harris fliegt nach Moskau* 1976) (Roman) R: Gottlieb, Franz Josef; DB: Gottlieb, Franz Josef; Willis, Ted; FT: Mrs. Harris fährt nach Moskau (1987); TV: BRD/ARD/NDR

Mrs. Harris goes to Paris (1958) (Roman) R: Gottlieb, Franz Josef; DB: Willis, Ted; FT: Mrs. Harris fährt nach Monte Carlo (1989); TV: BRD/ARD/NDR

Flowers for Mrs. Harris (1958) (Roman) R: Gottlieb, Franz Josef; DB: Gottlieb, Franz Josef; FT: Mrs. Harris und der Heiratsschwindler (1991); TV: BRD

Galouye, Daniel F. (USA 1920–1976)

Simulacron-3 (1964) (*Welt am Draht* 1965) (Roman) R: Fassbinder, Rainer Werner; DB: Fassbinder, Rainer Werner; Müller-Scherz, Fritz; FT: Welt am Draht (1973); TV: BRD/ARD/WDR

Simulacron-3 (1964) (*Welt am Draht* 1965) (Roman) R: Rusnak, Josef; DB: Centeno-Rodriguez, Ravel; Rusnak, Josef; FT: Der 13. Stock (1999); KF: BRD/USA/Centropolis Film Productions

Galsworthy, John (GB 1867–1933)

The First and the Last (1927) (*Die Ersten und die Letzten* 1931) (Erzählung) R: Hansen, Rolf; DB: Huth, Jochen; FT: Die Letzten werden die Ersten sein (1956); KF: BRD/CCC Filmkunst GmbH

The Fugitive (1913) (*Flucht* 1914) (Schauspiel) R: Collande, Volker von; FT: Die Flucht (1962); TV: BRD/ARD/BR

A Family Man (1921) (*Der Familienvater* 1928) (Komödie) R: Wilhelm, Kurt; FT: Der Familienvater (1964); TV: BRD/ARD/BR

Ganghofer, Ludwig (DTL 1855–1920)

Der Geigenmacher von Mittenwald (1884) (Schauspiel) R: Schündler, Rudolf; DB: Ostermayr, Peter; FT: Der Geigenmacher von Mittenwald (1950); KF: BRD

Der Besondere. Hochlandgeschichte (1893) (Erzählung) R: Janssen, Walter; FT: Die Alm an der Grenze (1951); KF: BRD

Die Martinsklause (1894) (Roman) R: Häussler, Richard; FT: Die Martinsklause (1951); KF: BRD

Der Herrgottschnitzer vom Ammergau (1880) (Roman) R: Reinl, Harald; FT: Der Herrgottschnitzer vom Ammergau (1952); KF: BRD

Der Klosterjäger (1892) (Roman) R: Reinl, Harald; FT: Der Klosterjäger (1953); KF: BRD

Der Jäger von Fall (1883) (Roman) R: Weiss, Helmut; FT: Der Jäger von Fall (1954); KF: BRD

Schloß Hubertus (1895) (Roman) R: Weiss, Helmut; DB: Ostermayr, Peter; FT: Schloß Hubertus (1954); KF: BRD

Das Schweigen im Walde (1899) (Roman) R: Weiss, Helmut; DB: Ostermayr, Peter; Weiss, Helmut; FT: Das Schweigen im Walde (1955); KF: BRD/Peter Ostermayr Produktion

Der Edelweißkönig (1886) (Roman) R: Ucicky, Gustav; FT: Der Edelweißkönig (1957); KF: BRD

Die Trutze von Trutzberg.Eine Geschichte aus anno domini (1915) (Roman) R: Borsody, Eduard von; DB: Ostermayr, Peter; FT: Der Schäfer vom Trutzberg (1958); KF: BRD

Waldrausch (1908) (Roman) R: May, Paul; DB: Heuser, Kurt; FT: Waldrausch (1962); KF: AUST/Sascha Film

Schloß Hubertus (1895) (Roman) R: Reinl, Harald; DB: Zibaso, Werner P.; FT: Schloß Hubertus (1973); KF: BRD

Der Jäger von Fall (1883) (Roman) R: Reinl, Harald; FT: Der Jäger von Fall (1974); KF: BRD

Der Edelweißkönig (1886) (Roman) R: Vohrer, Alfred; FT: Der Edelweißkönig (1975); KF: BRD

Das Schweigen im Walde (1899) (Roman) R: Vohrer, Alfred; DB: Zibaso, Werner P.; FT: Das Schweigen im Walde (1976); KF: BRD

Waldrausch (1908) (Roman) R: Hächler, Horst; DB: Hächler, Horst; FT: Waldrausch (1977); KF: BRD

Der Ochsenkrieg (1914) (Roman) R: Rothemund, Sigi; DB: Combrink, Ivar; Dietl, Jaroslav; Rothemund, Sigi; FT: Der Ochsenkrieg (1986); TV: BRD/FR/CSR/AUST/Iduna Film/MR-Film/Slovensky Televisni/Progefi/ORF

Der Unfried (1888) (Roman) R: Wolffhardt, Rainer; DB: Hammann, Joachim; FT: Der Unfried (1986); KF: BRD

Gewitter im Mai (1904) (Erzählung) R: Schwarzenberger, Xaver; DB: Graser, Jörg; FT: Gewitter im Mai (1988); TV: BRD/ZDF

Der Mann im Salz (1906) (Roman) R: Wolffhardt, Rainer; DB: Hammann, Joachim; Wolffhardt, Rainer; FT: Der Mann im Salz (1989); TV: BRD/AUST/ZDF/ORF

Gansowski, Sewr S. (SU)

Vinsent van Gog (Erzählung) R: Seemann, Horst; FT: Besuch bei van Gogh (1985); KF: DDR/DEFA

García Lorca, Federico (ESP 1898–1936)
Amor de Don Perimplín con Belisa en su jardín (1933) (dt. 1954) (Schauspiel) R: Döpke, Oswald; FT: In seinem Garten liebt Don Perlimplin Belisa (1961); TV: BRD/ARD/RB
Bodas de sangre (1933) (dt. 1944) (Schauspiel) R: Döpke, Oswald; FT: Bluthochzeit (1962); TV: BRD/ARD/HR
Doña Rosita la soltera (1935) (dt. 1950) (Schauspiel) R: Müller, Hans-Reinhard; FT: Dona Rosita bleibt ledig oder Die Sprache der Blumen (1962); TV: BRD/ARD/BR
Mariana Piñeda (1928) (dt. 1954) (Schauspiel) R: Haaf, Wilm ten; FT: Mariana Piñeda (1965); TV: BRD/ARD/Telefilm Saar
Yerma (1935) (dt. 1953) (Schauspiel) R: Gyöngyössy, Imre; Kabay, Barna; DB: Gyöngyössy, Imre; Kabay, Barna; FT: Yerma (1984); KF: BRD/HU

Gardiner, Heather (USA)
(Kriminalroman) R: Itzenplitz, Eberhard; DB: Dreesen, Michael; Kubiak, Hannes-Karl; FT: Hotel der toten Gäste (1965); KF: BRD

Garfield, Leon (GB 1921–1996)
Jack Holborn (1964) (*Jack Holborn*) (Roman) R: Rothemund, Sigi; DB: Pfaue, Justus; Rothemund, Sigi; FT: Jack Holborn (1982); TV: BRD/ZDF

Garnier, Christine (FR 1915–)
Les héros sont fatigués (1953) (Erzählung) R: Ciampi, Yves; DB: Bost, Jacques Laurent; Ciampi, Yves; FT: Die Helden sind müde (1954); KF: BRD/FR

Gärtner, Pia (BRD)
First love - die grosse Liebe: Gefühle im Wind (1998) (Roman) (Roman zur Serie) R: Behrens, Gloria; Bielawa, Michel; Krawinkel, Lenard Fritz; Steurer, Matthias; Zeisberg, Karola; DB: Gärtner, Pia; FT: First love - die grosse Liebe (1997-98); TV: BRD/ZDF

Gary, Romain (FR 1914–1980)
Clair de femme (1977) (*Frauenlicht* 1979) (Roman) R: Costa-Gavras, Constantin; DB: Costa-Gavras, Constantin; Frank, Christopher; FT: Die Liebe einer Frau (1979); KF: BRD/FR/IT

Gassner, Jochen (AUST)
Der Gletscherclan: zwischen Liebe und Haß (1994) (Roman) R: Müllerschön, Nikolai; FT: Der Gletscherclan (1994); TV: AUST/Pro7

Gatti, Armand (FR 1924–)
La vie imaginaire de l'éboueur Auguste Geai (1961) (*Das imaginäre Leben des Straßenkehrers Auguste G.* 1963) (Schauspiel) R: Itzenplitz, Eberhard; FT: Das imaginäre Leben des Straßenkehrers Auguste G. (1968); TV: BRD/ARD/WDR

Gauglitz, Peter (DDR)
Mein lieber Alexander (Schauspiel) R: Hill, Peter; FT: Mein lieber Alexander (1984); TV: DDR

Gaulis, Louis (CH)
Capitaine Karagheuz. Chronique en un prologue, cinq tableaux et un épilogue (1967) (*Kapitän Karagöz*) (Schauspiel) R: Benesch, Harald; FT: Kapitän Karagöz (1963); TV: BRD/ARD/SWF

Gebhardt, Heiko (BRD)
Annas Mutter (1982) (Roman) R: Driest, Burkhard; DB: Driest, Burkhard; FT: Annas Mutter (1984); TV: BRD/CCC Filmkunst GmbH/G & J Film/Planet

Gébler, Ernest (IRL 1914–1998)
Shall I Eat You Now? (1969) (> Hoffman (1970)) (Erzählung) R: Moszkowicz, Imo; DB: Gébler, Ernest; FT: Zum Diktat, Miss Smith (1970); TV: BRD/ARD/SWF

Gehri, Alfred (CH 1895–1972)
Sixième étage (1937) (*Neues aus dem 6. Stock* 1950) (Komödie) R: Olden, John; FT: Neues aus dem sechsten Stock (1954); TV: BRD/ARD/NWDR
Sixième étage (1937) (*Neues aus dem 6. Stock* 1950) (Komödie) (Nach dem dritten Teil der Komödie) R: Olden, John; FT: Ende des sechsten Stocks (1955); TV: BRD/ARD/NWDR
Sixième étage (1937) (*Neues aus dem 6. Stock* 1950) (Komödie) R: Olden, John; FT: Im sechsten Stock (1959); TV: BRD/ARD/NWDR

Gehrke, Martha Maria (BRD 1917–1958)
Mörder ohne Mord (Erzählung) R: Fröhlich, Gustav; DB: Fröhlich, Gustav; FT: Die Lüge (1950); KF: BRD

Geiger, Franz (BRD 1921–)
Unruhiger Sommer oder das Poetische der Utopie (1975) (Komödie) R: Graf, Rüdiger; DB: Geiger, Franz; Graf, Rüdiger; FT: Ein unruhiger Sommer (1980); TV: BRD/ARD/BR

Geissler, Christian (BRD 1928–)
Anfrage (1960) (Roman) R: Dahlberg, Hannes; DB: Geissler, Christian; FT: Anfrage (1961); TV: BRD/ARD/NDR

Ende der Anfrage (1967) (< Dokumentarbericht) (> Hörspiel) (Essay) R: Bellag, Lothar; DB: Seeger, Bernhard; FT: Ende der Anfrage (1966); TV: DDR

Geissler, Horst Wolfram (BRD 1893–1983)

Der liebe Augustin (1921) (Roman) R: Thiele, Rolf; FT: Der liebe Augustin (1959); KF: BRD

Geneé, Richard (AUST 1823–1895) & **Haffner, Carl** (AUST 1804–1874) & **Strauß, Johann** (AUST 1825–1899)

Die Fledermaus (1874) (Operette) (Libretto von Haffner und Geneé) R: Bolváry, Géza von; DB: Marischka, Ernst; FT: Die Fledermaus (1946); KF: DTL

Die Fledermaus (1874) (Operette) (Libretto von Haffner und Geneé) R: Fiedler, E.(rnst) W.(ilhelm); DB: Fiedler, E.(rnst) W.(ilhelm); FT: Die Fledermaus. Rauschende Melodien (1955); KF: DDR/DEFA

Die Fledermaus (1874) (Operette) (Libretto von Haffner und Geneé) R: Powell, Michael; Pressburger, Emeric; FT: Oh, Rosalinda (1955); KF: BRD/GB

Die Fledermaus (1874) (Operette) (Libretto von Haffner und Geneé) R: Cziffra, Géza von; DB: Cziffra, Géza von; FT: Die Fledermaus (1961); KF: AUST/Casino Films/Sascha Film

Die Fledermaus (1874) (Operette) (Libretto von Haffner und Geneé) R: Schenk, Otto; DB: Schenk, Otto; Weiser, Peter; FT: Die Fledermaus (1988); TV: AUST/ORF2

Geneé, Richard (AUST 1823–1895) & **Millöcker, Karl** (AUST 1842–1899) & **Zell, F.** (AUST 1829–1895)

Der Bettelstudent (1882) (Operette) (Libretto von Geneé und Zell) R: Müller, Hans; DB: Kuhnert, Arthur A.; FT: Mazurka der Liebe (1957); TV: DDR/DEFA

Geneé, Richard (AUST 1823–1895) & **Strauß, Johann** (AUST 1825–1899) & **Zell, F.** (AUST 1829–1895)

Eine Nacht in Venedig (1883) (Operette) (Libretto von Zell und Geneé) R: Wildhagen, Georg; DB: Österreicher, Rudolf; FT: Eine Nacht in Venedig (1953); KF: AUST/Nova Film/Wien-Film

Genet, Jean (FR 1910–1986)

Les bonnes (1957) (*Die Zofen* 1957) (Schauspiel) R: Engel, Thomas; FT: Die Zofen (1964); TV: BRD/ARD/HR

Querelle de Brest (1953) (*Querelle* 1955) (Roman) R: Fassbinder, Rainer Werner; DB: Driest, Burkhard; Fassbinder, Rainer Werner; FT: Querelle (1982); KF: BRD/FR/Planet/Albatros/Gaumont

Gercke, Doris (BRD 1957–)

(Kriminalroman) (Motive aus Romanen) R: Färberböck, Max; DB: Färberböck, Max; Weber, Walter; FT: Bella Block - Die Kommissarin (1993); TV: BRD/AUST/ZDF/Arbor TV Filmprod. GmbH/Arte/ORF

Kinderkorn (1991) (Kriminalroman) R: Imboden, Markus; DB: Weber, Walter; FT: Bella Block - Tod eines Mädchens (1997); TV: BRD/ZDF

Ein Fall mit Liebe: ein Bella-Block-Roman (1994) (Kriminalroman) R: Horman, Sherry; DB: Albers, Michael; Horman, Sherry; Wörner, Natalia; FT: Bella Block - Blinde Liebe (1999); TV: BRD/Objectiv Film/ZDF

Gergely, Sandor (HU 1896–1966)

(*Der Fall Eszterag*) (Schauspiel) R: Lewitt, Paul; DB: Lewitt, Paul; FT: Paul Eszterag schweigt (1959); TV: DDR

Gerisch, Klaus (DDR)

Das Mädchen vom Plakat (1983) (Roman) (Szenen aus dem Roman) R: Unger, Michael; FT: Das Mädchen vom Plakat (1984); TV: DDR

Gerlach, Harald (DDR, BRD 1940–)

Das Graupenhaus (1976) (Erzählung) R: Werner, Hans; FT: Das Graupenschloss (1982); TV: DDR

Gerstäcker, Friedrich (DTL 1816–1872)

Die Flußpiraten des Mississippi (1848) (Roman) R: Roland, Jürgen; FT: Die Flußpiraten vom Mississippi (1963); KF: BRD

Die Regulatoren in Arkansas (1845) (Roman) R: Martin, Paul; DB: Berg, Alex (= Reinecker, Herbert); Zibaso, Werner P.; FT: Die Goldsucher von Arkansas (1964); KF: BRD/IT/FR

Gfeller, Alex (CH 1947–)

Land und Leute (1980) (Erzählung) R: Klopfenstein, Clemens; Legnazzi, Remo; DB: Klopfenstein, Clemens; Legnazzi, Remo; FT: Eine Nachtlang Feuerland (E Nachtlang Füürland) (1981); KF: CH/Ombra-Film

Ghéon, Henri (FR 1875–1944)

Le Noel sur la place ou Les enfances de Jesus (1935) (*Weihnachten auf dem Marktplatz* 1955) (Schauspiel) R: Schwarz, Heinz Wilhelm; FT: Weihnachten auf dem Marktplatz (1961); TV: BRD/ARD/WDR

Gheorghiu, Constantin Virgil (RU 1916–1992)

La seconde chance (1952) (*Die zweite Chance* 1957) (Roman) R: Geissendörfer, Hans W.; DB: Edel, Ulrich; Eichinger, Bernd; Geissendörfer, Hans W.; FT: Perahim - die zweite Chance (1974); KF: BRD

Giacosa, Giacomo (IT 1858–1924) & **Illica, Luigi** (IT 1857–1919) & **Puccini, Giacomo** (IT 1858–1924)
La Bohème (1896) (Oper) (Libretto von Giacosa und Illica) R: Semmelroth, Wilhelm; DB: Semmelroth, Wilhelm; FT: La Bohème (1965); KF: CH
Giannini, Guiglielmo (IT 1891–1960)
(Kriminalkomödie) R: Schwarz, Heinz Wilhelm; FT: Hunderttausend Dollar Belohnung (1961); TV: BRD/ARD/WDR
Gier, Kerstin (BRD)
Männer und andere Katastrophen (1996) (Roman) R: Baumann, Ulli; DB: Oesterlin, Kerstin; Schellak, Jessica; FT: Männer und andere Katastrophen (1998); TV: BRD/ARD
Gies, Karl-Heinz (BRD)
Der Schluckauf (< Jugenderzählung) (Jugendhörspiel) R: Koch, Reinhard; DB: Martin, Hansjörg; FT: Der Schluckauf (1981); TV: BRD/ARD/HR
Giesen, Rolf (BRD)
Alle meine Töchter (1997) (Roman) (Roman zur Serie) R: Hübner, Wolfgang; Wicker, Wigbert; DB: Giesen, Rolf; FT: Alle meine Töchter (1995); TV: BRD/Neue Deutsche Film GmbH (NDF)
Gilbert, Robert (BRD 1899–)
Das Lied ist aus (Roman) R: Engel, Erich; DB: Engel, Erich; Stemmle, Robert A.; FT: Unter den tausend Laternen (1951/52); KF: BRD
Gilroy, Frank Daniel (USA 1925–)
(Schauspiel) R: Spier, Wolfgang; FT: Windhund und Seehund (1958); TV: BRD/ARD/NWRV Hamburg
Giltène, Jean (FR 1913–) & **Joffé, Alex (= Joffe, Alexandre)** (FR 1918–)
Florence et le dentiste (1952) (Komödie) R: Graf, Rüdiger; FT: Florence und der Zahnarzt (1962); TV: BRD/ARD/BR
Giménez-Arnau, José Antonio (ESP 1912–)
Murió hace quinze años (1953) (Schauspiel) R: Collande, Volker von; FT: Er starb vor 15 Jahren (1956); TV: BRD/ARD/NWRV
Ginsbury, Norman (GB)
The First Gentleman (1940) (*Der Mann nebenan* 1963) (Schauspiel) R: Rilla, Walter; FT: Der Mann nebenan (1964); TV: BRD/ARD/SWF
Giono, Jean (FR 1895–1970)
L'homme qui plantait des arbres (1937) (*Der Mann, der die Bäume pflanzte* 1937) (Erzählung) R: Kubny, Werner; DB: Kubny, Werner; FT: Der Mann mit den Bäumen (1989); KF: BRD/Kubny Filmprod./ARD/WDR
Giordano, Mario (BRD 1963–)
Karakum (1993) (Erzählung) R: Aghte, Arend; DB: Aghte, Arend; Saparov, Uzmaan; FT: Karakum (1997); KF: BRD
Der aus den Docks (1997) (Jugendroman) R: Zeuschner, Mirko; DB: Kraemer, Donald; Schadewald, Bernd; FT: Der Hund aus der Elbe (1998); TV: BRD/ZDF/Der Kinderkanal
Giordano, Ralph (BRD 1923–)
Die Bertinis (1982) (Roman) R: Monk, Egon; DB: Monk, Egon; FT: Die Bertinis (5 Teile) (1988); TV: BRD/AUST/CH/ZDF/ORF/SRG
Giraudoux, Jean (FR 1882–1944)
Siegfried et le limousin (1922) (*Siegfried oder Die zwei Leben des Jacques Forestier* 1962) (Roman) R: Vicas, Victor; DB: Gendel, Frederic; Werner, Dieter; FT: Das zweite Leben (1954); KF: BRD/FR
Ondine (1939) (*Undine* 1946) (Schauspiel) R: Berger, Ludwig; DB: Berger, Ludwig; FT: Undine (1955); TV: BRD/ARD/SWF
La guerre de Troie n'aura pas lieu (1935) (*Kein Krieg in Troja* 1936) (> Der Trojanische Krieg findet nicht statt (1959)) (Schauspiel) R: Sellner, Gustav Rudolf; DB: Sellner, Gustav Rudolf; FT: Der Trojanische Krieg findet nicht statt (1957); TV: BRD/ARD/SWF
La folle de Chaillot (1945) (*Die Irre von Chaillot* 1950) (Schauspiel) R: Buckwitz, Harry; DB: Buckwitz, Harry; FT: Die Irre von Chaillot (1960); TV: BRD/ARD/HR
Amphitryon 38 (1929) (*Amphitryon 38* 1931) (Schauspiel) R: Haugk, Dietrich; FT: Amphitryon 38 (1963); TV: BRD/ARD/WDR
L'Appolon du Bellac (1942) (*Der Apollo von Bellac* 1952) (Schauspiel) R: Erfurth, Ulrich; FT: Der Apollo von Bellac (1964); TV: BRD/ARD/HR
La guerre de Troie n'aura pas lieu (1935) (*Kein Krieg in Troja* 1936) (> Der Trojanische Krieg findet nicht statt (1959)) (Schauspiel) R: Wild, Franz Josef; FT: Der Trojanische Krieg findet nicht statt (1964); TV: BRD/ARD/BR

Ondine (1939) (*Undine* 1946) (Schauspiel) R: Beauvais, Peter; DB: Beauvais, Peter; FT: Undine (1965); TV: BRD/ARD/SWF

Givert, Yvon (FR 1926–)
(Schauspiel) R: Pfeiffer, Hermann; FT: Nächtliche Praxis (1963); TV: BRD/ARD/WDR

Gladkov, Fedor Vasiljevic (SU 1883–1958)
Zement (1925) (Roman) R: Wekwerth, Manfred; DB: Wekwerth, Manfred; FT: Zement (1973); TV: DDR

Glauser, Friedrich (CH 1896–1938)
Matto regiert (1936) (Kriminalroman) R: Lindtberg, Leopold; DB: Lindtberg, Leopold; Neumann, Alfred; FT: Paragraph 51 - Seelenarzt Dr. Laduner (1946); KF: CH

Matto regiert (1936) (Kriminalroman) R: Lindtberg, Leopold; DB: Lindtberg, Leopold; Neumann, Alfred; FT: Matto regiert (1947); KF: CH

Kriminalobermeisterin E. (Kriminalroman) R: Schulze-Rohr, Peter; DB: Pigge, Helmut; FT: Kriminalobermeisterin E. (1973); TV: BRD/ZDF

Krock & Co. (1937) (Kriminalroman) R: Wolffhardt, Rainer; DB: Pigge, Helmut; FT: Krock & Co. (1977); TV: CH/BRD/DRS/ARD/SDR

Der Chinese (1938) (Kriminalroman) R: Gloor, Kurt; DB: Pfleger, Helmut; FT: Der Chinese (1979); TV: CH/BRD/DRS/ARD/SDR

(Erzählung) R: Seiter, Alexander J.; FT: Der Handkuss (1980); TV: CH/DRS

Matto regiert (1936) (Kriminalroman) R: Panzer, Wolfgang; DB: Pigge, Helmut; FT: Matto regiert (1980); TV: CH/BRD/DRS/ARD/SDR

Gluth, Oskar (DTL 1887–1955)
Das stärkere Leben (1931) (Roman) R: König, Hans H.; DB: Kai, Johannes; FT: Das Erbe vom Pruggerhof (1955); KF: BRD

Gmür, Richard (CH)
Rabeneck (1981) (Kriminalkomödie) R: Münch, Richard; FT: Rabeneck (1981); TV: CH/DRS

Gnüchtel, Werner (DDR, BRD)
Großvater will heiraten (1982) (Roman) R: Wittmers, Dagmar; DB: Gnüchtel, Werner; Wittmers, Dagmar; FT: Mensch Hermann (6 Teile) (1987); TV: DDR/DDR1

Godefroy, Georges (FR)
La rivière de trois jonques (1956) (Roman) R: Hofbauer, Ernst; DB: Kubiak, Hannes-Karl; Zibaso, Werner P.; FT: Das Geheimnis der drei Dschunken (1965); KF: BRD/IT

Godwin, William (GB 1756–1836)
Things as They Are or The Adventures of Caleb Williams (1790) (*Caleb Williams oder Die Dinge wie sie sind* 1931) (Roman) R: Wise, Herbert; DB: Chapman, Robin; FT: Tödliches Geheimnis (4 Teile) (1980); TV: BRD/GB/AUST/ZDF/Tyne Tees TV/ORF

Goes, Albrecht (BRD 1908–)
Unruhige Nacht (1950) (Erzählung) R: Wirth, Franz Peter; DB: Gottschalk, Hans; Wirth, Franz Peter; FT: Unruhige Nacht (1955); TV: BRD/ARD/SDR

Unruhige Nacht (1950) (Erzählung) R: Harnack, Falk; DB: Budjuhn, Horst; FT: Unruhige Nacht (1958); KF: BRD

Das Brandopfer (1954) (Erzählung) R: Hädrich, Rolf; DB: Storz, Oliver; FT: Der Schlaf der Gerechten (1962); TV: BRD/ARD/Bavaria

Goethe, Johann Wolfgang von (DTL 1749–1832)
Die Leiden des jungen Werther (1774) (Roman) R: Stroux, Karl Heinz; DB: Gressieker, Hermann; Stroux, Karl Heinz; FT: Begegnung mit Werther (1949); KF: BRD

Vorspiel auf dem Theater (1806) (Schauspiel) (Teil von Faust I) R: Farenburg, Hanns; FT: Vorspiel auf dem Theater (1951); TV: BRD/ARD/NWDR Hamburg

Die Geschwister (1776) (Schauspiel) R: Küpper, Hannes; FT: Die Geschwister (1954); TV: BRD/ARD/SFB

Stella (1776) (Schauspiel) R: Wild, Franz Josef; FT: Stella (1954); TV: BRD/ARD/BR

Stella (1776) (Schauspiel) R: Schalla, Hans; DB: Schalla, Hans; Schede, Wolfgang Martin; FT: Stella (1954); TV: BRD/ARD/NWDR Hamburg

Götz von Berlichingen (1773) (Schauspiel) R: Stöger, Alfred; FT: Götz von Berlichingen (1955); KF: AUST

Die Laune des Verliebten (1767) (Komödie) R: Düggelin, Werner; FT: Die Laune des Verliebten (1956); TV: BRD/ARD/HR

Clavigo (1774) (Schauspiel) R: Völger, Werner; DB: Völger, Werner; FT: Clavigo (1959); TV: BRD/ARD/SFB

Faust I (1808) (Schauspiel) R: Gorski, Peter; FT: Faust (1960); KF: BRD/Divina

Der Groß-Cophta (1791) (Komödie) R: Lietzau, Hans; FT: Der Groß-Cophta (1960); TV: BRD/ARD/SFB

Die Mitschuldigen (1768) (Komödie) R: Schweikart, Hans; FT: Die Mitschuldigen (1961); TV: BRD/ARD/WDR

Egmont (1788) (Schauspiel) R: Spörri, Reinhart; DB: Spörri, Reinhart; FT: Egmont (1962); TV: BRD/ARD/HR

Stella (1776) (Schauspiel) R: Käutner, Helmut; DB: Käutner, Helmut; FT: Stella (1966); TV: BRD/ARD/SFB

Iphigenie auf Tauris (1779) (Schauspiel) R: Hartleb, Hans; FT: Iphigenie auf Tauris (1968); TV: BRD/ARD/BR

Torquato Tasso (1789) (Schauspiel) R: Moszkowicz, Imo; FT: Torquato Tasso (1968); TV: BRD/ARD/WDR/SFB

Clavigo (1774) (Schauspiel) R: Ophüls, Marcel; FT: Clavigo (1970); KF: BRD

Proserpina (1778) (Monolog) R: Hänsel, Johann-Richard; FT: Proserpina (1970); TV: BRD/ARD/WDR

Unterhaltungen deutscher Ausgewanderten (1798) (Erzählung) (einzelne Szenen) R: Lehner, Georg; DB: Lehner, Georg; FT: Zwei kluge Männer und die Treue einer Frau (1973); TV: BRD/WDR

Die Wahlverwandtschaften (1809) (Roman) R: Kühn, Siegfried; DB: Kühn, Siegfried; FT: Die Wahlverwandtschaften (1974); KF: DDR/DEFA

Wilhelm Meisters Lehrjahre (1795) (Roman) R: Wenders, Wim; DB: Handke, Peter; FT: Falsche Bewegung (1975); KF: BRD/Solaris

Die Wahlverwandtschaften (1809) (Roman) R: Thome, Rudolf; DB: Thome, Rudolf; FT: Tagebuch (1975); KF: BRD/Rudolf Thome

Die Leiden des jungen Werther (1774) (Roman) R: Günther, Egon; DB: Günther, Egon; Schütz, Helga; FT: Die Leiden des jungen Werther (1976); KF/FF: DDR/DEFA

Clavigo (1774) (Schauspiel) R: Keil, Gerd; FT: Clavigo (1978); TV: AUST/ORF

Götz von Berlichingen (1773) (Schauspiel) R: Liebeneiner, Wolfgang; Reinl, Harald; DB: Liebeneiner, Wolfgang; FT: Götz von Berlichingen mit der eisernen Hand (1978); TV: BRD/Regina Ziegler Filmprod.

Die Leiden des jungen Werther (1774) (Roman) R: Koerfer, Thomas; DB: Buch, Hans Christoph; Koerfer, Thomas; FT: Die Leidenschaftlichen. Goethes Werther: Dichtung und Wahrheit (1981); TV: BRD/AUST/CH/ZDF/ORF/SRG

Die Wahlverwandtschaften (1809) (Roman) R: Chabrol, Claude; DB: Grenier, Roger; FT: Die Wahlverwandtschaften (1981); TV: BRD/F/CSR

Egmont (1788) (Schauspiel) R: Wirth, Franz Peter; FT: Egmont (1982); TV: BRD/ARD/BR

Stella (1776) (Schauspiel) R: Langhoff, Thomas; FT: Stella (1982); TV: DDR/DEFA

Stella (1776) (Schauspiel) R: Wild, Franz Josef; DB: Wild, Franz Josef; FT: Stella (1982); TV: BRD

Wilhelm Meisters Lehrjahre (1795) (Roman) R: Bleiweiß, Celino; DB: Freitag, Manfred; Nestler, Joachim; FT: Wilhelm Meisters theatralische Sendung (2 Teile) (1982); TV: DDR/DEFA

Die Wahlverwandtschaften (1809) (Roman) R: Thome, Rudolf; DB: Zihlmann, Max; FT: Tarot (1985); KF: BRD/Moana Film/Anthea Film/ZDF

Faust I (1808) (Schauspiel) R: Dorn, Dieter; FT: Faust (1987/88); KF: BRD/Bavaria

Reineke Fuchs (1794) (Erzählung) (Zeichentrickfilm) R: Durniok, Manfred; Minjin, Zhuang; Yumen, He; DB: Fu, Bing; Kerwer, Michael; Zhongli, Yao; FT: Reineke Fuchs (1987-89); KF: BRD/JAP/Manfred-Durniok-Prod./Schanghai-Zeichentrickfilm-Studios

Die Wahlverwandtschaften (1809) (Roman) R: Taviani, Paolo; Taviani, Vittorio; DB: Taviani, Paolo; Taviani, Vittorio; FT: Die Wahlverwandtschaften (Le Affinità elettive) (1996); KF: FR/IT/France 3 Cinéma (FR 3)/Le Studio Canal+/Filmtre/Gierre Film/RAI

Goetz, Curt (BRD 1888–1960)

Dr. med. Hiob Prätorius (1933) (Schauspiel) R: Gillmann, Peter; Goetz, Curt; DB: Goetz, Curt; FT: Frauenarzt Dr. Prätorius (1950); KF: BRD

Das Haus in Montevideo (1946) (Schauspiel) R: Goetz, Curt; Martens, Valerie von; FT: Das Haus in Montevideo (1951); KF: BRD

Hokuspokus (1926) (Kriminalkomödie) R: Hoffmann, Kurt; DB: Goetz, Curt; FT: Hokuspokus (1953); KF: BRD/Domnick Filmproduktion

Der Hund im Hirn und andere Miniaturen (1985) (Komödie) R: Schroth, Carl-Heinz; FT: Hund im Hirn (1953); TV: BRD/ARD/NWDR

Minna Magdalena (1919) (Komödie) R: Farenburg, Hanns; FT: Minna Magdalene (1953); TV: BRD/ARD/NWDR Hamburg

Dr. med. Hiob Prätorius (1934) (Komödie) R: Verhoeven, Paul; FT: Dr. med. Hiob Prätorius (1958); TV: BRD/ARD/SDR

Ingeborg (1921) (Schauspiel) R: Liebeneiner, Wolfgang; FT: Ingeborg (1960); KF: BRD

Das Haus in Montevideo (1946) (Schauspiel) R: Käutner, Helmut; DB: Käutner, Helmut; FT: Das Haus in Montevideo (1963); KF: BRD/Hans Domnick Filmproduktion

Dr. med. Hiob Prätorius (1934) (Schauspiel) R: Hoffmann, Kurt; FT: Dr. med. Hiob Prätorius (1964); KF: BRD

Die Tote von Beverly Hills (1951) (Roman) R: Pfleghar, Michael; DB: Laregh, Peter; Pfleghar, Michael; Pohland, Hans Jürgen; FT: Die Tote von Beverly Hills (1964); KF: BRD/Modern Art Film(Hans Jürgen Pohland)

Hokuspokus (1926) (Kriminalkomödie) R: Hoffmann, Kurt; DB: Keindorff, Eberhard; Sibelius, Johanna; FT: Hokuspokus oder Wie lasse ich meinen Mann verschwinden? (1965); KF: BRD/Hans Domnick Filmproduktion/Independent

Der Lügner und die Nonne (1929) (Schauspiel) R: Thiele, Rolf; DB: Czech, Josef; FT: Der Lügner und die Nonne (1967); KF: AUST

Herbst (1962) (Komödie) (in "Miniaturen") R: Wilhelm, Kurt; FT: Herbst. Eine Miniatur (1968); TV: BRD/ARD/SDR

Die Kommode (1962) (Komödie) (in "Miniaturen") R: Wilhelm, Kurt; FT: Die Kommode (1969); TV: BRD/ARD/Bavaria

Ausbruch des Weltfriedens (Schauspiel) R: Fuchs, Herbert; FT: Ausbruch des Weltfriedens (1979); TV: BRD/ARD/BR

Der Hund im Hirn; Lohengrin (1919); Der Mörder (1924); Minna Magdalena (1919) (1937) (Komödie) R: Wögel, Hans-Jürgen; FT: Er-Goetzliches (1984); TV: BRD/ZDF

Goggan, John Patrick (= Patrick, John) (USA 1907–) & **Sneider, Vern** (USA)

Teahouse of the August Moon (1952) (*Die Geishas des Käpt'n Fisby: Das kleine Teehaus* 1955) (< Teahouse of the August Moon (Roman) (1951) von Sneider, Vern) (Schauspiel) R: Burmester, Gustav; DB: Nadolny, Burkhard; FT: Die Geishas des Käpt'n Fisby (1953); TV: BRD/ARD/NWDR

Teahouse of the August Moon (1952) (*Die Geishas des Käpt'n Fisby: Das kleine Teehaus* 1955) (< Teahouse of the August Moon (Roman) (1951) von Sneider, Vern) (Schauspiel) R: Martin, Paul; DB: Flatow, Curth; FT: Das kleine Teehaus (1967); TV: BRD/ARD/CCC-Television

Gogol, Nicolaj (RUS 1809–1852)

Sinel' (1842) (*Der Mantel* 1884) (Erzählung) R: Bublitz, Hans Waldemar; DB: Hess, Günter; FT: Der Mantel (1953); TV: BRD/ARD/NWDR Berlin

Igroki (1842) (*Der Spieler* 1927) (Komödie) R: Berger, Ludwig; DB: Kozuszek, Götz; FT: Der Spieler (1954); TV: BRD/ARD/NWDR

Revisor (1836) (*Der Revisor* 1877) (Komödie) R: Lauterbach, Ulrich; DB: Lauterbach, Ulrich; FT: Der Revisor (1955); TV: BRD/ARD/SFB

Sinel' (1842) (*Der Mantel* 1884) (Erzählung) R: Henn, Walter; DB: Adamov, Arthur; FT: Der Mantel (1963); TV: BRD/ARD/SWF

Igroki (1842) (*Der Spieler* 1927) (Komödie) R: Henn, Walter; FT: Der Spieler (1963); TV: BRD/ARD/SWF

Revisor (1836) (*Der Revisor* 1877) (Komödie) R: Sellner, Gustav Rudolf; FT: Der Revisor (1967); TV: BRD/ARD/SFB

(Erzählung) R: Schleif, Wolfgang; Weck, Peter; FT: Mr. Carlis und seine abenteuerlichen Geschichten (1979); TV: BRD/CH/AUST/ARD/WDR/DRS/ORF

Göhre, Frank (BRD 1943–)

Schnelles Geld (1981) (Kriminalroman) R: Koplin, Raimund; Stegmüller, Renate; DB: Koplin, Raimund; Stegmüller, Renate; FT: Schnelles Geld (1981); KF: BRD/Koplin/Stegmüller Prod./WDR

St. Pauli Nacht (1993) (Kriminalroman) R: Wortmann, Sönke; DB: Göhre, Frank; FT: St. Pauli Nacht (1999); KF: BRD/Hager Moss Film KG

Goldoni, Carlo (IT 1707–1793)

Il servitore di due padroni (1745) (*Der Diener zweyer Herren* 1762) (Komödie) R: Hübner, Bruno; DB: Hübner, Bruno; FT: Diener zweier Herrn (1956); TV: BRD/ARD/BR

Il ventaglio (1773) (*Der Fächer* 1875) (Komödie) R: Borsche, Dieter; FT: Der Fächer (1956); TV: BRD/ARD/NWDR

Impressario delle Smirne (1759) (*Der Impresario von Smyrna* 1777) (Komödie) R: Rabenalt, Arthur Maria; FT: Der Impresario von Smyrna (1962); TV: BRD/ARD/BR

La locandiera (1752) (*Mirandolina* 1777) (Komödie) R: Haugk, Dietrich; FT: Mirandolina (1963); TV: BRD/ARD/HR

La trilogia della villeggiatura (*Sommerfrische*) (Komödie) R: Beauvais, Peter; FT: Die Sommerfrische (1965); TV: BRD/Intertel/ZDF

La bottega del caffè (1750) (*Das Kaffeehaus* 1924) (Komödie) R: Fassbinder, Rainer Werner; DB: Fassbinder, Rainer Werner; FT: Das Kaffeehaus (1970); TV: BRD/ARD/WDR

Le bourru bienfaisant (1771) (*Der gutherzige Murrkopf* 1785) (> Der gutherzige Polterer (1812) Der herzensgute Unwirsch) (Komödie) R: Schlechte, Werner; DB: Ahlsen, Leopold; FT: Der gutmütige Grantler (1982); TV: BRD/ZDF

La locandiera (1752) (*Mirandolina* 1777) (Komödie) R: Pfeiffer, Ulrike; DB: Pfeiffer, Ulrike; FT: Rokoko (1996); TV: BRD/Ulrike Pfeiffer Filmprod./Arte

Goll, Claire (DTL 1891–1977) & **Goll, Yvan** (FR 1891–1950)

Meiner Seele Töne: das literarische Dokument eines Lebens zwischen Kunst und Liebe, aufgezeichnet in ihren Briefen (1978) (Briefe) R: Kubli, Guy; DB: Krischke, Traugott; FT: Fragmente einer Ehe (1989); TV: BRD/ARD/BR3

Goller, Anja (BRD)

Was kommt vor im Ofenrohr? (1990) (Jugendroman) R: Strubel, Sepp; DB: Goller, Anja; FT: Was kommt vor im Ofenrohr? (1990); TV: BRD/Augsburger Puppenkiste/ARD/HR

Golon, Anne (FR 1927–)

Angélique. La Marquise des Anges (1957) (Roman) R: Borderie, Bernard; DB: Agotay, Louis; Brulé, Claude; FT: Angélique I + II (1964); KF: BRD/FR/IT

Angélique et le roi (1957) (Roman) R: Borderie, Bernard; DB: Borderie, Bernard; Brulé, Claude; Cosne, Francis; FT: Angélique und der König (1965); KF: BRD/FR/IT

Angélique et le roi (1957) (Roman) R: Borderie, Bernard; DB: Borderie, Bernard; Cosne, Francis; Jardin, Pascal; FT: Angélique und der Sultan (1967); KF: BRD/FR/IT

Indomptable Angélique (1957) (Roman) R: Borderie, Bernard; DB: Borderie, Bernard; Cosne, Francis; Jardin, Pascal; FT: Unbezähmbare Angélique (1967); KF: BRD/FR/IT

Gombrowicz, Witold (PL 1904–1969)

(Erzählung) R: Lilienthal, Peter; Read, Piers Paul; DB: Lilienthal, Peter; FT: Verbrechen mit Vorbedacht (1967); TV: BRD/ARD/SFB

Pornografía (1960) (*Verführung* 1963) (Roman) R: Lilienthal, Peter; DB: Lilienthal, Peter; Muller, Robert; FT: Die Sonne angreifen (1971); TV: BRD/ARD/Iduna Film Produktiongesellschaft

Gončarow, Ivan Alexandrovič (RUS 1812–1891)

Oblomov (1859) (*Oblomow* 1923) (Roman) R: Witt, Claus Peter; DB: Bieler, Manfred; FT: Oblomovs Liebe (1977); TV: BRD/ARD

Gordon, Richard (GB 1921–)

The Captain's Table (1954) (*Käpt'n Ebbs: Seebär und Salonlöwe* 1955) (Roman) R: Hoffmann, Kurt; DB: Laforet, Georg (= Seitz, Franz); FT: Der Kapitän (1971); KF: BRD

Gorkij, Maksim (SU 1868–1936)

Na dne (1902) (*Nachtasyl* 1902) (Schauspiel) R: Verhoeven, Paul; DB: Verhoeven, Paul; FT: Nachtasyl (1959); TV: BRD/ARD/HR

Wassa Schelesnowa (1910) (*Wassa Schelesnowa* 1965) (Schauspiel) R: Monk, Egon; FT: Wassa Schelesnowa (1963); TV: BRD/ARD/Studio Hamburg

Egor Bulycov i drugie (1932) (*Jegor Bulytschow und andere* 1947) (Schauspiel) R: Beauvais, Peter; FT: Jegor Bulytschow und andere (1966); TV: BRD/ARD/NDR

Starik: p'esa (1918) (*Der Alte: Szenen* 1974) (Schauspiel) R: Büscher, Lutz; DB: Büscher, Lutz; FT: Der Alte (1967); TV: BRD/ARD/BR

(*Ettores Enkel*) (Erzählung) R: Sander, Ingrid; FT: Ettores Enkel (1973); TV: DDR

Dacniki (1904) (*Sommergäste* 1974) (Schauspiel) R: Stein, Peter; DB: Stein, Peter; Strauß, Botho; FT: Sommergäste (1976); KF: BRD/Regina Ziegler Filmprod./ARD/SFB

(Erzählung) R: Schirk, Heinz; DB: Ahlsen, Leopold; FT: Möwengeschrei (1977); TV: BRD/ZDF

Wassa Schelesnowa (1910) (*Wassa Schelesnowa* 1965) (Schauspiel) R: Paryla, Karl; FT: Wassa Schelesnowa (1984); TV: DDR

Görlich, Günter (DDR, BRD 1928–)

Den Wolken ein Stück näher (1971) (Roman) R: Steinke, Christian; DB: Görlich, Günter; FT: Den Wolken ein Stück näher (1973); TV: DDR

Heimkehr in ein fremdes Land (1974) (Roman) R: Mosblech, Manfred; FT: Heimkehr in ein fremdes Land (1976); TV: DDR

Der blaue Helm (1976) (Roman) R: Schmenger, Ursula; FT: Der blaue Helm (1979); TV: DDR

Eine Anzeige in der Zeitung (1978) (Roman) R: Kramer, Jurij; FT: Eine Anzeige in der Zeitung (1980); TV: DDR

Das Mädchen und der Junge (1981) (Roman) R: Hübner, Wolfgang; FT: Das Mädchen und der Junge (1982); TV: DDR

Der unbekannte Großvater (1984) (Erzählung) R: Friedrich, Gunter; DB: Friedrich, Gunter; Görlich, Günter; FT: Der unbekannte Großvater (1987); TV: DDR/DDR1

Drei Wohnungen (1988) (Roman) R: Kramer, Jurij; DB: Görlich, Günter; Kramer, Jurij; FT: Drei Wohnungen (1990); TV: DDR/DFS1

Gorrish, Walter (BRD 1909–)

Um Spaniens Freiheit (1946) (Roman) R: Paryla, Karl; DB: Gorrish, Walter; Paryla, Karl; FT: Mich dürstet (1956); KF: DDR/DEFA

Görtz, Adolf (DDR 1920–)

Die goldenen Schneeschuhe (1954) (Kinderbuch) R: Kirsten, Ralf; DB: Bortfeldt, Kurt; FT: Skimeister von morgen (1956/57); KF: DDR/DEFA

Goscinny, René (FR 1926–1977) & **Uderzo, Albert** (FR 1927–)

Astérix le coup du menhir (1988) (*Asterix, Operation Hinkelstein* 1989) (Comic) (Buch zum Film) R: Grimaud, Philippe; DB: Kabatek, Adolf; Voight, Yannick; FT: Asterix - Operation Hinkelstein (1988); KF: BRD/FR/Extrafilm/Gaumont International

Asterix et le nouveau monde (1994) (*Asterix in Amerika* 1994) (Comic) (Buch zum Zeichentrickfilm) R: Hahn, Gerhard; DB: Platt, Thomas; Rooster, Rhett; FT: Asterix in Amerika (1994); KF: BRD

Astérix et la surprise de César (1985) (*Asterix Sieg über Caesar* 1986) (Comic) R: Zidi, Claude; DB: Lauzier, Gerard; Zidi, Claude; FT: Asterix & Obelix gegen Caesar (1998); TV: BRD/FR/IT/Bavaria/Renn/Melampo/TF1

Gößling, Andreas (AUST 1958–) & **Martinek, Krystian** (BRD) & **Riedel, Neithardt** (BRD)

Zwei alte Hasen (1994) (Roman) (Roman zur Serie) R: Bartmann, Stefan; DB: Martinek, Krystian; Riedel, Neithardt; FT: Zwei alte Hasen (1994); TV: BRD/ZDF

Gossens, Anne (DDR)

(Märchen) R: Hattop, Karola; FT: Das Mädchen vom Eisberg (1981); TV: DDR

Gotsche, Otto (DDR 1904–1985)

Die Fahne von Kriwoj Rog (1959) (Roman) R: Tragelehn, B. K.; DB: Müller, Heiner; Müller, Inge; FT: Die Fahne von Kriwoj Rog (1960); TV: DDR

Unser kleiner Trompeter (1961) (Roman) R: Petzold, Konrad; DB: Pederzani, Hans Albert; Petzold, Konrad; FT: Das Lied vom Trompeter (1964); KF: DDR/DEFA

Die Fahne von Kriwoj Rog (1959) (Roman) R: Maetzig, Kurt; DB: Pederzani, Hans-Albert; FT: Die Fahne von Kriwoj Rog (1967); KF: DDR/DEFA

Mein Dorf (1974) (Roman) R: Korbschmitt, Hans-Erich; DB: Jakubeit, Peter; Korbschmitt, Hans-Erich; FT: Mein Dorf (1975); TV: DDR

Gottfried von Straßburg (DTL –1210)

Tristan und Isolde (1210) (Epos) R: Fürstenberg, Veith von; DB: Zihlmann, Max; FT: Feuer und Schwert (1987); KF: BRD/IRL/Genée & von Fürstenberg/Popular/DNS/FFAT/Don Geraghty

Tristan und Isolde (1210) (Epos) R: Costa, Fabrizio; DB: Caro, Lucio de; FT: Tristan und Isolde - Eine Liebe für die Ewigkeit (1998); TV: BRD/IT/FR/Taurus Film/Titanus/Mediaset/Kanal Plus/Sat1

Gotthelf, Jeremias (= Bitzius, Albert) (CH 1797–1854)

Wie Uli der Knecht glücklich wird (1841) (> Uli der Knecht (1846)) (Erzählung) R: Schnyder, Franz; DB: Düggelin, Werner; Schnyder, Franz; Schweizer, Richard; FT: Uli der Knecht (1954); KF: CH

Uli der Pächter (1849) (Roman) R: Schnyder, Franz; DB: Düggelin, Werner; Schnyder, Franz; Schweizer, Richard; FT: ... und ewig ruft die Heimat (1955); KF: CH

Die Käserei in der Vehfreude (1850) (Roman) R: Schnyder, Franz; DB: Schnyder, Franz; Schweizer, Richard; FT: Die Käserei in der Vehfreude (1958); TV: CH

Wie Anne Bäbi Jowäger haushaltet und wie es mit dem Doktern geht (1844) (Roman) R: Schnyder, Franz; DB: Schnyder, Franz; Schweizer, Richard; FT: Anne Bäbi Jowäger - I. Teil: Wie Jakobli zu einer Frau kommt (1960); KF: CH

Die schwarze Spinne (1842) (Erzählung) R: Düggelin, Werner; DB: Schneider, Hansjörg; FT: Die schwarze Spinne (1960); TV: CH/DRS

Wie Anne Bäbi Jowäger haushaltet und wie es mit dem Doktern geht (1844) (Roman) R: Schnyder, Franz; DB: Huber, Hans Rudolf; Schnyder, Franz; Schweizer, Richard; FT: Anne Bäbi Jowäger - II. Teil: Jakobli und Meyeli (1962); TV: CH/Neue Film AG/Praesens-Film AG

Geld und Geist, oder Die Versöhnung (1844) (Roman) R: Schnyder, Franz; DB: Schnyder, Franz; Schweizer, Richard; FT: Geld und Geist (1964); KF: CH

Die schwarze Spinne (1842) (Erzählung) R: Rissi, Mark M.; DB: Kauer, Walther; FT: Die schwarze Spinne (1983); KF: CH/PicaFilm

Gottlieb, Alex (USA 1906–1988)

Divorce Me, Darling (1975) (*Liebling, ich laß mich scheiden*) (Komödie) R: Moszkowicz, Imo; FT: Liebling, ich laß mich scheiden (1980); TV: BRD/ZDF

Gottwald, Fritz (AUST 1896–1945)

Das Mädchen im Fenster (1940) (Komödie) R: Thimig, Hans; DB: Belmont, Lilian; Koselka, Fritz; FT: Wie ein Dieb in der Nacht (1945); KF: AUST

Götz, Georg (BRD)

Kommissar Schimpanski: Bd. 1: Die Babydiebin (1979) (Kriminalroman) (Roman zur Serie) FT: Kommissar Schimpanski (1997); TV: BRD

Kommissar Schimpanski: Bd. 2: Sesam, öffne dich! (1997) (Kriminalroman) (Roman zur Serie) FT: Kommissar Schimpanski (1997); TV: BRD

Goudge, Elizabeth (GB 1900–1970)

The Middle Window (1933) (*Das mittlere Fenster*) (Roman) R: Umgelter, Fritz; DB: Umgelter, Fritz; FT: Das mittlere Fenster (1959); TV: BRD/ARD/BR

Grabbe, Christian Dietrich (DTL 1801–1836)

Scherz, Satire, Ironie und tiefere Bedeutung (1827) (Komödie) R: Hamel, Peter; DB: Hamel, Peter; FT: Der Teufel ist los (1961); TV: BRD/ARD/SWF

Scherz, Satire, Ironie und tiefere Bedeutung (1827) (Komödie) R: Schreiber, Andreas; FT: Kein Platz für Teufel (1979); TV: DDR

Grabbe, Christian Dietrich (DTL 1801–1836) & **Kleist, Heinrich von** (DTL 1777–1811)

Die Hermannsschlacht (1838) (Schauspiel) (basiert auf Kleists (1821) und Grabbes Dramen) R: Deckert, Christian; Kiesel, Hartmut; Köster, Christoph; Mischer, Stefan; Völker, Cornelius; DB: Deckert, Christian; Kiesel, Hartmut; Köster, Christoph; Mischer, Stefan; Völker, Cornelius; FT: Die Hermannsschlacht (1996); KF: BRD/Schlossfilm

Graf, Oskar Maria (BRD 1894–1967)

Das bayrische Dekameron (1928) (Roman) R: Heinrich, Hans; DB: Laforet, Georg (= Seitz, Franz); FT: Das Glöcklein unterm Himmelbett (1970); KF: BRD

Der harte Handel (1935) (Roman) R: Edel, Ulrich; FT: Der harte Handel (1978); TV: BRD/ZDF

Anton Sittinger (1937) (Roman) R: Wolffhardt, Rainer; DB: Pigge, Helmut; FT: Anton Sittinger (1979); TV: BRD/ARD

Bolwieser (1931) (Roman) R: Fassbinder, Rainer Werner; DB: Fassbinder, Rainer Werner; FT: Bolwieser (1976/77) 2 Teile (1983); KF/FF: BRD/Bavaria/ZDF

(Erzählung) R: Baier, Jo; DB: Baier, Jo; FT: Hölleisengretl (1994); TV: BRD

Graham, Burton (GB)

Breakfast with Julia (*Frühstück mit Julia* 1960) (Komödie) R: Wilhelm, Kurt; FT: Frühstück mit Julia (1982); TV: BRD/ARD/BR

Graham, John (GB 1922–)

A Slip of the Disc (*Hexenschuß oder Bandscheibenvorfall*) (Komödie) R: Gottlieb, Franz Josef; DB: Gremm, Wolf; FT: Hexenschuß (1987); TV: BRD/Regina Ziegler Filmprod./ZDF

Tangled Web (Komödie) R: Gottlieb, Franz Josef; DB: Gremm, Wolf; FT: Trouble im Penthouse (1988); TV: BRD/ZDF

A Surfeit of Smiths (Komödie) R: Gottlieb, Franz Josef; DB: Gremm, Wolf; FT: Jede Menge Schmidt (1989); TV: BRD/Regina Ziegler Filmprod./ZDF

All Change (Kriminalkomödie) R: Gottlieb, Franz Josef; DB: Gremm, Wolf; FT: Killer kennen keine Furcht (1989); TV: BRD/ZDF

Desperate Hours (Komödie) R: Gottlieb, Franz Josef; DB: Gremm, Wolf; FT: Drunter und drüber (1990); TV: BRD/ZDF

Graham, Winston M. (GB 1917–)

Take my Life (1949) (*Die zweite Geige stirbt* 1966) (Kriminalroman) R: Hädrich, Rolf; DB: Pigge, Helmut; FT: Mord nach der Oper (1969); TV: BRD/ARD/Bavaria

Grän, Christine (BRD 1952–)

(Kriminalroman) (Motive aus Romanen) R: Berner, Dieter; Imboden, Markus; Lukschy, Stefan; DB: Berner, Dieter; Ewald, Marlies; FT: Auf eigene Gefahr (1993); TV: BRD/Regina Ziegler Filmprod./ARD/WDR

Granick, Harry (USA)

(*Die Tage des Menschen sind wie der Wind*) (Schauspiel) R: Jankó, Ilo von; DB: Defrank, Rolf; FT: Schuldig (1965); TV: BRD/ARD/SDR

Gräser, Erdmann (DTL 1870–1937)
Lemkes selige Witwe (1907) (Roman) R: Proll, Jens-Peter; DB: Pederzani, Hans-Albert; FT: Liebes- und Skandalgeschichten aus dem alten Berlin (1980); TV: DDR
Spreelore (1950) (Roman) R: Proll, Jens-Peter; FT: Spreelore oder Das heisse Blut (1980); TV: DDR

Grass, Günter (BRD 1927–)
Eine öffentliche Diskussion (1963) (Hörspiel) R: Fiedler, Gerlach; DB: Grass, Günter; FT: Ein Stück von uns (1963); TV: BRD/ARD/SFB
Katz und Maus (1961) (Roman) R: Pohland, Hans Jürgen; DB: Pohland, Hans Jürgen; FT: Katz und Maus (1967); KF: BRD/POL/modern art film/Zespol Rytm
Die Plebejer proben den Aufstand (1966) (Schauspiel) R: Lietzau, Hans; FT: Die Plebejer proben den Aufstand (1970); TV: BRD/ARD/SFB
Davor (1969) (< Örtlich betäubt (1969) (Roman)) (Schauspiel) R: Schulze-Rohr, Peter; FT: Davor (1971); TV: BRD/ARD/BR
Die Blechtrommel (1959) (Roman) R: Schlöndorff, Volker; FT: Die Blechtrommel (1979); KF: BRD/FR/CSR/PL/Franz Seitz Film/Bioskop Film/Artemis Film/Hallelujah Film/GGB 14. KG/Argos Film Paris/Jadran Film Zagreb/Film Polski Warschau/ARD/HR
Die Rättin (1986) (Roman) R: Buchhorn, Martin; DB: Fässdorf, Renate; Schauff, Christopher; Schmied, Erhard; Straub, Laurens; FT: Die Rättin (1997); TV: BRD/ARD/SR/HR/mdr/NDR/SFB/ORF/SF-DRS/Arte

Grasshoff, Fritz (BRD 1913–) & **Schultze, Norbert** (BRD 1911–)
Käpt'n Bay-Bay (1952) (Komödie) (Text von Grasshoff) R: Käutner, Helmut; DB: Käutner, Helmut; Pauck, Heinz; Schwenzen, Per; FT: Käpt'n Bay-Bay (1952); KF: BRD/Meteor Film Productions

Gray, Simon (GB 1936–)
Stage Struck (1979) (Kriminalstück) R: Günther, Michael; DB: Günther, Michael; FT: Theaterblut (1985); TV: BRD/ARD/SFB

Green, Julien (FR 1900–1998)
L'ennemi (1954) (*Der Feind* 1955) (Schauspiel) R: Müller, Hans-Reinhard; FT: Der Feind (1961); TV: BRD/ARD/BR
Adrienne Mesurat (1927) (*Adrienne Mesurat* 1928) (Roman) R: Schuh, Oscar Fritz; DB: Schuh, Oscar Fritz; FT: Adrienne Mesurat (1969); TV: BRD/ARD/HR
Sud (1953) (*Der Mann, der aus der Fremde kommt* 1953) (Schauspiel) R: Klingenberg, Gerhard; FT: Süden (1972); TV: BRD/ARD/HR

Greene, Graham (GB 1904–1991)
The Third Man (1950) (Roman) R: Reed, Carol; DB: Corda, Alexander; Greene, Graham; Reed, Carol; FT: Der dritte Mann (1949); KF: AUST/GB/British Lion Film Corporation/London Film Productions/Selznick Releasing Organization
The Potting Shed (1957) (*Das Geheimnis* 1957) (Schauspiel) R: Völger, Werner; DB: Grothe, Heinz; Völger, Werner; FT: Das Geheimnis (1957); TV: BRD/ARD/SFB
The Power and the Glory (1940) (*Die Kraft und die Herrlichkeit* 1948) (Roman) R: Wolffhardt, Rainer; DB: Pigge, Helmut; Wolffhardt, Rainer; FT: Die Kraft und die Herrlichkeit (1957); TV: BRD/ARD/SDR
The Quiet American (1953) (*Der stille Amerikaner* 1956) (Roman) R: Vogel, Peter; FT: Der stille Amerikaner (1975); TV: DDR
The Heart of the Matter (1948) (*Das Herz aller Dinge* 1949) (Roman) R: Leto, Marco; DB: Leto, Marco; Savary, Gerald; FT: Das Herz aller Dinge (4 Teile) (1983); TV: BRD/IT/GB/ZDF/RAI/A2/SABC/Channel 4 London

Gregor, Manfred (= Dietrich, Erwin C.) (BRD 1929–)
Die Brücke (1958) (Roman) R: Wicki, Bernhard; DB: Mansfeld, Michael; Vivier, Karl-Wilhelm; Wicki, Bernhard; FT: Die Brücke (1959); KF: BRD/Fono Film
Das Urteil (1960) (Roman) R: Reinhardt, Gottfried; FT: Stadt ohne Mitleid (Town without Pity) (1961); KF: BRD/USA

Greiner, Peter (BRD 1939–)
Kiez (1980) (Schauspiel) R: Bockmayer, Walter; Bührmann, Rolf; DB: Bockmayer, Walter; Eppendorfer, Hans; Holzmüller, Bernd; FT: Kiez - Aufstieg und Fall eines Luden (1982); KF: BRD/Entenprod./Neue Filmprod.

Gribitz, Franz J. (DTL)
Eine jener seltenen Frauen (Komödie) R: Braun, Alfred; DB: Gribitz, Franz; FT: Pikanterie (1950); KF: BRD

Grillparzer, Franz (AUST 1791–1872)
Ein treuer Diener seines Herrn (1830) (Schauspiel) R: Semmelroth, Wilhelm; DB: Semmelroth, Wilhelm; FT: Ein treuer Diener seines Herrn (1967); TV: BRD/ARD/WDR

Des Meeres und der Liebe Wellen (1840) (Schauspiel) R: Grädler, Theodor; DB: Kalbeck, Florian; FT: Des Meeres und der Liebe Wellen (1968); TV: AUST/ORF

Die Ahnfrau (1817) (Schauspiel) R: Raben, Peer; DB: Raben, Peer; FT: Die Ahnfrau (Fernseh-Oper) (1971); TV: BRD/ARD/WDR

Grimm, Jakob Ludwig Carl (DTL 1785–1863) & **Grimm, Wilhelm Carl** (DTL 1786–1859)

Hans im Glück (1812) (Märchen) R: Hamel, Peter; DB: Hamel, Peter; Malzacher, Rosa; FT: Hans im Glück (1949); KF: BRD

Brüderchen und Schwesterchen (1812) (Märchen) R: Oehmichen, Walter; DB: Fritz, Hans; FT: Brüderchen und Schwesterchen (1953); KF: BRD

Die goldene Gans (1812) (Märchen) R: Oehmichen, Walter; DB: Luhmann, Marion; FT: Die goldene Gans (1953); KF: BRD

Rotkäppchen (1812) (Märchen) R: Genschow, Fritz; DB: Genschow, Fritz; Stobrawa, Renée; FT: Rotkäppchen (1953); KF: BRD

Frau Holle (1812) (Märchen) R: Genschow, Fritz; DB: Genschow, Fritz; FT: Frau Holle (1954); KF: BRD

Der Froschkönig (1812) (Märchen) R: Meyer, Otto; DB: Surmann, Emil; FT: Der Froschkönig (1954); KF: BRD

Hänsel und Gretel (1812) (Märchen) R: Janssen, Walter; DB: Hummel, Gerhard F.; FT: Hänsel und Gretel (1954); KF: BRD/Childhood Productions/Schongerfilm GmbH

Hänsel und Gretel (1812) (Märchen) R: Genschow, Fritz; DB: Genschow, Fritz; Stobrawa, Renée; FT: Hänsel und Gretel (1954); KF: BRD

König Drosselbart (1812) (Märchen) R: Fredersdorf, Herbert B.; DB: Surmann, Emil; FT: König Drosselbart (1954); KF: BRD

Rotkäppchen (1812) (Märchen) R: Janssen, Walter; DB: Lustig, Konrad; FT: Rotkäppchen (1954); KF: BRD

Aschenputtel (1812) (Märchen) R: Genschow, Fritz; DB: Genschow, Fritz; FT: Aschenputtel (1955); KF: BRD

Dornröschen (1812) (Märchen) R: Genschow, Fritz; DB: Genschow, Fritz; FT: Dornröschen (1955); KF: BRD/Fritz-Genschow-Filmprod.

Der gestiefelte Kater (1812) (Märchen) R: Fredersdorf, Herbert B.; Kornowitz, Ted; DB: Schulz-Gellen, Christof; FT: Der gestiefelte Kater (1955); KF: BRD/Förster Film

Rumpelstilzchen (1812) (Märchen) R: Fredersdorf, Herbert B.; DB: Schulz-Gellen, Christof; FT: Rumpelstilzchen (1955); KF: BRD/Förster Film

Schneeweißchen und Rosenrot (1812) (Märchen) R: Kobler, Erich; DB: Lustig, Konrad; Oehmichen, Walter; FT: Schneeweißchen und Rosenrot (1955); KF: BRD

Schneewittchen und die sieben Zwerge (1812) (Märchen) R: Kobler, Erich; DB: Lustig, Konrad; Oehmichen, Walter; FT: Schneewittchen und die sieben Zwerge (1955); KF: BRD

Der Teufel mit den drei goldenen Haaren (1812) (Märchen) R: Wilhelm Hans F.; DB: Mora, Hella; FT: Der Teufel mit den drei goldenen Haaren (1955); KF: BRD

Die Heinzelmännchen von Köln (1812) (Märchen) R: Kobler, Erich; DB: Lustig, Konrad; FT: Die Heinzelmännchen (1956); KF: BRD

Das tapfere Schneiderlein (1812) (Märchen) R: Spieß, Helmut; DB: Bortfeldt, Kurt; FT: Das tapfere Schneiderlein (1956); TV: DDR/DEFA

Tischlein deck' dich, Esel streck' dich ... (1812) (Märchen) R: Alten, Jürgen von; DB: Lustig, Konrad; Rosskopf, R.; FT: Tischlein deck' dich (1956); KF: BRD/Schonger Film GmbH

Die Gänsemagd (1812) (Märchen) R: Genschow, Fritz; DB: Genschow, Fritz; FT: Die Gänsemagd (1957); KF: BRD

Das singende, klingende Bäumchen (1812) (Märchen) R: Stefani, Francesco; DB: Geelhaar, Anne; Stefani, Francesco; FT: Das singende, klingende Bäumchen (1957); KF: DDR/DEFA

Der Wolf und die sieben Geißlein (1812) (Märchen) R: Podehl, Peter; DB: Lustig, Konrad; FT: Der Wolf und die sieben Geißlein (1957); KF: BRD

Die Bremer Stadtmusikanten (1812) (Märchen) R: Geis, Rainer; DB: Schonger, Hubert; FT: Die Bremer Stadtmusikanten (1959); KF: BRD

Rumpelstilzchen (1812) (Märchen) R: Engel, Christoph; DB: Beichler, Margot; Engel, Christoph; Rammler, Gudrun; FT: Das Zaubermännchen (1960); KF: DDR/DEFA

Frau Holle (1812) (Märchen) R: Podehl, Peter; DB: Podehl, Peter; FT: Frau Holle (1961); KF: BRD

Schneewittchen und die sieben Zwerge (1812) (Märchen) R: Kolditz, Gottfried; DB: Kaltofen, Günter; FT: Schneewittchen und die sieben Zwerge (1961); KF: DDR/DEFA

Rotkäppchen (1812) (Märchen) R: Friedrich, Götz; DB: Rodenberg, Hans; FT: Rotkäppchen (1962); KF: DDR/DEFA

Frau Holle (1812) (Märchen) R: Kolditz, Gottfried; DB: Kaltofen, Günter; Kolditz, Gottfried; FT: Frau Holle (1963); KF: DDR/DEFA

Die goldene Gans (1812) (Märchen) R: Hartmann, Siegfried; DB: Hartmann, Siegfried; Kaltofen, Günter; FT: Die goldene Gans (1964); TV: DDR

König Drosselbart (1812) (Märchen) R: Beck, Walter; DB: Beck, Walter; Kaltofen, Günter; FT: König Drosselbart (1965); KF: DDR/DEFA

(1812) (Märchen) R: Thiele, Rolf; DB: Thiele, Rolf; FT: Grimms Märchen vom lüsternen Pärchen (1969); KF: BRD

Die kluge Bauerntochter (1812) (Märchen) R: Simon, Rainer; DB: Kaltofen, Günter; Simon, Rainer; FT: Wie heiratet man einen König (1969); KF: DDR/DEFA

Dornröschen (1812) (Märchen) R: Beck, Walter; DB: Beck, Walter; Beichler, Margot; Deubener, Gudrun; FT: Dornröschen (1971); KF: DDR/DEFA

Sechse kommen durch die Welt (Märchen) R: Simon, Rainer; DB: Simon, Rainer; FT: Sechse kommen durch die Welt (1971/72); KF: DDR/DEFA

Aschenputtel (1812) (Märchen) R: Englberger, Michael; Vorlicek, Václav; DB: Nemcova, Bozena; Vorlicek, Václav; FT: Drei Haselnüsse für Aschenbrödel (1972); KF: DDR/CSR

Jorinde und Joringel (1812) (Märchen) R: Ehrlich, Harry; DB: Rauchfuss, Hildegard M.; FT: Der Nachtigallenwald (1972); TV: DDR

Das Glückskind (1812) (Märchen) R: Beke, Judith; FT: Das Glückskind (1973); TV: CH/DRS

Das blaue Licht (1812) (Märchen) R: Gusner, Iris; DB: Gusner, Iris; FT: Das blaue Licht (1975); KF: DDR/DEFA

Rotkäppchen (1812) (Märchen) R: Friedrich, Götz; DB: Schwarz, Jewgenij; FT: Rotkäppchen (1975); TV: DDR

Hans im Glück (1812) (Märchen) R: Petersen, Wolfgang; DB: Petersen, Wolfgang; FT: Hans im Glück (1976); TV: BRD

Der Vogel Greif (1812) (Märchen) R: Schmenger, Ursula; DB: Beichler, Margot; Schmenger, Ursula; FT: Der Hasenhüter (1976); TV: DDR/DEFA

König Drosselbart (1812) (Märchen) R: Jugert, Rudolf; DB: Bothe-Pelzer, Heinz; FT: König Drosselbart (1976); TV: CH/DRS

Allerleirauh (1812) (Märchen) R: Jugert, Rudolf; DB: Bothe-Pelzer, Heinz; FT: Allerleirauh (1977); TV: CH/DRS

Frau Holle (1812) (Märchen) R: Jugert, Rudolf; DB: Bothe-Pelzer, Heinz; FT: Frau Holle (1977); TV: CH/DRS

Die Gänsemagd (1812) (Märchen) R: Jugert, Rudolf; DB: Bothe-Pelzer, Heinz; FT: Die Gänsemagd (1977); TV: CH/DRS

Die kluge Bauerntochter (1812) (Märchen) R: Jugert, Rudolf; DB: Bothe-Pelzer, Heinz; FT: Die kluge Bauerntochter (1977); TV: CH/DRS

Der Wolf und die sieben Geißlein (1812) (Märchen) R: Jessen, Uwe-Detlev; DB: Ensikat, Peter; FT: Der Wolf und die sieben Geißlein (1977); TV: DDR

Die zertanzten Schuhe (1812) (Märchen) R: Schmenger, Ursula; DB: Kaltofen, Günter; FT: Die zertanzten Schuhe (1977); TV: DDR

König Drosselbart (1812) (Märchen) R: Pichler, Ernst; FT: König Drosselbart (1978); TV: AUST/ORF

Der Meisterdieb (1812) (Märchen) R: Hübner, Wolfgang; DB: Hübner, Wolfgang; Süring, Peter; FT: Der Meisterdieb (1978); KF: DDR/DEFA

Schneeweißchen und Rosenrot (1812) (Märchen) R: Hartmann, Siegfried; DB: Beichler, Margot; Hartmann, Siegfried; FT: Schneeweißchen und Rosenrot (1978); KF: DDR/DEFA

Der Teufel mit den drei goldenen Haaren (1812) (Märchen) R: Schlegel, Egon; DB: Freitag, Manfred; Nestler, Joachim; FT: Wer reißt denn gleich vorm Teufel aus? (Der Teufel mit den drei goldenen Haaren) (1978); KF: DDR/DEFA

Die Bremer Stadtmusikanten (1812) (Märchen) R: Jessen, Uwe-Detlev; FT: Die Bremer Stadtmusikanten (1979); TV: DDR

Die Gänsemagd (1812) (Märchen) R: Schmenger, Ursula; DB: Beichler, Margot; FT: Die Gänsehirtin am Brunnen (1979); TV: DDR/DDR1

Tischlein deck' dich, Esel streck' dich ... (1812) (Märchen) R: Pichler, Ernst; FT: Tischlein deck' dich (1979); TV: AUST/ORF

Dornröschen (1812) (Märchen) R: Bellmann, Dieter; FT: Dornröschen (1980); TV: DDR

Dornröschen (1812) (Märchen) R: Dörre, Peter; DB: Kayser, Rudolf; FT: Dornröschen (1980); TV: AUST/ORF1

Gevatter Tod (1812) (Märchen) R: Hübner, Wolfgang; DB: Küchenmeister, Claus; Küchenmeister, Wera; FT: Gevatter Tod (1980); TV: DDR

Der gestiefelte Kater (1812) (Märchen) R: Pichler, Ernst; FT: Der gestiefelte Kater (1981); TV: AUST/ORF

Hänsel und Gretel (1812) (Märchen) R: Everding, August; FT: Hänsel und Gretel (1981); TV: BRD/Unitel

Das tapfere Schneiderlein (1812) (Märchen) R: Jessen, Uwe-Detlev; DB: Ensikat, Peter; FT: Das tapfere Schneiderlein (1981); TV: DDR

Der Froschkönig (1812) (Märchen) R: Hoflehner, Johannes; FT: Der Froschkönig (1982); TV: AUST/ORF

Der Hase und der Igel (1812) (Märchen) R: Bellmann, Dieter; FT: Der Hase und der Igel (1982); TV: DDR

Das singende, springende Löweneckerchen (1812) (Märchen) R: Beck, Walter; DB: Beck, Walter; Deubener, Gudrun; FT: Der Prinz hinter den sieben Meeren (1982); KF: DDR/DEFA

Die Gänsemagd (1812) (Märchen) R: Pichler, Ernst; DB: Koch, Karl; FT: Die Gänsehirtin am Brunnen (1983); TV: AUST/ORF

Aschenputtel (1812) (Märchen) R: Pichler, Ernst; FT: Aschenbrödel (1984); TV: AUST/ORF

Frau Holle (1812) (Märchen) R: Jakubisko, Juraj; DB: Feldek, Lubomir; FT: Frau Holle (1984); KF: BRD/CSR/AUST

Aschenputtel (1812) (Märchen) R: Pichler, Ernst; DB: Pichler, Ernst; FT: Hufelands Töchter (1984); TV: AUST/ORF1

Jorinde und Joringel (1812) (Märchen) R: Leupschitz, Florian; DB: Kövesi, Christina; FT: Jorinde und Joringel (1984); TV: AUST/ORF1

König Drosselbart (1812) (Märchen) R: Luther, Miloslav; DB: Luther, Miloslav; Rupeldt, Milos; Vichtha, Tibor; FT: König Drosselbart (1984); TV: BRD/CSR/Omnia/Koliba

Schneeweißchen und Rosenrot (1812) (Märchen) R: Nowottnick-Genschow, Rita-Maria; FT: Schneeweißchen und Rosenrot (1984); KF: BRD

Rumpelstilzchen (1812) (Märchen) R: Grasse, Gerd; DB: Lindow, Rainer; FT: Von der Müllerstochter, die Gold spinnen wollte (1984); TV: DDR

Der Teufel mit den drei goldenen Haaren (1812) (Märchen) R: Tapak, Martin; FT: Die drei goldenen Haare des Sonnenkönigs (1985); TV: AUST/ORF

Der Bärenhäuter (1812) (Märchen) R: Beck, Walter; FT: Der Bärenhäuter (1986); KF: DDR/DEFA

Jorinde und Joringel (1812) (Märchen) R: Hübner, Wolfgang; DB: Hübner, Wolfgang; Küchenmeister, Claus; Küchenmeister, Wera; FT: Jorinde und Joringel (1986); TV: DDR

Der Froschkönig (1812) (Märchen) R: Beck, Walter; DB: Beck, Walter; FT: Der Froschkönig (1987); KF: DDR/DEFA

Eisenhans (1812) (Märchen) R: Lotz, Karl-Heinz; DB: Göthe, Michael; Lehmann, Paul; Lotz, Karl-Heinz; FT: Der Eisenhans (1988); KF: DDR/DEFA

Der Froschkönig (1812) (Märchen) R: Beck, Walter; FT: Froschkönig (1988); KF: DDR/DEFA

Die Geschichte von der Gänseprinzessin und ihrem treuen Pferd Falada (1812) (Märchen) R: Petzold, Konrad; DB: Petzold, Konrad; FT: Die Geschichte von der Gänseprinzessin und ihrem treuen Pferd Falada (1988); KF: DDR/DEFA

Die goldene Gans (1812) (Märchen) R: Hartmann, Siegfried; DB: Hartmann, Siegfried; FT: Die goldene Gans (1988); TV: DDR

Rapunzel (1812) (Märchen) R: Schmenger, Ursula; DB: Lindner, Wolfgang; FT: Rapunzel oder Der Zauber der Tränen (1988); KF: DDR/DEFA

Der treue Johannes (1812) (Märchen) R: Luther, Miloslav; DB: Luther, Miloslav; Porubjak, Martin; FT: Der treue Johannes (1988); TV: BRD/AUST/ZDF/ORF

Aschenputtel (1812) (Märchen) R: Brandauer, Karin; DB: Schulz, Michael; FT: Aschenputtel (1989); TV: BRD/FR/ESP/CSSR/Omnia/ZDF/Films du Sabre/Toro

Schneewittchen und die sieben Zwerge (1812) (Märchen) R: Ráza, Ludvík; DB: Fiedler, Bernd; FT: Schneewittchen und das Geheimnis der Zwerge (1992); TV: BRD/SLOV/Omnia Film/Eurokim/ZDF/Reteitalia/TVE

Aschenputtel (1812) (Märchen) R: Huston, Danny; DB: Dehm, Diether; Goldsmith, John; Witt, Katharina; FT: Eisprinzessin (1995); KF: BRD/Universum Film A.G. (UFA)

Die Bremer Stadtmusikanten (1812) (Märchen) R: Coldewey, Michael; Junkersdorf, Eberhard; Richter, Jürgen; DB: Henry, Bert; Kekulé, Dagmar; Reichel, Georg; FT: Die furchtlosen Vier (1997); KF: BRD/Bioskop

Schneewittchen und die sieben Zwerge (1812) (Märchen) (Scherenschnittfilm) R: Qian Yun Da; Shen Ru Dong; DB: Ling Shu; FT: Schneewittchen und die sieben Zwerge (1997); TV: BRD/ARD

Hans im Glück (1812) (Märchen) R: Losansky, Rolf; DB: Genschow, Gabriel; Losansky, Rolf; FT: Hans im Glück (1998); KF: BRD/G.G. Film/ARD/WDR/ORB/ Der Kinderkanal

Grimmelshausen, Christoffel von (DTL 1622–1676)

Der abenteuerliche Simplizissimus (1669) (Roman) R: Umgelter, Fritz; FT: Des Christoffel von Grimmelshausen abenteuerlicher Simplizissimus (1975); TV: BRD/AUST/ZDF/ORF

Gripari, Pierre (FR 1925–1990)

Lieutenant Tenant (1962) (*Leutnant Nant*) (Komödie) R: Westphal, Gert; FT: Leutnant Nant (1965); TV: BRD/ARD/ WDR

Groß, Heinz (CH 1923–) & **Schleinitz, Egon G.** (BRD 1912–)

Toller Hecht auf krummer Tour (1959) (Roman) R: Ráthony, Ákos von; DB: Badal, Alexander; Krims, Milton; FT: Toller Hecht auf krummer Tour (1961); KF: BRD

Grosz, Christiane (DDR, BRD 1944–) & **Schnitzler, Sonja** (DDR) & **Schwarz, Renate** (DDR) & **Strahl, Rudi** (DDR 1931–)

(Erzählung) R: Unger, Michael; DB: Unger, Michael; FT: Zimmer 418 (1986); TV: DDR/DDR1

Groult, Benoîte (FR 1920–)

Les vaisseaux du coeur (1988) (*Salz auf unserer Haut* 1989) (Roman) R: Birkin, Andrew; DB: Birkin, Andrew; Gilbert, Bee; FT: Salz auf unserer Haut (1991); KF: BRD/CAN/FR/Neue Constantin/Telescene Film Group

Grube, Tina (BRD 1962–)

Männer sind wie Schokolade (1995) (Roman) R: Wilhelm, Uwe; DB: Kallas, Christina; FT: Männer sind wie Schokolade (1999); TV: BRD/ARD

Gruber, Gisi (= Alsegger, Maria Barbara) (AUST 1903–)

Die sieben Kleider der Katrin (1940) (Roman) R: Deppe, Hans; DB: Fichelscher, Walter F.; Keindorff, Eberhard; Sibelius, Johanna; FT: Die sieben Kleider der Katrin (1954); KF: BRD/Constantin/HD Film

Gruber, Michael (BRD)

(Erzählung) R: Neureuther, Erich; DB: Gruber, Michael; FT: Der gerade Weg (1998); TV: BRD

Grumberg, Jean Claude (FR 1939–)

Demain, une fenêtre sur rue (1968) (*Morgen, ein Fenster zur Straße*) (Schauspiel) R: Schlotterbeck, Dieter; FT: Morgen, ein Fenster zur Straße (1970); TV: BRD/ARD/Telefilm Saar

Grün, Max von der (BRD 1926–)

Irrlicht und Feuer (1966) (Roman) R: Brandt, Horst E.; Thiel, Heinz; DB: Bengsch, Gerhard; FT: Irrlicht und Feuer (2 Teile) (1966); TV: DDR/DEFA

Ostende (Erzählung) R: Mrakitsch, Michael; DB: Hufnagel, Karl Günther; Mrakitsch, Michael; FT: Ostende (1968); TV: BRD/ARD/WDR

Zwei Briefe an Pospischiel (1968) (Roman) R: Kirsten, Ralf; DB: Bengsch, Gerhard; Kirsten, Ralf; FT: Zwei Briefe an Pospischiel (1970); TV: DDR

Zwei Briefe an Pospischiel (1968) (Roman) R: Gall, Roland; DB: Grün, Max von der; FT: Zwei Briefe an Pospischiel (1971); TV: BRD/ZDF

Stellenweise Glatteis (1975) (Roman) R: Petersen, Wolfgang; DB: Grün, Max von der; FT: Stellenweise Glatteis (1975); TV: BRD

Späte Liebe (1977) (> Erzählung (1982)) (Szenario) R: Hofmann, Ilse; DB: Grün, Max von der; FT: Späte Liebe (1978); TV: BRD/ARD/WDR

Die Vorstadtkrokodile (1976) (Kindererzählung) R: Becker, Wolfgang; FT: Die Vorstadtkrokodile (1978); TV: BRD/AUST/ CH/ARD/WDR/ORF/DRS

Flächenbrand (1979) (Roman) R: Eschwege, Alexander von; FT: Flächenbrand (1981); TV: BRD

Friedrich und Friederike (1983) (Erzählung) R: Eschwege, Alexander von; DB: Grün, Max von der; FT: Friedrich und Friederike (9 Teile) (1988); TV: BRD/ARD/ WDR

Grünberg, Karl (DDR 1891–1972)

Brennende Ruhr (1929) (Roman) R: Korbschmitt, Hans-Erich; DB: Pederzani, Hans-Albert; FT: Brennende Ruhr (null); TV: DDR

Grundig, Hans (DDR 1901–1958)

Hans Grundig (1962) (Autobiographie) R: Hübner, Achim; DB: Hübner, Achim; FT: Requiem für Hans Grundig (1976); TV: DDR

Grünmandl, Otto (AUST 1924–)

(Erzählung) R: Blank, Richard; DB: Blank, Richard; Grünmandl, Otto; FT: Herz mit Löffel (1990); TV: BRD/ARD/ BR

Grünwald, Alfred (AUST 1884–1951) & **Kálmán, Emmerich** (HU 1882–1953)
Gräfin Mariza (1924) (Operette) R: Schündler, Rudolf; DB: Furch, Janne; FT: Gräfin Mariza (1958); KF: BRD
Gräfin Mariza (1924) (Operette) R: York, Eugen; DB: Brammer, Julius; FT: Gräfin Mariza (1973); KF: BRD

Grünwald, Alfred (AUST 1884–1951) & **Strauss, Oscar** (AUST 1870–1954)
Eine Frau, die weiß, was sie will (1950) (Musikkomödie) (Text von Grünwald nach Verneuil) R: Rabenalt, Arthur Maria; DB: Eckhardt, Fritz; Schwenzen, Per; Witt, Herbert; FT: Eine Frau, die weiß, was sie will (1957); KF: BRD/Bavaria

Grupe-Lörcher, Erica (DTL 1875–1960)
Der Muck (Märchen) R: Tannert, Hannes; DB: Tannert, Hannes; FT: Der Muck (1958); TV: BRD/ARD/SWF

Gryphius, Andreas (DTL 1616–1664)
Absurda Comica oder Herr Peter Squentz (1658) (Schauspiel) R: Abgottspon, Franziskus; DB: Imhasly, Pierre; FT: Peter Squentz (1978); TV: CH

Gudmunsson, Kristmann (ISL 1902–1983)
Livets morgen (1929) (*Morgen des Lebens* 1934) (Roman) R: Stemmle, Robert A.; DB: Stemmle, Robert A.; FT: Du darfst nicht länger schweigen (1955); KF: BRD

Guenter, C.H. (BRD 1924–)
Mister Dynamit - morgen küßt Euch der Tod (1955) (Kriminalroman) R: Gottlieb, Franz Josef; DB: Gottlieb, Franz Josef; FT: Mister Dynamit - morgen küßt Euch der Tod (1966); KF: BRD/ESP/IT

Guggenheim, Kurt (CH 1896–1983)
Riedland (1938) (Roman) R: Bolliger, Wilfried; FT: Riedland (1976); TV: CH

Guggenheim, Werner Johannes (CH 1895–1945)
Bomber für Japan (1938) (Schauspiel) R: Cella, Ettore; DB: Cella, Ettore; FT: Bomber für Japan (1958); TV: CH/DRS

Guillou, Jan (SVE 1944–)
Den demokratiske terroristen (1989) (*Der demokratische Terrorist* 1990) (Roman) R: Berglund, Per; DB: Iveberg, Hans; FT: Der demokratische Terrorist (1992); TV: BRD/SVE/Film Fonds Hamburg/Multimedia Gesellschaft für Audiovisuelle Information mbH/ZDF/Sonet Filmfinans KB/Sonet Produktion AB/Sonet Studios/Svensk Filmindustri (SF)/TV4 Nordisk Television/Thagmat Films

Guitry, Sacha (FR 1885–1957)
Faisons un rêve (1934) (Komödie) R: Ophüls, Marcel; DB: Molo, Beate von; Ophüls, Marcel; FT: Zwei ganze Tage (Wir wollen uns ein Luftschloß bauen) (1970); TV: BRD/FR/ARD/NDR
La jalousie (1934) (Schauspiel) R: Wildhagen, Georg; FT: Eifersucht (1977); TV: AUST/ORF

Gulbranssen, Trygve (NOR 1894–1962)
Og bakom synger skogene (1933) (*Und ewig singen die Wälder* 1935) (Roman) R: May, Paul; DB: Heuser, Kurt; FT: Und ewig singen die Wälder (1959); KF: AUST/Wiener Mundus-Film GmbH
Det blåser fra Dauingfjell; Ingen vej går utenom (1935) (1934) (*Das Erbe von Björndal* 1936) (Roman) (Beide unter dem Titel "Das Erbe von Bjoerndal") R: Ucicky, Gustav; DB: Schwenzen, Per; FT: Das Erbe von Björndal (1960); KF: AUST/Wiener Mundus Film GmbH

Gundermann, Max (BRD)
(Hörspiel) R: Wirth, Franz Peter; DB: Gottschalk, Hans; FT: Oskar kommt mit der dritten Stadtbahn (1954); TV: BRD/ARD/SDR

Günderrode, Karoline von (DTL 1770–1806) & **Wolf, Christa** (DDR, BRD 1929–)
Karoline von Günderrode, Der Schatten eines Traumes (1979) (Gedicht/Texte/Briefe) (hrsg. v. Christa Wolf) R: Richter, Jochen; DB: Richter, Jochen; FT: Abenteuer einer Seele, Karoline von Günderrode, 1770-1806 (1984); TV: BRD/ARD

Gunn, Victor (GB 1889–1965)
The Painted Dog (1955) (Kriminalroman) R: Zehetgruber, Rudolf; DB: Michael, Lukas; Zehetgruber, Rudolf; FT: Das Wirtshaus von Dartmoor (1964); KF: BRD

Günther, Agnes (DTL 1863–1911)
Die Heilige und ihr Narr (1913) (Roman) R: Ucicky, Gustav; FT: Die Heilige und ihr Narr (1957); KF: BRD/Sascha Film

Günther, Egon (DDR, BRD 1927–)
Die schwarze Limousine (1963) (Kriminalroman) R: Petzold, Konrad; DB: Günther, Egon; FT: Jetzt und in der Stunde meines Todes (1963); KF: DDR/DEFA
Das gekaufte Mädchen (1957) (Schauspiel) R: Seidel, Dieter; FT: Das gekaufte Mädchen (1978); TV: DDR

Günther, Johannes von (BRD 1886–1973)
Der Kreidekreis (1942) (Komödie) R: Biltz, Karl Peter; DB: Biltz, Karl Peter; FT: Das salomonische Frühstück (1956); TV: BRD/ARD/SWF

Gürster, Eugen (BRD 1895–1980)
Wetter veränderlich (1931) (Komödie) R: Regnier, Charles; DB: Regnier, Charles; FT: Wetter veränderlich (1962); TV: BRD/ARD/WDR

Gütt, Jürgen (BRD)
Vor Himmelskörpern wird gewarnt (Hörspiel) R: Goslar, Jürgen; DB: Goslar, Jürgen; FT: Vor Himmelskörpern wird gewarnt (1959); TV: BRD/ARD/BR

Gutzkow, Karl Ferdinand (DTL 1811–1878)
Zopf und Schwert (1844) (Komödie) R: Käutner, Helmut; FT: Die preußische Heirat (1974); TV: BRD

Habe, Hans (= Bekessy, Janos) (AUST, USA 1911–1977)
Frau Irene Besser (1961) (Roman) R: Olden, John; DB: Huth, Jochen; FT: Frau Irene Besser (1961); KF: BRD
Im Namen des Teufels: Aufzeichnungen eines Geheimkuriers (1956) (Roman) R: Carstairs, John Paddy; DB: Carstairs, John Paddy; Westerby, Robert; FT: Im Namen des Teufels (1961); KF: BRD/IRL/Constantin Film GmbH/Criterion
Die Mission (1965) (Roman) R: Cremer, Ludwig; DB: Huth, Jochen; FT: Die Mission (1967); TV: BRD/ARD/Intertel
Das Netz (1969) (Roman) R: Purzer, Manfred; DB: Purzer, Manfred; FT: Das Netz (1975); KF: BRD/Roxy

Habeck, Fritz (AUST 1916–)
(Erzählung) R: Hartl, Karl; DB: Hartl, Karl; Tassié, Franz; FT: Reich mir die Hand, mein Leben. Mozart (1955); KF: AUST
Dezemberabend (Erzählung) R: Fuchs, Herbert; DB: Kalbeck, Florian; FT: Wohin wir gehen (1977); TV: AUST/ORF
Wind von Südost (1979) (Roman) R: Glück, Wolfgang; DB: Borutta, Sigi; FT: Wind von Südost (2 Teile) (1985); TV: AUST/ORF2

Häcker, Hans-Joachim (BRD 1910–)
Dreht euch nicht um (1961) (Schauspiel) R: Fleckenstein, Günther; FT: Dreht euch nicht um! (1962); TV: BRD/ARD/SDR

Hackl, Erich (AUST 1954–)
Abschied von Sidonie (1989) (Erzählung) R: Brandauer, Karin; DB: Hackl, Erich; FT: Sidonie (1990); TV: AUST/BRD/ORF/ARD/BR

Hacks, Peter (DDR 1928–)
Die Schlacht bei Lobositz (1956) (Schauspiel) R: Wirth, Franz Peter; FT: Die Schlacht bei Lobositz (1968); TV: BRD/ARD/Bavaria
Musen (1979) (Komödie) R: Habbema, Cox; FT: Musen (1981); TV: DDR
Amphitryon (1968) (Komödie) R: Tögel, Hans-Jürgen; FT: Amphitryon (1982); TV: BRD/ZDF
Die Fische (1977) (Schauspiel) R: Gregorek, Karin; FT: Die Fische (1982); TV: DDR

Haggenmacher, Peter (= Welti, J.) (CH)
Die Venus von Tivoli (1931) (Komödie) R: Steckel, Leonard; DB: Torberg, Friedrich; FT: Zwiespalt des Herzens (1953); KF: CH

Hagnet, Andre (DDR)
Wo warst du heute Nacht, Caroline (Schauspiel) R: Stahnke, Günter; FT: Wo warst du heute Nacht, Caroline (1980); TV: DDR

Hähnel, Brigitte (DDR)
Meine 5 Frauen (1983) (Hörspiel) (in "Jazz im Grab") R: Pause, Wolf-Dieter; FT: Meine 5 Frauen (1983); TV: DDR

Hailey, Arthur (CAN 1920–)
Flight into Danger (1965) (Erzählung) R: Mezger, Theo; DB: Mezger, Theo; Sommer, Werner; FT: Flug in Gefahr (1964); TV: BRD/ARD/SDR
Flight into Danger (1965) (Erzählung) R: Proll, Jens-Peter; FT: Im Fliegen sterben (1974); TV: DDR

Halévy, Ludovic (FR 1834–1908) & **Meilhac, Henri** (FR 1831–1897) & **Offenbach, Jacques** (FR 1819–1880)
Barbe bleue (1866) (*Ritter Blaubart* 1963) (Operette) R: Felsenstein, Walter; Mielke, Georg F.; DB: Felsenstein, Walter; Mielke, Georg F.; FT: Ritter Blaubart (1973); KF: DDR/DEFA

Hall, Willis (GB 1929–)
The Long and the Short and the Tall (1959) (Schauspiel) R: Toelle, Tom; DB: Hall, Willis; FT: Das Ende vom Lied (1963); TV: BRD/ARD/SFB

Hamilton, Patrick (A.W.) (GB 1904–1962)
Gas Light (1938) (*Gaslicht* 1950) (Kriminalstück) R: Cartier, Rudolph; DB: Cartier, Rudolph; FT: Gaslicht (1956); TV: BRD/ARD/SDR
The Man Upstairs (1954) (Kriminalstück) R: Haaf, Wilm ten; FT: Der Herr im ersten Stock (1957); TV: BRD/ARD/BR

Gas Light (1938) (*Gaslicht* 1950) (Kriminalstück) R: Haaf, Wilm ten; DB: Haaf, Wilm ten; FT: Gaslicht (1960); TV: BRD/ARD/BR

Menace by moonlight (*Drohung bei Mondlicht* 1982) (Kriminalstück) R: Haaf, Wilm ten; DB: Ashmore, Basil; FT: Drohung bei Mondlicht (1987); TV: BRD/ARD/BR

Hammann, Joachim (BRD)

Die dritte Nacht (Kriminalerzählung) R: Wichniarz, Karsten; DB: Wichniarz, Karsten; FT: Blue Moon - Atemlos durch die Nacht (1984); KF: BRD/Tröster Film/Roxy

Hammel, Claus (DDR 1932–)

Morgen kommt der Schornsteinfeger (1967) (Komödie) R: Grabowsky, Klaus; FT: Morgen kommt der Schornsteinfeger (1981); TV: DDR

Hammerl, Elfriede (AUST 1945–)

Corinna (Roman) R: Zanke, Susanne; FT: Corinna (1984); TV: AUST/ORF

Hammesfahr, Petra (BRD 1951–)

Heiß und kalt (1997) (Roman) (Roman zum Film) R: Sydow, Rolf von; DB: Hammesfahr, Petra; FT: Heiß und kalt (1997); TV: BRD

Der stille Herr Genardy (1993) (Roman) R: Rola, Carlo; DB: Hammesfahr, Petra; FT: Der stille Herr Genardy (1999); TV: BRD/Movie Entertainment Filmgesellschaft mbH/Première/RTL

Hampel, Bruno (BRD 1920–)

(Roman) R: Glück, Wolfgang; DB: Nicklisch, Hans; Steinhardt, Wolfgang; FT: Denn das Weib ist schwach (1961); KF: BRD

Hamsun, Knut (NOR 1849–1952)

Victoria (1898) (*Viktoria* 1899) (Roman) R: Lothar, Frank; DB: Lothar, Frank; FT: Viktoria (1957); TV: BRD/ARD/SWF

Siste Kapitel (1923) (*Das letzte Kapitel* 1924) (Roman) R: Liebeneiner, Wolfgang; DB: Hurdalek, Georg; FT: Das letzte Kapitel (1961); KF: BRD

Livet ivolt (1910) (*Vom Teufel geholt* 1911) (Komödie) R: Haaf, Wilm ten; FT: Vom Teufel geholt (1969); TV: BRD/ARD/Telefilm Saar

På gjengrodde stier (1949) (*Auf überwachsenen Pfaden* 1950) (Tagebuch) R: Zadek, Peter; FT: Eiszeit (1974); KF: BRD/NOR

Victoria (1898) (dt. 1899) (Roman) R: Widerberg, Bo; DB: Widerberg, Bo; FT: Victoria (1978); TV: BRD/ARD/SWF

Landstrykere (1927) (*Landstreicher* 1928) (Roman) R: Solum, Ola; DB: Christensen, Saabye Lars; Lindgren, Hans; FT: Landstreicher (2 Teile) (1990); TV: BRD/NOR/ARD/NDR/NRK

Handke, Peter (AUST 1942–)

Die Angst des Tormanns beim Elfmeter (1970) (Erzählung) R: Wenders, Wim; DB: Wenders, Wim; FT: Die Angst des Tormanns beim Elfmeter (1972); KF: BRD/PIFDA/Telefilm Wien/ARD/WDR

Die linkshändige Frau (1976) (Erzählung) R: Handke, Peter; DB: Handke, Peter; FT: Die linkshändige Frau (1977); KF: BRD/Road Movies/Wim Wenders

Der kurze Brief zum langen Abschied (1972) (Erzählung) R: Vesely, Herbert; FT: Der kurze Brief zum langen Abschied (1978); TV: CH/BRD/DRS/ZDF

Über den Dörfern (1981) (Gedicht) R: Homschak, Claus; DB: Gratzer, Hans; FT: Über den Dörfern (1985); TV: AUST/ORF

Hanke, Erich (DDR, BRD)

Erinnerungen eines Illegalen (1974) (Roman) R: Veth, Kurt; DB: Küchenmeister, Claus; Küchenmeister, Wera; FT: Auftrag: überleben (1977); TV: DDR

Hanley, William (USA 1931–)

Whisper into My Good Ear (1963) (*Komm, flüstere in mein gutes Ohr*) (Schauspiel) R: Spier, Wolfgang; FT: Komm, flüstere in mein gutes Ohr (1969); TV: BRD/ARD/SFB

Hansen, Konrad (BRD 1933–)

Witte Wyandotten (1963) (Komödie) R: Räpple, Rudolf; FT: Weiße Wyandotten (1965); TV: BRD/ARD/WDR

Hansen, Thorkild (NOR 1929–1989)

Processen mod Hamsun (1978) (*Der Hamsun-Prozeß* 1979) (Bericht) R: Troell, Jan; DB: Enquist, Per Olof; Fant, Madeleine; Hamsun, Marie; Troell, Jan; FT: Hamsun (1996); TV: BRD/NOR/SVE/DK/ARD/BR/Polyphon/Merkur Film/Norsk Filminstitutt/TV2-Norge/SVT Drama/Svensk Filmindustri (SF)/Svenska Filminstitutet (SFI)/Det Danske Filminstitut/Nordisk Film/TV2 Danmark

Hansjakob, Heinrich (DTL 1837–1916)

(Roman) R: Hasso, Harry; Hasso, Signe; DB: Hasso, Harry; FT: Maria Johanna (1953); KF: BRD

Harbou, Thea von (BRD 1888–1954)

Das indische Grabmal (1917) (Roman) R: Lang, Fritz; DB: Lang, Fritz; Lüddecke, Werner Jörg; FT: Das indische Grabmal (1958); KF: BRD/FR/IT/CCC Filmkunst GmbH/Criterion Film/Regina Production S.A./Rizzoli Film Sp.A.

Das indische Grabmal (1917) (Roman) R: Lang, Fritz; DB: Lang, Fritz; Lüddecke, Werner Jörg; FT: Der Tiger von Eschnapur (1958); KF: BRD/FR/IT/CCC Filmkunst GmbH/Criterion Film/Regina Production S.A./Rizzoli Film Sp.A.

Hardel, Lilo (DDR 1914–)

Theater in der kleinen Stadt (1959) (Kinderbuch) R: Noczynski, Fred; DB: Durian, Sybille; FT: Einmal die Luise sein (1983); TV: DDR

Hardt-Warden, Bruno (DTL) & **Stolz, Robert** (AUST 1880–1975) & **Wiener, Hugo** (AUST 1904–1993)

Wenn die kleinen Veilchen blühen (1932) (Operette) R: Lanske, Hermann; DB: Lanske, Hermann; FT: Wenn die kleinen Veilchen blühen (1985); KF: BRD

Harksen, Verena C. (BRD 1942–)

Der große Bellheim (1992) (Roman) (Roman zur Serie) R: Wedel, Dieter; DB: Wedel, Dieter; FT: Der große Bellheim (1992); TV: BRD/ZDF

Harris, Elmer (USA 1878–1966)

Johnny Belinda (1956) (*Johnny Belinda* 1956) (Schauspiel) R: Wild, Franz Josef; FT: Johnny Belinda (1961); TV: BRD/ARD/BR

Hart, Moss (USA 1904–1961)

Once in a Lifetime (1930) (Schauspiel) R: Rothemund, Sigi; FT: Drei gegen Hollywood (1982); TV: BRD/ZDF

Hartau, Friedrich (DTL)

Die letzte Nacht (Schauspiel) R: York, Eugen; DB: Jahn, Otto Heinz; John, Karl; Mosbacher, Peter; Offenbach, Josef; Schafheitlin, Franz; Schroth, Carl Heinz; FT: Die letzte Nacht (1949); KF: BRD

Die letzte Nacht (Erzählung) R: Winds, Erich-Alexander; DB: Schweikert, W.K.; FT: Die letzte Nacht (1957); TV: DDR

Die letzte Nacht (Erzählung) R: Kunert, Joachim; DB: Kunert, Joachim; Schweikert, W.K.; FT: Die letzte Nacht (1960/61); TV: DDR

Harte, (Francis) Brett(t) (USA 1836–1902)

(Erzählung) R: Grädler, Theodor; FT: Novellen aus dem wilden Westen (1975); TV: BRD/ARD/WDR

Hartleben, Otto Erich (DTL 1864–1905)

Rosenmontag (1900) (Schauspiel) R: Birgel, Willi; DB: John, Heinz-Werner; Klaren, Georg C.; FT: Rosenmontag (1955); KF: BRD

Härtling, Peter (BRD 1933–)

Ein Abend, eine Nacht, ein Morgen (1971) (Erzählung) R: Cremer, Ludwig; DB: Härtling, Peter; FT: Ein Abend, eine Nacht, ein Morgen (1974); TV: BRD/ARD/SFB

(Erzählung) R: Cremer, Ludwig; DB: Härtling, Peter; FT: Intermezzo für 5 Hände (1976); TV: BRD/ARD/SFB

Oma: die Geschichte von Kalle, der seine Eltern verliert und von seiner Großmutter aufgenommen wird (1975) (Jugendbuch) R: Borgelt, Hans-Henning; DB: Otto, Uwe; FT: Kalles Oma (1976); TV: BRD/ARD/SFB

Jakob hinter der blauen Tür (1990) (Kinderroman) R: Senft, Haro; DB: Matouch, Horst; Reiner-Gum, Christina; Rölz, Josef; Senft, Haro; Ulrich, Sylvia; FT: Jacob hinter der blauen Tür (1990); TV: BRD/ZDF

Krücke (1986) (Roman) R: Grünler, Jörg; DB: Grünler, Jörg; FT: Krücke (1992); KF: BRD/EIKON/DEFA/ZDF

Hartmann, Lukas (CH 1944–)

Pestalozzis Berg (1988) (Roman) R: Gunten, Peter von; DB: Gunten, Peter von; Hartmann, Lukas; Schneider, Peter; FT: Pestalozzis Berg (1990); TV: CH/DDR/IT/BRD/Praesens Film/DRS/DEFA/Ellepi/Ciov-Film/ZDF/Stella/Cinérent

Anna, annA (1990) (Kinderroman) R: Brauer, Jürgen; Kläy, Greti; DB: Brauer, Jürgen; Hartmann, Lukas; Kläy, Greti; FT: Anna annA (1992); KF: CH/BRD/LUX/Fama/Rehwes/Samsa

Hartog, Jan de (NL, USA 1914–)

Schipper naast God (1945) (Schauspiel) R: Farenburg, Hanns; FT: Schiff ohne Hafen (1956); TV: BRD/ARD/NWRV Hamburg

De ondergang van "De Vrijheid" (1937) (Schauspiel) R: Farenburg, Hanns; DB: Italiander, Rolf; FT: Der Untergang der "Freiheit" (1960); TV: BRD/ARD/NWRV Hamburg

The Fourposter (1947) (Komödie) R: Rádvany, Géza von; DB: Fodor, Ladislas; FT: Das Riesenrad (1961); KF: BRD/CCC Filmkunst GmbH

The Fourposter (1947) (Komödie) R: Quest, Hans; FT: Das Himmelbett (1963); TV: BRD/ARD/WDR

Hartung, Ellinor (BRD)

Marylin (Roman) R: Frankel, Cyril; DB: Fodor, Ladislas; FT: Scheidungsgrund: Liebe (1960); KF: BRD/CCC Filmkunst GmbH

Hartung, Hugo (BRD 1902–1972)

Ich denke oft an Piroschka (1954) (Roman) R: Hoffmann, Kurt; DB: Schwenzen, Per; Wedekind, Joachim; FT: Ich denke oft an Piroschka (1955); KF: BRD

Paul und Julia (Hörspiel) R: Wilhelm, Kurt; DB: Hartung, Hugo; FT: Paul und Julia (1958); TV: BRD/ARD/BR

Wir Wunderkinder (1957) (Roman) R: Hoffmann, Kurt; DB: Neumann, Günter; Pauck, Heinz; FT: Wir Wunderkinder (1958); KF: BRD/Filmaufbau

Ich denke oft an Piroschka (1954) (Roman) R: Wagner, Klaus; DB: Hartung, Hugo; FT: Piroschka (1960); TV: BRD/ARD/HR

Ich denke oft an Piroschka (1954) (Roman) R: Gottlieb, Franz Josef; DB: Földessy, Ferenc; Nachmann, Kurt; FT: Ferien mit Piroschka (1965); KF: AUST/BRD

Harych, Theo (BRD 1903–1958)

Im Namen des Volkes (1958) (Roman) R: Balhaus, Carl; DB: Barckhausen, Joachim; Stenbock-Fermor, Alexander von; FT: Mord ohne Sühne (1962); KF: DDR/DEFA

Hašek, Jaroslav (CSR 1883–1923)

Osudy dobreho vojaka Švejka ya svetove valky (1921) (*Die Abenteuer des braven Soldaten Schwejk* 1926) (Roman) R: Verhoeven, Paul; DB: Verhoeven, Paul; FT: Die Abenteuer des braven Soldaten Schwejk (1957); TV: BRD/ARD/BR

Osudy dobreho vojaka Švejka ya svetove valky (1921) (*Die Abenteuer des braven Soldaten Schwejk* 1926) (Roman) R: Ambesser, Axel von; DB: Jacoby, Hans; FT: Der brave Soldat Schwejk (1960); KF: BRD/CCC Filmkunst GmbH

Osudy dobreho vojaka Švejka ya svetove valky (1921) (*Die Abenteuer des braven Soldaten Schwejk* 1926) (Roman) R: Liebeneiner, Wolfgang; DB: Kubala, Karel; Pauck, Heinz; FT: Schwejks Flegeljahre (1963); KF: AUST

Osudy dobreho vojaka Švejka ya svetove valky (1921) (*Die Abenteuer des braven Soldaten Schwejk* 1926) (Roman) R: Dunkhase, Heinz; DB: Dunkhase, Heinz; Martens, Hans-Günther; FT: Die Abenteuer des braven Soldaten Schwejk (1967); TV: BRD/ARD/NDR

Osudy dobreho vojaka Švejka ya svetove valky (1921) (*Die Abenteuer des braven Soldaten Schwejk* 1926) (Roman) R: Liebeneiner, Wolfgang; DB: Hachfeld, Eckart; FT: Die Abenteuer des braven Soldaten Schwejk (1972); TV: BRD/AUST/ORF

(*Das reelle Unternehmen*) (Erzählung) R: Proll, Jens-Peter; FT: Das reelle Unternehmen (1975); TV: DDR

(Erzählung) (Humoresken nach Geschichten von Hašek) R: Eder, Otto Anton; DB: Laub, Gabriele; FT: Die Güte der Fürsten (1983); TV: AUST/BRD/ORF/ZDF

Hasenclever, Walter (DTL 1890–1940)

Münchhausen (1934) (Schauspiel) R: Umgelter, Fritz; DB: Umgelter, Fritz; FT: Münchhausen (1966); TV: BRD/ARD/BR

Christoph Columbus (1932) (Komödie) R: Käutner, Helmut; DB: Käutner, Helmut; FT: Christoph Columbus oder Die Entdeckung Amerikas (1969); TV: BRD/ARD/HR

Ein besserer Herr (1927) (Komödie) R: Thyret, Margot; FT: Ein besserer Herr (1988); TV: DDR/DDR2

Münchhausen (1934) (Schauspiel) R: Glück, Wolfgang; FT: Münchhausens letzte Liebe (1988); TV: AUST/ORF/FS1

Hasler, Eveline (CH 1933–)

Achterbahn (1980) (Erzählung) R: Cortesi, Mario; FT: Achterbahn (1980); TV: CH/BRD/AUST/DRS/ZDF/ORF

Komm wieder, Peppino (1975) (Jugenderzählung) R: Cortesi, Mario; DB: Cortesi, Mario; Hermann, Ludwig; FT: Peppino (8 Teile) (1983); TV: CH/BRD/AUST/DRS/ZDF/ORF

Haslinger, Josef (AUST 1955–)

Opernball (1995) (Roman) R: Egger, Urs; DB: Ohngemach, Gundula Leni; FT: Opernball - Die Opfer/Die Täter (2 Teile) (1997); TV: BRD/Constantin/Sat1/Satel

Hassencamp, Oliver (BRD 1921–1988)

Bekenntnisse eines möblierten Herrn (1960) (Roman) R: Wirth, Franz Peter; DB: Hassencamp, Oliver; FT: Bekenntnisse eines möblierten Herrn (1963); KF: BRD/Neue Deutsche Film GmbH (Wolf Schwarz)

Hastings, Charlotte (GB)

Bonaventure (1950) (> High Ground (1951)) (Schauspiel) R: Haaf, Wilm ten; FT: Schwester Bonaventura (1958); TV: BRD/ARD/BR

Hastings, Hugh (GB 1917–)

Seagulls Over Sorrento (1951) (*Möwen über Sorrent*) (Schauspiel) R: Völger, Werner; DB: Völger, Werner; FT: Möwen über Sorrent (1956); TV: BRD/ARD/SFB

Hattwig, Martin (DDR) & **Winter, Klaus** (DDR, BRD 1928–)

Des Königs Datsche oder Nackenstützen für Badewannen (1982) (Musikkomödie) R: Ostrowsky, Hartmut; FT: Urlaub mit Nackenstützen (1984); TV: DDR

Hauff, Wilhelm (DTL 1802–1827)

Das kalte Herz (1828) (Märchen) R: Verhoeven, Paul; DB: Gordon, Wolff von; Verhoeven, Paul; FT: Das kalte Herz (1950); KF: DDR/DEFA

Der Zwerg Nase (1827) (Märchen) R: Stefani, Francesco; DB: Surmann, Emil; FT: Zwerg Nase (1952); KF: BRD

Der kleine Muck (1826) (Märchen) R: Staudte, Wolfgang; DB: Podehl, Peter; Staudte, Wolfgang; FT: Die Geschichte vom kleinen Muck (1953); KF: DDR/DEFA

(Märchen) R: Sellner, Gustav Rudolf; DB: Sellner, Gustav Rudolf; FT: Abu Kasems Pantoffeln. Eine orientalische Geschichte (1957); TV: BRD/ARD/NWRV

Das Wirtshaus im Spessart (1828) (Erzählung) R: Hoffmann, Kurt; DB: Enderle, Liselotte; Pauck, Heinz; FT: Das Wirtshaus im Spessart (1957); KF: BRD

Der junge Engländer (Märchen) R: Kolditz, Gottfried; FT: Der junge Engländer (1958); KF: DDR/DEFA

Das Wirtshaus im Spessart (1828) (Erzählung) R: Hoffmann, Kurt; DB: Neumann, Günter; Pauck, Heinz; FT: Das Spukschloß im Spessart (1960); KF: BRD

Das Märchen vom falschen Prinzen (1826) (Märchen) R: Trabold, Peter; DB: Reinirkens, Leonhard; FT: Der falsche Prinz (1967); TV: BRD/ARD/SWF

Saids Schicksale (1828) (Märchen) R: Trabold, Peter; DB: Reinirkens, Leonhard; FT: Saids Schicksale (1969); TV: BRD/ARD/SWF

Der kleine Muck (1826) (Märchen) R: Eder, Otto Anton; DB: Eder, Otto Anton; Hoflehner, Johannes; FT: Der kleine Muck (1971); TV: AUST/ORF

Das kalte Herz (1828) (Märchen) R: Reinhold, Werner; DB: Pfaue, Justus; FT: Das kalte Herz (1978); TV: BRD/ZDF

Das Märchen vom falschen Prinzen (1826) (Märchen) R: Dörre, Peter; FT: Das Märchen vom falschen Prinzen (1978); TV: AUST/ORF

Die Sängerin (1827) (Erzählung) R: Schulze-Rohr, Peter; FT: Die Sängerin (1978); TV: BRD/ZDF

Der Zwerg Nase (1827) (Märchen) R: Bahls, Karl-Heinz; DB: Kaltofen, Günter; FT: Zwerg Nase (1978); KF: DDR/DEFA

Der Zwerg Nase (1827) (Märchen) R: Hoflehner, Johannes; FT: Zwerg Nase (1980); TV: AUST/ORF

Die Geschichte vom Kalif Storch (1826) (Märchen) R: Hoflehner, Johannes; FT: Kalif Storch (1981); TV: AUST/ORF

Das kalte Herz (1828) (Märchen) R: Leupschitz, Florian; DB: Merwelitz, Stefana; FT: Das kalte Herz (1983); TV: AUST/ORF

Die Errettung Fatmes (1826) (Märchen) R: Kramberg, Karl-Heinz; FT: Die Errettung Fatmes (1984); TV: BRD/ARD/BR

Das Märchen vom falschen Prinzen (1826) (Märchen) R: Rabos, Dusan; DB: Dietl, Jaroslav; FT: Der falsche Prinz. Ein orientalisches Märchen um Schein und Sein (1985); TV: BRD/ZDF

Hauptmann, Elisabeth (DDR 1897–1973)

Happy End (1929) (Musikkomödie) R: Schirk, Heinz; DB: Schirk, Heinz; FT: Happy End (1972); TV: BRD/ARD/SWF

Hauptmann, Gaby (BRD 1957–)

Nur ein toter Mann ist ein guter Mann (1996) (Kriminalroman) R: Gremm, Wolf; DB: Gremm, Wolf; Hauptmann, Gaby; FT: Nur ein toter Mann ist ein guter Mann (1998); TV: BRD/ARD

Hauptmann, Gerhart (DTL 1862–1946)

Der Biberpelz (1893) (Komödie) R: Engel, Erich; DB: Stemmle, Robert A.; FT: Der Biberpelz (1949); KF: DDR/DEFA

Wanda (1928) (Roman) R: Meyer, Rolf; DB: Meyer, Rolf; Walter, Kurt E.; FT: Königin der Arena (1952); KF: BRD

Der Biberpelz (1893) (Komödie) R: Völger, Werner; DB: Völger, Werner; FT: Der Biberpelz (1955); TV: BRD/ARD/SFB

Michael Kramer (1900) (Schauspiel) R: Braun, Alfred; FT: Michael Kramer (1955); TV: BRD/ARD/SFB

Die Ratten (1911) (Schauspiel) R: Siodmak, Robert; DB: Huth, Jochen; FT: Die Ratten (1955); KF: BRD/CCC Filmkunst GmbH

Das Friedensfest (1890) (Schauspiel) R: Völger, Werner; DB: Völger, Werner; FT: Das Friedensfest (1956); TV: BRD/ARD/SFB

Fuhrmann Henschel (1898) (Schauspiel) R: Baky, Josef von; FT: Fuhrmann Henschel (1956); KF: BRD

Rose Bernd (1903) (Schauspiel) R: Staudte, Wolfgang; DB: Ulbrich, Walter; FT: Rose Bernd (1956); KF: BRD/Bavaria

Vor Sonnenuntergang (1889) (Schauspiel) R: Reinhardt, Gottfried; DB: Huth, Jochen; FT: Vor Sonnenuntergang (1956); KF: BRD/CCC Filmkunst GmbH

Hannele (1894) (> Hanneles Himmelfahrt (1896)) (Schauspiel) R: Horn, Peter A.; FT: Hanneles Himmelfahrt (1957); TV: BRD/ARD/SWF

Dorothea Angermann (1926) (Schauspiel) R: Siodmak, Robert; FT: Dorothea Angermann (1958); KF: BRD

Herbert Engelmann (1952) (Schauspiel) R: Lietzau, Hans; DB: Carls, Carl Dietrich; Lietzau, Hans; FT: Herbert Engelmann (1959); TV: BRD/ARD/SFB

Die Ratten (1911) (Schauspiel) R: Olden, John; DB: Oelschlegel, Gerd; FT: Die Ratten (1959); TV: BRD/ARD/NWRV Hamburg

Und Pippa tanzt (1906) (Schauspiel) R: Umgelter, Fritz; FT: Und Pippa tanzt (1961); TV: BRD/ARD/BR

Der Biberpelz (1893) (Komödie) R: Olden, John; FT: Der Biberpelz (1962); TV: BRD/ARD/NDR

Gabriel Schillings Flucht (1912) (Schauspiel) R: Dieterle, William; FT: Gabriel Schillings Flucht (1962); TV: BRD/ARD/SFB

Rose Bernd (1903) (Schauspiel) R: Burmester, Gustav; FT: Rose Bernd (1962); TV: BRD/ARD/NDR Studio Hambg.

Der rote Hahn (1901) (Schauspiel) R: Olden, John; FT: Der rote Hahn (1962); TV: BRD/ARD/NDR

Schluck und Jau (1900) (Schauspiel) R: Beauvais, Peter; FT: Schluck und Jau (1962); TV: BRD/ARD/WDR

College Crampton (1892) (Komödie) R: Semmelroth, Wilhelm; FT: Kollege Crampton (1967); TV: BRD/ARD/WDR

Bahnwärter Thiel (1892) (Erzählung) R: Völger, Werner; DB: Schedlich, Hajo; FT: Bahnwärter Thiel (1968); TV: BRD/ZDF

Die Ratten (1911) (Schauspiel) R: Beauvais, Peter; FT: Die Ratten (1969); TV: BRD/ARD/WDR

Die Weber (1892) (*De Waber* 1892) (Schauspiel) R: Gräwert, Günter; FT: Die Weber (1971); TV: BRD/ARD/SFB

Michael Kramer (1900) (Schauspiel) R: Bonhoff, Ursula; FT: Michael Kramer (1978); TV: DDR

Das Friedensfest (1890) (Schauspiel) R: Keil, Gerd; FT: Das Friedensfest (1979); TV: DDR

Vor Sonnenaufgang (1889) (Schauspiel) R: Döpke, Oswald; FT: Vor Sonnenaufgang (1979); TV: AUST/ORF

Die Weber (1892) (*De Waber* 1892) (Schauspiel) R: Umgelter, Fritz; FT: Die Weber (1980); TV: BRD/ARD/BR

Bahnwärter Thiel (1892) (Erzählung) R: Kasprzik, Hans-Joachim; DB: Jörn, Klaus; FT: Bahnwärter Thiel (1982); TV: DDR/DEFA

Hauser, Harald (DDR 1912–)

Es waren zwei Königskinder (1981) (Erzählung) R: Werner, Hans; DB: Werner, Hans; FT: Nadine, meine Liebe (1989); TV: DDR/DDR1

Hauser, Heinrich (BRD 1901–1955)

Brackwasser (1928) (Roman) R: Wirth, Franz Peter; DB: Hassencamp, Oliver; Heuser, Kurt; FT: Bis zum Ende aller Tage (1961); KF: BRD/Nero-NDF

Hauser, Jochen (DDR, BRD 1941–)

Familie Rechlin (1978) (Roman) R: Loebner, Vera; DB: Hauser, Jochen; FT: Familie Rechlin (1982); TV: DDR/DEFA

Havel, Václav (CSR 1936–)

Vyrozumeni (1965) (*Die Benachrichtigung* 1967) (Komödie) R: Haaf, Wilm ten; FT: Die Benachrichtigung (1968); TV: BRD/ARD/SWF

Ztizená moznost soustredení (1969) (Komödie) R: Bünte, Michael; FT: Erschwerte Möglichkeit der Konzentration (1970); TV: BRD/ARD/BR

Hawthorne, Nathaniel (USA 1804–1864)

The Scarlet Letter (1850) (*Der scharlachrote Buchstabe* 1851) (Erzählung) R: Wenders, Wim; DB: Dorst, Tankred; Ehler, Ursula; Fernández, Bernardo; Wenders, Wim; FT: Der scharlachrote Buchstabe (1972); KF/FF: BRD/PIFDA/WDR/Elias Querejeta Film

David Swan (1837) (*Im Schlafe geschehen* 1851) (Erzählung) (in "Twice-Told Tales") R: Növer, Hans; DB: Növer, Hans; FT: Im Schlafe geschehen (1976); TV: BRD/ARD/BR

Hay, Guyla (Julius) (HU 1900–1975)

Das Tal der Witwen (1938) (Schauspiel) R: Hädrich, Rolf; FT: Haben (1964); TV: BRD/ARD/NDR

Gaspar Varros Recht (1955) (Schauspiel) R: Munck, Dieter; DB: Munck, Dieter; FT: Gaspar Varros Recht (1966); TV: BRD/ARD/WDR/AUST/ORF

Das Tal der Witwen (1938) (Schauspiel) R: Vogeler, Volker; FT: Haben (1975); KF: BRD

Hayden, Sterling (USA 1916–)

Wanderer (1963) (Roman) R: Bühler, Wolf-Eckart; DB: Bühler, Wolf-Eckart; FT: Der Havarist (1983); TV: BRD/Red Harvest/Star Film/ARD/NDR/WDR

Hayes, Joseph (USA 1918–)

The Hours after Midnight (1958) (*Die Stunden nach Mitternacht* 1960) (Kriminalroman) R: Goslar, Jürgen; DB: Schnitzler, Wolfgang; FT: 90 Minuten nach Mitternacht (1962); KF: BRD

Hebbel, Christian Friedrich (DTL 1813–1863)
Die Nacht im Jägerhaus (Erzählung) R: Völger, Werner; DB: Völger, Werner; FT: Die Nacht im Jägerhaus (1956); TV: BRD/ARD/SFB
Herodes und Mariamne (1850) (Schauspiel) R: Semmelroth, Wilhelm; FT: Herodes und Mariamne (1965); TV: BRD/ARD/WDR
Judith (1841) (Schauspiel) R: Haaf, Wilm ten; FT: Judith (1966); TV: BRD/ARD/BR
Die Nibelungen (1862) (Schauspiel) R: Semmelroth, Wilhelm; DB: Semmelroth, Wilhelm; FT: Die Nibelungen (1967); TV: BRD/ARD/WDR
Maria Magdalena (1844) (Schauspiel) R: Kroetz, Franz Xaver; FT: Maria Magdalena (1973); KF: BRD

Hebel, Peter (BRD)
Die Patentlösung (1980) (Kriminalroman) R: Luderer, Wolfgang; DB: Kelch, Hans; FT: Schmerzensgeld (1985); TV: BRD/ARD/HR

Heer, Jacob Christoph (CH 1859–1925)
Der König der Bernina (1900) (Roman) R: Lehner, Alfred; DB: Busse, Karl Heinz; FT: Der König der Bernina (1957); KF: AUST/CH
An heiligen Wassern (1898) (Erzählung) R: Weidenmann, Alfred; DB: Reinecker, Herbert (= Berg, Alex); FT: An heiligen Wassern (1960); KF: CH/Cine Custodia Film AG Zürich

Heiduczek, Werner (DDR, BRD 1926–)
Verfehlung (1987) (Erzählung) R: Karow, Heiner; DB: Witt, Wolfram; FT: Verfehlung (1991); KF: BRD/DEFA/von Vietinghoff Filmprod.

Heimann, Alexander (CH 1937–)
Lisi (1994) (Roman) R: Rissi, Mark M.; DB: Burckhardt, Steve; FT: Lisi und der General (1988); TV: CH/DRS/SRG

Heimann, Erwin (CH 1909–1991)
Hast noch der Söhne ja (1956) (Roman) R: Ammann, Lukas; DB: Meer, Thomas; Trivas, Victor; FT: Hast noch der Söhne ja ...? (1959); KF: CH/Neue Terra
An allem schuld (1965) (Roman) R: Heizmann, Jean-Pierre; FT: An allem schuld (1984); TV: CH/DRS

Hein, Christoph (DDR, BRD 1944–)
Passage (1987) (Schauspiel) R: Bornemann, Fritz; DB: Bornemann, Fritz; FT: Passage (1989); TV: DDR/DEFA
Die Ritter der Tafelrunde (1989) (Komödie) R: Bornemann, Fritz; FT: Die Ritter der Tafelrunde (1990); TV: DDR/DFF2
Der Tangospieler (1989) (Roman) R: Gräf, Roland; DB: Gräf, Roland; FT: Der Tangospieler (1990); KF: DDR/BRD/DEFA/CSM Productions/ARD/WDR

Heine, Heinrich (DTL 1797–1856)
(Gedicht) R: Niebeling, Hugo; DB: Gautier, Theophile; Saint Georges, Vernoy de; FT: Giselle (1969); KF: BRD/FR
Florentinische Nächte (1834) (Roman) R: Birth, Ottomar; DB: Franke, Walter A.; FT: Der Zaubergarten (1984); TV: BRD

Heinrich, Jutta (BRD 1940–)
Das Geschlecht der Gedanken (1977) (Roman) R: Ehmck, Gustav; DB: Ehmck, Gustav; FT: Josephs Tochter (1983); TV: BRD/ARD

Heinrich, Willi (BRD 1920–)
Schmetterlinge weinen nicht (1969) (Roman) R: Überall, Klaus; DB: Foglini, Mario; Hansen, Jürgen; Heinrich, Willi; FT: Schmetterlinge weinen nicht (1970); KF: BRD/Peter Schamoni
Das geduldige Fleisch (1955) (Roman) R: Peckinpah, Sam; DB: Asmodi, Herbert; Epstein, Julius; FT: Steiner - Das Eiserne Kreuz (1977); KF: BRD/GB/Rapid (Wolf C. Hartwig)/Terra/EMI, London

Heinze, Harald (DDR, BRD 1940–)
Ich bin erst neunzehn (1983) (Roman) (Szenen) R: Unger, Michael; FT: Ich bin erst 19 (1985); TV: DDR/DDR1

Held, Annegret (BRD 1962–)
Meine Nachtgestalten (1988) (Kriminalroman) R: Dresen, Andreas; DB: Stieler, Laila; FT: Die Polizistin (2000); TV: BRD/Universum Film A.G. (UFA)/ARD/WDR

Held, Kurt (BRD 1897–1959)
Die rote Zora und ihre Bande (1943) (Jugendbuch) R: Umgelter, Fritz; DB: Kosic, Bora; Söhnlein, Rainer; Umgelter, Fritz; FT: Mondo Montag. Die rote Zora und ihre Bande (1979); TV: CH/DRS/ARD/BR

Held, Ludwig (AUST 1837–) & **West, Moritz** (AUST) & **Zeller, Carl** (AUST 1842–1898)
Der Vogelhändler (1891) (Operette) (Libretto von Held und West) R: Rabenalt, Arthur Maria; DB: Braun, Curt Johannes; FT: Der Vogelhändler (1953); KF: BRD/Berolina
Der Vogelhändler (1891) (Operette) (Libretto von Held und West) R: Hess, Joachim; DB: Hassencamp, Oliver; Henschel, Wolfgang F.; Hess, Joachim; FT: Der Vogelhändler (1968); TV: BRD/ZDF

Held, Wolfgang (DDR, BRD 1930–)
Der Tod zahlt mit Dukaten (1964) (Roman) R: Hartmann, Siegfried; DB: Hartmann, Siegfried; Kiehl, Edmund; FT: Flucht ins Schweigen (1966); KF: DDR/DEFA
Das Licht der schwarzen Kerze (1967) (Roman) R: Hagen, Peter; DB: Held, Wolfgang; FT: Das Licht der schwarzen Kerze (1973); TV: DDR

Helfer, Monika (BRD 1947–)
Die wilden Kinder (1984) (Roman) R: Berger, Christian; DB: Berger, Christian; Helfer, Monika; FT: Die wilden Kinder (1988); TV: AUST/ORF2
Der Neffe (1991) (Erzählung) R: Zerhau, Gabriela; DB: Zerhau, Gabriela; FT: Der Neffe (1996); TV: BRD/NDF München/ZDF

Heller, Eva (BRD 1948–)
Beim nächsten Mann wird alles anders (1987) (Roman) R: Schwarzenberger, Xaver; DB: Freyermuth, Gundolf S.; Lukschy, Stefan; FT: Beim nächsten Mann wird alles anders (1988); KF: BRD/Susan Nielebock, Matthias Wendlandt/Rialto Film

Hellman, Lillian (USA 1905–1984)
The Little Foxes (1939) (*Kleine Füchse* 1945) (Schauspiel) R: Beauvais, Peter; FT: Die kleinen Füchse (1961); TV: BRD/ARD/SFB

Helms, K. H. (CH 1912–)
Krupp und Krause (1965) (Roman) R: Brandt, Horst E.; Thiel, Heinz; DB: Bengsch, Gerhard; FT: Krupp und Krause (3 Teile) (1969); TV: DDR

Helwig, Paul (BRD 1893–1963)
Flitterwochen (1938) (Komödie) R: Wildhagen, Georg; FT: Flitterwochen (1962); TV: BRD/ARD/SWF
Krampus und Angelika (1964) (Komödie) R: Quest, Hans; FT: Krampus und Angelika (1965); TV: BRD/ARD/SFB

Helwig, Werner (DTL, CH 1905–1985)
Raubfischer in Hellas (1939) (Roman) (Neufassung 1969) R: Hächler, Horst; DB: Dell, Jeffrey; Eisinger, Jo; FT: Raubfischer in Hellas (1959); KF: BRD

Hendrich, Johannes (BRD 1919–)
Der Sog (Hörspiel) R: Mezger, Theo; DB: Hendrich, Johannes; FT: Der Sog (1968); TV: BRD/ARD/WDR

Hengge, Paul (AUST 1930–)
(Erzählung) R: Knaus, Walter; DB: Knaus, Walter; FT: Grenzen (1958); TV: BRD/ARD/SWF

Henisch, Peter (BRD 1943–)
Die kleine Figur meines Vaters (1975) (Roman) R: Glück, Wolfgang; DB: Henisch, Peter; FT: Die kleine Figur meines Vaters (1980); TV: AUST/ORF

Henkel, Heinrich (CH 1937–)
Eisenwichser (1970) (< Isewixer) (Schauspiel) R: Imhoof, Markus; FT: Isewixer (1979); TV: CH/DRS

Hennequin, Maurice (FR 1863–1926) & **Veber, Pierre Eugène** (FR 1869–1942)
La présidente (1913) (Kriminalkomödie) R: Günther, Michael; DB: Günther, Michael; FT: Die Präsidentin (1982); TV: BRD/ZDF

Henricks, Paul (BRD 1919–)
Sieben Tage Frist für Schramm (1966) (Kriminalroman) R: Vohrer, Alfred; DB: Flügel, Ernst; FT: Sieben Tage Frist (1969); KF: BRD

Hentschke, Heinz (BRD 1895–1970)
Hochzeitsnacht im Paradies (1942) (Operette) R: Bolváry, Géza von; DB: Marischka, Ernst; FT: Hochzeitsnacht im Paradies (1950); KF: BRD

Hentschke, Heinz (BRD 1895–1970) & **Raymond, Fred** (AUST 1900–1954)
Maske in Blau (1937) (Operette) R: Jacoby, Georg; DB: Böttger, Fritz; Forster, Walter; Wedekind, Joachim; FT: Maske in Blau (1952); TV: BRD

Herbert, F. (Frederick) Hugh (USA 1897–)
The Moon is Blue (1951) (Komödie) R: Preminger, Otto; DB: Herbert, Hugh F.; FT: Die Jungfrau auf dem Dach (1952); KF: BRD/USA

Herbig, Heinz-Dieter (BRD 1951–)
Der kleine Hamlet (Roman) R: Scholz, Marcus; DB: Scholz, Marcus; FT: Apfel im Moor (1993); TV: BRD

Herburger, Günter (BRD 1932–)
Waldfriedhof (Erzählung) R: Lilienthal, Peter; DB: Herburger, Günter; FT: Abschied (1967); TV: BRD/ARD
Tag der offenen Tür (1966) (Hörspiel) R: Verstappen, Wim; DB: Märthesheimer, Peter; FT: Tag der offenen Tür (1967); TV: BRD/ARD/WDR
Die Söhne (1968) (Erzählung) R: Vogeler, Volker; DB: Herburger, Günter; FT: Die Söhne (1968); TV: BRD/ARD
Tanker (1965) (Erzählung) R: Vogeler, Volker; DB: Herburger, Günter; FT: Tanker (1969); TV: BRD/ARD

Die Eroberung der Zitadelle (1972) (Erzählung) R: Wicki, Bernhard; DB: Wicki, Bernhard; Witte, Gunther; FT: Die Eroberung der Zitadelle (1975); KF: BRD/Scorpion(Jürgen Dohme)/ARD/WDR

Hauptlehrer Hofer (1975) (Erzählung) R: Lilienthal, Peter; DB: Brödl, Herbert; Herburger, Günter; Lilienthal, Peter; FT: Hauptlehrer Hofer (1975); KF/FF: BRD/F/ARD/WDR/FFAT.Film

Lenau (Erzählung) R: Gall, Roland; DB: Breest, Jürgen; Gall, Roland; FT: Lenau (1975); TV: BRD/ARD/RB

Herfurtner, Rudolf (CH 1947–)

Wunderjahre: Hannas Geschichte (1991) (Erzählung) R: Arend, Aghte; DB: Arend, Aghte; Herfurtner, Rudolf; FT: Wunderjahre (1992); KF: BRD/Objectiv Film

Herlihy, James Leo (USA 1927–)

Bad, Bad Jo-Jo (1969) (Schauspiel) R: Cremer, Ludwig; FT: Bös, bös, Jo-Jo! (1972); TV: BRD/ARD/BR

Herlin, Hans (BRD 1925–)

Satan ist auf Gottes Seite (1981) (Roman) R: Staudte, Wolfgang; DB: Griesmayr, Hartmut; Klauß, Jürgen; FT: Satan ist auf Gottes Seite (1983); TV: BRD/Bavaria/ZDF

Die Belmonts (1992) (Kriminalroman) R: Rönfeldt, Detlef; DB: Görlitz, Helmut Christian; FT: Tödliches Geld (1995); TV: BRD

Hermann, Georg (DTL 1871–1943)

Kubinke (1910) (Roman) R: Stemmle, Robert A.; DB: Stemmle, Robert A.; FT: Kubinke (1966); TV: BRD/ARD/SFB

Grenadier Wordelmann (1930) (Roman) R: Hildebrandt, Hans-Joachim; FT: Grenadier Wordelmann (1980); TV: DDR

Rosenemil (1933) (Roman) R: Gabrea, Radu; DB: Dohnal, Meir; Gabrea, Radu; FT: Rosen-Emil (1993); TV: BRD/FR/CH/RU/DEFA/ZDF/Molecule/Artimage/Galla-Film

Hermann, Kai (BRD 1938–) & **Rieck, Horst** (BRD 1941–)

Wir Kinder vom Bahnhof Zoo: Chrstiane F. (1978) (Biographie) R: Edel, Ulrich; DB: Weigel, Hermann; FT: Christiane F.: Wir Kinder vom Bahnhof Zoo (1981); KF: BRD/Solaris/Meran/Popular/CLV

Hermlin, Stephan (DDR, BRD 1915–1997)

Leutnant Yorck von Wartenburg (1946) (Erzählung) R: Vogel, Peter; DB: Görner, Eberhard; Haubold, Günter; FT: Leutnant Yorck von Wartenburg (1981); TV: DDR/DEFA

Die Zeit der Einsamkeit (1950) (Erzählung) R: Vogel, Peter; DB: Görner, Eberhard; FT: Die Zeit der Einsamkeit (1984); TV: DDR

Die erste Reihe (1951) (Erzählung) R: Vogel, Peter; DB: Görner, Eberhard; Vogel, Peter; FT: Die erste Reihe (1987); TV: DDR/DDR1

Hertz, Henrik (DK 1797–1870)

Kong Renés datter (1845) (*König Renés Tochter* 1856) (Schauspiel) R: Scholz, Gunter; DB: Müller, Wolf; FT: Das Licht der Liebe (1990); KF: DDR/DEFA

Herzer, Ludwig (AUST 1872–) & **Lehár, Franz** (HU 1879–1948) & **Lohner, Fritz** (AUST 1883–1942)

Das Land des Lächelns (1929) (Operette) R: Deppe, Hans; DB: Eggebrecht, Axel; Marischka, Hubert; FT: Das Land des Lächelns (1952); KF: BRD

Herzmanovsky-Orlando, Fritz Ritter von (AUST 1877–1954)

Kaiser Joseph und die Bahnwärtertochter (1963) (Schauspiel) (in "Gesammelte Werke" (1957-63)) R: Corti, Axel; DB: Schmeidel, Rüdiger von; FT: Kaiser Joseph und die Bahnwärtertochter (1962); KF: AUST/Filmco

's Wiesenhendl (1963) (Komödie) (in "Gesammelte Werke" (1957-63)) R: Wilhelm, Kurt; FT: 's Wiesenhendl (1968); TV: BRD/ARD/Dürer Film Salzbg

Herzog, Gabriele (DDR, BRD 1948–)

Das Mädchen aus dem Fahrstuhl (1985) (Erzählung) R: Zschoche, Herrmann; DB: Herzog, Gabriele; FT: Das Mädchen aus dem Fahrstuhl (1990); TV: DDR/DEFA, Gruppe "Roter Kreis"

Hesse, Hermann (BRD 1877–1962)

Der Steppenwolf (1927) (Roman) R: Haines, Fred; DB: Haines, Fred; FT: Steppenwolf (1974); KF: USA

Kinderseele (1919) (Erzählung) R: Kubli, Guy; DB: Schmelzer, Manfred; FT: Kinderseele (1977); TV: BRD

Franz von Assisi (1904) (Roman) R: Cavani, Liliana; DB: Cavani, Liliana; Mazzoni, Roberta; FT: Francesco (1989); TV: BRD/IT/Karol/Royal/Italnoleggio Cinematografica/RAI

Heuberger, Richard (AUST 1850–1914) & **Léon, Victor** (AUST 1858–1940) & **Waldberg, Hugo** (AUST)

Opernball (1895) (Operette) (Libretto von Léon nach der Komödie "Die Rosa-Dominos" von Léon und Waldberg) R: Marischka, Ernst; DB: Marischka, Ernst; FT: Opernball (1956); KF: AUST

Heuck, Sigrid (BRD 1932–)
Mondjäger (1983) (Roman) R: Behrend, Jens-Peter; DB: Behrend, Jens-Peter; Donelly, Elfie; FT: Mondjäger (1989); KF: BRD/Carsten Krüger/ARD/SFB
Hey, Richard (BRD 1926–)
Jeden Abend Kammermusik (1961) (Hörspiel) (in "Vier Hörspiele") R: Cremer, Ludwig; DB: Hey, Richard; FT: Abends Kammermusik (1965); TV: BRD/ARD/SDR
Szenen um Elsbet (1969) (Hörspiel) R: Hey, Richard; DB: Hey, Richard; FT: Szenen mit Elsbet (1971); TV: BRD/ARD/SWF
Ein Mord am Lietzensee (1973) (Roman) R: Büscher, Lutz; DB: Büscher, Lutz; FT: Ein Mord am Lietzensee (1978); TV: BRD/ZDF
Heyer, Georgette (GB 1902–1974)
Arabella (1949) (*Bezaubernde Arabelle* 1954) (Roman) R: Ambesser, Axel von; DB: Berneis, Peter; Eckhardt, Fritz; FT: Bezaubernde Arabella (1959); KF: BRD
Heym, Stefan (DDR, BRD 1913–)
Collin (1979) (Roman) R: Schulze-Rohr, Peter; FT: Collin (1981); TV: BRD/AUST/ARD/SWF/NDR/ORF
Die Papiere des Andreas Lenz (1963) (> Lenz oder Die Freiheit (1965)) (Roman) R: Berner, Dieter; DB: Berger, Hilde; Berner, Dieter; FT: Lenz oder Die Freiheit (1986); TV: BRD/ARD/SWF
Schwarzenberg (1984) (Roman) R: Itzenplitz, Eberhard; DB: Hubalek, Claus; Ladiges, Ann; FT: Schwarzenberg (2 Teile) (1989); TV: BRD/ZDF
Heyne, Kurt E. (BRD 1906–1961)
Der Apfel ist ab (1935) (Musikkomödie) R: Käutner, Helmut; DB: Käutner, Helmut; Todd, Bobby; FT: Der Apfel ist ab (1948); KF: BRD/Camera Film
Heynicke, Kurt (BRD 1891–1985)
Mein Sohn Matteo (Hörspiel) R: Collande, Volker von; DB: Grund, Hartmut; FT: Drei Väter (1955); TV: BRD/ARD/NWDR
Heyse, Paul (DTL 1830–1914)
Das Mädchen von Treppi (1894) (Erzählung) R: Witt, Claus Peter; DB: Hubalek, Claus; FT: Zwei Liebesgeschichten (1979); TV: BRD/ZDF
Highsmith, Patricia (USA 1921–1995)
Another Bridge to Cross (1970) (*Über die Brücke*) (Erzählung) R: Zamurovic, Ceco; DB: Defrank, Rolf; FT: Über die Brücke (1975); TV: BRD/ZDF
Ripley's Game (1974) (Kriminalroman) R: Wenders, Wim; DB: Wenders, Wim; FT: Der amerikanische Freund (1977); KF: BRD/Road Movies/Wim Wenders Prod./FR/Les Films du Losange
The Glass Cell (1964) (*Das unsichtbare Gitter* 1966) (Kriminalroman) R: Geissendörfer, Hans W.; DB: Bädekerl, Klaus; Geissendörfer, Hans W.; FT: Die gläserne Zelle (1978); KF: BRD/Roxy/Solaris
(Erzählung) R: Schadewald, Bernd; FT: Der Tag der Abrechnung (1982); TV: BRD/ARD/WDR
Edith's Diary (1977) (*Ediths Tagebuch* 1978) (Kriminalroman) R: Geissendörfer, Hans W.; DB: Geissendörfer, Hans W.; FT: Ediths Tagebuch (1983); KF: BRD/Hans W. Geissendörfer Prod./Roxy/Pro-ject
Deep Water (1957) (*Stille Wasser sind tief* 1963) (> Tiefe Wasser) (Kriminalroman) R: Wirth, Franz Peter; FT: Tiefe Wasser (1983); TV: BRD/ZDF
The Two Faces of January (1964) (*Der Unfall auf Kreta* 1966) (Kriminalroman) R: Storch, Wolfgang; DB: Storch, Wolfgang; Willschrei, Karl Heinz; FT: Die zwei Gesichter des Januar (1985); KF: BRD/Monaco/ARD/SDR
The Cry of the Owl (1962) (*Der Schrei der Eule* 1976) (Kriminalroman) R: Toelle, Tom; DB: Fröhlich, Pea; Märthesheimer, Peter; FT: Der Schrei der Eule (1987); TV: BRD/ZDF
The Storyteller (1965) (*Der Geschichtenerzähler* 1977) (Erzählung) R: Boldt, Rainer; DB: Boldt, Rainer; Neunkirchen, Dorothea; Schröder, Wolf-Christian; FT: Der Geschichtenerzähler (1989); KF: BRD/Helmut Wiez - Common Film/Ulla Stöckel Filmprod./PDK/ARD/SFB
The Tremor of Forgery (1969) (*Das Zittern des Fälschers* 1970) (Kriminalroman) R: Goedel, Peter; DB: Göckeritz, Harald; Goedel, Peter; FT: Trip nach Tunis (1993); TV: BRD/AUST/Kick-Film/ARD/BR/NDR/ORF
Hild, August (DDR)
Reifender Sommer (1959) (> Reifender Sommer (1956)) (Roman) R: Reinecke, Horst; DB: Brandis, Helmut; FT: Reifender Sommer (1959); KF: DDR/DEFA
Hildesheimer, Wolfgang (BRD 1916–1991)
Begegnung im Balkan-Express (1956) (Hörspiel) R: Lietzau, Hans; DB: Hildesheimer, Wolfgang; FT: Begegnung im Balkan-Express (1955); TV: BRD/ARD/NWDR

Die Lästerschule (1962) (Komödie) R: Räck, Kurt; FT: Die Lästerschule (1962); TV: BRD/ARD/SFB

Der Drachenthron (1955) (Komödie) R: Westphal, Gert; DB: Hildesheimer, Wolfgang; FT: Turandot (1963); TV: BRD/ARD/SWF

Rivalen (1961) (Komödie) R: Fiedler, Gerlach; DB: Dietrich, Annette; FT: Rivalen (1969); TV: BRD/ARD/SFB

Die Verspätung (1961) (Schauspiel) R: Neureuther, Erich; DB: Neureuther, Erich; FT: Die Verspätung (1969); TV: BRD/ARD/SWF

Hill, Werner (BRD 1930–)

Johannisnacht (Roman) R: Reinl, Harald; DB: Lotz-Dupont, Ilse; Yost, Tibor; FT: Johannisnacht (1965); KF: BRD/Delos Film

Hillern, Wilhelmine von (DTL 1836–1916)

's Reis am Weg (Erzählung) R: Stöckel, Joe; DB: Lippl, Alois Johannes; FT: Ein Herz schlägt für dich (1955); KF: BRD

Die Geier-Wally (1875) (Roman) R: Cap, Franz; FT: Die Geierwally (1956); KF: BRD

Die Geier-Wally (1875) (Roman) R: Bockmayer, Walter; DB: Bockmayer, Walter; FT: Geierwally (1990); TV: BRD/ZDF

Hinrichs, August (DTL 1879–1956)

Das fröhliche Dorf (Komödie) R: Schündler, Rudolf; DB: Kampendonk, Gustav; FT: Das fröhliche Dorf (1955); KF: BRD

Siebzehn und zwei (1952) (Komödie) R: Farenburg, Hanns; DB: Neumann, Martin; FT: Siebzehn und zwei (1955); TV: BRD/ARD/NWDR

Alltomal Sünner (1951) (Komödie) R: Siegmund, Günther; DB: Siegmund, Günther; FT: Allzumal Sünder (1966); TV: BRD/Ohnesorg Theater Hamburg/ARD/NDR

Diederk schall freen (1931) (Komödie) R: Siegmund, Günther; DB: Siegmund, Günther; FT: Diederk soll heiraten (1966); TV: BRD/Ohnesorg Theater Hamburg/ARD/NDR

Krach um Jolanthe (1933) (Komödie) R: Fischer, Olf; DB: Fischer, Olf; FT: Krach um Jolanthe (1967); TV: BRD/Ohnesorg Theater Hamburg/ARD/NDR

Für die Katz! (1938) (Komödie) R: Fischer, Olf; DB: Fischer, Olf; FT: Alles für die Katz (1970); TV: BRD/Ohnesorg Theater Hamburg/ARD/NDR

Für die Katz! (1938) (Komödie) R: Ragotzky, Karl-Otto; DB: Ragotzky, Karl-Otto; FT: Für die Katz (1974); TV: BRD

Wenn de Hahn kreiht (1933) (Komödie) R: Siegmund, Günther; DB: Siegmund, Günther; FT: Wenn der Hahn kräht (1976); TV: BRD/Ohnesorg Theater Hamburg/ARD/NDR

Wenn de Hahn kreiht (1933) (Komödie) R: Fischer, Olf; DB: Fischer, Olf; FT: Wenn der Hahn kräht (1985); TV: BRD/Ohnesorg Theater Hamburg/ARD/NDR

Wenn de Hahn kreiht (1933) (Komödie) R: Ott, Hans-Jürgen; DB: Bertram, Klaus; FT: Wenn der Hahn kreiht (1985); TV: BRD/ARD/N3/RB

Wenn de Hahn kreiht (1933) (Komödie) R: Steuer, Wolfgang; DB: Steuer, Wolfgang; FT: Wenn der Hahn kräht (1993); TV: AUST/ORF

Krach um Jolanthe (1933) (Komödie) R: Helfrich, Bernhard; DB: Helfrich, Bernhard; FT: Krach um Jolanthe (1996); TV: BRD

Hinterberger, Ernst (AUST 1931–)

Salz der Erde (1966) (Roman) R: Schwabenitzky, Reinhard; FT: Ein echter Wiener geht nicht unter (1975-80); TV: AUST/ORF

Kaisermühlen Blues (1994) (Roman) (Roman zur Serie) R: Riedelsperger, Erhard; Schwabenitzky, Reinhard; Sicheritz, Harald; FT: Kaisermühlen Blues (1992); TV: AUST/ORF

Hirche, Peter (BRD 1923–)

Der Verlorene (1963) (Hörspiel) R: Runze, Ottokar; DB: Hirche, Peter; FT: Verlorenes Leben (1975); KF: BRD

Hirsch, Peter (BRD)

Das Lächeln der Ewigkeit (Hörspiel) R: Götz-Pflug, Curt; DB: Hirsch, Peter; FT: Das Lächeln der Ewigkeit (1957); TV: BRD/ARD/SFB

Hlasko, Marek (PL 1934–1969)

Ósmy dzie'n tygodnia (1957) (*Der achte Tag der Woche* 1958) (Roman) R: Ford, Aleksander; DB: Ford, Aleksander; FT: Der achte Wochentag (1958); KF: BRD/PL/CCC Filmkunst GmbH/Film Polski Film Agency

(Erzählung) R: Hädrich, Rolf; DB: Hädrich, Rolf; Krapp, Helmut; FT: Die Friedhöfe (1960); TV: BRD/ARD/HR

(*Die zweite Ermordung des Hundes*) (Erzählung) R: Schulze-Rohr, Peter; DB: Schulze-Rohr, Peter; FT: Die zweite Ermordung des Hundes (1973); TV: BRD/ZDF

(*Die Schlinge*) (Erzählung) R: Hädrich, Rolf; DB: Hädrich, Rolf; Krapp, Helmut; FT: Die Schlinge (1985); TV: BRD/ARD/HR

Hochhuth, Rolf (BRD 1931–)

Berliner Antigone (1966) (Erzählung) R: Wolffhardt, Rainer; DB: Ahlsen, Leopold; FT: Berliner Antigone (1968); TV: BRD/ARD

Eine Liebe in Deutschland (1978) (Roman) R: Wajda, Andrzej; DB: Holland, Agnieszka; Michalek, Boleslav; FT: Eine Liebe in Deutschland (1983); KF: BRD/FR/CCC Filmkunst GmbH/ZDF/Gaumont

Hochwälder, Fritz (AUST 1911–1986)

Der Flüchtling (1948) (*Neufassung* 1955) (Schauspiel) (Neufassung 1955) R: Borsody, Eduard von; FT: Die Frau am Wege (1948); KF: AUST

Der öffentliche Ankläger (1954) (Schauspiel) R: Wagner, Konrad; FT: Der öffentliche Ankläger (1955); TV: BRD/ARD/NWDR Hamburg

Der Flüchtling (1948) (*Neufassung* 1955) (Schauspiel) R: Umgelter, Fritz; FT: Der Flüchtling (1956); TV: BRD/ARD/HR

Das heilige Experiment (1947) (Schauspiel) R: Wagner, Konrad; FT: Das heilige Experiment (1956); TV: BRD/ARD/NWRV

Die Herberge (1956) (Schauspiel) R: Burmester, Gustav; FT: Die Herberge (1957); TV: BRD/ARD/NWRV

Der öffentliche Ankläger (1954) (Schauspiel) R: Wilhelm, Kurt; FT: Der öffentliche Ankläger (1958); TV: BRD/ARD/BR

Der Flüchtling (1948) (Schauspiel) (Neufassung 1955) R: Völger, Werner; DB: Larsen, W. G.; Oelschlegel, Gerd; FT: Der Flüchtling (1961); TV: BRD/ARD/WDR

Der öffentliche Ankläger (1954) (Schauspiel) R: Lanske, Hermann; FT: Der öffentliche Ankläger (1961); TV: AUST/ORF

Donadieu (1953) (Schauspiel) R: Grädler, Theodor; FT: Donadieu (1962); TV: AUST/ORF

Der Himbeerpflücker (1965) (Komödie) R: Neuberg, Erich; FT: Der Himbeerpflücker (1965); TV: AUST/ORF

Das heilige Experiment (1947) (Schauspiel) R: Wolffhardt, Rainer; DB: Pigge, Helmut; FT: Das heilige Experiment (1966); TV: BRD/ARD/WDR

Der öffentliche Ankläger (1954) (Schauspiel) R: Schwarze, Hans-Dieter; DB: Schwarze, Hans-Dieter; FT: Der öffentliche Ankläger (1967); TV: BRD/ZDF

Hotel du Commerce (1954) (Schauspiel) R: Lietzau, Hans; DB: Lietzau, Hans; FT: Hotel du Commerce (1969); TV: BRD/ARD/SWF

Höcker, Paul Oskar (DTL 1865–1944)

Die Sonne von St. Moritz (1909) (Roman) R: Rabenalt, Arthur Maria; DB: Braun, Curt Johannes; FT: Die Sonne von St. Moritz (1954); KF: BRD

Høeg, Peter (DK 1957–)

Frøken Smillas fornemmelse for sne (1992) (*Fräulein Smillas Gespür für Schnee* 1994) (Roman) R: August, Bille; DB: Biderman, Ann; FT: Fräulein Smillas Gespür für Schnee (1997); KF: BRD/DK/SVE/Constantin/Smilla Film/Greenland Film/Bavaria

Hofé, Günter (DDR 1914–1988)

Der dalmatinische Dolch (1980) (Erzählung) (Szenen aus den Erzählungen) R: Werner, Hans; FT: Das Verhör (1981); TV: DDR

Höfele, Andreas (BRD 1950–)

Die Heimsuchung des Assistenten Jung (1978) (Roman) R: Schamoni, Thomas; DB: Höfele, Andreas; FT: Die Heimsuchung des Assistenten Jung (1981); KF: BRD/Ullstein AV

Hofer, Elisabeth (AUST)

Trostgasse 7 (1982) (Roman) R: Reitzenstein, Anton; DB: Hofer, Elisabeth; Rudle, Ditta; FT: Trostgasse 7. Eine Kindheit in Wien 1934-1938 (1988); TV: AUST/ORF2

Hoffmann, Ernst Theodor Amadeus (DTL 1776–1822)

Die Serapionsbrüder (1821) (Erzählung) R: Martin, Paul; DB: Kampendonk, Gustav; FT: Die tödlichen Träume (1950); KF: BRD

Lebens-Ansichten des Katers Murr nebst fragmentarischer Biographie des Kapellmeisters Johannes Kreisler (1820) (Roman) R: Hess, Günter; DB: Hess, Günter; FT: Johannes Kreisler, des Kapellmeisters musikalische Leiden (1953); TV: BRD/ARD/NWDR

Das Fräulein von Scuderi (1819) (Erzählung) R: York, Eugen; DB: Barckhausen, Joachim; Stenbock-Fermor, Alexander von; FT: Das Fräulein von Scuderi (1955); KF: DDR/SVE/DEFA/Pandora-Film Stockholm

Die Serapionsbrüder (1821) (Erzählung) R: York, Eugen; FT: Die Schätze des Teufels (1955); KF: BRD

Das Fräulein von Scuderi (1819) (Erzählung) R: Reitz, Edgar; DB: Reitz, Edgar; FT: Cardillac (1968); KF: BRD/Edgar Reitz Film

Die Serapionsbrüder (1821) (Erzählung) R: Käutner, Helmut; FT: Die seltsamen Abenteuer des Geheimkanzlersekretärs Tusmann (1971); TV: BRD

Die Elixiere des Teufels (1815) (Roman) R: Kirsten, Ralf; DB: Kirsten, Brigitte; Kirsten, Ralf; FT: Die Elixiere des Teufels (1972); KF: DDR/DEFA

Die Elixiere des Teufels (1815) (Roman) R: Purzer, Manfred; DB: Purzer, Manfred; FT: Die Elixiere des Teufels (1976); TV: BRD/Roxy(Luggi Waldleitner)/Divina/ARD/BR

Das Fräulein von Scuderi (1819) (Erzählung) R: Büscher, Lutz; DB: Wittlinger, Karl; FT: Das Fräulein von Scuderi (1976); TV: BRD/ZDF

Die Serapionsbrüder (1819) (Erzählung) R: Keil, Gerd; FT: Albertine oder Das schlimme Ding (1980); KF: DDR

Der Magnetiseur (1813) (Roman) R: Weck, Peter; FT: Der Magnetiseur (1981); TV: AUST/ORF

Klein Zaches, genannt Zinnober (1819) (Erzählung) R: Strecker, Frank; FT: Klein Zaches, genannt Zinnober (1982); TV: BRD

Klein Zaches, genannt Zinnober (1819) (Erzählung) R: Bleiweiß, Celino; DB: Woytowicz, Monika; FT: Klein Zaches, genannt Zinnober (1983); TV: DDR/DDR1

Der Sandmann (1815) (Erzählung) R: Thoren, Orly; FT: Olympia (1983); TV: BRD/ARD/NDR

Der Sandmann (1815) (Erzählung) R: Wesel, Franz; FT: Olympias Wiederkehr (1983); TV: BRD/ARD/SWF

Der Sandmann (1815) (Erzählung) R: Damek, Dagmar; DB: Damek, Dagmar; FT: Der Sandmann (1983); TV: BRD/ARD/BR

Der Sandmann (1815) (Erzählung) R: Schmidt, Eckhart; DB: Schmidt, Eckhart; FT: Der Sandmann (1993); KF: BRD/Provobis Gesellschaft für Film und Fernsehen mbH/Raphaela Film/Suburban Tempe Company

Hoffmann, Heinrich (DTL 1809–1894)

Der Struwwelpeter (1847) (Kinderbuch) R: Genschow, Fritz; DB: Genschow, Fritz; FT: Der Struwwelpeter (1954); KF: BRD

Höfler, Polly Maria (BRD 1907–1952)

André und Ursula (1937) (Roman) R: Jacobs, Werner; DB: Heuser, Kurt; Jacobs, Werner; FT: André und Ursula (1955); KF: BRD

Hofmann, Fritz (DTL 1928–)

(Erzählung) R: Gwisdek, Michael; DB: Gwisdek, Michael; FT: Treffen in Travers (1988); KF: DDR/DEFA

Hofmann, Gert (BRD 1931–1993)

Der Bürgermeister (1963) (Schauspiel) R: Cremer, Ludwig; FT: Der Bürgermeister (1965); TV: BRD/ARD/SDR

Kündigungen (1969) (Schauspiel) R: Cremer, Ludwig; FT: Kündigungen (1969); TV: BRD/ARD/SDR

Der Kinoerzähler (1990) (Roman) R: Sinkel, Bernhard; DB: Sinkel, Bernhard; FT: Der Kinoerzähler (1993); KF: BRD/Allianz Filmproduktion/ABS/Roxy/Bioskop/ZDF

Hofmann, Mariella (BRD)

St. Angela - Lehrjahre (1998) (Roman) (Roman zur Serie) R: Delbridge, John; Petsch, Hans-Klaus; FT: St. Angela (1997-); TV: BRD/ARD

St. Angela - Liebe ist ansteckend (1999) (Roman) (Roman zur Serie) R: Delbridge, John; Petsch, Hans-Klaus; FT: St. Angela (1997-); TV: BRD/ARD

Hofmann, Ota (CSR 1928–1989)

Pan Tau (1951) (*Monsieur Tau*) (Kindererzählung) R: Polak, Jindrich; DB: Hofmann, Ota; FT: Pan Tau (Herr Tau) (1952/1972); TV: BRD/ARD/WDR/SR/CSR

Hofmannsthal, Hugo von (AUST 1874–1929)

Jedermann (1911) (Schauspiel) R: Reinhardt, Gottfried; FT: Jedermann (1961); KF: BRD

Das Salzburger große Welttheater (1922) (Schauspiel) R: Jaray, Hans; DB: Jaray, Hans; FT: Das Salzburger große Welttheater (1961); TV: BRD/ARD/NDR

Der Schwierige (1921) (Komödie) R: Olden, John; FT: Der Schwierige (1961); TV: BRD/ARD/NDR

Christinas Heimreise (1910) (Komödie) R: Cremer, Ludwig; FT: Christinas Heimreise (1965); TV: BRD/ARD/Bavaria

Der Unbestechliche (1923) (Komödie) R: Klingenberg, Gerhard; FT: Der Unbestechliche (1968); TV: BRD/ARD/Bavaria

Der Schwierige (1921) (Komödie) R: Barabás, Stanislav; DB: Barabás, Stanislav; FT: Der Schwierige (1974); TV: AUST/BRD/ORF/ZDF

Der Thor und der Tod (1900) (Schauspiel) R: Eigler, Gernot; DB: Eigler, Gernot; FT: Der Tor und der Tod (1974); TV: BRD/ZDF

Die Lästigen (1915) (Komödie) R: Glück, Wolfgang; FT: Die Lästigen (1977); TV: AUST/ORF

Hofmannsthal, Hugo von (AUST 1874–1929) & **Molière, Jean Baptiste** (FR 1622–1673) & **Strauss, Richard** (AUST 1864–1949)

Ariadne auf Naxos (1912) (< (Der Bürger als Edelmann) (1918) von Hofmannsthal (Le bourgeois gentilhomme) (1670) von Molière) (Musikkomödie) R: Matiasek, Helmuth; DB: Matiasek, Helmuth; FT: Der Bürger als Edelmann (1969); TV: AUST/ORF1

Hofmannsthal, Hugo von (AUST 1874–1929) & **Strauss, Richard** (AUST 1864–1949)

Elektra (1909) (Oper) R: Friedrich, Götz; DB: Blahacek, Rudolf; FT: Elektra (1981); TV: BRD/AUST/ARD/WDR/ORF

Höhne, Heinz (BRD 1926–)

Kennwort: Direktor (1971) (Bericht) R: Wirth, Franz Peter; DB: Gottschalk, Hans; FT: Die rote Kapelle (1972); TV: BRD/ARD/Bavaria/ORF/RAI

Hölderlin, Friedrich (DTL 1770–1843)

Hyperion oder Der Eremit in Griechenland (1797) (> Hyperions Fall (1819)) (Epos) R: Grüber, Klaus Michael; DB: Grüber, Klaus Michael; Hammer, Ellen; FT: Winterreise im Olympiastadion (1969); KF: BRD/Schaubühne am Halleschen Ufer

Der Tod des Empedokles (1826) (Schauspiel) R: Huillet, Danièle; Straub, Jean-Marie; DB: Huillet, Danièle; Straub, Jean-Marie; FT: Der Tod des Empedokles (1987); KF: BRD/FR

Der Tod des Empedokles (1826) (Schauspiel) (3. Fassung) R: Huillet, Danièle; Straub, Jean-Marie; DB: Huillet, Danièle; Straub, Jean-Marie; FT: Die schwarze Sünde (1990); TV: BRD/ARD/WDR

Holländer, Felix (DTL 1867–1931)

Der Eid des Stefan Huller (1912) (Roman) R: Neumann, Kurt; DB: Neumann, Kurt; Walter, Kurt E.; FT: Drei vom Varieté (1954); KF: BRD

Sturmwind im Westen (1896) (Roman) R: Proll, Jens-Peter; FT: Regine oder Die Falle (1980); TV: DDR

Holland-Moritz, Renate (DDR, BRD 1935–)

Das Durchgangszimmer (1967) (Erzählung) R: Gendries, Klaus; DB: Belicke, Kurt; FT: Florentiner 73 (1972); TV: DDR/DDR1

Graffunda räumt auf (1969) (Erzählung) R: Oehme, Roland; DB: Janowski, Maurycy; Kusche, Lothar; Oehme, Roland; FT: Der Mann, der nach der Oma kam (1972); KF: DDR/DEFA

Eine Stunde Aufenthalt (1973) (Erzählung) R: Hölzke, Hubert; FT: Eine Stunde Aufenthalt (1975); TV: DDR

Der kleine Weihnachtsmann (Erzählung) R: Meyer, Günther; DB: Ensikat, Peter; FT: Der kleine Weihnachtsmann (1979); TV: DDR

Holst, Evelyn (BRD 1952–)

Ein Mann für gewisse Sekunden (1992) (Roman) R: Stephan, Bernhard; DB: Holst, Evelyn; FT: Ein Mann für gewisse Sekunden (1999); TV: BRD/Bavaria/ZDF

Holt, Hans (BRD 1909–)

Der Herzspezialist (1956) (Komödie) R: Olden, John; FT: Der Herzspezialist (1957); TV: BRD/ARD/NWRV

Holtz-Baumert, Gerhard (DDR, BRD 1927–)

Alfons Zitterbacke (1958) (> Alfons Zitterbacke hat wieder Ärger (1962)) (Kinderbuch) R: Petzold, Konrad; DB: Düring, Joachim; Petzold, Konrad; FT: Alfons Zitterbacke (1966); KF: DDR/DEFA

Der entführte Prinz und das Gärtnermädchen (1988) (Erzählung) R: Hübner, Wolfgang; DB: Küchenmeister, Claus; Küchenmeister, Wera; FT: Der entführte Prinz (1983); TV: DDR

Erscheinen Pflicht (1981) (Bericht) R: Dziuba, Helmut; DB: Dziuba, Helmut; FT: Erscheinen Pflicht (1983); KF: DDR/DEFA

Alfons Zitterbacke (1958) (> Alfons Zitterbacke hat wieder Ärger (1962)) (Kinderbuch) R: Schreiber, Andreas; DB: Schmenger, Fritz; FT: Alfons Zitterbacke (6 Teile) (1986); TV: DDR/DDR1

Holz, Arno (DTL 1863–1929)

Socialaristokraten (1896) (Komödie) R: Witt, Claus Peter; FT: Sozialaristokraten (1966); TV: BRD/ARD/NDR

Holz, Arno (DTL 1863–1929) & **Jerschke, Oskar** (DTL 1886–1928)

Traumulus (1904) (Komödie) R: Collande, Volker von; FT: Traumulus (1965); TV: BRD/ARD/BR

Holzner, Michael (BRD 1943–)

Treibjagd: die Geschichte des Benjamin Holberg (1978) (Roman) R: Görlitz, Helmut Christian; DB: Görlitz, Helmut Christian; FT: Das Ende vom Anfang (1981); KF: BRD/Ottokar Runze Filmprod.

Home, William Douglas (GB 1912–)
The Bad Soldier Smith (1962) (Schauspiel) R: Umgelter, Fritz; DB: Umgelter, Fritz; FT: Der schlechte Soldat Smith (1963); TV: BRD/ARD/SDR
The Reluctant Peer (1964) (*Das Mißgeschick, ein Lord zu sein* 1976) (Schauspiel) R: Sydow, Rolf von; FT: Das Mißgeschick, ein Lord zu sein (1966); TV: BRD/ARD/WDR

Honegger, Arthur (CH 1924–)
Geschwader Fledermaus (1957) (Schauspiel) R: Lothar, Frank; DB: Lothar, Frank; FT: Geschwader Fledermaus (1956); TV: BRD/ARD/SWF
Wenn sie morgen kommen (1977) (Roman) R: Wekwerth, Peter; DB: Bengsch, Gerhard; FT: Der ungebetene Gast (1981); TV: DDR/DEFA

Hopwood, Avery (USA 1884–1928)
Fair and Warmer (1915) (*Der Mustergatte*) (Komödie) R: Hollmann, Hans; FT: Der Mustergatte (1963); TV: BRD/ARD/WDR
Fair and Warmer (1915) (*Der Mustergatte*) (Komödie) R: Liebeneiner, Wolfgang; FT: Der Mustergatte (1983); TV: BRD/ZDF
Fair and Warmer (1915) (*Der Mustergatte*) (Komödie) R: Roderer, Walter; DB: Roderer, Walter; FT: Der Mustergatte (1985); TV: CH/DRS

Horbelt, Rainer (BRD 1944–)
Die Zwangsjacke (1978) (Roman) R: Horbelt, Rainer; DB: Horbelt, Rainer; FT: Die Zwangsjacke (1976); TV: BRD/ARD/SFB

Höricke, Lothar (DDR 1937–)
Rando (1977) (> Von den Mühen des Überlebens) (Roman) R: Gendries, Klaus; DB: Gendries, Klaus; Gross, Jürgen; FT: Der Bastard (2 Teile) (1983); TV: DDR
Fischzüge - Unternehmungen des Kapitäns Jan Nipmerow ... (1972) (Roman) R: Stahnke, Günter; DB: Hörike, Lothar; FT: Fischzüge (1984); TV: DDR/DEFA

Horla, Alexander (= Flechtner, Hans Joachim) (BRD 1902–)
Matt in 13 Zügen (1953) (Roman) R: Barabás, Stanislav; DB: Wittlinger, Karl; FT: Matt in 13 Zügen (13 Teile) (1984); TV: BRD/ARD/WDR

Hörschelmann, Fred von (BRD 1901–1976)
Die verschlossene Tür (1958) (Hörspiel) R: Schröder-Jahn, Fritz; DB: Hörschelmann, Fred von; FT: Die verschlossene Tür (1953); TV: BRD/ARD/NWDR Hamburg

Horváth, Ödön von (AUST 1901–1938)
Hin und Her (1933) (Schauspiel) R: Lingen, Theo; DB: Gribitz, Franz; Lingen, Theo; FT: Hin und Her (1948); KF: AUST/Hübler-Kahla Film
Hin und Her (1933) (Schauspiel) FT: Hin und Her (1954); TV: BRD/ARD/NWDR
Geschichten aus dem Wienerwald (1931) (Schauspiel) R: Neuberg, Erich; FT: Geschichten aus dem Wienerwald (1957); KF: AUST
Der jüngste Tag (1938) (Schauspiel) R: Hansen, Rolf; DB: Höllering, Hans; FT: ... und führe uns nicht in Versuchung (1957); KF: BRD/CCC Filmkunst GmbH
Glaube, Liebe, Hoffnung (1932) (Schauspiel) R: Wirth, Franz Peter; DB: Wirth, Franz Peter; FT: Glaube, Liebe, Hoffnung (1958); TV: BRD/ARD/SDR
Kasimir und Karoline (1932) (Schauspiel) R: Kehlmann, Michael; FT: Kasimir und Karoline (1959); TV: BRD/ARD/BR
Der jüngste Tag (1938) (Schauspiel) R: Neuberg, Erich; DB: Neuberg, Erich; FT: Der jüngste Tag (1960); TV: AUST/ORF
Der jüngste Tag (1938) (Schauspiel) R: Kehlmann, Michael; FT: Der jüngste Tag (1961); TV: BRD/ARD
Don Juan kommt aus dem Krieg (1930) (Komödie) R: Wilhelm, Kurt; FT: Don Juan kommt zurück (1963); TV: BRD/ARD/NDR
Ein Dorf ohne Männer (1937) (Schauspiel) R: Corti, Axel; FT: Ein Dorf ohne Männer (1963); TV: BRD/ZDF
Hin und Her (1933) (Schauspiel) R: Schenk, Otto; Wilhelm, Kurt; FT: Hin und Her (1963); TV: BRD/ARD
Italienische Nacht (1931) (Schauspiel) R: Kehlmann, Michael; FT: Italienische Nacht (1966); TV: BRD/ARD/BR
Die Unbekannte aus der Seine (1933) (Komödie) R: Kehlmann, Michael; FT: Die Unbekannte aus der Seine (1968); TV: BRD/ARD/BR
Ein Dorf ohne Männer (1937) (Schauspiel) R: Kehlmann, Michael; DB: Kehlmann, Michael; FT: Ein Dorf ohne Männer (1969); TV: BRD/ARD/BR
Glaube, Liebe, Hoffnung (1932) (Schauspiel) R: Fuchs, Herbert; FT: Glaube, Liebe, Hoffnung (1969); TV: AUST/ORF
Jugend ohne Gott (1938) (Roman) R: Knof, Michael; DB: Knof, Michael; Saeger, Uwe; FT: Jugend ohne Gott (1969); TV: BRD/DFF

Jugend ohne Gott (1938) (Roman) R: Itzenplitz, Eberhard; DB: Knopp, Herbert; FT: Nur der Freiheit gehört unser Leben (1969); TV: BRD/ZDF

Jugend ohne Gott (1938) (Roman) R: Gall, Roland; DB: Gall, Roland; FT: Wie ich ein Neger wurde (1969); KF: BRD/Roland Gall

Zur schönen Aussicht (1969) (Komödie) R: Hollmann, Hans; DB: Hollmann, Hans; FT: Zur schönen Aussicht (1972); TV: BRD/ARD/SDR

Sladek, der schwarze Reichswehmann (1930) (Schauspiel) R: Döpke, Oswald; FT: Sladek oder Die schwarze Armee (1976); TV: BRD/ARD/SFB

Geschichten aus dem Wienerwald (1931) (Schauspiel) R: Schell, Maximilian; DB: Hampton, Christopher; Schell, Maximilian; FT: Geschichten aus dem Wienerwald (1979); KF: AUST/BRD/MFG/Arabella/Solaris

Glaube, Liebe, Hoffnung (1932) (Schauspiel) R: Kehlmann, Michael; FT: Glaube, Liebe, Hoffnung (1980); TV: BRD/AUST/ARD/BR/ORF

Sechsunddreißig Stunden: die Geschichte vom Fräulein Pollinger (1979) (Roman) R: Madeja, Georg; FT: Sechsunddreißig Stunden (1981); TV: BRD/ARD/BR

Der ewige Spießer (1930) (Roman) R: Madeisky, Uschi; Werner, Klaus; DB: Madeisky, Uschi; Werner, Klaus; FT: Der ewige Spießer (1985); TV: BRD/ZDF

Der jüngste Tag (1938) (Schauspiel) R: Davy, Walter; FT: Der jüngste Tag (1988); TV: AUST/ORF1

Howard, Sidney (USA 1891–1939)

The Silver Cord (1926) (Schauspiel) R: Horn, Peter A.; DB: Horn, Peter A.; FT: Die Silberschnur (1957); TV: BRD/ARD/SWF

Hubalek, Claus (BRD 1926–)

Der Hauptmann und sein Held (1954) (Schauspiel) R: Nosseck, Max; DB: Vivier, Karl-Wilhelm; FT: Der Hauptmann und sein Held (1955); KF: BRD

Ein gefährlicher Mensch (1960) (Hörspiel) R: Lietzau, Hans; DB: Hubalek, Claus; FT: Ein gefährlicher Mensch (1958); TV: BRD/ARD/NWRV

Die Stunde der Antigone (1960) (Schauspiel) R: Schröder-Jahn, Fritz; FT: Die Stunde der Antigone (1960); TV: BRD/ARD/NWRV Hamburg

In einem Garten in Aviano (1964) (Hörspiel) R: Olden, John; DB: Hubalek, Claus; FT: In einem Garten in Aviano (1964); TV: BRD/ARD/NDR

Huber, Helmuth (CH)

(Erzählung) R: Friedmann, Max; DB: Münster, Thomas; FT: Begegnung in Salzburg (1963); KF: BRD/FR

Huber, Leopold (CH 1955–)

Zug nach Süden (1989) (Roman) R: Huber, Leopold; DB: Dor, Milan; Huber, Leopold; Schneider, Hansjörg; FT: Vater, lieber Vater (1994); KF: CH/CARAC Film

Huby, Felix (= Hungerbühler, Eberhard) (BRD 1938–)

Sein letzter Wille (1979) (Kriminalroman) R: Griesmayr, Hartmut; DB: Grund, Hartmut; Huby, Felix; FT: Tatort - Sein letzter Wille (1988); TV: BRD/ARD/SDR

Pfarrerin Lenau (1990) (Roman) (Roman zur Serie) R: Voges, Bruno; FT: Pfarrerin Lenau (1990); TV: BRD/ARD/SDR

Bienzle und der Biedermann (1994) (Kriminalroman) (Roman zum Film) R: Adam, Peter; DB: Huby, Felix; FT: Tatort - Bienzle und der Biedermann (1992); TV: BRD/ARD/SDR

Bienzle und die schöne Lau (1993) (Kriminalroman) R: Griesmayr, Hartmut; DB: Huby, Felix; FT: Tatort - Bienzle und die schöne Lau (1993); TV: AUST/BRD/CH/ORF/ARD/SDR/DRS

Die Leute von Bärenbach (1994) (Roman) (Roman zur Serie) R: Panzer, Wolfgang; FT: Der König von Bärenbach (1994); TV: BRD

Bienzle und das Narrenspiel (1988) (Kriminalroman) R: Griesmayr, Hartmut; DB: Huby, Felix; FT: Tatort - Bienzle und das Narrenspiel (1994); TV: BRD/ARD/SDR

Bienzle und der Champion (1999) (Kriminalroman) (Roman zum Film) R: Schlotterbeck, Dieter; DB: Huby, Felix; FT: Tatort - Bienzle und der Champion (1998); TV: BRD/ARD/SDR

Bienzle und die lange Wut (2000) (Kriminalroman) (Roman zum Film) R: Griesmayr, Hartmut; DB: Huby, Felix; FT: Tatort - Bienzle und die kalte Wut (1998); TV: BRD/ARD/SDR

Huby, Felix (= Hungerbühler, Eberhard) (BRD 1938–) & **Mattner, Christoph** (BRD)

Ron & Tania (1990) (Roman) R: Boldt, Rainer; DB: Huby, Felix; FT: Ron & Tania (1990); TV: BRD

Huch, Ricarda (DTL 1864–1947)

Der letzte Sommer (1910) (Erzählung) R: Braun, Harald; DB: Burri, Emil; Hurdalek, Georg; FT: Der letzte Sommer (1954); KF: BRD

Der Fall Deruga (1917) (Roman) R: Wirth, Franz Peter; FT: ... und nichts als die Wahrheit (1958); KF: BRD

Hugo, Victor (FR 1802–1885)

Les Misérables (1862) (*Die Elenden* 1929) (Roman) R: Le Chanois, Jean-Paul (= Dreyfus, Jean-Paul); DB: Audiard, Michel; Barjavel, René; Le Chanois, Jean-Paul (= Dreyfus, Jean-Paul); FT: Die Elenden I & II (1958); KF: DDR/FR/IT/DEFA/Paramount/Société nouvelle Pathé Cinéma/ Serena Films

Huisman, Loek (NL)

(*Kleine Geschäfte*) (Schauspiel) R: Pohl, Arthur; FT: Kleine Geschäfte (1962); TV: BRD/ARD/SWF

Hulke, Malcolm A. (GB) & **Paice, Eric** (GB)

The Safecrackers (Kriminalkomödie) R: Wilhelm, Kurt; FT: Sicher ist sicher (1964); TV: BRD/ARD/WDR

Hülsbeck, Hartmut (BRD)

(Kindererzählung) R: Boxberg, Bertram von; DB: Boxberg, Bertram von; FT: Wer zweimal lügt (1993); KF: BRD/AUST/aurora television/ARD/BR/ORF

Huncke, Herbert (USA 1915–)

The Evening Sun Turned Crimson (1980) (*Bickford's Cafeteria* 1990) (Roman) R: Krause, Michael; DB: Büchner, Klaus; Krause, Michael; FT: Huncke (1990); KF: BRD

Hunter, Norman Charles (GB 1908–1971)

(Hörspiel) R: Haaf, Wilm ten; FT: Blick über den Zaun (1962); TV: BRD/ARD/ SDR

Hurk, Paul van der (BRD 1897–)

Die unheimliche Schachpartie (1949) (Kriminalroman) R: Weiss, Helmut; DB: Neumeister, Wolf; FT: Der Unheimliche (1951); KF: BRD

Hürlimann, Thomas (CH 1950–)

Der Berg (Erzählung) R: Imhoof, Markus; DB: Hürlimann, Thomas; Imhoof, Markus; FT: Der Berg (1990); TV: CH/ BRD/AUST/SRG/ZDF/ORF

Husson, Albert (FR 1912–1978)

La cuisine des anges (1952) (*Eine schöne Bescherung* 1961) (Komödie) R: Vollmar, Wolf; FT: Die Stimme im Glas (1961); TV: BRD/ARD/SDR

Husson, Albert (FR 1912–1978)

La cuisine des anges (1952) (*Eine schöne Bescherung* 1962) (Komödie) R: Wagner, Klaus; FT: Eine schöne Bescherung (1963); TV: BRD/ARD/HR

Système Fabrizzi (1963) (*Das System Fabrizi*) (Komödie) R: Moszkowicz, Imo; DB: Moszkowicz, Imo; FT: Das System Fabrizi (1972); TV: BRD/ARD/Telefilm Saar

Huth, Angela (GB 1938–)

The Understanding (1982) (Schauspiel) R: Wirth, Franz Peter; DB: Wirth, Franz Peter; FT: Spätes Erröten (1986); TV: BRD/ZDF

Hüttner, Hannes (DDR, BRD 1932–)

Das Blaue vom Himmel (1975) (Kindererzählung) R: Genth, Wolfgang; FT: Die Reise zum Quarkstern (1983); TV: DDR

Huxley, Aldous (GB 1894–1963)

The Gioconda Smile (1924) (*Das Lächeln der Gioconda* 1931) (Schauspiel) R: Völger, Werner; DB: Horn, Peter A.; FT: Das Lächeln der Gioconda (1953); TV: BRD/ARD/NWDR

The Gioconda Smile (1924) (*Das Lächeln der Gioconda* 1931) (Schauspiel) R: Kehlmann, Michael; FT: Das Lächeln der Gioconda (1958); TV: BRD/ARD/HR

The Genius and the Goddess (1955) (*Das Genie und die Göttin* 1956) (Roman) R: Rilla, Walter; DB: Rilla, Walter; FT: Das Genie und die Göttin (1959); TV: BRD/ARD/SWF

Huysmans, Joris-Karl (FR 1848–1907)

A rebours (1884) (*Gegen den Strich* 1921) (Erzählung) R: Braun, Christina von; DB: Braun, Christina von; FT: Gegen den Strich (1988); TV: BRD/ARD

Ibsen, Henrik (NOR 1828–1906)

Samfundets støtter (1877) (*Stützen der Gesellschaft* 1878) (Schauspiel) R: Buckwitz, Harry; DB: Müller, Arthur; FT: Die Stützen der Gesellschaft (1953); TV: BRD/ ARD/HR

Et dukkehjem (1879) (*Nora oder Ein Puppenheim* 1880) (Schauspiel) R: Farenburg, Hanns; FT: Nora oder Ein Puppenheim (1955); TV: BRD/ARD/NWDR Hamburg

En folkefiende (1882) (*Ein Volksfeind* 1883) (Schauspiel) R: Umgelter, Fritz; DB: Müller, Arthur; FT: Ein Volksfeind (1955); TV: BRD/ARD/HR

Et dukkehjem (1879) (*Nora oder Ein Puppenheim* 1880) (Schauspiel) R: Kehlmann, Michael; FT: Nora (1961); TV: BRD/ARD/BR

Vildanden (1884) (*Die Wildente* 1887) (Schauspiel) R: Noelte, Rudolf; FT: Die Wildente (1961); TV: BRD/ARD/SFB

Hedda Gabler (1890) (*Hedda Gabler* 1891) (Schauspiel) R: Hoffmann, Paul; FT: Hedda Gabler (1963); TV: BRD/ZDF

En folkefiende (1882) (*Ein Volksfeind* 1883) (Schauspiel) R: Neuberg, Erich; FT: Ein Volksfeind (1964); TV: BRD/ARD/HR

Gengangere (1881) (*Gespenster* 1884) (Schauspiel) R: Beauvais, Peter; FT: Gespenster (1966); TV: BRD/ZDF

Et dukkehjem (1879) (*Nora oder Ein Puppenheim* 1880) (Schauspiel) R: Fassbinder, Rainer Werner; DB: Fassbinder, Rainer Werner; FT: Nora Helmer (1973/74); TV: BRD/ARD/SR/Telefilm Saar

Vildanden (1884) (*Die Wildente* 1887) (Schauspiel) R: Geissendörfer, Hans W.; DB: Geissendörfer, Hans W.; FT: Die Wildente (1976); KF: BRD/AUST/Solaris (Bernd Eichinger)/Sascha, Wien/WDR

Samfundets støtter (1877) (*Stützen der Gesellschaft* 1878) (Schauspiel) R: Schlechte, Werner; FT: Die Stützen der Gesellschaft (1978); TV: BRD/ZDF

En folkefiende (1882) (*Ein Volksfeind* 1883) (Schauspiel) R: Marischka, Georg; FT: Ein Volksfeind (1978); TV: BRD/AUST/ORF

Hedda Gabler (1890) (*Hedda Gabler* 1891) (Schauspiel) R: Hoffmann, Paul; FT: Hedda Gabler (1979); TV: BRD

Fruen fra Havet (1888) (*Die Frau vom Meer* 1989) (Schauspiel) R: Bronken, Per; FT: Die Frau vom Meer (1980); TV: BRD/NOR/ARD

Hedda Gabler (1890) (*Hedda Gabler* 1891) (Schauspiel) R: Langhoff, Thomas; FT: Hedda Gabler (1980); TV: DDR

Icaza, Jorge (EQU 1902–1978)

El chulla Rombero y Florez (1958) (*Caballero im geborgten Frack* 1965) (Roman) R: Wilbrandt, Jörg; FT: Caballero im geborgten Frack (1978); TV: DDR

Il'f, Il'ja (SU 1897–1937)

Dvenadzat stjulev (1924) (*Zwölf Stühle* 1954) (Roman) R: Marischka, Franz; DB: Marischka, Franz; Schwenzen, Per; FT: Rabe, Pilz & 13 Stühle (1972/73); TV: BRD/ZDF

Il'f, Il'ja (SU 1897–1937) & **Petrov, Evgenij** (SU 1903–1942)

Zolotoj teleonk (1931) (*Das goldene Kalb* 1946) (Roman) R: Antel, Franz; DB: Nachmann, Kurt; FT: Das Glück liegt auf der Straße (1957); TV: BRD/Rhombus

Impekoven, Toni (DTL 1881–) & **Mathern, Carl** (DTL 1881–)

Der doppelte Moritz (1926) (Komödie) R: Wesseler, Karl; FT: Der doppelte Moritz (1978); TV: AUST/ORF

Inge, William (Motter) (USA 1913–1973)

Come Back Little Sheba (1950) (*Komm wieder, kleine Sheba* 1955) (Schauspiel) R: Dörfler, Walter; FT: Komm wieder, kleine Sheba (1961); TV: BRD/ARD/BR

Inglin, Meinrad (CH 1893–1971)

Begräbnis eines Schirmflickers (1980) (Erzählung) R: Koller, Xavier; DB: Koller, Xavier; FT: Das gefrorene Herz (1981); TV: CH/BRD/DRS/ZDF

Der schwarze Tanner und andere Erzählungen (1985) (Erzählung) R: Koller, Xavier; DB: Deuber, Willi; Koller, Xavier; FT: Der schwarze Tanner (1985); KF: CH/BRD/AUST/Catpics/SRG/Egli/Glass/ZDF/ORF

Innerhofer, Franz (AUST 1944–)

Schöne Tage (1974) (Roman) R: Lehner, Fritz; FT: Schöne Tage (1981); TV: AUST/BRD/CH/ORF/ARD/SFB/SRG

Ionesco, Eugène (FR 1912–1994)

La cantatrice chauve (1950) (*Die kahle Sängerin* 1959) (Schauspiel) R: Dhomme, Sylvain; FT: Die kahle Sängerin (1961); TV: BRD/ARD/NDR

La leçon (1951) (*Die Unterrichtsstunde* 1954) (Schauspiel) R: Dhomme, Sylvain; FT: Die Unterrichtsstunde (1961); TV: BRD/ARD/NDR

Les chaises (1952) (*Die Stühle* 1960) (Schauspiel) R: Zadek, Peter; FT: Die Stühle (1964); TV: BRD/ARD/SR

Le roi se meurt (1963) (*Der König stirbt* 1964) (Schauspiel) R: Korngiebel, Hanns; FT: Der König stirbt (1965); TV: BRD/ARD/SFB

Délire à deux (1966) (*Delirium zu zweit* 1964) (Schauspiel) R: Schulze-Rohr, Peter; FT: Delirium zu zweit auf unbegrenzte Zeit (1967); TV: BRD/ARD/WDR

(Schauspiel) R: Busch, Rolf; DB: Busch, Rolf; FT: Idylle (1967); TV: BRD/ARD/NDR

(Schauspiel) R: Cramer, Heinz von; FT: Das war Urmuz. Dokumentation eines Falles von Poesie (1968); TV: BRD/ARD/SFB

La vase (1962) (*Schlamm* 1962) (Schauspiel) R: Cramer, Heinz von; DB: Ionesco, Eugène; FT: Schlamm (1971); TV: BRD/ARD/Montana-Film/Zür.

Les rhinocéros (1959) (*Die Nashörner* 1960) (Schauspiel) R: Sellner, Gustav Rudolf; FT: Die Nashörner (1972); TV: BRD/ARD/SWF

Island, Bert F. (BRD)
Jagd auf Unbekannt. Kommissar X (1966) (Kriminalroman) R: Kramer, Frank; DB: Kramer, Frank; Simonelli, Gianni; FT: Kommissar X: Jagd auf Unbekannt (1965); KF: BRD/IT
Drei gelbe Katzen. Kommissar X (1966) (Kriminalroman) R: Zehetgruber, Rudolf; DB: Zehetgruber, Rudolf; FT: Kommissar X: Drei gelbe Katzen (1966); KF: AUST/IT/FR
In den Klauen des goldenen Drachen. Kommissar X (1966) (Kriminalroman) R: Kramer, Frank; DB: Gommermann, Stefan; Kramer, Frank; FT: Kommissar X: In den Klauen des goldenen Drachen (1966); KF: AUST/IT
Drei blaue Panther. Kommissar X (1968) (Kriminalroman) R: Kramer, Frank; DB: Kramer, Frank; Simonelli, Gianni; FT: Kommissar X: Drei blaue Panther (1967); KF: BRD/IT
Drei grüne Hunde. Kommissar X (1967) (Kriminalroman) R: Zehetgruber, Rudolf; DB: Zehetgruber, Rudolf; FT: Kommissar X: Drei grüne Hunde (1967); KF: BRD/IT/FR
Drei goldene Schlangen. Kommissar X (1969) (Kriminalroman) R: Mauri, Robert; DB: Atkinson, Robert F.; Brewer, James; FT: Kommissar X: Drei goldene Schlangen (1968); KF: BRD/IT

Ivers, Axel (BRD 1902–1964)
Parkstraße 13 (1942) (Kriminalstück) R: Hädrich, Rolf; FT: Parkstraße 13 (1962); TV: BRD/ARD/HR

Jacobsen, Jens Peter (DK 1847–1885)
Fru Marie Grubbe (1876) (*Frau Marie Grubbe* 1878) (Roman) R: Steinke, Christian; DB: Sakowski, Helmut; FT: Marie Grubbe (3 Teile) (1990); TV: DDR/PL/HU/DAN/DFF/PRT/MRT/DR

Jacobsen, Jørgen-Frantz (DK 1900–1938)
Barbara (1939) (*Barbara* 1960) (Roman) R: Wisbar, Frank; FT: Barbara (1961); KF: BRD

Jacobsen, Karin (BRD 1924–)
Wege des Zufalls (1955) (Komödie) R: Schroth, Carl-Heinz; FT: Wege des Zufalls (1961); TV: BRD/ARD/NDR

Jacoby, Hans (AUST 1904–)
Die Halbzarte (Roman) R: Thiele, Rolf; FT: Die Halbzarte (1959); KF: AUST/BRD

Jacoby, Wilhelm (DTL 1880–) & **Laufs, Carl** (DTL 1858–1900)
Pension Schöller (1890) (Komödie) R: Lüthge, Bobby E.; DB: Böttger, Fritz; Wedekind, Joachim; FT: Pension Schöller (1952); KF: BRD
Pension Schöller (1890) (Komödie) R: Jacoby, Wilhelm; DB: Jacoby, Georg; Kampendonk, Gustav; Wedekind, Joachim; FT: Pension Schöller (1960); KF: BRD
Pension Schöller (1890) (Komödie) R: Wesseler, Karl; DB: Wesseler, Karl; FT: Pension Schöller (1993); TV: BRD/ARD
Pension Schöller (1890) (Komödie) R: Wölffer, Jürgen; DB: Wölffer, Jürgen; FT: Pension Schöller (1997); TV: BRD

Jacques, Norbert (DTL 1880–1954)
Dr. Mabuse, der Spieler (1921) (Kriminalroman) R: Chabrol, Claude; DB: Bauermeister, Thomas; Chabrol, Claude; Solange, Mitchell; FT: Dr. M (1989); TV: BRD/FR/IT/NEF/ZDF/Telefilm/La Sept/Elepi/Cléa

Jacusso, Nino (CH)
Drahtgeschichten (Erzählung) R: Näter, Thorsten; DB: Näter, Thorsten; FT: Zeit der Stille (1986); TV: BRD/ZDF

Jaeger, Henry (BRD 1927–)
Die Festung (1962) (Roman) R: Weidenmann, Alfred; DB: Keindorff, Eberhard; Sibelius, Johanna; FT: Verdammt zur Sünde (1964); KF: BRD/Eichberg-Film/Team(Eberhard Klagemann)
Die bestrafte Zeit (1964) (Roman) R: Hädrich, Rolf; DB: Hubalek, Claus; FT: Zuchthaus (1967); TV: BRD/ARD/NDR
Rebellion der Verlorenen (1963) (Roman) R: Umgelter, Fritz; DB: Menge, Wolfgang; FT: Rebellion der Verlorenen (1969); TV: BRD/ARD/SDR
Das Freudenhaus (1966) (Roman) R: Weidenmann, Alfred; DB: Weidenmann, Alfred; FT: Das Freudenhaus (1970); KF: BRD
Hellseher wider Willen (1977) (Roman) R: Weck, Peter; DB: Grund, Hartmut; Schröder, Wilfried; Weber, Walter; FT: Hellseher wider Willen (4 Teile) (1983); TV: BRD/ARD/WDR
Glückauf Kumpel oder Der große Beschiß (1988) (Roman) R: Kotulla, Theodor; DB: Jaeger, Henry; FT: Tot auf Halde (1995); TV: BRD

Jaenicke, Käthe (BRD)
(Roman) R: Teuber, Monica; DB: Teuber, Monica; FT: Primel macht ihr Haus verrückt (1979); KF: BRD/Cine-Tele Team/Bronx

Jägersberg, Otto (BRD 1942–)
Nette Leute (1967) (Roman) R: Spieker, Franz Josef; DB: Jägersberg, Otto; FT: Drücker (1970); TV: BRD/ARD/WDR
Land (1972) (Schauspiel) R: Gall, Roland; DB: Jägersberg, Otto; FT: Land (1972); TV: BRD
Die Pawlaks (1982) (Roman) R: Staudte, Wolfgang; DB: Staudte, Wolfgang; FT: Die Pawlaks (1982); TV: BRD

Jahn, Thomas (BRD)
Knocking on Heaven's Door (1997) (Roman) (Roman nach dem Drehbuch) R: Jahn, Thomas; DB: Jahn, Thomas; Schweiger, Till; FT: Knockin' on Heaven's Door (1997); KF: BRD/NL/BELG/Mr. Brown Entertainment

Jahnn, Hans Henny (BRD 1894–1956)
Die Nacht aus Blei (1956) (Roman) R: Weigl, Petr; FT: Die Nacht aus Blei (1972); TV: BRD

Jakobs, Karl-Heinz (DDR, BRD 1929–)
Beschreibung eines Sommers (1961) (Roman) R: Kirsten, Ralf; DB: Jakobs, Karl-Heinz; Kirsten, Ralf; FT: Beschreibung eines Sommers (1962); KF: DDR/DEFA
Eine Pyramide für mich (1971) (Roman) R: Kirsten, Ralf; DB: Jakobs, Karl-Heinz; Kirsten, Ralf; FT: Eine Pyramide für mich (1976); KF: DDR/DEFA

James, Henry (USA 1843–1916)
Washington Square (1881) (*Die Erbin* 1960) (Roman) R: Wild, Franz Josef; FT: Die Erbin (1958); TV: BRD/ARD/BR
The Turn of the Screw (1898) (*Die sündigen Engel* 1954) (> Bis zum Äußersten (1962)) (Erzählung) R: Cremer, Ludwig; DB: Costigan, James; FT: Die sündigen Engel (1962); TV: BRD/ARD/WDR
Georgina's Reasons (1885) (Erzählung) R: Schlöndorff, Volker; DB: Adler, Peter; FT: Georginas Gründe (1975); TV: BRD/AUST/ARD/WDR/Bavaria/ORF
Washington Square (1881) (*Die Erbin* 1960) (Roman) R: Wild, Franz Josef; FT: Die Erbin (1982); TV: BRD/ARD/BR

Jamiaque, Yves (= Jedwab, Isaac) (FR 1922–)
La queue du diable (1958) (Schauspiel) R: Umgelter, Fritz; FT: Die Teufelsspur (1964); TV: BRD/ARD/BR
Don Quichotte (1964) (Schauspiel) (nach dem Roman von Cervantes Saavedra) R: Moszkowicz, Imo; DB: Moszkowicz, Imo; FT: Der Ritter von der traurigen Gestalt (1972); TV: BRD/ARD/SR
Acapulco, Madame (Schauspiel) R: Rüsi, Georg; FT: Acapulco, Madame (1980); TV: AUST/CH/BRD/ORF/DRS/ZDF

Janicki, Jerzy (PL 1928–)
Tragarz puchu (1992) (*Der Federträger* 1992) (Erzählung) R: Kijowski, Janusz; DB: Kijowski, Janusz; FT: Der Daunenträger (1992); TV: BRD/FR/PL/CCC Filmkunst GmbH/Molécule/Zodiak

Jantsch, Karl (BRD)
(Erzählung) R: Hösch, Eduard; DB: Hösch, Eduard; FT: Schicksal in Ketten (1950); KF: AUST

Jaun, Sam (CH 1935–)
Die Brandnacht (1986) (Kriminalroman) R: Fischer, Markus; DB: Fendel, Rosemarie; Fischer, Markus; FT: Brandnacht (1992); KF: CH/BRD/Kick Film/Boa Film/ZDF/SRG

Jean Paul (= Richter, Johann Paul Friedrich) (DTL 1763–1825)
Dr. Katzenbergers Badereise (1809) (Roman) R: Schultze, Norbert jr.; DB: Reinirkens, Leonhard; FT: Dr. Katzenbergers Badereise (2 Teile) (1971); TV: BRD/ARD/SFB
Dr. Katzenbergers Badereise (1809) (Roman) R: Winkler, Gerd; DB: Winkler, Gerd; FT: Jean Paul: Dr. Katzenbergers Badereise (1978); TV: BRD/ZDF

Jelinek, Elfriede (AUST 1946–)
Die Ausgesperrten (1980) (Roman) R: Novotny, Franz; DB: Jelinek, Elfriede; Novotny, Franz; FT: Die Ausgesperrten (1982); KF: AUST

Jellinek, Oskar (AUST 1886–1949)
Valnocha, der Koch (1950) (Erzählung) R: Neuberg, Erich; DB: Costa, Martin; Neuberg, Erich; FT: Valnocha, der Koch (1962); TV: AUST/ORF

Jens, Walter (BRD 1923–)
Vergessene Gesichter (1952) (Roman) R: Lietzau, Hans; DB: Jens, Walter; FT: Vergessene Gesichter (1953); TV: BRD/ARD/NWDR Hamburg
Der Teufel ... Ein Totengespräch zwischen Lessing und Heine (Dialog) R: Wild, Franz Josef; FT: Der Teufel lebt nicht mehr, mein Herr (1979); TV: BRD/ARD/BR

Jerome, Jerome K. (GB 1859–1927)
Three Men in a Boat (1889) (*Drei Mann in einem Boot* 1897) (Roman) R: Weiss, Helmut; DB: Neumeister, Wolf; FT: Drei Mann in einem Boot (1961); KF: BRD/AUST/Kurt Ulrich Produktion/Wiener Mundus-Film

Jessel, Leon (DTL 1871–1942) & **Neidhardt, August** (DTL 1867–)
Schwarzwaldmädel (1891) (Operette) R: Deppe, Hans; DB: Lüthge, Bobby E.; FT: Schwarzwaldmädel (1950); KF: BRD
Schwarzwaldmädel (1891) (Operette) R: Liebeneiner, Wolfgang; FT: Schwarzwaldmädel (1973); TV: BRD

Jessen, Joachim (BRD)
Der Zahltag (1975) (Kriminalroman) R: Roland, Jürgen; DB: Lüddecke, Werner Jörg; FT: ... und dann ist Zahltag (1976); TV: BRD/ARD/NDR

Jessup, Richard (USA –1982)
Cry Passion (1956) (Roman) R: Wallroth, Werner W.; DB: Pederzani, Hans-Albert; FT: Mord in Gateway (2 Teile) (1962); TV: DDR/DFF

Job, Thomas (USA 1900–1947)
Uncle Harry (1942) (*Onkel Harry* 1946) (Kriminalstück) R: Beauvais, Peter; FT: Onkel Harry (1962); TV: BRD/ARD/SDR

Johann, Anna (BRD)
Ich liebe meine Familie, ehrlich (1996) (Roman) R: Lukschy, Stefan; DB: Martinek, Krystian; FT: Ich liebe meine Familie, ehrlich (1998); TV: BRD/ARD

Johnston, Jane (USA 1927–)
Pray for Ricky Forster (1985) (Kriminalroman) R: Gremm, Wolf; DB: Gremm, Wolf; FT: Gesucht wird Ricki Forster (1991); TV: BRD/ZDF

Joho, Wolfgang (DDR 1908–1991) & **Neumann, Margarethe** (DDR 1917–)
Der Sohn (1974) (Erzählung) R: Loebner, Vera; DB: Hauser, Jochen; FT: Der Sohn des Schauspielers (1979); TV: DDR/DDR1
Der Sohn (1974) (Erzählung) (Szenen) R: Unger, Michael; FT: Der Sohn (1984); TV: DDR

Jokai, Maurus (HU 1825–1904) & **Schnitzer, Igor** (AUST) & **Strauß, Johann** (AUST 1825–1899)
Der Zigeunerbaron (1885) (< A cigány báró (Roman)) (Operette) (Libretto von Schnitzer) R: Rabenalt, Arthur Maria; DB: Braun, Curt Johannes; FT: Der Zigeunerbaron (1954); KF: BRD/Berolina
Der Zigeunerbaron (1885) (< A cigány báró (Roman)) (Operette) (Libretto von Schnitzer) R: Wilhelm, Kurt; DB: Wuttig, Heinz Oskar; FT: Der Zigeunerbaron (1962); KF: BRD/Berolina/C.E.C. Films

Jolly, Cyril (GB)
The Vengeance of Private Pooley (1956) (*Die Vergeltung des Soldaten Pooley* 1957) (Reportage) R: Jung-Alsen, Kurt; DB: Fühmann, Franz; Jung-Alsen, Kurt; FT: Der Schwur des Soldaten Pooley (1961); TV: DDR

Joudry, Patricia (USA 1921–)
(Schauspiel) R: Fruchtmann, Karl; FT: Ein netter Abend (1962); TV: BRD/ARD/WDR

Joyce, James (IRL 1882–1941)
Exiles (1918) (*Verbannte* 1968) (Schauspiel) R: Schmidt, Willi; DB: Schmidt, Willi; FT: Verbannte (1972); TV: BRD/ARD/SFB

Jünger, Friedrich Georg (BRD 1898–1977)
Die Pfauen (1952) (Erzählung) R: Mittermayer, Berthold; FT: Die Pfauen (1983); TV: BRD/ARD/BR

Juracek, Pavel (CSR 1935–1989)
(Erzählung) R: Panzer, Wolfgang; DB: Panzer, Wolfgang; FT: Gnadenlos (1983); TV: BRD/ZDF

Jürgens, Anna (= **Müller-Tannewitz, Anna**) (BRD 1899–1989)
Blauvogel (1984) (Jugendbuch) R: Weiß, Ulrich; DB: Weiß, Ulrich; FT: Blauvogel (1984); TV: DDR/DEFA

Justinus, O. (DTL) & **Michaelis, Gustav** (DTL 1828–1887) & **Wilken, Heinrich** (DTL 1835–1886)
Kyritz-Pyritz (1885) (Musikkomödie) (Musik von G. Michaelis) R: Wigger, Stefan; DB: Wigger, Stefan; FT: Kyritz-Pyritz (1979); TV: BRD/ARD/SFB

Kades, Hans (AUST 1906–1969)
Der Erfolgreiche (1951) (Roman) R: Hansen, Rolf; DB: Heuser, Kurt; FT: Die große Versuchung (1952); KF: BRD/Deutsche London-Film/Rotary
San Salvatore (1946) (Roman) R: Jacobs, Werner; DB: Lützkendorf, Felix; FT: San Salvatore (1955); KF: BRD

Kafka, Franz (CSR, DTL 1883–1924)
(Erzählung) R: Vesely, Herbert; FT: Und die Kinder spielen so gern Soldaten (1951); KF: BRD
Der Prozeß (1925) (Roman) R: Welles, Orson; DB: Tudal, Antoine; Welles, Orson; FT: Der Prozeß (1962); KF: BRD/FR/IT
Das Schloß (1926) (Roman) R: Dhomme, Sylvain; FT: Das Schloß (1962); TV: BRD/ARD/Studio Hamburg
Ein Landarzt (1919) (Erzählung) R: Elsässer, Lothar; Geissler, Michael; FT: Ein Brudermord (1967); KF: BRD

Das Schloß (1926) (Roman) R: Noelte, Rudolf; DB: Noelte, Rudolf; Schell, Maximilian; FT: Das Schloß (1968); KF: BRD/ Rudolf Noelte/Alfa(Maximilian Schell)

Amerika (1927) (Roman) R: Brynych, Zbynek; DB: Carle, Heinrich; FT: Amerika oder Der Verschollene (1969); TV: BRD/ ZDF

Die Verwandlung (1916) (Erzählung) R: Nemec, Jan; DB: Nemec, Jan; FT: Die Verwandlung (1975); TV: AUST/BRD/ORF/ ZDF

Ein Bericht für eine Akademie (1917) (Erzählung) FT: Ein Bericht für eine Akademie (1983); TV: AUST/ORF

Amerika (1927) (Roman) R: Huillet, Danièle; Straub, Jean-Marie; DB: Huillet, Danièle; Straub, Jean-Marie; FT: Klassenverhältnisse (1983); KF: BRD/Janus/NEF/ ARD/HR

Das Schloß (1926) (Roman) R: Haneke, Michael; DB: Haneke, Michael; FT: Das Schloß (1997); TV: AUST/BRD/Wega Film/arte/ORF/ARD/BR

Der Prozeß (1925) (Roman) R: Muschner, Michael; DB: Muschner, Michael; FT: Am Ende des Ganges (1999); KF: BRD/ Michael Muschner Filmproduktion

Kahl, Ernst (BRD 1949–)

Wir können auch anders ... (1993) (Comic) (Buch zum Film) R: Buck, Detlev; DB: Buck, Detlev; FT: Wir können auch anders ... (1993); TV: BRD/Boje Buck Produktion GmbH/ARD/WDR

Kähler, Jörg (DDR, BRD)

Immer wenn Lehmann kommt (Schauspiel) R: Hill, Peter; FT: Immer, wenn Lehmann kommt (1984); TV: DDR

Kaiser, Georg (DTL 1878–1945)

Kolportage (1924) (Komödie) R: Lietzau, Hans; DB: Lietzau, Hans; FT: Kolportage (1957); TV: BRD/ARD/SWF

Die Bürger von Calais (1914) (Schauspiel) R: Lothar, Frank; DB: Lothar, Frank; FT: Die Bürger von Calais (1958); TV: BRD/ARD/SFB

Napoleon in New Orleans (1941) (Schauspiel) R: Moszkowicz, Imo; DB: Moszkowicz, Imo; FT: Napoleon in New Orleans (1959); TV: BRD/ARD/NWRV

Zwei Krawatten (1930) (Komödie) R: Hamel, Peter; FT: Zwei Krawatten (1961); TV: BRD/ARD/SWF

Papiermühle (1927) (Komödie) R: Schwarze, Hans-Dieter; DB: Wedekind, Joachim; FT: Papiermühle (1962); TV: BRD/ARD/WDR

Nebeneinander (1923) (Volksstück) R: Benesch, Harald; FT: Nebeneinander (1964); TV: BRD/ARD/WDR

Kolportage (1924) (Komödie) R: Semmelroth, Wilhelm; FT: Kolportage (1968); TV: BRD/ARD/WDR

Kolportage (1924) (Komödie) R: Weck, Peter; FT: Kolportage (1980); TV: BRD/ ARD/SR

Der Gärtner von Toulouse (1938) (Schauspiel) R: Gräwert, Günter; FT: Der Gärtner von Toulouse (1982); TV: BRD/ ARD/SFB

Klawitter (1943) (Schauspiel) R: Gräwert, Günter; FT: Klawitter (1983); TV: BRD

Kalbeck, Florian (AUST 1920–)

Ein Spaziergang (1972) (Erzählung) R: Laub, Jakob; DB: Laub, Jakob; FT: Ein Spaziergang (1977); TV: AUST/ORF

Kalisch, David (DTL 1820–1872)

Hunderttausend Taler (1850) (Schauspiel) R: Spier, Wolfgang; DB: Pillau, Horst; FT: Einmal hunderttausend Taler (1980); TV: BRD/ZDF

Kalkus, Albert (BRD)

Die Junggesellenfalle (Komödie) R: Böttger, Fritz; DB: Böttger, Fritz; Schmid-Wildy, Ludwig; Wedekind, Joachim; FT: Die Junggesellenfalle (1952); KF: BRD/ Merkur Film A/S

Kamare, Stefan (AUST 1880–1945)

Leinen aus Irland (1929) (Komödie) R: Davy, Walter; FT: Leinen aus Irland (1971); TV: AUST/ORF

Kampendonk, Gustav (BRD 1909–1966)

(Erzählung) R: Erfurth, Ulrich; DB: Kampendonk, Gustav; FT: Eines Tages ... (1954); KF: BRD

Kampling, Harry (DDR 1930–)

Der Mann aus der Siedlung (1981) (Roman) (Szenen aus dem Roman) R: Unger, Michael; FT: Der Mann aus der Siedlung (1981); TV: DDR

Kanin, Garson (USA 1912–1999)

Born Yesterday (1946) (Komödie) R: Schöne, Werner; FT: Nicht von gestern (1953); TV: BRD/ARD/NWDR Berlin

Born Yesterday (1946) (Komödie) R: Wild, Franz Josef; DB: Wild, Franz Josef; FT: Die ist nicht von gestern (1959); TV: BRD/ARD/BR

Kanin, Michael (USA 1910–1993)

His and Hers (1954) (Komödie) R: Wild, Franz Josef; FT: Mein oder Dein (1964); TV: BRD/ARD/BR

Kant, Hermann (DDR, BRD 1926–)
Mitten im kalten Winter (1962) (Erzählung) R: Thein, Ulrich; DB: Thein, Ulrich; FT: Mitten im kalten Winter (1967); TV: DDR
Der Aufenthalt (1976) (Roman) R: Beyer, Frank; DB: Kohlhaase, Wolfgang; FT: Der Aufenthalt (1983); KF: DDR/DEFA
Bronzezeit: Geschichten aus dem Leben des Buchhalters Farssmann (1986) (Erzählung) R: Oehme, Roland; DB: Oehme, Roland; Stahl, Rudi; FT: Farssmann oder Zu Fuß in die Sackgasse (1991); KF: DDR/DEFA

Kant, Uwe (DDR, BRD 1936–)
Das Klassenfest (1969) (Erzählung) R: Simon, Rainer; DB: Simon, Rainer; Wüste, Inge; FT: Männer ohne Bart (1970/71); KF: DDR/DEFA
Die Reise von Neukuckow nach Novosibirsk (1980) (Roman) (Szenen aus dem Roman) R: Kreuz, Hubert; FT: Die Reise von Neukuckow nach Novosibirsk (null); KF: DDR/DEFA

Kappacher, Walter (AUST 1938–)
(Roman) R: Keglevic, Peter; DB: Keglevic, Peter; FT: Im Zossener Bad (1977); TV: BRD/ZDF
Rosina (1978) (Roman) R: Pils, Heide; FT: Rosina (1980); TV: AUST/BRD/ORF/ZDF

Kappel, Markus (BRD)
Schwarz greift ein (1994) (Kriminalroman) (Roman zur Serie) R: Metzger, Helmut; Serafini, Marco; Steinheimer, Gert; Weissflog, Peter; FT: Schwarz greift ein (1994); TV: BRD/Sat1

Karallus, Thomas (BRD)
Unser Charly (1995) (Hörspiel) (Hörspiel zur Serie) R: Förnbacher, Helmut; Gottlieb, Franz Josef; FT: Unser Charly (1995); TV: BRD

Karau, Gisela (DDR, BRD)
Der gute Stern des Janusz K. (1972) (Kinderbuch) R: Bleiweiß, Celino; DB: Bleiweiß, Celino; FT: Mein blauer Vogel fliegt (1975); KF: DDR/DEFA

Karau, Gisela (DDR, BRD) & **Karau, Günter** (DDR, BRD 1929–)
(Roman) R: Dziuba, Helmut; DB: Karau, Gisela; Karau, Günter; FT: Chiffriert an Chef - Ausfall Nummer 5 (1979); KF: DDR/DEFA

Karau, Günter (DDR, BRD 1929–)
Der Springer mit den langen Ohren (Erzählung) R: Schmenger, Ursula; FT: Der Springer mit den langen Ohren (1981); TV: DDR

Kardorff, Ursula von (BRD 1911–1988) & **Schütz, Hannelore** (BRD)
Die dressierte Frau (1972) (Bericht) R: Hofbauer, Ernst; DB: Heller, Günther; FT: Die dressierte Frau (1972); KF: BRD

Karll, Agnes (DTL –1877)
(Autobiographie) R: Fiedler, Gerlach; DB: Reinirkens, Leonhard; FT: Sationen aus Schwester Gerdas Tagebuch (1978); TV: BRD/ARD/N3/SFB

Kaschnitz, Marie Luise (BRD 1901–1974)
Schneeschmelze (1960) (Erzählung) R: Podehl, Peter; FT: Schneeschmelze (1969); TV: BRD/ARD/WDR
Beschreibung eines Dorfes (1966) (Bericht) R: Bienek, Horst; FT: Beschreibung eines Dorfes (1970); TV: BRD/ARD/SWF
Popp und Mingel und andere Erzählungen (1988) (Erzählung) R: Stöckl, Ulla; DB: Stöckl, Ula; FT: Popp und Mingel (1975); TV: BRD/ZDF
Eisbären (1972) (Erzählung) R: Haaf, Wilm ten; FT: Eisbären (1978); TV: BRD
Das dicke Kind (1951) (Erzählung) R: Loew, Sabine; Siwik-Hasecke, Christiane; FT: Das dicke Kind (1985); TV: BRD

Kasper, Hans (BRD 1916–1990)
Wolken sind fliehendes Wasser (1970) (Roman) R: Guthke, Frank; DB: Kasper, Hans; FT: Mitteilungen über eine Schuld (1972); TV: BRD/ZDF
Der Mainzer Tod (Hörspiel) R: Henschel, Wolfgang F.; DB: Kasper, Hans; FT: Der Mainzer Tod (1986); TV: BRD/ZDF

Kästner, Erich (= Bürger, Berthold) (BRD 1899–1974)
Das doppelte Lottchen (1949) (Kinderroman) R: Baky, Josef von; DB: Kästner, Erich; FT: Das doppelte Lottchen (1950); KF: BRD
Pünktchen und Anton (1931) (Kinderroman) R: Engel, Thomas; DB: Engel, Thomas; Kästner, Erich; Osten-Sacken, Maria von der; FT: Pünktchen und Anton (1953); KF: BRD/AUST
Emil und die Detektive (1929) (Kindererzählung) R: Stemmle, Robert A.; DB: Stemmle, Robert A.; Wilder, Billy; FT: Emil und die Detektive (1954); KF: BRD/Berolina
Das fliegende Klassenzimmer (1933) (Kinderroman) R: Hoffmann, Kurt; DB: Kästner, Erich; FT: Das fliegende Klassenzimmer (1954); KF: BRD
Die verschwundene Miniatur (1936) (Roman) R: Schroth, Carl-Heinz; FT: Die verschwundene Miniatur (1954); KF: BRD

Drei Männer im Schnee (1934) (Roman) R: Hoffmann, Kurt; DB: Hoffmann, Kurt; Kästner, Erich; FT: Drei Männer im Schnee (1955); KF: AUST

Der kleine Grenzverkehr oder Georg und die Zwischenfälle (1938) (> Der kleine Grenzverkehr (1949)) (Roman) R: Hoffmann, Kurt; DB: Hoffmann, Kurt; FT: Salzburger Geschichten (1956); KF: BRD/ Bavaria

Pünktchen und Anton (1931) (Kinderroman) R: Schneider, Jörg; DB: Vaucher, C. F.; FT: Pünktchen und Anton (1958); TV: BRD/ARD/NWRV Hamburg

Pünktchen und Anton (1931) (Kinderroman) R: Langhoff, Udo; FT: Pünktchen und Anton (1960); TV: BRD/ARD/NWRV Hamburg

Zu treuen Händen (1950) (Komödie) R: Hoffmann, Kurt; FT: Liebe will gelernt sein (1962); KF: BRD

Die Konferenz der Tiere (1949) (Erzählung) (Zeichentrick) R: Linda, Curt; DB: Linda, Curt; FT: Die Konferenz der Tiere (1969); KF: BRD/Linda Film

Das fliegende Klassenzimmer (1933) (Kinderroman) R: Jacobs, Werner; DB: Laforet, Georg (= Seitz, Franz); FT: Das fliegende Klassenzimmer (1973); KF: BRD

Drei Männer im Schnee (1934) (Roman) R: Vohrer, Alfred; FT: Drei Männer im Schnee (1974); KF: BRD

Fabian (1931) (Roman) R: Gremm, Wolf; DB: Borgelt, Hans; Gremm, Wolf; FT: Fabian (1979); KF: BRD/Regina Ziegler Filmprod.

Drei Männer im Schnee (1934) (Roman) R: Gallo, Inigo; DB: Lewinsky, Charles; FT: Drei Männer im Schnee (1986); TV: CH/ DRS

Die verschwundene Miniatur (1936) (Roman) R: Loebner, Vera; DB: Schreiter, Friedemann; FT: Die verschwundene Miniatur (1989); KF: DDR/DEFA

Das doppelte Lottchen (1949) (Roman) R: Vilsmaier, Joseph; DB: Reinhart, Stephan; Richter, Klaus; FT: Charlie & Louise - Das doppelte Lottchen (1993); KF: BRD/ Bavaria/Perathon/Filmprod. Peter Zenk

Pünktchen und Anton (1931) (Kinderroman) R: Link, Caroline; DB: Link, Caroline; FT: Pünktchen und Anton (1999); KF: BRD/Bavaria/Lunaris/ZDF

Kataev, Valentin P. (SU 1897–1986)

(*Zeit für Liebe* 1963) (Komödie) R: Käutner, Helmut; DB: Frank, Claus Jürgen; FT: Valentin Katajews chirurgische Eingriffe in das Seelenleben des ... (1967); TV: BRD/ARD/Telefilm Saar

Kvatratura kruga (1928) (*Die Quadratur des Kreises* 1930) (Komödie) R: Barlog, Boleslaw; FT: Quadratur des Kreises (1968); TV: BRD/ARD/SFB

(*Ein Ruhetag*) (Schauspiel) R: Kraut, Werner; FT: Ein Ruhetag (1978); TV: CH/ BRD/AUST/SRG/ZDF/ORF

Katschew, Kamen (DDR)

Die Waffe (Erzählung) R: Proll, Jens-Peter; FT: Die Waffe (1974); TV: DDR

Kauer, Walter (CH 1935–)

Spätholz (1976) (Roman) R: Kubli, Guy; FT: Spätholz (1983); TV: BRD/ARD/BR

Kaus, Gina (AUST 1894–1985)

Der Teufel nebenan (1939) (Roman) R: Hansen, Rolf; DB: Huth, Jochen; FT: Teufel in Seide (1955); KF: BRD

Die Schwestern Kleh (1933) (Roman) R: Schwarzenberger, Xaver; DB: Schwarzenberger, Ulli; FT: Die skandalösen Frauen (1993); TV: AUST/BRD/ORF/ZDF

Kaut, Ellis (BRD 1920–)

Meister Eder und sein Pumuckl (1966) (Kinderbuch) R: König, Ulrich; DB: Kaut, Ellis; FT: Meister Eder und sein Pumuckl (1980); KF: BRD

Kauter, Kurt (= Rocafuerte, José Maria) (BRD 1913–)

Der Sohn des Cotopaxi (1969) (Jugendbuch) R: Kögel, Heinz; DB: Bürger, Ernst; FT: Der Sohn des Cotopaxi (1970); TV: DDR

Kay, Juliane (AUST 1904–1968)

Vagabunden (1942) (Schauspiel) R: Hansen, Rolf; DB: Hansen, Rolf; Kay, Juliane; Yost, Tibor; FT: Vagabunden der Liebe (1950); KF: AUST

Leni (Komödie) R: Hollmann, Hans; FT: Leni (1967); TV: AUST/ORF1

Keefe, Lynn (USA)

How Did a Nice Girl Like You Get into this Business? (1960) (*Mir hat es immer Spass gemacht* 1969) (Roman) R: Tremper, Will; DB: Tremper, Will; Wendlandt, Horst; FT: Mir hat es immer Spaß gemacht (1970); KF: BRD/Rialto Film (Horst Wendlandt)

Kehrer, Jürgen (BRD 1956–)

Und die Toten läßt man ruhen (1990) (Kriminalroman) R: Neukirchen, Dorothea; DB: Kehrer, Jürgen; FT: Und die Toten läßt man ruhen (1995); TV: BRD

In alter Freundschaft (1991) (Kriminalroman) R: Satin, Dennis; DB: Schadewald, Bernd; FT: In alter Freundschaft (1998); TV: BRD/Colon Filmproduktion GmbH/ ZDF

Kekulé, Dagmar (BRD)

Ich bin eine Wolke (1978) (Roman) R: Genée, Heidi; DB: Kekulé, Dagmar; FT: Kraftprobe (1982); KF: BRD/Telefilm Saar/ARD/BR/Heidi Genée

Keller, Claudia (BRD 1970–)

Ich schenk dir meinen Mann (1995) (Roman) R: Hattop, Karola; DB: Keller, Claudia; Piper, Henriette; FT: Ich schenk dir meinen Mann (1998); TV: BRD/Fritz-Wagner-Film/ZDF

Keller, Gottfried (CH 1819–1890)

Romeo und Julia auf dem Dorfe (1876) (Erzählung) R: Borsody, Eduard von; DB: Borsody, Eduard von; FT: Übers Jahr, wenn die Kornblumen blühen (Jugendliebe) (1944/47); KF: DTL

Regine (1882) (Erzählung) (in "Das Sinngedicht") R: Braun, Harald; FT: Regine (1956); KF: BRD

Waldwinter (1902) (Erzählung) R: Liebeneiner, Wolfgang; DB: Dimen, Frank; Zibaso, Werner P.; FT: Waldwinter (1956); KF: BRD

Der Schmied seines Glückes (1856) (Erzählung) (in "Die Leute von Seldwyla") R: Witt, Claus Peter; FT: Der Schmied seines Glücks (1965); TV: BRD/ARD/Montana-Film/Zürich

Romeo und Julia auf dem Dorfe (1876) (Erzählung) R: Schmidt, Willi; FT: Romeo und Julia auf dem Dorfe (1968); TV: BRD/ZDF

Kleider machen Leute (1856) (Erzählung) (in "Die Leute von Seldwyla") R: Verhoeven, Paul; DB: Ahlsen, Leopold; FT: Kleider machen Leute (1969); TV: BRD/ARD/Bavaria

Die mißbrauchten Liebesbriefe (1856) (Erzählung) (in "Die Leute von Seldwyla") R: Schwarze, Hans-Dieter; DB: Mühlbauer, Wolfgang; FT: Die mißbrauchten Liebesbriefe (1969); TV: BRD/ZDF

Der Landvogt von Greifensee (1876) (Erzählung) R: Bolliger, Wilfried; DB: Bolliger, Wilfried; FT: Der Landvogt von Greifensee (1978); TV: CH/BRD/DRS/NDR

Der grüne Heinrich (1854) (Roman) R: Lagrange, Jean-Jacques; DB: Lagrange, Jean-Jacques; Roncoroni, Jean-Louis; FT: Mérette (1981); TV: CH/FR/Télévision Swiss Romande/Antenne 2

Der Schmied seines Glückes (1856) (Erzählung) (in "Die Leute von Seldwyla") R: Proll, Jens-Peter; FT: Wenn ich dich nicht hätte oder Der Schmied seines Glücks (1982); TV: DDR

Romeo und Julia auf dem Dorfe (1876) (Erzählung) R: Kühn, Siegfried; DB: Kühn, Siegfried; FT: Romeo und Julia auf dem Dorfe (1984); KF: DDR/DEFA

Der grüne Heinrich (1854) (Roman) R: Koerfer, Thomas; DB: Jago, Barbara; Koerfer, Thomas; Müller, Peter; FT: Der grüne Heinrich (1994); KF: CH/Peter-Christian Fueter

Das Fähnlein der sieben Aufrechten (1861) (> Schneider, Hansjörg (Schauspiel) (1999)) (Erzählung) R: Aeby, Simon; DB: Erni, Lukas; Hess, Thomas; FT: Das Fähnlein der sieben Aufrechten (2000); KF: CH/Absolut Film/Ascot Elite Entertainment Group/Impuls Video/Motion Picture Corporation of Europe (MPCE)/TV3

Keller, Markus (CH)

Bombestimmig (1989) (Jugendstück) R: Gröner, Werner; DB: Gröner, Werner; FT: Bombestimmig (1990); TV: CH/DRS/SRG

Keller, Paul (DTL 1873–1932)

Ferien vom Ich (1915) (Roman) R: Deppe, Hans; DB: Francke, Peter; FT: Ferien vom Ich (1952); KF: BRD

Ferien vom Ich (1915) (Roman) R: Grimm, Hans; DB: Lotz-Dupont, Ilse; FT: Ferien vom Ich (1963); KF: BRD

Keller, Stefan (CH 1958–)

Grüningers Fall (1993) (Bericht) R: Dindo, Richard; DB: Dindo, Richard; FT: Grüningers Fall (1997); KF: CH/Lea Prod.

Kellner, Wolfgang (DDR 1905–)

Abenteurer wider Willen: die wechselvolle Jugend des Heinz Stielke (1984) (Roman) R: Unger, Michael; DB: Enders, Horst; FT: Abenteurer wider Willen (1985); TV: DDR

Abenteurer wider Willen: die wechselvolle Jugend des Heinz Stielke (1984) (Roman) R: Kann, Michael; FT: Stielke, Heinz, fünfzehn ... (1987); KF: DDR/DEFA

Kempowski, Walter (BRD 1929–)

Tadellöser & Wolff (1971) (Roman) R: Fechner, Eberhard; DB: Fechner, Eberhard; FT: Tadellöser & Wolff (1975); TV: BRD/ZDF

Uns geht's ja noch gold. Roman einer Familie; Im Block; Ein Haftbericht (1969); Ein Kapitel für sich (1975) (1972) (Roman) R: Fechner, Eberhard; DB: Fechner, Eberhard; FT: Ein Kapitel für sich (3 Teile) (1979); TV: BRD/AUST/CH/ZDF/ORF/DRS

Herzlich willkommen (1984) (Roman) R: Bohm, Hark; DB: Bohm, Hark; Schön, Dorothée; FT: Herzlich willkommen (1990); KF: BRD/Hamburger Kino-Komp./ZDF

Kent, Alexander (DDR, BRD)
Ein Hahn im Korb (Schauspiel) R: Proll, Jens-Peter; FT: Ein Hahn im Korb (1978); TV: DDR
Der Keiler vom Keilersberg (Schauspiel) R: Hill, Peter; FT: Der Keiler vom Keilersberg (1980); TV: DDR
Der Westminster-Gong (Komödie) R: Ostrowsky, Hartmut; FT: Der Westminster-Gong (1990); TV: DDR/DFF1

Kernmayr, Hans Gustl (AUST 1900–1977)
Erzherzog Johanns große Liebe. Die Liebesgeschichte der steirischen Postmeisterstochter Anna Plodel mit Erzherzog Johann (1949) (Roman) R: Schott-Schöbinger, Hans; DB: Gribitz, Franz; Perkonig, Josef Friedrich; FT: Erzherzog Johanns große Liebe (1950); KF: AUST/Patria-Filmkunst-Produktion
Der gläserne Berg, eine deutsche Odyssee vom hohen Norden (1941) (Roman) R: Paul, Heinz; DB: Kernmayr, Hans Gustl; Paul, Heinz; FT: Unternehmen Edelweiß (1954); KF: BRD
Jede Nacht in einem anderen Bett (1956) (Roman) R: Verhoeven, Paul; DB: Hachfeld, Eckart; Wanja, Iwa; FT: Jede Nacht in einem anderen Bett (1956); KF: BRD

Kerr, Judith (GB 1923–)
When Hitler Stole Pink Rabbit (1971) (*Als Hitler das rosa Kaninchen stahl* 1973) (Jugendroman) R: Hofmann, Ilse; FT: Als Hitler das rosa Kaninchen stahl (1978); TV: BRD/ARD/WDR

Kerschbaumer, Marie-Thérèse (AUST 1936–)
Der weibliche Name des Widerstands (1980) (Bericht) R: Zanke, Susanne; DB: Kerschbaumer, Marie-Thérèse; FT: Der weibliche Name des Widerstands (1981); TV: AUST/ORF

Kertesz, Imre (HU 1929–)
Sorstalanság regény (1975) (*Ehe ungenügend* 1981) (Schauspiel) R: Winter, Klaus; FT: Ehe ungenügend (1981); TV: DDR

Kessel, Joseph (FR 1898–1979)
La passante de Sanssouci (1936) (Roman) R: Rouffio, Jacques; FT: Die Spaziergängerin von Sans-Souci (1982); KF: BRD/FR

Kessler, Harry Graf von (DTL 1868–1937)
Tagebücher (1961) (Tagebuch) R: Döpke, Oswald; DB: Valentin, Thomas; FT: Jugend, Liebe und die Wacht am Rhein (1978); TV: BRD/ZDF

Kettenbach, Hans Werner (BRD 1928–)
Minnie oder Ein Fall von Geringfügigkeit (1984) (Kriminalroman) (TV-Titel = Tennessee Nights) R: Gessner, Nicolas; DB: Gessner, Nicolas; Koenig, Laird; FT: Minnie (1989); KF: CH/USA/Condor/Bernd Lang/Allianz/Intermonda
Sterbetage (1988) (Kriminalroman) R: Wieland, Ute; DB: Wieland, Ute; FT: Das Jahr der Schildkröte (1990); TV: BRD/ARD/WDR
Davids Rache (1994) (Roman) R: Griesmayr, Hartmut; DB: Kettenbach, Hans Werner; FT: Davids Rache (1997); TV: BRD
Glatteis (1982) (Kriminalroman) R: Gutmann, Michael; DB: Gutmann, Michael; FT: Glatteis (1998); TV: BRD/Colon Filmprod./Gerhart Schmidt Filmprod.

Keun, Irmgard (BRD 1910–1982)
Das kunstseidene Mädchen (1932) (Roman) R: Duvivier, Julien; DB: Barjavel, René; Duvivier, Julien; Stemmle, Robert A.; FT: Das kunstseidene Mädchen (1959); KF: BRD/IT/FR
Nach Mitternacht (1937) (Roman) R: Gremm, Wolf; DB: Gremm, Wolf; Renee, Anette; FT: Nach Mitternacht (1981); KF: BRD/Regina Ziegler Filmprod./Paramount/CCC Filmkunst/ZDF

Key, Alexander (USA 1904–1979)
The Forgotten Door (1965) (*Die Tür zu einer anderen Welt* 1976) (Jugendbuch) R: Podehl, Peter; FT: Jan vom goldenen Stern (1980); TV: BRD/ARD

Key-Åberg, Sandro Gustav (SVE 1922–)
O! (1965) (Schauspiel) R: Fiedler, Gerlach; DB: Dietrich, Annette; FT: O (Szenengespräche aus der Reihe "Die Theaterwerkstatt") (1970); TV: BRD/ARD/SFB

Keyserling, Eduard von (DTL 1855–1918)
Dumala (1908) (Roman) R: Rilla, Walter; DB: Frenes, Alix du; FT: Dumala (1963); TV: BRD/ARD/BR
Schwüle Tage (1906) (Roman) R: Gies, Hajo; FT: Schwüle Tage (1978); TV: BRD/ARD/WDR
Am Südhang (1916) (Erzählung) R: Verhoeven, Michael; DB: Bieler, Manfred; FT: Am Südhang (1980); TV: BRD/ZDF

Beate und Mareile (1903) (Erzählung) R: Gies, Hajo; DB: Asmodi, Herbert; FT: Beate und Mareile (1981); TV: AUST/BRD/ORF/ZDF/Stern TV

Dumala (1908) (Roman) R: Werner, Hans; DB: Kreusel, Peter; FT: Die Galgenbrücke (1989); TV: DDR/DDR1

Khaitov, Nikolai (BULG)

(*Das Boot im Walde*) (Erzählung) R: Pause, Wolf-Dieter; FT: Das Boot im Walde (1971); TV: DDR/DEFA

Kierkegaard, Søren (DK 1813–1855)

Forførens dagbog (1843) (*Tagebuch des Verführers* 1903) (Erzählung) R: Hild, Michael; DB: Hild, Michael; FT: Tagebuch des Verführers (1979); TV: BRD/ZDF

Kihn, Hans Alfred (DTL 1885–)

Meiseken (1925) (Komödie) R: Hübler-Kahla, J. A.; DB: Neubach, Ernst; FT: Die Wirtin an der Lahn (1955); KF: BRD

Kingsley, Sidney (= Kirshner, Sidney) (USA 1906–1995)

Detective Story (1949) (*Polizeirevier 21*) (Schauspiel) R: Mezger, Theo; FT: Detective Story (Polizeirevier 21) (1963); TV: BRD/ARD/SDR

Darkness at Noon (1951) (Schauspiel) R: Cella, Ettore; FT: Sonnenfinsternis (1963); TV: BRD/ARD/HR

Kipphardt, Heinar (BRD 1922–1982)

Der Hund des Generals (1963) (Schauspiel) R: Wirth, Franz Peter; DB: Wirth, Franz Peter; FT: Der Hund des Generals (1964); TV: BRD/ARD/WDR

März (1976) (Roman) R: Jasny, Vojtech; DB: Kipphardt, Heinar; FT: Das Leben des schizophrenen Dichters März (1975); TV: BRD/ZDF

Die Nacht, in der der Chef geschlachtet wurde (1967) (Schauspiel) R: Jasny, Vojtech; DB: Kipphardt, Heinar; FT: Die Nacht, in der der Chef geschlachtet wurde (1979); TV: BRD/ZDF

Die Stühle des Herrn Szmil (1958) (Komödie) R: Jasny, Vojtech; FT: Die Stühle des Herrn Szmil (1979); TV: BRD/ARD/BR

Kirchbach, Maria von (BRD)

Geliebte Feindin (1938) (Roman) R: Hansen, Rolf; DB: Geis, Jakob; Kay, Juliane; FT: Geliebte Feindin (1954); KF: BRD

Kirst, Hans Hellmut (BRD 1914–1989)

08/15 in der Kaserne: Die abenteuerliche Revolte des Gefreiten Asch (1954) (Roman) R: May, Paul; FT: 08/15 (Teil 1) (1954); KF: BRD

08/15 bis zum Ende: Der gefährliche Endsieg des Soldaten Asch (1955) (Roman) R: May, Paul; FT: 08/15 in der Heimat (Teil 3) (1955); KF: BRD

08/15 im Kriege: Die seltsamen Kriegserlebnisse des Soldaten Asch (1954) (Roman) R: May, Paul; FT: 08/15 (Teil 2) (1955); KF: BRD

Fabrik der Offiziere (1960) (Roman) R: Wisbar, Frank; DB: Höllering, Franz; Wisbar, Frank; FT: Fabrik der Offiziere (1960); KF: BRD

Fabrik der Offiziere (1960) (Roman) R: Vollmar, Wolf; DB: Vollmar, Wolf; FT: Fabrik der Offiziere (1988); TV: BRD/Wolf Vollmar/Mondada & Filmstudio Barrandov

Kisch, Egon Erwin (DTL 1885–1948)

Der rasende Reporter (1925) (Reportage) R: Stemmle, Robert A.; FT: Der rasende Reporter (1968); TV: BRD/ARD

Die Himmelfahrt der Galgentoni (1922) (Tagebuch) R: Kehlmann, Michael; DB: Askenazy, Ludvík; FT: Die Galgentoni (1972); TV: BRD/ARD/BR

Prager Pitaval (1931) (Erzählung) FT: Die Mutter des Mörders (1978); TV: CH

Marktplatz der Sensationen (1942) (Reportage) R: Holly, Martin; DB: Pixa, Kamil; Vokral, Jaroslav; FT: Marktplatz der Sensationen (5 Teile) (1985); TV: BRD/AUST/ARD/SWF/ORF

Kishon, Ephraim (ISR 1924–)

(*Die große Protektion* 1970) (Schauspiel) R: Kehlmann, Michael; DB: Kehlmann, Michael; FT: Die große Protektion (1956); TV: BRD/ARD/HR

(*Schwarz auf Weiß* 1958) (Komödie) R: Korngiebel, Hanns; FT: Schwarz auf Weiß (1963); TV: BRD/ARD/SFB

(*Der Blaumilchkanal* 1971) (Erzählung) R: Kishon, Ephraim; DB: Kishon, Ephraim; FT: Der Blaumilchkanal (1969); KF: BRD/ISR

(Erzählung) (basiert auf mehreren Erzählungen) R: Tausig, Otto; Weck, Peter; DB: Kishon, Ephraim; Rittig, Kurt; FT: Lieben Sie Kishon? (1974-77/78); TV: BRD/ARD/WDR

Ha- Shu'al B'Lool Hatarnagalot (*Der Fuchs im Hühnerstall* 1969) (Roman) R: Kishon, Ephraim; DB: Kishon, Ephraim; FT: Der Fuchs im Hühnerstall (1978); KF: BRD/ISR/ARD/SFB/United Motion Picture Studios

(*Der Schützling*) (Schauspiel) R: Sydow, Rolf von; FT: Der Schützling (1981); TV: BRD/ZDF

The Licence (*Der Trauschein* 1960) (Schauspiel) R: Kishon, Ephraim; Reichel, Hans W.; FT: Der Trauschein (1984); TV: BRD/ZDF

(*Zieh den Stecker raus, das Wasser kocht* 1968) (Schauspiel) R: Kishon, Ephraim; FT: Zieh den Stecker raus, das Wasser kocht (1985); TV: BRD/ARD

Klabund (= Henschke, Alfred) (DTL 1890–1928)

Der Kreidekreis (1925) (Schauspiel) R: Goslar, Jürgen; FT: Der Kreidekreis (1961); TV: BRD/ARD/NWRV Köln

Klaus, Michael (BRD 1952–)

Nordkurve (1993) (< Erzählung (1982)) (Roman) R: Winkelmann, Adolf; DB: Winkelmann, Adolf; FT: Nordkurve: Montag bis Freitag kannst Du vergessen, Samstag ist der Tag (1993); TV: BRD

Klee, Ernst (BRD 1942–)

Der Zappler (1974) (Jugendroman) R: Deutschmann, Wolfram; DB: Deutschmann, Wolfram; Paul, Reinhild; FT: Der Zappler (1982); KF: BRD/C&H/Sungen-Grüttgen

Klein, Eduard (DDR, BRD 1923–)

Severino von den Inseln (1972) (Roman) R: Dobberke, Claus; DB: Borde, Inge; Dobberke, Claus; FT: Severino (1977); KF: DDR/DEFA

Die Last der Berge (1982) (Roman) R: Unger, Michael; FT: Die Last der Berge (1983); TV: BRD

Klein, Rosel (DDR, BRD 1926–)

Die dicke Tilla (1984) (Kinderbuch) R: Bergmann, Werner; DB: Klein, Rosel; FT: Die dicke Tilla (1984); KF: DDR/DEFA

Kleine, Dorothea (BRD 1928–)

Polizeiruf 110 (Erzählung) R: Nitschke, Helmut; FT: Harmloser Anfang (Polizeiruf 110) (1981); TV: DDR

Das schöne bißchen Leben: Protokoll einer Krise (1985) (Roman) R: Hujer, Gerald; FT: Das schöne bißchen Leben (1987); TV: DDR/DDR1

Kleint, Scarlett (DDR, BRD 1958–)

Die Sternbergs (1999) (Roman) R: Liechti, Hans; DB: Kleint, Scarlett; FT: Die Sternbergs - Ärzte, Brüder, Leidenschaften (1999); TV: BRD/ZDF

Kleist, Heinrich von (DTL 1777–1811)

Der zerbrochene Krug (1811) (Komödie) R: Hess, Joachim; FT: Der zerbrochene Krug (1959); TV: BRD/ARD/NWRV Hamburg

Der Prinz von Homburg (1821) (Schauspiel) R: Umgelter, Fritz; FT: Prinz Friedrich von Homburg (1961); TV: BRD/ARD/WDR

Der zerbrochene Krug (1811) (Komödie) R: Krüger, Detlof; FT: Der zerbrochene Krug (1965); TV: BRD/ZDF

Der Findling (1810) (Erzählung) R: Moorse, George; DB: Moorse, George; FT: Der Findling (1967); TV: BRD/ARD/BR

Der zerbrochene Krug (1811) (Komödie) R: Reisch, Günter; DB: Becker, Jurek; Reisch, Günter; FT: Jungfer, sie gefällt mir (1968); KF: DDR/DEFA

Michael Kohlhaas (1810) (Erzählung) R: Vollmar, Wolf; DB: Vollmar, Wolf; FT: Michael Kohlhaas (1969); TV: BRD/ARD

Michael Kohlhaas (1810) (Erzählung) R: Schlöndorff, Volker; DB: Bond, Edward; Schlöndorff, Volker; Wood, Clement Biddle; FT: Michael Kohlhaas. Der Rebell (1969); KF: BRD/Oceanic/Rob Houwer/Columbia

Die Verlobung in San Domingo (1810) (Erzählung) R: Syberberg, Hans-Jürgen; DB: Syberberg, Hans-Jürgen; FT: San Domingo (1970); KF: BRD/TMS(Hans-Jürgen Syberberg)

Der Zweikampf (1810) (Erzählung) R: Griesmayr, Hartmut; DB: Griesmayr, Hartmut; FT: Der Zweikampf (1971); TV: BRD/ARD/SWF

Die Marquise von O. (1810) (Erzählung) R: Beauvais, Peter; DB: Lange, Hartmut; FT: Die Gräfin von Rathenow (1973); TV: BRD/ZDF

Der Prinz von Homburg (1821) (Schauspiel) R: Stein, Peter; FT: Der Prinz von Homburg (1973); TV: BRD/ARD

Amphitryon (1807) (Schauspiel) R: Rudolph, Niels-Peter; FT: Amphitryon (1975); TV: BRD/ARD

Das Erdbeben von Chili (1810) (Erzählung) R: Sanders-Brahms, Helma; DB: Sanders-Brahms, Helma; FT: Das Erdbeben in Chili (1975); TV: BRD/Filmverlag der Autoren/ZDF

Die Marquise von O. (1810) (Erzählung) R: Rohmer, Eric; DB: Iden, Peter; Rohmer, Eric; FT: Die Marquise von O. (1976); KF: BRD/FR/Janus/ARD/HR/Films du Losange

(Briefe/Texte) R: Sanders-Brahms, Helma; DB: Sanders-Brahms, Helma; FT: Heinrich (1977); KF: BRD/Regina Ziegler Filmprod./ARD/WDR

Der zerbrochene Krug (1811) (Komödie) R: Wirth, Franz Peter; FT: Der zerbrochene Krug (1978); TV: BRD/ZDF

Amphitryon (1807) (Schauspiel) R: Groot, Michael de; FT: Amphitryon (1981); KF: BRD

Das Käthchen von Heilbronn (1810) (Schauspiel) R: Beauvais, Peter; FT: Das Käthchen von Heilbronn oder Die Feuerprobe (1981); TV: BRD/AUST/ARD/HR/ORF

Penthesilea (1808) (Schauspiel) R: Neuenfels, Hans; FT: Heinrich von Kleist 'Penthesilea', Träumereien um eine Inszenierung (1982); TV: BRD/ZDF

Penthesilea (1808) (Schauspiel) R: Neuenfels, Hans; DB: Neuenfels, Hans; FT: Penthesilea von Kleist (1983); KF: BRD/Regina Ziegler Filmprod.

Die Familie Schroffenstein (1803) (Schauspiel) R: Neuenfels, Hans; FT: Die Familie Schroffenstein (1984); TV: BRD/ZDF

Der Prinz von Homburg (1821) (Schauspiel) R: Stein, Peter; FT: Prinz Friedrich von Homburg (1988); TV: BRD

Penthesilea (1808) (Schauspiel) R: Syberberg, Hans-Jürgen; DB: Syberberg, Hans-Jürgen; FT: Penthesilea (1989); KF: BRD/AUST/FR/TMS Film/Schauspielhaus Frankfurt/Berlin Werkstattprogramm/ZDF/Festival d'Automne/La Sept/ORF

Der Prinz von Homburg (1821) (Schauspiel) R: Bornemann, Fritz; FT: Prinz Friedrich von Homburg (1989); TV: DDR/DDR1

Der zerbrochene Krug (1811) (Komödie) R: Keil, Gerd; FT: Der zerbrochene Krug (1990); TV: DDR/DFF2

Der zerbrochene Krug (1811) (Komödie) R: Dorn, Dieter; FT: Der zerbrochene Krug (1990); TV: BRD

Anekdote aus dem letzten preußischen Kriege (Erzählung) R: Spirandelli, Zoltan; DB: Spirandelli, Zoltan; FT: Anekdote aus dem letzten preußischen Kriege (1995); KF: BRD/Zoltan Spirandelli Filmproduktion

Klemke, Werner (BRD 1917–1994) & **Rodrian, Fred** (DDR 1926–1985)

Das Wolkenschaf (1959) (Kinderbuch) R: Losansky, Rolf; DB: Losansky, Rolf; FT: Zirri - Das Wolkenschaf (1992); KF: BRD/DEFA-Studio Babelsberg

Klemperer, Victor (DDR 1881–1960)

Ich will Zeugnis ablegen bis zum letzten 1933-1945 (1995) (Tagebuch) R: Kleinert, Andreas; Wessel, Kai; DB: Steinbach, Peter F.; FT: Klemperer - Ein Leben in Deutschland (1999); TV: BRD/ARD/MDR

Klenman, Norman (= Callaghan, Morley; Stanley, Michael) (CAN 1903–1990)

The Swiss Conspiracy (Schauspiel) R: Arnold, Jack; DB: Stanley, Michael; FT: Per Saldo Mord (1980); TV: BRD/ARD/SDR

Klepper, Jochen (DTL 1903–1942)

Der Kahn der fröhlichen Leute (1933) (Roman) R: Heinrich, Hans; DB: Heinrich, Hans; Nicolas, Richard; FT: Der Kahn der fröhlichen Leute (1950); KF: DDR/DEFA

Klier, Heinrich E. (AUST 1926–)

Sturm am Wilden Kaiser (Roman) R: Borsody, Eduard von; DB: Borsody, Eduard von; FT: Sturm am Wilden Kaiser (1963); KF: AUST

Bergwind und Träume (Erzählung) R: Borsody, Eduard von; FT: Bergwind (1964); KF: AUST

Klíma, Ivan (CSR 1931–)

Zamek (1964) (Schauspiel) R: Wirth, Franz Peter; DB: Wirth, Franz Peter; FT: Ein Schloß (1966); TV: BRD/ARD/WDR

(*Ein Bräutigam für Marcella* 1969) (Schauspiel) R: Toelle, Tom; DB: Toelle, Tom; FT: Ein Bräutigam für Marcella (1970); TV: BRD/ARD/HR

Kliment, Alexandr (CSR 1929–)

Marie (1963) (*Eine ahnungslose Frau* 1970) (Roman) R: Wirth, Franz Peter; DB: Krapp, Helmut; FT: Nicht einmal das halbe Leben (1973); TV: BRD/ARD/WDR

Kling, Ulla (BRD)

Die wilde Hilde (1985) (Komödie) R: Helfrich, Bernhard; DB: Kling, Ulla; FT: Die wilde Hilde (1995); TV: BRD/Chiemgauer Volkstheater

Halleluja beinand (1999) (Komödie) R: Helfrich, Bernhard; DB: Kling, Ulla; FT: Halleluja beinand (1998); TV: BRD/Chiemgauer Volkstheater

Renn, Oma, renn!: eine "fast" kriminalistische Story rund um einen Flohmarkt (1999) (Komödie) R: Kreß, Christian; DB: Kling, Ulla; FT: Renn, Oma, renn! (1998); TV: BRD/Chiemgauer Volkstheater

Sei doch net so dumm: eine wahre Begebenheit in drei Akten (1990) (Komödie) R: Helfrich, Bernhard; DB: Kling, Ulla; FT: Sei doch ned so dumm (1999); TV: BRD/Chiemgauer Volkstheater

Warmes Herz und kalte Güsse (1999) (Komödie) R: Helfrich, Bernhard; DB: Kling, Ulla; FT: Warmes Herz und kalte Güsse (1999); TV: BRD/Chiemgauer Volkstheater

Waarst doch in Kentucky blieben (1999) (Komödie) R: Helfrich, Bernhard; DB: Kling, Ulla; FT: Wärst' doch in Kentucky blieben (1999); TV: BRD/Chiemgauer Volkstheater

Kluge, Alexander (BRD 1932–)

Anita G. (Lebensläufe) (1962) (Erzählung) R: Kluge, Alexander; DB: Kluge, Alexander; FT: Abschied von gestern (1966); KF: BRD/Kairos/Independent

Die Artisten in der Zirkuskuppel: ratlos (1968) (Szenario) R: Kluge, Alexander; DB: Kluge, Alexander; FT: Die Artisten in der Zirkuskuppel: ratlos (1968); KF: BRD/Kairos Film

Gelegenheitsarbeit einer Sklavin (1973) (Szenario) R: Kluge, Alexander; DB: Kluge, Alexander; FT: Gelegenheitsarbeit einer Sklavin (1973); KF: BRD/Filmverlag der Autoren/Kairos Film

Ein Bolschewist des Kapitals (1973) (Erzählung) (in "Lernprozesse mit tödlichem Ausgang") R: Kluge, Alexander; DB: Kluge, Alexander; FT: Der starke Ferdinand (1976); KF: BRD/Kairos(Alexander Kluge/Edgar Reitz)

Die Patriotin (1979) (Szenario) R: Kluge, Alexander; DB: Kluge, Alexander; FT: Die Patriotin (1979); KF: BRD

Die Macht der Gefühle (1984) (Szenario) R: Kluge, Alexander; DB: Kluge, Alexander; FT: Die Macht der Gefühle (1983); KF: BRD

Der Angriff der Gegenwart auf die übrige Zeit (1985) (Szenario) R: Kluge, Alexander; DB: Kluge, Alexander; FT: Der Angriff der Gegenwart auf die übrige Zeit (1985); TV: BRD

Kluge, Alexander (BRD 1932–) & **Reitz, Edgar** (BRD 1932–)

In Gefahr und größter Not bringt der Mittelweg den Tod (1975) (Texte) (Texte zum Film) R: Kluge, Alexander; Reitz, Edgar; DB: Kluge, Alexander; Reitz, Edgar; FT: In Gefahr und größter Not bringt der Mittelweg den Tod (1974); KF: BRD/RK-Film

Klugmann, Norbert (BRD 1951–)

Vorübergehend verstorben (1996) (Kriminalroman) R: Rothemund, Sigi; DB: Klugmann, Norbert; Mathews, Peter; Stephan, Ulli; FT: Vorübergehend verstorben (1997); TV: BRD/Polyphon/arte

Klugmann, Norbert (BRD 1951–) & **Mathews, Peter** (BRD 1951–)

Beule oder Wie man einen Tresor knackt (1984) (Kriminalroman) R: Gregan, Ralf; DB: Klugmann, Norbert; Mathews, Peter; FT: Beule oder Wie man einen Tresor knackt (1988); TV: BRD/ARD/NDR/Stern TV

Knappe, Joachim (DDR 1929–)

Die Birke da oben (1970) (Roman) R: Vogel, Peter; DB: Ebeling, Wolfgang; FT: Die Birke da oben (1979); TV: DDR

Knechtl-Ostenburg, Fritz (AUST)

Abenteuer in Budapest (Roman) R: Nußgruber, Rudolf; DB: Bornemann, Jutta; Gribitz, Franz; Nachmann, Kurt; FT: Sonnenschein und Wolkenbruch (1955); KF: AUST

Knittel, John (CH 1891–1970)

Via Mala (1943) (Roman) R: Baky, Josef von; DB: Harbou, Thea von; FT: Via Mala (1945); KF: DTL

El Hakim (1936) (Roman) R: Thiele, Rolf; FT: El Hakim (1957); KF: BRD

Via Mala (1943) (Roman) R: May, Paul; DB: Heuser, Kurt; May, Paul; FT: Via Mala (1961); KF: BRD/CCC Filmkunst GmbH

Via Mala (1943) (Roman) R: Toelle, Tom; DB: Graser, Jörg; FT: Via Mala (1985); TV: BRD/AUST/FR/IT/Iduna/MR-Film/ZDF/ORF/TF1/RAI

Knopp, Guido (BRD 1948–)

Hitlers Helfer (1996) (Biographie) R: Dehnhardt, Sebastian; Deick, C.; Knopp, Guido; DB: Knopp, Guido; FT: Hitlers Helfer (1996); TV: BRD/Arte/ZDF

Knott, Frederick (USA)

Dial "M" for Murder (1953) (*Bei Anruf - Mord* 1954) (Kriminalstück) R: Wolffhardt, Rainer; DB: Pigge, Helmut; Wolffhardt, Rainer; FT: Bei Anruf - Mord (1959); TV: BRD/ARD/SDR

Knox, Bill (GB 1928–)

(*Schlafwagen nach Glasgow* 1962) (Kriminalroman) R: Hantke, Wolfgang; DB: Wittlinger, Karl; FT: Überfall in Glasgow (1981); TV: BRD/ZDF

Koch, Jurij (DDR, BRD 1936–)

Landvermesser (Erzählung) R: Herrmann, Konrad; DB: Koch, Jurij; FT: Rublak - Die Legende vom vermessenen Land (1983); KF: DDR/DEFA

Der Kirschbaum (1984) (Erzählung) R: Brauer, Jürgen; DB: Koch, Jurij; FT: Sehnsucht (1989); KF: DDR/DEFA

Augenoperation (1988) (Roman) R: Brauer, Jürgen; DB: Koch, Jurij; FT: Tanz auf der Kippe (1991); KF: DDR/DEFA

Koch, Werner (BRD 1926–)
See-Leben I (1971) (Roman) R: Griesmayr, Hartmut; DB: Göbbels, Peter; Koch, Werner; FT: See-Leben I (1975); TV: BRD/ZDF

Koczian, Johanna von (BRD 1933–)
Die Fee, die keiner haben wollte (1980) (Kindererzählung) R: Pichler, Ernst; FT: Die Fee, die keiner haben wollte (1982); TV: AUST/ORF1
Abenteuer in der Vollmondnacht (1977) (Roman) R: Fantl, Thomas; DB: Hofmann, Ota; FT: Unterwegs nach Atlantis (1982); TV: CH/BRD/DRS/ZDF

Koeppen, Wolfgang (BRD 1906–1996)
Das Treibhaus (1953) (Roman) R: Goedel, Peter; DB: Goedel, Peter; FT: Das Treibhaus (1986/1987); KF: BRD
Es war einmal in Masuren (1991) (Autobiographie) R: Goedel, Peter; DB: Koeppen, Wolfgang; FT: Ortelsburg - Szczytno (1990); KF: BRD/Peter goedel Filmprod./ARD/BR/WDR

Koestler, Arthur (GB 1905–1983)
Twilight Bar (1945) (Schauspiel) R: Witt, Claus Peter; FT: Drei Tage bis Mitternacht (1966); TV: BRD/ARD/NDR
Thieves in the Night (1946) (*Diebe in der Nacht* 1949) (Roman) R: Storch, Wolfgang; DB: Storch, Wolfgang; FT: Diebe in der Nacht (3 Teile) (1989); TV: AUST/ISR/ORF/Israel Television

Kohl, Christiane (BRD 1954–)
Der Jude und das Mädchen (1999) (Roman) R: Vilsmaier, Joseph; DB: Klooss, Reinhard; Richter, Klaus; FT: Leo und Claire (1999); KF: BRD/Odeon Film/Perathon Film- und Fernsehproduktions GmbH

Köhler-Rechnitz, Inka (BRD 1918–)
Zehn kleine Negerlein (1954) (Erzählung) R: Sydow, Rolf von; DB: Surmann, Emil; FT: Zehn kleine Negerlein (1954); KF: BRD

Kohlhaase, Wolfgang (DDR, BRD 1931–)
(Erzählung) R: Rauer, Evelyn; DB: Kohlhaase, Wolfgang; FT: Lasset die Kindlein ... (1976); TV: DDR
Die Grünstein-Variante (1976) (Hörspiel) R: Wicki, Bernhard; DB: Kohlhaase, Wolfgang; Wicki, Bernhard; FT: Die Grünstein-Variante (1983); KF: DDR/Allianz Filmproduktion/DEFA
Der Bruch (1989) (Roman) (Roman zum Film) R: Beyer, Frank; DB: Kohlhaase, Wolfgang; FT: Der Bruch (1988); KF: DDR/DEFA
(Erzählung) R: Denecke, Gabriele; Kohlhaase, Wolfgang; DB: Kohlhaase, Wolfgang; FT: Inge, April und Mai (1992); TV: BRD/Filmpool GmbH/DEFA/ZDF

Kohlhaase, Wolfgang (DDR, BRD 1931–) & **Zimmer, Rita** (DDR)
Fisch zu viert (1969) (Hörspiel) R: Lauterbach, Ulrich; FT: Fisch zu viert (1972); TV: BRD/ARD/HR

Köhlmeier, Michael (BRD 1949–)
Der Unfisch (1997) (Erzählung) (Erzählung zum Film) R: Dornhelm, Robert; DB: Köhlmeier, Michael; FT: Der Unfisch (1997); TV: AUST/Terra Films

Kohner, Frederick (USA 1905–1986)
(Erzählung) R: Martin, Paul; DB: Flatow, Curth; Martin, Paul; FT: Liebe, Tanz und 1000 Schlager (1955); KF: BRD
Stern von Rio (Erzählung) R: Neumann, Kurt; DB: Kohner, Frederick (= Köllner, Hans F.); FT: Stern von Rio (1955); KF: BRD/IT/CCC Filmkunst GmbH/Ermes

Kohout, Pavel (CSR 1928–)
Cesta kolem sveta za 80 dni (1962) (*Reise um die Erde in 80 Tagen* 1965) (Roman) R: Schwarze, Hans-Dieter; DB: Schwarze, Hans-Dieter; FT: Die Reise um die Erde (1964); TV: BRD/ARD/Bavaria
August, August, August (1967) (*August, August, August* 1969) (Schauspiel) R: Belka, Jiri; FT: August, August, August (1970); TV: BRD/ARD
Weißbuch in Sachen Adam Jurácek, Professor für Leibeserziehung und Zeichnen an der Pädagogischen Lehranstalt in K., kontra Sir Isaac Newton, Professor für Physik an der Universität Cambridge (1970) (Roman) R: Toelle, Tom; DB: Kohout, Pavel; FT: Der aufsehnerregende Fall des Studienrats Adam Juracek (1976); TV: BRD/ZDF

Kolakowski, Leszek (PL 1927–)
Wygnani z raju (1961) (Schauspiel) R: Lauterbach, Ulrich; DB: Lauterbach, Ulrich; FT: Eingang und Ausgang (1970); TV: BRD/ARD/HR

Kolarz, Henry (BRD 1927–)
Die roten Elefanten (1981) (Roman) R: Dietrich, Wolf; FT: Die roten Elefanten (Serie) (1986); TV: BRD/ZDF

Kolb, Annette (BRD 1870–1967)
Die Schaukel (1934) (Roman) R: Adlon, Percy; DB: Adlon, Percy; FT: Die Schaukel (1983); KF: BRD/Pelemele/Roxy/Pro-ject

Kolbenhoff, Walter (= Hoffmann, Walter) (BRD 1908–1993)
Der Briefträger ging vorbei (Hörspiel) R: Farenburg, Hanns; DB: Kolbenhoff, Walter; FT: Ein Briefträger ging vorbei (1954); TV: BRD/ARD/NWDR

Koll, Kilian (= Bloem, Walter Julius) (DTL 1898–1951)
Urlaub auf Ehrenwort; Geschichten um den Krieg (1937) (Erzählung) R: Liebeneiner, Wolfgang; DB: Klein, Charles; Lützkendorf, Felix; FT: Urlaub auf Ehrenwort (1955); KF: BRD

Kolleritsch, Alfred (AUST 1931–)
Die grüne Seite (1974) (Roman) R: Chotsky, Georg; FT: Die grüne Seite (1981); TV: AUST/ORF

Kollontaj, Alexandra (SU 1872–1952)
Vassilissa Malegyma (1927) (Roman) R: Praunheim, Rosa von; FT: Rote Liebe (1980/82); KF: BRD

König, Jürgen (BRD)
Magnus: von der Begierde der Starken und der Ohnmacht der Schwachen (1987) (Roman) R: Zerhau, Gabriela; DB: Zerhau, Gabriela; FT: Am Morgen danach (1995); TV: AUST/BRD/arte/Monaco Film/ZDF

König, Ralf (BRD 1960–)
Der bewegte Mann (1987) (Comic) R: Wortmann, Sönke; DB: Wortmann, Sönke; FT: Der bewegte Mann (1994); TV: BRD/ Neue Constantin Film/Olga Film

Das Kondom des Grauens (1988) (Comic) R: Walz, Martin; DB: König, Ralf; Kramp, Mario; Walz, Martin; FT: Das Kondom des Grauens (1996); KF: BRD/Ascot/ Ecco

Koning, Hans (USA 1921–)
Death of a Schoolboy (1974) (Roman) R: Patzak, Peter; DB: Patzak, Peter; FT: Gavre Princip - Himmel unter Steinen (1990); KF: AUST/BRD/Neue Studio

Konsalik, Heinz Günther (= Pahlen, Henry) (BRD 1921–1999)
Der Arzt von Stalingrad (1958) (Roman) R: Rádvany, Géza von; DB: Zibaso, Werner P.; FT: Der Arzt von Stalingrad (1958); KF: BRD

Strafbatallion 999 (1959) (Roman) R: Philipp, Harald; DB: Konsalik, Heinz G.; Menge, Wolfgang; Philipp, Harald; FT: Strafbatallion 999 (1960); KF: BRD/Willy Zeyn Film

Liebesnächte in der Taiga (1966) (Roman) R: Philipp, Harald; DB: Zibaso, Werner P.; FT: Liebesnächte in der Taiga (1968); KF: BRD/USA/Franz Seitz

Schwarzer Nerz auf zarter Haut (1968) (Roman) R: Dietrich, Erwin C.; DB: Bekker, Jens; Dietrich, Erwin C. (= Thomas, Michael; Gregor, Frank); FT: Schwarzer Nerz auf zarter Haut (1969); KF: BRD/ Urania Film

Ein toter Taucher nimmt kein Gold (1973) (Roman) R: Reinl, Harald; DB: Merlon, George; FT: Ein toter Taucher nimmt kein Gold (1974); KF: BRD

Wer stirbt schon gerne unter Palmen (1972) (Roman) R: Vohrer, Alfred; DB: Zibaso, Werner P.; FT: Wer stirbt schon gerne unter Palmen (1974); KF: BRD/Constantin/TV13/Terra Filmkunst

(Roman) R: Gottlieb, Franz Josef; FT: Der Geheimnisträger (1975); KF: BRD

Liebe läßt alle Blumen blühen (1979) (Roman) R: Serafini, Marco; DB: Clisseron, Agnes; FT: Liebe läßt alle Blumen blühen (1985); TV: BRD/ARD

Liebe ist stärker als der Tod (1975) (Roman) R: Herz, Juraj; DB: Herz, Juraj; Wedel, Dieter; FT: Liebe ist stärker als der Tod (1988); TV: BRD/ARD/NDR

(Roman) R: Dayan, Josée; DB: Roullier, Christian; FT: Dr. Berg - Nur das Leben zählt (1997); KF: BRD/FR/Gemini/Portman/DKG/Degeto

(Roman) R: Jahrreiss, Otto Alexander; DB: Busby, Scott; Jahrreiss, Otto Alexander; Limmer, Wolfgang; Schulz, Friedemann; FT: Liebe im Schatten des Drachen (1997); TV: BRD/Gemini/Portman/ DGK/ARD/Degeto

Eine Sünde zuviel (1966) (Roman) R: Jacob, Thomas; DB: Martinek, Krystian; FT: Eine Lüge zuviel (1997); TV: BRD/ Regina Ziegler Filmprod./ZDF

Mayday... Mayday... - Gefahr über den Wolken (1995) (Roman) R: Bould, Chris; FT: Mayday - Flug in den Tod (1997); KF: BRD

Eine Sünde zuviel (1966) (Roman) R: Witte, Udo; DB: Cook, Thomas S.; Hensel, Kai; Howard, Karin; FT: Eine Sünde zuviel (1997); TV: BRD/CH/Gemini Filmproduktions GmbH/Portman/DKG/ARD/ Degeto

Kopacke, Werner (BRD)
Der Wald (Kriminalroman) R: Griesmayr, Hartmut; DB: Griesmayr, Hartmut; FT: Der Wald (1996); TV: BRD/ZDF

Köpf, Gerhard (BRD 1948–)
Die Strecke (1985) (Roman) R: Wagner, Christian; DB: Wagner, Christian; FT: Wallers letzter Gang (1988); TV: BRD/ Christian Wagner Filmprod/ARD/BR

Koplowitz, Jan (DDR, BRD)
Bohemia, mein Schicksal (1979) (Roman) R: Seemann, Horst; FT: Hotel Polan und seine Gäste (1982); TV: DDR

Koref-Geyer, Elmire (AUST)
Die kleine Passion (1948) (Schauspiel) R: Kutter, Anton; DB: Kutter, Anton; FT: Wetterleuchten am Dachstein (1952); KF: BRD/AUST

Korherr, Helmut (AUST 1950–) & **Pellert, Wilhelm** (AUST 1950–)
Jesus von Ottakring (1980) (Volksstück) R: Pellert, Wilhelm; DB: Korherr, Helmut; Pellert, Wilhelm; FT: Jesus von Ottakring (1975); KF: AUST/ORF/Gruppe Borobya

Körner, Wolfgang (BRD 1937–)
Versetzung (1966) (Roman) R: Toelle, Tom; DB: Körner, Wolfgang; Rhotert, Bernt; FT: Versetzung (1968); TV: BRD/ARD/HR
(Erzählung) R: Horbelt, Rainer; FT: Todesarten (1977); TV: BRD/ARD/SFB

Kornfeld, Paul (DTL 1889–1942)
Blanche oder Das Atelier im Garten (1957) (Roman) R: Heyme, Hansgünther; DB: Heyme, Hansgünther; Hirschmann, Lothar; FT: Blanche oder Das Atelier im Garten (1985); TV: BRD/ZDF

Kotzebue, August von (DTL 1761–1819)
Die beiden Klingsberg (1801) (Komödie) R: Rabenalt, Arthur Maria; FT: Die beiden Klingsberg (1964); TV: BRD/ARD/BR/AUST/ORF/CH/SRG

Kozik, Christa (DDR, BRD 1941–)
Moritz in der Litfaßsäule (1980) (Kinderbuch) R: Losansky, Rolf; DB: Kozik, Christa; FT: Moritz in der Litfaßsäule (1983); KF: DDR/DEFA
Der verzauberte Einbrecher (1994) (Kinderbuch) R: Losansky, Rolf; DB: Kozik, Christa; Losansky, Rolf; FT: Friedrich und der verzauberte Einbrecher (1996); KF: BRD/Alexander Gehrke/Antaeus Film

Kraatz, Curt (DTL 1857–1925) & **Laufs, Carl** (DTL 1858–1900) & **Wiener, Hugo** (AUST 1904–1993)
Die blaue Maus (1978) (Komödie) (bearbeitet von Hugo Wiener nach Kraatz und Laufs) R: Wilhelm, Kurt; DB: Wiener, Hugo; FT: Die blaue Maus (1978); TV: BRD/ARD/BR

Krackardt, Heinrich (BRD 1904–1962)
Ich heirate Herrn Direktor (1954) (Roman) R: Liebeneiner, Wolfgang; DB: Krackardt, Heinrich; Liebeneiner, Wolfgang; FT: Ich heirate Herrn Direktor (1959); KF: AUST

Kramer, Gert G. (DTL)
Jonny stiehlt die Welt (Kriminalkomödie) R: Horn, Peter A.; FT: Jonny stiehlt die Welt (1953); TV: BRD/ARD/NWDR

Kramer, Jutta (BRD)
Ich liebe dich - April! April! (Schauspiel) R: Gusner, Iris; FT: Ich liebe dich - April! April! (1988); KF: DDR/DEFA

Kramp, Willy (BRD 1909–1986)
Das Lamm (1959) (Erzählung) R: Staudte, Wolfgang; DB: Leberecht, Frank; FT: Das Lamm (1964); KF: BRD/Fono Film

Kranewitter, Franz (AUST 1860–1938)
Die sieben Todsünden (1925) (Schauspiel) R: Grädler, Theodor; DB: Weber, Oskar; FT: Hochmut kommt vor dem Fall (1962); TV: BRD/ARD/BR
Die Teufelsbraut (1911) (Komödie) R: Matiasek, Helmuth; FT: Die Teufelsbraut (1966); TV: BRD/ARD/ORF
Die Teufelsbraut (1911) (Komödie) R: Schwarze, Hans-Dieter; FT: Die Teufelsbraut (1977); TV: BRD/ARD

Kraszewski, Jozef I. (= Boleslawita, Bohdan) (PL 1812–1887)
Z siedmioletnej wojny (1875) (*Aus dem siebenjährigen Krieg* 1953) (Roman) R: Kasprzik, Hans-Joachim; DB: Börner, Albrecht; Kasprzik, Hans-Joachim; FT: Sachsens Glanz und Preußens Gloria (4 Teile) (1985); TV: DDR/DDR1
Hrabina Cosel (1873) (*Gräfin Cosel* 1952) (Roman) R: Kasprzik, Hans-Joachim; DB: Börner, Albrecht; Kasprzik, Hans-Joachim; FT: Gräfin Cosel (2 Teile) (1987); TV: DDR/DDR1

Krausser, Helmut (BRD 1964–)
Fette Welt (1992) (Roman) R: Schütte, Jan; DB: Richter, Klaus; Schütte, Jan; FT: Fette Welt (1998); KF: BRD/MTM Cineteve/Novoskop Film/Senator Film Produktion GmbH
Der große Bagarozy (1997) (Roman) R: Eichinger, Bernd; DB: Eichinger, Bernd; FT: Der große Bagarozy (1999); KF: BRD/Constantin

Kraze, Hanna-Heide (DDR 1920–)
Des Henkers Bruder (1955) (Roman) R: Beck, Walter; DB: Deubener, Gudrun; Kirsten, Brigitte; FT: Des Henkers Bruder (1979); KF: DDR/DEFA

Kreis, Gabriele (BRD 1947–)
Frauen morden leichter (1997) (Roman) (Roman zur Serie) R: Näter, Thorsten; DB: Kreis, Gabriele; FT: Frauen morden leichter (1997); TV: BRD/ZDF

Kremer, Rüdiger (BRD 1942–)
Beschreibung einer Verfolgung (1970) (Erzählung) R: Nola, Jürgen; DB: Breest, Jürgen; Kremer, Rüdiger; Nola, Jürgen; FT: Beschreibung einer Verfolgung (1971); TV: BRD/ARD/RB

Kretzer, Max (DTL 1854–1941)
Meister Timpe (1888) (Roman) R: Griesmayr, Hartmut; DB: Schaumann, Frank; FT: Meister Timpe (2 Teile) (1980); TV: BRD/ZDF

Krey, Franz (DDR 1930–1981)
Maria und der Paragraph (1972) (Roman) R: Hölzke, Hubert; DB: Pederzani, Hans-Albert; FT: Maria und der Paragraph (1974); TV: DDR

Kreye, Walter Arthur (BRD 1911–1991)
Anker op (1961) (Hörspiel) R: Kreye, Walter Arthur; DB: Kreye, Walter Arthur; FT: Stine vom Löh auf großer Fahrt (1961); TV: BRD/ARD/RB

Krischke, Traugott (BRD 1931–)
Kreuze am Horizont (1958) (Schauspiel) R: Farenburg, Hanns; FT: Kreuze am Horizont (1960); TV: BRD/ARD/NWRV Hamburg

Kritz, Hugo Maria (= Kritzkovsky, Hugo) (BRD 1905–)
Die Abenteuer des Herrn von Barabas (1943) (Roman) R: Bolváry, Géza von; DB: Beckmann, Hans Fritz; Kritz, Hugo Maria; FT: Wer bist du, den ich liebe? (1949); KF: BRD

Geheimnis um Georgia (1937) (Erzählung) R: Hartl, Karl; DB: Hartl, Karl; Kritz, Hugo Maria; FT: Der schweigende Mund (1951); KF: AUST

Geständnis unter vier Augen (1954) (Roman) R: Michel, Andre; DB: Kritz, Hugo Maria; Krüger, Answald; Werner, Jörg; FT: Geständnis unter vier Augen (1954); KF: BRD

Kroetz, Franz Xaver (BRD 1946–)
Wildwechsel (1971) (Schauspiel) R: Fassbinder, Rainer Werner; DB: Fassbinder, Rainer Werner; FT: Wildwechsel (1972); KF: BRD/Intertel

Das Nest (1975) (Schauspiel) R: Kovács, Gedeon; FT: Das Nest (1979); TV: BRD/ZDF

Heimat (1975) (Schauspiel) R: Kroetz, Franz Xaver; FT: Heimat (1980); TV: BRD/ARD/HR

Mensch Meier (1978) (Schauspiel) R: Riklin, Hans Peter; FT: Mensch Meier (1981); TV: CH/DRS

Oberösterreich (1972) (Schauspiel) R: Kaspar, Bruno; DB: Karfiol, Claude; FT: Oberösterreich (1981); TV: CH/DRS

Kruczkowski, Leon (PL 1900–1962)
Niemcy (1949) (*Die Sonnenbrucks* 1951) (Schauspiel) R: Klaren, Georg C.; DB: Klaren, Georg C.; Kruczkowski, Leon; Maetzig, Kurt; FT: Die Sonnenbrucks (1951); KF: DDR/DEFA

Krug, Manfred (BRD 1937–)
Abgehauen (1996) (Autobiographie) R: Beyer, Frank; DB: Beyer, Frank; Plenzdorf, Ulrich; FT: Abgehauen (1998); TV: BRD/ARD/NDR/WDR

Krüger, Answald (BRD 1918–1977) & **Matray, Maria** (BRD 1907–1993)
Die Liebenden (1977) (Roman) R: Moszkowicz, Imo; DB: Matray, Maria; FT: Ein Winter auf Mallorca (1983); TV: BRD/ZDF

Krüger, Horst (BRD 1919–)
Das zerbrochene Haus (1982) (Roman) R: Runze, Ottokar; FT: Das zerbrochene Haus (1984); TV: AUST/BRD/ORF/ZDF

Kruse, Max (BRD 1921–)
Kasper Laris neue Kleider (1976) (Kindererzählung) R: Maiwald, Armin; FT: Kasper Laris Abenteuer (1979); TV: BRD/ARD/WDR

Krüss, James (BRD 1926–1997)
Timm Thaler (1962) (Kindererzählung) R: Rothemund, Sigi; DB: Pfaue, Justus; Thouet, Peter M.; FT: Timm Thaler (1979); TV: CH/DRS

Kubin, Alfred (AUST 1877–1959)
Die andere Seite (1909) (Roman) R: Schaaf, Johannes; DB: Fendel, Rosemarie; Parker, Russell; Schaaf, Johannes; FT: Traumstadt (1973); KF: BRD/Independent Film (Heinz Angermeyer)/Maran

Kuby, Erich (BRD 1910–)
(Hörspiel) R: Kehlmann, Michael; FT: Der verschwundene Graf (1957); TV: BRD/ARD/HR

Rosemarie (1958) (Roman) R: Thiele, Rolf; DB: Herbst, Jo; Kuby, Erich; Thiele, Rolf; Ulrich, Rolf; FT: Das Mädchen Rosemarie (1958); KF: BRD

Da Mädchen Rosemarie (1958) (Roman) R: Eichinger, Bernd; DB: Eichinger, Bernd; Wilhelm, Uwe; FT: Das Mädchen Rosemarie (1996); KF: BRD/Sat1/Constantin Film Produktion GmbH

Küchenmeister, Claus (DDR) & **Küchenmeister, Wera** (DDR 1929–)
Elend und Glanz des Wilhelm Knaupe, genannt Bello (> Der Lude (Roman) (1987)) (Jugendhörspiel) R: Brandt, Horst E.; FT: Der Lude (1984); KF: DDR/DEFA

Küchenmeister, Wera (DDR 1929–)
Die Stadt aus Spaß (1966) (Kinderbuch) R: Friedrich, Gunter; DB: Küchenmeister, Claus; Küchenmeister, Wera; FT: Die Welt aus Spaß (1979); TV: DDR/DDR1

Kuczynski, Rita (BRD 1944–)
Wenn ich kein Vogel wär (1990) (Roman) R: Seemann, Horst; DB: Kuczynski, Rita; Seemann, Horst; FT: Zwischen Pankow und Zehlendorf (1990/91); KF: BRD/DEFA/Allianz/ARD/WDR/SFB

Kühl, Barbara (DDR, BRD)
Til und der Körnerdieb (1980) (Kinderbuch) R: Hochmuth, Dietmar; DB: Hochmuth, Dietmar; Körbl, Jörg-Michael; FT: Mein Vater ist ein Dieb (1983); KF: DDR/DEFA

Kühl, Katharina (BRD 1939–)
Der Prinz von Pumpelonien (1991) (Kinderroman) R: Strubel, Sepp; DB: Strubel, Sepp; FT: Der Prinz von Pumpelonien (1990); TV: BRD

Das Burggespenst Lülü (1992) (Kinderroman) R: Mohl, Manfred; DB: Strubel, Sepp; FT: Das Burggespenst Lülü (1992); TV: BRD

Kühn, August (= Münch, Helmut) (BRD 1936–1996)
Zeit zum Aufstehen: eine Familienchronik (1975) (Roman) R: Cremer, Ludwig; DB: Kühn, August; FT: Zeit zum Aufstehen (1981); TV: BRD

Külb, Karl Georg (DTL 1901–)
Sensation in Budapest (1941) (Schauspiel) R: Borsody, Eduard von; DB: Külb, Karl Georg; FT: Sensation im Savoy (1950); KF: BRD

Kunert, Günter (BRD 1929–)
Der Stellvertreter (Roman) R: Griesmayr, Hartmut; DB: Griesmayr, Hartmut; FT: Einer für alle (1990); TV: BRD/ARD/SR

Künneke, Eduard (DTL 1885–1953)
Glückliche Reise (1933) (Operette) R: Engel, Thomas; DB: Hellwig, Paul; Witt, Herbert; FT: Glückliche Reise (1954); KF: BRD

Künneke, Eduard (DTL 1885–1953) & **Webels, Willi** (DTL 1889–)
Hochzeit mit Erika (1949) (Operette) (Libretto von Webels) R: Borsody, Eduard von; DB: Borsody, Eduard von; Rausch, Theo; FT: Hochzeit mit Erika (1950); KF: BRD

Kunze, Reiner (DDR, BRD 1933–)
Die wunderbaren Jahre (1976) (Roman) R: Kunze, Reiner; FT: Die wunderbaren Jahre (1979); KF: BRD

Küpper, Heinz (BRD 1931–)
Vier Tage unentschuldigt (1971) (Erzählung) R: Busch, Rolf; DB: Küpper, Heinz; FT: Vier Tage unentschuldigt (1964); TV: BRD/ARD/NDR

Kupsch, Joachim (DDR, BRD 1926–)
Eine Sommerabenddreistigkeit (1959) (Erzählung) R: Kirsten, Ralf; DB: Kirsten, Ralf; Krug, Manfred; Kupsch, Joachim; Plenzdorf, Ulrich; FT: Mir nach, Kanaillen (1964); KF: DDR/DEFA

Das Winternachtsabenteuer (1965) (Roman) R: Wallroth, Werner W.; DB: Wallroth, Werner W.; FT: Hauptmann Florian von der Mühle (1969); KF: DDR/DEFA

Kurella, Alfred (DDR 1895–1975)
Lenin (1934) (Biographie) R: Reisch, Günter; DB: Baierl, Helmut; Gebrilowitsch, Jewgeni; FT: Unterwegs zu Lenin (1970); KF: DDR/DEFA/SU

Kurnitz, Harry (USA 1908–1968)
Reclining Figure (1952) (*Kunst ist Kunst* 1955) (Komödie) R: Quest, Hans; DB: Quest, Hans; FT: Kunst ist Kunst (1959); TV: BRD/ARD/NWRV Köln

Kusz, Fitzgerald (BRD 1944–)
Stinkwut (1980) (Schauspiel) R: Verhoeven, Michael; DB: Verhoeven, Michael; FT: Stinkwut (1986); TV: BRD/ZDF

(Roman) R: Geissendörfer, Hans W.; DB: Geissendörfer, Hans W.; FT: Gudrun (1992); KF: BRD/B.A. Productions/GFF/Maran Film/Filmove Studio Barrandov

-ky (= Bosetzky, Horst) (BRD 1938–)
Einer von uns beiden (1972) (Kriminalroman) R: Petersen, Wolfgang; DB: Purzer, Manfred; FT: Einer von uns beiden (1973); KF: BRD/Roxy(Luggi Waldleitner)/Divina

Zu einem Mord gehören zwei (1971) (Kriminalroman) R: Wolffhardt, Rainer; DB: Stripp, Peter; FT: Zu einem Mord gehören zwei (1973); TV: BRD/ARD/SFB

Kein Reihenhaus für Robin Hood (1979) (Kriminalroman) R: Gremm, Wolf; DB: Gremm, Wolf; FT: Kein Reihenhaus für Robin Hood (1980); KF: BRD/Regina Ziegler Filmprod./ZDF

Feuer für den großen Drachen (1982) (Kriminalroman) R: Itzenplitz, Eberhard; DB: Itzenplitz, Eberhard; FT: Feuer für den großen Drachen (1984); TV: BRD/ARD

La Fontaine, Jean de (FR 1621–1695)
(*Die Ameise und die Grille*) (Fabel) R: Sydow, Rolf von; DB: Asmodi, Herbert; FT: Eine unwürdige Existenz (1971); TV: BRD/ARD/SDR

Laabs, Jochen (DDR 1937–)
Das Grashaus oder Die Aufteilung von 35.000 Frauen auf 2 Mann (1971) (Roman) R: Krätzig, Helmut; FT: Das Grashaus oder Die Aufteilung von 35.000 Frauen auf 2 Mann (1976); TV: DDR

Laar, Clemens (BRD 1906–1960)
Meines Vaters Pferde (1951) (Roman) R: Lamprecht, Gerhard; DB: Budjuhn, Horst; FT: Meines Vaters Pferde (1950); KF: BRD

Labiche, Eugène-Marin (FR 1815–1888) & **Martin, Edouard** (FR 1828–1866)
Le voyage de M. Perrichon (1860) (*Die Reise des Herrn Perrichon* 1955) (Komödie) R: Kreppel, Herbert; FT: Die Reise des Herrn Perrichon (1967); TV: BRD/ARD/Bavaria
(Schauspiel) R: Seidel, Dieter; FT: 29 Grad im Schatten (1979); TV: DDR

Lagerlöf, Selma (SVE 1858–1940)
Tösen från Stormyrtorpet (1913) (*Das Mädchen vom Moorhof* 1913) (Roman) R: Ucicky, Gustav; FT: Das Mädchen vom Moorhof (1958); KF: BRD

Lahann, Birgit (BRD 1940–)
Genosse Judas: die zwei Leben des Ibrahim Böhme (1992) (Reportage) R: Königstein, Horst; DB: Königstein, Horst; Lahann, Birgit; FT: Der Mann im schwarzen Mantel (1994); TV: BRD/ORB

Lainé, Pascal (FR 1942–)
La dentellière (1974) (*Die Spitzenklöpplerin* 1976) (Roman) R: Goretta, Claude; DB: Goretta, Claude; Lainé, Pascal; FT: Die Spitzenklöpplerin (1977); TV: BRD/FR/CG
Tendres Cousines (1979) (*Zärtliche Cousinen*) (Roman) R: Hamilton, David; DB: Lainé, Pascal; FT: Zärtliche Cousinen (1980); KF: BRD/FR/TV 13/Planet/Stephan/Filmedis

Lambert, Käthe (BRD 1899–1955)
Haus des Lebens (1939) (Roman) R: Hartl, Karl; DB: Hartl, Karl; Lützkendorf, Felix; FT: Haus des Lebens (1952); KF: BRD

Lambesc, Michel (FR)
La "Horse" (1968) (Roman) R: Granier-Deferre, Pierre; DB: Jardin, Pascal; Vignolo, Laura; FT: Der Erbarmungslose (1969); KF: BRD/FR/IT

Lamey, Bernhard (DTL 1894–)
Alles für die Firma (1946) (Roman) R: Dörfler, Ferdinand; DB: König, Hans H.; Lacmüller, Hans; FT: Alles für die Firma (1950); KF: BRD

Lampe, Friedo (DTL 1899–1945)
Septembergewitter (1937) (Roman) R: Wolffhardt, Rainer; DB: Breest, Jürgen; Wolffhardt, Rainer; FT: Septembergewitter (1968); TV: BRD/ARD/RB

Lange, Horst (BRD 1904–1971)
Verlöschende Feuer (1956) (Roman) R: Harnack, Falk; DB: Schäfer, Oda; FT: Die schwarze Sonne (1968); TV: BRD/ARD/BR

Langelaan, George (GB 1908–1969)
The Girl from Nowhere (Roman) R: Richter, Jochen; FT: Eurydike oder Das Mädchen von Nirgendwo (1978); TV: BRD/ARD/BR

Langer, Frantisek (CSR 1888–1965)
Obrácení Ferdyse Pistory (1929) (*Die Bekehrung des Ferdys Pistora* 1929) (Komödie) R: Wolffhardt, Rainer; DB: Pigge, Helmut; Wolffhardt, Rainer; FT: Die Bekehrung des Ferdys Pistora (1958); TV: BRD/ARD/SDR
Periferie (1925) (*Peripherie* 1926) (Schauspiel) R: Rothe, Edward; DB: Rothe, Edward; FT: Peripherie (1959); TV: BRD/ARD/NWRV Köln
Velbloud uchem jehly (1923) (*Das Kamel geht durch das Nadelöhr* 1929) (Komödie) R: Wild, Franz Josef; FT: Das Kamel geht durch das Nadelöhr (1960); TV: BRD/ARD/BR
(Schauspiel) R: Wilhelm, Kurt; DB: Wilhelm, Kurt; FT: Funken in der Asche (1962); TV: BRD/ARD/WDR

Lanham, Edwin Moultrie (USA 1904–)
The Iron Maiden (1954) (*Diese Frau* 1956) (Roman) R: Wagner, Konrad; DB: Huber, Heinz; FT: Umbruch (1964); TV: BRD/ARD/SDR

Larevic, Lazar (JUG)
(*Die Deutsche*) (Erzählung) R: Wolffhardt, Rainer; DB: Dor, Milo; FT: Die Deutsche (1981); TV: AUST/BRD/ORF/ZDF/JRT

L'Arronge, Adolphe (DTL 1838–1908)
Mein Leopold (1893) (Volksstück) R: Bolváry, Géza von; DB: Keindorff, Eberhard; Sibelius, Johanna; FT: Mein Leopold (1955); KF: BRD

Lasker-Schüler, Else (DTL 1876–1945)
Die Wupper (1909) (Schauspiel) R: Flimm, Jürgen; FT: Die Wupper (1985); TV: BRD

Laurents, Arthur (USA 1918–)
Invitation to a March (1961) (Schauspiel) R: Kehlmann, Michael; FT: Er ging an meiner Seite (1961); TV: BRD/ARD/BR

Lautensack, Heinrich (DTL 1881–1919)
Die Pfarrhauskomödie (1911) (Komödie) R: Relin, Veit; DB: Relin, Veit; FT: Die Pfarrhauskomödie (1971); KF: BRD

Lavery, Emmet (USA 1902–1986)
Monsignore (1935) (*Monsignores große Stunde* 1936) (Schauspiel) R: Umgelter, Fritz; DB: Umgelter, Fritz; FT: Monsignores große Stunde (1957); TV: BRD/ARD/BR
The First Legion (1934) (*Die erste Legion* 1948) (Schauspiel) R: Buckwitz, Harry; FT: Die erste Legion (1964); TV: BRD/ARD/BR

Lawrence, David Herbert (GB 1885–1930)
Sons & Lovers (1913) (*Söhne und Liebhaber* 1925) (Roman) R: Liebeneiner, Wolfgang; FT: Eine egoistische Liebe (1973); TV: BRD/ZDF

Laxness, Halldor (ISL 1902–1998)
Brekkukotsannall (1957) (*Das Fischkonzert* 1961) (Roman) R: Hädrich, Rolf; DB: Hädrich, Rolf; FT: Fischkonzert (1973); TV: BRD/ARD
Paradisarheimt (1960) (*Das wiedergefundene Paradies* 1961) (Roman) R: Hädrich, Rolf; DB: Hädrich, Rolf; FT: Das wiedergefundene Paradies (3 Teile) (1980); TV: CH/BRD/DRS/ARD/NDR

Lay, André (FR 1923–)
Les hommes de Las Vegas (1969) (Roman) R: Isasi-Isasmendi, Antonio; DB: Eisinger, Jo; Isasi-Isasmendi, Antonio; FT: An einem Freitag in Las Vegas (1969); KF: BRD/SP/FR/IT

Lazar, Auguste (= Wieghardt-Lazar, Auguste) (DDR 1887–1970)
Jan auf der Zille (1950) (Jugendbuch) R: Dziuba, Helmut; DB: Dziuba, Helmut; Pederzani, Hans-Albert; FT: Jan auf der Zille (1985); KF: DDR/DEFA

Le Fanu, Joseph Sheridan (IRL 1814–1873)
Uncle Silas (1864) (*Onkel Silas oder das verhängnisvolle Erbe* 1865) (Roman) R: Semmelroth, Wilhelm; DB: Asmodi, Herbert; FT: Onkel Silas (1977); TV: BRD/ARD/WDR

Le Fort, Gertrud von (BRD 1876–1971)
Am Tor des Himmels (1954) (Erzählung) R: Wild, Franz Josef; DB: Dallmayr, Horst; FT: Ein Schweigen am Himmel (1968); TV: BRD/ARD/BR

Lebert, Benjamin (BRD 1982–)
Crazy (1999) (Roman) R: Schmid, Hans-Christian; DB: Gutmann, Michael; Schmid, Hans-Christian; FT: Crazy (2000); KF: BRD/Claussen & Wöbke Filmproduktion GmbH

Lehár, Franz (HU 1879–1948) & **Léon, Victor** (AUST 1858–1940)
Die lustige Witwe (1906) (Operette) (Libretto von Stein) R: Jacobs, Werner; DB: Furch, Janne; FT: Die lustige Witwe (1962); KF: AUST/Sascha Film/Criterion Film

Lehman, Leo (GB)
Late Summer Affair (Schauspiel) R: Beauvais, Peter; FT: Spätsommer (1964); TV: BRD/ARD/WDR

Lehmann, Arthur-Heinz (BRD 1909–1956)
(Roman) R: Jacobs, Werner; DB: Weiss, Johannes; FT: Zwei himmlische Dickschädel (1974); KF: BRD

Lem, Stanislaw (PL 1921–)
Astronauci (1951) (*Der Planet des Todes* 1961) (Roman) R: Maetzig, Kurt; Przybyl, Hieronim; DB: Barkhauer, J.; Fethke, Jan; Kohlhaase, Wolfgang; Maetzig, Kurt; Reisch, Günter; Rücker, Günther; Stenbock-Fermor, Alexander von; FT: Der schweigende Stern (Raumschiff Venus antwortet nicht) (1959); KF: DDR/PL/DEFA/Iluzjon Filmunit
(Erzählung) R: Müller, Ray; DB: Müller, Ray; FT: Der unsichtbare Freund (1990); KF: BRD
(Erzählung) R: Bornhak, Achim; DB: Dinter, Mathias; FT: Marianengraben (1994); KF: BRD

Lentz, Georg (BRD 1928–)
Muckefuck; Molle mit Korn (1979) (1976) (Roman) R: Frießner, Uwe; DB: Ziesing, Heinz-Dieter; FT: Molle mit Korn (10 Teile) (1989); TV: BRD/ARD/SFB/NDR

Lentz, Herbert (BRD) & **Preußler, Otfried** (BRD 1923–)
Die dumme Augustine (1972) (Kinderbuch) R: Herz, Juraj; DB: Herz, Juraj; Hybner, Boris; FT: Die dumme Augustine (1993); KF: BRD/R.S.-Media/ZDF

Lenz, Jakob Michael R. (DTL 1751–1792)
Die Soldaten (1776) (Schauspiel) R: Buckwitz, Harry; FT: Die Soldaten (1962); TV: BRD/ARD/BR

Lenz, Jürgen (DDR 1916–)
Kapitäne bleiben an Bord (1956) (Roman) R: Hellberg, Martin; DB: Lenz, Jürgen; FT: Kapitäne bleiben an Bord (1958); KF: DDR/DEFA

Lenz, Siegfried (BRD 1926–)
Der Mann im Strom (1957) (Roman) R: York, Eugen; DB: Huth, Jochen; FT: Der Mann im Strom (1958); KF: BRD/CCC Filmkunst GmbH
Die Zeit der Schuldlosen (1962) (Schauspiel) R: Schröder-Jahn, Fritz; DB: Lenz, Siegfried; FT: Zeit der Schuldlosen (1962); TV: BRD/ARD/NDR
Das Feuerschiff (1960) (Erzählung) R: Vajda, Ladislaus; FT: Das Feuerschiff (1963); KF: BRD
Die Zeit der Schuldlosen (1962) (Schauspiel) R: Fantl, Thomas; DB: Fantl, Thomas; Lenz, Siegfried; FT: Die Zeit der Schuldlosen (1964); KF: BRD
Der große Wildenberg (1958) (Erzählung) R: Vesely, Herbert; DB: Vesely, Herbert; FT: Der große Wildenberg. Ein Feuilleton (1965); TV: BRD/ARD/SWF
Ein Haus aus lauter Liebe (1958) (Erzählung) R: Vesely, Herbert; DB: Vesely, Herbert; FT: Ein Haus aus lauter Liebe (1966); TV: BRD/ARD
Die Deutschstunde (1968) (Roman) R: Beauvais, Peter; FT: Die Deutschstunde (1971); KF: BRD
So zärtlich war Suleyken (1955) (Erzählung) R: Mensak, Alfred; Siedler, Ernst W.; DB: Mensak, Alfred; Wiebe, Philipp; FT: So zärtlich war Suleyken (13 Teile) (1971-1975); TV: BRD/ARD
Lehmanns Erzählungen oder So schön war mein Markt (1964) (Erzählung) R: Staudte, Wolfgang; DB: Wiebe, Philipp; FT: Lehmanns Erzählungen (1975); TV: BRD/ZDF
Die Phantasie (Erzählung) R: Kairat, Gerd; DB: Kairat, Gerd; FT: Die Phantasie (1976); TV: BRD/ARD/NDR
Geist der Mirabelle (1975) (Erzählung) R: Pieper, Eberhard; FT: Der Geist der Mirabelle. Geschichten aus Bollerup (1978); TV: BRD/ZDF
Ein Kriegsende (1984) (Erzählung) R: Vogeler, Volker; FT: Ein Kriegsende (1984); TV: BRD/ARD
Das Feuerschiff (1960) (Erzählung) R: Skolimovsky, Jerzy; FT: The Lightship (1985); KF: BRD/USA
Heimatmuseum (1978) (Roman) R: Günther, Egon; DB: Günther, Egon; FT: Heimatmuseum (1987); TV: BRD/ARD
Das serbische Mädchen (1987) (Erzählung) R: Sehr, Peter; DB: Sehr, Peter; FT: Das serbische Mädchen (1990); KF: BRD/Arbor TV/TPI/ARD/BR

Leonard, Hugh (IRL 1926–)
(*Dr. Bappe*) (Schauspiel) R: Ammann, Max Peter; DB: Widmer, Urs; FT: Dr. Bappe (1984); TV: CH/DRS

Leonhard, Wolfgang (BRD 1921–)
Die Revolution entläßt ihre Kinder (1955) (Autobiographie) R: Hädrich, Rolf; DB: Hubalek, Claus; FT: Die Revolution entläßt ihre Kinder (1964); TV: BRD/ARD/NDR

Leonoff, Akim (BRD)
Iwan und die Schreckliche (1956) (Komödie) R: Elsner, Reinhard; FT: Iwan und die Schreckliche (1956); TV: BRD/ARD/SFB

Lernet-Holenia, Alexander (AUST 1897–1976)
An klingenden Ufern (1947) (Erzählung) R: Unterkirchner, Hans; DB: Lernet-Holenia, Alexander; FT: An klingenden Ufern (1948); KF: AUST
Der 20. Juli (1947) (Roman) R: Steinböck, Rudolf; DB: Ilbach, Alfred; FT: Das andere Leben (1948); KF: AUST/Theater in der Josefstadt
Maresi (1947) (Erzählung) R: Thimig, Hans; DB: Francke, Peter; Heuser, Kurt; FT: Maresi (Der Angeklagte hat das Wort) (1948); KF: AUST/Unitas
Ich war Jack Mortimer (1933) (Roman) R: Reinert, Emil Edwin; DB: Kehlmann, Michael; Tassié, Franz; FT: Abenteuer in Wien (Gefährliches Abenteuer) (1952); KF: AUST/USA/Schönbrunn-Film
Ich war Jack Mortimer (1933) (Roman) R: Fritsch, Gunther von; DB: Hill, Robert J.; FT: Stolen Identity (1953); KF: AUST/USA
Der 20. Juli (1947) (Erzählung) R: Kehlmann, Michael; DB: Kehlmann, Michael; FT: Land, das meine Sprache spricht (1959); TV: AUST/BRD/ORF/ARD/BR
Ich war Jack Mortimer (1933) (Roman) R: Kehlmann, Michael; DB: Storz, Oliver; FT: Jack Mortimer (1961); TV: BRD/ARD/Bavaria
Ollapotrida (1927) (Komödie) R: Glück, Wolfgang; FT: Ollapotrida (1966); TV: BRD/AUST/ARD/ORF
Die Abenteuer eines jungen Herrn in Polen (1931) (Roman) R: Borderie, Bernard; DB: Borderie, Bernard; Brulé, Claude; Cosne, Francis; FT: Wie bitte werde ich ein Held? (1971); KF: BRD/FR/IT

Die Standarte (1934) (Roman) R: Runze, Ottokar; DB: Asmodi, Herbert; FT: Die Standarte (1977); KF: BRD/AUST/Ottokar Runze/Neue Thalia, Wien/Norddeutsche Filmproduktion/Orfeo,Madrid/ARD/NDR/ORF

Leskien, Jürgen (DDR, BRD) & **Würfel, Wolfgang** (DDR, BRD)

Georg (1984) (Kinderroman) (illustriert von Würfel) R: Unger, Michael; DB: Schawohl, Lotti; FT: Georg (1985); TV: DDR/DDR1

Leskov, Nikolaj Semenovič (RUS 1831–1895)

Pavlin (*Pawlin* 1945) (Roman) R: Meisel, Kurt; DB: Burri, Emil; FT: Tragödie einer Leidenschaft (1949); KF: BRD/Bavaria

(*Der Heckrubel*) (Erzählung) R: Thieme, Bernhard; DB: Weidlich, Hansjürgen; FT: Der Hecktaler (1954); TV: BRD/ARD/NWDR

Leskov, Nikolaj Semenovič (RUS 1831–1895) & **Shostakovich, Dmitrii Dmitrievich** (SU 1906–1975)

Ledi Makbet Mcenskogo uezda (1932) (*Lady Macbeth von Mcensk* 1979) (< Ledi Makbet Mcenskogo uezda (Erzählung) (1866)) (Oper) R: Weigl, Petr; FT: Lady Macbeth von Mzensk (null); KF: BRD

Lessing, Gotthold Ephraim (DTL 1729–1781)

Emilia Galotti (1772) (Schauspiel) R: Hellberg, Martin; FT: Emilia Galotti (1957); KF: DDR

Minna von Barnhelm (1767) (Komödie) R: Erfurth, Ulrich; FT: Minna von Barnhelm (1957); TV: BRD/ARD/NWRV Hamburg

Emilia Galotti (1772) (Schauspiel) R: Ginsberg, Ernst; FT: Emilia Galotti (1960); TV: BRD/ARD/NWRV

Minna von Barnhelm (1767) (Komödie) R: Haugk, Dietrich; DB: Kerr, Charlotte; FT: Heldinnen (1960); KF: BRD

Minna von Barnhelm (1767) (Komödie) R: Hellberg, Martin; DB: Hellberg, Martin; FT: Minna von Barnhelm oder Das Soldatenglück (1962); KF: DDR/DEFA

Minna von Barnhelm (1767) (Komödie) R: Cremer, Ludwig; FT: Minna von Barnhelm (1964); TV: BRD/ZDF/Intertel

Die Matrone von Ephesus (1784) (Komödie) R: Stenzel, Hans-Christof; DB: Stenzel, Hans-Christof; FT: Die Matrone von Ephesus (1966); TV: BRD/ARD/BR

Minna von Barnhelm (1767) (Komödie) R: Wirth, Franz Peter; FT: Minna von Barnhelm (1966); TV: BRD/ARD

Nathan der Weise (1779) (Schauspiel) R: Wirth, Franz Peter; FT: Nathan der Weise (1967); TV: BRD/ARD

Emilia Galotti (1772) (Schauspiel) R: Cremer, Ludwig; FT: Emilia Galotti (1970); TV: BRD/ARD

Minna von Barnhelm (1767) (Komödie) R: Drescher, Piet; FT: Minna von Barnhelm (1979); TV: DDR

Nathan der Weise (1779) (Schauspiel) R: Kirst, Klaus Dieter; FT: Nathan der Weise (1979); TV: DDR

Nathan der Weise (1779) (Schauspiel) R: Döpke, Oswald; FT: Nathan der Weise (1979); TV: BRD/ARD/SFB

Der Schatz (1764) (Schauspiel) R: Seidel, Dieter; FT: Der Schatz (1979); TV: DDR

Emilia Galotti (1772) (Schauspiel) R: Kirst, Klaus Dieter; FT: Emilia Galotti (1981); TV: DDR

Emilia Galotti (1772) (Schauspiel) R: Langhoff, Thomas; FT: Emilia Galotti (1984); TV: DDR

Lettunich, Mateo (USA)

Bright Interval (Komödie) R: Bublitz, Hans Waldemar; FT: Diebelei (1957); TV: BRD/ARD/SFB

Leukefeld, Peter (BRD 1937–1983)

Im Zeichen des Kreuzes (1983) (Roman) R: Boldt, Rainer; DB: Boldt, Rainer; Minow, Hans Rüdiger; FT: Im Zeichen des Kreuzes (1983); TV: BRD/ARD

Levi, Paolo (IT 1919–)

(*Straßenknotenpunkt*) (Hörspiel) R: Farenburg, Hanns; DB: Levi, Paolo; FT: Straßenknotenpunkt (1955); TV: BRD/ARD/NWDR/Hamburg

Legittima difesa (1952) (*Der Weg ist dunkel* 1957) (Schauspiel) R: Bublitz, Hans Waldemar; DB: Bublitz, Hans Waldemar; Gothe, Heinz; FT: Der Weg ist dunkel (1956); TV: BRD/ARD/SFB

Il Caso Pinedus (1955) (*Der Fall Pinedus* 1955) (Schauspiel) R: Harnack, Falk; DB: Harnack, Falk; FT: Der Fall Pinedus (1959); TV: BRD/ARD/SFB

Legittima difesa (1952) (*Der Weg ist dunkel* 1957) (Schauspiel) R: Cremer, Ludwig; DB: Cremer, Ludwig; FT: Der Weg ist dunkel (1961); TV: BRD/ARD/Bavaria

Lewin, Elsa (USA)

I, Anna (1984) (*Solo für Klarinette* 1989) (Kriminalroman) R: Hofmann, Nico; DB: Schneider, Susanne; FT: Solo für Klarinette (1998); KF: BRD/Regina Ziegler Filmprod./Pro7

Lewin, Waltraud (DDR, BRD 1937–)
Isabel auf der Treppe (Hörspiel) R: Unterberg, Hannelore; DB: Lewin, Waltraud; Unterberg, Hannelore; FT: Isabel auf der Treppe (1984); KF: DDR/DEFA

Lewis, Sinclair (USA 1885–1951)
Let Us Play King (1937) (*... König sein dagegen sehr* 1956) (Kindererzählung) R: Stemmle, Robert A.; FT: Majestät auf Abwegen (1958); KF: BRD

Lichtenberg, Wilhelm (CH 1892–)
Der Zobelpelz (Erzählung) R: Wolff, Hans; DB: Wolff, Hans; FT: Großstadtnacht (1949); KF: AUST
Was ist denn bloß mit Willi los? (Roman) R: Jacobs, Werner; DB: Hachfeld, Eckart; FT: Was ist denn bloß mit Willi los? (1970); KF: BRD

Lichtenfeld, Herbert (BRD 1927–)
Nachtaufnahme (1981) (Roman) R: Griesmayr, Hartmut; FT: Mord im Spiel (1985); TV: AUST/ORF/FS 2

Lietz, Hans-Georg (DDR, BRD 1928–)
Endlose Straßen (1966) (Erzählung) R: Zschoche, Herrmann; DB: Plenzdorf, Ulrich; FT: Weite Strassen - stille Liebe (1969); KF: DDR/DEFA

Liggat, James (GB)
(Kriminalstück) R: May, Paul; FT: Die Truhe (1964); TV: BRD/ARD/WDR

Lind, Hera (BRD 1957–)
Ein Mann für jede Tonart (1989) (Roman) R: Timm, Peter; DB: Lind, Hera; Timm, Peter; FT: Ein Mann für jede Tonart (1992); KF: BRD/Polyphon/Royal
Das Superweib (1994) (Roman) R: Wortmann, Sönke; DB: Ohngemach, Gundula Leni; FT: Des Superweib (1995); KF: BRD/Constantin
Frau zu sein bedarf es wenig (1992) (Roman) R: Rothemund, Sigi; DB: Holst, Evelyn; Kohls-Böhse, M.; FT: Frau zu sein bedarf es wenig (1997); TV: BRD
Die Zauberfrau (1995) (Roman) R: Hofmann, Ilse; DB: Kaps, Angelika; FT: Die Zauberfrau (1998); TV: BRD/Bavaria/Sat1

Linden, Christa (BRD)
Die Stärkere (Roman) R: Liebeneiner, Wolfgang; DB: Hollander, Walter von; FT: Die Stärkere (1953); KF: BRD

Lindgren, Astrid (SVE 1907–)
Pippi Långstrump (1945) (*Pippi Langstrumpf* 1957) (Kinderbuch) R: Hellbom, Olle; FT: Pippi geht von Bord (1968); KF: BRD/SVE
Pippi Långstrump (1945) (*Pippi Langstrumpf* 1957) (Kinderbuch) R: Hellbom, Olle; FT: Pippi Langstrumpf (1968); KF: BRD/SVE
Pippi Långstrump (1945) (*Pippi Langstrumpf* 1957) (Kinderbuch) R: Hellbom, Olle; FT: Pippi in Taka-Tuka-Land (1969); KF: BRD/SVE
Pippi Långstrump (1945) (*Pippi Langstrumpf* 1957) (Kinderbuch) R: Hellbom, Olle; FT: Pippi außer Rand und Band (1970); KF: BRD/SVE
Pippi Långstrump (1945) (*Pippi Langstrumpf* 1957) (Kinderbuch) R: Hellbom, Olle; FT: Pippi Langstrumpf (1971); TV: BRD/ARD/KA NORD ART AB,
Pippi Långstrump (1945) (*Pippi Langstrumpf* 1957) (Kinderbuch) (Zeichentrickfilm) R: Smith, Clive; DB: Stackelberg, Catharina; FT: Pippi Langstrumpf (1994); KF: BRD/SVE/CAN/Iduna Film/TFC Trick Company/AB Svensk Filmindustri/Nelvana

Lindroder, Wolfgang (BRD 1893–1965)
Admiral Bobby (1932) (Komödie) R: Kroll, Herbert; DB: Kroll, Herbert; FT: Admiral Bobby (1955); TV: BRD/ARD/BR

Link, Charlotte (BRD 1963–)
Die Sünde der Engel (1996) (Roman) R: Gremm, Wolf; DB: Gremm, Wolf; FT: Die Sünde der Engel (1998); TV: BRD/Regina Ziegler Filmprod./ZDF
Sturmzeit (1989) (Roman) R: Böhlich, Bernd; DB: Böhlich, Bernd; Kirchner, Wolfgang; FT: Sturmzeit (1999); TV: BRD/Regina Ziegler Filmprod./ZDF

Lippl, Alois Johannes (DTL 1903–1957)
Der Monopteros (Komödie) R: Graf, Rüdiger; FT: Der Monopteros (1961); TV: BRD/ARD/BR
Die Pfingstorgel (1933) (Komödie) R: Wilhelm, Kurt; FT: Die Pfingstorgel. Eine Moritat aus dem Gäuboden (1965); TV: BRD/ARD/BR
Der Holledauer Schimmel (1937) (Komödie) R: Wilhelm, Kurt; FT: Der Holledauer Schimmel. Ein Schelmenstück aus dem Hopfenlande (1968); TV: BRD/ARD/BR
Der Glockenkrieg (Komödie) R: Lippl, Alois Johannes; DB: Lippl, Alois Johannes; FT: Der Glockenkrieg (1983); TV: BRD/ARD/BR

Lippold, Eva (DDR)
Haus der schweren Tore (1971) (Roman) (Teil der Trilogie) R: Reisch, Günter; Rücker, Günther; DB: Reisch, Günter; Rücker, Günther; FT: Die Verlobte (1980); TV: DDR/DEFA

Lissner, Ivar (CH 1909–1967)
(Erzählung) R: Winkler, Gerd; DB: Winkler, Gerd; FT: Stückgut (1970); TV: BRD/ARD/HR

Livingston, Douglas (GB)
(Komödie) R: Jankó, Ilo von; FT: Reisepläne (Der Abendkurs) (1967); TV: BRD/ARD

Locke, Sam (USA 1917–1998)
(Komödie) R: Kehlmann, Michael; FT: Schloß in den Wolken (1968); TV: BRD/ARD/BR

Lodemann, Jürgen (BRD 1936–)
Erinnerungen in der Zornigen Ameise an Geburt, Leben, Ansichten und Ende der Anita Drögemöller und die Ruhe an der Ruhr (1975) (Roman) R: Vohrer, Alfred; FT: Anita Drögemöller und die Ruhe an der Ruhr (1977); KF: BRD

Loest, Erich (= Walldorf, Hans; Naß, Waldemar) (DDR, BRD 1926–)
Es geht seinen Gang oder Mühen in unseren Ebenen (1978) (Roman) R: Gräwert, Günter; DB: Plenzdorf, Ulrich; FT: Es geht seinen Gang oder Mühen in unserer Ebene (1981); TV: BRD/ZDF

Nikolaikirche (1995) (Roman) (Zweiteilige TV-Fassung) R: Beyer, Frank; DB: Beyer, Frank; Görner, Eberhard; Loest, Erich; FT: Nikolaikirche (1995); KF/FF: BRD/Provobis Gesellschaft für Film und Fernsehen mbH/ARD/WDR/mdr/arte/ORF

Löffler, Hans (BRD 1946–)
Die Stille unter dem Meer (1993) (Erzählung) R: Gwisdek, Michael; DB: Gwisdek, Michael; FT: Abschied von Agnes (1994); KF: BRD/Ostfilm/Filmhaus München/Dok-Film

Lohmeier, Georg (BRD 1926–)
Der Pfarrer von Gillbach (1964) (Volksstück) R: Grädler, Theodor; DB: Grädler, Theodor; FT: Der Pfarrer von Gillbach (1968); TV: BRD/ARD/BR

Königlich bayrisches Amtsgericht (1969) (Erzählung) R: Schmucker, Ernst; DB: Lohmeier, Georg; FT: Königlich bayrisches Amtsgericht (1969); TV: BRD/ZDF

Lohmeyer, Wolfgang (BRD 1919–)
Die Hexe (1976) (Roman) R: Mueller-Stahl, Hagen; DB: Lohmeyer, Wolfgang; FT: Die Hexe von Köln (1989); TV: BRD/ZDF

Lolland, Jörg (BRD)
Die wir gerufen haben (1964) (Roman) R: Busch, Rolf; DB: Meichsner, Dieter; FT: Gerhard Langhammer und die Freiheit (1967); TV: BRD/ARD/NDR

London, Jack (USA 1876–1916)
(Erzählung) R: Toelle, Tom; FT: Nur Fleisch (1962); TV: BRD/ARD/SFB

The Sea Wolf (1904) (*Der Seewolf* 1926) (Roman) R: Croitoru, Alec; Nicolaescu, Sergiu; Staudte, Wolfgang; DB: Ulbrich, Walter; FT: Der Seewolf (Miniserie) (1971); TV: AUST/FR/RU/BRD/ORF/ORTF/Studioul Cinematografic Bucuresti/Tele-München (TMG)/ZDF

The Call of the Wild (1903) (*Der Ruf der Wildnis* 1907) (Roman) R: Annakin, Ken; DB: Towers, Harry Allen; Wells, Wyn; Yeldham, Peter; FT: Ruf der Wildnis (1972); KF: BRD/ESP/IT/FR/GB/NOR/CCC Filmkunst GmbH/MGM (Metro-Goldwyn-Mayer)/Massfilms Limited/Norsk Film/et al.

The Son of the Wolf (1900) (Erzählung) R: Reinl, Harald; DB: Nachmann, Kurt; FT: Der Schrei der schwarzen Wölfe (1972); KF: BRD/Lisa Film

(*Der Richter am Yukon*) (Erzählung) R: Grabowsky, Klaus; DB: Jäckel, Gerhard; FT: Der Richter am Yukon (1973); TV: DDR

Tales of the far North (1900) (Erzählung) R: Petzold, Konrad; DB: Karl, Günther; FT: Kit & Co (1974); KF: DDR/DEFA

Burning Daylight (1910) (*Lockruf des Goldes*) (Roman) R: Nicolaescu, Sergiu; Staudte, Wolfgang; FT: Lockruf des Goldes (4 Teile) (1975); TV: BRD/ZDF

The Hussy (Erzählung) R: Staudte, Wolfgang; DB: Ulbrich, Walter; FT: Das verschollene Inka-Gold (1977); TV: BRD/ZDF

Tales of the Far North (1900) (Erzählung) (Motive) R: Grabowsky, Klaus; DB: Grabowsky, Klaus; FT: Alaska-Kids großer Coup (1979); TV: DDR/DEFA

Michael, Brother of Jerry (1917) (Roman) R: Nicolaescu, Sergiu; DB: Bahr, Rüdiger; FT: Freundschaft wider Willen (1979); TV: BRD/ZDF

(Erzählung) R: Grabowsky, Klaus; FT: Wer schlug zuerst? (1979); TV: DDR

The Mexican (Erzählung) R: Kaufmann, Edgar; FT: Der Mexikaner Felipe Rivera (1984); TV: DDR

Tales of the Far North (1900) (Erzählung) R: Hill, James; DB: Nicholas, Paul; Oehme, Martina; FT: Alaska Kid (1993); TV: BRD/PL/RUS/Nicolai Caro/Arthur Brauner CCC Television, Berlin/Zodiak Film Warschau

Lonsdale, Frederick (GB 1881–1954)
The Last of Mrs. Cheney (1925) (*Mistress Cheney's Ende* 1955) (Komödie) R: Beauvais, Peter; DB: Beauvais, Peter; FT: Mrs. Cheneys Ende (1957); TV: BRD/ ARD/SWF
The Last of Mrs. Cheney (1925) (*Mistress Cheney's Ende* 1955) (Komödie) R: Wild, Franz Josef; FT: Frau Cheneys Ende (1961); TV: BRD/ARD/BR
Aren't we all? (1923) (Komödie) R: Haaf, Wilm ten; FT: Sind wir das nicht alle? (1962); TV: BRD/ARD/BR
Loon, Gerard Willem van (BRD 1906–) (Komödie) R: Sydow, Rolf von; DB: Wedekind, Joachim; FT: Warten auf Dodo (1962); TV: BRD/ARD/Bavaria
Loos, Anita (USA 1894–1981)
Happy birthday (1947) (*Zum Geburtstag*) (Schauspiel) R: Moszkowicz, Imo; FT: Zum Geburtstag (1960); TV: BRD/ARD/ Bavaria
Lopez, Estebán (NL)
Als broer en zuester, pijulijke vertellingen (1965) (*Wie Bruder und Schwester & andere bittere Sachen* 1967) (Erzählung) R: Schamoni, Peter; Vesely, Herbert; FT: Deine Zärtlichkeiten (1969); KF: BRD
Lorbeer, Inge (DDR)
Wenn du bloß kein Engel wärst (Schauspiel) R: Hill, Peter; FT: Wenn du bloß kein Engel wärst (1984); TV: DDR
Lorenzen, Rudolf (BRD 1923–)
Grüße aus Bad Walden (Kriminalerzählung) R: Oelschlegel, Gerd; DB: Oelschlegel, Gerd; FT: Grüße aus Bad Walden (1980); TV: BRD/ZDF
Lornsen, Boy (BRD 1922–)
Der Brandstifter von Tarrafal (1974) (Jugendroman) R: Ehmck, Gustav; FT: Feuer um Mitternacht (2 Teile) (1980); TV: BRD/ARD/NDR/HR
(Erzählung) R: Vogeler, Volker; FT: Wat Recht is, mutt Recht bleiben (1982); TV: BRD/ARD/NDR
Lorre, Peter (USA 1904–1964)
Der Verlorene (1950) (Roman) R: Lorre, Peter; DB: Lorre, Peter; Vigny, Benno; FT: Der Verlorene (1951); KF: BRD/Arnold Pressberger
Lortzing, Albert (DTL 1801–1851)
Zar und Zimmermann (1837) (Oper) R: Müller, Hans; DB: Kuhnert, Arthur A.; FT: Zar und Zimmermann (1955); KF: DDR/ DEFA
Lothar, Ernst (AUST 1890–1974)
Der Engel mit der Posaune (1944) (Roman) R: Hartl, Karl; DB: Hartl, Karl; Tassié, Franz; FT: Der Engel mit der Posaune (1948); KF: AUST
Lotmar, Lorenz (BRD 1945–)
Der Schiedsrichter (Erzählung) R: Sydow, Rolf von; DB: Kunert, Günter; FT: Der Schiedsrichter (1985); TV: BRD/ZDF
Loustal, Jacques de (FR 1956–) & **Topin, Tito** (FR 1932–)
V comme engeance (*Kaltes Fieber*) (Comic) R: Fischer, Markus; DB: Fischer, Markus; FT: Heiß - kalt (Kaltes Fieber) (1993); TV: CH/Boa Filmproduktion Zürich
Lovecraft, Howard Phillips (USA 1890–1937)
The Haunter of the Dark, and other Tales of Horror (1950) (Erzählung) R: Weimer, Alexander; DB: Nowicki, Thorsten; FT: The Haunter of the Dark (2000); TV: BRD/BLM-Bayerische Landeszentrale für neue Medien/JFF-Institut für Medienpädagogik in Forschung Praxis/MovieBrats Filmworks
Loven, Karl (BRD)
Das Gipfelkreuz (1951) (Roman) R: Reinl, Harald; DB: Loven, Karl; FT: Gesetz ohne Gnade (1951); KF: BRD
Löwinger, Gretl (BRD)
Valentins Sündenfall (Komödie) R: Löwinger, Paul; DB: Leitner, Karl; Löwinger, Maragrete; Rieger, August; FT: Valentins Sündenfall (1951); KF: AUST
Löwinger, Gretl (BRD) & **Löwinger, Paul** (BRD)
Der keusche Adam (Komödie) R: Löwinger, Paul; Sztollar, Karl; DB: Gidt, Carla; FT: Der keusche Adam (1950); TV: AUST
Lucke, Hans (DDR, BRD 1927–)
Der Keller (1957) (Schauspiel) R: Fischer, Hannes; DB: Kaltofen, Günter; FT: Der Keller (1957); TV: DDR
Lüddecke, Werner-Jörg (BRD 1912–)
Das Geld, das auf der Straße liegt (1955) (Roman) R: Monk, Egon; FT: Das Geld, das auf der Straße liegt (1958); TV: BRD/ ARD/NWRV
Lüdemann, Hans-Ulrich (DDR, BRD 1943–)
Doppelzweier (1972) (Roman) R: Noczynski, Fred; FT: Dann steig ich eben aus ... (1977); TV: DDR
Ich - dann eine Weile nichts (1976) (Roman) R: Friedrich, Gunter; FT: Ich - dann eine Weile nichts (1979); TV: DDR

Ludwig, Martha (DDR 1908–)
Das Mädchen Krümel (1970) (Erzählung) R: Hausdorf, Rainer; DB: Kreutzberg, Martin; Wiesner, Claus-Ulrich; FT: Das Mädchen Krümel (1976); TV: DDR

Ludwig, Otto (DTL 1813–1865)
Der Erbförster (1853) (Schauspiel) R: Lippl, Alois Johannes; DB: Fries, Hjalmar; FT: Der Erbförster (1945); KF: DTL/Tobis Filmkunst
Zwischen Himmel und Erde (1856) (Roman) R: Engel, Thomas; FT: Zwischen Himmel und Erde (1990); TV: BRD/ARD

Lüning, Imma (DDR)
Die Hebamme (Bericht) R: Carow, Heiner; FT: So viele Träume (1986); KF: DDR/DEFA

Lüthge, Bobby E. (DTL –1964)
Darf man? Darf man nicht? (Komödie) R: Rabenalt, Arthur Maria; DB: Hasselbach, Ernst; Lüthge, Bobby E.; FT: Nächte am Nil (1949); KF: BRD

Lutowski, Jerzy (PL)
Proba sil (1950) (*Nachtdienst* 1956) (Schauspiel) R: Schröder-Jahn, Fritz; DB: Schwitzke, Heinz; FT: Wir sind mitten in der Operation (1957); TV: BRD/ARD/NWRV Hamburg

Lutz, Josef Maria (BRD 1893–1972)
Der Brandner Kasper schaut ins Paradies (1934) (< Erzählung von Kobell, Franz von [DTL 1803-1882]) (Volksstück) R: Baky, Josef von; DB: Fentsch, Erna; FT: Die seltsame Geschichte des Brandner Kasper (1949); KF: BRD

Lutzius, Franz (BRD)
Verschleppt (1987) (Roman) R: Grote, Alexandra von; DB: Grote, Alexandra von; FT: Reise ohne Wiederkehr (1989); KF: BRD/Journalfilm/Basis/Verena Rudolph Prod./Aba/Adolf Winkelmann Prod.

Lux, Hanns Maria (BRD 1900–1967)
Der Bund der Haifische (1961) (Kinderbuch) R: Langhoff, Udo; DB: Prager, Gert; FT: Der Bund der Haifische (1961); TV: BRD/ARD/NWRV

Lyons, Ivan (USA 1935–1994) & **Lyons, Nan** (USA)
Someone is Killing the Great Chefs of Europe (1976) (*Die Schlemmer-Orgie* 1980) (Roman) R: Kotcheff, Ted; DB: Stone, Peter; FT: Die Schlemmer-Orgie/Who is Killing the Great Chefs of Europe (1978); KF: BRD/USA

Maar, Paul (BRD 1937–)
Lippls Traum (1984) (Kinderroman) R: Käfer, Karl Heinz; DB: Wagner, Maria Theresia; FT: Lippls Traum (1990); KF: BRD/Alfa Film/Alma/ZDF

Maar, Paul (BRD 1937–) & **Strubel, Sepp** (BRD 1939–)
Die Opodeldoks (1980) (Kinderroman) R: Strubel, Sepp; DB: Maar, Paul; Strubel, Sepp; FT: Die Opodeldoks (1980); TV: BRD/Augsburger Puppenkiste/ARD/HR

Machado, Maria Clara (BRAS 1921–)
(*Die kleine Hexe, die nicht böse sein konnte* 1968) (Märchenspiel) R: Pichler, Ernst; DB: Pichler, Ernst; FT: Die kleine Hexe, die nicht böse sein konnte (1972); TV: AUST/BRD/ORF/ZDF
O cavalhino azul (1969) (*Das blaue Pferdchen* 1971) (Märchenspiel) R: Asch, Wolfgang Claus; DB: Poller, Gerhard; FT: Das blaue Pferdchen (1975); TV: DDR

Mack, Lorenz (AUST 1917–)
Weihnachtsballade (1965) (Jugenderzählung) R: Stemberger, Elisabeth; DB: Stemberger, Elisabeth; FT: Die Trompete (1967); TV: AUST/ORF

Macken, Walter (IRL 1915–1967)
Home is the Hero (1953) (Schauspiel) R: Mittler, Leo; DB: Mittler, Leo; FT: Heimkehr des Helden (1955); TV: BRD/ARD/NWDR

Mackenrodt, Richard (BRD)
Alles Glück dieser Erde (1994) (Roman) (Roman zur Serie) R: Werlin, Michael; DB: Werremeier, Friedhelm; FT: Alles Glück dieser Erde (1993); TV: BRD

Mackenzie, Donald (USA 1918–)
Nowhere to Go (1956) (*Flucht ohne Ausweg* 1959) (Kriminalroman) R: Wirth, Franz Peter; DB: Wirth, Franz Peter; FT: Flucht ohne Ausweg (1967); TV: BRD/ARD/Bavaria
Cool Sleeps Balaban (1964) (*Verraten und verkauft* 1964) (Kriminalroman) R: Wirth, Franz Peter; DB: Wirth, Franz Peter; FT: Verraten und verkauft (1969); TV: BRD/ARD/Bavaria

Mackie, Philip (GB 1918–1985)
The Whole Truth (1956) (Kriminalstück) R: Horwitz, Kurt; FT: Unerwartet verschied (1961); TV: BRD/ARD/BR

MacShane, Mark (USA 1929–)
(*Der Voyeur* 1978) (Kriminalroman) R: Kuhn, Roman; DB: Kuhn, Roman; FT: Der Voyeur (1999); TV: BRD

Mader, Julius (DDR 1928–)
Geheimnis von Huntsville: Die wahre Karriere des Raketenbarons Wernher von Braun (1963) (Bericht) R: Veiczi, Janos; DB: Thürk, Harry; Veiczi, Janos; FT: Die gefrorenen Blitze (1967); KF: DDR/DEFA

Mader, Julius (DDR 1928–) & **Plieseis, Sepp** (AUST)
Partisan der Berge: Lebenskampf eines österreichischen Arbeiters (1971) (Biographie) (Biographie von Sepp Plieseis hrsg. v. Mader) R: Hausdorf, Rainer; DB: Hauser, Harald; FT: Gefährliche Fahndung (7 Teile) (1978); TV: DDR

Mager, Hasso (DDR, BRD 1920–)
Die Abrechnung (Roman) R: Vogel, Peter; DB: Görner, Eberhard; FT: Die Abrechnung (Polizeiruf 110) (1977); TV: DDR
(Kriminalroman) R: Vogel, Peter; FT: Vergeltung (1980); TV: DDR
Gier (1983) (Kriminalroman) R: Knötzsch, Hans; DB: Knötzsch, Hans; FT: Gier (1986); TV: DDR/DEFA

Magiera, Kurtmartin (BRD)
Liddl, Eichhorn und andere (1969) (Roman) R: Wolffhardt, Rainer; DB: Christoff, Daniel; FT: Liddl 17 (1987); TV: BRD/ZDF

Magnani, Luigi (IT 1906–)
Il nipote de Beethoven (1976) (Roman) R: Morrissey, Paul; DB: Carrière, Mathieu; Morrissey, Paul; FT: Beethoven (Le neveu de Beethoven) (1986); KF: BRD/FR/Orfilm/CBL

Magnier, Claude (FR 1920–)
Oscar (1958) (*Oscar: ein Mißverständnis* 1958) (Komödie) R: Pfeiffer, Hermann; FT: Das Mißverständnis (1960); TV: BRD/ARD/NWRV Köln

Mahlsdorf, Charlotte von (BRD 1928–)
Ich bin meine eigene Frau (1992) (Reportage) R: Praunheim, Rosa von; DB: Passoni, Valentin; Praunheim, Rosa von; FT: Ich bin meine eigene Frau (1992); KF: BRD/Scala Filmprod.

Maier, Georg (BRD)
Häuslschleicha (Komödie) R: Schmucker, Ernst; FT: Häuslschleicha (1989); TV: BRD/ARD/BR3

Mairock, Andre (BRD 1902–1968)
Der Jäger vom Roteck (1956) (Roman) R: Kugelstadt, Hermann; DB: Böttger, Fritz; FT: Der Jäger vom Roteck (1955); KF: BRD

Maitre, Charles (FR)
Rien pour rien (Kriminalstück) R: May, Paul; FT: Acht Stunden Zeit (1965); TV: BRD/ARD/WDR

Makanin, Vladimir Semenowitsch (SU 1937–)
(*In einem Atem*) (Erzählung) R: Hochmuth, Dietmar; FT: In einem Atem (1988); KF: DDR/DEFA

Malamud, Bernard (USA 1914–1986)
(*Ein Dienstverhältnis*) (Erzählung) R: Kunz, Hartmut; FT: Ein Dienstverhältnis (1975); TV: BRD/ZDF
The Assistant (1957) (*Der Gehilfe* 1960) (Roman) R: Cremer, Ludwig; DB: Angermann, Gerd; FT: Der Gehilfe (1978); TV: BRD/ARD

Maljarevski, Pavel G. (SU)
(*Der wunderbare Schatz*) (Märchen) R: Friedrich, Gunter; DB: Hanspach, Beate; FT: Der wunderbare Schatz (1972); TV: DDR

Mally, Anita (BRD)
Mehr als ein Leben (1982) (Roman) R: Dietrich, Wolf; FT: Lang soll er leben (1987); KF: BRD

Maloney, Ralph (USA)
The Nixon Recession Caper (1972) (*Gentlemen in roten Zahlen* 1974) (Roman) R: Petersen, Wolfgang; DB: Menge, Wolfgang; Petersen, Wolfgang; FT: Vier gegen die Bank (1976); TV: BRD/ARD/WDR

Malpass, Eric (GB 1910–1996)
Morning's at Seven (1965) (*Morgens um sieben ist die Welt noch in Ordnung* 1967) (Roman) R: Hoffmann, Kurt; DB: Keindorff, Eberhard; Sibelius, Johanna; FT: Morgens um sieben ist die Welt noch in Ordnung (1968); KF: BRD/Independent Film (Heinz Angermeyer)
At the Height of the Moon (1967) (*Wenn süß das Mondlicht auf den Hügeln schläft* 1968) (Roman) R: Liebeneiner, Wolfgang; DB: Keindorff, Eberhard; Sibelius, Johanna; FT: Wenn süß das Mondlicht auf den Hügeln schläft (1969); KF: BRD
O My Darling Daughter (1970) (*Als Mutter streikte* 1973) (Roman) R: Schröder, Eberhard; FT: Als Mutter streikte (1974); KF: BRD

Maltz, Albert (USA 1908–1985)
The Way Things Are (1938) (*So ist das Leben* 1964) (Erzählung) R: Grabowsky, Klaus; FT: So ist das Leben (1979); TV: DDR

Mamet, David (USA 1947–)
The Water Engine: An American Fable (1976) (*Das Jahrhundert des Fortschritts oder Die Erfindung des Wassermotors* 1980) (Erzählung) R: Zischler, Hanns; FT: Die Erfindung des Wassermotors (1985); TV: BRD/ARD/SFB

Mamin-Sibirjak, Dimitrij Narkisowitsch (RUS 1852–1912)
Priwalowskije millionii (1892) (Roman) R: Klante, Diethard; DB: Dontschev, Anton; Klante, Diethard; Slavkov, Ivan; FT: Die Priwalowschen Millionen (12 Teile) (1982); TV: BRD/ARD/WDR

Mander, Mathias (AUST 1933–)
Der Stromer (Erzählung) R: Hawlik, Alois; FT: Der Stromer (1983); TV: AUST/ORF

Mann, Golo (BRD 1909–1994)
Wallenstein (1973) (Biographie) R: Wirth, Franz Peter; FT: Wallenstein (1978); TV: CH/BRD/AUST/ZDF/SRG/ORF

Mann, Heinrich (DTL 1871–1950)
Der Untertan (1918) (Roman) R: Staudte, Wolfgang; DB: Staudte, Fritz; Staudte, Wolfgang; FT: Der Untertan (1951); KF: DDR/DEFA
Im Schlaraffenland (1900) (Roman) R: Witt, Claus Peter; DB: Hubalek, Claus; FT: Im Schlaraffenland (1965); TV: BRD/ARD/NDR
Madame Legros (1913) (Schauspiel) R: Kehlmann, Michael; FT: Madame Legros (1968); TV: BRD/ARD/BR
Im Schlaraffenland (1900) (Roman) R: Jung-Alsen, Kurt; DB: Creutz, Lothar; Knauth, Joachim; FT: Im Schlaraffenland (1975); TV: DDR
Empfang bei der Welt (1950) (Roman) R: Ackeren, Robert von; DB: Ackeren, Robert von; Markert, Joy; FT: Belcanto oder Darf eine Nutte schluchzen (1977); KF: BRD/Literarisches Colloquium
Ein ernstes Leben (1932) (Roman) R: Schiemann, Helmut; DB: Schiemann, Helmut; FT: Die Verführbaren (1977); TV: DDR
Die Vollendung des Königs Henri Quatre (1938) (Roman) R: Camus, Marcel; DB: Brulé, Claude; FT: Heinrich, der gute König (1979); TV: CH/F
Im Schlaraffenland (1900) (Roman) R: Umgelter, Fritz; DB: Thonet, Peter M.; FT: Im Schlaraffenland (1981); TV: BRD/ZDF
Eine Liebesgeschichte (1953) (Erzählung) R: Keil, Gerd; FT: Suturp - eine Liebesgeschichte (1981); TV: DDR
Die traurige Geschichte von Friedrich dem Grossen (1958) (Roman) R: Lang, Alexander; FT: Die traurige Geschichte von Friedrich dem Großen (1983); TV: DDR
Variété (1910) (Komödie) R: Eckermann, Martin; FT: Variété (1985); TV: DDR/DDR1
Professor Unrat oder Das Ende eines Tyrannen (1905) (Roman) R: Wolffhardt, Rainer; DB: Wolffhardt, Rainer; FT: Endstation Harembar (1992); TV: BRD

Mann, Klaus (DTL 1906–1949)
Mephisto (1936) (Roman) R: Mnouchkine, Ariane; FT: Mephisto (1980); TV: BRD/FR
Mephisto (1936) (Roman) R: Szabó, István; DB: Dobai, Péter; Szabó, István; FT: Mephisto (1981); KF: BRD/HU/Mafilm/Objektiv Studio
Treffpunkt im Unendlichen (1932) (Roman) R: Königstein, Horst; FT: Treffpunkt im Unendlichen (1984); TV: BRD/ARD/SFB
Flucht in den Norden (1934) (Roman) R: Engström, Ingemo; DB: Engström, Ingemo; FT: Flucht in den Norden (1985); KF: BRD/Theuring/Engström/Jörn Donner Prod.
Der Vulkan (1939) (Roman) R: Runze, Ottokar; DB: Grützmacher-Tarbori, Ursula; Hughes, Rebecca; Runze, Ottokar; FT: Der Vulkan (1998); KF: BRD/FR/Ottokar Runze Filmprod./Mact/Lichtblick/PS Film/ZDF/Chanel+

Mann, Philip Grenville (AUSTRAL 1921–)
(*Der Kronanwalt*) (Schauspiel) R: Cartier, Rudolph; FT: Der Kronanwalt (1962); TV: BRD/ARD/SFB

Mann, Thomas (BRD 1875–1955)
Königliche Hoheit (1909) (Roman) R: Braun, Harald; DB: Hömberg, Hans; Hurdalek, Georg; FT: Königliche Hoheit (1953); KF: BRD
Bekenntnisse des Hochstaplers Felix Krull (1922) (Roman) R: Hoffmann, Kurt; DB: Thören, Robert; FT: Bekenntnisse des Hochstaplers Felix Krull (1957); KF: BRD/Filmaufbau
Die Buddenbrooks (1922) (Roman) R: Weidenmann, Alfred; DB: Braun, Harald; Mann, Erika; FT: Buddenbrooks (Teil I und II) (1959); KF: BRD/Filmaufbau
Tonio Kröger (1914) (Erzählung) R: Thiele, Rolf; DB: Flaiano, Ennio; Mann, Erika; FT: Tonio Kröger (1964); KF: BRD/Franz Seitz Film/Filmaufbau Göttingen/Thalia,Berlin/Mondex-Proxinex,Paris
Wälsungenblut (1921) (Erzählung) R: Thiele, Rolf; DB: Laforet, Georg (= Seitz, Franz); Mann, Erika; FT: Wälsungenblut (1964); KF: BRD/Franz Seitz Film
Tod in Venedig (1913) (Roman) R: Visconti, Luchino; DB: Badalucco, Nicola; Visconti, Luchino; FT: Tod in Venedig (1971); KF: IT/FR

Gefallen (1894) (Erzählung) R: Quest, Hans; DB: Duschat, Martin; FT: Gefallen (1975); TV: BRD/ARD/WDR

Lotte in Weimar (1939) (Roman) R: Günther, Egon; DB: Günther, Egon; FT: Lotte in Weimar (1975); KF: DDR/DEFA

Tristan (1903) (Erzählung) R: Ballmann, Herbert; DB: Ballmann, Herbert; Patschke, Wolfgang; FT: Tristan (1975); TV: BRD/ZDF

Unordnung und frühes Leid (1926) (Erzählung) R: Seitz, Franz; DB: Seitz, Franz; FT: Unordnung und frühes Leid (1976); TV: BRD

Die Buddenbrooks (1922) (Roman) R: Wirth, Franz Peter; DB: Rhotert, Bernt; Wirth, Franz Peter; FT: Buddenbrooks (1978); TV: BRD/AUST/ARD/HR/ORF

Mario und der Zauberer (1930) (Erzählung) R: Luther, Miloslav; FT: Mario und der Zauberer (1978); TV: CSR

Der Zauberberg (1924) (Roman) R: Geissendörfer, Hans W.; DB: Geissendörfer, Hans W.; FT: Der Zauberberg (1981); KF: BRD/FR/IT/Franz Seitz Filmprod./ZDF/Iduna/Gaumont/SR3/Opera

Bekenntnisse des Hochstaplers Felix Krull (1922) (Roman) R: Sinkel, Bernhard; DB: Brustellin, Alf; Sinkel, Bernhard; FT: Bekenntnisse des Hochstaplers Felix Krull (1982); TV: BRD/AUST/ZDF/ORF/Taurus

Doktor Faustus (1947) (Roman) R: Seitz, Franz; DB: Seitz, Franz; FT: Doktor Faustus (1982); KF: BRD/Franz Seitz Film/Iduna/ARD/BR

Der kleine Herr Friedemann (1898) (Erzählung) R: Vogel, Peter; FT: Der kleine Herr Friedemann (1990); TV: BRD/ARD

Die Betrogene (1953) (Erzählung) R: Guiguet, Jean-Claude; DB: Guiguet, Jean-Claude; Lineau, Sylvie; FT: Le Mirage (1992); TV: BRD/CH/FR/CAN/CCC Filmkunst GmbH/Molécule/Les Films Stock International

Mario und der Zauberer (1930) (Erzählung) R: Brandauer, Klaus Maria; DB: Brandauer, Klaus Maria; Weinshanker, Burt; FT: Mario und der Zauberer (1994); KF: AUST/FR/BRD/Satel/ORF/Flach Film/Le Studio Canal+/Provobis/ZDF/Thorsten Nater Film

Mantello, H. H. (AUST)

Heiratsschwindlerin (Bericht) R: König, Hans H.; DB: Eplinius, Werner; Furch, Janne; FT: Hochstaplerin der Liebe (1954); KF: AUST

Manville, Anita (USA)

(Erzählung) R: Sulistrowski, Zygmunt; DB: Sulistrowski, Zygmunt; FT: Tom Dooley - Held der grünen Hölle (1957/58); KF: BRD/BRAS

Manzari, Nicola (IT 1909–)

Il trionfo del diritto (*Zuviel des Guten* 1947) (Komödie) R: Wirth, Franz Peter; DB: Walser, Martin; FT: Chiaravalle wird entdeckt (1955); TV: BRD/ARD/SDR

Il trionfo del diritto (*Zuviel des Guten* 1947) (Komödie) R: Tannert, Hannes; DB: Walser, Martin; Wedekind, Joachim; FT: Chiaravalle wird entdeckt (1963); TV: BRD/ZDF

Marai, Sandor (HU 1900–1989)

San Gennaro vere (1965) (*Das Blut des San Gennaro* 1966) (Roman) R: Besekow, Sam; DB: Gundermann, Max; FT: Das Wunder des San Gennaro (1963); TV: BRD/ARD/NDR

Maraini, Dacia (IT 1936–)

(Roman) R: Scandurra, Sofia; DB: Dobbertin, Kerstin; Leone, Lu; Scandurra, Sofia; FT: Liebe ist etwas Zärtliches (1976); KF: BRD/IT/Albatros/Munder/Clesi

Marceau, Félicien (BELG 1913–)

Le Babour (1969) (Komödie) R: Cella, Ettore; FT: Der Babutz (1971); TV: BRD/ARD/HR

La Mort de Néron (1965) (Schauspiel) R: Krauss, Gerd; Reichmann, Wolfgang; Schlechte, Werner; FT: Nero (1979); TV: BRD/ZDF

Marek, Jiri (CSR 1914–)

(Erzählung) R: Stranka, Erwin; DB: Stranka, Erwin; FT: Automärchen (1983); KF: DDR/DEFA

Marginter, Peter (AUST 1934–)

Der tote Onkel (1967) (Roman) R: Lhotsky, Georg; DB: Marginter, Peter; Swossil, Werner; FT: Der tote Onkel (1981); TV: AUST/ORF

Das Rettungslos (1983) (Roman) R: Madeja, Georg; DB: Marginter, Peter; FT: Das Rettungslos (1984); TV: AUST/ORF

Margraf, Miriam (DDR, BRD)

(Kindererzählung) R: Kaye, Renata; DB: Lewin, Waltraud; FT: Weihnachten schneit's (1990); TV: DDR/DFF

Marivaux, Pierre Carlet Chamblain de (FR 1688–1763)

Le jeu de l'amour et du hasard (1730) (*Das Spiel von Liebe und Zufall* 1961) (Komödie) R: Müller, Hans-Reinhard; DB: Müller, Hans-Reinhard; FT: Das Spiel von Liebe und Zufall (1968); TV: BRD/ARD/BR

La dispute (1778) (*Der Streit* 1982) (> Der Disput (1987)) (Komödie) R: Rabenalt, Arthur Maria; DB: Rabenalt, Arthur Maria; FT: Caribia (1977); KF: BRD

Marlitt, Eugenie (DTL 1825–1887)

Das Geheimnis der alten Mamsell (1868) (Roman) R: Ballmann, Herbert; DB: Wittlinger, Karl; FT: Das Geheimnis der alten Mamsell (1972); TV: BRD/ZDF

Im Schillingshof (1881) (Roman) R: Ballmann, Herbert; DB: Wittlinger, Karl; FT: Im Schillingshof (1973); TV: BRD/ZDF

Im Hause des Kommerzienrates (1886) (Roman) R: Ballmann, Herbert; DB: Wittlinger, Karl; FT: Im Hause des Kommerzienrates (1976); TV: BRD/ZDF

Die zweite Frau (1874) (Roman) R: Ballmann, Herbert; DB: Wittlinger, Karl; FT: Die zweite Frau (1983); TV: BRD/ZDF

Die Frau mit den Karfunkelsteinen (1885) (Roman) R: Damek, Dagmar; DB: Damek, Dagmar; FT: Die Frau mit den Karfunkelsteinen (1985); TV: BRD/ZDF

Marschak, Samuil Akovlewitsch (SU 1887–1964)

(Märchen) R: Unterberg, Hannelore; DB: Göthe, Michael; Müller, Wolf; Unterberg, Hannelore; FT: Verflixtes Missgeschick (1989); KF: DDR/DEFA

Marsh, Reginald (GB)

You're Out Of My Mind (*Die Traumfrau* 1977) (Komödie) R: Überall, Klaus; FT: Die Traumfrau (1978); TV: BRD/ARD/SWF

Marshall, Bruce (GB 1899–1987)

Father Malachy's Miracle (1931) (*Das Wunder des Malachias* 1951) (Roman) R: Wicki, Bernhard; DB: Pauck, Heinz; Wicki, Bernhard; FT: Das Wunder des Malachias (1960/61); KF: BRD/Deutsche Film Hansa (Jochen Severin)

The Month of Falling Leaves (1963) (*Der Monat der fallenden Blätter* 1964) (Roman) R: Haugk, Dietrich; DB: Asmodi, Herbert; FT: Der Monat der fallenden Blätter (1968); TV: BRD/ARD/WDR

Marßolek, Inge (BRD 1947–)

Die Denunziantin: Helene Schwärzel, 1944-47 (1993) (Biographie) R: Mitscherlich, Thomas; FT: Die Denunziantin (1993); KF: BRD

Martens, Gaston Marie (BELG 1883–)

Les gueux au paradis (1953) (Komödie) R: Liebeneiner, Wolfgang; FT: Die Schelme im Paradies (1965); TV: BRD

Marti, Kurt (CH 1921–)

Leichenreden (1969) (Texte) R: Gruber, Andreas; DB: Gruber, Andreas; FT: Leichenreden (1989); TV: AUST/ORF2

Martin, Hansjörg (BRD 1920–)

Einer fehlt beim Kurkonzert (1966) (Kriminalroman) R: Roland, Jürgen; DB: Roland, Jürgen; FT: Einer fehlt beim Kurkonzert (1968); TV: BRD/ARD

Keinen Schnaps für Tamara (1966) (Kriminalroman) R: Pohland, Hans-Jürgen; FT: Tamara (1968); KF: BRD

Gefährliche Neugier (1965) (Kriminalerzählung) R: Schwarze, Hans-Dieter; FT: Gefährliche Neugier (1970); TV: BRD/ZDF

Feuer auf mein Haupt (1972) (Roman) R: Staudte, Wolfgang; DB: Hampel, Bruno; FT: Nerze nachts am Straßenrand (1973); TV: BRD/ZDF

Bei Westwind hört man keinen Schuß (1973) (Kriminalroman) R: Strubel, Sepp; FT: Bei Westwind hört man keinen Schuß (1976); TV: BRD/ARD/HR

K.O. und O.K. (1975) (Jugendroman) R: Mechow, Ulf von; DB: Mechow, Ulf von; FT: Knock out (1981); TV: BRD/ARD/HR

Unternehmen JACOTOBI (1989) (Kinderbuch) R: Nola, Jürgen; DB: Nola, Jürgen; FT: Unternehmen Jacotobi (6 Teile) (1990); TV: BRD/ARD/HR

Mason, Edward J. (GB –1971) & **Willis, Ted** (GB 1918–1992)

(Kriminalstück) R: Mezger, Theo; FT: Tage der Rache (1970); TV: BRD/ARD/SDR

Mather, Berkely (GB 1909–1996)

(Kriminalstück) R: Devaux, Danielo; FT: Nerz ist in der kleinsten Hütte (1961); TV: BRD/ARD/HR

Mathern, Carl (DTL 1881–) & **Schwartz, Otto** (DTL 1871–)

Der Meisterboxer (1923) (Komödie) R: Kraus, Fred; FT: Der Meisterboxer (1968); TV: BRD/ARD/WDR

Matheson, Richard (USA 1926–)

(*Die Prüfung*) (Erzählung) R: Deickert, Karl-Heinz; DB: May, Alexander; FT: Die Prüfung (1973); TV: BRD/ZDF

Matschners, Hans (AUST)

(Roman) R: Kugelstadt, Hermann; DB: Nachmann, Kurt; Olsen, Rolf; FT: Jungfrauenkrieg (1957); KF: AUST

Matsubara, Hisako (JAP 1935–)

(*Glückspforte* 1980) (Roman) R: Sydow, Max von; DB: Sydow, Rolf von; FT: Glückspforte (1986); TV: BRD/ZDF

Matusche, Alfred (DDR 1909–1973)

Van Gogh (1966) (Schauspiel) R: Fantl, Thomas; DB: Fantl, Thomas; FT: Van Gogh (1969); TV: BRD/ARD/HR

Maugham, Robin (GB 1916–1981)

The Claimant (*Der Mann aus Melbourne* 1960) (Schauspiel) R: Haaf, Wilm ten; FT: Der Mann aus Melbourne (1966); TV: BRD/ARD/SWF

Maugham, W. Somerset (GB 1874–1965)

The Land of Promise (1914) (*Das Land der Verheißung*) (Komödie) R: Kurth, Otto; FT: Das Land der Verheißung (1960); TV: BRD/ARD/NWRV Köln

The Sacred Flame (1929) (Schauspiel) R: Elsner, Reinhard; FT: Die heilige Flamme (1961); TV: BRD/ARD/SFB

The Constant Wife (1926) (dt. 1927) (Komödie) R: Pevsner, Tom; FT: Finden Sie, daß sich Constanze richtig verhält? (1962); TV: BRD

(*Caroline*) (Komödie) R: Umgelter, Fritz; FT: Caroline (1966); TV: BRD/ARD/WDR

The Constant Wife (1926) (dt. 1927) (Komödie) R: Liebeneiner, Wolfgang; DB: Reuss Karlhans; FT: Eine konsequente Frau (1971); TV: BRD/ARD/Telefilm Saar

(Erzählung) R: Hoffmann, Kurt; DB: Bieler, Manfred; FT: Die Unvergleichliche (1976); TV: BRD

Jane (1931) (> Komödie (1952)) (Erzählung) R: Liebeneiner, Wolfgang; DB: Behrmann, Samuel; FT: Jane (1979); TV: BRD/ZDF

Cosmopolitans (1936) (*Kreuzfahrten eines Globetrotters* 1948) (Erzählung) R: Witt, Claus Peter; DB: Storz, Oliver; FT: Kreuzfahrten eines Globetrotters (1980); TV: BRD/ARD

(Erzählung) R: Fischerauer, Bernd; DB: Fischerauer, Bernd; FT: Red (1993); TV: BRD/AUST/ARD/BR/ORF

Maugham, W. Somerset (GB 1874–1965) & **Porter, William Sydney** (= **O'Henry**) (USA 1862–1910) & **Wodehouse, Pelham Grenville** (GB 1881–1975)

(Erzählung) R: Glück, Wolfgang; DB: Matray, Maria; Winiewicz, Lida; FT: Diener und andere Herren (1978); TV: BRD/ZDF

Maupassant, Guy de (FR 1850–1893)

(*Falsche Perlen*) (Erzählung) R: Külb, Karl Georg; DB: Külb, Karl Georg; FT: Begierde (1950); KF: BRD

L'histoire d'une fille de ferme (1881) (*Geschichte einer Magd* 1947) (Erzählung) R: Cap, Franz; DB: Cap, Franz; FT: Am Anfang war es Sünde (1954); KF: BRD

Bel Ami (1885) (*Der Liebling* 1899) (Roman) R: Daquin, Louis; FT: Bel Ami (1955); KF: AUST/FR

(Erzählung) R: Monk, Egon; DB: Bentel, Wolfgang; FT: Bruder Jakob oder Die Stunde (1958); TV: BRD/ARD/NWRV

Bel Ami (1885) (*Der Liebling* 1899) (Roman) R: Käutner, Helmut; DB: Käutner, Helmut; FT: Bel Ami (2 Teile) (1968); TV: BRD/ARD/SDR

Les cousines de la colonelle (*Die Nichten der Frau Oberst* 1968) (Erzählung) R: Thomas, Michael; DB: Fadda, Carlo; Gregor, Manfred; Tinney, Claus; FT: Die Nichten der Frau Oberst - 2. Teil: Mein Bett ist meine Burg (1968); KF: BRD/IT

Les cousines de la colonelle (*Die Nichten der Frau Oberst* 1968) (Erzählung) R: Thomas, Michael; DB: Gregor, Manfred; FT: Die Nichten der Frau Oberst (1968); KF: BRD/IT

Boule de suif (1881) (*Fettklößchen* 1927) (Erzählung) R: Itzenplitz, Eberhard; DB: Asmodi, Herbert; FT: Reisegesellschaft (1968); TV: BRD/ARD/WDR

Yvette (1883) (*Yvette* 1921) (Roman) R: Schröder, Eberhard; DB: Zibaso, Werner P.; FT: Madame und ihre Nichte (1969); KF: BRD/Rapid/Hape

Rosalie prudente (Erzählung) R: Borowczyk, Walerian; FT: Rosalie (1970); TV: BRD/ARD/WDR

Le testament (1892) (*Die Erbschaft* 1896) (Erzählung) R: Barabás, Stanislav; DB: Barabás, Stanislav; FT: Die Erbschaft (1972); TV: BRD/ARD/SDR

Les cousines de la colonelle (*Die Nichten der Frau Oberst* 1968) (Erzählung) R: Thomas, Michael; DB: Gregor, Manfred; FT: Die Nichten der Frau Oberst (1979); KF: CH

(Erzählung) R: Karmasolo, Kari; FT: Ein Handel (1980); TV: DDR

Le testament (1892) (*Die Erbschaft* 1896) (Erzählung) R: Knötzsch, Hans; FT: Die Erbschaft (1981); TV: DDR

Une aventure parisienne (1886) (*Pariser Abenteuer* 1955) (Erzählung) R: Gies, Hajo; FT: Ein Pariser Abenteuer (1982); TV: AUST/BRD/ORF/ARD

(Erzählung) R: Eckermann, Martin; DB: Windisch, Helmut; FT: Die Heiratsannonce (1985); TV: DDR

Mademoiselle Fifi (1883) (*Fräulein Fifi* 1964) (Roman) R: Fruchtmann, Karl; DB: Fruchtmann, Karl; FT: Mademoiselle Fifi (1986); TV: BRD/ARD

Le rosier de Madame Husson (1888) (*Der Rosenjüngling der Madame Husson* 1964) (Erzählung) R: Büchner, Norbert; DB: Bernhardy, Werner; FT: Madame Husson und ihr Tugendjüngling (1987); TV: DDR/DDR2

(Erzählung) R: Deutsch, Peter; DB: Gulden, Alfred; FT: Man bleibt sich treu ... (7 Teile) (1990); TV: BRD/ARD/SR

Mauriac, François (FR 1885–1970)

Asmodée (1938) (*Asmodée* 1948) (Schauspiel) R: Haaf, Wilm ten; FT: Asmodée (1964); TV: BRD/ARD/SWF

Maurois, André (FR 1885–1967)

Cours de bonheur conjugal (1951) (*Schule für Eheglück* 1951) (Schauspiel) R: Markwardt, Ernst; FT: Schule für Eheglück (1953); TV: BRD/ARD/NWDR Hamburg

Cours de bonheur conjugal (1951) (*Schule für Eheglück* 1951) (Schauspiel) R: Geis, Rainer; Schelkopf, Anton; DB: Berneis, Peter; Geiger, Franz; FT: Schule für Eheglück (1954); KF: BRD

Mauthe, Jörg (AUST 1924–1986)

Die Vielgeliebte (1979) (Roman) R: Davy, Walter; FT: Die Geschichte einer Vielgeliebten (1982); TV: AUST/ORF

Maximilian, Daniel (BRD) & **Pauli, Thomas** (BRD)

Aeon (2000) (Roman) (Roman zur Serie) R: Neuhäuser, Holger; DB: Maximilian, Daniel; Pauli, Thomas; FT: Aeon - Countdown im All (1999); TV: BRD/Sat1/Tellux Film GmbH

May, Karl Friedrich (DTL 1842–1912)

Die Sklavenkarawane (1893) (Roman) R: Marischka, Georg; DB: Marischka, Georg; FT: Sklavenkarawane (1958); KF: BRD/ESP

Im Reiche des Silbernen Löwen (1899) (Roman) R: Kai, Johannes; Torrado, Ramón; DB: Kai, Johannes; Torrado, Ramón; FT: Der Löwe von Babylon (En las ruínas de Babilonia) (1959); KF: BRD/ESP/Dokumentar & Color Film/Cifesa Producción/Águila Films

Der Schatz im Silbersee (1894) (Roman) R: Reinl, Harald; DB: Petersson, Harald G.; FT: Der Schatz im Silbersee (1962); KF: BRD/JUG/Preben-Philipsen/Rialto Film/Jadran Film

Winnetou I - III (1893) (Roman) R: Fregonese, Hugo; DB: Fodor, Ladislas; Stemmle, Robert A.; FT: Old Shatterhand (1963); KF: BRD/FR/IT/JUG/CCC Filmkunst GmbH/Criterion/Serena/Avala Film, Belgrade

Winnetou I - III (1893) (Roman) R: Reinl, Harald; DB: Petersson, Harald G.; FT: Winnetou I (1963); KF: BRD/JUG/Preben-Philipsen/Rialto Film/Jadran Film

Schloß Rodriganda (1940) (Roman) R: Siodmak, Robert; DB: Fodor, Ladislas; Marischka, Georg; Stemmle, Robert A.; FT: Der Schatz der Azteken (1964); KF: BRD/FR/IT/JUG/CCC Filmkunst GmbH/Avala/Franco London Films/Avala

Der Schut (1892) (Roman) R: Siodmak, Robert; DB: Marischka, Georg; Siodmak, Robert; FT: Der Schut (1964); KF: BRD/FR/IT/JUG/CCC Filmkunst GmbH/Avala/Criterion/Regina/Serena

Unter Geiern (1892) (Roman) R: Vohrer, Alfred; DB: Keindorff, Eberhard; Sibelius, Johanna; FT: Unter Geiern (1964); KF: BRD/JUG/Preben-Philipsen/Rialto Film/Jadran Film

Winnetou II (1893) (Roman) R: Reinl, Harald; DB: Petersson, Harald G.; FT: Winnetou II (1964); KF: BRD/JUG/FR/IT/Preben-Philipsen/Rialto Film/Jadran Film/Société nouvelle de cinématographie (SNC)/Atlantis-Film

Durchs wilde Kurdistan (1892) (Roman) R: Gottlieb, Franz Josef; DB: Gottlieb, Franz Josef; Loma, José Antonio de la; FT: Durchs wilde Kurdistan (1965); KF: BRD/ESP/CCC Filmkunst GmbH/Balcázar Producciones Cinematográficas

Im Reiche des Silbernen Löwen (1899) (Roman) R: Gottlieb, Franz Josef; DB: Gottlieb, Franz Josef; Loma, José Antonio de la; Petersen, J. M.; FT: Im Reich des Silbernen Löwen (1965); KF: BRD/ESP/CCC Filmkunst GmbH/Balcázar Producciones Cinematográficas

Old Surehand (1894) (Erzählung) R: Vohrer, Alfred; DB: Denger, Fred; Keindorff, Eberhard; Sibelius, Johanna; FT: Old Surehand (1965); KF: BRD/JUG/Preben-Philipsen/Rialto Film/Jadran Film

Der Ölprinz (1897) (Roman) R: Philipp, Harald; DB: Denger, Fred; Philipp, Harald; FT: Der Ölprinz (1965); KF: BRD/JUG/Preben-Philipsen/Rialto Film/Jadran Film

Vom Rhein zur Mapimi (1924) (> Die Pyramide des Sonnengottes) (Roman) (in Anlehnung an und Forts. v.) R: Siodmak, Robert; DB: Fodor, Ladislas; Marischka, Georg; Stemmle, Robert A.; FT: Die Pyramide des Sonnengottes (Les Mercenaires du Rio Grande) (1965); KF: BRD/FR/IT/CCC Filmkunst GmbH/Franco London Films/Avala/Serena

Das Vermächtnis des Inka (1895) (Roman) R: Marischka, Georg; DB: Groth, Winfried; Marischka, Franz; Marischka, Georg; FT: Das Vermächtnis des Inka (Viva Gringo) (1965); KF: BRD/IT/ESP

Winnetou III (1893) (Roman) R: Reinl, Harald; DB: Bartsch, J. Joachim; Petersson, Harald G.; FT: Winnetou III (1965); KF: BRD/JUG/Preben-Philipsen/Rialto Film/Jadran Film

Winnetou I - III (1893) (Roman) R: Philipp, Harald; DB: Denger, Fred; FT: Winnetou und das Halbblut Apanatschi (1966); KF: BRD/JUG/Preben-Philipsen/Rialto Film/Jadran Film

Old Firehand (1875) (Roman) R: Vohrer, Alfred; DB: DeReszke, David; Petersson, Harald G.; Taylor, C. B.; FT: Winnetou und sein Freund Old Firehand (1966); KF: BRD/JUG/Preben-Philipsen/Rialto Film/Jadran Film

Winnetou I - III (1893) (Roman) R: Reinl, Harald; DB: Reinecker, Herbert (= Berg, Alex); Reinl, Harald; FT: Winnetou und Shatterhand im Tal der Toten (1968); KF: BRD/JUG/IT/CCC Filmkunst GmbH/Jadran Film/Super International Pictures

Durch die Wüste (1892) (Roman) R: Gräwert, Günter; DB: Gräwert, Günter; FT: Kara Ben Nemsi Effendi (1973); TV: BRD/ZDF

Winnetou I - III (1893) (Roman) R: Camus, Marcel; DB: Deret, Jean-Claude; FT: Winnetou ou le Mescalero (1979); TV: FR/BRD

Das Buschgespenst (1898) (Erzählung) R: Loebner, Vera; DB: Schreiter, Friedemann; FT: Das Buschgespenst (1986); TV: DDR/DEFA

(Roman) R: Knötzsch, Hans; DB: Knötzsch, Hans; FT: Präriejäger in Mexiko (2 Teile) (1988); TV: DDR/DDR1

Der Schatz im Silbersee (1894) (Roman) R: Rätz, Günter; DB: Rätz, Günter; FT: Die Spur führt zum Silbersee (1989); KF: DDR/DEFA-Zeichentrick

McConnell, James V. (= Rutherford, Douglas) (GB 1915–)

Notes from an Empty Room (Erzählung) R: Lewis, Jim; DB: Lewis, Jim; Sommer, Werner; FT: Wohin mit Elwood Tillman? (1970); TV: BRD/ARD/SDR

McCrone, Guy (GB 1898–1977)

Edenbrook's Daughter (Schauspiel) R: Collande, Volker von; FT: Die Tochter (1956); TV: BRD/ARD/NWDR Hamburg

McCullers, Carson (USA 1917–1967)

The Square Root of Wonderful (1958) (Schauspiel) R: Rinser, Stephan; FT: Zurück, wo ich begann (1970); TV: BRD/ARD/BR

McEnroe, Robert Edward (USA 1916–1998)

The Silver Whistle (1949) (Komödie) R: Mezger, Theo; FT: Die Silberflöte (1964); TV: BRD/ARD/SDR

McEwan, Ian (GB 1948–)

Butterflies (1975) (Erzählung) R: Becker, Wolfgang (I); DB: Becker, Wolfgang (I); FT: Schmetterlinge (1988); KF: BRD/dffb

The Cement Garden (1978) (*Der Zementgarten* 1980) (Roman) R: Birkin, Andrew; DB: Birkin, Andrew; FT: Der Zementgarten (1992); KF: BRD/GB/FR/Neue Constantin/ZDF/Laurentic/Torii

The Innocent (1990) (*Unschuldige* 1990) (Roman) R: Schlesinger, John; DB: McEwan, Ian; FT: ... und der Himmel steht still (1993); KF: BRD/GB/Sievernich Film GmbH/Lakeheart

McKenzie, Donald (USA)

(*In geheimer Mission*) (Roman) R: Gies, Hajo; Gies, Martin; FT: Geheime Mission (1985); TV: BRD/ZDF

McLaughlin, John (USA 1897–)

(Erzählung) R: Moorse, George; FT: Die Phantomkutsche (1985); TV: BRD/ARD/WDR

Mebs, Gudrun (BRD 1944–)

Sonntagskind (1983) (Jugendroman) R: Rosenbaum, Marianne S.W.; DB: Rosenbaum, Marianne S.W.; FT: Das Sonntagskind oder Der Umstände halber (1988); TV: BRD/ARD/BR/SWF

Meckel, Christoph (BRD 1935–)

Bockshorn (1973) (Roman) R: Beyer, Frank; DB: Plenzdorf, Ulrich; FT: Bockshorn (1984); KF: DDR/DEFA

Meichsner, Dieter (BRD 1928–)

Besuch aus der Zone (1961) (Hörspiel) R: Wolffhardt, Rainer; DB: Pigge, Helmut; Wolffhardt, Rainer; FT: Besuch aus der Zone (1958); TV: BRD/ARD/SDR

Studenten von Berlin (1954) (Roman) R: Hädrich, Rolf; DB: Meichsner, Dieter; FT: Nachruf auf Jürgen Trahnke (1962); TV: BRD/ARD/SDR

Meise, Grete (AUST 1914–)

1001 Nacht (Erzählung) R: Dörre, Peter; FT: Der kleine Kadi (null); KF: AUST

Meisel, Will (DTL 1897–1967) & **Nebhut, Ernst** (BRD) & **Scheu, Just** (BRD 1903–1956)

Königin einer Nacht (1943) (Operette) (Libretto von Nebhut und Scheu) R: Hoffmann, Kurt; FT: Königin einer Nacht (1951); KF: BRD

Melísek, Jirí (CSR)

Wie Böhmen noch bei Österreich war (Schauspiel) R: Gottlieb, Franz Josef; FT: Wie Böhmen noch bei Österreich war (1981); TV: BRD/ZDF

Mell, Max (DTL 1882–1971)

Das Apostelspiel (1923) (Schauspiel) R: Bublitz, Hans Waldemar; FT: Das Apostelspiel (1954); TV: BRD/ARD/SFB

Das Apostelspiel (1923) (Schauspiel) R: Semmelroth, Wilhelm; FT: Das Apostelspiel (1959); TV: BRD/ARD/NWRV

Das Apostelspiel (1923) (Schauspiel) R: Toelle, Tom; FT: Das Apostelspiel (1965); TV: BRD/ARD/SWF

Das Nachfolge Christi-Spiel (1927) (Schauspiel) R: Matiasek, Helmuth; Neuberg, Erich; DB: Matiasek, Helmuth; FT: Das Nachfolge Christi-Spiel (1966); TV: AUST/ORF

Melville, Herman (USA 1819–1891)

Benito Cereno (1855) (*Benito Cereno* 1962) (Erzählung) (in "Piazza Tales") R: Wild, Franz Josef; DB: Buchholz, Gerhard; Hoffmann, Kurt; FT: Zwischen Meer und Himmel (1957); TV: BRD/ARD/BR

Mendelssohn, Peter de (DTL 1908–1982)

Schmerzliches Arkadien (1932) (Erzählung) R: Duvivier, Julien; Wall, Marcel; DB: Duvivier, Julien; FT: Marianne (1954); KF: BRD/FR

Menge, Wolfgang (BRD 1924–)

Der Engel aus Quedlinburg (1963) (Schauspiel) R: Munck, Dieter; DB: Menge, Wolfgang; FT: Eines schönen Tages (1964); TV: BRD/ARD/HR

Zucker für die Affen : ein dreiteiliger Gala-Abend; exemplarische Ausflüge mit unterschiedlichen Dominanten (1969) (Schauspiel) R: Fiedler, Gerlach; DB: Dietrich, Annette; FT: Zucker für die Affen (1969); TV: BRD/ARD/SFB

Mérimée, Prosper (FR 1803–1870)

La chambre bleue (1872) (*Das blaue Zimmer* 1947) (Erzählung) R: Vernay, Robert; FT: Das blaue Zimmer (1964); KF: BRD/FR

La carosse du Saint-Sacrement (1829) (*Die Sakramentskarosse* 1949) (Schauspiel) R: Erfurth, Ulrich; FT: Die Sakramentskarosse (1965); TV: BRD/ARD/HR

Colomba (1840) (*Colomba* 1880) (Erzählung) R: Jariv, Nathan; FT: Colomba (1975); TV: BRD/ARD/WDR

Les mécontents (1833) (*Die Mißvergnügten* 1913) (Schauspiel) R: Moszkowicz, Imo; FT: Die Mißvergnügten (1978); TV: BRD/ARD/HR

Merle, Robert (FR 1908–)

La mort est mon métier (1952) (*Der Tod ist mein Beruf* 1957) (Roman) R: Kotulla, Theodor; DB: Kotulla, Theodor; FT: Aus einem deutschen Leben (1979); TV: BRD/Iduna/ARD/WDR

Merz, Carl (AUST 1906–) & **Qualtinger, Helmut** (AUST 1928–1987)

Der Herr Karl (1962) (Schauspiel) R: Neuberg, Erich; FT: Der Herr Karl (1963); TV: AUST/ORF

Die Hinrichtung (1964) (Schauspiel) R: Neuberg, Erich; DB: Merz, Carl; Qualtinger, Helmut; FT: Die Hinrichtung (1966); TV: BRD/ARD/Bavaria

Die Hinrichtung (1964) (Schauspiel) R: Henschel, Wolfgang F.; FT: Die Hinrichtung (1981); TV: AUST/BRD/ORF/ZDF

Meyer, Conrad Ferdinand (CH 1825–1898)

Die Füße im Feuer (1864) (Ballade) R: Wagner, Konrad; DB: Langenbeck, Curt; FT: Der Gast (1956); TV: BRD/ARD/NWDR

Die Füße im Feuer (1864) (Ballade) R: Winds, Erich-Alexander; DB: Rodigast, Hermann; FT: Du sollst nicht töten (1957); TV: DDR/Life

Gustav Adolfs Page (1882) (Erzählung) R: Hansen, Rolf; DB: Kay, Juliane; Yost, Tibor; FT: Gustav Adolfs Page (1960); KF: BRD/AUST

Georg Jenatsch (1876) (> Jürg Jenatsch (1882)) (Roman) R: Flaadt, Tony; DB: Flaadt, Tony; FT: Oberst Jenatsch (1976); TV: CH/SRT

Die Richterin (1885) (Erzählung) R: Schmid, Daniel; DB: Schmid, Daniel; Wondratschek, Wolf; FT: Violanta (1977); KF: CH

Die Füße im Feuer (1864) (Ballade) R: Glasow, Katrin von; FT: Die Füße im Feuer (1985); TV: BRD/ARD/BR

Georg Jenatsch (1876) (> Jürg Jenatsch (1882)) (Roman) R: Schmid, Daniel; DB: Schmid, Daniel; Suter, Martin; FT: Jenatsch (1987); KF: CH/BRD/FR/Beat Curti/Film Blue/DRS/Ste de Banque Suisse/ZDF/Limbo/Pierre Grisé Productions

Meyer, Inge (DDR, BRD 1929–)

Vernehmung der Zeugen (1986) (Erzählung) R: Scholz, Gunter; DB: Scholz, Gunter; FT: Vernehmung der Zeugen (1987); KF: DDR/DEFA

Meyer, Klaus (DDR, BRD) & **Schuppan, Ingrid** (DDR)

Weiße Wolke Carolin (1980) (Kinderbuch) R: Losansky, Rolf; DB: Losansky, Rolf; FT: Weiße Wolke Carolin (1985); KF: DDR/DEFA

Meyer-Förster, Wilhelm (DTL 1862–1934)

Alt-Heidelberg (1902) (Schauspiel) R: Marischka, Ernst; DB: Marischka, Ernst; FT: Alt-Heidelberg (1959); KF: BRD/CCC Filmkunst GmbH/Kurt Ulrich Produktion

Meyer-Scharffenberg, Fritz (DDR, BRD)

Der Mann auf dem Kirr (1969) (Roman) R: Ekkermann, Martin; DB: Meyer-Scharffenberg, Fr.; FT: Inselsommer (1974); TV: DDR

Michael, Friedrich (BRD 1892–1986)

Der blaue Strohhut (1942) (Komödie) R: Tourjansky, Viktor; DB: Burri, Emil; Tourjansky, Viktor; FT: Der blaue Strohhut (1949); KF: BRD

Der blaue Strohhut (1942) (Komödie) R: Tannert, Hannes; DB: Tannert, Hannes; FT: Der blaue Strohhut (1959); TV: BRD/ARD/NWRV

Der blaue Strohhut (1942) (Komödie) R: Schwarze, Hans-Dieter; DB: Schwarze, Hans-Dieter; FT: Der blaue Strohhut (1968); TV: BRD/ARD/SDR

Miehe, Ulf (BRD 1940–1989)

Ich hab noch einen Toten in Berlin (1973) (Kriminalroman) R: Fengler, Michael; DB: Fengler, Michael; Schamoni, Thomas; Vogeler, Volker; FT: Output (1974); KF: BRD/Filmverlag der Autoren/ZDF

Mihura, Miguel (ESP 1878–1925)

Pajaritos y flores (1911) (Schauspiel) R: Thiele, Rolf; FT: Auf Engel schießt man nicht (1960); KF: BRD

Mikszath, Kalman (HU 1847–1910)

Syent Peter esernyöje (1895) (*Sankt Peters Regenschirm* 1898) (Roman) R: Pfandler, Helmut; DB: Pfandler, Helmut; FT: Sankt Peters Regenschirm (1971); TV: AUST/BRD/ORF/ZDF

Milani, Mino (IT 1928–)

(Erzählung) R: Risi, Dino; DB: Risi, Dino; Zapponi, Bernardino; FT: Die zwei Gesichter einer Frau (1980); KF: BRD/IT/FR/Roxy

Miller, Arthur (USA 1915–)

All My Sons (1947) (*Alle meine Söhne* 1955) (Schauspiel) R: Wirth, Franz Peter; DB: Gottschalk, Hans; Wirth, Franz Peter; FT: Alle meine Söhne (1955); TV: BRD/ARD/SDR

The Crucible (1953) (*Hexenjagd* 1954) (Schauspiel) R: Rouleau, Raymond; DB: Sartre, Jean Paul; FT: Die Hexen von Salem (1957); TV: DDR/FR/DEFA/CICC/Films Borderie/Pathé

Death of a Salesman (1949) (*Der Tod des Handlungsreisenden* 1950) (Schauspiel) R: Wirth, Franz Peter; DB: Gottschalk, Hans; Wirth, Franz Peter; FT: Der Tod des Handlungsreisenden (1958); TV: BRD/ARD/SDR

The Crucible (1953) (*Hexenjagd* 1954) (Schauspiel) R: Cremer, Ludwig; DB: Cremer, Ludwig; FT: Hexenjagd (1960); TV: BRD/ARD/SDR

All My Sons (1947) (*Alle meine Söhne* 1955) (Schauspiel) R: Wirth, Franz Peter; FT: Alle meine Söhne (1961); TV: BRD/ARD/NDR

Focus (1945) (*Brennpunkt* 1955) (Roman) R: Hädrich, Rolf; DB: Epple, Kuno; Hädrich, Rolf; FT: Brennpunkt (1961); TV: BRD/ARD/HR

Death of a Salesman (1949) (*Der Tod des Handlungsreisenden* 1950) (Schauspiel) R: Kehlmann, Michael; FT: Der Tod des Handlungsreisenden (1963); TV: BRD/ARD/BR

A Memory of Two Mondays (1955) (*Erinnerung an zwei Montage* 1962) (Schauspiel) R: Fruchtmann, Karl; FT: Erinnerung an zwei Montage (1966); TV: BRD/ARD/RB

A View from the Bridge (1955) (*Blick von der Brücke* 1956) (Schauspiel) R: Cremer, Ludwig; FT: Blick von der Brücke (1967); TV: BRD/ARD/SDR

(Erzählung) R: Runze, Ottokar; FT: Ein gutes Gewissen ... (1967); TV: BRD

Death of a Salesman (1949) (*Der Tod des Handlungsreisenden* 1950) (Schauspiel) R: Schlöndorff, Volker; DB: Miller, Arthur; FT: Tod eines Handlungsreisenden (1985); KF: BRD/USA/Bioskop Film/Roxbury + Punch Prod.

Miller, Henry (USA 1891–1980)
The Smile at the Foot of the Ladder (1948) (*Das Lächeln am Fuße der Leiter* 1957) (Erzählung) R: Netzsch, Jutta; DB: Netzsch, Jutta; FT: Das Lächeln am Fuße der Leiter (1987); TV: BRD/ARD/BR
Quiet Days in Clichy (1966) (*Stille Tage in Clichy* 1968) (Roman) R: Chabrol, Claude; DB: Lenzio, Ugo; FT: Stille Tage in Clichy (null); KF: BRD/FR/IT/Direkt/Italfrance/AZ

Millöcker, Karl (AUST 1842–1899)
Der arme Jonathan (1890) (Operette) R: Lingen, Theo; DB: Lingen, Theo; Schreyvogel, Friedrich; FT: Glück muß man haben (1945); TV: DTL/Tobis Filmkunst

Milne, Alan A. (GB 1882–1956)
Mr. Pim Passes by (1919) (*Mr. Pim möchte nicht stören* 1930) (Komödie) R: Spier, Wolfgang; DB: Mueller-Freienfels, R.; FT: Mr. Pim möchte nicht stören (1962); TV: BRD/ARD/SDR

Mini, Harald (AUST)
Räuber und Gendarm (Kriminalerzählung) R: Junek, Kurt; FT: Der Mann mit den Rosen (1984); TV: AUST/ORF
Wir werden ihn Mischa nennen (Kriminalerzählung) R: Junek, Kurt; DB: Junek, Kurt; FT: Wir werden ihn Mischa nennen (1986); TV: AUST/BRD/ORF2/ARD

Mirabeau, Octave (FR 1850–1917)
Le jardin des supplices (1899) (dt. 1902) (Roman) R: Kramberg, Karl-Heinz; DB: Kramberg, Karl-Heinz; FT: Garten der Foltern. Eine Halluzination (1970); TV: BRD/ARD/BR

Mithois, Marcel (FR 1922–)
Croque-monsieur (1964) (Komödie) R: Sydow, Rolf von; FT: Wie wär's, Monsieur (1966); TV: BRD/ARD/HR

Mitterer, Felix (AUST 1948–)
Besuchszeit (1985) (Monolog) R: Morak, Franz; DB: Morak, Franz; Pirnat, Helmut; FT: Besuchszeit (1991); TV: AUST/ORF
Besuchszeit (1985) (Monolog) R: Kovács, Gedeon; DB: Mitterer, Felix; FT: Besuchszeit (1991); TV: BRD/ZDF
Sibirien (1989) (Monolog) R: Morak, Franz; DB: Mitterer, Felix; FT: Sibirien (1991); TV: AUST/ORF
Kein Platz für Idioten (1979) (Volksstück) R: Kovács, Gedeon; DB: Mitterer, Felix; FT: Kein Platz für Idioten (1994); TV: BRD
Stigma: eine Passion (1982) (Schauspiel) R: Hofmann, Ilse; DB: Mitterer, Felix; FT: Tatort - Passion (2000); TV: BRD/ARD

Mnačko, Ladislav (CSR 1919–1994)
(*Die Entführung*) (Erzählung) R: Lhotsky, Georg; FT: Die Entführung (1971); TV: AUST/ORF
(*Der Leuchtturm*) (Erzählung) R: Jasny, Vojtech; DB: Jasny, Vojtech; FT: Der Leuchtturm (1972); TV: AUST/BRD/ORF/ZDF
(*Der Vorgang* 1970) (Roman) R: Umgelter, Fritz; DB: Pigge, Helmut; FT: Der Vorgang (1973); TV: BRD/ZDF
(Erzählung) R: Schirk, Heinz; DB: Schirk, Heinz; FT: Die Rache (1974); TV: BRD/ARD/SFB
(Erzählung) R: Junek, Kurt; DB: Junek, Kurt; FT: Der Turm (1985); TV: AUST/ORF1
(Roman) R: Patzak, Peter; DB: Patzak, Peter; FT: Rochade (1991); TV: AUST/STV/Studio TRI/ORF

Möckel, Klaus (DDR, BRD 1934–)
Variante Tramper (1984) (Kriminalerzählung) R: Hujer, Gerald; DB: Jörn, Klaus; FT: Variante Tramper (1989); TV: DDR/DDR1

Moers, Hermann (BRD 1930–)
Koll (1962) (Schauspiel) R: Witt, Claus Peter; FT: Koll (1964); TV: BRD/ARD/NDR
Am Ziel aller Träume (1969) (Schauspiel) R: Haugk, Dietrich; DB: Moers, Hermann; FT: Am Ziel aller Träume (1970); TV: BRD/ARD/SFB

Moers, Walter (BRD 1957–)
Käpt'n Blaubärs Seemannsgarn (1990) (Comic) (Zeichentrickfilm) DB: Moers, Walter; FT: Käpt'n Blaubärs Seemannsgarn (1990); KF: BRD/Trickompany
Kleines Arschloch (1990) (Comic) R: Schaack, Michael; Vollmer, Veit; DB: Moers, Walter; FT: Kleines Arschloch - Der Film (1997); TV: BRD/Senator Film/Toon Manila Productions
Käpt'n Blaubär (1997) (Comic) (Zeichentrickfilm) R: Freitag, Hayo; DB: Moers, Walter; FT: Käpt'n Blaubär - der Film (1999); KF: BRD/Trickompany

Mohr, Michael (BRD)
Soldatensender Calais (1960) (Roman) R: May, Paul; DB: Salomon, Ernst von; FT: Soldatensender Calais (1960); KF: BRD

Molière, Jean Baptiste (FR 1622–1673)
Le malade imaginaire (1673) (Komödie) R: König, Hans H.; DB: König, Hans H.; Lacmüller, Hans; FT: Der eingebildete Kranke (1952); KF: BRD
Amphitryon (1668) (Komödie) R: Ambesser, Axel von; FT: Amphitryon (1959); TV: BRD/ARD/SWF

Le malade imaginaire (1673) (Komödie) R: Kehlmann, Michael; DB: Gottschalk, Hans; FT: Der eingebildete Kranke (1960); TV: BRD/ARD/NWRV

L'avare (1668) (Komödie) R: Lauterbach, Ulrich; DB: Lauterbach, Ulrich; FT: Der Geizige (1960); TV: BRD/ARD/HR

George Dandin, ou le mari confondu (1668) (Komödie) R: Haugk, Dietrich; DB: Haugk, Dietrich; Schübel, Theodor; FT: Georges Dandin (1964); TV: BRD/ARD/WDR

Le Tartuffe (1669) (Komödie) R: Lauterbach, Ulrich; FT: Tartuffe (1964); TV: BRD/ARD/HR

L'école des femmes (1662) (Komödie) R: Klingenberg, Gerhard; FT: Die gelehrten Frauen (1966); TV: BRD/ARD/WDR

Le médecin malgré lui (1668) (Komödie) R: Hollmann, Hans; DB: Hollmann, Hans; FT: Der Arzt wider Willen (1967); TV: AUST/ORF

Le malade imaginaire (1673) (Komödie) R: Haaf, Wilm ten; FT: Der Hypochonder (1976); TV: BRD/ARD/BR

Le Misanthrope (1667) (Roman) R: Marquardt, Fritz; FT: Der Menschenhasser (1979); TV: DDR

L'avare (1668) (Komödie) R: Scheidegger, Josef; FT: Der Gyzgnäpper (1982); TV: CH/DRS

Le malade imaginaire (1673) (Komödie) R: Scheidegger, Josef; DB: Suter, Rudolf; FT: Der gsund Paziant (1983); TV: CH/DRS

Molin, Lars (SVE 1942–)

Bomsalva (1970) (*Die Bombe* 1982) (Roman) R: Görlitz, Helmut Christian; DB: Görlitz, Helmut Christian; FT: Die Bombe (1988); TV: BRD/AUST/CH/ZDF/ORF/SRG

Molnár, Ferenc (HU 1878–1952)

Egy, kettö, harom (1929) (*Eins, zwei, drei* 1929) (Komödie) R: Wild, Franz Josef; FT: Eins, zwei, drei (1955); TV: BRD/ARD/BR

(*Souper*) (Komödie) R: Völger, Werner; DB: Völger, Werner; FT: Souper (1955); TV: BRD/ARD/SFB

(Komödie) R: Umgelter, Fritz; FT: Öl und Champagner (1956); TV: BRD/ARD/HR

A jó tündér (1930) (*Die Fee* 1931) (Komödie) R: Beauvais, Peter; DB: Beauvais, Peter; FT: Die Fee (1957); TV: BRD/ARD/SWF

Panoptikum (1944) (*Panoptikum* 1949) (Komödie) R: Kehlmann, Michael; Remond, Fritz; FT: Panoptikum (1958); TV: BRD/ARD/HR

Játék a kastelyban (*Spiel im Schloß* 1926) (Komödie) R: Müller, Hans-Reinhard; DB: Müller, Hans-Reinhard; FT: Spiel im Schloß (1959); TV: BRD/ARD/BR

(*Der Hut Fedora*) (Komödie) R: Vasil, Paul; FT: Der Hut Fedora (1964); TV: BRD/ARD/SDR

Panoptikum (1944) (*Panoptikum* 1949) (Komödie) R: Tannert, Hannes; FT: Panoptikum (1965); TV: BRD/ARD/SWF

(*Der Feldmarschall*) (Schauspiel) R: Kutscher, Hermann; DB: Vajda, Stephan; FT: Der Feldmarschall (1968); TV: AUST/ORF/West-Film

(*Das Veilchen*) (Komödie) R: Glück, Wolfgang; FT: Das Veilchen (1968); TV: BRD/ARD/BR

Liliom (1909) (*Liliom* 1912) (Komödie) R: Schenk, Otto; FT: Liliom (1971); TV: BRD/ARD/SFB

(*Budapester Moral*) (Erzählung) FT: Budapester Moral (Spätlese) (1974); TV: DDR

(*Die vorletzte Schlacht*) (Schauspiel) R: Glück, Wolfgang; FT: Die vorletzte Schlacht (1977); TV: AUST/ORF

Olimpia (1928) (*Olympia* 1951) (Schauspiel) R: Cremer, Ludwig; FT: Olympia (1979); TV: BRD/ZDF

(*Das Veilchen*) (Komödie) R: Schenk, Otto; FT: Das Veilchen (1979); TV: BRD/ARD/BR

Játék a kastelyban (*Spiel im Schloß* 1926) (Komödie) R: Schenk, Otto; FT: Spiel im Schloß (1985); TV: BRD/ZDF

Molnár, Ferenc (HU 1878–1952) & **Rindom, Svend** (DK)

(*Kupferne Hochzeit* 1928) (Komödie) R: Rühmann, Heinz; FT: Die kupferne Hochzeit (1948); KF: BRD

(*Kupferne Hochzeit* 1928) (Komödie) R: Fischerauer, Bernd; FT: Hochzeit (1970); TV: AUST/ORF

Molzahn, Ilse (DTL 1885–)

Der schwarze Storch (1936) (Roman) R: Ballmann, Herbert; DB: Ballmann, Herbert; Paschke, Wolfgang; FT: Der schwarze Storch (1976); TV: BRD/ZDF

Mones, Paul A. (USA)
When a Child Kills: Abused Children Who Kill Their Parents (1991) (*Wenn Kinder töten: acht erschütternde Fallgeschichten von mißbrauchten Kindern, die ...* 1993) (Bericht) R: Alexandre, Miguel; DB: Taylor, Ben; FT: Der Pakt - Wenn Kinder töten (1996); TV: BRD

Mönnich, Horst (BRD 1918–)
Kopfgeld (1959) (Hörspiel) R: Hädrich, Rolf; DB: Mönnich, Horst; FT: Kopfgeld (1959); TV: BRD/ARD/HR
Der vierte Platz (1962) (> Hörspiel) (Bericht) R: Hess, Joachim; DB: Mönnich, Horst; FT: Der vierte Platz (1969); TV: BRD/ARD/HR

Montanelli, Indro (IT 1909–)
Il Generale della Rovere (1959) (*Die Rolle seines Lebens* 1965) (Erzählung) R: Haaf, Wilm ten; DB: Haaf, Wilm ten; FT: Die Rolle seines Lebens (1967); TV: BRD/ARD/SR

Montherlant, Henry de (FR 1896–1972)
Port Royal (1954) (*Port Royal* 1956) (Schauspiel) R: Beauvais, Peter; FT: Port Royal (1963); TV: BRD/ZDF
Le Cardinal d'Espagne (1960) (*Der Kardinal von Spanien* 1960) (Schauspiel) R: Everding, August; FT: Der Kardinal von Spanien (1965); TV: BRD/ZDF

Moore, Allan (GB)
(Kriminalkomödie) R: Graf, Rüdiger; FT: Bitte recht freundlich (1963); TV: BRD/ARD/SR

Morand, Paul (FR 1888–1976)
Hécate et ses chiens (1954) (Roman) R: Schmid, Daniel; DB: Jardin, Pascal; Schmid, Daniel; FT: Worte kommen meist zu spät - Hécate (1981); KF: CH/FR

Moravia, Alberto (IT 1907–1990)
(Erzählung) R: Lucignani, Luciano; Sollima, Sergio; DB: Continenza, Alessandro; Scola, Ettore; FT: Erotica (1962); KF: BRD/IT
La vita interiore (1978) (*Desideria* 1979) (Roman) R: Barcelloni, Gianni; DB: Barcelloni, Gianni; Ungari, Enzo; FT: Desideria (1980); KF: BRD/IT
L'automa (1963) (*Das schöne Leben* 1967) (Erzählung) R: Damek, Dagmar; FT: Das schöne Leben (1983); TV: BRD/ARD/BR

Morgan, Charles (GB 1894–1958)
The River Line (1949) (*Der Reiher* 1954) (Roman) R: Jugert, Rudolf; DB: Reinecker, Herbert (= Berg, Alex); FT: Kennwort: Reiher (1963); KF: BRD/Franz Seitz Film

Morgan, Joan (GB 1905–)
Dr. Jo (1956) (*Dr. Jo* 1956) (Schauspiel) R: Haaf, Wilm ten; FT: Dr. Joanna Marlowe (1963); TV: BRD/ARD/Telefilm Saar

Morris, Edmund (USA 1912–1998)
The Wooden Dish (1950) (*Die hölzerne Schüssel* 1956) (Schauspiel) R: Horn, Peter A.; DB: Horn, Peter A.; FT: Die hölzerne Schüssel (1956); TV: BRD/ARD/SWF
The Wooden Dish (1950) (*Die hölzerne Schüssel* 1956) (Schauspiel) R: Beauvais, Peter; DB: Weymann, Gert; FT: Die Familie (1960); TV: BRD/ARD/SWF
The Wooden Dish (1950) (*Die hölzerne Schüssel* 1956) (Schauspiel) R: Früh, Kurt; DB: Scheidegger, Josef; FT: Die hölzerne Schüssel (1965); TV: CH/DRS

Mortimer, Ellis (GB)
(Kriminalerzählung) R: Patzak, Peter; DB: Carroll, Jonathan; Patzak, Peter; FT: Der Joker (1987); KF: BRD/Lisa Film/CTV 72/K.S. Film

Mortimer, John C. (GB 1923–)
The Dock Brief (1958) (*Das Pflichtmandat* 1960) (Komödie) R: Wall, Marcel; DB: Mortimer, John C.; FT: Das Pflichtmandat (1958); TV: BRD/ARD/SWF
(Hörspiel) R: Lingen, Theo; DB: Mortimer, John C.; FT: Sie können's mir glauben (1960); TV: BRD/ARD/SWF
Lunch Hour (1960) (*Mittagspause* 1961) (Komödie) R: Löbe, Horst; DB: Löbe, Horst; FT: Mittagspause (1961); TV: BRD/ARD/BR
I Spy (1958) (*Der Privatdetektiv* 1970) (Komödie) R: Cremer, Ludwig; FT: Der Privatdetektiv (1963); TV: BRD/ARD/Bavaria/WDR
The Narrowing Stream (1954) (*Der Mann aus dem Bootshaus* 1957) (Roman) R: Schaaf, Johannes; DB: Barde, Marianne de; Bechtolsheim, Hubert von; FT: Der Mann aus dem Bootshaus (1966/67); TV: BRD/ARD

Morton, Frederic (= Mandelbaum, Fritz) (USA 1925–)
Crosstown Sabbath - A Street Journey Through History (1987) (*Crosstown Sabbath. Über den Zwang zur Unrast* 1993) (Texte) R: Faudon, Curt M.; DB: Faudon, Curt M.; FT: Zwang zur Unrast (1994); TV: AUST/ORF

Morweiser, Fanny (CH 1940–)
Das Frettchen (Erzählung) R: Kubli, Guy; FT: Das Frettchen (1980); TV: BRD/ARD/BR

Das Königsstechen (Erzählung) R: Kovács, Gedeon; DB: Strittmatter, Thomas; FT: Das Königsstechen (1988); TV: BRD/ZDF

Moser, Milena (CH 1963–)

Die Putzfraueninsel (1991) (Roman) R: Timm, Peter; DB: Thurn, Hansjörg; Timm, Peter; FT: Die Putzfraueninsel (1996); KF: BRD/Relevant/Avista/Olga

Mostar, Gerhart Herrmann (BRD 1901–1973)

John Walker schreibt seiner Mutter (Komödie) R: Götz-Pflug, Curt; DB: Kozuszek, Götz; FT: John Walker schreibt seiner Mutter (1954); TV: BRD/ARD/NWDR

Motte-Fouqué, Friedrich de la (DTL 1777–1843)

Undine (1811) (Erzählung) R: Thiele, Rolf; DB: Czech, Josef; Rise, Ted; FT: Undine 74 (1974); KF: BRD/AUST/Caro/TIT/Mina

Undine (1811) (Erzählung) R: Schmidt, Eckhart; DB: Schmidt, Eckhart; FT: Undine (1991); KF: BRD/IT/Raphaela Film/CTV 72

Mozart, Wolfgang Amadeus (AUST 1756–1791) & **Schikaneder, Emanuel** (AUST 1748–1812)

Die Zauberflöte (1791) (Oper) (Zeichentrickfilm) R: Linda, Curt; DB: Linda, Curt; FT: Die kleine Zauberflöte (1998); KF: BRD/Linda Film

Mrozek, Slawomir (PL 1930–)

Policja (1958) (*Die Polizei* 1960) (Schauspiel) R: Overhoff, Gerhard; DB: Overhoff, Gerhard; FT: Die Polizei (1960); TV: BRD/ARD/SWF

Karol (1961) (dt. 1963) (Schauspiel) R: Hädrich, Rolf; DB: Hädrich, Rolf; FT: Karol (1962); TV: BRD/ARD/HR

Strip-Tease (1961) (Schauspiel) R: Lilienthal, Peter; DB: Mrozek, Slawomir; FT: Striptease (1963); TV: BRD/ARD/SWF

Meczenstwo Piotra O'Heya (1959) (*Das Martyrium des Piotr O'Hey*) (Schauspiel) R: Lilienthal, Peter; DB: Kieser, Günther; Lilienthal, Peter; FT: Das Martyrium des Peter O'Hey (1964); TV: BRD/ARD/SWF

Na pelnym morzu (1961) (*Auf hoher See* 1963) (Schauspiel) R: Hädrich, Rolf; FT: Auf hoher See (1965); TV: BRD/ARD/HR

(*Die Grenzziehung* 1981) (Schauspiel) (in Ges. Werke) R: Hädrich, Rolf; DB: Hädrich, Rolf; FT: Die Grenzziehung (1966); TV: BRD/ARD/HR

(*Der Hund* 1981) (Erzählung) R: Busch, Rolf; DB: Busch, Rolf; FT: Der Hund (1966); TV: BRD/ARD/NDR

(*Die Transaktion*) (Erzählung) R: Hädrich, Rolf; DB: Hädrich, Rolf; FT: Die Transaktion (1966); TV: BRD/ARD/HR

(*Die Namenstagfeier*) (Erzählung) R: Hädrich, Rolf; DB: Hädrich, Rolf; FT: Die Namenstagfeier (1967); TV: BRD/ARD/HR

Amor (1981) (Schauspiel) R: Lipman, Jerzy; Mrozek, Slawomir; FT: Amor (1978); TV: BRD/ARD/SDR

Garbus (*Buckel* 1975) (Schauspiel) R: Fantl, Thomas; FT: Buckel (1978); TV: BRD/ZDF

(*Eine Rückkehr*) (Schauspiel) R: Mrozek, Slawomir; FT: Eine Rückkehr (1980); TV: BRD/ARD/SDR

Mühl, Karl Otto (BRD 1923–)

Kur in Bad Wiessee (1976) (Schauspiel) R: Beauvais, Peter; DB: Mühl, Karl Otto; FT: Kur in Travemünde (1979); TV: BRD/ARD/RB

Trumpeners Irrtum (1981) (Roman) R: Gall, Roland; DB: Mühl, Karl Otto; FT: Trumpeners Irrtum (1988); TV: BRD/ARD/RB

Muhr, Caroline (BRD 1925–1978)

Depressionen - Tagebuch einer Krankheit (1970) (Tagebuch) R: Vesely, Herbert; FT: Depressionen (1975); TV: BRD/ZDF

Müller, Armin (DDR, BRD 1928–)

Der Magdalenenbaum (1979) (Roman) R: Behrend, Rainer; DB: Bauer, Friedhold; FT: Der Magdalenenbaum (1989); KF: DDR/DEFA, Gruppe "Johannisthal"

Müller, Dieter (DDR 1938–)

Starten Sie vor dem Schuß (Schauspiel) R: Schäfer, Eberhard; FT: Starten Sie vor dem Schuß (1978); TV: DDR

Müller, Elisabeth (CH 1885–1977)

Die sechs Kummerbuben (1942) (Jugendroman) R: Schnyder, Franz; FT: Die sechs Kummerbuben (1968); KF: CH

Müller, Heiner (DDR 1929–1995)

Philoktet (1966) (Schauspiel) R: Cremer, Ludwig; FT: Philoktet (1967); TV: BRD/ARD/WDR

Müller, Robert (AUST)

Filibustier: ein Kulturbild (1922) (Texte) R: Balik, Jaroslav; Zell, Hannes; DB: Balik, Jaroslav; Fried, Jiri; Zell, Hannes; FT: Die Schieber (1983); KF: AUST/CSR

Muller, Robert (= Bornheim, Wolfgang) (DTL, GB 1925–)

The World that Summer (1959) (*Die Welt in jenem Sommer* 1960) (Roman) R: Hofmann, Ilse; DB: Muller, Robert; FT: Die Welt in jenem Sommer (1980); TV: BRD/ARD/WDR

Müller-Schlösser, Hans (DTL 1884–1956)

Schneider Wibbel (1914) (Komödie) R: Meisel, Kurt; DB: Kampendonk, Gustav; FT: Das Sonntagskind (1956); KF: BRD

Schneider Wibbel (1914) (Komödie) R: Hamel, Peter; DB: Hamel, Peter; FT: Schneider Wibbel (1959); TV: BRD/ARD/NWRV Köln

Schneider Wibbel (1914) (Komödie) R: Spier, Wolfgang; FT: Schneider Wibbel (1966); TV: BRD/ARD/WDR

Munthe, Axel (SVE 1857–1949)

The Story of San Michele (1929) (*Das Buch von San Michele* 1931) (Autobiographie) R: Capitani, Giorgio; Jugert, Rudolf; Marischka, Georg; DB: Jacoby, Hans; Petersson, Harald G.; FT: Axel Munthe, der Arzt von San Michele (1962); KF: BRD/IT/FR/CCC Filmkunst GmbH/Cine Italia/Criterion

Münz, Erwin K. (BRD 1949–)

Prozeß Medusa (1964) (Roman) R: Staudte, Wolfgang; DB: Angermann, Gerd; FT: Prozeß Medusa (1976); TV: BRD/ZDF

Murphy, John (IRL)

The Country Boy (1960) (Schauspiel) R: Umgelter, Fritz; DB: Umgelter, Fritz; FT: Tom und seine Söhne (1964); TV: BRD/ARD/SDR

Murr, Stefan (BRD 1919–)

Ein Toter stoppt den 6 Uhr 10 (1972) (Kriminalroman) R: Braun, Michael; DB: Braun, Michael; FT: Ein Toter stoppt den 6 Uhr 10 (1972); TV: BRD/ARD/SWF

(Kriminalroman) R: Jantoss, Bruno; DB: Boldt, Rainer; Humpert, Rüdiger; FT: Mordgedanken (1975); TV: BRD/ARD/AUST/ORF

Vorsicht, Jaczek schießt sofort (1975) (Roman) R: Umgelter, Fritz; DB: Scheschkewitz, Jürgen; FT: Flieder für Jaczek (1977); TV: BRD/ARD/HR

Auf den Tag genau (1982) (Roman) R: Lähn, Michael; DB: Lähn, Michael; FT: Auf den Tag genau (1986); TV: BRD/ZDF

Affäre Nachtfrost (1982) (Kriminalroman) R: Rothemund, Sigi; DB: Rothemund, Sigi; FT: Affäre Nachtfrost (1989); TV: BRD/ZDF

Blutiger Ernst (1981) (Kriminalroman) R: Böhlich, Bernd; DB: Böhlich, Bernd; FT: Blutiger Ernst (1997); TV: BRD/Arctus Film/ZDF

Murrell, John (USA 1945–)

Memoir (1978) (*Memoiren* 1978) (Schauspiel) R: Degen, Michael; FT: Die Memoiren der Sarah Bernhardt (1983); TV: CH/DRS

Muschg, Adolf (CH 1934–)

Rumpelstilz (1968) (Schauspiel) R: Beauvais, Peter; FT: Rumpelstilz (1969); TV: BRD/ZDF

Rumpelstilz (1968) (Schauspiel) R: Ammann, Max Peter; FT: Rumpelstilz (1980); TV: CH/DRS

Musil, Robert (AUST 1880–1942)

Die Verwirrungen des Zöglings Törless (1906) (Erzählung) R: Schlöndorff, Volker; DB: Schlöndorff, Volker; FT: Der junge Törless (1966); KF: BRD/FR

Die Schwärmer (1921) (Schauspiel) R: Neuenfels, Hans; DB: Neuenfels, Hans; FT: Die Schwärmer (1985); TV: BRD/ARD/WDR3

Nabl, Franz (AUST 1883–1974)

Der Fund (1937) (Erzählung) R: Rabenalt, Arthur Maria; DB: Sibelius, Johanna; FT: Am Abend nach der Oper (1945); KF: BRD

Das Grab des Lebendigen (1917) (> Die Ortliebschen Frauen (1936)) (Roman) R: Bondy, Luc; DB: Bondy, Luc; Hammer, Ellen; Schwarz, Libgart; FT: Die Ortliebschen Frauen (1979); KF: BRD/Solaris/von Vietinghoff/Frankenberg

Die Augen (1923) (Erzählung) R: Patzak, Peter; DB: Patzak, Peter; FT: Im Kreis der Iris (1992); TV: AUST/BRD/ORF/ZDF

Nabokov, Vladimir (RUS, USA 1899–1977)

Bend Sinister (1947) (*Das Bastardzeichen* 1962) (Roman) R: Vesely, Herbert; FT: Das Bastardzeichen (1969); TV: BRD

Korol, dama, valet (1928) (*König, Dame, Bube* 1959) (Roman) R: Skolimovsky, Jerzy; DB: Seltzer, David; Skolimovsky, Jerzy; FT: König, Dame, Bube (Herzbube) (1971); KF: BRD/USA/AVCO Embassy Pictures

Invitation to a Beheading (1959) (*Einladung zur Enthauptung* 1970) (Roman) R: Flick, Horst G.; DB: Bieler, Manfred; FT: Einladung zur Enthauptung (1973); TV: BRD

Otcajanje (1936) (*Verzweiflung* 1968) (> Despair (1965)) (Roman) R: Fassbinder, Rainer Werner; DB: Stoppard, Tom; FT: Eine Reise ins Licht - Despair (1977); KF: BRD/FR/Geria/Bavaria/SFP, Paris

Mashenka (1926) (*Sie kommt, kommt sie?* 1928) (Roman) R: Goldschmidt, John; DB: Mortimer, John; FT: Maschenka (1986); TV: BRD/AUST/ZDF/ORF

Nachbar, Herbert (DDR 1930–1980)
Die Hochzeit von Länneken (1960) (Roman) R: Carow, Heiner; DB: Carow, Heiner; Nachbar, Herbert; FT: Die Hochzeit von Länneken (1963); KF: DDR/DEFA
Oben fährt der große Wagen (1963) (Erzählung) R: Steinke, Christian; FT: Oben fährt der große Wagen (1966); TV: DDR/DFF
Die Millionen des Knut Brümmer (1970) (Erzählung) R: Schiemann, Georg; DB: Nachbar, Herbert; FT: Die Millionen des Knut Brümmer (1977); TV: DDR
Helena und die Heimsuchung (1981) (Erzählung) R: Schiemann, Georg; FT: Helena und die Heimsuchung (1983); TV: DDR

Naderer, Hans (AUST 1891–)
Das unheilige Haus (1947) (> Die Wandlung des Thomas Holinka (1957) (Roman)) (Volksstück) R: Reinl, Harald; DB: Reinl, Harald; FT: Hinter Klostermauern (1952); KF: BRD

Nagel, Otto (DDR 1894–1967)
Die weisse Taube oder Das nasse Dreieck (1978) (Roman) R: Knötzsch, Hans; DB: Bernhardy, Werner; FT: Es geht einer vor die Hunde (1983); TV: DDR

Nalkowska, Zofia (PL 1885–1954)
Dom kobiet (1930) (*Landhaus mit Damen* 1977) (Schauspiel) R: Zanussi, Krzysztof; FT: Haus der Frauen (1978); TV: CH/AUST/SRG/ORF

Nash, Richard N. (USA 1916–)
The Rainmaker (1954) (Schauspiel) R: Wirth, Franz Peter; FT: Der Regenmacher (1966); TV: BRD/ARD/WDR
The Rainmaker (1954) (Schauspiel) R: Cremer, Ludwig; FT: Der Regenmacher (1982); TV: BRD/ZDF

Nassibow, Alexander (SU)
(*Geheimarchiv an der Elbe* 1965) (Roman) R: Jung-Alsen, Kurt; DB: Brock, Peter; Jung-Alsen, Kurt; FT: Geheimarchiv an der Elbe (1963); KF: DDR/DEFA

Nathan, Robert (USA 1894–1985)
The Entchanted Voyage (1936) (*Verzauberte Reise* 1948) (Roman) R: Pieper, Eberhard; DB: Hansen, Konrad; Nathan, Robert; FT: Die Jungfernfahrt der "Antje B". (1980); TV: BRD/ZDF

Nebhut, Ernst (BRD) & **Scheu, Just** (BRD 1903–1956)
Die schöne Lügnerin (1953) (Musikkomödie) R: Kutschera, Rolf; FT: Die schöne Lügnerin (1958); TV: BRD/ARD/NWRV Hamburg
Die schöne Lügnerin (1953) (Musikkomödie) R: Ambesser, Axel von; DB: Krüger, Answald; Matray, Maria; FT: Die schöne Lügnerin (1959); KF: BRD/FR/Real Film/Regina

Nebhut, Ernst (BRD) & **Schulenburg, Werner von** (DTL 1881–1958)
Schwarzbrot und Kipferl (1935) (Komödie) R: Stemmle, Robert A.; DB: Fischer, Hanns H.; Stemmle, Robert A.; Textor, Carlotta; FT: ... und die Liebe lacht dazu (1957); KF: BRD/Maxim Film

Nedbal, Oskar (DTL 1874–1930) & **Stein, Leo** (DTL 1862–1920)
Polenblut (1913) (Operette) R: Liebeneiner, Wolfgang; DB: Mleinek, Mischa; FT: Polenblut (1966); TV: BRD/ZDF

Neely, Richard (USA 1941–)
The Damned Innocents (1971) (*Unschuldig wie die Schlange* 1972) (> The Innocents With Dirty Hands (1976)) (Roman) R: Chabrol, Claude; DB: Chabrol, Claude; FT: Die Unschuldigen mit den schmutzigen Händen (1974); KF: BRD/FR/IT
The Plastic Nightmare (1969) (*Du bist Marriott* 1971) (> Tod im Spiegel (1991)) (Roman) R: Petersen, Wolfgang; FT: The Plastic Nightmare (1979); TV: BRD

Neikrug, Marc (USA 1946–)
Through Roses (1986) (Musikspiel) R: Flimm, Jürgen; DB: Flimm, Jürgen; Neikrug, Marc; FT: Zwischen Rosen (1996); TV: BRD/Cinecentrum/ARD/WDR/BMG

Nekrasov, Nicolaj Alekseev (RUS 1821–1878)
(Komödie) R: Braut, Thomas; FT: Die Launen des Herrn Lasukow (1966); TV: BRD/ARD/WDR

Nelissen-Haken, Bruno (DTL 1901–1975)
Der Fall Bundhund (1930) (Roman) R: Hauff, Eberhard; DB: Hauff, Eberhard; FT: Der Fall Bundhund (1976); TV: BRD/ZDF

Nelken, Dinah (DDR 1900–1989)
Ich an mich (1951) (Roman) R: Baky, Josef von; DB: Burri, Emil; Simmel, Johannes Mario; FT: Tagebuch einer Verliebten (1953); KF: BRD
Das angstvolle Heldenleben einer gewissen Fleur Lafontaine (1971) (Roman) R: Seemann, Horst; FT: Fleur Lafontaine (1978); TV: DDR

Nester, Marcus P. (BRD 1947–)
Das leise Gift (1982) (Roman) R: Keusch, Erwin; FT: Das leise Gift (1984); TV: BRD/AUST/CH/ARD/WDR/ORF/DRS

Nestroy, Johann Nepomuk (AUST 1801–1862)
Der böse Geist Lumpazivagabundus oder Das liederliche Kleeblatt (1835) (Komödie) R: Schöne, Werner; DB: Schöne, Werner; FT: Der böse Geist Lumpazivagabundus oder Das liederliche Kleeblatt (1953); TV: BRD/ARD/NWDR Berlin
Einen Jux will er sich machen (1844) (Komödie) R: Marischka, Georg; DB: Marischka, Georg; Weigel, Hans; FT: Einmal keine Sorgen haben (1953); KF: BRD/AUST
Frühere Verhältnisse (1890) (Musikkomödie) R: Kehlmann, Michael; FT: Frühere Verhältnisse (1955); TV: BRD/ARD/SDR
Der böse Geist Lumpazivagabundus oder Das liederliche Kleeblatt (1835) (Komödie) R: Antel, Franz; DB: Nachmann, Kurt; FT: Lumpazivagabundus (1956); KF: BRD/Universum Film A.G. (UFA)
Der Färber und sein Zwillingsbruder (1840) (Komödie) R: Quest, Hans; FT: Wenn Poldi ins Manöver zieht (1956); KF: AUST
Einen Jux will er sich machen (1844) (Komödie) R: Stöger, Alfred; FT: Einen Jux will er sich machen (1958); KF: AUST
Frühere Verhältnisse (1890) (Musikkomödie) R: Hübner, Bruno; FT: Frühere Verhältnisse (1960); TV: BRD/ARD/BR
Die Träume von Schale und Kern (1890) (Musikkomödie) R: Moszkowicz, Imo; FT: Der Tritschtratsch-Müller, Kohlenbrenner und Sesselträger oder Die Träume von Schale und Kern (1960); TV: BRD/ARD/NWRV Köln
Einen Jux will er sich machen (1844) (Komödie) R: Kehlmann, Michael; FT: Einen Jux will er sich machen (1962); TV: BRD/ARD/BR
Das Mädl aus der Vorstadt (1845) (Komödie) R: Rabenalt, Arthur Maria; FT: Das Mädl aus der Vorstadt (1963); TV: BRD/ARD/WDR
Der Zerrissene (1845) (Komödie) R: Mahr, Fred; Müller-Reitzner, Kurt; FT: Der Zerrissene (1963); TV: DDR/DFF
Häuptling Abendwind oder Das greuliche Festmahl: Indianische Faschingsburleske (1890) (Komödie) R: Neuber, Wolf; DB: Weys, Rudolf; FT: Häuptling Abendwind oder Das greuliche Festmahl (1965); TV: AUST/ORF
Der böse Geist Lumpazivagabundus oder Das liederliche Kleeblatt (1835) (Komödie) R: Zbonek, Edwin; FT: Lumpazivagabundus (1967); TV: BRD/ARD/Neue Thalia-Film
Umsonst (1857) (Musikkomödie) R: Kehlmann, Michael; DB: Kehlmann, Michael; FT: Umsonst (1967); TV: BRD/ARD/BR
Frühere Verhältnisse (1890) (Musikkomödie) R: Klingenberg, Gerhard; FT: Frühere Verhältnisse (1968); TV: BRD/ARD/WDR
Der Talisman (1843) (Musikkomödie) R: Klingenberg, Gerhard; FT: Der Talisman (1969); TV: BRD/ARD/WDR
Der Talisman (1843) (Musikkomödie) R: Ammann, Max Peter; DB: Widmer, Urs; FT: Der Talisman (1981); TV: CH/DRS

Neubach, Ernst (DTL 1900–1968)
Jim, der Mann mit der Narbe (Schauspiel) R: Neubach, Ernst; DB: Neubach, Ernst; FT: Man lebt nur einmal (1952); KF: BRD/CCC Filmkunst GmbH
(Erzählung) R: Verhoeven, Paul; DB: Hardt, Claus; Hohoff, Margarete; FT: Ich weiß, wofür ich lebe (1955); KF: BRD
Die Prinzessin von St. Wolfgang (Roman) R: Reinl, Harald; DB: Bartsch, J. Joachim; Reinl, Harald; FT: Die Prinzessin von St. Wolfgang (1957); KF: BRD/Neubach Film
Sperrbezirk (Roman) R: Tremper, Will; DB: Tremper, Will; FT: Sperrbezirk (1966); KF: BRD/Ernst Neubach/UfA International

Neubach, Ernst (DTL 1900–1968) & **Raymond, Fred** (AUST 1900–1954)
Ich hab' mein Herz in Heidelberg verloren (1925) (Musikspiel) R: Neubach, Ernst; DB: Kampendonk, Gustav; Neubach, Ernst; FT: Ich hab' mein Herz in Heidelberg verloren (1952); KF: BRD/Mondial/Pontus Film

Neubert, Horst (DDR)
Wir sind doch keine lahmen Enten (1978) (Kinderbuch) R: Bahls, Karl-Heinz; DB: Neubert, Horst; FT: Wir sind doch keine lahmen Enten (1988); TV: DDR/DDR1

Neuhaus, Paul (DTL) & **Thierbach, Walter** (DTL)
Schweinefleisch in Dosen (1947) (Komödie) R: Kirchhoff, Fritz; DB: Kirchhoff, Fritz; FT: Schuld allein ist der Wein (1948); KF: DTL

Neuhaus, Wolfgang (DDR 1929–1966)
Kampf gegen Sternlauf. Der Weg des deutschen Partisanen Fritz Schmenkel (1968) (Erzählung) R: Hausdorf, Rainer; DB: Bürger, Ernst; Neuhaus, Barbara; FT: Fritz Schmenkel. Szenischer Bericht über einen deutschen Patrioten (1977); TV: DDR

Neumann, Alfred (DTL 1895–1952)
Abel (1944) (Schauspiel) R: Hinrich, Hans; DB: Borkum, Eugen A.; Neumann, Alfred; FT: Jahre des Schweigens (1950/51); KF: BRD
Der Patriot (1925) (Roman) R: Cartier, Rudolph; FT: Der Patriot (1959); TV: BRD/ARD/SFB
Viele heißen Kain (1950) (Erzählung) R: Utzerath, Hansjörg; FT: Viele heißen Kain (1967); TV: BRD/ARD/SFB
Narrenspiegel (1932) (Roman) R: Quest, Hans; DB: Wittlinger, Karl; FT: Narrenspiegel (1971); TV: BRD/ZDF
Der Held (1930) (Roman) R: Mueller-Stahl, Hagen; DB: Klante, Diethard; FT: Der Held (1972); TV: BRD/ARD/SFB
Neumann, Gerhard (DDR 1928–)
Koppenreuter kommt nicht (1986) (Erzählung) R: Seibert, Heinz; FT: Koppenreuter kommt nicht (1987); TV: DDR/DDR1
Neumann, Karl (DDR 1916–)
Das Mädchen hieß Gesine (1966) (Jugendbuch) R: Hausdorf, Rainer; DB: Neumann, Karl; FT: Gesine (1971); TV: DDR
Neumann, Robert (AUST 1897–1965)
Die Puppen von Poshansk (1952) (Roman) R: Biltz, Karl Peter; DB: Biltz, Karl Peter; FT: Die Puppen von Poshansk (1955); TV: BRD/ARD/SWF
Struensee (1935) (> Der Favorit der Königin (1953)) (Roman) R: Braun, Harald; DB: Krohmann, Odo; Menzel, Gerhard; FT: Herrscher ohne Krone (1956); KF: BRD
Neumann, Wolfgang (BRD)
(Roman) R: Griesmayr, Hartmut; DB: Griesmayr, Hartmut; FT: Ein Herz für Laura (1995); TV: BRD/Arbor TV Filmproduktion GmbH
Neuner, Robert (DTL 1898–)
Das lebenslängliche Kind (1934) (Komödie) R: Götz-Pflug, Curt; FT: Das lebenslängliche Kind (1954); TV: BRD/ARD/NWDR Hamburg
Neutsch, Erik (DDR, BRD 1931–)
Spur der Steine (1964) (Roman) R: Beyer, Frank; DB: Beyer, Frank; Egel, Karl-Georg; FT: Spur der Steine (1965/66); KF: DDR/DEFA
Auf der Suche nach Gott (1973) (Roman) R: Schiemann, Helmut; FT: Auf der Suche nach Gott (1976); TV: DDR
Akte Nora S. (1978) (Erzählung) R: Schiemann, Georg; FT: Nora S. (1981); TV: DDR
Zwei leere Stühle (1979) (Erzählung) R: Schiemann, Georg; DB: Leverenz, Norbert; Schiemann, Georg; FT: Zwei leere Stühle (1987); TV: DDR/DDR1
Neveux, Georges (FR 1900–1982)
Le chien du jardinier (1955) (*Bei Tag und Nacht* 1956) (Schauspiel) R: Beauvais, Peter; DB: Beauvais, Peter; FT: Bei Tag und bei Nacht oder Der Hund des Gärtners (1957); TV: BRD/ARD/SWF
Le système deux (1955) (Komödie) R: Janko, Ilo von; FT: System II (1963); TV: BRD/ARD/SFB
Le chien du jardinier (1955) (*Bei Tag und Nacht* 1956) (Schauspiel) R: Umgelter, Fritz; FT: Bei Tag und bei Nacht (1964); TV: BRD/ARD/BR
Niccodemi, Dario (IT 1874–1934)
Scampolo (1916) (*Scampolo* 1929) (Komödie) R: Weidenmann, Alfred; FT: Scampolo (1957); KF: BRD
L'alba, il giorno e la notte (1921) (*Tageszeiten der Liebe* 1940) (Komödie) R: Moszkowicz, Imo; DB: Moszkowicz, Imo; FT: Tageszeiten der Liebe (1958); TV: BRD/ARD/WDR
Scampolo (1916) (*Scampolo* 1929) (Komödie) R: Wild, Franz Josef; FT: Scampolo (1960); TV: BRD/ARD/BR
Nick, Edmund (DTL 1891–1974) & **Verhoeven, Paul** (DTL 1901–1975)
Das kleine Hofkonzert (1935) (Komödie) R: Olden, John; FT: Das kleine Hofkonzert (1955); TV: BRD/ARD/NWDR
Nicklisch, Hans (BRD 1912–)
Ohne Mutter geht es nicht (1957) (Roman) R: Ode, Erik; DB: Kay, Juliane; Nicklisch, Hans; FT: Ohne Mutter geht es nicht (1958); KF: BRD
(Erzählung) R: Meisel, Kurt; DB: Cetto, Gitta von; Wedekind, Joachim; FT: Liebe verboten - Heiraten erlaubt (1959); KF: BRD
Nicklisch, Hans (BRD 1912–) & **Steinhardt, Wolfgang O.** (BRD)
(Erzählung) R: Becker, Wolfgang; DB: Becker, Wolfgang (I); Gommermann, Stefan; FT: Riviera-Story (1961); TV: BRD
Nicolai, Ina (BRD)
Der Weg in's Paradies (1990) (Komödie) R: Neureuther, Erich; DB: Nicolai, Ina; FT: Der Weg in's Paradies (1996); TV: BRD
Nicolai, Otto (DTL 1810–1849) & **Shakespeare, William** (GB 1564–1616)
The Merry Wives of Windsor (1598) (*Die lustigen Weiber von Windsor*) (Komödie/Oper) R: Wildhagen, Georg; DB: Gordon, Wolff von; FT: Die lustigen Weiber von Windsor (1950); KF: DDR/DEFA

The Merry Wives of Windsor (1598) (*Die lustigen Weiber von Windsor*) (Komödie/Oper) R: Tressler, Georg; DB: Foster, Norman; FT: Die lustigen Weiber von Windsor (1964); KF: AUST

Niebergall, Ernst-Elias (DTL 1815–1843)

Datterich (1841) (Komödie) R: Wagner, Klaus; FT: Der Datterich (1958); TV: BRD/ARD/HR

Datterich (1841) (Komödie) R: Wagner, Klaus; FT: Der Datterich (1972); TV: BRD/ARD/HR

Datterich (1841) (Komödie) R: Wagner, Klaus; FT: Der Datterich (1983); TV: BRD/ARD/SDR

Niebisch, Jackie (BRD)

Der kleene Punker aus Berlin (1987) (Kindererzählung) (Zeichentrickfilme) R: Schaack, Michael; DB: Niebisch, Jackie; FT: Der kleene Punker (1989/91); TV: BRD/Trickcompany/Gerd-Hahn-Film/A-Film/RTL

Niemojewski, Ludwik (PL)

(*Schach und Matt*) (Erzählung) FT: Schach und Matt (1974); TV: DDR

Niewiarowicz, Roman (PL)

(*Ich liebe dich* 1937) (Komödie) R: Schroth, Carl-Heinz; FT: Ich liebe Dich (1963); TV: BRD/ARD/SFB

Niklas, Martin (BRD)

Der Mond scheint auch für Untermieter (1991) (Roman) FT: Der Mond scheint auch für Untermieter (1995); TV: BRD

Niziurski, Edmund (PL 1925–)

(*Alarm auf dem Dachboden* 1976) (Kindererzählung) R: Noczynski, Fred; FT: Alarm auf dem Dachboden (1978); TV: DDR/DDR1

Noack, Barbara (BRD 1924–)

Die Züricher Verlobung (1955) (Roman) R: Käutner, Helmut; DB: Käutner, Helmut; Tauck, Heinz; FT: Die Züricher Verlobung (1956/57); KF: BRD

Italienreise, Liebe inbegriffen: ein Roman, in dem es munter zugeht (1957) (Roman) R: Becker, Wolfgang; DB: Huth, Jochen; FT: Italienreise - Liebe inbegriffen (1958); KF: BRD/CCC Filmkunst GmbH

Der Zwillingsbruder (1988) (Roman) R: Wirth, Franz Peter; DB: Noack, Barbara; FT: Adieu, mon ami (1996); TV: BRD

Noack, Hans Georg (BRD 1926–)

Hautfarbe Nebensache (1960) (Jugendbuch) R: Langhoff, Udo; DB: Prager, Gert; FT: Hautfarbe Nebensache (1971); TV: BRD/ARD/NDR

Rolltreppe abwärts (1970) (Jugendbuch) R: Ruffert, Martin; DB: Ruffert, Martin; FT: Rolltreppe abwärts (1987); TV: BRD/Film-AG Rhein-Sieg-Gymnasium St.Augustin

Noack, Paul Robert (BRD 1925–)

(Jugendroman) R: Bieber, Karlheinz; DB: Pfaue, Justus; FT: Ein Park für alle (13 Teile) (1980); TV: BRD/ZDF

Nogly, Hans (BRD)

(Roman) R: Rabenalt, Arthur Maria; DB: Walter, Kurt E.; FT: Unternehmen Schlafsack (1955); KF: BRD

Noll, Dieter (DDR 1927–)

Die Abenteuer des Werner Holt (1960) (Roman) (Teil I des Romans) R: Kunert, Joachim; DB: Küchenmeister, Claus; Kunert, Joachim; FT: Die Abenteuer des Werner Holt (1964); KF: DDR/DEFA

Kippenberg (1979) (Roman) R: Steinke, Christian; DB: Jörn, Klaus; Steinke, Christian; FT: Kippenberg (1981); TV: DDR/DEFA

Noll, Ingrid (BRD 1935–)

Die Apothekerin (1994) (Kriminalroman) R: Kaufmann, Rainer; DB: Hertwig, Ralf; Richter, Kathrin; FT: Die Apothekerin (1997); KF: BRD/Günter Rohrbach/Senator Filmprod.

Die Häupter meiner Lieben (1993) (Kriminalroman) R: Bücking, Hans-Günther; DB: Boeser, Karl; FT: Die Häupter meiner Lieben (1998); KF: BRD/Regina Ziegler Filmprod./Kinofilm München/ARD/WDR

Der Hahn ist tot (1991) (Kriminalroman) R: Huntgeburth, Hermine; DB: Thaesler, Fabian; FT: Der Hahn ist tot (1999); TV: BRD/ZDF

Kalt ist der Abendhauch (1996) (Roman) R: Kaufmann, Rainer; DB: Hertwig, Ralf; Richter, Kathrin; FT: Kalt ist der Abendhauch (2000); KF: BRD/Senator Film/Pro 7

Nord, Pierre (FR 1900–1985)

Le serpent (Roman) R: Verneuil, Henri; DB: Perrault, Gilles; Verneuil, Henri; FT: Die Schlange (1972); KF: BRD/FR/IT/Films de Pléïade/Films la Boetie

Norden, Peter (BRD 1922–)

DM-Killer (1964) (Roman) R: Thiele, Rolf; DB: Thiele, Rolf; FT: DM-Killer (1964); KF: AUST

Zwei Girls vom roten Stern (1965) (> Die Zwei vom roten Stern (1985)) (Roman) R: Drechsel, Sammy; DB: Schreiner, Klaus-Peter; FT: Zwei Girls vom roten Stern (1965); KF: BRD/FR

Nöstlinger, Christine (AUST 1936–)
Ein Mann für Mama (1972) (Jugendbuch) R: Eder, Otto Anton; DB: Adler, Peter; FT: Ein Mann für Mama (1974); TV: AUST/ORF
Achtung! Vranek sieht ganz harmlos aus (1975) (1974) (Kinderbuch) R: Stark, Ulrich; DB: Nöstlinger, Christine; FT: Achtung! Vranek sieht ganz harmlos aus (1975); TV: BRD/ARD/SFB
Ilse Janda, 14 (1974) (Jugendbuch) R: Hofmann, Ilse; DB: Gies, Hajo; Gies, Martin; Hofmann, Ilse; FT: Die Ilse ist weg (1976); TV: BRD/ARD/WDR
Ein Mann für Mama (1972) (Jugendbuch) R: Tressler, Georg; DB: Adler, Peter; FT: Ein Mann für Mama (1976); TV: BRD/ZDF
Wir pfeifen auf den Gurkenkönig (1972) (Kindererzählung) R: Bohm, Hark; FT: Wir pfeifen auf den Gurkenkönig (1976); TV: BRD/ARD/SDR/SR/WDR
Konrad oder Das Kind aus der Konservenbüchse (1975) (Kinderroman) R: Schröder, Claudia; DB: Bartlick, S.; Braden, M.; Olschewsky, L.; Sand, M.; Werner-Thilo, U.; Wimmer, B.; FT: Konrad oder Das Kind aus der Konservenbüchse (1982); KF: BRD/Ottokar Runze Filmprod.
(Kindererzählung) R: Podehl, Peter; FT: Lemmi und die Schmöker (1983); TV: AUST/ORF
Der Zwerg im Kopf (1989) (Kinderbuch) R: Schröder, Claudia; DB: Schröder, Claudia; FT: Der Zwerg im Kopf (1991); KF: BRD/DEFA
Die 3 Posträuber (1998) (Jugendroman) R: Prochaska, Andreas; DB: Prochaska, Andreas; Schneider, Ivo; FT: Die 3 Posträuber (1998); KF: AUST

Nóti, Károly (= Noti, Karl) (HU)
(*Servus, Peter*) (Komödie) R: Slatinay, Alexander von; DB: Backhaus, Helmuth M.; Slatinay, Alexander von; FT: Czardas der Herzen (1951); KF: BRD
(Roman) R: Erfurth, Ulrich; DB: Agotay, Louis; Nebhut, Ernst; Scheu, Just; FT: Keine Angst vor großen Tieren (1953); KF: BRD/Real Film

Novalis (= Hardenberg, Georg Philipp Friedrich Freiherr von) (DTL 1772–1801)
Heinrich von Ofterdingen (1802) (Roman) R: Kipping, Herwig; DB: Kipping, Herwig; FT: Novalis - Die blaue Blume (1995); KF: BRD/Thomas Wilkening Filmgesellschaft/DEFA

Nowak, Claus (DDR 1938–)
Zahl bar, wenn du kannst (1978) (Roman) R: Deutsch, Peter; DB: Nowak, Claus; FT: Zahl bar, wenn du kannst (1982); TV: DDR/DEFA

Nowotny, Joachim (DDR, BRD 1933–)
Der Riese im Paradies (1969) (Jugendbuch) R: Losansky, Rolf; DB: Losansky, Rolf; Mehnert, Günter; FT: ... verdammt, ich bin erwachsen (1974); KF: DDR/DEFA
Erstes Haus, linker Hand (1967) (Erzählung) R: Honert, Hans Werner; FT: Erstes Haus, linker Hand (1976); TV: DDR
Weiberwirtschaft (1983) (Erzählung) R: Kahane, Peter; DB: Ebeling, Wolfgang; FT: Weiberwirtschaft (1984); KF: DDR/DEFA
Abschiedsdisco (1981) (Erzählung) R: Losansky, Rolf; DB: Losansky, Rolf; FT: Abschiedsdisco (1989); KF: DDR/DEFA

Nüchtern, Hans (AUST 1896–1962)
Verwirrung um Inge (1947) (Erzählung) R: Emo, E. W. (= Wojtek, Emerich Josef); DB: Belmont, Lilian; Koselka, Fritz; Kritz, Hugo Maria; Waldbrunn, Ernst; FT: Wirbel um Irene (Irene in Nöten) (1953); KF: AUST/JUG

Nürnberger-Gerster, Christian (BRD)
My first lady: Liebe per Inserat und die Folgen (1990) (Roman) R: Naefe, Vivian; DB: Poche, Klaus; FT: Man(n) sucht Frau (1994); TV: BRD/ZDF

Obey, André (FR 1892–1975)
Une fille pour du vent (1953) (Schauspiel) R: Cartier, Rudolph; DB: Cartier, Rudolph; FT: Ein Opfer für den Wind (1954); TV: BRD/ARD/SDR
Trois coups de minuit (1960) (Schauspiel) R: Semmelroth, Wilhelm; FT: Um Mitternacht (1962); TV: BRD/ARD/WDR

O'Brien, Kate (IRL 1897–1974)
(Roman) R: Cartier, Rudolph; FT: Legende einer Liebe (1954); TV: BRD/ARD/SFB

O'Brien, Robert C. (USA 1922–1973)
Z for Zachariah (1974) (*Z wie Zacharias* 1977) (Kinderbuch) R: Caspari, Carlheinz; Podehl, Peter; FT: Z wie Zacharias (1985); TV: BRD/ARD/WDR

O'Casey, Sean (IRL 1880–1964)
Juno and the Peacock (1925) (*Juno und der Pfau* 1953) (Schauspiel) R: Kehlmann, Michael; DB: Krapp, Helmut; FT: Juno und der Pfau (1956); TV: BRD/ARD/HR
The End of the Beginning (1949) (*Das Ende vom Anfang* 1969) (Komödie) R: Ode, Erik; FT: Das Ende vom Anfang (1963); TV: BRD/ARD/WDR

The Silver Tassie (1928) (Schauspiel) R: Zadek, Peter; DB: Zadek, Peter; FT: Der Pott (1971); TV: BRD/ARD/WDR

The Moon Shines On Kylenamoe (1961) (Schauspiel) R: Kauenhowen, Jan; DB: Fitz, Peter; Kauenhowen, Jan; Redl, Wolf; Sander, Otto; FT: Der Mond scheint auf Kilinamoe (1980); TV: BRD/ARD/SWF

O'Cleaner, James (GB)

(Schauspiel) R: Defrank, Rolf; DB: Defrank, Rolf; FT: Tiefschlag (1964); TV: BRD/ARD/SDR

Odets, Clifford (USA 1906–1963)

The Big Knife (1949) (*Das große Messer* 1950) (Schauspiel) R: Wild, Franz Josef; FT: Das große Messer (1959); TV: BRD/ARD/BR

The Country Girl (1950) (*Ein Mädchen vom Lande* 1951) (Schauspiel) R: Balzer, Horst; FT: Ein Mädchen vom Lande (1961); TV: BRD/ARD/SFB

End of the Summer (1939) (Schauspiel) R: Burmester, Gustav; FT: Unseliger Sommer (1961); TV: BRD/ARD/NDR

Golden Boy (1937) (*Goldene Hände* 1950) (Musical) R: Olden, John; FT: Golden Boy (Goldene Hände) (1962); TV: BRD/ARD/NDR

Odier, Daniel (CH 1945–)

La voie sauvage (1974) (Roman) R: Tanner, Alain; DB: Tanner, Alain; FT: Lichtjahre entfernt (Les années lumière) (1981); KF: CH/FR/Slotinit/SSR/L.P.A./Phénix

Oelschlegel, Gerd (BRD 1926–)

Die tödliche Lüge (1956) (Schauspiel) R: Lothar, Frank; DB: Lothar, Frank; FT: Die tödliche Lüge (1956); TV: BRD/ARD/SWF

Romeo und Julia (1952) (Hörspiel) R: Carls, Carl Dietrich; DB: Carls, Carl Dietrich; FT: Romeo und Julia in Berlin (1957); TV: BRD/ARD/NWRV Hamburg

Sonderurlaub (1963) (Schauspiel) R: Erler, Rainer; DB: Oelschlegel, Gerd; FT: Sonderurlaub (1963); TV: BRD/ZDF

Die Gardine (1964) (Komödie) R: Erler, Rainer; FT: Die Gardine (1964); TV: BRD/ARD/Bavaria

Oesterreicher, Rudolf (AUST 1881–)

Die Sachertorte (1929) (Komödie) R: Wolff, Hans; DB: Kay, Juliane; FT: Im Prater blüh'n wieder die Bäume (1958); KF: AUST

Ogger, Günter (CH 1941–)

Kauf dir einen Kaiser (1978) (Sachbuch) R: Schirk, Heinz; DB: Ahlsen, Leopold; FT: Vom Webstuhl zur Weltmacht (1982); TV: BRD/ZDF

O'Hara, John (USA 1905–1970)

(Schauspiel) R: Goslar, Jürgen; DB: Lützkendorf, Felix; FT: Liebling, ich muß dich erschießen (1962); KF: BRD

O'Hara, Saul (GB 1924–)

Risky Marriage (1959) (*Heiraten ist immer ein Risiko* 1960) (Komödie) R: Haaf, Wilm ten; FT: Heiraten ist immer ein Risiko (1963); TV: BRD/ARD/BR

Risky Marriage (1959) (*Heiraten ist immer ein Risiko* 1960) (Komödie) R: Assmann, Arno; FT: Heiraten ist immer ein Risiko (1967); TV: BRD/ARD/SWF

Risky Marriage (1959) (*Heiraten ist immer ein Risiko* 1960) (Komödie) R: Tögel, Hans-Jürgen; FT: Heiraten ist immer ein Risiko (1984); TV: BRD/ZDF

Olsen, Rolf (BRD 1919–)

Der Januck (Erzählung) R: Häussler, Richard; DB: Olsen, Rolf; FT: Das Dorf unterm Himmel (1952/ 53); KF: BRD

O'Neill, Eugene (Gladstone) (USA 1888–1953)

Beyond the Horizon (1920) (*Jenseits vom Horizont* 1952) (Schauspiel) R: Düggelin, Werner; DB: Düggelin, Werner; FT: Jenseits vom Horizont (1958); TV: BRD/ARD/SWF

Ah, Wilderness (1933) (*O Wildnis* 1949) (Schauspiel) R: Braun, Harald; DB: Braun, Harald; FT: O Wildnis (1959); TV: BRD/ARD/SWF

A Touch of the Poet (1957) (*Fast ein Poet* 1959) (Schauspiel) R: Goslar, Jürgen; FT: Fast ein Poet (1961); TV: BRD/ARD/SFB

The Emperor Jones (1921) (*Kaiser Jones* 1923) (Schauspiel) R: Semmelroth, Wilhelm; FT: Kaiser Jones (1961); TV: BRD/ARD/WDR

A Moon for the Misbegotten (1952) (*Ein Mond für die Beladenen* 1954) (Schauspiel) R: Cremer, Ludwig; DB: Cremer, Ludwig; FT: Ein Mond für die Beladenen (1961); TV: BRD/ARD/HR

More Stately Mansions (1962) (*Alle Reichtümer dieser Welt* 1965) (Schauspiel) R: Meisel, Kurt; FT: Alle Reichtümer der Welt (1967); TV: BRD/ARD/BR

Mourning Becomes Electra (1931) (*Trauer muß Elektra tragen* 1947) (Schauspiel) R: Beauvais, Peter; DB: Beauvais, Peter; FT: Trauer muß Elektra tragen (1970); TV: BRD/ARD/HR

Long Day's Journey Into Night (1956) (*Eines langen Tages Reise in die Nacht* 1966) (Schauspiel) R: Drescher, Piet; FT: Eines langen Tages Reise in die Nacht (1980); TV: DDR

Öner, Cetin (TUR 1943–)
Gülibik (*Gülibik, der Hahn* 1977) (Kinderbuch) R: Haase, Jürgen; DB: Bischoff, Cornelius; Haase, Jürgen; Öner, Cetin; FT: Gülibik (1982/83); KF: BRD/Provobis Gesellschaft für Film und Fernsehen mbH/ARD/NDR

Oppenheim, Edward Phillips (USA 1866–1946)
The Ostrokoff Jewels (1932) (Erzählung) R: Wilhelm, Kurt; DB: Fagerna, Hans; Wilhelm, Kurt; FT: Smaragden-Geschichte (1956); TV: BRD/ARD/BR

Oram, Neil (GB)
The Warp (1980) (Roman) (basiert auf Homers Odyssee und James Joyces Ulysses) R: Nekes, Werner; DB: Nekes, Werner; FT: Ulisses (1980); KF: BRD/Werner Nekes Prod.

Orelli, Giovanni (CH 1928–)
(Erzählung) R: Hermann, Villi; DB: Gregorio, Angelo; Hermann, Villi; FT: Matlosa (1984); TV: CH/DRS/SRG

Orhan Kemal (= Mehmet Rasit Ögütçü) (TUR 1914–1970)
Murtaza (1950) (*Murtaza - oder Das Pflichtbewußtsein des kleinen Mannes* 1978) (Roman) R: Özgentürk, Ali; DB: Özgentürk, Ali; Özgentürk, Isil; FT: Der Wächter Murtaza (1986); KF: BRD/Asya Film/Hans Peter Meier Filmprod./Centre National de la Cinématographie Paris/ZDF

Örkeny, Istvan (HU 1912–1979)
Macskajáték (1969) (*Katzen-Spiel* 1972) (Schauspiel) R: Szabó, István; DB: Szabó, István; FT: Katzenspiel (1983); KF: BRD/Telefilm Saar/ARD/SR

Osborn, Paul (USA 1901–)
On Borrowed Time (1938) (*Galgenfrist* 1947) (Komödie) R: Semmelroth, Wilhelm; FT: Der Tod im Apfelbaum (Galgenfrist) (1960); TV: BRD/ARD/NWRV Köln
The Vinegar Tree (1931) (*Erinnerst Du Dich* 1949) (Komödie) R: Beauvais, Peter; FT: Erinnerst Du dich? (Familienleben) (1961); TV: BRD/ARD/WDR

Osborne, John James (GB 1929–1994)
Look Back in Anger (1957) (*Blick zurück im Zorn* 1958) (Schauspiel) R: Mittler, Leo; DB: Mittler, Leo; FT: Blick zurück im Zorn (1958); TV: BRD/ARD/NWRV
A Patriot for Me (1965) (*Ein Patriot für mich* 1968) (Schauspiel) R: Szabó, István; DB: Dobai, Péter; Szabó, István; FT: Oberst Redl (1985); TV: BRD/HU/AUST/Manfred Durniok Produktion/ZDF/MOKEP-Kerszi/Mafilm Studio Objektiv/ORF

Ossowski, Leonie (BRD 1925–)
Die große Flatter (1977) (Roman) R: Lüdcke, Marianne; DB: Lüdcke, Marianne; Ossowski, Leonie; FT: Die große Flatter (3 Teile) (1979); TV: BRD/Regina Ziegler Filmprod./ARD/WDR
Weichselkirschen (1976) (Roman) R: Günther, Michael; DB: Ossowski, Leonie; FT: Weichselkirschen (1980); TV: BRD/ZDF
Stern ohne Himmel (1978) (Roman) R: Runze, Ottokar; DB: Ossowski, Leonie; FT: Stern ohne Himmel (1982); KF: BRD
Liebe ist kein Argument (1981) (Roman) R: Lüdcke, Marianne; DB: Lüdcke, Marianne; FT: Liebe ist kein Argument (1985); TV: BRD/ARD/WDR
Von Gewalt keine Rede: zwei Erzählungen (1992) (Erzählung) (Erzählung zum Film) R: Kotulla, Theodor; DB: Ossowski, Leonie; FT: Von Gewalt keine Rede (1990); TV: BRD/ZDF

Ostenso, Martha (NOR 1900–1963)
Wild Geese (1925) (*Der Ruf der Wildgänse* 1926) (Roman) R: Heinrich, Hans; DB: Schwenzen, Per; FT: Ruf der Wildgänse (1961); KF: AUST

Ostrovskij, Aleksandr N. (RUS 1823–1886)
Na vsjakogo mudreca dovol'no prostoty (1868) (*Eine Dummheit macht auch der Gescheiteste* 1947) (Komödie) R: Horwitz, Kurt; DB: Horwitz, Kurt; FT: Eine Dummheit macht auch der Gescheiteste (1959); TV: BRD/ARD/BR
Pozdnjaja ljubov' (*Späte Liebe* 1960) (Komödie) R: Fruchtmann, Karl; FT: Späte Liebe (1965); TV: BRD/ARD/RB
Beésenye de'ngi (1870) (*Tolles Geld*) (Komödie) R: Schwarze, Hans-Dieter; DB: Schwarze, Hans-Dieter; FT: Eine einträgliche Stelle (1966); TV: BRD/ARD/Bavaria
Les (1871) (*Der Wald* 1950) (Komödie) R: Glück, Wolfgang; DB: Glück, Wolfgang; Schenk, Otto; FT: Der Wald (1971); TV: BRD/ARD/BR
Volki i ovcy (1875) (*Wölfe und Schafe* 1950) (Komödie) R: Haaf, Wilm ten; FT: Wölfe und Schafe (1971); TV: BRD/ARD/SWF
Na vsjakogo mudreca dovol'no prostoty (1868) (*Eine Dummheit macht auch der Gescheiteste* 1947) (Komödie) R: Itzenplitz, Eberhard; DB: Itzenplitz, Eberhard; FT: Eine Dummheit macht auch der Gescheiteste (1978); TV: BRD/ARD/BR
(Komödie) R: Mikaeljan, Margarita; FT: Der schöne Mann (1978); TV: DDR

Les (1871) (*Der Wald* 1950) (Komödie) R: Haaf, Wilm ten; FT: Der Wald (1981); TV: BRD/ARD/BR

Ott, Wolfgang (BRD 1923–)

Haie und kleine Fische (1956) (Roman) R: Wisbar, Frank; DB: Ott, Wolfgang; FT: Haie und kleine Fische (1957); KF: BRD

Otto, Herbert (DDR, BRD 1925–)

Zeit der Störche (1966) (Erzählung) R: Kühn, Regine; Kühn, Siegfried; DB: Kühn, Regine; Kühn, Siegfried; FT: Zeit der Störche (1970); KF: DDR/DEFA

Der Traum vom Elch (1983) (Roman) R: Kühn, Siegfried; DB: Kühn, Siegfried; Müller, Christa; FT: Der Traum vom Elch (1986); KF: DDR/DEFA

Pabel, Reinhold (BRD)

Feinde sind auch Menschen: 7 Jahre in Chicago untergetaucht. Flucht u. Abenteuer eines dteutschen Kriegsgefangenen (1957) (Roman) R: Philipp, Harald; DB: Denger, Fred; Philipp, Harald; FT: Auf Wiedersehen (1961); KF: BRD/Alfa Film

Pagnol, Marcel (FR 1895–1974)

La femme du boulanger (1946) (*Die Frau des Bäckers (Madame Aurélie)* 1948) (< Film 1936) (Schauspiel) R: Haaf, Wilm ten; FT: Madame Aurélie (1955); TV: BRD/ARD/BR

Marius (1929) (*Marius* 1930) (Schauspiel) (aus Trilogie "Zum goldenen Anker") R: Haaf, Wilm ten; DB: Pavel, Hans-Joachim; FT: Marius (1955); TV: BRD/ARD/BR

La fille du puisatier (1940) (*Die Tochter des Brunnenmachers* 1955) (Komödie) R: Haaf, Wilm ten; DB: Pavel, Hans-Joachim; FT: Die Tochter des Brunnenmachers (1956); TV: BRD/ARD/BR

Topaze (1928) (*Das große ABC* 1928) (Schauspiel) R: Wolffhardt, Rainer; DB: Pigge, Helmut; Wolffhardt, Rainer; FT: Das große ABC (1957); TV: BRD/ARD/SDR

César (1931) (*César* 1948) (Schauspiel) (aus Trilogie "Zum goldenen Anker") R: Haaf, Wilm ten; DB: Pavel, Hans-Joachim; FT: César (1958); TV: BRD/ARD/HR

Fanny (1931) (*Fanny* 1932) (Schauspiel) (In "Zum goldenen Anker") R: Tannert, Hannes; DB: Barcava, Stefan; FT: Fanny (1958); TV: BRD/ARD/SDR

La femme du boulanger (1946) (*Die Frau des Bäckers (Madame Aurélie)* 1948) (< Film 1936) (Schauspiel) R: Léon, Pierre; FT: Die Frau des Bäckers (1958); TV: BRD/ARD/SFB

La belle amour (Komödie) R: Moszkowicz, Imo; DB: Beauvais, Peter; FT: Die Frau des Fotografen oder Die große Liebe (1958); TV: BRD/ARD/SWF

La fille du puisatier (1940) (*Die Tochter des Brunnenmachers* 1955) (Komödie) R: Schwarze, Hans-Dieter; FT: Die Tochter des Brunnenmachers (1965); TV: BRD/ARD/WDR

La belle amour (Komödie) R: Engel, Thomas; FT: Die Frau des Fotografen (1967); TV: BRD/ARD/SWF

Le Schpountz (1938) (*Der Schpountz* 1938) (Komödie) R: Fleckenstein, Günther; FT: Der Schpuntz (1967); TV: BRD/AUST/ZDF/ORF

Judas (1956) (*Judas* 1956) (Schauspiel) R: Schwarzbach, Helmut; FT: Judas (1986); TV: AUST/ORF

Paice, Eric (GB)

Deadly Embrace (1992) (Kriminalroman) R: Günther, Michael; FT: Das Mord-Menü (1986); TV: BRD/ZDF

Paliard, François (FR 1918–)

Monsieur Quinot (1962) (*Marsmenschen; Vergessen und andere Einakter* 1962) (Schauspiel) R: Heyme, Hansgünther; FT: Marsmenschen / Monsieur Quinot / Vergessen (1963); TV: BRD/ARD/SR

Candidat Cormoran (1962) (*Kandidat Cormoran* 1965) (Schauspiel) R: Liebeneiner, Wolfgang; FT: Kandidat Cormoran (1965); TV: BRD/ARD/Telefilm Saar

Palm, Peter (DDR)

Zwei Betten in der hohen Tatra (Komödie) R: Schäfer, Eberhard; FT: Zwei Betten in der hohen Tatra (1978); TV: DDR

Panitz, Eberhard (DDR, BRD 1932–)

Gisela Ufer erzählt (1969) (Reportage) R: Günther, Egon; DB: Günther, Egon; Rücker, Günther; FT: Der Dritte (1971); KF: DDR/DEFA

Die sieben Affären der Doña Juanita (1972) (Roman) R: Beyer, Frank; DB: Beyer, Frank; Panitz, Eberhard; FT: Die sieben Affären der Doña Juanita (1972/73); KF: DDR/DEFA

Die unheilige Sophia (1974) (Roman) R: Wekwerth, Manfred; DB: Panitz, Eberhard; Wekwerth, Manfred; FT: Die unheilige Sophia (2 Teile) (1975); TV: DDR

Absage an Viktoria (1977) (Erzählung) R: Bleiweiß, Celino; DB: Panitz, Eberhard; FT: Absage an Viktoria (1977); TV: DDR

Meines Vaters Straßenbahn (1981) (Erzählung) R: Bleiweiß, Celino; DB: Bleiweiß, Celino; FT: Meines Vaters Straßenbahn (1980); TV: DDR

Mein lieber Onkel Hans (1983) (Roman) R: Wittmers, Dagmar; DB: Panitz, Eberhard; FT: Mein lieber Onkel Hans (3 Teile) (1985); TV: DDR/DDR1

Panizza, Oskar (DTL 1853–1921)

Himmelstragödie (1894) (Roman) R: Schroeter, Werner; DB: Alexander, Horst; Kuhlbrodt, Dietrich; Lerici, Roberto; FT: Liebeskonzil (1981); KF: BRD/Saskia/Trio

Paral, Vladimir (CSR 1932–)

Veletrh splnených prání (1964) (*Die Messe der erfüllten Wünsche* 1966) (Erzählung) R: Wirth, Franz Peter; DB: Krapp, Helmut; FT: Die Messe der erfüllten Wünsche (1971); TV: BRD/ZDF

Paretti, Sandra (BRD 1935–1994)

Der Winter, der ein Sommer war (1972) (Roman) R: Umgelter, Fritz; DB: Umgelter, Fritz; FT: Der Winter, der ein Sommer war (3 Teile) (1976); TV: BRD/ARD/HR

Paretti, Sandra (BRD 1935–1994) & **Scheibler, Susanne** (BRD)

Der rote Vogel (1993) (Roman) R: Erhardt, Gero; DB: Paretti, Sandra; FT: Der rote Vogel (Miniserie) (1993); TV: BRD/ Neue Deutsche Film GmbH (NDF)/ZDF

Parr, Wolf (BRD) & **Raymon, Harry** (BRD)

Der Krake (1965) (Schauspiel) R: Hess, Joachim; FT: Der Krake (1965); TV: BRD/ ARD/SWF

Paso, Alfonso (ESP 1926–)

El canto de la cigarra (1960) (*Grille und Ameise* 1960) (Komödie) R: Engel, Thomas; FT: Grille und Ameise (1979); TV: BRD/ARD/BR

Patrick, John (USA 1903–1995)

The Hasty Heart (1945) (*Das heiße Herz* 1955) (Schauspiel) R: Steinböck, Rudolf; FT: Das heiße Herz (1955); TV: BRD/ ARD/SDR

The Hasty Heart (1945) (*Das heiße Herz* 1955) (Schauspiel) R: Beauvais, Peter; FT: Das heiße Herz (1957); TV: BRD/ARD/ SDR

The Curious Savage (1950) (*Eine etwas sonderbare Dame* 1955) (Komödie) R: Wagner, Klaus; FT: Eine etwas sonderbare Dame (1960); TV: BRD/ARD/HR

The Curious Savage (1950) (*Eine etwas sonderbare Dame* 1955) (Komödie) R: Sydow, Rolf von; FT: Eine etwas sonderbare Dame (1982); TV: BRD/ZDF

The Hasty Heart (1945) (*Das heiße Herz* 1955) (Schauspiel) R: Kehlmann, Michael; FT: Das heiße Herz (1982); TV: BRD/ ARD/BR

Patten, Lewis Byford (USA 1915–1981)

Guns at Gray Butte (1963) (*Die Brüder Caine* 1964) (Roman) R: Tessari, Duccio; DB: Maiuri, Dino; Rita, Massimo de; FT: Zwei wilde Compañeros (1971); KF: BRD/ IT/SP

Paul, Nora (BRD)

Balko: Headhunter (1996) (Kriminalroman) (Roman zur Serie) R: Bausch, Andi; Cronberg, Heino; Engelhardt, Wilhelm; Helfer, Daniel; Henschel, Wolfgang F.; Lang, Carl; Lauscher, Ernst Josef; Möller, Uli; Rest, John Van de; Samir; Stelzer, Manfred; Tiefenbacher, Matthias; FT: Balko (1995-); TV: BRD/RTL

Balko: Die Zeugin (1996) (Kriminalroman) (Roman zur Serie) R: Bausch, Andi; Cronberg, Heino; Engelhardt, Wilhelm; Helfer, Daniel; Henschel, Wolfgang F.; Lang, Carl; Lauscher, Ernst Josef; Möller, Uli; Rest, John Van de; Samir; Stelzer, Manfred; Tiefenbacher, Matthias; FT: Balko (1995-); TV: BRD/RTL

Pauly, Harry (BRD)

Die Bestie von Notre Dame (Schauspiel) (Szenen) R: Matthies, Fritz; FT: Paulines Geburtstag oder die Bestie von Notre Dame (1977); TV: BRD

Pausewang, Gudrun (BRD 1938–)

Plaza Fortuna (1966) (Roman) R: Liebeneiner, Wolfgang; DB: Geiger, Franz; FT: Plaza Fortuna (1973); TV: BRD/ZDF

Auf einem langen Weg (1978) (Jugendbuch) R: Görlitz, Helmut Christian; FT: Auf einem langen Weg (1985); TV: BRD/ ZDF

Pautsch, Oliver (BRD 1965–)

Die Schmerzen der Krieger (1999) (Schauspiel) R: Feldhusen, Arne; DB: Pautsch, Oliver; FT: Auf der Couch (2000); KF: BRD/Little Shark Entertainment GmbH

Pavese, Cesare (IT 1908–1950)

La luna (1950) (*Junger Mond* 1954) (Roman) R: Huillet, Danièle; Straub, Jean-Marie; DB: Huillet, Danièle; Straub, Jean-Marie; FT: Von der Wolke zum Widerstand (1978); KF: BRD/IT/FR/GB/Janus/Straub-Huillet, Roma/RAI/Italneggio, Roma/Institut National de l'Audiovisuel, Paris/Artificial Eye, London

Penzoldt, Ernst (BRD 1892–1955)

Korporal Mombour (1941) (Erzählung) R: Jugert, Rudolf; DB: Penzoldt, Ernst; Thiele, Rolf; FT: Es kommt ein Tag (1950); KF: BRD

Squirrel (1954) (Komödie) R: Kolman, Trude; FT: Squirrel (1955); TV: BRD/ ARD/BR

So war Herr Brummell (1933) (Schauspiel) R: Umgelter, Fritz; DB: Umgelter, Fritz; FT: So war Herr Brummell (1967); TV: BRD/ARD/SDR

Olifant (Erzählung) R: Dallmayr, Horst; FT: Olifant (1973); TV: BRD/ARD/BR

Die Powenzbande (1930) (Roman) R: Braun, Michael; DB: Pauck, Heinz; FT: Die Powenzbande (1974); TV: BRD/CH/AUST/ARD/SWF/DRS/ORF

Squirrel (1954) (Komödie) R: Clarin, Hans; FT: Squirrel (1980); TV: BRD/ARD/BR

Perel, Shlomo (ISR 1925–)

Kor'im li Shelomoh Perel (1991) (*Ich war Hitlerjunge Salomon* 1992) (Autobiographie) R: Holland, Agnieszka; DB: Holland, Agnieszka; FT: Hitlerjunge Salomon (1989); KF: BRD/FR/CCC Filmkunst GmbH/ARD/BR/Les Films du Losange

Pérez-Reverte, Arturo (ESP 1951–)

Territorio commanche (1994) (Roman) R: Herrero, Gerardo; DB: García, Salvador; FT: Dem Tod auf der Spur (1997); KF: BRD/ESP/FR/ARG/Tornasol Films, S.A.

Perkonig, Johannes (AUST 1890–1959)

Nikolaus Tschinderle, Räuberhauptmann (1936) (Roman) R: Antel, Franz; DB: Nachmann, Kurt; FT: ... und ewig knallen Räuber (1962); KF: AUST

Perny, Wilhelm (AUST)

Die Bande (Schauspiel) R: Kratz, Käthe; FT: Junge Leute brauchen Liebe (1980); TV: AUST/ORF

Perrault, Charles (FR 1628–1703)

Barbe bleue (1697) (Märchen) R: Winkler, Gerd; DB: Winkler, Gerd; FT: Mike Blaubart (1967); TV: BRD/ARD/HR

Perutz, Leo (AUST 1888–1957)

Der Meister des jüngsten Tages (1923) (Roman) R: Kehlmann, Michael; FT: Der Meister des jüngsten Tages (1989); TV: BRD/ZDF

St. Petri-Schnee (1933) (Roman) R: Patzak, Peter; DB: Wippersberg, Walter; FT: St. Petri-Schnee (1990); TV: AUST/BRD/CH/ORF/ZDF/SRG

Pestum, Jo (BRD 1926–)

Auf einem weißen Pferd nach Süden (1978) (Roman) R: Masten, Werner; DB: Pestum, Jo; FT: Schimmi (1984); KF: BRD/ARD/WDR

Peteani, Maria von (AUST 1888–1960)

D-Zug 517 (1948) (Roman) R: Martin, Paul; DB: Keindorff, Eberhard; Martin, Paul; Sibelius, Johanna; FT: Sehnsucht des Herzens (1951); TV: BRD

Der Page vom Dalmasse-Hotel (1933) (Roman) R: Engel, Thomas; DB: Kampendonk, Gustav; FT: Der Page vom Palast-Hotel (1957); KF: AUST

Petersen, Jan (DDR 1906–1969)

Yvonne (1958) (Erzählung) R: Sander, Ingrid; DB: Habeck, Anne; Sander, Ingrid; FT: Yvonne (1980); TV: DDR

Petersen, Julius Adolf (DTL 1882–1933)

Der Lord von Barmbeck: das Leben des berüchtigten Ein- und Ausbrechers Julius Adolf Petersen, von ihm selbst erzählt (1973) (Autobiographie) R: Runze, Ottokar; DB: Runze, Ottokar; Sommer, Inken; FT: Der Lord von Barmbek (1973); KF: BRD

Petersen, Leif (DK 1934–)

Alting og et posthus (1974) (Schauspiel) R: Fiedler, Gerlach; FT: Alles und ein Postamt (1972); TV: BRD/ARD/SFB

Petershagen, Rudolf (DDR 1901–1969)

Gewissen in Aufruhr (1957) (Autobiographie) R: Kasprzik, Hans-Joachim; Reisch, Günter; DB: Kasprzik, Hans-Joachim; Oliva, Hans; Reisch, Günter; FT: Gewissen in Aufruhr (5 Teile) (1961); TV: DDR

Petkevicius, Vytautas (LIT 1930–)

(*Wohlverdiente Ruhe*) (Erzählung) R: Seidel, Dieter; DB: Gotthardt, Brigitte; FT: Wohlverdiente Ruhe (1976); TV: DDR

Petzold, Alfons (AUST 1882–1923)

Das rauhe Leben. Roman eines Lebens (1920) (Autobiographie) R: Pils, Heide; DB: Mitterer, Felix; Pils, Heide; FT: Das rauhe Leben (1987); TV: AUST/ORF2

Pézeril, Daniel (FR)

(*Tod in Sacre Coeur*) (Roman) R: Kirchner, Wolfgang; DB: Kirchner, Wolfgang; FT: Tod in Sacre Coeur (1987); TV: BRD/ZDF

Pfaue, Justus (BRD 1942–)

Patrik Pacard (1984) (Jugendroman) R: Erhardt, Gero; DB: Erhardt, Gero; FT: Patrik Pacard. Die Entscheidung am Fjord (1984); TV: BRD/ZDF/TV-60 Filmproduktion/Techisonor Paris

Oliver Maass: das Spiel mit der Zaubergeige (1985) (Jugendroman) R: Erhardt, Gero; DB: Pfaue, Justus; FT: Oliver Maass (6 Teile) (1985); TV: CH/BRD/AUST/DRS/ZDF/ORF

Laura und Luis (1989) (Jugendroman) R: Strecker, Frank; DB: Pfaue, Justus; FT: Laura und Louis (6 Teile) (1989); TV: BRD/AUST/CH/ZDF/ORF/SRG

Philips, Judson Pentecost (=Pentecost, Hugh) (USA 1903–)

(Erzählung) R: York, Eugen; DB: Lommer, Horst; FT: Der Tag, an dem die Kinder verschwanden (1967); TV: BRD/ARD/SWF

Piasecki, Sergiusz (PL 1899–1964)

Kochanek wielkiej niedzwiedzicy (1937) (*Der Geliebte der großen Bärin* 1957) (Roman) R: Orsini, Valentino; DB: Roli, Mino; Vancini, Florestano; FT: Der Geliebte der großen Bärin (1971); KF: BRD/IT

Picard, Louis-Benoît (FR 1769–1828)

Médiocre et rampant (1797) (*Der Parasit, oder Die Kunst sein Glück zu machen* 1806) (Komödie) (übersetzt von Friedrich Schiller) R: Wagner, Konrad; FT: Der Parasit (1957); TV: BRD/ARD/HR

Médiocre et rampant (1797) (*Der Parasit, oder Die Kunst sein Glück zu machen* 1806) (Komödie) (übersetzt von Friedrich Schiller) R: Haaf, Wilm ten; FT: Der Parasit (1965); TV: BRD/AUST/CH/ARD/BR/ORF/SRG (DRS)

Picot, André (FR 1923–)

La vérité de minuit (1958) (*Nur einer wird leben* 1963) (Kriminalroman) R: Umgelter, Fritz; DB: Umgelter, Fritz; FT: Nur einer wird leben (1966); TV: BRD/ARD/HR

Pigge, Helmut (BRD 1919–)

Der Salzbaron (1994) (Roman) (Roman zur Serie) R: Fischerauer, Bernd; FT: Der Salzbaron (1994); TV: BRD

Pilcher, Rosamunde (GB 1924–)

The Day of the Storm (1975) (*Stürmische Begegnung* 1992) (Roman) R: Förnbacher, Helmut; DB: Engelke, Barbara; FT: Rosamunde Pilcher: Stürmische Begegnung (1993); TV: BRD/AUST/Frankfurter Filmprod./ZDF/ORF

The End of a Summer (1971) (*Ende eines Sommers* 1994) (Roman) R: Tögel, Hans-Jürgen; DB: Engelke, Barbara; FT: Rosamunde Pilcher: Das Ende eines Sommers (1994); TV: BRD/AUST/ZDF/ORF

The Carousel (1982) (*Karussell des Lebens* 1992) (Roman) R: Sydow, Rolf von; DB: Engelke, Barbara; FT: Rosamunde Pilcher: Karussell des Lebens (1994); TV: BRD/Frankfurter Filmprod./ZDF

Under Gemini (1976) (*Wechselspiel der Liebe* 1989) (Roman) R: Sydow, Rolf von; DB: Engelke, Barbara; FT: Rosamunde Pilcher: Wechselspiel der Liebe (1994); TV: BRD/Frankfurter Filmprod./ZDF

Wild Mountain Thyme (1978) (*Wilder Thymian* 1993) (Roman) R: Erhardt, Gero; DB: Engelke, Barbara; FT: Rosamunde Pilcher: Wilder Thymian (1994); TV: BRD/Frankfurter Filmprod./ZDF

(*Zwei Schwestern*) (Roman) R: Sydow, Rolf von; DB: Kister, Gabriele; FT: Rosamunde Pilcher: Zwei Schwestern (1994); TV: BRD/AUST/ZDF/ORF

Sleeping Tiger (1967) (*Schlafender Tiger* 1994) (Roman) R: Sydow, Rolf von; DB: Engelke, Barbara; FT: Rosamunde Pilcher: Schlafender Tiger (1995); TV: BRD/Frankfurter Filmprod./ZDF

The Empty House (1973) (*Sommer am Meer* 1992) (Roman) R: Tögel, Hans-Jürgen; DB: Engelke, Barbara; FT: Rosamunde Pilcher: Sommer am Meer (1995); TV: BRD/Frankfurter Filmprod./ZDF

Voices in Summer (1984) (*Wolken am Horizont* 1994) (Roman) R: Sydow, Rolf von; DB: Engelke, Barbara; FT: Rosamunde Pilcher: Wolken am Horizont (1995); TV: BRD/AUST/Frankfurter Filmprod./ZDF/ORF

(*Tee mit dem Professor*) (Roman) R: Kehler, Dieter; DB: Korn, Jake; Sadlo, Christiane; FT: Rosamunde Pilcher: Das Haus an der Küste (1996); TV: BRD/Frankfurter Filmprod./ZDF

Miss Cameron (*Miss Camerons Weihnachtsfest*) (Erzählung) R: Deutsch, Peter; DB: Deutsch, Peter; FT: Rosamunde Pilcher: Eine besondere Liebe (1996); TV: AUST/BRD/ORF/Frankfurter Filmprod./ZDF

Another View (1968) (*Lichterspiele* 1991) (Roman) R: Nikel, Thomas; DB: Engelke, Barbara; FT: Rosamunde Pilcher: Lichterspiele (1996); TV: BRD/AUST/Frankfurter Filmprod./ZDF/ORF

Snow in April (1972) (*Schneesturm im Frühling* 1993) (Roman) R: Sydow, Rolf von; DB: Engelke, Barbara; FT: Rosamunde Pilcher: Schneesturm im Frühling (1996); TV: BRD/Frankfurter Filmprod./ZDF

September (1990) (*September* 1993) (Roman) R: Bucksey, Colin; DB: Langley, Lee; FT: September (1996); TV: BRD/GB/Tele-München (TMG)/ZDF/BSkyB/Hallmark Entertainment/Hannibal Films/Portman Hannibal Productions/RCS Films & TV/Wolfhound Films

(*Der Ringelblumengarten*) (Erzählung) R: Kehler, Dieter; DB: Geiger-Berlet, Uta; FT: Rosamunde Pilcher: Die zweite Chance (1997); TV: BRD/AUST/ZDF/ORF

(*Der Brombeertag* 1995) (Erzählung) R: Zeisberg, Karola; DB: Plogstedt, Axel; FT: Rosamunde Pilcher: Irrwege des Herzens (1997); TV: BRD/ZDF

(*Preis der Liebe*) (Roman) R: Sydow, Rolf von; DB: Kister, Gabriele; FT: Rosamunde Pilcher: Preis der Liebe (1997); TV: BRD/Frankfurter Filmprod./ZDF

Christabel (*Stunden der Entscheidung*) (Roman) R: Zeisberg, Karola; DB: Plogstedt, Axel; FT: Rosamunde Pilcher: Stunden der Entscheidung (1997); TV: BRD/AUST/ZDF/ORF

(*Wind der Hoffnung*) (Roman) R: Sydow, Rolf von; DB: Blackton, Jenny; Kister, Gabriele; FT: Rosamunde Pilcher: Wind der Hoffnung (1997); TV: BRD/Frankfurter Filmprod./ZDF

(Roman) R: Kehler, Dieter; DB: Kister, Gabriele; FT: Rosamunde Pilcher: Dornen im Tal der Blumen (1998); TV: BRD/ZDF

Coming Home (1995) (*Heimkehr* 1995) (Roman) R: Foster, Giles; DB: Goldsmith, John; FT: Rosamunde Pilcher: Heimkehr (1998); TV: BRD/GB/Tele-München (TMG)/ZDF/ORF

(*Magie der Liebe*) (Roman) R: Sydow, Rolf von; FT: Rosamunde Pilcher: Magie der Liebe (1998); TV: BRD/ZDF

Lalla (Erzählung) R: Tögel, Hans-Jürgen; DB: Kister, Gabriele; FT: Rosamunde Pilcher: Melodie des Herzens (1998); TV: BRD/ZDF

(Roman) R: Bartmann, Stefan; FT: Rosamunde Pilcher: Rosen im Sturm (1998); TV: BRD/ZDF

(*Rückblick und Ausblick*) (Erzählung) R: Kehler, Dieter; DB: Kugler, Herbert; Maier, Tom; FT: Rosamunde Pilcher: Rückkehr ins Paradies (1998); TV: BRD/AUST/ZDF/ORF

(Roman) R: Erhardt, Gero; DB: Kister, Gabriele; FT: Rosamunde Pilcher: Blüte des Lebens (1999); TV: BRD/AUST/FFP Entertainment/Mainostelevisio (MTV3)/Steamship Films/Videx International/ZDF/ORF

(Roman) R: Langton, Simon; DB: Goldsmith, John; FT: Rosamunde Pilcher: Das große Erbe (1999); TV: BRD/GB/Tele-München (TMG)/Portman Productions/ZDF

(Roman) R: Kehler, Dieter; DB: Hartmann, Christine; Krause, Tim; FT: Rosamunde Pilcher: Der lange Weg zum Glück (1999); TV: BRD/ZDF

(*Klippen der Liebe*) (Roman) R: Kehler, Dieter; DB: Geiger-Berlet, Uta; FT: Rosamunde Pilcher: Klippen der Liebe (1999); TV: AUST/BRD/ORF/UFA Fernsehproduktion GmbH/Videx International/ZDF/Radiotelevisione Italiana (RAI)/Mainostelevisio (MTV3)

(*Möwen im Wind*) (Roman) R: Sydow, Rolf von; DB: Sadlo, Christiane; FT: Rosamunde Pilcher: Möwen im Wind (1999); TV: BRD/AUST/FFP Entertainment/ZDF/ORF/Mainostelevisio (MTV3)/Steamship Films/Videx International

(Roman) R: Neureuther, Erich; DB: May, Jerzy; Rosenberg, Marc; FT: Rosamunde Pilcher: Zeit der Erkenntnis (2000); TV: BRD/Freie Fernseh-Film Produktion (FFP)/ZDF

Pilchowski, Robert (BRD 1909–)

Daddy und Do (1951) (Roman) R: Ucicky, Gustav; DB: Heuser, Kurt; FT: Ein Leben für Do (1953); KF: BRD

Geliebte Corinna (1951) (Roman) R: Borsody, Eduard von; DB: Braun, Curt Johannes; Salomon, Ernst von; FT: Geliebte Corinna (1956); KF: BRD

Das Geständnis einer Sechzehnjährigen (1956) (Roman) R: Tressler, Georg; FT: Geständnis einer Sechzehnjährigen (1961); KF: BRD

Pilgrim, Volker Elis (CH 1905–)

Frau Dr. Johnson (1988) (Komödie) R: Damek, Dagmar; DB: Katz, Anne-Rose; Pilgrim, Volker Elis; FT: Dr. Margarete Johnson (1982); TV: CH/DRS

Pinner, Felix (DTL 1880–1942)

Die Tannerhütte (1928) (Roman) R: Kratisch, Ingo; Lüdcke, Marianne; DB: Stripp, Peter; FT: Die Tannerhütte (1976); TV: BRD/ARD/WDR

Pinter, Harold (GB 1930–)

The Collection (1963) (*Die Kollektion* 1967) (Schauspiel) R: Wagner, Klaus; FT: Die Kollektion (1963); TV: BRD/ARD/SDR

The Dumb Waiter (1960) (*Der stumme Diener* 1969) (Schauspiel) R: Vollmar, Wolf; FT: Der stumme Diener (1963); TV: BRD/ARD/RB

The Collection (1963) (*Die Kollektion* 1967) (Schauspiel) R: Geis, Rainer; FT: Die Kollektion (1967); TV: BRD/ARD/BR

Tea Party and Other Plays (1967) (*Teegesellschaft* 1968) (Schauspiel) R: Wolffhardt, Rainer; FT: Tea Party (Teegesellschaft) (1968); TV: BRD/ARD/BR

The Basement (1967) (*Tiefparterre* 1967) (Schauspiel) R: Moszkowicz, Imo; FT: Tiefparterre (1968); TV: BRD/ARD/WDR

Landscape (1969) (*Landschaft* 1969) (Schauspiel) R: Hänsel, Johann-Richard; FT: Landschaft (1971); TV: BRD/ARD/WDR

Silence (1969) (*Schweigen* 1970) (Schauspiel) R: Hänsel, Johann-Richard; FT: Schweigen (1971); TV: BRD/ARD/WDR

The Birthday Party (1960) (*Die Geburtstagsfeier* 1961) (Schauspiel) R: Flimm, Jürgen; FT: Die Geburtstagsfeier (1978); TV: BRD/ZDF

Old Times (1971) (*Alte Zeiten* 1972) (Schauspiel) R: Schweiger, Peter; FT: Alte Zeiten (1983); TV: CH/DRS

Piper, Anne (GB)

Early to Bed (1951) (*Jack und Jenny* 1955) (Roman) R: Vicas, Victor; DB: Nachmann, Kurt; FT: Jack und Jenny (1963); KF: BRD

Pirandello, Luigi (IT 1867–1936)

Cosi e se vi pare (1918) (*So ist es - wie Sie meinen* 1925) (Schauspiel) R: Müller, Hans-Reinhard; FT: So ist es - ist es so? (1960); TV: BRD/ARD/BR

L'uomo dal fiore in bocca (1926) (*Der Mann mit der Blume im Mund* 1986) (Schauspiel) R: Cella, Ettore; DB: Cella, Ettore; FT: Der Mann mit der Blume im Mund (1962); TV: BRD/ARD/HR/SRG(DRS)

La morsa (1926) (*Der Schraubstock* 1998) (Schauspiel) R: Cella, Ettore; DB: Cella, Ettore; FT: Der Schraubstock (1962); TV: BRD/ARD/HR

Il piacere dell'onesta (1917) (*Das Vergnügen, anständig zu sein* 1925) (Komödie) R: Dieterle, William; FT: Das Vergnügen, anständig zu sein (1962); TV: BRD/ARD/SFB

Bellavita (1937) (*Bellavita* 1999) (Schauspiel) R: Cella, Ettore; DB: Cella, Ettore; FT: Bellavita (1963); TV: BRD/ARD/HR/CH/DRS

La giara (1925) (*Der Krug* 1953) (Schauspiel) R: Cella, Ettore; FT: Der Krug (1963); TV: BRD/ARD/HR

Maschere nude (1921) (*Die Nackten kleiden* 1925) (Schauspiel) R: Müller, Hans-Reinhard; FT: Die Nackten kleiden (1963); TV: BRD/ARD/BR

Lumie di Sicilia (1926) (*Zitronen aus Sizilien* 1948) (Schauspiel) R: Cella, Ettore; FT: Zitronen aus Sizilien (1963); TV: BRD/ARD/HR

Sei personaggi in cerca d'autore (1917) (*Sechs Personen suchen einen Autor* 1925) (Schauspiel) R: Itzenplitz, Eberhard; DB: Itzenplitz, Eberhard; FT: Sechs Personen suchen einen Autor (1964); TV: BRD/ARD/WDR

Il piacere dell'onesta (1917) (*Das Vergnügen, anständig zu sein* 1925) (Komödie) R: Lietzau, Hans; FT: Das Vergnügen, anständig zu sein (1966); TV: BRD/ARD/BR

Pirinçci, Akif (BRD 1959–)

Felidae (1989) (Kriminalroman) (Zeichentrickfilm) R: Schaack, Michael; DB: Kluger, Martin; Pirinçci, Akif; FT: Felidae (1993); KF: BRD/Senator Film/Trickcompany/Fontana

Plate, Herbert (BRD 1918–)

Der aus dem Dschungel kam (1963) (Jugenderzählung) R: Langhoff, Udo; DB: Plate, Herbert; FT: Der aus dem Dschungel kam (1965); TV: BRD/ARD/NDR

Platon (GR 427–347 v.C.)

Phaidon (367 v.C.) (Dialog) R: Berger, Ludwig; DB: Berger, Ludwig; FT: Der Tod des Sokrates (1957); TV: BRD/ARD/NWRV Hamburg

Apologia Sokratus (390 v.C.) (Monolog) R: Fischer, Hans Conrad; DB: Fischer, Hans Conrad; FT: Der Prozeß Sokrates (1962); TV: BRD

Phaidon (367 v.C.) (Dialog) R: Rilla, Walter; DB: Pieper, Josef; FT: Der Tod des Sokrates (1967); TV: BRD/ARD/BR

Plenzdorf, Ulrich (DDR, BRD 1934–)

Karla. Der alte Mann, das Pferd, die Straße (1980) (Texte) (Text zum Film) R: Zschoche, Herrmann; DB: Plenzdorf, Ulrich; Zschoche, Herrmann; FT: Karla (1965); TV: DDR/DEFA

Die Legende von Paul und Paula (1974) (Roman) R: Carow, Heiner; DB: Carow, Heiner; Plenzdorf, Ulrich; FT: Die Legende von Paul und Paula (1974); KF: DDR/DEFA

Die neuen Leiden des jungen W. (1972) (> Die neuen Leiden des jungen W. (1973) (Schauspiel)) (Erzählung) R: Itzenplitz, Eberhard; DB: Plenzdorf, Ulrich; FT: Die neuen Leiden des jungen W. (1975); KF: BRD/Artus-Film/SWF

Vater Mutter Mörderkind (1994) (Szenario) (Szenario zum Film) R: Carow, Heiner; DB: Plenzdorf, Ulrich; FT: Vater Mutter Mörderkind (1993); TV: BRD/Neue Filmproduktion TV

Plivier, Theodor (DTL 1892–1955)

Stalingrad (1945) (Roman) R: Burmester, Gustav; DB: Hubalek, Claus; FT: Stalingrad (1963); TV: BRD/ARD/NDR

Pludra, Benno (DDR, BRD 1925–)
Lütt Matten und die weiße Muschel (1963) (Kinderbuch) R: Zschoche, Herrmann; DB: Pludra, Benno; FT: Lütt Matten und die weiße Muschel (1963); KF: DDR/DEFA
Sheriff Teddy (1956) (Kinderbuch) R: Carow, Heiner; DB: Carow, Heiner; Pludra, Benno; FT: Sheriff Teddy (1965/66); KF: DDR/DEFA
Die Reise nach Sundevit (1965) (Jugenderzählung) R: Carow, Heiner; DB: Carow, Heiner; Pludra, Benno; FT: Die Reise nach Sundevit (1966); KF: DDR/DEFA
Insel der Schwäne (1980) (Jugendroman) R: Zschoche, Herrmann; DB: Plenzdorf, Ulrich; Zschoche, Herrmann; FT: Insel der Schwäne (1983); KF: DDR/DEFA
Das Herz des Piraten (1985) (Jugenderzählung) R: Brauer, Jürgen; DB: Herzog, Gabriele; FT: Das Herz des Piraten (1987); KF: DDR/DEFA

Poe, Edgar Allan (USA 1809–1849)
The Raven (1845) (*Der Rabe*) (Gedicht) R: Kudrunofsky, Wolfgang; Steinwendner, Kurt; FT: Der Rabe (1951); KF: AUST
The Purloined Letter (1840) (*Der entwendete Brief* 1914) (Erzählung) R: Horn, Peter A.; FT: Auguste Dupin findet den entwendeten Brief (1954); TV: BRD/ARD/SWF
Tell-Tale Heart (1840) (*Das verräterische Herz* 1914) (Erzählung) (nicht gesendet) R: Haaf, Wilm ten; FT: Das verräterische Herz (1954); TV: BRD/ARD
Tell-Tale Heart (1840) (*Das verräterische Herz* 1914) (Erzählung) R: Hassert, Günther; FT: Das verräterische Herz (1961); TV: BRD/ARD/WDR
Tell-Tale Heart (1840) (*Das verräterische Herz* 1914) (Erzählung) R: Hainisch, Leopold; FT: Das verräterische Herz (1962); TV: AUST/ORF
The Pit and the Pendulum (1845) (*Grube und Pendel* 1914) (Erzählung) R: Reinl, Harald; DB: Köhler, Manfred R.; FT: Die Schlangengrube und das Pendel (1967); KF: BRD
The Black Cat (1840) (*Die schwarze Katze* 1914) (Erzählung) R: Anczykowski, Paul; FT: Die schwarze Katze (1971); KF: BRD
A Cask of Amontillado (1845) (*Das Faß Amontillado* 1914) (Erzählung) (Tales) FT: Ein Fäßchen Amontillado (Spätlese) (1974); TV: DDR
Tell-Tale Heart (1840) (*Das verräterische Herz* 1914) (Erzählung) R: Kramberg, Karl-Heinz; FT: Das verräterische Herz (1979); TV: BRD/ARD/BR
The Black Cat (1840) (*Die schwarze Katze* 1914) (Erzählung) R: Kramberg, Karl-Heinz; FT: Die schwarze Katze (1980); TV: BRD/ARD/BR

Pogodin, Radij P. (SU 1925–)
(Jugenderzählung) R: Kött, Regina; DB: Birnbaum, Brigitte; FT: Pawluscha (1970); TV: DDR/DFF

Pohl, Frederik (USA 1919–)
(*Die armen Reichen*) (Erzählung) R: Brühl, Hanno; DB: Brühl, Hanno; FT: Die armen Reichen (1971); TV: BRD/ARD/WDR

Pohl, Julius (DTL 1868–)
Der Ehestreik (1924) (Komödie) R: Stöckel, Joe; DB: Ostermayr, Peter; Stöckel, Joe; FT: Ehestreik (1953); KF: BRD
Die fünf Karnickel (1926) (Komödie) R: Löwinger, Paul; Steinwendner, Kurt; DB: Löwinger, Margarete; Steinwendner, Kurt; FT: Im Krug zum grünen Kranze (1953); KF: AUST
Der Ehestreik (1924) (Komödie) R: Fischer, Olf; FT: Der Ehestreik (1970); TV: BRD/Komödienstadel/ARD
Der Ehestreik (1924) (Komödie) R: Helfrich, Bernhard; FT: Der Ehestreik (1996); TV: BRD

Pohl, Peter (SVE 1940–)
Janne, min vän (1988) (*Jan, mein Freund* 1989) (Jugendroman) R: Bould, Chris; DB: Howard, David; FT: Mein Freund Joe (1995); KF: BRD/IRL/GB/Gemini/ARD/WDR/Promedia/Portman Entertainment Group

Poirot-Delpech, Bertrand (FR 1929–)
Le Grand Dadais (1959) (*Die Zeit der Kirschen ist vorbei* 1967) (Roman) R: Granier-Deferre, Pierre; DB: Granier-Deferre, Pierre; Poirot-Delpech, Bertrand; FT: Die Zeit der Kirschen ist vorbei (1967); KF: BRD/FR

Polák, Jirí (CSR 1933–)
(Roman) R: Klein, Dietmar; DB: Klein, Dietmar; FT: King of Evergreen (1997); TV: BRD

Polgar, Alfred (AUST 1875–1955)
Die Defraudanten (1931) (< Roman von Valentin Kataev) (Komödie) R: Mittler, Leo; FT: Defraudanten (1954); TV: BRD/ARD/NWDR

Die Defraudanten (1931) (< Roman von Valentin Kataev) (Komödie) R: Quest, Hans; FT: Bei Pichler stimmt die Kasse nicht (1961); KF: BRD

Talmas Ende (Schauspiel) R: Wagner, Klaus; FT: Talmas Ende (1965); TV: BRD/ARD/HR

Die Defraudanten (1931) (< Roman von Valentin Kataev) (Komödie) R: Pfandler, Helmut; DB: Pfandler, Helmut; FT: Defraudanten (1973); TV: BRD/ZDF

Poliakoff, Stephen (GB 1952–)

Strawberry Fields (1977) (*Strawberry Fields* 1977) (Schauspiel) R: Kühn, Kristian; FT: Die doppelte Welt (1985); TV: BRD/ZDF

Ponto, Erich (BRD 1884–1957)

Trilltrall und seine Brüder. Ein Märchen nach Clemens Brentano (1927) (Märchen) R: Davy, Walter; DB: Davy, Walter; FT: Trilltrall und seine Brüder (1965); TV: BRD/ARD/WDR

Pontoppidan, Henrik (DK 1857–1943)

De doedes rige (1916) (*Das Totenreich* 1920) (Roman) R: Brandauer, Karin; DB: Asmodi, Herbert; FT: Das Totenreich (1985); TV: BRD/ARD

Popp, Walter (BRD) & **Schlink, Bernhard** (BRD 1944–)

Selbs Justiz (1987) (Kriminalroman) R: Hofmann, Nico; DB: Stephan, Ulli; FT: Der Tod kam als Freund (1991); TV: BRD

Popplewell, Jack (GB 1911–)

A Day in the Life of ... (1959) (*Ein Tag im Leben von ...* 1960) (Kriminalkomödie) R: Fux, Herbert; DB: Fux, Herbert; Kalbeck, Florian; FT: Ein Tag im Leben von ... (1961); TV: BRD

Dear Children (1967) (*Theorie und Praxis* 1969) (Komödie) R: Ode, Erik; FT: Theorie und Praxis (1962); TV: BRD/ARD/WDR

Someone to Kill (1959) (*Ein Todesfall wird vorbereitet* 1960) (Kriminalkomödie) R: Fruchtmann, Karl; FT: Ein Todesfall wird vorbereitet (1963); TV: BRD/ARD/WDR

Dear Delinquent (1957) (*Brave Diebe* 1960) (Kriminalkomödie) R: Scharf, Frank; FT: Brave Diebe (1965); TV: BRD/ARD/SWF

Not Before the Children (1962) (*Armer Harry* 1964) (Schauspiel) R: Haaf, Wilm ten; DB: Haaf, Wilm ten; FT: Spielplatz (1966); TV: BRD/ARD/Telefilm Saar

Blind Alley (1956) (Kriminalkomödie) R: Dietrich, Wolf; DB: Martinek, Krystian; Riedel, Neithardt; FT: Falsche Spuren (1990); TV: BRD/ZDF

Pörschmann, Jürgen (DDR)

Liebling, du irrst (Komödie) R: Kulosa, Christa; FT: Liebling, du irrst (1979); TV: DDR

Trabant zu verkaufen (Komödie) R: Kulosa, Christa; FT: Trabant zu verkaufen (1981); TV: DDR

Porter, William Sydney (= O'Henry) (USA 1862–1910)

(Erzählung) R: Trenk-Trebitsch, Willy; FT: Mrs. Billings Scheidung (1961); TV: BRD/ARD/SDR

(Erzählung) R: Holub, Otto; FT: Auf's Kreuz gelegt (1973); TV: DDR

Gifts of the Magi (Erzählung) R: Holub, Otto; FT: Das Geschenk der Weisen (1974); TV: DDR

(Erzählung) R: Proll, Jens-Peter; FT: Das Inserat (1974); TV: DDR

(*Scheidung in Tennessee*) (Erzählung) R: Proll, Jens-Peter; FT: Scheidung in Tennessee (1974); TV: DDR

(Erzählung) R: Grädler, Theodor; FT: Novellen aus dem wilden Westen. Buck und Perry (1978); TV: DDR

Possendorf, Hans (= Mahner-Mons, Hans) (DTL 1883–1956)

Klettermaxe (1951) (Roman) R: Hoffmann, Kurt; DB: Keindorff, Eberhard; Sibelius, Johanna; FT: Klettermaxe (1952); KF: BRD

Potter, Jennifer (USA 1949–)

Strange Days (Roman) R: Petit, Christopher; DB: Petit, Christopher; FT: Fluchtpunkt Berlin (Flight to Berlin) (1983); KF: BRD/GB

Potthoff, Konrad (DDR, BRD 1950–)

Rückkehr aus der Wüste oder Der Siebentagering (1986) (Roman) R: Stephan, Bernhard; DB: Schirmer, Bernd; FT: Rückkehr aus der Wüste (1989); KF: DDR/ALG/DEFA/EnPA Algerie

Preradovic, Paula von (AUST 1887–1951)

Pavel und Pero (1940) (Roman) R: Schwarzenberger, Xaver; DB: Schwarzenberger, Ulli; FT: Tonino und Toinette (1994); TV: AUST/ORF

Pressler, Mirjam (BRD 1940–)

Novemberkatzen (1982) (Kinderroman) R: Koeppe, Sigrun; DB: Koeppe, Sigrun; Pressler, Mirjam; FT: Novemberkatzen (1985); KF: BRD/Quadriga Film/ARD/SWF

Pretterebner, Hans (AUST 1944–)
Der Fall Lucona: Ost-Spionage, Korruption und Mord im Dunstkreis der Regierungsspitze: ein Sittenbild der Zweiten Republik (1987) (Sachbuch) R: Gold, Jack; DB: Hawkins, Jim; FT: Der Fall Lucona (1993); KF: BRD/AUST/IT/USA/Tele München/Vega

Preuß, Gunter (DDR, BRD 1940–)
Große Liebe gesucht (1983) (Roman) R: Vogel, Peter; DB: Görner, Eberhard; FT: Große Liebe gesucht (1989); TV: DDR/DDR1

Preußler, Otfried (BRD 1923–)
Der Räuber Hotzenplotz (1962) (Kinderbuch) R: Ehmck, Gustav; DB: Ehmck, Gustav; FT: Der Räuber Hotzenplotz (1973); KF: BRD

Neues vom Räuber Hotzenplotz (1969) (Kinderbuch) R: Ehmck, Gustav; DB: Hotzel, Andi T.; Nastvogel, Kurt Uwe; FT: Neues vom Räuber Hotzenplotz (1979); KF: BRD/Ehmck/ZDF

Krabat (1971) (Kindererzählung) R: Zeman, Karel; FT: Krabat (1983); TV: BRD/CSR/ARD/SDR

Das kleine Gespenst (1992) (1966) (Kinderbuch) R: Linda, Curt; DB: Linda, Curt; FT: Das kleine Gespenst (null); KF: BRD

Prévost d'Exiles, Abbé (FR 1697–1763)
Histoire du chevalier des Grieux et de Manon Lescaut (1728) (Roman) R: Aurel, Jean; DB: Aurel, Jean; Saint-Laurent, Cécil; FT: Hemmungslose Manon (1968); KF: BRD/FR/IT

Priestley, John Boynton (GB 1894–1984)
Ever Since Paradise (1946) (*Seit Adam und Eva* 1948) (Musikkomödie) R: Beauvais, Peter; DB: Laurenze, Ernst; FT: Seit Adam und Eva (1955); TV: BRD/ARD/SWF

The Scandalous Affair of Mr. Kettle and Mrs. Moon (1956) (*Und das am Montagmorgen* 1957) (Komödie) R: Elsner, Reinhard; FT: Und das am Montagmorgen (1957); TV: BRD/ARD/SFB

The Scandalous Affair of Mr. Kettle and Mrs. Moon (1956) (*Und das am Montagmorgen* 1957) (Komödie) R: Comencini, Luigi; DB: Comencini, Luigi; Goldbaum, Peter; Höllering, Franz; FT: Und das am Montagmorgen (1959); KF: BRD/CCC Filmkunst GmbH/H.R. Sokal Film/Peter Goldbaum Produktion

Time and the Conways (1937) (*Die Zeit und die Conways* 1941) (Schauspiel) R: Olden, John; FT: Die Zeit und die Conways (1960); TV: BRD/ARD/NWRV Hamburg

Time and the Conways (1937) (*Die Zeit und die Conways* 1941) (Schauspiel) R: Olden, John; Staudte, Wolfgang; DB: Krüger, Answald; Matray, Maria; FT: Die glücklichen Jahre der Thorwalds (1962); KF: BRD/Allgemeine Film Produktion

Ever Since Paradise (1946) (*Seit Adam und Eva* 1948) (Musikkomödie) R: Verhoeven, Paul; DB: Verhoeven, Paul; FT: Seit Adam und Eva (1962); TV: BRD/ARD/Bavaria

The Venetian Door (*Die venezianische Tür* 1961) (Komödie) R: Rilla, Walter; DB: Rilla, Walter; FT: Die venezianische Tür (1966); TV: BRD/ARD/SWF

Eden End (1934) (Schauspiel) R: Döpke, Oswald; FT: Eden End (1978); TV: BRD/ZDF

When We Are Married (1938) (*Man müßte verheiratet sein* 1985) (Komödie) R: Kaufmann, Hans-Peter; FT: Wenn wir verheiratet sind (1982); TV: BRD/ARD/WDR

An Inspector Calls (1945) (*Ein Inspektor kommt* 1947) (Schauspiel) R: Kaspar, Bruno; FT: E Inspäkter kumt (1983); TV: CH/DRS

The Scandalous Affair of Mr. Kettle and Mrs. Moon (1956) (*Und das am Montagmorgen* 1957) (Komödie) R: Kaspar, Bruno; FT: Und das am Mäntigmorge (Und das am Montagmorgen) (1983); TV: CH/DRS

Procter, Maurice (USA 1906–1973)
Two Men in Twenty (1964) (*Zwei von zwanzig* 1966) (Roman) R: Storch, Wolfgang; FT: Flucht aus London (1982); TV: BRD/ZDF

Proust, Marcel (FR 1871–1922)
A la recherche du temps perdu (1913) (*Auf der Suche nach der verlorenen Zeit* 1926) (Roman) (Kapitel aus dem Roman "Der Weg zu Swann") R: Schlöndorff, Volker; DB: Schlöndorff, Volker; FT: Eine Liebe von Swann (1983); KF: BRD/FR/Bioskop/ARD/WDR/Gaumont/FR3/SFPC/Films du Losange

Przybyszewska, Stanislawa (PL 1901–1935)
Sprawa Dantona (1950) (Schauspiel) R: Wajda, Andrzej; DB: Carrière, Jean-Claude; FT: Danton (1982); KF: BRD/FR/PL

Puganigg, Ingrid (AUST 1947–)
Fasnacht (1981) (Roman) R: Kuert, Beat; DB: Kuert, Beat; Puganigg, Ingrid; FT: Martha Dubronski (1984); KF: CH

Puget, Claude-André (FR 1905–)
Un petit ange de rien du tout (1940) (*Kleiner Engel ohne Bedeutung*) (Komödie) R: Lothar, Frank; DB: Lothar, Frank; FT: Kleiner Engel ohne Bedeutung (1956); TV: BRD/ARD/SFB
Un nommé Judas (1954) (Schauspiel) R: Werner, Oskar; DB: Werner, Oskar; FT: Ein gewisser Judas (1958); TV: BRD/ARD/SWF
Les jours heureux (1938) (Schauspiel) R: Rabenalt, Arthur Maria; FT: Der Held meiner Träume (1960); KF: BRD

Pump, Hans W. (BRD 1915–1957)
(Erzählung) R: Busch, Rolf; DB: Busch, Rolf; FT: Das letzte Kapitel (1965); TV: BRD/ARD/NDR

Purucker, Willy A. (BRD 1925–)
Tippfehler (Schauspiel) R: Dietrich, Wolf; FT: Tippfehler (1981); TV: BRD/ARD/BR

Purzer, Manfred (BRD)
Die Karpfenschlacht (Erzählung) R: Munck, Eckhard; FT: Die Karpfenschlacht (1985); TV: BRD

Püschel, Walter (DDR, BRD 1927–)
Das Schulschwein (1982) (Erzählung) R: Heymann, Karl-Heinz; FT: Schwein gehabt (1988); KF: DDR/DEFA

Puschkin, Alexandr Sergejewitsch (RUS 1799–1837)
Stanconnyj Smotritel (1831) (*Der Postmeister* 1900) (Erzählung) R: Baky, Josef von; FT: Dunja (1955); KF: AUST
Pikovaja dama (1833) (*Pique Dame* 1910) (Erzählung) R: Keigel, Leonard; DB: Green, Julian; Jourdan, Eric; FT: Pikdame (Pique Dame) (1966); TV: BRD/FR/ARD/Paris Cite/Bav.
Dubrovskij (1832) (*Dubrowskij* 1910) (Roman) R: Vollmar, Wolf; FT: Dubrovskij (1970); TV: BRD/ARD/WDR
Metelj (1831) (*Der Schneesturm* 1900) (Erzählung) R: Vohrer, Alfred; DB: Purzer, Manfred; FT: Und der Regen verwischt jede Spur (1973); KF: BRD
(*Das Fräulein als Bäuerin*) (Erzählung) R: Emmerich, Klaus; FT: Das Fräulein als Bäuerin (1976); TV: BRD/ARD/NDR
Stanconnyj Smotritel (1831) (*Der Postmeister* 1900) (Erzählung) R: Edel, Ulrich; FT: Der Posthalter (1976); TV: BRD/ARD/WDR
Metelj (1831) (*Der Schneesturm* 1900) (Erzählung) R: Gies, Hajo; FT: Der Schneesturm (1976); TV: BRD/ARD/WDR
Arab Petra Velikogo (1837) (*Der Mohr Peters des Großen* 1927) (Roman) R: Mitta, Alexander; FT: Ibrahim, der Araber Peters des Großen (1979); TV: AUST/ORF

Puschkin, Alexandr Sergejewitsch (RUS 1799–1837) & **Tschaikowsky, Peter Iljitsch** (RUS 1840–1893)
Evgenij Onegin (1832) (*Eugen Onegin* 1916) (Oper) R: Weigl, Petr; FT: Eugen Onegin (1990); TV: BRD/ARD/WDR

Pyszora, Anne-Françoise (GB)
Expense of Spirit (Roman) R: Tykwer, Tom; DB: Pyszora, Anne-Françoise; Tykwer, Tom; FT: Winterschläfer (1997); KF: BRD/Arte/Palladio Film/X-Filme Creative Pool/ARD/WDR/MDR

Qanyûq, Yôram (= Kaniuk, Yoram) (ISR 1930–)
(*Wassermann* 1991) (Kinderbuch) R: Lilienthal, Peter; DB: Lilienthal, Peter; FT: Wassermann - Der singende Hund (1994); TV: BRD

Quadflieg, Roswitha (BRD 1949–)
Bis dann (1994) (Roman) R: Steinheimer, Gert; DB: Blobel, Brigitte; FT: Eine Herzensangelegenheit (1997); TV: BRD/Objectiv Film

Qualtinger, Helmut (AUST 1928–1987)
(Komödie) R: Sicheritz, Harald; DB: Dorfer, Alfred; Sicheritz, Harald; FT: Qualtingers Wien (1997); TV: AUST/MR TV Film Produktions GmbH

Quednau, Werner (DDR 1913–)
Die Gefangenen von Murano (1954) (Jugendbuch) R: Langhoff, Udo; DB: Quednau, Werner; FT: Die Gefangenen von Murano (1966); TV: BRD/ARD/NDR
Antitoxin (1964) (Roman) R: Langhoff, Udo; FT: Antitoxin (1967); TV: BRD/ARD/NDR

Quindt, William (BRD 1898–1969)
Der Tiger Akbar (1933) (Roman) R: Piel, Harry; DB: Piel, Harry; Quindt, William; FT: Der Tiger Akbar (1950/51); KF: BRD

Raab, Fritz (BRD 1925–)
Ab mit dir ins Vaterland (1977) (Jugendroman) R: Flick, Horst G.; DB: Ziem, Jochen; FT: Ab mit dir ins Vaterland (1980); TV: BRD/ZDF
Stadttheater (1984) (Roman) R: Fantl, Thomas; DB: Raab, Fritz; FT: Stadttheater (1985); TV: BRD/ZDF

Raabe, Wilhelm (DTL 1831–1910)
Die schwarze Galeere (1902) (Erzählung) R: Hellberg, Martin; DB: Hellberg, Martin; FT: Die schwarze Galeere (1961); TV: BRD

Wunnigel (1879) (Erzählung) R: Döpke, Oswald; DB: Angermann, Gerd; FT: Wunnigel (1978); TV: BRD/ZDF

Die Gänse von Bützow: eine Historia (1906) (Erzählung) R: Vogel, Frank; DB: Vogel, Frank; FT: Die Gänse von Bützow (1985); KF: DDR/DEFA

Räder, Gustav (DTL 1810–1868)

Robert und Bertram (1899) (Musikkomödie) R: Deppe, Hans; DB: Furch, Janne; Kampendonk, Gustav; FT: Robert und Bertram (1961); KF: BRD/Alfa Film/CCC Filmkunst GmbH

Radok, Alfred (CSR 1914–1976) & **Tesarová, Marie** (CSR)

(*Das schwedische Zündholz* 1961) (Komödie) (nach Motiven von Cekov) R: Klingenberg, Gerhard; DB: Klingenberg, Gerhard; FT: Das schwedische Zündholz (1967); TV: BRD/ARD/WDR

Raimund, Ferdinand (AUST 1790–1836)

Der Verschwender (1834) (Komödie) R: Hainisch, Leopold; DB: Richter, Emmanuel v.; FT: Der Verschwender (1952); KF: AUST/Dillenz

Der Verschwender (1834) (Komödie) R: Olden, John; DB: Olden, John; FT: Der Verschwender (1957); TV: BRD/ARD/NWRV Hamburg

Das Mädchen aus der Feenwelt oder Der Bauer als Millionär (1826) (Komödie) R: Steinböck, Rudolf; Stöger, Alfred; FT: Der Bauer als Millionär (1961); KF: AUST/Thalia

Der Alpenkönig und der Menschenfeind (1828) (Komödie) R: Berger, Ludwig; FT: Alpenkönig und Menschenfeind (1962); TV: BRD/ARD/SFB

Das Mädchen aus der Feenwelt oder Der Bauer als Millionär (1826) (Komödie) R: Wilhelm, Kurt; FT: Der Bauer als Millionär (Das Mädchen aus der Feenwelt) (1963); TV: BRD/ARD/WDR

Der Alpenkönig und der Menschenfeind (1828) (Komödie) R: Steinböck, Rudolf; DB: Steinböck, Rudolf; FT: Der Alpenkönig und der Menschenfeind (1965); KF: AUST

Der Verschwender (1834) (Komödie) R: Marboe, Ernst Wolfram; FT: Der Verschwender (1981); TV: AUST/ORF

Der Barometermacher auf der Zauberinsel (1823) (Komödie) R: Marboe, Ernst Wolfram; DB: Marboe, Ernst Wolfram; FT: Simsalabimbambum oder Der Barometermacher auf der Zauberinsel (1985); TV: AUST/ORF2

Der Diamant des Geisterkönigs (1825) (Komödie) R: Marboe, Ernst Wolfram; DB: Marboe, Ernst Wolfram; FT: Der Diamant des Geisterkönigs (1992); TV: AUST/BRD/ORF/ARD/BR/Beta Taurus Film

Ramuz, Charles Ferdinand (CH 1878–1947)

Si le soleil ne revenait pas (1937) (*Wenn die Sonne nicht wiederkäme* 1939) (Roman) R: Goretta, Claude; DB: Goretta, Claude; FT: Wenn die Sonne nicht wiederkäme (1987); TV: CH/FR/J.M.H./Télévision Suisse Romande/Marion's Films/Sara Films/Kanal Plus

Ransbeek, Roger van (BELG)

The Beatles Forever (1986) (Schauspiel) R: Kovács, Gedeon; FT: The Beatles Forever (1990); TV: BRD/ZDF

Raphael, Frederic (GB 1931–)

(Kriminalstück) R: Harnack, Falk; FT: Weiß gibt auf (1966); TV: BRD/ARD/SFB

Rattigan, Terence (GB 1911–1977)

The Browning Version (1948) (Schauspiel) R: Völger, Werner; FT: Das Abschiedsgeschenk (1953); TV: BRD/ARD/NWDR

The Winslow Boy (1946) (*Kadett Winslow* 1949) (> Der Fall Winslow) (Schauspiel) R: Cartier, Rudolph; FT: Der Fall Winslow (1955); TV: BRD/ARD/SDR

The Browning Version (1948) (Schauspiel) R: Kolman, Trude; DB: Kolman, Trude; FT: Das Abschiedsgeschenk (1956); TV: BRD/ARD/BR

Love in Idleness (1945) (*Olivia* 1960) (Komödie) R: Umgelter, Fritz; FT: Olivia (1958); TV: BRD/ARD/BR

The Winslow Boy (1946) (*Kadett Winslow* 1949) (> Der Fall Winslow) (Schauspiel) R: Wirth, Franz Peter; FT: Der Fall Winslow (1961); TV: BRD/ARD/Bavaria

The Browning Version (1948) (Schauspiel) R: Fruchtmann, Karl; FT: Das Abschiedsgeschenk (1962); TV: BRD/ARD/WDR

The Deep Blue Sea (1952) (*Tiefe blaue See* 1953) (Schauspiel) R: Schnell, Raoul Wolfgang; FT: Lockende Tiefe (1962); TV: BRD/ARD/Bavaria

French without tears (1937) (*Parlez-vous français?* 1948) (Komödie) R: Reichert, Franz; FT: Parlez-vous français? (1962); TV: BRD/ARD/WDR

Love in Idleness (1945) (*Olivia* 1960) (Komödie) R: Sydow, Rolf von; DB: Sydow, Rolf von; FT: Olivia (1965); TV: BRD/ARD/Bavaria/WDR

Separate Tables (1954) (*An kleinen Tischen* 1957) (Schauspiel) R: Wild, Franz Josef; FT: An Einzeltischen (1968); TV: AUST/ORF/BRD/ARD/BR

The Deep Blue Sea (1952) (*Tiefe blaue See* 1953) (Schauspiel) R: Müller, Hans-Reinhard; FT: Tiefe blaue See (1971); TV: BRD/ARD/BR

Rauchfuss, Hildegard M. (DDR, BRD 1918–)

War ich zu taktlos, Felix? (1976) (Roman) R: Büchner, Norbert; DB: Hall, Heinz; FT: Besuch bei ihr (1982); TV: DDR

Rausch, Theo (BRD)

Der letzte Gast (Schauspiel) R: Mock, Joachim; FT: Der letzte Gast (1981); TV: BRD/ARD/WDR

Ravius, Ernst Ludwig (BRD)

Ich schwöre und gelobe (1959) (Roman) R: Rádvany, Géza von; DB: Goldbaum, Peter; Olivier, Stefan; FT: Ich schwöre und gelobe (1959); KF: BRD

Rayburn, Joyce (GB)

(Komödie) R: Goslar, Jürgen; FT: Geliebtes Scheusal (1972); TV: BRD/ARD/BR

Rayman, Sylvia (GB)

Time to Speak (1959) (Schauspiel) R: Döpke, Oswald; FT: Das Haus im Nebel (1987); TV: BRD/ZDF

Night Shade (*Nächtliche Schatten* 1983) (Kriminalstück) R: Mueller-Stahl, Hagen; DB: Mueller-Stahl, Hagen; FT: Nächtliche Schatten (1987); TV: BRD/ZDF

Raymond, Fred (AUST 1900–1954)

Die Perle von Tokay (1941) (Operette) R: Marischka, Hubert; DB: Marischka, Hubert; Österreicher, Rudolf; FT: Die Perle von Tokay (1953); KF: AUST

Réage, Pauline (FR 1907–)

Histoire d'O (1954) (*Die Geschichte der O.* 1967) (Roman) R: Jäckin, Just; DB: Japrisot, Sebastien; FT: Die Geschichte der O. (1975); KF: BRD/FR

Rechlin, Eva (BRD 1928–)

(Jugenderzählung) R: Podehl, Peter; DB: Podehl, Peter; FT: Hosianna (1961); KF: BRD/Schonger Film GmbH

Hafengasse Nr. 8 (1964) (Jugendbuch) R: Batta, Ernst; FT: Hafengasse Nr.8 (1962); TV: BRD/ARD/WDR

Ahimeh (1958) (Kinderbuch) R: Podehl, Peter; FT: Ahimeh (1963); TV: BRD/ARD/WDR

Das Schiff in den Wolken (1963) (Kindererzählung) R: Neumann, Martin; FT: Das Schiff in den Wolken (1964); TV: BRD/ARD/WDR

Alarm im Schloßmuseum (1978) (Jugendroman) R: Dahlen, Armin; DB: Dahlen, Armin; FT: Alarm im Schloßmuseum (1983); TV: BRD/ZDF

Rechmann, Georg (DDR)

Die Drachenprinzessin (Märchen) R: Hattop, Karola; FT: Die Drachenprinzessin (1980); TV: DDR

Regler, Gustav (BRD 1898–1963)

Das Ohr des Malchus (1958) (Roman) R: Patzak, Peter; DB: Bense, Georg; FT: Brennendes Herz - Tagebuch einer Flucht (1996); TV: BRD/AUST/ARD/SR/ORF

Régnier, Bernard (FR 1929–)

Trésor party (*Diamantenwirbel* 1964) (Komödie) R: Kolman, Trude; FT: Diamantenwirbel (1962); TV: BRD/ARD/BR

Reich, Richard (USA 1919–1954)

House Without Windows (1952) (*Das Haus ohne Fenster* 1952) (Kriminalstück) R: Burckhardt, Roger; DB: Burckhardt, Roger; FT: Der Zinnkrug (1961); TV: BRD/ARD/BR

Reimann, Brigitte (DDR 1933–1973)

Franziska Linkerhand (1974) (Roman) R: Warneke, Lothar; DB: Kühn, Regine; FT: Unser kurzes Leben (1980); KF: DDR/DEFA

Die Frau am Pranger (1956) (Erzählung) R: Dessau, Maxim; DB: Badel, Peter; Dessau, Maxim; FT: Erster Verlust (1990); KF: DDR/DEFA

Reimann, Hans (BRD 1889–1969)

(Roman) R: Deppe, Hans; DB: Zibaso, Werner P.; FT: Der Haustyrann (1958); KF: BRD

Reimann, Max (DTL 1875–) & **Schwartz, Otto** (DTL 1871–)

Familie Hannemann (1951) (Komödie) R: Külb, Karl Georg; DB: Külb, Karl Georg; FT: Tante Jutta aus Kalkutta (1953); KF: BRD

Der Sprung in die Ehe (1923) (Komödie) R: Wilhelm, Kurt; FT: Paprika (1959); TV: BRD/ARD/BR

Reinecker, Herbert (BRD 1914–)

(Erzählung) R: Bolváry, Géza von; DB: Nebhut, Ernst; Scheu, Just; FT: Einmal kehr ich wieder ... Dalmatinische Hochzeit (1953); KF: BRD/JUG/Deutsche Film Hansa/Triglav Film

Kinder, Mütter und ein General (1953) (Roman) R: Benedek, Laszlo; DB: Benedek, Laszlo; Reinecker, Herbert (= Berg, Alex); FT: Kinder, Mütter und ein General (1954); KF: BRD

Taiga (1958) (Roman) R: Liebeneiner, Wolfgang; FT: Taiga (1958); KF: BRD

(Erzählung) R: Vohrer, Alfred; DB: Hurdalek, Georg; Zibaso, Werner P.; FT: Verbrechen nach Schulschluß (1975); KF: BRD

Vier heitere Geschichten (Erzählung) R: Griesmayr, Hartmut; FT: ... es ist die Liebe (1979); TV: CH/DRS

Heitere Geschichten über das Leben Wand an Wand (Erzählung) R: Liebeneiner, Wolfgang; FT: Nachbarn und nette Menschen (1979); TV: BRD/ZDF

Der Kavalier. Die Annonce (Erzählung) R: Vohrer, Alfred; FT: Rendezvous der Damen (1983); TV: BRD/ZDF

Die Dame und die Unterwelt (Komödie) R: Wolffhardt, Rainer; FT: Die Dame und die Unterwelt (1984); TV: BRD/ZDF

(Erzählung) R: Moszkowicz, Imo; FT: Der kleine Riese (1985); TV: BRD/ARD/NDR

Ein Denkmal wird erschossen (1977) (Kriminalstück) R: Engel, Thomas; FT: Ein Denkmal wird erschossen (1988); TV: BRD/ZDF

Reiner, Carl (USA 1922–)

(Roman) R: Gregan, Ralf; DB: Stein, Joseph; FT: Bühne frei für Kolowitz (null); TV: BRD/ZDF

Reingruber, Victor (AUST)

Rauschgift (Hörspiel) R: Rieger, August; Stanzl, Karl; DB: Köllner, Hans F.; Rieger, August; FT: Geheimnis einer Ärztin (1955); KF: AUST

Reinshagen, Gerlind (BRD 1926–)

Himmel und Erde (1974) (Schauspiel) R: Fruchtmann, Karl; FT: Himmel und Erde (1976); TV: BRD/ZDF

Sonntagskinder (1976) (Schauspiel) R: Verhoeven, Michael; DB: Reinshagen, Gerlind; Verhoeven, Michael; FT: Sonntagskinder (1979); KF: BRD

Reisch, Walter (AUST 1903–)

Die Mücke (1954) (Erzählung) R: Reisch, Walter; DB: Reisch, Walter; FT: Die Mücke (1954); KF: BRD

Reitzenstein, Hans Joachim Freiherr von (DTL 1981–1935)

Oberwachtmeister Schwenke (1933) (Roman) R: Lamprecht, Gerhard; DB: Fichelscher, Walter F.; FT: Oberwachtmeister Borck (1955); KF: BRD

Remarque, Erich Maria (= Remark, Erich Paul) (DTL, USA 1898–1970)

Zeit zu leben Zeit zu sterben (1954) (Roman) R: Pabst, Georg Wilhelm; FT: Der letzte Akt (1955); KF: AUST

Die Nacht von Lissabon (1961) (Roman) R: Brynych, Zbynek; FT: Die Nacht von Lissabon (1971); TV: BRD/ZDF

Der schwarze Obelisk (1956) (Roman) R: Deutsch, Peter; DB: Angermann, Gerd; FT: Der schwarze Obelisk (1988); TV: BRD/ZDF

Rendell, Ruth (= Vine, Barbara) (USA 1930–)

A Demon in My View (1976) (*Dämon hinter Spitzenstores* 1986) (Kriminalroman) R: Haffter, Petra; DB: Haffter, Petra; FT: Der Mann nebenan (1991); KF: BRD/Pro-jekt/SSB/ARD/WDR/HR

Renn, Ludwig (DDR 1889–1979)

Trini (1954) (Jugendbuch) R: Beck, Walter; DB: Beichler, Margot; FT: Trini (1976); KF: DDR/DEFA

Adel im Untergang (1944) (Roman) R: Pause, Wolf-Dieter; DB: Berger, Karl-Heinz; FT: Adel im Untergang (1981); TV: DDR

Renner, Carl Oskar (BRD 1908–)

Der Müllner Peter von Sachrang (1971) (Roman) R: Dietrich, Wolf; DB: Storz, Oliver; FT: Sachrang (Serie) (1978); TV: BRD/ARD/BR

Der Müllner Peter von Sachrang (1971) (Roman) R: Storz, Oliver; DB: Storz, Oliver; FT: Sachrang (3 Teile) (1988); TV: BRD/ARD/BR

Rentzsch, Gerhard (DDR, BRD 1926–)

Der Nachlaß (1967) (Hörspiel) R: Deutsch, Peter; FT: Der Nachlaß (1978); TV: DDR

Renziehausen, Thomas (BRD)

Die Kommissarin (1994) (Kriminalroman) R: Egger, Urs; Fürneisen, Bodo; Grünler, Jörg; Keusch, Erwin; Liccini, Rolf; FT: Die Kommissarin (1994); TV: BRD/ARD/HR/Monaco Film

Resnik, Muriel (USA)

Any Wednesday (1964) (*Jeden Mittwoch* 1970) (Komödie) R: Spier, Wolfgang; FT: Jeden Mittwoch (1982); TV: BRD/ZDF

Reuter, Fritz (DTL 1810–1874)

Kein Hüsung (1858) (Epos) R: Pohl, Arthur; DB: Welk, Ehm; FT: Kein Hüsung (1954); KF: DDR/DEFA

Ut de Franzosentid (1859) (> Aus der Franzosenzeit) (Roman) R: Damek, Dagmar; FT: Aus der Franzosenzeit (1981); TV: BRD/ZDF

Ut de Franzosentid (1859) (Erzählung) R: Caspari, Carlheinz; FT: Ut de Franzosentid (1983); TV: BRD/ARD/NDR

Reyes, Carlos Jose (URUG 1868–1938)

La piedra de la felicidad (*Der Stein des Glücks* 1973) (Schauspiel) R: Kreuz, Hubert; FT: Der Stein des Glücks (1977); TV: DDR

Rezac, Vaclav (CSR 1901–1956)
(*Der verrückte Erfinder oder Wie sich das Leben des Konstantin Eduardowitsch Ziolkowski durch ...* 1973) (Jugendbuch) R: Bahls, Karl-Heinz; DB: Keller, Wolfgang; FT: Die Sternstunde des Konstantin E. Ziolkowski (1977); TV: DDR
(*Eine zauberhafte Erbschaft*) (Kindererzählung) R: Zelenka, Z.; FT: Eine zauberhafte Erbschaft (1986); KF: DDR/DEFA

Reznicek, Felicitas von (DTL 1904–)
Shiva und die Nacht der 12 (1943) ( ) (Roman) R: Schweikart, Hans; DB: Andreas, Fred; May, Paul; FT: Die Nacht der Zwölf (1949); KF: BRD/Bavaria

Rezzori, Gregor von (BRD 1914–1998)
(Erzählung) R: Thiele, Rolf; FT: Labyrinth (1959); KF: BRD
Maghrebinische Geschichten (1953) (Erzählung) R: Davy, Walter; DB: Rezzori, Gregor von; FT: Maghrebinische Geschichten (1975); TV: BRD/AUST/ORF/WDR/SDR/SFB

Rhein, Eduard (= Hellmer, Klaus; Horster, Hans U.; Hulsen, Adrian) (CH 1900–1993)
Ein Herz spielt falsch (1950) (Roman) R: Jugert, Rudolf; DB: Fentsch, Erna; FT: Ein Herz spielt falsch (1953); KF: BRD
Der Engel mit dem Flammenschwert (1953) (Roman) R: Lamprecht, Gerhard; DB: Braun, Curt Johannes; FT: Der Engel mit dem Flammenschwert (1954); KF: BRD
Suchkind 312: Die Geschichte einer unerfüllten Liebe (1955) (Roman) R: Machaty, Gustav; DB: Machaty, Gustav; Zibaso, Werner P.; FT: Suchkind 312 (1955); KF: BRD
Die Toteninsel: Der Roman einer ausweglosen Liebe (1951) (Roman) R: Tourjansky, Viktor; DB: Fast, Victor de; Kay, Juliane; Kröhnke, Erich; Stapenhorst, Lore; Tourjansky, Viktor; FT: Die Toteninsel (1955); KF: BRD
Wie ein Sturmwind (1954) (Roman) R: Harnack, Falk; DB: Kaus, Gina; Krüger, Answald; Matray, Maria; Wuttig, Heinz Oskar; FT: Wie ein Sturmwind (1956); KF: BRD/CCC Filmkunst GmbH
Herz ohne Gnade (1956) (Roman) R: Tourjansky, Viktor; DB: Jacoby, Hans; FT: Herz ohne Gnade (1958); KF: BRD/Real Film
Der rote Rausch (1952) (Roman) R: Schleif, Wolfgang; DB: Andics, Hellmut; FT: Der rote Rausch (1962); KF: BRD

Rhodan, Emmy von (DTL 1832–1885)
Der Trotzkopf (1885) (Kinderbuch) R: Ashley, Helmut(h); FT: Der Trotzkopf (1983); TV: BRD/ARD/BR

Rice, Elmer (USA 1892–1967)
Dream Girl (1946) (*Das träumende Mädchen* 1950) (Komödie) R: Tannert, Hannes; DB: Tannert, Hannes; FT: Das träumende Mädchen (1956); TV: BRD/ARD/SDR
The Winner (1954) (Schauspiel) R: Olden, John; FT: Die Beklagte (1958); TV: BRD/ARD/NWRV
The Grand Tour (1951) (*Die große Reise* 1960) (Schauspiel) R: Dieterle, William; FT: Die große Reise (1960); TV: BRD/ARD/SFB
Cue for Passion (1959) (*Die Heimkehr Tony Burgess'* 1973) (> Die Heimkehr Tony Burgess' (1973)) (Schauspiel) R: Olden, John; FT: Ruf zur Leidenschaft (1961); TV: BRD/ARD/NWRV Hamburg
Counsellor-at-Law (1931) (*Der Staranwalt von Manhattan* 1934) (> Der Rechtsanwalt (1960)) (Schauspiel) R: Wild, Franz Josef; FT: Der Strafverteidiger (1961); TV: BRD/ARD/BR

Richter, Egon (DDR, BRD 1932–)
Die Anzeige (Erzählung) R: Carow, Heiner; DB: Carow, Heiner; Herlinghaus, Hermann; FT: Karriere (1968-70); KF: DDR
Die Anzeige (Erzählung) R: Carow, Heiner; DB: Herlinghaus, Hermann; Küchenmeister, Claus; FT: Die Russen kommen (1968/71); KF: DDR/DEFA
Scheidungsprozess (1973) (Roman) R: Bellag, Lothar; DB: Richter, Helmut; FT: Scheidungsprozeß (1973); TV: DDR/DEFA
Über 7 Brücken mußt du gehen (1978) (Erzählung) R: Werner, Hans; DB: Richter, Helmut; FT: Über 7 Brücken mußt du gehen (1978); TV: DDR/DEFA
Vergeblichkeit der Erinnerungen (Erzählung) R: Büchner, Norbert; FT: Vergeblichkeit der Erinnerungen (1981); TV: DDR
Alfons Köhler (Hörspiel) R: Vogel, Peter; DB: Richter, Helmut; FT: Alfons Köhler (1983); TV: DDR/DEFA
Der Tod des alten Mannes (1983) (Roman) R: Unger, Michael; FT: Der Tod des alten Mannes (1984); TV: DDR

Richter, Hans Peter (BRD 1925–)
Einschreiben vom Anwalt (1974) (Jugenderzählung) R: Borgelt, Hans-Henning; DB: Borgelt, Hans-Henning; FT: Einschreiben vom Anwalt (1980); TV: BRD/ARD/SFB

Ridge, Antonia (GB)
Family Album (1952) (*Das schöne Abenteuer* 1959) (Roman) R: Hoffmann, Kurt; DB: Neumann, Günter; Pauck, Heinz; FT: Das schöne Abenteuer (1959); KF: BRD/ Georg-Witt-Film
(Schauspiel) R: Podehl, Peter; DB: Weiland, Albert C.; FT: Der ehrliche Luigi (1963); TV: BRD/ARD/SR

Ridley, Arnold (GB 1896–1984)
The Ghost Train (1927) (*Der Geisterzug* 1927) (Schauspiel) R: Wolffhardt, Rainer; DB: Pigge, Helmut; Wolffhardt, Rainer; FT: Der Geisterzug (1957); TV: BRD/ ARD/SDR

Riedel, Helga (BRD)
Wiedergänger (1984) (Kriminalroman) R: Krämer, Innes Anna; DB: Mieke, Eva Maria; FT: Tote leben länger (1990); TV: BRD/ZDF

Riess, Curt (CH 1902–1993)
Roman eines Frauenarztes (1954) (Roman) R: Harnack, Falk; DB: Zibaso, Werner P.; FT: Roman eines Frauenarztes (1954); KF: BRD
Zwischenlandung Paris (1954) (Roman) R: Dréville, Jean; DB: Companéez, Jacques; Than, Joseph; FT: Zwischenlandung Paris (Escale à Orly) (1955); KF: BRD/FR

Rilke, Rainer Maria (DTL 1875–1926)
Die Weise von Liebe und Tod des Cornets Christoph Rilke (1906) (Erzählung) R: Reisch, Walter; FT: Der Cornet (1955); KF: BRD

Rinser, Luise (BRD 1911–)
Der Sündenbock (1955) (Roman) R: Umgelter, Fritz; DB: Umgelter, Fritz; FT: Der Sündenbock (1965); TV: BRD/ARD/BR

Ripley, Alexandra (USA 1934–)
Scarlett (1991) (*Scarlett* 1991) (Roman) (Forts. v. Margaret Mitchells Roman) R: Erman, John; DB: Hanley, William; FT: Scarlett (1993); TV: BRD/IT/Beta/RHI Entertainment

Rißmann, Charlotte (BRD 1898–)
Versprich mir nichts (1936) (Komödie) R: Liebeneiner, Wolfgang; DB: Eckardt, Felix von; FT: Wenn eine Frau liebt (1950); KF: BRD

Ristock, Inge (DDR, BRD)
Ein Pfau wird gerupft (Schauspiel) R: Hill, Peter; FT: Ein Pfau wird gerupft (1978); TV: DDR
Zillejören (Volksstück) R: Schäfer, Eberhard; FT: Zillejören (1988); TV: DDR/ DDR2

Rivemale, Alexandre (FR 1918–)
Azouk ou l'éléphant dans la maison (1954) (Komödie) R: Völger, Werner; DB: Grothe, Heinz; Völger, Werner; FT: Ein weißer Elefant (Ein Elefant im Haus) (1958); TV: BRD/ARD/SFB
Nemo (1956) (*Nemo taucht auf* 1956) (Komödie) R: Hamel, Peter; DB: Hamel, Peter; FT: Nemo taucht auf (1965); TV: BRD/ARD/SR
(Komödie) R: Moorse, George; FT: Das Karnickel (1980); TV: BRD/ZDF

Rjasanowa, Ekaterina (SU)
(*Vagabund für fünf Tage* 1964) (Jugendbuch) R: Friedrich, Gunter; DB: Tenzler, Brigitte; FT: Vagabund für 5 Tage (1972); TV: DDR

Robbe-Grillet, Alain (FR 1922–)
La jalousie (1957) (Roman) R: Kirschner, Klaus; FT: La Jalousie (1972); TV: BRD/ZDF

Robert, Jacques (FR 1921–)
L'appartement des filles (1963) (Roman) R: Deville, Michel; DB: Companéez, Nina; Deville, Michel; FT: Gangster, Gold und flotte Mädchen (1963); KF: BRD/FR/IT

Roberts, Meade (USA 1930–1992)
A Palm Tree in a Rosegarden (1958) (Schauspiel) R: Witt, Claus Peter; DB: Meade, Roberts; FT: Palme im Rosengarten (1967); TV: BRD/ARD/Studio Hamburg

Roberts, Richard Emery (USA 1903–)
(*Der Spinnenmörder*) (Schauspiel) R: Klingenberg, Gerhard; FT: Der Spinnenmörder (1978); TV: BRD/AUST/ARD/ HR/ORF

Roblès, Emmanuel (FR 1914–1995)
Montserrat (1948) (*Montserrat* 1949) (Schauspiel) R: Umgelter, Fritz; DB: Hellmann, Lillian; FT: Montserrat (1957); TV: BRD/ARD/HR
Montserrat (1948) (*Montserrat* 1949) (Schauspiel) R: Umgelter, Fritz; DB: Umgelter, Fritz; FT: Montserrat (1962); TV: BRD/ARD/BR
Plaidoyer pour un rebelle (1965) (Schauspiel) R: Kehlmann, Michael; FT: Plädoyer für einen Rebellen (1963); TV: BRD/ARD/ BR

Rodari, Gianni (IT 1920–1980)
Gelsomino nel paese dei bugiardi (1958) (*Gelsomino im Lande der Lügner* 1961) (Kinderbuch) R: Brauer, Jürgen; Lygum, Per; DB: Brauer, Jürgen; Goßens, Anne; Hanspach, Beate; FT: Lorenz im Land der Lügner (1996); TV: BRD/LUX/Provobis/ Videopress/ARD/mdr

Roda-Roda, Alexander (= Rosenfeld, Sándor Friedrich) (AUST 1872–1945)

(Erzählung) R: Drobraczynski, Romouald; DB: Deichsel, Wolfgang; FT: Der Gänsebraten vom Dienst (1968); TV: BRD

Der Knabe mit den 13 Vätern (1927) (< Nusic, B. G. Opstinsko dete 1902) (Roman) R: Fantl, Thomas; DB: Rusch, Sibylle; Tamin, Alf; FT: Der Knabe mit den 13 Vätern (1976); TV: BRD/ZDF

(Erzählung) R: Leitner, Hermann; DB: Pillau, Horst; FT: Roda-Roda - Pikantes und Amüsantes aus seiner Zeit (6 Teile) (1988); TV: AUST/BRD/ORF/ZDF

Roda-Roda, Alexander (= Rosenfeld, Sándor Friedrich) (AUST 1872–1945) & **Rössler, Carl** (DTL 1864–1948)

Der Feldherrnhügel (1910) (Schauspiel) R: Wildhagen, Georg; DB: Merz, Carl; FT: Der Feldherrnhügel (1970); TV: BRD/AUST/ZDF/ORF

Rodenbach, Georges (BELG 1855–1898)

Bruges-la-Morte (1892) (*Das tote Brügge* 1918) (Roman) R: Gies, Hajo; FT: Nocturno (1971); TV: BRD/ARD

Rodrian, Fred (DDR 1926–1985)

Das Märchenschloß (Kinderbuch) R: Zschoche, Herrmann; DB: Zschoche, Herrmann; FT: Das Märchenschloß (1960/61); KF: DDR/DEFA

Rodrian, Irene (BRD 1937–)

Ein bißchen Föhn, und du bist tot (1975) (Roman) R: Gräwert, Günter; DB: Richter, Nicolaus; FT: Einöd (1975); TV: BRD

Pepolino (1994) (Kinderbuch) R: Uzsák, János; DB: Nepp, József; Rodrian, Irene; Wincelberg, Shimon; FT: Pepolino und der Schatz der Meerjungfrau (1995); KF: BRD/CAN/HU/InfaFilm/ARD/BR/Matima/Video Vox Studio/Focus Film

Roehler, Klaus (BRD 1929–)

Der 18. Geburtstag (Erzählung) R: Lilienthal, Peter; DB: Kotulla, Theodor; Röhler, Klaus; FT: Der 18. Geburtstag (1962); TV: BRD/ARD/SWF

Rohkohl, Dieter (BRD)

Vater Philipp (1954) (< Vadder Philipp) (Komödie) R: Völger, Werner; DB: Rohkohl, Dieter; FT: Armer Vater Philipp (1954); TV: BRD/ARD/NWDR

Drei Orangen (Komödie) R: Bublitz, Hans Waldemar; FT: Drei Orangen (1959); TV: BRD/ARD/SFB

Achtung, Brillenschlange (Jugendstück) R: Langhoff, Udo; DB: Rohkohl, Dieter; FT: Achtung, Brillenschlange (1960); TV: BRD/ARD/NWRV

Rohmer, Sax (= Ward, Arthur Sarsfield) (GB 1886–1959)

The Wrath of Fu Manchu (1973) (Kriminalroman) R: Summers, Jeremy; DB: Welbeck, Peter; FT: Die Rache des Dr. Fu Man Chu (1966); KF: BRD/GB

Dr. Fu Manchu (1913) (Kriminalroman) R: Franco, Jess; DB: Welbeck, Peter; FT: Der Todeskuß des Dr. Fu Man Chu (1968); KF: BRD/ESP

Rolland, Romain (FR 1866–1944)

Le jeu de l'amour et de la mort (1925) (*Das Spiel von Tod und Liebe* 1925) (Schauspiel) R: Völger, Werner; DB: Völger, Werner; FT: Das Spiel von Tod und Liebe (1957); TV: BRD/ARD/BR

Romains, Jules (FR 1885–1972)

Knock, ou le triomphe de la médicine (1923) (*Knock oder Der Triumph der Medizin* 1947) (Komödie) R: Henn, Walter; FT: Dr. Knock oder Der Triumph der Medizin (1960); TV: BRD/ARD/SFB

Amédée et les messieurs en rang (1926) (Schauspiel) R: Jankó, Ilo von; FT: Amédée oder Die Kunst des Schuhputzens (1965); TV: BRD/ARD/SDR

Knock, ou le triomphe de la médicine (1923) (*Knock oder Der Triumph der Medizin* 1947) (Komödie) R: Graf, Dominik; DB: Schütter, Günter; FT: Doktor Knock (1996); TV: BRD/von Vietinghoff Filprod./ARD/BR

Roncoroni, Jean-Louis (FR 1926–)

Les hommes du dimanche (1957) (*Die Männer am Sonntag* 1960) (Schauspiel) R: Fruchtmann, Karl; DB: Fruchtmann, Karl; FT: Männer am Sonntag (1963); TV: BRD/ARD/RB

Roothaert, Antonius M.H. (NL 1896–1967)

Doctor Vlimmen (1939) (*Dr. Vlimmen* 1940) (Roman) R: Rabenalt, Arthur Maria; DB: Beste, Conrad; Carls, Carl Dietrich; FT: Skandal um Dr. Vlimmen (1956); KF: BRD

Rose, Felicitas (DTL 1962–1938)

Heideschulmeister Uwe Karsten (1909) (Roman) R: Deppe, Hans; DB: Francke, Peter; FT: Heideschulmeister Uwe Karsten (1954); KF: BRD

Rosegger, Peter (= P. K. = Kettenfeier, Petri) (AUST 1843–1918)

(Erzählung) R: Stöger, Alfred; DB: Lix, Alexander; FT: Das Siegel Gottes (Schuld und Sühne) (1949); KF: AUST

Die Försterbuben (1908) (Roman) R: Stemmle, Robert A.; DB: Stemmle, Robert A.; FT: Die Försterbuben (1955); KF: AUST

Die Fahnenträgerin (Erzählung) R: Dörfler, Ferdinand; DB: Dörfler, Ferdinand; FT: Die fröhliche Wallfahrt (1956); KF: BRD

Als ich Christtagsfreude holen ging (1902) (Erzählung) R: Stockmeier, Paul; DB: Friedrich, Otto; Heger, Alfred; FT: Als ich Christtagsfreude holen ging (1964); TV: AUST/ORF

Als ich noch der Waldbauernbub war (1902) (Erzählung) R: Stapenhorst, Fritz; DB: Joseph, Rudolph; FT: Als ich noch der Waldbauernbub war (9 Teile) (1964); TV: BRD

Jakob der Letzte (1888) (Roman) R: Corti, Axel; DB: Schneyder, Werner; FT: Jakob der Letzte (1976); TV: AUST/BRD/ORF/ZDF

Als ich noch der Waldbauernbub war (1902) (Erzählung) R: Leitner, Hermann; DB: Winiewicz, Lida; FT: Der Waldbauernbub (1983); TV: AUST/ORF2

Waldheimat (1877) (Erzählung) R: Dietrich, Wolf; Leitner, Hermann; DB: Scheibler, Peter; FT: Waldheimat (1983); TV: AUST/BRD/ORF/ZDF

Die Försterbuben (1908) (Roman) R: Patzak, Peter; DB: Dohnal, Meir; FT: Die Försterbuben (1984); TV: AUST/BRD/ORF/ZDF

Erdsegen (1900) (Roman) R: Brandauer, Karin; DB: Mitterer, Felix; FT: Erdsegen (1986); TV: AUST/BRD/ORF/ZDF

Rosei, Peter (AUST 1946–)

Wer war Edgar Allan? (1977) (Roman) R: Haneke, Michael; DB: Haneke, Michael; Rosei, Peter; FT: Wer war Edgar Allan? (1984); TV: AUST/BRD/ORF/ZDF

Rosendorfer, Herbert (BRD 1934–)

(Schauspiel) R: Weck, Peter; FT: Der lästige Ungar - oder Rigoletto hat keine Pause (1980); TV: AUST/BRD/ORF/ZDF

Es bleibt alles in der Familie (1984) (Komödie) R: Wilhelm, Kurt; FT: Es bleibt alles in der Familie (1983); TV: BRD/ARD/BR

Die Anzeige; Der Verkehrsunfall; Am See; Vor dem Schaufenster (Komödie) R: Geiger, Franz; DB: Geiger, Franz; FT: Ordnung muß sein (1984); TV: BRD/AUST/ZDF/ORF

Rosendorfer, Kurt (BRD)

Blaßlila Briefe (Erzählung) R: Barabás, Stanislav; FT: Blaßlila Briefe (Tatort) (1982); TV: BRD/ARD/SWF

Rösener, Inge (BRD 1917–)

Dany, bitte schreiben Sie (1950) (Roman) R: Borsody, Eduard von; DB: Borsody, Eduard von; Geiger, Franz; Rösener, Inge; FT: Dany, bitte schreiben Sie (1956); KF: BRD/CEO

Rösler, Jo Hanns (BRD 1899–1966)

Erzähl mir nichts (1965) (Roman) R: Haugk, Dietrich; DB: Rösler, Jo Hanns; FT: Erzähl mir nichts (1964); KF: BRD

Die Reise nach Mallorca (1973) (Roman) R: Wilhelm, Kurt; DB: Becker, Alexandra; Becker, Rolf; FT: Die Reise nach Mallorca (1973); TV: BRD/ARD/BR

Rosmus-Wenninger, Anja (BRD)

Widerstand und Verfolgung: am Beispiel Passaus 1933 - 1939 (1983) (Bericht) R: Verhoeven, Michael; DB: Verhoeven, Michael; FT: Das schreckliche Mädchen (1990); KF: BRD/Sentana Filmproduktion/ZDF

Rößner, Manfred (BRD)

Karl III. und Anna von Österreich (1939) (Komödie) R: Götz-Pflug, Curt; FT: Karl III. und Anna von Österreich (1953); TV: BRD/ARD/NWDR

Karl III. und Anna von Österreich (1939) (Komödie) R: Wilhelm, Kurt; FT: Karl III. und Anna von Österreich (1962); KF: BRD

Rosow, Viktor (DTL 1913–)

Auf der Suche nach Freude (1959) (Schauspiel) R: Rothe, Edward; FT: Auf der Suche nach dem Glück (1961); TV: BRD/ARD/WDR

Sutnik (*Spaßmacher* 1967) (Schauspiel) R: Fruchtmann, Karl; FT: Spaßmacher (1969); TV: BRD/ARD/RB

Ross, George (GB 1907–1982) & **Singer, Campbell** (GB) & **Thomas, Gwyn** (GB 1913–1981)

Guilty Party (1961) (Schauspiel) R: Wagner, Klaus; FT: Party im Zwielicht (1965); TV: BRD/ARD/SDR

Rössler, Carl (DTL 1864–1948)

Die beiden Seehunde (1917) (Komödie) R: Wilhelm, Kurt; FT: Seehundskomödie (1978); TV: BRD/ARD/BR

Roth, Friederike (BRD 1948–)

Klavierspiele (1981) (Schauspiel) R: Kelling, Gerhard; FT: Klavierspiele (1981); TV: BRD/ZDF

Roth, Gerhard (AUST 1942–)

Der große Horizont (1974) (Roman) R: Lehner, Fritz; DB: Lehner, Fritz; FT: Der große Horizont (1975); TV: AUST/ORF

Der stille Ozean (1980) (Roman) R: Schwarzenberger, Xaver; DB: Kappacher, Walter; Roth, Gerhard; FT: Der stille Ozean (1982); TV: AUST/BRD/ORF/ZDF

Landläufiger Tod (1984) (1984) (Roman) R: Schottenberg, Michael; DB: Roth, Gerhard; Schottenberg, Michael; FT: Landläufiger Tod (2 Teile) (1990); TV: AUST/BRD/ORF/ARD/WDR

Eine Reise in das Innere von Wien: Essays (1991) (Essay) R: Schütte, Jan; DB: Roth, Gerhard; FT: Eine Reise in das Innere von Wien (1995); KF: AUST/Cult Filmproduktion

Der See (1995) (Roman) R: Roth, Thomas; DB: Roth, Gerhard; FT: Der See (1997); TV: AUST/ORF/MR-Film

Roth, Joseph (AUST 1894–1939)

Die Rebellion (1924) (Roman) R: Staudte, Wolfgang; DB: Schmeidel, Rüdiger von; FT: Die Rebellion (1962); TV: BRD/ARD/NDR

Die Legende vom heiligen Trinker (1939) (Erzählung) R: Wild, Franz Josef; DB: Budjuhn, Horst; FT: Die Legende vom heiligen Trinker (1963); TV: BRD/ARD/BR

Radetzkymarsch (1932) (Roman) R: Kehlmann, Michael; DB: Kehlmann, Michael; FT: Radetzkymarsch (1965); TV: BRD/ARD/ORF

Beichte eines Mörders, erzählt in einer Nacht (1936) (Roman) R: Haaf, Wilm ten; FT: Beichte eines Mörders (1969); TV: BRD/ARD/WDR

Die Geschichte von der 1002. Nacht (1939) (Roman) R: Beauvais, Peter; DB: Asmodi, Herbert; FT: Die Geschichte der 1002. Nacht (2 Teile) (1969); TV: BRD/ARD/WDR

Das falsche Gewicht (1937) (Roman) R: Wicki, Bernhard; DB: Hochwälder, Fritz; Wicki, Bernhard; FT: Das falsche Gewicht (1970); KF: BRD

Die Kapuzinergruft (1938) (Roman) R: Schaaf, Johannes; DB: Schaaf, Johannes; Schell, Maximilian; FT: Trotta (1971); KF: BRD/Johannes Schaaf/Independent(Heinz Angermeyer)

Stationschef Fallmerayer (Erzählung) R: Davy, Walter; DB: Davy, Walter; Kerry, Ruth; FT: Stationschef Fallmerayer (1976); TV: AUST/BRD/ORF/ZDF

Hiob (1930) (Roman) R: Kehlmann, Michael; FT: Hiob (1977); TV: AUST/BRD/ORF/ZDF

April: die Geschichte einer Liebe (1925) (Erzählung) R: Damek, Dagmar; FT: Geschichte einer Liebe (1978); TV: BRD/ARD/BR

Tarabas, ein Gast auf dieser Erde (1934) (Roman) R: Kehlmann, Michael; FT: Tarabas (1982); TV: AUST/BRD/ORF/ARD/NDR

Flucht ohne Ende (1927) (Roman) R: Kehlmann, Michael; FT: Flucht ohne Ende (1984); TV: AUST/ORF

Die Geschichte von der 1002. Nacht (1939) (Roman) R: Beauvais, Peter; DB: Asmodi, Herbert; FT: Die Geschichte der 1002. Nacht (1985); TV: BRD/ZDF

Die Legende vom heiligen Trinker (1939) (Erzählung) R: Olmi, Ermanno; DB: Kezich, Tullio; Olmi, Ermanno; FT: Die Legende vom heiligen Trinker (1988); TV: BRD/IT/FR/AUST/ZDF/RAI/ORF

Das Spinnennetz (1923) (Roman) R: Wicki, Bernhard; DB: Kirchner, Wolfgang; Wicki, Bernhard; FT: Das Spinnennetz (1988); KF: BRD/AUST/IT/Jürgen Haase/Provobis/Kirch & ZDF/Beta Film/ORF/RAI2

Die Rebellion (1924) (Roman) R: Haneke, Michael; DB: Haneke, Michael; FT: Die Rebellion (1992); TV: AUST/BRD/Veit-Heiduschka/Wega Film/ORF/ZDF

Radetzkymarsch (1932) (Roman) R: Corti, Axel; Roll, Gernot; DB: Conchon, Georges; Corti, Axel; Gardel, Louis; Orsenna, Eric; FT: Radetzkymarsch (1994); KF: AUST/BRD/FR/Satel/Progefi/Taurus/ORF/ARD/BR

Rothe, Hans (= Crane, Colin; Lindner, Hans L.) (BRD 1894–1978)

(Hörspiel) R: Bublitz, Hans Waldemar; DB: Rothe, Hans; FT: Zwischen Erde und Himmel (1955); TV: BRD/ARD/SFB

Ankunft bei Nacht (1936) (Schauspiel) R: Biltz, Karl Peter; FT: Ankunft bei Nacht (Verwehte Spuren) (1965); TV: BRD

Rothkirch, Leonhard Graf von (BRD 1882–) & **Rothkirch, Thilo Graf von** (BRD)

Tobias Totz und sein Löwe (1982) (Kinderbuch) (Zeichentrickfilm; Text von Rothkirch, Leonhard) R: Rothkirch, Thilo; Rycker, Piet de; DB: Rothkirch, Thilo; Rycker, Piet de; Schricke, Bert; FT: Tobias Totz und sein Löwe (1999); KF: BRD/von Rothkirch Cartoonfilm/Munich Animation/Bioskop/Stupid Studio/Warner Bros.

Rotter, Fritz Friedrich (BRD 1901–)
Nachts auf den Straßen (1952) (Roman) R: Jugert, Rudolf; DB: Käutner, Helmut; Rotter, Fritz Friedrich; FT: Nachts auf den Straßen (1951); KF: BRD/NDF

Roussin, André (FR 1911–1987)
(Komödie) R: Lingen, Theo; FT: Schule der Gattinnen (1962); TV: BRD/ARD/SFB
Le mari, la femme et la mort (1954) (Komödie) R: Sydow, Rolf von; DB: Sydow, Rolf von; FT: Über die Schwierigkeit, seinen Mann umzubringen (1971); TV: BRD/ARD/SWF
La locomotive (1967) (Komödie) R: Görlitz, Helmut Christian; DB: Görlitz, Helmut Christian; FT: Die Lokomotive (1986); TV: BRD/ZDF

Roy, Jules (FR 1907–)
Les cyclones (1954) (Schauspiel) R: Umgelter, Fritz; DB: Umgelter, Fritz; FT: Die Zyklone (1955); TV: BRD/ARD/HR

Różewicz, Tadeusz (PL 1921–)
Grupa Laokoon (1962) (*Die Laokoon-Gruppe*) (Schauspiel) R: Fontheim, Joachim; FT: Die Laokoon-Gruppe (1963); TV: BRD/ARD/SFB
Akt przerywany (*Der unterbrochene Akt* 1966) (Komödie) R: Fiedler, Gerlach; DB: Berndt, Alfred; FT: Der unterbrochene Akt (1970); TV: BRD/ARD/SFB

Rubin, Chris (BRD)
Seine beste Rolle (1989) (Erzählung) R: Tögel, Hans-Jürgen; DB: Scholz, Marcus; FT: Seine beste Rolle (1989); TV: BRD/ZDF

Rubio, José López (= Lopez Rubio, José) (ESP 1903–)
Un tron para Christy (1952) (Komödie) R: Amadori, Luis Cesar; DB: Marquina, Luis; FT: Ein Thron für Christine (1959); KF: BRD/ESP

Rücker, Günther (DDR, BRD 1924–)
Zehn Jahre später (1954) (Hörspiel) R: Müncheberg, Hans; DB: Müncheberg, Hans; FT: Zehn Jahre später (1954); TV: DDR/Life
Hilde, das Dienstmädchen (1984) (Erzählung) R: Brauer, Jürgen; Rücker, Günther; DB: Brauer, Jürgen; Rücker, Günther; FT: Hilde, das Dienstmädchen (1986); KF: DDR/BRD/CSSR/DEFA/ZDF/Filmove Studio Barrandov
Der Geselle (1985) (Erzählung) R: Maugg, Gordian; DB: Maugg, Gordian; FT: Der olympische Sommer (1991/92); KF: BRD/Gordian Maugg Film- und Fernsehprod.

Rudolph, Charles (GB)
(Kriminalkomödie) R: Staudte, Wolfgang; DB: Flatow, Curth; Wilhelm, Hans; FT: Ganovenehre (1966); KF: BRD/Inter West Film

Rudolphi, Ernst (BRD)
Junger Mann, der alles kann (1955) (Roman) R: Engel, Thomas; DB: Forster, Walter; Osten-Sacken, Maria von der; FT: Junger Mann, der alles kann (1957); KF: BRD

Rumpff, Heinrich (BRD 1897–)
Duell mit Diamanten (1933) (Roman) R: Liebeneiner, Wolfgang; DB: Ottawa, Theodor; Rumpff, Heinrich; FT: Der blaue Stern des Südens (1951); KF: AUST/Vindebona

Runyon, (Alfred) Damon (USA 1884–1946)
Butch Minds the Baby (1935) (Erzählung) R: Rohkohl, Dieter; DB: Müller, Jo Hanns; FT: Butch paß aufs Baby auf (1961); TV: BRD/ARD/RB

Ryck, Francis (FR 1920–)
La peau de Torpédo (1968) (Kriminalroman) R: Delannoy, Jean; DB: Cau, Jaun; Delannoy, Jean; FT: Der Mann mit der Torpedohaut (1969); KF: BRD/FR/IT

Saavedra Santis, Omar (CHIL)
Y qué ago yo en este pais donde todas las gatos son rubios (*Blonder Tango* 1983) (Roman) R: Warneke, Lothar; FT: Blonder Tango (1986); KF: DDR/DEFA
(*Die Kunst des Kochens*) (Erzählung) R: Kaufmann, Edgar; DB: Bernert, Brigitte; FT: Melanios letzte Liebe (1988); TV: DDR/DDR1

Sacher-Masoch, Alexander von (AUST 1901–1972)
Abenteuer eines Sommers (1948) (Roman) R: Pfandler, Helmut; DB: Heiduschka, Veit; Nachmann, Kurt; FT: Abenteuer eines Sommers (1974); TV: AUST/BRD/ORF/ZDF
Die Parade (1946) (Roman) R: Davy, Walter; DB: Kalbeck, Florian; FT: Die Parade (1974); TV: AUST/BRD/ORF/ZDF
(Roman) (nach Motiven) R: Andre, Klaus; DB: Andre, Klaus; FT: Die vierte Zeit (1984); KF: BRD

Sacher-Masoch, Leopold von (= Arand, Charlotte; Rodenbach, Zoë von) (DTL 1836–1895)
Venus im Pelz (1870) (Roman) R: Dillmann, Max; DB: Hilger, Inge; FT: Venus im Pelz (1968); KF: BRD

Grausame Frauen (1907) (Erzählung) R: Mikesch, Elfi; Treut, Monika; DB: Mikesch, Elfi; Treut, Monika; FT: Verführung: Die grausame Frau (1985); KF: BRD/ Hyäne I/II Filmproduktion

Sachs, Hans (DTL 1494–1576)

Der farend Schüler im Paradeiß (1550) (Komödie) R: Küpper, Hannes; DB: Küpper, Hannes; FT: Fastnachtsspiele (1953); TV: BRD/ARD

Sade, Donatien Marquis de (FR 1740–1814)

Justine ou les malheurs de la vertue (1791) (Roman) R: Franco, Jess; FT: Justine, das Sexgeschöpf des Marquis de Sade (1968); KF: BRD/IT

Sagan, Françoise (FR 1935–)

Dans un mois dans un an (1957) (*In einem Monat, in einem Jahr* 1958) (Roman) R: Haaf, Wilm ten; DB: Levi, Paolo; FT: In einem Monat, in einem Jahr (1969); TV: BRD/ARD/SWF

Sahin, Osman (TUR 1938–)

(Erzählung) R: Kiral, Erden; DB: Kiral, Erden; FT: Der Spiegel (1984); KF: BRD/ GB/Von Vietinghoff Filmproduktion, Berlin/ZDF/Channel 4, London

Saiko, George (AUST 1892–1962)

Der Mann im Schilf (1971) (Roman) R: Purzer, Manfred; DB: Purzer, Manfred; FT: Der Mann im Schilf (1977); KF: BRD/ Roxy/ARD/BR

Saint Moore, Adam (FR 1926–)

(Roman) R: Owens, Richard; DB: Cloche, Maurice; Simonelli, Giovanni; FT: Zucker für den Mörder (1968); KF: BRD/ FR/IT

Saint-Exupéry, Antoine-Marie Roger de (FR 1900–1944)

Le petit prince (1943) (*Der kleine Prinz* 1950) (Märchen) R: Wolf, Konrad; DB: Wagenstein, Angel; FT: Der kleine Prinz (1966); KF: DDR/DEFA

Le petit prince (1943) (*Der kleine Prinz* 1950) (Märchen) R: Jakuba, Jaroslav; Kerp, Theo; DB: Golluch, Norbert; FT: Der kleine Prinz (1990); TV: BRD/Alfa Film

Saint-Laurent, Cécil (FR 1919–)

Caroline chérie (1950) (*Am Anfang war nur Liebe* 1950) (Roman) R: Patellière, Denys de la; DB: Saint-Laurent, Cécil; FT: Caroline Cherie (Schön wie die Sünde) (1967); KF: BRD/FR/IT

Sakowski, Helmut (DDR, BRD 1924–)

Wie ein Vogel im Schwarm (1984) (Roman) R: Bellag, Lothar; DB: Sakowski, Helmut; FT: Wie ein Vogel im Schwarm (1990); TV: DDR/DFF1

Salgari, Emilio (IT 1862–1911)

I misteri della giungla nera (1926) (*Die Geheimnisse des schwarzen Dschungels* 1929) (Roman) R: Capuano, Luigi; DB: Poggi, Ottavio; Riso, Arpad De; FT: Das Geheimnis der Lederschlinge (1964); KF: BRD/IT

Salomon, Charlotte (NL 1917–1943)

Leven of theater? (1981) (*Leben oder Theater?: Ein autobiographisches Singspiel in 769 Bildern* 1981) (Schauspiel) R: Weisz, Frans; DB: Weisz, Frans; FT: Charlotte (1980); KF: BRD/NL

Salomon, Ernst von (BRD 1902–1972)

Der Fragebogen (1951) (Roman) R: May, Paul; FT: Glück in Frankreich (1965); TV: BRD/ARD/WDR

Die schöne Wilhelmine (1965) (Roman) R: Sydow, Rolf von; DB: Wittlinger, Karl; FT: Die schöne Wilhelmine (1984); TV: BRD/ZDF

Salomon, Jaime (ESP 1925–)

(*Ein Mann ist soeben erschosssen worden*) (Schauspiel) R: Rothe, Edward; FT: Ein Mann ist soeben erschossen worden (1964); TV: BRD/ARD/WDR

(*Ein Mann ist soeben erschossen worden*) (Schauspiel) R: Engel, Thomas; FT: Ein Mann ist soeben erschossen worden (1985); TV: BRD/ZDF

Salten, Felix (= Salzmann, Siegmund) (AUST 1869–1945)

Josephine Mutzenbacher oder Die Geschichte einer wienerischen Dirne (1906) (Biographie) (nur mutmaßlich von Salten) R: Nachmann, Kurt; DB: Nachmann, Kurt; FT: Josephine Mutzenbacher (1970); KF: BRD

Josephine Mutzenbacher oder Die Geschichte einer wienerischen Dirne (1906) (Biographie) (nur mutmaßlich von Salten) R: Nachmann, Kurt; DB: Nachmann, Kurt; FT: Mutzenbacher 2. Teil - Meine 365 Liebhaber (1970); KF: BRD

Der Schrei der Liebe (1904) (Roman) R: Lhotsky, Georg; FT: Von ewiger Liebe (1979); TV: AUST/BRD/ORF/ARD/BR

Josephine Mutzenbacher oder Die Geschichte einer wienerischen Dirne (1906) (Biographie) (nur mutmaßlich von Salten) R: Billian, Hans; DB: Billian, Hans; FT: Die heißen Nächte der Josephine Mutzenbacher (1981); KF: BRD

Auferstehung oder Ein korrekter Mann (Komödie) R: Stoss, Franz; FT: Auferstehung oder Ein korrekter Mann (1986); TV: AUST/ORF

Josephine Mutzenbacher oder Die Geschichte einer wienerischen Dirne (1906) (Biographie) (nur mutmaßlich von Salten) R: Enz, Jürgen; DB: Enz, Jürgen; FT: Josephine Mutzenbacher (1990); KF: BRD

Salvati, John (USA)

The Thieves (Roman) R: Weck, Peter; DB: Salvati, John; Weck, Peter; FT: Diebinnen (1995); KF: BRD/Roxy/Sat1

Samarakis, Antonis (HEL 1919–)

To lathos (1965) (*Der Fehler* 1969) (Roman) R: Fleischmann, Peter; DB: Carrière, Jean-Claude; Walser, Martin; FT: Der dritte Grad (1974); KF: BRD/FR/IT

Sanguinetti, Eduardo (ARG 1951–)

(Gedicht) R: Muschner, Michael; DB: Muschner, Michael; FT: Truck Stop (1996); KF: BRD

Sardou, Victorien (FR 1831–1908)

Madame Sans-Gêne (1893) (dt. 1895) (Komödie) R: Kehlmann, Michael; DB: Bronner, Gerhard; Kehlmann, Michael; FT: Die Wäscherin des Herrn Bonaparte (1953); TV: BRD/ARD/NWDR

Fernande (1870) (Komödie) R: Jacobs, Werner; FT: Der Bettelstudent (1956); KF: BRD

Madame Sans-Gêne (1893) (dt. 1895) (Komödie) R: Olden, John; DB: Epple, Kuno; FT: Madame Sans-Gêne (1960); TV: BRD/ARD/NWRV Hamburg

Sargorodskij, Lev P. (SU)

(Erzählung) R: Koerfer, Thomas; DB: Koerfer, Thomas; FT: Konzert für Alice (1985); TV: CH/DRS

Sarment, Jean (FR 1897–1976)

Mamouret (*Ihr 106. Geburtstag* 1955) (Komödie) R: Tannert, Hannes; DB: Laurenze, Ernst; FT: Ihr 106. Geburtstag (1957); TV: BRD/ARD/SWF

Mamouret (*Ihr 106. Geburtstag* 1955) (Komödie) R: Lüders, Günther; DB: Flatow, Curth; Hachfeld, Eckart; FT: Ihr 106. Geburtstag (1958); KF: BRD

(Komödie) R: Wolffhardt, Rainer; FT: Wir waren Drei (1961); TV: BRD/ARD/SDR

Mamouret (*Ihr 106. Geburtstag* 1955) (Komödie) R: Engel, Thomas; FT: Ihr 106. Geburtstag (1980); TV: BRD/ZDF

Saroyan, William (USA 1908–1981)

(*Die Auster und die Perle* 1954) (Schauspiel) R: Farenburg, Hanns; FT: Die Auster und die Perle (1954); TV: BRD/ARD/NWDR

(Komödie) R: Völger, Werner; FT: Zwei oder drei Ehen (1954); TV: BRD/ARD/NWDR Hamburg

(*Die Auster und die Perle* 1954) (Schauspiel) R: Schnell, Raoul Wolfgang; FT: Die Auster und die Perle (1961); TV: BRD/ARD/Bavaria

(Komödie) R: Trenk-Trebitsch, Willy; FT: Des unbekannten Autors ungeschriebenes Stück (1961); TV: BRD/ARD/NDR

My Heart's in the Highlands (1939) (dt. 1942) (Schauspiel) R: Cremer, Ludwig; FT: Mein Herz ist im Hochland (1963); TV: BRD/ARD/Bavaria

Sarrazin, Albertine (FR 1937–1967)

L'Astragale (1965) (Roman) R: Casaril, Guy; DB: Casaril, Guy; FT: Astragal (1968); KF: BRD/FR/CCC Filmkunst GmbH/Films de Pléïade

Sartre, Jean-Paul (FR 1905–1980)

(Schauspiel) R: Beauvais, Peter; FT: Die falschen Nasen. Eine Komödie aus einem Märchenland (1955); TV: BRD/ARD/SWF

La putain respectueuse (1946) (*Die ehrbare Dirne* 1952) (Schauspiel) R: Wagner, Konrad; FT: Die respektvolle Dirne (1957); TV: BRD/ARD/HR

Huis clos (1947) (*Geschlossene Gesellschaft* 1949) (Schauspiel) R: Schweikart, Hans; DB: Schweikart, Hans; FT: Geschlossene Gesellschaft (1959); TV: BRD/ARD/SWF

Kean (1954) (Schauspiel) R: Klingenberg, Gerhard; FT: Kean (1963); TV: BRD/ARD/WDR

Morts sans sépulture (1946) (*Tote ohne Begräbnis* 1949) (Schauspiel) R: Wolffhardt, Rainer; DB: Strübel, Gustav; Wolffhardt, Rainer; FT: Tote ohne Begräbnis (1964); TV: BRD/ARD/SDR

Les mouches (1947) (*Die Fliegen*) (Schauspiel) R: Noelte, Rudolf; FT: Die Fliegen (1966); TV: BRD/ZDF

Huis clos (1947) (*Geschlossene Gesellschaft* 1949) (Schauspiel) R: Wirth, Franz Peter; DB: Wirth, Franz Peter; FT: Geschlossene Gesellschaft (1966); TV: BRD/ARD/Bavaria

Le Diable et le Bon Dieu (1951) (Schauspiel) R: Beauvais, Peter; DB: Beauvais, Peter; FT: Der Teufel und der liebe Gott (1967); TV: BRD/ARD/HR

Les mains sales (1948) (*Die schmutzigen Hände* 1949) (Schauspiel) R: Wirth, Franz Peter; DB: Wirth, Franz Peter; FT: Schmutzige Hände (1968); TV: BRD/ARD/SDR

Les séquestrés d'Altona (1960) (*Die Eingeschlossenen von Altona* 1960) (Schauspiel) R: Braun, Pinkas; DB: Braun, Pinkas; FT: Die Eingeschlossenen (1978); TV: BRD/ZDF

Sastre, Alfonso (ESP 1926–)

Tierra roja (1963) (*Rote Erde*) (Schauspiel) R: Groeger, Peter; FT: Rote Erde (1978); TV: DDR

Sauerbruch, Ernst-Ferdinand (BRD 1875–1951)

Das war mein Leben (1951) (Autobiographie) R: Hansen, Rolf; DB: Lützkendorf, Felix; FT: Sauerbruch - Das war mein Leben (1954); KF: BRD

Saunders, James (GB 1925–)

Next Time I'll Sing to You (1963) (*Ein Eremit wird entdeckt* 1963) (Schauspiel) R: Lietzau, Hans; FT: Ein Eremit wird entdeckt (1965); TV: BRD/ARD/SFB

A Scent of Flowers (1965) (*Ein Duft von Blumen* 1967) (Schauspiel) R: Beauvais, Peter; DB: Beauvais, Peter; FT: Ein Duft von Blumen (1967); TV: BRD/ARD/HR

The Pedagogue (*Der Schulmeister* 1963) (Monolog) R: Brühl, Hanno; FT: Der Schulmeister (1967); TV: BRD/ARD/WDR

Sauvajon, Marc-Gilbert (FR)

(Komödie) R: Olden, John; FT: Unser Herr Vater (1958); TV: BRD/ARD/NWRV Hamburg

Savory, Gerald (GB 1909–)

A Likely Tale (1956) (*Eine fast mögliche Geschichte* 1958) (Komödie) R: Kehlmann, Michael; DB: Kehlmann, Michael; FT: Eine fast mögliche Geschichte (1958); TV: BRD/ARD/HR

The Twinkling of an Eye (1965) (*Die verschenkten Jahre* 1965) (Schauspiel) R: Kolman, Trude; FT: Die verschenkten Jahre (1966); TV: BRD/ARD/BR

Scarnacci, Giulio (IT) & **Tarabusi, Renzo** (IT 1906–1968)

(*Kaviar und Linsen*) (Komödie) R: Gottlieb, Franz Josef; DB: Comforty, Jacky; Huby, Felix; FT: Keine Gondel für die Leiche (1989); TV: BRD/ZDF

Scerbanenco, Giorgio (IT 1911–1969)

(Roman) R: Tessari, Duccio; DB: Proietti, Biagio; Tessari, Duccio; FT: Das Grauen kam aus dem Nebel (1970); KF: BRD/IT

Schaeffer, Albrecht (BRD 1885–1950)

Josef Montfort (1918) (Roman) (Episode aus) R: Horn, Peter A.; DB: Horn, Peter A.; FT: Der Fingerzeig (1956); TV: BRD/ARD/SWF

Josef Montfort (1918) (Roman) (Episode) R: Horn, Peter A.; DB: Horn, Peter A.; FT: Das Präludium (1956); TV: BRD/ARD/SWF

Schaeffer, Max Pierre (BRD)

Vier Schlüssel (1962) (Kriminalroman) R: Roland, Jürgen; DB: Keck, Thomas; Schaeffer, Max Pierre; FT: Vier Schlüssel (1965); KF: BRD

Schäfer, Paul Kanut (DDR 1922–)

Jadup: Die Höllenfahrt eines Helden unserer Tage (1975) (Roman) R: Simon, Rainer; DB: Schäfer, Paul Kanut; Simon, Rainer; FT: Jadup und Boel (1988); KF: DDR/DEFA

Schaper, Edzard (CH 1908–1984)

Um die neunte Stunde oder Nikodemus und Simon (1953) (< Hörspiel) (Erzählung) R: Burmester, Gustav; DB: Schaper, Edzard; FT: Simon (Um die neunte Stunde) (1954); TV: BRD/ARD/NWDR

Um die neunte Stunde oder Nikodemus und Simon (1950) (< Hörspiel) (Erzählung) R: Lothar, Frank; DB: Schaper, Edzard; FT: Nikodemus (1955); TV: BRD/ARD/SWF

Der Gefangene der Botschaft (1964) (Schauspiel) R: Gessner, Nicolas; DB: Besch, Lutz; FT: Der Gefangene der Botschaft (1964); TV: CH/AUST/Condor-Film/ORF

Scharang, Michael (AUST 1941–)

Ein Verantwortlicher entläßt einen Unverantwortlichen (1970) (Erzählung) R: Brödl, Herbert; DB: Brödl, Herbert; Scharang, Michael; FT: Ein Verantwortlicher entläßt einen Unverantwortlichen (1971); TV: AUST/ORF

Der Sohn eines Landarbeiters (1976) (Roman) R: Corti, Axel; DB: Scharang, Michael; FT: Der Sohn eines Landarbeiters wird Bauarbeiter und baut sich ein Haus (1975); TV: AUST/BRD/ORF/ARD/WDR

Der Sohn eines Landarbeiters (1976) (Roman) R: Corti, Axel; DB: Scharang, Michael; FT: Totstellen (1975); KF: AUST

Der Lebemann (1979) (Roman) R: Corti, Axel; DB: Scharang, Michael; FT: Der Lebemann (1979); TV: AUST/BRD/ORF/WDR

Scharrelmann, Wilhelm (BRD 1875–1950)

Hochzeit im Haifisch (Schauspiel) R: Timm, Curt; FT: Hochzeit im Haifisch (1979); TV: BRD/ZDF

Schatrow, Michail Filipovic (SU 1932–)
(*Wo andere schweigen*) (Szenario) R: Kirsten, Ralf; DB: Kirsten, Ralf; FT: Wo andere schweigen (1984); KF: DDR/DEFA

Scheffel, Viktor von (DTL 1826–1886)
Ekkehard (1885) (Roman) R: Klante, Diethard; FT: Eckehard (1990); TV: BRD/ARD

Schéhadé, Georges (FR 1910–1989)
L'émigré de Brisbane (1964) (*Der Auswanderer* 1965) (Schauspiel) R: Rothe, Edward; FT: Der Auswanderer (1967); TV: BRD/ARD/BR

Scheib, Asta (BRD 1939–)
Armer Nanosch (1989) (Kriminalroman) R: Hauff, Reinhard; DB: Scheib, Asta; Walser, Martin; FT: Armer Nanosch (1989); TV: BRD/AUST/ARD/ORF

Scheibler, Susanne (BRD)
Der Bergdoktor (1992) (Roman) (Roman zur Serie) R: Bleiweiß, Celino; Jacob, Thomas; Vogel, Peter; DB: Berlet, Uta; Engelke, Barbara; Thayenthal, Robert; FT: Der Bergdoktor (1993); TV: BRD/Neue Deutsche Film GmbH (NDF)/Sat1

Kurklinik Rosenau (1995) (Roman) (Roman zur Serie) FT: Kurklinik Rosenau (1995); TV: BRD

Scheinhardt, Saliha (BRD 1950–)
Frauen die sterben, ohne daß sie gelebt hätten (1983) (Roman) R: Baser, Tevfik; DB: Baser, Tefvik; FT: Abschied vom falschen Paradies (1988); KF: BRD/Ottokar Runze Filmprod./ZDF

Scheu, Just (BRD 1903–1956)
Der Teufel stellt Mr. Darcy ein Bein (Schauspiel) R: Meisel, Kurt; DB: Andreas, Fred; Gillmann, Karl Peter; FT: Dämonische Liebe (1950); KF: BRD

Die Preußen kommen (1970) (Musikkomödie) R: Devaux, Danielo; FT: Die Preußen kommen (1970); TV: BRD/ARD/HR

Schiller, Friedrich von (DTL 1759–1805)
Kabale und Liebe (1784) (Schauspiel) R: Götz-Pflug, Curt; FT: Kabale und Liebe (1955); TV: BRD/ARD/SFB

Wilhelm Tell (1804) (Schauspiel) R: Stöger, Alfred; FT: Wilhelm Tell (1955); KF: AUST

Der Geisterseher (1788) (Erzählung) R: Horn, Peter A.; DB: Horn, Peter A.; FT: Der Geisterseher (1956); TV: BRD/ARD/SWF

Maria Stuart (1801) (Schauspiel) R: Stöger, Alfred; FT: Maria Stuart (1956); KF: AUST

Don Carlos, Infant von Spanien (1787) (Schauspiel) R: Stöger, Alfred; FT: Don Carlos (1957); KF: AUST

Don Carlos, Infant von Spanien (1787) (Schauspiel) R: Umgelter, Fritz; FT: Don Carlos (1957); TV: BRD/ARD

Kabale und Liebe (1784) (Schauspiel) R: Hellberg, Martin; DB: Hellberg, Martin; FT: Kabale und Liebe (1959); KF: DDR/DEFA

Kabale und Liebe (1784) (Schauspiel) R: Braun, Harald; DB: Braun, Harald; FT: Kabale und Liebe (1959); TV: BRD/ARD/NWRV

Die Räuber (1781) (Schauspiel) R: Umgelter, Fritz; DB: Umgelter, Fritz; FT: Die Räuber (1959); TV: BRD/ARD/BR

Turandot (1802) (Schauspiel) R: Schalla, Hans; DB: Schalla, Hans; FT: Turandot-Prinzessin von China (1959); TV: BRD/ARD/NWRV Hamburg

Wilhelm Tell (1804) (Schauspiel) R: Dickhoff, Michel; Hartl, Karl; FT: Berge in Flammen (1960); KF: CH

Wallensteins Lager; Die Piccolomini; Wallensteins Tod (1799) (Schauspiel) R: Wirth, Franz Peter; DB: Storz, Oliver; Wirth, Franz Peter; FT: Wallenstein I & II (1962); TV: BRD/ARD/SDR

Don Carlos, Infant von Spanien (1787) (Schauspiel) R: Wirth, Franz Peter; DB: Storz, Oliver; Wirth, Franz Peter; FT: Don Carlos, Infant von Spanien (1963); TV: BRD/ZDF

Maria Stuart (1801) (Schauspiel) R: Lietzau, Hans; FT: Maria Stuart (1963); TV: BRD/ARD/BR

Kabale und Liebe (1784) (Schauspiel) R: Neuberg, Erich; DB: Neuberg, Erich; Weigel, Hans; FT: Kabale und Liebe (1965); TV: AUST/ORF

Kabale und Liebe (1784) (Schauspiel) R: Klingenberg, Gerhard; DB: Klingenberg, Gerhard; FT: Kabale und Liebe (1967); TV: BRD/ARD/WDR

Die Braut von Messina (1803) (Schauspiel) R: Relin, Veit; DB: Relin, Veit; FT: Chamsin (1970); KF: BRD

Don Carlos, Infant von Spanien (1787) (Schauspiel) R: Geissendörfer, Hans W.; DB: Geissendörfer, Hans W.; FT: Carlos (1971); TV: BRD/ARD/WDR/BR

Die Räuber (1781) (Schauspiel) (nach Motiven des Schauspiels) R: Gremm, Wolf; DB: Gremm, Wolf; Keck, Thomas; Müller-Scherz, Fritz; Naujock, Barbara; FT: Tod oder Freiheit (1978); KF: BRD/Regina Ziegler Filmprod./Paramount-Orion/ZDF

Kabale und Liebe (1784) (Schauspiel) R: Schirk, Heinz; FT: Kabale und Liebe (1980); TV: BRD/ARD/BR

Kabale und Liebe (1784) (Schauspiel) R: Drescher, Piet; FT: Kabale und Liebe (1982); TV: DDR

Die Räuber (1781) (Schauspiel) R: Bleiweiß, Celino; DB: Bleiweiß, Celino; FT: Die Räuber (1982); TV: DDR/DEFA

Turandot (1802) (Schauspiel) R: Eikke, Anne; FT: Turandot (1984); TV: DDR

Maria Stuart (1801) (Schauspiel) R: Schirk, Heinz; DB: Schirk, Heinz; FT: Maria Stuart (1986); TV: BRD/ARD/BR

Die Verschwörung des Fiesko zu Genua (1783) (Schauspiel) R: Wirth, Franz Peter; FT: Die Verschwörung des Fiesco zu Genua (1986); TV: BRD/ARD

Der Geisterseher (1788) (Erzählung) R: Bär, Rainer; DB: Bär, Rainer; FT: Der Geisterseher (1987); KF: DDR/DEFA

Wallensteins Lager; Die Piccolomini; Wallensteins Tod (1799) (Schauspiel) R: Wirth, Franz Peter; DB: Wirth, Franz Peter; FT: Wallenstein (1987); TV: BRD/ARD/HR/BR

Schirk, Heinz (BRD)

Der Sohn des Bullen (1980) (Kriminalroman) R: Schirk, Heinz; DB: Schirk, Heinz; FT: Der Sohn des Bullen (1984); KF: BRD

Schirmer, Bernd (DDR, BRD 1940–)

Disco mit Einlage (Schauspiel) R: Kaufmann, Edgar; FT: Disco mit Einlage (1978); TV: DDR/DEFA

Nach Jahr und Tag (Erzählung) R: Engel, Richard; FT: Nach Jahr und Tag (1978); TV: DDR

Fahrschule (Hörspiel) R: Stephan, Bernhard; FT: Fahrschule (1986); KF: DDR/DEFA

(Roman) R: Stephan, Bernhard; DB: Schirmer, Bernd; FT: Tandem (1991); TV: BRD/Studio Babelsberg/ZDF

Weinverkostung (1993) (Roman) R: Welz, Peter; DB: Schirmer, Bernd; FT: Viel Spaß mit meiner Frau (1997); TV: BRD

Schirmer, Paul (DTL)

Ehrenbürger (Komödie) R: Wesseler, Karl; FT: Ehrenbürger (1982); TV: BRD/ARD/WDR

Schlaf, Johannes (DTL 1862–1941)

Miele (1920) (Erzählung) R: Heyme, Hansgünther; DB: Hirschmann, Lothar; FT: Miele (1987); TV: BRD/ARD/NDR

Schlageter, Jeanne (CH)

Flucht mit Lucifer (1969) (Jugendroman) R: Cortesi, Mario; DB: Colomer, Henri; Cortesi, Mario; Hermann, Ludwig; Stora, Bernhard; FT: Flucht mit Lucifer (4 Teile) (1989); TV: CH/BRD/SRG/ZDF

Schlesinger, Klaus (DDR, BRD 1937–)

Alte Filme (1975) (Erzählung) R: Flick, Horst G.; DB: Schlesinger, Klaus; FT: Kotte (1979); TV: BRD/ZDF

Leben im Winter (1980) (Roman) R: Griesmayr, Hartmut; DB: Schlesinger, Klaus; FT: Leben im Winter (1982); TV: BRD/ZDF

Matulla und Busch (1984) (Roman) R: Geschonneck, Matti; DB: Plenzdorf, Ulrich; FT: Matulla und Busch (1995); TV: BRD

Schloßarek, Erich (DDR 1928–)

Wie soll sich eine Frau entscheiden (Schauspiel) R: Gendries, Klaus; FT: Wie soll sich eine Frau entscheiden (1978); TV: DDR

Schmid, Herman von (DTL 1815–1880)

Almenrausch und Edelweiß (Erzählung) R: Reinl, Harald; FT: Almenrausch und Edelweiß (1957); KF: BRD

Schmidli, Werner (CH 1939–)

Gustavs Untaten. (1976) (Erzählung) R: Scheidegger, Josef; FT: Vermißt wird ... (1981); TV: CH/DRS

Schminck-Gustavus, Christoph Ulrich (BRD 1942–)

Das Heimweh des Walerjan Wrobel. Ein Sondergerichtsverfahren 1941/42 (1986) (Bericht) R: Schübel, Rolf; DB: Schübel, Rolf; FT: Das Heimweh des Walerjan Wrobel (1990); KF: BRD/Studio Hamburg/ZDF

Schnack, Friedrich (BRD 1888–1977)

Klick aus dem Spielzeugladen (1933) (Kinderbuch) R: Bernhardt, Hanns; DB: Rabe, Karl-Heinz; FT: Klick aus dem Spielzeugladen (1962); TV: BRD/ARD/SWF

Klick und der Goldschatz (1938) (Kinderbuch) R: Müller, Peter; DB: Rabe, Karl-Heinz; FT: Klick und der Goldschatz (1962); TV: BRD/ARD/SWF

Schneider, Hansjörg (CH 1938–)

Der Erfinder (1975) (Schauspiel) R: Gloor, Kurt; DB: Gloor, Kurt; FT: Der Erfinder (1980); KF: CH/DRS/Kurt Gloor Filmprod.

Sennetuntschi (1980) (Schauspiel) R: Schneider, Hansjörg; DB: Schneider, Hansjörg; FT: Sennetuntschi (1981); TV: CH/DRS

Schneider, Peter (BRD 1940–)

Der Mann auf der Mauer (1982) (Roman) R: Hauff, Reinhard; DB: Schneider, Peter; FT: Der Mann auf der Mauer (1982); KF: BRD/Bioskop/Paramount/ZDF

Schneider, Reinhold (BRD 1903–1958)
Las Casas vor Karl V (1938) (Erzählung) R: Umgelter, Fritz; DB: Umgelter, Fritz; FT: Gericht über Las Casas (1955); TV: BRD/ARD/HR
Der Traum des Eroberers. Zar Alexander (1951) (Schauspiel) R: Umgelter, Fritz; FT: Die Abrechnung (1963); TV: BRD/ARD/SDR

Schneider, Robert (AUST 1961–)
Schlafes Bruder (1992) (Roman) R: Vilsmaier, Joseph; DB: Büscher, Jürgen; Schneider, Robert; Vávrová, Dana; Vilsmaier, Joseph; FT: Schlafes Bruder (1995); KF: BRD/AUST/Perathon-B.A.-Kuchenreuther/Iduna/Dor Film/Österr. Filminst./ORF

Schneider, Rolf (DDR, BRD 1932–)
Besuch gegen zehn (1963) (Hörspiel) R: Cremer, Ludwig; FT: Besuch gegen zehn (1970); TV: BRD/ARD/BR
Sommer in Nohant (1980) (Schauspiel) R: Kunz, Hartmut; FT: Sommer in Nohant (1980); TV: BRD/ZDF

Schneider-Schelde, Rudolf (BRD 1890–1956)
Ein Mann im schönsten Alter (1963) (Roman) R: Wirth, Franz Peter; DB: Storz, Oliver; Wirth, Franz Peter; FT: Ein Mann im schönsten Alter (1963); KF: BRD

Schnell, Robert Wolfgang (BRD 1916–1986)
Pulle und Pummi (1969) (Kinderbuch) R: Lemmel, Dieter; DB: Lemmel, Dieter; FT: Pulle und Pummi oder Ein Tag mit Onkel Willi (1972); TV: BRD/ARD/WDR

Schnitzler, Arthur (AUST 1862–1931)
Der Reigen (1900) (Schauspiel) R: Ophüls, Max; DB: Natanson, Jacques; Ophüls, Max; FT: Der Reigen (La ronde) (1950); KF: FR
Das Bacchusfest (1902) (> Lebendige Stunden) (Schauspiel) R: Burmester, Gustav; DB: Burmester, Gustav; FT: Das Bacchusfest (1953); TV: BRD/ARD/NWDR
Die Gefährtin (1899) (Schauspiel) R: Braun, Alfred; FT: Die Gefährtin (1954); TV: BRD/ARD/SFB
Der grüne Kakadu (1899) (Schauspiel) R: Lippl, Alois Johannes; DB: Lippl, Alois Johannes; FT: Der grüne Kakadu (1955); TV: BRD/ARD/BR
Anatol (1893) (Schauspiel) R: Regnier, Charles; DB: Regnier, Charles; FT: Das Abschiedssouper (1957); TV: BRD/ARD/BR
Liebelei (1895) (Schauspiel) R: Gaspard-Huit, Pierre; DB: Gaspard-Huit, Pierre; FT: Christine (1958); KF: FR/IT
Liebelei (1895) (Schauspiel) R: Olden, John; FT: Liebelei (1958); TV: BRD/ARD/NWRV Hamburg
Anatol (1893) (Schauspiel) R: Schenk, Otto; FT: Anatol (4 Szenen) (1962); TV: BRD/ARD/WDR
Die große Szene (1915) (Schauspiel) R: Liebeneiner, Wolfgang; FT: Die große Szene (1962); TV: BRD/ARD/WDR
Die letzten Masken (1901) (Schauspiel) R: Schäfer, Heinz; Wolffhardt, Rainer; FT: Die letzten Masken (1962); TV: BRD/ARD/SDR
Professor Bernhardi (1912) (Schauspiel) R: Neuberg, Erich; FT: Professor Bernhardi (1962); TV: AUST/ORF
Der Reigen (1900) (Schauspiel) R: Weidenmann, Alfred; DB: Reinecker, Herbert (= Berg, Alex); FT: Das große Liebesspiel (1963); KF: BRD/AUST/Stadthalle Film/Teamfilm Produktion
Leutnant Gustl (1901) (Erzählung) R: Olden, John; FT: Leutnant Gustl (1963); TV: BRD/ARD/NDR
Spiel im Morgengrauen (1927) (Erzählung) R: Cremer, Ludwig; DB: Krapp, Helmut; FT: Spiel im Morgengrauen (1963); TV: BRD/ARD/WDR
Der grüne Kakadu (1899) (Schauspiel) R: Kehlmann, Michael; FT: Der grüne Kakadu (1964); TV: BRD/ZDF
Professor Bernhardi (1912) (Schauspiel) R: Beauvais, Peter; FT: Professor Bernhardi (1964); TV: BRD/ZDF
Der Reigen (1900) (Schauspiel) R: Vadim, Roger; DB: Anouilh, Jean; FT: La Ronde (1964); KF: FR/Interopa Film/Paris Film Productions/Société nouvelle Pathé Cinéma
Literatur (1902) (*Lebendige Stunden*) (Komödie) R: Rabenalt, Arthur Maria; FT: Literatur (1965); TV: BRD/ARD/BR
Frau Bertha Garlan (1901) (Erzählung) R: Cremer, Ludwig; DB: Cremer, Ludwig; FT: Berta Garlan (1966); TV: BRD/ARD/WDR
Die Gefährtin (1899) (Schauspiel) R: Steinbach, Peter; FT: Die Gefährtin (1966); TV: BRD/ARD/WDR
Komtesse Mizzi oder Der Familientag (1909) (Komödie) R: Glück, Wolfgang; FT: Komtesse Mizzi (1966); TV: BRD/ARD/WDR
Das Märchen (1804) (Schauspiel) R: Grädler, Theodor; FT: Das Märchen (1966); TV: BRD/ARD/Studio Hamburg
Professor Bernhardi (1912) (Schauspiel) R: Beauvais, Peter; FT: Professor Bernhardi (1968); TV: BRD/ARD

Der Tod des Junggesellen (1912) (Erzählung) R: Fuchs, Herbert; DB: Kalbeck, Florian; FT: Tod des Junggesellen (1968); TV: AUST/ORF

Der tote Gabriel (1912) (Erzählung) R: Dietrich, Wolf; DB: Ecke, C. Rainer; Hollasek, Hans Peter; Kalbeck, Florian; FT: Der tote Gabriel (1968); TV: AUST/ORF

Die Toten schweigen (1898) (Erzählung) R: Lesowsky, Wolfgang; DB: Ecke, C. Rainer; Hollasek, Hans Peter; Kalbeck, Florian; FT: Die Toten schweigen (1968); TV: AUST/ORF

Fink und Fliederbusch (1917) (Komödie) R: Beauvais, Peter; FT: Fink und Fliederbusch (1969); TV: BRD/ARD/HR

Liebelei (1895) (Schauspiel) R: Schnitzler, Heinrich; DB: Schnitzler, Heinrich; FT: Liebelei (1969); TV: AUST/ORF

Literatur (1902) (*Lebendige Stunden*) (Komödie) R: Fleckenstein, Günther; FT: Literatur (1969); TV: BRD/ARD/WDR

Traumnovelle (1926) (Erzählung) R: Glück, Wolfgang; DB: Glück, Wolfgang; Kerry, Ruth; FT: Traumnovelle (1969); TV: AUST/ORF

Das weite Land (1911) (Schauspiel) R: Beauvais, Peter; DB: Beauvais, Peter; FT: Das Leben beginnt morgen (1970); TV: AUST/BRD/ORF/ZDF

Literatur (1902) (*Lebendige Stunden*) (Komödie) R: Marboe, Ernst Wolfram; FT: Literatur (1970); TV: AUST/ORF

Sterben (1895) (Roman) R: Beauvais, Peter; FT: Sterben (1971); TV: BRD/ARD

Der Reigen (1900) (Schauspiel) R: Schenk, Otto; DB: Schenk, Otto; FT: Der Reigen (1973); TV: AUST/ORF

Fräulein Else (1924) (Erzählung) R: Haeussermann, Ernst; DB: Ecke, C. Rainer; Lothar, Ernst; FT: Fräulein Else (1974); TV: AUST/ORF

Komtesse Mizzi oder Der Familientag (1909) (Komödie) R: Schenk, Otto; FT: Komtesse Mizzi (1974); TV: AUST/BRD/ORF/ARD/BR

Literatur (1902) (*Lebendige Stunden*) (Komödie) R: Glück, Wolfgang; DB: Glück, Wolfgang; FT: Literatur (1974); TV: AUST/BRD/ORF/ZDF

Spiel im Morgengrauen (1927) (Erzählung) R: Cravenne, Marcel; DB: Auclères, D.; Burgart, J.P.; FT: Spiel im Morgengrauen (1974); TV: BRD/AUST/ORF/ZDF

(Erzählung) R: Itzenplitz, Eberhard; DB: Lange, Hartmut; FT: Frau von Bebenburg (1975); TV: BRD/ARD/SFB

Der grüne Kakadu (1899) (Schauspiel) R: Brandauer, Klaus Maria; FT: Der grüne Kakadu (1977); TV: AUST/ORF

Halb zwei (1902) (*Lebendige Stunden*) (Schauspiel) R: Glück, Wolfgang; FT: Halb zwei (1977); TV: AUST/ORF

Der Ehrentag (1898) (Erzählung) R: Schulze-Rohr, Peter; DB: Hubalek, Claus; FT: Der Ehrentag (1978); TV: BRD/ZDF

Anatol (1893) (Schauspiel) R: Hollmann, Hans; FT: Agonie (1981); TV: AUST/ORF

Der Reigen (1900) (Schauspiel) R: Weilemann, Gisela; FT: Episode: Verliebt, Verlobt, BRD-igt (1981); TV: BRD

Der Weg ins Freie (1908) (Roman) R: Brandauer, Karin; FT: Der Weg ins Freie (1983); TV: BRD/AUST/ARD/BR/ORF

Der Mörder (1897) (Erzählung) R: Reitzenstein, Anton; DB: Molny, Erika; FT: Der Mörder (1984); TV: BRD/AUST/ARD/NDR/ORF

Spiel im Morgengrauen (1927) (Erzählung) R: Wilbrandt, Jörg; DB: Rothbauer, Gerhard; FT: Verspielte Liebe (1985); TV: DDR/DDR1

Ein Abschied (Erzählung) R: Kovács, Gedeon; DB: Frischmuth, Barbara; Kovács, Gedeon; FT: Abschiede (2 Teile) (1986); TV: BRD/AUST/ZDF/ORF

Das weite Land (1911) (Schauspiel) R: Bondy, Luc; DB: Hutter, Birgit; Peichl, Ina; Stein-Läppert, Beatrix; FT: Das weite Land (1986); KF: BRD/AUST/FR

Marionetten (1906) (Schauspiel) R: Stoss, Franz; FT: Marionetten (1987); TV: AUST/ORF

Frau Bertha Garlan (1901) (< Hörspiel v. Ophüls, Max) (Erzählung) R: Patzak, Peter; DB: Patzak, Peter; FT: Frau Berta Garlan (1989); TV: AUST/BRD/CH/ORF/ZDF/SRG/Neue Studio Film

Dr. Gräsler, Badearzt (1917) (Erzählung) R: Faenza, Roberto; DB: Concini, Ennio de; Faenza, Roberto; Fleetword, Hugh; FT: Der Badearzt (1990); TV: BRD/IT/HU/Reteitalia

Der Reigen (1900) (Schauspiel) R: Rusnak, Josef; DB: Rusnak, Josef; FT: The Way We Are (Quiet Days in Hollywood) (1997); KF: BRD/Kick-Film/ARD/WDR

Traumnovelle (1926) (Erzählung) R: Kubrick, Stanley; DB: Kubrick, Stanley; Raphael, Frederic; FT: Eyes Wide Shut (1999); KF: USA/GB/Hobby Films/Pole Star/Warner Bros.

Schnurre, Wolfdietrich (BRD 1920–1989)

Der geborgte Weihnachtsbaum (Erzählung) R: Haugk, Dietrich; DB: Schnurre, Wolfdietrich; FT: Der geborgte Weihnachtsbaum (1966); TV: BRD/ZDF

Als Vaters Bart noch rot war (1958) (Roman) R: Haugk, Dietrich; FT: Die Flucht nach Ägypten (1969); TV: BRD/ZDF

Reusenheben (1966) (Erzählung) R: Wedel, Dieter; DB: Wedel, Dieter; FT: Willi (1969); TV: BRD/ARD/NDR

Schoenle, Annemarie (BRD)

Alte Freunde küßt man nicht (1988) (< Ringelblume sucht Löwenzahn (1988)) (Roman) R: Rönfeldt, Detlef; DB: Schoenle, Annemarie; FT: Alte Freunde küßt man nicht (1995); TV: BRD/ZDF

Verdammt, er liebt mich (1992) (Roman) R: Severin, Sven; DB: Schoenle, Annemarie; FT: Verdammt, er liebt mich (1995); TV: BRD/ZDF

Und abends nur noch Mondschein (1989) (Roman) R: Tögel, Hans-Jürgen; DB: Schoenle, Annemarie; FT: Herz über Kopf (1997); TV: BRD/Bavaria

Eine ungehorsame Frau (1994) (Roman) R: Naefe, Vivian; DB: Naefe, Vivian; FT: Eine ungehorsame Frau (1998); TV: BRD/Filmpool GmbH

Frauen lügen besser (1998) (Roman) R: Naefe, Vivian; DB: Schoenle, Annemarie; FT: Frauen lügen besser (2000); TV: BRD/ZDF

Scholem Aleichem (= Rabinowitz, Sholem Yakov) (UKR, USA 1859–1916)

Tewje der Milchiger (1894) (dt. 1921) (Roman) R: Klingenberg, Gerhard; FT: Tevye und seine Töchter (1962); KF: BRD/ARD/WDR

(Erzählung) R: Semmelroth, Wilhelm; FT: Die höhere Schule (1964); TV: BRD/ARD/WDR

Tewje der Milchiger (1894) (dt. 1921) (Roman) R: Golan, Menahem; DB: Golan, Menahem; Hefer, Chaim; FT: Tevye und seine sieben Töchter (1967); KF: BRD/ISR

Schollak, Sigmar (DDR, BRD 1930–)

Joshua-Trilogie (1972) (Kindererzählung) R: Kreuz, Hubert; DB: Rittweger, Gylfe; Schollak, Sigmar; FT: Joshua (1972); TV: DDR

Scholz, Hans (BRD 1911–1988)

Am grünen Strand der Spree (1955) (Roman) R: Umgelter, Fritz; DB: Mueller-Freienfels, R.; Umgelter, Fritz; FT: Am grünen Strand der Spree (5 Teile) (1960); TV: BRD/ARD/NWRV

Schölzel, Margot (DDR)

Ihr Kinderlein kommet ... (Kinderstück) R: Ostrowsky, Hartmut; FT: Ihr Kinderlein kommet (1979); TV: DDR

Irrtum ausgeschlossen (Kinderstück) R: Hill, Peter; FT: Irrtum ausgeschlossen (1979); TV: DDR

Schönberg, Arnold (AUST 1874–1951)

Moses und Aaron (1932) (Oper) R: Huillet, Danièle; Straub, Jean-Marie; DB: Huillet, Danièle; Straub, Jean-Marie; FT: Moses und Aaron (1975); KF: AUST/BRD/FR/IT/ORF/Janus/ARD/HR/Straub-Huillet, Roma/RAI/NEF, Paris

Von heute auf morgen (1930) (Oper) R: Huillet, Danièle; Straub, Jean-Marie; DB: Straub, Jean-Marie; FT: Von heute auf morgen (1997); KF: BRD/FR

Schönbohm, Wulf (BRD 1941–)

Parteifreunde (1990) (Roman) R: Röhnfeldt, Detlef; DB: Berg, Rainer; Göhre, Frank; FT: Stunde der Füchse (1993); TV: BRD/Jörg Richter Freie Film- und Fernsehprod./ARD/WDR

Schönherr, Karl (AUST 1867–1943)

Erde (1908) (Schauspiel) R: Hainisch, Leopold; DB: Köck, Eduard; FT: Erde (Trotzige Herzen) (1947); KF: AUST/CH

Der Weibsteufel (1914) (Schauspiel) R: Liebeneiner, Wolfgang; DB: Liebeneiner, Wolfgang; FT: Der Weibsteufel (1951); KF: AUST

Der Weibsteufel (1914) (Schauspiel) R: Tressler, Georg; DB: Opel, Adolf; Tressler, Georg; FT: Der Weibsteufel (1966); KF: AUST

Schönrock, Hans (DDR)

Martin und die Männer (1961) (Erzählung) R: Beck, Walter; DB: Beck, Walter; Richter, Manfred; FT: Als Martin vierzehn war (1964); TV: DDR/DEFA

Schönthan, Franz Edler von Pernwald (DTL 1849–1913) & **Schönthan, Paul Edler von Pernwald** (DTL 1853–1905)

Der Raub der Sabinerinnen (1885) (Komödie) R: Hoffmann, Kurt; DB: Burri, Emil; Simmel, Johannes Mario; FT: Der Raub der Sabinerinnen (1954); KF: BRD/CCC Filmkunst GmbH

Der Raub der Sabinerinnen (1885) (Komödie) R: Pfeiffer, Hermann; DB: Pfeiffer, Hermann; FT: Der Raub der Sabinerinnen (1959); TV: BRD/ARD/NWRV Köln

Der Raub der Sabinerinnen (1885) (Komödie) R: Schwarze, Hans-Dieter; FT: Der Raub der Sabinerinnen (1966); TV: BRD/ARD/Bavaria

Der Raub der Sabinerinnen (1885) (Komödie) R: Wesseler, Karl; FT: Der Raub der Sabinerinnen (1971); TV: BRD/ARD/WDR

Der Raub der Sabinerinnen (1885) (Komödie) R: Meuschel, Stefan; FT: Der Raub der Sabinerinnen (1973); TV: BRD

Der Raub der Sabinerinnen (1885) (Komödie) R: Heussermann, Ernst; FT: Der Raub der Sabinerinnen (1976); TV: AUST/ORF

Der Raub der Sabinerinnen (1885) (Komödie) R: Sydow, Rolf von; FT: Der Raub der Sabinerinnen (1983); TV: BRD/ZDF

Der Raub der Sabinerinnen (1885) (Komödie) R: Wesseler, Karl; FT: Der Raub der Sabinerinnen (1991); TV: BRD/Volkstheater Millowitsch/ARD

Schrader, Maria (BRD 1965–)

Meschugge (1999) (Roman) (Roman zum Film) R: Levy, Dani; DB: Levy, Dani; Schrader, Maria; FT: Meschugge (1998); KF: BRD/CH/Arte/Extrafilm/X-Filme Creative Pool/ARD/WDR/Condor Films

Schreber, Daniel Paul (DTL 1842–1911)

Denkwürdigkeiten eines Nervenkranken (1903) (Autobiographie) R: Eigler, Gernot; DB: Eigler, Gernot; FT: Die Wunder der Erziehung (1978); TV: BRD/ZDF

Schreeb, Hans-Dieter (BRD 1938–) & **Thiemt, Hans-Georg** (BRD)

(Roman) R: Barabás, Stanislav; DB: Barabás, Stanislav; FT: Die Fahrt nach Schlangenbad (1981); TV: BRD

Schreiber-Wicke, Edith (AUST)

Der Tag, an dem Anton nicht ankam (1983) (Kinderbuch) R: Lhotsky, Georg; DB: Lhotsky, Georg; Stelljes, Eva-Maria; FT: Der Tag, an dem Anton nicht ankam (6 Teile) (1989); TV: AUST/BRD/ORF/ZDF

Schreyer, Wolfgang (DDR 1927–)

Der Traum des Hauptmann Loy (1956) (Roman) R: Maetzig, Kurt; DB: Maetzig, Kurt; FT: Der Traum des Hauptmann Loy (1961); KF: DDR/DEFA

Das grüne Ungeheuer (1959) (Roman) R: Kurz, Rudi; DB: Freyer, Paul Herbert; Kurz, Rudi; FT: Das grüne Ungeheuer (1962); TV: DDR

Tempel des Satans (1960) (Roman) R: Leopold, Georg; DB: Kaltofen, Günter; Schreyer, Wolfgang; FT: Tempel des Satans (1962); TV: DDR

Preludio 11 (1963) (Roman) R: Maetzig, Kurt; DB: Schreyer, Wolfgang; FT: Preludio 11 (1963); KF: DDR/DEFA

Die fünf Leben des Dr. Gundlach (1982) (Roman) R: Kramer, Jurij; DB: Görner, Eberhard; FT: Die zwei Leben des Dr. Gundlach (1985); TV: DDR

Schrobsdorff, Angelika (BRD 1927–)

"Du bist nicht so wie andre Mütter": die Geschichte einer leidenschaftlichen Frau (1992) (Roman) R: Günther, Egon; DB: Günther, Egon; FT: Else - Geschichte einer leidenschaftlichen Frau (1999); TV: BRD/BULG/Tellux-Film/ARD/BR

Schröder, Matthias (BRD)

(Erzählung) R: Guthke, Frank; FT: Der Krähenbaum (1988); TV: BRD/ZDF

Schubert, Franz (AUST 1797–1828)

Fremd bin ich erzogen (Autobiographie) R: Leber, Titus; FT: Fremd bin ich erzogen (1978); TV: AUST/ORF

Schubert, Hans (AUST 1905–1965)

Stadtpark (1960) (Komödie) R: Marischka, Hubert; FT: Stadtpark (1951); KF: AUST

Tingeltangel (Schauspiel) R: Verhoeven, Paul; DB: Rieger, August; Schubert, Hans; FT: Praterherzen (Tingeltangel) (1952); KF: AUST

Mit den besten Empfehlungen (1963) (Schauspiel) R: Nachmann, Kurt; DB: Nachmann, Kurt; FT: Mit besten Empfehlungen (1963); KF: AUST

Stadtpark (1960) (Komödie) R: Wagner, Klaus; FT: Stadtpark (1963); TV: BRD/ARD/NDR

Mit besten Empfehlungen (1963) (Schauspiel) R: Ehmck, Gustav; DB: Engler, Ralph; Roderer, Walter; FT: Ein Schweizer namens Nötzli (1988); KF: BRD/CH/Ascot Film/Erwin C. Dietrich, Freddy Burger, Walter Roderer/Ascot

Schuder, Rosemarie (DDR, BRD 1928–)

Serveto vor Pilatus (1982) (Roman) R: Kaufmann, Edgar; DB: Enders, Horst; FT: Das Gespräch (1981); TV: DDR/DDR1

Schuller, Viktor (BRD 1917–)

Das Glück am Sonntagabend (Roman) R: Thiele, Rolf; DB: Thiele, Rolf; FT: Mamitschka (1955); KF: BRD

Katzenmilchjahre (1979) (Roman) R: Kreuz, Hubert; FT: Alfonsos Rückkehr (1981); TV: DDR

Schulz, Helmut H. (DDR, BRD 1931–)

Meschkas Enkel (Erzählung) R: Gendries, Klaus; FT: Meschkas Enkel (1981); TV: DDR

Der Sündenfall (1988) (Erzählung) R: Dziuba, Helmut; DB: Dziuba, Helmut; FT: Verbotene Liebe (1989); KF: DDR/DEFA

Schulze Gerlach, Tine (DDR 1920–)
Bürgschaft für ein Jahr (1981) (Roman) R: Zschoche, Herrmann; DB: Kotte, Gabriele; FT: Bürgschaft für ein Jahr (1981); KF: DDR/DEFA

Schumacher, Hildegard (DDR, BRD 1925–) & **Schumacher, Siegfried** (DDR, BRD)
Der Junge mit dem großen schwarzen Hund (1980) (Kinderbuch) R: Unterberg, Hannelore; DB: Bleicher, Margot; FT: Der Junge mit dem großen schwarzen Hund (1986); KF: DDR/DEFA

Schumacher, Tony (DTL 1848–1931)
Reserl am Hofe (1898) (Roman) R: Voges, Bruno; FT: Reserl am Hofe (1984); TV: BRD/ARD/SDR
Das Turm-Engele (1950) (Roman) R: Voges, Bruno; FT: Das Turmengele (1986); TV: BRD/ARD/S3/SDR
Zirkuskinder: Aus dem Leben von zwei Artistenkindern (1948) (Jugendroman) R: Voges, Bruno; DB: Storkebaum, Sibylle; FT: Zirkuskinder (1986); TV: BRD/ARD/S3/SDR

Schummel, Johann Gottlieb (DTL 1748–1813)
Spitzbart, eine komitragische Geschichte (1779) (Roman) R: Hübner, Wolfgang; DB: Schreiter, Friedemann; FT: Schulmeister Spitzbart (1989); TV: DDR/DDR1

Schuppler, Bruno (AUST)
Lavendel (Schauspiel) R: Rabenalt, Arthur Maria; DB: Böttger, Fritz; Rabenalt, Arthur Maria; FT: Lavendel, eine ganz unmoralische Geschichte (1953); KF: BRD/AUST

Schuster, Gaby (BRD 1948–)
Kommissar Rex - Tanz auf dem Vulkan (1998) (Roman) (Roman zur Serie) R: Carpentier, Peter; Dickmann, Wolfgang; Fürneisen, Bodo; Gies, Hajo; Hirschbiegel, Oliver; Kreinsen, Olaf; Riebel, Michael; Rönfeldt, Detlef; Werner, Hans; Witte, Udo; Zschoche, Herrmann; FT: Kommissar Rex (1994-); TV: AUST/BRD/ORF/Mungo-Film/Sat1

Schuster-Schmah, Sigrid (BRD 1933–)
Staatsangehörigkeit: griechisch (1978) (Jugendbuch) R: Bergmann, Rudolf; Knop, Jürgen; FT: Was heißt hier nach Hause? (1980); TV: BRD/ARD/SFB

Schutting, Julian (AUST 1937–)
Aschenglut (1990) (Erzählung) R: Vanderlet, Petrus; DB: Vanderlet, Petrus; FT: Aschenglut (1990); TV: AUST/ORF

Schütz, Friedrich (BRD)
Alte Mädchen (Komödie) R: Rostock, Wolfgang; DB: Rostock, Wolfgang; Thouet, Peter M.; FT: Alte Mädchen (1981); TV: BRD/ARD/RB

Schwaiger, Brigitte (AUST 1949–)
Liebesversuche (1979) (Schauspiel) R: Pataky, Zoltan; FT: Liebesversuche (1980); TV: BRD/ZDF
Kleines Kammerspiel. Steirerkostüm (1971) (Schauspiel) R: Kaspar, Bruno; DB: Gloor, Kurt; FT: Kleines Kammerspiel (1981); TV: CH/DRS
Wie kommt Salz ins Meer? (1977) (Roman) R: Beauvais, Peter; DB: Beauvais, Peter; FT: Wie kommt Salz ins Meer? (1988); TV: BRD/ARD/SWF

Schwamm, Bernd (BRD)
Die Gang (1997) (Roman) (Roman zur Serie) R: Gies, Hajo; Kreinsen, Olaf; Schönherr, Hans; Verbong, Ben; DB: Schwamm, Bernd; FT: Die Gang (1997); TV: BRD/ARD

Schwanitz, Dietrich (BRD 1940–)
Der Campus (1995) (Roman) R: Wortmann, Sönke; DB: Grund, Stefan; Salomon, Bettina; Schwanitz, Dietrich; FT: Der Campus (1997); KF: BRD/Constantin/Starlight

Schwarz, Manfred (CH 1932–)
Treue (1979) (Schauspiel) R: Hesse, Volker; FT: Treue (1979); TV: CH/DRS

Schweikart, Hans (BRD 1896–1975)
Es wird schon nicht so schlimm (Roman) R: Maetzig, Kurt; DB: Maetzig, Kurt; FT: Ehe im Schatten (1947); KF: DDR/DEFA
Nebel (1947) (Schauspiel) R: Völger, Werner; DB: Barcava, Stefan; FT: Nebel (1957); TV: BRD/ARD/SDR
Lauter Lügen (1937) (Komödie) R: Engel, Thomas; FT: Lauter Lügen (1961); TV: BRD/ARD/HR

Schweizer, Beatrice (BRD)
Selbstbildnis Beatrice S. (Autobiographie) R: Wolffhardt, Rainer; DB: Valentin, Thomas; FT: Selbstbildnis Beatrice S. (1974); TV: BRD/ARD/BR

Schwerla, Carl Borromäus (DTL 1903–)
Ein langes Wochenende (Komödie) R: Wilhelm, Kurt; FT: Ein langes Wochenende (1986); TV: BRD/ARD/BR

Schwiefert, Fritz (BRD 1890–1961)
Marguerite durch drei (1930) (Musikkomödie) R: Kehlmann, Michael; FT: Jedem die Seine (1954); TV: BRD/ARD/NWDR

Schwitters, Kurt (DTL 1887–1948)
Auguste Bolte (1923) (Erzählung) R: Winkler, Gerd; FT: Auguste Bolte (1974); TV: BRD/ZDF

Scribe, Eugène (FR 1791–1861)
Le verre d'eau, ou les effets et les causes (1840) (dt. 1841) (Komödie) R: Lietzau, Hans; DB: Lietzau, Hans; FT: Ein Glas Wasser (1958); TV: BRD/ARD/SFB/NWRV
Le verre d'eau, ou les effets et les causes (1840) (dt. 1841) (Komödie) R: Käutner, Helmut; DB: Käutner, Helmut; FT: Das Glas Wasser (1960); KF: BRD/Deutsche Film Hansa
(Schauspiel) R: Volkmer, Rüdiger; FT: Der Kammerdiener als Nebenbuhler (1979); TV: DDR

Seeger, Bernhard (DDR 1927–)
Der Harmonikaspieler (1981) (Roman) (Szenen aus dem Roman) R: Werner, Hans; FT: Wie Knastermann zu seinem Recht kam (1980); TV: DDR
Der Harmonikaspieler (1981) (Roman) R: Hasler, Joachim; DB: Ebeling, Wolfgang; Hasler, Joachim; FT: Der Mann mit dem Ring im Ohr (1984); KF: DDR/DEFA

Seeliger, Ewald G. (DTL 1877–1959)
Peter Voss der Millionendieb (1913) (Roman) R: Anton, Karl; DB: Anton, Karl; Eckardt, Felix von; FT: Peter Voss der Millionendieb (1945); KF: DTL
Peter Voss der Millionendieb (1913) (Roman) R: Becker, Wolfgang; DB: Braun, Curt Johannes; Kampendonk, Gustav; FT: Peter Voss der Millionendieb (1958); KF: BRD
Peter Voss der Millionendieb (1913) (Roman) R: Marischka, Georg; DB: Braun, Curt Johannes; Dronte, Peter; FT: Peter Voss der Held des Tages (1959); KF: BRD
Peter Voss der Millionendieb (1913) (Roman) R: Lodynski, Peter; DB: Lodynski, Peter; FT: Peter Voss der Millionendieb (1976); TV: AUST/BRD/ORF/ZDF

Seghers, Anna (DDR 1900–1983)
Die Toten bleiben jung (1949) (Roman) R: Kunert, Joachim; DB: Dahlen, R. von; Haubold, Günter; Helwig, Gerhard; Kunert, Joachim; Wolf, Christa; FT: Die Toten bleiben jung (1968); KF: DDR/DEFA
Das Duell (1965) (Erzählung) (in "Die Kraft der Schwachen") R: Kunert, Joachim; DB: Freitag, Manfred; Kunert, Joachim; Nestler, Joachim; FT: Aus unserer Zeit (Episode: Das Duell) (1969); KF: DDR/DEFA
Agathe Schweigert (1965) (Erzählung) (in "Die Kraft der Schwachen") R: Kunert, Joachim; DB: Kunert, Joachim; Müncheberg, Hans; FT: Die große Reise der Agatha Schweigert (1972); TV: DDR
Das Duell (1965) (Erzählung) (in "Die Kraft der Schwachen") R: Burger, Hanns; DB: Grund, Hartmut; FT: Das Duell (1973); TV: BRD/ARD
Das Schilfrohr (1968) (Erzählung) R: Kunert, Joachim; DB: Kunert, Joachim; Müncheberg, Hans; FT: Das Schilfrohr (1974); TV: DDR
Das Licht auf dem Galgen (1961) (Erzählung) R: Nitschke, Helmut; DB: Billing, Gerd; Nitschke, Helmut; FT: Das Licht auf dem Galgen (1976); KF: DDR/DEFA
Transit (1944) (Roman) R: Engström, Ingemo; DB: Engström, Ingemo; FT: Fluchtweg nach Marseille (1977); KF: BRD
Die Tochter des Delegierten (1970) (Erzählung) R: Fiwek, Wojciech; FT: Jozia - die Tochter des Delegierten (1979); TV: DDR
Das Obdach (1943) (Erzählung) R: Schmenger, Ursula; Walsinger, Hannes; FT: Das Obdach (1981); TV: DDR
Der Mann und sein Name (1952) (Erzählung) R: Loebner, Vera; DB: Richter, Helmut; FT: Der Mann und sein Name (1983); TV: DDR/DEFA
Überfahrt (1971) (Erzählung) R: Bornemann, Fritz; FT: Überfahrt (1984); TV: DDR
Das wirkliche Blau (1967) (Erzählung) R: Mühl, Christa; DB: Habeck, Anne; FT: Das wirkliche Blau (1986); TV: DDR/DDR1
Aufstand der Fischer von St. Barbara (1928) (Erzählung) R: Langhoff, Thomas; DB: Habeck, Anne; FT: Aufstand der Fischer von St. Barbara (1988); TV: DDR/DDR1
Katharina oder Die Kunst, Arbeit zu finden (Erzählung) R: Trottnow, Barbara; DB: Trottnow, Barbara; FT: Katharina oder Die Kunst, Arbeit zu finden (1995); TV: BRD

Seidel, Heinrich (DTL 1842–1906)
Männer müssen so sein (Erzählung) R: Rabenalt, Arthur Maria; DB: Köllner, Hans F.; Nachmann, Kurt; FT: Geliebte Bestie (1958); KF: BRD/Sascha Film

Seidemann, Maria (DDR, BRD 1944–)
Champagner für die Dame (Erzählung) R: Unger, Michael; FT: Champagner für die Damen (1983); TV: DDR

Neunfinger (1983) (Kinderbuch) R: Unterberg, Hannelore; DB: Blazejewski, Carmen; FT: Der letzte Winter (1991); TV: BRD/DFF

Seidl, Gerhard (BRD 1956–)
Die Aubergers (1997) (Roman) (Roman zur Serie) DB: Seidl, Gerhard; FT: Die Aubergers (1997); TV: AUST/BRD/ORF/ZDF
Wilde Zeiten (1997) (Roman) (Roman zur Serie) R: Nüchtern, Rüdiger; DB: Seidl, Gerhard; FT: Wilde Zeiten (1997); TV: BRD/ZDF
Der letzte Zeuge: Gift im Blut (1999) (Roman) (Roman zur Serie) R: Stephan, Bernhard; DB: Seidl, Gerhard; FT: Der letzte Zeuge (1998); TV: BRD/ZDF
Der letzte Zeuge: Dreieck des Todes (1998) (Roman) (Roman zur Serie) R: Stephan, Bernhard; DB: Seidl, Gerhard; FT: Der letzte Zeuge (1998); TV: BRD/ZDF
Der letzte Zeuge: Wenn das Böse erwacht (1998) (Roman) (Roman zur Serie) R: Stephan, Bernhard; DB: Seidl, Gerhard; FT: Der letzte Zeuge (1998); TV: BRD/ZDF

Seidler, Tor (USA)
A Rat's Tale (1986) (*Die Story von Monty Spinnerratz* 1988) (Kinderroman) R: Huse, Michael F.; DB: Morgenrath, Werner; Scheerbaum, Peter; FT: Die Story von Monty Spinnerratz (1996); KF: BRD/Hans Peter Clahsen/Monty Filmges., Warner Bros.

Selber, Martin (DDR 1924–)
Salz und Brot und gute Laune (Erzählung) R: Werner, Hans; FT: Salz und Brot und gute Laune (1980); TV: DDR

Selbmann, Fritz (DDR 1899–1975)
Der Mann und sein Schatten (1962) (Erzählung) R: Respondek, Gerhard; DB: Respondek, Gerhard; FT: Der Mann und sein Schatten (1963); TV: DDR
Die Heimkehr des Joachim Ott (1962) (Roman) R: Kaufmann, Edgar; FT: Die Heimkehr des Joachim Ott (1980); TV: DDR

Selby, Hubert (USA 1928–)
Last Exit to Brooklyn (1964) (*Letzte Ausfahrt Brooklyn* 1968) (Roman) R: Edel, Ulrich; DB: Nakano, Desmond; FT: Letzte Ausfahrt Brooklyn (Last Exit to Brooklyn) (1988); KF: BRD/USA/Neue Constantin/Bavaria/Allied Filmmakers

Seligmann, Rafael (BRD 1947–)
Schalom meine Liebe (1998) (Roman) R: Rödl, Josef; DB: Rödl, Josef; FT: Schalom meine Liebe (1998); TV: BRD

Selinko, Annemarie (DK 1914–1986)
(*Morgen ist alles besser* 1938) (Roman) R: Rabenalt, Arthur Maria; DB: Dammann, Friedrich (= Andam, F.D.); Zibaso, Werner P.; FT: Morgen ist alles besser (1948); KF: DTL
(*Ich war ein häßliches Mädchen* 1936) (Roman) R: Liebeneiner, Wolfgang; DB: Keindorff, Eberhard; Sibelius, Johanna; FT: Ich war ein häßliches Mädchen (1955); KF: BRD
(*Heute heiratet mein Mann* 1940) (Roman) R: Hoffmann, Kurt; DB: Keindorff, Eberhard; Sibelius, Johanna; FT: Heute heiratet mein Mann (1956); KF: BRD
(Roman) R: Bolváry, Géza von; DB: Barthel, Manfred; Stemmle, Robert A.; FT: Es wird alles wieder gut (1957); KF: BRD/Kurt Ulrich Produktion

Sell, Hans Joachim (BRD 1920–)
Der rote Priester (Erzählung) R: Pieper, Eberhard; DB: Pieper, Eberhard; FT: Spuren (1987); TV: BRD/ZDF

Semitjov, Volodja (SVE 1912–)
(*Zwei Gitarren*) (Roman) R: Weiss, Helmut; DB: Heuser, Kurt; Hintz, Werner E.; FT: Alle Tage ist kein Sonntag (1959); KF: BRD

Sender, Ramón José (ESP 1901–1982)
La fotografia de aniversario (1963) (Erzählung) R: Küfner, Rudolf; FT: Das Foto (1969); TV: BRD/ARD/HR

Senger, Valentin (BRD 1918–)
Kaiserhofstraße 12 (1978) (Roman) R: Wolffhardt, Rainer; DB: Ladiges, Ann; FT: Kaiserhofstraße 12 (1980); TV: BRD/AUST/ARD/HR/ORF

Sengmüller, Franz Xaver (AUST)
Wie im Paradies oder Ein gnadenloser Tag im Leben des Alois B. (Schauspiel) R: Fischerauer, Bernd; FT: Wie im Paradies oder Ein gnadenloser Tag im Leben des Alois B. (null); TV: AUST/ORF

Serner, Walter (= Seligmann, Walter) (AUST 1889–1942)
Die Tigerin: eine absonderliche Liebesgeschichte (1925) (Roman) R: Howard, Karin; DB: Howard, Karin; FT: Die Tigerin (1992); KF: BRD/Cine-Vox/Dieter Geissler Filmprod./DEFA

Seuren, Günter (BRD 1932–)
Das Gatter (1964) (Roman) R: Schamoni, Peter; DB: Seuren, Günter; FT: Schonzeit für Füchse (1966); KF: BRD/Peter Schamoni
Lebeck (1966) (Roman) R: Schaaf, Johannes; DB: Schaaf, Johannes; Seuren, Günter; FT: Lebeck (1968); TV: BRD/ARD/WDR

Sewart, Karl (DDR, BRD 1933–)

Ich zwing dich zu leben (1972) (Erzählung) (in "Gambit") R: Kirsten, Ralf; DB: Kirsten, Ralf; FT: Ich zwing dich zu leben (1978); KF: DDR/DEFA

Die Kündigung (1972) (Erzählung) (In "Gambit") R: Kaufmann, Edgar; FT: Die Kündigung (1983); TV: DDR

Shakespeare, William (GB 1564–1616)

Measure for Measure (1604) (*Maß für Maß*) (Komödie) R: Berger, Ludwig; DB: Berger, Ludwig; FT: Maß für Maß (1958); TV: BRD/ARD/SFB

Othello (1604) (Schauspiel) R: Wild, Franz Josef; DB: Wild, Franz Josef; FT: Othello (1958); TV: BRD/ARD/BR

A Midsummer-Night's Dream (1595) (*Sommernachtstraum*) (Komödie) R: Berger, Ludwig; DB: Berger, Ludwig; FT: Ein Sommernachtstraum (1958); TV: BRD/ARD/SFB

Much Ado About Nothing (1598) (*Viel Lärm um nichts*) (Komödie) R: Berger, Ludwig; DB: Berger, Ludwig; FT: Viel Lärm um nichts (1958); TV: BRD/ARD/SFB

Twelfth Night or What You Will (1600) (*Was ihr wollt*) (Komödie) R: Berger, Ludwig; DB: Berger, Ludwig; FT: Was Ihr wollt (1958); TV: BRD/ARD/SFB

The Taming of the Shrew (1594) (*Der widerspenstigen Zähmung)*) (Komödie) R: Berger, Ludwig; DB: Berger, Ludwig; FT: Der Widerspenstigen Zähmung (1958); TV: BRD/ARD/SFB

As You Like It (1599) (*Wie es euch gefällt*) (Komödie) R: Berger, Ludwig; FT: Wie es euch gefällt (1958); TV: BRD/ARD/SFB

Hamlet (1600) (Schauspiel) R: Käutner, Helmut; FT: Der Rest ist Schweigen (1959); KF: BRD

Hamlet (1600) (Schauspiel) R: Wirth, Franz Peter; DB: Wirth, Franz Peter; FT: Hamlet (1960); TV: BRD/ARD/Bavaria

Twelfth Night or What You Will (1600) (*Was ihr wollt*) (Komödie) R: Wirth, Franz Peter; DB: Wirth, Franz Peter; FT: Was Ihr wollt (1962); TV: BRD/ARD/WDR

Much Ado About Nothing (1598) (*Viel Lärm um nichts*) (Komödie) R: Hellberg, Martin; DB: Hellberg, Martin; FT: Viel Lärm um nichts (1963); KF: DDR/DEFA

Twelfth Night or What You Will (1600) (*Was ihr wollt*) (Komödie) R: Bellag, Lothar; DB: Bellag, Lothar; FT: Was Ihr wollt (1963); TV: DDR

Measure for Measure (1604) (*Maß für Maß*) (Komödie) R: Verhoeven, Paul; DB: Verhoeven, Paul; FT: Zweierlei Maß (1963); TV: BRD/ARD/Bavaria

Comedy of Errors (1593) (*Irrungen, Wirrungen*) (Komödie) R: Schwarze, Hans-Dieter; DB: Rothe, Hans; FT: Komödie der Irrungen (1964); TV: BRD/ARD/Bavaria

Richard III (1592) (Schauspiel) R: Umgelter, Fritz; FT: König Richard III (1964); TV: BRD/ARD/BR

Romeo and Juliet (1595) (Schauspiel) R: Klingenberg, Gerhard; DB: Klingenberg, Gerhard; FT: Romeo und Julia (1964); TV: BRD/ARD/WDR

The Tempest (1611) (*Der Sturm*) (Schauspiel) R: Burger, Hanns; DB: Burger, Hanns; FT: Nichts als Sünde (1965); TV: DDR/DEFA

The Winter's Tale (1610) (*Wintermärchen*) (Schauspiel) R: Klingenberg, Gerhard; FT: Ein Wintermärchen (1965); TV: BRD/ARD/WDR

Two Gentlemen of Verona (1594) (*Zwei Herren aus Verona*) (Komödie) R: Schwarze, Hans-Dieter; DB: Rothe, Hans; Schwarze, Hans-Dieter; FT: Zwei Herren aus Verona (1966); TV: BRD/ARD/Bavaria

Two Gentlemen of Verona (1594) (*Zwei Herren aus Verona*) (Komödie) R: Benesch, Harald; FT: Zwei Herren aus Verona (1966); TV: BRD/ARD/SWF

The Merchant of Venice (1597) (*Der Kaufmann von Venedig*) (Komödie) R: Schenk, Otto; DB: Schenk, Otto; Weiser, Peter; FT: Der Kaufmann von Venedig (1968); TV: BRD/ARD/WDR

King Richard II (1595) (Schauspiel) R: Wild, Franz Josef; FT: König Richard der Zweite (1968); TV: BRD/ARD

Julius Caesar (1599) (Schauspiel) R: Kehlmann, Michael; FT: Das Trauerspiel von Julius Cäsar (1969); TV: BRD/ARD/BR

Hamlet (1600) (Schauspiel) R: Franksen, Jan; DB: Rühm, Gerhard; FT: Ophelia und die Wörter (1970); TV: BRD/ARD/SFB

Macbeth (1605) (Schauspiel) R: Schroeter, Werner; DB: Schroeter, Werner; FT: Macbeth (1971); TV: BRD/ARD/HR/WDR

Much Ado About Nothing (1598) (*Viel Lärm um nichts*) (Komödie) R: Umgelter, Fritz; FT: Viel Getu' um nichts (1971); TV: BRD/ARD/BR

As You Like It (1599) (*Wie es euch gefällt*) (Komödie) R: Runze, Ottokar; DB: Runze, Ottokar; FT: Viola und Sebastian (1972); KF: BRD/Wilmar R. Guertler/Ottokar Runze

Timon of Athens (1608) (Schauspiel) R: Döpke, Oswald; FT: Timon von Athen (1979); TV: AUST/ORF

Shakespeare, William (GB 1564–1616) & **Verdi, Giuseppe** (IT 1813–1901)

Macbeth (1605) (Oper) R: Praunheim, Rosa von; DB: Praunheim, Rosa von; FT: Macbeth (1971); TV: BRD/ARD/WDR

Macbeth (1605) (Oper) R: Anna, Claude de; DB: Piave, Francesco Maria; FT: Macbeth (1988); TV: BRD/ARD/WDR

Shaw, George Bernard (IRL 1856–1950)

Pygmalion (1912) (*Pygmalion* 1914) (Komödie) R: Tannert, Hannes; DB: Pigge, Helmut; FT: Pygmalion (1956); TV: BRD/ARD/SDR

Arms and the Man (1898) (*Helden* 1905) (Komödie) R: Wirth, Franz Peter; DB: Keindorff, Eberhard; Sibelius, Johanna; FT: Helden (1958); KF: BRD/Bavaria

The Apple Cart (1929) (*Der Kaiser von Amerika* 1930) (Komödie) R: Schmidt, Willi; DB: Schmidt, Willi; FT: Der Kaiser von Amerika (1959); TV: BRD/ARD/SFB

Mrs. Warren's Profession (1898) (*Frau Warrens Gewerbe* 1906) (Schauspiel) R: Ráthony, Ákos von; DB: Keindorff, Eberhard; Sibelius, Johanna; FT: Frau Warrens Gewerbe (1960); KF: BRD/Cinecustodia/Real Film

Village Wooing on the Rocks (1934) (*Ländliche Werbung* 1934) (Komödie) R: Haugk, Dietrich; DB: Haugk, Dietrich; FT: Ländliche Werbung (1961); TV: BRD/ARD/SDR

The Doctor's Dilemma (1906) (*Der Arzt am Scheideweg* 1909) (Schauspiel) R: Wilhelm, Kurt; FT: Der Arzt am Scheideweg (1963); TV: BRD/ARD/BR

Candida (1898) (*Candida* 1906) (Schauspiel) R: Schweikart, Hans; FT: Candida (1963); TV: BRD/ARD/Bavaria

You Never Can Tell (1898) (*Man kann nie wissen* 1926) (Komödie) R: Haugk, Dietrich; FT: Man kann nie wissen (1963); TV: BRD/ARD/SDR

The Man of Destiny (1898) (*Der Mann des Schicksals (Der Schlachtenlenker)* 1915) (Komödie) R: Schwarze, Hans-Dieter; FT: Der Mann des Schicksals (Der Schlachtenlenker) (1963); TV: BRD/ARD/Bavaria

Caesar and Cleopatra (1900) (*Cäsar und Cleopatra* 1904) (Schauspiel) R: Schwarze, Hans-Dieter; DB: Schwarze, Hans-Dieter; FT: Caesar und Cleopatra (1964); TV: BRD/ARD/WDR

Widowers' Houses (1898) (*Die Häuser des Herrn Sartorius* 1911) (Schauspiel) R: Haugk, Dietrich; DB: Pigge, Helmut; FT: Die Häuser des Herrn Sartorius (1965); TV: BRD/ARD/Bavaria

Augustus Does His Bit (1919) (Komödie) R: Steinbach, Peter; FT: Augustus tut, was er kann (1967); TV: BRD/ARD/HR

Captain Brassbound's Conversion (1900) (*Kapitän Brassbounds Bekehrung* 1926) (Komödie) R: Glück, Wolfgang; FT: Kapitän Brassbounds Bekehrung (1967); TV: BRD/ARD/BR

O'Flaherty, V.C. (1919) (*O'Flaherty: ein Aufruf zum Wehrdienst* 1966) (Komödie) R: Steinbach, Peter; FT: O'Flaherty (1967); TV: BRD/ARD/HR

Heartbreak House (1919) (*Haus Herzenstod* 1920) (Schauspiel) R: Meisel, Kurt; FT: Haus Herzenstod (1968); TV: BRD/ARD/BR

Saint Joan (1923) (*Die heilige Johanna* 1924) (Schauspiel) R: Wild, Franz Josef; FT: Die heilige Johanna (1971); TV: AUST/ORF/BRD/ARD/BR

Candida (1898) (*Candida* 1906) (Schauspiel) R: Eckermann, Martin; FT: Candida (1984); TV: DDR

Arms and the Man (1898) (*Helden* 1905) (Komödie) R: Ammann, Max Peter; FT: Helden (1987); TV: CH/AUST/DRS/ORF

Shaw, Irwin (USA 1913–1984)

The Gentle People (1939) (*Gangster* 1957) (Schauspiel) R: Klingenberg, Gerhard; FT: Brooklyn-Ballade (1965); TV: BRD/ARD/WDR

Sheckley, Robert (USA 1928–)

Live Gold (1962) (Roman) R: Christian-Jaque (= Maudet, Christian); DB: Christian-Jaque; Lewin, Michel; FT: Geheimnisse in goldenen Nylons (1967); KF: BRD/USA/FR/IT/CCC/Universal Pictures/CGRC/Société nouvelle de cinématographie (SNC)/Metheus Film

Sheppard, Stephen (GB 1945–)

The Artisan (1986) (*Georg Elser* 1989) (Roman) R: Brandauer, Klaus Maria; DB: Sheppard, Stephen; FT: Georg Elser - Einer aus Deutschland (1989); KF: BRD/Söhnlein/Borman/Mutoskop Film/Saturn Movie

Sheriff, Robert Cedric (GB 1896–1975)
A Shred of Evidence (1960) (Kriminalstück) R: Schnell, Raoul Wolfgang; DB: Pigge, Helmut; FT: Verräterische Spuren (1962); TV: BRD/ARD/Bavaria

Sherwood, Robert E. (USA 1896–1956)
The Petrified Forest (1935) (dt. 1955) (Schauspiel) R: Kehlmann, Michael; DB: Krapp, Helmut; FT: Der versteinerte Wald (1957); TV: BRD/ARD/HR

Shiffrin, Abraham B. (USA 1902–)
Angel in the Pawn Shop (1951) (Schauspiel) R: Völger, Werner; DB: Völger, Werner; FT: Leihhauslegende (1959); TV: BRD/ARD/SFB

Shiffrin, Abraham B. (USA 1902–)
Eleven Lives of Leo (Schauspiel) R: Vajda, Ladislaus; DB: Békeffi, István; Jacoby, Hans; FT: Der Lügner (1961); KF: BRD/Real Film

Siebe, Hans (DDR 1919–)
Der Angler auf dem Dach (Schauspiel) R: Hill, Peter; FT: Der Angler auf dem Dach (1983); TV: DDR

Sifton, Claire Ginsburg (USA 1897–) & **Sifton, Paul** (USA 1897–)
Midnight (1930) (Schauspiel) R: Bublitz, Hans Waldemar; DB: Bublitz, Hans Waldemar; FT: Mitternacht (1961); TV: BRD/ARD/RB

Silbermann, Ruth Charlotte (BRD)
(Erzählung) R: Verhoeven, Paul; DB: Lix, Alexander; Verhoeven, Paul; FT: Ewiger Walzer (Frauen um Johann Strauss) (1955); KF: BRD/Rotary

Sills, Josef Rudolf (AUST 1919–)
Jahrgang 1928 (Roman) R: Erler, Rainer; DB: Erler, Rainer; FT: Das veilchenblaue Auto (1961); TV: BRD/ARD/SDR

Silone, Ignazio (IT 1900–1978)
L'avventura d'un povero Cristiano (1968) (*Das Abenteuer eines armen Christen* 1969) (Roman) R: Umgelter, Fritz; DB: Epple, Kuno; FT: Das Abenteuer eines armen Christenmenschen (1971); TV: BRD/ARD/BR

Vino e pane (1955) (*Brot und Wein* 1936) (> Wein und Brot (1977)) (Roman) R: Itzenplitz, Eberhard; DB: Itzenplitz, Eberhard; FT: Acht Tage in den Bergen (1987); TV: BRD/ZDF

Sil-Vara, Geza A. (AUST 1876–)
Mädchenjahre einer Königin (1933) (Komödie) R: Marischka, Ernst; FT: Mädchenjahre einer Königin (1954); KF: AUST

Simenon, Georges (= Sim, Georges; Aramis; Brulls, Christian) (BELG 1903–1989)
Les nouvelles enquêtes de Maigret (1944) (*Sechs neue Fälle für Maigret* 1985) (Kriminalroman) R: Weidenmann, Alfred; DB: Reinecker, Herbert (= Berg, Alex); FT: Maigret und sein größter Fall (1966); KF: AUST/IT/FR

L'homme de Londres (1934) (*Der Mann aus London* 1981) (Roman) R: Schirk, Heinz; DB: Schirk, Heinz; Schirk, Ilka; FT: Der Mann aus London (1971); TV: BRD/ZDF

Le train de Venise (1965) (*Rückfahrt von Venedig* 1965) (> Der Zug aus Venedig (1988)) (Kriminalroman) R: Toelle, Tom; DB: Toelle, Tom; FT: Rückfahrt von Venedig (1973); TV: BRD/ARD/HR

La mort de Belle (1952) (*Bellas Tod* 1958) (Kriminalroman) R: Storch, Wolfgang; DB: Pauker, Peter; Schaumann, Frank; FT: Bellas Tod (1979); TV: BRD/ZDF

L'assassin (1937) (*Der Mörder* 1977) (Kriminalroman) R: Runze, Ottokar; DB: Runze, Ottokar; FT: Der Mörder (1979); KF: BRD/Ottokar Runze Filmprod./Aurora/ZDF

Il y a encore des noisetiers (1969) (*Der Haselnußstrauch* 1970) (Kriminalroman) R: Jasny, Vojtech; DB: Asmodi, Herbert; FT: Es gibt noch Haselnußsträucher (1983); TV: BRD/Objectiv Film/ZDF

Feux rouges (1953) (*Schlußlichter* 1982) (Kriminalroman) R: Storch, Wolfgang; DB: Schaumann, Frank; Storch, Wolfgang; FT: Reifenwechsel (1983); TV: BRD/ZDF

La chambre bleue (1963) (*Das blaue Zimmer* 1964) (Kriminalroman) R: Barabás, Stanislav; FT: Die Komplizen (1985); TV: BRD/ARD/SWF

Dimanche (1959) (*Es geschah an einem Sonntag* 1960) (> Sonntag (1977)) (Kriminalroman) R: Barabás, Stanislav; DB: Barabás, Stanislav; FT: Sonntag (1985); TV: BRD/ZDF

Les inconnus dans la maison (1940) (*Die Unbekannten im eigenen Haus* 1978) (Kriminalroman) R: Fischerauer, Bernd; DB: Asmodi, Herbert; FT: Die Unbekannten im eigenen Haus (1985); TV: BRD/ARD/WDR

(Kriminalerzählung) R: Büscher, Lutz; DB: Büscher, Lutz; FT: Die Stunde des Leon Bisquet (1986); TV: BRD/ZDF

La mort d'Auguste (1966) (*Der Tod des Auguste Mature* 1980) (Kriminalroman) R: Dor, Milan; DB: Dor, Milo; FT: Augustos Tod (1987); TV: AUST/CH/BRD/ORF/SRG/ARD/BR

Les volets verts (1950) (*Die grünen Fensterläden* 1953) (Kriminalroman) R: Dor, Milan; DB: Dor, Milo; FT: Die grünen Fensterläden (1987); TV: AUST/CH/BRD/ORF1/SRG/ARD/BR

La maison du canal (1932) (*Das Haus am Kanal* 1986) (Kriminalroman) R: Rusnak, Josef; DB: Rusnak, Josef; FT: Das Haus am Kanal (1987); TV: BRD/FR/Artus Film/ARD/BR

La fenêtre des Rouets (1945) (*Das Fenster der Rouets* 1969) (Kriminalroman) R: Rusnak, Josef; DB: Rusnak, Josef; FT: Das Fenster der Rouets (1989); TV: BRD/AUST/ARD/BR/ORF

La danseuse du Gai-Moulin (1931) (*Ein Fremder stirbt* 1950) (> Maigret und der Spion (1986)) (Kriminalroman) R: Cazaneuve, Fabrice; DB: Zerbib, Christian; FT: Ein Fremder in der Stadt (1989); TV: AUST/CH/BRD/ORF1/SRG/ARD/BR

La prison (1968) (*Die Schwestern* 1970) (> Das Gefängnis (1990)) (Kriminalroman) R: Schwarzenberger, Xaver; DB: Boeser, Knut; FT: Ein anderer Liebhaber (1990); KF: BRD/FR/Tele-München/Hamster

Une vie comme neuve (1953) (*Der Rückfall* 1990) (Kriminalroman) R: Rola, Carlo; DB: Wilhelm, Uwe; FT: Das zweite Leben (1990); TV: BRD/FR/ZDF/TF1 Films Productions

Simmel, Johannes Mario (AUST 1924–)

Mich wundert, daß ich so fröhlich bin (1949) (Roman) R: Kasprzik, Hans-Joachim; DB: Kaltofen, Günter; Kasprzik, Hans-Joachim; FT: Gerichtet bei Nacht (1960); TV: DDR

Der Schulfreund (1958) (Schauspiel) R: Siodmak, Robert; DB: Simmel, Johannes Mario; Stemmle, Robert A.; FT: Mein Schulfreund (1960); KF: BRD/Divina/Utz Utermann Filmproduktion

(Roman) R: Marischka, Georg; DB: Eser, Willibald; Jacoby, Hans; FT: Mit Himbeergeist geht alles besser (1960); KF: AUST

Die Affaire Nina B. (1958) (Roman) R: Siodmak, Robert; FT: Affaire Nina B. (1961); KF: BRD/USA

Es muß nicht immer Kaviar sein (1960) (Roman) R: Rádvany, Géza von; DB: Andréota, Paul; Ferry, Jean; Jeanson, Henri; FT: Diesmal muß es Kaviar sein (1961); KF: BRD/FR/Artur Brauner/CCC Filmkunst GmbH/CEC

Es muß nicht immer Kaviar sein (1960) (Roman) R: Rádvany, Géza von; DB: Andréota, Paul; Ferry, Jean; Jeanson, Henri; FT: Es muß nicht immer Kaviar sein (1961); KF: BRD/FR/Artur Brauner/CCC Filmkunst GmbH/CEC

Der Schulfreund (1958) (Schauspiel) R: Wolffhardt, Rainer; FT: Der Schulfreund (1963); TV: BRD/ARD/SDR

Liebe ist nur ein Wort (1963) (Roman) R: Vohrer, Alfred; DB: Purzer, Manfred; FT: Liebe ist nur ein Wort (1971); KF: BRD/AUST/Roxy Films

Und Jimmy ging zum Regenbogen (1970) (Roman) R: Vohrer, Alfred; DB: Purzer, Manfred; FT: Und Jimmy ging zum Regenbogen (1971); KF: BRD/AUST/Roxy Films/Wien-Film GmbH

Alle Menschen werden Brüder (1967) (Roman) R: Vohrer, Alfred; DB: Purzer, Manfred; FT: Alle Menschen werden Brüder (1972); KF: BRD/AUST/Roxy Films

Der Stoff, aus dem die Träume sind (1971) (Roman) R: Vohrer, Alfred; DB: Purzer, Manfred; FT: Der Stoff, aus dem die Träume sind (1972); KF: BRD/Roxy

Gott schützt die Liebenden (1956) (Roman) R: Vohrer, Alfred; DB: Purzer, Manfred; FT: Gott schützt die Liebenden (1973); KF: BRD/ESP/IT/Azor Film/Orion Pictures/Paramount Pictures/Roxy Films/Zafes Film

Die Antwort kennt nur der Wind (1973) (Roman) R: Vohrer, Alfred; DB: Purzer, Manfred; FT: Die Antwort kennt nur der Wind (1974); KF: BRD/FR

Bis zur bitteren Neige (1975) (Roman) R: Oswald, Gerd; DB: Purzer, Manfred; FT: Bis zur bitteren Neige (1975); KF: BRD/AUST

Lieb Vaterland magst ruhig sein (1965) (Roman) R: Klick, Roland; DB: Klick, Roland; FT: Lieb Vaterland magst ruhig sein (1975); KF: BRD

Begegnung im Nebel (1947) (Erzählung) R: Lesowsky, Wolfgang; DB: Lesowsky, Wolfgang; FT: Begegnung im Nebel (1976); TV: AUST/ORF

Es muß nicht immer Kaviar sein (1960) (Roman) R: Engel, Thomas; FT: Es muß nicht immer Kaviar sein (1977); TV: BRD/ZDF

Begegnung im Nebel (1947) (Erzählung) R: Lesowsky, Wolfgang; FT: Begegnung im Nebel (1982); KF: AUST

Mich wundert, daß ich so fröhlich bin (1949) (Roman) R: Kehlmann, Michael; FT: Mich wundert, daß ich so fröhlich bin (1982); TV: AUST/BRD/ORF/ZDF

Hurra, wir leben noch (1978) (Roman) R: Zadek, Peter; DB: Bornheim, Wolfgang; Zadek, Peter; FT: Die wilden Fünfziger (1982); TV: BRD/Bavaria/ZDF

Bitte laßt die Blumen leben (1983) (Roman) R: Tessari, Duccio; DB: Hammann, Joachim; FT: Bitte laßt die Blumen leben (1985); KF: BRD/Roxy/Lisa-Film/Ilse Kubaschewski Filmprod./ARD/BR

Doch mit den Clowns kamen die Tränen (1987) (Roman) R: Hauff, Reinhard; DB: Vocks, Horst; Wittenberg, Thomas; FT: Mit den Clowns kamen die Tränen (1990); TV: BRD/FR/IT/ESP/ARD/WDR/FR3/RAI/TVE

Simon, Neil (USA 1927–)

Barefoot in the Park (1964) (Komödie) R: Assmann, Arno; FT: Barfuß im Park (1980); TV: BRD/ARD/BR

Sunshine Boys (1973) (Komödie) R: Sydow, Rolf von; FT: Sonny Boys (1982); TV: BRD/ZDF

(Schauspiel) R: Moszkowicz, Imo; FT: Zeig' was du kannst. Eine Komödie aus den 50er Jahren (1983); TV: BRD/ZDF

Simonin, Albert (FR 1905–1980)

(Roman) R: Lautner, Georges; DB: Audiard, Michel; Lautner, Georges; FT: Mein Onkel - der Gangster (1963); KF: BRD/FR/IT/Corona Filmproduktion/Société Nouvelle des Établissements Gaumont (SNEG)/Ultra Film

Simonov, Konstantin M. (SU 1915–1979)

Cetvertyj (*Der Vierte* 1962) (Schauspiel) R: Bellag, Lothar; DB: Bellag, Lothar; FT: Der Vierte (1962); TV: DDR

(*Das Wiedersehen*) (Erzählung) R: Veth, Kurt; FT: Anja (1971); TV: DDR

Simons, Christoph (BRD)

Nebel bei Unterpfaffenhofen (Erzählung) R: Gressmann, Martin; DB: Gressmann, Martin; Simons, Christoph; FT: Heinrich auf der Erbse (1981); KF: BRD

Simpson, William von (DTL 1881–1945)

Die Barrings (1937) (Roman) R: Thiele, Rolf; FT: Friederike von Barring (Die Barrings) (1955); KF: BRD

Singer, Isaac Bashevis (USA 1904–1991)

The Magician of Lublin (1960) (Roman) R: Golan, Menahem; DB: Golan, Menahem; White, Irving S.; FT: Der Magier (1979); KF: BRD/ISR/NFR Geria III Filmgesellschaft

Sinjavskij, Andrej D. (SU 1925–)

Sud idet (1960) (dt. 1966) (Erzählung) R: Lemmel, Dieter; DB: Lemmel, Dieter; FT: Der Prozeß beginnt (1969); TV: BRD/ARD/WDR

Siodmak, Curt (USA 1900–1973)

Der Heiligenschein (1973) (Erzählung) R: Schirk, Heinz; DB: Schirk, Heinz; FT: Der Heiligenschein (1977); TV: CH/BRD/DRS/ARD/SFB

Sjöwall, Maj (SVE 1935–) & **Wahlöö, Per** (SVE 1926–1975)

Mannen som gick upp i rök (1969) (*Der Mann, der sich in Luft auflöste* 1977) (Kriminalroman) R: Bacso, Peter; DB: Mühlbauer, Wolfgang; FT: Der Mann, der sich in Luft auflöste (1980); KF: BRD/SVE/HU

Mord på 31: a våningen (*Mord im 31. Stock* 1977) (Kriminalroman) R: Gremm, Wolf; DB: Gremm, Wolf; Katz, Robert; FT: Kamikaze '89 (1982); KF: BRD/Regina Ziegler Filmprod./Trio/Oase/ZDF

Brandbilen som försvannt (1969) (*Alarm in Sköldgatan* 1972) (Kriminalroman) (Teil einer Serie) R: Gies, Hajo; DB: Berg, Rainer; Langmaack, Beate; FT: Kommissar Beck: Alarm in Sköldgatan (1993); KF: BRD/SVE/Rialto Film/Victoria

Mannen pa balkongen (1969) (*Der Mann auf dem Balkon* 1970) (Kriminalroman) (Teil einer Serie) R: Alfredson, Daniel; DB: Alfredson, Daniel; Cornell, Jonas; FT: Kommissar Beck: Der Mann auf dem Dach (1993); TV: BRD/SVE/Rialto Film/Victoria

Polismördaren (*Der Polizistenmörder* 1976) (Kriminalroman) (Teil einer Serie) R: Keglevic, Peter; DB: Berg, Rainer; Langmaack, Beate; FT: Kommissar Beck: Der Polizistenmörder (1993); TV: BRD/SVE/Rialto Film/Victoria

Roseanna (1965) (*Die Tote im Götakanal* 1968) (Kriminalroman) (Teil einer Serie) R: Alfredson, Daniel; DB: Cornell, Jonas; FT: Kommissar Beck: Die Tote im Götakanal (1994); TV: BRD/SVE/Rialto Film/Victoria

Terroristerna (1975) (*Die Terroristen* 1975) (Kriminalroman) (Teil einer Serie) R: Keglevic, Peter; DB: Berg, Rainer; Langmaack, Beate; FT: Kommissar Beck: Stockholm Marathon (1994); TV: BRD/SVE/Rialto Film/Victoria

Polis, polis, potatismos! (1970) (*Und die Großen läßt man laufen* 1972) (Kriminalroman) (Teil einer Serie) R: Berglund, Pelle; DB: Berglund, Pelle; Cornell, Jonas; FT: Kommissar Beck: Und die Großen läßt man laufen (1994); TV: BRD/SVE/Rialto Film/Victoria

Skármeta, Antonio (ARG 1940–)

(*Nix passiert*) (Erzählung) R: Ziewer, Christian; DB: Skármeta, Antonio; Ziewer, Christian; FT: Aus der Ferne sehe ich dieses Land (1978); KF: BRD/IndependentFilm/Joachim von Vietinghoff/Costa Rica/Provobis/Istmo Co./ZDF

La huella del desaparecido (*Die Spur der Vermißten* 1980) (Erzählung) R: Kunert, Joachim; FT: Die Spur der Vermißten (1980); TV: DDR

La insurrección (1981) (*Der Aufstand* 1981) (Roman) R: Lilienthal, Peter; DB: Lilienthal, Peter; FT: Der Aufstand (1981); KF: BRD/Independent Film/Ismo/Provobis Gesellschaft für Film und Fernsehen GmbH/Von Vietinghoff Filmproduktion/ZDF

(Erzählung) R: Fuster Pardo, Rafael; DB: Stasiak, Horst; FT: In der Wüste (1986); KF: BRD/dffb

El ciclista de San Cristobal (1973) (Erzählung) R: Lilienthal, Peter; DB: Lilienthal, Peter; Skármeta, Antonio; FT: Der Radfahrer von San Cristobal (1989); TV: BRD/Edgar Reitz Film (ERF)/ZDF

Skowronski, Zdzislaw (PL 1909–1969)

(Komödie) R: Fruchtmann, Karl; FT: Lebenskünstler (1964); TV: BRD/ARD/RB

Skripper, John (GB)

(*Er war David Preston* 1956) (Kriminalroman) R: Haaf, Wilm ten; DB: Haaf, Wilm ten; FT: Wo war David Preston (1956); TV: BRD/ARD/BR

Slesar, Henry (USA 1927–)

(Erzählung) R: Wolffhardt, Rainer; DB: Flatow, Curth; Kroetz, Franz-Xaver; FT: Mütter (1975); TV: BRD/ZDF

Clean Crimes and Neat Murderers (1960) (Kriminalerzählung) R: Weidenmann, Alfred; FT: Sanfter Schrecken. Unheimliche Geschichten am Kamin (1977); TV: BRD/ZDF

Enter Murderers (1960) (Kriminalroman) R: Umgelter, Fritz; FT: Vorhang auf, wir spielen Mord (1978); TV: BRD/AUST/ARD/SFB/ORF

(Kriminalerzählung) R: Weidenmann, Alfred; DB: Reinecker, Herbert (= Berg, Alex); Winiewicz, Lida; FT: Die Karten lügen nicht (1981); TV: CH/BRD/AUST/DRS/ZDF/ORF

The Thing At The Door (1974) (*Hinter der Tür* 1978) (Kriminalroman) R: Gremm, Wolf; DB: Gremm, Wolf; FT: Der Tod kommt durch die Tür (1983); TV: BRD/ZDF

Sloterdijk, Peter (BRD 1947–)

Der Zauberbaum: Die Entstehung der Psychoanalyse im Jahr 1785. Epischer Versuch zur Philosophie der Psychologie (1985) (Roman) R: Wiebel, Martin; DB: Wiebel, Martin; FT: Der Zauberbaum (1988); TV: BRD/ARD/W3/WDR

Smirnow, Viktor (SU)

Der Tod in der Flasche (Erzählung) R: Keil, Gerd; DB: Müller, Armin; FT: Der Tod in der Flasche (1973); TV: DDR

Smirnowa, Mira (DDR)

Patricia (Komödie) R: Schäfer, Eberhard; FT: Patricia (1979); TV: DDR

Smith, Dodie (GB 1896–1990)

(*Der erste Frühlingstag*) (Komödie) R: Olden, John; FT: Der erste Frühlingstag (1956); TV: BRD/ARD/NWRV

(*Der erste Frühlingstag*) (Komödie) R: Weiss, Helmut; DB: Kay, Juliane; Weiss, Helmut; FT: Der erste Frühlingstag (1956); KF: BRD/CCC Filmkunst GmbH

(*Der erste Frühlingstag*) (Komödie) R: Jaray, Hans; DB: Jaray, Hans; Kalbeck, Florian; FT: Der erste Frühlingstag (1961); TV: AUST/ORF

(*Der erste Frühlingstag*) (Komödie) R: Pfeiffer, Hermann; FT: Der erste Frühlingstag (1962); TV: BRD/ARD/WDR

Snow, Charles Percy (GB 1905–1980)

Death under Sail (1932) (Roman) R: Döpke, Oswald; DB: Pauker, Peter; FT: Tod auf der Themse (1973); TV: BRD/ZDF

Sôbôl, Yehôsua (ISR 1939–)

The Soul of a Jew (*Weiningers Nacht* 1986) (Schauspiel) R: Manker, Paulus; DB: Manker, Paulus; FT: Weiningers Nacht (1990); KF: BRD/AUST/Camera-Film/Wega-Film/ORF2

Søeborg, Finn (DK)

Vi har det jo dejlist (1955) (*Das Paradies liegt auf der Straße* 1957) (Roman) R: Schwarze, Hans-Dieter; DB: Menge, Wolfgang; FT: Siedlung Arkadien (1967); TV: BRD/ARD/SDR

Sådan er der så meget (1950) (*Und sowas lebt* 1953) (Roman) R: Verhoeven, Michael; DB: Vogeler, Volker; FT: Der Bettenstudent oder Was mach' ich mit dem Mädchen? (1969); KF: BRD/Rob Houwer

Söhl, Irmhild (BRD)
Tadesse, warum?: Das kurze Leben eines äthiopischen Kindes in einem deutschen Dorf (1991) (Bericht) R: Baudissin, Christian; DB: Baudissin, Christian; FT: Tadesse, warum? (1994); TV: BRD/ARD/SWF/BR

Soini, Yrjö (FIN 1896–1975)
Aatamiu puvussa ... ja vahan Eevakin (1943) (*Zweimal Adam, einmal Eva* 1943) (Roman) R: Lang, Franz M.; DB: Lang, Franz M.; FT: Zweimal Adam, einmal Eva (1959); KF: BRD

Sokolova, Alla (SU)
Fantazii Farjat'eva (*Farjatjews Phantasien* 1977) (Schauspiel) R: Bleiweiß, Celino; DB: Sokolova, Alla; FT: Lieben Sie Träume? oder Farjatjews Phantasien (1982); TV: DDR/DDR2

Šolochov, Michail A.(SU 1905–1984)
Podnjataja celina (1932) (*Neuland unterm Pflug* 1934) (Roman) R: Keil, Gerd; FT: Neuland unterm Pflug (1967); TV: DDR

Solschenizyn, Aleksandr I. (SU 1918–)
Rakovyj korpus (1968) (*Krebsstation* 1968) (Roman) R: Schirk, Heinz; DB: Wittlinger, Karl; FT: Krebsstation (1970); TV: BRD/ARD/TV 60

Soltikow, Michael Alexander Graf (BRD 1902–)
Eine Frau genügt nicht? (1955) (Roman) R: Erfurth, Ulrich; DB: Ebermayer, Erich; Erfurth, Ulrich; FT: Eine Frau genügt nicht? (1955); KF: BRD

Sommer, Harald (AUST 1935–)
Ein unheimlich starker Abgang (1970) (Schauspiel) R: Verhoeven, Michael; DB: Verhoeven, Michael; FT: Sonja schafft die Wirklichkeit ab oder Ein unheimlich starker Abgang (1973); KF: BRD/Sentana (Senta Berger, Michel Verhoeven)/Bavaria

Sommer, Siegfried (BRD 1914–)
Blasius der Spaziergänger (1978) (Erzählung) R: Vohrer, Alfred; FT: Meine 99 Bräute (1958); KF: BRD
Und keiner weint mir nach (1969) (Roman) R: Vilsmaier, Joseph; DB: Purucker, Willy; FT: Und keiner weint mir nach (1995); KF: BRD/Lunaris/Perathon/Solaris/Constantin

Sommer-Bodenburg, Angela (BRD 1948–)
Der kleine Vampir verreist/Der kleine Vampir auf dem Bauernhof (1986) (Kinderbuch) R: Görlitz, Helmut Christian; DB: Thiesler, Sabine; FT: Der kleine Vampir - Neue Abenteuer (1993); TV: BRD/AUST/CH/Polyphon/Filmstiftung NRW/ARD/WDR/SWF/MDR/SFB/NDR/ORF/SRG
Der kleine Vampir verreist/Der kleine Vampir auf dem Bauernhof (1986) (Kinderbuch) R: Edel, Ulrich; DB: Kirkpatrick, Karey; Waller, Nicholas; FT: Der kleine Vampir (The Little Vampire) (2000); TV: BRD/USA/Avrora Media/Comet Film Stonewood/Cometstone Productions

Sonnleitner, Alois Th. (AUST 1869–1939)
Die Höhlenkinder (1918) (Kinderbuch) FT: Die Höhlenkinder (1963); TV: BRD/ZDF

Sophokles (GR 497–406 v.C.)
Elektra (Schauspiel) R: Müller, Hans-Reinhard; FT: Elektra (1966); TV: BRD/ARD/BR

Soriano, Osvaldo (ARG 1943–1997)
Cuarteles de invierno (1982) (*Das Autogramm* 1986) (Roman) R: Lilienthal, Peter; DB: Lilienthal, Peter; FT: Das Autogramm (1984); KF: BRD/FR/Provobis Gesellschaft für Film und Fernsehen mbH/Von Vietinghoff Filmproduktion/ZDF/Euro-American-Films

Sotnik, Jurij Wjatscheslawowitsch (SU)
Prosto uézas (1965) (*Hilfe, ich bin ein Kind* 1972) (Kinderkomödie) R: Schmenger, Ursula; FT: Hilfe, ich bin ein Kind (1978); TV: DDR

Sotola, Jiri (CSR 1924–)
(Roman) R: Weiss, Jiri; FT: Waterloo (1969); TV: BRD/ARD/SFB

Spallart, Johannes von (CH)
Tintenspritzer (Schauspiel) R: Rittau, Günther; DB: Petersson, Harald G.; FT: Eine alltägliche Geschichte (1945/48); KF: DTL

Spang, Günter (BRD 1926–)
Mein Onkel Theodor oder Der Sohn einer männlichen Hausfrau (1974) (Kindererzählung) R: Ehmck, Gustav; DB: Ehmck, Gustav; Spang, Günter; FT: Mein Onkel Theodor oder Wie man sein Geld im Schlaf verdient (1977); TV: BRD/ARD/HR/NDR

Spark, Muriel (GB 1918–)
Memento Mori (1959) (*Memento Mori* 1960) (Roman) R: Cremer, Ludwig; FT: Memento Mori (1975); TV: BRD/ARD/SDR

Not to Disturb (1971) (*Bitte nicht stören* 1990) (Roman) R: Wood, Peter; FT: Bitte nicht stören (1985); TV: BRD/ARD

Späth, Bernd (BRD 1950–)

Seitenstechen (1981) (Roman) R: Pröttel, Dieter; DB: Hammann, Joachim; Krüger, Mike; FT: Seitenstechen (1985); KF: BRD/Lisa-Roxy-Film/ARD/BR

Sperber, Manès (FR 1905–1984)

Wie eine Träne im Ozean (1961) (Roman) R: Umgelter, Fritz; DB: Mühlbauer, Wolfgang; Pigge, Helmut; FT: Wie eine Träne im Ozean (1970); TV: BRD/ARD/Bavaria

Spergirjov, Jewgenij (SU)

(*Schenk mir drei Söhne*) (Erzählung) R: Sauer, Horst; FT: Schenk mir drei Söhne (1975); TV: DDR

Sperr, Martin (BRD 1944–)

Jagdszenen aus Niederbayern (1966) (Schauspiel) R: Fleischmann, Peter; FT: Jagdszenen aus Niederbayern (1969); KF: BRD

Der Räuber Mathias Kneissl (1971) (Schauspiel) R: Hauff, Reinhard; DB: Hauff, Reinhard; FT: Mathias Kneissl (1971); KF: BRD

Jagdszenen aus Niederbayern (1966) (Schauspiel) R: Hesse, Volker; DB: Späth, Gerold; FT: Jagdszenen (1980); TV: CH/DRS

Speyer, Wilhelm (BRD 1887–1952)

Der Kampf der Tertia (1927) (Kinderroman) R: Ode, Erik; DB: Kortwich, Werner; Rauch, Elly; FT: Der Kampf der Tertia (1952); KF: BRD

Spiecker, Rochus (DTL 1888–1953)

Vibia Perpetua: Spiele zwischen Tag und Traum (1963) (Erzählung) R: Räpple, Rudolf; FT: Vibia Perpetua (1964); TV: BRD/ARD/WDR

Spiegelgass, Leonhard (BRD)

Die kluge Witwe (Schauspiel) R: Dietrich, Wolf; DB: Nachmann, Kurt; FT: Die kluge Witwe (1981); TV: BRD

Spiel, Hilde (AUST 1911–1990)

Mirko und Franca (1980) (Erzählung) R: Lhotsky, Georg; DB: Spiel, Hilde; FT: Mirko und Franca (1979); TV: AUST/ORF

Spieß, Christian Heinrich (DTL 1755–1799)

Biographien der Wahnsinnigen (1795) (Biographie) R: Fischer, Götz; DB: Feldhausen, Dieter; FT: Das schöne irre Judenmädchen (1984); TV: BRD/ARD/SWF

Spillner, Wolf (DDR, BRD 1936–)

(Kindererzählung) R: Schreiber, Andreas; DB: Richter, Manfred; FT: Ein Wigwam für die Störche (1986); TV: DDR/DDR1

(Roman) R: Foth, Jörg; DB: Kotte, Gabriele; Müller, Wolf; FT: Biologie! (1990); KF: DDR/DEFA

Spoerl, Alexander (BRD 1917–1978)

Der Mann, der keinen Mord beging (1958) (Roman) R: Quest, Hans; DB: Duschat, Martin; FT: Der Mann, der keinen Mord beging (1963); TV: BRD/ARD/WDR

Spoerl, Heinrich (DTL 1887–1955)

Die Hochzeitsreise (1946) (Erzählung) R: Verhoeven, Paul; FT: Hochzeit auf Reisen (1953); KF: BRD

Wenn wir alle Engel wären (1936) (Roman) R: Lüders, Günther; DB: Nachmann, Kurt; FT: Wenn wir alle Engel wären (1956); KF: BRD

Der Maulkorb (1936) (> Komödie (1938)) (Roman) R: Staudte, Wolfgang; DB: Barthel, Manfred; Hachfeld, Eckart; FT: Der Maulkorb (1958); KF: BRD

Die Feuerzangenbowle (1935) (> Komödie (1938)) (Roman) R: Käutner, Helmut; DB: Käutner, Helmut; FT: Die Feuerzangenbowle (1970); KF: BRD/Rialto Film

Der Maulkorb (1936) (> Komödie (1938)) (Roman) R: Wesseler, Karl; FT: Der Maulkorb (1979); TV: BRD/ARD/WDR

Spooner, John D. (USA)

(Komödie) R: Pfeiffer, Hermann; FT: Kein Grund zur Unruhe (1964); TV: BRD/ARD/WDR

Spyri, Johanna (CH 1829–1901)

Heidis Lehr- und Wanderjahre (1881) (Jugendroman) R: Comencini, Luigi; DB: Schweizer, Richard; Treichlinger, Wilhelm M.; FT: Heidi (1952); KF: CH

Rosenresli (1881) (Erzählung) R: Reinl, Harald; DB: Osten-Sacken, Maria von der; Reinl, Harald; FT: Rosen-Resli (1954); KF: BRD

Heidis Lehr- und Wanderjahre (1881) (Jugendroman) R: Schnyder, Franz; DB: Schweizer, Richard; FT: Heidi und Peter (1955); KF: CH

Heidis Lehr- und Wanderjahre (1881) (Jugendroman) R: Kugelstadt, Hermann; DB: Humbert, Jeanne; FT: Heidemarie (1956); KF: CH

Heidis Lehr- und Wanderjahre (1881) (Jugendroman) R: Jacobs, Werner; DB: Schweizer, Richard; FT: Heidi (1965); KF: AUST

Heidi kehrt heim (1881) (Jugendroman) R: Mann, Delbert; DB: Hammer, Earl; FT: Heidi kehrt heim (1967); KF: BRD/USA

Heidis Lehr- und Wanderjahre (1881) (Jugendroman) R: Flaadt, Tony; Hess, Joachim; FT: Heidi (1979/80); TV: BRD/CH/AUST

Heidis Lehr- und Wanderjahre (1881) (Jugendroman) R: Otto, Gunter; DB: Otto, Gunter; FT: Heidi - Heida - Teil I (1990); KF: BRD/VCP

Srámek, Frána (CSR 1877–1952)

Mesic na rekou (1922) (*Mond über dem Fluß*) (Schauspiel) R: Döpke, Oswald; DB: Kohout, Pavel; FT: Mond über dem Fluß (1969); TV: BRD/AUST/ZDF/ORF

Stachowa, Angela (DDR, BRD 1948–)

(Kindererzählung) R: Raytschev, Peter; FT: Ostern kommt die Oma (1979); TV: DDR/DDR2

Stade, Martin (DDR, BRD 1931–)

Der König und sein Narr (1975) (Roman) R: Beyer, Frank; DB: Plenzdorf, Ulrich; FT: Der König und sein Narr (1981); TV: BRD/ARD/SFB

Stahl, Hermann (BRD 1908–)

Von zwölf bis zwölf (1956) (Hörspiel) R: Bublitz, Hans Waldemar; DB: Stahl, Hermann; FT: Von zwölf bis zwölf (1956); TV: BRD/ARD/SFB

Stalmann, Franziska (BRD 1951–)

Champagner und Kamillentee (1992) (Roman) R: Vajda, Marijan David; DB: Ohngemach, Gundula Leni; FT: Champagner und Kamillentee (1997); TV: BRD/Regina Ziegler Filmproduktion

Stamm, Alfred (CH)

... und weiche keinen Finger breit (1977) (Roman) R: Scheidegger, Josef; DB: Scheidegger, Josef; FT: Die Katze läßt das Mausen nicht (1983); TV: CH/DRS

Stark, Richard (USA 1933–)

Blind Eye (Kriminalroman) R: Basedow, Rolf; FT: Der glücklose Mann (1982); TV: BRD/ARD/BR3

Steenfatt, Margret (BRD)

Das Schülertelefon (1979) (Jugendroman) R: Borgelt, Hans-Henning; DB: Steenfatt, Margret; FT: Einfach abhauen (1981); TV: BRD/ARD/SFB

Stein, Sol (USA 1926–)

The Childkeeper (1975) (*Aus heiterem Himmel* 1980) (Roman) R: Panzer, Wolfgang; DB: Knopp, Herbert; FT: Aus heiterem Himmel (1980); TV: BRD/ZDF

Steinbeck, John (USA 1902–1968)

Of Mice and Men (1937) (*Von Mäusen und Menschen* 1940) (Schauspiel) R: Hädrich, Rolf; DB: Hädrich, Rolf; FT: Von Mäusen und Menschen (1968); TV: BRD/ARD/HR

Burning Bright (1950) (*Die wilde Flamme* 1952) (Roman) R: Haaf, Wilm ten; FT: Die wilde Flamme (1979); TV: BRD/ARD/BR

Steinbrecher, Alexander (AUST 1910–1982) & **Wimmer, I.** (AUST)

Die Gigerln von Wien (1930) (Musikkomödie) (von Steinbrecher neu erzählt nach Wimmer) R: Glück, Wolfgang; DB: Österreicher, Rudolf; FT: Die Gigerln von Wien (1965); TV: AUST/ORF

Steingötter, Bert (AUST)

Wunschlos tot (Kriminalroman) R: Junek, Kurt; DB: Junek, Kurt; FT: Wunschlos tot (1987); TV: AUST/BRD/ORF2/ARD

Steinhövel, Andreas (BRD)

(Jugendbuch) R: Schwartz-Grünberg, Cornelia; DB: Schwartz-Grünberg, Cornelia; FT: Paul IV (1994); TV: BRD/dffb/ARD/SFB/Kiefft-Politt Filmtheater

Steinwachs, Ginka (BRD 1942–)

Tränende Herzen (1977) (Schauspiel) R: Pfahl, Berengar; FT: Tränende Herzen (1980); TV: BRD/ARD/NDR

Stemmle, Robert Adolf (BRD 1903–1974)

Affäre Blum (1948) (> Schauspiel) (Roman) R: Stemmle, Robert A.; DB: Stemmle, Robert A.; FT: Affäre Blum (1962); TV: BRD/ARD/SWF

Stenthoft, Aage (SVE)

Vier allesammen tossede (Roman) R: Thiele, Rolf; FT: Die Ente klingelt um 1/2 8 (1968); KF: BRD

Stephan, Martin (DDR, BRD 1945–)

Ich will nicht leise sterben (Schauspiel) R: Langhoff, Thomas; FT: Ich will nicht leise sterben (1978); TV: DDR

Insel im See (Erzählung) FT: Insel im See (1981); KF/FF: DDR/Hochschule für Film

(Erzählung) R: Werner, Hans; FT: Morgens in der Kneipe (1981); TV: DDR

Ich sehe was, was du nicht siehst (Schauspiel) R: Steinke, Christian; FT: Ich sehe was, was du nicht siehst (1983); TV: DDR

Sternheim, Carl (DTL 1878–1942)

Die Kassette (1912) (Komödie) R: Noelte, Rudolf; DB: Noelte, Rudolf; FT: Die Kassette (1961); TV: BRD/ARD/SWF

Die Marquise von Arcis (1919) (Schauspiel) R: Harnack, Falk; FT: Die Marquise von Arcis (1961); TV: BRD/ARD/SFB

Bürger Schippel (1913) (Komödie) R: Schwarze, Hans-Dieter; FT: Bürger Schippel (1964); TV: BRD/ARD/SDR

1913 (1915) (Schauspiel) (Aus dem Zyklus "Aus dem bürgerlichen Heldenleben") R: Lietzau, Hans; FT: 1913 (1964); TV: BRD/ARD/SFB

Der Nebbich (1922) (Komödie) R: Zadek, Peter; DB: Zadek, Peter; FT: Der Nebbich (1965); TV: BRD/ARD/SR/CH/DRS

Die Hose (1911) (Komödie) R: Wagner, Klaus; FT: Die Hose (1966); TV: BRD/ARD/HR

Der Snob (1914) (Komödie) R: Schweikart, Hans; FT: Der Snob (1968); TV: BRD/ARD/Bavaria

Der Snob (1914) (Komödie) R: Staudte, Wolfgang; FT: Der Snob (1984); TV: BRD/ZDF

Die Hose (1911) (Komödie) R: Schenk, Otto; FT: Die Hose (1985); TV: BRD/ZDF

Napoleon (1915) (Roman) R: Kramberg, Karl-Heinz; FT: Napoleon - König der Köche (1985); TV: BRD/ARD/BR

Die Hose (1911) (Komödie) R: Drinda, Horst; FT: Die Hose (1986); TV: DDR/DDR1

1913 (1915) (Schauspiel) (Aus dem Zyklus "Aus dem bürgerlichen Heldenleben") R: Drinda, Horst; FT: 1913 (1986); TV: DDR/DDR1

Der Snob (1914) (Komödie) R: Drinda, Horst; FT: Der Snob (1986); TV: DDR/DDR1

Stevenson, Robert Louis (GB 1850–1894)

The Bottle Imp (1893) (*Der Flaschenteufel* 1926) (Erzählung) R: Diehl, Ferdinand; DB: Diehl, Ferdinand; FT: Der Flaschenteufel (1952); KF: BRD

Treasure Island (1883) (*Die Schatzinsel* 1897) (Roman) R: Liebeneiner, Wolfgang; FT: Die Schatzinsel (4 Teile) (1966/67); TV: BRD/ZDF

Kidnapped (1886) (*Entführt* 1889) (Roman) R: Seemann, Horst; DB: Seemann, Horst; FT: Schüsse unterm Galgen (1968); KF: DDR/DEFA

(Erzählung) R: Proll, Jens-Peter; FT: Kreuz As bedeutet Tod (1981); TV: DDR

Treasure Island (1883) (*Die Schatzinsel* 1897) (Roman) R: Margheriti, Antonio; DB: Caro, Lucio de; Castellani, Renato; FT: Space Pirates (1987); TV: BRD/IT/Bavaria/RAI/Canale 5/TF1

Stifter, Adalbert (AUST 1805–1868)

Bergkristall (1845) (*Der heilige Abend*) (Erzählung) R: Reinl, Harald; DB: Reinl, Harald; Schonger, Hubert; Schonger, Rose; FT: Bergkristall (Der Wildschütz von Tirol) (1949); KF: BRD

Der Hochwald (1842) (Erzählung) R: Baumgärtner, Hajo; DB: Baumgärtner, Hajo; FT: Die Flucht (1977); KF: BRD

Bergkristall (1845) (*Der heilige Abend*) (Erzählung) R: Friedrich, Otto; FT: Einmal am heiligen Abend (1978); TV: AUST/ORF

Brigitta (1843) (Erzählung) R: Glück, Wolfgang; FT: Brigitta (1982); TV: AUST/BRD/ORF/ARD/BR

Der Condor (1840) (Roman) R: Richter, Jochen; FT: Der Kondor (1982); TV: AUST/BRD/ORF/ARD/BR

Kalkstein (1848) (Erzählung) R: Moszkowicz, Imo; FT: Kalkstein (1983); TV: AUST/ORF

Bergkristall (1845) (*Der heilige Abend*) (Erzählung) R: Gabrielli, Manfred; Seidel, Bernd; DB: Maurer, Lutz; FT: Land der Berge (1987); TV: AUST/ORF

Brigitta (1843) (Erzählung) R: Knöpfel, Dagmar; DB: Knöpfel, Dagmar; FT: Brigitta (1993); TV: BRD/HU/Dagmar Knöpfel Filmprod./Movi/Bavarian Filmfund

Stinde, Julius (DTL 1841–1905)

Familie Buchholz (1886) (Roman) R: Schöne, Werner; FT: Weihnachten bei Buchholzens - Ein Alt-Berliner Bilderbogen (1953); TV: BRD/ARD/NWDR Berlin

Familie Buchholz (1886) (Roman) R: Philipp, Harald; DB: Wittlinger, Karl; FT: Die Buchholzens (1974); TV: BRD/ARD

Stoker, Bram (GB 1847–1912)

Dracula (1897) (Roman) R: Ráthony, Ákos von; DB: Ráthony, Ákos von; Rock, C. V.; FT: Der Fluch der grünen Augen (1965); KF: BRD/JUG

Dracula (1897) (Roman) R: Geissendörfer, Hans W.; DB: Geissendörfer, Hans W.; FT: Jonathan, Vampire sterben nicht (1970); KF: BRD/Iduna/Obelisk Film

Dracula (1897) (Roman) R: Manera, Jesus Franco; DB: Kröhnke, Erich; FT: Nachts, wenn Dracula erwacht (1971); KF: BRD/ESP/IT

Dracula (1897) (Roman) R: Herzog, Werner; DB: Herzog, Werner; FT: Nosferatu, Phantom der Nacht (1979); KF: BRD/FR/Werner Herzog/ZDF/Gaumont, Paris

Stolp, Hannes Peter (= Loeb, Wilhelm) (BRD 1908–)

Die Sache mit dem Koffer (1951) (Roman) R: Heinrich, Hans; DB: Mayring, Lothar Philipp; FT: Knall und Fall als Detektive (1953); KF: BRD/AUST

Die Sache mit dem Koffer (1951) (Roman) R: Marischka, Hubert; DB: Forster, Walter; Rösler, Jo Hanns; FT: Knall und Fall als Hochstapler (1953); KF: BRD/AUST

Himmeldonnerwetter, Victoria (1956) (Roman) R: Sekely, Steve; DB: Bastian-Klinger, Vineta; FT: Die Kaiserin von China (1959); KF: BRD/CCC Filmkunst GmbH

Stoltze, Adolf (DTL 1842–1933)

Durch den kaufmännischen Verein (1921) (Komödie) R: Kaus, Wolfgang; Thouet, Peter M.; FT: Durch den kaufmännischen Verein (1981); TV: BRD/ARD/HR

Stoppard, Tom (GB 1937–)

Walk on the Water (1963) (> Enter a Free Man (1968)) (Schauspiel) R: Itzenplitz, Eberhard; DB: Stoppard, Tom; FT: Der Spleen des George Riley (1965); TV: BRD/ARD/WDR

Walk on the Water (1963) (> Enter a Free Man (1968)) (Schauspiel) R: Günther, Michael; FT: Der Spleen des George Riley (1983); TV: BRD/ZDF

Storm, Theodor (DTL 1817–1888)

Pole Poppenspäler (1875) (Erzählung) R: Braun, Alfred; DB: Braun, Alfred; Harlan, Veit; FT: Der Puppenspieler (1944/45, unvollendet); KF: DTL

Aquis Submersus (1877) (Erzählung) R: Harlan, Veit; DB: Harlan, Veit; FT: Unsterbliche Geliebte (1950); KF: BRD

Pole Poppenspäler (1875) (Erzählung) R: Pohl, Arthur; DB: Pohl, Arthur; FT: Pole Poppenspäler (1954); KF: DDR/DEFA

Der kleine Häwelmann (1849) (Erzählung) R: Schulz, Herbert K.; DB: Schulz, Herbert K.; FT: Der kleine Häwelmann (Puppentrick) (1955); KF: DDR/DEFA

Draußen im Heidedorf (1873) (Erzählung) R: Pohl, Arthur; FT: Das Dorf in der Heimat (1956); TV: BRD/ARD/SWF

Immensee (1851) (Erzählung) R: Bolváry, Géza von; DB: Walter, Kurt E.; FT: Unsterbliche Liebe/Was die Schwalbe sang (1956); KF: BRD

Viola Tricolor (1874) (Erzählung) R: Bolváry, Géza von; DB: Fürst, Guido; Harlan, Veit; FT: Ich werde dich auf Händen tragen (1958); KF: BRD

Pole Poppenspäler (1875) (Erzählung) R: Anders, Günther; DB: Schnurre, Wolfdietrich; FT: Pole Poppenspäler (1968); TV: BRD/ZDF

Ein Doppelgänger (1886) (Erzählung) R: Miehe, Ulf; DB: Fritzsche, Walter; Miehe, Ulf; FT: John Glückstadt (1975); TV: BRD/Independent Film/Maran/ARD/SDR

Hans und Heinz Kirch (1883) (Erzählung) R: Gräwert, Günter; DB: Meyer-Wehlack, Benno; FT: Hans und Heinz Kirch (1976); TV: BRD/ZDF

Hinzelmeier (1857) (Erzählung) R: Eigler, Gernot; DB: Eigler, Gernot; FT: Hinzelmeier (1976); TV: BRD/ZDF

Die Regentrude (1864) (Märchen) R: Schmenger, Ursula; DB: Gottschalk, Fritz; Hönicke, Siegfried; Schmenger, Ursula; FT: Die Regentrude (1976); KF: DDR/DEFA

Der Schimmelreiter (1888) (Erzählung) R: Weidenmann, Alfred; DB: Weidenmann, Alfred; FT: Der Schimmelreiter (1978); TV: BRD/ZDF

Waldwinkel (1875) (Erzählung) R: Witt, Claus Peter; DB: Hubalek, Claus; FT: Waldwinkel (1979); TV: BRD/ZDF

Aquis submersus (1877) (Erzählung) R: Schleif, Wolfgang; FT: Wie Rauch und Staub (1979); TV: BRD/ARD/HR

Hans und Heinz Kirch (1883) (Erzählung) R: Gendries, Klaus; FT: Am grauen Strand, am grauen Meer (1980); TV: DDR

Draußen im Heidedorf (1873) (Erzählung) R: Proll, Jens-Peter; DB: Laudon, Hasso; FT: Draußen im Heidedorf (1980); TV: DDR

Sylter Novelle (1887) (Erzählung) R: Deutsch, Peter; DB: Thouet, Peter M.; FT: Sylter Novelle (1983); KF: DDR/DEFA

Der Schimmelreiter (1888) (Erzählung) R: Gendries, Klaus; DB: Rentzsch, Gerhard; FT: Der Schimmelreiter (1984); TV: DDR/PL

Schweigen (1883) (Erzählung) R: Hübner, Wolfgang; DB: Schreiter, Friedemann; FT: Es steht der Wald so schweigend (1984/85); TV: DDR

Der kleine Häwelmann (1849) (Erzählung) R: Fischer, Klaus Hein; FT: Der kleine Häwelmann (in "Sendung mit der Maus") (1987); TV: BRD/ARD

Pole Poppenspäler (1875) (Erzählung) R: Kubli, Guy; DB: Kubli, Guy; FT: Pole Poppenspäler (1988); TV: BRD/ARD/BR3

Immensee (1851) (Erzählung) R: Gendries, Klaus; DB: Gendries, Klaus; FT: Immensee (1989); TV: DDR/DFF

Storz, Oliver (BRD 1929–)
Der doppelte Nikolaus (1962) (Erzählung) (In "Lokaltermin") R: Erler, Rainer; DB: Storz, Oliver; FT: Der doppelte Nikolaus (1964); TV: BRD/ARD/Bavaria

Stowe, Harriet Beecher (USA 1811–1896)
Uncle Tom's Cabin (1852) (*Onkel Toms Hütte* 1938) (Roman) R: Rádvany, Géza von; DB: Denger, Fred; FT: Onkel Toms Hütte (1965); KF: BRD/IT/JUG

Strahl, Rudi (DDR 1931–)
Meine Freundin Sybille (1962) (Roman) R: Luderer, Wolfgang; DB: Luderer, Wolfgang; Strahl, Rudi; FT: Meine Freundin Sybille (1967); KF: DDR/DEFA
Ein irrer Duft von frischem Heu (1975) (Schauspiel) R: Oehme, Roland; DB: Oehme, Roland; Strahl, Rudi; FT: Ein irrer Duft von frischem Heu (1977); KF: DDR/DEFA

Strauß, Botho (BRD 1944–)
Trilogie des Wiedersehens (1976) (Schauspiel) R: Stein, Peter; DB: Stein, Peter; FT: Trilogie des Wiedersehens (1978); KF: BRD/Schaubühne am Halleschen Ufer
Groß und klein (1978) (Schauspiel) R: Stein, Peter; DB: Strauß, Botho; FT: Groß und klein (1980); KF: BRD/Regina Ziegler Filmprod./ARD/SFB/HR/WDR

Strindberg, August (SVE 1849–1912)
Et drömspel (1902) (*EinTraumspiel*) (Schauspiel) R: Semmelroth, Wilhelm; FT: Ein Traumspiel (1959); TV: BRD/ARD/NWRV Köln
Fadren (1887) (Schauspiel) R: Semmelroth, Wilhelm; DB: Semmelroth, Wilhelm; FT: Der Vater (1963); TV: BRD/ARD/WDR
Oväder (1907) (Schauspiel) R: Glück, Wolfgang; FT: Wetterleuchten (1964); TV: BRD/ARD/BR
Till Damaskus (1898) (*Nach Damaskus* 1919) (Schauspiel) R: Semmelroth, Wilhelm; DB: Semmelroth, Wilhelm; FT: Nach Damaskus (1966); TV: BRD/ARD/WDR
Branda tomten (1907) (*Der Scheiterhaufen*) (Schauspiel) R: Schneider, Siegmar; FT: Der Scheiterhaufen (1966); TV: BRD/ARD/SWF
Dödsdansen (1901) (*Totentanz*) (Schauspiel) R: Verhoeven, Michael; DB: Verhoeven, Michael; FT: Paarungen (1967); KF: BRD/Sentana (Senta Berger)
Fröken Julie (1888) (Schauspiel) R: Umgelter, Fritz; FT: Fräulein Julie (1968); TV: BRD/ARD/SDR
Påsk (1901) (Schauspiel) R: Haaf, Wilm ten; FT: Ostern (1968); TV: BRD/ARD/SWF
Carl XII (1901) (Schauspiel) R: Umgelter, Fritz; DB: Umgelter, Fritz; FT: Epitaph für einen König (1969); TV: BRD/ARD/BR
Kristina (1903) (Schauspiel) R: Cremer, Ludwig; FT: Königin Christine (1970); TV: BRD/ARD/BR
Paria (1888) (Schauspiel) R: Steckel, Leonard; FT: Paria (1970); TV: BRD/ARD/RB
Dödsdansen (1901) (*Totentanz*) (Schauspiel) R: Müller, Hans-Reinhard; FT: Totentanz (1970); TV: BRD/ARD/BR
En blå bok (1912) (*Das Buch der Liebe: Ungedrucktes und Gedrucktes aus dem Blaubuch* 1910) (> Ein Blaubuch: die Synthese meines Lebens (1920)) (Autobiographie) (Aufzeichnungen 1907-1912) R: Barabás, Stanislav; DB: Barabás, Stanislav; FT: Inferno (1973); TV: BRD/AUST/ARD/NDR/ORF
(*Herbst*) (Erzählung) R: Kühn, Kristian; FT: Herbst (1976); TV: BRD/ARD/SWF
Kamraterna (1888) (Schauspiel) R: Klante, Diethard; FT: Kameraden (1981); TV: BRD/ZDF

Strittmatter, Erwin (DDR 1912–1994)
Tinko (1954) (Roman) R: Ballmann, Herbert; DB: Ballmann, Herbert; Strittmatter, Erwin; FT: Tinko (1957); KF: DDR/DEFA
Der Laden (1992) (Roman) (basiert auf der Trilogie Teil I (1983), Teil II (1987), Teil III (1992) der Romantrilogie) R: Baier, Jo; DB: Baier, Jo; Plenzdorf, Ulrich; FT: Der Laden (1998); TV: BRD/Manufactum/ORB/ARD/WDR/SWR/mdr/BR/arte/Studio Babelsberg Independents

Strittmatter, Thomas (DDR, BRD 1961–1995)
Der Polenweiher (1982) (Schauspiel) R: Hofmann, Nico; DB: Hofmann, Nico; Strittmatter, Thomas; FT: Der Polenweiher (1986); TV: BRD/ARD/S3/SWF
Viehjud Levi (1984) (Schauspiel) R: Danquart, Didi; DB: Danquart, Didi; Döcker, Martina; FT: Viehjud Levi (1998); KF: BRD/CH/AUST/Zero Film/Dschoint Ventscher/Lotus Film/SF DRS/ARD/SWR/Arte

Strubel, Sepp (BRD 1939–)
Dschungeldetektive (1992) (Kinderroman) (Roman zur Serie) R: Strubel, Sepp; DB: Strubel, Sepp; FT: Die drei Dschungeldetektive (1991); TV: BRD/Augsburger Puppenkiste/ARD/HR

Strugatzki, Arkadij (SU 1925–) & **Strugatzki, Boris N.** (SU 1933–)
Trudno byt'bogom (1964) (*Es ist nicht leicht, ein Gott zu sein* 1971) (Roman) R: Fleischmann, Peter; DB: Carrière, Jean-Claude; Fleischmann, Peter; Orlow, Dal; FT: Es ist nicht leicht, ein Gott zu sein (1989); KF: BRD/SU/FR/Hallelujah Film/ZDF/Studio Dowschenko Kiew/Garance/Mediactuel

Stuart, Francis (IRL 1902–)
The White Hare (1936) (*Der weiße Hase* 1972) (Roman) R: Hirtz, Dagmar; DB: Watters, Mark; Weinshanker, Burt; FT: Moondance (1994); TV: BRD/IRL/GB/ARD/BR/Medien- und Filmgesellschaft Baden-Württemberg/Jonathan Cavendish/Majestic Film, MSG, Little Bird, Lodge

Sudermann, Hermann (DTL 1857–1928)
Johannisfeuer (1901) (Schauspiel) R: Liebeneiner, Wolfgang; DB: Keindorff, Eberhard; Sibelius, Johanna; FT: Und ewig bleibt die Liebe (1954); KF: BRD
Jons und Erdme (1917) (Erzählung) R: Vicas, Victor; FT: Die Frau des Anderen (1959); KF: BRD/IT
Die Schmetterlingsschlacht (1895) (Komödie) R: Schwarze, Hans-Dieter; DB: Schwarze, Hans-Dieter; FT: Die Schmetterlingsschlacht (1963); TV: BRD/ZDF
Miks Bumbullis, der Wilderer (1917) (Erzählung) R: Gräwert, Günter; FT: Miks Bumbullis (1973); TV: BRD/ZDF
Der Katzensteg (1888) (Roman) R: Gräwert, Günter; DB: Gräwert, Günter; FT: Der Katzensteg (1975); TV: BRD/ZDF

Sülzer, Bernd (BRD 1940–)
Bensberger Zwischenspiel (1988) (Kriminalroman) R: Görlitz, Helmut Christian; DB: Berg, Rainer; Görlitz, Helmut Christian; Wittich, Mathias; FT: Der Deal (1991); TV: AUST/BRD/ORF/ZDF
Fette Jahre (1993) (Roman) R: Wessel, Kai; DB: Stephan, Ulli; FT: Um jeden Preis (1993); TV: BRD/Fritz-Wagner-Film/ARD/ORF/arte
(Kriminalroman) R: Görlitz, Helmut Christian; DB: Görlitz, Helmut Christian; FT: Das Böse (1997); TV: BRD/Neue Deutsche Film GmbH (NDF)/ZDF
Freier Fall (1994) (Kriminalroman) R: Görlitz, Helmut Christian; DB: Görlitz, Helmut Christian; FT: Freier Fall (1997); TV: BRD/Neue Deutsche Film GmbH (NDF)/ZDF

Supervielle, Jules (FR 1884–1960)
Le voleur d'enfants (1926) (*Der Kinderdieb* 1949) (Roman) R: Westphal, Gert; DB: Westphal, Gert; FT: Der Kinderdieb (1966); TV: BRD/ARD/RB

Surminski, Arno (BRD 1934–)
Kudenow oder An fremden Wassern weinen (1978) (Roman) R: Witt, Claus Peter; DB: Hubalek, Claus; FT: Kudenow oder An fremden Wassern weinen (2 Teile) (1981); TV: BRD/ZDF
Fremdes Land oder Als die Freiheit noch zu haben war (1980) (Roman) R: Witt, Claus Peter; DB: Hubalek, Claus; FT: Fremdes Land oder Als die Freiheit noch zu haben war (1983); TV: BRD/ZDF
Jokehnen oder Wie lange fährt man von Ostpreußen nach Deutschland? (1974) (Roman) R: Lähn, Michael; DB: Hubalek, Claus; FT: Jokehnen oder Wie lange fährt man von Ostpreußen nach Deutschland? (1987); TV: BRD/ZDF

Suvorov, Victor (SU 1947–)
Akvarium (1987) (Autobiographie) R: Krauze, Antoni; FT: Aquarium (1995); KF: BRD/PL/RUS

Svarc, Evgenij L'Ovic (SU 1896–1958)
Drakon (1943) (*Der Drache* 1962) (Schauspiel) R: Schwarze, Hans-Dieter; DB: Gottschalk, Hans; FT: Der Drache (1963); TV: BRD/ARD/Bavaria
Ten' (1940) (*Der Schatten* 1946) (Schauspiel) R: Düggelin, Werner; DB: Hubalek, Claus; FT: Der Schatten (1963); TV: BRD/ARD/NDR
Sneznaja koroleva (1938) (*Die Schneekönigin* 1964) (Märchenspiel) R: Spier, Wolfgang; FT: Die Schneekönigin (1964); TV: BRD/ARD/SFB
(*Die verzauberten Brüder* 1960) (Märchenspiel) R: Bellmann, Dieter; DB: Steinke, Katharina; FT: Die verzauberten Brüder (1988); TV: DDR/DDR2

Svensson, Jón (ISL 1857–1944)
Nonni og Manni (1914) (*Nonni und Manni* 1914) (Erzählung) R: Gudmundsson, August; DB: Cooper, R.; Gabrea, Radu; Hammann, Joachim; Sinclair, Joshua; FT: Nonni und Manni (6 Teile) (1988); TV: BRD/AUST/CH/ZDF/ORF/SRG

Svevo, Italo (IT 1861–1928)
La rigenerazione (1928) (*Ein Mann wird jünger* 1960) (Komödie) R: Wirth, Franz Peter; DB: Wirth, Franz Peter; FT: Ein Mann wird jünger (1978); TV: AUST/ORF

Con la penna d'oro (*Die Kusinen* 1976) (> Alice und Alberta mit der goldenen Feder (1986)) (Schauspiel) R: Haaf, Wilm ten; FT: Alberta und Alice oder Die Unterwerfung (1981); TV: BRD/ARD/BR

(Erzählung) R: Lhotsky, Georg; DB: Kappacher, Walter; FT: Die kleinen Reisen des Herrn Aghios (1981); TV: AUST/ORF

La novella del buon vecchio e della bella fanciulla (1930) (*Die Geschichte vom guten alten Herrn und vom schönen Mädchen* 1967) (Erzählung) R: Saad, Margit; DB: Katz, Anne-Rose; Saad, Margit; FT: Die Geschichte vom guten alten Herrn und dem schönen Mädchen (1985); TV: BRD/AUST/ARD/BR3/ORF

Sylvanus, Erwin (BRD 1917–1985)

Korczak und die Kinder (1959) (Schauspiel) R: Besekow, Sam; DB: Sylvanus, Erwin; FT: Korczak und die Kinder (1961); TV: BRD/ARD/NDR

Symons, Julian (USA 1912–)

The Name of Anabel Lee (1983) (*Mit Namen Annabel Lee* 1983) (Kriminalroman) R: Gremm, Wolf; DB: Gremm, Wolf; FT: Die Spur führt ins Verderben (1993); TV: BRD/Berliner Spiele/ZDF

Synge, John Millington (IRL 1871–1901)

The Playboy of the Western World (1907) (*Der Held des Westerlands* 1912) (> Ein wahrer Held; Der Gaukler von Mayo; Der Held der westlichen Welt) (Komödie) R: Lietzau, Hans; FT: Ein wahrer Held (1961); TV: BRD/ARD/SFB

The Tinker's Wedding (1908) (*Die Kesselflickerhochzeit* 1964) (> Des Kesselflickers Hochzeit) (Komödie) R: Fiedler, Gerlach; FT: Kesselflickers Hochzeit (1972); TV: BRD/ARD/SFB

The Playboy of the Western World (1907) (*Der Held des Westerlands* 1912) (> Ein wahrer Held; Der Gaukler von Mayo; Der Held der westlichen Welt) (Komödie) R: Minks, Wilfried; DB: Minks, Wilfried; FT: Der Vatermörder von Mayo (1980); TV: BRD/ZDF

In the Shadow of the Glen (1903) (*Die Nebelschlucht* 1918) (> Der Schatten im Tal) (Schauspiel) R: Kipping, Herwig; FT: Die Nebelschlucht (1982); TV: DDR

Szakall, Szöke (= Sakall, S. Z.) (HU, USA 1893–1955)

(*Streichquartett* 1950) (Komödie) R: Marischka, Georg; DB: Hildebrandt, Dieter; FT: Streichquartett (1962); TV: BRD/ARD/Bavaria

(*Streichquartett* 1950) (Komödie) R: Günther, Michael; FT: Streichquartett (1981); TV: BRD/ZDF

Szyszkowitz, Gerald (AUST 1938–)

Genosse Brüggemann. Commander Carrigan (1969) (Schauspiel) R: Lettow, Hagen; Ruprecht, Horst; DB: Szyszkowitz, Gerald; FT: Genosse Brüggemann (1993); TV: BRD/CH/ARD/BR/HR/NDR/SWF/WDR/DRS

Lieben wie gedruckt oder Die Herren der Herrengasse (1993) (Roman) R: Reitzenstein, Anton; DB: Szyszkowitz, Gerald; FT: Lieben wie gedruckt (13 Teile) (1994); TV: AUST/BRD/ORF/ZDF

Tabori, George (USA 1914–)

Cannibals (1968) (Schauspiel) R: Mieke, Reinhard; FT: Kannibalen (1970); TV: BRD/ARD/BR

(Schauspiel) R: Müller, Hans Bernd; FT: Demonstration (1972); TV: BRD/ARD/SFB

Mutters Courage (1981) (Erzählung) R: Verhoeven, Michael; DB: Verhoeven, Michael; FT: Mutters Courage (1995); KF: BRD/GB/AUST/Sentana Film/Little Bird

Tanizaki, Juni'chirô (JAP 1886–1965)

Manji (1967) (*Svastika* 1985) (Roman) R: Cavani, Liliana; DB: Cavani, Liliana; Mazzoni, Roberta; FT: Leidenschaften (Inferno Berlinese) (1985); KF: BRD/IT/KF Kinofilm Prod./Nuova Cannon

Tanner, Peter (BRD)

Und tschüß (1995) (Roman) (Roman zur Serie) R: Büld, Wolfgang; FT: Und tschüß (1995-); TV: BRD/RTL

Tanzer, Francisco (BRD)

Das Ehepaar (1978) (Erzählung) R: Richter, Jochen; DB: Richter, Jochen; FT: Wiedergefundene Zeit (1986); TV: BRD/ARD/BR

Tardieu, Jean (FR 1903–1995)

Un mot pour un autre (1951) (*Ein Wort für das andere* 1966) (Gedicht) R: Schnitzler, Heinrich; FT: Ein Wort für das andere (1971); TV: AUST/ORF

Taupe, Joe (AUST)

Zwei Herzen und ein Thron (Erzählung) R: Schott-Schöbinger, Hans; DB: Körner, Rudolf L.; FT: Zwei Herzen und ein Thron (1955); KF: BRD/AUST

Taut, Franz (BRD 1908–)

Conchita und der Ingenieur (1951) (Roman) R: Eichhorn, Franz; DB: Lotz-Dupont, Ilse; FT: Conchita und der Ingenieur (1954); KF: BRD/BRAS

Tenn, William (USA 1920–)
(Erzählung) R: Alcala-Toca, Francisco; DB: Alcala-Toca, Francisco; FT: Der Botenjunge (1978); TV: BRD/ARD/WDR/NDR

Terrot, Charles (USA 1917–)
The Angel Who Pawned Her Harp (1954) (*Der Engel, der seine Harfe versetzte* 1955) (Roman) R: Hoffmann, Kurt; DB: Neumann, Günter; Pauck, Heinz; FT: Der Engel, der seine Harfe versetzte (1958); KF: BRD

Tessin, Brigitte von (BRD 1917–)
Der Bastard (1978) (Roman) R: Tessari, Duccio; FT: Der Bastard (1968); KF: BRD

Tetzner, Lisa (DTL 1894–1963)
Was am See geschah (1935) (Kindererzählung) R: Schleif, Wolfgang; DB: Sokal, Harry R.; Wilhelm, Wolfgang; FT: Zärtliches Geheimnis (1955); KF: BRD

Erlebnisse und Abenteuer der Kinder aus Nr. 67. Odyssee einer Jugend (1939) (Kinderroman) R: Barthelmeß-Weller, Usch; Meyer, Werner; DB: Barthelmeß-Weller, Usch; Meyer, Werner; FT: Die Kinder aus Nr. 67 oder Heil Hitler, ich hätt' gern 'n paar Pferdeäppel (1979); KF: BRD/Road Movies Berlin/ZDF

Die schwarzen Brüder (1941) (Kinderroman) R: Klante, Diethard; FT: Die schwarzen Brüder (12 Teile) (1983); TV: BRD/ARD

Teuber, Alfons (BRD 1936–1952)
Der Glückstopf (1937) (Komödie) R: Liebeneiner, Wolfgang; FT: Der Glückstopf (1966); TV: BRD/ARD/BR

Thälmann, Ernst (DTL 1886–1944)
Zwischen Erinnerung und Erwartung: autobiografische Aufzeichnungen, geschrieben in faschistischer Haft (1977) (Autobiographie) R: Stephan, Bernhard; DB: Küchenmeister, Claus; Küchenmeister, Wera; FT: Aus meiner Kindheit (1974); KF: DDR/DEFA

Thamm, Volker (BRD 1955–)
Nicht von schlechten Eltern: eine Familien-Saga (1997) (Roman) (Roman zur Serie) R: Boldt, Rainer; FT: Nicht von schlechten Eltern (1993); TV: BRD/TV-60 Filmproduktion/ARD/RB

Thiemann, Ellen (BRD)
Stell Dich mit den Schergen gut: Erinnerungen an die DDR (1984) (Roman) R: Collector, Robert; DB: Collector, Robert; Thiemann, Ellen; FT: Red Heat - Unschuld in Ketten (1985); KF: BRD/Monika Teuber für TAT/Aide/International Screen

Thoma, Ludwig (DTL 1868–1921)
Der Jagerloisl (1921) (Roman) R: Kugelstadt, Hermann; DB: Eplinius, Werner; Kern, Anderl; FT: Heimat, deine Sterne (1951); KF: BRD

Erster Klasse (1910) (Schauspiel) R: Fischer, Olf; Jacobs, Werner; DB: Fischer, Olf; Jacobs, Werner; FT: Der weißblaue Löwe (1952); KF: BRD

Magdalena (1912) (Schauspiel) R: Lippl, Alois Johannes; FT: Magdalena (1955); TV: BRD/ARD/BR

Die Medaille (1901) (Komödie) R: Delcroix, Konstantin; FT: Die Medaille (1955); TV: BRD/ARD/BR

Gelähmte Schwingen (1918) (Komödie) R: Umgelter, Fritz; FT: Gelähmte Schwingen (1956); TV: BRD/ARD/BR

Moral (1909) (Komödie) R: Wolffhardt, Rainer; DB: Pigge, Helmut; Wolffhardt, Rainer; FT: Moral (1958); TV: BRD/ARD/SDR

Die Lokalbahn (1902) (Komödie) R: Müller, Hans-Reinhard; DB: Müller, Hans-Reinhard; FT: Die Lokalbahn (1960); TV: BRD/ARD/BR

Die Medaille (1901) (Komödie) R: Schröder, Arnulf; DB: Peter, Hannes; FT: Mit Schnurrbart und Korsett (O, diese Bayern) (1960); KF: BRD

Die kleinen Verwandten (1916) (Komödie) R: Mezger, Theo; DB: Bardili, Werner; Mezger, Theo; FT: Die kleinen Verwandten (1961); TV: BRD/ARD/SDR

Waldfrieden (1917) (Komödie) R: Fitz, Hans; FT: Waldfrieden (1962); TV: BRD/ARD/BR

Der Wittiber (1911) (Roman) R: Grädler, Theodor; DB: Weyr, Franz; FT: Der Wittiber (1962); TV: BRD/ARD/BR

Lausbubengeschichten (1905) (Erzählung) R: Käutner, Helmut; DB: Heuser, Kurt; Laforet, Georg (= Seitz, Franz); FT: Lausbubengeschichten (1964); KF: BRD

Die Dachserin und andere Geschichten aus dem Nachlaß (1922) (Komödie) R: Steinberger, Edmund; DB: Geis, Rainer; Weber, Oskar; FT: Die Dachserin (1965); TV: BRD/ARD/BR

Tante Frieda (1907) (Erzählung) R: Jacobs, Werner; DB: Laforet, Georg (= Seitz, Franz); FT: Tante Frieda - Neue Lausbubengeschichte (1965); KF: BRD

Lausbubengeschichten (1905) (Erzählung) R: Jacobs, Werner; DB: Laforet, Georg (= Seitz, Franz); FT: Onkel Filser - Allerneueste Lausbubengeschichten (1966); KF: BRD

Lausbubengeschichten (1905) (Roman) R: Jacobs, Werner; DB: Laforet, Georg (= Seitz, Franz); FT: Wenn Ludwig ins Manöver zieht (1967); TV: BRD

Ludwig Thoma: die Geschichte seiner Liebe und Ehe (1928) (Briefe) R: Seitz, Franz; FT: Ludwig auf Freiersfüßen (1969); KF: BRD

Die Lokalbahn (1902) (Komödie) R: Wilhelm, Kurt; FT: Die Lokalbahn (1972); TV: BRD/ARD/BR

Waldfrieden (1917) (Komödie) R: Wilhelm, Kurt; DB: Wilhelm, Kurt; FT: Waldfrieden (1973); TV: BRD/ARD/BR

Münchnerinnen (1923) (Roman) R: Itzenplitz, Eberhard; DB: Schröder, Bernd; FT: Münchnerinnen (1975); TV: BRD/ZDF

Der Wittiber (1911) (Roman) R: Wirth, Franz Peter; DB: Ahlsen, Leopold; FT: Der Wittiber (1975); TV: BRD/ZDF

Der alte Feinschmecker (1965) (Schauspiel) R: Wilhelm, Kurt; FT: Der alte Feinschmecker (1978); TV: BRD/ARD/BR

Andreas Vöst (1905) (Roman) R: Itzenplitz, Eberhard; DB: Meingast, Fritz; FT: Andreas Vöst (1979); TV: BRD/ZDF

Moral (1909) (Komödie) R: Wilhelm, Kurt; FT: Moral (1979); TV: BRD/ARD/BR

Der Ruepp (1922) (Roman) R: Wilhelm, Kurt; FT: Der Ruepp (1979); TV: BRD/ARD/BR

Der Schusternazi (1939) (Komödie) (bearbeitet von K. Dreher) R: Wilhelm, Kurt; FT: Der Millionenschuster (1980); TV: BRD/ARD/BR

Der Jagerloisl (1921) (Erzählung) R: Wilhelm, Kurt; FT: Der Jagerloisl (1982); TV: BRD/ARD/BR

Magdalena (1912) (Schauspiel) R: Graser, Jörg; FT: Magdalena (1983); TV: BRD/ARD/BR

Waldfrieden (1917) (Komödie) R: Müller, Hanns Christian; FT: Waldfrieden (1984); TV: BRD/ARD/BR

Hochzeit (1902) (Erzählung) R: Wilhelm, Kurt; FT: Hochzeit (1985); TV: BRD/ARD/BR

Der Jagerloisl (1921) (Roman) R: Rinser, Stephan; FT: Der Jagerloisl (1987); TV: BRD/ARD/BR

Die Dachserin und andere Geschichten aus dem Nachlaß (1922) (Komödie) R: Strecker, Frank; FT: Die Dachserin (1988); TV: BRD/ARD/BR

Gelähmte Schwingen (1918) (Komödie) R: Strecker, Frank; FT: Gelähmte Schwingen (1988); TV: BRD/ARD/BR

Die kleinen Verwandten (1916) (Komödie) R: Strecker, Frank; FT: Die kleinen Verwandten (1988); TV: BRD/ARD/BR

Thomas, Adrienne (AUST 1897–1980)

Die Katrin wird Soldat (1930) (Roman) R: Deutsch, Peter; DB: Deutsch, Peter; Görlitz, Helmut Christian; Kirchner, Wolfgang; FT: Die Katrin wird Soldat (14 Teile) (1988); TV: BRD/ARD/SR

Thomas, Brandon (GB 1856–1914)

Charley's Aunt (1892) (*Charleys Tante* 1919) (Komödie) R: Quest, Hans; DB: Kampendonk, Gustav; FT: Charleys Tante (1955); KF: BRD/Imperial Filmproduktion

Charley's Aunt (1892) (*Charleys Tante* 1919) (Komödie) R: Cziffra, Géza von; DB: Kampendonk, Gustav; FT: Charleys Tante (1963); KF: AUST/Sascha Film

Charley's Aunt (1892) (*Charleys Tante* 1919) (Komödie) R: Wortmann, Sönke; DB: Kulzer, Robert; Weigel, Hermann; FT: Charleys Tante (1996); TV: BRD/Constantin/Sat1

Thomas, Dylan (GB 1914–1953)

Rebecca's Daughters (1965) (*Rebeccas Töchter* 1983) (Roman) R: Francis, Karl; DB: Jenkin, Guy; FT: Rebeccas Töchter (1991); KF: BRD/GB/Astralma Erste Filmprod./Delta/British Screen/BBC Wales/Delta/VCL

Thomas, Hans (BRD 1899–1966)

(Roman) R: Schleif, Wolfgang; DB: Wuttig, Heinz Oskar; FT: Ferien wie noch nie (1962/63); KF: BRD

Thomas, Paul (DTL 1875–1955)

The Spy (1965) (Roman) R: Levy, Raoul; DB: Guenette, Robert; Levy, Raoul; FT: Lautlose Waffen (1966); KF: BRD/FR

Thomas, Peter (BRD)

Kopf oder Zahl (1949) (> Kriminalstück (1958)) (Kriminalroman) R: Schöne, Werner; DB: Schöne, Werner; FT: Kopf oder Zahl (1953); TV: BRD/ARD/NWDR Berlin

Kopf oder Zahl (1949) (> Kriminalstück (1958)) (Kriminalroman) R: Bublitz, Hans Waldemar; FT: Kopf oder Zahl (1957); TV: BRD/ARD/SFB

Thomas, Robert (FR 1930–)

Piège pour un homme seul (1962) (*Die Falle* 1960) (Kriminalstück) R: Schnell, Raoul Wolfgang; DB: Gottschalk, Hans; FT: Die Falle (1961); TV: BRD/ARD/Bavaria

Piège pour un homme seul (1962) (*Die Falle* 1960) (Kriminalstück) R: Döpke, Oswald; FT: Die Falle (1983); TV: BRD/ZDF

Thonet, Peter M. (BRD)
Hände weg von Oma (1981) (Roman) R: Günther, Michael; FT: Frau Juliane Winter (1983); TV: BRD/ARD/WDR
Thorndike, Annelie (DDR)
Jeder Tag war schön: Erlebnisse, Träume, Geständnisse, notiert zwischen Antwerpen u. Bombay (1966) (Tagebuch) R: Thorndike, Andrew; Thorndike, Annelie; DB: Thorndike, Annelie; FT: Du bist min (1969); KF: DDR/DEFA
Thurber, James (USA 1894–1961)
The Male Animal (1940) (*Der Mann im Manne*) (Komödie) R: Beauvais, Peter; DB: Beauvais, Peter; FT: Der Mann im Manne (1959); TV: BRD/ARD/BR
Thürk, Harry (DDR, BRD 1927–)
Der Wind stirbt vor dem Dschungel (1961) (Roman) R: Jung-Alsen, Kurt; DB: Thürk, Harry; FT: Das Mädchen aus dem Dschungel (3 Teile) (1964); TV: DDR/DFF
Das Tal der sieben Monde (1960) (Roman) R: Kolditz, Gottfried; DB: Köhlert, Irmgard; Köhlert, Lutz; FT: Das Tal der sieben Monde (1966); KF: DDR/DEFA
Tidmarsh, E. Vivian (GB)
(*Gute Nacht, Mary*) (Komödie) R: Weiss, Helmut; DB: Francke, Peter; Osten-Sacken, Maria von der; FT: Gute Nacht, Mary (1950); KF: BRD
Tieck, Ludwig (DTL 1773–1853)
Des Lebens Überfluß (1839) (Erzählung) R: Liebeneiner, Wolfgang; FT: Des Lebens Überfluß (1950); KF: BRD
Des Lebens Überfluß (1839) (Erzählung) R: Kahane, Peter; FT: Des Lebens Überfluß (1980); TV: DDR
Die beiden merkwürdigsten Tage in Siegmunds Leben (Erzählung) R: Böhlich, Bernd; DB: Enders, Horst; FT: Der junge Herr Siegmund (1986); TV: DDR
Der blonde Eckbert (1797) (Märchen) R: Ickert, Klaus; FT: Die Romantic Sisters (null); TV: BRD
Tillier, Claude (FR 1801–1844)
Mon oncle Benjamin (1843) (*Mein Onkel Benjamin* 1866) (Roman) R: Engel, Thomas; DB: Ericsson, Bjoern; FT: Mein Onkel Benjamin (1973); TV: BRD/ZDF
Timm, Uwe (BRD 1940–)
Kerbels Flucht (1980) (Roman) R: Keusch, Erwin; DB: Timm, Uwe; FT: Kerbels Flucht (1984); TV: BRD/ZDF
Morenga (1978) (Roman) R: Günther, Egon; FT: Morenga (3 Teile) (1984); TV: BRD/ARD
Rennschwein Rudi Rüssel (1989) (Kinderroman) R: Timm, Peter; DB: Limmer, Ulrich; FT: Rennschwein Rudi Rüssel (1995); KF: BRD/Senator Film
Tinzmann, Julius (BRD 1907–1982)
Das Klavier (1968) (Roman) R: Umgelter, Fritz; FT: Das Klavier (2 Teile) (1972); TV: BRD/ARD/SFB
Das Klavier (1968) (Roman) R: Umgelter, Fritz; FT: Das Klavier (3 Teile) (1986); TV: BRD/ARD/SFB
Tolstoj, Leo (RUS 1828–1910)
(Erzählung) R: Tannert, Hannes; DB: Patzig, Eva; FT: Wo die Liebe ist, da ist auch Gott (1955); TV: BRD/ARD/SWF
Voskresenie (1901) (*Auferstehung* 1899) (Roman) R: Hansen, Rolf; FT: Auferstehung (1958); KF: BRD/FR/IT
Polikuska (1863) (*Polikuschka* 1888) (Erzählung) R: Gallone, Carmine; DB: Hendrich, Johannes; Nosseck, Max; FT: Polikuschka (1958); KF: BRD/IT/FR
Vlast t'my (1886) (*Die Macht der Finsternis* 1890) (Schauspiel) R: Korngiebel, Hanns; DB: Carls, Carl Dietrich; Korngiebel, Hanns; FT: Die Macht der Finsternis (1959); TV: BRD/ARD/SFB
Smert' Ivana Il'ica (1886) (*Der Tod des Iwan Iljitsch* 1913) (Erzählung) R: Heyme, Hansgünther; DB: Adamov, Arthur; FT: Der Tod des Iwan Iljitsch (1967); TV: BRD/ARD/SWF
(Erzählung) R: Syberberg, Hans-Jürgen; DB: Syberberg, Hans-Jürgen; FT: Scarabea - Wieviel Erde braucht der Mensch (1968); KF: BRD
Vlast t'my (1886) (*Die Macht der Finsternis* 1890) (Schauspiel) R: Döpke, Oswald; FT: Die Macht der Finsternis (1978); TV: BRD/ARD/SFB
Zivoj trup (1900) (*Der lebende Leichnam* 1911) (Schauspiel) R: Schenk, Otto; FT: Der lebende Leichnam (1981); TV: BRD/ARD/BR
Topol, Josef (CSR 1935–)
Kocka na kolejích (1966) (*Die Katze auf dem Gleis* 1966) (Schauspiel) R: Corti, Axel; FT: Die Katze auf dem Gleis (1970); TV: AUST/A. Mayer Film für ORF
Torberg, Friedrich (AUST 1908–1983)
Hier bin ich, mein Vater (1948) (Roman) R: Cremer, Ludwig; FT: Hier bin ich, mein Vater (1969); TV: BRD/ARD/SFB
Der Mann, der nie über Kafka schrieb (Essay) R: Radax, Ferry; DB: Radax, Ferry; FT: Der Mann, der nie über Kafka schrieb (1974); TV: AUST/ORF

Die Tante Jolesch oder Der Untergang des Abendlandes in Anekdoten (1975) (Erzählung) R: Henschel, Wolfgang F.; DB: Torberg, Friedrich; FT: Die Tante Jolesch (1979); TV: AUST/BRD/ORF/ZDF

Der Schüler Gerber hat absolviert (1930) (Roman) R: Glück, Wolfgang; DB: Schneyder, Werner; Torberg, Friedrich; FT: Der Schüler Gerber (1981); KF: BRD/AUST

Auch das war Wien (1984) (Roman) R: Glück, Wolfgang; DB: Glück, Wolfgang; FT: '38 (1986); KF: AUST/BRD/Almaro Film/Satel/ORF/ARD/BR

Tóth, Miklós (HU)

(*Ein Mann zum Heiraten*) (Komödie) R: Knötzsch, Hans; DB: Eidam, Klaus; FT: Ein Mann zum Heiraten (1983); TV: DDR/DDR1

Tournier, Jacques (FR 1922–)

Jeanne de Luynes, comtesse de Verue (1984) (*Jeanne - die Hure des Königs* 1985) (Roman) R: Corti, Axel; DB: Corti, Axel; Raphael, Frederic; Vigne, Daniel; FT: Die Hure des Königs (1990); TV: AUST/FR/IT/GB/AFC/Umbrella Films

Tournier, Michel (FR 1924–)

Le roi des aulnes (1970) (*Der Erlkönig* 1972) (Roman) R: Schlöndorff, Volker; DB: Carrière, Jean-Claude; Schlöndorff, Volker; FT: Der Unhold (1996); KF: BRD/FR/GB/Studio Babelsberg/Renn Prod./Recorded Pictures

Trakl, Georg (AUST 1887–1914)

Die junge Magd (1912) (Gedicht) R: Vesely, Herbert; DB: Vesely, Herbert; FT: An diesen Abenden (1952); KF: AUST

Die junge Magd (1912) (Gedicht) R: Emmerling, Hans; DB: Emmerling, Hans; FT: Die junge Magd (1988); TV: BRD/ARD/SR

Traven, B. (Bruno) (= Marut, Ret; Maurhut, Richard; Torsvan, Traven) (DTL 1890–1969)

Der Banditendoktor (1958) (< Der Busch 1928) (Erzählung) R: Horn, Peter A.; FT: Der Banditendoktor (1957); TV: BRD/ARD/SWF

Das Totenschiff (1926) (Roman) R: Tressler, Georg; DB: Jacoby, Hans; Tressler, Georg; FT: Das Totenschiff (1959); KF: BRD/MEX

Die Baumwollpflücker (1928) (Roman) R: Goslar, Jürgen; FT: Die Baumwollpflücker (1973); TV: BRD/ARD/WDR

Seele eines Hundes (Erzählung) R: Hoffmann, Kurt; DB: Bieber, Manfred; FT: Seele eines Hundes (1976); TV: BRD/ZDF

(Roman) R: Hoffmann, Kurt; FT: Sonntagsgeschichten (1976); KF: BRD

Adwych Forces (*Zyklus*) (Schauspiel) R: Assmann, Arno; FT: Ehrlich währt am längsten (1978); TV: BRD/RD/BR

Die Rebellion der Gehenkten (1931) (Roman) DB: Geissendörfer, Hans W.; FT: Rebellion der Gehenkten (2 Teile) (1987); TV: BRD/AUST/CH/MEX/IT/ZDF/ORF/DRS/Rio Mixcoac SCL/RAI

Travers, Ben (GB 1886–1980)

(Komödie) R: Wesseler, Karl; DB: Wesseler, Karl; FT: Das Schloßgespenst (1980); TV: BRD/ARD/WDR

A Cuckoo in the Nest (1925) (Komödie) R: Günther, Michael; FT: Ein Kuckuck im Nest (1989); TV: BRD/ARD/SFB

Trenker, Luis (AUST 1892–1990)

Schicksal am Matterhorn (1957) (Roman) R: Trenker, Luis; DB: Heuser, Kurt; FT: Von der Liebe besiegt (1956); KF: BRD/Meteor Film

Trojanová, Jirina (CSR)

Jana a Jan (*Jan und Jana* 1982) (Roman) R: Dziuba, Helmut; DB: Dziuba, Helmut; FT: Jana und Jan (1992); KF: BRD

Trolle, Lothar (DDR, BRD 1944–)

Weltuntergang in Berlin (Schauspiel) R: Bertram, Christian; Storch, Wolfgang; DB: Trolle, Lothar; FT: Weltuntergang in Berlin (1980); TV: BRD/ZDF

Troy, Una (IRL 1913–)

We Are Seven (1955) (*Wir sind Sieben* 1958) (Roman) R: Clayton, Alan; DB: Pugh, Robert; FT: Wir sind Sieben (6 Teile) (1990); TV: BRD/ARD/WDR

Troyat, Henri (= Tarassov, Lev) (FR 1911–)

La lumière des justes (1963) (*Die Lichter der Gerechten* 1963) (Roman) (Zyklus von 5 Romanen) R: Yannick, Andrei; FT: Die Lichter der Gerechten (1981); TV: BRD/AUST/ARD/BR/ORF

Trute, Sigrid (DDR)

An allem ist Matuschke schuld (Komödie) R: Ostrowsky, Hartmut; FT: An allem ist Matuschke schuld (1988); TV: DDR/DDR1

Tschudi, Fridolin (CH 1912–1966)

Wilhelm Tell (Chronik) R: Dickhoff, Michel; DB: Dickhoff, Michel; Hartl, Karl; FT: Wilhelm Tell - Flammende Berge (1960); KF: CH

Tschuppik, Karl (AUST 1878–1937)

Ein Sohn aus gutem Hause (1937) (Roman) R: Brandauer, Karin; DB: Brandauer, Karin; Kouba, Heide; FT: Ein Sohn aus gutem Hause (1989); TV: BRD/AUST/ARD/BR/ORF

Tucholsky, Kurt (DTL 1890–1935)
(Texte) R: Biltz, Karl Peter; DB: Bock, Christian; FT: Kleine Ursachen - große Wirkungen (1954); TV: BRD/ARD/SWF
Schloß Gripsholm (1931) (Roman) R: Hoffmann, Kurt; DB: Reinecker, Herbert (= Berg, Alex); FT: Schloß Gripsholm (1963); KF: BRD/Independent Film
Rheinsberg (1912) (Erzählung) R: Hoffmann, Kurt; DB: Reinecker, Herbert (= Berg, Alex); FT: Rheinsberg (1967); KF: BRD/CCC Filmkunst GmbH/Independent Film
Die Q-Tagebücher: 1934 - 1935 (1978) (Tagebuch) R: Henschel, Wolfgang F.; DB: Henschel, Wolfgang F.; FT: In des Waldes tiefsten Gründen (1979); TV: BRD/ZDF
(Texte) R: Behrend, Jens-Peter; DB: Prescher, Hans; FT: Sie rüsten zur Reise ins Dritte Reich. Kurt Tucholsky und der Prozeß Harden (1985); TV: BRD/ARD/SFB
Rheinsberg (1912) (Erzählung) R: Gendries, Klaus; DB: Gendries, Klaus; FT: Rheinsberg (1990); TV: DDR/DEFA
Schloß Gripsholm (1931) (Roman) R: Koller, Xavier; FT: Gripsholm (2000); KF: BRD

Turek, Ludwig (DDR 1898–1975)
Die letzte Heuer (1935) (Roman) R: Fiedler, E.(rnst) W.(ilhelm); Heinrich, Hans; DB: Nicolas, Richard; FT: Die letzte Heuer (1951); KF: DDR/DEFA
Anna Lubitzke (1952) (Roman) R: Kirsten, Ralf; DB: Kahlau, Heinz; Kirsten, Ralf; FT: Steinzeitballade (1960); KF: DDR/DEFA
Die Liebesfalle (1969) (Roman) R: Wallroth, Werner W.; FT: Liebesfallen (1975); KF: DDR/DEFA
Emil Bierstedt (Erzählung) R: Kissimov, Georgi; DB: Pederzani, Hans-Albert; FT: Emil der Versager (1982); KF: DDR/DEFA

Turgenev, Ivan (RUS 1818–1883)
Dvorjanskoe gnezdo (1859) (*Ein Adelsnest* 1947) (Roman) R: Korbschmitt, Hans-Erich; FT: Adelsnest (1961); TV: DDR
Pervaya ljubov (1860) (*Erste Liebe* 1881) (Roman) R: Korbschmitt, Hans-Erich; FT: Jelena (1969); TV: DDR
Pervaja Ljubov (1860) (*Erste Liebe* 1881) (Erzählung) R: Schell, Maximilian; DB: Gould, John; Schell, Maximilian; FT: First Love/Erste Liebe (1970); KF: CH/BRD/Alfa/Franz Seitz
Vesnie vody (1872) (*Frühlingsfluten* 1972) (Erzählung) R: Jasny, Vojtech; DB: Jasny, Vojtech; FT: Frühlingsfluten (1974); TV: BRD/ARD/SWF
Otscy i deti (1862) (*Väter und Söhne* 1875) (Roman) R: Witt, Claus Peter; DB: Bieler, Manfred; FT: Väter und Söhne (1978); TV: BRD/ARD/HR
Dym (1867) (*Rauch (Dunst)* 1868) (Roman) R: Schachmaliewa, Ajan; DB: Rajasanzewa, Natalia; FT: Rauch (1991/92); TV: BRD/RUS/ARD/SWF/Kinostudio Petropol/Lenfilm/Ekran/Polyphon

Turner, David (GB 1927–)
(Schauspiel) R: Rothe, Edward; FT: Mein Bruder Alf (1963); TV: BRD/ARD/SFB

Turrini, Peter (AUST 1944–)
Josef und Maria (1980) (Schauspiel) R: Pevny, Wilhelm; DB: Turrini, Peter; FT: Maria und Josef (1980); TV: AUST/ORF2
Der tollste Tag (1973) (Schauspiel) (nach Beaumarchais) R: Welunschek, Karl; FT: Der tollste Tag (1983); TV: AUST/ORF
Endlich Schluß (1997) (Monolog) R: Berner, Dieter; DB: Turrini, Peter; FT: Endlich Schluß (1998); TV: AUST/MR TV Film Produktions GmbH
Die Verhaftung des Johann Nepomuk Nestroy (1998) (Erzählung) R: Berner, Dieter; DB: Berner, Dieter; FT: Die Verhaftung des Johann Nepomuk Nestroy (2000); TV: AUST/Dor Film Produktionsgesellschaft GmbH

Twain, Mark (USA 1835–1910)
(Erzählung) R: Weiler, Margit; DB: Weiler, Margit; FT: Kinderkrankheiten (1961); TV: BRD/ARD/SDR
The Adventures of Tom Sawyer (1876) (*Die Abenteuer von Tom Sawyer* 1876) (Jugendbuch) (basiert auch auf The Adventures of Huckleberry Finn (1885)) R: Liebeneiner, Wolfgang; DB: Ulbrich, Walter; FT: Tom Sawyers und Huckleberry Finns Abenteuer (1968); TV: BRD/AUST/FR/ARD/ZDF/ORF/ORT
The Adventures of Tom Sawyer (1876) (*Die Abenteuer von Tom Sawyer* 1876) (Jugendbuch) (basiert auch auf The Adventures of Huckleberry Finn (1885)) R: Moorse, George; DB: Kunz, Hartmut; FT: Tom und Hucks Ballonfahrt (1972); TV: BRD/ARD/BR

Tykwer, Tom (BRD 1965–)
Lola rennt (1998) (Roman) (Buch zum Film) R: Tykwer, Tom; DB: Tykwer, Tom; FT: Lola rennt (1998); KF: BRD/Arte/Bavaria Film/German Independents/X-Filme Creative Pool/ARD/WDR

Uhl, Renate (= Zobelitz, Erika von; Hoffmann, Renate) (DTL)
Die Andere (Erzählung) R: Sistig, Alfred E.; DB: Zimmermann, Elisabeth; FT: Die Andere (1949); KF: BRD
Uhlig, Otto (BRD 1901–1984)
Die Schwabenkinder aus Tirol und Vorarlberg (1978) (Sachbuch) R: Hieber, Kurt K.; DB: Hieber, Kurt K.; Süss, Karin; FT: Die vergessenen Kinder (1981); KF: BRD/ Badlands-Film
Uhlmann, Fred (GB 1901–1985)
Reunion (1971) (*Der wiedergefundene Freund* 1978) (Roman) R: Schatzberg, Jerry; DB: Pinter, Harold; FT: Reunion - Der wiedergefundene Freund (1989); KF: BRD/ GB
Ulmer, Michael (BRD)
Unser Lehrer Dr. Specht: Willkommen auf Krähenwerder (1994) (Roman) R: Loebner, Vera; Masten, Werner; FT: Unser Lehrer Dr. Specht (1994); TV: BRD/ZDF
Ulrici, Rolf (BRD 1922–)
Campingpark: Heidi und Erni (1992) (Roman) (Roman zur Serie) R: Borsche, Kai; Füting, Michael; Neureuther, Erich; FT: Heidi und Erni (1990); TV: BRD/ARD
Immer wieder Sonntag (1993) (Roman) R: Luderer, Wolfgang; FT: Immer wieder Sonntag (1995); TV: BRD
Undset, Sigrid (NOR 1882–1949)
Jenny (1920) (*Jenny* 1921) (Roman) R: Bronken, Per; FT: Jenny (1983); TV: BRD/ARD/NDR
Ungar, Hermann (CSR 1893–1929)
Die Klasse (1927) (Roman) R: Staudte, Wolfgang; DB: Schaaffs, George A.; FT: Die Klasse (Lehrer Blau) (1968); TV: BRD/ ARD/SFB
Die Gartenlaube (1929) (Schauspiel) R: Staudte, Wolfgang; DB: Berson, Walter; Staudte, Wolfgang; FT: Die Gartenlaube (1969); TV: BRD/ARD/SFB
Unterweger, Jack (AUST 1950–1994)
Fegefeuer oder Die Reise ins Zuchthaus (1983) (Autobiographie) R: Hengstler, Willi; DB: Hengstler, Willi; Seiter, Bernhard; Unterweger, Jack; FT: Fegefeuer (1988); KF: AUST/EPO-Film
Ury, Else (DTL 1877–1943)
Nesthäkchen (Romanserie) (1921) (Jugendroman) (Jugendromanserie (1918-25)) R: Erhardt, Gero; FT: Nesthäkchen (Serie) (1983); TV: BRD/ZDF
Ustinov, Peter (GB 1921–)
The Life In My Hands (*Das Leben in meiner Hand* 1966) (Kriminalstück) R: Sydow, Rolf von; FT: Das Leben in meiner Hand (1966); TV: BRD/ARD/WDR
(Komödie) R: Sydow, Rolf von; FT: Abgehört (1984); TV: BRD/ARD
Vadnay, László (HU 1904–1967)
(Schauspiel) R: Ráthony, Ákos von; DB: Nebhut, Ernst; Scheu, Just; FT: Mädchen mit Beziehungen (1950); KF: BRD/Real Film
Valentin, Karl (DTL 1882–1948)
Die Orchesterprobe (1932) (Komödie) R: Dörre, Peter; FT: Die Orchesterprobe (1979); TV: AUST/ORF
Der Knabe Karl (1951) (Roman) R: Seitz, Franz; DB: Seitz, Franz; FT: Die Jugendstreiche des Knaben Karl (1980); TV: BRD/ARD/BR3
Valentin, Thomas (BRD 1922–1980)
Die Unberatenen (1963) (Roman) R: Zadek, Peter; DB: Menge, Wolfgang; Müller, Robert; Zadek, Peter; FT: Ich bin ein Elefant, Madame (1968); KF: BRD/Iduna
Der Hausfreund (1969) (Komödie) R: Matiasek, Helmuth; FT: Der Hausfreund (1969); TV: BRD/ARD/BR
Vallejo, Manuel Mejia (= Mejia Vallejo, Manuel) (COL 1923–)
El dia señaldo (1964) (*Der Stichtag* 1967) (Roman) R: Haugk, Dietrich; DB: Haugk, Dietrich; FT: Der Sieger von Tambo (1974); TV: BRD/ZDF
Valmain, Frédéric (FR 1931–)
(Kriminalkomödie) R: Heyme, Hansgünther; FT: Mit zwei Füßen im Grab (1964); TV: BRD/ARD/Telefilm Saar
(Kriminalkomödie) R: Sydow, Rolf von; FT: Ein Charleston für Lady Macbeth (1969); TV: BRD/ARD/Telefilm Saar
Valmy, Jean (= Roland, Edmond) (FR) & **Vincy, Raymond (= Ovanessian, Raymond)** (FR 1904–)
J'y suis ... j'y reste (1951) (Komödie) R: Jacobs, Werner; DB: Flatow, Curth; Hachfeld, Eckart; FT: Hier bin ich - hier bleib ich (1958); KF: BRD/CCC Filmkunst GmbH
Vampilow, Alexander Valentinowitsch (SU 1937–1972)
Prosenje v ijune (1967) (*Staatsexamen* 1967) (Komödie) R: Matiasek, Helmuth; FT: Staatsexamen (1968); TV: BRD/ ARD/RB
(*Der gute Mensch*) (Schauspiel) R: Schirk, Heinz; FT: Der gute Mensch (1980); TV: BRD/ZDF
(*Die Geschichte mit dem Metteur* 1976) (Komödie) R: Schirk, Heinz; FT: Der Metteur (1980); TV: BRD/ZDF
(*Abenteuer in einem russischen Hotelzimmer*) (Schauspiel) R: Schirk, Heinz; FT: Abenteuer in einem russischen Hotelzimmer (1981); TV: BRD/ZDF

Vane, Sutton (GB 1888–1963)

Outward Bound (1924) (*Überfahrt* 1925) (Schauspiel) R: Biltz, Karl Peter; DB: Epple, Kuno; FT: Überfahrt (1955); TV: BRD/ARD/SWF

Outward Bound (1924) (*Überfahrt* 1925) (Schauspiel) R: Rilla, Walter; FT: Überfahrt (1963); TV: BRD/ARD/WDR

Vásquez-Figueroa, Alberto (COL)

(Roman) R: Fleischer, Richard; DB: Geller, Stephen; FT: Ashanti (1978); KF: CH

Vaszary, Gábor von (HU 1898–1985)

Bubus (*Schäm' dich, Brigitta!*) (Komödie) R: Emo, E.W. (= Wojtek, Emerich Josef); DB: Emo, E. W. (= Wojtek, Emerich Josef); Farkas, Karl; Kritz, Hugo Maria; FT: Schäm' dich, Brigitte! (1952); KF: AUST/Gloria Film/Styria Film

Bubus (*Schäm' dich, Brigitta!*) (Komödie) R: Emo, E. W. (= Wojtek, Emerich Josef); DB: Emo, E.W.; Farkas, Karl; FT: Wir werden das Kind schon schaukeln (1952); KF: AUST

Alszik az isten (*Mit siebzehn beginnt das Leben* 1955) (Roman) R: Martin, Paul; DB: Corbett, Gerda; Martin, Paul; FT: Mit siebzehn beginnt das Leben (1953); TV: BRD/Apollo Pictures

Sie (1935) (Erzählung) R: Thiele, Rolf; DB: Thiele, Rolf; FT: Sie (1954); KF: BRD/Filmaufbau

Monpti (1934) (Roman) R: Käutner, Helmut; DB: Käutner, Helmut; FT: Monpti (1957); KF: BRD

Bubus (*Schäm' dich, Brigitta!*) (Komödie) R: Ode, Erik; FT: Bubusch (1962); TV: BRD/ARD/WDR

Heirate mich, Chéri (1956) (Roman) R: Ambesser, Axel von; DB: Furch, Janne; Pauck, Heinz; FT: Heirate mich, Cheri (1964); KF: BRD/AUST

Vatsyayna, Mallanaga (IND –275)

Kamasutra (250) (*Das Kamasutram*) (Erzählung) R: Jäger, Kobi; DB: Jäger, Kobi; FT: Kamasutra - Vollendung der Liebe (1968); KF: BRD

Vávrová, Dana (CZ 1967–) & **Vilsmaier, Joseph** (BRD 1939–)

Der Bär ist los (2000) (Erzählung) R: Vávrová, Dana; DB: Bitzer, Jochen; Stark, Christoph; Vávrová, Dana; FT: Der Bär ist los (2000); KF: BRD/CZ/Perathon Film-und Fernsehproduktions GmbH/Senator Film Produktion GmbH/Studio Sirotek, Praha

Veiller, Bayard (USA 1869–1943)

The Trial of Mary Dugan (1928) (*Der Prozeß Mary Dugan* 1928) (Schauspiel) R: Bublitz, Hans Waldemar; DB: Bublitz, Hans Waldemar; FT: Der Prozeß Mary Dugan (1956); TV: BRD/ARD/SFB

The Trial of Mary Dugan (1928) (*Der Prozeß Mary Dugan* 1928) (Schauspiel) R: Harnack, Falk; FT: Der Prozeß Mary Dugan (1960); TV: BRD/ARD/SFB

Veith, Ines (BRD 1955–)

(Roman) R: Guthke, Frank; DB: Veith, Ines; FT: Ich klage an (1993); TV: BRD

Venatier, Hans (BRD 1903–1959)

Der Major und die Stiere (1953) (Roman) R: Borsody, Eduard von; DB: Borsody, Eduard von; Schwenzen, Per; FT: Der Major und die Stiere (1955); KF: BRD

Venturi, Maria (IT)

La storia spezzata (1989) (*Sieg der Liebe* 1992) (Roman) R: Frazzi, Andrea; Frazzi, Antonio; DB: Rafele, Mimmo; FT: Herzen im Sturm (1995); TV: BRD/IT/ARD/RAI

Vercors (= Bruller, Jean) (FR 1902–1991)

Le silence de la mer (1942) (*Das Schweigen des Meeres* 1945) (Erzählung) R: Lothar, Frank; FT: Das Schweigen des Meeres (1954); TV: BRD/ARD/SFB

Le silence de la mer (1942) (*Das Schweigen des Meeres* 1945) (Erzählung) R: Brühl, Hanno; FT: Das Schweigen des Meeres (1967); TV: BRD/ARD/WDR

Veresaev, Vikentij Vikent'evic (SU 1867–1945)

V tupike (1924) (*In der Sackgasse* 1924) (Roman) R: Busch, Rolf; DB: Busch, Rolf; FT: In der Sackgasse (1982); TV: BRD/ARD/N3/NDR

Verne, Jules (FR 1828–1905)

De la terre à la lune (1865) (*Von der Erde zum Mond* 1882) (Roman) (Musical) R: Mielke, Georg F.; FT: Die Reise auf den Mond (1982); KF: DDR/DEFA

Le tour du monde en 80 jours (1873) (*Die Reise um die Welt in achtzig Tagen* 1885) (Roman) (Puppentrickfilm) R: Durniok, Manfred; Zhaohong, Hu; DB: Durniok, Manfred; Rätz, Günter; Rätz, Sibille; Zhaohong, Hu; FT: Reise um die Erde in 80 Tagen (1998); TV: BRD/VRCH

Michel Strogoff (1871) (*Der Courier des Czar* 1877) (> Der Kurier des Zaren) (Roman) R: Costa, Fabrizio; DB: Medioli, Enrico; Pistagnesi, Patrizia; FT: Der Kurier des Zaren (1999); TV: BRD/IT/ARD

Vesper, Bernward (BRD 1938–1971)
Die Reise (1977) (Roman) R: Imhoof, Markus; DB: Imhoof, Markus; Vesper, Bernward; Wiebel, Martin; FT: Die Reise (1986); KF: BRD/CH/Regina Ziegler Filmprod./Limbo Film/ARD/WDR/SRG

Vidal, Gore (USA 1925–)
Visit to a Small Planet (1957) (*Besuch auf einem kleinen Planeten* 1970) (Komödie) R: Liebeneiner, Wolfgang; DB: Burger, Eric; Vidal, Gore; FT: Besuch auf einem kleinen Planeten (1971); TV: BRD/ZDF

Viertel, Martin (DDR 1925–)
Igelfreundschaft (1962) (Erzählung) R: Zschoche, Herrmann; DB: Viertel, Martin; Zschoche, Herrmann; FT: Igelfreundschaft (1961); KF: DDR/DEFA
Sankt Urban (1968) (Roman) R: Schiemann, Helmut; DB: Schiemann, Helmut; Viertel, Martin; FT: Sankt Urban (4 Teile) (1969); TV: DDR

Vigny, Benno (DTL)
Amy Jolly, die Frau aus Marrakesch (1927) (Roman) R: Eichberg, Richard; DB: Vigny, Benno; FT: Die Reise nach Marrakesch (1949); TV: BRD/Merkur Film A/S

Amy Jolly, die Frau aus Marrakesch (1927) (Roman) R: Reinert, Emil Edwin; DB: Companéez, Jacques; FT: Wiener Walzer (Wien tanzt) (1951); KF: AUST/Cordial-Film/Vindobona

Villiers de l'Isle-Adam, Jean-Marie Mathias Philippe-Auguste, Comte de (FR 1838–1889)
Axel (1890) (*Axel* 1914) (Schauspiel) R: Praunheim, Rosa von; FT: Axel von Auersperg (1973); TV: BRD/ARD

Villiers, Gérard de (FR 1929–)
S.A.S. le cycle Malko (Roman) R: Coutard, Raoul; DB: Villiers, Gerard de; FT: S.A.S. Malko - Im Auftrag des Pentagon (1982); KF: BRD/FR

Vilmorin, Louise (FR 1902–1969)
Madame de ... (1951) (*Madame de ...* 1954) (Erzählung) R: Beauvais, Peter; DB: Beauvais, Peter; FT: Madame de ... (1961); TV: BRD/ARD/Riva Studio

Vinaver, Michel (FR 1927–)
Iphigénie Hotel (1963) (*Hotel Iphigenie* 1964) (Schauspiel) R: Schaaf, Johannes; DB: Breest, Jürgen; Schaaf, Johannes; FT: Hotel Iphigenie (1964); TV: BRD/ARD/RB

Vittorini, Elio (IT 1908–1966)
Coversazione in Sicilia (1953) (Roman) R: Huillet, Danièle; Straub, Jean-Marie; DB: Huillet, Danièle; Straub, Jean-Marie; FT: Sicilia! (1999); KF: CH/FR/IT/Alia Film/Centre national de la cinématographie/Instituto Luce/Pierre Grisé Productions/Straub-Huillet

Volkmann, Richard von (= Leander, Richard) (DTL 1830–1889)
Die Brummeisenprinzessin (Märchen) R: Schmenger, Ursula; DB: Clausen, Thomas; FT: Die Brummeisenprinzessin (1987); TV: DDR/DDR2

Volksdorf, Peter (DDR)
König Karl (Komödie) R: Stahnke, Peter; FT: König Karl (1986); TV: DDR/DDR1

Vollmer, Walter (BRD 1903–1965)
Die Schenke zur ewigen Liebe (1937) (Roman) R: Weidenmann, Alfred; DB: Frowein, Eberhard; Kückelhaus, Heinz; FT: Die Schenke zur ewigen Liebe (1945); KF: DTL/Universum Film A.G. (UFA)

Voß, Richard (DTL 1851–1918)
Zwei Menschen (1911) (Roman) R: May, Paul; DB: May, Paul; FT: Zwei Menschen (1952); KF: BRD

Vosper, Frank (GB 1899–1937)
Love from a Stranger (1936) (*Ein Fremder klopft an* 1967) (> Schauspiel von Vosper, Frank (1937)) (Kriminalstück) R: Goldbaum, Peter; FT: Love from a Stranger (1967); TV: BRD/ARD/HR

Vring, Georg von der (BRD 1889–1968)
(Hörspiel) R: Neumann, Martin; DB: Vring, Georg von der; FT: Der Korporal aus Java (1955); TV: BRD/ARD/NWDR Hamburg
(Erzählung) R: Mueller-Stahl, Hagen; FT: Der Besuch (1975); TV: BRD/ARD/SFB

Vulpius, Christian August (DTL 1762–1827)
Rinaldo Rinaldini, der Räuberhauptmann (1798) (Roman) R: Cap, Franz; DB: Geiger, Franz; Salomon, Ernst von; FT: Rinaldo Rinaldini, der Räuberhauptmann (1968); TV: BRD/JUG/ARD/HR

Vulpius, Paul (AUST)
Jugend voran oder Hau-ruck! (1933) (Komödie) R: Ambesser, Axel von; DB: Ambesser, Axel von; FT: Drei, von denen man spricht (Glück muß man haben) (1953); KF: AUST

Waechter, Friedrich Karl (BRD 1937–)
Kiebich und Dutz (1975) (Komödie) R: Solange, Lucas; FT: Kiebich und Duz (1989); TV: AUST/ORF1

Waggerl, Karl Heinrich (AUST 1897–1973)

Das Jahr des Herrn (1933) (Roman) R: Stöger, Alfred; DB: Bettac, Ulrich; Waggerl, Karl Heinrich; FT: Der Wallnerbub (1950); KF: AUST

(Erzählung) (verschiedene Geschichten zum Advent) R: Pichler, Ernst; Reiser, Tobias; FT: Das ist die stille Zeit im Jahr (1984); TV: BRD

Wagner, Richard (DTL 1813–1883)

Der fliegende Holländer (1843) (Oper) R: Herz, Joachim; DB: Herz, Joachim; Horn, Harald; FT: Der fliegende Holländer (1964); KF: DDR/DEFA

Das Rheingold (1876) (Oper) R: Karajan, Herbert von; FT: Das Rheingold (1980); KF: BRD/Unitel

Parsifal (1877) (Oper) R: Syberberg, Hans-Jürgen; DB: Syberberg, Hans-Jürgen; FT: Parsifal (1982); KF: BRD/FR/ARD/BR/Artificial Eye Film/TMS/Gaumont

Der fliegende Holländer (1843) (Oper) (musikal. Leitung Wolfgang Sawallisch) R: Schmidt, Eckhart; FT: Der fliegende Holländer (1992); TV: BRD

Wagner, Walter (USA 1927–)

(Roman) R: Aldrich, Robert; DB: Cohen, Ronald M.; Hübsch, Edward; FT: Das Ultimatum (1976); KF: BRD/Bavaria/Geria Productions/Lorimar Productions

Wahlgren, Anna (= Feldt, Anna) (SVE 1942–)

(*Eine wohltemperierte Ehe*) (Erzählung) R: Proll, Jens-Peter; FT: Eine wohltemperierte Ehe (1974); TV: DDR

Walbert, Helmut (BRD)

Geschäft am Nachmittag (1978) (Komödie) R: Kaspar, Bruno; DB: Kaspar, Bruno; FT: Geschäft am Nachmittag (1980); TV: CH/DRS

Der Pornofilm (1978) (Komödie) R: Hostettler, Thomas; DB: Hostettler, Thomas; FT: Der Pornofilm (1980); TV: CH/DRS

Walewska, Mathilde (AUST)

Meine schöne Mama (1956) (Roman) R: Martin, Paul; DB: Keindorff, Eberhard; Sibelius, Johanna; FT: Meine schöne Mama (1957); KF: BRD/AUST

Wallace, Bryan Edgar (GB 1904–)

The India-Rubber Men (1929) (*Das Gasthaus an der Themse* 1930) (Kriminalroman) R: Vohrer, Alfred; DB: Larsen, Trygve; Petersson, Harald G.; FT: Das Gasthaus an der Themse (1962); KF: BRD/Rialto Film

Death Packs a Suitcase (1961) (*Der Tod packt seinen Koffer* 1961) (Kriminalroman) R: Klingler, Werner; DB: Allan, Percy; FT: Das Geheimnis der schwarzen Koffer (1962); KF: BRD

(Kriminalroman) R: Zbonek, Edwin; DB: Stemmle, Robert A.; FT: Der Henker von London (1963); KF: BRD

Murder by Proxy (Kriminalroman) R: Gottlieb, Franz Josef; DB: Fodor, Ladislas; FT: Das Phantom von Soho (1963); KF: BRD

The Device (1962) (Kriminalroman) R: May, Paul; DB: Fodor, Ladislas; FT: Scotland Yard jagt Dr. Mabuse (1963); KF: BRD

(Kriminalroman) R: Reinl, Harald; DB: Fodor, Ladislas; Kampendonk, Gustav; FT: Der Würger von Schloß Blackmoor (1963); KF: BRD

(Kriminalroman) R: Gottlieb, Franz Josef; DB: Gottlieb, Franz Josef; FT: Das siebte Opfer (1964); KF: BRD

(*Das Ungeheuer von London City*) (Kriminalroman) R: Zbonek, Edwin; DB: Zbonek, Edwin; FT: Das Ungeheuer von London City (1964); KF: BRD

The Hound of Blackwood Castle (Kriminalroman) R: Vohrer, Alfred; DB: Reinecker, Herbert (= Berg, Alex); FT: Der Hund von Blackwood Castle (1967); KF: BRD/Rialto Film

The Hand of Power (1927) (*Im Banne des Unheimlichen* 1953) (Kriminalroman) R: Vohrer, Alfred; DB: Fodor, Ladislas; FT: Im Banne des Unheimlichen (1968); KF: BRD/Rialto Film

(Kriminalroman) R: Argento, Dario; DB: Argento, Dario; FT: Das Geheimnis der schwarzen Handschuhe (1969); KF: BRD/IT

(Kriminalroman) R: Argento, Dario; DB: Argento, Dario; Collo, Luigi; Haller, Michael; Sacchetti, Dardano; FT: Die neunschwänzige Katze (1970); KF: BRD/IT/FR/Terra Filmkunst/Seda Spettacoli/Mondial Films/Labrador Films/Transconta SA

(Kriminalroman) R: Franco, Jess; DB: Bernd, Art; Frank, Jess; FT: Der Todesrächer von Soho (1971); KF: BRD/ESP

Wallace, Lewis Grant (GB)

(Komödie) R: Sydow, Rolf von; FT: Und das zum 80. Geburtstag (1982); TV: BRD/ZDF

Wallace, Richard Horatio Edgar (GB 1875–1932)

The Ringer (1926) (*Der Hexer* 1952) (Kriminalroman) R: Wirth, Franz Peter; DB: Gottschalk, Hans; Wirth, Franz Peter; FT: Der Hexer (1956); TV: BRD/ARD/SDR

The Man Who Was Nobody (1927) (*Ein Mann, der seinen Namen änderte* 1956) (> The Man Who Changed His Name (Kriminalstück)(1929)) (Kriminalroman) R: Völger, Werner; FT: Ein Mann, der seinen Namen änderte (1958); TV: BRD/ARD/NWRV Hamburg

Fellowship of the Frog (1925) (*Der Frosch mit der Maske*) (Kriminalroman) R: Reinl, Harald; DB: Bartsch, J. Joachim; Larsen, Trygve; FT: Der Frosch mit der Maske (1959); KF: BRD/Rialto Film

The Crimson Circle (1922) (*Der rote Kreis* 1951) (Kriminalroman) R: Roland, Jürgen; DB: Larsen, Trygve; Menge, Wolfgang; FT: Der rote Kreis (1959); KF: BRD/Rialto Film/Neue Constantin Film

The Terrible People (1926) (*Die Bande des Schreckens* 1950) (Kriminalroman) R: Reinl, Harald; DB: Bartsch, J. Joachim; Schnitzler, Wolfgang; FT: Die Bande des Schreckens (1960); KF: BRD/Rialto Film

The Green Archer (1923) (*Der grüne Bogenschütze* 1959) (Roman) R: Roland, Jürgen; DB: Menge, Wolfgang; Schnitzler, Wolfgang; FT: Der grüne Bogenschütze (1960); KF: BRD/Rialto Film

The Avenger (1926) (*Der Rächer* 1951) (Kriminalroman) R: Anton, Karl; DB: Cartier, Rudolph; Kampendonk, Gustav; FT: Der Rächer (1960); KF: BRD/Kurt Ulrich Produktion

The Forger (1927) (*Der Banknotenfälscher* 1952) (Kriminalroman) R: Reinl, Harald; DB: Kai, Johannes; FT: Der Fälscher von London (1961); KF: BRD/Rialto Film

The Daffodil Mystery (1920) (*Das Geheimnis der gelben Narzissen* 1951) (Kriminalroman) R: Ráthony, Ákos von; DB: Dawson, Basil; Hummel, Gerhard F.; Taylor, Donald; Wendlandt, Horst; FT: Das Geheimnis der gelben Narzissen (1961); KF: BRD/GB/Rialto Film/Omnia Pictures

The Strange Countess (1926) (*Die seltsame Gräfin* 1928) (Kriminalroman) R: Baky, Josef von; DB: Gutbrod, Curt Hanno; Stemmle, Robert A.; FT: Die seltsame Gräfin (1961); KF: BRD/Rialto Film

The Dark Eyes of London (1924) (*Die toten Augen von London* 1961) (Kriminalroman) R: Vohrer, Alfred; DB: Larsen, Trygve; FT: Die toten Augen von London (1961); KF: BRD/Rialto Film

The Yellow Snake (1926) (*Die gelbe Schlange* 1951) (Kriminalroman) R: Gottlieb, Franz Josef; DB: Furch, Janne; Gottlieb, Franz Josef; FT: Der Fluch der gelben Schlange (1962); KF: BRD/CCC Filmkunst GmbH

When the Gangs Came to London (1932) (*Gangster in London* 1956) (Roman) R: Ashley, Helmut(h); DB: Larsen, Trygve; FT: Das Rätsel der roten Orchidee (1962); KF: BRD/Rialto Film

The Door with Seven Locks (1926) (*Die Tür mit den sieben Schlössern* 1951) (Kriminalroman) R: Vohrer, Alfred; DB: Kai, Johannes; Petersson, Harald G.; FT: Die Tür mit den sieben Schlössern (1962); KF: BRD/Rialto Film

The Ringer (1926) (*Der Hexer* 1952) (Kriminalroman) R: Erler, Rainer; FT: Der Hexer (1963); TV: BRD/ZDF

The Frightened Lady (1933) (*Das indische Tuch* 1956) (Kriminalroman) R: Vohrer, Alfred; DB: Hurdalek, Georg; Petersson, Harald; FT: Das indische Tuch (1963); KF: BRD/Constantin/UCC

The Black Abbot (1926) (*Der schwarze Abt* 1952) (Kriminalroman) R: Gottlieb, Franz Josef; DB: Gottlieb, Franz Josef; Kai, Johannes; FT: Der schwarze Abt (1963); KF: BRD/Constantin/UCC

Room Thirteen (1924) (*Zimmer 13* 1950) (Kriminalroman) R: Reinl, Harald; DB: Philips, Quentin; FT: Zimmer 13 (1963); KF: BRD/Rialto Film

The Squeaker (1927) (*Der Zinker* 1948) (Kriminalroman) R: Vohrer, Alfred; DB: Petersson, Harald G.; FT: Der Zinker (1963); KF: BRD/Rialto Film

Angel Esquire (1908) (*Der Safe mit dem Rätselschloß* 1948) (Kriminalroman) R: Gottlieb, Franz Josef; DB: Gottlieb, Franz Josef; Stemmle, Robert A.; FT: Die Gruft mit dem Rätselschloß (1964); KF: BRD/Rialto Film

The Ringer (1926) (*Der Hexer* 1952) (Kriminalroman) R: Vohrer, Alfred; DB: Petersson, Harald G.; Reinecker, Herbert (= Berg, Alex); FT: Der Hexer (1964); KF: BRD/FR/Rialto Film

The Traitor's Gate (1927) (*Das Verrätertor* 1951) (Kriminalroman) R: Francis, Freddie; DB: Sanson, John; FT: Das Verrätertor (1964); TV: BRD/ZDF

Again the Ringer (1929) (*Neues vom Hexer* 1956) (Kriminalroman) R: Vohrer, Alfred; DB: Reinecker, Herbert (= Berg, Alex); FT: Neues vom Hexer (1965); KF: BRD/Rialto Film

The Terror (1929) (*Der unheimliche Mönch* 1957) (Kriminalroman) R: Reinl, Harald; DB: Bartsch, J. Joachim; Denger, Fred; FT: Der unheimliche Mönch (1965); KF: BRD/Rialto Film

The Sinister Man (1924) (*Der Unheimliche* 1951) (Kriminalroman) R: Vohrer, Alfred; DB: Reinecker, Herbert (= Berg, Alex); FT: Der Bucklige von Soho (1966); KF: BRD/Rialto Film

(*Das Geheimnis der weißen Nonne*) (Kriminalroman) R: Frankel, Cyril; DB: Munro, Stanley; Quinn, Derry; FT: Das Geheimnis der weißen Nonne (1966); KF: BRD/Rialto Film

Blue Hand (1923) (*Die blaue Hand* 1928) (Kriminalroman) R: Vohrer, Alfred; DB: Reinecker, Herbert (= Berg, Alex); FT: Die blaue Hand (1967); KF: BRD/Preben-Philipsen/Rialto Film

The College Girl Murders (Kriminalroman) R: Vohrer, Alfred; DB: Berg, Alex (= Reinecker, Herbert); FT: Der Mönch mit der Peitsche (1967); KF: BRD/Rialto Film

Big Foot (1927) (*Großfuß* 1954) (Kriminalroman) R: Vohrer, Alfred; DB: Gregor, Freddy; FT: Der Gorilla von Soho (1968); KF: BRD/Rialto Film

(Kriminalroman) R: Vohrer, Alfred; DB: Hengge, Paul; FT: Der Mann mit dem Glasauge (1968); KF: BRD/Rialto Film

The Face in the Night (1924) (*Das Gesicht im Dunkel* 1930) (Kriminalroman) R: Freda, Riccardo; DB: Freda, Riccardo; Hengge, Paul; FT: Das Gesicht im Dunkeln (1969); KF: BRD/IT/Rialto Film/Colt Produzioni Cinematografich/Mega Film

The Devil Came from Akasawa (Kriminalroman) R: Franco, Jess; DB: André, Paul; Fodor, Ladislas; Franco, Jess (= Franco, Jesús); FT: Der Teufel kam aus Akasawa (1970); KF: BRD/ESP/CCC Filmkunst GmbH/Fénix Films C.C.

The Clue of the New Pin (1923) (*Das Geheimnis der Stecknadel* 1955) (Kriminalroman) R: Dallamano, Massimo; DB: Geronimo, Bruni di; Thouet, Peter M.; FT: Das Geheimnis der grünen Stecknadel (1971); KF: BRD/IT

(Kriminalroman) R: Philipp, Harald; DB: Gregor, H. O.; Philipp, Harald; FT: Die Tote aus der Themse (1971); KF: BRD/Rialto Film

(Kriminalroman) R: Lenzi, Umberto; DB: Gianviti, Roberto; Hengge, Paul; Lenzi, Umberto; FT: Das Rätsel des silbernen Halbmonds (1972); KF: BRD/IT/Rialto Film/Flora Film/National Pictures

(Kriminalroman) R: Menzel, Jiri; DB: Freiheit, Sven; Tomek, Erich; FT: Die Schokoladenschnüffler (1986); KF: BRD/Lisa Film/Roxy Film/K.S. Film/ARD/BR

The Mixer (1927) (*Der Preller* 1952) (Kriminalerzählung) R: Frankau, John; Hodson, Christopher; Leitner, Hermann; DB: Booker, Simon; Broadley, Philip; FT: Der Mann vom Eaton Place (1991); TV: AUST/BRD/GB/Satel Film, Wien/ORF/ZDF/Yorkshire TV

(Kriminalroman) R: Keglevic, Peter; DB: Browiak, Simone; Kantereit, Hans; FT: Der Blinde (1995); KF: BRD

Wallach, Ira Jan (USA 1913–)

The Absence of a Cello (1960) (*Nur kein Cello* 1965) (Komödie) R: Kausch, Walter; FT: Nur kein Cello (1968); TV: BRD/ARD/SWF

Walldorf, Hans (BRD 1926–)

Der Mörder saß im Wembley-Stadion (1967) (Roman) R: Respondek, Gerhard; FT: Der Mörder sitzt im Wembley-Stadion (1970); TV: DDR

Wallis, James Harold (USA 1985–1958)

The Two of Them (Roman) R: Bieber, Karlheinz; FT: Yester - der Name stimmt doch? (1971); TV: BRD/ZDF

Wallraff, Günther (BRD 1942–)

Steckbrief eines Unerwünschten (Reportage) R: Kunert, Joachim; DB: Bengsch, Gerhard; FT: Steckbrief eines Unerwünschten (1975); TV: DDR

Ganz unten (1986) (Bericht) R: Gfrörer, Jörg; DB: Wallraff, Günter; FT: Günther Wallraff - Ganz unten (1985); KF: BRD/Kaos Film/Pirat Film/ARD/RB

Walpole, Hugh Seymour Sir (GB 1884–1941)

(Erzählung) R: Lothar, Ralph; DB: Chodorov, Edward; FT: Gäste im Haus (1957); TV: BRD/ARD/NWRV

The Old Ladies (1924) (Roman) R: Haaf, Wilm ten; DB: Ackland, Rodney; Walpole, Hugh; FT: Bis ans Ende (1964); TV: BRD/ARD/SR

Walser, Martin (BRD 1927–)

Der Abstecher (1961) (Schauspiel) R: Gräwert, Günter; FT: Der Abstecher (1962); TV: BRD/ARD/SDR

Eiche und Angora (1962) (Schauspiel) R: Wolffhardt, Rainer; DB: Walser, Martin; FT: Eiche und Angora. Eine deutsche Chronik (1964); TV: BRD/ARD//SDR

Zimmerschlacht (1967) (Schauspiel) R: Wirth, Franz Peter; DB: Walser, Martin; FT: Zimmerschlacht (1969); TV: BRD/ARD/SDR

Ein Kinderspiel (1970) (Schauspiel) R: Fiedler, Gerlach; DB: Dietrich, Annette; Tomm, Jürgen; FT: Ein Kinderspiel (1972); TV: BRD/ARD/SFB

Das Einhorn (1966) (Roman) R: Patzak, Peter; DB: Dhan, Dorothee; Walser, Martin; FT: Das Einhorn (1978); KF: BRD/Artus-Film (Harald Müller)/ARD/SWF

Der Sturz (1973) (Roman) R: Brustellin, Alf; DB: Brustellin, Alf; Sinkel, Bernhard; FT: Der Sturz (1978); KF: BRD/Independent Film (Heinz Angermeyer)/ABS(Alf Brustellin/Bernhard Sinkel)/Maran/Joachim von Vietinghoff

Ein fliehendes Pferd (1978) (Erzählung) R: Beauvais, Peter; DB: Beauvais, Peter; Plenzdorf, Ulrich; Walser, Martin; FT: Ein fliehendes Pferd (1986); TV: BRD/ARD/WDR

Säntis (1978) (Hörspiel) R: Boldt, Rainer; FT: Säntis (Alles aus Liebe) (1986); TV: BRD

Walser, Robert (CH 1878–1956)

Jakob von Gunten (1909) (Roman) R: Lilienthal, Peter; DB: Lilienthal, Peter; Wolf, Ror; FT: Jakob von Gunten (1971); TV: BRD/ZDF

Der Gehülfe (1908) (Roman) R: Koerfer, Thomas; DB: Feldhausen, Dieter; Koerfer, Thomas; FT: Der Gehülfe (1977); TV: BRD/Thomas Koerfer Film

(Erzählung) R: Kahn, Reinhard; DB: Kahn, Reinhard; FT: Nur fliegen ist schwerer (1985); TV: BRD/Kahn/ZDF

Waltari, Mika (FIN 1908–1979)

(Komödie) R: Kahakorpi, Hannu; FT: Gabriel komm zurück (1988); TV: DDR/DDR2

Walter, Silja (CH 1919–)

Beors Bileams Weihnacht (1961) (Erzählung) R: Schwarzbach, Helmut; FT: Bettina und der Engel Kran (1983); TV: AUST/ORF

Walther, Otto Friedrich (CH 1928–)

Elio oder Eine fröhliche Gesellschaft (1965) (Schauspiel) R: Fiedler, Gerlach; DB: Dietrich, Annette; FT: Elio oder Eine fröhliche Gesellschaft (1970); TV: BRD/ARD/SFB

Der Stumme (1959) (Roman) R: Meili, Gaudenz; DB: Meili, Gaudenz; FT: Der Stumme (1976); TV: CH/DRS

Wander, Maxie (AUST, DDR 1933–1977)

Guten Morgen, du Schöne! (1977) (Reportage) (Teil 1 - 3 Loebner; Teil 4 - 6 Langhoff) R: Langhoff, Thomas; Loebner, Vera; DB: Kühne, Sonja; Langhoff, Thomas; Loebner, Vera; FT: Guten Morgen, du Schöne! (1979/80); TV: DDR

Wardetzky, Dieter (DDR, BRD)

Der Maler von Berlin (Musical) R: Wallroth, Werner W.; FT: Zille und ick (1983); KF: DDR/DEFA

Wassermann, Jakob (DTL 1873–1934)

Kaspar Hauser. Die Trägheit des Herzens (1908) (Roman) R: Herzog, Werner; DB: Herzog, Werner; FT: Jeder für sich und Gott gegen alle (1974); KF: BRD

Der Fall Maurizius (1928) (Roman) R: Kotulla, Theodor; DB: Wittlinger, Karl; FT: Der Fall Maurizius (1981); TV: BRD/ZDF/Chamier-Film

Waterhouse, Keith (GB 1929–)

Children's Day (1975) (Schauspiel) R: Neureuther, Ulrich; FT: Kinderparty (1978); TV: BRD/ZDF

Whoopsa-Daisy (1968) (Schauspiel) R: Gregan, Ralf; FT: Leute gibt's (1982); TV: BRD/ZDF

Waterstradt, Berta (DDR 1907–1990)

Während der Stromsperre (1948) (Hörspiel) R: Maetzig, Kurt; DB: Waterstradt, Berta; FT: Die Buntkarierten (1949); KF: DDR/DEFA

Watkyn, Arthur (GB 1907–1965)

Not in the Book (1958) (*Schönes Weekend Mr. Bennett* 1963) (Kriminalkomödie) R: Schwarz, Heinz Wilhelm; FT: Schönes Weekend, Mr. Bennett (1963); TV: BRD/ARD/WDR

Watzlawick, Paul (AUST 1921–)

Anleitung zum Unglücklichsein (1983) (Sachbuch) R: Glück, Wolfgang; DB: Winiewicz, Lida; FT: Anleitung zum Unglücklichsein (1985); TV: AUST/BRD/ORF/ZDF

Watzlik, Hans (DTL 1879–1948)

Die romantische Reise des Herrn Carl Maria von Weber (1932) (Erzählung) R: Pabst, Georg Wilhelm; DB: Hamel, Peter; Schilder, Franz M.; FT: Durch die Wälder, durch die Auen (1956); KF: BRD

Wawrzyn, Lienhard (BRD 1941–)

Der Blaue: das Spitzelsystem der DDR (1990) (Roman) R: Wawrzyn, Lienhard; DB: Wawrzyn, Lienhard; FT: Der Blaue (1993); KF: BRD/Journal Film

Weber, Hans (DDR, BRD 1937–)

Alter Schwede (1984) (Roman) R: Hübner, Wolfgang; DB: Römhild, Uwe; FT: Alter Schwede (1990); TV: DDR/DFF

Wedding, Alex (DDR 1905–1966)

Ede und Unku (1931) (Jugendroman) R: Dziuba, Helmut; DB: Pederzani, Hans-Albert; FT: Als Unku Edes Freundin war (1980); KF: DDR/DEFA

Das große Abenteuer des Kaspar Schmeck (1954) (Roman) R: Gunter, Friedrich; DB: Richter, Manfred; FT: Das grosse Abenteuer des Kaspar Schmeck (1982); TV: DDR/DEFA

Das Eismeer ruft (1936) (Kinderbuch) R: Foth, Jörg; DB: Lataster-Czisch, Petra; FT: Das Eismeer ruft (1984); KF: DDR/DEFA

Wedekind, Frank (DTL 1864–1918)

Erdgeist (1895); Die Büchse der Pandora (1904) (Schauspiel) R: Thiele, Rolf; DB: Thiele, Rolf; FT: Lulu (1962); KF: AUST/Vienna Film

Der Marquis von Keith (1901) (Schauspiel) R: Corti, Axel; FT: Der Marquis von Keith (1962); TV: BRD/ARD/BR

König Nicolo (1902) (Schauspiel) R: Semmelroth, Wilhelm; FT: König Nicolo (1965); TV: BRD/ARD/WDR

Der Marquis von Keith (1901) (Schauspiel) R: Lietzau, Hans; FT: Der Marquis von Keith (1972); TV: BRD/ARD/SFB

Erdgeist (1895); Die Büchse der Pandora (1904) (Schauspiel) R: Borowczyk, Walerian; DB: Borowczyk, Walerian; Radvany, Geza von; FT: Lulu (1979); TV: BRD/FR/IT/München Elephant/TV 13/Capital

Wedel, Dieter (BRD)

Held (1997) (Kriminalroman) (Roman zur Serie) R: Wedel, Dieter; DB: Wedel, Dieter; FT: Der Schattenmann (1997); TV: AUST/BRD/ORF/ZDF/Corona Film

Der König von St. Pauli (1997) (Roman) R: Wedel, Dieter; DB: Adolph, Alexander; Wedel, Dieter; FT: Der König von St. Pauli (1998); TV: BRD/Bavaria/Corona Film/Sat1

Wegener, M. (BRD)

Kommissar X jagt die roten Tiger (1971) (Kriminalroman) R: Reinl, Harald; DB: Hauff, Werner; Schwarze, Klaus R. E. von; FT: Kommissar X jagt den roten Tiger (1971); KF: BRD/IT/PAK

Weideli, Walter (CH 1927–)

Henri Dunant (Schauspiel) R: Riklin, Hans Peter; FT: Henri Dunant (1990); TV: CH/DRS/SRG

Weidenmann, Alfred (BRD 1916–2000)

Gepäckschein 666 (1953) (Jugendbuch) R: Mezger, Theo; DB: Bardili, Werner; FT: Gepäckschein 666 (1961); TV: BRD/ARD/SDR

Weigel, Hans (AUST 1908–1991)

Der eingebildete Doktor (1960) (Komödie) R: Wolffhardt, Rainer; DB: Pigge, Helmut; Wolffhardt, Rainer; FT: Der eingebildete Doktor (1956); TV: BRD/ARD/SDR

Der eingebildete Doktor (1960) (Komödie) R: Lanske, Hermann; FT: Der eingebildete Doktor (1978); TV: AUST/BRD/CH/ORF/ZDF/SRG

Der grüne Stern (1945) (Roman) R: Pils, Heide; DB: Pils, Heide; FT: Der grüne Stern (1982); TV: AUST/BRD/ORF/ZDF

Weinberger, Karl (DTL 1892–1966)

Die schöne Tölzerin (1942) (Erzählung) R: Häussler, Richard; DB: Ostermayr, Peter; FT: Die schöne Tölzerin (1952); KF: BRD

Weinert, Erich (DDR 1890–1953)

Der Bruder (Erzählung) R: Hildebrandt, Hans-Joachim; DB: Ball, Heinz; FT: Der Bruder (1955); TV: DDR/Life

Jahrgang 22 (1951) (Erzählung) R: Dreger, Percy; DB: Bornemann, Fritz; FT: Jahrgang 22 (1959); TV: DDR/Life

(Tagebuch) R: Brandt, Horst E.; DB: Brandt, Horst E.; FT: Zwischen Tag und Nacht (1975); KF: DDR/DEFA

Weinert-Wilton, Louis (= Weinert, Alois) (DTL 1875–1945)

Der Teppich des Grauens (1938) (Kriminalroman) R: Reinl, Harald; DB: Lützkendorf, Felix; FT: Der Teppich des Grauens (1962); KF: BRD

(Kriminalroman) R: Gottlieb, Franz Josef; DB: Becker, Alexandra; Becker, Rolf; Gottlieb, Franz Josef; FT: Das Geheimnis der schwarzen Witwe (1963); KF: BRD/ESP

Die weiße Spinne (1938) (Kriminalroman) R: Reinl, Harald; DB: Tanner, Albert; FT: Die weiße Spinne (1963); KF: BRD/Arca-Winston Films Corp./Hans Oppenheimer Film

Die chinesische Nelke (1936) (Kriminalroman) R: Zehetgruber, Rudolf; DB: Zehetgruber, Rudolf; FT: Geheimnis der chinesischen Nelke (1964); KF: BRD/FR/IT

Weiß, Ernst (AUST, CSR 1882–1940)

Franta Zlin (1920) (Erzählung) R: Allary, Mathias; DB: Jäger, Jan Christoph; FT: Franta (1989); KF: BRD

Weise, Roland (BRD)
Milo Barus. Der Mann, der Pferde trug. Legende und Wahrheit über den stärksten Mann der Welt (1966) (Roman) R: Stegmüller, Henning; DB: Stegmüller, Henning; FT: Milo Barus. Der stärkste Mann der Welt (1981/82); KF: BRD

Weise, Ulrich (BRD)
Das höfliche Alptraumkrokodil und andere komische Gruselgeschichten (1974) (Kindererzählung) R: Strecker, Frank; FT: Das höfliche Alptraumkrokodil (1977); TV: BRD/ARD/WDR

Weisenborn, Günther (BRD 1902–1969)
Der Verfolger (1961) (Roman) R: Harnack, Falk; DB: Harnack, Falk; FT: Der Verfolger (1974); TV: BRD/ZDF

Weiskopf, Franz Carl (DDR 1900–1955)
Die Versuchung (1937) (*Lissy* 1954) (Roman) R: Wolf, Konrad; DB: Wedding, Alex; Wolf, Konrad; FT: Lissy (1957); KF: DDR/DEFA

Das goldene Äpfelchen (Erzählung) R: Sander, Ingrid; FT: Das goldene Äpfelchen (1973); TV: DDR

Jim Owens wunderbares Weihnachten oder Ein verhindertes ... (Jugenderzählung) R: Schöbel, Helfried; DB: Dost, Hans Jörg; FT: Jim Owens wunderbares Weihnachten oder Ein verhindertes ... (1973); TV: DDR

Abschied vom Frieden (1950) (Roman) R: Kasprzik, Hans-Joachim; FT: Abschied vom Frieden (1979); TV: DDR

Weiss, Helmut (BRD 1907–1969)
Herzkönig (Komödie) R: Weiss, Helmut; DB: Weiss, Helmut; FT: Herzkönig (1947); KF: DTL/CCC Filmkunst GmbH

Talent zum Glück (1950) (Schauspiel) R: Weiss, Helmut; DB: Weiss, Helmut; FT: Das Geheimnis einer Ehe (1951); KF: BRD/Venus-Film Olga Tschechowa München

Weiss, Jan (CSR 1892–1972)
(Erzählung) R: Lahola, Leopold; DB: Lahola, Leopold; FT: Die süße Zeit mit Kalimagdora (1967); KF: BRD

Weiss, Peter (SVE 1916–1985)
Die Ermittlung (1965) (Schauspiel) R: Bellag, Lothar; FT: Die Ermittlung (1966); TV: DDR

Die Ermittlung (1965) (Schauspiel) R: Schulze-Rohr, Peter; FT: Die Ermittlung (1966); TV: BRD/ARD/NDR

Die Verfolgung und Ermordung Jean Paul Marats (1965) (Schauspiel) R: Schulze-Rohr, Peter; DB: Schulze-Rohr, Peter; FT: Die Verfolgung und Ermordung Jean Paul Marats (1967); TV: BRD/ARD/NDR

Weissflog, Peter (BRD)
Tod im Elefantenhaus (1982) (Kriminalroman) R: Schadewald, Bernd; DB: Freiheit, Sven; FT: Tod im Elefantenhaus (1987); TV: BRD/ARD/NDR

Weitnauer, Alfred (BRD 1905–)
Sing nicht, Vogel (1965) (Roman) R: Theopold, Hans-Bernhard; DB: Büffel, Benno; Friesch, Edwin; FT: Der Vogel läßt das Singen nicht (1966); TV: BRD/ARD/SDR

Welk, Ehm (DDR 1884–1966)
Die Heiden von Kummerow (1937) (Roman) R: Jacobs, Werner; DB: Keindorff, Eberhard; Sibelius, Johanna; FT: Die Heiden von Kummerow und ihre lustigen Streiche (1967); KF: BRD/DDR/ARD/NDR/DEFA

Die Heiden von Kummerow (1937) (Roman) R: Luderer, Wolfgang; DB: Reich, Konrad; FT: Die Gerechten von Kummerow (1982); TV: DDR/DEFA

Wellershoff, Dieter (BRD 1925–)
Einladung an alle (1972) (Roman) R: Witt, Claus Peter; DB: Wellershoff, Dieter; FT: Eskalation (1974); TV: BRD/ZDF

Die Schattengrenze (1969) (Roman) R: Gremm, Wolf; DB: Wellershoff, Dieter; FT: Die Schattengrenze (1978); KF: BRD

Der Sieger nimmt alles (1983) (Roman) R: Lüdcke, Marianne; DB: Lüdcke, Marianne; FT: Pattbergs Erbe (1987); TV: BRD/ARD/WDR

Der schöne Mann und andere Erzählungen (1986) (Erzählung) R: Lüdcke, Marianne; DB: Lüdcke, Marianne; FT: Der schöne Mann (1988); TV: BRD/ZDF

Die Schönheit des Schimpansen (1977) (Roman) R: Lähn, Michael; DB: Wellershoff, Dieter; FT: Die Schönheit des Schimpansen (1990); TV: BRD/ZDF

Wellm, Alfred (DDR, BRD 1927–)
Das Pferdemädchen (1974) (Kinderbuch) R: Schlegel, Egon; DB: Beichler, Margot; FT: Das Pferdemädchen (1978); KF: DDR/DEFA

Pugowitza oder Die silberne Schlüsseluhr (1975) (Roman) R: Brauer, Jürgen; DB: Beichler, Margot; Carow, Heiner; FT: Pugowitza (1981); KF: DDR/DEFA

Pause für Wanzka oder Die Reise nach Descansar (1968) (Jugendroman) R: Loebner, Vera; DB: Hauser, Jochen; FT: Pause für Wanzka (1989); TV: DDR/DFF1

Wells, Herbert George (GB 1866–1946)

(Erzählung) R: Freisewinkel, Ernst-Ludwig; DB: Cleverdon, Douglas; FT: Übergewicht (1961); TV: BRD/ARD/WDR

The Country of the Blind (1911) (*Das Land der Blinden* 1912) (Erzählung) R: Ariel, Pete; DB: Ariel, Pete; FT: Das Land der Blinden oder Von einem, der auszog (1976); TV: BRD/ZDF

Welskopf-Henrich, Liselotte (DDR 1901–1979)

Die Söhne der großen Bärin (Trilogie) (1962) (Roman) R: Mach, Josef; DB: Mach, Josef; FT: Die Söhne der großen Bärin (1965); KF: DDR/DEFA

Werfel, Franz (AUST 1890–1945)

Der veruntreute Himmel (1939) (Roman) R: Marischka, Ernst; DB: Marischka, Ernst; FT: Der veruntreute Himmel (1958); KF: BRD

Der veruntreute Himmel (1939) (Roman) R: Grädler, Theodor; DB: Schwarz, Helmuth; FT: Der veruntreute Himmel (1958); TV: AUST/ORF

Die wahre Geschichte vom wiederhergestellten Kreuz (1943) (Erzählung) R: Toelle, Tom; DB: Toelle, Tom; FT: Die wahre Geschichte vom geschändeten und wiederhergestellten Kreuz (1963); TV: BRD/ARD/SFB

Jakobovsky und der Oberst (1944) (Komödie) R: Wolffhardt, Rainer; DB: Strübel, Gustav; FT: Jakobovsky und der Oberst (1967); TV: BRD/ARD/SDR

Der Abituriententag (1928) (Roman) R: Itzenplitz, Eberhard; DB: Angermann, Gerd; FT: Abituriententag (1974); TV: BRD/ZDF

Der Tod des Kleinbürgers (1927) (Erzählung) R: Hollmann, Hans; DB: Strübel, Gustav; FT: Der Tod des Kleinbürgers (1974); TV: BRD/AUST/ARD/SDR/ORF

Die arge Legende vom gerissenen Galgenstrick (Erzählung) R: Meili, Gaudenz; FT: Die arge Legende (1978); TV: DDR

Cella oder Die Überwinder (1970) (Roman) R: Itzenplitz, Eberhard; FT: Cella oder Die Überwinder (1978); TV: BRD/ZDF

Eine blaßblaue Frauenhandschrift (1941) (Roman) R: Corti, Axel; FT: Eine blaßblaue Frauenhandschrift (1984); TV: AUST/IT/ORF/RAI

Der veruntreute Himmel (1939) (Roman) R: Runze, Ottokar; DB: Lerman, Hilde; FT: Der veruntreute Himmel (1990); TV: BRD/AUST/ARD/BR/ORF

Werner, Petra (DDR, BRD 1951–)

Sich einen Mann backen (1982) (Erzählung) R: Seibert, Heinz; DB: Enders, Horst; FT: Sich einen Mann backen (1984); TV: DDR/DEFA

Werner, Ruth (DDR, BRD 1907–)

Muhme Mehle (Erzählung) R: Langhoff, Thomas; DB: Langhoff, Thomas; FT: Muhme Mehle (1980); TV: DDR

Sonjas Rapport (1977) (Roman) R: Stephan, Bernhard; DB: Freitag, Manfred; Nestler, Joachim; Stephan, Bernhard; FT: Sonjas Rapport (1982); KF: DDR/DEFA

Werremeier, Friedhelm (BRD 1930–)

Ich verkaufe mich exklusiv (1968) (Kriminalroman) R: Schulze-Rohr, Peter; DB: Schulze-Rohr, Peter; Werremeier, Friedhelm; FT: Exklusiv! (1969); TV: BRD/ARD/NDR

Taxi nach Leipzig (1970) (Kriminalroman) R: Schulze-Rohr, Peter; DB: Schulze-Rohr, Peter; Werremeier, Friedhelm; FT: Taxi nach Leipzig (1970); TV: BRD/ARD/NDR

Ohne Landeerlaubnis (1971) (Kriminalroman) R: Schulze-Rohr, Peter; DB: Schulze-Rohr, Peter; Werremeier, Friedhelm; FT: AE 612 ohne Landeerlaubnis (Reihe "Tatort") (1971); TV: BRD/ARD/NDR

Der Richter in Weiß (1971) (Kriminalroman) R: Schulze-Rohr, Peter; DB: Schulze-Rohr, Peter; Werremeier, Friedhelm; FT: Der Richter in Weiß (1971); TV: BRD/ARD/NDR Studio Hamburg.

Ein EKG für Trimmel (1972) (Kriminalroman) R: Schulze-Rohr, Peter; DB: Schulze-Rohr, Peter; Werremeier, Friedhelm; FT: Rechnen Sie mit dem Schlimmsten (1972); TV: BRD/ARD/NDR/Studio Hambg.

Platzverweis für Trimmel (1972) (Kriminalroman) R: Schulze-Rohr, Peter; DB: Werremeier, Friedhelm; FT: Platzverweis für Trimmel (1973); TV: BRD/ARD/NDR

Trimmel hält ein Plädoyer (1976) (Kriminalroman) R: Schulze-Rohr, Peter; FT: Trimmel hält ein Plädoyer (1976); TV: BRD/ARD/NDR

Trimmel und der Tulpendieb (1974) (Kriminalroman) R: Schulze-Rohr, Peter; DB: Schulze-Rohr, Peter; Werremeier, Friedhelm; FT: Trimmel und der Tulpendieb (1976); TV: BRD/ARD/NDR

Hände hoch, Herr Trimmel! (1976) (Kriminalroman) R: Caspari, Carlheinz; Werremeier, Friedhelm; FT: Hände hoch, Herr Trimmel! (1980); TV: BRD/ARD/NDR

Wesker, Arnold (GB 1932–)

Chips with Everything (1961) (*Bratkartoffeln, nichts als Bratkartoffeln* 1970) (Schauspiel) R: Umgelter, Fritz; FT: Bratkartoffeln inbegriffen (1967); TV: BRD/ARD/SDR

Roots (1959) (Schauspiel) R: Müller, Hans-Reinhard; FT: Tag für Tag (1969); TV: BRD/ARD/BR

Love Letters on Blue Paper (1974) (*Liebesbriefe auf blauem Papier* 1977) (Erzählung) R: Moorse, George; DB: Wesker, Arnold; FT: Liebesbriefe auf blauem Papier (1977); TV: BRD/ARD/BR

West, Morris L. (AUSTRAL 1916–)

The Devil's Advocate (1959) (*Des Teufels Advokat* 1960) (Roman) R: Green, Guy; DB: West, Morris L.; FT: Des Teufels Advokat (1977); KF: BRD

Daughter of Silence (1962) (Roman) R: Schwarze, Hans-Dieter; DB: Hubalek, Claus; FT: Tochter des Schweigens (1978); TV: BRD/ARD/WDR

West, Ursula (BRD)

(Jugendbuch) R: Wessel, Kai; DB: Wessel, Kai; FT: Die Spur der roten Fässer (1996); TV: BRD/Ottokar Runze Filmprod./ARD/NDR/mdr/ORB

Westa, Thomas (BRD)

Himmel, Amor und Zwirn (Roman) R: Erfurth, Ulrich; DB: Westa, Thomas; FT: Himmel, Amor und Zwirn (1960); KF: BRD

Westlake, Donald Edwin (USA 1933–)

Jimmy the Kid (1974) (*Jimmy the Kid* 1975) (Kriminalroman) R: Dickmann, Wolfgang; DB: Rauhaus, Martin; Wolgemuth, Peter; FT: Jimmy the Kid (1999); TV: BRD/Wohlgemuth Filmproduktion/ZDF

Wetering, Janwillem van de (NL 1931–)

The Blond Baboon (*Der blonde Affe* 1986) (Kriminalroman) R: Jauch, Thomas; DB: Baker, Michael; FT: Der blonde Affe (1998); TV: BRD/NL/ARD

Wheatley, Dennis (USA 1897–1977)

To The Devil - A Daughter (1953) (Roman) R: Sykes, Peter; DB: Peacock, John; Wicking, Chris; FT: Die Braut des Satans (1975); KF: BRD/GB

Wheeler, Hugh (= Quentin, Patrick; Webb, Richard Wilson) (GB 1912–1987)

(Kriminalerzählung) R: Lilienthal, Peter; DB: Lilienthal, Peter; Moorse, George; FT: Claire (1966); TV: BRD/ARD

Family Skeletons (1965) (Kriminalroman) R: Wirth, Franz Peter; DB: Wirth, Franz Peter; FT: Familienschande (1988); TV: BRD/ARD/SDR

Whiting, John (GB 1917–1963)

A Penny for a Song (1951) (*Wo wir fröhlich gewesen sind* 1958) (Komödie) R: Klingenberg, Gerhard; DB: Klingenberg, Gerhard; FT: Wo wir fröhlich gewesen sind (1966); TV: BRD/ARD/Bavaria

Wickert, Erwin (BRD 1915–)

Der Klassenaufsatz (1960) (Hörspiel) R: Benesch, Harald; DB: Wickert, Erwin; FT: Der Klassenaufsatz (1963); TV: BRD/ARD/SWF

Widmer, Urs (CH 1938–)

Stan und Ollie in Deutschland (1979) (Schauspiel) R: Lindner, Heinz; FT: Stan und Ollie in Deutschland (1981); TV: BRD/ARD/BR

Wiechert, Ernst (DTL, CH 1887–1950)

Regina Amstetten (1936) (Erzählung) R: Neumann, Kurt; DB: Walter, Kurt E.; FT: Regina Amstetten (1953); KF: BRD

Wieland, Christoph Martin (DTL 1733–1813)

Die Abderiden (1774) (> Die Geschichte der Abderiden (1781)) (Roman) R: Beck, Walter; DB: Bauer, Friedhold; Beck, Walter; FT: Der Streit um des Esels Schatten (1989); TV: DDR/Volkmar Leweck/DEFA

Wiesenthal, Simon (AUST 1908–)

Recht, nicht Rache (1988) (Autobiographie) R: Gibson, Brian; DB: Fote, Robin; Hutchinson, Ron; Mann, Abby; FT: Recht, nicht Rache - die Geschichte des Simon Wiesenthal (1989); TV: AUST/BRD/GB/HU/ORF/tele münchen/ZDF/TVS/Citadel

Wilde, Oscar (IRL 1856–1900)

The Canterville Ghost (1891) (*Der Geist von Canterville* 1897) (Erzählung) R: Surmann, Emil; DB: Surmann, Emil; FT: Das Sandmännchen (1955); KF: BRD

An Ideal Husband (1895) (*Ein idealer Gatte* 1903) (Komödie) R: Farenburg, Hanns; FT: Ein idealer Gatte (1958); TV: BRD/ARD/NWRV

Lord Arthur Savile's Crime (1891) (*Lord Arthur Saviles Verbrechen* 1910) (Erzählung) R: Engel, Thomas; DB: Grund, Hartmut; FT: Mylord weiß sich zu helfen (1958); TV: BRD/Universum Film A.G. (UFA)

The Picture of Dorian Gray (1891) (*Das Bildnis des Dorian Gray* 1901) (Roman) R: Semmelroth, Wilhelm; DB: Semmelroth, Wilhelm; FT: Das Bildnis des Dorian Gray (1961); TV: BRD/ARD/NWRV

A Woman of No Importance (1894) (*Eine Frau ohne Bedeutung* 1894) (Komödie) DB: Glück, Wolfgang; FT: Eine Frau ohne Bedeutung (1964); TV: AUST/ORF

Lady Windermere's Fan (1893) (*Lady Windermeres Fächer* 1902) (Komödie) R: Regnier, Charles; DB: Regnier, Charles; FT: Lady Windermeres Fächer (1965); TV: BRD/ARD/BR

An Ideal Husband (1895) (*Ein idealer Gatte* 1903) (Komödie) R: Wild, Franz Josef; FT: Ein idealer Gatte (1966); TV: BRD/ARD/BR

Lord Arthur Savile's Crime (1891) (*Lord Arthur Saviles Verbrechen* 1910) (Erzählung) R: Sydow, Rolf von; DB: Asmodi, Herbert; FT: Lord Arthur Saviles Verbrechen (1967); TV: BRD/ARD/Bavaria

The Picture of Dorian Gray (1891) (*Das Bildnis des Dorian Gray* 1901) (Roman) R: Dallamano, Massimo; FT: Das Bildnis des Dorian Gray (1970); KF: BRD/IT

Salome (1894) (*Salome* 1903) (< Salomé (1893)) (Schauspiel) R: Schroeter, Werner; FT: Salome (1971); TV: BRD/ARD

Lord Arthur Savile's Crime (1891) (*Lord Arthur Saviles Verbrechen* 1910) (Erzählung) R: Proll, Jens-Peter; FT: Lord Arthur Saviles unvermeidbare Mordtat (1975); TV: DDR

Lord Arthur Savile's Crime (1891) (*Lord Arthur Saviles Verbrechen* 1910) (Erzählung) R: Gregan, Ralf; DB: Gregan, Ralf; FT: Ein Mord liegt auf der Hand (1983); TV: BRD/ZDF

An Ideal Husband (1895) (*Ein idealer Gatte* 1903) (Komödie) R: Jaray, Hans; FT: Ein idealer Gatte (1984); TV: BRD/AUST/ZDF/ORF

An Ideal Husband (1895) (*Ein idealer Gatte* 1903) (Komödie) R: Knof, Michael; FT: Ein idealer Gatte (1986); TV: DDR/DDR1

Wilder, Thornton (USA 1897–1975)

Queens of France (1931) (*Königinnen von Frankreich* 1958) (Komödie) R: Krüger, Detlof; FT: Königinnen von Frankreich (1953); TV: BRD/ARD/NWDR Hamburg

Our Town (1938) (*Unsere kleine Stadt* 1959) (Schauspiel) R: Braun, Harald; DB: Braun, Harald; FT: Unsere kleine Stadt (1954); TV: BRD/ARD/SWF

The Merchant of Yonkers (1939) (*Die Heiratsvermittlerin* 1954) (> The Matchmaker (1954)) (Komödie) R: Olden, John; DB: Bronner, Gerhard; Löbel, Bruni; FT: Die Heiratsvermittlerin (1955); TV: BRD/ARD/NWDR

The Long Christmas Dinner (1931) (*Das lange Weihnachtsmahl* 1954) (Schauspiel) R: Tannert, Hannes; FT: Das lange Weihnachtsmahl (1956); TV: BRD/ARD/SWF

Queens of France (1931) (*Königinnen von Frankreich* 1958) (Komödie) R: Schwarze, Hans-Dieter; FT: Königinnen von Frankreich (1961); TV: BRD/ARD/SDR

Love and How to Cure It (1931) (*Liebe, und wie man sie heilt* 1958) (Komödie) R: Schwarze, Hans-Dieter; FT: Liebe - und wie man sie heilt (1961); TV: BRD/ARD/Bavaria

Our Town (1938) (*Eine kleine Stadt* 1946) (> Unsere kleine Stadt (1954)) (Schauspiel) R: Cremer, Ludwig; FT: Unsere kleine Stadt (1961); TV: BRD/ARD/WDR

The Long Christmas Dinner (1931) (*Das lange Weihnachtsmahl* 1954) (Schauspiel) R: Rilla, Walter; FT: Das lange Weihnachtsmahl (1962); TV: BRD/ARD/SWF

Wildgans, Anton (AUST 1881–1932)

Kirbisch oder Der Gendarm, die Schande und das Glück (1927) (Epos) R: Ucicky, Gustav; DB: Mell, Max; Ucicky, Gustav; FT: Cordula (1950); KF: AUST

In Ewigkeit Amen (1913) (Schauspiel) R: Grädler, Theodor; FT: In Ewigkeit Amen (1962); TV: BRD/AUST/CH/ARD/ORF/SRG

In Ewigkeit Amen (1913) (Schauspiel) R: Eder, Otto Anton; FT: In Ewigkeit Amen (1981); TV: AUST/ORF

Wilhelm, Kate (USA 1928–)

The Winter Beach (1981) (*Winterlicher Strand*) (Kriminalerzählung) R: Gremm, Wolf; DB: Gremm, Wolf; FT: Dem Tod auf der Spur (1988); TV: BRD/ZDF

The Winter Beach (1981) (*Winterlicher Strand*) (Kriminalerzählung) R: Gremm, Wolf; DB: Gremm, Wolf; FT: Ich will leben (1990); TV: BRD/ZDF

Will, Peter (DDR, BRD)

Wohnung mit Telefon (Erzählung) R: Böhlich, Bernd; DB: Böhlich, Bernd; FT: Die gestundete Zeit (1989); TV: DDR/DDR1

Willems, Paul (BELG 1912–)
Off et la lune (1954) (*Of und der Mond* 1955) (Schauspiel) R: Spier, Wolfgang; DB: Grothe, Heinz; FT: Of und der Mond (1956); TV: BRD/ARD/SFB

Williams, Emlyn (GB 1905–1987)
(Schauspiel) R: Horn, Peter A.; DB: Horn, Peter A.; FT: Die Berufung wird abgewiesen (1957); TV: BRD/ARD/SWF
The Light of Heart (1940) (*Die leichten Herzens sind* 1950) (Schauspiel) R: Kehlmann, Michael; FT: Das Leben beginnt um acht (1962); KF: BRD

Williams, Nigel (GB 1948–)
Class Enemy (1978) (*Klassenfeind* 1978) (Schauspiel) R: Stein, Peter; DB: Stein, Peter; FT: Klassenfeind (1982); KF: BRD/Regina Ziegler Filmprod./Pro-ject

Williams, Tennessee (USA 1911–1983)
The Glass Menagerie (1944) (*Die Glasmenagerie* 1946) (Schauspiel) R: Braun, Harald; DB: Braun, Harald; FT: Die Glasmenagerie (1958); TV: BRD/ARD/SWF
The Last of My Solid Gold Watches (1953) (*Die Letzte meiner echtgoldenen Uhren* 1970) (Schauspiel) R: Cremer, Ludwig; FT: Die letzte meiner echt goldenen Uhren (1961); TV: BRD/ARD/WDR
Moony's Kid Don't Cry (1948) (*Moonys Kindchen weint nicht* 1984) (Schauspiel) R: Döpke, Oswald; DB: Döpke, Oswald; FT: Moonys Kindchen weint nicht (1961); TV: BRD/ARD/RB
Portrait of a Madonna (1953) (*Porträt einer Madonna* 1963) (Schauspiel) R: Döpke, Oswald; DB: Döpke, Oswald; FT: Porträt einer Madonna (1962); TV: BRD/ARD/RB
The Glass Menagerie (1944) (*Die Glasmenagerie* 1946) (Schauspiel) R: Cremer, Ludwig; FT: Die Glasmenagerie (1969); TV: BRD/ARD/SWF

Wimschneider, Anna (BRD 1919–)
Herbstmilch (1986) (Autobiographie) R: Vilsmaier, Joseph; FT: Herbstmilch (1988); KF: BRD

Winckler, Josef (BRD 1881–1966)
Der tolle Bomberg (1922) (Roman) R: Thiele, Rolf; FT: Der tolle Bomberg (1957); KF: BRD

Winiewicz, Lida (AUST 1928–)
Das Leben meines Bruders (1960) (Schauspiel) R: Haaf, Wilm ten; DB: Winiewicz, Lida; FT: Das Leben meines Bruders (1966); TV: BRD/ARD/WDR
Der Tag des Krähenflügels (1970) (Schauspiel) R: Wild, Franz Josef; DB: Wild, Franz Josef; FT: Der Tag des Krähenflügels (1970); TV: AUST/ORF1
Keine Ehe wegen der Liebe (1970) (Schauspiel) R: Rothemund, Sigi; FT: Ehe oder Liebe (1982); TV: BRD/ZDF

Winsloe, Christa (GB 1888–1944)
The Child Manuela: The Novel of Madchen in Uniform (1933) (*Das Mädchen Manuela. Der Roman von Mädchen in Uniform* 1934) (< Children in Uniform (1932) (Schauspiel)) (Roman) R: Rádvany, Géza von; DB: Dammann, Friedrich (= Andam, F.D.); Höllering, Franz; FT: Mädchen in Uniform (1958); KF: BRD/FR/CCC Filmkunst GmbH/Films Modernes

Wippersberg, Walter J.M. (AUST 1945–)
Fluchtversuch (1976) (Jugendbuch) R: Jasny, Vojtech; DB: Jasny, Vojtech; Wippersberg, W.J.M.; FT: Fluchtversuch (1976); KF: BRD/Tatiana
Gegenlicht (1979) (Roman) R: Kehlmann, Michael; DB: Wippersberg, Walter; FT: Gegenlicht (1984); TV: BRD/ARD/BR/Ullstein Tele
Souterrain (1989) (Hörspiel) R: Schwarzenberger, Xaver; DB: Wippersberg, Walter; FT: Souterrain (1989); TV: AUST/BRD/ORF2/ARD/WDR

Wishengrad, Morton (USA 1913–1963)
Militant Angel (1951) (Schauspiel) R: Schwarze, Hans-Dieter; FT: Lichtschlacht (1967); TV: BRD/ARD/Telefilm Saar

Wisselinck, Erika (BRD)
Anna am goldenen Tor (1990) (Roman) R: Loebner, Vera; DB: Rodrian, Irene; FT: Mirjams Mutter (1993); TV: BRD/Tellux-Film München/ZDF

Wittgen, Tom (= Siebenstädt, Ingeburg) (DDR, BRD 1932–)
(Roman) R: Sander, Ingrid; FT: Doppeltes Spiel (Polizeiruf 110) (1978); TV: DDR

Wittlinger, Karl (BRD 1922–1994)
Kennen Sie die Milchstraße? (1956) (Komödie) R: Elsner, Reinhard; DB: Elsner, Reinhard; FT: Kennen Sie die Milchstraße? (1955); TV: BRD/ARD/SFB
Kennen Sie die Milchstraße? (1956) (Komödie) R: Pfleghar, Michael; DB: Müller, Wolfgang; Neuss, Wolfgang; FT: Kennen Sie die Milchstraße? (1958); TV: BRD/ARD/SDR
Junge Liebe auf Besuch (1956) (Komödie) R: Schündler, Rudolf; DB: Wittlinger, Karl; FT: Der Geburtstag unserer Ehe (1960); TV: BRD/ARD/SFB
Seelenwanderung (1962) (Schauspiel) R: Erler, Rainer; DB: Wittlinger, Karl; FT: Seelenwanderung (1962); TV: BRD/ARD/WDR

Nachruf auf Egon Müller (1970) (< Hörspiel) (Komödie) R: Schwarze, Hans-Dieter; DB: Wittlinger, Karl; FT: Nachruf auf Egon Müller (1965); TV: BRD/ARD/SDR

Corinne und der Seebär (1966) (Komödie) R: Engel, Thomas; DB: Wittlinger, Karl; FT: Corinne und der Seebär (1968); TV: BRD/ARD/SFB

Kinder des Schattens (1957) (Komödie) R: Gräwert, Günter; FT: Kinder des Schattens (1968); TV: BRD/ARD/SR

Zum Frühstück zwei Männer (1962) (Komödie) R: Philipp, Harald; FT: Zum Frühstück zwei Männer (1981); TV: BRD/ZDF

Pension Sünnschien (1992) (< Gesegnete Mahlzeit) (Volksstück) R: Jankó, Ilo von; DB: Wittlinger, Karl; FT: Pension Sünnenschien (1992); TV: BRD/Ohnesorg Theater Hamburg/ARD/NDR

Wittmaack, Rudolph (BRD 1878–1957)

Konsul Möllers Erben (1913) (Roman) R: Witt, Claus Peter; DB: Asmodi, Herbert; FT: Konsul Möllers Erben (1983); TV: BRD/Stern TV/ZDF

Wodehouse, Pelham Grenville (GB 1881–1975)

The Crime Wave at Blandings (1937) (*Eine Welle von Verbrechen*) (Erzählung) R: Sydow, Rolf von; DB: Wittlinger, Karl; FT: Blut floß auf Blendings Castle (1967); TV: BRD/ARD/SDR

Wogatzki, Benito (DDR 1932–)

Romanze mit Amélie (1977) (Roman) R: Thein, Ulrich; DB: Strobel, Hartwig; Thein, Ulrich; FT: Romanze mit Amélie (1981); KF: DDR/DEFA

Wohlgemuth, Joachim (DDR, BRD 1932–)

Egon und das achte Weltwunder (1962) (Roman) R: Steinke, Christian; DB: Steinke, Christian; FT: Egon und das achte Weltwunder (1964); KF: DDR/DEFA

Verlobung in Hullerbusch (1969) (Roman) R: Gendries, Klaus; FT: Verlobung in Hullerbusch (1979); TV: DDR

Das Puppenheim in Pinnow (1983) (Roman) R: Steinke, Christian; DB: Ebert, Günter; FT: Das Puppenheim in Pinnow (1983); TV: DDR

Wohmann, Gabriele (BRD 1932–)

(Erzählung) R: Dexel, Klaus; DB: Dexel, Klaus; FT: Zwei Reisen mit Flesch (1986); TV: BRD/ARD/BR3/BR

Wolf, Alexander (BRD 1926–)

Die Lümmel von der ersten Bank (1963) (Jugendbuch) R: Jacobs, Werner; DB: Laforet, Georg (= Seitz, Franz); FT: Die Lümmel von der ersten Bank (1) Zur Hölle mit den Paukern (1967); KF: BRD

Die Lümmel von der ersten Bank (1963) (Jugendbuch) R: Jacobs, Werner; DB: Laforet, Georg (= Seitz, Franz); FT: Die Lümmel von der ersten Bank (2) Zum Teufel mit der Penne (1968); KF: BRD

Die Lümmel von der ersten Bank (1963) (Jugendbuch) R: Reinl, Harald; DB: Laforet, Georg (= Seitz, Franz); FT: Die Lümmel von der ersten Bank (3) Pepe, der Paukerschreck (1969); KF: BRD

Die Lümmel von der ersten Bank (1963) (Jugendbuch) R: Jacobs, Werner; DB: Laforet, Georg (= Seitz, Franz); FT: Die Lümmel von der ersten Bank (4) Hurra, die Schule brennt (1969); KF: BRD

Die Lümmel von der ersten Bank (1963) (Jugendbuch) R: Reinl, Harald; DB: Laforet, Georg (= Seitz, Franz); FT: Die Lümmel von der ersten Bank (5) Wir hau'n die Pauker ... (1970); KF: BRD

Die Lümmel von der ersten Bank (1963) (Jugendbuch) R: Jacobs, Werner; DB: Laforet, Georg (= Seitz, Franz); FT: Die Lümmel von der ersten Bank (6) Morgen fällt die Schule.. (1971); KF: BRD

Die Lümmel von der ersten Bank (1963) (Jugendbuch) R: Gottlieb, Franz Josef; DB: Laforet, Georg (= Seitz, Franz); FT: Die Lümmel von der ersten Bank (7) Betragen ungenügend (1972); KF: BRD

Wolf, Christa (DDR, BRD 1929–)

Der geteilte Himmel (1964) (Roman) R: Wolf, Konrad; DB: Brückner,Willi; Wolf, Christa; Wolf, Gerhard; Wolf, Konrad; FT: Der geteilte Himmel (1964); KF: DDR/DEFA

Till Eulenspiegel. Erzählung für den Film (1973) (Erzählung) R: Simon, Rainer; DB: Klauß, Jürgen; Wolf, Christa; Wolf, Gerhard; FT: Till Eulenspiegel (1974); KF: DDR/DEFA

Selbstversuch. Traktat zu einem Protokoll (1980) (Erzählung) R: Vogel, Peter; DB: Görner, Eberhard; Vogel, Peter; FT: Selbstversuch (1989); TV: DDR/DEFA

Wolf, Friedrich (Baetz, Christian; Rüedi, Hans; Dr. Isegrimm) (DDR 1888–1953)

Bürgermeister Anna (1952) (Schauspiel) R: Müller, Hans; FT: Bürgermeister Anna (1950); KF: DDR

Thomas Müntzer. Der Mann mit der Regenbogenfahne (1953) (Schauspiel) R: Hellberg, Martin; DB: Wolf, Friedrich; FT: Thomas Müntzer (1955/56); KF: DDR/DEFA

Professor Mamlock (1935) (Schauspiel) R: Schulz-Wittan, Werner; DB: Schulz-Wittan, Werner; FT: Professor Mamlock (1958); TV: DDR

Dr. Lilli Wanner (1946) (Schauspiel) R: Richter, Hans-Michael; FT: Doktor Wanner (1959); TV: DDR

Professor Mamlock (1935) (Schauspiel) R: Wolf, Konrad; DB: Egel, Karl-Georg; Wolf, Konrad; FT: Professor Mamlock (1961); KF: DDR/DEFA

Das Schiff auf der Donau (1955) (Schauspiel) R: Bornemann, Fritz; DB: Bornemann, Fritz; FT: Das Schiff auf der Donau (1962); TV: DDR

Lucie und der Angler von Paris (1946) (Erzählung) R: Jung-Alsen, Kurt; DB: Müncheberg, Hans; FT: Lucie und der Angler von Paris (1963); TV: DDR

Laurencia (1952) (Schauspiel) R: Eckermann, Martin; FT: Laurencia (1967); TV: DDR/DFF

Siebzehn Brote: Erzählungen, Märchen, Grotesken u.a.. (1988) (Erzählung) R: Vogel, Peter; DB: Jakubeit, Peter; FT: Siebzehn Brote (1974); TV: DDR

Die Matrosen von Cattaro (1930) (Schauspiel) R: Bornemann, Fritz; FT: Die Matrosen von Cattaro (1979); TV: DDR

Die Weihnachtsgans Auguste (1951) (Erzählung) R: Loos, Harald; FT: Die Weihnachtsgans (1979); TV: DDR

Der Russenpelz (1942) (Erzählung) R: Gräf, Roland; DB: Gräf, Roland; FT: Das Haus am Fluß (1986); KF: DDR/DEFA

Die Weihnachtsgans Auguste (1951) (Erzählung) R: Fürneisen, Bodo; DB: Freitag, Manfred; Nestler, Joachim; FT: Die Weihnachtsgans Auguste (1988); TV: DDR/DDR1

Wolf, Klaus-Peter (BRD 1954–)

Die Abschiebung oder Wer tötete Mahmut Perver? (1984) (Roman) R: Lüdcke, Marianne; DB: Lüdcke, Marianne; FT: Die Abschiebung (1985); TV: BRD/ZDF

Feuerball (1996) (Kriminalroman) R: Krilli, Maria; DB: Wolf, Klaus-Peter; FT: Polizeiruf 110 - Feuer! (1996); TV: BRD/ZDF

Wolf, Stefan (= **Kalmuczak, Rolf**) (BRD)

Ein Fall für TKKG (Reihe) (1979) (Kriminalroman) R: Büscher, Lutz; DB: Lichtenfeld, Herbert; FT: Ein Fall für TKKG (7 Teile) (1985); TV: BRD/ZDF

Ein Fall für TKKG: Drachenauge (1992) (Hörspiel) (Hörspiel zum Film) R: König, Ulrich; DB: Kalmuczak, Inka-Maria; Kalmuczak, Rolf; FT: Fall für TKKG: Drachenauge (1992); KF: BRD/Neue Constantin Film

Ein Fall für TKKG: Der Schatz in der Drachenhöhle (1979) (Jugendbuch) R: König, Ulrich; DB: Kalmuczak, Inka-Maria; Kalmuczak, Rolf; FT: Fall für TKKG: Ein Drachenauge (1992); KF: BRD/Neue Constantin Film

Wolfe, Thomas (USA 1900–1938)

Mannerhouse (1948) (*Herrenhaus* 1953) (Schauspiel) R: Umgelter, Fritz; DB: Umgelter, Fritz; FT: Herrenhaus (1966); TV: BRD/ARD/BR

You Can't Go Home Again (1940) (*Es führt kein Weg zurück* 1942) (Roman) R: Hädrich, Rolf; DB: Hädrich, Rolf; FT: Erinnerung an einen Sommer in Berlin (1972); TV: BRD/ARD/NDR

Wölfel, Ursula (BRD 1922–)

Mond, Mond, Mond (1962) (Jugendbuch) R: Moszkowicz, Imo; DB: Wagner, Andrea; FT: Mond, Mond, Mond (1977); TV: AUST/ORF

Wolff, Bernd (DDR, BRD 1939–)

Alwin auf der Landstraße (1971) (Kinderbuch) R: Leopold, Georg; DB: Wolff, Bernd; FT: Alwin auf dem Lande (1974); TV: DDR

Biberspur (1979) (Kinderbuch) R: Beck, Walter; DB: Deubener, Gudrun; FT: Biberspur (1984); KF: DDR/DEFA

Wolfgruber, Gernot (AUST 1944–)

Auf freiem Fuß (1975) (Roman) R: Keglevic, Peter; FT: Auf freiem Fuß (1978); TV: BRD/ZDF

Der Jagdgast (1978) (Roman) R: Lehner, Fritz; FT: Der Jagdgast (1980); TV: AUST/BRD/ORF/ZDF

Das Vorbild (1980) (Erzählung) R: Patzak, Peter; DB: Wolfgruber, Gernot; FT: Das Vorbild (1980); TV: AUST/ORF

Niemandsland (1978) (Roman) R: Berner, Dieter; DB: Wolfgruber, Gernot; FT: Niemandsland (1981); TV: AUST/ORF

Herrenjahre (1976) (Roman) R: Corti, Axel; DB: Wolfgruber, Gernot; FT: Herrenjahre (1983); TV: AUST/BRD/ORF/ZDF

Wollenberger, Werner (CH)
Fast eine Weihnachtsgeschichte (1984) (Erzählung) R: Zeidler, Werner; FT: Fast eine Weihnachtsgeschichte (1984); TV: CH/BRD/DRS/ARD/BR/

Wolter, Christine (DDR, BRD 1939–)
Die Alleinseglerin (1982) (Erzählung) R: Zschoche, Herrmann; DB: Sylvester, Regine; FT: Die Alleinseglerin (1987); KF: DDR/DEFA

Wood, Barbara (USA 1947–)
Vital Signs (1985) (*Herzflimmern* 1992) (Roman) R: Kehler, Dieter; DB: Kister, Gabriele; FT: Herzflimmern (1998); TV: BRD/Freie Fernseh-Film Produktion (FFP)/ZDF

Woolf, Virginia (GB 1882–1941)
Orlando (1928) (*Orlando* 1929) (Roman) R: Ottinger, Ulrike; DB: Ottinger, Ulrike; FT: Freak Orlando (1981); KF: BRD/Ulrike Ottinger Filmproduktion, KG/Pia Frankenberg Musik- und Filmproduktion/ZDF

Woolrich, Cornell (= Irish, George Hopley William) (USA 1903–1968)
For the Rest of Her Life (Kriminalerzählung) R: Fassbinder, Rainer Werner; DB: Fassbinder, Rainer Werner; FT: Martha (1974); TV: BRD/Pro-ject Filmproduktion/ARD/WDR

Momentum (Kriminalerzählung) R: Sczerba, Horst; DB: Sczerba, Horst; FT: Die Unschuld der Krähen (1998); TV: BRD/ARD/Studio Hamburg

Worgitzky, Charlotte (BRD 1934–)
Heute sterben immer nur die Andern (1986) (Erzählung) R: Kühn, Siegfried; DB: Kühn, Siegfried; FT: Heute sterben immer nur die Andern (1990); KF: DDR/DEFA, Gruppe Johannisthal

Wöss, Fritz (AUST 1920–)
Hunde, wollt ihr ewig leben (1958) (Roman) R: Wisbar, Frank; DB: Dimen, Frank; Wisbar, Frank; FT: Hunde, wollt ihr ewig leben (1958); KF: BRD

Wouk, Herman (USA 1915–)
The Traitor (1949) (*Der Verräter* 1960) (Schauspiel) R: Umgelter, Fritz; FT: Der Verräter (1956); TV: BRD/ARD/HR

The Caine Mutiny (1951) (*Die "Caine" war ihr Schicksal* 1952) (> The Caine Mutiny Court Martial (Schauspiel) (1954)) (Roman) R: Farenburg, Hanns; FT: Die Caine war ihr Schicksal (1959); TV: BRD/ARD/NWRV

Wright, Nicholas (GB 1940–)
Mrs. Klein (1988) (*Frau Klein* 1989) (Schauspiel) R: Engström, Ingemo; DB: Wright, Nicholas; FT: Mrs. Klein (1994); TV: BRD/ZDF

Wunderlich, Heinz (BRD 1907–)
Gesellschaft der Gänseblümchen (1955) (Kriminalkomödie) R: Elsner, Reinhard; FT: Gesellschaft der Gänseblümchen. Eine Groteske (1956); TV: BRD/ARD/SFB

Wurmbrand, Irmgard (AUST 1906–)
Tauerngold (1941) (Roman) R: Häussler, Richard; DB: Harbou, Thea von; FT: Dein Herz ist meine Heimat (1953); KF: BRD/Beta-Film/Primus-Film

Ein weiter Weg (1948) (Roman) R: König, Hans H.; DB: Kuhlmey, Jochen; Wurmbrand, Irmgard; FT: Vergiß, wenn du kannst (1956); KF: BRD/AUST

Wurzberger, Karl (DDR)
Die eigene Haut (Erzählung) R: Bleiweiß, Celino; FT: Die eigene Haut (1974); KF: DDR

Wüsten, Johannes (DTL 1896–1943)
Bessie Bosch (1936) (Schauspiel) R: Trösch, Robert; DB: Müncheberg, Hans; FT: Bessie Bosch (1955); TV: DDR/Life

Wyss, Johann David (CH 1782–1818)
Der schweizerische Robinson (1812) (Jugenderzählung) R: Mayer, Gerald; DB: Clements jun., Calvin; FT: Die schweizer Familie Robinson (1974); KF: BRD/CAN

Yasar Kemal (TUR 1922–)
Yer demir, gok bakir (1963) (Roman) R: Livaneli, Zülfü; DB: Livaneli, Zülfü; FT: Eisenerde, Kupferhimmel (1990); TV: BRD/TUR/Road Movies/ARD/WDR/Interfilm

Yehôsua', Avraham B. (ISR 1936–)
Mot ha saken (1962) (*Das Schweigen des Dichters* 1988) (Erzählung) R: Lilienthal, Peter; DB: Lilienthal, Peter; FT: Das Schweigen des Dichters (1988); TV: BRD/ARD/WDR/Edgar Reitz Film (ERF)

(Erzählung) R: Lilienthal, Peter; DB: Lilienthal, Peter; FT: Angesichts der Wälder (1993); KF: BRD/ISR/rubicon films/ARD/SWF/WDR/Israfilm Ltd

Yeldham, Peter (GB)
(Kriminalkomödie) R: Sydow, Rolf von; FT: Bitte recht freundlich, es wird geschossen! (2 Teile) (1969); TV: BRD/ARD/WDR

Yorke, Margaret (= Beda, Margaret; Nicholson, Larminie) (GB 1924–)
No Medals for the Major (1974) (*Der Haß der Selbstgerechten* 1988) (> Lauter nette Nachbarn (1993)) (Kriminalroman) R: Silber, Rolf; FT: Lauter nette Nachbarn (1990); TV: BRD

Yost, Tibor (DTL)
(Erzählung) R: Buch, Fritz Peter; DB: Buch, Fritz Peter; FT: Cuba Cabana (1952); KF: BRD

Yourcenar, Marguerite (FR 1903–1987)
Le coup de grâce (1939) (*Der Fangschuß* 1968) (Roman) R: Schlöndorff, Volker; DB: Brückner, Jutta; Dormann, Geneviève; Trotta, Margarethe von; FT: Der Fangschuß (Coup de Grâce) (1977); KF: BRD/FR/Bioskop(Eberhard Junkersdorf)/Argos(Anatole Daumann)/Neuilly/ARD/HR

Zágon, István (HU)
Marika (Schauspiel) R: Baky, Josef von; DB: Burri, Emil; Simmel, Johannes Mario; FT: Marili (1959); KF: BRD/CCC Filmkunst GmbH

Zahn, Ernst (CH 1867–1952)
Pietro der Schmuggler (1930) (Roman) R: Dréville, Jean; DB: Beaujon, Felix; Humbert, Jeanne; FT: Das Mädchen mit der Peitsche (La fille au fouet) (1951); KF: CH/FR

Zaimoglu, Feridun (BRD 1964–)
Kanak Sprak: 24 Misstöne vom Rande der Gesellschaft (1995) (Roman) R: Becker, Lars; DB: Becker, Lars; Wutka, Bernhard; Zaimoglu, Feridun; FT: Kanak Attack (2000); KF: BRD/Becker & Häberle Filmproduktion GmbH

Zamjatin, Jevgenij Ivanovic (RUS, FR 1884–1937)
My (1922) (*Wir* 1958) (Roman) R: Jasny, Vojtech; DB: Hubalek, Claus; FT: Wir (1982); TV: BRD/ZDF

Zanger, Jan F. de (BRD 1932–)
Dann eben mit Gewalt (1987) (Jugendroman) R: Kaufmann, Rainer; DB: Richter, Klaus; FT: Dann eben mit Gewalt (1993); TV: BRD/Olga Film/ZDF/arte

Zanke, Susanne (BRD)
Kingston Town am Schotterteich (1977) (Jugendroman) FT: Kingstontown am Schotterteich (1986); TV: BRD/ZDF

Zauner, Friedrich Ch. (AUST 1936–)
Dort oben im Wald bei diesen Leuten (1981) (Roman) R: Keglevic, Peter; DB: Keglevic, Peter; FT: Dort oben im Wald bei diesen Leuten (1989); TV: BRD/ARD/SFB

Zeindler, Peter (BRD 1934–)
Die Ringe des Saturn (1984) (Roman) R: Kehlmann, Michael; DB: Kehlmann, Michael; Zeindler, Peter; FT: Die Ringe des Saturn (1982); TV: AUST/Satel

Zeller, Carl (AUST 1842–1898)
Der Obersteiger (1894) (Operette) R: Antel, Franz; DB: Antel, Franz; Bornemann, Jutta; Philipp, Gunther; Schreyvogel, Friedrich; FT: Der Obersteiger (1952); KF: AUST

Zellweker, Edith (AUST)
Und seine Tochter ist der Peter (1935) (Roman) R: Fröhlich, Gustav; DB: Fröhlich, Gustav; Gasteiger, Ilse von; Welisch, Ernst A.; FT: Seine Tochter ist der Peter (1955); KF: AUST

Zenker, Helmut (AUST 1949–)
Der Mord in der Hartlgasse (1975) (Kriminalroman) R: Patzak, Peter; DB: Zenker, Helmut; FT: Kottan ermittelt - Hartlgasse 16a (1976); TV: AUST/ORF
Das Froschfest (1977) (Roman) R: Cook, John; DB: Cook, John; Zenker, Helmut; FT: Schwitzkasten (1977); KF: AUST
Kaßbach (1974) (Roman) R: Patzak, Peter; FT: Kaßbach (1981); TV: AUST/ORF

Zenker, Helmut (AUST 1949–) & **Zenker, Margit** (AUST 1949–)
Schußgefahr (1979) (Kriminalroman) R: Patzak, Peter; DB: Patzak, Peter; Zenker, Helmut; FT: Den Tüchtigen gehört die Welt (1981); KF: AUST

Zickgraf, Cordula (BRD)
Ich lerne leben, weil du sterben mußt (1979) (Tagebuch) R: Eigler, Gernot; DB: Eigler, Gernot; FT: Aranka (1983); TV: BRD/ARD/SWF

Zickmann, Petra (BRD) & **Zingler, Peter** (BRD 1959–)
Alles nur Tarnung (1996) (Roman) (Roman zum Film) R: Zingler, Peter; DB: Zingler, Peter; FT: Alles nur Tarnung (1996); KF: BRD/Living Camera/ZZ-Film

Ziegler, Alexander (CH 1944–)
Die Konsequenz (1975) (Roman) R: Petersen, Wolfgang; DB: Petersen, Wolfgang; Ziegler, Alexander; FT: Die Konsequenz (1978); KF: BRD/Solaris/ARD/WDR

Ziegler, Hilde (CH 1939–)
Während der Verlobung wirft einer einen Hering an die Decke (1988) (Roman) R: Reichenbach, Peter; Ryhiner, Nicolas; DB: Reichenbach, Peter; FT: Je nach dem, wie der Wind weht, hört man die Glocken von Basel oder die Schüsse im Elsass (1990); TV: CH/S3

Ziem, Jochen (BRD 1932–)
Die Einladung (1967) (Schauspiel) R: Schimmelpfennig, Heinz; FT: Die Einladung (1968); TV: BRD/ARD/SWF

Nachrichten aus der Provinz (1967) (Schauspiel) R: Witt, Claus Peter; FT: Nachrichten aus der Provinz (1969); TV: BRD/ARD/WDR

Unternehmer (1970) (Erzählung) R: Itzenplitz, Eberhard; DB: Ziem, Jochen; FT: Unternehmer (1970); TV: BRD/ARD/Bavaria

Zilahy, Lajos (HU 1891–1974)

A fegzverek viszszanéznek (1936) (*Die goldene Brücke* 1940) (Roman) R: Verhoeven, Paul; DB: Kay, Juliane; Zibaso, Werner P.; FT: Die goldene Brücke (1956); KF: BRD

Zimmer, Dieter (BRD 1941–)

Für'n Groschen Brause: eine liebenswerte Familienchronik aus unliebsamen Zeiten (1983) (Roman) R: Itzenplitz, Eberhard; DB: Itzenplitz, Eberhard; FT: Für'n Groschen Brause (1983); TV: BRD/ZDF

Zimmering, Max (DDR 1903–1973)

Die Jagd nach dem Stiefel (1953) (Erzählung) R: Petzold, Konrad; DB: Pederzani, Hans-Albert; Petzold, Konrad; FT: Die Jagd nach dem Stiefel (1961); KF: DDR/DEFA

Zingler, Peter (BRD 1959–)

Die Gerichtsreporterin (1994) (Kriminalroman) (Roman zur Serie) R: Griesmayr, Hartmut; FT: Die Gerichtsreporterin (1994); TV: BRD

Zinn, Adelbert Alexander (DTL 1880–1941)

Die gute Sieben (1938) (Komödie) R: Hamel, Peter; DB: Hamel, Peter; FT: Die gute Sieben (1959); TV: BRD/ARD/SWF

Zinn, Dorit (BRD 1940–)

Mit fünfzig küssen Männer anders (1995) (Roman) R: Trotta, Margarethe von; DB: Beaton, Alistair; Henning, Martin; FT: Mit fünfzig küssen Männer anders (1998); TV: BRD/ARD

Zinner, Hedda (DDR 1907–1994)

Der Teufelskreis (1953) (Schauspiel) R: Balhaus, Carl; DB: Balhaus, Carl; FT: Der Teufelskreis (1956); KF: DDR/DEFA

Der Teufelskreis (1953) (Schauspiel) R: Drinda, Horst; Grabowsky, Klaus; FT: Der Teufelskreis (1982); TV: DDR

Das Mädchen Leo (Erzählung) R: Grabowsky, Klaus; DB: Zinner, Hedda; FT: Das Mädchen Leo (1988); TV: DDR/DDR1

Arrangement mit dem Tod (1984) (Roman) R: Kühn, Siegfried; DB: Kühn, Regine; Kühn, Siegfried; FT: Die Schauspielerin (1988); KF: DDR/DEFA

Zobeltitz, Fedor von (DTL 1857–1934)

Drei Mädchen am Spinnrad (1932) (Roman) R: Froelich, Carl; DB: Lohse, Gustav; FT: Mutti muß heiraten (1950); KF: BRD

Zoderer, Joseph (IT 1935–)

Das Glück beim Händewaschen (1976) (Autobiographie/Roman) R: Masten, Werner; DB: Masten, Werner; Zoderer, Josef; FT: Das Glück beim Händewaschen (1982); TV: BRD/AUST/IT/CH/ZDF/ORF/RAI/SRG

Die Walsche (1982) (Roman) R: Masten, Werner; DB: Masten, Werner; Zoderer, Josef; FT: Die Walsche (1986); TV: BRD/ZDF

Zoff, Otto (AUST 1890–1963)

Schatten in der 3. Avenue (Schauspiel) R: Beauvais, Peter; DB: Pavel, Hans-Joachim; FT: Schatten in der 3. Avenue (1956); TV: BRD/ARD/SWF

Zola, Émile (FR 1840–1902)

Thérèse Raquin (1867) (*Thérèse Raquin* 1884) (Roman) R: Burmester, Gustav; DB: Gundermann, Max; FT: Therese Raquin (1956); TV: BRD/ARD/NWRV

Thérèse Raquin (1867) (*Thérèse Raquin* 1884) (Roman) R: Korngiebel, Hanns; DB: Korngiebel, Hanns; FT: Therese Raquin (1966); TV: BRD/ARD/SFB

Nantas (1884) (*Nantas* 1984) (Erzählung) R: Wilbrandt, Jörg; DB: Wilbrandt, Jörg; FT: Der gekaufte Ehemann (1985); TV: DDR/DDR1

Zschokke, Heinrich (DTL 1771–1848)

Das blaue Wunder (1825) (Erzählung) FT: Jungfer Miras Mirakel (1986); TV: DDR

Zuckmayer, Carl (BRD 1896–1977)

Nach dem Sturm (1949) (Erzählung) R: Ucicky, Gustav; DB: Ucicky, Gustav; Wyrsch, Peter; FT: Nach dem Sturm (1949); KF: AUST/CH/Cordial-Film

Der Seelenbräu (1945) (Erzählung) R: Ucicky, Gustav; DB: Lix, Alexander; Ottawa, Theodor; FT: Der Seelenbräu (1950); KF: AUST/Neue Wiener Filmproduktion/Vindobona

Der fröhliche Weinberg (1925) (Komödie) R: Engel, Erich; DB: Braun, Curt Johannes; FT: Der fröhliche Weinberg (1952); KF: BRD

Eine Liebesgeschichte (1934) (Erzählung) R: Jugert, Rudolf; DB: Eggebrecht, Axel; Zuckmayer, Carl; FT: Eine Liebesgeschichte (1954); KF: BRD

Des Teufels General (1946) (Schauspiel) R: Käutner, Helmut; DB: Hurdalek, Georg; Käutner, Helmut; Trebitsch, Guyla; FT: Des Teufels General (1954); KF: BRD/Real Film

Herr über Leben und Tod (1938) (Erzählung) R: Vicas, Victor; DB: Grendel, Frédéric; Vicas, Victor; FT: Herr über Leben und Tod (1955); KF: BRD/Interwest

Das kalte Licht (1955) (Schauspiel) R: Mittler, Leo; DB: Mittler, Leo; FT: Das kalte Licht (1955); TV: BRD/ARD/SWF

Der Hauptmann von Köpenick (1930) (Schauspiel) R: Käutner, Helmut; DB: Käutner, Helmut; Zuckmayer, Carl; FT: Der Hauptmann von Köpenick (1956); KF: BRD/Real Film

Das kalte Licht (1955) (Schauspiel) R: Horn, Peter A.; DB: Horn, Peter A.; FT: Der kleine Friedländer (1956); TV: BRD/ARD/SWF

Engele von Loewen (1952) (Erzählung) R: Käutner, Helmut; DB: Käutner, Helmut; Pauck, Heinz; FT: Ein Mädchen aus Flandern (1956); KF: BRD

Der Schinderhannes (1927) (Schauspiel) R: Beauvais, Peter; DB: Beauvais, Peter; FT: Schinderhannes (1957); TV: BRD/ARD/SWF

Ein Sommer in Österreich (1937) (Erzählung) R: Jugert, Rudolf; FT: Frauensee (1958); KF: AUST

Der Schinderhannes (1927) (Schauspiel) R: Käutner, Helmut; DB: Hurdalek, Georg; FT: Der Schinderhannes (1958); KF: BRD/Gyula-Trebitsch-Film/Real Film

Die Fastnachtsbeichte (1959) (Erzählung) R: Dieterle, William; DB: Heuser, Kurt; FT: Die Fastnachtsbeichte (1960); KF: BRD/Universum Film A.G. (UFA)

Der Hauptmann von Köpenick (1930) (Schauspiel) R: Wolffhardt, Rainer; DB: Schäfer, Heinz; Wolffhardt, Rainer; FT: Der Hauptmann von Köpenick (1960); TV: BRD/ARD/SDR

Der fröhliche Weinberg (1925) (Komödie) R: Pfeiffer, Hermann; FT: Der fröhliche Weinberg (1961); TV: BRD/ARD/NWRV

Katharina Knie (1929) (Schauspiel) R: Grädler, Theodor; FT: Katharina Knie (1964); TV: BRD

Der Schinderhannes (1927) (Schauspiel) R: Wirth, Franz Peter; DB: Krapp, Helmut; FT: Schinderhannes (1968); TV: BRD/ARD/WDR

Als wär's ein Stück von mir (1966) (Autobiographie) R: Everding, August; FT: Als wär's ein Stück von mir (1976); TV: BRD/ZDF

Die Fastnachtsbeichte (1959) (Erzählung) R: Itzenplitz, Eberhard; DB: Itzenplitz, Eberhard; FT: Fastnachtsbeichte (1976); TV: BRD/ZDF

Der Hauptmann von Köpenick (1930) (Schauspiel) R: Beyer, Frank; DB: Kohlhaase, Wolfgang; FT: Der Hauptmann von Köpenick (1997); TV: AUST/BRD/CH/Hannover/Premiere

Des Teufels General (1946) (Schauspiel) R: Castorf, Frank; FT: Des Teufels General (1997); TV: BRD

Zumbro, Karl (BRD 1928–)

Ehe zwischen Tür und Angel (Roman) R: Beauvais, Peter; DB: Beauvais, Peter; Hartung, Hugo; FT: Liebe, Luft und lauter Lügen (1959); KF: BRD/Universum Film A.G. (UFA)

Morgen wirst du um mich weinen (1958) (Roman) R: Braun, Alfred; DB: Fichelscher, Walter F.; Sommer, Horst; FT: Morgen wirst du um mich weinen (1959); KF: BRD/Cinelux Film

ZurMühlen, Hermynia (AUST 1883–1951)

Die weiße Pest (1926) (Roman) R: Gendries, Klaus; DB: Rieskau, Günter; FT: Drachensaat (1990); TV: DDR/DFF1

Zusanek, Harald (AUST 1922–1989)

Die Schauspielerin (1953) (Hörspiel) R: Wild, Franz Josef; DB: Zusanek, Harald; FT: Die 40 Minuten der Henriette Dupont (1955); TV: BRD/ARD/BR

Zweig, Arnold (DTL, DDR 1887–1968)

Das Beil von Wandsbek (1943) (Roman) R: Harnack, Falk; DB: Bortfeld, Hans Robert; Conradi, Erich; Harnack, Falk; FT: Das Beil von Wandsbek (1951); KF: DDR/DEFA

Der Streit um den Sergeanten Grischa (1927) (Roman) R: Mueller-Stahl, Hagen; DB: Kamnitzer, Heinz; Mueller-Stahl, Hagen; FT: Der Streit um den Sergeanten Grischa (1963); TV: DDR

Der Streit um den Sergeanten Grischa (1927) (Roman) R: Schiemann, Helmut; DB: Kamnitzer, Heinz; Schiemann, Helmut; FT: Der Streit um den Sergeanten Grischa (1968); TV: DDR

Junge Frau von 1914 (1931) (Roman) R: Günther, Egon; DB: Günther, Egon; Kamnitzer, Heinz; FT: Junge Frau von 1914 (1969); TV: DDR/DFF

Erziehung vor Verdun (1935) (Roman) R: Günther, Egon; DB: Günther, Egon; Kamnitzer, Heinz; FT: Erziehung vor Verdun (1973); TV: DDR

Das Beil von Wandsbek (1943) (Roman) R: Breloer, Heinrich; Königstein, Horst; DB: Breloer, Heinrich; Königstein, Horst; FT: Das Beil von Wandsbek (1982); TV: BRD/ARD/NDR/WDR

Das Beil von Wandsbek (1943) (Roman) R: Harnack, Falk; FT: Das Beil von Wandsbek (1983); KF: DDR/DEFA

Zweig, Stefan (AUST 1881–1942)

(Erzählung) R: Fraß, Wilfried; DB: Fraß, Wilfried; Hollander, Walter von; FT: Das gestohlene Jahr (1950); KF: BRD

Die unsichtbare Sammlung (1946) (Erzählung) R: Farenburg, Hanns; DB: Unna, H. W.; FT: Die unsichtbare Sammlung (1953); TV: BRD/ARD/NWDR Hamburg

Angst (1920) (Erzählung) R: Rossellini, Roberto; DB: Amidei, Sergio; Rossellini, Roberto; Treuberg, Graf; FT: Angst (1954); KF: BRD/IT

Legende eines Lebens (1919) (Schauspiel) R: Lothar, Frank; DB: Lothar, Frank; FT: Legende eines Lebens (1954); TV: BRD/ARD/SFB

Schachnovelle (1942) (Roman) R: Oswald, Gerd; DB: Medford, Harold; Oswald, Gerd; Reinecker, Herbert; FT: Schachnovelle (1960); KF: BRD

Vierundzwanzig Stunden aus dem Leben einer Frau (1946) (Erzählung) R: Cremer, Ludwig; FT: Vierundzwanzig Stunden aus dem Leben einer Frau (1965); TV: BRD/ARD/SWF

Vierundzwanzig Stunden aus dem Leben einer Frau (1946) (Erzählung) R: Delouche, Dominique; DB: Keindorff, Eberhard; Sibelius, Johanna; FT: Vierundzwanzig Stunden aus dem Leben einer Frau (1967); KF: BRD/FR

Brennendes Geheimnis (1914) (Erzählung) R: Haaf, Wilm ten; FT: Brennendes Geheimnis (1977); TV: BRD/AUST/ARD/BR/ORF

Angst (1920) (Erzählung) R: Damek, Dagmar; FT: Angst (1978); TV: BRD/ARD/BR

Das Lamm des Armen (1929) (Schauspiel) R: Döpke, Oswald; FT: Das Lamm des Armen (1978); TV: BRD/ZDF

Ungeduld des Herzens (1938) (Roman) R: Molinaro, Edouard; FT: Ungeduld des Herzens (1979); TV: AUST/BRD/ORF/ZDF

Georg Friedrich Händels Auferstehung (1937) (Erzählung) R: Lindemann, Klaus; DB: Jonke, Gert F.; Lindemann, Klaus; FT: Händels Auferstehung (1980); TV: BRD/ARD/HR

Verwirrung der Gefühle (1927) (Erzählung) R: Périer, Étienne; DB: Fabre, Dominique; Périer, Étienne; FT: Verwirrung der Gefühle (1981); TV: BRD/AUST/ZDF/ORF

Brennendes Geheimnis (1914) (Erzählung) R: Birkin, Andrew; DB: Birkin, Andrew; FT: Brennendes Geheimnis (1988); TV: BRD/GB/ARD/BR/B.A./N.F.H./Vestron Pictures

Die Mondscheingasse (1923) (Erzählung) R: Molinaro, Edouard; DB: Miller, Christine; Molinaro, Edouard; FT: Die Mondscheingasse (1988); KF: BRD/AUST/FR/IT/ARD/ZDF/SR3/ORF/RAI2

Rausch der Verwandlung (1950) (Roman) R: Molinaro, Edouard; DB: Miller, Christine; Molinaro, Edouard; FT: Rausch der Verwandlung (2 Teile) (1988); TV: BRD/ZDF

Die spät bezahlte Schuld (1951) (Erzählung) R: Kubli, Guy; DB: Kubli, Guy; FT: Die spät bezahlte Schuld (1989); TV: BRD/ARD/BR

Leporella (1929) (Erzählung) R: Damek, Dagmar; DB: Damek, Dagmar; FT: Leporella (1992); TV: BRD/ARD/BR

Der verwandelte Komödiant. Ein Spiel aus dem deutschen Rokokko (1913) (Schauspiel) R: Gmeiner, Klaus; DB: Gmeiner, Klaus; FT: Der verwandelte Komödiant (1992); TV: AUST/ORF

Clarissa (1961) (Roman) R: Deray, Jacques; DB: Carrière, Jean-Claude; FT: Clarissa - Tränen der Zärtlichkeit (1997); TV: BRD/FR/ARD

Zweig, Stefanie (BRD 1932–)

Nirgendwo in Afrika (1995) (Roman) R: Link, Caroline; DB: Basedow, Rolf; FT: Nirgendwo in Afrika (2000); KF: BRD/MTM Cineteve

Zwerenz, Gerhard (= Lauenheim, Peter; Markwart, Leslie; Tarrok, Peer) (BRD 1925–)

Die Ehe der Maria Braun (1979) (Roman) R: Fassbinder, Rainer Werner; DB: Fröhlich, Pea; Märthesheimer, Peter; FT: Die Ehe der Maria Braun (1978); KF: BRD/Albatros

Carol Reed: Der dritte Mann, 1949

Bernhard Wicki: Die Brücke, 1959

Buchtitel

Aatamiu puvussa ... ja vahan Eevakin (1943) (*Zweimal Adam, einmal Eva* 1943)
A: Soini, Yrjö
FT: Zweimal Adam, einmal Eva (1959)
Ab mit dir ins Vaterland (1977)
A: Raab, Fritz
FT: Ab mit dir ins Vaterland (1980)
Abderiden, Die (1774)
A: Wieland, Christoph Martin
FT: Der Streit um des Esels Schatten (1989)
Abel (1944)
A: Neumann, Alfred
FT: Jahre des Schweigens (1950/51)
Abend, eine Nacht, ein Morgen, Ein (1971)
A: Härtling, Peter
FT: Ein Abend, eine Nacht, ein Morgen (1974)
Abenteuer aus dem englischen Garten (1969)
A: Fleisser, Marieluise
FT: Abenteuer aus dem englischen Garten (1982)
Abenteuer des Herrn von Barabas, Die (1943)
A: Kritz, Hugo Maria (= Kritzkovsky, Hugo)
FT: Wer bist du, den ich liebe? (1949)
Abenteuer des Werner Holt, Die (1960)
A: Noll, Dieter
FT: Die Abenteuer des Werner Holt (1964)
Abenteuer eines jungen Herrn in Polen, Die (1931)
A: Lernet-Holenia, Alexander
FT: Wie bitte werde ich ein Held? (1971)
Abenteuer eines Sommers (1948)
A: Sacher-Masoch, Alexander von
FT: Abenteuer eines Sommers (1974)
Abenteuer in Budapest
A: Knechtl-Ostenburg, Fritz
FT: Sonnenschein und Wolkenbruch (1955)
Abenteuer in der Vollmondnacht (1977)
A: Koczian, Johanna von
FT: Unterwegs nach Atlantis (1982)
(*Abenteuer in einem russischen Hotelzimmer*)
A: Vampilow, Alexander Valentinowitsch
FT: Abenteuer in einem russischen Hotelzimmer (1981)
Abenteuerliche Simplizissimus, Der (1669)
A: Grimmelshausen, Christoffel von
FT: Des Christoffel von Grimmelshausen abenteuerlicher Simplizissimus (1975)
Abenteurer wider Willen: die wechselvolle Jugend des Heinz Stielke (1984)
A: Kellner, Wolfgang
FT: Abenteurer wider Willen (1985)
FT: Stielke, Heinz, fünfzehn ... (1987)
Abgehauen (1996)
A: Krug, Manfred
FT: Abgehauen (1998)
Abgründige in Herrn Gerstenberg, Das (1946)
A: Ambesser, Axel von
FT: Das Abgründige in Herrn Gerstenberg (1966)
Abituriententag, Der (1928)
A: Werfel, Franz
FT: Abituriententag (1974)
Abrechnung, Die
A: Mager, Hasso
FT: Die Abrechnung (Polizeiruf 110) (1977)
Absage an Viktoria (1977)
A: Panitz, Eberhard
FT: Absage an Viktoria (1977)
Abschiebung oder Wer tötete Mahmut Perver?, Die (1984)
A: Wolf, Klaus-Peter
FT: Die Abschiebung (1985)
Abschied (1940)
A: Becher, Johannes R.
FT: Abschied (1968)
Abschied, Ein
A: Schnitzler, Arthur
FT: Abschiede (2 Teile) (1986)
Abschied vom Frieden (1950)
A: Weiskopf, Franz Carl
FT: Abschied vom Frieden (1979)
(*Abschied von den Wolken*)
A: Fodor, Ladislas (Laszlo)
FT: Abschied von den Wolken (1959)
Abschied von Sidonie (1989)
A: Hackl, Erich
FT: Sidonie (1990)
Abschiedsdisco (1981)
A: Nowotny, Joachim
FT: Abschiedsdisco (1989)

Absence of a Cello, The (1960) (*Nur kein Cello* 1965)
A: Wallach, Ira Jan
FT: Nur kein Cello (1968)
Abstecher, Der (1961)
A: Walser, Martin
FT: Der Abstecher (1962)
Absurda Comica oder Herr Peter Squentz (1658)
A: Gryphius, Andreas
FT: Peter Squentz (1978)
Abtei, Die (1977)
A: Brandstätter, Alois
FT: Die Abtei (1982)
Acapulco, Madame
A: Jamiaque, Yves (= Jedwab, Isaac)
FT: Acapulco, Madame (1980)
Achterbahn (1980)
A: Hasler, Eveline
FT: Achterbahn (1980)
(*Der 8-Stunden-Mann*)
A: Ellin, Stanley
FT: Der 8-Stunden-Mann (1974)
Achtung, Brillenschlange
A: Rohkohl, Dieter
FT: Achtung, Brillenschlange (1960)
Achtung! Vranek sieht ganz harmlos aus (1975) (1974)
A: Nöstlinger, Christine
FT: Achtung! Vranek sieht ganz harmlos aus (1975)
18. Geburtstag, Der
A: Roehler, Klaus
FT: Der 18. Geburtstag (1962)
Actis (1961)
A: Durrell, Lawrence
FT: Actis (1964)
Adel im Untergang (1944)
A: Renn, Ludwig
FT: Adel im Untergang (1981)
(*Der Adept*)
A: Cervantes Saavedra, Miguel de
FT: Der Schwarzkünstler (1955)
Adieu, Prinzessin
A: Freyhofer, Christian
FT: Adieu, Prinzessin (3 Teile) (1961)
Admiral Bobby (1932)
A: Lindroder, Wolfgang
FT: Admiral Bobby (1955)
Adolphe: anecdote trouvée dans les papiers d'un inconnu (1816) (*Adolphe: Erzählung aus den gefundenen Papieren eines Unbekannten* 1817)
A: Constant de Rebecque, Benjamin de
FT: Gefühlssachen (1984)
Adrienne Mesurat (1927) (*Adrienne Mesurat* 1928)
A: Green, Julien
FT: Adrienne Mesurat (1969)
Adventure of the Speckled Band, The (1892)
A: Doyle, Arthur Conan Sir
FT: Das gefleckte Band (1967)
Adventures of Tom Sawyer, The (1876) (*Die Abenteuer von Tom Sawyer* 1876)
A: Twain, Mark
FT: Tom Sawyers und Huckleberry Finns Abenteuer (1968)
FT: Tom und Hucks Ballonfahrt (1972)
Adwych Forces (*Zyklus*)
A: Traven, B. (Bruno) (= Marut, Ret; Maurhut, Richard; Torsvan, Traven)
FT: Ehrlich währt am längsten (1978)
Aeon (2000)
A: Maximilian, Daniel; Pauli, Thomas
FT: Aeon - Countdown im All (1999)
Affaire Nina B., Die (1958)
A: Simmel, Johannes Mario
FT: Affaire Nina B. (1961)
Affaire vous concernant (1955) (*Ein unbeschriebenes Blatt* 1980)
A: Conty, Jean-Pierre
FT: Ein unbeschriebenes Blatt (1959)
Affairs of State (1952)
A: Benatzky, Ralph; Berr, Georges; Verneuil, Louis (= Bocage, Louis Colin du)
FT: Staatsaffairen (1961)
Affäre Blum (1948)
A: Stemmle, Robert Adolf
FT: Affäre Blum (1962)
Affäre Nachtfrost (1982)
A: Murr, Stefan
FT: Affäre Nachtfrost (1989)
Again the Ringer (1929) (*Neues vom Hexer* 1956)
A: Wallace, Richard Horatio Edgar
FT: Neues vom Hexer (1965)
Agathe Schweigert (1965)
A: Seghers, Anna
FT: Die große Reise der Agatha Schweigert (1972)
Ah, Wilderness (1933) (*O Wildnis* 1949)
A: O'Neill, Eugene (Gladstone)
FT: O Wildnis (1959)
Ahimeh (1958)
A: Rechlin, Eva
FT: Ahimeh (1963)
Ahnfrau, Die (1817)
A: Grillparzer, Franz
FT: Die Ahnfrau (Fernseh-Oper) (1971)
Aimée & Jaguar (1994)
A: Fischer, Erica
FT: Aimée & Jaguar (1997)
Aimée oder Der gesunde Menschenverstand (1938)
A: Coubier, Heinz
FT: Aimée (1961)

Akt przerywany (*Der unterbrochene Akt* 1966)
A: Różewicz, Tadeusz
FT: Der unterbrochene Akt (1970)
Akte Nora S. (1978)
A: Neutsch, Erik
FT: Nora S. (1981)
Akvarium (1987)
A: Suvorov, Victor
FT: Aquarium (1995)
Aladin
A: Christen, Rosmarie
FT: Aladin (1987)
(*Alarm auf dem Dachboden* 1976)
A: Niziurski, Edmund
FT: Alarm auf dem Dachboden (1978)
Alarm im Schloßmuseum (1978)
A: Rechlin, Eva
FT: Alarm im Schloßmuseum (1983)
Alcalde de Zalamea, El (1643)
A: Calderón de la Barca, Pedro
FT: Der Richter von Zalamea (1958)
Alcalde de Zalamea, El (1651) (*Der Richter von Zalamea* 1822)
A: Calderón de la Barca, Pedro
FT: Der Richter von Zalamea (1955)
Alexa (1940)
A: Bratt, Harald
FT: Rausch einer Nacht (1950)
Alfons Köhler
A: Richter, Egon
FT: Alfons Köhler (1983)
Alfons Zitterbacke (1958)
A: Holtz-Baumert, Gerhard
FT: Alfons Zitterbacke (1966)
FT: Alfons Zitterbacke (6 Teile) (1986)
Alice, Sitbythe-Fire (1905)
A: Barrie, James Matthew Sir
FT: Froher Herbst des Lebens (1961)
Alice's Adventures in Wonderland (1865) (*Alice im Wunderland* 1869)
A: Carroll, Lewis
FT: Alice (1989)
All Change
A: Graham, John
FT: Killer kennen keine Furcht (1989)
All My Sons (1947) (*Alle meine Söhne* 1955)
A: Miller, Arthur
FT: Alle meine Söhne (1955)
FT: Alle meine Söhne (1961)
Alle Macht der Erde (1961)
A: Ahlsen, Leopold
FT: Alle Macht der Erde (1962)
Alle meine Töchter (1997)
A: Giesen, Rolf
FT: Alle meine Töchter (1995)
Alle Menschen werden Brüder (1967)
A: Simmel, Johannes Mario
FT: Alle Menschen werden Brüder (1972)
Alle unsere Spiele (1966)
A: Ferolli, Beatrice
FT: Alle unsere Spiele (1967)
Alleinseglerin, Die (1982)
A: Wolter, Christine
FT: Die Alleinseglerin (1987)
Allerleirauh (1812)
A: Grimm, Jakob Ludwig Carl; Grimm, Wilhelm Carl
FT: Allerleirauh (1977)
Alles (1961)
A: Bachmann, Ingeborg
FT: Nachtgelächter (1985)
Alles für die Firma (1946)
A: Lamey, Bernhard
FT: Alles für die Firma (1950)
Alles Glück dieser Erde (1994)
A: Mackenrodt, Richard
FT: Alles Glück dieser Erde (1993)
Alles nur Tarnung (1996)
A: Zickmann, Petra; Zingler, Peter
FT: Alles nur Tarnung (1996)
Alltomal Sünner (1951)
A: Hinrichs, August
FT: Allzumal Sünder (1966)
Almenrausch und Edelweiß
A: Schmid, Herman von
FT: Almenrausch und Edelweiß (1957)
Alpenkönig und der Menschenfeind, Der (1828)
A: Raimund, Ferdinand
FT: Alpenkönig und Menschenfeind (1962)
FT: Der Alpenkönig und der Menschenfeind (1965)
Alphateam: blutiges Geld (1998)
A: Friedrichs, Horst
FT: Alphateam - Die Lebensretter im OP (1997)
Alptraum-Sommer: Geisterjäger John Sinclair (Romanserie) (1992)
A: Dark, Jason
FT: Geisterjäger John Sinclair (1999)
Alraune (1911)
A: Ewers, Hans Heinz
FT: Alraune (1952)
Als broer en zuester, pijulijke vertellingen (1965) (*Wie Bruder und Schwester & andere bittere Sachen* 1967)
A: Lopez, Estebán
FT: Deine Zärtlichkeiten (1969)
Als ich Christtagsfreude holen ging (1902)
A: Rosegger, Peter (= P. K. = Kettenfeier, Petri)
FT: Als ich Christtagsfreude holen ging (1964)

Als ich noch der Waldbauernbub war (1902)
A: Rosegger, Peter (= P. K. = Kettenfeier, Petri)
FT: Als ich noch der Waldbauernbub war (9 Teile) (1964)
FT: Der Waldbauernbub (1983)
Als Vaters Bart noch rot war (1958)
A: Schnurre, Wolfdietrich
FT: Die Flucht nach Ägypten (1969)
Als wär's ein Stück von mir (1966)
A: Zuckmayer, Carl
FT: Als wär's ein Stück von mir (1976)
Alszik az isten (*Mit siebzehn beginnt das Leben* 1955)
A: Vaszary, Gábor von
FT: Mit siebzehn beginnt das Leben (1953)
Alte Feinschmecker, Der (1965)
A: Thoma, Ludwig
FT: Der alte Feinschmecker (1978)
Alte Filme (1975)
A: Schlesinger, Klaus
FT: Kotte (1979)
Alte Freunde küßt man nicht (1988)
A: Schoenle, Annemarie
FT: Alte Freunde küßt man nicht (1995)
Alte Mädchen
A: Schütz, Friedrich
FT: Alte Mädchen (1981)
Alte Sünder, Der
A: Costa, Martin
FT: Der alte Sünder (1950/51)
Alte Weiber stinken
A: Cerio, Claretta
FT: Maria am Fenster (1987)
Altenehrung (1983)
A: Brandstätter, Alois
FT: Die Enthüllung (1985)
Alter Schwede (1984)
A: Weber, Hans
FT: Alter Schwede (1990)
Altersschwach (1910)
A: Dreyer, Max
FT: Spätsommer (1966)
Altes Herz geht auf die Reise (1936)
A: Fallada, Hans
FT: Altes Herz geht auf die Reise (1987)
Alt-Heidelberg (1902)
A: Meyer-Förster, Wilhelm
FT: Alt-Heidelberg (1959)
Alting og et posthus (1974)
A: Petersen, Leif
FT: Alles und ein Postamt (1972)
Alwin auf der Landstraße (1971)
A: Wolff, Bernd
FT: Alwin auf dem Lande (1974)
Am Anfang war der Seitensprung (1998)
A: Fried, Amelie
FT: Am Anfang war der Seitensprung (1999)
Am grünen Strand der Spree (1955)
A: Scholz, Hans
FT: Am grünen Strand der Spree (5 Teile) (1960)
Am kürzeren Ende der Sonnenallee (1999)
A: Brussig, Thomas
FT: Am kürzeren Ende der Sonnenallee (1998)
Am Südhang (1916)
A: Keyserling, Eduard von
FT: Am Südhang (1980)
Am Tor des Himmels (1954)
A: Le Fort, Gertrud von
FT: Ein Schweigen am Himmel (1968)
Am Ziel aller Träume (1969)
A: Moers, Hermann
FT: Am Ziel aller Träume (1970)
Amazing Adventures Of Father Brown, The (1935)
A: Chesterton, Gilbert Keith
FT: Das schwarze Schaf (1960)
Amédée et les messieurs en rang (1926)
A: Romains, Jules
FT: Amédée oder Die Kunst des Schuhputzens (1965)
(*Die Ameise und die Grille*)
A: La Fontaine, Jean de
FT: Eine unwürdige Existenz (1971)
Amely, der Biber und der König auf dem Dach
A: Dorst, Tankred
FT: Amely, der Biber und der König auf dem Dach (1985)
Amerika (1927)
A: Kafka, Franz
FT: Amerika oder Der Verschollene (1969)
FT: Klassenverhältnisse (1983)
Amor (1981)
A: Mrozek, Slawomir
FT: Amor (1978)
Amor de Don Perimplín con Belisa en su jardín (1933) (dt. 1954)
A: García Lorca, Federico
FT: In seinem Garten liebt Don Perlimplin Belisa (1961)
Amphitryon (1668)
A: Molière, Jean Baptiste
FT: Amphitryon (1959)
Amphitryon (1968)
A: Hacks, Peter
FT: Amphitryon (1982)
Amphitryon (1807)
A: Kleist, Heinrich von
FT: Amphitryon (1975)
FT: Amphitryon (1981)

Amphitryon 38 (1929) (*Amphitryon 38* 1931)
A: Giraudoux, Jean
FT: Amphitryon 38 (1963)
Amy Jolly, die Frau aus Marrakesch (1927)
A: Vigny, Benno
FT: Die Reise nach Marrakesch (1949)
FT: Wiener Walzer (Wien tanzt) (1951)
An allem ist Matuschke schuld
A: Trute, Sigrid
FT: An allem ist Matuschke schuld (1988)
An allem schuld (1965)
A: Heimann, Erwin
FT: An allem schuld (1984)
An heiligen Wassern (1898)
A: Heer, Jacob Christoph
FT: An heiligen Wassern (1960)
An Ideal Husband (1895) (*Ein idealer Gatte* 1903)
A: Wilde, Oscar
FT: Ein idealer Gatte (1958)
FT: Ein idealer Gatte (1966)
FT: Ein idealer Gatte (1984)
FT: Ein idealer Gatte (1986)
An Inspector Calls (1945) (*Ein Inspektor kommt* 1947)
A: Priestley, John Boynton
FT: E Inspäkter kumt (1983)
An klingenden Ufern (1947)
A: Lernet-Holenia, Alexander
FT: An klingenden Ufern (1948)
Anatol (1893)
A: Schnitzler, Arthur
FT: Das Abschiedssouper (1957)
FT: Anatol (4 Szenen) (1962)
FT: Agonie (1981)
Andere, Die
A: Uhl, Renate (= Zobelitz, Erika von; Hoffmann, Renate)
FT: Die Andere (1949)
Andere Seite, Die (1909)
A: Kubin, Alfred
FT: Traumstadt (1973)
Andorra (1962)
A: Frisch, Max
FT: Andorra (1980)
André und Ursula (1937)
A: Höfler, Polly Maria
FT: André und Ursula (1955)
Andreas Vöst (1905)
A: Thoma, Ludwig
FT: Andreas Vöst (1979)
Anekdote aus dem letzten preußischen Kriege
A: Kleist, Heinrich von
FT: Anekdote aus dem letzten preußischen Kriege (1995)
Anfrage (1960)
A: Geissler, Christian
FT: Anfrage (1961)
Angel Esquire (1908) (*Der Safe mit dem Rätselschloß* 1948)
A: Wallace, Richard Horatio Edgar
FT: Die Gruft mit dem Rätselschloß (1964)
Angel in the Pawn Shop (1951)
A: Shiffrin, Abraham B.
FT: Leihhauslegende (1959)
Angel Who Pawned Her Harp, The (1954) (*Der Engel, der seine Harfe versetzte* 1955)
A: Terrot, Charles
FT: Der Engel, der seine Harfe versetzte (1958)
Angélique et le roi (1957)
A: Golon, Anne
FT: Angélique und der König (1965)
FT: Angélique und der Sultan (1967)
Angélique. La Marquise des Anges (1957)
A: Golon, Anne
FT: Angélique I + II (1964)
Angler auf dem Dach, Der
A: Siebe, Hans
FT: Der Angler auf dem Dach (1983)
Angriff der Gegenwart auf die übrige Zeit, Der (1985)
A: Kluge, Alexander
FT: Der Angriff der Gegenwart auf die übrige Zeit (1985)
Angry Harvest (1958) (*Bittere Ernte* 1961)
A: Field, Herman H.; Mierzenski, Stanislaw
FT: Bittere Ernte (1984/85)
Angst (1920)
A: Zweig, Stefan
FT: Angst (1954)
FT: Angst (1978)
Angst des Tormanns beim Elfmeter, Die (1970)
A: Handke, Peter
FT: Die Angst des Tormanns beim Elfmeter (1972)
Angstvolle Heldenleben einer gewissen Fleur Lafontaine, Das (1971)
A: Nelken, Dinah
FT: Fleur Lafontaine (1978)
Anita G. (Lebensläufe) (1962)
A: Kluge, Alexander
FT: Abschied von gestern (1966)
Anita und der Teufel
A: Cziffra, Géza von
FT: Höllische Liebe (1949)
Anker op (1961)
A: Kreye, Walter Arthur
FT: Stine vom Löh auf großer Fahrt (1961)

Ankunft bei Nacht (1936)
A: Rothe, Hans (= Crane, Colin; Lindner, Hans L.)
FT: Ankunft bei Nacht (Verwehte Spuren) (1965)
Anleitung zum Unglücklichsein (1983)
A: Watzlawick, Paul
FT: Anleitung zum Unglücklichsein (1985)
Anna am goldenen Tor (1990)
A: Wisselinck, Erika
FT: Mirjams Mutter (1993)
Anna, annA (1990)
A: Hartmann, Lukas
FT: Anna annA (1992)
Anna Lubitzke (1952)
A: Turek, Ludwig
FT: Steinzeitballade (1960)
Anna Maria (1981)
A: Cordes, Alexandra
FT: Anna Maria - eine Frau geht ihren Weg (1994)
Annas Mutter (1982)
A: Gebhardt, Heiko
FT: Annas Mutter (1984)
Anonyme Briefe (1949)
A: Artinger, Annemarie (= Schwarzer, Annemarie)
FT: Anonyme Briefe (1949)
Another Bridge to Cross (1970) (*Über die Brücke*)
A: Highsmith, Patricia
FT: Über die Brücke (1975)
Another View (1968) (*Lichterspiele* 1991)
A: Pilcher, Rosamunde
FT: Rosamunde Pilcher: Lichterspiele (1996)
Ansichten eines Clowns (1963)
A: Böll, Heinrich
FT: Ansichten eines Clowns (1976)
Anständiger Mensch, Ein (1950)
A: Fraser, Georg (= Zeiz, August Hermann)
FT: Skandal in der Botschaft (1950)
Antigone (1943) (dt. 1946)
A: Anouilh, Jean
FT: Antigone (1958)
FT: Antigone (1965)
Antigone (442 v.C.)
A: Brecht, Bertolt; Hölderlin, Friedrich; Sophokles
FT: Antigone (1991)
Antitoxin (1964)
A: Quednau, Werner
FT: Antitoxin (1967)
Anton Sittinger (1937)
A: Graf, Oskar Maria
FT: Anton Sittinger (1979)
Antwort kennt nur der Wind, Die (1973)
A: Simmel, Johannes Mario
FT: Die Antwort kennt nur der Wind (1974)
Any Wednesday (1964) (*Jeden Mittwoch* 1970)
A: Resnik, Muriel
FT: Jeden Mittwoch (1982)
Anzeige; Der Verkehrsunfall; Am See; Vor dem Schaufenster, Die
A: Rosendorfer, Herbert
FT: Ordnung muß sein (1984)
Anzeige, Die
A: Richter, Egon
FT: Karriere (1968-70)
FT: Die Russen kommen (1968/71)
Anzeige in der Zeitung, Eine (1978)
A: Görlich, Günter
FT: Eine Anzeige in der Zeitung (1980)
Apfel ist ab, Der (1935)
A: Heyne, Kurt E.
FT: Der Apfel ist ab (1948)
Apologia Sokratus (390 v.C.)
A: Platon
FT: Der Prozeß Sokrates (1962)
Apostelspiel, Das (1923)
A: Mell, Max
FT: Das Apostelspiel (1954)
FT: Das Apostelspiel (1959)
FT: Das Apostelspiel (1965)
Apothekerin, Die (1994)
A: Noll, Ingrid
FT: Die Apothekerin (1997)
Apple Cart, The (1929) (*Der Kaiser von Amerika* 1930)
A: Shaw, George Bernard
FT: Der Kaiser von Amerika (1959)
Appointment with Yesterday (1972) (*Begegnung mit der Vergangenheit* 1976)
A: Fremlin, Celia (= Goller, Celia Margaret)
FT: Im Schatten der Angst (1988)
April: die Geschichte einer Liebe (1925)
A: Roth, Joseph
FT: Geschichte einer Liebe (1978)
Aquis submersus (1877)
A: Storm, Theodor
FT: Wie Rauch und Staub (1979)
Aquis Submersus (1877)
A: Storm, Theodor
FT: Unsterbliche Geliebte (1950)
Arab Petra Velikogo (1837) (*Der Mohr Peters des Großen* 1927)
A: Puschkin, Alexandr Sergejewitsch
FT: Ibrahim, der Araber Peters des Großen (1979)
Arabella (1949) (*Bezaubernde Arabelle* 1954)
A: Heyer, Georgette
FT: Bezaubernde Arabella (1959)

Arbeitsplatz oder Im Schweiße deines Angesichts sollst du kein Brot essen, Der (1930)
A: Brecht, Bertolt
FT: Tod und Auferstehung des Wilhelm Hausmann (1977)
Árboles mueren de pie, Los (1949) (*Bäume sterben aufrecht* 1950)
A: Casona, Alejandro
FT: Bäume sterben aufrecht (1958)
Archiv, Das (1978)
A: Frank, Leo (= Maier, Frank Leo)
FT: Das Archiv (1986)
Aren't we all? (1923)
A: Lonsdale, Frederick
FT: Sind wir das nicht alle? (1962)
Arge Legende vom gerissenen Galgenstrick, Die
A: Werfel, Franz
FT: Die arge Legende (1978)
Ariadna
A: Čechov, Anton Pavlovič
FT: Ariadna (1990)
Ariadne auf Naxos (1912)
A: Hofmannsthal, Hugo von; Molière, Jean Baptiste; Strauss, Richard
FT: Der Bürger als Edelmann (1969)
Armadale (1866) (*Der rote Schal* 1967)
A: Collins, Wilkie
FT: Der rote Schal (1973)
Arme Jonathan, Der (1890)
A: Millöcker, Karl
FT: Glück muß man haben (1945)
(*Die armen Reichen*)
A: Pohl, Frederik
FT: Die armen Reichen (1971)
Armer Nanosch (1989)
A: Scheib, Asta
FT: Armer Nanosch (1989)
Arms and the Man (1898) (*Helden* 1905)
A: Shaw, George Bernard
FT: Helden (1958)
FT: Helden (1987)
Arrangement mit dem Tod (1984)
A: Zinner, Hedda
FT: Die Schauspielerin (1988)
Artisan, The (1986) (*Georg Elser* 1989)
A: Sheppard, Stephen
FT: Georg Elser - Einer aus Deutschland (1989)
Artisten in der Zirkuskuppel: ratlos, Die (1968)
A: Kluge, Alexander
FT: Die Artisten in der Zirkuskuppel: ratlos (1968)
Arzt von Stalingrad, Der (1958)
A: Konsalik, Heinz Günther (= Pahlen, Henry)
FT: Der Arzt von Stalingrad (1958)
(*Ärztliches Geheimnis*)
A: Fodor, Ladislas (Laszlo)
FT: Liebe ohne Illusion (1955)
As You Like It (1599) (*Wie es euch gefällt*)
A: Shakespeare, William
FT: Wie es euch gefällt (1958)
FT: Viola und Sebastian (1972)
Aschenglut (1990)
A: Schutting, Julian
FT: Aschenglut (1990)
Aschenputtel (1812)
A: Grimm, Jakob Ludwig Carl; Grimm, Wilhelm Carl
FT: Aschenputtel (1955)
FT: Drei Haselnüsse für Aschenbrödel (1972)
FT: Aschenbrödel (1984)
FT: Hufelands Töchter (1984)
FT: Aschenputtel (1989)
FT: Eisprinzessin (1995)
Ashes to Ashes
A: Brandel, Marc (= Beresford, Marcus)
FT: Immer nur Mordgeschichten (1968)
Asmodée (1938) (*Asmodée* 1948)
A: Mauriac, François
FT: Asmodée (1964)
Assad und die brennenden Steine (1961)
A: Friedrich, Herbert
FT: Assad (1970)
Assistant, The (1957) (*Der Gehilfe* 1960)
A: Malamud, Bernard
FT: Der Gehilfe (1978)
Astérix et la surprise de César (1985) (*Asterix Sieg über Caesar* 1986)
A: Goscinny, René; Uderzo, Albert
FT: Asterix & Obelix gegen Caesar (1998)
Asterix et le nouveau monde (1994) (*Asterix in Amerika* 1994)
A: Goscinny, René; Uderzo, Albert
FT: Asterix in Amerika (1994)
Astérix le coup du menhir (1988) (*Asterix, Operation Hinkelstein* 1989)
A: Goscinny, René; Uderzo, Albert
FT: Asterix - Operation Hinkelstein (1988)
Astronauci (1951) (*Der Planet des Todes* 1961)
A: Lem, Stanislaw
FT: Der schweigende Stern (Raumschiff Venus antwortet nicht) (1959)
At the Height of the Moon (1967) (*Wenn süß das Mondlicht auf den Hügeln schläft* 1968)
A: Malpass, Eric
FT: Wenn süß das Mondlicht auf den Hügeln schläft (1969)

Atem, Der
A: Franke, Herbert W.
FT: Der Atem (1989)
Aubergers, Die (1997)
A: Seidl, Gerhard
FT: Die Aubergers (1997)
Auch das war Wien (1984)
A: Torberg, Friedrich
FT: '38 (1986)
Auf dem Chimborazo (1975)
A: Dorst, Tankred
FT: Auf dem Chimborazo (1977)
Auf den Tag genau (1982)
A: Murr, Stefan
FT: Auf den Tag genau (1986)
Auf der grünen Wiese (1936)
A: Benes, Jara; Tolarski, Viktor
FT: Auf der grünen Wiese (1953)
FT: Auf der grünen Wiese (1971)
Auf der Suche nach Freude (1959)
A: Rosow, Viktor
FT: Auf der Suche nach dem Glück (1961)
Auf der Suche nach Gott (1973)
A: Neutsch, Erik
FT: Auf der Suche nach Gott (1976)
Auf einem langen Weg (1978)
A: Pausewang, Gudrun
FT: Auf einem langen Weg (1985)
Auf einem weißen Pferd nach Süden (1978)
A: Pestum, Jo
FT: Schimmi (1984)
Auf freiem Fuß (1975)
A: Wolfgruber, Gernot
FT: Auf freiem Fuß (1978)
Aufenthalt, Der (1976)
A: Kant, Hermann
FT: Der Aufenthalt (1983)
Auferstehung oder Ein korrekter Mann
A: Salten, Felix (= Salzmann, Siegmund)
FT: Auferstehhung oder Ein korrekter Mann (1986)
Auf'm Amt
A: Auerbach, Alfred
FT: Auf'm Amt (1981)
Aufstand der Fischer von St. Barbara (1928)
A: Seghers, Anna
FT: Aufstand der Fischer von St. Barbara (1988)
Augen, Die (1923)
A: Nabl, Franz
FT: Im Kreis der Iris (1992)
Augenoperation (1988)
A: Koch, Jurij
FT: Tanz auf der Kippe (1991)
August, August, August (1967) (*August, August, August* 1969)
A: Kohout, Pavel
FT: August, August, August (1970)
Auguste (1958)
A: Castans, Raymond
FT: Auguste (1961)
Auguste Bolte (1923)
A: Schwitters, Kurt
FT: Auguste Bolte (1974)
Augustus Does His Bit (1919)
A: Shaw, George Bernard
FT: Augustus tut, was er kann (1967)
Aus dem Dschungel kam, Der (1963)
A: Plate, Herbert
FT: Der aus dem Dschungel kam (1965)
Aus dem Leben eines Taugenichts (1826)
A: Eichendorff, Joseph Freiherr von
FT: Aus dem Leben eines Taugenichts (1973)
FT: Taugenichts (1978)
Aus den Docks, Der (1997)
A: Giordano, Mario
FT: Der Hund aus der Elbe (1998)
Ausbruch des Weltfriedens
A: Goetz, Curt
FT: Ausbruch des Weltfriedens (1979)
Ausgesperrten, Die (1980)
A: Jelinek, Elfriede
FT: Die Ausgesperrten (1982)
(*Die Auster und die Perle* 1954)
A: Saroyan, William
FT: Die Auster und die Perle (1954)
FT: Die Auster und die Perle (1961)
Avenger, The (1926) (*Der Rächer* 1951)
A: Wallace, Richard Horatio Edgar
FT: Der Rächer (1960)
Aventure di Pinocchio, Le (1883) (*Die Geschichte vom hölzernen Bengele* 1905)
A: Collodi, Carlo
FT: Turlis Abenteuer (1969)
FT: Die Legende von Pinocchio (1996)
Aventure parisienne, Une (1886) (*Pariser Abenteuer* 1955)
A: Maupassant, Guy de
FT: Ein Pariser Abenteuer (1982)
Axel (1890) (*Axel* 1914)
A: Villiers de l'Isle-Adam, Jean-Marie Mathias Philippe-Auguste, Comte de
FT: Axel von Auersperg (1973)
Azouk ou l'éléphant dans la maison (1954)
A: Rivemale, Alexandre
FT: Ein weißer Elefant (Ein Elefant im Haus) (1958)
Baader-Meinhof-Komplex, Der (1985)
A: Aust, Stefan
FT: Stammheim (1986)
Baal (1918)
A: Brecht, Bertolt

FT: Baal (1969)
Babour, Le (1969)
A: Marceau, Félicien
FT: Der Babutz (1971)
Bacchusfest, Das (1902)
A: Schnitzler, Arthur
FT: Das Bacchusfest (1953)
Bad, Bad Jo-Jo (1969)
A: Herlihy, James Leo
FT: Bös, bös, Jo-Jo! (1972)
Bad Soldier Smith, The (1962)
A: Home, William Douglas
FT: Der schlechte Soldat Smith (1963)
Bagerbørn (1967) (*Alle meine Kinder* 1969)
A: Cederstrand, Ditte
FT: Alle meine Kinder (1976)
Bahnwärter Thiel (1892)
A: Hauptmann, Gerhart
FT: Bahnwärter Thiel (1968)
FT: Bahnwärter Thiel (1982)
Balko: Die Zeugin (1996)
A: Paul, Nora
FT: Balko (1995-)
Balko: Headhunter (1996)
A: Paul, Nora
FT: Balko (1995-)
Ball im Savoy (1933)
A: Abraham, Paul; Grünwald, Alfred
FT: Ball im Savoy (1955)
(*Die Ballade von der Geige*)
A: Dostojewski, Feodor
FT: Die Ballade von der Geige (1972)
Bande, Die
A: Perny, Wilhelm
FT: Junge Leute brauchen Liebe (1980)
Banditendoktor, Der (1958)
A: Traven, B. (Bruno) (= Marut, Ret; Maurhut, Richard; Torsvan, Traven)
FT: Der Banditendoktor (1957)
Bär ist los, Der (2000)
A: Vávrová, Dana; Vilsmaier, Joseph
FT: Der Bär ist los (2000)
Barbara (1939) (*Barbara* 1960)
A: Jacobsen, Jørgen-Frantz
FT: Barbara (1961)
Barbe bleue (1697)
A: Perrault, Charles
FT: Mike Blaubart (1967)
Barbe bleue (1866) (*Ritter Blaubart* 1963)
A: Halévy, Ludovic; Meilhac, Henri; Offenbach, Jacques
FT: Ritter Blaubart (1973)
Barefoot in the Park (1964)
A: Simon, Neil
FT: Barfuß im Park (1980)
Bärenhäuter, Der (1812)
A: Grimm, Jakob Ludwig Carl; Grimm, Wilhelm Carl
FT: Der Bärenhäuter (1986)
Barometermacher auf der Zauberinsel, Der (1823)
A: Raimund, Ferdinand
FT: Simsalabimbambum oder Der Barometermacher auf der Zauberinsel (1985)
Barrings, Die (1937)
A: Simpson, William von
FT: Friederike von Barring (Die Barrings) (1955)
Bas-Boris Bode. Der Junge, den es zweimal gibt (1985)
A: Baer, Harry; Pfaue, Justus
FT: Bas-Boris Bode. Der Junge, den es zweimal gab (6 Teile) (1985)
Basement, The (1967) (*Tiefparterre* 1967)
A: Pinter, Harold
FT: Tiefparterre (1968)
Bastard, Der (1978)
A: Tessin, Brigitte von
FT: Der Bastard (1968)
Bat out of Hell (1972) (*Wie ein Blitz* 1972)
A: Durbridge, Francis Henry
FT: Wie ein Blitz (1970)
Bauern, Bonzen und Bomben (1931)
A: Fallada, Hans
FT: Bauern, Bonzen und Bomben (5 Teile) (1973)
Bauernpassion, Die (1955)
A: Billinger, Richard
FT: Die Bauernpassion. Ein Osterspiel (1955)
Baum des vergessenen Hundes
A: Frischmuth, Barbara
FT: Baum des vergessenen Hundes (1976)
Baumwollpflücker, Die (1928)
A: Traven, B. (Bruno) (= Marut, Ret; Maurhut, Richard; Torsvan, Traven)
FT: Die Baumwollpflücker (1973)
Baye, La (1967)
A: Adrien, Philippe
FT: Sonntags am Meer (1970)
Bayrische Dekameron, Das (1928)
A: Graf, Oskar Maria
FT: Das Glöcklein unterm Himmelbett (1970)
Beate und Mareile (1903)
A: Keyserling, Eduard von
FT: Beate und Mareile (1981)
Beatles Forever, The (1986)
A: Ransbeek, Roger van
FT: The Beatles Forever (1990)
Beatrice und Juana
A: Eich, Günter
FT: Beatrice und Juana (1963)

Becket ou l'honneur de Dieu (1959) (*Becket oder Die Ehre Gottes* 1960)
A: Anouilh, Jean
FT: Becket oder Die Ehre Gottes (1962)
Bedfull of Foreigners, A (1976) (*Ein Bett voller Gäste* 1976)
A: Freeman, David
FT: Ein Bett voller Gäste (1979)
Beésenye de'ngi (1870) (*Tolles Geld*)
A: Ostrovskij, Aleksandr N.
FT: Eine einträgliche Stelle (1966)
Begegnung im Balkan-Express (1956)
A: Hildesheimer, Wolfgang
FT: Begegnung im Balkan-Express (1955)
Begegnung im Nebel (1947)
A: Simmel, Johannes Mario
FT: Begegnung im Nebel (1976)
FT: Begegnung im Nebel (1982)
Begräbnis eines Schirmflickers (1980)
A: Inglin, Meinrad
FT: Das gefrorene Herz (1981)
Bei Westwind hört man keinen Schuß (1973)
A: Martin, Hansjörg
FT: Bei Westwind hört man keinen Schuß (1976)
Beichte eines Mörders, erzählt in einer Nacht (1936)
A: Roth, Joseph
FT: Beichte eines Mörders (1969)
Beichtgeheimnis, Das (1956)
A: Brautlacht, Erich
FT: Das Beichtgeheimnis (1956)
Beiden Freundinnen und der Giftmord, Die (1925)
A: Döblin, Alfred
FT: Die beiden Freundinnen (1978)
Beiden Klingsberg, Die (1801)
A: Kotzebue, August von
FT: Die beiden Klingsberg (1964)
Beiden merkwürdigsten Tage in Siegmunds Leben, Die
A: Tieck, Ludwig
FT: Der junge Herr Siegmund (1986)
Beiden Seehunde, Die (1917)
A: Rössler, Carl
FT: Seehundskomödie (1978)
Beil von Wandsbek, Das (1943)
A: Zweig, Arnold
FT: Das Beil von Wandsbek (1951)
FT: Das Beil von Wandsbek (1982)
FT: Das Beil von Wandsbek (1983)
Beim nächsten Mann wird alles anders (1987)
A: Heller, Eva
FT: Beim nächsten Mann wird alles anders (1988)
Bekenntnis der Ina Kahr, Das (1950)
A: Dits, Hans Emil
FT: Das Bekenntnis der Ina Kahr (1954)
Bekenntnisse des Hochstaplers Felix Krull (1922)
A: Mann, Thomas
FT: Bekenntnisse des Hochstaplers Felix Krull (1957)
FT: Bekenntnisse des Hochstaplers Felix Krull (1982)
Bekenntnisse eines möblierten Herrn (1960)
A: Hassencamp, Oliver
FT: Bekenntnisse eines möblierten Herrn (1963)
Bel Ami (1885) (*Der Liebling* 1899)
A: Maupassant, Guy de
FT: Bel Ami (1955)
FT: Bel Ami (2 Teile) (1968)
Bel indifférent, Le (1940) (*Der schöne Teilnahmslose* 1965)
A: Cocteau, Jean
FT: Der schöne Gleichgültige (1956)
Bellavita (1937) (*Bellavita* 1999)
A: Pirandello, Luigi
FT: Bellavita (1963)
Belle amour, La
A: Pagnol, Marcel
FT: Die Frau des Fotografen oder Die große Liebe (1958)
FT: Die Frau des Fotografen (1967)
Belle aventure, La (1920) (*Die Fahrt ins Blaue* 1920)
A: Caillavet, Gaston A. de; Flers, Robert de; Rey, Étienne
FT: Die Fahrt ins Blaue (1956)
Belle Lurette (1883) (*Die schöne Lurette*)
A: Blau, Edouard; Offenbach, Jacques; Toché, Raoul
FT: Die schöne Lurette (1960)
Belle marinière. La vie est belle, La (1930)
A: Achard, Marcel
FT: Zeit des Glücks (1961)
Belmonts, Die (1992)
A: Herlin, Hans
FT: Tödliches Geld (1995)
Belye noci (1848) (*Helle Nächte* 1911)
A: Dostojewski, Feodor
FT: Helle Nächte (1964)
Bend Sinister (1947) (*Das Bastardzeichen* 1962)
A: Nabokov, Vladimir
FT: Das Bastardzeichen (1969)
Benito Cereno (1855) (*Benito Cereno* 1962)
A: Melville, Herman
FT: Zwischen Meer und Himmel (1957)
Bensberger Zwischenspiel (1988)
A: Sülzer, Bernd
FT: Der Deal (1991)

Beyond the Horizon (1920) (*Jenseits vom Horizont* 1952)
A: O'Neill, Eugene (Gladstone)
FT: Jenseits vom Horizont (1958)
Bezauberndes Fräulein (1933)
A: Benatzky, Ralph
FT: Bezauberndes Fräulein (1953)
Biberpelz, Der (1893)
A: Hauptmann, Gerhart
FT: Der Biberpelz (1949)
FT: Der Biberpelz (1955)
FT: Der Biberpelz (1962)
Biberspur (1979)
A: Wolff, Bernd
FT: Biberspur (1984)
Bienzle und das Narrenspiel (1988)
A: Huby, Felix (= Hungerbühler, Eberhard)
FT: Tatort - Bienzle und das Narrenspiel (1994)
Bienzle und der Biedermann (1994)
A: Huby, Felix (= Hungerbühler, Eberhard)
FT: Tatort - Bienzle und der Biedermann (1992)
Bienzle und der Champion (1999)
A: Huby, Felix (= Hungerbühler, Eberhard)
FT: Tatort - Bienzle und der Champion (1998)
Bienzle und die lange Wut (2000)
A: Huby, Felix (= Hungerbühler, Eberhard)
FT: Tatort - Bienzle und die kalte Wut (1998)
Bienzle und die schöne Lau (1993)
A: Huby, Felix (= Hungerbühler, Eberhard)
FT: Tatort - Bienzle und die schöne Lau (1993)
Big Foot (1927) (*Großfuß* 1954)
A: Wallace, Richard Horatio Edgar
FT: Der Gorilla von Soho (1968)
Big Knife, The (1949) (*Das große Messer* 1950)
A: Odets, Clifford
FT: Das große Messer (1959)
Big Wave, The (1948) (*Die springende Flut* 1953)
A: Buck, Pearl S.
FT: Die große Woge (1958)
Bilanz (1963)
A: Böll, Heinrich
FT: Stunde der Wahrheit (1958)
Bilanz (1958)
A: Böll, Heinrich
FT: Bilanz eines Lebens (1982)
Bilder des Zeugen Schattmann, Die (1969)
A: Edel, Peter
FT: Die Bilder des Zeugen Schattmann (4 Teile) (1972)
Billard um halbzehn (1959)
A: Böll, Heinrich
FT: Nicht versöhnt oder Es hilft nur Gewalt, wo Gewalt herrscht (1965)
Bin ich schön (1994)
A: Dörrie, Doris
FT: Bin ich schön (1998)
Biografie. Ein Spiel (1967)
A: Frisch, Max
FT: Biografie. Ein Spiel (1970)
Biographien der Wahnsinnigen (1795)
A: Spieß, Christian Heinrich
FT: Das schöne irre Judenmädchen (1984)
Biographische Nachrichten von Josef Haydn (1810)
A: Dies, Albert Christoph
FT: Das bescheidene Genie (1982)
Biography (1933) (dt. 1948)
A: Behrman, Samuel Nathaniel
FT: Biographie und Liebe (1961)
Biologie und Tennis (1961)
A: Andersch, Alfred
FT: Biologie und Tennis (1958)
Birke da oben, Die (1970)
A: Knappe, Joachim
FT: Die Birke da oben (1979)
Birnbaum und Hollerstauden (1951)
A: Brüggemann, Kurt; Lutz, Josef Maria
FT: Birnbaum und Hollerstauden (1971)
Birthday Party, The (1960) (*Die Geburtstagsfeier* 1961)
A: Pinter, Harold
FT: Die Geburtstagsfeier (1978)
Bis dann (1994)
A: Quadflieg, Roswitha
FT: Eine Herzensangelegenheit (1997)
Bis zum Horizont und weiter
A: Bukowski, Oliver
FT: Bis zum Horizont und weiter (1998)
Bis zur bitteren Neige (1975)
A: Simmel, Johannes Mario
FT: Bis zur bitteren Neige (1975)
Bißchen Föhn, und du bist tot, Ein (1975)
A: Rodrian, Irene
FT: Einöd (1975)
Bitte laßt die Blumen leben (1983)
A: Simmel, Johannes Mario
FT: Bitte laßt die Blumen leben (1985)
Bitteren Tränen der Petra von Kant, Die (1971)
A: Fassbinder, Rainer Werner
FT: Die bitteren Tränen der Petra von Kant (1972)

Black Abbot, The (1926) (*Der schwarze Abt* 1952)
A: Wallace, Richard Horatio Edgar
FT: Der schwarze Abt (1963)
Black Cat, The (1840) (*Die schwarze Katze* 1914)
A: Poe, Edgar Allan
FT: Die schwarze Katze (1971)
FT: Die schwarze Katze (1980)
Blanche oder Das Atelier im Garten (1957)
A: Kornfeld, Paul
FT: Blanche oder Das Atelier im Garten (1985)
Blaßblaue Frauenhandschrift, Eine (1941)
A: Werfel, Franz
FT: Eine blaßblaue Frauenhandschrift (1984)
Blasius der Spaziergänger (1978)
A: Sommer, Siegfried
FT: Meine 99 Bräute (1958)
Blaßlila Briefe
A: Rosendorfer, Kurt
FT: Blaßlila Briefe (Tatort) (1982)
Blaubart (1982)
A: Frisch, Max
FT: Blaubart (1984)
Blaue Bidet oder Das eigentliche Leben, Das (1970)
A: Breitbach, Joseph
FT: Das blaue Bidet oder Ein Kapitalist wird besichtigt (1982)
Blaue: das Spitzelsystem der DDR, Der (1990)
A: Wawrzyn, Lienhard
FT: Der Blaue (1993)
Blaue Helm, Der (1976)
A: Görlich, Günter
FT: Der blaue Helm (1979)
Blaue Licht, Das (1812)
A: Grimm, Jakob Ludwig Carl; Grimm, Wilhelm Carl
FT: Das blaue Licht (1975)
Blaue Maus, Die (1978)
A: Kraatz, Curt; Laufs, Carl; Wiener, Hugo
FT: Die blaue Maus (1978)
Blaue Palais: ein Thriller, d. morgen schon Realität sein kann (5 Romane in e. Bd.), Das (1987)
A: Erler, Rainer
FT: Das blaue Palais: Das Genie (1974)
FT: Das blaue Palais: Das Medium (1974)
FT: Das blaue Palais: Der Verräter (1974)
FT: Das blaue Palais: Der Gigant (1976)
FT: Das blaue Palais: Unsterblichkeit...? (1976)
Blaue Strohhut, Der (1942)
A: Michael, Friedrich
FT: Der blaue Strohhut (1949)
FT: Der blaue Strohhut (1959)
FT: Der blaue Strohhut (1968)
Blaue Stunde, Die (1977)
A: Frick, Hans Joe
FT: Hans - ein Junge in Deutschland (1985)
Blaue vom Himmel, Das (1975)
A: Hüttner, Hannes
FT: Die Reise zum Quarkstern (1983)
Blaue Wunder, Das (1825)
A: Zschokke, Heinrich
FT: Jungfer Miras Mirakel (1986)
Blauen und die grauen Tage, Die (1996)
A: Feth, Monika
FT: Die blauen und die grauen Tage
(*Der Blaumilchkanal* 1971)
A: Kishon, Ephraim
FT: Der Blaumilchkanal (1969)
Blauvogel (1984)
A: Jürgens, Anna (= Müller-Tannewitz, Anna)
FT: Blauvogel (1984)
Blechtrommel, Die (1959)
A: Grass, Günter
FT: Die Blechtrommel (1979)
Blessington Method, The (1964) (*Die Segensreich-Methode und andere seltsame Geschichten* 1966)
A: Ellin, Stanley
FT: Robert (Abgründe) (1966)
Blind Alley (1956)
A: Popplewell, Jack
FT: Falsche Spuren (1990)
Blind Eye
A: Stark, Richard
FT: Der glücklose Mann (1982)
Blithe Spirit (1941) (*Heitere Geister* 1949)
A: Coward, Noël (Pierce) Sir
FT: Geisterkomödie (1962)
Blond Baboon, The (*Der blonde Affe* 1986)
A: Wetering, Janwillem van de
FT: Der blonde Affe (1998)
Blonde Eckbert, Der (1797)
A: Tieck, Ludwig
FT: Die Romantic Sisters
Blue Hand (1923) (*Die blaue Hand* 1928)
A: Wallace, Richard Horatio Edgar
FT: Die blaue Hand (1967)
Blue Hotel, The (*Das blaue Hotel* 1955)
A: Crane, Stephen
FT: Das blaue Hotel (1975)
Blume von Hawaii, Die (1931)
A: Abraham, Paul
FT: Die Blume von Hawaii (1953)

Blutiger Ernst (1981)
A: Murr, Stefan
FT: Blutiger Ernst (1997)
Bockerer, Der (1946)
A: Becher, Ulrich; Preses, Peter
FT: Der Bockerer. Ein dramatisches Possenspiel (1963)
FT: Der Bockerer (1981)
Bockerer, Der (1946)
A: Becher, Ulrich; Preses, Peter
FT: Der Bockerer II - Österreich ist frei (1996)
FT: Der Bockerer III - Die Brücke von Andau (2000)
Bockshorn (1973)
A: Meckel, Christoph
FT: Bockshorn (1984)
Bodas de sangre (1933) (dt. 1944)
A: García Lorca, Federico
FT: Bluthochzeit (1962)
Boeing-Boeing (1961)
A: Camoletti, Marc
FT: Boeing-Boeing (1965)
Boeing-Boeing (1961) (*Boeing-Boeing* 1970)
A: Camoletti, Marc
FT: Boeing-Boeing (1978)
Bohème, La (1896)
A: Giacosa, Giacomo; Illica, Luigi; Puccini, Giacomo
FT: La Bohème (1965)
Bohemia, mein Schicksal (1979)
A: Koplowitz, Jan
FT: Hotel Polan und seine Gäste (1982)
Bolschewist des Kapitals, Ein (1973)
A: Kluge, Alexander
FT: Der starke Ferdinand (1976)
Bolwieser (1931)
A: Graf, Oskar Maria
FT: Bolwieser (1976/77) 2 Teile (1983)
Bomber für Japan (1938)
A: Guggenheim, Werner Johannes
FT: Bomber für Japan (1958)
Bombestimmig (1989)
A: Keller, Markus
FT: Bombestimmig (1990)
Bomsalva (1970) (*Die Bombe* 1982)
A: Molin, Lars
FT: Die Bombe (1988)
Bonaventure (1950)
A: Hastings, Charlotte
FT: Schwester Bonaventura (1958)
Bonnes, Les (1957) (*Die Zofen* 1957)
A: Genet, Jean
FT: Die Zofen (1964)
Boot, Das (1973)
A: Buchheim, Lothar-Günther
FT: Das Boot (1979-81)
FT: Das Boot - Der Director's Cut (1996)
(*Das Boot im Walde*)
A: Khaitov, Nikolai
FT: Das Boot im Walde (1971)
Born Yesterday (1946)
A: Kanin, Garson
FT: Nicht von gestern (1953)
FT: Die ist nicht von gestern (1959)
Böse Geist Lumpazivagabundus oder Das liederliche Kleeblatt, Der (1835)
A: Nestroy, Johann Nepomuk
FT: Der böse Geist Lumpazivagabundus oder Das liederliche Kleeblatt (1953)
FT: Lumpazivagabundus (1956)
FT: Lumpazivagabundus (1967)
Bottega del caffè, La (1750) (*Das Kaffeehaus* 1924)
A: Goldoni, Carlo
FT: Das Kaffeehaus (1970)
Bottle Imp, The (1893) (*Der Flaschenteufel* 1926)
A: Stevenson, Robert Louis
FT: Der Flaschenteufel (1952)
Boubouroche (1893) (*Boubouroche* 1901)
A: Courteline, Georges
FT: Boubouroche (1956)
Boule de suif (1881) (*Fettklößchen* 1927)
A: Maupassant, Guy de
FT: Reisegesellschaft (1968)
Boulingrin, Les (1898)
A: Courteline, Georges
FT: Ein ruhiges Heim (1970)
Bourru bienfaisant, Le (1771) (*Der gutherzige Murrkopf* 1785)
A: Goldoni, Carlo
FT: Der gutmütige Grantler (1982)
Bouvard et Pécuchet (1881)
A: Flaubert, Gustave
FT: Lichtschlag (1989)
Boxer, Der (1976)
A: Becker, Jurek
FT: Der Boxer (1980)
Boy, the Devil and Divorce, The (1993) (*Nicht ohne meine Eltern* 1996)
A: Frede, Richard
FT: Nicht ohne meine Eltern (1998)
Brackwasser (1928)
A: Hauser, Heinrich
FT: Bis zum Ende aller Tage (1961)
Branda tomten (1907) (*Der Scheiterhaufen*)
A: Strindberg, August
FT: Der Scheiterhaufen (1966)
Brandbilen som försvannt (1969) (*Alarm in Sköldgatan* 1972)
A: Sjöwall, Maj; Wahlöö, Per
FT: Kommissar Beck: Alarm in Sköldgatan (1993)

Brandnacht, Die (1986)
A: Jaun, Sam
FT: Brandnacht (1992)
Brandner Kasper schaut ins Paradies, Der (1934)
A: Lutz, Josef Maria
FT: Die seltsame Geschichte des Brandner Kasper (1949)
Brandopfer, Das (1954)
A: Goes, Albrecht
FT: Der Schlaf der Gerechten (1962)
Brandstellen (1975)
A: Degenhardt, Franz-Josef
FT: Brandstellen (1977)
Brandstifter von Tarrafal, Der (1974)
A: Lornsen, Boy
FT: Feuer um Mitternacht (2 Teile) (1980)
Brat'ja Karamazovy (1880) (*Die Brüder Karamasov*)
A: Dostojewski, Feodor
FT: Der Großinquisitor (1985)
(*Die Braut Nadja*)
A: Čechov, Anton Pavlovič
FT: Die Braut Nadja (1975)
Braut von Messina, Die (1803)
A: Schiller, Friedrich von
FT: Chamsin (1970)
(*Ein Bräutigam für Marcella* 1969)
A: Klíma, Ivan
FT: Ein Bräutigam für Marcella (1970)
Breakfast with Julia (*Frühstück mit Julia* 1960)
A: Graham, Burton
FT: Frühstück mit Julia (1982)
Breath of Spring (1959)
A: Coke, Peter
FT: Feine Herrschaften (Modell Frühlingshauch) (1966)
Brekkukotsannall (1957) (*Das Fischkonzert* 1961)
A: Laxness, Halldor
FT: Fischkonzert (1973)
Bremer Freiheit. Ein bürgerliches Trauerspiel (1973)
A: Fassbinder, Rainer Werner
FT: Bremer Freiheit; Frau Geesche Gottfried - Ein bürgerliches Trauerspiel (1972)
Bremer Stadtmusikanten, Die (1812)
A: Grimm, Jakob Ludwig Carl; Grimm, Wilhelm Carl
FT: Die Bremer Stadtmusikanten (1959)
FT: Die Bremer Stadtmusikanten (1979)
FT: Die furchtlosen Vier (1997)
Brennende Ruhr (1929)
A: Grünberg, Karl
FT: Brennende Ruhr
Brennendes Geheimnis (1914)
A: Zweig, Stefan
FT: Brennendes Geheimnis (1977)
FT: Brennendes Geheimnis (1988)
Briefträger ging vorbei, Der
A: Kolbenhoff, Walter (= Hoffmann, Walter)
FT: Ein Briefträger ging vorbei (1954)
(*Briefwechsel mit Stefan Zweig*)
A: Feuchtwanger, Lion
FT: Ich stehe Ihnen natürlich zur Verfügung (1984)
Brige, Rapéteaux, La
A: Courteline, Georges
FT: Ca va! (La Brige, Rapéteaux) (1962)
Bright Interval
A: Lettunich, Mateo
FT: Diebelei (1957)
Brigitta (1843)
A: Stifter, Adalbert
FT: Brigitta (1982)
FT: Brigitta (1993)
(*Der Brombeertag* 1995)
A: Pilcher, Rosamunde
FT: Rosamunde Pilcher: Irrwege des Herzens (1997)
Bronsteins Kinder (1986)
A: Becker, Jurek
FT: Bronsteins Kinder (1990)
Bronzezeit: Geschichten aus dem Leben des Buchhalters Farssmann (1986)
A: Kant, Hermann
FT: Farssmann oder Zu Fuß in die Sackgasse (1991)
Brot der frühen Jahre, Das (1955)
A: Böll, Heinrich
FT: Das Brot der frühen Jahre (1962)
Browning Version, The (1948)
A: Rattigan, Terence
FT: Das Abschiedsgeschenk (1953)
FT: Das Abschiedsgeschenk (1956)
FT: Das Abschiedsgeschenk (1962)
Bruch, Der (1989)
A: Kohlhaase, Wolfgang
FT: Der Bruch (1988)
Brücke, Die (1958)
A: Gregor, Manfred (= Dietrich, Erwin C.)
FT: Die Brücke (1959)
Bruder, Der
A: Weinert, Erich
FT: Der Bruder (1955)
Brüder Lautensack, Die (1945)
A: Feuchtwanger, Lion
FT: Die Brüder Lautensack (1971-73)
Bruder Martin (1929)
A: Costa, Martin

FT: Und der Himmel lacht dazu (1954)
Bruder Straubinger (1903)
A: Eysler, Edmund; Lindau, Carl; Stein, Leo
FT: Küssen ist keine Sünd' (1950)
Brüderchen und Schwesterchen (1812)
A: Grimm, Jakob Ludwig Carl; Grimm, Wilhelm Carl
FT: Brüderchen und Schwesterchen (1953)
Bruges-la-Morte (1892) (*Das tote Brügge* 1918)
A: Rodenbach, Georges
FT: Nocturno (1971)
Brummeisenprinzessin, Die
A: Volkmann, Richard von (= Leander, Richard)
FT: Die Brummeisenprinzessin (1987)
Bubus (*Schäm' dich, Brigitta!*)
A: Vaszary, Gábor von
FT: Schäm' dich, Brigitte! (1952)
FT: Wir werden das Kind schon schaukeln (1952)
FT: Bubusch (1962)
(*Budapester Moral*)
A: Molnár, Ferenc
FT: Budapester Moral (Spätlese) (1974)
Buddenbrooks, Die (1922)
A: Mann, Thomas
FT: Buddenbrooks (Teil I und II) (1959)
FT: Buddenbrooks (1978)
Bund der Haifische, Der (1961)
A: Lux, Hanns Maria
FT: Der Bund der Haifische (1961)
Bürger Schippel (1913)
A: Sternheim, Carl
FT: Bürger Schippel (1964)
Bürger von Calais, Die (1914)
A: Kaiser, Georg
FT: Die Bürger von Calais (1958)
Bürgermeister Anna (1952)
A: Wolf, Friedrich (Baetz, Christian; Rüedi, Hans; Dr. Isegrimm)
FT: Bürgermeister Anna (1950)
Bürgermeister, Der (1963)
A: Hofmann, Gert
FT: Der Bürgermeister (1965)
Burggespenst Lülü, Das (1992)
A: Kühl, Katharina
FT: Das Burggespenst Lülü (1992)
Bürgschaft für ein Jahr (1981)
A: Schulze Gerlach, Tine
FT: Bürgschaft für ein Jahr (1981)
Buridans Esel (1968)
A: Bruyn, Günter de
FT: Glück im Hinterhaus (1979)
Burning Bright (1950) (*Die wilde Flamme* 1952)
A: Steinbeck, John
FT: Die wilde Flamme (1979)
Burning Daylight (1910) (*Lockruf des Goldes*)
A: London, Jack
FT: Lockruf des Goldes (4 Teile) (1975)
Buschgespenst, Das (1898)
A: May, Karl Friedrich
FT: Das Buschgespenst (1986)
Butch Minds the Baby (1935)
A: Runyon, (Alfred) Damon
FT: Butch paß aufs Baby auf (1961)
Butterbrot (1986)
A: Barylli, Gabriel
FT: Butterbrot (1990)
Butterflies (1975)
A: McEwan, Ian
FT: Schmetterlinge (1988)
Cactus Garden, The (1967) (*Der Kaktusgarten* 1960)
A: Campton, David
FT: Der Kaktusgarten (1967)
Caesar and Cleopatra (1900) (*Cäsar und Cleopatra* 1904)
A: Shaw, George Bernard
FT: Caesar und Cleopatra (1964)
Caine Mutiny, The (1951) (*Die "Caine" war ihr Schicksal* 1952)
A: Wouk, Herman
FT: Die Caine war ihr Schicksal (1959)
Čajka (1896) (*Die Möve*)
A: Čechov, Anton Pavlovič
FT: Die Möwe (1963)
Calf Love (1929) (*Backfischliebe*)
A: Bartlett, Vernon
FT: Backfischliebe (1985)
Call of the Wild, The (1903) (*Der Ruf der Wildnis* 1907)
A: London, Jack
FT: Ruf der Wildnis (1972)
Campingpark: Heidi und Erni (1992)
A: Ulrici, Rolf
FT: Heidi und Erni (1990)
Campus, Der (1995)
A: Schwanitz, Dietrich
FT: Der Campus (1997)
Canaris: Patriot und Weltbürger (1950)
A: Abshagen, Karl Heinz
FT: Canaris (1954)
Cancan und großer Zapfenstreich (1962)
A: Berndorff, Hans Rudolf
FT: Das schwarzweiß-rote Himmelbett (1962)
Candida (1898) (*Candida* 1906)
A: Shaw, George Bernard
FT: Candida (1963)
FT: Candida (1984)

Candidat Cormoran (1962) (*Kandidat Cormoran* 1965)
A: Paliard, François
FT: Kandidat Cormoran (1965)
Candidat, Le (1874) (*Der Kandidat* 1914)
A: Flaubert, Gustave
FT: Der Kandidat (1965)
FT: Der Kandidat (1986)
Cannibals (1968)
A: Tabori, George
FT: Kannibalen (1970)
Cantatrice chauve, La (1950) (*Die kahle Sängerin* 1959)
A: Ionesco, Eugène
FT: Die kahle Sängerin (1961)
Canterville Ghost, The (1891) (*Der Geist von Canterville* 1897)
A: Wilde, Oscar
FT: Das Sandmännchen (1955)
Canto de la cigarra, El (1960) (*Grille und Ameise* 1960)
A: Paso, Alfonso
FT: Grille und Ameise (1979)
Capitaine Karagheuz. Chronique en un prologue, cinq tableaux et un épilogue (1967) (*Kapitän Karagöz*)
A: Gaulis, Louis
FT: Kapitän Karagöz (1963)
Captain Brassbound's Conversion (1900) (*Kapitän Brassbounds Bekehrung* 1926)
A: Shaw, George Bernard
FT: Kapitän Brassbounds Bekehrung (1967)
Captain's Table, The (1954) (*Käpt'n Ebbs: Seebär und Salonlöwe* 1955)
A: Gordon, Richard
FT: Der Kapitän (1971)
Carafon, Le (1961)
A: Bernard, Marc
FT: Nur eine Karaffe ... (1962)
Cardinal d'Espagne, Le (1960) (*Der Kardinal von Spanien* 1960)
A: Montherlant, Henry de
FT: Der Kardinal von Spanien (1965)
Carl XII (1901)
A: Strindberg, August
FT: Epitaph für einen König (1969)
(*Caroline*)
A: Maugham, W. Somerset
FT: Caroline (1966)
Caroline chérie (1950) (*Am Anfang war nur Liebe* 1950)
A: Saint-Laurent, Cécil
FT: Caroline Cherie (Schön wie die Sünde) (1967)
Carosse du Saint-Sacrement, La (1829) (*Die Sakramentskarosse* 1949)
A: Mérimée, Prosper
FT: Die Sakramentskarosse (1965)
Carousel, The (1982) (*Karussell des Lebens* 1992)
A: Pilcher, Rosamunde
FT: Rosamunde Pilcher: Karussell des Lebens (1994)
Cartas de amor de la monja portuguesa (1696) (*Liebesbriefe eine portugiesischen Nonne* 1913)
A: Alcoforado, Mariana
FT: Liebesbriefe einer portugiesischen Nonne (1976)
Casa de los espíritus, La (1982) (*Das Geisterhaus* 1984)
A: Allende, Isabel
FT: Das Geisterhaus (1993)
Cascadeur: die Jagd nach dem Bernsteinzimmer (1998)
A: Friedrichs, Horst
FT: Cascadeur: die Jagd nach dem Bernsteinzimmer (1998)
Cask of Amontillado, A (1845) (*Das Faß Amontillado* 1914)
A: Poe, Edgar Allan
FT: Ein Fäßchen Amontillado (Spätlese) (1974)
Caso Pinedus, Il (1955) (*Der Fall Pinedus* 1955)
A: Levi, Paolo
FT: Der Fall Pinedus (1959)
Catherine (1963)
A: Benzoni, Juliette
FT: Catherine - Ein Leben für die Liebe (1968)
Ce soir à Samarcande (1950)
A: Deval, Jacques
FT: Heute nacht in Samarkand (1961)
Cecile (1887)
A: Fontane, Theodor
FT: Cecile (1977)
Cécile ou l'école des pères (1953) (*Cécile oder Die Schule der Väter* 1955)
A: Anouilh, Jean
FT: Cécile oder Die Schule der Väter (1962)
Cella oder Die Überwinder (1970)
A: Werfel, Franz
FT: Cella oder Die Überwinder (1978)
Celle qui n'était plus (1952) (*Tote sollten schweigen* 1974)
A: Boileau, Pierre; Narcejac, Thomas
FT: Böses Erwachen (1991)
Cement Garden, The (1978) (*Der Zementgarten* 1980)
A: McEwan, Ian
FT: Der Zementgarten (1992)
Cenerentola, ossia La bontà in trionfo, La (1817)
A: Ferretti, Jacopo; Rossini, Gioacchini Antonio

FT: La Cenerentola (1981)
Centroforward murió al amanecer, El (1955)
A: Cuzzani, Augustín
FT: Der Mittelstürmer verweigert das Paradies (1987)
César (1931) (*César* 1948)
A: Pagnol, Marcel
FT: César (1958)
Cesta kolem sveta za 80 dni (1962) (*Reise um die Erde in 80 Tagen* 1965)
A: Kohout, Pavel
FT: Die Reise um die Erde (1964)
C'était comment déjà? (*Wie war das damals?* 1965)
A: Bouchaud, Jean
FT: Wie war das damals? (1983)
Cetvertyj (*Der Vierte* 1962)
A: Simonov, Konstantin M.
FT: Der Vierte (1962)
Chabichou (1925)
A: Duvernois, Henri
FT: Chabichou (1964)
Chain of Darkness (1962)
A: Cook, Kenneth
FT: Ketten (1976)
Chaises, Les (1952) (*Die Stühle* 1960)
A: Ionesco, Eugène
FT: Die Stühle (1964)
Chalk Garden, The (1956)
A: Bagnold, Enid
FT: Der Kreidegarten (1967)
Chambre bleue, La (1872) (*Das blaue Zimmer* 1947)
A: Mérimée, Prosper
FT: Das blaue Zimmer (1964)
Chambre bleue, La (1963) (*Das blaue Zimmer* 1964)
A: Simenon, Georges (= Sim, Georges; Aramis; Brulls, Christian)
FT: Die Komplizen (1985)
Champ clos (1988) (*In inniger Feindschaft* 1992)
A: Boileau, Pierre; Narcejac, Thomas
FT: In inniger Feindschaft (1990)
Champagner für die Dame
A: Seidemann, Maria
FT: Champagner für die Damen (1983)
Champagner und Kamillentee (1992)
A: Stalmann, Franziska
FT: Champagner und Kamillentee (1997)
Change (1969)
A: Bauer, Wolfgang
FT: Change (1971)
FT: Change (1974)
Chantrels, Les
A: Benatzky, Ralph; Berr, Georges; Verneuil, Louis (= Bocage, Louis Colin du)
FT: Es bleibt in der Familie (1958)
FT: Es bleibt in der Familie (1981)
Charley's Aunt (1892) (*Charleys Tante* 1919)
A: Thomas, Brandon
FT: Charleys Tante (1955)
FT: Charleys Tante (1963)
FT: Charleys Tante (1996)
Chat en poche, Le (1888) (*Die Katze im Sack*)
A: Feydeau, Georges
FT: Die Katze im Sack (oder Der Sänger aus Bordeaux) (1967)
Cheated Hearts (1990) (*Wilde Herzen* 1992)
A: Barrett, Karen Lawton
FT: Leise Schatten (1992)
Chien du jardinier, Le (1955) (*Bei Tag und Nacht* 1956)
A: Neveux, Georges
FT: Bei Tag und bei Nacht oder Der Hund des Gärtners (1957)
FT: Bei Tag und bei Nacht (1964)
Child Manuela: The Novel of Madchen in Uniform, The (1933) (*Das Mädchen Manuela. Der Roman von Mädchen in Uniform* 1934)
A: Winsloe, Christa
FT: Mädchen in Uniform (1958)
Childkeeper, The (1975) (*Aus heiterem Himmel* 1980)
A: Stein, Sol
FT: Aus heiterem Himmel (1980)
Children
A: Cheever, John
FT: Kinder (1981)
Children's Day (1975)
A: Waterhouse, Keith
FT: Kinderparty (1978)
Chimes, The (1845) (*Die Sylvesterglocken* 1876)
A: Dickens, Charles
FT: Die Glocken von London (1962)
Chinese, Der (1938)
A: Glauser, Friedrich
FT: Der Chinese (1979)
Chinesische Mauer, Die (1947)
A: Frisch, Max
FT: Die chinesische Mauer (1958)
FT: Die chinesische Mauer (1965)
Chinesische Nelke, Die (1936)
A: Weinert-Wilton, Louis (= Weinert, Alois)
FT: Geheimnis der chinesischen Nelke (1964)
Chips with Everything (1961) (*Bratkartoffeln, nichts als Bratkartoffeln* 1970)
A: Wesker, Arnold

FT: Bratkartoffeln inbegriffen (1967)
Christabel (*Stunden der Entscheidung*)
A: Pilcher, Rosamunde
FT: Rosamunde Pilcher: Stunden der Entscheidung (1997)
Christinas Heimreise (1910)
A: Hofmannsthal, Hugo von
FT: Christinas Heimreise (1965)
Christmas Carol, A (1843) (*Der Weihnachtsabend* 1847)
A: Dickens, Charles
FT: Ein Weihnachtslied in Prosa (1955)
FT: Ein Weihnachtslied in Prosa (1960)
FT: Dinner für acht (1980)
Christoph Columbus (1932)
A: Hasenclever, Walter
FT: Christoph Columbus oder Die Entdeckung Amerikas (1969)
Chulla Rombero y Florez, El (1958) (*Caballero im geborgten Frack* 1965)
A: Icaza, Jorge
FT: Caballero im geborgten Frack (1978)
Ciclista de San Cristobal, El (1973)
A: Skármeta, Antonio
FT: Der Radfahrer von San Cristobal (1989)
Ciske de Rat (1941) (dt. 1946)
A: Bakker, Piet
FT: Ciske - ein Kind braucht Liebe (1955)
Claimant, The (*Der Mann aus Melbourne* 1960)
A: Maugham, Robin
FT: Der Mann aus Melbourne (1966)
Clair de femme (1977) (*Frauenlicht* 1979)
A: Gary, Romain
FT: Die Liebe einer Frau (1979)
Clarissa (1961)
A: Zweig, Stefan
FT: Clarissa - Tränen der Zärtlichkeit (1997)
Class Enemy (1978) (*Klassenfeind* 1978)
A: Williams, Nigel
FT: Klassenfeind (1982)
Claudia (1938)
A: Franken, Rose
FT: Claudia (1960)
Clavigo (1774)
A: Goethe, Johann Wolfgang von
FT: Clavigo (1959)
FT: Clavigo (1970)
FT: Clavigo (1978)
Clavo, El (*Der Nagel*)
A: Alarcón y Ariza, Pedro Antonio de
FT: Der Nagel (1970)
Clean Crimes and Neat Murderers (1960)
A: Slesar, Henry
FT: Sanfter Schrecken. Unheimliche Geschichten am Kamin (1977)
Clivia (1934)
A: Dostal, Nico
FT: Clivia (1954)
Clue of the New Pin, The (1923) (*Das Geheimnis der Stecknadel* 1955)
A: Wallace, Richard Horatio Edgar
FT: Das Geheimnis der grünen Stecknadel (1971)
Cocktail Party, The (1949) (*Die Cocktailparty* 1950)
A: Eliot, Thomas Stearns
FT: Die Cocktailparty (1964)
Coffin from Hongkong, A (1962) (*Ein Sarg aus Honkong* 1963)
A: Chase, James Hadley
FT: Ein Sarg aus Honkong (1964)
Collection, The (1963) (*Die Kollektion* 1967)
A: Pinter, Harold
FT: Die Kollektion (1963)
FT: Die Kollektion (1967)
College Crampton (1892)
A: Hauptmann, Gerhart
FT: Kollege Crampton (1967)
College Girl Murders , The
A: Wallace, Richard Horatio Edgar
FT: Der Mönch mit der Peitsche (1967)
Collin (1979)
A: Heym, Stefan
FT: Collin (1981)
Colomba (1840) (*Colomba* 1880)
A: Mérimée, Prosper
FT: Colomba (1975)
Colombe (1950) (*Colombe* 1951)
A: Anouilh, Jean
FT: Colombe (1958)
Colonel Chabert, Le (1832) (*Oberst Chabert* 1884)
A: Balzac, Honoré de
FT: Oberst Chabert (1956)
FT: Oberst Chabert (1967)
Come Back Little Sheba (1950) (*Komm wieder, kleine Sheba* 1955)
A: Inge, William (Motter)
FT: Komm wieder, kleine Sheba (1961)
Comedian Harmonists: 6 Lebensläufe, Die (1988)
A: Fechner, Eberhard
FT: Comedian Harmonists (1999)
Comedy of Errors (1593) (*Irrungen, Wirrungen*)
A: Shakespeare, William
FT: Komödie der Irrungen (1964)
Coming Home (1995) (*Heimkehr* 1995)
A: Pilcher, Rosamunde
FT: Rosamunde Pilcher: Heimkehr (1998)
Comte de Monte-Christo, Le (1846) (*Der Graf von Monte-Christo* 1913)
A: Dumas, Alexandre (père)

FT: Der Graf von Monte Christo (1998)

Con la penna d'oro (*Die Kusinen* 1976)
A: Svevo, Italo
FT: Alberta und Alice oder Die Unterwerfung (1981)

Conchita und der Ingenieur (1951)
A: Taut, Franz
FT: Conchita und der Ingenieur (1954)

Condor, Der (1840)
A: Stifter, Adalbert
FT: Der Kondor (1982)

Confidential Clerk, The (1953) (*Der Privatsekretär* 1954)
A: Eliot, Thomas Stearns
FT: Der Privatsekretär (1963)

Consolation (1872) (*Herzliches Beileid*)
A: Feydeau, Georges
FT: Herzliches Beileid (1981)

Constant Wife, The (1926) (dt. 1927)
A: Maugham, W. Somerset
FT: Finden Sie, daß sich Constanze richtig verhält? (1962)
FT: Eine konsequente Frau (1971)

Contes drôlatiques (1837) (*Drollige Erzählungen*)
A: Balzac, Honoré de
FT: Die tolldreisten Geschichten nach Honoré de Balzac (1968)
FT: Komm, liebe Maid, und mache ... (1969)
FT: Die Wäscherin von Portillon (1986)
FT: Mönch ärgere dich nicht (1986)

Continuous Catherine Mortenhoe, The (1974) (*Der gekaufte Tod* 1981)
A: Compton, David Guy
FT: Death Watch - Der gekaufte Tod (1979)

Cool Sleeps Balaban (1964) (*Verraten und verkauft* 1964)
A: Mackenzie, Donald
FT: Verraten und verkauft (1969)

Corde au cou, La (1873) (*Die tugendhafte Gräfin* 1968)
A: Gaboriau, Emile
FT: Der Strick um den Hals (1974)

Corinna
A: Hammerl, Elfriede
FT: Corinna (1984)

Corinne und der Seebär (1966)
A: Wittlinger, Karl
FT: Corinne und der Seebär (1968)

Corrida de la victoire, La (1959) (*Die Asche des Sieges* 1961)
A: Conchon, Georges
FT: Asche des Sieges (1969)

Corruzione al Palazzo di Giustizia (1944) (*Korruption im Justizpalast* 1950)
A: Betti, Ugo
FT: Korruption (1957)

Cosi e se vi pare (1918) (*So ist es - wie Sie meinen* 1925)
A: Pirandello, Luigi
FT: So ist es - ist es so? (1960)

Cosmopolitans (1936) (*Kreuzfahrten eines Globetrotters* 1948)
A: Maugham, W. Somerset
FT: Kreuzfahrten eines Globetrotters (1980)

Counsellor-at-Law (1931) (*Der Staranwalt von Manhattan* 1934)
A: Rice, Elmer
FT: Der Strafverteidiger (1961)

Country Boy, The (1960)
A: Murphy, John
FT: Tom und seine Söhne (1964)

Country Girl, The (1950) (*Ein Mädchen vom Lande* 1951)
A: Odets, Clifford
FT: Ein Mädchen vom Lande (1961)

Country of the Blind, The (1911) (*Das Land der Blinden* 1912)
A: Wells, Herbert George
FT: Das Land der Blinden oder Von einem, der auszog (1976)

Coup de fouet, Le (1900) (*Sein Doppelgänger* 1908)
A: Duval, Georges; Hennequin, Maurice
FT: Sein Doppelgänger (1982)

Coup de grâce, Le (1939) (*Der Fangschuß* 1968)
A: Yourcenar, Marguerite
FT: Der Fangschuß (Coup de Grâce) (1977)

Cours de bonheur conjugal (1951) (*Schule für Eheglück* 1951)
A: Maurois, André
FT: Schule für Eheglück (1953)
FT: Schule für Eheglück (1954)

Cousines de la colonelle, Les (*Die Nichten der Frau Oberst* 1968)
A: Maupassant, Guy de
FT: Die Nichten der Frau Oberst (1968)
FT: Die Nichten der Frau Oberst - 2. Teil: Mein Bett ist meine Burg (1968)
FT: Die Nichten der Frau Oberst (1979)

Coversazione in Sicilia (1953)
A: Vittorini, Elio
FT: Sicilia! (1999)

Crazy (1999)
A: Lebert, Benjamin
FT: Crazy (2000)

Crime Wave at Blandings, The (1937) (*Eine Welle von Verbrechen*)
A: Wodehouse, Pelham Grenville
FT: Blut floß auf Blendings Castle (1967)

Crimson Circle, The (1922) (*Der rote Kreis* 1951)
A: Wallace, Richard Horatio Edgar

FT: Der rote Kreis (1959)
Croque-monsieur (1964)
A: Mithois, Marcel
FT: Wie wär's, Monsieur (1966)
Crosstown Sabbath - A Street Journey Through History (1987) (*Crosstown Sabbath. Über den Zwang zur Unrast* 1993)
A: Morton, Frederic (= Mandelbaum, Fritz)
FT: Zwang zur Unrast (1994)
Crucible, The (1953) (*Hexenjagd* 1954)
A: Miller, Arthur
FT: Die Hexen von Salem (1957)
FT: Hexenjagd (1960)
Cry of the Owl, The (1962) (*Der Schrei der Eule* 1976)
A: Highsmith, Patricia
FT: Der Schrei der Eule (1987)
Cry Passion (1956)
A: Jessup, Richard
FT: Mord in Gateway (2 Teile) (1962)
Cuarteles de invierno (1982) (*Das Autogramm* 1986)
A: Soriano, Osvaldo
FT: Das Autogramm (1984)
Cuckoo in the Nest, A (1925)
A: Travers, Ben
FT: Ein Kuckuck im Nest (1989)
Cue for Passion (1959) (*Die Heimkehr Tony Burgess'* 1973)
A: Rice, Elmer
FT: Ruf zur Leidenschaft (1961)
Cuisine des anges, La (1952) (*Eine schöne Bescherung* 1961)
A: Husson, Albert
FT: Die Stimme im Glas (1961)
Cuisine des anges, La (1952) (*Eine schöne Bescherung* 1962)
A: Husson, Albert
FT: Eine schöne Bescherung (1963)
Curious Savage, The (1950) (*Eine etwas sonderbare Dame* 1955)
A: Patrick, John
FT: Eine etwas sonderbare Dame (1960)
FT: Eine etwas sonderbare Dame (1982)
Cyclones, Les (1954)
A: Roy, Jules
FT: Die Zyklone (1955)
Da Mädchen Rosemarie (1958)
A: Kuby, Erich
FT: Das Mädchen Rosemarie (1996)
Dachserin und andere Geschichten aus dem Nachlaß , Die (1922)
A: Thoma, Ludwig
FT: Die Dachserin (1965)
FT: Die Dachserin (1988)
Dacniki (1904) (*Sommergäste* 1974)
A: Gorkij, Maksim
FT: Sommergäste (1976)
Daddy und Do (1951)
A: Pilchowski, Robert
FT: Ein Leben für Do (1953)
Daffodil Mystery, The (1920) (*Das Geheimnis der gelben Narzissen* 1951)
A: Wallace, Richard Horatio Edgar
FT: Das Geheimnis der gelben Narzissen (1961)
Dalmatinische Dolch, Der (1980)
A: Hofé, Günter
FT: Das Verhör (1981)
Dama duende, La (1636) (*Dame Kobold* 1822)
A: Calderón de la Barca, Pedro
FT: Dame Kobold (1953)
Dame aux camelias, La (1848) (*Die Kameliendame* 1919)
A: Dumas, Alexandre (fils)
FT: Die Kameliendame (1978)
FT: Die Kameliendame (1987)
Dame nature (1936) (*Das Paradies* 1964)
A: Birabeau, André
FT: Das Paradies (1960)
Dame und die Unterwelt, Die
A: Reinecker, Herbert
FT: Die Dame und die Unterwelt (1984)
Damned Innocents, The (1971) (*Unschuldig wie die Schlange* 1972)
A: Neely, Richard
FT: Die Unschuldigen mit den schmutzigen Händen (1974)
Dämonenhochzeit, Die (1997)
A: Dark, Jason
FT: Geisterjäger John Sinclair - Die Dämonenhochzeit (1997)
Dann eben mit Gewalt (1987)
A: Zanger, Jan F. de
FT: Dann eben mit Gewalt (1993)
Dans un mois dans un an (1957) (*In einem Monat, in einem Jahr* 1958)
A: Sagan, Françoise
FT: In einem Monat, in einem Jahr (1969)
Danseuse du Gai-Moulin, La (1931) (*Ein Fremder stirbt* 1950)
A: Simenon, Georges (= Sim, Georges; Aramis; Brulls, Christian)
FT: Ein Fremder in der Stadt (1989)
Dantons Tod (1835)
A: Büchner, Georg
FT: Dantons Tod (1963)
Dany, bitte schreiben Sie (1950)
A: Rösener, Inge
FT: Dany, bitte schreiben Sie (1956)
Daphne Laureola (1949) (*Daphne Laureola* 1956)
A: Bridie, James
FT: Daphne Laureola (1962)

D'après nature ou presque (1957) (*Die letzte Folge*)
A: Arnaud, Michel
FT: Die letzte Folge (1964)
Darf man? Darf man nicht?
A: Lüthge, Bobby E.
FT: Nächte am Nil (1949)
Dark Eyes of London, The (1924) (*Die toten Augen von London* 1961)
A: Wallace, Richard Horatio Edgar
FT: Die toten Augen von London (1961)
Dark is Light Enough, The (1954) (*Das Dunkel ist Licht genug* 1955)
A: Fry, Christopher
FT: Das Dunkel ist Licht genug (1963)
Darkness at Noon (1951)
A: Kingsley, Sidney (= Kirshner, Sidney)
FT: Sonnenfinsternis (1963)
Datterich (1841)
A: Niebergall, Ernst-Elias
FT: Der Datterich (1958)
FT: Der Datterich (1972)
FT: Der Datterich (1983)
Daughter of Silence (1962)
A: West, Morris L.
FT: Tochter des Schweigens (1978)
David Swan (1837) (*Im Schlafe geschehen* 1851)
A: Hawthorne, Nathaniel
FT: Im Schlafe geschehen (1976)
David und Dorothee (1977)
A: Bayer, Ingeborg
FT: David und Dorothee (1979)
Davids Rache (1994)
A: Kettenbach, Hans Werner
FT: Davids Rache (1997)
Davor (1969)
A: Grass, Günter
FT: Davor (1971)
Day in the Life of ..., A (1959) (*Ein Tag im Leben von ...* 1960)
A: Popplewell, Jack
FT: Ein Tag im Leben von ... (1961)
Day of the Storm, The (1975) (*Stürmische Begegnung* 1992)
A: Pilcher, Rosamunde
FT: Rosamunde Pilcher: Stürmische Begegnung (1993)
De doedes rige (1916) (*Das Totenreich* 1920)
A: Pontoppidan, Henrik
FT: Das Totenreich (1985)
De la terre à la lune (1865) (*Von der Erde zum Mond* 1882)
A: Verne, Jules
FT: Die Reise auf den Mond (1982)
De ondergang van "De Vrijheid" (1937)
A: Hartog, Jan de
FT: Der Untergang der "Freiheit" (1960)
De zevensprong (*Das Geheimnis des 7. Weges* 1984)
A: Dragt, Tonke
FT: Das Geheimnis des 7. Weges (1984)
Deadly Embrace (1992)
A: Paice, Eric
FT: Das Mord-Menü (1986)
Dear Children (1967) (*Theorie und Praxis* 1969)
A: Popplewell, Jack
FT: Theorie und Praxis (1962)
Dear Delinquent (1957) (*Brave Diebe* 1960)
A: Popplewell, Jack
FT: Brave Diebe (1965)
Death of a Salesman (1949) (*Der Tod des Handlungsreisenden* 1950)
A: Miller, Arthur
FT: Der Tod des Handlungsreisenden (1958)
FT: Der Tod des Handlungsreisenden (1963)
FT: Tod eines Handlungsreisenden (1985)
Death of a Schoolboy (1974)
A: Koning, Hans
FT: Gavre Princip - Himmel unter Steinen (1990)
Death Packs a Suitcase (1961) (*Der Tod packt seinen Koffer* 1961)
A: Wallace, Bryan Edgar
FT: Das Geheimnis der schwarzen Koffer (1962)
Death under Sail (1932)
A: Snow, Charles Percy
FT: Tod auf der Themse (1973)
Decamerone (1353)
A: Boccaccio, Giovanni
FT: Decameron 40 (1974)
FT: Der Mann mit dem Falken (1981)
Deep Blue Sea, The (1952) (*Tiefe blaue See* 1953)
A: Rattigan, Terence
FT: Lockende Tiefe (1962)
FT: Tiefe blaue See (1971)
Deep End, The (1986) (*Ein mörderischer Sommer* 1988)
A: Fielding, Joy
FT: Joy Fieldings Mörderischer Sommer (1996)
Deep Water (1957) (*Stille Wasser sind tief* 1963)
A: Highsmith, Patricia
FT: Tiefe Wasser (1983)
Deerslayer, The (1841) (*Der Wildtöter* 1841)
A: Cooper, James Fenimore
FT: Der Wildtöter (1966)

FT: Chingachcook, die große Schlange (1967)
Defraudanten, Die (1931)
A: Polgar, Alfred
FT: Defraudanten (1954)
FT: Bei Pichler stimmt die Kasse nicht (1961)
FT: Defraudanten (1973)
Dein unbekannter Bruder (1937)
A: Bredel, Willi
FT: Dein unbekannter Bruder (1982)
Délire à deux (1966) (*Delirium zu zweit* 1964)
A: Ionesco, Eugène
FT: Delirium zu zweit auf unbegrenzte Zeit (1967)
Demain, une fenêtre sur rue (1968) (*Morgen, ein Fenster zur Straße*)
A: Grumberg, Jean Claude
FT: Morgen, ein Fenster zur Straße (1970)
Demokratiske terroristen, Den (1989) (*Der demokratische Terrorist* 1990)
A: Guillou, Jan
FT: Der demokratische Terrorist (1992)
Demon in My View, A (1976) (*Dämon hinter Spitzenstores* 1986)
A: Rendell, Ruth (= Vine, Barbara)
FT: Der Mann nebenan (1991)
Demon Lover, The
A: Edwards, Amelia Ann Blanford
FT: Die Verschwörung (1985)
Denkmal wird erschossen, Ein (1977)
A: Reinecker, Herbert
FT: Ein Denkmal wird erschossen (1988)
Denkwürdigkeiten eines Nervenkranken (1903)
A: Schreber, Daniel Paul
FT: Die Wunder der Erziehung (1978)
Dentellière, La (1974) (*Die Spitzenklöpplerin* 1976)
A: Lainé, Pascal
FT: Die Spitzenklöpplerin (1977)
Denunziantin: Helene Schwärzel, 1944-47, Die (1993)
A: Marßolek, Inge
FT: Die Denunziantin (1993)
Depressionen - Tagebuch einer Krankheit (1970)
A: Muhr, Caroline
FT: Depressionen (1975)
Député de Bompignac, Le (1884)
A: Bisson, Alexandre
FT: Der Abgeordnete von Bompignac (1977)
Deserto dei Tartari, Il (1940) (*Die Festung* 1954)
A: Buzzati, Dino
FT: Festung Bastiani (1976)
Desperate Hours
A: Graham, John
FT: Drunter und drüber (1990)
Desperate people, The (1966) (*Der Schlüssel* 1967)
A: Durbridge, Francis Henry
FT: Die Schlüssel (1966)
Det blåser fra Dauingfjell; Ingen vej går utenom (1935) (1934) (*Das Erbe von Björndal* 1936)
A: Gulbranssen, Trygve
FT: Das Erbe von Björndal (1960)
Detective Story (1949) (*Polizeirevier 21*)
A: Kingsley, Sidney (= Kirshner, Sidney)
FT: Detective Story (Polizeirevier 21) (1963)
(*Die Deutsche*)
A: Larevic, Lazar
FT: Die Deutsche (1981)
Deutsche Novelle (1954)
A: Frank, Leonhard
FT: Deutsche Novelle (1972)
Deutschstunde, Die (1968)
A: Lenz, Siegfried
FT: Die Deutschstunde (1971)
Device, The (1962)
A: Wallace, Bryan Edgar
FT: Scotland Yard jagt Dr. Mabuse (1963)
Devil Came from Akasawa, The
A: Wallace, Richard Horatio Edgar
FT: Der Teufel kam aus Akasawa (1970)
Devil's Advocate, The (1959) (*Des Teufels Advokat* 1960)
A: West, Morris L.
FT: Des Teufels Advokat (1977)
Devil's Lieutenant, The (1970) (*Der Leutnant und sein Richter* 1971)
A: Fagyas, Maria (= Bush-Fekete, Maria)
FT: Der Leutnant und sein Richter (1984)
Dezemberabend
A: Habeck, Fritz
FT: Wohin wir gehen (1977)
Dia señaldo, El (1964) (*Der Stichtag* 1967)
A: Vallejo, Manuel Mejia (= Mejia Vallejo, Manuel)
FT: Der Sieger von Tambo (1974)
Diable et le Bon Dieu, Le (1951)
A: Sartre, Jean-Paul
FT: Der Teufel und der liebe Gott (1967)
Dial "M" for Murder (1953) (*Bei Anruf - Mord* 1954)
A: Knott, Frederick

FT: Bei Anruf - Mord (1959)
Dialogue des Carmélites (1949) (dt. 1950)
A: Bernanos, Georges
FT: Die begnadete Angst (1958)
Diamant des Geisterkönigs, Der (1825)
A: Raimund, Ferdinand
FT: Der Diamant des Geisterkönigs (1992)
Dick und Dalli und die Ponies (1952)
A: Bruns, Ursula
FT: Die Mädels vom Immenhof (1955)
Dicke Kind, Das (1951)
A: Kaschnitz, Marie Luise
FT: Das dicke Kind (1985)
Dicke Tilla, Die (1984)
A: Klein, Rosel
FT: Die dicke Tilla (1984)
Dicke und ich, Der (1976)
A: Bahre, Jens
FT: Der Dicke und ich (1981)
Diederk schall freen (1931)
A: Hinrichs, August
FT: Diederk soll heiraten (1966)
Dienstagmann, Der (1984)
A: Breinersdorfer, Fred
FT: Der Dienstagmann (1988)
(*Ein Dienstverhältnis*)
A: Malamud, Bernard
FT: Ein Dienstverhältnis (1975)
Dil Ulenspiegel (1515)
A: Bote, Hermann
FT: Till Eulenspiegel (1971)
Dimanche (1959) (*Es geschah an einem Sonntag* 1960)
A: Simenon, Georges (= Sim, Georges; Aramis; Brulls, Christian)
FT: Sonntag (1985)
Disco mit Einlage
A: Schirmer, Bernd
FT: Disco mit Einlage (1978)
Dispute, La (1778) (*Der Streit* 1982)
A: Marivaux, Pierre Carlet Chamblain de
FT: Caribia (1977)
Distel, Die (1992)
A: Evert, Manfred; Krää, Gernot
FT: Die Distel (1992)
Division Brandenburg: Die Haustruppe des Admiral Canaris (1960)
A: Berthold, Will (= Gimpel, Erich)
FT: Division Brandenburg (1960)
Divorce à la française (*Scheidung auf französisch* 1978)
A: Alazraki, Bernard
FT: Scheidung auf französisch (1980)
Divorce Me, Darling (1975) (*Liebling, ich laß mich scheiden*)
A: Gottlieb, Alex
FT: Liebling, ich laß mich scheiden (1980)
Djadjuskin son (*Onkelchens Traum* 1909)
A: Dostojewski, Feodor
FT: Das Idol von Mordassow (1979)
DM-Killer (1964)
A: Norden, Peter
FT: DM-Killer (1964)
Doch mit den Clowns kamen die Tränen (1987)
A: Simmel, Johannes Mario
FT: Mit den Clowns kamen die Tränen (1990)
Dock Brief, The (1958) (*Das Pflichtmandat* 1960)
A: Mortimer, John C.
FT: Das Pflichtmandat (1958)
Doctor in Person (1959)
A: Brett, Michael
FT: Der geheimnisvolle Dr. Mander (1957)
Doctor Vlimmen (1939) (*Dr. Vlimmen* 1940)
A: Roothaert, Antonius M.H.
FT: Skandal um Dr. Vlimmen (1956)
Doctor's Dilemma, The (1906) (*Der Arzt am Scheideweg* 1909)
A: Shaw, George Bernard
FT: Der Arzt am Scheideweg (1963)
Dödsdansen (1901) (*Totentanz*)
A: Strindberg, August
FT: Paarungen (1967)
FT: Totentanz (1970)
Doktor Faustus (1947)
A: Mann, Thomas
FT: Doktor Faustus (1982)
Doktor Murkes gesammeltes Schweigen (1958)
A: Böll, Heinrich
FT: Dr. Murkes gesammeltes Schweigen (1964)
Dom kobiet (1930) (*Landhaus mit Damen* 1977)
A: Nalkowska, Zofia
FT: Haus der Frauen (1978)
Don Carlos, Infant von Spanien (1787)
A: Schiller, Friedrich von
FT: Don Carlos (1957)
FT: Don Carlos (1957)
FT: Don Carlos, Infant von Spanien (1963)
FT: Carlos (1971)
Don Juan kommt aus dem Krieg (1930)
A: Horváth, Ödön von
FT: Don Juan kommt zurück (1963)
Don Juan oder Die Liebe zur Geometrie (1953)
A: Frisch, Max
FT: Don Juan oder Die Liebe zur Geometrie (1965)

Don Quichotte (1964)
A: Jamiaque, Yves (= Jedwab, Isaac)
FT: Der Ritter von der traurigen Gestalt (1972)
Don Quijote de la Mancha (1605)
A: Cervantes Saavedra, Miguel de
FT: Don Quijote von der Mancha (1965)
Doña Rosita la soltera (1935) (dt. 1950)
A: García Lorca, Federico
FT: Dona Rosita bleibt ledig oder Die Sprache der Blumen (1962)
Donadieu (1953)
A: Hochwälder, Fritz
FT: Donadieu (1962)
Door with Seven Locks, The (1926) (*Die Tür mit den sieben Schlössern* 1951)
A: Wallace, Richard Horatio Edgar
FT: Die Tür mit den sieben Schlössern (1962)
Doppelgänger, Ein (1886)
A: Storm, Theodor
FT: John Glückstadt (1975)
Doppelselbstmord (1876)
A: Anzengruber, Ludwig
FT: Hochzeit im Heu (1951)
FT: Doppelselbstmord (1961)
Doppelte Lottchen, Das (1949)
A: Kästner, Erich (= Bürger, Berthold)
FT: Das doppelte Lottchen (1950)
Doppelte Lottchen, Das (1949)
A: Kästner, Erich (= Bürger, Berthold)
FT: Charlie & Louise - Das doppelte Lottchen (1993)
Doppelte Moritz, Der (1926)
A: Impekoven, Toni; Mathern, Carl
FT: Der doppelte Moritz (1978)
Doppelte Nikolaus, Der (1962)
A: Storz, Oliver
FT: Der doppelte Nikolaus (1964)
Doppelzweier (1972)
A: Lüdemann, Hans-Ulrich
FT: Dann steig ich eben aus ... (1977)
Dorf ohne Männer, Ein (1937)
A: Horváth, Ödön von
FT: Ein Dorf ohne Männer (1963)
FT: Ein Dorf ohne Männer (1969)
Dornröschen (1812)
A: Grimm, Jakob Ludwig Carl; Grimm, Wilhelm Carl
FT: Dornröschen (1955)
FT: Dornröschen (1971)
FT: Dornröschen (1980)
FT: Dornröschen (1980)
Dorothea Angermann (1926)
A: Hauptmann, Gerhart
FT: Dorothea Angermann (1958)
Dort oben im Wald bei diesen Leuten (1981)
A: Zauner, Friedrich Ch.
FT: Dort oben im Wald bei diesen Leuten (1989)
Double Case History of Dr. Valmy, The (1969)
A: Buero Vallejo, Antonio
FT: Dr. Valmy (1980)
(*Dr. Bappe*)
A: Leonard, Hugh
FT: Dr. Bappe (1984)
Dr. Fu Manchu (1913)
A: Rohmer, Sax (= Ward, Arthur Sarsfield)
FT: Der Todeskuß des Dr. Fu Man Chu (1968)
Dr. Gräsler, Badearzt (1917)
A: Schnitzler, Arthur
FT: Der Badearzt (1990)
Dr. Jo (1956) (*Dr. Jo* 1956)
A: Morgan, Joan
FT: Dr. Joanna Marlowe (1963)
Dr. Katzenbergers Badereise (1809)
A: Jean Paul (= Richter, Johann Paul Friedrich)
FT: Dr. Katzenbergers Badereise (2 Teile) (1971)
FT: Jean Paul: Dr. Katzenbergers Badereise (1978)
Dr. Lilli Wanner (1946)
A: Wolf, Friedrich (Baetz, Christian; Rüedi, Hans; Dr. Isegrimm)
FT: Doktor Wanner (1959)
Dr. Mabuse, der Spieler (1921)
A: Jacques, Norbert
FT: Dr. M (1989)
Dr. med. Hiob Prätorius (1934)
A: Goetz, Curt
FT: Dr. med. Hiob Prätorius (1958)
Dr. med. Hiob Prätorius (1934)
A: Goetz, Curt
FT: Dr. med. Hiob Prätorius (1964)
Dr. med. Hiob Prätorius (1933)
A: Goetz, Curt
FT: Frauenarzt Dr. Prätorius (1950)
Drachenprinzessin, Die
A: Rechmann, Georg
FT: Die Drachenprinzessin (1980)
Drachenthron, Der (1955)
A: Hildesheimer, Wolfgang
FT: Turandot (1963)
Dracula (1897)
A: Stoker, Bram
FT: Der Fluch der grünen Augen (1965)
FT: Jonathan, Vampire sterben nicht (1970)
FT: Nachts, wenn Dracula erwacht (1971)
FT: Nosferatu, Phantom der Nacht (1979)

Dragées d'Hercules, Les (1883) (*Herkulespillen*)
A: Bilhaud, Paul
FT: Herkulespillen (1980)
Drahtgeschichten
A: Jacusso, Nino
FT: Zeit der Stille (1986)
Drakon (1943) (*Der Drache* 1962)
A: Svarc, Evgenij L'Ovic
FT: Der Drache (1963)
Draußen im Heidedorf (1873)
A: Storm, Theodor
FT: Das Dorf in der Heimat (1956)
FT: Draußen im Heidedorf (1980)
Draußen in der Stadt (1978)
A: Brödl, Günter
FT: Draußen in der Stadt (18 Teile) (1978)
Draußen vor der Tür (1947)
A: Borchert, Wolfgang
FT: Liebe 47 (1948)
FT: Draußen vor der Tür (1957)
Dream Girl (1946) (*Das träumende Mädchen* 1950)
A: Rice, Elmer
FT: Das träumende Mädchen (1956)
Dreht euch nicht um (1961)
A: Häcker, Hans-Joachim
FT: Dreht euch nicht um! (1962)
Drei blaue Panther. Kommissar X (1968)
A: Island, Bert F.
FT: Kommissar X: Drei blaue Panther (1967)
Drei Dorfheiligen, Die (1929)
A: Ferner, Max (= Sommer, Max); Neal, Max
FT: Die drei Dorfheiligen (1949)
FT: Die drei Dorfheiligen (1973)
FT: Die drei Dorfheiligen (1993)
Drei Falken, Die (1937)
A: Bergengruen, Werner
FT: Die drei Falken (1974)
Drei gelbe Katzen. Kommissar X (1966)
A: Island, Bert F.
FT: Kommissar X: Drei gelbe Katzen (1966)
Drei goldene Schlangen. Kommissar X (1969)
A: Island, Bert F.
FT: Kommissar X: Drei goldene Schlangen (1968)
Drei grüne Hunde. Kommissar X (1967)
A: Island, Bert F.
FT: Kommissar X: Drei grüne Hunde (1967)
Drei: Machtspiele, Die (1996)
A: Fuger, Berry
FT: Die Drei (1996)
Drei Mädchen am Spinnrad (1932)
A: Zobeltitz, Fedor von
FT: Mutti muß heiraten (1950)
Drei Männer im Schnee (1934)
A: Kästner, Erich (= Bürger, Berthold)
FT: Drei Männer im Schnee (1955)
FT: Drei Männer im Schnee (1974)
FT: Drei Männer im Schnee (1986)
Drei mit Herz: Brittas Geschichte (1999)
A: Becker, Miriam
FT: Drei mit Herz (1999)
Drei mit Herz: Claudias Geschichte (1999)
A: Becker, Miriam
FT: Drei mit Herz (1999)
Drei mit Herz: Evas Geschichte (1999)
A: Becker, Miriam
FT: Drei mit Herz (1999)
3. November 1918 (1936)
A: Csokor, Franz Theodor
FT: 3. November 1918 (1968)
Drei Orangen
A: Rohkohl, Dieter
FT: Drei Orangen (1959)
3 Posträuber, Die (1998)
A: Nöstlinger, Christine
FT: Die 3 Posträuber (1998)
Drei Rosen aus Papier (1970)
A: Bieler, Manfred
FT: Drei Rosen aus Papier (1967)
Drei Wege zum See (1972)
A: Bachmann, Ingeborg
FT: Drei Wege zum See (1976)
Drei Wohnungen (1988)
A: Görlich, Günter
FT: Drei Wohnungen (1990)
Dreigroschenoper, Die (1928)
A: Brecht, Bertolt; Weill, Kurt
FT: Die Dreigroschenoper (1931)
FT: Die Dreigroschenoper (1957)
FT: Die Dreigroschenoper (1962)
FT: Die Dreigroschenoper (1995)
Dressierte Frau, Die (1972)
A: Kardorff, Ursula von; Schütz, Hannelore
FT: Die dressierte Frau (1972)
Dritte Nacht, Die
A: Hammann, Joachim
FT: Blue Moon - Atemlos durch die Nacht (1984)
Dschungeldetektive (1992)
A: Strubel, Sepp
FT: Die drei Dschungeldetektive (1991)
"Du bist nicht so wie andre Mütter": die Geschichte einer leidenschaftlichen Frau (1992)
A: Schrobsdorff, Angelika
FT: Else - Geschichte einer leidenschaftlichen Frau (1999)
Du rififi chez les hommes (1953)
A: Breton, Auguste le
FT: Rififi in Paris (1965)

Dubrovskij (1832) (*Dubrowskij* 1910)
A: Puschkin, Alexandr Sergejewitsch
FT: Dubrovskij (1970)
Duell, Das (1965)
A: Seghers, Anna
FT: Aus unserer Zeit (Episode: Das Duell) (1969)
FT: Das Duell (1973)
(*Das Duell*)
A: Čechov, Anton Pavlovič
FT: Das Duell (1964)
FT: Neulich am Deich (1995)
Duell mit Diamanten (1933)
A: Rumpff, Heinrich
FT: Der blaue Stern des Südens (1951)
Dumala (1908)
A: Keyserling, Eduard von
FT: Dumala (1963)
FT: Die Galgenbrücke (1989)
Dumb Waiter, The (1960) (*Der stumme Diener* 1969)
A: Pinter, Harold
FT: Der stumme Diener (1963)
Dumme Augustine, Die (1972)
A: Lentz, Herbert; Preußler, Otfried
FT: Die dumme Augustine (1993)
Durch den kaufmännischen Verein (1921)
A: Stoltze, Adolf
FT: Durch den kaufmännischen Verein (1981)
Durch die Wüste (1892)
A: May, Karl Friedrich
FT: Kara Ben Nemsi Effendi (1973)
Durch Schmerzen empor (1903)
A: Bosshart, Jakob
FT: Die Magd (1976)
Durchgangszimmer, Das (1967)
A: Holland-Moritz, Renate
FT: Florentiner 73 (1972)
Durchreise (1984)
A: Flatow, Curth
FT: Durchreise (1992)
Durchs wilde Kurdistan (1892)
A: May, Karl Friedrich
FT: Durchs wilde Kurdistan (1965)
Dvenadzat stjulev (1924) (*Zwölf Stühle* 1954)
A: Il'f, Il'ja
FT: Rabe, Pilz & 13 Stühle (1972/73)
Dvorjanskoe gnezdo (1859) (*Ein Adelsnest* 1947)
A: Turgenev, Ivan
FT: Adelsnest (1961)
Dym (1867) (*Rauch (Dunst)* 1868)
A: Turgenev, Ivan
FT: Rauch (1991/92)
Dynamit in grüner Seide (1965)
A: Cotton, Jerry (= Höber, Heinz-Werner; Müller, Heinz-Werner)
FT: Dynamit in grüner Seide (1967)
Dzamilja (1958) (*Dshamilja* 1962)
A: Aitmatov, Cingiz T.
FT: Dzamilja (1975)
FT: Jamila (1994)
Dzien gniewa (1962) (*Der Tag des Zornes* 1964)
A: Brandstätter, Roman
FT: Der Tag des Zornes (1966)
D-Zug 517 (1948)
A: Peteani, Maria von
FT: Sehnsucht des Herzens (1951)
Early to Bed (1951) (*Jack und Jenny* 1955)
A: Piper, Anne
FT: Jack und Jenny (1963)
Eaux et forêts, Les (1965) (*Seen und Schlösser* 1966)
A: Duras, Marguerite
FT: Seen und Schlösser (1969)
Eccentric, The (1961)
A: Abse, Dannie
FT: Ein komplizierter Mensch (1962)
Echo
A: Cary, Falkland L.
FT: Echo (1963)
Echten Sedemunds, Die (1920)
A: Barlach, Ernst
FT: Die echten Sedemunds (1965)
Ede und Unku (1931)
A: Wedding, Alex
FT: Als Unku Edes Freundin war (1980)
Edelweißkönig, Der (1886)
A: Ganghofer, Ludwig
FT: Der Edelweißkönig (1957)
FT: Der Edelweißkönig (1975)
Eden End (1934)
A: Priestley, John Boynton
FT: Eden End (1978)
Edenbrook's Daughter
A: McCrone, Guy
FT: Die Tochter (1956)
Edith's Diary (1977) (*Ediths Tagebuch* 1978)
A: Highsmith, Patricia
FT: Ediths Tagebuch (1983)
Effi Briest (1895)
A: Fontane, Theodor
FT: Rosen im Herbst/Effi Briest (1955)
FT: Fontane Effi Briest (1974)
Effie Briest (1895)
A: Fontane, Theodor
FT: Effi Briest (1970)
Egmont (1788)
A: Goethe, Johann Wolfgang von
FT: Egmont (1962)
FT: Egmont (1982)
Egon und das achte Weltwunder (1962)
A: Wohlgemuth, Joachim

FT: Egon und das achte Weltwunder (1964)
Egor Bulycov i drugie (1932) (*Jegor Bulytschow und andere* 1947)
A: Gorkij, Maksim
FT: Jegor Bulytschow und andere (1966)
Egy, kettö, harom (1929) (*Eins, zwei, drei* 1929)
A: Molnár, Ferenc
FT: Eins, zwei, drei (1955)
Ehe der Maria Braun, Die (1979)
A: Zwerenz, Gerhard (= Lauenheim, Peter; Markwart, Leslie; Tarrok, Peer)
FT: Die Ehe der Maria Braun (1978)
Ehe des Herrn Mississippi, Die (1952)
A: Dürrenmatt, Friedrich
FT: Die Ehe des Herrn Mississippi (1961)
Ehe zwischen Tür und Angel
A: Zumbro, Karl
FT: Liebe, Luft und lauter Lügen (1959)
Ehepaar, Das (1978)
A: Tanzer, Francisco
FT: Wiedergefundene Zeit (1986)
Ehestreik, Der (1924)
A: Pohl, Julius
FT: Ehestreik (1953)
FT: Der Ehestreik (1970)
FT: Der Ehestreik (1996)
Ehrenbürger
A: Schirmer, Paul
FT: Ehrenbürger (1982)
Ehrentag, Der (1898)
A: Schnitzler, Arthur
FT: Der Ehrentag (1978)
Eiche und Angora (1962)
A: Walser, Martin
FT: Eiche und Angora. Eine deutsche Chronik (1964)
Eid des Stefan Huller, Der (1912)
A: Holländer, Felix
FT: Drei vom Varieté (1954)
Eigene Haut, Die
A: Wurzberger, Karl
FT: Die eigene Haut (1974)
Einer fehlt beim Kurkonzert (1966)
A: Martin, Hansjörg
FT: Einer fehlt beim Kurkonzert (1968)
Einer vom Rummel (1977)
A: Falkenhayn, Harry
FT: Einer vom Rummel (1983)
Einer von uns beiden (1972)
A: -ky (= Bosetzky, Horst)
FT: Einer von uns beiden (1973)
Einfache Mädchen, Das
A: Flatow, Curth
FT: Das einfache Mädchen (1957)
Eingebildete Doktor, Der (1960)
A: Weigel, Hans
FT: Der eingebildete Doktor (1956)
FT: Der eingebildete Doktor (1978)
Einhorn, Das (1966)
A: Walser, Martin
FT: Das Einhorn (1978)
Einladung an alle (1972)
A: Wellershoff, Dieter
FT: Eskalation (1974)
Einladung, Die (1967)
A: Ziem, Jochen
FT: Die Einladung (1968)
Einschreiben vom Anwalt (1974)
A: Richter, Hans Peter
FT: Einschreiben vom Anwalt (1980)
1001 Nacht
A: Meise, Grete
FT: Der kleine Kadi
Eisbären (1972)
A: Kaschnitz, Marie Luise
FT: Eisbären (1978)
Eisenhans (1812)
A: Grimm, Jakob Ludwig Carl; Grimm, Wilhelm Carl
FT: Der Eisenhans (1988)
Eisenwichser (1970)
A: Henkel, Heinrich
FT: Isewixer (1979)
Eiserne Gustav, Der (1938)
A: Fallada, Hans
FT: Der eiserne Gustav (1979)
Eismeer ruft, Das (1936)
A: Wedding, Alex
FT: Das Eismeer ruft (1984)
EKG für Trimmel, Ein (1972)
A: Werremeier, Friedhelm
FT: Rechnen Sie mit dem Schlimmsten (1972)
Ekkehard (1885)
A: Scheffel, Viktor von
FT: Eckehard (1990)
Elektra
A: Sophokles
FT: Elektra (1966)
Elektra (1909)
A: Hofmannsthal, Hugo von; Strauss, Richard
FT: Elektra (1981)
Elend und Glanz des Wilhelm Knaupe, genannt Bello
A: Küchenmeister, Claus; Küchenmeister, Wera
FT: Der Lude (1984)
Eleven Lives of Leo
A: Shiffrin, Abraham B.
FT: Der Lügner (1961)
Elio oder Eine fröhliche Gesellschaft (1965)
A: Walther, Otto Friedrich

FT: Elio oder Eine fröhliche Gesellschaft (1970)
Elisabeth von England (1930)
A: Bruckner, Ferdinand
FT: Elisabeth von England (1961)
Elixiere des Teufels, Die (1815)
A: Hoffmann, Ernst Theodor Amadeus
FT: Die Elixiere des Teufels (1972)
FT: Die Elixiere des Teufels (1976)
Ellenbogenspiele (1965)
A: Dorpat, Draginja
FT: Ellenbogenspiele (1969)
Embezzler, The (1943) (*Der Defraudant* 1951)
A: Cain, James Mallahan
FT: Konto ausgeglichen (1959)
Embryo-XY
A: Breitwieser, Peter
FT: Inka-Connection (1995)
Emil Bierstedt
A: Turek, Ludwig
FT: Emil der Versager (1982)
Emil und die Detektive (1929)
A: Kästner, Erich (= Bürger, Berthold)
FT: Emil und die Detektive (1954)
Emilia Galotti (1772)
A: Lessing, Gotthold Ephraim
FT: Emilia Galotti (1957)
FT: Emilia Galotti (1960)
FT: Emilia Galotti (1970)
FT: Emilia Galotti (1981)
FT: Emilia Galotti (1984)
Emperor Jones, The (1921) (*Kaiser Jones* 1923)
A: O'Neill, Eugene (Gladstone)
FT: Kaiser Jones (1961)
Empfang bei der Welt (1950)
A: Mann, Heinrich
FT: Belcanto oder Darf eine Nutte schluchzen (1977)
Empty House, The (1973) (*Sommer am Meer* 1992)
A: Pilcher, Rosamunde
FT: Rosamunde Pilcher: Sommer am Meer (1995)
En attendant Godot (1952) (*Warten auf Godot* 1954)
A: Beckett, Samuel
FT: Warten auf Godot (1963)
En blå bok (1912) (*Das Buch der Liebe: Ungedrucktes und Gedrucktes aus dem Blaubuch* 1910)
A: Strindberg, August
FT: Inferno (1973)
En folkefiende (1882) (*Ein Volksfeind* 1883)
A: Ibsen, Henrik
FT: Ein Volksfeind (1955)
FT: Ein Volksfeind (1964)
FT: Ein Volksfeind (1978)
End of a Summer, The (1971) (*Ende eines Sommers* 1994)
A: Pilcher, Rosamunde
FT: Rosamunde Pilcher: Das Ende eines Sommers (1994)
End of Conflict (1964)
A: England, Barry
FT: Fall erledigt (1965)
End of the Beginning, The (1949) (*Das Ende vom Anfang* 1969)
A: O'Casey, Sean
FT: Das Ende vom Anfang (1963)
End of the Summer (1939)
A: Odets, Clifford
FT: Unseliger Sommer (1961)
Ende der Anfrage (1967)
A: Geissler, Christian
FT: Ende der Anfrage (1966)
Ende einer Dienstfahrt (1966)
A: Böll, Heinrich
FT: Ende einer Dienstfahrt (1971)
Endlich Schluß (1997)
A: Turrini, Peter
FT: Endlich Schluß (1998)
Endlose Straßen (1966)
A: Lietz, Hans-Georg
FT: Weite Strassen - stille Liebe (1969)
Engel aus Quedlinburg, Der (1963)
A: Menge, Wolfgang
FT: Eines schönen Tages (1964)
Engel mit dem Flammenschwert, Der (1953)
A: Rhein, Eduard (= Hellmer, Klaus; Horster, Hans U.; Hulsen, Adrian)
FT: Der Engel mit dem Flammenschwert (1954)
Engel mit der Posaune, Der (1944)
A: Lothar, Ernst
FT: Der Engel mit der Posaune (1948)
Engele von Loewen (1952)
A: Zuckmayer, Carl
FT: Ein Mädchen aus Flandern (1956)
Enkel, Die (1953)
A: Bredel, Willi
FT: Zwischen Abschied und Wiedersehen (1986)
Enquête au pays, Une (1982) (*Ermittlungen im Landesinnern* 1992)
A: Chraïbi, Driss
FT: Tödliche Dienstreise (1996)
Entchanted Voyage, The (1936) (*Verzauberte Reise* 1948)
A: Nathan, Robert
FT: Die Jungfernfahrt der "Antje B". (1980)
Enter Murderers (1960)
A: Slesar, Henry
FT: Vorhang auf, wir spielen Mord (1978)

Entführte Prinz und das Gärtnermädchen, Der (1988)
A: Holtz-Baumert, Gerhard
FT: Der entführte Prinz (1983)
(*Die Entführung*)
A: Mnačko, Ladislav
FT: Die Entführung (1971)
(*Er war David Preston* 1956)
A: Skripper, John
FT: Wo war David Preston (1956)
Erbförster, Der (1853)
A: Ludwig, Otto
FT: Der Erbförster (1945)
Erdbeben von Chili, Das (1810)
A: Kleist, Heinrich von
FT: Das Erdbeben in Chili (1975)
Erde (1908)
A: Schönherr, Karl
FT: Erde (Trotzige Herzen) (1947)
Erdgeist (1895); Die Büchse der Pandora (1904)
A: Wedekind, Frank
FT: Lulu (1962)
FT: Lulu (1979)
Erdsegen (1900)
A: Rosegger, Peter (= P. K. = Kettenfeier, Petri)
FT: Erdsegen (1986)
Erfinder, Der (1975)
A: Schneider, Hansjörg
FT: Der Erfinder (1980)
Erfolgreiche, Der (1951)
A: Kades, Hans
FT: Die große Versuchung (1952)
Erinnerungen an die Zukunft (1968)
A: Däniken, Erich von
FT: Erinnerungen an die Zukunft (1969)
Erinnerungen einer Überflüssigen (1912)
A: Benedix, Peter; Christ, Lena
FT: Der Fall Lena Christ (1969)
Erinnerungen eines Illegalen (1974)
A: Hanke, Erich
FT: Auftrag: überleben (1977)
Erinnerungen in der Zornigen Ameise an Geburt, Leben, Ansichten und Ende der Anita Drögemöller und die Ruhe an der Ruhr (1975)
A: Lodemann, Jürgen
FT: Anita Drögemöller und die Ruhe an der Ruhr (1977)
Erlebnisse und Abenteuer der Kinder aus Nr. 67. Odyssee einer Jugend (1939)
A: Tetzner, Lisa
FT: Die Kinder aus Nr. 67 oder Heil Hitler, ich hätt' gern 'n paar Pferdeäppel (1979)
Ermittlung, Die (1965)
A: Weiss, Peter
FT: Die Ermittlung (1966)
FT: Die Ermittlung (1966)
Ernstes Leben, Ein (1932)
A: Mann, Heinrich
FT: Die Verführbaren (1977)
Eroberung der Zitadelle, Die (1972)
A: Herburger, Günter
FT: Die Eroberung der Zitadelle (1975)
Errettung Fatmes, Die (1826)
A: Hauff, Wilhelm
FT: Die Errettung Fatmes (1984)
Erscheinen Pflicht (1981)
A: Holtz-Baumert, Gerhard
FT: Erscheinen Pflicht (1983)
Erste Frühling, Der
A: Egel, Karl Georg; Kurganow, Oskar
FT: Das Verhör (1977)
(*Der erste Frühlingstag*)
A: Smith, Dodie
FT: Der erste Frühlingstag (1956)
FT: Der erste Frühlingstag (1956)
FT: Der erste Frühlingstag (1961)
FT: Der erste Frühlingstag (1962)
Erste Polka, Die (1979)
A: Bienek, Horst
FT: Die erste Polka (1978)
Erste Reihe, Die (1951)
A: Hermlin, Stephan
FT: Die erste Reihe (1987)
Erster Klasse (1910)
A: Thoma, Ludwig
FT: Der weißblaue Löwe (1952)
Erstes Haus, linker Hand (1967)
A: Nowotny, Joachim
FT: Erstes Haus, linker Hand (1976)
Erzähl mir nichts (1965)
A: Rösler, Jo Hanns
FT: Erzähl mir nichts (1964)
Erzherzog Johanns große Liebe. Die Liebesgeschichte der steirischen Postmeisterstochter Anna Plodel mit Erzherzog Johann (1949)
A: Kernmayr, Hans Gustl
FT: Erzherzog Johanns große Liebe (1950)
Erziehung vor Verdun (1935)
A: Zweig, Arnold
FT: Erziehung vor Verdun (1973)
Es bleibt alles in der Familie (1984)
A: Rosendorfer, Herbert
FT: Es bleibt alles in der Familie (1983)
Es geht seinen Gang oder Mühen in unseren Ebenen (1978)
A: Loest, Erich (= Walldorf, Hans; Naß, Waldemar)
FT: Es geht seinen Gang oder Mühen in unserer Ebene (1981)
Es muß nicht immer Kaviar sein (1960)
A: Simmel, Johannes Mario

FT: Diesmal muß es Kaviar sein (1961)
FT: Es muß nicht immer Kaviar sein (1961)
FT: Es muß nicht immer Kaviar sein (1977)
Es war einmal in Masuren (1991)
A: Koeppen, Wolfgang
FT: Ortelsburg - Szczytno (1990)
Es waren zwei Königskinder (1981)
A: Hauser, Harald
FT: Nadine, meine Liebe (1989)
Es wird schon nicht so schlimm
A: Schweikart, Hans
FT: Ehe im Schatten (1947)
Esch oder Die Anarchie (1931)
A: Broch, Hermann
FT: Esch oder die Anarchie (1978)
Esther (1959)
A: Apitz, Bruno
FT: Esther (1960)
Et drömspel (1902) (*Ein Traumspiel*)
A: Strindberg, August
FT: Ein Traumspiel (1959)
Et dukkehjem (1879) (*Nora oder Ein Puppenheim* 1880)
A: Ibsen, Henrik
FT: Nora oder Ein Puppenheim (1955)
FT: Nora (1961)
FT: Nora Helmer (1973/74)
Et le bel aujourd'hui (1972)
A: Eymouche, Claude
FT: Haben Sie Interesse an der Sache? (1973)
Etappenhase, Der (1936)
A: Bunje, Carl
FT: Der Etappenhase (1956)
(*Ettores Enkel*)
A: Gorkij, Maksim
FT: Ettores Enkel (1973)
Eurydice (1942) (*Euridike* 1946)
A: Anouilh, Jean
FT: Eurydice (1957)
Eurydice (1942) (*Eurydike* 1946)
A: Anouilh, Jean
FT: Eurydike (1964)
Evening Sun Turned Crimson, The (1980) (*Bickford's Cafeteria* 1990)
A: Huncke, Herbert
FT: Huncke (1990)
Ever Since Paradise (1946) (*Seit Adam und Eva* 1948)
A: Priestley, John Boynton
FT: Seit Adam und Eva (1955)
FT: Seit Adam und Eva (1962)
Everything in the Garden (1968)
A: Albee, Edward
FT: Alles im Garten (1979)
Evgenij Onegin (1832) (*Eugen Onegin* 1916)
A: Puschkin, Alexandr Sergejewitsch; Tschaikowsky, Peter Iljitsch
FT: Eugen Onegin (1990)
Ewige Spießer, Der (1930)
A: Horváth, Ödön von
FT: Der ewige Spießer (1985)
Ewigen Gefühle, Die (1939)
A: Brentano, Bernard von
FT: Die ewigen Gefühle (1984)
Exil (1940)
A: Feuchtwanger, Lion
FT: Exil (1981)
Exiles (1918) (*Verbannte* 1968)
A: Joyce, James
FT: Verbannte (1972)
Exit Charlie (1955)
A: Atkinson, Alex
FT: Vorsätzlich (1961)
Expense of Spirit
A: Pyszora, Anne-Françoise
FT: Winterschläfer (1997)
Fabian (1931)
A: Kästner, Erich (= Bürger, Berthold)
FT: Fabian (1979)
Fabrik der Offiziere (1960)
A: Kirst, Hans Hellmut
FT: Fabrik der Offiziere (1960)
FT: Fabrik der Offiziere (1988)
Face in the Night, The (1924) (*Das Gesicht im Dunkel* 1930)
A: Wallace, Richard Horatio Edgar
FT: Das Gesicht im Dunkeln (1969)
Fadren (1887)
A: Strindberg, August
FT: Der Vater (1963)
Fahne von Kriwoj Rog, Die (1959)
A: Gotsche, Otto
FT: Die Fahne von Kriwoj Rog (1960)
FT: Die Fahne von Kriwoj Rog (1967)
Fahnenträgerin, Die
A: Rosegger, Peter (= P. K. = Kettenfeier, Petri)
FT: Die fröhliche Wallfahrt (1956)
Fähnlein der sieben Aufrechten, Das (1861)
A: Keller, Gottfried
FT: Das Fähnlein der sieben Aufrechten (2000)
Fahrschule
A: Schirmer, Bernd
FT: Fahrschule (1986)
Fährten (1945)
A: Bruckner, Ferdinand
FT: Fährten (1960)
Fair and Warmer (1915) (*Der Mustergatte*)
A: Hopwood, Avery

FT: Der Mustergatte (1963)
FT: Der Mustergatte (1983)
FT: Der Mustergatte (1985)
Faisons un rêve (1934)
A: Guitry, Sacha
FT: Zwei ganze Tage (Wir wollen uns ein Luftschloß bauen) (1970)
Fall Bundhund, Der (1930)
A: Nelissen-Haken, Bruno
FT: Der Fall Bundhund (1976)
Fall Deruga, Der (1917)
A: Huch, Ricarda
FT: ... und nichts als die Wahrheit (1958)
(*Der Fall Eszterag*)
A: Gergely, Sandor
FT: Paul Eszterag schweigt (1959)
Fall Franza, Der (1979)
A: Bachmann, Ingeborg
FT: Franza (1987)
Fall für TKKG: Der Schatz in der Drachenhöhle, Ein (1979)
A: Wolf, Stefan (= Kalmuczak, Rolf)
FT: Fall für TKKG: Ein Drachenauge (1992)
Fall für TKKG: Drachenauge, Ein (1992)
A: Wolf, Stefan (= Kalmuczak, Rolf)
FT: Fall für TKKG: Drachenauge (1992)
Fall für TKKG (Reihe), Ein (1979)
A: Wolf, Stefan (= Kalmuczak, Rolf)
FT: Ein Fall für TKKG (7 Teile) (1985)
Fall Lucona: Ost-Spionage, Korruption und Mord im Dunstkreis der Regierungsspitze: ein Sittenbild der Zweiten Republik, Der (1987)
A: Pretterebner, Hans
FT: Der Fall Lucona (1993)
Fall Maurizius, Der (1928)
A: Wassermann, Jakob
FT: Der Fall Maurizius (1981)
Fall mit Liebe: ein Bella-Block-Roman, Ein (1994)
A: Gercke, Doris
FT: Bella Block - Blinde Liebe (1999)
Falsche Gewicht, Das (1937)
A: Roth, Joseph
FT: Das falsche Gewicht (1970)
(*Falsche Perlen*)
A: Maupassant, Guy de
FT: Begierde (1950)
Fälschung, Die (1979)
A: Born, Nicolas
FT: Die Fälschung (1981)
Familie Buchholz (1886)
A: Stinde, Julius
FT: Weihnachten bei Buchholzens - Ein Alt-Berliner Bilderbogen (1953)
FT: Die Buchholzens (1974)
Familie Hannemann (1951)
A: Reimann, Max; Schwartz, Otto
FT: Tante Jutta aus Kalkutta (1953)
Familie Rechlin (1978)
A: Hauser, Jochen
FT: Familie Rechlin (1982)
Familie Schroffenstein, Die (1803)
A: Kleist, Heinrich von
FT: Die Familie Schroffenstein (1984)
Familienfoto (1981)
A: Eckert, Wolfgang
FT: Familienfoto (1981)
Family Album (1952) (*Das schöne Abenteuer* 1959)
A: Ridge, Antonia
FT: Das schöne Abenteuer (1959)
Family Man, A (1921) (*Der Familienvater* 1928)
A: Galsworthy, John
FT: Der Familienvater (1964)
Family Skeletons (1965)
A: Wheeler, Hugh (= Quentin, Patrick; Webb, Richard Wilson)
FT: Familienschande (1988)
Fanny (1931) (*Fanny* 1932)
A: Pagnol, Marcel
FT: Fanny (1958)
Fanny (1858) (*Fanny* 1974)
A: Feydeau, Georges
FT: Fanny Margane (1984)
Fantazii Farjat'eva (*Farjatjews Phantasien* 1977)
A: Sokolova, Alla
FT: Lieben Sie Träume? oder Farjatjews Phantasien (1982)
Farben der Vögel, Die (1980)
A: Brödl, Herbert
FT: Die Farben der Vögel (1988/89)
Färber und sein Zwillingsbruder, Der (1840)
A: Nestroy, Johann Nepomuk
FT: Wenn Poldi ins Manöver zieht (1956)
Farend Schüler im Paradeiß, Der (1550)
A: Sachs, Hans
FT: Fastnachtsspiele (1953)
Fasnacht (1981)
A: Puganigg, Ingrid
FT: Martha Dubronski (1984)
Fast eine Weihnachtsgeschichte (1984)
A: Wollenberger, Werner
FT: Fast eine Weihnachtsgeschichte (1984)
Fastnachtsbeichte, Die (1959)
A: Zuckmayer, Carl
FT: Die Fastnachtsbeichte (1960)
FT: Fastnachtsbeichte (1976)
Father Brown Stories, The (1929)
A: Chesterton, Gilbert Keith

FT: Pater Brown findet Daniel Boom (1955)
Father Malachy's Miracle (1931) (*Das Wunder des Malachias* 1951)
A: Marshall, Bruce
FT: Das Wunder des Malachias (1960/61)
Faust I (1808)
A: Goethe, Johann Wolfgang von
FT: Faust (1960)
FT: Faust (1987/88)
Fee, die keiner haben wollte, Die (1980)
A: Koczian, Johanna von
FT: Die Fee, die keiner haben wollte (1982)
Fegefeuer oder Die Reise ins Zuchthaus (1983)
A: Unterweger, Jack
FT: Fegefeuer (1988)
Fegzverek viszszanéznek, A (1936) (*Die goldene Brücke* 1940)
A: Zilahy, Lajos
FT: Die goldene Brücke (1956)
Feichtenreut (1973)
A: Burger, Hannes
FT: Die Leute von Feichtenreut (1976)
Feinde sind auch Menschen: 7 Jahre in Chicago untergetaucht. Flucht u. Abenteuer eines dteutschen Kriegsgefangenen (1957)
A: Pabel, Reinhold
FT: Auf Wiedersehen (1961)
Feldherrnhügel, Der (1910)
A: Roda-Roda, Alexander (= Rosenfeld, Sándor Friedrich); Rössler, Carl
FT: Der Feldherrnhügel (1970)
(*Der Feldmarschall*)
A: Molnár, Ferenc
FT: Der Feldmarschall (1968)
Felidae (1989)
A: Pirinçci, Akif
FT: Felidae (1993)
Fellowship of the Frog (1925) (*Der Frosch mit der Maske*)
A: Wallace, Richard Horatio Edgar
FT: Der Frosch mit der Maske (1959)
Femme à sa fenêtre, Une (1930)
A: Drieu La Rochelle, Pierre
FT: Die Frau am Fenster (1974)
Femme de ta jeunesse, La (1949) (*Die Frau deiner Jugend* 1952)
A: Deval, Jacques
FT: Die Frau deiner Jugend (1958)
Femme du boulanger, La (1946) (*Die Frau des Bäckers (Madame Aurélie)* 1948)
A: Pagnol, Marcel
FT: Madame Aurélie (1955)
FT: Die Frau des Bäckers (1958)
Femme rompue, La (1967) (*Eine gebrochene Frau* 1969)
A: Beauvoir, Simone de
FT: Weil's solche Liebe nicht tagtäglich gibt (1986)
Fenêtre des Rouets, La (1945) (*Das Fenster der Rouets* 1969)
A: Simenon, Georges (= Sim, Georges; Aramis; Brulls, Christian)
FT: Das Fenster der Rouets (1989)
Ferien vom Ich (1915)
A: Keller, Paul
FT: Ferien vom Ich (1952)
FT: Ferien vom Ich (1963)
Fernande (1870)
A: Sardou, Victorien
FT: Der Bettelstudent (1956)
Feststellung, Die (1958)
A: Baierl, Helmut
FT: Die Feststellung (1957/58)
Festung, Die (1962)
A: Jaeger, Henry
FT: Verdammt zur Sünde (1964)
Fette Jahre (1993)
A: Sülzer, Bernd
FT: Um jeden Preis (1993)
Fette Welt (1992)
A: Krausser, Helmut
FT: Fette Welt (1998)
Fetzen fliegen (1978)
A: Ferolli, Beatrice
FT: Duett zu Dritt (1976)
Feuer auf mein Haupt (1972)
A: Martin, Hansjörg
FT: Nerze nachts am Straßenrand (1973)
Feuer für den großen Drachen (1982)
A: -ky (= Bosetzky, Horst)
FT: Feuer für den großen Drachen (1984)
Feuerball (1996)
A: Wolf, Klaus-Peter
FT: Polizeiruf 110 - Feuer! (1996)
Feuerschiff, Das (1960)
A: Lenz, Siegfried
FT: Das Feuerschiff (1963)
FT: The Lightship (1985)
Feuerwasser (1951)
A: Becher, Ulrich
FT: Feuerwasser (1977/78)
Feuerwerk, Das (1949)
A: Amstein, Jürg; Burkhard, Paul; Charell, Erik; Sautter, Emil
FT: Feuerwerk (1954)
Feuerzangenbowle, Die (1935)
A: Spoerl, Heinrich
FT: Die Feuerzangenbowle (1970)
Feuerzeichen, Das (1949)
A: Bergengruen, Werner

FT: Das Feuerzeichen (1965)
(*Das Feuerzeug*)
A: Andersen, Hans Christian
FT: Das Feuerzeug (1959)
Feux rouges (1953) (*Schlußlichter* 1982)
A: Simenon, Georges (= Sim, Georges; Aramis; Brulls, Christian)
FT: Reifenwechsel (1983)
Fiakermilli - Liebling von Wien
A: Costa, Martin
FT: Fiakermilli - Liebling von Wien (1952)
Fidele Bauer, Der (1907)
A: Fall, Leo; Léon, Victor
FT: Der fidele Bauer (1951)
Fidelio (1814)
A: Beethoven, Ludwig van; Bouilly, Jean Nicolas; Sonnleithner, Joseph; Treitschke, Friedrich
FT: Fidelio (1955)
Fieberkopf, Der (1967)
A: Bauer, Wolfgang
FT: Fieberkopf. Roman in Briefen (1975)
Filibustier: ein Kulturbild (1922)
A: Müller, Robert
FT: Die Schieber (1983)
Fille du puisatier, La (1940) (*Die Tochter des Brunnenmachers* 1955)
A: Pagnol, Marcel
FT: Die Tochter des Brunnenmachers (1956)
FT: Die Tochter des Brunnenmachers (1965)
Fille du régiment, La (1840) (*Die Regimentstochter*)
A: Bayard, Jean-François; Donizetti, Gaetano; Saint-Georges, Henri
FT: Die Regimentstochter (1953)
Fille pour du vent, Une (1953)
A: Obey, André
FT: Ein Opfer für den Wind (1954)
Filumena Marturano (1947) (*Philomena Marturano* 1957)
A: Filippo, Eduardo de
FT: Philomena Marturano (1960)
Findling, Der (1810)
A: Kleist, Heinrich von
FT: Der Findling (1967)
Fink und Fliederbusch (1917)
A: Schnitzler, Arthur
FT: Fink und Fliederbusch (1969)
(*Finsternis*)
A: Andreev, Leonid N.
FT: Roulette (1977)
Finta giardinera, La (1775)
A: Calzabigi, Raniero da; Mozart, Wolfgang Amadeus
FT: Die Gärtnerin aus Liebe (1989)
First and the Last , The (1927) (*Die Ersten und die Letzten* 1931)
A: Galsworthy, John
FT: Die Letzten werden die Ersten sein (1956)
First Gentleman, The (1940) (*Der Mann nebenan* 1963)
A: Ginsbury, Norman
FT: Der Mann nebenan (1964)
First Legion, The (1934) (*Die erste Legion* 1948)
A: Lavery, Emmet
FT: Die erste Legion (1964)
First love - die grosse Liebe: Gefühle im Wind (1998)
A: Gärtner, Pia
FT: First love - die grosse Liebe (1997-98)
First Mrs. Fraser, The (1929) (*Die erste Frau Selby* 1960)
A: Ervine, St. John Greer
FT: Du bist die Richtige (1954)
FT: Die erste Mrs. Selby (1960)
Fisch zu viert (1969)
A: Kohlhaase, Wolfgang; Zimmer, Rita
FT: Fisch zu viert (1972)
Fische, Die (1977)
A: Hacks, Peter
FT: Die Fische (1982)
Fischzüge - Unternehmungen des Kapitäns Jan Nipmerow ... (1972)
A: Höricke, Lothar
FT: Fischzüge (1984)
Fiston (1937) (*Mein Sohn, der Herr Minister* 1937)
A: Birabeau, André
FT: Mein Sohn, der Herr Minister (1958)
FT: Mein Sohn, der Herr Minister (1982)
Five on a Treasure Island (1945) (*Fünf Freunde erforschen die Schatzinsel* 1953)
A: Blyton, Enid (Mary)
FT: Fünf Freunde in der Tinte (1970)
Flächenbrand (1979)
A: Grün, Max von der
FT: Flächenbrand (1981)
Flachsmann als Erzieher (1901)
A: Ernst, Otto
FT: Flachsmann als Erzieher (1968)
Fledermaus, Die (1874)
A: Geneé, Richard; Haffner, Carl; Strauß, Johann
FT: Die Fledermaus (1946)
FT: Die Fledermaus. Rauschende Melodien (1955)
FT: Oh, Rosalinda (1955)
FT: Die Fledermaus (1961)
FT: Die Fledermaus (1988)

Fleisch (1980)
A: Erler, Rainer
FT: Fleisch (1979)
Flesh of the Orchid, The (1948) (*Ein Grab voll roter Orchideen* 1971)
A: Chase, James Hadley
FT: Das Fleisch der Orchidee (1974)
Fliegende Holländer, Der (1843)
A: Wagner, Richard
FT: Der fliegende Holländer (1964)
FT: Der fliegende Holländer (1992)
(*Fliegende Hunde*)
A: Erdinç, Fahri
FT: Fliegende Hunde (1973)
Fliegende Klassenzimmer, Das (1933)
A: Kästner, Erich (= Bürger, Berthold)
FT: Das fliegende Klassenzimmer (1954)
FT: Das fliegende Klassenzimmer (1973)
Fliegende Windmühle, Die (1976)
A: Feustel, Günter
FT: Die fliegende Windmühle (1981)
Fliehendes Pferd, Ein (1978)
A: Walser, Martin
FT: Ein fliehendes Pferd (1986)
Flight into Danger (1965)
A: Hailey, Arthur
FT: Flug in Gefahr (1964)
FT: Im Fliegen sterben (1974)
Flitterwochen (1938)
A: Helwig, Paul
FT: Flitterwochen (1962)
Florence et le dentiste (1952)
A: Giltène, Jean; Joffé, Alex (= Joffe, Alexandre)
FT: Florence und der Zahnarzt (1962)
Florentinische Nächte (1834)
A: Heine, Heinrich
FT: Der Zaubergarten (1984)
Flotter Dreier (1996)
A: Friedrichs, Horst
FT: Ein flotter Dreier (1996)
Flowering Cherry (1958)
A: Bolt, Robert Oxton
FT: Blühende Träume (1959)
Flowers for Mrs. Harris (1958)
A: Gallico, Paul William
FT: Mrs. Harris und der Heiratsschwindler (1991)
Flowers for Mrs. Harris (1959) (*Ein Kleid von Dior* 1959)
A: Gallico, Paul William
FT: Ein Kleid von Dior (1982)
Flucht in den Norden (1934)
A: Mann, Klaus
FT: Flucht in den Norden (1985)
Flucht mit Lucifer (1969)
A: Schlageter, Jeanne
FT: Flucht mit Lucifer (4 Teile) (1989)
Flucht ohne Ende (1927)
A: Roth, Joseph
FT: Flucht ohne Ende (1984)
Flüchtling, Der (1948)
A: Hochwälder, Fritz
FT: Der Flüchtling (1961)
Flüchtling, Der (1948) (*Neufassung* 1955)
A: Hochwälder, Fritz
FT: Die Frau am Wege (1948)
FT: Der Flüchtling (1956)
Flüchtlingsgespräche (1961)
A: Brecht, Bertolt
FT: Flüchtlingsgespräche (1964)
Flüchtlingsgespräche (1961) (*Furcht und Elend des dritten Reiches* 1945)
A: Brecht, Bertolt
FT: Hundert Jahre Brecht (1997)
Fluchtversuch (1976)
A: Wippersberg, Walter J.M.
FT: Fluchtversuch (1976)
Flußpiraten des Mississippi, Die (1848)
A: Gerstäcker, Friedrich
FT: Die Flußpiraten vom Mississippi (1963)
Focus (1945) (*Brennpunkt* 1955)
A: Miller, Arthur
FT: Brennpunkt (1961)
Folle de Chaillot, La (1945) (*Die Irre von Chaillot* 1950)
A: Giraudoux, Jean
FT: Die Irre von Chaillot (1960)
Folle journée ou le mariage de Figaro, La (1785) (dt. 1906)
A: Beaumarchais, Pierre Augustin Caron de
FT: Ein toller Tag (1945)
FT: Der tolle Tag (1962)
Footfalls (1976)
A: Beckett, Samuel
FT: Drei Spiele von Samuel Beckett (1990)
For the Rest of Her Life
A: Woolrich, Cornell (= Irish, George Hopley William)
FT: Martha (1974)
Forellen: 4 dramatiske Skitser (1941) (*Die Forelle*)
A: Christensen, Wilfred
FT: Weg in die Vergangenheit (1954)
Forførens dagbog (1843) (*Tagebuch des Verführers* 1903)
A: Kierkegaard, Søren
FT: Tagebuch des Verführers (1979)
Forger, The (1927) (*Der Banknotenfälscher* 1952)
A: Wallace, Richard Horatio Edgar
FT: Der Fälscher von London (1961)

Forgotten Door, The (1965) (*Die Tür zu einer anderen Welt* 1976)
A: Key, Alexander
FT: Jan vom goldenen Stern (1980)
Försterbuben, Die (1908)
A: Rosegger, Peter (= P. K. = Kettenfeier, Petri)
FT: Die Försterbuben (1955)
FT: Die Försterbuben (1984)
Förster-Christl, Die (1908)
A: Buchbinder, Ludwig Bernhard (= Klinger, Gustav); Jarno, Georg
FT: Die Förster-Christl (1952)
FT: Die Förster-Christl (1962)
Fotografia de aniversario, La (1963)
A: Sender, Ramón José
FT: Das Foto (1969)
Fourposter, The (1947)
A: Hartog, Jan de
FT: Das Riesenrad (1961)
FT: Das Himmelbett (1963)
Fragebogen, Der (1951)
A: Salomon, Ernst von
FT: Glück in Frankreich (1965)
Frank V, Oper einer Privatbank (1960)
A: Dürrenmatt, Friedrich
FT: Frank V, Oper einer Privatbank (1967)
Franta Zlin (1920)
A: Weiß, Ernst
FT: Franta (1989)
Franz von Assisi (1904)
A: Hesse, Hermann
FT: Francesco (1989)
Franziska Linkerhand (1974)
A: Reimann, Brigitte
FT: Unser kurzes Leben (1980)
Frau am Pranger, Die (1956)
A: Reimann, Brigitte
FT: Erster Verlust (1990)
Frau Bertha Garlan (1901)
A: Schnitzler, Arthur
FT: Frau Berta Garlan (1989)
Frau Bertha Garlan (1901)
A: Schnitzler, Arthur
FT: Berta Garlan (1966)
Frau, die weiß, was sie will, Eine (1950)
A: Grünwald, Alfred; Strauss, Oscar
FT: Eine Frau, die weiß, was sie will (1957)
Frau Dr. Johnson (1988)
A: Pilgrim, Volker Elis
FT: Dr. Margarete Johnson (1982)
Frau genügt nicht?, Eine (1955)
A: Soltikow, Michael Alexander Graf
FT: Eine Frau genügt nicht? (1955)
Frau Holle (1812)
A: Grimm, Jakob Ludwig Carl; Grimm, Wilhelm Carl
FT: Frau Holle (1954)
FT: Frau Holle (1961)
FT: Frau Holle (1963)
FT: Frau Holle (1977)
FT: Frau Holle (1984)
Frau Irene Besser (1961)
A: Habe, Hans (= Bekessy, Janos)
FT: Frau Irene Besser (1961)
Frau Jenny Treibel (1892)
A: Fontane, Theodor
FT: Corinna Schmidt (1951)
FT: Frau Jenny Treibel (1972)
FT: Frau Jenny Treibel oder Wo sich Herz zu Herzen findet (1976)
FT: Frau Jenny Treibel (1982)
Frau mit den Karfunkelsteinen, Die (1885)
A: Marlitt, Eugenie
FT: Die Frau mit den Karfunkelsteinen (1985)
Frau Rettich, die Czerni und ich (1992)
A: Borowiak, Simone
FT: Frau Rettich, die Czerni und ich (1997)
Frau zu sein bedarf es wenig (1992)
A: Lind, Hera
FT: Frau zu sein bedarf es wenig (1997)
Frauen die sterben, ohne daß sie gelebt hätten (1983)
A: Scheinhardt, Saliha
FT: Abschied vom falschen Paradies (1988)
Frauen lügen besser (1998)
A: Schoenle, Annemarie
FT: Frauen lügen besser (2000)
Frauen morden leichter (1997)
A: Kreis, Gabriele
FT: Frauen morden leichter (1997)
Frauenstation (1964)
A: Fischer, Marie-Louise
FT: Frauenstation (1975)
FT: Alarm auf Station 2 (1993)
(*Das Fräulein als Bäuerin*)
A: Puschkin, Alexandr Sergejewitsch
FT: Das Fräulein als Bäuerin (1976)
Fräulein Else (1924)
A: Schnitzler, Arthur
FT: Fräulein Else (1974)
(*Fräulein Fortuna*)
A: Fodor, Ladislas (Laszlo)
FT: Ein Haus voll Liebe (1954)
Fräulein von Scuderi, Das (1819)
A: Hoffmann, Ernst Theodor Amadeus
FT: Das Fräulein von Scuderi (1955)
FT: Cardillac (1968)
FT: Das Fräulein von Scuderi (1976)
Freier, Die (1833)
A: Eichendorff, Joseph Freiherr von
FT: Die Freier (1969)

Freier Fall (1994)
A: Sülzer, Bernd
FT: Freier Fall (1997)
Freitags wird gebadet: aus dem Tagebuch eines Minderjährigen (1964)
A: David, Kurt
FT: Aus dem Tagebuch eines Minderjährigen (1965)
Fremd bin ich erzogen
A: Schubert, Franz
FT: Fremd bin ich erzogen (1978)
(*Die Fremde* 1966)
A: Djilas, Milovan
FT: Die Fremde (1972)
Fremdes Land oder Als die Freiheit noch zu haben war (1980)
A: Surminski, Arno
FT: Fremdes Land oder Als die Freiheit noch zu haben war (1983)
French without tears (1937) (*Parlez-vous français?* 1948)
A: Rattigan, Terence
FT: Parlez-vous français? (1962)
Frettchen, Das
A: Morweiser, Fanny
FT: Das Frettchen (1980)
Freudenhaus, Das (1966)
A: Jaeger, Henry
FT: Das Freudenhaus (1970)
Friedensfest, Das (1890)
A: Hauptmann, Gerhart
FT: Das Friedensfest (1956)
FT: Das Friedensfest (1979)
Friedrich und Friederike (1983)
A: Grün, Max von der
FT: Friedrich und Friederike (9 Teile) (1988)
Frightened Lady, The (1933) (*Das indische Tuch* 1956)
A: Wallace, Richard Horatio Edgar
FT: Das indische Tuch (1963)
Frisondag (1954) (dt. 1956)
A: Fischer, Otto Peter Leck
FT: Ein Ausgangstag (1957)
Fröhliche Dorf, Das
A: Hinrichs, August
FT: Das fröhliche Dorf (1955)
Fröhliche Weinberg, Der (1925)
A: Zuckmayer, Carl
FT: Der fröhliche Weinberg (1952)
FT: Der fröhliche Weinberg (1961)
Fröken Julie (1888)
A: Strindberg, August
FT: Fräulein Julie (1968)
Frøken Smillas fornemmelse for sne (1992) (*Fräulein Smillas Gespür für Schnee* 1994)
A: Høeg, Peter
FT: Fräulein Smillas Gespür für Schnee (1997)
Fromme Helene, Die (1873)
A: Busch, Wilhelm
FT: Die fromme Helene (1965)
Frontgockel, Der (1937)
A: Fitz, Hans
FT: Der Frontgockel (1955)
Froschfest, Das (1977)
A: Zenker, Helmut
FT: Schwitzkasten (1977)
Froschkönig, Der (1812)
A: Grimm, Jakob Ludwig Carl; Grimm, Wilhelm Carl
FT: Der Froschkönig (1954)
FT: Der Froschkönig (1982)
FT: Der Froschkönig (1987)
FT: Froschkönig (1988)
Fru Marie Grubbe (1876) (*Frau Marie Grubbe* 1878)
A: Jacobsen, Jens Peter
FT: Marie Grubbe (3 Teile) (1990)
Fruen fra Havet (1888) (*Die Frau vom Meer* 1989)
A: Ibsen, Henrik
FT: Die Frau vom Meer (1980)
Frühere Verhältnisse (1890)
A: Nestroy, Johann Nepomuk
FT: Frühere Verhältnisse (1955)
FT: Frühere Verhältnisse (1960)
FT: Frühere Verhältnisse (1968)
Frühlingskranz (1844)
A: Arnim, Bettina von
FT: Leb in mir. Aus Bettina von Arnims "Frühlingskranz" (1983)
Fugitive, The (1913) (*Flucht* 1914)
A: Galsworthy, John
FT: Die Flucht (1962)
Führerbild, Das (1946)
A: Becher, Johannes R.
FT: Der Weg nach Füssen (1962)
Fuhrmann Henschel (1898)
A: Hauptmann, Gerhart
FT: Fuhrmann Henschel (1956)
Fund, Der (1937)
A: Nabl, Franz
FT: Am Abend nach der Oper (1945)
Fünf Karnickel, Die (1926)
A: Pohl, Julius
FT: Im Krug zum grünen Kranze (1953)
Fünf Leben des Dr. Gundlach, Die (1982)
A: Schreyer, Wolfgang
FT: Die zwei Leben des Dr. Gundlach (1985)
Fünfminutenvater, Der
A: Fischer, Josef
FT: Der Fünfminutenvater (Die Wirtin zum Roten Ochsen) (1951)
Funny Money (1995)
A: Cooney, Ray
FT: Viel, viel Geld (1972)

Für die Katz! (1938)
A: Hinrichs, August
FT: Alles für die Katz (1970)
FT: Für die Katz (1974)
Für eine Mark und acht
A: Fauser, Jörg
FT: Das Frankfurter Kreuz (1997)
Furcht und Elend des dritten Reiches (1945)
A: Brecht, Bertolt
FT: Der Spitzel (1964)
FT: Der Verrat (1964)
FT: Die jüdische Frau (1964)
FT: Rechtsfindung (1964)
FT: Das Kreidekreuz (1966)
FT: Furcht und Elend des dritten Reiches (1981)
Für'n Groschen Brause: eine liebenswerte Familienchronik aus unliebsamen Zeiten (1983)
A: Zimmer, Dieter
FT: Für'n Groschen Brause (1983)
Fürst von Pappenheim, Der (1923)
A: Arnold, Franz; Bach, Ernst
FT: Der Fürst von Pappenheim (1952)
Füße im Feuer, Die (1864)
A: Meyer, Conrad Ferdinand
FT: Der Gast (1956)
FT: Du sollst nicht töten (1957)
FT: Die Füße im Feuer (1985)
Gabriel Schillings Flucht (1912)
A: Hauptmann, Gerhart
FT: Gabriel Schillings Flucht (1962)
Gaietés de l'escadron, Les (1886)
A: Courteline, Georges
FT: Der Pferdeapfel und die Rose (1982)
Game of Murder, A (1975) (*Die Kette* 1978)
A: Durbridge, Francis Henry
FT: Die Kette (1977)
Gang, Die (1997)
A: Schwamm, Bernd
FT: Die Gang (1997)
Gänse von Bützow: eine Historia, Die (1906)
A: Raabe, Wilhelm
FT: Die Gänse von Bützow (1985)
Gänsemagd, Die (1812)
A: Grimm, Jakob Ludwig Carl; Grimm, Wilhelm Carl
FT: Die Gänsemagd (1957)
FT: Die Gänsemagd (1977)
FT: Die Gänsehirtin am Brunnen (1979)
FT: Die Gänsehirtin am Brunnen (1983)
Ganz unten (1986)
A: Wallraff, Günther
FT: Günther Wallraff - Ganz unten (1985)
Garbus (*Buckel* 1975)
A: Mrozek, Slawomir
FT: Buckel (1978)
Garden Party, A (1967) (*Eine Garten-Party* 1983)
A: Behan, Brendan
FT: Gartenparty (1972)
Gardine, Die (1964)
A: Oelschlegel, Gerd
FT: Die Gardine (1964)
(*Der Garten*)
A: Aspinall, Tim
FT: Der Garten (1983)
Gartenlaube, Die (1929)
A: Ungar, Hermann
FT: Die Gartenlaube (1969)
Gärtner von Toulouse, Der (1938)
A: Kaiser, Georg
FT: Der Gärtner von Toulouse (1982)
Gas Light (1938) (*Gaslicht* 1950)
A: Hamilton, Patrick (A.W.)
FT: Gaslicht (1956)
FT: Gaslicht (1960)
Gaspar Varros Recht (1955)
A: Hay, Guyla (Julius)
FT: Gaspar Varros Recht (1966)
(*Das Gastmahl*)
A: Čechov, Anton Pavlovič
FT: Das Gastmahl (1974)
Gathering of Old Men, A (1983) (*Ein Aufstand alter Männer* 1987)
A: Gaines, Ernest J.
FT: Ein Aufstand alter Männer (1987)
Gatter, Das (1964)
A: Seuren, Günter
FT: Schonzeit für Füchse (1966)
Gavroche (1967)
A: Ensikat, Peter
FT: Gavroche (1987)
Gazebo, The (1959)
A: Coppel, Alec
FT: Der Aussichtsturm (1964)
Gebell, Das (1972)
A: Bachmann, Ingeborg
FT: Das Gebell (1976)
Geborgte Weihnachtsbaum, Der
A: Schnurre, Wolfdietrich
FT: Der geborgte Weihnachtsbaum (1966)
Geduldige Fleisch, Das (1955)
A: Heinrich, Willi
FT: Steiner - Das Eiserne Kreuz (1977)
Gefährliche Liebe: der zweite Roman zur Serie im ZDF (1998)
A: Becker, Miriam
FT: Anwältin Lisa Falk: Eine Frau für alle Fälle (1997-98)

Gefährliche Neugier (1965)
A: Martin, Hansjörg
FT: Gefährliche Neugier (1970)
Gefährlicher Mensch, Ein (1960)
A: Hubalek, Claus
FT: Ein gefährlicher Mensch (1958)
Gefährtin, Die (1899)
A: Schnitzler, Arthur
FT: Die Gefährtin (1954)
FT: Die Gefährtin (1966)
Gefallen (1894)
A: Mann, Thomas
FT: Gefallen (1975)
Gefangene der Botschaft, Der (1964)
A: Schaper, Edzard
FT: Der Gefangene der Botschaft (1964)
Gefangenen von Murano, Die (1954)
A: Quednau, Werner
FT: Die Gefangenen von Murano (1966)
Gefrühstückt wird um 8
A: Focke, Gerd
FT: Gefrühstückt wird um 8 (1978)
Gegenlicht (1979)
A: Wippersberg, Walter J.M.
FT: Gegenlicht (1984)
(*Geheimarchiv an der Elbe* 1965)
A: Nassibow, Alexander
FT: Geheimarchiv an der Elbe (1963)
Geheimnis der alten Mamsell, Das (1868)
A: Marlitt, Eugenie
FT: Das Geheimnis der alten Mamsell (1972)
(*Das Geheimnis der weißen Nonne*)
A: Wallace, Richard Horatio Edgar
FT: Das Geheimnis der weißen Nonne (1966)
Geheimnis um Georgia (1937)
A: Kritz, Hugo Maria (= Kritzkovsky, Hugo)
FT: Der schweigende Mund (1951)
Geheimnis von Huntsville: Die wahre Karriere des Raketenbarons Wernher von Braun (1963)
A: Mader, Julius
FT: Die gefrorenen Blitze (1967)
Geht's uns was an? (1981)
A: Degener, Volker
FT: Der Schrei des Shi-Kai (1984)
Gehülfe, Der (1908)
A: Walser, Robert
FT: Der Gehülfe (1977)
Geier-Wally, Die (1875)
A: Hillern, Wilhelmine von
FT: Die Geierwally (1956)
FT: Geierwally (1990)
Geigenmacher von Mittenwald, Der (1884)
A: Ganghofer, Ludwig
FT: Der Geigenmacher von Mittenwald (1950)
Geist der Mirabelle (1975)
A: Lenz, Siegfried
FT: Der Geist der Mirabelle. Geschichten aus Bollerup (1978)
Geisterseher, Der (1788)
A: Schiller, Friedrich von
FT: Der Geisterseher (1956)
FT: Der Geisterseher (1987)
Gejagten, Die
A: Blickensdorfer, Walter
FT: Die Gejagten (1961)
Gekaufte Mädchen, Das (1957)
A: Günther, Egon
FT: Das gekaufte Mädchen (1978)
Gelähmte Schwingen (1918)
A: Thoma, Ludwig
FT: Gelähmte Schwingen (1956)
FT: Gelähmte Schwingen (1988)
Gelbe Haus am Pinnasberg, Das (1970)
A: Bischoff, Bengta
FT: Das gelbe Haus am Pinnasberg (1970)
Geld, das auf der Straße liegt, Das (1955)
A: Lüddecke, Werner-Jörg
FT: Das Geld, das auf der Straße liegt (1958)
Geld liegt auf der Bank, Das (1968)
A: Flatow, Curth
FT: Das Geld liegt auf der Straße (1978)
Geld und Geist, oder Die Versöhnung (1844)
A: Gotthelf, Jeremias (= Bitzius, Albert)
FT: Geld und Geist (1964)
Gelegenheitsarbeit einer Sklavin (1973)
A: Kluge, Alexander
FT: Gelegenheitsarbeit einer Sklavin (1973)
Geliebte Corinna (1951)
A: Pilchowski, Robert
FT: Geliebte Corinna (1956)
Geliebte Feindin (1938)
A: Kirchbach, Maria von
FT: Geliebte Feindin (1954)
Gelsomino nel paese dei bugiardi (1958) (*Gelsomino im Lande der Lügner* 1961)
A: Rodari, Gianni
FT: Lorenz im Land der Lügner (1996)
Generale della Rovere, Il (1959) (*Die Rolle seines Lebens* 1965)
A: Montanelli, Indro
FT: Die Rolle seines Lebens (1967)
Genesung (1956)
A: Egel, Karl Georg; Wiens, Paul
FT: Genesung (1956)
Gengangere (1881) (*Gespenster* 1884)
A: Ibsen, Henrik
FT: Gespenster (1966)

Genius and the Goddess, The (1955) (*Das Genie und die Göttin* 1956)
A: Huxley, Aldous
FT: Das Genie und die Göttin (1959)
Genosse Brüggemann. Commander Carrigan (1969)
A: Szyszkowitz, Gerald
FT: Genosse Brüggemann (1993)
Genosse Judas: die zwei Leben des Ibrahim Böhme (1992)
A: Lahann, Birgit
FT: Der Mann im schwarzen Mantel (1994)
Gentle Hook, The (1975) (*Dies Bildnis ist zum Morden schön* 1974)
A: Durbridge, Francis Henry
FT: Dies Bildnis ist zum Morden schön (1987)
Gentle People, The (1939) (*Gangster* 1957)
A: Shaw, Irwin
FT: Brooklyn-Ballade (1965)
Georg (1984)
A: Leskien, Jürgen; Würfel, Wolfgang
FT: Georg (1985)
Georg Friedrich Händels Auferstehung (1937)
A: Zweig, Stefan
FT: Händels Auferstehung (1980)
Georg Jenatsch (1876)
A: Meyer, Conrad Ferdinand
FT: Oberst Jenatsch (1976)
FT: Jenatsch (1987)
George Dandin, ou le mari confondu (1668)
A: Molière, Jean Baptiste
FT: Georges Dandin (1964)
Georgina's Reasons (1885)
A: James, Henry
FT: Georginas Gründe (1975)
Gepäckschein 666 (1953)
A: Weidenmann, Alfred
FT: Gepäckschein 666 (1961)
Gerichtsreporterin , Die (1994)
A: Zingler, Peter
FT: Die Gerichtsreporterin (1994)
Geschäft am Nachmittag (1978)
A: Walbert, Helmut
FT: Geschäft am Nachmittag (1980)
Geschäfte des Herrn Julius Caesar, Die (1957)
A: Brecht, Bertolt
FT: Geschichtsunterricht (1972)
(*Die Geschichte mit dem Metteur* 1976)
A: Vampilow, Alexander Valentinowitsch
FT: Der Metteur (1980)
Geschichte vom goldenen Taler, Die
A: Fallada, Hans
FT: Die Geschichte vom goldenen Taler (1985)
Geschichte vom Kalif Storch, Die (1826)
A: Hauff, Wilhelm
FT: Kalif Storch (1981)
Geschichte von der Gänseprinzessin und ihrem treuen Pferd Falada, Die (1812)
A: Grimm, Jakob Ludwig Carl; Grimm, Wilhelm Carl
FT: Die Geschichte von der Gänseprinzessin und ihrem treuen Pferd Falada (1988)
Geschichte von der 1002. Nacht, Die (1939)
A: Roth, Joseph
FT: Die Geschichte der 1002. Nacht (2 Teile) (1969)
FT: Die Geschichte der 1002. Nacht (1985)
Geschichten aus dem Wienerwald (1931)
A: Horváth, Ödön von
FT: Geschichten aus dem Wienerwald (1957)
FT: Geschichten aus dem Wienerwald (1979)
Geschiedene Frau, Die (1908)
A: Fall, Leo
FT: Die geschiedene Frau (1953)
Geschlecht der Gedanken, Das (1977)
A: Heinrich, Jutta
FT: Josephs Tochter (1983)
Geschwader Fledermaus (1957)
A: Honegger, Arthur
FT: Geschwader Fledermaus (1956)
Geschwister, Die (1776)
A: Goethe, Johann Wolfgang von
FT: Die Geschwister (1954)
Geschwister Oppermann, Die (1933)
A: Feuchtwanger, Lion
FT: Die Geschwister Oppermann (1983)
Geselle, Der (1985)
A: Rücker, Günther
FT: Der olympische Sommer (1991/92)
Gesellschaft der Gänseblümchen (1955)
A: Wunderlich, Heinz
FT: Gesellschaft der Gänseblümchen. Eine Groteske (1956)
Gesetz der Liebe, Das (1936)
A: Andreas, Fred
FT: Das Gesetz der Liebe (1949)
Gesichte der Simone Machard, Die (1943)
A: Brecht, Bertolt
FT: Die Gesichte der Simone Machard (1960)
FT: Die Gesichte der Simone Machard (1968)
Geständnis einer Sechzehnjährigen, Das (1956)
A: Pilchowski, Robert

FT: Geständnis einer Sechzehnjährigen (1961)
Geständnis unter vier Augen (1954)
A: Kritz, Hugo Maria (= Kritzkovsky, Hugo)
FT: Geständnis unter vier Augen (1954)
Gestatten - mein Name ist Cox (1954)
A: Becker, Rolf
FT: Gestatten, mein Name ist Cox (1954)
Gestes de Renart le Goupil (1960) (*Reineke Fuchs* 1965)
A: Fauquez, Arthur
FT: Reineke Fuchs (1973)
FT: Reineke Fuchs (1976)
Gestiefelte Kater, Der (1812)
A: Grimm, Jakob Ludwig Carl; Grimm, Wilhelm Carl
FT: Der gestiefelte Kater (1955)
FT: Der gestiefelte Kater (1981)
Gesundheit! (1979)
A: Forte, Dieter
FT: Gesundheit! (1979)
Geteilte Himmel, Der (1964)
A: Wolf, Christa
FT: Der geteilte Himmel (1964)
Gevatter Tod (1812)
A: Grimm, Jakob Ludwig Carl; Grimm, Wilhelm Carl
FT: Gevatter Tod (1980)
Gewissen in Aufruhr (1957)
A: Petershagen, Rudolf
FT: Gewissen in Aufruhr (5 Teile) (1961)
Gewitter im Mai (1904)
A: Ganghofer, Ludwig
FT: Gewitter im Mai (1988)
Gewöhnliche Leute (1969)
A: Bräunig, Werner
FT: Aus unserer Zeit (1969)
Ghost Train, The (1927) (*Der Geisterzug* 1927)
A: Ridley, Arnold
FT: Der Geisterzug (1957)
Giara, La (1925) (*Der Krug* 1953)
A: Pirandello, Luigi
FT: Der Krug (1963)
Giardino dei Finzi Contini, Il (1962) (*Der Garten der Finzi Contini* 1963)
A: Bassani, Giorgio
FT: Der Garten der Finzi Contini (1970)
Gideon (1961)
A: Chayefsky, Paddy
FT: Gideon (1966)
Gier (1983)
A: Mager, Hasso
FT: Gier (1986)
Gifts of the Magi
A: Porter, William Sydney (= O'Henry)
FT: Das Geschenk der Weisen (1974)
Gigerln von Wien, Die (1930)
A: Steinbrecher, Alexander; Wimmer, I.
FT: Die Gigerln von Wien (1965)
Giocatore, Il (1953)
A: Betti, Ugo
FT: Der Spieler (1962)
Gioconda Smile, The (1924) (*Das Lächeln der Gioconda* 1931)
A: Huxley, Aldous
FT: Das Lächeln der Gioconda (1953)
FT: Das Lächeln der Gioconda (1958)
Gipfelkreuz, Das (1951)
A: Loven, Karl
FT: Gesetz ohne Gnade (1951)
Girl from Nowhere, The
A: Langelaan, George
FT: Eurydike oder Das Mädchen von Nirgendwo (1978)
Gisela Ufer erzählt (1969)
A: Panitz, Eberhard
FT: Der Dritte (1971)
Gläserne Berg, eine deutsche Odyssee vom hohen Norden, Der (1941)
A: Kernmayr, Hans Gustl
FT: Unternehmen Edelweiß (1954)
Gläserne Wappen, Das (1983)
A: Bakos, Eva
FT: Das gläserne Wappen (1983)
Glass Cell, The (1964) (*Das unsichtbare Gitter* 1966)
A: Highsmith, Patricia
FT: Die gläserne Zelle (1978)
Glass Menagerie, The (1944) (*Die Glasmenagerie* 1946)
A: Williams, Tennessee
FT: Die Glasmenagerie (1958)
FT: Die Glasmenagerie (1969)
Glatteis (1982)
A: Kettenbach, Hans Werner
FT: Glatteis (1998)
Glaube, Liebe, Hoffnung (1932)
A: Horváth, Ödön von
FT: Glaube, Liebe, Hoffnung (1958)
FT: Glaube, Liebe, Hoffnung (1969)
FT: Glaube, Liebe, Hoffnung (1980)
Gletscherclan: zwischen Liebe und Haß, Der (1994)
A: Gassner, Jochen
FT: Der Gletscherclan (1994)
Glockenkrieg, Der
A: Lippl, Alois Johannes
FT: Der Glockenkrieg (1983)
Glück am Sonntagabend, Das
A: Schuller, Viktor
FT: Mamitschka (1955)
Glück beim Händewaschen, Das (1976)
A: Zoderer, Joseph

FT: Das Glück beim Händewaschen (1982)
Glückauf Kumpel oder Der große Beschiß (1988)
A: Jaeger, Henry
FT: Tot auf Halde (1995)
Glücklich aber verheiratet
A: Ender, Roland
FT: Glücklich aber verheiratet (1981)
Glückliche Reise (1933)
A: Künneke, Eduard
FT: Glückliche Reise (1954)
Glückskind, Das (1812)
A: Grimm, Jakob Ludwig Carl; Grimm, Wilhelm Carl
FT: Das Glückskind (1973)
(*Glückspforte* 1980)
A: Matsubara, Hisako
FT: Glückspforte (1986)
Glückstopf, Der (1937)
A: Teuber, Alfons
FT: Der Glückstopf (1966)
Golden Boy (1937) (*Goldene Hände* 1950)
A: Odets, Clifford
FT: Golden Boy (Goldene Hände) (1962)
Goldene Äpfelchen, Das
A: Weiskopf, Franz Carl
FT: Das goldene Äpfelchen (1973)
Goldene Gans, Die (1812)
A: Grimm, Jakob Ludwig Carl; Grimm, Wilhelm Carl
FT: Die goldene Gans (1953)
FT: Die goldene Gans (1964)
FT: Die goldene Gans (1988)
Goldenen Schneeschuhe, Die (1954)
A: Görtz, Adolf
FT: Skimeister von morgen (1956/57)
Goldenen Schuhe, Die (1958)
A: Baum, Vicki
FT: Die goldenen Schuhe (5 Teile) (1983)
Gospojdica (1945) (*Das Fräulein*)
A: Andric, Ivo
FT: Das Fräulein (1980)
Gott schützt die Liebenden (1956)
A: Simmel, Johannes Mario
FT: Gott schützt die Liebenden (1973)
Gottes Engel sind überall (1947)
A: Francke, Peter
FT: Gottes Engel sind überall (1947)
Göttliche Freundin, Die (1946)
A: Bratt, Harald
FT: Die göttliche Freundin (1957)
Götz von Berlichingen (1773)
A: Goethe, Johann Wolfgang von
FT: Götz von Berlichingen (1955)
FT: Götz von Berlichingen mit der eisernen Hand (1978)
Goya oder Der arge Weg der Erkenntnis (1951)
A: Feuchtwanger, Lion
FT: Goya oder Der arge Weg der Erkenntnis (1971)
Grab des Lebendigen, Das (1917)
A: Nabl, Franz
FT: Die Ortliebschen Frauen (1979)
Graf Öderland (1951)
A: Frisch, Max
FT: Graf Öderland (1968)
Graf Petöfy (1884)
A: Fontane, Theodor
FT: Franziska (1985)
Graf von Luxemburg, Der (1909)
A: Bodansky, Robert; Böttger, Fritz; Lehár, Franz; Willner, Alfred Maria
FT: Der Graf von Luxemburg (1957)
Graffunda räumt auf (1969)
A: Holland-Moritz, Renate
FT: Der Mann, der nach der Oma kam (1972)
Gräfin Mariza (1924)
A: Grünwald, Alfred; Kálmán, Emmerich
FT: Gräfin Mariza (1958)
FT: Gräfin Mariza (1973)
Grand Dadais, Le (1959) (*Die Zeit der Kirschen ist vorbei* 1967)
A: Poirot-Delpech, Bertrand
FT: Die Zeit der Kirschen ist vorbei (1967)
Grand Tour, The (1951) (*Die große Reise* 1960)
A: Rice, Elmer
FT: Die große Reise (1960)
Grashaus oder Die Aufteilung von 35.000 Frauen auf 2 Mann, Das (1971)
A: Laabs, Jochen
FT: Das Grashaus oder Die Aufteilung von 35.000 Frauen auf 2 Mann (1976)
Graue, Der (1931)
A: Forster, Friedrich
FT: Der Graue (1955)
Graupenhaus, Das (1976)
A: Gerlach, Harald
FT: Das Graupenschloss (1982)
Grausame Frauen (1907)
A: Sacher-Masoch, Leopold von (= Arand, Charlotte; Rodenbach, Zoë von)
FT: Verführung: Die grausame Frau (1985)
Great Affair, The (1969)
A: Canning, Victor
FT: Das ganz große Ding (1966)
Great Sebastians, The (1956) (*Die großen Sebastians* 1963)
A: Crouse, Russel; Lindsay, Howard
FT: Die großen Sebastians (1979)

Greatly-Missed (1986) (*Kein Alibi für eine Leiche* 1986)
A: Durbridge, Francis Henry
FT: Kein Alibi für eine Leiche (1986)
Greco malt den Großinquisitor, El (1936)
A: Andres, Stefan
FT: El Greco malt den Großinquisitor (1976)
Green Archer, The (1923) (*Der grüne Bogenschütze* 1959)
A: Wallace, Richard Horatio Edgar
FT: Der grüne Bogenschütze (1960)
Grenadier Wordelmann (1930)
A: Hermann, Georg
FT: Grenadier Wordelmann (1980)
(*Die Grenzziehung* 1981)
A: Mrozek, Slawomir
FT: Die Grenzziehung (1966)
Grete Minde (1880)
A: Fontane, Theodor
FT: Grete Minde. Der Wald ist voller Wölfe (1977)
Grieche sucht Griechin (1955)
A: Dürrenmatt, Friedrich
FT: Grieche sucht Griechin (1966)
Griseldis (1916)
A: Courths-Mahler, Hedwig
FT: Griseldis (1974)
Groß und klein (1978)
A: Strauß, Botho
FT: Groß und klein (1980)
Groß-Cophta, Der (1791)
A: Goethe, Johann Wolfgang von
FT: Der Groß-Cophta (1960)
Große Abenteuer des Kaspar Schmeck, Das (1954)
A: Wedding, Alex
FT: Das grosse Abenteuer des Kaspar Schmeck (1982)
Große Bagarozy, Der (1997)
A: Krausser, Helmut
FT: Der große Bagarozy (1999)
Große Bellheim, Der (1992)
A: Harksen, Verena C.
FT: Der große Bellheim (1992)
Große Flatter, Die (1977)
A: Ossowski, Leonie
FT: Die große Flatter (3 Teile) (1979)
Große Horizont, Der (1974)
A: Roth, Gerhard
FT: Der große Horizont (1975)
Große Kurve, Die (1941)
A: Braun, Curt Johannes
FT: Musik bei Nacht (1953)
Große Liebe gesucht (1983)
A: Preuß, Gunter
FT: Große Liebe gesucht (1989)
(*Die große Protektion* 1970)
A: Kishon, Ephraim
FT: Die große Protektion (1956)
Große Schmährede an der Stadtmauer (1962)
A: Dorst, Tankred
FT: Große Schmährede an der Stadtmauer (1963)
Große Schuld, Die
A: Fischer, Josef
FT: Die große Schuld (1952)
Große Szene, Die (1915)
A: Schnitzler, Arthur
FT: Die große Szene (1962)
Große Wildenberg, Der (1958)
A: Lenz, Siegfried
FT: Der große Wildenberg. Ein Feuilleton (1965)
Große Wut des Philipp Hotz, Die (1958)
A: Frisch, Max
FT: Die große Wut des Philipp Hotz (1960)
Großes Verdienstkreuz (1974)
A: Engelmann, Bernt
FT: Sein letzter Fall (1976)
Großvater will heiraten (1982)
A: Gnüchtel, Werner
FT: Mensch Hermann (6 Teile) (1987)
Grotte, La (1961) (*Die Grotte* 1962)
A: Anouilh, Jean
FT: Die Grotte (1963)
Grüne Heinrich, Der (1854)
A: Keller, Gottfried
FT: Mérette (1981)
FT: Der grüne Heinrich (1994)
Grüne Kakadu, Der (1899)
A: Schnitzler, Arthur
FT: Der grüne Kakadu (1955)
FT: Der grüne Kakadu (1964)
FT: Der grüne Kakadu (1977)
Grüne Oliven und nackte Berge (1945)
A: Claudius, Eduard
FT: Wo du hingehst ... (1957)
Grüne Seite, Die (1974)
A: Kolleritsch, Alfred
FT: Die grüne Seite (1981)
Grüne Stern, Der (1945)
A: Weigel, Hans
FT: Der grüne Stern (1982)
Grüne Ungeheuer, Das (1959)
A: Schreyer, Wolfgang
FT: Das grüne Ungeheuer (1962)
Grüningers Fall (1993)
A: Keller, Stefan
FT: Grüningers Fall (1997)
Grünstein-Variante, Die (1976)
A: Kohlhaase, Wolfgang
FT: Die Grünstein-Variante (1983)
Grupa Laokoon (1962) (*Die Laokoon-Gruppe*)
A: Rózewicz, Tadeusz

FT: Die Laokoon-Gruppe (1963)
Gruppenbild mit Dame (1971)
A: Böll, Heinrich
FT: Gruppenbild mit Dame (1977)
Gruß und Kuß aus der Wachau (1949)
A: Breuer, Kurt; Eckhardt, Fritz; Löhner, Fritz; Wiener, Hugo
FT: Gruß und Kuß aus der Wachau (1950)
Grüße aus Bad Walden
A: Lorenzen, Rudolf
FT: Grüße aus Bad Walden (1980)
Guardians, The (1970) (*Die Wächter* 1975)
A: Christopher, John
FT: Die Wächter (6 Teile) (1986)
Guernica (1959)
A: Arrabal, Fernando
FT: Jede Stunde verletzt und die letzte tötet (Guernica) (1963)
Guerre de Troie n'aura pas lieu, La (1935) (*Kein Krieg in Troja* 1936)
A: Giraudoux, Jean
FT: Der Trojanische Krieg findet nicht statt (1957)
FT: Der Trojanische Krieg findet nicht statt (1964)
Gueux au paradis, Les (1953)
A: Martens, Gaston Marie
FT: Die Schelme im Paradies (1965)
Guilty Party (1961)
A: Ross, George; Singer, Campbell; Thomas, Gwyn
FT: Party im Zwielicht (1965)
Gülibik (*Gülibik, der Hahn* 1977)
A: Öner, Cetin
FT: Gülibik (1982/83)
Gun Before Butter (1963)
A: Freeling, Nicolas
FT: Van der Valk und das Mädchen (1972)
Günderode, Die (1840)
A: Arnim, Bettina von
FT: Jeder Augenblick, den ich lebe, ist ganz dein (1981)
Guns at Gray Butte (1963) (*Die Brüder Caine* 1964)
A: Patten, Lewis Byford
FT: Zwei wilde Compañeros (1971)
Guppies for tea (1993) (*Guppies zum Tee* 1994)
A: Cobbold, Marika
FT: Guppies zum Tee (1994)
Gustav Adolfs Page (1882)
A: Meyer, Conrad Ferdinand
FT: Gustav Adolfs Page (1960)
Gustavs Untaten (1976)
A: Schmidli, Werner
FT: Vermißt wird ... (1981)
Gute Gott von Manhattan, Der (1958)
A: Bachmann, Ingeborg
FT: Der gute Gott von Manhattan (1972)
(*Der gute Mensch*)
A: Vampilow, Alexander Valentinowitsch
FT: Der gute Mensch (1980)
Gute Mensch von Sezuan, Der (1942)
A: Brecht, Bertolt
FT: Der gute Mensch von Sezuan (1966)
(*Gute Nacht, Mary*)
A: Tidmarsh, E. Vivian
FT: Gute Nacht, Mary (1950)
Gute Sieben, Die (1938)
A: Zinn, Adelbert Alexander
FT: Die gute Sieben (1959)
Gute Stern des Janusz K., Der (1972)
A: Karau, Gisela
FT: Mein blauer Vogel fliegt (1975)
Gute Zeiten - Schlechte Zeiten (3 Bde.) (1993)
A: Fuger, Berry
FT: Gute Zeiten - Schlechte Zeiten (1992-)
Guten Morgen, du Schöne! (1977)
A: Wander, Maxie
FT: Guten Morgen, du Schöne! (1979/80)
Ha- Shu'al B'Lool Hatarnagalot (*Der Fuchs im Hühnerstall* 1969)
A: Kishon, Ephraim
FT: Der Fuchs im Hühnerstall (1978)
Hafengasse Nr. 8 (1964)
A: Rechlin, Eva
FT: Hafengasse Nr.8 (1962)
Hahn im Korb, Ein
A: Kent, Alexander
FT: Ein Hahn im Korb (1978)
Hahn ist tot, Der (1991)
A: Noll, Ingrid
FT: Der Hahn ist tot (1999)
Haie und kleine Fische (1956)
A: Ott, Wolfgang
FT: Haie und kleine Fische (1957)
Hakim, El (1936)
A: Knittel, John
FT: El Hakim (1957)
Halb zwei (1902) (*Lebendige Stunden*)
A: Schnitzler, Arthur
FT: Halb zwei (1977)
Halbzarte, Die
A: Jacoby, Hans
FT: Die Halbzarte (1959)
Halleluja beinand (1999)
A: Kling, Ulla
FT: Halleluja beinand (1998)
Hamlet (1600)
A: Shakespeare, William

FT: Der Rest ist Schweigen (1959)
FT: Hamlet (1960)
FT: Ophelia und die Wörter (1970)
Hammermörder, Der (1986)
A: Breinersdorfer, Fred
FT: Der Hammermörder (1990)
Hand of Power, The (1927) (*Im Banne des Unheimlichen* 1953)
A: Wallace, Bryan Edgar
FT: Im Banne des Unheimlichen (1968)
Hand voll Gras, Eine (2000)
A: Breinersdorfer, Fred
FT: Eine Hand voll Gras (2000)
Hände hoch, Herr Trimmel! (1976)
A: Werremeier, Friedhelm
FT: Hände hoch, Herr Trimmel! (1980)
Hände weg von Oma (1981)
A: Thonet, Peter M.
FT: Frau Juliane Winter (1983)
Handmaid's Tale, The (1985)
A: Atwood, Margaret Eleanor
FT: Die Geschichte der Dienerin (1989)
Hannele (1894)
A: Hauptmann, Gerhart
FT: Hanneles Himmelfahrt (1957)
Hans Grundig (1962)
A: Grundig, Hans
FT: Requiem für Hans Grundig (1976)
Hans Huckebein (1870)
A: Busch, Wilhelm
FT: Alice Kaluza tanzt - nach Wilhelm Busch (1958)
Hans im Glück (1812)
A: Grimm, Jakob Ludwig Carl; Grimm, Wilhelm Carl
FT: Hans im Glück (1949)
FT: Hans im Glück (1976)
FT: Hans im Glück (1998)
Hans und Heinz Kirch (1883)
A: Storm, Theodor
FT: Hans und Heinz Kirch (1976)
FT: Am grauen Strand, am grauen Meer (1980)
Hänsel und Gretel (1812)
A: Grimm, Jakob Ludwig Carl; Grimm, Wilhelm Carl
FT: Hänsel und Gretel (1954)
FT: Hänsel und Gretel (1954)
FT: Hänsel und Gretel (1981)
Happy Birthday, Türke! Ein Kayankaya-Roman (1987)
A: Arjouni, Jakob
FT: Happy Birthday, Türke! (1991)
Happy birthday (1947) (*Zum Geburtstag*)
A: Loos, Anita
FT: Zum Geburtstag (1960)
Happy End (1929)
A: Hauptmann, Elisabeth
FT: Happy End (1972)
Harmonikaspieler, Der (1981)
A: Seeger, Bernhard
FT: Wie Knastermann zu seinem Recht kam (1980)
FT: Der Mann mit dem Ring im Ohr (1984)
Harry & Sunny (1993)
A: Becker, Rolf A.
FT: Harry & Sunny (1993)
Harte Handel, Der (1935)
A: Graf, Oskar Maria
FT: Der harte Handel (1978)
Harvey (1945) (*Mein Freund Harvey* 1950)
A: Chase, James Hadley
FT: Mein Freund Harvey (1959)
FT: Mein Freund Harvey (1967)
Hase und der Igel, Der (1812)
A: Grimm, Jakob Ludwig Carl; Grimm, Wilhelm Carl
FT: Der Hase und der Igel (1982)
Hast noch der Söhne ja (1956)
A: Heimann, Erwin
FT: Hast noch der Söhne ja ...? (1959)
Hasty Heart, The (1945) (*Das heiße Herz* 1955)
A: Patrick, John
FT: Das heiße Herz (1955)
FT: Das heiße Herz (1957)
FT: Das heiße Herz (1982)
Haunter of the Dark, and other Tales of Horror, The (1950)
A: Lovecraft, Howard Phillips
FT: The Haunter of the Dark (2000)
Häupter meiner Lieben, Die (1993)
A: Noll, Ingrid
FT: Die Häupter meiner Lieben (1998)
Hauptlehrer Hofer (1975)
A: Herburger, Günter
FT: Hauptlehrer Hofer (1975)
Häuptling Abendwind oder Das greuliche Festmahl: Indianische Faschingsburleske (1890)
A: Nestroy, Johann Nepomuk
FT: Häuptling Abendwind oder Das greuliche Festmahl (1965)
Hauptmann und sein Held, Der (1954)
A: Hubalek, Claus
FT: Der Hauptmann und sein Held (1955)
Hauptmann von Köpenick, Der (1930)
A: Zuckmayer, Carl
FT: Der Hauptmann von Köpenick (1956)
FT: Der Hauptmann von Köpenick (1960)
FT: Der Hauptmann von Köpenick (1997)
Hauptstädtisches Journal
A: Böll, Heinrich

FT: Machorka-Muff (1963)
Haus auf dem Hügel, Das
A: Charpentier, Jules (= Charpentier, Josef); Engelsberger, Berta
FT: Das Haus auf dem Hügel (1964)
Haus aus lauter Liebe, Ein (1958)
A: Lenz, Siegfried
FT: Ein Haus aus lauter Liebe (1966)
Haus der Krokodile, Das (1974)
A: Ballot, Helmut
FT: Das Haus der Krokodile (1976)
Haus der schweren Tore (1971)
A: Lippold, Eva
FT: Die Verlobte (1980)
Haus des Lebens (1939)
A: Lambert, Käthe
FT: Haus des Lebens (1952)
Haus in der Karpfengasse, Das (1958)
A: Ben-Gavriel, Mosche, Y.
FT: Das Haus in der Karpfengasse (1964)
FT: Das Haus in der Karpfengasse (3 Teile) (1965)
Haus in Montevideo, Das (1946)
A: Goetz, Curt
FT: Das Haus in Montevideo (1951)
FT: Das Haus in Montevideo (1963)
Haus ohne Hüter (1954)
A: Böll, Heinrich
FT: Haus ohne Hüter (1975)
Hausfreund, Der (1969)
A: Valentin, Thomas
FT: Der Hausfreund (1969)
Häuslschleicha
A: Maier, Georg
FT: Häuslschleicha (1989)
Hautfarbe Nebensache (1960)
A: Noack, Hans Georg
FT: Hautfarbe Nebensache (1971)
Hay Fever (1925)
A: Coward, Noël (Pierce) Sir
FT: Weekend (1957)
FT: Weekend (1980)
He Joe (1966)
A: Beckett, Samuel
FT: Drei Spiele von Samuel Beckett (1990)
He Joe (1966) (*He Joe* 1968)
A: Beckett, Samuel
FT: He Joe (1979)
Heart of the Matter, The (1948) (*Das Herz aller Dinge* 1949)
A: Greene, Graham
FT: Das Herz aller Dinge (4 Teile) (1983)
Heartbreak House (1919) (*Haus Herzenstod* 1920)
A: Shaw, George Bernard
FT: Haus Herzenstod (1968)
Hebamme, Die
A: Lüning, Imma
FT: So viele Träume (1986)
Hécate et ses chiens (1954)
A: Morand, Paul
FT: Worte kommen meist zu spät - Hécate (1981)
(*Der Heckrubel*)
A: Leskov, Nikolaj Semenovič
FT: Der Hecktaler (1954)
Hedda Gabler (1890) (*Hedda Gabler* 1891)
A: Ibsen, Henrik
FT: Hedda Gabler (1963)
FT: Hedda Gabler (1979)
FT: Hedda Gabler (1980)
Heiden von Kummerow, Die (1937)
A: Welk, Ehm
FT: Die Heiden von Kummerow und ihre lustigen Streiche (1967)
FT: Die Gerechten von Kummerow (1982)
Heideschulmeister Uwe Karsten (1909)
A: Rose, Felicitas
FT: Heideschulmeister Uwe Karsten (1954)
Heidi kehrt heim (1881)
A: Spyri, Johanna
FT: Heidi kehrt heim (1967)
Heidis Lehr- und Wanderjahre (1881)
A: Spyri, Johanna
FT: Heidi (1952)
FT: Heidi und Peter (1955)
FT: Heidemarie (1956)
FT: Heidi (1965)
FT: Heidi (1979/80)
FT: Heidi - Heida - Teil I (1990)
Heilige Experiment, Das (1947)
A: Hochwälder, Fritz
FT: Das heilige Experiment (1956)
FT: Das heilige Experiment (1966)
Heilige Hure: "Credo an Gott und sein Fleisch", Die (1991)
A: Emmermann, Heide-Marie
FT: Die heilige Hure (1998)
Heilige Johanna der Schlachthöfe, Die (1932)
A: Brecht, Bertolt
FT: Die heilige Johanna der Schlachthöfe (1981)
Heilige Kühe (1992)
A: Czeslik, Oliver
FT: Heilige Kühe (1993)
Heilige und ihr Narr, Die (1913)
A: Günther, Agnes
FT: Die Heilige und ihr Narr (1957)
Heiligenschein, Der (1973)
A: Siodmak, Curt
FT: Der Heiligenschein (1977)
Heimat (1975)
A: Kroetz, Franz Xaver

FT: Heimat (1980)
Heimatmuseum (1978)
A: Lenz, Siegfried
FT: Heimatmuseum (1987)
Heimkehr des Joachim Ott, Die (1962)
A: Selbmann, Fritz
FT: Die Heimkehr des Joachim Ott (1980)
Heimkehr in ein fremdes Land (1974)
A: Görlich, Günter
FT: Heimkehr in ein fremdes Land (1976)
Heimsuchung des Assistenten Jung, Die (1978)
A: Höfele, Andreas
FT: Die Heimsuchung des Assistenten Jung (1981)
Heimweh des Walerjan Wrobel. Ein Sondergerichtsverfahren 1941/42, Das (1986)
A: Schminck-Gustavus, Christoph Ulrich
FT: Das Heimweh des Walerjan Wrobel (1990)
Heinrich von Ofterdingen (1802)
A: Novalis (= Hardenberg, Georg Philipp Friedrich Freiherr von)
FT: Novalis - Die blaue Blume (1995)
Heinzelmännchen von Köln, Die (1812)
A: Grimm, Jakob Ludwig Carl; Grimm, Wilhelm Carl
FT: Die Heinzelmännchen (1956)
Heirate mich, Chéri (1956)
A: Vaszary, Gábor von
FT: Heirate mich, Cheri (1964)
Heirate nur keine Wienerin (1977)
A: Bakos, Eva
FT: Heirate nur keine Wienerin (1977)
Heiratsschwindlerin
A: Mantello, H. H.
FT: Hochstaplerin der Liebe (1954)
Heiß und kalt (1997)
A: Hammesfahr, Petra
FT: Heiß und kalt (1997)
Heißer Sand (1961)
A: Bergius, C. C.
FT: Heißer Sand (1971)
Heitere Geschichten über das Leben Wand an Wand
A: Reinecker, Herbert
FT: Nachbarn und nette Menschen (1979)
Held (1997)
A: Wedel, Dieter
FT: Der Schattenmann (1997)
Held, Der (1930)
A: Neumann, Alfred
FT: Der Held (1972)
Helden wie wir (1995)
A: Brussig, Thomas
FT: Helden wie wir (1999)
Heldentum nach Ladenschluß (1954)
A: Fernau, Joachim (= Forster, John)
FT: Heldentum nach Ladenschluß (1955)
Helena und die Heimsuchung (1981)
A: Nachbar, Herbert
FT: Helena und die Heimsuchung (1983)
Hell in Frauensee (1927)
A: Baum, Vicki
FT: Hell in Frauensee (1983)
Hellseher wider Willen (1977)
A: Jaeger, Henry
FT: Hellseher wider Willen (4 Teile) (1983)
Henkers Bruder, Des (1955)
A: Kraze, Hanna-Heide
FT: Des Henkers Bruder (1979)
Henri Dunant
A: Weideli, Walter
FT: Henri Dunant (1990)
Herberge, Die (1956)
A: Hochwälder, Fritz
FT: Die Herberge (1957)
Herbert Engelmann (1952)
A: Hauptmann, Gerhart
FT: Herbert Engelmann (1959)
Herbst (1962)
A: Goetz, Curt
FT: Herbst. Eine Miniatur (1968)
(*Herbst*)
A: Strindberg, August
FT: Herbst (1976)
Herbstmilch (1986)
A: Wimschneider, Anna
FT: Herbstmilch (1988)
Hermannsschlacht, Die (1838)
A: Grabbe, Christian Dietrich; Kleist, Heinrich von
FT: Die Hermannsschlacht (1996)
Herodes und Mariamne (1850)
A: Hebbel, Christian Friedrich
FT: Herodes und Mariamne (1965)
Heroica de Buenos Aires (1967)
A: Dragun, Osvaldo
FT: Morgen werde ich einen Sombrero tragen (1981)
Heroische Komödie (1955)
A: Bruckner, Ferdinand
FT: Heroische Komödie (1962)
Héros sont fatigués, Les (1953)
A: Garnier, Christine
FT: Die Helden sind müde (1954)
Herr Biedermann und die Brandstifter (1958)
A: Frisch, Max
FT: Biedermann und die Brandstifter (1963)

FT: Biedermann und die Brandstifter. Ein Lehrstück ohne Lehre (1967)
Herr Karl, Der (1962)
A: Merz, Carl; Qualtinger, Helmut
FT: Der Herr Karl (1963)
Herr Korbes empfängt (1957)
A: Dürrenmatt, Friedrich
FT: Abendstunde im Spätherbst (1960)
FT: Abendstunde im Spätherbst (1960)
FT: Abendstunde im Spätherbst (1988)
Herr Puntila und sein Knecht Matti (1948)
A: Brecht, Bertolt
FT: Herr Puntila und sein Knecht Matti (1955)
FT: Herr Puntila und sein Knecht Matti (1966)
Herr über Leben und Tod (1938)
A: Zuckmayer, Carl
FT: Herr über Leben und Tod (1955)
Herrenjahre (1976)
A: Wolfgruber, Gernot
FT: Herrenjahre (1983)
Herrgottschnitzer vom Ammergau, Der (1880)
A: Ganghofer, Ludwig
FT: Der Herrgottschnitzer vom Ammergau (1952)
(*Ein herrlicher Tag*)
A: Bang, Hermann Joachim
FT: Ein herrlicher Tag (1976)
Herz des Piraten, Das (1985)
A: Pludra, Benno
FT: Das Herz des Piraten (1987)
Herz ohne Gnade (1956)
A: Rhein, Eduard (= Hellmer, Klaus; Horster, Hans U.; Hulsen, Adrian)
FT: Herz ohne Gnade (1958)
Herz spielt falsch, Ein (1950)
A: Rhein, Eduard (= Hellmer, Klaus; Horster, Hans U.; Hulsen, Adrian)
FT: Ein Herz spielt falsch (1953)
Herzkönig
A: Weiss, Helmut
FT: Herzkönig (1947)
Herzlich willkommen (1984)
A: Kempowski, Walter
FT: Herzlich willkommen (1990)
Herzog Ernst (1180)
A: Anonym
FT: Herzog Ernst (1993)
Herzspezialist, Der (1956)
A: Holt, Hans
FT: Der Herzspezialist (1957)
Hessian Corporal, The (1967)
A: Foster, Paul
FT: Der hessische Korporal (1972)
Hét pofon: Aludni is tilos (1958) (*Sieben Ohrfeigen* 1962)
A: Aszlanyi, Karoly
FT: Ohrfeigen (1970)
FT: Die sieben Ohrfeigen (1971)
(*Heute heiratet mein Mann* 1940)
A: Selinko, Annemarie
FT: Heute heiratet mein Mann (1956)
Heute sterben immer nur die Andern (1986)
A: Worgitzky, Charlotte
FT: Heute sterben immer nur die Andern (1990)
Hexe, Die (1976)
A: Lohmeyer, Wolfgang
FT: Die Hexe von Köln (1989)
Hexe, Die (1952)
A: Andreas, Fred
FT: Die Hexe (1954)
Hibernatus (1957) (*Der Winterschläfer* 1960)
A: Bernard-Luc, Jean
FT: Der Winterschläfer (1959)
Hier bin ich, mein Vater (1948)
A: Torberg, Friedrich
FT: Hier bin ich, mein Vater (1969)
Hieronymus Lotter (1979)
A: Arnold, Johannes
FT: Hieronymus Lotter (1982)
Hilde, das Dienstmädchen (1984)
A: Rücker, Günther
FT: Hilde, das Dienstmädchen (1986)
Himbeerpflücker, Der (1965)
A: Hochwälder, Fritz
FT: Der Himbeerpflücker (1965)
Himmel, Amor und Zwirn
A: Westa, Thomas
FT: Himmel, Amor und Zwirn (1960)
Himmel hat viele Farben, Der (1974)
A: Andersen, Lale
FT: Lili Marleen (1981)
Himmel und Erde (1974)
A: Reinshagen, Gerlind
FT: Himmel und Erde (1976)
Himmeldonnerwetter, Victoria (1956)
A: Stolp, Hannes Peter (= Loeb, Wilhelm)
FT: Die Kaiserin von China (1959)
Himmelfahrt der Galgentoni, Die (1922)
A: Kisch, Egon Erwin
FT: Die Galgentoni (1972)
Himmelstragödie (1894)
A: Panizza, Oskar
FT: Liebeskonzil (1981)
Hin und Her (1933)
A: Horváth, Ödön von
FT: Hin und Her (1948)
FT: Hin und Her (1954)
FT: Hin und Her (1963)
Hinrichtung, Die (1964)
A: Merz, Carl; Qualtinger, Helmut
FT: Die Hinrichtung (1966)

FT: Die Hinrichtung (1981)
Hinzelmeier (1857)
A: Storm, Theodor
FT: Hinzelmeier (1976)
Hiob (1930)
A: Roth, Joseph
FT: Hiob (1977)
His and Hers (1954)
A: Kanin, Michael
FT: Mein oder Dein (1964)
Histoire de Babar, le petit éléphant (1931) (*Die Geschichte von Babar, dem kleinen Elefanten* 1939)
A: Brunhoff, Jean de
FT: Babar - König der Elefanten (1998)
Histoire d'O (1954) (*Die Geschichte der O.* 1967)
A: Réage, Pauline
FT: Die Geschichte der O. (1975)
Histoire du chevalier des Grieux et de Manon Lescaut (1728)
A: Prévost d'Exiles, Abbé
FT: Hemmungslose Manon (1968)
Historias de papá y amigomío (1984)
A: Bergel, Pablo
FT: Amigomío (1993)
Hitlers Helfer (1996)
A: Knopp, Guido
FT: Hitlers Helfer (1996)
Hochhaus, Das (1975)
A: Drewitz, Ingeborg
FT: Das Hochhaus (1980)
Hochwald, Der (1842)
A: Stifter, Adalbert
FT: Die Flucht (1977)
Hochzeit (1902)
A: Thoma, Ludwig
FT: Hochzeit (1985)
Hochzeit, Die (1919)
A: Brecht, Bertolt
FT: Kleinbürgerhochzeit (1969)
Hochzeit im Haifisch
A: Scharrelmann, Wilhelm
FT: Hochzeit im Haifisch (1979)
Hochzeit in Weltzow (1960)
A: Bruyn, Günter de
FT: Hochzeit in Weltzow (1979)
Hochzeit mit Erika (1949)
A: Künneke, Eduard; Webels, Willi
FT: Hochzeit mit Erika (1950)
Hochzeit von Länneken, Die (1960)
A: Nachbar, Herbert
FT: Die Hochzeit von Länneken (1963)
Hochzeitskleid war tintenblau, Das
A: Belicke, Kurt
FT: Das Hochzeitskleid war tintenblau (1972)
Hochzeitsnacht im Paradies (1942)
A: Hentschke, Heinz
FT: Hochzeitsnacht im Paradies (1950)
Hochzeitsreise, Die (1946)
A: Spoerl, Heinrich
FT: Hochzeit auf Reisen (1953)
Hochzeitsreise nach Baden-Baden: fröhliche Reise- und Badegeschichten, Die (1929)
A: Auernheimer, Raoul
FT: Hochzeitsreise (1977)
Höfliche Alptraumkrokodil und andere komische Gruselgeschichten, Das (1974)
A: Weise, Ulrich
FT: Das höfliche Alptraumkrokodil (1977)
Hofrat Geiger
A: Costa, Martin; Lang, Hans
FT: Hofrat Geiger (1947/48)
FT: Mariandl (1961)
FT: Hofrat Geiger (1996)
Höhlenkinder, Die (1918)
A: Sonnleitner, Alois Th.
FT: Die Höhlenkinder (1963)
Hokuspokus (1926)
A: Goetz, Curt
FT: Hokuspokus (1953)
FT: Hokuspokus oder Wie lasse ich meinen Mann verschwinden? (1965)
Holledauer Schimmel, Der (1937)
A: Lippl, Alois Johannes
FT: Der Holledauer Schimmel. Ein Schelmenstück aus dem Hopfenlande (1968)
Home is the Hero (1953)
A: Macken, Walter
FT: Heimkehr des Helden (1955)
Hommes de Las Vegas, Les (1969)
A: Lay, André
FT: An einem Freitag in Las Vegas (1969)
Hommes du dimanche, Les (1957) (*Die Männer am Sonntag* 1960)
A: Roncoroni, Jean-Louis
FT: Männer am Sonntag (1963)
Homo Faber (1957)
A: Frisch, Max
FT: Homo Faber (1990)
Honigmond (1990)
A: Barylli, Gabriel
FT: Honigmond (1996)
Hörigkeit des Herzens (1993)
A: Fischer, Marie-Louise
FT: Hörigkeit des Herzens (1993)
"Horse", La (1968)
A: Lambesc, Michel
FT: Der Erbarmungslose (1969)
Hose, Die (1911)
A: Sternheim, Carl
FT: Die Hose (1966)
FT: Die Hose (1985)

FT: Die Hose (1986)
Hosen des Herrn von Bredow, Die (1846)
A: Alexis, Willibald (= Häring, Georg Wilhelm Heinrich)
FT: Die Hosen des Ritters von Bredow (1973)
Hotel Adlon; das Haus, in dem die Welt zu Gast war (1955)
A: Adlon, Hedda
FT: Hotel Adlon (1955)
Hotel du Commerce (1954)
A: Hochwälder, Fritz
FT: Hotel du Commerce (1969)
Hotel Elfie (2000)
A: Beleites, Edith; Pfannenschmidt, Christian
FT: Hotel Elfie (1999)
Hotel Shanghai (1939)
A: Baum, Vicki
FT: Shanghai 1937 (1996)
Hound of Blackwood Castle, The
A: Wallace, Bryan Edgar
FT: Der Hund von Blackwood Castle (1967)
Hound of the Baskervilles, The (1902) (*Der Hund von Baskerville* 1950)
A: Doyle, Arthur Conan Sir
FT: Der Hund von Baskerville (1955)
Hours after Midnight, The (1958) (*Die Stunden nach Mitternacht* 1960)
A: Hayes, Joseph
FT: 90 Minuten nach Mitternacht (1962)
Hours Before Dawn, The (1958) (*Die Stunden vor Morgengrauen* 1987)
A: Fremlin, Celia (= Goller, Celia Margaret)
FT: Die Stunden vor dem Morgengrauen (1996)
House Without Windows (1952) (*Das Haus ohne Fenster* 1952)
A: Reich, Richard
FT: Der Zinnkrug (1961)
How Awful about Allan (1963) (*Scheußlich, die Sache mit Allan* 1965)
A: Farrell, Henry
FT: Horror (1969)
How Did a Nice Girl Like You Get into this Business? (1960) (*Mir hat es immer Spass gemacht* 1969)
A: Keefe, Lynn
FT: Mir hat es immer Spaß gemacht (1970)
How much, Schatzi? (1971)
A: Artmann, Hans Carl
FT: Hasard und Entenbraten (1974)
Hrabina Cosel (1873) (*Gräfin Cosel* 1952)
A: Kraszewski, Jozef I. (= Boleslawita, Bohdan)
FT: Gräfin Cosel (2 Teile) (1987)
Huella del desaparecido, La (*Die Spur der Vermißten* 1980)
A: Skármeta, Antonio
FT: Die Spur der Vermißten (1980)
Huis clos (1947) (*Geschlossene Gesellschaft* 1949)
A: Sartre, Jean-Paul
FT: Geschlossene Gesellschaft (1959)
FT: Geschlossene Gesellschaft (1966)
(*Der Hund* 1981)
A: Mrozek, Slawomir
FT: Der Hund (1966)
Hund des Generals, Der (1963)
A: Kipphardt, Heinar
FT: Der Hund des Generals (1964)
Hund im Hirn; Lohengrin (1919); Der Mörder (1924); Minna Magdalena (1919), Der (1937)
A: Goetz, Curt
FT: Er-Goetzliches (1984)
Hund im Hirn und andere Miniaturen, Der (1985)
A: Goetz, Curt
FT: Hund im Hirn (1953)
Hunde, wollt ihr ewig leben (1958)
A: Wöss, Fritz
FT: Hunde, wollt ihr ewig leben (1958)
Hunderttausend Taler (1850)
A: Kalisch, David
FT: Einmal hunderttausend Taler (1980)
Huneker Gambit
A: Ellin, Stanley
FT: Mein Name ist Weiss (1970)
Hurra - ein Junge (1926)
A: Arnold, Franz; Bach, Ernst
FT: Hurra - ein Junge (1953)
Hurra, ein Junge (1926)
A: Arnold, Franz; Bach, Ernst
FT: Ach, Egon (1961)
Hurra, wir leben noch (1978)
A: Simmel, Johannes Mario
FT: Die wilden Fünfziger (1982)
Hussards, Les (1954)
A: Bréal, Pierre-Aristide
FT: Die Husaren kommen (1955)
Hussy, The
A: London, Jack
FT: Das verschollene Inka-Gold (1977)
(*Der Hut Fedora*)
A: Molnár, Ferenc
FT: Der Hut Fedora (1964)
Hyperion oder Der Eremit in Griechenland (1797)
A: Hölderlin, Friedrich
FT: Winterreise im Olympiastadion (1969)
I, Anna (1984) (*Solo für Klarinette* 1989)
A: Lewin, Elsa

FT: Solo für Klarinette (1998)
I fratelli Catiglioni (1932) (*Geld ohne Arbeit* 1932)
A: Colantuoni, Alberto
FT: Geld ohne Arbeit (1956)
I misteri della giungla nera (1926) (*Die Geheimnisse des schwarzen Dschungels* 1929)
A: Salgari, Emilio
FT: Das Geheimnis der Lederschlinge (1964)
I Remember Mama (1944) (*So war Mama* 1960)
A: Druten, John William van
FT: Die Unvergessliche (So war Mama) (1955)
FT: So war Mama (1962)
I Spy (1958) (*Der Privatdetektiv* 1970)
A: Mortimer, John C.
FT: Der Privatdetektiv (1963)
I would rather stay poor (1962) (*Lohngelder für Pittsville* 1964)
A: Chase, James Hadley
FT: Pittsville - Ein Safe voll Blut (Lohngelder für Pittsville) (1974)
Ich - dann eine Weile nichts (1976)
A: Lüdemann, Hans-Ulrich
FT: Ich - dann eine Weile nichts (1979)
Ich an mich (1951)
A: Nelken, Dinah
FT: Tagebuch einer Verliebten (1953)
Ich bin eine Wolke (1978)
A: Kekulé, Dagmar
FT: Kraftprobe (1982)
Ich bin erst neunzehn (1983)
A: Heinze, Harald
FT: Ich bin erst 19 (1985)
Ich bin meine eigene Frau (1992)
A: Mahlsdorf, Charlotte von
FT: Ich bin meine eigene Frau (1992)
Ich denke oft an Piroschka (1954)
A: Hartung, Hugo
FT: Ich denke oft an Piroschka (1955)
FT: Piroschka (1960)
FT: Ferien mit Piroschka (1965)
Ich hab' mein Herz in Heidelberg verloren (1925)
A: Neubach, Ernst; Raymond, Fred
FT: Ich hab' mein Herz in Heidelberg verloren (1952)
Ich hab noch einen Toten in Berlin (1973)
A: Miehe, Ulf
FT: Output (1974)
Ich heirate Herrn Direktor (1954)
A: Krackardt, Heinrich
FT: Ich heirate Herrn Direktor (1959)
Ich lerne leben, weil du sterben mußt (1979)
A: Zickgraf, Cordula
FT: Aranka (1983)
(*Ich liebe dich* 1937)
A: Niewiarowicz, Roman
FT: Ich liebe Dich (1963)
Ich liebe dich - April! April!
A: Kramer, Jutta
FT: Ich liebe dich - April! April! (1988)
Ich liebe meine Familie, ehrlich (1996)
A: Johann, Anna
FT: Ich liebe meine Familie, ehrlich (1998)
Ich schenk dir meinen Mann (1995)
A: Keller, Claudia
FT: Ich schenk dir meinen Mann (1998)
Ich schwöre und gelobe (1959)
A: Ravius, Ernst Ludwig
FT: Ich schwöre und gelobe (1959)
Ich sehe was, was du nicht siehst
A: Stephan, Martin
FT: Ich sehe was, was du nicht siehst (1983)
Ich stehe zur Verfügung (1967)
A: Amery, Carl
FT: Ich stehe zur Verfügung (1968)
Ich verkaufe mich exklusiv (1968)
A: Werremeier, Friedhelm
FT: Exklusiv! (1969)
(*Ich war ein häßliches Mädchen* 1936)
A: Selinko, Annemarie
FT: Ich war ein häßliches Mädchen (1955)
Ich war Jack Mortimer (1933)
A: Lernet-Holenia, Alexander
FT: Abenteuer in Wien (Gefährliches Abenteuer) (1952)
FT: Stolen Identity (1953)
FT: Jack Mortimer (1961)
Ich will nicht leise sterben
A: Stephan, Martin
FT: Ich will nicht leise sterben (1978)
Ich will Zeugnis ablegen bis zum letzten 1933-1945 (1995)
A: Klemperer, Victor
FT: Klemperer - Ein Leben in Deutschland (1999)
Ich zwing dich zu leben (1972)
A: Sewart, Karl
FT: Ich zwing dich zu leben (1978)
Idiot (1868) (*Der Idiot* 1921)
A: Dostojewski, Feodor
FT: Der Idiot (3 Teile) (1968)
Igelfreundschaft (1962)
A: Viertel, Martin
FT: Igelfreundschaft (1961)
Igroki (1842) (*Der Spieler* 1927)
A: Gogol, Nicolaj
FT: Der Spieler (1954)
FT: Der Spieler (1963)
Ihr glücklichen Augen (1972)
A: Bachmann, Ingeborg

FT: Ihr glücklichen Augen (1992)
Ihr Kinderlein kommet ...
A: Schölzel, Margot
FT: Ihr Kinderlein kommet (1979)
I'll be waiting (*Ich werde warten* 1982)
A: Chandler, Raymond
FT: Ich werde warten (1982)
Ilse Janda, 14 (1974)
A: Nöstlinger, Christine
FT: Die Ilse ist weg (1976)
Im Hause des Kommerzienrates (1886)
A: Marlitt, Eugenie
FT: Im Hause des Kommerzienrates (1976)
Im Herbst verblühen die Rosen (1956)
A: Ernst, Hans
FT: Wetterleuchten um Maria (1957)
Im Namen des Teufels: Aufzeichnungen eines Geheimkuriers (1956)
A: Habe, Hans (= Bekessy, Janos)
FT: Im Namen des Teufels (1961)
Im Namen des Volkes (1958)
A: Harych, Theo
FT: Mord ohne Sühne (1962)
Im Namen einer Mutter (1956)
A: Bork, Teda
FT: Im Namen einer Mutter (1960)
Im Reiche des Silbernen Löwen (1899)
A: May, Karl Friedrich
FT: Der Löwe von Babylon (En las ruínas de Babilonia) (1959)
FT: Im Reich des Silbernen Löwen (1965)
Im Schillingshof (1881)
A: Marlitt, Eugenie
FT: Im Schillingshof (1973)
Im Schlaraffenland (1900)
A: Mann, Heinrich
FT: Im Schlaraffenland (1965)
FT: Im Schlaraffenland (1975)
FT: Im Schlaraffenland (1981)
Im Weißen Rößl (1930)
A: Benatzky, Ralph; Gilbert, Robert; Müller, Hans
FT: Im Weißen Rößl (1952)
Im Zeichen des Kreuzes (1983)
A: Leukefeld, Peter
FT: Im Zeichen des Kreuzes (1983)
Immenhof (1993)
A: Blobel, Brigitte
FT: Immenhof (1994)
Immensee (1851)
A: Storm, Theodor
FT: Unsterbliche Liebe/Was die Schwalbe sang (1956)
FT: Immensee (1989)
(*Immer und noch ein Tag*)
A: Bush-Fekete, Leslie (Ladislas)
FT: Immer und noch ein Tag (1965)
Immer wenn Lehmann kommt
A: Kähler, Jörg
FT: Immer, wenn Lehmann kommt (1984)
Immer wieder Sonntag (1993)
A: Ulrici, Rolf
FT: Immer wieder Sonntag (1995)
Impressario delle Smirne (1759) (*Der Impresario von Smyrna* 1777)
A: Goldoni, Carlo
FT: Der Impresario von Smyrna (1962)
In allen Gassen wohnt das Glück
A: Früh, Kurt
FT: In allen Gassen wohnt das Glück (1956)
In alter Freundschaft (1991)
A: Kehrer, Jürgen
FT: In alter Freundschaft (1998)
In den Klauen des goldenen Drachen. Kommissar X (1966)
A: Island, Bert F.
FT: Kommissar X: In den Klauen des goldenen Drachen (1966)
(*In einem Atem*)
A: Makanin, Vladimir Semenowitsch
FT: In einem Atem (1988)
In einem Garten in Aviano (1964)
A: Hubalek, Claus
FT: In einem Garten in Aviano (1964)
In Ewigkeit Amen (1913)
A: Wildgans, Anton
FT: In Ewigkeit Amen (1962)
FT: In Ewigkeit Amen (1981)
In Gefahr und größter Not bringt der Mittelweg den Tod (1975)
A: Kluge, Alexander; Reitz, Edgar
FT: In Gefahr und größter Not bringt der Mittelweg den Tod (1974)
(*In geheimer Mission*)
A: McKenzie, Donald
FT: Geheime Mission (1985)
In Hamburg sind die Nächte lang
A: Francke, Peter
FT: In Hamburg sind die Nächte lang (1955)
In the Shadow of the Glen (1903) (*Die Nebelschlucht* 1918)
A: Synge, John Millington
FT: Die Nebelschlucht (1982)
Inconnus dans la maison, Les (1940) (*Die Unbekannten im eigenen Haus* 1978)
A: Simenon, Georges (= Sim, Georges; Aramis; Brulls, Christian)
FT: Die Unbekannten im eigenen Haus (1985)
India-Rubber Men, The (1929) (*Das Gasthaus an der Themse* 1930)
A: Wallace, Bryan Edgar
FT: Das Gasthaus an der Themse (1962)

Indien
A: Dörfer, Alfred; Hader, Josef
FT: Indien (1993)
Indische Grabmal, Das (1917)
A: Harbou, Thea von
FT: Das indische Grabmal (1958)
FT: Der Tiger von Eschnapur (1958)
Indomptable Angélique (1957)
A: Golon, Anne
FT: Unbezähmbare Angélique (1967)
Ingeborg (1921)
A: Goetz, Curt
FT: Ingeborg (1960)
Innocent, The (1990) (*Unschuldige* 1990)
A: McEwan, Ian
FT: ... und der Himmel steht still (1993)
Insel der Schwäne (1980)
A: Pludra, Benno
FT: Insel der Schwäne (1983)
(*Die Insel der Silberreiher*)
A: Dvorsky, Ladislav
FT: Die Insel der Silberreiher (1976)
Insel im See
A: Stephan, Martin
FT: Insel im See (1981)
Insurrección, La (1981) (*Der Aufstand* 1981)
A: Skármeta, Antonio
FT: Der Aufstand (1981)
Intermezzo i inne opowiadania (1945)
A: Andrzejewski, Jerzy
FT: Intermezzo (1971)
Internationale Zone (1953)
A: Dor, Milo; Federmann, Reinhard
FT: Internationale Zone (1994)
Invitation to a Beheading (1959) (*Einladung zur Enthauptung* 1970)
A: Nabokov, Vladimir
FT: Einladung zur Enthauptung (1973)
Invitation to a March (1961)
A: Laurents, Arthur
FT: Er ging an meiner Seite (1961)
Iphigenie auf Tauris (1779)
A: Goethe, Johann Wolfgang von
FT: Iphigenie auf Tauris (1968)
Iphigénie Hotel (1963) (*Hotel Iphigenie* 1964)
A: Vinaver, Michel
FT: Hotel Iphigenie (1964)
Irina (1969)
A: Floss, Rolf
FT: Reisefieber (1970)
Iron Maiden, The (1954) (*Diese Frau* 1956)
A: Lanham, Edwin Moultrie
FT: Umbruch (1964)
Irrer Duft von frischem Heu, Ein (1975)
A: Strahl, Rudi
FT: Ein irrer Duft von frischem Heu (1977)
Irrlicht und Feuer (1966)
A: Grün, Max von der
FT: Irrlicht und Feuer (2 Teile) (1966)
Irrtum ausgeschlossen
A: Schölzel, Margot
FT: Irrtum ausgeschlossen (1979)
Irrungen - Wirrungen (1888)
A: Fontane, Theodor
FT: Irrungen - Wirrungen (1966)
Isabel auf der Treppe
A: Lewin, Waltraud
FT: Isabel auf der Treppe (1984)
Italiener. Fragment, Der (1971)
A: Bernhard, Thomas
FT: Der Italiener. Ein Film (1971)
Italienische Nacht (1931)
A: Horváth, Ödön von
FT: Italienische Nacht (1966)
Italienreise, Liebe inbegriffen: ein Roman, in dem es munter zugeht (1957)
A: Noack, Barbara
FT: Italienreise - Liebe inbegriffen (1958)
It's Never Too Late (1956) (*Die liebe Familie* 1956)
A: Douglas, Felicity (= Royal-Dawson, Felicity)
FT: Die liebe Familie (1956)
FT: Die liebe Familie (1957)
FT: Die liebe Familie (1960)
Iwan und die Schreckliche (1956)
A: Leonoff, Akim
FT: Iwan und die Schreckliche (1956)
Jack Holborn (1964) (*Jack Holborn*)
A: Garfield, Leon
FT: Jack Holborn (1982)
Jacques le fataliste (1796) (*Jakob und sein Herr* 1792)
A: Diderot, Denis
FT: Merkwürdiges Beispiel einer weiblichen Rache (1987)
Jadup: Die Höllenfahrt eines Helden unserer Tage (1975)
A: Schäfer, Paul Kanut
FT: Jadup und Boel (1988)
Jagd auf Unbekannt. Kommissar X (1966)
A: Island, Bert F.
FT: Kommissar X: Jagd auf Unbekannt (1965)
Jagd nach dem Stiefel, Die (1953)
A: Zimmering, Max
FT: Die Jagd nach dem Stiefel (1961)
Jagdgast, Der (1978)
A: Wolfgruber, Gernot
FT: Der Jagdgast (1980)
Jagdszenen aus Niederbayern (1966)
A: Sperr, Martin

FT: Jagdszenen aus Niederbayern (1969)
FT: Jagdszenen (1980)
Jäger vom Roteck, Der (1956)
A: Mairock, Andre
FT: Der Jäger vom Roteck (1955)
Jäger von Fall, Der (1883)
A: Ganghofer, Ludwig
FT: Der Jäger von Fall (1954)
FT: Der Jäger von Fall (1974)
Jägerblut (1898)
A: Dreher, Konrad; Krägel, Josef; Rauchenegger, Benno
FT: Jägerblut (1996)
Jagerloisl, Der (1921)
A: Thoma, Ludwig
FT: Der Jagerloisl (1982)
Jagerloisl, Der (1921)
A: Thoma, Ludwig
FT: Heimat, deine Sterne (1951)
FT: Der Jagerloisl (1987)
Jahr des Herrn, Das (1933)
A: Waggerl, Karl Heinrich
FT: Der Wallnerbub (1950)
Jahrgang 1928
A: Sills, Josef Rudolf
FT: Das veilchenblaue Auto (1961)
Jahrgang 22 (1951)
A: Weinert, Erich
FT: Jahrgang 22 (1959)
(*Der Jähzornige*)
A: Čechov, Anton Pavlovič
FT: Der jähzornige junge Mann (1963)
FT: Der Jähzornige (1980)
Jakob der Letzte (1888)
A: Rosegger, Peter (= P. K. = Kettenfeier, Petri)
FT: Jakob der Letzte (1976)
Jakob der Lügner (1969)
A: Becker, Jurek
FT: Jakob der Lügner (1974)
Jakob hinter der blauen Tür (1990)
A: Härtling, Peter
FT: Jacob hinter der blauen Tür (1990)
Jakob von Gunten (1909)
A: Walser, Robert
FT: Jakob von Gunten (1971)
Jakobovsky und der Oberst (1944)
A: Werfel, Franz
FT: Jakobovsky und der Oberst (1967)
Jalousie, La (1957)
A: Robbe-Grillet, Alain
FT: La Jalousie (1972)
Jalousie, La (1934)
A: Guitry, Sacha
FT: Eifersucht (1977)
Jan auf der Zille (1950)
A: Lazar, Auguste (= Wieghardt-Lazar, Auguste)
FT: Jan auf der Zille (1985)
Jan Oppen: eine Berliner Familiengeschichte (1983)
A: Beuchler, Klaus
FT: Jan Oppen (1987)
Jan und das Wildpferd (1957)
A: Denneborg, Heinrich Maria
FT: Jan und das Wildpferd (1967)
Jana a Jan (*Jan und Jana* 1982)
A: Trojanová, Jirina
FT: Jana und Jan (1992)
Jane (1931)
A: Maugham, W. Somerset
FT: Jane (1979)
Janne, min vän (1988) (*Jan, mein Freund* 1989)
A: Pohl, Peter
FT: Mein Freund Joe (1995)
Januck, Der
A: Olsen, Rolf
FT: Das Dorf unterm Himmel (1952/53)
Jardin des supplices, Le (1899) (dt. 1902)
A: Mirabeau, Octave
FT: Garten der Foltern. Eine Halluzination (1970)
Játék a kastelyban (*Spiel im Schloß* 1926)
A: Molnár, Ferenc
FT: Spiel im Schloß (1959)
FT: Spiel im Schloß (1985)
Jauche und Levkojen (1975)
A: Brückner, Christine
FT: Jauche und Levkojen (17 Teile) (1979-80)
Jeanne de Luynes, comtesse de Verue (1984) (*Jeanne - die Hure des Königs* 1985)
A: Tournier, Jacques
FT: Die Hure des Königs (1990)
Jede Nacht in einem anderen Bett (1956)
A: Kernmayr, Hans Gustl
FT: Jede Nacht in einem anderen Bett (1956)
Jeden Abend Kammermusik (1961)
A: Hey, Richard
FT: Abends Kammermusik (1965)
Jeder stirbt für sich allein (1947)
A: Fallada, Hans
FT: Jeder stirbt für sich allein (1962)
FT: Jeder stirbt für sich allein (3 Teile) (1970)
FT: Jeder stirbt für sich allein (1976)
Jeder Tag im Herbst
A: Bräunig, Werner
FT: Jeder Tag im Herbst (1975)
Jeder Tag war schön: Erlebnisse, Träume, Geständnisse, notiert zwischen Antwerpen u. Bombay (1966)
A: Thorndike, Annelie

FT: Du bist min (1969)
Jedermann (1911)
A: Hofmannsthal, Hugo von
FT: Jedermann (1961)
Jener seltenen Frauen, Eine
A: Gribitz, Franz J.
FT: Pikanterie (1950)
Jenny (1920) (*Jenny* 1921)
A: Undset, Sigrid
FT: Jenny (1983)
Jesus von Ottakring (1980)
A: Korherr, Helmut; Pellert, Wilhelm
FT: Jesus von Ottakring (1975)
Jeu de l'amour et de la mort, Le (1925) (*Das Spiel von Tod und Liebe* 1925)
A: Rolland, Romain
FT: Das Spiel von Tod und Liebe (1957)
Jeu de l'amour et du hasard, Le (1730) (*Das Spiel von Liebe und Zufall* 1961)
A: Marivaux, Pierre Carlet Chamblain de
FT: Das Spiel von Liebe und Zufall (1968)
Jim, der Mann mit der Narbe
A: Neubach, Ernst
FT: Man lebt nur einmal (1952)
Jim Knopf und die Wilde 13 (1961)
A: Ende, Michael
FT: Jim Knopf und die Wilde 13 (1962)
FT: Jim Knopf und die Wilde 13 (1977)
Jim Knopf und Lukas der Lokomotivführer (1960) (*Jim Knopf und die Wilde 13* 1961)
A: Ende, Michael
FT: Jim Knopf und Lukas der Lokomotivführer (1961)
FT: Jim Knopf und Lukas der Lokomotivführer (1976)
FT: Jim Knopf (Serie - 52 Folgen) (1999)
Jim Owens wunderbares Weihnachten oder Ein verhindertes ...
A: Weiskopf, Franz Carl
FT: Jim Owens wunderbares Weihnachten oder Ein verhindertes ... (1973)
Jimmy the Kid (1974) (*Jimmy the Kid* 1975)
A: Westlake, Donald Edwin
FT: Jimmy the Kid (1999)
Jó tündér, A (1930) (*Die Fee* 1931)
A: Molnár, Ferenc
FT: Die Fee (1957)
Joan of Lorraine (1947) (*Johanna von Lothringen* 1953)
A: Anderson, Maxwell
FT: Johanna von Lothringen (1959)
Joch, Das (1931)
A: Baum, Vicki
FT: Verträumte Tage (1950)
Johannisfeuer (1901)
A: Sudermann, Hermann
FT: Und ewig bleibt die Liebe (1954)
Johannisnacht
A: Hill, Werner
FT: Johannisnacht (1965)
John Walker schreibt seiner Mutter
A: Mostar, Gerhart Herrmann
FT: John Walker schreibt seiner Mutter (1954)
Johnny Belinda (1956) (*Johnny Belinda* 1956)
A: Harris, Elmer
FT: Johnny Belinda (1961)
Jokehnen oder Wie lange fährt man von Ostpreußen nach Deutschland? (1974)
A: Surminski, Arno
FT: Jokehnen oder Wie lange fährt man von Ostpreußen nach Deutschland? (1987)
Jonas ou L'artiste au travail (1957) (*Jonas oder Der Künstler bei der Arbeit* 1959)
A: Camus, Albert
FT: Jonas oder Der Künstler bei der Arbeit (1970)
Jonny stiehlt die Welt
A: Kramer, Gert G.
FT: Jonny stiehlt die Welt (1953)
Jons und Erdme (1917)
A: Sudermann, Hermann
FT: Die Frau des Anderen (1959)
Jorinde und Joringel (1812)
A: Grimm, Jakob Ludwig Carl; Grimm, Wilhelm Carl
FT: Der Nachtigallenwald (1972)
FT: Jorinde und Joringel (1984)
FT: Jorinde und Joringel (1986)
Josef Montfort (1918)
A: Schaeffer, Albrecht
FT: Das Präludium (1956)
FT: Der Fingerzeig (1956)
Josef und Maria (1980)
A: Turrini, Peter
FT: Maria und Josef (1980)
Joseph Balsamo (1846) (*Joseph Balsamo genannt Graf Cagliostro: aus den Memoiren eines Arztes* 1900)
A: Dumas, Alexandre (père)
FT: Cagliostro (1973/74)
Josephine Mutzenbacher oder Die Geschichte einer wienerischen Dirne (1906)
A: Salten, Felix (= Salzmann, Siegmund)

FT: Josephine Mutzenbacher (1970)
FT: Mutzenbacher 2. Teil - Meine 365 Liebhaber (1970)
FT: Die heißen Nächte der Josephine Mutzenbacher (1981)
FT: Josephine Mutzenbacher (1990)
Joshua-Trilogie (1972)
A: Schollak, Sigmar
FT: Joshua (1972)
Journalisten, Die (1854)
A: Freytag, Gustav
FT: Die Journalisten (1961)
Jours heureux, Les (1938)
A: Puget, Claude-André
FT: Der Held meiner Träume (1960)
Jubiläum, Das (1960)
A: Breitbach, Joseph
FT: Die Jubilarin (1969)
FT: Die Jubilarin (1979)
(*Das Jubiläum*)
A: Čechov, Anton Pavlovič
FT: Das Jubiläum (1962)
Judas (1956) (*Judas* 1956)
A: Pagnol, Marcel
FT: Judas (1986)
Jude und das Mädchen, Der (1999)
A: Kohl, Christiane
FT: Leo und Claire (1999)
Judenbuche, Die (1842)
A: Droste-Hülshoff, Annette von
FT: Die Judenbuche (1980)
Judith (1841)
A: Hebbel, Christian Friedrich
FT: Judith (1966)
Jug of Silver (1949)
A: Capote, Truman
FT: Das Glück sucht seine Kinder (1958)
Jugend ohne Gott (1938)
A: Horváth, Ödön von
FT: Jugend ohne Gott (1969)
FT: Nur der Freiheit gehört unser Leben (1969)
FT: Wie ich ein Neger wurde (1969)
Jugend voran oder Hau-ruck! (1933)
A: Vulpius, Paul
FT: Drei, von denen man spricht (Glück muß man haben) (1953)
Julius Caesar (1599)
A: Shakespeare, William
FT: Das Trauerspiel von Julius Cäsar (1969)
Junge Engländer, Der
A: Hauff, Wilhelm
FT: Der junge Engländer (1958)
Junge Frau von 1914 (1931)
A: Zweig, Arnold
FT: Junge Frau von 1914 (1969)
Junge Leute in der Stadt (1932)
A: Braune, Rudolf
FT: Susi oder Das verschenkte Girl (1980)
FT: Junge Leute in der Stadt (1985)
Junge Liebe auf Besuch (1956)
A: Wittlinger, Karl
FT: Der Geburtstag unserer Ehe (1960)
Junge Magd, Die (1912)
A: Trakl, Georg
FT: An diesen Abenden (1952)
FT: Die junge Magd (1988)
Junge mit dem großen schwarzen Hund, Der (1980)
A: Schumacher, Hildegard; Schumacher, Siegfried
FT: Der Junge mit dem großen schwarzen Hund (1986)
Junge Roth, Der (1968)
A: Bieler, Manfred
FT: Der junge Roth (1969)
FT: Die Person (1970)
Jünger Jesu, Die (1949)
A: Frank, Leonhard
FT: Chronik eines Mordes (1965)
Junger Mann, der alles kann (1955)
A: Rudolphi, Ernst
FT: Junger Mann, der alles kann (1957)
Junggesellenfalle, Die
A: Kalkus, Albert
FT: Die Junggesellenfalle (1952)
Jüngste Tag, Der (1938)
A: Horváth, Ödön von
FT: ... und führe uns nicht in Versuchung (1957)
FT: Der jüngste Tag (1960)
FT: Der jüngste Tag (1961)
FT: Der jüngste Tag (1988)
Juno and the Peacock (1925) (*Juno und der Pfau* 1953)
A: O'Casey, Sean
FT: Juno und der Pfau (1956)
Jupiter Laughs (1940) (*Jupiter lacht*)
A: Cronin, Archibald Joseph
FT: Ich suche dich (1953)
Just Another Sucker (1960) (*Dumme sterben nicht aus* 1962)
A: Chase, James Hadley
FT: Palmetto - dumme sterben nicht aus (1998)
Just Between Ourselves (1978)
A: Ayckbourn, Alan
FT: Ganz unter uns
Justes, Les (1950) (*Die Gerechten* 1950)
A: Camus, Albert
FT: Die Gerechten (1959)
FT: Die Gerechten (1981)
Justine ou les malheurs de la vertue (1791)
A: Sade, Donatien Marquis de

FT: Justine, das Sexgeschöpf des Marquis de Sade (1968)

Jux will er sich machen, Einen (1844)
A: Nestroy, Johann Nepomuk
FT: Einmal keine Sorgen haben (1953)
FT: Einen Jux will er sich machen (1958)
FT: Einen Jux will er sich machen (1962)

J'y suis ... j'y reste (1951)
A: Valmy, Jean (= Roland, Edmond); Vincy, Raymond (= Ovanessian, Raymond)
FT: Hier bin ich - hier bleib ich (1958)

Kabale und Liebe (1784)
A: Schiller, Friedrich von
FT: Kabale und Liebe (1955)
FT: Kabale und Liebe (1959)
FT: Kabale und Liebe (1959)
FT: Kabale und Liebe (1965)
FT: Kabale und Liebe (1967)
FT: Kabale und Liebe (1980)
FT: Kabale und Liebe (1982)

Kahn der fröhlichen Leute, Der (1933)
A: Klepper, Jochen
FT: Der Kahn der fröhlichen Leute (1950)

Kai aus der Kiste (1936)
A: Durian, Wolf (= Bechtle, Walter Wolfgang)
FT: Kai aus der Kiste (1960)
FT: Kai aus der Kiste (1988)

Kaiser Joseph und die Bahnwärtertochter (1963)
A: Herzmanovsky-Orlando, Fritz Ritter von
FT: Kaiser Joseph und die Bahnwärtertochter (1962)

Kaiserhofstraße 12 (1978)
A: Senger, Valentin
FT: Kaiserhofstraße 12 (1980)

Kaisermühlen Blues (1994)
A: Hinterberger, Ernst
FT: Kaisermühlen Blues (1992)

Kalkstein (1848)
A: Stifter, Adalbert
FT: Kalkstein (1983)

Kalt ist der Abendhauch (1996)
A: Noll, Ingrid
FT: Kalt ist der Abendhauch (2000)

Kalte Herz, Das (1828)
A: Hauff, Wilhelm
FT: Das kalte Herz (1950)
FT: Das kalte Herz (1978)
FT: Das kalte Herz (1983)

Kalte Küsse (1993)
A: Deitmer, Sabine
FT: Kalte Küsse (1997)

Kalte Licht, Das (1955)
A: Zuckmayer, Carl
FT: Das kalte Licht (1955)
FT: Der kleine Friedländer (1956)

Kaltenbach-Papiere, Die (1991)
A: Erler, Rainer
FT: Die Kaltenbach-Papiere (1990)

Kamasutra (250) (*Das Kamasutram*)
A: Vatsyayna, Mallanaga
FT: Kamasutra - Vollendung der Liebe (1968)

Kameraden (1955)
A: Fühmann, Franz
FT: Betrogen bis zum jüngsten Tag (1957)

Kampf der Tertia, Der (1927)
A: Speyer, Wilhelm
FT: Der Kampf der Tertia (1952)

Kampf gegen Sternlauf. Der Weg des deutschen Partisanen Fritz Schmenkel (1968)
A: Neuhaus, Wolfgang
FT: Fritz Schmenkel. Szenischer Bericht über einen deutschen Patrioten (1977)

Kampf um Rom, Ein (1876)
A: Dahn, Felix
FT: Kampf um Rom, 2 Teile (1968/69)

Kamraterna (1888)
A: Strindberg, August
FT: Kameraden (1981)

Kanak Sprak: 24 Misstöne vom Rande der Gesellschaft (1995)
A: Zaimoglu, Feridun
FT: Kanak Attack (2000)

Kaninchen bin ich, Das (1962)
A: Bieler, Manfred
FT: Das Kaninchen bin ich (1972)

Kapitäne bleiben an Bord (1956)
A: Lenz, Jürgen
FT: Kapitäne bleiben an Bord (1958)

Käpt'n Bay-Bay (1952)
A: Grasshoff, Fritz; Schultze, Norbert
FT: Käpt'n Bay-Bay (1952)

Käpt'n Blaubär (1997)
A: Moers, Walter
FT: Käpt'n Blaubär - der Film (1999)

Käpt'n Blaubärs Seemannsgarn (1990)
A: Moers, Walter
FT: Käpt'n Blaubärs Seemannsgarn (1990)

Kapuzinergruft, Die (1938)
A: Roth, Joseph
FT: Trotta (1971)

Karakum (1993)
A: Giordano, Mario
FT: Karakum (1997)

Karl III. und Anna von Österreich (1939)
A: Rößner, Manfred
FT: Karl III. und Anna von Österreich (1953)

FT: Karl III. und Anna von Österreich (1962)
Karl und Anna (1927)
A: Frank, Leonhard
FT: Die Frau und der Fremde (1984)
Karla. Der alte Mann, das Pferd, die Straße (1980)
A: Plenzdorf, Ulrich
FT: Karla (1965)
Karol (1961) (dt. 1963)
A: Mrozek, Slawomir
FT: Karol (1962)
Karoline von Günderrode, Der Schatten eines Traumes (1979)
A: Günderrode, Karoline von; Wolf, Christa
FT: Abenteuer einer Seele, Karoline von Günderrode, 1770-1806 (1984)
Karpfenschlacht, Die
A: Purzer, Manfred
FT: Die Karpfenschlacht (1985)
Kartoffeln mit Stippe (1979)
A: Bredow, Ilse von
FT: Kartoffeln mit Stippe (3 Teile) (1990)
Kaßbach (1974)
A: Zenker, Helmut
FT: Kaßbach (1981)
Käserei in der Vehfreude, Die (1850)
A: Gotthelf, Jeremias (= Bitzius, Albert)
FT: Die Käserei in der Vehfreude (1958)
Kasimir und Karoline (1932)
A: Horváth, Ödön von
FT: Kasimir und Karoline (1959)
Kaspar Hauser. Die Trägheit des Herzens (1908)
A: Wassermann, Jakob
FT: Jeder für sich und Gott gegen alle (1974)
Kasper Laris neue Kleider (1976)
A: Kruse, Max
FT: Kasper Laris Abenteuer (1979)
Kassette, Die (1912)
A: Sternheim, Carl
FT: Die Kassette (1961)
Katharina Knie (1929)
A: Zuckmayer, Carl
FT: Katharina Knie (1964)
Katharina oder Die Kunst, Arbeit zu finden
A: Seghers, Anna
FT: Katharina oder Die Kunst, Arbeit zu finden (1995)
Käthchen von Heilbronn, Das (1810)
A: Kleist, Heinrich von
FT: Das Käthchen von Heilbronn oder Die Feuerprobe (1981)
Katrin wird Soldat, Die (1930)
A: Thomas, Adrienne
FT: Die Katrin wird Soldat (14 Teile) (1988)
Katz und Maus (1961)
A: Grass, Günter
FT: Katz und Maus (1967)
Katzelmacher (1968)
A: Fassbinder, Rainer Werner
FT: Katzelmacher (1969)
Katzenmilchjahre (1979)
A: Schuller, Viktor
FT: Alfonsos Rückkehr (1981)
Katzensteg, Der (1888)
A: Sudermann, Hermann
FT: Der Katzensteg (1975)
Kauf dir einen Kaiser (1978)
A: Ogger, Günter
FT: Vom Webstuhl zur Weltmacht (1982)
Kaukasische Kreidekreis, Der (1949)
A: Brecht, Bertolt
FT: Der kaukasische Kreidekreis (1958)
Kavalier. Die Annonce, Der
A: Reinecker, Herbert
FT: Rendezvous der Damen (1983)
(*Kaviar und Linsen*)
A: Scarnacci, Giulio; Tarabusi, Renzo
FT: Keine Gondel für die Leiche (1989)
Kean (1954)
A: Sartre, Jean-Paul
FT: Kean (1963)
Keiler vom Keilersberg, Der
A: Kent, Alexander
FT: Der Keiler vom Keilersberg (1980)
Kein Hüsung (1858)
A: Reuter, Fritz
FT: Kein Hüsung (1954)
Kein Platz für Idioten (1979)
A: Mitterer, Felix
FT: Kein Platz für Idioten (1994)
Kein Reihenhaus für Robin Hood (1979)
A: -ky (= Bosetzky, Horst)
FT: Kein Reihenhaus für Robin Hood (1980)
Kein Wort von Einsamkeit (1986)
A: Endert, Torsten
FT: Kein Wort von Einsamkeit (1990)
Keine Ehe wegen der Liebe (1970)
A: Winiewicz, Lida
FT: Ehe oder Liebe (1982)
Keinen Schnaps für Tamara (1966)
A: Martin, Hansjörg
FT: Tamara (1968)
Keiner liebt mich
A: Dörrie, Doris
FT: Keiner liebt mich (1994)
Kejserens nye klaeder (*Des Kaisers neue Kleider*)
A: Andersen, Hans Christian

FT: Des Kaisers neue Kleider (1962)
FT: Des Kaisers neue Kleider (1978)
FT: Des Kaisers neue Kleider (1987)
FT: Des Kaisers neue Kleider (1993)

Keller, Der (1957)
A: Lucke, Hans
FT: Der Keller (1957)

Kennen Sie die Milchstraße? (1956)
A: Wittlinger, Karl
FT: Kennen Sie die Milchstraße? (1955)
FT: Kennen Sie die Milchstraße? (1958)

Kennwort: Direktor (1971)
A: Höhne, Heinz
FT: Die rote Kapelle (1972)

Kerbels Flucht (1980)
A: Timm, Uwe
FT: Kerbels Flucht (1984)

Kette an Deinem Hals, Die (1960)
A: Erb, Ute
FT: Die Kette an Deinem Hals (1965)

Keusche Adam, Der
A: Löwinger, Gretl; Löwinger, Paul
FT: Der keusche Adam (1950)

Keusche Lebemann, Der (1921)
A: Arnold, Franz; Bach, Ernst
FT: Der keusche Lebemann (1952)
FT: Der keusche Lebemann (1978)
FT: Der keusche Lebemann (1992)

Kidnapped (1886) (*Entführt* 1889)
A: Stevenson, Robert Louis
FT: Schüsse unterm Galgen (1968)

Kiebich und Dutz (1975)
A: Waechter, Friedrich Karl
FT: Kiebich und Duz (1989)

Kiez (1980)
A: Greiner, Peter
FT: Kiez - Aufstieg und Fall eines Luden (1982)

Kind of Anger, A (1964) (*Eine Art von Zorn* 1975)
A: Ambler, Eric
FT: Eine Art von Zorn (1984)

Kinder des Schattens (1957)
A: Wittlinger, Karl
FT: Kinder des Schattens (1968)

Kinder, Die (1911)
A: Bahr, Hermann
FT: Die Kinder (1979)

Kinder, Mütter und ein General (1953)
A: Reinecker, Herbert
FT: Kinder, Mütter und ein General (1954)

Kinderkorn (1991)
A: Gercke, Doris
FT: Bella Block - Tod eines Mädchens (1997)

Kinderseele (1919)
A: Hesse, Hermann
FT: Kinderseele (1977)

Kindersegen heißt sich regen
A: Beckmann, Heinz
FT: Kindersegen heißt sich regen (1980)

Kinderspiel, Ein (1970)
A: Walser, Martin
FT: Ein Kinderspiel (1972)

King Richard II (1595)
A: Shakespeare, William
FT: König Richard der Zweite (1968)

Kingston Town am Schotterteich (1977)
A: Zanke, Susanne
FT: Kingstontown am Schotterteich (1986)

Kinoerzähler, Der (1990)
A: Hofmann, Gert
FT: Der Kinoerzähler (1993)

Kippenberg (1979)
A: Noll, Dieter
FT: Kippenberg (1981)

Kirbisch oder Der Gendarm, die Schande und das Glück (1927)
A: Wildgans, Anton
FT: Cordula (1950)

Kirsch und Kern (1950)
A: Bender, Ludwig
FT: Kirsch und Kern (1971)

Kirschbaum, Der (1984)
A: Koch, Jurij
FT: Sehnsucht (1989)

Kitty und die Weltkonferenz (1938)
A: Donat, Stefan
FT: Kitty und die große Welt (1956)

Klasse, Die (1927)
A: Ungar, Hermann
FT: Die Klasse (Lehrer Blau) (1968)

Klassenaufsatz, Der (1960)
A: Wickert, Erwin
FT: Der Klassenaufsatz (1963)

Klassenfest, Das (1969)
A: Kant, Uwe
FT: Männer ohne Bart (1970/71)

Klavier, Das (1968)
A: Tinzmann, Julius
FT: Das Klavier (2 Teile) (1972)
FT: Das Klavier (3 Teile) (1986)

Klavierspiele (1981)
A: Roth, Friederike
FT: Klavierspiele (1981)

Klawitter (1943)
A: Kaiser, Georg
FT: Klawitter (1983)

Kleene Punker aus Berlin, Der (1987)
A: Niebisch, Jackie
FT: Der kleene Punker (1989/91)

Kleider machen Leute (1856)
A: Keller, Gottfried
FT: Kleider machen Leute (1969)

Klein Zaches, genannt Zinnober (1819)
A: Hoffmann, Ernst Theodor Amadeus

FT: Klein Zaches, genannt Zinnober (1982)
FT: Klein Zaches, genannt Zinnober (1983)
Kleine Bezirksgericht, Das
A: Bielen, Otto Karl Stephan
FT: Das kleine Bezirksgericht (1961)
Kleine Figur meines Vaters, Die (1975)
A: Henisch, Peter
FT: Die kleine Figur meines Vaters (1980)
Kleine Fische auf Justitias Grill (1984)
A: Cornelsen, Horst
FT: Justitias kleine Fische (26 Folgen) (1988)
(*Kleine Geschäfte*)
A: Huisman, Loek
FT: Kleine Geschäfte (1962)
Kleine Gespenst (1992), Das (1966)
A: Preußler, Otfried
FT: Das kleine Gespenst
Kleine Grenzverkehr oder Georg und die Zwischenfälle, Der (1938)
A: Kästner, Erich (= Bürger, Berthold)
FT: Salzburger Geschichten (1956)
Kleine Hamlet, Der
A: Herbig, Heinz-Dieter
FT: Apfel im Moor (1993)
Kleine Häwelmann, Der (1849)
A: Storm, Theodor
FT: Der kleine Häwelmann (Puppentrick) (1955)
FT: Der kleine Häwelmann (in "Sendung mit der Maus") (1987)
Kleine Herr Friedemann, Der (1898)
A: Mann, Thomas
FT: Der kleine Herr Friedemann (1990)
(*Die kleine Hexe, die nicht böse sein konnte* 1968)
A: Machado, Maria Clara
FT: Die kleine Hexe, die nicht böse sein konnte (1972)
Kleine Hofkonzert, Das (1935)
A: Nick, Edmund; Verhoeven, Paul
FT: Das kleine Hofkonzert (1955)
Kleine Muck, Der (1826)
A: Hauff, Wilhelm
FT: Die Geschichte vom kleinen Muck (1953)
FT: Der kleine Muck (1971)
Kleine Passion, Die (1948)
A: Koref-Geyer, Elmire
FT: Wetterleuchten am Dachstein (1952)
(*Der kleine und der große Klaus*)
A: Andersen, Hans Christian
FT: Der kleine und der große Klaus (1971)
Kleine Vampir verreist/Der kleine Vampir auf dem Bauernhof, Der (1986)
A: Sommer-Bodenburg, Angela
FT: Der kleine Vampir - Neue Abenteuer (1993)
FT: Der kleine Vampir (The Little Vampire) (2000)
Kleine Weihnachtsmann, Der
A: Holland-Moritz, Renate
FT: Der kleine Weihnachtsmann (1979)
Kleinen Verwandten, Die (1916)
A: Thoma, Ludwig
FT: Die kleinen Verwandten (1961)
FT: Die kleinen Verwandten (1988)
Kleiner Mann, was nun? (1932)
A: Fallada, Hans
FT: Kleiner Mann, was nun? (1967)
FT: Kleiner Mann, was nun? (1973)
kleinere taschenkunststücke. fast eine chinoiserie (1969)
A: Artmann, Hans Carl
FT: kleinere taschenkunststücke. fast eine chinoiserie (1977)
Kleines Arschloch (1990)
A: Moers, Walter
FT: Kleines Arschloch - Der Film (1997)
Kleines Kammerspiel. Steirerkostüm (1971)
A: Schwaiger, Brigitte
FT: Kleines Kammerspiel (1981)
Klettermaxe (1951)
A: Possendorf, Hans (= Mahner-Mons, Hans)
FT: Klettermaxe (1952)
Klick aus dem Spielzeugladen (1933)
A: Schnack, Friedrich
FT: Klick aus dem Spielzeugladen (1962)
Klick und der Goldschatz (1938)
A: Schnack, Friedrich
FT: Klick und der Goldschatz (1962)
Klik-Klak (1975)
A: Abramow-Newerly, Jaroslav
FT: Kornelia (1984)
(*Klippen der Liebe*)
A: Pilcher, Rosamunde
FT: Rosamunde Pilcher: Klippen der Liebe (1999)
Klopfzeichen (1961)
A: Böll, Heinrich
FT: Klopfzeichen (1980)
Klosterjäger, Der (1892)
A: Ganghofer, Ludwig
FT: Der Klosterjäger (1953)
Kluge Bauerntochter, Die (1812)
A: Grimm, Jakob Ludwig Carl; Grimm, Wilhelm Carl
FT: Wie heiratet man einen König (1969)

FT: Die kluge Bauerntochter (1977)
Kluge Witwe, Die
A: Spiegelgass, Leonhard
FT: Die kluge Witwe (1981)
Knabe Karl, Der (1951)
A: Valentin, Karl
FT: Die Jugendstreiche des Knaben Karl (1980)
Knabe mit den 13 Vätern, Der (1927)
A: Roda-Roda, Alexander (= Rosenfeld, Sándor Friedrich)
FT: Der Knabe mit den 13 Vätern (1976)
Knastmusik: das Buch zur Fernsehserie (1991)
A: Brandenburg, Rainer
FT: Knastmusik (1991)
Kneuss (1970)
A: Brechbühl, Beat
FT: Kneuss (1977)
Knickerbockerbande, Die (1993)
A: Brezina, Thomas
FT: Die Knickerbockerbande (TV Miniserie) (1997)
Knickerbocker-Bande, Die (1993)
A: Brezina, Thomas
FT: Die Knickerbocker-Bande - Das sprechende Grab (1995)
Knock, ou le triomphe de la médicine (1923) (*Knock oder Der Triumph der Medizin* 1947)
A: Romains, Jules
FT: Dr. Knock oder Der Triumph der Medizin (1960)
FT: Doktor Knock (1996)
Knocking on Heaven's Door (1997)
A: Jahn, Thomas
FT: Knockin' on Heaven's Door (1997)
K.O. und O.K. (1975)
A: Martin, Hansjörg
FT: Knock out (1981)
Kochanek wielkiej niedzwiedzicy (1937) (*Der Geliebte der großen Bärin* 1957)
A: Piasecki, Sergiusz
FT: Der Geliebte der großen Bärin (1971)
Kocka na kolejích (1966) (*Die Katze auf dem Gleis* 1966)
A: Topol, Josef
FT: Die Katze auf dem Gleis (1970)
Kolibri
A: Corbett, Gerda; Mansfeld, Michael (= Heinze, Eckart)
FT: Kolibri (1971)
Koll (1962)
A: Moers, Hermann
FT: Koll (1964)
Kolportage (1924)
A: Kaiser, Georg
FT: Kolportage (1957)
FT: Kolportage (1968)
FT: Kolportage (1980)
Kolumbus auf der Havel, Ein (1975)
A: Abraham, Peter
FT: Ein Kolumbus auf der Havel (1978)
Komm mit mir nach Chicago (1979)
A: Abraham, Peter
FT: Komm mit mir nach Chicago (1982)
Komm wieder, Peppino (1975)
A: Hasler, Eveline
FT: Peppino (8 Teile) (1983)
Kommissar Rex - Tanz auf dem Vulkan (1998)
A: Schuster, Gaby
FT: Kommissar Rex (1994-)
Kommissar Schimpanski: Bd. 1: Die Babydiebin (1979)
A: Götz, Georg
FT: Kommissar Schimpanski (1997)
Kommissar Schimpanski: Bd. 2: Sesam, öffne dich! (1997)
A: Götz, Georg
FT: Kommissar Schimpanski (1997)
Kommissar X jagt die roten Tiger (1971)
A: Wegener, M.
FT: Kommissar X jagt den roten Tiger (1971)
Kommissarin, Die (1994)
A: Renziehausen, Thomas
FT: Die Kommissarin (1994)
Kommode, Die (1962)
A: Goetz, Curt
FT: Die Kommode (1969)
Komtesse Mizzi oder Der Familientag (1909)
A: Schnitzler, Arthur
FT: Komtesse Mizzi (1966)
FT: Komtesse Mizzi (1974)
Kondom des Grauens, Das (1988)
A: König, Ralf
FT: Das Kondom des Grauens (1996)
Konferenz der Tiere, Die (1949)
A: Kästner, Erich (= Bürger, Berthold)
FT: Die Konferenz der Tiere (1969)
Kong Renés datter (1845) (*König Renés Tochter* 1856)
A: Hertz, Henrik
FT: Das Licht der Liebe (1990)
König der Bernina, Der (1900)
A: Heer, Jacob Christoph
FT: Der König der Bernina (1957)
König Drosselbart (1812)
A: Grimm, Jakob Ludwig Carl; Grimm, Wilhelm Carl

FT: König Drosselbart (1954)
FT: König Drosselbart (1965)
FT: König Drosselbart (1976)
FT: König Drosselbart (1978)
FT: König Drosselbart (1984)
König Karl
A: Volksdorf, Peter
FT: König Karl (1986)
König Nicolo (1902)
A: Wedekind, Frank
FT: König Nicolo (1965)
König Ödipus (1966)
A: Fühmann, Franz
FT: Das Geheimnis des Ödipus (1974)
FT: Der Fall Ö. (1990)
König und sein Narr, Der (1975)
A: Stade, Martin
FT: Der König und sein Narr (1981)
König von St. Pauli, Der (1997)
A: Wedel, Dieter
FT: Der König von St. Pauli (1998)
Königin einer Nacht (1943)
A: Meisel, Will; Nebhut, Ernst; Scheu, Just
FT: Königin einer Nacht (1951)
Königlich bayrisches Amtsgericht (1969)
A: Lohmeier, Georg
FT: Königlich bayrisches Amtsgericht (1969)
Königliche Hoheit (1909)
A: Mann, Thomas
FT: Königliche Hoheit (1953)
Königliches Abenteuer
A: Biller, Gerhard
FT: Königliches Abenteuer (1966)
Königs Datsche oder Nackenstützen für Badewannen, Des (1982)
A: Hattwig, Martin; Winter, Klaus
FT: Urlaub mit Nackenstützen (1984)
Königsstechen, Das
A: Morweiser, Fanny
FT: Das Königsstechen (1988)
Königswald oder Die letzte Geschichte (1984)
A: Bienek, Horst
FT: Die letzte Geschichte von Schloß Königswald (1990)
Konrad oder Das Kind aus der Konservenbüchse (1975)
A: Nöstlinger, Christine
FT: Konrad oder Das Kind aus der Konservenbüchse (1982)
Konsequenz, Die (1975)
A: Ziegler, Alexander
FT: Die Konsequenz (1978)
Konsul Möllers Erben (1913)
A: Wittmaack, Rudolph
FT: Konsul Möllers Erben (1983)
Konzert, Das (1909)
A: Bahr, Hermann
FT: Das Konzert (1956)
FT: Nichts als Ärger mit der Liebe (1956)
FT: Das Konzert (1975)
Kopf des Vitus Behring, Der (1963)
A: Bayer, Konrad
FT: Der Kopf des Vitus Behring (1970)
FT: Der Kopf des Vitus Behring (1983)
Kopf oder Zahl (1949)
A: Thomas, Peter
FT: Kopf oder Zahl (1953)
FT: Kopf oder Zahl (1957)
Kopfgeld (1959)
A: Mönnich, Horst
FT: Kopfgeld (1959)
Koppenreuter kommt nicht (1986)
A: Neumann, Gerhard
FT: Koppenreuter kommt nicht (1987)
Korczak und die Kinder (1959)
A: Sylvanus, Erwin
FT: Korczak und die Kinder (1961)
Kor'im li Shelomoh Perel (1991) (*Ich war Hitlerjunge Salomon* 1992)
A: Perel, Shlomo
FT: Hitlerjunge Salomon (1989)
Korol, dama, valet (1928) (*König, Dame, Bube* 1959)
A: Nabokov, Vladimir
FT: König, Dame, Bube (Herzbube) (1971)
Korporal Mombour (1941)
A: Penzoldt, Ernst
FT: Es kommt ein Tag (1950)
Krabat (1971)
A: Preußler, Otfried
FT: Krabat (1983)
Krach im Hinterhaus (1934)
A: Böttcher, Maximilian
FT: Krach im Hinterhaus (1949)
FT: Krach im Hinterhaus (1966)
Krach um Jolanthe (1933)
A: Hinrichs, August
FT: Krach um Jolanthe (1967)
FT: Krach um Jolanthe (1996)
Krake, Der (1965)
A: Parr, Wolf; Raymon, Harry
FT: Der Krake (1965)
Krambambuli (1883)
A: Ebner-Eschenbach, Marie von
FT: Heimatland (1955)
FT: Ruf der Wälder (1965)
FT: Was geschah auf Schloß Wildberg (Sie nannten ihn Krambambuli) (1972)
FT: Krambambuli (1998)
Krampus, Der (1902)
A: Bahr, Hermann
FT: Der Herr Hofrat (1969)
Krampus und Angelika (1964)
A: Helwig, Paul

FT: Krampus und Angelika (1965)
Krankheit der Jugend (1947)
A: Bruckner, Ferdinand
FT: Der Bräutigam, die Komödiantin und der Zuhälter (1968)
Kreidekreis, Der (1942)
A: Günther, Johannes von
FT: Das salomonische Frühstück (1956)
Kreidekreis, Der (1925)
A: Klabund (= Henschke, Alfred)
FT: Der Kreidekreis (1961)
Kreuze am Horizont (1958)
A: Krischke, Traugott
FT: Kreuze am Horizont (1960)
Kreuzer Pommern (1959)
A: Berthold, Will (= Gimpel, Erich)
FT: Kriegsgericht (1959)
Kreuzlschreiber, Die (1872)
A: Anzengruber, Ludwig
FT: Die Kreuzlschreiber (1950)
Kriegsbraut, Die (1915)
A: Courths-Mahler, Hedwig
FT: Die Kriegsbraut (1974)
Kriegsende, Ein (1984)
A: Lenz, Siegfried
FT: Ein Kriegsende (1984)
Kriegsgefangen (1870)
A: Fontane, Theodor
FT: Gefangen in Frankreich. Theodor Fontane im Krieg 1870/71 (1979)
Kriminalobermeisterin E.
A: Glauser, Friedrich
FT: Kriminalobermeisterin E. (1973)
Kristina (1903)
A: Strindberg, August
FT: Königin Christine (1970)
Krock & Co. (1937)
A: Glauser, Friedrich
FT: Krock & Co. (1977)
(*Der Kronanwalt*)
A: Mann, Philip Grenville
FT: Der Kronanwalt (1962)
Krotkaja (1876) (*Die Sanfte*)
A: Dostojewski, Feodor
FT: Die Sanfte (1964)
FT: Die Sanfte (1969)
Krücke (1986)
A: Härtling, Peter
FT: Krücke (1992)
Krupp und Krause (1965)
A: Helms, K. H.
FT: Krupp und Krause (3 Teile) (1969)
Kubinke (1910)
A: Hermann, Georg
FT: Kubinke (1966)
Kuckucksei, Das (1942)
A: Firner, Walter
FT: Das Kuckucksei (1948)
Kudenow oder An fremden Wassern weinen (1978)
A: Surminski, Arno
FT: Kudenow oder An fremden Wassern weinen (2 Teile) (1981)
Kühne Schwimmer, Der (1923)
A: Arnold, Franz; Bach, Ernst
FT: Der kühne Schwimmer (1967)
FT: Der kühne Schwimmer (1981)
Kulterer, Der (1967)
A: Bernhard, Thomas
FT: Der Kulterer (1974)
Kündigung, Die (1972)
A: Sewart, Karl
FT: Die Kündigung (1983)
Kündigungen (1969)
A: Hofmann, Gert
FT: Kündigungen (1969)
(*Die Kunst des Kochens*)
A: Saavedra Santis, Omar
FT: Melanios letzte Liebe (1988)
Kunstseidene Mädchen, Das (1932)
A: Keun, Irmgard
FT: Das kunstseidene Mädchen (1959)
(*Kupferne Hochzeit* 1928)
A: Molnár, Ferenc; Rindom, Svend
FT: Die kupferne Hochzeit (1948)
FT: Hochzeit (1970)
Kur in Bad Wiessee (1976)
A: Mühl, Karl Otto
FT: Kur in Travemünde (1979)
Kurklinik Rosenau (1995)
A: Scheibler, Susanne
FT: Kurklinik Rosenau (1995)
Kurve, Die (1960)
A: Dorst, Tankred
FT: Die Kurve (1961)
Kurze Brief zum langen Abschied, Der (1972)
A: Handke, Peter
FT: Der kurze Brief zum langen Abschied (1978)
Kvatratura kruga (1928) (*Die Quadratur des Kreises* 1930)
A: Kataev, Valentin P.
FT: Quadratur des Kreises (1968)
Kým kohút nezaspieva (1971) (*Ehe der Hahn kräht* 1977)
A: Bukovcan, Ivan
FT: Ehe der Hahn kräht (1978)
Kyritz-Pyritz (1885)
A: Justinus, O.; Michaelis, Gustav; Wilken, Heinrich
FT: Kyritz-Pyritz (1979)
Kys din kone, aegtemandens hobbybok (1962)
A: Breinholst, Willy
FT: Vergiß nicht, deine Frau zu küssen (1967)

La recherche du temps perdu, A (1913) (*Auf der Suche nach der verlorenen Zeit* 1926)
A: Proust, Marcel
FT: Eine Liebe von Swann (1983)
Lächeln der Ewigkeit, Das
A: Hirsch, Peter
FT: Das Lächeln der Ewigkeit (1957)
Laden, Der (1992)
A: Strittmatter, Erwin
FT: Der Laden (1998)
L'Adultera (1882)
A: Fontane, Theodor
FT: Melanie van der Straaten (1982)
Lady Audley's Secret (1862) (*Lady Audleys Gemeimnis* 1975)
A: Braddon, Mary Elizabeth
FT: Lady Audleys Gemeimnis (1978)
Lady Windermere's Fan (1893) (*Lady Windermeres Fächer* 1902)
A: Wilde, Oscar
FT: Lady Windermeres Fächer (1965)
Lady's Not For Burning, The (1949) (*Die Dame ist nicht fürs Feuer* 1950)
A: Fry, Christopher
FT: Die Dame ist nicht fürs Feuer (1960)
L'affaire Crainquebille (1901)
A: France, Anatole (= Thibault, Jacques-Anatole)
FT: Der Alte aus der Tomatengasse (1982)
L'affaire Lerouge (1866)
A: Gaboriau, Emile
FT: Die Affäre Lerouge (1976)
L'alba, il giorno e la notte (1921) (*Tageszeiten der Liebe* 1940)
A: Niccodemi, Dario
FT: Tageszeiten der Liebe (1958)
Lalebuch (1597)
A: Anonym
FT: Die Schildbürger (1977)
Lalla
A: Pilcher, Rosamunde
FT: Rosamunde Pilcher: Melodie des Herzens (1998)
L'alouette (1953) (*Jeanne oder Die Lerche* 1956)
A: Anouilh, Jean
FT: Jeanne oder Die Lerche (1956)
FT: Lerche (1966)
Lamm, Das (1959)
A: Kramp, Willy
FT: Das Lamm (1964)
Lamm des Armen, Das (1929)
A: Zweig, Stefan
FT: Das Lamm des Armen (1978)
Land (1972)
A: Jägersberg, Otto
FT: Land (1972)
Land des Lächelns, Das (1929)
A: Herzer, Ludwig; Lehár, Franz; Lohner, Fritz
FT: Das Land des Lächelns (1952)
Land of Promise, The (1914) (*Das Land der Verheißung*)
A: Maugham, W. Somerset
FT: Das Land der Verheißung (1960)
Land und Leute (1980)
A: Gfeller, Alex
FT: Eine Nachtlang Feuerland (E Nachtlang Füürland) (1981)
Landarzt, Ein (1919)
A: Kafka, Franz
FT: Ein Brudermord (1967)
Landläufiger Tod (1984) (1984)
A: Roth, Gerhard
FT: Landläufiger Tod (2 Teile) (1990)
Landscape (1969) (*Landschaft* 1969)
A: Pinter, Harold
FT: Landschaft (1971)
Landstrykere (1927) (*Landstreicher* 1928)
A: Hamsun, Knut
FT: Landstreicher (2 Teile) (1990)
Landvermesser
A: Koch, Jurij
FT: Rublak - Die Legende vom vermessenen Land (1983)
Landvogt von Greifensee, Der (1876)
A: Keller, Gottfried
FT: Der Landvogt von Greifensee (1978)
Lange Gespräch mit dem Vogel, Das
A: Dorst, Tankred
FT: Das lange Gespräch mit dem Vogel (1990)
Langes Wochenende, Ein
A: Schwerla, Carl Borromäus
FT: Ein langes Wochenende (1986)
Langusten (1955)
A: Denger, Fred
FT: Langusten (1960)
FT: Langusten (1961)
FT: Langusten (1989)
L'appartement des filles (1963)
A: Robert, Jacques
FT: Gangster, Gold und flotte Mädchen (1963)
L'Appolon du Bellac (1942) (*Der Apollo von Bellac* 1952)
A: Giraudoux, Jean
FT: Der Apollo von Bellac (1964)
L'Arlésienne (1872)
A: Daudet, Alphonse
FT: Die Frau aus Arles (1988)
Las Casas vor Karl V (1938)
A: Schneider, Reinhold
FT: Gericht über Las Casas (1955)

Laß jucken, Kumpel (1971)
A: Claer, Hans Henning
FT: Laß jucken, Kumpel (1) (1972)
FT: Laß jucken, Kumpel (2) Das Bullenkloster (1972)
FT: Laß jucken, Kumpel (3) Maloche, Bier und Bett (1974)
FT: Laß jucken, Kumpel (5) Zwei Kumpel auf der Alm (1974)
FT: Laß jucken, Kumpel (4) Der Kumpel läßt das Jucken nicht (1974)
FT: Laß jucken, Kumpel (6) Laß laufen, Kumpel (1981)
L'assassin (1937) (*Der Mörder* 1977)
A: Simenon, Georges (= Sim, Georges; Aramis; Brulls, Christian)
FT: Der Mörder (1979)
Last Days of Pompeji, The (1834) (*Die letzten Tage von Pompeji* 1834)
A: Bulwer, Edward G. Lord Lytton
FT: Die letzten Tage von Pompeji (1959)
Last der Berge, Die (1982)
A: Klein, Eduard
FT: Die Last der Berge (1983)
Last Exit to Brooklyn (1964) (*Letzte Ausfahrt Brooklyn* 1968)
A: Selby, Hubert
FT: Letzte Ausfahrt Brooklyn (Last Exit to Brooklyn) (1988)
Last of Mrs. Cheney, The (1925) (*Mistress Cheney's Ende* 1955)
A: Lonsdale, Frederick
FT: Mrs. Cheneys Ende (1957)
FT: Frau Cheneys Ende (1961)
Last of My Solid Gold Watches, The (1953) (*Die Letzte meiner echtgoldenen Uhren* 1970)
A: Williams, Tennessee
FT: Die letzte meiner echt goldenen Uhren (1961)
Last of the Mohicans, The (1826) (*Der letzte Mohikaner* 1826)
A: Cooper, James Fenimore
FT: Der letzte Mohikaner (1965)
FT: Der letzte Mohikaner (1969)
Lästerschule, Die (1962)
A: Hildesheimer, Wolfgang
FT: Die Lästerschule (1962)
Lästigen, Die (1915)
A: Hofmannsthal, Hugo von
FT: Die Lästigen (1977)
L'Astragale (1965)
A: Sarrazin, Albertine
FT: Astragal (1968)
Late Edwina Black, The (1949) (*Die selige Edwina Black* 1958)
A: Dinner, William; Morum, William
FT: Die selige Edwina Black (1958)
Late Love (1954) (*Liebe im September* 1970)
A: Casey, Rosemary
FT: Liebe im September (1962)
Late Summer Affair
A: Lehman, Leo
FT: Spätsommer (1964)
Laune des Verliebten, Die (1767)
A: Goethe, Johann Wolfgang von
FT: Die Laune des Verliebten (1956)
Laura und Luis (1989)
A: Pfaue, Justus
FT: Laura und Louis (6 Teile) (1989)
Laura (1943) (*Laura* 1952)
A: Caspary, Vera
FT: Laura (1962)
Laurencia (1952)
A: Wolf, Friedrich (Baetz, Christian; Rüedi, Hans; Dr. Isegrimm)
FT: Laurencia (1967)
Lausbubengeschichten (1905)
A: Thoma, Ludwig
FT: Lausbubengeschichten (1964)
FT: Onkel Filser - Allerneueste Lausbubengeschichten (1966)
Lausbubengeschichten (1905)
A: Thoma, Ludwig
FT: Wenn Ludwig ins Manöver zieht (1967)
Lauter Lügen (1937)
A: Schweikart, Hans
FT: Lauter Lügen (1961)
L'automa (1963) (*Das schöne Leben* 1967)
A: Moravia, Alberto
FT: Das schöne Leben (1983)
L'avare (1668)
A: Molière, Jean Baptiste
FT: Der Geizige (1960)
FT: Der Gyzgnäpper (1982)
Lavendel
A: Schuppler, Bruno
FT: Lavendel, eine ganz unmoralische Geschichte (1953)
L'avventura d'un povero Cristiano (1968) (*Das Abenteuer eines armen Christen* 1969)
A: Silone, Ignazio
FT: Das Abenteuer eines armen Christenmenschen (1971)
Lay Her Among the Lilies (1950) (*Die Katze im Sack* 1960)
A: Chase, James Hadley
FT: Die Katze im Sack (1965)
Lebeck (1966)
A: Seuren, Günter
FT: Lebeck (1968)
Lebemann, Der (1979)
A: Scharang, Michael
FT: Der Lebemann (1979)

(*Das Leben der heiligen Maria*)
A: Ephräm, von Edessa
FT: Maria (1974)
Leben des Galilei, Das (1943)
A: Brecht, Bertolt
FT: Leben des Galilei (1962)
(*Das Leben einer Frau*)
A: Čechov, Anton Pavlovič
FT: Das Leben einer Frau (1976)
Leben einer Katze, Das (1984)
A: Erichsen, Uwe
FT: Die Katze (1997)
Leben im Winter (1980)
A: Schlesinger, Klaus
FT: Leben im Winter (1982)
Leben meines Bruders, Das (1960)
A: Winiewicz, Lida
FT: Das Leben meines Bruders (1966)
Leben und Tode des Hans Fallada (1978)
A: Crepon, Tom
FT: Fallada - letztes Kapitel (1988)
Lebens Überfluß, Des (1839)
A: Tieck, Ludwig
FT: Des Lebens Überfluß (1950)
FT: Des Lebens Überfluß (1980)
Lebens-Ansichten des Katers Murr nebst fragmentarischer Biographie des Kapellmeisters Johannes Kreisler (1820)
A: Hoffmann, Ernst Theodor Amadeus
FT: Johannes Kreisler, des Kapellmeisters musikalische Leiden (1953)
Lebenslänglich, Protokolle aus der Haft (1972)
A: Antes, Klaus
FT: Ich will doch nur, daß ihr mich liebt (1975/76)
Lebenslängliche Kind, Das (1934)
A: Neuner, Robert
FT: Das lebenslängliche Kind (1954)
L'école des femmes (1662)
A: Molière, Jean Baptiste
FT: Die gelehrten Frauen (1966)
Leçon, La (1951) (*Die Unterrichtsstunde* 1954)
A: Ionesco, Eugène
FT: Die Unterrichtsstunde (1961)
Ledi Makbet Mcenskogo uezda (1932) (*Lady Macbeth von Mcensk* 1979)
A: Leskov, Nikolaj Semenovič; Shostakovich, Dmitrii Dmitrievich
FT: Lady Macbeth von Mzensk
Legacy, A (1956) (*Das Legat* 1964)
A: Bedford, Sybille
FT: Das Vermächtnis (1969)
Legende eines Lebens (1919)
A: Zweig, Stefan
FT: Legende eines Lebens (1954)
Legende et les aventures ... d'Ulenspiegel, La (1868) (*Tyll Ulenspiegel und Lamm Goedzak: Legende von ihren heroischen,lustigen und ruhmreichen Abenteuern im Lande Flandern und andern Orts* 1909)
A: Coster, Charles de
FT: Till Ulenspiegel, der lachende Rebell (1956)
Legende vom heiligen Trinker, Die (1939)
A: Roth, Joseph
FT: Die Legende vom heiligen Trinker (1963)
FT: Die Legende vom heiligen Trinker (1988)
Legende von Paul und Paula, Die (1974)
A: Plenzdorf, Ulrich
FT: Die Legende von Paul und Paula (1974)
Legittima difesa (1952) (*Der Weg ist dunkel* 1957)
A: Levi, Paolo
FT: Der Weg ist dunkel (1956)
FT: Der Weg ist dunkel (1961)
Lehmanns Erzählungen oder So schön war mein Markt (1964)
A: Lenz, Siegfried
FT: Lehmanns Erzählungen (1975)
Leichenreden (1969)
A: Marti, Kurt
FT: Leichenreden (1989)
Leichte Beute (1970)
A: Becker-Riepen, Rolf O.
FT: Haie an Bord (1970)
Leiden des jungen Werther, Die (1774)
A: Goethe, Johann Wolfgang von
FT: Begegnung mit Werther (1949)
FT: Die Leiden des jungen Werther (1976)
FT: Die Leidenschaftlichen. Goethes Werther: Dichtung und Wahrheit (1981)
Leinen aus Irland (1929)
A: Kamare, Stefan
FT: Leinen aus Irland (1971)
Leise Gift, Das (1982)
A: Nester, Marcus P.
FT: Das leise Gift (1984)
L'émigré de Brisbane (1964) (*Der Auswanderer* 1965)
A: Schéhadé, Georges
FT: Der Auswanderer (1967)
Lemkes selige Witwe (1907)
A: Gräser, Erdmann
FT: Liebes- und Skandalgeschichten aus dem alten Berlin (1980)
Lenau
A: Herburger, Günter
FT: Lenau (1975)
Leni
A: Kay, Juliane

FT: Leni (1967)
Lenin (1934)
A: Kurella, Alfred
FT: Unterwegs zu Lenin (1970)
L'ennemi (1954) (*Der Feind* 1955)
A: Green, Julien
FT: Der Feind (1961)
Lenz (1839)
A: Büchner, Georg
FT: Lenz (1971)
Léocadia (1939) (*Leocadia* 1947)
A: Anouilh, Jean
FT: Leocadia (1958)
Leonce und Lena (1836)
A: Büchner, Georg
FT: Leonce und Lena (1963)
Leonor
A: Clavel, Maurice
FT: Leonore (1962)
Leporella (1929)
A: Zweig, Stefan
FT: Leporella (1992)
L'esquisse mystérieuse (1899)
A: Chatrian, Alexandre; Erckmann, Émile
FT: Das geheimnisvolle Bild (1955)
Les (1871) (*Der Wald* 1950)
A: Ostrovskij, Aleksandr N.
FT: Der Wald (1971)
FT: Der Wald (1981)
Let Us Play King (1937) (*... König sein dagegen sehr* 1956)
A: Lewis, Sinclair
FT: Majestät auf Abwegen (1958)
Letzte Gast, Der
A: Rausch, Theo
FT: Der letzte Gast (1981)
Letzte Heuer, Die (1935)
A: Turek, Ludwig
FT: Die letzte Heuer (1951)
Letzte Liebe (1986)
A: Biesalski, Kurt
FT: Mama mia (1987)
Letzte Nacht, Die
A: Hartau, Friedrich
FT: Die letzte Nacht (1949)
Letzte Nacht, Die
A: Hartau, Friedrich
FT: Die letzte Nacht (1957)
FT: Die letzte Nacht (1960/61)
Letzte Rezept, Das (1935)
A: Forster, Thomas B.
FT: Das letzte Rezept (1951)
Letzte Sommer, Der (1910)
A: Huch, Ricarda
FT: Der letzte Sommer (1954)
Letzte Sonntag, Der (1982)
A: Dor, Milo
FT: Weltuntergang (1984)
Letzte Wille der Stanislawa d'Asp, Der
A: Ewers, Hans Heinz
FT: La Paloma (1974)
Letzte Zeuge: Dreieck des Todes, Der (1998)
A: Seidl, Gerhard
FT: Der letzte Zeuge (1998)
Letzte Zeuge: Gift im Blut, Der (1999)
A: Seidl, Gerhard
FT: Der letzte Zeuge (1998)
Letzte Zeuge: Wenn das Böse erwacht, Der (1998)
A: Seidl, Gerhard
FT: Der letzte Zeuge (1998)
Letzten Masken, Die (1901)
A: Schnitzler, Arthur
FT: Die letzten Masken (1962)
(*Der Leuchtturm*)
A: Mnačko, Ladislav
FT: Der Leuchtturm (1972)
Leute von Bärenbach, Die (1994)
A: Huby, Felix (= Hungerbühler, Eberhard)
FT: Der König von Bärenbach (1994)
Leutnant Gustl (1901)
A: Schnitzler, Arthur
FT: Leutnant Gustl (1963)
Leutnant Yorck von Wartenburg (1946)
A: Hermlin, Stephan
FT: Leutnant Yorck von Wartenburg (1981)
Leven of theater? (1981) (*Leben oder Theater?: Ein autobiographisches Singspiel in 769 Bildern* 1981)
A: Salomon, Charlotte
FT: Charlotte (1980)
Levins Mühle (1964)
A: Bobrowski, Johannes
FT: Levins Mühle (1980)
L'histoire d'une fille de ferme (1881) (*Geschichte einer Magd* 1947)
A: Maupassant, Guy de
FT: Am Anfang war es Sünde (1954)
L'homme de Londres (1934) (*Der Mann aus London* 1981)
A: Simenon, Georges (= Sim, Georges; Aramis; Brulls, Christian)
FT: Der Mann aus London (1971)
L'homme qui plantait des arbres (1937) (*Der Mann, der die Bäume pflanzte* 1937)
A: Giono, Jean
FT: Der Mann mit den Bäumen (1989)
L'hôtel de libre-échange (1894)
A: Feydeau, Georges
FT: Hotel Paradies (1979)
L'Hurluberlu ou le réactionnaire amoureux (1959) (*General Quixotte oder der verliebte Reaktionär* 1959)
A: Anouilh, Jean

FT: General Quixotte (1961)
Liaisons dangereuses, Les (1782)
A: Choderlos de Laclos, P.A.
FT: Gesellschaftsspiel (1966)
Liane, das Mädchen aus dem Urwald (1956)
A: Day-Helveg, Anne (= Lothringer, Anne)
FT: Liane, das Mädchen aus dem Urwald (1956)
Liane zwischen zwei Welten (1957)
A: Day-Helveg, Anne (= Lothringer, Anne)
FT: Liane - die weiße Sklavin (1957)
Licence, The (*Der Trauschein* 1960)
A: Kishon, Ephraim
FT: Der Trauschein (1984)
Licht auf dem Galgen, Das (1961)
A: Seghers, Anna
FT: Das Licht auf dem Galgen (1976)
Licht der schwarzen Kerze, Das (1967)
A: Held, Wolfgang
FT: Das Licht der schwarzen Kerze (1973)
Lichtenberg. Ein Querschnitt (1979)
A: Benjamin, Walter
FT: Lichtenberg. Ein Querschnitt (1980)
Liddl, Eichhorn und andere (1969)
A: Magiera, Kurtmartin
FT: Liddl 17 (1987)
L'idiote (1960)
A: Achard, Marcel
FT: Die aufrichtige Lügnerin (1968)
FT: Die aufrichtige Lügnerin (1989)
Lieb Vaterland magst ruhig sein (1965)
A: Simmel, Johannes Mario
FT: Lieb Vaterland magst ruhig sein (1975)
Liebe Augustin, Der (1921)
A: Geissler, Horst Wolfram
FT: Der liebe Augustin (1959)
Liebe in Deutschland, Eine (1978)
A: Hochhuth, Rolf
FT: Eine Liebe in Deutschland (1983)
Liebe ist kein Argument (1981)
A: Ossowski, Leonie
FT: Liebe ist kein Argument (1985)
Liebe ist nur ein Wort (1963)
A: Simmel, Johannes Mario
FT: Liebe ist nur ein Wort (1971)
Liebe ist stärker als der Tod (1975)
A: Konsalik, Heinz Günther (= Pahlen, Henry)
FT: Liebe ist stärker als der Tod (1988)
Liebe läßt alle Blumen blühen (1979)
A: Konsalik, Heinz Günther (= Pahlen, Henry)
FT: Liebe läßt alle Blumen blühen (1985)
Liebe, Lügen und Geheimnisse (1997)
A: Blobel, Brigitte
FT: Liebe, Lügen und Geheimnisse (1998)
Liebe und Trompetenblasen (1928)
A: Bachwitz, Hans; Roland, Marc; Rotter, Fritz Friedrich; Stransky, Otto; Sturm, Hans
FT: Liebe und Trompetenblasen (1953)
Liebe unter Geschäftsleuten
A: Arnold, Franz; Bach, Ernst
FT: Liebe unter Geschäftsleuten (1980)
Liebelei (1895)
A: Schnitzler, Arthur
FT: Christine (1958)
FT: Liebelei (1958)
FT: Liebelei (1969)
Lieben wie gedruckt oder Die Herren der Herrengasse (1993)
A: Szyszkowitz, Gerald
FT: Lieben wie gedruckt (13 Teile) (1994)
Liebenden, Die (1977)
A: Krüger, Answald; Matray, Maria
FT: Ein Winter auf Mallorca (1983)
Liebesfalle, Die (1969)
A: Turek, Ludwig
FT: Liebesfallen (1975)
Liebesgeschichte, Eine (1934)
A: Zuckmayer, Carl
FT: Eine Liebesgeschichte (1954)
Liebesgeschichte, Eine (1953)
A: Mann, Heinrich
FT: Suturp - eine Liebesgeschichte (1981)
Liebesnächte in der Taiga (1966)
A: Konsalik, Heinz Günther (= Pahlen, Henry)
FT: Liebesnächte in der Taiga (1968)
Liebesversuche (1979)
A: Schwaiger, Brigitte
FT: Liebesversuche (1980)
Liebling, du irrst
A: Pörschmann, Jürgen
FT: Liebling, du irrst (1979)
Liebling Kreuzberg - Der Bauch eines Richters (1997)
A: Friedrichs, Horst
FT: Liebling Kreuzberg (1986-)
Liebling Kreuzberg - Die Sache Anja Clemens (1998)
A: Friedrichs, Horst
FT: Liebling Kreuzberg (1986-)
Liebling Kreuzberg: Der Verbieter (1997)
A: Friedrichs, Horst
FT: Liebling Kreuzberg (1986-)
Liebling, mir fehlen die Worte
A: Claus, Manfred

FT: Liebling, mir fehlen die Worte (1988)
Lied ist aus, Das
A: Gilbert, Robert
FT: Unter den tausend Laternen (1951/52)
Lied vom traurigen Sonntag, Das (1988)
A: Barkow, Nick
FT: Gloomy Sunday - Ein Lied von Liebe und Tod (1999)
Lieutenant Tenant (1962) (*Leutnant Nant*)
A: Gripari, Pierre
FT: Leutnant Nant (1965)
Life In My Hands, The (*Das Leben in meiner Hand* 1966)
A: Ustinov, Peter
FT: Das Leben in meiner Hand (1966)
Life Penalty (1986) (*Lebenslang ist nicht genug* 1986)
A: Fielding, Joy
FT: Joy Fieldings Lebenslang ist nicht genug (1997)
(*Die Liga der Rothaarigen*)
A: Doyle, Arthur Conan Sir
FT: Die Liga der Rothaarigen (1967)
Light of Heart, The (1940) (*Die leichten Herzens sind* 1950)
A: Williams, Emlyn
FT: Das Leben beginnt um acht (1962)
Likely Tale, A (1956) (*Eine fast mögliche Geschichte* 1958)
A: Savory, Gerald
FT: Eine fast mögliche Geschichte (1958)
Liliom (1909) (*Liliom* 1912)
A: Molnár, Ferenc
FT: Liliom (1971)
Lille pige med svovlstikkerne (*Das Mädchen mit den Schwefelhölzchen*)
A: Andersen, Hans Christian
FT: Ein Weihnachtstraum (1984)
Linde vor Priebes Haus, Die (1970)
A: Beseler, Horst
FT: Die Dorflinde (1980)
Lindhoops Frau (1981)
A: Dünnebier, Anna
FT: Lindhoops Frau (1985)
L'ingénieur aimait trop les chiffres (1953) (*Die Gleichung geht nicht auf* 1983)
A: Boileau, Pierre; Narcejac, Thomas
FT: Die Gleichung geht nicht auf (1990)
Linkshändige Frau, Die (1976)
A: Handke, Peter
FT: Die linkshändige Frau (1977)
L'innocenza (1986)
A: Chiesa, Francesco
FT: Unschuld (1986)
L'invitation au château (1947) (*Einladung ins Schloß oder Die Kunst, das Spiel zu spielen* 1948)
A: Anouilh, Jean
FT: Einladung ins Schloß (1961)
FT: Leben wie die Fürsten (1966)
Lippls Traum (1984)
A: Maar, Paul
FT: Lippls Traum (1990)
Lisi (1994)
A: Heimann, Alexander
FT: Lisi und der General (1988)
Literatur (1902) (*Lebendige Stunden*)
A: Schnitzler, Arthur
FT: Literatur (1965)
FT: Literatur (1969)
FT: Literatur (1970)
FT: Literatur (1974)
Little Foxes, The (1939) (*Kleine Füchse* 1945)
A: Hellman, Lillian
FT: Die kleinen Füchse (1961)
Little Girl Eater, The
A: Dale, Septimus
FT: Die Brüder (1976)
Little Lord Fauntleroy (1886) (*Der kleine Lord* 1949)
A: Burnett, Frances Hodgson
FT: Der kleine Lord (1962)
FT: Der kleine Lord (1980)
FT: Der kleine Lord (1994)
Live Gold (1962)
A: Sheckley, Robert
FT: Geheimnisse in goldenen Nylons (1967)
Live Like Pigs (1958) (*Leben und leben lassen* 1966)
A: Arden, John
FT: Leben und leben lassen (1969)
Livet ivolt (1910) (*Vom Teufel geholt* 1911)
A: Hamsun, Knut
FT: Vom Teufel geholt (1969)
Livets morgen (1929) (*Morgen des Lebens* 1934)
A: Gudmunsson, Kristmann
FT: Du darfst nicht länger schweigen (1955)
Locandiera, La (1752) (*Mirandolina* 1777)
A: Goldoni, Carlo
FT: Mirandolina (1963)
FT: Rokoko (1996)
Locomotive, La (1967)
A: Roussin, André
FT: Die Lokomotive (1986)
Logeuse, La (1954)
A: Audiberti, Jacques
FT: Die Zimmerwirtin (1967)
L'ogre (1973)
A: Chessex, Jacques

FT: L'ogre (1986)
Lokalbahn, Die (1902)
A: Thoma, Ludwig
FT: Die Lokalbahn (1960)
FT: Die Lokalbahn (1972)
Lola rennt (1998)
A: Tykwer, Tom
FT: Lola rennt (1998)
Long and the Short and the Tall, The (1959)
A: Hall, Willis
FT: Das Ende vom Lied (1963)
Long Christmas Dinner, The (1931) (*Das lange Weihnachtsmahl* 1954)
A: Wilder, Thornton
FT: Das lange Weihnachtsmahl (1956)
FT: Das lange Weihnachtsmahl (1962)
Long Day's Journey Into Night (1956) (*Eines langen Tages Reise in die Nacht* 1966)
A: O'Neill, Eugene (Gladstone)
FT: Eines langen Tages Reise in die Nacht (1980)
Longest Second, The (1957) (*Die längste Sekunde* 1960)
A: Ballinger, Bill S.
FT: Die längste Sekunde (1980)
Look Back in Anger (1957) (*Blick zurück im Zorn* 1958)
A: Osborne, John James
FT: Blick zurück im Zorn (1958)
Look Homeward, Angel (1929) (*Schau heimwärts, Engel* 1932)
A: Frings, Ketti; Wolfe, Thomas
FT: Schau heimwärts, Engel (1961)
Lorbeermaske, Die
A: Coubier, Heinz
FT: Die Lorbeermaske (1958)
L'orchestre (1960) (*Das Orchester* 1960)
A: Anouilh, Jean
FT: Das Orchester (1981)
Lord Arthur Savile's Crime (1891) (*Lord Arthur Saviles Verbrechen* 1910)
A: Wilde, Oscar
FT: Mylord weiß sich zu helfen (1958)
FT: Lord Arthur Saviles Verbrechen (1967)
FT: Lord Arthur Saviles unvermeidbare Mordtat (1975)
FT: Ein Mord liegt auf der Hand (1983)
Lord von Barmbeck: das Leben des berüchtigten Ein- und Ausbrechers Julius Adolf Petersen, von ihm selbst erzählt, Der (1973)
A: Petersen, Julius Adolf
FT: Der Lord von Barmbek (1973)
Lotte in Weimar (1939)
A: Mann, Thomas
FT: Lotte in Weimar (1975)
Lotterisvensken (1919)
A: Andersen Nexø, Martin
FT: Der Lotterieschwede (1958)
Lotus for Miss Quon, A (1961) (*Lotosblüten für Miss Quon* 1963)
A: Chase, James Hadley
FT: Lotosblüten für Miss Quon (1966)
Love and How to Cure It (1931) (*Liebe, und wie man sie heilt* 1958)
A: Wilder, Thornton
FT: Liebe - und wie man sie heilt (1961)
Love from a Stranger (1936) (*Ein Fremder klopft an* 1967)
A: Vosper, Frank
FT: Love from a Stranger (1967)
Love from a Stranger (1936) (*Ein Fremder klopft an* 1967)
A: Christie, Agatha
FT: Ein Fremder kam ins Haus (1957)
Love in Amsterdam (1962)
A: Freeling, Nicolas
FT: Van der Valk und die Reichen (1973)
Love in Idleness (1945) (*Olivia* 1960)
A: Rattigan, Terence
FT: Olivia (1958)
FT: Olivia (1965)
Love Letters on Blue Paper (1974) (*Liebesbriefe auf blauem Papier* 1977)
A: Wesker, Arnold
FT: Liebesbriefe auf blauem Papier (1977)
Lucie und der Angler von Paris (1946)
A: Wolf, Friedrich (Baetz, Christian; Rüedi, Hans; Dr. Isegrimm)
FT: Lucie und der Angler von Paris (1963)
Ludmilla (1955) (*Ludmilla* 1957)
A: Gallico, Paul William
FT: Ein wunderbarer Sommer (1957)
Ludvigsbakke (1896) (*Ludwigshöhe* 1908)
A: Bang, Hermann Joachim
FT: Ludwigshöhe (1978)
Ludwig Thoma: die Geschichte seiner Liebe und Ehe (1928)
A: Thoma, Ludwig
FT: Ludwig auf Freiersfüßen (1969)
Luftschiff, Das (1974)
A: Fries, Fritz Rudolf
FT: Das Luftschiff (1983)
Lügner und die Nonne, Der (1929)
A: Goetz, Curt
FT: Der Lügner und die Nonne (1967)
Lumie di Sicilia (1926) (*Zitronen aus Sizilien* 1948)
A: Pirandello, Luigi
FT: Zitronen aus Sizilien (1963)
Lumière des justes, La (1963) (*Die Lichter der Gerechten* 1963)
A: Troyat, Henri (= Tarassov, Lev)

FT: Die Lichter der Gerechten (1981)
Lümmel von der ersten Bank, Die (1963)
A: Wolf, Alexander
FT: Die Lümmel von der ersten Bank (1) Zur Hölle mit den Paukern (1967)
FT: Die Lümmel von der ersten Bank (2) Zum Teufel mit der Penne (1968)
FT: Die Lümmel von der ersten Bank (3) Pepe, der Paukerschreck (1969)
FT: Die Lümmel von der ersten Bank (4) Hurra, die Schule brennt (1969)
FT: Die Lümmel von der ersten Bank (5) Wir hau'n die Pauker ... (1970)
FT: Die Lümmel von der ersten Bank (6) Morgen fällt die Schule.. (1971)
FT: Die Lümmel von der ersten Bank (7) Betragen ungenügend (1972)
Luna, La (1950) (*Junger Mond* 1954)
A: Pavese, Cesare
FT: Von der Wolke zum Widerstand (1978)
Lunch Hour (1960) (*Mittagspause* 1961)
A: Mortimer, John C.
FT: Mittagspause (1961)
L'uomo dal fiore in bocca (1926) (*Der Mann mit der Blume im Mund* 1986)
A: Pirandello, Luigi
FT: Der Mann mit der Blume im Mund (1962)
Lustige Witwe, Die (1906)
A: Lehár, Franz; Léon, Victor
FT: Die lustige Witwe (1962)
Lütt Matten und die weiße Muschel (1963)
A: Pludra, Benno
FT: Lütt Matten und die weiße Muschel (1963)
Lysistrata (411 v.C.)
A: Aristophanes
FT: Triumph der Liebe (1947)
FT: Die Sendung der Lysistrata (1960)
FT: Heut' abend tanzt Lysistrate (1980)
Ma soeur et moi (1931) (*Meine Schwester und ich* 1930)
A: Benatzky, Ralph; Berr, Georges; Verneuil, Louis (= Bocage, Louis Colin du)
FT: Meine Schwester und ich (1954)
Macbeth (1605)
A: Shakespeare, William; Verdi, Giuseppe
FT: Macbeth (1971)
FT: Macbeth (1988)
Macbeth (1605)
A: Shakespeare, William
FT: Macbeth (1971)
Macht der Gefühle, Die (1984)
A: Kluge, Alexander
FT: Die Macht der Gefühle (1983)
Macskajáték (1969) (*Katzen-Spiel* 1972)
A: Örkeny, Istvan
FT: Katzenspiel (1983)
Madam Bäurin (1920)
A: Christ, Lena
FT: Madame Bäurin (1993)
Madame Bovary (1857) (*Madame Bovary* 1907)
A: Flaubert, Gustave
FT: Madame Bovary (Miniserie) (1968)
FT: Die nackte Bovary (1969)
Madame de ... (1951) (*Madame de ...* 1954)
A: Vilmorin, Louise
FT: Madame de ... (1961)
Madame Legros (1913)
A: Mann, Heinrich
FT: Madame Legros (1968)
Madame Maillart (1949) (*Herbst der Leidenschaft* 1950)
A: Aveline, Claude
FT: Der Schüchterne, der Feuer fing (1978)
Madame Sans-Gêne (1893) (dt. 1895)
A: Sardou, Victorien
FT: Die Wäscherin des Herrn Bonaparte (1953)
FT: Madame Sans-Gêne (1960)
Mädchen aus dem Fahrstuhl, Das (1985)
A: Herzog, Gabriele
FT: Das Mädchen aus dem Fahrstuhl (1990)
Mädchen aus der Feenwelt oder Der Bauer als Millionär, Das (1826)
A: Raimund, Ferdinand
FT: Der Bauer als Millionär (1961)
FT: Der Bauer als Millionär (Das Mädchen aus der Feenwelt) (1963)
Mädchen hieß Gesine, Das (1966)
A: Neumann, Karl
FT: Gesine (1971)
Mädchen im Fenster, Das (1940)
A: Gottwald, Fritz
FT: Wie ein Dieb in der Nacht (1945)
Mädchen Krümel, Das (1970)
A: Ludwig, Martha
FT: Das Mädchen Krümel (1976)
Mädchen Leo, Das
A: Zinner, Hedda
FT: Das Mädchen Leo (1988)
Mädchen mit dem roten Pullover, Das (1975)
A: Bergner, Edith; Zaprasis, Fotis
FT: Taubenjule (1983)
Mädchen mit der Mundharmonika, Das
A: Braun, Frank F.
FT: Arlette erobert Paris (1953)
Mädchen und der Junge, Das (1981)
A: Görlich, Günter

FT: Das Mädchen und der Junge (1982)
Mädchen vom Fährhaus, Das (1988)
A: Däs, Nelly
FT: Nadja - Heimkehr in die Fremde (1995)
Mädchen vom Plakat, Das (1983)
A: Gerisch, Klaus
FT: Das Mädchen vom Plakat (1984)
Mädchen von Treppi, Das (1894)
A: Heyse, Paul
FT: Zwei Liebesgeschichten (1979)
Mädchenjahre einer Königin (1933)
A: Sil-Vara, Geza A.
FT: Mädchenjahre einer Königin (1954)
Mädchenkrieg, Der (1975)
A: Bieler, Manfred
FT: Der Mädchenkrieg (1977)
Mademoiselle Fifi (1883) (*Fräulein Fifi* 1964)
A: Maupassant, Guy de
FT: Mademoiselle Fifi (1986)
Mademoiselle Löwenzorn (1953)
A: Becher, Ulrich
FT: Mademoiselle Löwenzorn (1965)
Mädl aus der Vorstadt, Das (1845)
A: Nestroy, Johann Nepomuk
FT: Das Mädl aus der Vorstadt (1963)
Magdalena (1912)
A: Thoma, Ludwig
FT: Magdalena (1955)
FT: Magdalena (1983)
Magdalenenbaum, Der (1979)
A: Müller, Armin
FT: Der Magdalenenbaum (1989)
Maghrebinische Geschichten (1953)
A: Rezzori, Gregor von
FT: Maghrebinische Geschichten (1975)
Magic Afternoon (1969)
A: Bauer, Wolfgang
FT: Magic Afternoon (1971)
Magic and the Loss, The (1954)
A: Funt, Julian
FT: Jeder lebt allein (1957)
Magician of Lublin, The (1960)
A: Singer, Isaac Bashevis
FT: Der Magier (1979)
Magic (1913) (*Magie* 1914)
A: Chesterton, Gilbert Keith
FT: Magie (1965)
(*Magie der Liebe*)
A: Pilcher, Rosamunde
FT: Rosamunde Pilcher: Magie der Liebe (1998)
Magnetiseur, Der (1813)
A: Hoffmann, Ernst Theodor Amadeus
FT: Der Magnetiseur (1981)
Magnus: von der Begierde der Starken und der Ohnmacht der Schwachen (1987)
A: König, Jürgen
FT: Am Morgen danach (1995)
(*Das Mahl/Orangensoufflé*)
A: Bellow, Saul
FT: Das Mahl/Orangen-Soufflé (1968)
Mains sales, Les (1948) (*Die schmutzigen Hände* 1949)
A: Sartre, Jean-Paul
FT: Schmutzige Hände (1968)
Mainzer Tod, Der
A: Kasper, Hans
FT: Der Mainzer Tod (1986)
Mais ne te promène donc pas toute nue (1912) (*Lauf doch nicht splitternackt herum*)
A: Feydeau, Georges
FT: Lauf doch nicht splitternackt herum (1969)
Maison du canal, La (1932) (*Das Haus am Kanal* 1986)
A: Simenon, Georges (= Sim, Georges; Aramis; Brulls, Christian)
FT: Das Haus am Kanal (1987)
Major und die Stiere, Der (1953)
A: Venatier, Hans
FT: Der Major und die Stiere (1955)
Malade imaginaire, Le (1673)
A: Molière, Jean Baptiste
FT: Der eingebildete Kranke (1952)
FT: Der eingebildete Kranke (1960)
FT: Der Hypochonder (1976)
FT: Der gsund Paziant (1983)
Maladie de la mort, La (1982) (*Die Krankheit Tod* 1985)
A: Duras, Marguerite
FT: Das Mal des Todes (1986)
Male Animal, The (1940) (*Der Mann im Manne*)
A: Thurber, James
FT: Der Mann im Manne (1959)
Maléfices (1961) (*Das Geheimnis des gelben Geparden* 1962)
A: Boileau, Pierre; Narcejac, Thomas
FT: Das Geheimnis des gelben Geparden (1990)
Malentendu, Le (1944) (*Das Mißverständnis* 1950)
A: Camus, Albert
FT: Das Mißverständnis (1960)
Maler von Berlin, Der
A: Wardetzky, Dieter
FT: Zille und ick (1983)
Malheur fou, Le (1970)
A: Faure, Lucie
FT: Die verrückten Reichen (1975)
Malina (1971)
A: Bachmann, Ingeborg
FT: Malina (1990)
Mamouret (*Ihr 106. Geburtstag* 1955)
A: Sarment, Jean

FT: Ihr 106. Geburtstag (1957)
FT: Ihr 106. Geburtstag (1958)
FT: Ihr 106. Geburtstag (1980)
Man braucht kein Geld (1932)
A: Altkirch, Ferdinand; Bibo, Günther; Rosen, Willy
FT: Der Onkel aus Amerika (1952)
Man called Harry Bent, A (1970) (*Ein Mann namens Harry Bent* 1970)
A: Durbridge, Francis Henry
FT: Ein Mann namens Harry Bent (1968)
Man for All Seasons, A (1960) (*Thomas More* 1960)
A: Bolt, Robert Oxton
FT: Thomas More (1964)
Man ist nur zweimal jung (1956)
A: Beer, Otto F.; Preses, Peter
FT: Man ist nur zweimal jung (1958)
Man of Destiny, The (1898) (*Der Mann des Schicksals (Der Schlachtenlenker)* 1915)
A: Shaw, George Bernard
FT: Der Mann des Schicksals (Der Schlachtenlenker) (1963)
Man, The (1950)
A: Dinelli, Mel
FT: Der Mann von draußen (1961)
Man Upstairs, The (1954)
A: Hamilton, Patrick (A.W.)
FT: Der Herr im ersten Stock (1957)
Man Who Was Nobody, The (1927) (*Ein Mann, der seinen Namen änderte* 1956)
A: Wallace, Richard Horatio Edgar
FT: Ein Mann, der seinen Namen änderte (1958)
Man Who Was Thursday, The (1908) (*Der Mann, der Donnerstag war* 1910)
A: Chesterton, Gilbert Keith
FT: Der Mann, der Donnerstag war (1960)
Manière forte, La (*Simone, der Hummer und die Ölsardine* 1956)
A: Deval, Jacques
FT: Simone, der Hummer und die Ölsardine (1969)
Manji (1967) (*Svastika* 1985)
A: Tanizaki, Juni'chirô
FT: Leidenschaften (Inferno Berlinese) (1985)
Mann auf dem Kirr, Der (1969)
A: Meyer-Scharffenberg, Fritz
FT: Inselsommer (1974)
Mann auf der Mauer, Der (1982)
A: Schneider, Peter
FT: Der Mann auf der Mauer (1982)
Mann aus der Siedlung, Der (1981)
A: Kampling, Harry
FT: Der Mann aus der Siedlung (1981)
Mann, der keinen Mord beging, Der (1958)
A: Spoerl, Alexander
FT: Der Mann, der keinen Mord beging (1963)
Mann, der nie über Kafka schrieb, Der
A: Torberg, Friedrich
FT: Der Mann, der nie über Kafka schrieb (1974)
Mann, der zweimal leben wollte, Der (1932)
A: Andreas, Fred
FT: Der Mann, der zweimal leben wollte (1950)
Mann für gewisse Sekunden, Ein (1992)
A: Holst, Evelyn
FT: Ein Mann für gewisse Sekunden (1999)
Mann für jede Tonart, Ein (1989)
A: Lind, Hera
FT: Ein Mann für jede Tonart (1992)
Mann für Mama, Ein (1972)
A: Nöstlinger, Christine
FT: Ein Mann für Mama (1974)
FT: Ein Mann für Mama (1976)
Mann gegen Mann (1976)
A: Biesalski, Kurt
FT: Mann gegen Mann (1974/75)
(*Der Mann im Lift* 1962)
A: Fletcher, Lucille
FT: Der Mann im Fahrstuhl (1962)
Mann im Salz, Der (1906)
A: Ganghofer, Ludwig
FT: Der Mann im Salz (1989)
Mann im Schilf, Der (1971)
A: Saiko, George
FT: Der Mann im Schilf (1977)
Mann im schönsten Alter, Ein (1963)
A: Schneider-Schelde, Rudolf
FT: Ein Mann im schönsten Alter (1963)
Mann im Strom, Der (1957)
A: Lenz, Siegfried
FT: Der Mann im Strom (1958)
Mann in der Schürze, Der (1947)
A: Dockwiller, Henrik
FT: Der Klax (1954)
Mann in der Wanne, Der (1945)
A: Felmar, Karl; Friese, Ernst
FT: Der Mann in der Wanne (1952)
(*Ein Mann ist soeben erschossen worden*)
A: Salomon, Jaime
FT: Ein Mann ist soeben erschossen worden (1985)
(*Ein Mann ist soeben erschosssen worden*)
A: Salomon, Jaime
FT: Ein Mann ist soeben erschossen worden (1964)
Mann und sein Name, Der (1952)
A: Seghers, Anna

FT: Der Mann und sein Name (1983)
Mann und sein Schatten, Der (1962)
A: Selbmann, Fritz
FT: Der Mann und sein Schatten (1963)
Mann will nach oben, Ein (1953)
A: Fallada, Hans
FT: Ein Mann will nach oben (1978)
(*Ein Mann zum Heiraten*)
A: Tóth, Miklós
FT: Ein Mann zum Heiraten (1983)
Mannen pa balkongen (1969) (*Der Mann auf dem Balkon* 1970)
A: Sjöwall, Maj; Wahlöö, Per
FT: Kommissar Beck: Der Mann auf dem Dach (1993)
Mannen som gick upp i rök (1969) (*Der Mann, der sich in Luft auflöste* 1977)
A: Sjöwall, Maj; Wahlöö, Per
FT: Der Mann, der sich in Luft auflöste (1980)
Männer müssen so sein
A: Seidel, Heinrich
FT: Geliebte Bestie (1958)
Männer sind wie Schokolade (1995)
A: Grube, Tina
FT: Männer sind wie Schokolade (1999)
Männer und andere Katastrophen (1996)
A: Gier, Kerstin
FT: Männer und andere Katastrophen (1998)
Mannerhouse (1948) (*Herrenhaus* 1953)
A: Wolfe, Thomas
FT: Herrenhaus (1966)
Männerpension (1996)
A: Beleites, Edith
FT: Männerpension (1996)
Manni der Libero (1980)
A: Conradi, Peter
FT: Manni der Libero (13 Teile) (1982)
Mantel des Ketzers, Der
A: Brecht, Bertolt
FT: Der Mantel des Ketzers (1989)
Märchen, Das (1804)
A: Schnitzler, Arthur
FT: Das Märchen (1966)
Märchen vom falschen Prinzen, Das (1826)
A: Hauff, Wilhelm
FT: Der falsche Prinz (1967)
FT: Das Märchen vom falschen Prinzen (1978)
FT: Der falsche Prinz. Ein orientalisches Märchen um Schein und Sein (1985)
Märchenschloß, Das
A: Rodrian, Fred
FT: Das Märchenschloß (1960/61)
Maresi (1947)
A: Lernet-Holenia, Alexander
FT: Maresi (Der Angeklagte hat das Wort) (1948)
Marguerite durch drei (1930)
A: Schwiefert, Fritz
FT: Jedem die Seine (1954)
Mari, la femme et la mort, Le (1954)
A: Roussin, André
FT: Über die Schwierigkeit, seinen Mann umzubringen (1971)
Maria Magdalena (1844)
A: Hebbel, Christian Friedrich
FT: Maria Magdalena (1973)
Maria Morzeck oder Das Kaninchen bin ich (1969)
A: Bieler, Manfred
FT: Maria Morzeck. Ein Mädchen aus Ost-Berlin (1976)
Maria Stuarda (1835)
A: Donizetti, Gaetano; Schiller, Friedrich von
FT: Maria Stuart (1988)
Maria Stuart (1801)
A: Schiller, Friedrich von
FT: Maria Stuart (1956)
FT: Maria Stuart (1963)
FT: Maria Stuart (1986)
Maria und der Paragraph (1972)
A: Krey, Franz
FT: Maria und der Paragraph (1974)
Mariana Piñeda (1928) (dt. 1954)
A: García Lorca, Federico
FT: Mariana Piñeda (1965)
Marie (1963) (*Eine ahnungslose Frau* 1970)
A: Kliment, Alexandr
FT: Nicht einmal das halbe Leben (1973)
Marienhof (1992)
A: Becker, Rolf A.
FT: Marienhof (1992)
Marija (1935)
A: Babel, Isaak
FT: Marija (1978)
Marika
A: Zágon, István
FT: Marili (1959)
Mario und der Zauberer (1930)
A: Mann, Thomas
FT: Mario und der Zauberer (1978)
FT: Mario und der Zauberer (1994)
Marionetten (1906)
A: Schnitzler, Arthur
FT: Marionetten (1987)
Marios Trompete
A: Bollinger, Max
FT: Marios Trompete (1975)
Marius (1929) (*Marius* 1930)
A: Pagnol, Marcel
FT: Marius (1955)
Märkische Forschungen (1978)
A: Bruyn, Günter de

FT: Märkische Forschungen (1982)
Marktplatz der Sensationen (1942)
A: Kisch, Egon Erwin
FT: Marktplatz der Sensationen (5 Teile) (1985)
Marquis von Keith, Der (1901)
A: Wedekind, Frank
FT: Der Marquis von Keith (1962)
FT: Der Marquis von Keith (1972)
Marquise von Arcis, Die (1919)
A: Sternheim, Carl
FT: Die Marquise von Arcis (1961)
Marquise von O., Die (1810)
A: Kleist, Heinrich von
FT: Die Gräfin von Rathenow (1973)
FT: Die Marquise von O. (1976)
Martin und die Männer (1961)
A: Schönrock, Hans
FT: Als Martin vierzehn war (1964)
Martinsklause, Die (1894)
A: Ganghofer, Ludwig
FT: Die Martinsklause (1951)
Mary Rose (1920) (dt. 1920)
A: Barrie, James Matthew Sir
FT: Rosalinde (1957)
FT: Mary Rose (1961)
Marylin
A: Hartung, Ellinor
FT: Scheidungsgrund: Liebe (1960)
März (1976)
A: Kipphardt, Heinar
FT: Das Leben des schizophrenen Dichters März (1975)
Maschere nude (1921) (*Die Nackten kleiden* 1925)
A: Pirandello, Luigi
FT: Die Nackten kleiden (1963)
Mashenka (1926) (*Sie kommt, kommt sie?* 1928)
A: Nabokov, Vladimir
FT: Maschenka (1986)
Maske in Blau (1937)
A: Hentschke, Heinz; Raymond, Fred
FT: Maske in Blau (1952)
Master i Margarita (1968) (*Der Meister und Margarita* 1968)
A: Bulgakow, Michail
FT: Pilatus und andere (1972)
Mathilde Möhring (1907)
A: Fontane, Theodor
FT: Ich glaube an dich (Mein Herz gehört dir) (1945)
FT: Mathilde Möhring (1968)
FT: Mathilde Möhring (1977)
FT: Mathilde Möhring (1983)
Matrone von Ephesus, Die (1784)
A: Lessing, Gotthold Ephraim
FT: Die Matrone von Ephesus (1966)
Matrosen von Cattaro, Die (1930)
A: Wolf, Friedrich (Baetz, Christian; Rüedi, Hans; Dr. Isegrimm)
FT: Die Matrosen von Cattaro (1979)
Matt in 13 Zügen (1953)
A: Horla, Alexander (= Flechtner, Hans Joachim)
FT: Matt in 13 Zügen (13 Teile) (1984)
Matto regiert (1936)
A: Glauser, Friedrich
FT: Paragraph 51 - Seelenarzt Dr. Laduner (1946)
FT: Matto regiert (1947)
FT: Matto regiert (1980)
Matulla und Busch (1984)
A: Schlesinger, Klaus
FT: Matulla und Busch (1995)
Mauer, Die (1994)
A: Becker, Jurek
FT: Wenn alle Deutschen schlafen (1994)
Maulkorb, Der (1936)
A: Spoerl, Heinrich
FT: Der Maulkorb (1958)
FT: Der Maulkorb (1979)
Max und Moritz; eine Bubengeschichte in sieben Streichen (1865)
A: Busch, Wilhelm
FT: Spuk mit Max und Moritz (1951)
FT: Max und Moritz (1956)
FT: Max und Moritz (1959)
FT: Max und Moritz (1968)
FT: Max und Moritz (1999)
Mayday... Mayday... - Gefahr über den Wolken (1995)
A: Konsalik, Heinz Günther (= Pahlen, Henry)
FT: Mayday - Flug in den Tod (1997)
Measure for Measure (1604) (*Maß für Maß*)
A: Shakespeare, William
FT: Maß für Maß (1958)
FT: Zweierlei Maß (1963)
Mécontents, Les (1833) (*Die Mißvergnügten* 1913)
A: Mérimée, Prosper
FT: Die Mißvergnügten (1978)
Meczenstwo Piotra O'Heya (1959) (*Das Martyrium des Piotr O'Hey*)
A: Mrozek, Slawomir
FT: Das Martyrium des Peter O'Hey (1964)
Medaille, Die (1901)
A: Thoma, Ludwig
FT: Die Medaille (1955)
FT: Mit Schnurrbart und Korsett (O, diese Bayern) (1960)
Médecin malgré lui, Le (1668)
A: Molière, Jean Baptiste

FT: Der Arzt wider Willen (1967)
Médiocre et rampant (1797) (*Der Parasit, oder Die Kunst sein Glück zu machen* 1806)
A: Picard, Louis-Benoît
FT: Der Parasit (1957)
FT: Der Parasit (1965)
Medved (1888) (*Der Bär*)
A: Čechov, Anton Pavlovič
FT: Der Bär (1955)
FT: Der Bär (1984)
Meeres und der Liebe Wellen, Des (1840)
A: Grillparzer, Franz
FT: Des Meeres und der Liebe Wellen (1968)
Mehr als ein Leben (1982)
A: Mally, Anita
FT: Lang soll er leben (1987)
Mein Dorf (1974)
A: Gotsche, Otto
FT: Mein Dorf (1975)
Mein Leopold (1893)
A: L'Arronge, Adolphe
FT: Mein Leopold (1955)
Mein lieber Alexander
A: Gauglitz, Peter
FT: Mein lieber Alexander (1984)
Mein lieber Onkel Hans (1983)
A: Panitz, Eberhard
FT: Mein lieber Onkel Hans (3 Teile) (1985)
Mein Name sei Gantenbein (1964)
A: Frisch, Max
FT: Zürich Transit (1992)
Mein Onkel Theodor oder Der Sohn einer männlichen Hausfrau (1974)
A: Spang, Günter
FT: Mein Onkel Theodor oder Wie man sein Geld im Schlaf verdient (1977)
Mein Sohn Matteo
A: Heynicke, Kurt
FT: Drei Väter (1955)
Meine Frau Inge und meine Frau Schmidt
A: Brehmer, Joachim
FT: Meine Frau Inge und meine Frau Schmidt (1985)
Meine Freundin Sybille (1962)
A: Strahl, Rudi
FT: Meine Freundin Sybille (1967)
Meine 5 Frauen (1983)
A: Hähnel, Brigitte
FT: Meine 5 Frauen (1983)
Meine Nachtgestalten (1988)
A: Held, Annegret
FT: Die Polizistin (2000)
Meine Nichte Susanne (1948)
A: Adler, Hans; Steinbrecher, Alexander
FT: Meine Nichte Susanne (1949)
Meine schöne Mama (1956)
A: Walewska, Mathilde
FT: Meine schöne Mama (1957)
Meine Schwester und ich (1927)
A: Blum, Robert
FT: Meine Schwester und ich (1956)
Meineidbauer, Der (1871)
A: Anzengruber, Ludwig
FT: Der Meineidbauer (1956)
FT: Die Sünderin vom Fernerhof (1956)
Meiner Seele Töne: das literarische Dokument eines Lebens zwischen Kunst und Liebe, aufgezeichnet in ihren Briefen (1978)
A: Goll, Claire; Goll, Yvan
FT: Fragmente einer Ehe (1989)
Meines Vaters Pferde (1951)
A: Laar, Clemens
FT: Meines Vaters Pferde (1950)
Meines Vaters Straßenbahn (1981)
A: Panitz, Eberhard
FT: Meines Vaters Straßenbahn (1980)
Meiseken (1925)
A: Kihn, Hans Alfred
FT: Die Wirtin an der Lahn (1955)
Meister, Der (1904)
A: Bahr, Hermann
FT: Skandal in Ischl (1957)
Meister des jüngsten Tages, Der (1923)
A: Perutz, Leo
FT: Der Meister des jüngsten Tages (1989)
Meister Eder und sein Pumuckl (1966)
A: Kaut, Ellis
FT: Meister Eder und sein Pumuckl (1980)
Meister Timpe (1888)
A: Kretzer, Max
FT: Meister Timpe (2 Teile) (1980)
Meisterboxer, Der (1923)
A: Mathern, Carl; Schwartz, Otto
FT: Der Meisterboxer (1968)
Meisterdieb, Der (1812)
A: Grimm, Jakob Ludwig Carl; Grimm, Wilhelm Carl
FT: Der Meisterdieb (1978)
Melo (1929)
A: Bernstein, Henry
FT: Der träumende Mund (1952)
Memento Mori (1959) (*Memento Mori* 1960)
A: Spark, Muriel
FT: Memento Mori (1975)
Memoiren einer Sozialistin - Kampfjahre (1911)
A: Braun, Lily
FT: Zerbrochene Brücken (2 Teile) (1986)
Memoir (1978) (*Memoiren* 1978)
A: Murrell, John
FT: Die Memoiren der Sarah Bernhardt (1983)

Memoirs of a Woman of Pleasure (1749) (*Fanny Hill* 1906)
A: Cleland, John
FT: Fanny Hill (1964)
Memory of Two Mondays, A (1955) (*Erinnerung an zwei Montage* 1962)
A: Miller, Arthur
FT: Erinnerung an zwei Montage (1966)
Menace by moonlight (*Drohung bei Mondlicht* 1982)
A: Hamilton, Patrick (A.W.)
FT: Drohung bei Mondlicht (1987)
Mensch erscheint im Holozän, Der (1979)
A: Frisch, Max
FT: Holozän (1993)
Mensch Meier (1978)
A: Kroetz, Franz Xaver
FT: Mensch Meier (1981)
Mensch, Pia! (1996)
A: Blobel, Brigitte
FT: Mensch, Pia! (1996)
Menschen im Hotel (1929)
A: Baum, Vicki
FT: Menschen im Hotel (1959)
Mephisto (1936)
A: Mann, Klaus
FT: Mephisto (1980)
FT: Mephisto (1981)
Mercadet ou le faiseur (1851) (*Herr Mercadet, der Schwindler* 1851)
A: Balzac, Honoré de
FT: Die Geschäfte des Herrn Marcadet (1965)
Merchant of Venice, The (1597) (*Der Kaufmann von Venedig*)
A: Shakespeare, William
FT: Der Kaufmann von Venedig (1968)
Merchant of Yonkers, The (1939) (*Die Heiratsvermittlerin* 1954)
A: Wilder, Thornton
FT: Die Heiratsvermittlerin (1955)
Mercier et Camier (1970) (*Mercier und Camier* 1972)
A: Beckett, Samuel
FT: Mercier und Camier (1983)
Merowinger oder Die totale Familie, Die (1962)
A: Doderer, Heimito von
FT: Die totale Familie (1981)
Merry Wives of Windsor, The (1598) (*Die lustigen Weiber von Windsor*)
A: Nicolai, Otto; Shakespeare, William
FT: Die lustigen Weiber von Windsor (1950)
FT: Die lustigen Weiber von Windsor (1964)
Meschkas Enkel
A: Schulz, Helmut H.
FT: Meschkas Enkel (1981)
Meschugge (1999)
A: Schrader, Maria
FT: Meschugge (1998)
Mesic na rekou (1922) (*Mond über dem Fluß*)
A: Srámek, Frána
FT: Mond über dem Fluß (1969)
Metelj (1831) (*Der Schneesturm* 1900)
A: Puschkin, Alexandr Sergejewitsch
FT: Und der Regen verwischt jede Spur (1973)
FT: Der Schneesturm (1976)
Meteor, Der (1966)
A: Dürrenmatt, Friedrich
FT: Der Meteor (1968)
Mexican, The
A: London, Jack
FT: Der Mexikaner Felipe Rivera (1984)
Mich wundert, daß ich so fröhlich bin (1949)
A: Simmel, Johannes Mario
FT: Gerichtet bei Nacht (1960)
FT: Mich wundert, daß ich so fröhlich bin (1982)
Michael, Brother of Jerry (1917)
A: London, Jack
FT: Freundschaft wider Willen (1979)
Michael Kohlhaas (1810)
A: Kleist, Heinrich von
FT: Michael Kohlhaas (1969)
FT: Michael Kohlhaas. Der Rebell (1969)
Michael Kramer (1900)
A: Hauptmann, Gerhart
FT: Michael Kramer (1955)
FT: Michael Kramer (1978)
Michaels Rückkehr (1957)
A: Frank, Leonhard
FT: Der Prozeß wird vertagt (1958)
Michel Strogoff (1871) (*Der Courier des Czar* 1877)
A: Verne, Jules
FT: Der Kurier des Zaren (1999)
Middle Window, The (1933) (*Das mittlere Fenster*)
A: Goudge, Elizabeth
FT: Das mittlere Fenster (1959)
Midnight (1930)
A: Sifton, Claire Ginsburg; Sifton, Paul
FT: Mitternacht (1961)
Midsummer-Night's Dream, A (1595) (*Sommernachtstraum*)
A: Shakespeare, William
FT: Ein Sommernachtstraum (1958)
Miele (1920)
A: Schlaf, Johannes
FT: Miele (1987)
Mijnheer hat lauter Töchter (1962)
A: Becker, Marta

FT: Mijnheer hat lauter Töchter (1968)
Miks Bumbullis, der Wilderer (1917)
A: Sudermann, Hermann
FT: Miks Bumbullis (1973)
Milczenie (1957) (*Das Schweigen* 1958)
A: Brandstätter, Roman
FT: Das Schweigen (1961)
Militant Angel (1951)
A: Wishengrad, Morton
FT: Lichtschlacht (1967)
Millionen des Knut Brümmer, Die (1970)
A: Nachbar, Herbert
FT: Die Millionen des Knut Brümmer (1977)
Milo Barus. Der Mann, der Pferde trug. Legende und Wahrheit über den stärksten Mann der Welt (1966)
A: Weise, Roland
FT: Milo Barus. Der stärkste Mann der Welt (1981/82)
Minna Magdalena (1919)
A: Goetz, Curt
FT: Minna Magdalene (1953)
Minna von Barnhelm (1767)
A: Lessing, Gotthold Ephraim
FT: Minna von Barnhelm (1957)
FT: Heldinnen (1960)
FT: Minna von Barnhelm oder Das Soldatenglück (1962)
FT: Minna von Barnhelm (1964)
FT: Minna von Barnhelm (1966)
FT: Minna von Barnhelm (1979)
Minnie oder Ein Fall von Geringfügigkeit (1984)
A: Kettenbach, Hans Werner
FT: Minnie (1989)
Miriam (1949) (*Miriam* 1962)
A: Capote, Truman
FT: Miriam (1968)
Mirko und Franca (1980)
A: Spiel, Hilde
FT: Mirko und Franca (1979)
Misanthrope, Le (1667)
A: Molière, Jean Baptiste
FT: Der Menschenhasser (1979)
Mißbrauchten Liebesbriefe, Die (1856)
A: Keller, Gottfried
FT: Die mißbrauchten Liebesbriefe (1969)
Misérables, Les (1862) (*Die Elenden* 1929)
A: Hugo, Victor
FT: Die Elenden I & II (1958)
Miss Cameron (*Miss Camerons Weihnachtsfest*)
A: Pilcher, Rosamunde
FT: Rosamunde Pilcher: Eine besondere Liebe (1996)
Mission, Die (1965)
A: Habe, Hans (= Bekessy, Janos)
FT: Die Mission (1967)
Mission to Venice (1954) (*Mord am Canale Grande* 1964)
A: Chase, James Hadley
FT: Mord am Canale Grande (1963)
Mister Dynamit - morgen küßt Euch der Tod (1955)
A: Guenter, C.H.
FT: Mister Dynamit - morgen küßt Euch der Tod (1966)
Mists of Avalon, The (1982) (*Die Nebel von Avalon* 1983)
A: Bradley, Marion Zimmer
FT: Die Nebel von Avalon (2001)
Mit besten Empfehlungen (1963)
A: Schubert, Hans
FT: Ein Schweizer namens Nötzli (1988)
Mit den besten Empfehlungen (1963)
A: Schubert, Hans
FT: Mit besten Empfehlungen (1963)
Mit fünfzig küssen Männer anders (1995)
A: Zinn, Dorit
FT: Mit fünfzig küssen Männer anders (1998)
Mitschuldigen, Die (1768)
A: Goethe, Johann Wolfgang von
FT: Die Mitschuldigen (1961)
Mitten im kalten Winter (1962)
A: Kant, Hermann
FT: Mitten im kalten Winter (1967)
Mixer, The (1927) (*Der Preller* 1952)
A: Wallace, Richard Horatio Edgar
FT: Der Mann vom Eaton Place (1991)
Mobbing Girls: vier gegen den Rest der Firma (1998)
A: Fuger, Berry
FT: Mobbing Girls (1998)
Mohrenlegende, Die (1937)
A: Fussenegger, Gertrud
FT: Die Mohrenlegende (1984)
Mohrenwäsche (1964)
A: Asmodi, Herbert
FT: Mohrenwäsche (1966)
Momentum
A: Woolrich, Cornell (= Irish, George Hopley William)
FT: Die Unschuld der Krähen (1998)
Momo (1973)
A: Ende, Michael
FT: Momo (1985/86)
Mon enfant, ma soeur
A: Deval, Jacques
FT: Familienpapiere
Mon oncle Benjamin (1843) (*Mein Onkel Benjamin* 1866)
A: Tillier, Claude
FT: Mein Onkel Benjamin (1973)
Mönch und der Räuber, Der
A: Böll, Heinrich

FT: Der Mönch und der Räuber (1987)
Mond, Mond, Mond (1962)
A: Wölfel, Ursula
FT: Mond, Mond, Mond (1977)
Mond scheint auch für Untermieter, Der (1991)
A: Niklas, Martin
FT: Der Mond scheint auch für Untermieter (1995)
Mondjäger (1983)
A: Heuck, Sigrid
FT: Mondjäger (1989)
Mondscheingasse, Die (1923)
A: Zweig, Stefan
FT: Die Mondscheingasse (1988)
Monika und die Sechzehnjährigen
A: Eser, Willibald
FT: Monika und die Sechzehnjährigen (1975)
Monolog eines Kellners (1952)
A: Böll, Heinrich
FT: Der große Karpfen Ferdinand und andere Weihnachtsgeschichten (1978)
Monopteros, Der
A: Lippl, Alois Johannes
FT: Der Monopteros (1961)
Monpti (1934)
A: Vaszary, Gábor von
FT: Monpti (1957)
Monsieur Barnett (1975)
A: Anouilh, Jean
FT: Mister Barnett (1969)
Monsieur bleibt im Schatten (1971)
A: Evertier, Paul (= Brinkmann, Jürgen)
FT: Monsieur bleibt im Schatten (1982)
Monsieur Chasse (1892) (*Monsieur Chasse oder Wie man Hasen jagt* 1955)
A: Feydeau, Georges
FT: Monsieur Chasse (1972)
Monsieur Proust. Souvenirs recueillis par Georges Belmont (1973) (*Monsieur Proust. Céleste Albaret. Aufgezeichnet von Georges Belmont.* 1974)
A: Albaret, Céleste
FT: Céleste (1981)
Monsieur Quinot (1962) (*Marsmenschen; Vergessen und andere Einakter* 1962)
A: Paliard, François
FT: Marsmenschen / Monsieur Quinot / Vergessen (1963)
Monsignore (1935) (*Monsignores große Stunde* 1936)
A: Lavery, Emmet
FT: Monsignores große Stunde (1957)
Montauk (1980)
A: Frisch, Max
FT: Max Frisch, Journal I-III (1981)
Monte Cassino (1955)
A: Böhmler, Rudolf
FT: Die grünen Teufel von Monte Cassino (1958)
Month of Falling Leaves, The (1963) (*Der Monat der fallenden Blätter* 1964)
A: Marshall, Bruce
FT: Der Monat der fallenden Blätter (1968)
Montserrat (1948) (*Montserrat* 1949)
A: Roblès, Emmanuel
FT: Montserrat (1957)
FT: Montserrat (1962)
Moon for the Misbegotten, A (1952) (*Ein Mond für die Beladenen* 1954)
A: O'Neill, Eugene (Gladstone)
FT: Ein Mond für die Beladenen (1961)
Moon is Blue, The (1951)
A: Herbert, F. (Frederick) Hugh
FT: Die Jungfrau auf dem Dach (1952)
Moon Shines On Kylenamoe, The (1961)
A: O'Casey, Sean
FT: Der Mond scheint auf Kilinamoe (1980)
Moonstone, The (1868) (*Der Monddiamant* 1973)
A: Collins, Wilkie
FT: Sergeant Cuff kann den Mondstein nicht finden (1955)
FT: Der Monddiamant (1974)
Moony's Kid Don't Cry (1948) (*Moonys Kindchen weint nicht* 1984)
A: Williams, Tennessee
FT: Moonys Kindchen weint nicht (1961)
Moos auf den Steinen (1956)
A: Fritsch, Gerhard
FT: Moos auf den Steinen (1968)
Moral (1909)
A: Thoma, Ludwig
FT: Moral (1958)
FT: Moral (1979)
Mord am Lietzensee, Ein (1973)
A: Hey, Richard
FT: Ein Mord am Lietzensee (1978)
Mord den jeder begeht, Ein (1938)
A: Doderer, Heimito von
FT: Ein Mord den jeder begeht (1979)
Mord im Kehrsatz (1989)
A: Born, Hanspeter
FT: Ein klarer Fall (1994)
Mord in der Hartlgasse, Der (1975)
A: Zenker, Helmut
FT: Kottan ermittelt - Hartlgasse 16a (1976)
Mord på 31: a våningen (*Mord im 31. Stock* 1977)
A: Sjöwall, Maj; Wahlöö, Per
FT: Kamikaze '89 (1982)
Mörder, Der (1897)
A: Schnitzler, Arthur

FT: Der Mörder (1984)
Mörder ohne Mord
A: Gehrke, Martha Maria
FT: Die Lüge (1950)
Mörder saß im Wembley-Stadion, Der (1967)
A: Walldorf, Hans
FT: Der Mörder sitzt im Wembley-Stadion (1970)
Mordnacht in Manhattan (1963)
A: Cotton, Jerry (= Höber, Heinz-Werner; Müller, Heinz-Werner)
FT: Mordnacht in Manhattan (1965)
More Stately Mansions (1962) (*Alle Reichtümer dieser Welt* 1965)
A: O'Neill, Eugene (Gladstone)
FT: Alle Reichtümer der Welt (1967)
Morenga (1978)
A: Timm, Uwe
FT: Morenga (3 Teile) (1984)
(*Morgen ist alles besser* 1938)
A: Selinko, Annemarie
FT: Morgen ist alles besser (1948)
Morgen kommt der Schornsteinfeger (1967)
A: Hammel, Claus
FT: Morgen kommt der Schornsteinfeger (1981)
Morgen wirst du um mich weinen (1958)
A: Zumbro, Karl
FT: Morgen wirst du um mich weinen (1959)
(*Morgens ging er aus dem Haus*)
A: Addamo, Sebastiano
FT: Nicht nur zur Weihnachtszeit (1978)
Murió hace quinze años (1953)
A: Giménez-Arnau, José Antonio
FT: Er starb vor 15 Jahren (1956)
Moritz in der Litfaßsäule (1980)
A: Kozik, Christa
FT: Moritz in der Litfaßsäule (1983)
Moritzgeschichten (1979)
A: Bröger, Achim
FT: Moritzgeschichten (1982)
Morning's at Seven (1965) (*Morgens um sieben ist die Welt noch in Ordnung* 1967)
A: Malpass, Eric
FT: Morgens um sieben ist die Welt noch in Ordnung (1968)
Morsa, La (1926) (*Der Schraubstock* 1998)
A: Pirandello, Luigi
FT: Der Schraubstock (1962)
Mort a dit: peut-être, La (1967) (*Parfum für eine Selbstmörderin* 1969)
A: Boileau, Pierre; Narcejac, Thomas
FT: Parfum für eine Selbstmörderin (1990)
Mort d'Auguste, La (1966) (*Der Tod des Auguste Mature* 1980)
A: Simenon, Georges (= Sim, Georges; Aramis; Brulls, Christian)
FT: Augustos Tod (1987)
Mort de Belle, La (1952) (*Bellas Tod* 1958)
A: Simenon, Georges (= Sim, Georges; Aramis; Brulls, Christian)
FT: Bellas Tod (1979)
Mort de Judas (1936)
A: Claudel, Paul
FT: Der Tod des Judas (1965)
Mort de Néron, La (1965)
A: Marceau, Félicien
FT: Nero (1979)
Mort est mon métier, La (1952) (*Der Tod ist mein Beruf* 1957)
A: Merle, Robert
FT: Aus einem deutschen Leben (1979)
Mort heureuse, La (1971) (*Der glückliche Tod* 1972)
A: Camus, Albert
FT: Kaltes Fieber (1988)
Morts sans sépulture (1946) (*Tote ohne Begräbnis* 1949)
A: Sartre, Jean-Paul
FT: Tote ohne Begräbnis (1964)
Moselfahrt aus Liebeskummer
A: Binding, Rudolf G.
FT: Moselfahrt aus Liebeskummer (1953)
Moses und Aaron (1932)
A: Schönberg, Arnold
FT: Moses und Aaron (1975)
Moskva-Petuski (1977) (*Die Reise nach Petuschki* 1978)
A: Erofeew, Venedikt V.
FT: Moskau - Petuschki (1991)
Mot ha saken (1962) (*Das Schweigen des Dichters* 1988)
A: Yehôsua', Avraham B.
FT: Das Schweigen des Dichters (1988)
Mot pour un autre, Un (1951) (*Ein Wort für das andere* 1966)
A: Tardieu, Jean
FT: Ein Wort für das andere (1971)
Mouches, Les (1947) (*Die Fliegen*)
A: Sartre, Jean-Paul
FT: Die Fliegen (1966)
Mourning Becomes Electra (1931) (*Trauer muß Elektra tragen* 1947)
A: O'Neill, Eugene (Gladstone)
FT: Trauer muß Elektra tragen (1970)
(*Möwen im Wind*)
A: Pilcher, Rosamunde
FT: Rosamunde Pilcher: Möwen im Wind (1999)

Mr. Gillie (1950)
A: Bridie, James
FT: Mr. Gillie (1957)
Mr. Pim Passes by (1919) (*Mr. Pim möchte nicht stören* 1930)
A: Milne, Alan A.
FT: Mr. Pim möchte nicht stören (1962)
Mrs. Harris Goes to Moscow (1974) (*Mrs. Harris fliegt nach Moskau* 1976)
A: Gallico, Paul William
FT: Mrs. Harris fährt nach Moskau (1987)
Mrs. Harris Goes to New York (1960) (*Der geschmuggelte Henry* 1961)
A: Gallico, Paul William
FT: Der geschmuggelte Henry (1987)
Mrs. Harris goes to Paris (1958)
A: Gallico, Paul William
FT: Mrs. Harris fährt nach Monte Carlo (1989)
Mrs. Harris, M. P. (1965) (*Freund mit Rolls-Royce* 1969)
A: Gallico, Paul William
FT: Mrs. Harris - Freund mit Rolls Royce (1984)
Mrs. Klein (1988) (*Frau Klein* 1989)
A: Wright, Nicholas
FT: Mrs. Klein (1994)
Mrs. Warren's Profession (1898) (*Frau Warrens Gewerbe* 1906)
A: Shaw, George Bernard
FT: Frau Warrens Gewerbe (1960)
Much Ado About Nothing (1598) (*Viel Lärm um nichts*)
A: Shakespeare, William
FT: Viel Lärm um nichts (1958)
FT: Viel Lärm um nichts (1963)
FT: Viel Getu' um nichts (1971)
Muck, Der
A: Grupe-Lörcher, Erica
FT: Der Muck (1958)
Mücke, Die (1954)
A: Reisch, Walter
FT: Die Mücke (1954)
Muckefuck; Molle mit Korn (1979) (1976)
A: Lentz, Georg
FT: Molle mit Korn (10 Teile) (1989)
Müde Theodor, Der (1927)
A: Ferner, Max (= Sommer, Max); Neal, Max
FT: Der müde Theodor (1979)
FT: Der müde Theodor (1995)
Muff, Der
A: Ebner-Eschenbach, Marie von
FT: Der Muff (1976)
Muhme Mehle
A: Werner, Ruth
FT: Muhme Mehle (1980)
Müll, die Stadt und der Tod, Der (1976)
A: Fassbinder, Rainer Werner
FT: Schatten der Engel (1976)
Mulligans Rückkehr (1972)
A: Frick, Hans Joe
FT: Mulligans Rückkehr (1978)
Müllner Peter von Sachrang, Der (1971)
A: Renner, Carl Oskar
FT: Sachrang (Serie) (1978)
FT: Sachrang (3 Teile) (1988)
Münchhausen (1934)
A: Hasenclever, Walter
FT: Münchhausen (1966)
FT: Münchhausens letzte Liebe (1988)
Münchnerinnen (1923)
A: Thoma, Ludwig
FT: Münchnerinnen (1975)
Murder by Proxy
A: Wallace, Bryan Edgar
FT: Das Phantom von Soho (1963)
Murder in the Cathedral (1935) (*Mord im Dom* 1946)
A: Eliot, Thomas Stearns
FT: Mord im Dom (1962)
Murtaza (1950) (*Murtaza - oder Das Pflichtbewußtsein des kleinen Mannes* 1978)
A: Orhan Kemal (= Mehmet Rasit Ögütçü)
FT: Der Wächter Murtaza (1986)
Musen (1979)
A: Hacks, Peter
FT: Musen (1981)
Mutter Courage und ihre Kinder (1941)
A: Brecht, Bertolt
FT: Mutter Courage und ihre Kinder (1956)
FT: Mutter Courage und ihre Kinder (1960)
FT: Mutter Courage und ihre Kinder (1987)
(*Die Mutter*)
A: Chayefsky, Paddy
FT: Die Mutter (1978)
Mutter, Die (1932)
A: Brecht, Bertolt
FT: Die Mutter (1981)
Mutters Courage (1981)
A: Tabori, George
FT: Mutters Courage (1995)
Muttertag
A: Eckhardt, Fritz
FT: Muttertag (1990)
My first lady: Liebe per Inserat und die Folgen (1990)
A: Nürnberger-Gerster, Christian
FT: Man(n) sucht Frau (1994)
My Heart's in the Highlands (1939) (dt. 1942)
A: Saroyan, William
FT: Mein Herz ist im Hochland (1963)

My Wife Melissa (1967) (*Melissa* 1968)
A: Durbridge, Francis Henry
FT: Melissa (1966)
My (1922) (*Wir* 1958)
A: Zamjatin, Jevgenij Ivanovic
FT: Wir (1982)
Na dne (1902) (*Nachtasyl* 1902)
A: Gorkij, Maksim
FT: Nachtasyl (1959)
Na pelnym morzu (1961) (*Auf hoher See* 1963)
A: Mrozek, Slawomir
FT: Auf hoher See (1965)
Na vsjakogo mudreca dovol'no prostoty (1868) (*Eine Dummheit macht auch der Gescheiteste* 1947)
A: Ostrovskij, Aleksandr N.
FT: Eine Dummheit macht auch der Gescheiteste (1959)
FT: Eine Dummheit macht auch der Gescheiteste (1978)
Nach dem Sturm (1949)
A: Zuckmayer, Carl
FT: Nach dem Sturm (1949)
Nach Jahr und Tag
A: Schirmer, Bernd
FT: Nach Jahr und Tag (1978)
Nach Mitternacht (1937)
A: Keun, Irmgard
FT: Nach Mitternacht (1981)
Nachfolge Christi-Spiel, Das (1927)
A: Mell, Max
FT: Das Nachfolge Christi-Spiel (1966)
Nachlaß, Der (1967)
A: Rentzsch, Gerhard
FT: Der Nachlaß (1978)
Nachrichten aus der Provinz (1967)
A: Ziem, Jochen
FT: Nachrichten aus der Provinz (1969)
Nachruf auf Egon Müller (1970)
A: Wittlinger, Karl
FT: Nachruf auf Egon Müller (1965)
Nachruf auf Othello (1976)
A: Erné, Nino
FT: Nachruf auf Othello (1983)
Nachsaison (1959)
A: Asmodi, Herbert
FT: Nachsaison (1961)
FT: Nachsaison (1962)
(*Der Nächste bitte*)
A: Feydeau, Georges
FT: Der Nächste bitte (1981)
Nacht aus Blei, Die (1956)
A: Jahnn, Hans Henny
FT: Die Nacht aus Blei (1972)
Nacht im Jägerhaus, Die
A: Hebbel, Christian Friedrich
FT: Die Nacht im Jägerhaus (1956)
Nacht, in der der Chef geschlachtet wurde, Die (1967)
A: Kipphardt, Heinar
FT: Die Nacht, in der der Chef geschlachtet wurde (1979)
Nacht in Venedig, Eine (1883)
A: Geneé, Richard; Strauß, Johann; Zell, F.
FT: Eine Nacht in Venedig (1953)
Nacht und Träume (1983)
A: Beckett, Samuel
FT: Nacht und Träume (1983)
Nacht von Lissabon, Die (1961)
A: Remarque, Erich Maria (= Remark, Erich Paul)
FT: Die Nacht von Lissabon (1971)
Nachtaufnahme (1981)
A: Lichtenfeld, Herbert
FT: Mord im Spiel (1985)
Nachtländische Reich des Doktor Lipsky, Das (1979)
A: Eisendle, Helmut
FT: Das nachtländische Reich des Doktor Lipsky (1983)
Nächtliches Gespräch mit einem verachteten Menschen (1957)
A: Dürrenmatt, Friedrich
FT: Nächtliches Gespräch mit einem verachteten Menschen (1962)
FT: Nächtliches Gespräch mit einem verachteten Menschen (1981)
Nachts auf den Straßen (1952)
A: Rotter, Fritz Friedrich
FT: Nachts auf den Straßen (1951)
Nachts schlafen die Ratten doch. Die Küchenuhr (1947)
A: Borchert, Wolfgang
FT: Nachts schlafen die Ratten doch. Die Küchenuhr (1969)
Nachts wenn der Teufel kam (1959)
A: Berthold, Will (= Gimpel, Erich)
FT: Nachts wenn der Teufel kam (1959)
Nachtstreife (1983)
A: Frank, Leo (= Maier, Frank Leo)
FT: Nachtstreife (1985)
Nackt unter Wölfen (1958)
A: Apitz, Bruno
FT: Nackt unter Wölfen (1960)
FT: Nackt unter Wölfen (1962)
Name of Anabel Lee, The (1983) (*Mit Namen Annabel Lee* 1983)
A: Symons, Julian
FT: Die Spur führt ins Verderben (1993)
(*Die Namenstagfeier*)
A: Mrozek, Slawomir
FT: Die Namenstagfeier (1967)
Nantas (1884) (*Nantas* 1984)
A: Zola, Émile

FT: Der gekaufte Ehemann (1985)
Napoleon (1915)
A: Sternheim, Carl
FT: Napoleon - König der Köche (1985)
Napoleon in New Orleans (1941)
A: Kaiser, Georg
FT: Napoleon in New Orleans (1959)
Narrenspiegel (1932)
A: Neumann, Alfred
FT: Narrenspiegel (1971)
Narrenweisheit oder Tod und Verklärung des Jean Jacques Rousseau (1952)
A: Feuchtwanger, Lion
FT: Narrenweisheit oder Tod und Verklärung des Jean Jacques Rousseau (2 Teile) (1989)
Narrowing Stream, The (1954) (*Der Mann aus dem Bootshaus* 1957)
A: Mortimer, John C.
FT: Der Mann aus dem Bootshaus (1966/67)
Nasrin oder Die Kunst zu träumen (1970)
A: Asmodi, Herbert
FT: Nasrin oder Die Kunst zu träumen (1972)
Nathan der Weise (1779)
A: Lessing, Gotthold Ephraim
FT: Nathan der Weise (1967)
FT: Nathan der Weise (1979)
FT: Nathan der Weise (1979)
Nebbich, Der (1922)
A: Sternheim, Carl
FT: Der Nebbich (1965)
Nebel (1947)
A: Schweikart, Hans
FT: Nebel (1957)
Nebel bei Unterpfaffenhofen
A: Simons, Christoph
FT: Heinrich auf der Erbse (1981)
Nebel im Fjord der Lachse (1973)
A: Bergius, C. C.
FT: Nebel im Fjord (1987)
Nebeneinander (1923)
A: Kaiser, Georg
FT: Nebeneinander (1964)
Neck in the Rope, The
A: Bradley, John
FT: Kopf in der Schlinge (1955)
Neffe, Der (1991)
A: Helfer, Monika
FT: Der Neffe (1996)
Negromante, Il (1520)
A: Ariosto, Ludovico
FT: Der Nekromant (1978)
Nem vagyunk angyalok (1959) (*Wir sind doch keine Engel* 1965)
A: Fehér, Klára
FT: Wir sind doch keine Engel (1979)
Nemo (1956) (*Nemo taucht auf* 1956)
A: Rivemale, Alexandre
FT: Nemo taucht auf (1965)
Nest, Das (1975)
A: Kroetz, Franz Xaver
FT: Das Nest (1979)
Nesthäkchen (Romanserie) (1921)
A: Ury, Else
FT: Nesthäkchen (Serie) (1983)
Nette Leute (1967)
A: Jägersberg, Otto
FT: Drücker (1970)
Netz, Das (1969)
A: Habe, Hans (= Bekessy, Janos)
FT: Das Netz (1975)
Netzen entronnen. Die Aufzeichnungen des Joel König, Den (1967)
A: BenGershôm, Ezra (= König, Joel)
FT: David (1979)
Neuen Leiden des jungen W., Die (1972)
A: Plenzdorf, Ulrich
FT: Die neuen Leiden des jungen W. (1975)
Neues vom Räuber Hotzenplotz (1969)
A: Preußler, Otfried
FT: Neues vom Räuber Hotzenplotz (1979)
Neunfinger (1983)
A: Seidemann, Maria
FT: Der letzte Winter (1991)
1913 (1915)
A: Sternheim, Carl
FT: 1913 (1964)
FT: 1913 (1986)
Next Time I'll Sing to You (1963) (*Ein Eremit wird entdeckt* 1963)
A: Saunders, James
FT: Ein Eremit wird entdeckt (1965)
Nibelungen, Die (1862)
A: Hebbel, Christian Friedrich
FT: Die Nibelungen (1967)
Nibelungenlied, Das (1200)
A: Anonym
FT: Die Nibelungen Teil I: Siegfried (1966)
FT: Die Nibelungen: 2. Teil: Kriemhilds Rache (1967)
Nicht einmal Klavier (1981)
A: Boesch, Wolfgang
FT: Nicht einmal Klavier (1985)
Nicht nur zur Weihnachtszeit (1952)
A: Böll, Heinrich
FT: Nicht nur zur Weihnachtszeit (1970)
Nicht von schlechten Eltern: eine Familien-Saga (1997)
A: Thamm, Volker
FT: Nicht von schlechten Eltern (1993)
Nichts als Erinnerung (1959)
A: Dor, Milo
FT: Nichts als Erinnerung (1973)

Niemandsland (1978)
A: Wolfgruber, Gernot
FT: Niemandsland (1981)
Niemcy (1949) (*Die Sonnenbrucks* 1951)
A: Kruczkowski, Leon
FT: Die Sonnenbrucks (1951)
Night Shade (*Nächtliche Schatten* 1983)
A: Rayman, Sylvia
FT: Nächtliche Schatten (1987)
Nightcap (1986) (*Mord am Pool* 1984)
A: Durbridge, Francis Henry
FT: Mord am Pool (1986)
Nikolaikirche (1995)
A: Loest, Erich (= Walldorf, Hans; Naß, Waldemar)
FT: Nikolaikirche (1995)
Nikolaus Tschinderle, Räuberhauptmann (1936)
A: Perkonig, Johannes
FT: ... und ewig knallen Räuber (1962)
Nipote de Beethoven, Il (1976)
A: Magnani, Luigi
FT: Beethoven (Le neveu de Beethoven) (1986)
Nirgendwo in Afrika (1995)
A: Zweig, Stefanie
FT: Nirgendwo in Afrika (2000)
Nirgendwo ist Poenichen (1979)
A: Brückner, Christine
FT: Nirgendwo ist Poenichen (36 Teile) (1980-82)
(*Nix passiert*)
A: Skármeta, Antonio
FT: Aus der Ferne sehe ich dieses Land (1978)
Nixon Recession Caper, The (1972) (*Gentlemen in roten Zahlen* 1974)
A: Maloney, Ralph
FT: Vier gegen die Bank (1976)
Nju (1908)
A: Dymow, Ossip
FT: Nju (1965)
No Medals for the Major (1974) (*Der Haß der Selbstgerechten* 1988)
A: Yorke, Margaret (= Beda, Margaret; Nicholson, Larminie)
FT: Lauter nette Nachbarn (1990)
No Time for Comedy (1939) (*Der Elfenbeinturm* 1947)
A: Behrman, Samuel Nathaniel
FT: Keine Zeit für Komödie (Der Elfenbeinturm) (1961)
Noel sur la place ou Les enfances de Jesus, Le (1935) (*Weihnachten auf dem Marktplatz* 1955)
A: Ghéon, Henri
FT: Weihnachten auf dem Marktplatz (1961)
Nome della rosa, Il (1980) (*Der Name der Rose* 1982)
A: Eco, Umberto
FT: Der Name der Rose (1986)
Nommé Judas, Un (1954)
A: Puget, Claude-André
FT: Ein gewisser Judas (1958)
Nonni og Manni (1914) (*Nonni und Manni* 1914)
A: Svensson, Jón
FT: Nonni und Manni (6 Teile) (1988)
Nordkurve (1993)
A: Klaus, Michael
FT: Nordkurve: Montag bis Freitag kannst Du vergessen, Samstag ist der Tag (1993)
Not Before the Children (1962) (*Armer Harry* 1964)
A: Popplewell, Jack
FT: Spielplatz (1966)
Not in the Book (1958) (*Schönes Weekend Mr. Bennett* 1963)
A: Watkyn, Arthur
FT: Schönes Weekend, Mr. Bennett (1963)
Not Now Darling (1970) (*Nid jetz, Schatz!* 1970)
A: Cooney, Ray
FT: Der müde Ehemann (1979)
Not to Disturb (1971) (*Bitte nicht stören* 1990)
A: Spark, Muriel
FT: Bitte nicht stören (1985)
Notes from an Empty Room
A: McConnell, James V. (= Rutherford, Douglas)
FT: Wohin mit Elwood Tillman? (1970)
Nouvelles enquêtes de Maigret, Les (1944) (*Sechs neue Fälle für Maigret* 1985)
A: Simenon, Georges (= Sim, Georges; Aramis; Brulls, Christian)
FT: Maigret und sein größter Fall (1966)
Novella del buon vecchio e della bella fanciulla, La (1930) (*Die Geschichte vom guten alten Herrn und vom schönen Mädchen* 1967)
A: Svevo, Italo
FT: Die Geschichte vom guten alten Herrn und dem schönen Mädchen (1985)
Novemberkatzen (1982)
A: Pressler, Mirjam
FT: Novemberkatzen (1985)
Nowhere to Go (1956) (*Flucht ohne Ausweg* 1959)
A: Mackenzie, Donald
FT: Flucht ohne Ausweg (1967)

Nozze di Figaro (1786) (*Figaros Hochzeit* 1880)
A: Beaumarchais, Pierre Augustin Caron de; Da Ponte, Lorenzo; Mozart, Wolfgang Amadeus
FT: Figaros Hochzeit (1949)
Nude with Violin (1957) (*Akt mit Geige* 1948)
A: Coward, Noël (Pierce) Sir
FT: Akt mit Geige (1959)
Nuit américaine, La (1972) (*Nachtblende* 1973)
A: Frank, Christopher
FT: Nachtblende (1974)
Nuit et le moment, La (1755) (*Die Verführung* 1948)
A: Crébillon, Claude de
FT: Hilfe, mich liebt eine Jungfrau (1970)
08/15 bis zum Ende: Der gefährliche Endsieg des Soldaten Asch (1955)
A: Kirst, Hans Hellmut
FT: 08/15 in der Heimat (Teil 3) (1955)
08/15 im Kriege: Die seltsamen Kriegserlebnisse des Soldaten Asch (1954)
A: Kirst, Hans Hellmut
FT: 08/15 (Teil 2) (1955)
08/15 in der Kaserne: Die abenteuerliche Revolte des Gefreiten Asch (1954)
A: Kirst, Hans Hellmut
FT: 08/15 (Teil 1) (1954)
Nun singen sie wieder (1946)
A: Frisch, Max
FT: Nun singen sie wieder (1965)
Nur ein toter Mann ist ein guter Mann (1996)
A: Hauptmann, Gaby
FT: Nur ein toter Mann ist ein guter Mann (1998)
O! (1965)
A: Key-Åberg, Sandro Gustav
FT: O (Szenengespräche aus der Reihe "Die Theaterwerkstatt") (1970)
O cavalhino azul (1969) (*Das blaue Pferdchen* 1971)
A: Machado, Maria Clara
FT: Das blaue Pferdchen (1975)
O faclie de pasti (1889) (*Eine Osterkerze* 1892)
A: Caragiale, Jon Luca
FT: Fürchte dich nicht, Jakob! (1981)
O My Darling Daughter (1970) (*Als Mutter streikte* 1973)
A: Malpass, Eric
FT: Als Mutter streikte (1974)
O scrisoare perduta (1884) (*Ein verlorener Liebesbrief* 1942)
A: Caragiale, Jon Luca
FT: Ein verlorener Brief (1962)
Obdach, Das (1943)
A: Seghers, Anna
FT: Das Obdach (1981)
Oben fährt der große Wagen (1963)
A: Nachbar, Herbert
FT: Oben fährt der große Wagen (1966)
Oberarzt Dr. Solm (1954)
A: Baumgarten, Harald
FT: Oberarzt Dr. Solm (1954)
Oberösterreich (1972)
A: Kroetz, Franz Xaver
FT: Oberösterreich (1981)
Obersteiger, Der (1894)
A: Zeller, Carl
FT: Der Obersteiger (1952)
Oberwachtmeister Schwenke (1933)
A: Reitzenstein, Hans Joachim Freiherr von
FT: Oberwachtmeister Borck (1955)
Oblomov (1859) (*Oblomow* 1923)
A: Gončarow, Ivan Alexandrovič
FT: Oblomovs Liebe (1977)
Obrácení Ferdyse Pistory (1929) (*Die Bekehrung des Ferdys Pistora* 1929)
A: Langer, Frantisek
FT: Die Bekehrung des Ferdys Pistora (1958)
Ochsenfurter Männerquartett, Das (1927)
A: Frank, Leonhard
FT: Das Männerquartett (1977)
FT: Ende vom Lied (1979)
Ochsenkrieg, Der (1914)
A: Ganghofer, Ludwig
FT: Der Ochsenkrieg (1986)
O.D.E.S.S.A. File, The (1972)
A: Forsyth, Frederick
FT: Die Akte Odessa (1974)
Of Mice and Men (1937) (*Von Mäusen und Menschen* 1940)
A: Steinbeck, John
FT: Von Mäusen und Menschen (1968)
Off duty (1981) (*Die Schwarzarbeiter* 1981)
A: Coburn, Andrew
FT: Zwei Profis steigen aus (Un dimanche de flics) (1982/ 83)
Off et la lune (1954) (*Of und der Mond* 1955)
A: Willems, Paul
FT: Of und der Mond (1956)
Öffentliche Ankläger, Der (1954)
A: Hochwälder, Fritz
FT: Der öffentliche Ankläger (1955)
FT: Der öffentliche Ankläger (1958)
FT: Der öffentliche Ankläger (1961)
FT: Der öffentliche Ankläger (1967)
Öffentliche Diskussion, Eine (1963)
A: Grass, Günter
FT: Ein Stück von uns (1963)

O'Flaherty, V.C. (1919) (*O'Flaherty: ein Aufruf zum Wehrdienst* 1966)
A: Shaw, George Bernard
FT: O'Flaherty (1967)
Og bakom synger skogene (1933) (*Und ewig singen die Wälder* 1935)
A: Gulbranssen, Trygve
FT: Und ewig singen die Wälder (1959)
Ohne Kampf kein Sieg (1964)
A: Brauchitsch, Manfred von
FT: Ohne Kampf kein Sieg (5 Teile) (1966)
Ohne Landeerlaubnis (1971)
A: Werremeier, Friedhelm
FT: AE 612 ohne Landeerlaubnis (Reihe "Tatort") (1971)
Ohne Mutter geht es nicht (1957)
A: Nicklisch, Hans
FT: Ohne Mutter geht es nicht (1958)
Ohr des Malchus, Das (1958)
A: Regler, Gustav
FT: Brennendes Herz - Tagebuch einer Flucht (1996)
Ok Mama! (1949)
A: Artinger, Annemarie (= Schwarzer, Annemarie)
FT: Solang es hübsche Mädchen gibt (1955)
Old Acquaintance (1941) (*Meine beste Freundin* 1957)
A: Druten, John William van
FT: Meine beste Freundin (1962)
Old Firehand (1875)
A: May, Karl Friedrich
FT: Winnetou und sein Freund Old Firehand (1966)
Old Ladies, The (1924)
A: Walpole, Hugh Seymour Sir
FT: Bis ans Ende (1964)
Old Surehand (1894)
A: May, Karl Friedrich
FT: Old Surehand (1965)
Old Times (1971) (*Alte Zeiten* 1972)
A: Pinter, Harold
FT: Alte Zeiten (1983)
Olesek (*Oljeschek* 1965)
A: Cjurupa, Esfir' J.
FT: Ninotschka sucht den Frühling (1973)
Olifant
A: Penzoldt, Ernst
FT: Olifant (1973)
Olimpia (1928) (*Olympia* 1951)
A: Molnár, Ferenc
FT: Olympia (1979)
Oliver Maass: das Spiel mit der Zaubergeige (1985)
A: Pfaue, Justus
FT: Oliver Maass (6 Teile) (1985)
Ollapotrida (1927)
A: Lernet-Holenia, Alexander
FT: Ollapotrida (1966)
Ölprinz, Der (1897)
A: May, Karl Friedrich
FT: Der Ölprinz (1965)
Oma: die Geschichte von Kalle, der seine Eltern verliert und von seiner Großmutter aufgenommen wird (1975)
A: Härtling, Peter
FT: Kalles Oma (1976)
Ombre chère (1952)
A: Deval, Jacques
FT: Geliebter Schatten (1953)
On Borrowed Time (1938) (*Galgenfrist* 1947)
A: Osborn, Paul
FT: Der Tod im Apfelbaum (Galgenfrist) (1960)
Once in a Lifetime (1930)
A: Hart, Moss
FT: Drei gegen Hollywood (1982)
Ondine (1939) (*Undine* 1946)
A: Giraudoux, Jean
FT: Undine (1955)
FT: Undine (1965)
One of the Missing (1891) (*Tales of Soldiers and Civilians*)
A: Bierce, Ambrose
FT: Einer von den Vermißten (1984)
Operation Primevère (1973) (*Leiche auf Urlaub* 1976)
A: Boileau, Pierre
FT: Leiche auf Urlaub (1981)
Opernball (1995)
A: Haslinger, Josef
FT: Opernball - Die Opfer/Die Täter (2 Teile) (1997)
Opernball (1895)
A: Heuberger, Richard; Léon, Victor; Waldberg, Hugo
FT: Opernball (1956)
Opodeldoks, Die (1980)
A: Maar, Paul; Strubel, Sepp
FT: Die Opodeldoks (1980)
Oppen & Ehrlich (1992)
A: Brandenburg, Rainer
FT: Oppen und Ehrlich (1992)
Orchesterprobe, Die (1932)
A: Valentin, Karl
FT: Die Orchesterprobe (1979)
Orestie (458 v.C.)
A: Aischylos
FT: Die Orestie (1966)
Orfeo ed Euridice. Che faro senza Euridice (1762)
A: Calzabigi, Raniero da; Gluck, Christoph Willibald
FT: Orpheus und Eurydike (1968)

Orlando (1928) (*Orlando* 1929)
A: Woolf, Virginia
FT: Freak Orlando (1981)
Ornifle ou le courant d'air (1955) (*Der Herr Ornifle* 1956)
A: Anouilh, Jean
FT: Der Herr Ornifle (1959)
FT: Ornifle oder Der erzürnte Himmel (1972)
Orphée aux enfers (1858) (*Orpheus in der Unterwelt* 1926)
A: Crémieux, Hector Jonathan; Halévy, Ludovic; Offenbach, Jacques
FT: Orpheus in der Unterwelt (1973)
Oscar (1958) (*Oscar: ein Mißverständnis* 1958)
A: Magnier, Claude
FT: Das Mißverständnis (1960)
Ósmy dzie'n tygodnia (1957) (*Der achte Tag der Woche* 1958)
A: Hlasko, Marek
FT: Der achte Wochentag (1958)
Ostende
A: Grün, Max von der
FT: Ostende (1968)
Ostrokoff Jewels, The (1932)
A: Oppenheim, Edward Phillips
FT: Smaragden-Geschichte (1956)
Osudy dobreho vojaka Švejka ya svetove valky (1921) (*Die Abenteuer des braven Soldaten Schwejk* 1926)
A: Hašek, Jaroslav
FT: Die Abenteuer des braven Soldaten Schwejk (1957)
FT: Der brave Soldat Schwejk (1960)
FT: Schwejks Flegeljahre (1963)
FT: Die Abenteuer des braven Soldaten Schwejk (1967)
FT: Die Abenteuer des braven Soldaten Schwejk (1972)
Otcajanje (1936) (*Verzweiflung* 1968)
A: Nabokov, Vladimir
FT: Eine Reise ins Licht - Despair (1977)
Othello (1604)
A: Shakespeare, William
FT: Othello (1958)
Other Man, The (1958) (*Der Andere* 1962)
A: Durbridge, Francis Henry
FT: Der Andere (1959)
Othon (1664)
A: Corneille, Pierre
FT: Othon. Die Augen wollen sich nicht zu jeder Zeit schließen oder Vielleicht wird Rom sich ... (1970)
Otscy i deti (1862) (*Väter und Söhne* 1875)
A: Turgenev, Ivan
FT: Väter und Söhne (1978)
Otter
A: Frischmuth, Barbara
FT: Otter (1985)
Our Town (1938) (*Eine kleine Stadt* 1946)
A: Wilder, Thornton
FT: Unsere kleine Stadt (1961)
Our Town (1938) (*Unsere kleine Stadt* 1959)
A: Wilder, Thornton
FT: Unsere kleine Stadt (1954)
Outward Bound (1924) (*Überfahrt* 1925)
A: Vane, Sutton
FT: Überfahrt (1955)
FT: Überfahrt (1963)
Oväder (1907)
A: Strindberg, August
FT: Wetterleuchten (1964)
På gjengrodde stier (1949) (*Auf überwachsenen Pfaden* 1950)
A: Hamsun, Knut
FT: Eiszeit (1974)
Page vom Dalmasse-Hotel, Der (1933)
A: Peteani, Maria von
FT: Der Page vom Palast-Hotel (1957)
Pain dur, Le (1918) (*Das harte Brot* 1926)
A: Claudel, Paul
FT: Das harte Brot (1966)
Painted Dog, The (1955)
A: Gunn, Victor
FT: Das Wirtshaus von Dartmoor (1964)
Pajaritos y flores (1911)
A: Mihura, Miguel
FT: Auf Engel schießt man nicht (1960)
Palata No.6 (1892) (*Krankensaal No.6*)
A: Čechov, Anton Pavlovič
FT: Krankensaal 6 (1974)
Palm Tree in a Rosegarden, A (1958)
A: Roberts, Meade
FT: Palme im Rosengarten (1967)
Pan Tau (1951) (*Monsieur Tau*)
A: Hofmann, Ota
FT: Pan Tau (Herr Tau) (1952/1972)
Panne, Die (1956)
A: Dürrenmatt, Friedrich
FT: Die Panne (1957)
Panoptikum (1944) (*Panoptikum* 1949)
A: Molnár, Ferenc
FT: Panoptikum (1958)
FT: Panoptikum (1965)
Papiere des Andreas Lenz, Die (1963)
A: Heym, Stefan
FT: Lenz oder Die Freiheit (1986)
Papiermühle (1927)
A: Kaiser, Georg
FT: Papiermühle (1962)
Parade, Die (1946)
A: Sacher-Masoch, Alexander von

FT: Die Parade (1974)
Paradies der Matrosen
A: Bastian-Klinger, Vineta
FT: Paradies der Matrosen (1959)
Paradisarheimt (1960) (*Das wiedergefundene Paradies* 1961)
A: Laxness, Halldor
FT: Das wiedergefundene Paradies (3 Teile) (1980)
Paradoxe sur le comédien (1758) (*Das Paradox über den Schauspieler*)
A: Diderot, Denis
FT: Paradox über den Komödianten (1970)
(*Pardon die Leiche bin ich*)
A: Clairvaux, Gustave
FT: Pardon die Leiche bin ich (1982)
Paria (1888)
A: Strindberg, August
FT: Paria (1970)
(*Pariser Geschichten: groteske Szenen und Einakter* 1956)
A: Courteline, Georges
FT: Szenen aus dem Paris der Jahrhundertwende (1953)
Pariser Platz 13 (1931)
A: Baum, Vicki
FT: Haus der Schönheit (1963)
Parisienne, La (1885) (dt. 1901)
A: Becque, Henri
FT: Die Pariserin (1959)
Parkstraße 13 (1942)
A: Ivers, Axel
FT: Parkstraße 13 (1962)
Parsifal (1877)
A: Wagner, Richard
FT: Parsifal (1982)
Parson's Pleasure (1959)
A: Dahl, Roald
FT: Des Pfarrers Freude (1966)
Parteifreunde (1990)
A: Schönbohm, Wulf
FT: Stunde der Füchse (1993)
Partisan der Berge: Lebenskampf eines österreichischen Arbeiters (1971)
A: Mader, Julius; Plieseis, Sepp
FT: Gefährliche Fahndung (7 Teile) (1978)
Party, The (1958)
A: Arden, Jane
FT: Die Party (1963)
Påsk (1901)
A: Strindberg, August
FT: Ostern (1968)
Passage (1987)
A: Hein, Christoph
FT: Passage (1989)
Passante de Sanssouci, La (1936)
A: Kessel, Joseph
FT: Die Spaziergängerin von Sans-Souci (1982)
Passe muraille, Le (1943)
A: Aymé, Marcel
FT: Ein Mann geht durch die Wand (1959)
Passion Flower Hotel (1962) (*The Passion-Flower Hotel* 1962)
A: Erskine, Rosalind
FT: Leidenschaftliche Blümchen (1977)
Patentlösung, Die (1980)
A: Hebel, Peter
FT: Schmerzensgeld (1985)
Patricia
A: Smirnowa, Mira
FT: Patricia (1979)
Patrik Pacard (1984)
A: Pfaue, Justus
FT: Patrik Pacard. Die Entscheidung am Fjord (1984)
Patriot, Der (1925)
A: Neumann, Alfred
FT: Der Patriot (1959)
Patriot for Me, A (1965) (*Ein Patriot für mich* 1968)
A: Osborne, John James
FT: Oberst Redl (1985)
Patriotin, Die (1979)
A: Kluge, Alexander
FT: Die Patriotin (1979)
Patsy, The (1925) (*Uschi* 1963)
A: Conners, Barry
FT: Patsy (1962)
Paul und Julia
A: Hartung, Hugo
FT: Paul und Julia (1958)
Pause für Wanzka oder Die Reise nach Descansar (1968)
A: Wellm, Alfred
FT: Pause für Wanzka (1989)
Pauvre Bitos ou le dîner des têtes (1956) (*Der arme Bitos oder Das Diner der Köpfe* 1959)
A: Anouilh, Jean
FT: Der arme Bitos oder Das Diner der Köpfe (1963)
Pavel und Pero (1940)
A: Preradovic, Paula von
FT: Tonino und Toinette (1994)
Pavlin (*Pawlin* 1945)
A: Leskov, Nikolaj Semenovič
FT: Tragödie einer Leidenschaft (1949)
Pawlaks, Die (1982)
A: Jägersberg, Otto
FT: Die Pawlaks (1982)
Payment Deferred (1926) (*Zahlungsaufschub* 1951)
A: Forester, Cecil Scott
FT: Zahlungsaufschub (1962)

Peau de Torpédo, La (1968)
A: Ryck, Francis
FT: Der Mann mit der Torpedohaut (1969)
Pedagogue, The (*Der Schulmeister* 1963)
A: Saunders, James
FT: Der Schulmeister (1967)
Pelle erobreren (1906) (*Pelle der Eroberer* 1912)
A: Andersen Nexø, Martin
FT: Pelle, der Eroberer (1984/85)
Penny for a Song, A (1951) (*Wo wir fröhlich gewesen sind* 1958)
A: Whiting, John
FT: Wo wir fröhlich gewesen sind (1966)
Pension Schöller (1890)
A: Jacoby, Wilhelm; Laufs, Carl
FT: Pension Schöller (1952)
FT: Pension Schöller (1960)
FT: Pension Schöller (1993)
FT: Pension Schöller (1997)
Pension Sünnschien (1992)
A: Wittlinger, Karl
FT: Pension Sünnenschien (1992)
Penthesilea (1808)
A: Kleist, Heinrich von
FT: Heinrich von Kleist 'Penthesilea', Träumereien um eine Inszenierung (1982)
FT: Penthesilea von Kleist (1983)
FT: Penthesilea (1989)
Pepolino (1994)
A: Rodrian, Irene
FT: Pepolino und der Schatz der Meerjungfrau (1995)
Père Goriot, Le (1834) (*Vater Goriot*)
A: Balzac, Honoré de
FT: Karriere in Paris (1952)
FT: Vater Goriot (1972)
Periferie (1925) (*Peripherie* 1926)
A: Langer, Frantisek
FT: Peripherie (1959)
Perle, Die (1938)
A: Binding, Rudolf G.
FT: Die Perle (1977)
Perle von Tokay, Die (1941)
A: Raymond, Fred
FT: Die Perle von Tokay (1953)
Perlenkomödie (1928)
A: Frank, Bruno
FT: Perlenkomödie (1966)
Permission To Kill
A: Estridge, Robin
FT: Vollmacht zum Mord (1975)
Perser, Die (472 v.C.)
A: Aischylos
FT: Die Perser (1961)
Pervaja Ljubov (1860) (*Erste Liebe* 1881)
A: Turgenev, Ivan
FT: First Love/Erste Liebe (1970)
Pervaya ljubov (1860) (*Erste Liebe* 1881)
A: Turgenev, Ivan
FT: Jelena (1969)
Pestalozzis Berg (1988)
A: Hartmann, Lukas
FT: Pestalozzis Berg (1990)
Peste, La (1947) (*Belagerungszustand* 1948)
A: Camus, Albert
FT: Der Belagerungszustand (1963)
Peter Brakel (1940)
A: Bredel, Willi
FT: Und laß dir kein Unrecht gefallen (1984)
Peter Pan (1904) (dt. 1911)
A: Barrie, James Matthew Sir
FT: Peter Pan (1962)
Peter Schlemihls wundersame Reise (1814)
A: Chamisso, Adelbert von
FT: Peter Schlemihl (1955)
FT: Peter Schlemihl (1966)
Peter Voss der Millionendieb (1913)
A: Seeliger, Ewald G.
FT: Peter Voss der Millionendieb (1945)
FT: Peter Voss der Millionendieb (1958)
FT: Peter Voss der Held des Tages (1959)
FT: Peter Voss der Millionendieb (1976)
Peterchens Mondfahrt (1912)
A: Bassewitz, Gerdt von
FT: Peterchens Mondfahrt (1990)
FT: Peterchens Mondfahrt (1990)
Petit ange de rien du tout, Un (1940) (*Kleiner Engel ohne Bedeutung*)
A: Puget, Claude-André
FT: Kleiner Engel ohne Bedeutung (1956)
Petit prince, Le (1943) (*Der kleine Prinz* 1950)
A: Saint-Exupéry, Antoine-Marie Roger de
FT: Der kleine Prinz (1966)
FT: Der kleine Prinz (1990)
Petrified Forest, The (1935) (dt. 1955)
A: Sherwood, Robert E.
FT: Der versteinerte Wald (1957)
Pfarrer vom Kirchfeld, Der (1871)
A: Anzengruber, Ludwig
FT: Der Pfarrer von Kirchfeld (1950)
FT: Das Mädchen vom Pfarrhof (1955)
FT: Der Pfarrer von Kirchfeld (1955)
Pfarrer von Gillbach, Der (1964)
A: Lohmeier, Georg
FT: Der Pfarrer von Gillbach (1968)
Pfarrerin Lenau (1990)
A: Huby, Felix (= Hungerbühler, Eberhard)

FT: Pfarrerin Lenau (1990)
Pfarrhauskomödie, Die (1911)
A: Lautensack, Heinrich
FT: Die Pfarrhauskomödie (1971)
Pfau wird gerupft, Ein
A: Ristock, Inge
FT: Ein Pfau wird gerupft (1978)
Pfauen, Die (1952)
A: Jünger, Friedrich Georg
FT: Die Pfauen (1983)
Pferdemädchen, Das (1974)
A: Wellm, Alfred
FT: Das Pferdemädchen (1978)
Pfingstorgel, Die (1933)
A: Lippl, Alois Johannes
FT: Die Pfingstorgel. Eine Moritat aus dem Gäuboden (1965)
Phaidon (367 v.C.)
A: Platon
FT: Der Tod des Sokrates (1957)
FT: Der Tod des Sokrates (1967)
Phantasie, Die
A: Lenz, Siegfried
FT: Die Phantasie (1976)
Philadelphia, here I come! (1965) (*Ich komme, Philadelphia* 1981)
A: Friel, Brian
FT: Philadelphia, ich bin da! (1967)
Philemon und Baukis (1956)
A: Ahlsen, Leopold
FT: Philemon und Baucis (1956)
FT: Am Galgen hängt die Liebe (1960)
Philoktet (1966)
A: Müller, Heiner
FT: Philoktet (1967)
Phoenix Too Frequent, A (1946) (*Ein Phönix zuviel* 1954)
A: Fry, Christopher
FT: Ein Phönix zuviel (1955)
FT: Ein Phönix zuviel (1963)
Physiker, Die (1962)
A: Dürrenmatt, Friedrich
FT: Die Physiker (1964)
Piacere dell'onesta, Il (1917) (*Das Vergnügen, anständig zu sein* 1925)
A: Pirandello, Luigi
FT: Das Vergnügen, anständig zu sein (1962)
FT: Das Vergnügen, anständig zu sein (1966)
Pianke (1981)
A: Abraham, Peter
FT: Pianke (1982)
Picture of Dorian Gray, The (1891) (*Das Bildnis des Dorian Gray* 1901)
A: Wilde, Oscar
FT: Das Bildnis des Dorian Gray (1961)
FT: Das Bildnis des Dorian Gray (1970)
Piedra de la felicidad, La (*Der Stein des Glücks* 1973)
A: Reyes, Carlos Jose
FT: Der Stein des Glücks (1977)
Piège pour un homme seul (1962) (*Die Falle* 1960)
A: Thomas, Robert
FT: Die Falle (1961)
FT: Die Falle (1983)
Pietro der Schmuggler (1930)
A: Zahn, Ernst
FT: Das Mädchen mit der Peitsche (La fille au fouet) (1951)
Pikovaja dama (1833) (*Pique Dame* 1910)
A: Puschkin, Alexandr Sergejewitsch
FT: Pikdame (Pique Dame) (1966)
Pilatus (1979)
A: Fussenegger, Gertrud
FT: Pilatus (1984)
Pioniere in Ingolstadt (1928)
A: Fleisser, Marieluise
FT: Pioniere in Ingolstadt (1971)
Pippi Långstrump (1945) (*Pippi Langstrumpf* 1957)
A: Lindgren, Astrid
FT: Pippi geht von Bord (1968)
FT: Pippi Langstrumpf (1968)
FT: Pippi in Taka-Tuka-Land (1969)
FT: Pippi außer Rand und Band (1970)
FT: Pippi Langstrumpf (1971)
FT: Pippi Langstrumpf (1994)
Piquenique en campagne (1952) (*Picknick im Felde* 1969)
A: Arrabal, Fernando
FT: Picknick im Felde (1962)
Pirat: die Drogenkarriere des Jan C., Der (1990)
A: Aust, Stefan
FT: Der Pirat (1997)
Pirat mit Hindernissen (1974)
A: Beuchler, Klaus
FT: Pirat mit Hindernissen (1975)
Pit and the Pendulum, The (1845) (*Grube und Pendel* 1914)
A: Poe, Edgar Allan
FT: Die Schlangengrube und das Pendel (1967)
Plaidoyer pour un rebelle (1965)
A: Roblès, Emmanuel
FT: Plädoyer für einen Rebellen (1963)
Plastic Nightmare, The (1969) (*Du bist Marriott* 1971)
A: Neely, Richard
FT: The Plastic Nightmare (1979)
Platzverweis für Trimmel (1972)
A: Werremeier, Friedhelm
FT: Platzverweis für Trimmel (1973)
Playboy of the Western World, The (1907) (*Der Held des Westerlands* 1912)
A: Synge, John Millington

FT: Ein wahrer Held (1961)
FT: Der Vatermörder von Mayo (1980)

Play (1963) (*Spiel* 1963)
A: Beckett, Samuel
FT: Spiel (1965)

Plaza Fortuna (1966)
A: Pausewang, Gudrun
FT: Plaza Fortuna (1973)

Plebejer proben den Aufstand, Die (1966)
A: Grass, Günter
FT: Die Plebejer proben den Aufstand (1970)

Plötzlich (1961)
A: Fruchtmann, Karl
FT: Plötzlich (1970)

Plötzlich ist alles anders (1997)
A: Blobel, Brigitte
FT: Und plötzlich war alles anders (1997)

Pobeda (1981) (*Der Sieg* 1981)
A: Cakowskij, Alexander Borisowitsch
FT: Der Sieg (1985)

Podnjataja celina (1932) (*Neuland unterm Pflug* 1934)
A: Šolochov, Michail A.
FT: Neuland unterm Pflug (1967)

Poggenpuhls, Die (1896)
A: Fontane, Theodor
FT: Die Poggenpuhls (1984)

Pole Poppenspäler (1875)
A: Storm, Theodor
FT: Der Puppenspieler (1944/45, unvollendet)
FT: Pole Poppenspäler (1954)
FT: Pole Poppenspäler (1968)
FT: Pole Poppenspäler (1988)

Polenblut (1913)
A: Nedbal, Oskar; Stein, Leo
FT: Polenblut (1966)

Polenweiher, Der (1982)
A: Strittmatter, Thomas
FT: Der Polenweiher (1986)

Policja (1958) (*Die Polizei* 1960)
A: Mrozek, Slawomir
FT: Die Polizei (1960)

Polikuska (1863) (*Polikuschka* 1888)
A: Tolstoj, Leo
FT: Polikuschka (1958)

Polis, polis, potatismos! (1970) (*Und die Großen läßt man laufen* 1972)
A: Sjöwall, Maj; Wahlöö, Per
FT: Kommissar Beck: Und die Großen läßt man laufen (1994)

Polismördaren (*Der Polizistenmörder* 1976)
A: Sjöwall, Maj; Wahlöö, Per
FT: Kommissar Beck: Der Polizistenmörder (1993)

Polizeiruf 110
A: Kleine, Dorothea
FT: Harmloser Anfang (Polizeiruf 110) (1981)

Polterabend, Ein
A: Bernhardy, Werner
FT: Ein Polterabend (1955)

Poor Miss Finch (1872)
A: Collins, Wilkie
FT: Lucilla (1980)

Popp und Mingel und andere Erzählungen (1988)
A: Kaschnitz, Marie Luise
FT: Popp und Mingel (1975)

Pornofilm, Der (1978)
A: Walbert, Helmut
FT: Der Pornofilm (1980)

Pornografía (1960) (*Verführung* 1963)
A: Gombrowicz, Witold
FT: Die Sonne angreifen (1971)

Port Royal (1954) (*Port Royal* 1956)
A: Montherlant, Henry de
FT: Port Royal (1963)

Portes claquent, Les (1950) (*Die Türen knallen* 1950)
A: Fermaud, Michel
FT: Die Türen knallen (1962)

Portrait of a Madonna (1953) (*Porträt einer Madonna* 1963)
A: Williams, Tennessee
FT: Porträt einer Madonna (1962)

Possédés, Les (1959) (*Besessenen* 1960)
A: Camus, Albert
FT: Die Besessenen (1962)

Possession (1969) (*Klimax oder außerordentliches Beispiel von Mutterliebe* 1972)
A: Fremlin, Celia (= Goller, Celia Margaret)
FT: Tödliche Liebe (1986)

Postraub in der Subach, Der (1825)
A: Franz, Carl
FT: Der plötzliche Reichtum der armen Leute von Kombach (1971)

Potting Shed, The (1957) (*Das Geheimnis* 1957)
A: Greene, Graham
FT: Das Geheimnis (1957)

Powenzbande, Die (1930)
A: Penzoldt, Ernst
FT: Die Powenzbande (1974)

Power and the Glory, The (1940) (*Die Kraft und die Herrlichkeit* 1948)
A: Greene, Graham
FT: Die Kraft und die Herrlichkeit (1957)

Pozdnjaja ljubov' (*Späte Liebe* 1960)
A: Ostrovskij, Aleksandr N.
FT: Späte Liebe (1965)

Prager Pitaval (1931)
A: Kisch, Egon Erwin

FT: Die Mutter des Mörders (1978)
Pray for Ricky Forster (1985)
A: Johnston, Jane
FT: Gesucht wird Ricki Forster (1991)
(*Preis der Liebe*)
A: Pilcher, Rosamunde
FT: Rosamunde Pilcher: Preis der Liebe (1997)
Preludio 11 (1963)
A: Schreyer, Wolfgang
FT: Preludio 11 (1963)
Prenez garde à la peinture (1932)
A: Fauchois, René
FT: Der selige Christopher Bohn (1955)
FT: Bilderkomödie (1963)
Present Laughter (1942) (*Nach Afrika* 1951)
A: Coward, Noël (Pierce) Sir
FT: Amouren (1964)
Présidente, La (1913)
A: Hennequin, Maurice; Veber, Pierre Eugène
FT: Die Präsidentin (1982)
Prestuplenie i nakazanie (1866) (*Schuld und Sühne* 1891)
A: Dostojewski, Feodor
FT: Raskolnikow (1953)
FT: Raskolnikoff (1959)
FT: Schuld und Sühne (1988)
Preußen kommen, Die (1970)
A: Scheu, Just
FT: Die Preußen kommen (1970)
Price of an Orphan, The (1964) (*Das Kind*)
A: Carlon, Patricia
FT: Das Kind (1975)
Prilis stedry vecer (1960) (*Und das am Heiligabend* 1961)
A: Blazek, Vratislav
FT: Ach, Du Fröhliche (1961/62)
Prince Valiant in the Days of King Arthur (1951) (*Prinz Eisenherz* 1955)
A: Foster, Harold R.
FT: Prinz Eisenherz (1996)
Prindsessen på aerten (*Die Prinzessin auf der Erbse*)
A: Andersen, Hans Christian
FT: Die Prinzessin auf der Erbse (1975)
Prinz von Homburg, Der (1821)
A: Kleist, Heinrich von
FT: Prinz Friedrich von Homburg (1961)
FT: Der Prinz von Homburg (1973)
FT: Prinz Friedrich von Homburg (1988)
FT: Prinz Friedrich von Homburg (1989)
Prinz von Pumpelonien, Der (1991)
A: Kühl, Katharina
FT: Der Prinz von Pumpelonien (1990)
Prinzessin von St. Wolfgang, Die
A: Neubach, Ernst
FT: Die Prinzessin von St. Wolfgang (1957)
Prison, La (1968) (*Die Schwestern* 1970)
A: Simenon, Georges (= Sim, Georges; Aramis; Brulls, Christian)
FT: Ein anderer Liebhaber (1990)
Private Lives (1930) (*Intimitäten* 1931)
A: Coward, Noël (Pierce) Sir
FT: Intimitäten (1959)
Priwalowskije millionii (1892)
A: Mamin-Sibirjak, Dimitrij Narkisowitsch
FT: Die Priwalowschen Millionen (12 Teile) (1982)
Proba sil (1950) (*Nachtdienst* 1956)
A: Lutowski, Jerzy
FT: Wir sind mitten in der Operation (1957)
Processen mod Hamsun (1978) (*Der Hamsun-Prozeß* 1979)
A: Hansen, Thorkild
FT: Hamsun (1996)
Produkt, Das (1976)
A: Buchrieser, Franz
FT: Das Produkt oder Rudi Ingar - eine Geschichte aus Wien (1979)
Professor Bernhardi (1912)
A: Schnitzler, Arthur
FT: Professor Bernhardi (1962)
FT: Professor Bernhardi (1964)
FT: Professor Bernhardi (1968)
Professor Mamlock (1935)
A: Wolf, Friedrich (Baetz, Christian; Rüedi, Hans; Dr. Isegrimm)
FT: Professor Mamlock (1958)
FT: Professor Mamlock (1961)
Professor Unrat oder Das Ende eines Tyrannen (1905)
A: Mann, Heinrich
FT: Endstation Harembar (1992)
Prosenje v ijune (1967) (*Staatsexamen* 1967)
A: Vampilow, Alexander Valentinowitsch
FT: Staatsexamen (1968)
Proserpina (1778)
A: Goethe, Johann Wolfgang von
FT: Proserpina (1970)
Prosto uézas (1965) (*Hilfe, ich bin ein Kind* 1972)
A: Sotnik, Jurij Wjatscheslawowitsch
FT: Hilfe, ich bin ein Kind (1978)
Protektionskind, Das
A: Davis, Gustav
FT: Das unverhoffte Glück (1986)
Prozeß auf Leben und Tod (1948)
A: Brunngraber, Rudolf

FT: Der Prozeß (1948)
Prozeß, Der (1925)
A: Kafka, Franz
FT: Der Prozeß (1962)
FT: Am Ende des Ganges (1999)
Prozeß der Jeanne d'Arc zu Rouen 1431, Der (1952)
A: Brecht, Bertolt
FT: Der Prozeß der Jeanne d'Arc zu Rouen 1431 (1964)
Prozeß Medusa (1964)
A: Münz, Erwin K.
FT: Prozeß Medusa (1976)
(*Die Prüfung*)
A: Matheson, Richard
FT: Die Prüfung (1973)
Puce à l'oreille, La (1907) (*Der Floh im Ohr* 1953)
A: Feydeau, Georges
FT: Der Floh im Ohr (1966)
FT: Der Floh im Ohr (1980)
Pugowitza oder Die silberne Schlüsseluhr (1975)
A: Wellm, Alfred
FT: Pugowitza (1981)
Pulle und Pummi (1969)
A: Schnell, Robert Wolfgang
FT: Pulle und Pummi oder Ein Tag mit Onkel Willi (1972)
Pünktchen und Anton (1931)
A: Kästner, Erich (= Bürger, Berthold)
FT: Pünktchen und Anton (1953)
FT: Pünktchen und Anton (1958)
FT: Pünktchen und Anton (1960)
FT: Pünktchen und Anton (1999)
Puppe, Die
A: Feustel, Günter
FT: Angst (1981)
Puppen von Poshansk, Die (1952)
A: Neumann, Robert
FT: Die Puppen von Poshansk (1955)
Puppenheim in Pinnow, Das (1983)
A: Wohlgemuth, Joachim
FT: Das Puppenheim in Pinnow (1983)
Purloined Letter, The (1840) (*Der entwendete Brief* 1914)
A: Poe, Edgar Allan
FT: Auguste Dupin findet den entwendeten Brief (1954)
Pursuit of Dr. Plummer, The
A: Freund, Philip
FT: Eine Tote soll ermordet werden (1972)
Putain respectueuse, La (1946) (*Die ehrbare Dirne* 1952)
A: Sartre, Jean-Paul
FT: Die respektvolle Dirne (1957)
Putzfraueninsel, Die (1991)
A: Moser, Milena
FT: Die Putzfraueninsel (1996)
Pygmalion (1912) (*Pygmalion* 1914)
A: Shaw, George Bernard
FT: Pygmalion (1956)
Pyramide für mich, Eine (1971)
A: Jakobs, Karl-Heinz
FT: Eine Pyramide für mich (1976)
Q-Tagebücher: 1934 - 1935, Die (1978)
A: Tucholsky, Kurt
FT: In des Waldes tiefsten Gründen (1979)
Quad (1992) (*Quadrat* 1996)
A: Beckett, Samuel
FT: Quadrat I + II (1981)
Quadrille (1950) (*Quadrille* 1952)
A: Coward, Noël (Pierce) Sir
FT: Quadrille (1961)
FT: Quadrille (1961)
Quand épousez-vous ma femme? (*Wann heiraten Sie meine Frau?* 1971)
A: Conty, Jean-Pierre
FT: Wann heiraten Sie meine Frau? (1978)
Queens of France (1931) (*Königinnen von Frankreich* 1958)
A: Wilder, Thornton
FT: Königinnen von Frankreich (1953)
FT: Königinnen von Frankreich (1961)
Querelle de Brest (1953) (*Querelle* 1955)
A: Genet, Jean
FT: Querelle (1982)
Querulant, Der (1914)
A: Bahr, Hermann
FT: Der Querulant (1969)
Queue du diable, La (1958)
A: Jamiaque, Yves (= Jedwab, Isaac)
FT: Die Teufelsspur (1964)
Quiet American, The (1953) (*Der stille Amerikaner* 1956)
A: Greene, Graham
FT: Der stille Amerikaner (1975)
Quiet Days in Clichy (1966) (*Stille Tage in Clichy* 1968)
A: Miller, Henry
FT: Stille Tage in Clichy
Rabeneck (1981)
A: Gmür, Richard
FT: Rabeneck (1981)
Rabouilleuse, La (1842) (*Ein Junggesellenheim*)
A: Balzac, Honoré de
FT: Die im Trüben fischen (Les Arrivistes) (1960)
Radetzkymarsch (1932)
A: Roth, Joseph
FT: Radetzkymarsch (1965)
FT: Radetzkymarsch (1994)

Radieschen. Rot gegen Rot. Zwei Erzählungen aus den 20er Jahren, Die (1929)
A: Breitbach, Joseph
FT: Radieschen (1979)
Rainmaker, The (1954)
A: Nash, Richard N.
FT: Der Regenmacher (1966)
FT: Der Regenmacher (1982)
Rakovyj korpus (1968) (*Krebsstation* 1968)
A: Solschenizyn, Aleksandr I.
FT: Krebsstation (1970)
Rando (1977)
A: Höricke, Lothar
FT: Der Bastard (2 Teile) (1983)
Rapunzel (1812)
A: Grimm, Jakob Ludwig Carl; Grimm, Wilhelm Carl
FT: Rapunzel oder Der Zauber der Tränen (1988)
Rasende Reporter, Der (1925)
A: Kisch, Egon Erwin
FT: Der rasende Reporter (1968)
Rat's Tale, A (1986) (*Die Story von Monty Spinnerratz* 1988)
A: Seidler, Tor
FT: Die Story von Monty Spinnerratz (1996)
Ratten, Die (1911)
A: Hauptmann, Gerhart
FT: Die Ratten (1955)
FT: Die Ratten (1959)
FT: Die Ratten (1969)
Rättin, Die (1986)
A: Grass, Günter
FT: Die Rättin (1997)
Raub der Sabinerinnen, Der (1885)
A: Schönthan, Franz Edler von Pernwald; Schönthan, Paul Edler von Pernwald
FT: Der Raub der Sabinerinnen (1954)
FT: Der Raub der Sabinerinnen (1959)
FT: Der Raub der Sabinerinnen (1966)
FT: Der Raub der Sabinerinnen (1971)
FT: Der Raub der Sabinerinnen (1973)
FT: Der Raub der Sabinerinnen (1976)
FT: Der Raub der Sabinerinnen (1983)
FT: Der Raub der Sabinerinnen (1991)
Räuber, Die (1781)
A: Schiller, Friedrich von
FT: Die Räuber (1959)
FT: Tod oder Freiheit (1978)
FT: Die Räuber (1982)
Räuber Hotzenplotz, Der (1962)
A: Preußler, Otfried
FT: Der Räuber Hotzenplotz (1973)
Räuber Mathias Kneissl, Der (1971)
A: Sperr, Martin
FT: Mathias Kneissl (1971)
Räuber mit der sanften Hand, Der (1995)
A: Dennery, Siegfried N.
FT: Der Räuber mit der sanften Hand (1995)
Räuber und Gendarm
A: Mini, Harald
FT: Der Mann mit den Rosen (1984)
Raubfischer in Hellas (1939)
A: Helwig, Werner
FT: Raubfischer in Hellas (1959)
Rauhe Leben. Roman eines Lebens, Das (1920)
A: Petzold, Alfons
FT: Das rauhe Leben (1987)
Rauhnacht (1931)
A: Billinger, Richard
FT: Rauhnacht (1985)
Rausch der Verwandlung (1950)
A: Zweig, Stefan
FT: Rausch der Verwandlung (2 Teile) (1988)
Rauschgift
A: Reingruber, Victor
FT: Geheimnis einer Ärztin (1955)
Raven, The (1845) (*Der Rabe*)
A: Poe, Edgar Allan
FT: Der Rabe (1951)
Rebecca's Daughters (1965) (*Rebeccas Töchter* 1983)
A: Thomas, Dylan
FT: Rebeccas Töchter (1991)
Rebellion der Gehenkten, Die (1931)
A: Traven, B. (Bruno) (= Marut, Ret; Maurhut, Richard; Torsvan, Traven)
FT: Rebellion der Gehenkten (2 Teile) (1987)
Rebellion der Verlorenen (1963)
A: Jaeger, Henry
FT: Rebellion der Verlorenen (1969)
Rebellion, Die (1924)
A: Roth, Joseph
FT: Die Rebellion (1962)
FT: Die Rebellion (1992)
Rebours, A (1884) (*Gegen den Strich* 1921)
A: Huysmans, Joris-Karl
FT: Gegen den Strich (1988)
Rechnung eiskalt serviert, Die (1966)
A: Cotton, Jerry (= Höber, Heinz-Werner; Müller, Heinz-Werner)
FT: Die Rechnung eiskalt serviert (1966)
Recht, nicht Rache (1988)
A: Wiesenthal, Simon
FT: Recht, nicht Rache - die Geschichte des Simon Wiesenthal (1989)
Reclining Figure (1952) (*Kunst ist Kunst* 1955)
A: Kurnitz, Harry

FT: Kunst ist Kunst (1959)
(*Das reelle Unternehmen*)
A: Hašek, Jaroslav
FT: Das reelle Unternehmen (1975)
Regentrude, Die (1864)
A: Storm, Theodor
FT: Die Regentrude (1976)
Regimentskommandeur, Der (1971)
A: Flegel, Walter
FT: Der Regimentskommandeur (1971)
Regina Amstetten (1936)
A: Wiechert, Ernst
FT: Regina Amstetten (1953)
Regina auf den Stufen (1969)
A: Danella, Utta
FT: Regina auf den Stufen (1990)
Regine (1882)
A: Keller, Gottfried
FT: Regine (1956)
Regulatoren in Arkansas, Die (1845)
A: Gerstäcker, Friedrich
FT: Die Goldsucher von Arkansas (1964)
Reiche Kunden killt man nicht (1988)
A: Breinersdorfer, Fred
FT: Reiche Kunden killt man nicht (1991)
Reichsgräfin Gritta von Rattenzuhausbeiuns (1843)
A: Arnim, Bettina von; Arnim, Gisela von
FT: Gritta vom Rattenschloß (1985)
Reifender Sommer (1959)
A: Hild, August
FT: Reifender Sommer (1959)
Reifeprüfung
A: Dreyer, Max
FT: Reifende Jugend (1955)
Reigen, Der (1900)
A: Schnitzler, Arthur
FT: Der Reigen (La ronde) (1950)
FT: Das große Liebesspiel (1963)
FT: La Ronde (1964)
FT: Der Reigen (1973)
FT: Episode: Verliebt, Verlobt, BRD-igt (1981)
FT: The Way We Are (Quiet Days in Hollywood) (1997)
Reine Margot, La (1845) (*Die Königin Margot* 1845)
A: Dumas, Alexandre (père)
FT: Bartholomäusnacht (1994)
Reineke Fuchs (1794)
A: Goethe, Johann Wolfgang von
FT: Reineke Fuchs (1987-89)
Reis am Weg, 's
A: Hillern, Wilhelmine von
FT: Ein Herz schlägt für dich (1955)
Reise, Die (1977)
A: Vesper, Bernward
FT: Die Reise (1986)
Reise in das Innere von Wien: Essays, Eine (1991)
A: Roth, Gerhard
FT: Eine Reise in das Innere von Wien (1995)
Reise in eine strahlende Zukunft (1986)
A: Erler, Rainer
FT: News - Bericht über eine Reise in eine strahlende Zukunft (1986)
Reise nach Mallorca, Die (1973)
A: Rösler, Jo Hanns
FT: Die Reise nach Mallorca (1973)
Reise nach Steiermark, Die (1971)
A: Bauer, Josef Martin
FT: Die Reise nach Steiermark (1965)
Reise nach Sundevit, Die (1965)
A: Pludra, Benno
FT: Die Reise nach Sundevit (1966)
Reise von Neukuckow nach Novosibirsk, Die (1980)
A: Kant, Uwe
FT: Die Reise von Neukuckow nach Novosibirsk
Reluctant Peer, The (1964) (*Das Mißgeschick, ein Lord zu sein* 1976)
A: Home, William Douglas
FT: Das Mißgeschick, ein Lord zu sein (1966)
Rendezvous in Paris (1951)
A: Baum, Vicki
FT: Rendezvous in Paris (1982)
FT: Rendezvous in Paris (1983)
Rendezvous in Wien (1948)
A: Eckhardt, Fritz
FT: Whisky, Wodka, Wienerin (1958)
Renn, Oma, renn!: eine "fast" kriminalistische Story rund um einen Flohmarkt (1999)
A: Kling, Ulla
FT: Renn, Oma, renn! (1998)
Rennen, Das (1988)
A: Brösel (= Feldmann, Rötger)
FT: Werner - Das muß kesseln!!! (1996)
Rennschwein Rudi Rüssel (1989)
A: Timm, Uwe
FT: Rennschwein Rudi Rüssel (1995)
Requiem for a Nun (1951) (*Requiem für eine Nonne* 1956)
A: Faulkner, William
FT: Requiem für eine Nonne (1965)
Requiem für eine romantische Frau: die Geschichte von Auguste Bumann und Clemens Brentano; mit einem Capriccio als Zugabe (1988)
A: Enzensberger, Hans Magnus
FT: Requiem für eine romantische Frau (1998)
Reserl am Hofe (1898)
A: Schumacher, Tony

FT: Reserl am Hofe (1984)
Rettungslos, Das (1983)
A: Marginter, Peter
FT: Das Rettungslos (1984)
Reunion (1971) (*Der wiedergefundene Freund* 1978)
A: Uhlmann, Fred
FT: Reunion - Der wiedergefundene Freund (1989)
Reusenheben (1966)
A: Schnurre, Wolfdietrich
FT: Willi (1969)
Revisor (1836) (*Der Revisor* 1877)
A: Gogol, Nicolaj
FT: Der Revisor (1955)
FT: Der Revisor (1967)
Revolution entläßt ihre Kinder, Die (1955)
A: Leonhard, Wolfgang
FT: Die Revolution entläßt ihre Kinder (1964)
Rheingold, Das (1876)
A: Wagner, Richard
FT: Das Rheingold (1980)
Rheinsberg (1912)
A: Tucholsky, Kurt
FT: Rheinsberg (1967)
FT: Rheinsberg (1990)
Rhinocéros, Les (1959) (*Die Nashörner* 1960)
A: Ionesco, Eugène
FT: Die Nashörner (1972)
Richard III (1592)
A: Shakespeare, William
FT: König Richard III (1964)
(*Der Richter am Yukon*)
A: London, Jack
FT: Der Richter am Yukon (1973)
Richter in Weiß, Der (1971)
A: Werremeier, Friedhelm
FT: Der Richter in Weiß (1971)
Richter und sein Henker, Der (1952)
A: Dürrenmatt, Friedrich
FT: Der Richter und sein Henker (1957)
FT: Der Richter und sein Henker (1975)
FT: Justiz (1993)
Richterin, Die (1885)
A: Meyer, Conrad Ferdinand
FT: Violanta (1977)
Riedland (1938)
A: Guggenheim, Kurt
FT: Riedland (1976)
Rien pour rien
A: Maitre, Charles
FT: Acht Stunden Zeit (1965)
Riese im Paradies, Der (1969)
A: Nowotny, Joachim
FT: ... verdammt, ich bin erwachsen (1974)
Rigenerazione, La (1928) (*Ein Mann wird jünger* 1960)
A: Svevo, Italo
FT: Ein Mann wird jünger (1978)
Rike (1985)
A: Aderhold, Egon
FT: Rike (1989)
Rinaldo Rinaldini, der Räuberhauptmann (1798)
A: Vulpius, Christian August
FT: Rinaldo Rinaldini, der Räuberhauptmann (1968)
Ring of Truth, The (1960)
A: Browne, Wynyard
FT: Die Sache mit dem Ring (1961)
(*Die Ringe aus Zinn*)
A: Gabbe, Tamara Grigorewna
FT: Die Ringe aus Zinn (1979)
Ringe des Saturn, Die (1984)
A: Zeindler, Peter
FT: Die Ringe des Saturn (1982)
(*Der Ringelblumengarten*)
A: Pilcher, Rosamunde
FT: Rosamunde Pilcher: Die zweite Chance (1997)
Ringer, The (1926) (*Der Hexer* 1952)
A: Wallace, Richard Horatio Edgar
FT: Der Hexer (1956)
FT: Der Hexer (1963)
FT: Der Hexer (1964)
Rip van Winkle (1953)
A: Frisch, Max
FT: Zum Freispruch verurteilt (1954)
Ripley's Game (1974)
A: Highsmith, Patricia
FT: Der amerikanische Freund (1977)
Risky Marriage (1959) (*Heiraten ist immer ein Risiko* 1960)
A: O'Hara, Saul
FT: Heiraten ist immer ein Risiko (1963)
FT: Heiraten ist immer ein Risiko (1967)
FT: Heiraten ist immer ein Risiko (1984)
Ritter der Tafelrunde, Die (1989)
A: Hein, Christoph
FT: Die Ritter der Tafelrunde (1990)
Rivalen (1961)
A: Hildesheimer, Wolfgang
FT: Rivalen (1969)
River Line, The (1949) (*Der Reiher* 1954)
A: Morgan, Charles
FT: Kennwort: Reiher (1963)
Rivière de trois jonques, La (1956)
A: Godefroy, Georges
FT: Das Geheimnis der drei Dschunken (1965)
Robert und Bertram (1899)
A: Räder, Gustav

FT: Robert und Bertram (1961)
Robinson soll nicht sterben (1932)
A: Forster, Friedrich
FT: Robinson soll nicht sterben (1957)
FT: Robinson soll nicht sterben (1963)
Rockaby (1981)
A: Beckett, Samuel
FT: Drei Spiele von Samuel Beckett (1990)
Roi des aulnes, Le (1970) (*Der Erlkönig* 1972)
A: Tournier, Michel
FT: Der Unhold (1996)
Roi des derniers jours, Le (1981) (*Der König der letzten Tage: die grauenvolle und exemplarische Geschichte der Wiedertäufer zu Münster 1534-1535* 1982)
A: Barret, Pierre; Gurgan, Jean-Noël
FT: König der letzten Tage (1993)
Roi se meurt, Le (1963) (*Der König stirbt* 1964)
A: Ionesco, Eugène
FT: Der König stirbt (1965)
Rolltreppe abwärts (1970)
A: Noack, Hans Georg
FT: Rolltreppe abwärts (1987)
Roman eines Frauenarztes (1954)
A: Riess, Curt
FT: Roman eines Frauenarztes (1954)
Romantische Reise des Herrn Carl Maria von Weber, Die (1932)
A: Watzlik, Hans
FT: Durch die Wälder, durch die Auen (1956)
Romanze mit Amélie (1977)
A: Wogatzki, Benito
FT: Romanze mit Amélie (1981)
Romeo and Juliet (1595)
A: Shakespeare, William
FT: Romeo und Julia (1964)
Romeo et Jeannette (1946) (*Romeo und Jeanette* 1949)
A: Anouilh, Jean
FT: Romeo und Jeanette (1958)
FT: Romeo und Jeanette (1968)
Romeo und Julia (1952)
A: Oelschlegel, Gerd
FT: Romeo und Julia in Berlin (1957)
Romeo und Julia auf dem Dorfe (1876)
A: Keller, Gottfried
FT: Übers Jahr, wenn die Kornblumen blühen (Jugendliebe) (1944/47)
FT: Romeo und Julia auf dem Dorfe (1968)
FT: Romeo und Julia auf dem Dorfe (1984)
Romeo und Julia auf dem Dorfe (1901)
A: Delius, Frederick; Keller, Gottfried
FT: Romeo und Julia auf dem Dorfe (1984)
Romeo und Julia in Wien (1954)
A: Dor, Milo
FT: Nina (Romeo und Julia in Wien) (1956)
Romulus der Große (1958)
A: Dürrenmatt, Friedrich
FT: Romulus der Große (1965)
Ron & Tania (1990)
A: Huby, Felix (= Hungerbühler, Eberhard); Mattner, Christoph
FT: Ron & Tania (1990)
Room Service (1937) (*Theater im Hotel* 1973)
A: Boretz, Allen; Murray, John
FT: Bedienung, bitte! (1960)
Room Thirteen (1924) (*Zimmer 13* 1950)
A: Wallace, Richard Horatio Edgar
FT: Zimmer 13 (1963)
Roots (1959)
A: Wesker, Arnold
FT: Tag für Tag (1969)
Rosa Roth (1996)
A: Boeser, Knut
FT: Rosa Roth - Lügen (1996)
FT: Rosa Roth - ...Montag, 26. November (1996)
Rosalie prudente
A: Maupassant, Guy de
FT: Rosalie (1970)
Rosamunde (1824)
A: Chézy, Helmina von (= Klencke, Wilhelmine Christiane von)
FT: Rosamunde (1997)
Rosamunde, aber nicht von Schubert (1982)
A: David, Kurt
FT: Flüchtige Bekanntschaft (1983)
Rosaura a las diez (1955) (*Rosaura kam um zehn* 1961)
A: Denevi, Marco
FT: Rosaura kam um zehn (1976)
Rose Bernd (1903)
A: Hauptmann, Gerhart
FT: Rose Bernd (1956)
FT: Rose Bernd (1962)
Rose von Stambul, Die (1916)
A: Fall, Leo
FT: Die Rose von Stambul (1953)
Roseanna (1965) (*Die Tote im Götakanal* 1968)
A: Sjöwall, Maj; Wahlöö, Per
FT: Kommissar Beck: Die Tote im Götakanal (1994)
Rosemarie (1958)
A: Kuby, Erich
FT: Das Mädchen Rosemarie (1958)
Rosenemil (1933)
A: Hermann, Georg

FT: Rosen-Emil (1993)
Rosenmontag (1900)
A: Hartleben, Otto Erich
FT: Rosenmontag (1955)
Rosenresli (1881)
A: Spyri, Johanna
FT: Rosen-Resli (1954)
Rosier de Madame Husson, Le (1888) (*Der Rosenjüngling der Madame Husson* 1964)
A: Maupassant, Guy de
FT: Madame Husson und ihr Tugendjüngling (1987)
Rosina (1978)
A: Kappacher, Walter
FT: Rosina (1980)
Rosse (1931)
A: Billinger, Richard
FT: Rosse (1988)
Rote, Die (1960)
A: Andersch, Alfred
FT: Die Rote (1962)
Rote Hahn, Der (1901)
A: Hauptmann, Gerhart
FT: Der rote Hahn (1962)
Rote Priester, Der
A: Sell, Hans Joachim
FT: Spuren (1987)
Rote Rausch, Der (1952)
A: Rhein, Eduard (= Hellmer, Klaus; Horster, Hans U.; Hulsen, Adrian)
FT: Der rote Rausch (1962)
Rote Strumpf, Der (1979)
A: Donelly, Elfie
FT: Der rote Strumpf (1980)
Rote Vogel, Der (1993)
A: Paretti, Sandra; Scheibler, Susanne
FT: Der rote Vogel (Miniserie) (1993)
Rote Zora und ihre Bande, Die (1943)
A: Held, Kurt
FT: Mondo Montag. Die rote Zora und ihre Bande (1979)
Roten Elefanten, Die (1981)
A: Kolarz, Henry
FT: Die roten Elefanten (Serie) (1986)
Rotkäppchen (1812)
A: Grimm, Jakob Ludwig Carl; Grimm, Wilhelm Carl
FT: Rotkäppchen (1953)
FT: Rotkäppchen (1954)
FT: Rotkäppchen (1962)
FT: Rotkäppchen (1975)
Ruban, Le (1894) (*Das Ordensband*)
A: Feydeau, Georges
FT: Das Ordensband (1981)
(*Rückblick und Ausblick*)
A: Pilcher, Rosamunde
FT: Rosamunde Pilcher: Rückkehr ins Paradies (1998)
Rückkehr aus der Wüste oder Der Siebentagering (1986)
A: Potthoff, Konrad
FT: Rückkehr aus der Wüste (1989)
(*Eine Rückkehr*)
A: Mrozek, Slawomir
FT: Eine Rückkehr (1980)
Ruepp, Der (1922)
A: Thoma, Ludwig
FT: Der Ruepp (1979)
(*Ein Ruhetag*)
A: Kataev, Valentin P.
FT: Ein Ruhetag (1978)
Rumpelstilz (1968)
A: Muschg, Adolf
FT: Rumpelstilz (1969)
FT: Rumpelstilz (1980)
Rumpelstilzchen (1812)
A: Grimm, Jakob Ludwig Carl; Grimm, Wilhelm Carl
FT: Rumpelstilzchen (1955)
FT: Das Zaubermännchen (1960)
FT: Von der Müllerstochter, die Gold spinnen wollte (1984)
Rumplhanni, Die (1916)
A: Christ, Lena
FT: Die Rumplhanni (2 Teile) (1981)
Russenpelz, Der (1942)
A: Wolf, Friedrich (Baetz, Christian; Rüedi, Hans; Dr. Isegrimm)
FT: Das Haus am Fluß (1986)
Sabato, domenica e lunedi (*Samstag, Sonntag, Montag* 1975)
A: Filippo, Eduardo de
FT: Samstag - Sonntag - Montag (1998)
Sache mit dem Koffer, Die (1951)
A: Stolp, Hannes Peter (= Loeb, Wilhelm)
FT: Knall und Fall als Detektive (1953)
FT: Knall und Fall als Hochstapler (1953)
Sachertorte, Die (1929)
A: Oesterreicher, Rudolf
FT: Im Prater blüh'n wieder die Bäume (1958)
Sacred Flame, The (1929)
A: Maugham, W. Somerset
FT: Die heilige Flamme (1961)
Sådan er der så meget (1950) (*Und sowas lebt* 1953)
A: Søeborg, Finn
FT: Der Bettenstudent oder Was mach' ich mit dem Mädchen? (1969)
Safecrackers, The
A: Hulke, Malcolm A.; Paice, Eric
FT: Sicher ist sicher (1964)
Safety first (1927)
A: Brecht, Bertolt
FT: Die Rache des Kapitäns Mitchell (1979)

Saids Schicksale (1828)
A: Hauff, Wilhelm
FT: Saids Schicksale (1969)
Saint Joan (1923) (*Die heilige Johanna* 1924)
A: Shaw, George Bernard
FT: Die heilige Johanna (1971)
Saints vont en enfer, Les (1952) (*Die Heiligen gehen in die Hölle* 1953)
A: Cesbron, Gilbert
FT: Ruf ohne Echo (1959)
Saison in Salzburg (1939)
A: Feltz, Kurt; Hentschke, Heinz; Raymond, Fred; Wallner, Max
FT: Saison in Salzburg (1952)
FT: Saison in Salzburg (1961)
Salome (1894) (*Salome* 1903)
A: Wilde, Oscar
FT: Salome (1971)
Salto Mortale (1960)
A: Dor, Milo
FT: An einem ganz gewöhnlichen Tag (1966)
Salvator
A: Ferner, Max (= Sommer, Max)
FT: Mönche, Mädchen und Panduren (1952)
Salz der Erde (1966)
A: Hinterberger, Ernst
FT: Ein echter Wiener geht nicht unter (1975-80)
Salz und Brot und gute Laune
A: Selber, Martin
FT: Salz und Brot und gute Laune (1980)
Salzbaron, Der (1994)
A: Pigge, Helmut
FT: Der Salzbaron (1994)
Salzburger große Welttheater, Das (1922)
A: Hofmannsthal, Hugo von
FT: Das Salzburger große Welttheater (1961)
Samba (1950)
A: Becher, Ulrich
FT: Samba (1966)
Samfundets støtter (1877) (*Stützen der Gesellschaft* 1878)
A: Ibsen, Henrik
FT: Die Stützen der Gesellschaft (1953)
FT: Die Stützen der Gesellschaft (1978)
Samoubijca (1928) (*Der Selbstmörder*)
A: Erdman, Nikolaj Robertowitsch
FT: Bis später - ich muss mich erschießen (1984)
San Gennaro vere (1965) (*Das Blut des San Gennaro* 1966)
A: Marai, Sandor
FT: Das Wunder des San Gennaro (1963)
San Salvatore (1946)
A: Kades, Hans
FT: San Salvatore (1955)
Sandmann, Der (1815)
A: Hoffmann, Ernst Theodor Amadeus
FT: Der Sandmann (1983)
FT: Olympia (1983)
FT: Olympias Wiederkehr (1983)
FT: Der Sandmann (1993)
Sanfte Morde (1997)
A: Driest, Burkhard
FT: Sanfte Morde (1997)
Sängerin, Die (1827)
A: Hauff, Wilhelm
FT: Die Sängerin (1978)
Sankt Urban (1968)
A: Viertel, Martin
FT: Sankt Urban (4 Teile) (1969)
Sansibar oder Der letzte Grund (1957)
A: Andersch, Alfred
FT: Sansibar (1961)
FT: Sansibar oder Der letzte Grund (1987)
Santa Cruz (1947)
A: Frisch, Max
FT: Santa Cruz (1961)
Säntis (1978)
A: Walser, Martin
FT: Säntis (Alles aus Liebe) (1986)
S.A.S. le cycle Malko
A: Villiers, Gérard de
FT: S.A.S. Malko - Im Auftrag des Pentagon (1982)
Satan ist auf Gottes Seite (1981)
A: Herlin, Hans
FT: Satan ist auf Gottes Seite (1983)
Sattel im Gepäck (1975)
A: Dick, Sieglinde
FT: Platz oder Sieg? (1981)
Scampolo (1916) (*Scampolo* 1929)
A: Niccodemi, Dario
FT: Scampolo (1957)
FT: Scampolo (1960)
Scandalous Affair of Mr. Kettle and Mrs. Moon, The (1956) (*Und das am Montagmorgen* 1957)
A: Priestley, John Boynton
FT: Und das am Montagmorgen (1957)
FT: Und das am Montagmorgen (1959)
FT: Und das am Mäntigmorge (Und das am Montagmorgen) (1983)
Scarf, The (1960) (*Das Halstuch* 1962)
A: Durbridge, Francis Henry
FT: Das Halstuch (1962)
Scarlet Letter, The (1850) (*Der scharlachrote Buchstabe* 1851)
A: Hawthorne, Nathaniel
FT: Der scharlachrote Buchstabe (1972)
Scarlett (1991) (*Scarlett* 1991)
A: Ripley, Alexandra

FT: Scarlett (1993)
Scent of Flowers, A (1965) (*Ein Duft von Blumen* 1967)
A: Saunders, James
FT: Ein Duft von Blumen (1967)
(*Schach und Matt*)
A: Niemojewski, Ludwik
FT: Schach und Matt (1974)
Schach von Wuthenow (1883)
A: Fontane, Theodor
FT: Die Geschichte des Rittmeisters Schach von Wuthenow (1966)
FT: Schach von Wuthenow (1977)
Schachnovelle (1942)
A: Zweig, Stefan
FT: Schachnovelle (1960)
Schalom meine Liebe (1998)
A: Seligmann, Rafael
FT: Schalom meine Liebe (1998)
Schandfleck, Der (1877)
A: Anzengruber, Ludwig
FT: Der Schandfleck (1956)
FT: Der Schandfleck (1999)
Schatten in der 3. Avenue
A: Zoff, Otto
FT: Schatten in der 3. Avenue (1956)
Schattengrenze, Die (1969)
A: Wellershoff, Dieter
FT: Die Schattengrenze (1978)
Schatz, Der (1764)
A: Lessing, Gotthold Ephraim
FT: Der Schatz (1979)
Schatz im Silbersee, Der (1894)
A: May, Karl Friedrich
FT: Der Schatz im Silbersee (1962)
FT: Die Spur führt zum Silbersee (1989)
Schau auf die Erde: die Jugend des Friedrich Engels (1981)
A: Baumert, Walter
FT: Flug des Falken (1985; 4 Teile)
Schaukel, Die (1934)
A: Kolb, Annette
FT: Die Schaukel (1983)
Schauspielerin, Die (1953)
A: Zusanek, Harald
FT: Die 40 Minuten der Henriette Dupont (1955)
(*Scheidung in Tennessee*)
A: Porter, William Sydney (= O'Henry)
FT: Scheidung in Tennessee (1974)
Scheidungsprozess (1973)
A: Richter, Egon
FT: Scheidungsprozeß (1973)
Scheingemahl, Der (1919)
A: Courths-Mahler, Hedwig
FT: Der Scheingemahl (1974)
(*Schenk mir drei Söhne*)
A: Spergirjov, Jewgenij
FT: Schenk mir drei Söhne (1975)
Schenke zur ewigen Liebe, Die (1937)
A: Vollmer, Walter
FT: Die Schenke zur ewigen Liebe (1945)
Scherz, Satire, Ironie und tiefere Bedeutung (1827)
A: Grabbe, Christian Dietrich
FT: Der Teufel ist los (1961)
FT: Kein Platz für Teufel (1979)
Schicksal am Matterhorn (1957)
A: Trenker, Luis
FT: Von der Liebe besiegt (1956)
Schicksal der Lilian H., Das (1975)
A: Fischer, Marie-Louise
FT: Das Schicksal der Lilian H. (1993)
Schiedsrichter, Der
A: Lotmar, Lorenz
FT: Der Schiedsrichter (1985)
Schiff auf der Donau, Das (1955)
A: Wolf, Friedrich (Baetz, Christian; Rüedi, Hans; Dr. Isegrimm)
FT: Das Schiff auf der Donau (1962)
Schiff in den Wolken, Das (1963)
A: Rechlin, Eva
FT: Das Schiff in den Wolken (1964)
Schilfrohr, Das (1968)
A: Seghers, Anna
FT: Das Schilfrohr (1974)
Schilten: Schulbericht zuhanden der Inspektorenkonferenz (1976)
A: Burger, Hermann
FT: Schilten (1978/79)
Schimmelreiter, Der (1888)
A: Storm, Theodor
FT: Der Schimmelreiter (1978)
FT: Der Schimmelreiter (1984)
Schinderhannes, Der (1927)
A: Zuckmayer, Carl
FT: Schinderhannes (1957)
FT: Der Schinderhannes (1958)
FT: Schinderhannes (1968)
Schipper naast God (1945)
A: Hartog, Jan de
FT: Schiff ohne Hafen (1956)
Schischyphusch oder Der Kellner meines Onkels (1947)
A: Borchert, Wolfgang
FT: Schischyphusch oder Der Kellner meines Onkels (1981)
Schlacht bei Lobositz, Die (1956)
A: Hacks, Peter
FT: Die Schlacht bei Lobositz (1968)
Schlafes Bruder (1992)
A: Schneider, Robert
FT: Schlafes Bruder (1995)
Schlaflose Tage (1978)
A: Becker, Jurek
FT: Schlaflose Tage (1982)
FT: Schlaflose Tage (1991)

(*Schlafwagen nach Glasgow* 1962)
A: Knox, Bill
FT: Überfall in Glasgow (1981)
Schleuse (1957)
A: Altendorf, Wolfgang
FT: Schleuse (1958)
Schlimme Jahr, Das (1963)
A: Fühmann, Franz
FT: Der verlorene Engel (Ein Tag im Leben des Bildhauers Ernst Barlach) (1971)
(*Die Schlinge*)
A: Hlasko, Marek
FT: Die Schlinge (1985)
Schloß, Das (1926)
A: Kafka, Franz
FT: Das Schloß (1962)
FT: Das Schloß (1968)
FT: Das Schloß (1997)
Schloß Gripsholm (1931)
A: Tucholsky, Kurt
FT: Schloß Gripsholm (1963)
FT: Gripsholm (2000)
Schloß Hubertus (1895)
A: Ganghofer, Ludwig
FT: Schloß Hubertus (1954)
FT: Schloß Hubertus (1973)
Schloß mit späten Gästen (1975)
A: Amanshauser, Gerhard
FT: Schloß mit späten Gästen (1982)
Schloß Rodriganda (1940)
A: May, Karl Friedrich
FT: Der Schatz der Azteken (1964)
Schloßhotel Orth (1997)
A: Ferolli, Beatrice
FT: Schloßhotel Orth (1996)
Schluck und Jau (1900)
A: Hauptmann, Gerhart
FT: Schluck und Jau (1962)
Schluckauf, Der
A: Gies, Karl-Heinz
FT: Der Schluckauf (1981)
Schmerzen der Krieger, Die (1999)
A: Pautsch, Oliver
FT: Auf der Couch (2000)
Schmerzliches Arkadien (1932)
A: Mendelssohn, Peter de
FT: Marianne (1954)
Schmetterlinge weinen nicht (1969)
A: Heinrich, Willi
FT: Schmetterlinge weinen nicht (1970)
Schmetterlingsschlacht, Die (1895)
A: Sudermann, Hermann
FT: Die Schmetterlingsschlacht (1963)
Schmied seines Glückes, Der (1856)
A: Keller, Gottfried
FT: Der Schmied seines Glücks (1965)
FT: Wenn ich dich nicht hätte oder Der Schmied seines Glücks (1982)
Schneemann, Der (1981)
A: Fauser, Jörg
FT: Der Schneemann (1985)
Schneeschmelze (1960)
A: Kaschnitz, Marie Luise
FT: Schneeschmelze (1969)
Schneeweißchen und Rosenrot (1812)
A: Grimm, Jakob Ludwig Carl; Grimm, Wilhelm Carl
FT: Schneeweißchen und Rosenrot (1955)
FT: Schneeweißchen und Rosenrot (1978)
FT: Schneeweißchen und Rosenrot (1984)
Schneewittchen und die sieben Zwerge (1812)
A: Grimm, Jakob Ludwig Carl; Grimm, Wilhelm Carl
FT: Schneewittchen und die sieben Zwerge (1955)
FT: Schneewittchen und die sieben Zwerge (1961)
FT: Schneewittchen und das Geheimnis der Zwerge (1992)
FT: Schneewittchen und die sieben Zwerge (1997)
Schneider Wibbel (1914)
A: Müller-Schlösser, Hans
FT: Das Sonntagskind (1956)
FT: Schneider Wibbel (1959)
FT: Schneider Wibbel (1966)
Schneller als das Auge (1987)
A: Cueni, Claude
FT: Schneller als das Auge (Supertrick) (1988)
Schnelles Geld (1981)
A: Göhre, Frank
FT: Schnelles Geld (1981)
Schöne bißchen Leben: Protokoll einer Krise, Das (1985)
A: Kleine, Dorothea
FT: Das schöne bißchen Leben (1987)
Schöne Lügnerin, Die (1953)
A: Nebhut, Ernst; Scheu, Just
FT: Die schöne Lügnerin (1958)
FT: Die schöne Lügnerin (1959)
Schöne Mann und andere Erzählungen, Der (1986)
A: Wellershoff, Dieter
FT: Der schöne Mann (1988)
Schöne Tage (1974)
A: Innerhofer, Franz
FT: Schöne Tage (1981)
Schöne Tölzerin, Die (1942)
A: Weinberger, Karl
FT: Die schöne Tölzerin (1952)
Schöne Wilhelmine, Die (1965)
A: Salomon, Ernst von

FT: Die schöne Wilhelmine (1984)
Schönheit des Schimpansen, Die (1977)
A: Wellershoff, Dieter
FT: Die Schönheit des Schimpansen (1990)
Schotter und Ginster
A: Brinkmann, Jürgen
FT: Schotter und Ginster (1980)
Schpountz, Le (1938) (*Der Schpountz* 1938)
A: Pagnol, Marcel
FT: Der Schpuntz (1967)
Schrei der Liebe, Der (1904)
A: Salten, Felix (= Salzmann, Siegmund)
FT: Von ewiger Liebe (1979)
Schuldlosen, Die (1950)
A: Broch, Hermann
FT: Die Erzählung der Magd Zerlinde (1990)
Schule am See, Die (1997)
A: Bentin, Jenny
FT: Die Schule am See (1997)
Schüler Gerber hat absolviert, Der (1930)
A: Torberg, Friedrich
FT: Der Schüler Gerber (1981)
Schülertelefon, Das (1979)
A: Steenfatt, Margret
FT: Einfach abhauen (1981)
Schulfreund, Der (1958)
A: Simmel, Johannes Mario
FT: Mein Schulfreund (1960)
FT: Der Schulfreund (1963)
Schulgespenst, Das (1978)
A: Abraham, Peter
FT: Das Schulgespenst (1987)
Schulschwein, Das (1982)
A: Püschel, Walter
FT: Schwein gehabt (1988)
Schußgefahr (1979)
A: Zenker, Helmut; Zenker, Margit
FT: Den Tüchtigen gehört die Welt (1981)
Schüsse aus dem Geigenkasten (1965)
A: Cotton, Jerry (= Höber, Heinz-Werner; Müller, Heinz-Werner)
FT: Schüsse aus dem Geigenkasten (1965)
Schüsse der Arche Noah, Die (1970)
A: Abraham, Peter
FT: Die Schüsse der Arche Noah (1983)
Schusternazi, Der (1939)
A: Thoma, Ludwig
FT: Der Millionenschuster (1980)
Schut, Der (1892)
A: May, Karl Friedrich
FT: Der Schut (1964)
Schützenliesel (1905)
A: Eysler, Edmund; Lindau, Carl; Stein, Leo
FT: Schützenliesel (1954)
(*Der Schützling*)
A: Kishon, Ephraim
FT: Der Schützling (1981)
Schwabenkinder aus Tirol und Vorarlberg, Die (1978)
A: Uhlig, Otto
FT: Die vergessenen Kinder (1981)
Schwammerl (1912) (*Schubertroman*)
A: Bartsch, Rudolf Hans
FT: Das Dreimäderlhaus (1958)
Schwärmer, Die (1921)
A: Musil, Robert
FT: Die Schwärmer (1985)
(*Schwarz auf Weiß* 1958)
A: Kishon, Ephraim
FT: Schwarz auf Weiß (1963)
Schwarz greift ein (1994)
A: Kappel, Markus
FT: Schwarz greift ein (1994)
Schwarzbrot und Kipferl (1935)
A: Nebhut, Ernst; Schulenburg, Werner von
FT: ... und die Liebe lacht dazu (1957)
Schwarze Bumerang, Der (1982)
A: Bahr, Rüdiger
FT: Der schwarze Bumerang (1982)
Schwarze Galeere, Die (1902)
A: Raabe, Wilhelm
FT: Die schwarze Galeere (1961)
Schwarze Limousine, Die (1963)
A: Günther, Egon
FT: Jetzt und in der Stunde meines Todes (1963)
Schwarze Mühle, Die (1968)
A: Brězan, Jurij (= Svitz, Dužan)
FT: Die schwarze Mühle (1975)
Schwarze Obelisk, Der (1956)
A: Remarque, Erich Maria (= Remark, Erich Paul)
FT: Der schwarze Obelisk (1988)
Schwarze Spinne, Die (1842)
A: Gotthelf, Jeremias (= Bitzius, Albert)
FT: Die schwarze Spinne (1960)
FT: Die schwarze Spinne (1983)
Schwarze Storch, Der (1936)
A: Molzahn, Ilse
FT: Der schwarze Storch (1976)
Schwarze Tanner und andere Erzählungen, Der (1985)
A: Inglin, Meinrad
FT: Der schwarze Tanner (1985)
Schwarzen Brüder, Die (1941)
A: Tetzner, Lisa
FT: Die schwarzen Brüder (12 Teile) (1983)
Schwarzenberg (1984)
A: Heym, Stefan

FT: Schwarzenberg (2 Teile) (1989)
Schwarzer Nerz auf zarter Haut (1968)
A: Konsalik, Heinz Günther (= Pahlen, Henry)
FT: Schwarzer Nerz auf zarter Haut (1969)
Schwarzwaldmädel (1891)
A: Jessel, Leon; Neidhardt, August
FT: Schwarzwaldmädel (1950)
FT: Schwarzwaldmädel (1973)
(*Das schwedische Zündholz*)
A: Čechov, Anton Pavlovič
FT: Das Streichholz unterm Bett (1955)
(*Das schwedische Zündholz* 1961)
A: Radok, Alfred; Tesarová, Marie
FT: Das schwedische Zündholz (1967)
Schweigen (1883)
A: Storm, Theodor
FT: Es steht der Wald so schweigend (1984/85)
Schweigen im Walde, Das (1899)
A: Ganghofer, Ludwig
FT: Das Schweigen im Walde (1955)
FT: Das Schweigen im Walde (1976)
(*Schweigepflicht*)
A: Companeez, Jacques
FT: Du mein stilles Tal (Schweigepflicht) (1955)
Schweinefleisch in Dosen (1947)
A: Neuhaus, Paul; Thierbach, Walter
FT: Schuld allein ist der Wein (1948)
Schweißer, Der (1978)
A: Bachmann, Ingeborg
FT: Das ganz helle Licht (1986)
Schweizerische Robinson, Der (1812)
A: Wyss, Johann David
FT: Die schweizer Familie Robinson (1974)
Schwestern, Die (1952)
A: DuFrênes, Alix
FT: Die Schwestern (1957)
Schwestern Kleh, Die (1933)
A: Kaus, Gina
FT: Die skandalösen Frauen (1993)
Schwestern: Tonbandprotokolle aus 6 Ländern (1985)
A: Barckhausen, Christiane
FT: Margarita (1986)
Schweyk im Zweiten Weltkrieg (1944)
A: Brecht, Bertolt
FT: Schweyk im Zweiten Weltkrieg (1965)
Schwierige, Der (1921)
A: Hofmannsthal, Hugo von
FT: Der Schwierige (1961)
FT: Der Schwierige (1974)
Schwüle Tage (1906)
A: Keyserling, Eduard von
FT: Schwüle Tage (1978)
Sea Wolf, The (1904) (*Der Seewolf* 1926)
A: London, Jack
FT: Der Seewolf (Miniserie) (1971)
Seagulls Over Sorrento (1951) (*Möwen über Sorrent*)
A: Hastings, Hugh
FT: Möwen über Sorrent (1956)
Sechs Kummerbuben, Die (1942)
A: Müller, Elisabeth
FT: Die sechs Kummerbuben (1968)
Sechse kommen durch die Welt
A: Grimm, Jakob Ludwig Carl; Grimm, Wilhelm Carl
FT: Sechse kommen durch die Welt (1971/72)
Sechste Frau, Die (1939)
A: Feiler, Max Christian
FT: Die sechste Frau (1959)
Sechsunddreißig Stunden: die Geschichte vom Fräulein Pollinger (1979)
A: Horváth, Ödön von
FT: Sechsunddreißig Stunden (1981)
Seconde chance, La (1952) (*Die zweite Chance* 1957)
A: Gheorghiu, Constantin Virgil
FT: Perahim - die zweite Chance (1974)
See, Der (1995)
A: Roth, Gerhard
FT: Der See (1997)
Seele eines Hundes
A: Traven, B. (Bruno) (= Marut, Ret; Maurhut, Richard; Torsvan, Traven)
FT: Seele eines Hundes (1976)
See-Leben I (1971)
A: Koch, Werner
FT: See-Leben I (1975)
Seelenbräu, Der (1945)
A: Zuckmayer, Carl
FT: Der Seelenbräu (1950)
Seelenwanderung (1962)
A: Wittlinger, Karl
FT: Seelenwanderung (1962)
Sei doch net so dumm: eine wahre Begebenheit in drei Akten (1990)
A: Kling, Ulla
FT: Sei doch ned so dumm (1999)
Sei personaggi in cerca d'autore (1917) (*Sechs Personen suchen einen Autor* 1925)
A: Pirandello, Luigi
FT: Sechs Personen suchen einen Autor (1964)
Sein letzter Wille (1979)
A: Huby, Felix (= Hungerbühler, Eberhard)
FT: Tatort - Sein letzter Wille (1988)
Seine beste Rolle (1989)
A: Rubin, Chris
FT: Seine beste Rolle (1989)

Seitenstechen (1981)
A: Späth, Bernd
FT: Seitenstechen (1985)
Selbs Justiz (1987)
A: Popp, Walter; Schlink, Bernhard
FT: Der Tod kam als Freund (1991)
Selbstbildnis Beatrice S.
A: Schweizer, Beatrice
FT: Selbstbildnis Beatrice S. (1974)
Selbstversuch. Traktat zu einem Protokoll (1980)
A: Wolf, Christa
FT: Selbstversuch (1989)
Sennetuntschi (1980)
A: Schneider, Hansjörg
FT: Sennetuntschi (1981)
Sensation in Budapest (1941)
A: Külb, Karl Georg
FT: Sensation im Savoy (1950)
Separate Tables (1954) (*An kleinen Tischen* 1957)
A: Rattigan, Terence
FT: An Einzeltischen (1968)
September Tide (1949)
A: Du Maurier, Daphne
FT: Septemberflut (1953)
Septembergewitter (1937)
A: Lampe, Friedo
FT: Septembergewitter (1968)
September (1990) (*September* 1993)
A: Pilcher, Rosamunde
FT: September (1996)
Séquestrés d'Altona, Les (1960) (*Die Eingeschlossenen von Altona* 1960)
A: Sartre, Jean-Paul
FT: Die Eingeschlossenen (1978)
Serapionsbrüder, Die (1819)
A: Hoffmann, Ernst Theodor Amadeus
FT: Albertine oder Das schlimme Ding (1980)
Serapionsbrüder, Die (1821)
A: Hoffmann, Ernst Theodor Amadeus
FT: Die tödlichen Träume (1950)
FT: Die Schätze des Teufels (1955)
FT: Die seltsamen Abenteuer des Geheimkanzlersekretärs Tusmann (1971)
Serbische Mädchen, Das (1987)
A: Lenz, Siegfried
FT: Das serbische Mädchen (1990)
Sergeant Musgrave's Dance (1959)
A: Arden, John
FT: Der Tanz des Sergeanten Musgrave (1969)
Serpent, Le
A: Nord, Pierre
FT: Die Schlange (1972)
Serveto vor Pilatus (1982)
A: Schuder, Rosemarie
FT: Das Gespräch (1981)
Servitore di due padroni, Il (1745) (*Der Diener zweyer Herren* 1762)
A: Goldoni, Carlo
FT: Diener zweier Herrn (1956)
(*Servus, Peter*)
A: Nóti, Károly (= Noti, Karl)
FT: Czardas der Herzen (1951)
Seven Year Itch, The (1952) (*Meine Frau erfährt kein Wort* 1955)
A: Axelrod, George
FT: Meine Frau erfährt kein Wort (1969)
Severino von den Inseln (1972)
A: Klein, Eduard
FT: Severino (1977)
Shadow of Heroes (1958) (dt. 1961)
A: Ardrey, Robert
FT: Schatten der Helden (1960)
Shall I Eat You Now? (1969)
A: Gébler, Ernest
FT: Zum Diktat, Miss Smith (1970)
Sheriff Teddy (1956)
A: Pludra, Benno
FT: Sheriff Teddy (1965/66)
Shiva und die Galgenblume (1943)
A: Berndorff, Hans Rudolf
FT: Shiva und die Galgenblume (1945/93)
Shiva und die Nacht der 12 (1943) ( )
A: Reznicek, Felicitas von
FT: Die Nacht der Zwölf (1949)
Shoemaker's Holiday (1600)
A: Dekker, Thomas
FT: Der Richter von London (1966)
Shred of Evidence, A (1960)
A: Sheriff, Robert Cedric
FT: Verräterische Spuren (1962)
Si le soleil ne revenait pas (1937) (*Wenn die Sonne nicht wiederkäme* 1939)
A: Ramuz, Charles Ferdinand
FT: Wenn die Sonne nicht wiederkäme (1987)
Siamesische Hunde (1987)
A: Blettenberg, Detlef
FT: Bangkok Story (1989)
Sibirien (1989)
A: Mitterer, Felix
FT: Sibirien (1991)
Sich einen Mann backen (1982)
A: Werner, Petra
FT: Sich einen Mann backen (1984)
Sie (1935)
A: Vaszary, Gábor von
FT: Sie (1954)
Sie werden sterben, Sire (1964)
A: Ahlsen, Leopold
FT: Sie werden sterben, Sire (1964)

Sieben Affären der Doña Juanita, Die (1972)
A: Panitz, Eberhard
FT: Die sieben Affären der Doña Juanita (1972/73)
Sieben Kleider der Katrin, Die (1940)
A: Gruber, Gisi (= Alsegger, Maria Barbara)
FT: Die sieben Kleider der Katrin (1954)
Sieben Tage Frist für Schramm (1966)
A: Henricks, Paul
FT: Sieben Tage Frist (1969)
Sieben Todsünden, Die (1925)
A: Kranewitter, Franz
FT: Hochmut kommt vor dem Fall (1962)
Siebzehn Brote: Erzählungen, Märchen, Grotesken u.a.. (1988)
A: Wolf, Friedrich (Baetz, Christian; Rüedi, Hans; Dr. Isegrimm)
FT: Siebzehn Brote (1974)
Siebzehn und zwei (1952)
A: Hinrichs, August
FT: Siebzehn und zwei (1955)
Sieger nimmt alles, Der (1983)
A: Wellershoff, Dieter
FT: Pattbergs Erbe (1987)
Siegfried et le limousin (1922) (*Siegfried oder Die zwei Leben des Jacques Forestier* 1962)
A: Giraudoux, Jean
FT: Das zweite Leben (1954)
Silence de la mer, Le (1942) (*Das Schweigen des Meeres* 1945)
A: Vercors (= Bruller, Jean)
FT: Das Schweigen des Meeres (1954)
FT: Das Schweigen des Meeres (1967)
Silence (1969) (*Schweigen* 1970)
A: Pinter, Harold
FT: Schweigen (1971)
Silver Cord, The (1926)
A: Howard, Sidney
FT: Die Silberschnur (1957)
Silver Tassie, The (1928)
A: O'Casey, Sean
FT: Der Pott (1971)
Silver Whistle, The (1949)
A: McEnroe, Robert Edward
FT: Die Silberflöte (1964)
Simulacron-3 (1964) (*Welt am Draht* 1965)
A: Galouye, Daniel F.
FT: Welt am Draht (1973)
FT: Der 13. Stock (1999)
Simulant; Der falsche Sohn, Der
A: Deichsel, Wolfgang
FT: Agent Bernd Etzel (Der Simulant; Der falsche Sohn) (1968)
Sinel' (1842) (*Der Mantel* 1884)
A: Gogol, Nicolaj
FT: Der Mantel (1953)
FT: Der Mantel (1963)
Sing nicht, Vogel (1965)
A: Weitnauer, Alfred
FT: Der Vogel läßt das Singen nicht (1966)
Singende, klingende Bäumchen, Das (1812)
A: Grimm, Jakob Ludwig Carl; Grimm, Wilhelm Carl
FT: Das singende, klingende Bäumchen (1957)
Singende, springende Löweneckerchen, Das (1812)
A: Grimm, Jakob Ludwig Carl; Grimm, Wilhelm Carl
FT: Der Prinz hinter den sieben Meeren (1982)
Sinister Man, The (1924) (*Der Unheimliche* 1951)
A: Wallace, Richard Horatio Edgar
FT: Der Bucklige von Soho (1966)
Siren Song, The (1964) (*Sirenengesang* 1965)
A: Beaty, David
FT: Sirenengesang (1974)
Sissi; Schicksalsweg einer Kaiserin (1937)
A: Blank-Eismann, Marie
FT: Sissi (1955)
Siste Kapitel (1923) (*Das letzte Kapitel* 1924)
A: Hamsun, Knut
FT: Das letzte Kapitel (1961)
Six heueres d'angoisse (*Sechs Stunden Angst* 1957)
A: Didelot, Francis
FT: Sechs Stunden Angst (1964)
Sixième étage (1937) (*Neues aus dem 6. Stock* 1950)
A: Gehri, Alfred
FT: Neues aus dem sechsten Stock (1954)
FT: Ende des sechsten Stocks (1955)
FT: Im sechsten Stock (1959)
Skandal um Dodo
A: Arnold, Franz; Wiener, Hugo
FT: Skandal um Dodo (1958)
Skizze eines Unglücks (1972)
A: Frisch, Max
FT: Das Unglück (1976)
Sklavenkarawane, Die (1893)
A: May, Karl Friedrich
FT: Sklavenkarawane (1958)
Skvernyj anekdot (*Eine heikle Geschichte* 1890)
A: Dostojewski, Feodor
FT: Das Hochzeitsfest (1977)

Sladek, der schwarze Reichswehmann (1930)
A: Horváth, Ödön von
FT: Sladek oder Die schwarze Armee (1976)
Sleeping Tiger (1967) (*Schlafender Tiger* 1994)
A: Pilcher, Rosamunde
FT: Rosamunde Pilcher: Schlafender Tiger (1995)
Slip of the Disc, A (*Hexenschuß oder Bandscheibenvorfall*)
A: Graham, John
FT: Hexenschuß (1987)
Small Hotel (1956) (*Das kleine Hotel*)
A: Frost, Rex
FT: Das kleine Hotel (1981)
Smert' Ivana Il'ica (1886) (*Der Tod des Iwan Iljitsch* 1913)
A: Tolstoj, Leo
FT: Der Tod des Iwan Iljitsch (1967)
Smile at the Foot of the Ladder, The (1948) (*Das Lächeln am Fuße der Leiter* 1957)
A: Miller, Henry
FT: Das Lächeln am Fuße der Leiter (1987)
Sneznaja koroleva (1938) (*Die Schneekönigin* 1964)
A: Svarc, Evgenij L'Ovic
FT: Die Schneekönigin (1964)
Snob, Der (1914)
A: Sternheim, Carl
FT: Der Snob (1968)
FT: Der Snob (1984)
FT: Der Snob (1986)
Snow in April (1972) (*Schneesturm im Frühling* 1993)
A: Pilcher, Rosamunde
FT: Rosamunde Pilcher: Schneesturm im Frühling (1996)
So war Herr Brummell (1933)
A: Penzoldt, Ernst
FT: So war Herr Brummell (1967)
So weit die Füße tragen (1955)
A: Bauer, Josef Martin
FT: So weit die Füße tragen (6 Teile) (1959)
So zärtlich war Suleyken (1955)
A: Lenz, Siegfried
FT: So zärtlich war Suleyken (13 Teile) (1971-1975)
Sobac'e serdce (1968) (*Hundeherz* 1968)
A: Bulgakow, Michail
FT: Warum bellt Herr Bobikow? (1975)
Socialaristokraten (1896)
A: Holz, Arno
FT: Sozialaristokraten (1966)
Sog, Der (1985)
A: Flieger, Jan
FT: Alles umsonst (1988)
Sog, Der
A: Hendrich, Johannes
FT: Der Sog (1968)
Sohn aus gutem Hause, Ein (1937)
A: Tschuppik, Karl
FT: Ein Sohn aus gutem Hause (1989)
Sohn, Der (1974)
A: Joho, Wolfgang; Neumann, Margarethe
FT: Der Sohn des Schauspielers (1979)
FT: Der Sohn (1984)
Sohn des Bullen, Der (1980)
A: Schirk, Heinz
FT: Der Sohn des Bullen (1984)
Sohn des Cotopaxi, Der (1969)
A: Kauter, Kurt (= Rocafuerte, José Maria)
FT: Der Sohn des Cotopaxi (1970)
Sohn eines Landarbeiters, Der (1976)
A: Scharang, Michael
FT: Der Sohn eines Landarbeiters wird Bauarbeiter und baut sich ein Haus (1975)
FT: Totstellen (1975)
Söhne der großen Bärin (Trilogie), Die (1962)
A: Welskopf-Henrich, Liselotte
FT: Die Söhne der großen Bärin (1965)
Söhne, Die (1968)
A: Herburger, Günter
FT: Die Söhne (1968)
Soldaten, Die (1776)
A: Lenz, Jakob Michael R.
FT: Die Soldaten (1962)
Soldatensender Calais (1960)
A: Mohr, Michael
FT: Soldatensender Calais (1960)
Soledad, pièce en trois actes (1956)
A: Audry, Colette
FT: Soledad (1957)
Sombrero de tres picos, El (1874) (dt. 1886)
A: Alarcón y Ariza, Pedro Antonio de
FT: Der Dreispitz (1967)
Someone is Killing the Great Chefs of Europe (1976) (*Die Schlemmer-Orgie* 1980)
A: Lyons, Ivan; Lyons, Nan
FT: Die Schlemmer-Orgie/Who is Killing the Great Chefs of Europe (1978)
Someone to Kill (1959) (*Ein Todesfall wird vorbereitet* 1960)
A: Popplewell, Jack
FT: Ein Todesfall wird vorbereitet (1963)
Sommer in Lesmona (1951)
A: Berck, Marga

FT: Sommer in Lesmona (6 Teile) (1987)
Sommer in Nohant (1980)
A: Schneider, Rolf
FT: Sommer in Nohant (1980)
Sommer in Österreich, Ein (1937)
A: Zuckmayer, Carl
FT: Frauensee (1958)
Sommer mit 13, Ein
A: Bollinger, Max
FT: Ein Sommer mit 13 (1976)
Sommerabenddreistigkeit, Eine (1959)
A: Kupsch, Joachim
FT: Mir nach, Kanaillen (1964)
Son of the Wolf, The (1900)
A: London, Jack
FT: Der Schrei der schwarzen Wölfe (1972)
Sonderurlaub (1963)
A: Oelschlegel, Gerd
FT: Sonderurlaub (1963)
Song at twilight (1966) (*Duett im Zwielicht* 1968)
A: Coward, Noël (Pierce) Sir
FT: Duett im Zwielicht (1969)
Sonjas Rapport (1977)
A: Werner, Ruth
FT: Sonjas Rapport (1982)
Sonnblick ruft, Der (1951)
A: Bendl, Edmund Josef
FT: Der Sonnblick ruft (1952)
Sonne von St. Moritz, Die (1909)
A: Höcker, Paul Oskar
FT: Die Sonne von St. Moritz (1954)
(*Sonnig aber Frosteinbrüche*)
A: Arbusov, Aleksej Nikolaevič
FT: Sonnig aber Frosteinbrüche (1978)
Sonntagskind (1983)
A: Mebs, Gudrun
FT: Das Sonntagskind oder Der Umstände halber (1988)
Sonntagskinder (1976)
A: Reinshagen, Gerlind
FT: Sonntagskinder (1979)
Sons & Lovers (1913) (*Söhne und Liebhaber* 1925)
A: Lawrence, David Herbert
FT: Eine egoistische Liebe (1973)
Sorry, Wrong Number (1948) (*Falsch verbunden* 1953)
A: Fletcher, Lucille; Ullman, Allan
FT: Bedaure, falsch verbunden (1962)
Sorstalanság regény (1975) (*Ehe ungenügend* 1981)
A: Kertesz, Imre
FT: Ehe ungenügend (1981)
Soubrette
A: Deval, Jacques
FT: Kammerjungfer (1964)
Soul of a Jew, The (*Weiningers Nacht* 1986)
A: Sôbôl, Yehošua
FT: Weiningers Nacht (1990)
Soulier de satin, Le (1930) (*Der seidene Schuh* 1939)
A: Claudel, Paul
FT: Der seidene Schuh (1955)
FT: Der seidene Schuh (1965)
(*Souper*)
A: Molnár, Ferenc
FT: Souper (1955)
Sourire dans la tempête, Un (1947) (*Ein Lächeln im Sturm*)
A: Constantin-Weyer, Maurice
FT: Ein Lächeln im Sturm (1950)
Souterrain (1989)
A: Wippersberg, Walter J.M.
FT: Souterrain (1989)
South Sea Bubble (1950)
A: Coward, Noël (Pierce) Sir
FT: Südsee-Affäre (1965)
Souvenirs d'une favorite (1865) (*Lady Hamilton: die Memoiren einer Favoritin* 1905)
A: Dumas, Alexandre (père)
FT: Lady Hamilton - zwischen Schmach und Liebe (1968)
Spanische Fliege, Die (1913)
A: Arnold, Franz; Bach, Ernst
FT: Die spanische Fliege (1954)
FT: Die spanische Fliege (1967)
FT: Die spanische Fliege (1970)
FT: Die spanische Fliege (1995)
Spät bezahlte Schuld, Die (1951)
A: Zweig, Stefan
FT: Die spät bezahlte Schuld (1989)
Späte Liebe (1977)
A: Grün, Max von der
FT: Späte Liebe (1978)
Spätholz (1976)
A: Kauer, Walter
FT: Spätholz (1983)
Spatzen in Gottes Hand (1934)
A: Bender, Ludwig; Kahn, Edgar
FT: Spatzen in Gottes Hand (Glück aus Ohio) (1950)
Spatzenmörder, Der (1987)
A: Breest, Jürgen
FT: Der Spatzenmörder (1989)
Spaziergang, Ein (1972)
A: Kalbeck, Florian
FT: Ein Spaziergang (1977)
Sperrbezirk
A: Neubach, Ernst
FT: Sperrbezirk (1966)

Spider Orchid, The (1977) (*Die Spinnenorchidee* 1988)
A: Fremlin, Celia (= Goller, Celia Margaret)
FT: Klippen des Todes (1993)
Spider's Web, The (1957) (*Das Spinnennetz* 1965)
A: Christie, Agatha
FT: Das Spinnennetz (1956)
(*Spiegel*)
A: Frenkel, Frank Dimitri
FT: Spiegel (1980)
Spiel im Morgengrauen (1927)
A: Schnitzler, Arthur
FT: Spiel im Morgengrauen (1963)
FT: Spiel im Morgengrauen (1974)
FT: Verspielte Liebe (1985)
Spielmann vom Himmelpfortgrund, Der (1978)
A: David, Kurt
FT: Leise flehen meine Lieder (1978)
(*Der Spinnenmörder*)
A: Roberts, Richard Emery
FT: Der Spinnenmörder (1978)
Spinnennetz, Das (1923)
A: Roth, Joseph
FT: Das Spinnennetz (1988)
Spion für Deutschland (1956)
A: Berthold, Will (= Gimpel, Erich)
FT: Spion für Deutschland (1956)
Spitzbart, eine komitragische Geschichte (1779)
A: Schummel, Johann Gottlieb
FT: Schulmeister Spitzbart (1989)
Splendeurs et misères des courtisanes (1839) (*Glanz und Elend der Kurtisanen* 1923)
A: Balzac, Honoré de
FT: Die schöne Kurtisane (1984)
Sprawa Dantona (1950)
A: Przybyszewska, Stanislawa
FT: Danton (1982)
Spreelore (1950)
A: Gräser, Erdmann
FT: Spreelore oder Das heisse Blut (1980)
Springer mit den langen Ohren, Der
A: Karau, Günter
FT: Der Springer mit den langen Ohren (1981)
Sprung in die Ehe, Der (1923)
A: Reimann, Max; Schwartz, Otto
FT: Paprika (1959)
Spur der Steine (1964)
A: Neutsch, Erik
FT: Spur der Steine (1965/66)
Spy, The (1965)
A: Thomas, Paul
FT: Lautlose Waffen (1966)
Square of Sky and A Touch of Earth, A (1964) (*Ein Stück Himmel* 1981)
A: David, Janina
FT: Ein Stück Himmel (1982/86)
Square Root of Wonderful, The (1958)
A: McCullers, Carson
FT: Zurück, wo ich begann (1970)
Squeaker, The (1927) (*Der Zinker* 1948)
A: Wallace, Richard Horatio Edgar
FT: Der Zinker (1963)
Squirrel (1954)
A: Penzoldt, Ernst
FT: Squirrel (1955)
FT: Squirrel (1980)
St. Angela - Lehrjahre (1998)
A: Hofmann, Mariella
FT: St. Angela (1997-)
St. Angela - Liebe ist ansteckend (1999)
A: Hofmann, Mariella
FT: St. Angela (1997-)
St. Pauli Nacht (1993)
A: Göhre, Frank
FT: St. Pauli Nacht (1999)
St. Petri-Schnee (1933)
A: Perutz, Leo
FT: St. Petri-Schnee (1990)
Staatsangehörigkeit: griechisch (1978)
A: Schuster-Schmah, Sigrid
FT: Was heißt hier nach Hause? (1980)
Stadt aus Spaß, Die (1966)
A: Küchenmeister, Wera
FT: Die Welt aus Spaß (1979)
Stadt ist voller Geheimnisse, Die (1947)
A: Braun, Curt Johannes
FT: Die Stadt ist voller Geheimnisse (1954)
Stadtpark (1960)
A: Schubert, Hans
FT: Stadtpark (1951)
FT: Stadtpark (1963)
Stadttheater (1984)
A: Raab, Fritz
FT: Stadttheater (1985)
Stage Struck (1979)
A: Gray, Simon
FT: Theaterblut (1985)
Stalingrad (1945)
A: Plivier, Theodor
FT: Stalingrad (1963)
Stan Becker - echte Freunde (1999)
A: Friedrichs, Horst
FT: Stan Becker - echte Freunde (1999)
Stan und Ollie in Deutschland (1979)
A: Widmer, Urs
FT: Stan und Ollie in Deutschland (1981)
Stanconnyj Smotritel (1831) (*Der Postmeister* 1900)
A: Puschkin, Alexandr Sergejewitsch

FT: Dunja (1955)
FT: Der Posthalter (1976)
Standarte, Die (1934)
A: Lernet-Holenia, Alexander
FT: Die Standarte (1977)
Staramodnaja comedija (1976) (*Altmodische Komödie* 1977)
A: Arbusov, Aleksej Nikolaevič
FT: Altmodische Komödie (1979)
Starik: p'esa (1918) (*Der Alte: Szenen* 1974)
A: Gorkij, Maksim
FT: Der Alte (1967)
Starke Stamm, Der (1946)
A: Fleisser, Marieluise
FT: Der starke Stamm (1956)
Stärkere, Die
A: Linden, Christa
FT: Die Stärkere (1953)
Stärkere Leben, Das (1931)
A: Gluth, Oskar
FT: Das Erbe vom Pruggerhof (1955)
Starten Sie vor dem Schuß
A: Müller, Dieter
FT: Starten Sie vor dem Schuß (1978)
Stationschef Fallmerayer
A: Roth, Joseph
FT: Stationschef Fallmerayer (1976)
Stechlin, Der (1899)
A: Fontane, Theodor
FT: Der Stechlin (3 Teile) (1974/75)
Steckbrief eines Unerwünschten
A: Wallraff, Günther
FT: Steckbrief eines Unerwünschten (1975)
Stefanie oder Die liebenswerten Torheiten (1956)
A: Cetto, Gitta von
FT: Stefanie (1958)
Stell Dich mit den Schergen gut: Erinnerungen an die DDR (1984)
A: Thiemann, Ellen
FT: Red Heat - Unschuld in Ketten (1985)
Stella (1776)
A: Goethe, Johann Wolfgang von
FT: Stella (1954)
FT: Stella (1954)
FT: Stella (1966)
FT: Stella (1982)
FT: Stella (1982)
Stellenweise Glatteis (1975)
A: Grün, Max von der
FT: Stellenweise Glatteis (1975)
Stellvertreter, Der
A: Kunert, Günter
FT: Einer für alle (1990)
Steppenwolf, Der (1927)
A: Hesse, Hermann
FT: Steppenwolf (1974)
Sterben (1895)
A: Schnitzler, Arthur
FT: Sterben (1971)
Sterbetage (1988)
A: Kettenbach, Hans Werner
FT: Das Jahr der Schildkröte (1990)
Stern ohne Himmel (1978)
A: Ossowski, Leonie
FT: Stern ohne Himmel (1982)
Stern von Rio
A: Kohner, Frederick
FT: Stern von Rio (1955)
Sternbergs, Die (1999)
A: Kleint, Scarlett
FT: Die Sternbergs - Ärzte, Brüder, Leidenschaften (1999)
Sternsteinhof, Der (1885)
A: Anzengruber, Ludwig
FT: Sternsteinhof (1975)
Stier von Scapa Flow: Leben und Taten des U-Boot-Kommandanten Günther Prien, Der (1958)
A: Frank, Wolfgang
FT: U 47-Kapitänleutnant Prien (1958)
Stigma: eine Passion (1982)
A: Mitterer, Felix
FT: Tatort - Passion (2000)
Stille existenser (1886) (*Am Wege* 1898)
A: Bang, Hermann Joachim
FT: Am Wege (1975)
Stille Herr Genardy, Der (1993)
A: Hammesfahr, Petra
FT: Der stille Herr Genardy (1999)
Stille Nacht, heilige Nacht (1962)
A: Bayer, Konrad
FT: Ein heiliger Abend (1980)
Stille Ozean, Der (1980)
A: Roth, Gerhard
FT: Der stille Ozean (1982)
Stille unter dem Meer, Die (1993)
A: Löffler, Hans
FT: Abschied von Agnes (1994)
Stimmen von Marrakesch, Die (1967)
A: Canetti, Elias
FT: Die Stimmen von Marrakesch (1984)
Stine (1890)
A: Fontane, Theodor
FT: Stine (1967)
FT: Stine (1979)
Stine (1890) (Roman) und Irrungen, Wirrungen (1888)
A: Fontane, Theodor
FT: Das alte Lied (1945)
Stinkwut (1980)
A: Kusz, Fitzgerald
FT: Stinkwut (1986)

Stoff, aus dem die Träume sind, Der (1971)
A: Simmel, Johannes Mario
FT: Der Stoff, aus dem die Träume sind (1972)
Stolzer Hahn (1979)
A: Czerwenka, Rudi
FT: Stolzer Hahn (1979)
Stöpsel (1926)
A: Arnold, Franz; Bach, Ernst
FT: Adel verpflichtet zu nichts (1985)
Storia spezzata, La (1989) (*Sieg der Liebe* 1992)
A: Venturi, Maria
FT: Herzen im Sturm (1995)
Story of San Michele, The (1929) (*Das Buch von San Michele* 1931)
A: Munthe, Axel
FT: Axel Munthe, der Arzt von San Michele (1962)
Storyteller, The (1965) (*Der Geschichtenerzähler* 1977)
A: Highsmith, Patricia
FT: Der Geschichtenerzähler (1989)
Strafbatallion 999 (1959)
A: Konsalik, Heinz Günther (= Pahlen, Henry)
FT: Strafbatallion 999 (1960)
Strange Countess, The (1926) (*Die seltsame Gräfin* 1928)
A: Wallace, Richard Horatio Edgar
FT: Die seltsame Gräfin (1961)
Strange Days
A: Potter, Jennifer
FT: Fluchtpunkt Berlin (Flight to Berlin) (1983)
(*Straßenknotenpunkt*)
A: Levi, Paolo
FT: Straßenknotenpunkt (1955)
Strawberry Fields (1977) (*Strawberry Fields* 1977)
A: Poliakoff, Stephen
FT: Die doppelte Welt (1985)
Strecke, Die (1985)
A: Köpf, Gerhard
FT: Wallers letzter Gang (1988)
(*Streichquartett* 1950)
A: Szakall, Szöke (= Sakall, S. Z.)
FT: Streichquartett (1962)
FT: Streichquartett (1981)
Streit um den Sergeanten Grischa, Der (1927)
A: Zweig, Arnold
FT: Der Streit um den Sergeanten Grischa (1963)
FT: Der Streit um den Sergeanten Grischa (1968)
Strip-Tease (1961)
A: Mrozek, Slawomir
FT: Striptease (1963)
Stromer, Der
A: Mander, Mathias
FT: Der Stromer (1983)
Strudlhofstiege oder Melzer und die Tiefe der Jahre, Die (1951)
A: Doderer, Heimito von
FT: Melzer oder die Tiefe der Jahre (1987)
Struensee (1935)
A: Neumann, Robert
FT: Herrscher ohne Krone (1956)
Struwwelpeter, Der (1847)
A: Hoffmann, Heinrich
FT: Der Struwwelpeter (1954)
Stück Nacht trennt mich von dir, Ein
A: Brandmeier, Monika
FT: Ein Stück Nacht trennt mich von dir (1983)
Stud. Chem. Helene Willfüer (1929)
A: Baum, Vicki
FT: Studentin Helene Willfüer (1955)
Studenten von Berlin (1954)
A: Meichsner, Dieter
FT: Nachruf auf Jürgen Trahnke (1962)
Stühle des Herrn Szmil, Die (1958)
A: Kipphardt, Heinar
FT: Die Stühle des Herrn Szmil (1979)
Stumme, Der (1959)
A: Walther, Otto Friedrich
FT: Der Stumme (1976)
Stunde Aufenthalt, Eine (1973)
A: Holland-Moritz, Renate
FT: Eine Stunde Aufenthalt (1975)
Stunde der Antigone, Die (1960)
A: Hubalek, Claus
FT: Die Stunde der Antigone (1960)
Sturm am Wilden Kaiser
A: Klier, Heinrich E.
FT: Sturm am Wilden Kaiser (1963)
Sturm im Wasserglas (1930)
A: Frank, Bruno
FT: Sturm im Wasserglas (1955)
FT: Sturm im Wasserglas (1960)
FT: Sturm im Wasserglas (1969)
FT: Sturm im Wasserglas (1990)
Sturmwind im Westen (1896)
A: Holländer, Felix
FT: Regine oder Die Falle (1980)
Sturmzeit (1989)
A: Link, Charlotte
FT: Sturmzeit (1999)
Sturz, Der (1973)
A: Walser, Martin
FT: Der Sturz (1978)
Sturzflieger, Die (1994)
A: Beleites, Edith
FT: Die Sturzflieger (1995)
Subway Named Moebius, A
A: Deutsch, A. J.

FT: Moebius (1991)
Suchkind 312: Die Geschichte einer unerfüllten Liebe (1955)
A: Rhein, Eduard (= Hellmer, Klaus; Horster, Hans U.; Hulsen, Adrian)
FT: Suchkind 312 (1955)
Sud idet (1960) (dt. 1966)
A: Sinjavskij, Andrej D.
FT: Der Prozeß beginnt (1969)
Suddenly at Home (1973) (*Plötzlich und unerwartet* 1972)
A: Durbridge, Francis Henry
FT: Plötzlich und unerwartet (1985)
Sud (1953) (*Der Mann, der aus der Fremde kommt* 1953)
A: Green, Julien
FT: Süden (1972)
Südsee - eigene Insel (1999)
A: Friedrichs, Horst
FT: Südsee - eigene Insel (1999)
Sünde der Engel, Die (1996)
A: Link, Charlotte
FT: Die Sünde der Engel (1998)
Sünde zuviel, Eine (1966)
A: Konsalik, Heinz Günther (= Pahlen, Henry)
FT: Eine Lüge zuviel (1997)
FT: Eine Sünde zuviel (1997)
Sündenbock, Der (1955)
A: Rinser, Luise
FT: Der Sündenbock (1965)
Sündenfall, Der (1988)
A: Schulz, Helmut H.
FT: Verbotene Liebe (1989)
Sündige Dorf, Das (1932)
A: Ferner, Max (= Sommer, Max); Neal, Max
FT: Das sündige Dorf (1966)
FT: Das sündige Dorf (1974)
Sündige Herr Hanselmann, Der (1956)
A: Eicke, Doris
FT: Was macht Papa denn in Italien? (1961)
Sunshine Boys (1973)
A: Simon, Neil
FT: Sonny Boys (1982)
Superweib, Das (1994)
A: Lind, Hera
FT: Des Superweib (1995)
Surfeit of Smiths, A
A: Graham, John
FT: Jede Menge Schmidt (1989)
Sutnik (*Spaßmacher* 1967)
A: Rosow, Viktor
FT: Spaßmacher (1969)
Svatba snatkového podvodnika (1962) (*Der Heiratsschwindler heiratet* 1970)
A: Danek, Oldrich
FT: Der Heiratsschwindler heiratet (1966)
Svinedrenegen (*Der Schweinehirt*)
A: Andersen, Hans Christian
FT: Die Prinzessin und der Schweinehirt (1953)
FT: Die Prinzessin und der Schweinehirt (1970)
FT: Die Prinzessin und der Schweinehirt (1975)
Swedenhielms (1925) (*Der Nobelpreis* 1940)
A: Bergman, Hjalmar
FT: Der Nobelpreis (1959)
Swiss Conspiracy, The
A: Klenman, Norman (= Callaghan, Morley; Stanley, Michael)
FT: Per Saldo Mord (1980)
Syent Peter esernyöje (1895) (*Sankt Peters Regenschirm* 1898)
A: Mikszath, Kalman
FT: Sankt Peters Regenschirm (1971)
Sylter Novelle (1887)
A: Storm, Theodor
FT: Sylter Novelle (1983)
Sylvia - eine Klasse für sich (1998)
A: Friedrichs, Horst
FT: Sylvia - eine Klasse für sich (1998)
Système deux, Le (1955)
A: Neveux, Georges
FT: System II (1963)
Système Fabrizzi (1963) (*Das System Fabrizi*)
A: Husson, Albert
FT: Das System Fabrizi (1972)
Système Ribadier, Le (1892)
A: Feydeau, Georges
FT: System Ribadier (1981)
Szenen um Elsbet (1969)
A: Hey, Richard
FT: Szenen mit Elsbet (1971)
Tadellöser & Wolff (1971)
A: Kempowski, Walter
FT: Tadellöser & Wolff (1975)
Tadesse, warum?: Das kurze Leben eines äthiopischen Kindes in einem deutschen Dorf (1991)
A: Söhl, Irmhild
FT: Tadesse, warum? (1994)
Taenk pa ett tal (1968)
A: Bodelsen, Anders
FT: Der Amateur (1972)
Tag, an dem Anton nicht ankam, Der (1983)
A: Schreiber-Wicke, Edith
FT: Der Tag, an dem Anton nicht ankam (6 Teile) (1989)
Tag der offenen Tür (1966)
A: Herburger, Günter

FT: Tea Party (Teegesellschaft) (1968)
Teahouse of the August Moon (1952) (*Die Geishas des Käpt'n Fisby: Das kleine Teehaus* 1955)
A: Goggan, John Patrick (= Patrick, John); Sneider, Vern
FT: Die Geishas des Käpt'n Fisby (1953)
FT: Das kleine Teehaus (1967)
(*Tee mit dem Professor*)
A: Pilcher, Rosamunde
FT: Rosamunde Pilcher: Das Haus an der Küste (1996)
(*Teegebäck und Platzpatronen*)
A: Carmichael, Fred
FT: Teegebäck und Platzpatronen (1980)
Tell-Tale Heart (1840) (*Das verräterische Herz* 1914)
A: Poe, Edgar Allan
FT: Das verräterische Herz (1954)
FT: Das verräterische Herz (1961)
FT: Das verräterische Herz (1962)
FT: Das verräterische Herz (1979)
Tempel des Satans (1960)
A: Schreyer, Wolfgang
FT: Tempel des Satans (1962)
Tempest, The (1611) (*Der Sturm*)
A: Shakespeare, William
FT: Nichts als Sünde (1965)
Tenaille, Le (1975) (*Wenn eine Tote mit zwei Männern lebt* 1977)
A: Boileau, Pierre; Narcejac, Thomas
FT: Tote leben nicht allein (1990)
Tendres Cousines (1979) (*Zärtliche Cousinen*)
A: Lainé, Pascal
FT: Zärtliche Cousinen (1980)
Ten' (1940) (*Der Schatten* 1946)
A: Svarc, Evgenij L'Ovic
FT: Der Schatten (1963)
Teppich des Grauens, Der (1938)
A: Weinert-Wilton, Louis (= Weinert, Alois)
FT: Der Teppich des Grauens (1962)
Ter Fögi ische Souhung (1998)
A: Frank, Martin
FT: Der Traum vom schlafenden Hund (1998)
Terminus (1980) (*Abschied von Lucienne* 1982)
A: Boileau, Pierre; Narcejac, Thomas
FT: Rückfahrt in den Tod (1986)
Terrible People, The (1926) (*Die Bande des Schreckens* 1950)
A: Wallace, Richard Horatio Edgar
FT: Die Bande des Schreckens (1960)
Territorio commanche (1994)
A: Pérez-Reverte, Arturo
FT: Dem Tod auf der Spur (1997)
Terror, The (1929) (*Der unheimliche Mönch* 1957)
A: Wallace, Richard Horatio Edgar
FT: Der unheimliche Mönch (1965)
Terroristerna (1975) (*Die Terroristen* 1975)
A: Sjöwall, Maj; Wahlöö, Per
FT: Kommissar Beck: Stockholm Marathon (1994)
Testament, Le (1892) (*Die Erbschaft* 1896)
A: Maupassant, Guy de
FT: Die Erbschaft (1972)
FT: Die Erbschaft (1981)
Teufel ... Ein Totengespräch zwischen Lessing und Heine, Der
A: Jens, Walter
FT: Der Teufel lebt nicht mehr, mein Herr (1979)
(*Der Teufel fährt in der 3. Klasse*)
A: Bock, Christian
FT: Der Teufel fährt in der 3. Klasse (1954)
Teufel mit den drei goldenen Haaren, Der (1812)
A: Grimm, Jakob Ludwig Carl; Grimm, Wilhelm Carl
FT: Der Teufel mit den drei goldenen Haaren (1955)
FT: Wer reißt denn gleich vorm Teufel aus? (Der Teufel mit den drei goldenen Haaren) (1978)
FT: Die drei goldenen Haare des Sonnenkönigs (1985)
Teufel nebenan, Der (1939)
A: Kaus, Gina
FT: Teufel in Seide (1955)
Teufel stellt Mr. Darcy ein Bein, Der
A: Scheu, Just
FT: Dämonische Liebe (1950)
Teufels General, Des (1946)
A: Zuckmayer, Carl
FT: Des Teufels General (1954)
FT: Des Teufels General (1997)
Teufelsbraut, Die (1911)
A: Kranewitter, Franz
FT: Die Teufelsbraut (1966)
FT: Die Teufelsbraut (1977)
Teufelskreis, Der (1953)
A: Zinner, Hedda
FT: Der Teufelskreis (1956)
FT: Der Teufelskreis (1982)
Tewje der Milchiger (1894) (dt. 1921)
A: Scholem Aleichem (= Rabinowitz, Sholem Yakov)
FT: Tevye und seine Töchter (1962)
FT: Tevye und seine sieben Töchter (1967)

Theater in der kleinen Stadt (1959)
A: Hardel, Lilo
FT: Einmal die Luise sein (1983)
Théâtre et son double, Le (1938)
A: Artaud, Antonin
FT: Theater in Trance (1981)
Theatre (1937) (*Julia, du bist zauberhaft* 1966)
A: Bolton, Guy; Maugham, W. Somerset
FT: Bezaubernde Julia (1960)
FT: Julia, du bist zauberhaft (1961)
FT: Julia (1985)
Theodor Chindler (1936)
A: Brentano, Bernard von
FT: Theodor Chindler. Die Geschichte einer deutschen Familie (1979)
Thérèse Raquin (1867) (*Thérèse Raquin* 1884)
A: Zola, Émile
FT: Therese Raquin (1956)
FT: Therese Raquin (1966)
Thieves in the Night (1946) (*Diebe in der Nacht* 1949)
A: Koestler, Arthur
FT: Diebe in der Nacht (3 Teile) (1989)
Thieves, The
A: Salvati, John
FT: Diebinnen (1995)
Thing At The Door, The (1974) (*Hinter der Tür* 1978)
A: Slesar, Henry
FT: Der Tod kommt durch die Tür (1983)
Things as They Are or The Adventures of Caleb Williams (1790) (*Caleb Williams oder Die Dinge wie sie sind* 1931)
A: Godwin, William
FT: Tödliches Geheimnis (4 Teile) (1980)
Third Man, The (1950)
A: Greene, Graham
FT: Der dritte Mann (1949)
Thomas Müntzer. Der Mann mit der Regenbogenfahne (1953)
A: Wolf, Friedrich (Baetz, Christian; Rüedi, Hans; Dr. Isegrimm)
FT: Thomas Müntzer (1955/56)
Thor und der Tod, Der (1900)
A: Hofmannsthal, Hugo von
FT: Der Tor und der Tod (1974)
Thorstein
A: Bayer, Konrad
FT: Berg Berg (1972)
Three Men in a Boat (1889) (*Drei Mann in einem Boot* 1897)
A: Jerome, Jerome K.
FT: Drei Mann in einem Boot (1961)
Three Men on a Horse (1935) (*Drei Mann auf einem Pferd* 1947)
A: Abbott, George; Holm, John C.
FT: Drei Mann auf einem Pferd (1957)
FT: Drei Mann auf einem Pferd (1978)
Through Roses (1986)
A: Neikrug, Marc
FT: Zwischen Rosen (1996)
Thunderrock (1951) (*Leuchtfeuer*)
A: Ardrey, Robert
FT: Leuchtfeuer (1963)
Tiefer blauer See (1976)
A: Beseler, Horst
FT: Tiefer blauer See (1981)
Tierra Baja (1903) (*Tiefland* 1904)
A: Albert, Eugen d'; Guimerá, Angel; Lothar, Rudolf
FT: Tiefland (1954)
FT: Tiefland (1964)
Tierra roja (1963) (*Rote Erde*)
A: Sastre, Alfonso
FT: Rote Erde (1978)
Tiger Akbar, Der (1933)
A: Quindt, William
FT: Der Tiger Akbar (1950/51)
Tigerin: eine absonderliche Liebesgeschichte, Die (1925)
A: Serner, Walter (= Seligmann, Walter)
FT: Die Tigerin (1992)
Til und der Körnerdieb (1980)
A: Kühl, Barbara
FT: Mein Vater ist ein Dieb (1983)
Till Damaskus (1898) (*Nach Damaskus* 1919)
A: Strindberg, August
FT: Nach Damaskus (1966)
Till Eulenspiegel. Erzählung für den Film (1973)
A: Wolf, Christa
FT: Till Eulenspiegel (1974)
Tilleuls de Lautenbach, Les (1979) (*Die Linden von Lautenbach* 1983)
A: Egen, Jean
FT: Die Linden von Lautenbach (1982)
Tim Frazer Again (1964) (*Tim Frazer und der Fall Salinger* 1965)
A: Durbridge, Francis Henry
FT: Tim Frazer - Der Fall Salinger (1964)
Time and the Conways (1937) (*Die Zeit und die Conways* 1941)
A: Priestley, John Boynton
FT: Die Zeit und die Conways (1960)
FT: Die glücklichen Jahre der Thorwalds (1962)
Time of Day, A (1959) (*Es ist soweit* 1961)
A: Durbridge, Francis Henry

FT: Es ist soweit (1960)
Time to Kill (1979)
A: Darbon, Leslie
FT: Bereit zum Mord (1985)
Time to Speak (1959)
A: Rayman, Sylvia
FT: Das Haus im Nebel (1987)
Timm Thaler (1962)
A: Krüss, James
FT: Timm Thaler (1979)
Timon of Athens (1608)
A: Shakespeare, William
FT: Timon von Athen (1979)
Tingeltangel
A: Schubert, Hans
FT: Praterherzen (Tingeltangel) (1952)
Tinker's Wedding, The (1908) (*Die Kesselflickerhochzeit* 1964)
A: Synge, John Millington
FT: Kesselflickers Hochzeit (1972)
Tinko (1954)
A: Strittmatter, Erwin
FT: Tinko (1957)
Tintenspritzer
A: Spallart, Johannes von
FT: Eine alltägliche Geschichte (1945/48)
Tippfehler
A: Purucker, Willy A.
FT: Tippfehler (1981)
Tischlein deck' dich, Esel streck' dich ... (1812)
A: Grimm, Jakob Ludwig Carl; Grimm, Wilhelm Carl
FT: Tischlein deck' dich (1956)
FT: Tischlein deck' dich (1979)
To Hear a Nightingale (1988) (*Flieg mit dem Wind* 1991)
A: Bingham, Charlotte
FT: Rivalinnen der Liebe (Wer die Nachtigall hört) (1999)
To lathos (1965) (*Der Fehler* 1969)
A: Samarakis, Antonis
FT: Der dritte Grad (1974)
To The Devil - A Daughter (1953)
A: Wheatley, Dennis
FT: Die Braut des Satans (1975)
Tobias Knopp (1875)
A: Busch, Wilhelm
FT: Tobias Knopp, Abenteuer eines Junggesellen (1950)
Tobias Totz und sein Löwe (1982)
A: Rothkirch, Leonhard Graf von; Rothkirch, Thilo Graf von
FT: Tobias Totz und sein Löwe (1999)
Tochter des Delegierten, Die (1970)
A: Seghers, Anna
FT: Jozia - die Tochter des Delegierten (1979)
Tod des alten Mannes, Der (1983)
A: Richter, Egon
FT: Der Tod des alten Mannes (1984)
Tod des Empedokles, Der (1826)
A: Hölderlin, Friedrich
FT: Der Tod des Empedokles (1987)
FT: Die schwarze Sünde (1990)
Tod des Junggesellen, Der (1912)
A: Schnitzler, Arthur
FT: Tod des Junggesellen (1968)
Tod des Kleinbürgers, Der (1927)
A: Werfel, Franz
FT: Der Tod des Kleinbürgers (1974)
Tod im Elefantenhaus (1982)
A: Weissflog, Peter
FT: Tod im Elefantenhaus (1987)
Tod im roten Jaguar, Der (1968)
A: Cotton, Jerry (= Höber, Heinz-Werner; Müller, Heinz-Werner)
FT: Der Tod im roten Jaguar (1968)
Tod in der Flasche, Der
A: Smirnow, Viktor
FT: Der Tod in der Flasche (1973)
(*Tod in Sacre Coeur*)
A: Pézeril, Daniel
FT: Tod in Sacre Coeur (1987)
Tod in Venedig (1913)
A: Mann, Thomas
FT: Tod in Venedig (1971)
(*Der Tod ritt Dienstags*)
A: Barker, Ronald Ernest
FT: Der Tod ritt Dienstags (1967)
Tod zahlt mit Dukaten, Der (1964)
A: Held, Wolfgang
FT: Flucht ins Schweigen (1966)
Todesfuge, Die (1948)
A: Celan, Paul
FT: Die Todesfuge (1977)
Todesschüsse am Broadway (1967)
A: Cotton, Jerry (= Höber, Heinz-Werner; Müller, Heinz-Werner)
FT: Todesschüsse am Broadway (1968)
Todesspiel (1996)
A: Breloer, Heinrich
FT: Todesspiel (1997)
Tödliche Lüge, Die (1956)
A: Oelschlegel, Gerd
FT: Die tödliche Lüge (1956)
Tödlicher Freispruch: der erste Roman zur Serie im ZDF (1998)
A: Becker, Miriam
FT: Anwältin Lisa Falk: Eine Frau für alle Fälle (1997-98)
Tolle Bomberg, Der (1922)
A: Winckler, Josef
FT: Der tolle Bomberg (1957)
Tolle Invalide auf dem Fort Ratonneau, Der (1818)
A: Arnim, Achim von

FT: Lebenszeichen (1968)
Tolle Lola, Die (1922)
A: Benatzky, Ralph; Hirsch, Hugo; Kadelburg, Gustav; Rebner, Arthur
FT: Die tolle Lola (1954)
Toller (1968)
A: Dorst, Tankred
FT: Rotmord (1969)
Toller Hecht auf krummer Tour (1959)
A: Groß, Heinz; Schleinitz, Egon G.
FT: Toller Hecht auf krummer Tour (1961)
Tollste Tag, Der (1973)
A: Turrini, Peter
FT: Der tollste Tag (1983)
(*Tölpelhans*)
A: Andersen, Hans Christian
FT: Tölpelhans (1989)
Tomorrow (1903) (*Morgen* 1965)
A: Conrad, Joseph
FT: Morgen (1980)
Tonio Kröger (1914)
A: Mann, Thomas
FT: Tonio Kröger (1964)
Topaze (1928) (*Das große ABC* 1928)
A: Pagnol, Marcel
FT: Das große ABC (1957)
Torquato Tasso (1789)
A: Goethe, Johann Wolfgang von
FT: Torquato Tasso (1968)
Tösen från Stormyrtorpet (1913) (*Das Mädchen vom Moorhof* 1913)
A: Lagerlöf, Selma
FT: Das Mädchen vom Moorhof (1958)
Tote auf Urlaub (1952)
A: Dor, Milo
FT: Tote auf Urlaub (1980)
Tote Gabriel, Der (1912)
A: Schnitzler, Arthur
FT: Der tote Gabriel (1968)
Tote Onkel, Der (1967)
A: Marginter, Peter
FT: Der tote Onkel (1981)
Tote von Beverly Hills, Die (1951)
A: Goetz, Curt
FT: Die Tote von Beverly Hills (1964)
Toten bleiben jung, Die (1949)
A: Seghers, Anna
FT: Die Toten bleiben jung (1968)
Toten schweigen, Die (1898)
A: Schnitzler, Arthur
FT: Die Toten schweigen (1968)
Totenehrung, Die
A: Ambesser, Axel von
FT: Der Vorhang fällt (1986)
Toteninsel: Der Roman einer ausweglosen Liebe, Die (1951)
A: Rhein, Eduard (= Hellmer, Klaus; Horster, Hans U.; Hulsen, Adrian)
FT: Die Toteninsel (1955)
Totenschiff, Das (1926)
A: Traven, B. (Bruno) (= Marut, Ret; Maurhut, Richard; Torsvan, Traven)
FT: Das Totenschiff (1959)
Toter stoppt den 6 Uhr 10, Ein (1972)
A: Murr, Stefan
FT: Ein Toter stoppt den 6 Uhr 10 (1972)
Toter Taucher nimmt kein Gold, Ein (1973)
A: Konsalik, Heinz Günther (= Pahlen, Henry)
FT: Ein toter Taucher nimmt kein Gold (1974)
Touch of Fear, A
A: Durbridge, Francis Henry
FT: Tagebuch für einen Mörder (1988)
Touch of the Poet, A (1957) (*Fast ein Poet* 1959)
A: O'Neill, Eugene (Gladstone)
FT: Fast ein Poet (1961)
Tour de Nesle, La (1832) (*Der Turm von Nesle* 1833)
A: Dumas, Alexandre (père)
FT: Der Turm der verbotenen Liebe (1968)
Tour du monde en 80 jours, Le (1873) (*Die Reise um die Welt in achtzig Tagen* 1885)
A: Verne, Jules
FT: Reise um die Erde in 80 Tagen (1998)
Tovaritch (1934) (*Towàrisch* 1935)
A: Deval, Jacques
FT: Towarisch (1955)
FT: Towarisch (1961)
Trabant zu verkaufen
A: Pörschmann, Jürgen
FT: Trabant zu verkaufen (1981)
Tragarz puchu (1992) (*Der Federträger* 1992)
A: Janicki, Jerzy
FT: Der Daunenträger (1992)
(*Tragödie auf der Jagd*)
A: Čechov, Anton Pavlovič
FT: Tragödie auf der Jagd (1987)
Train de Venise, Le (1965) (*Rückfahrt von Venedig* 1965)
A: Simenon, Georges (= Sim, Georges; Aramis; Brulls, Christian)
FT: Rückfahrt von Venedig (1973)
Traitor, The (1949) (*Der Verräter* 1960)
A: Wouk, Herman
FT: Der Verräter (1956)
Traitor's Gate, The (1927) (*Das Verrätertor* 1951)
A: Wallace, Richard Horatio Edgar
FT: Das Verrätertor (1964)

Tränende Herzen (1977)
A: Steinwachs, Ginka
FT: Tränende Herzen (1980)
(*Die Transaktion*)
A: Mrozek, Slawomir
FT: Die Transaktion (1966)
Transit (1944)
A: Seghers, Anna
FT: Fluchtweg nach Marseille (1977)
Transmission
A: Cerda, Carlos
FT: Verzeihung, sehen Sie Fußball? (1983)
Transport, Der (1959)
A: Altendorf, Wolfgang
FT: Der Transport (1961)
Traum des Eroberers. Zar Alexander, Der (1951)
A: Schneider, Reinhold
FT: Die Abrechnung (1963)
Traum des Hauptmann Loy, Der (1956)
A: Schreyer, Wolfgang
FT: Der Traum des Hauptmann Loy (1961)
Traum vom Elch, Der (1983)
A: Otto, Herbert
FT: Der Traum vom Elch (1986)
Träume von Schale und Kern, Die (1890)
A: Nestroy, Johann Nepomuk
FT: Der Tritschtratsch-Müller, Kohlenbrenner und Sesselträger oder Die Träume von Schale und Kern (1960)
Traumfrau mit Nebenwirkungen (1996)
A: Fried, Amelie
FT: Traumfrau mit Nebenwirkungen (1998)
Traumnovelle (1926)
A: Schnitzler, Arthur
FT: Traumnovelle (1969)
FT: Eyes Wide Shut (1999)
Traumulus (1904)
A: Holz, Arno; Jerschke, Oskar
FT: Traumulus (1965)
Traurige Geschichte von Friedrich dem Grossen, Die (1958)
A: Mann, Heinrich
FT: Die traurige Geschichte von Friedrich dem Großen (1983)
Treasure Island (1883) (*Die Schatzinsel* 1897)
A: Stevenson, Robert Louis
FT: Die Schatzinsel (4 Teile) (1966/67)
FT: Space Pirates (1987)
Treffpunkt im Unendlichen (1932)
A: Mann, Klaus
FT: Treffpunkt im Unendlichen (1984)
Treibhaus, Das (1953)
A: Koeppen, Wolfgang
FT: Das Treibhaus (1986/1987)
Treibjagd: die Geschichte des Benjamin Holberg (1978)
A: Holzner, Michael
FT: Das Ende vom Anfang (1981)
Tremor of Forgery, The (1969) (*Das Zittern des Fälschers* 1970)
A: Highsmith, Patricia
FT: Trip nach Tunis (1993)
Trenck (1926)
A: Frank, Bruno
FT: Merkwürdige Lebensgeschichte des Friedrich Freiherrn von der Trenck (1972)
Trésor party (*Diamantenwirbel* 1964)
A: Régnier, Bernard
FT: Diamantenwirbel (1962)
Trest D. E. (1923) (*Trust D. E. oder die Geschichte vom Untergang Europas* 1925)
A: Ehrenburg, Ilja
FT: Europa abends (1990)
Treue (1979)
A: Schwarz, Manfred
FT: Treue (1979)
Treue Johannes, Der (1812)
A: Grimm, Jakob Ludwig Carl; Grimm, Wilhelm Carl
FT: Der treue Johannes (1988)
Treuer Diener seines Herrn, Ein (1830)
A: Grillparzer, Franz
FT: Ein treuer Diener seines Herrn (1967)
Tri sestry (1901) (*Drei Schwestern* 1902)
A: Čechov, Anton Pavlovič
FT: Drei Schwestern (1984)
FT: Fürchten und Lieben (1987)
Trial of Mary Dugan, The (1928) (*Der Prozeß Mary Dugan* 1928)
A: Veiller, Bayard
FT: Der Prozeß Mary Dugan (1956)
FT: Der Prozeß Mary Dugan (1960)
Trilltrall und seine Brüder. Ein Märchen nach Clemens Brentano (1927)
A: Ponto, Erich
FT: Trilltrall und seine Brüder (1965)
Trilogia della villeggiatura, La (*Sommerfrische*)
A: Goldoni, Carlo
FT: Die Sommerfrische (1965)
Trilogie des Wiedersehens (1976)
A: Strauß, Botho
FT: Trilogie des Wiedersehens (1978)
Trimmel hält ein Plädoyer (1976)
A: Werremeier, Friedhelm
FT: Trimmel hält ein Plädoyer (1976)
Trimmel und der Tulpendieb (1974)
A: Werremeier, Friedhelm
FT: Trimmel und der Tulpendieb (1976)
Trini (1954)
A: Renn, Ludwig

FT: Zwei Herren aus Verona (1966)
FT: Zwei Herren aus Verona (1966)

Two Men in Twenty (1964) (*Zwei von zwanzig* 1966)
A: Procter, Maurice
FT: Flucht aus London (1982)

Two of Them, The
A: Wallis, James Harold
FT: Yester - der Name stimmt doch? (1971)

Two Small Bodies (1980)
A: Bell, Neal
FT: Zwei Körper (1993)

Two Timers (*Zwischen der Zeit* 1960)
A: Bramble, Forbes
FT: Betrug der Zeiten (1967)

Über den Dörfern (1981)
A: Handke, Peter
FT: Über den Dörfern (1985)

Über 7 Brücken mußt du gehen (1978)
A: Richter, Egon
FT: Über 7 Brücken mußt du gehen (1978)

Überfahrt (1971)
A: Seghers, Anna
FT: Überfahrt (1984)

Überlebende, Die (1972)
A: David, Kurt
FT: Die Überlebende (1975)

Uli der Pächter (1849)
A: Gotthelf, Jeremias (= Bitzius, Albert)
FT: ... und ewig ruft die Heimat (1955)

Um die neunte Stunde oder Nikodemus und Simon (1950)
A: Schaper, Edzard
FT: Nikodemus (1955)

Um die neunte Stunde oder Nikodemus und Simon (1953)
A: Schaper, Edzard
FT: Simon (Um die neunte Stunde) (1954)

Um Null Uhr schnappt die Falle zu
A: Cotton, Jerry (= Höber, Heinz-Werner; Müller, Heinz-Werner)
FT: Um Null Uhr schnappt die Falle zu (1966)

Um Spaniens Freiheit (1946)
A: Gorrish, Walter
FT: Mich dürstet (1956)

Umsonst (1857)
A: Nestroy, Johann Nepomuk
FT: Umsonst (1967)

Unbekannte aus der Seine, Die (1933)
A: Horváth, Ödön von
FT: Die Unbekannte aus der Seine (1968)

Unbekannte Großvater, Der (1984)
A: Görlich, Günter
FT: Der unbekannte Großvater (1987)

Unberatenen, Die (1963)
A: Valentin, Thomas
FT: Ich bin ein Elefant, Madame (1968)

Unbestechliche, Der (1923)
A: Hofmannsthal, Hugo von
FT: Der Unbestechliche (1968)

(*Das unbewohnte Eiland*)
A: Dufresne, Auguste-Charles
FT: Das unbewohnte Eiland (1957)

Uncle Harry (1942) (*Onkel Harry* 1946)
A: Job, Thomas
FT: Onkel Harry (1962)

Uncle Silas (1864) (*Onkel Silas oder das verhängnisvolle Erbe* 1865)
A: Le Fanu, Joseph Sheridan
FT: Onkel Silas (1977)

Uncle Tom's Cabin (1852) (*Onkel Toms Hütte* 1938)
A: Stowe, Harriet Beecher
FT: Onkel Toms Hütte (1965)

Und abends nur noch Mondschein (1989)
A: Schoenle, Annemarie
FT: Herz über Kopf (1997)

Und die Toten läßt man ruhen (1990)
A: Kehrer, Jürgen
FT: Und die Toten läßt man ruhen (1995)

Und Jimmy ging zum Regenbogen (1970)
A: Simmel, Johannes Mario
FT: Und Jimmy ging zum Regenbogen (1971)

Und keiner weint mir nach (1969)
A: Sommer, Siegfried
FT: Und keiner weint mir nach (1995)

Und Pippa tanzt (1906)
A: Hauptmann, Gerhart
FT: Und Pippa tanzt (1961)

Und seine Tochter ist der Peter (1935)
A: Zellweker, Edith
FT: Seine Tochter ist der Peter (1955)

Und sie schämeten sich nicht: ein Zweitausend-Jahrbericht (1958)
A: Fernau, Joachim (= Forster, John)
FT: Komm nur, mein liebstes Vögelein (1968)

Und tschüß (1995)
A: Tanner, Peter
FT: Und tschüß (1995-)

... *und weiche keinen Finger breit* (1977)
A: Stamm, Alfred
FT: Die Katze läßt das Mausen nicht (1983)

Under Gemini (1976) (*Wechselspiel der Liebe* 1989)
A: Pilcher, Rosamunde
FT: Rosamunde Pilcher: Wechselspiel der Liebe (1994)

Understanding, The (1982)
A: Huth, Angela

FT: Spätes Erröten (1986)
Undine (1811)
A: Motte-Fouqué, Friedrich de la
FT: Undine 74 (1974)
FT: Undine (1991)
Unendliche Geschichte: von A bis Z, Die (1979)
A: Ende, Michael
FT: Die unendliche Geschichte (1983)
FT: Die unendliche Geschichte II (1988)
FT: Die unendliche Geschichte III
(*Die unentschuldigte Stunde*)
A: Békefi, István (Stephan); Stella, Adorján
FT: Die unentschuldigte Stunde (1957)
FT: Unentschuldigte Stunde (1957)
Unfisch, Der (1997)
A: Köhlmeier, Michael
FT: Der Unfisch (1997)
Unfried, Der (1888)
A: Ganghofer, Ludwig
FT: Der Unfried (1986)
Ungeduld des Herzens (1938)
A: Zweig, Stefan
FT: Ungeduld des Herzens (1979)
(*Das Ungeheuer von London City*)
A: Wallace, Bryan Edgar
FT: Das Ungeheuer von London City (1964)
Ungehorsame Frau, Eine (1994)
A: Schoenle, Annemarie
FT: Eine ungehorsame Frau (1998)
Ungeliebte Frau, Eine (1918)
A: Courths-Mahler, Hedwig
FT: Eine ungeliebte Frau (1974)
Unheilige Haus, Das (1947)
A: Naderer, Hans
FT: Hinter Klostermauern (1952)
Unheilige Sophia, Die (1974)
A: Panitz, Eberhard
FT: Die unheilige Sophia (2 Teile) (1975)
Unheimlich starker Abgang, Ein (1970)
A: Sommer, Harald
FT: Sonja schafft die Wirklichkeit ab oder Ein unheimlich starker Abgang (1973)
Unheimliche Schachpartie, Die (1949)
A: Hurk, Paul van der
FT: Der Unheimliche (1951)
Union der festen Hand (1931)
A: Dreger, Erik
FT: Union der festen Hand (2 Teile) (1979)
Unordnung und frühes Leid (1926)
A: Mann, Thomas
FT: Unordnung und frühes Leid (1976)
Unruhige Nacht (1950)
A: Goes, Albrecht
FT: Unruhige Nacht (1955)
FT: Unruhige Nacht (1958)
Unruhiger Sommer oder das Poetische der Utopie (1975)
A: Geiger, Franz
FT: Ein unruhiger Sommer (1980)
Uns geht's ja noch gold. Roman einer Familie; Im Block; Ein Haftbericht (1969); Ein Kapitel für sich (1975) (1972)
A: Kempowski, Walter
FT: Ein Kapitel für sich (3 Teile) (1979)
Unser Charly (1995)
A: Karallus, Thomas
FT: Unser Charly (1995)
Unser kleiner Trompeter (1961)
A: Gotsche, Otto
FT: Das Lied vom Trompeter (1964)
Unser Lehrer Dr. Specht: Willkommen auf Krähenwerder (1994)
A: Ulmer, Michael
FT: Unser Lehrer Dr. Specht (1994)
Unsichtbare Sammlung, Die (1946)
A: Zweig, Stefan
FT: Die unsichtbare Sammlung (1953)
Unsterbliche Antlitz, Das (1942)
A: Cziffra, Géza von
FT: Das unsterbliche Antlitz (1947)
Unsterbliche Lump, Der (1910)
A: Dörmann, Felix; Eysler, Edmund
FT: Der unsterbliche Lump (1953)
Unter Geiern (1892)
A: May, Karl Friedrich
FT: Unter Geiern (1964)
Unter Geschäftsaufsicht (1928)
A: Arnold, Franz; Bach, Ernst
FT: Der keusche Josef (1953)
Unter Mördern und Irren (1961)
A: Bachmann, Ingeborg
FT: Blaues Wild (1970)
Unterhaltungen deutscher Ausgewanderten (1798)
A: Goethe, Johann Wolfgang von
FT: Zwei kluge Männer und die Treue einer Frau (1973)
Unterm Birnbaum (1885)
A: Fontane, Theodor
FT: Der stumme Gast (1945)
FT: Unterm Birnbaum (1963)
FT: Unterm Birnbaum (1973)
Unternehmen JACOTOBI (1989)
A: Martin, Hansjörg
FT: Unternehmen Jacotobi (6 Teile) (1990)
Unternehmer (1970)
A: Ziem, Jochen
FT: Unternehmer (1970)
Untersuchung an Mädeln (1971)
A: Drach, Albert
FT: Untersuchung an Mädeln (1999)

Untertan, Der (1918)
A: Mann, Heinrich
FT: Der Untertan (1951)
Unvollendete Geschichte (1977)
A: Braun, Volker
FT: Der Verdacht (1991)
Unwiederbringlich (1891)
A: Fontane, Theodor
FT: Unwiederbringlich (1968)
Unwürdige Greisin, Die (1934)
A: Brecht, Bertolt
FT: Die unwürdige Greisin (1985)
Unwürdige Liebhaber, Der (1923)
A: Borchardt, Rudolf
FT: Der unwürdige Liebhaber (1980)
Unzertrennlichen, Die (1994)
A: Blobel, Brigitte
FT: Die Unzertrennlichen (1994)
Urlaub auf Ehrenwort; Geschichten um den Krieg (1937)
A: Koll, Kilian (= Bloem, Walter Julius)
FT: Urlaub auf Ehrenwort (1955)
Ursache, Die (1916)
A: Frank, Leonhard
FT: Der Mörder (1976)
FT: Die Ursache (1980)
Ursula
A: Börner, Klaus Erich; Keller, Gottfried
FT: Mädel von heute (Primanerinnen) (1951)
FT: Ursula (1978)
Urteil, Das (1960)
A: Gregor, Manfred (= Dietrich, Erwin C.)
FT: Stadt ohne Mitleid (Town without Pity) (1961)
Ut de Franzosentid (1859)
A: Reuter, Fritz
FT: Ut de Franzosentid (1983)
Ut de Franzosentid (1859)
A: Reuter, Fritz
FT: Aus der Franzosenzeit (1981)
Utz (1988) (*Utz* 1992)
A: Chatwin, Bruce
FT: Utz (1992)
V comme engeance (*Kaltes Fieber*)
A: Loustal, Jacques de; Topin, Tito
FT: Heiß - kalt (Kaltes Fieber) (1993)
V tupike (1924) (*In der Sackgasse* 1924)
A: Veresaev, Vikentij Vikent'evic
FT: In der Sackgasse (1982)
Va donc chez Tèrpe (1961)
A: Billetdoux, François
FT: Dann geh zu Thorp (1964)
(*Vagabund für fünf Tage* 1964)
A: Rjasanowa, Ekaterina
FT: Vagabund für 5 Tage (1972)
Vagabunden (1942)
A: Kay, Juliane
FT: Vagabunden der Liebe (1950)
Vaisseaux du coeur, Les (1988) (*Salz auf unserer Haut* 1989)
A: Groult, Benoîte
FT: Salz auf unserer Haut (1991)
Valentins Sündenfall
A: Löwinger, Gretl
FT: Valentins Sündenfall (1951)
Valnocha, der Koch (1950)
A: Jellinek, Oskar
FT: Valnocha, der Koch (1962)
Valse des toréadors, La (1952) (*Der Walzer des Toreros* 1957)
A: Anouilh, Jean
FT: Der Walzer des Toreros (1962)
(*Van der Valk und die Toten*)
A: Freeling, Nicolas
FT: Van der Valk und die Toten (1975)
Van Gogh (1966)
A: Matusche, Alfred
FT: Van Gogh (1969)
Variante Tramper (1984)
A: Möckel, Klaus
FT: Variante Tramper (1989)
Variété (1910)
A: Mann, Heinrich
FT: Variété (1985)
Vase, La (1962) (*Schlamm* 1962)
A: Ionesco, Eugène
FT: Schlamm (1971)
Vassilissa Malegyma (1927)
A: Kollontaj, Alexandra
FT: Rote Liebe (1980/82)
(*Vater braucht eine Frau*)
A: Bock, Christian
FT: Vater braucht eine Frau (1954)
Vater eines Mörders, Der (1980)
A: Andersch, Alfred
FT: Der Vater eines Mörders (1987)
Vater Mutter Mörderkind (1994)
A: Plenzdorf, Ulrich
FT: Vater Mutter Mörderkind (1993)
Vater Philipp (1954)
A: Rohkohl, Dieter
FT: Armer Vater Philipp (1954)
Vater sein dagegen sehr (1953)
A: Biernath, Horst
FT: Vater sein dagegen sehr (1957)
Vatertag (1996)
A: Beleites, Edith
FT: Irren ist männlich (1996)
Vecnyj muz (1870) (*Der ewige Gatte*)
A: Dostojewski, Feodor
FT: Der ewige Gatte (1969)
(*Das Veilchen*)
A: Molnár, Ferenc
FT: Das Veilchen (1968)

FT: Das Veilchen (1979)
Velbloud uchem jehly (1923) (*Das Kamel geht durch das Nadelöhr* 1929)
A: Langer, Frantisek
FT: Das Kamel geht durch das Nadelöhr (1960)
Veletrh splnených prání (1964) (*Die Messe der erfüllten Wünsche* 1966)
A: Paral, Vladimir
FT: Die Messe der erfüllten Wünsche (1971)
Venetian Door, The (*Die venezianische Tür* 1961)
A: Priestley, John Boynton
FT: Die venezianische Tür (1966)
Vengeance of Private Pooley, The (1956) (*Die Vergeltung des Soldaten Pooley* 1957)
A: Jolly, Cyril
FT: Der Schwur des Soldaten Pooley (1961)
Ventaglio, Il (1773) (*Der Fächer* 1875)
A: Goldoni, Carlo
FT: Der Fächer (1956)
Venus im Pelz (1870)
A: Sacher-Masoch, Leopold von (= Arand, Charlotte; Rodenbach, Zoë von)
FT: Venus im Pelz (1968)
Venus Observed (1950) (*Venus im Licht* 1951)
A: Fry, Christopher
FT: Venus im Licht (1960)
Venus von Tivoli, Die (1931)
A: Haggenmacher, Peter (= Welti, J.)
FT: Zwiespalt des Herzens (1953)
Vera Wesskamp: die Geschichte einer starken Frau (1993)
A: Brandenburg, Rainer
FT: Vera Wesskamp (1992)
Verantwortlicher entläßt einen Unverantwortlichen, Ein (1970)
A: Scharang, Michael
FT: Ein Verantwortlicher entläßt einen Unverantwortlichen (1971)
Verbrecher, Die (1929)
A: Bruckner, Ferdinand
FT: Die Verbrecher (1964)
Verdammt, er liebt mich (1992)
A: Schoenle, Annemarie
FT: Verdammt, er liebt mich (1995)
Verdammte, Der (1957)
A: Alexander, Patrick
FT: Der Verdammte (1957)
Verfehlung (1987)
A: Heiduczek, Werner
FT: Verfehlung (1991)
Verfolger, Der (1961)
A: Weisenborn, Günther
FT: Der Verfolger (1974)
Verfolgung und Ermordung Jean Paul Marats, Die (1965)
A: Weiss, Peter
FT: Die Verfolgung und Ermordung Jean Paul Marats (1967)
Vergeblichkeit der Erinnerungen
A: Richter, Egon
FT: Vergeblichkeit der Erinnerungen (1981)
Vergessene Gesichter (1952)
A: Jens, Walter
FT: Vergessene Gesichter (1953)
Vergnügliche Leben der Doktorin Löhnefink, Das (1934)
A: Beste, Konrad
FT: Dieser Mann gehört mir (1950)
Vergnügungsfahrt, Die (1969)
A: Diggelmann, Walter M.
FT: Oliver (1971)
Verhaftung des Johann Nepomuk Nestroy, Die (1998)
A: Turrini, Peter
FT: Die Verhaftung des Johann Nepomuk Nestroy (2000)
Vérité de minuit, La (1958) (*Nur einer wird leben* 1963)
A: Picot, André
FT: Nur einer wird leben (1966)
Verlobung in Hullerbusch (1969)
A: Wohlgemuth, Joachim
FT: Verlobung in Hullerbusch (1979)
Verlobung in San Domingo, Die (1810)
A: Kleist, Heinrich von
FT: San Domingo (1970)
Verlorene, Der (1950)
A: Lorre, Peter
FT: Der Verlorene (1951)
Verlorene, Der (1963)
A: Hirche, Peter
FT: Verlorenes Leben (1975)
Verlorene Ehre der Katharina Blum, Die (1974)
A: Böll, Heinrich
FT: Die verlorene Ehre der Katharina Blum (1975)
Verlöschende Feuer (1956)
A: Lange, Horst
FT: Die schwarze Sonne (1968)
Vermächtnis des Inka, Das (1895)
A: May, Karl Friedrich
FT: Das Vermächtnis des Inka (Viva Gringo) (1965)
Vernehmung der Zeugen (1986)
A: Meyer, Inge
FT: Vernehmung der Zeugen (1987)
Verrat ist kein Gesellschaftsspiel (1969)
A: Anderland, Raoul (= Rein, Rolf Dieter)
FT: Verrat ist kein Gesellschaftsspiel (1972)

Verre d'eau, ou les effets et les causes, Le (1840) (dt. 1841)
A: Scribe, Eugène
FT: Ein Glas Wasser (1958)
FT: Das Glas Wasser (1960)
Verrohung des Franz Blum, Die (1974)
A: Driest, Burkhard
FT: Die Verrohung des Franz Blum (1974)
(*Der verrückte Erfinder oder Wie sich das Leben des Konstantin Eduardowitsch Ziolkowski durch ...* 1973)
A: Rezac, Vaclav
FT: Die Sternstunde des Konstantin E. Ziolkowski (1977)
Versager, Der
A: Bennecke, Traudel
FT: Der Versager (1979)
Verschleppt (1987)
A: Lutzius, Franz
FT: Reise ohne Wiederkehr (1989)
Verschlossene Haus, Das (1948)
A: Braun, Curt Johannes
FT: Das seltsame Leben des Herrn Bruggs (1951)
Verschlossene Tür, Die (1958)
A: Hörschelmann, Fred von
FT: Die verschlossene Tür (1953)
Verschwender, Der (1834)
A: Raimund, Ferdinand
FT: Der Verschwender (1952)
FT: Der Verschwender (1957)
FT: Der Verschwender (1981)
Verschwörung des Fiesko zu Genua, Die (1783)
A: Schiller, Friedrich von
FT: Die Verschwörung des Fiesco zu Genua (1986)
Verschwundene Miniatur, Die (1936)
A: Kästner, Erich (= Bürger, Berthold)
FT: Die verschwundene Miniatur (1954)
FT: Die verschwundene Miniatur (1989)
Versetzung (1966)
A: Körner, Wolfgang
FT: Versetzung (1968)
Verspätung, Die (1961)
A: Hildesheimer, Wolfgang
FT: Die Verspätung (1969)
Versprechen, Das (1958)
A: Dürrenmatt, Friedrich
FT: Es geschah am hellichten Tag (1958)
FT: Es geschah am hellichten Tag (1996)
Versprich mir nichts (1936)
A: Rißmann, Charlotte
FT: Wenn eine Frau liebt (1950)
Versuchung, Die (1937) (*Lissy* 1954)
A: Weiskopf, Franz Carl
FT: Lissy (1957)
Vertagte Hochzeitsnacht, Die
A: Arnold, Franz; Bach, Ernst
FT: Zufall, alles Zufall oder Die vertagte Hochzeitsnacht (1972)
Vertagte Nacht, Die (1924)
A: Arnold, Franz; Bach, Ernst
FT: Die vertagte Nacht (1970)
FT: Die vertagte Hochzeitsnacht (1986)
Veruntreute Himmel, Der (1939)
A: Werfel, Franz
FT: Der veruntreute Himmel (1958)
FT: Der veruntreute Himmel (1958)
FT: Der veruntreute Himmel (1990)
Verwandelte Komödiant. Ein Spiel aus dem deutschen Rokokko, Der (1913)
A: Zweig, Stefan
FT: Der verwandelte Komödiant (1992)
Verwandlung, Die (1916)
A: Kafka, Franz
FT: Die Verwandlung (1975)
Verwandte und Bekannte (1943)
A: Bredel, Willi
FT: Verwandte und Bekannte (1974)
Verwirrung der Gefühle (1927)
A: Zweig, Stefan
FT: Verwirrung der Gefühle (1981)
Verwirrung um Inge (1947)
A: Nüchtern, Hans
FT: Wirbel um Irene (Irene in Nöten) (1953)
Verwirrungen des Zöglings Törless, Die (1906)
A: Musil, Robert
FT: Der junge Törless (1966)
Verzauberte Einbrecher, Der (1994)
A: Kozik, Christa
FT: Friedrich und der verzauberte Einbrecher (1996)
(*Die verzauberten Brüder* 1960)
A: Svarc, Evgenij L'Ovic
FT: Die verzauberten Brüder (1988)
Vesnie vody (1872) (*Frühlingsfluten* 1972)
A: Turgenev, Ivan
FT: Frühlingsfluten (1974)
Vi har det jo dejlist (1955) (*Das Paradies liegt auf der Straße* 1957)
A: Søeborg, Finn
FT: Siedlung Arkadien (1967)
Via Mala (1943)
A: Knittel, John
FT: Via Mala (1945)
FT: Via Mala (1961)
FT: Via Mala (1985)
Vibia Perpetua: Spiele zwischen Tag und Traum (1963)
A: Spiecker, Rochus
FT: Vibia Perpetua (1964)

Viceroy of Ouidah, The (1980) (*Der Vizekönig von Ouidah* 1982)
A: Chatwin, Bruce
FT: Cobra Verde (1987)
Victoria (1898) (dt. 1899)
A: Hamsun, Knut
FT: Victoria (1978)
Victoria (1898) (*Viktoria* 1899)
A: Hamsun, Knut
FT: Viktoria (1957)
Victory (1915) (*Sieg* 1927)
A: Conrad, Joseph
FT: Des Teufels Paradies (1989)
Vida es sueño, La (1636) (*Das Leben ein Traum* 1812)
A: Calderón de la Barca, Pedro
FT: Das Leben ein Traum (1963)
Vie comme neuve, Une (1953) (*Der Rückfall* 1990)
A: Simenon, Georges (= Sim, Georges; Aramis; Brulls, Christian)
FT: Das zweite Leben (1990)
Vie en miettes, La (1972) (*Das Leben ein Alptraum* 1974)
A: Boileau, Pierre; Narcejac, Thomas
FT: Das Leben ein Alptraum (1990)
Vie imaginaire de l'éboueur Auguste Geai, La (1961) (*Das imaginäre Leben des Straßenkehrers Auguste G.* 1963)
A: Gatti, Armand
FT: Das imaginäre Leben des Straßenkehrers Auguste G. (1968)
Viehjud Levi (1984)
A: Strittmatter, Thomas
FT: Viehjud Levi (1998)
Viele heißen Kain (1950)
A: Neumann, Alfred
FT: Viele heißen Kain (1967)
Vielgeliebte, Die (1979)
A: Mauthe, Jörg
FT: Die Geschichte einer Vielgeliebten (1982)
Vier allesammen tossede
A: Stenthoft, Aage
FT: Die Ente klingelt um 1/2 8 (1968)
Vier heitere Geschichten
A: Reinecker, Herbert
FT: ... es ist die Liebe (1979)
Vier Männer und ein Pokerspiel oder Zuviel Glück ist kein Glück (1926)
A: Brecht, Bertolt
FT: Vier Männer und ein Pokerspiel (1968)
Vier Schlüssel (1962)
A: Schaeffer, Max Pierre
FT: Vier Schlüssel (1965)
Vier Tage unentschuldigt (1971)
A: Küpper, Heinz
FT: Vier Tage unentschuldigt (1964)
Vierte Gebot, Das (1878)
A: Anzengruber, Ludwig
FT: Das vierte Gebot (Der Weg abwärts) (1950)
FT: Das vierte Gebot (1964)
Vierte Platz, Der (1962)
A: Mönnich, Horst
FT: Der vierte Platz (1969)
Vierundzwanzig Stunden aus dem Leben einer Frau (1946)
A: Zweig, Stefan
FT: Vierundzwanzig Stunden aus dem Leben einer Frau (1965)
FT: Vierundzwanzig Stunden aus dem Leben einer Frau (1967)
View from the Bridge, A (1955) (*Blick von der Brücke* 1956)
A: Miller, Arthur
FT: Blick von der Brücke (1967)
Vigies, Les
A: Baldi, Claude
FT: Und hätte die Liebe nicht (1959)
Viktoria und ihr Husar (1930)
A: Abraham, Paul
FT: Viktoria und ihr Husar (1954)
Vildanden (1884) (*Die Wildente* 1887)
A: Ibsen, Henrik
FT: Die Wildente (1961)
FT: Die Wildente (1976)
Village Wooing on the Rocks (1934) (*Ländliche Werbung* 1934)
A: Shaw, George Bernard
FT: Ländliche Werbung (1961)
Vinegar Tree, The (1931) (*Erinnerst Du Dich* 1949)
A: Osborn, Paul
FT: Erinnerst Du dich? (Familienleben) (1961)
Vino e pane (1955) (*Brot und Wein* 1936)
A: Silone, Ignazio
FT: Acht Tage in den Bergen (1987)
Vinsent van Gog
A: Gansowski, Sewr S.
FT: Besuch bei van Gogh (1985)
Viola Tricolor (1874)
A: Storm, Theodor
FT: Ich werde dich auf Händen tragen (1958)
Visages de l'ombre, Les (1953) (*Die Gesichter des Schattens* 1961)
A: Boileau, Pierre; Narcejac, Thomas
FT: Gesichter des Schattens (1984)
Visit to a Small Planet (1957) (*Besuch auf einem kleinen Planeten* 1970)
A: Vidal, Gore
FT: Besuch auf einem kleinen Planeten (1971)
Visnevyj sad (1904) (*Der Kirschgarten* 1960)
A: Čechov, Anton Pavlovič

FT: Der Kirschgarten (1981)
Vita interiore, La (1978) (*Desideria* 1979)
A: Moravia, Alberto
FT: Desideria (1980)
Vital Signs (1985) (*Herzflimmern* 1992)
A: Wood, Barbara
FT: Herzflimmern (1998)
Vlast t'my (1886) (*Die Macht der Finsternis* 1890)
A: Tolstoj, Leo
FT: Die Macht der Finsternis (1959)
FT: Die Macht der Finsternis (1978)
Vogel Greif, Der (1812)
A: Grimm, Jakob Ludwig Carl; Grimm, Wilhelm Carl
FT: Der Hasenhüter (1976)
Vogelhändler, Der (1891)
A: Held, Ludwig; West, Moritz; Zeller, Carl
FT: Der Vogelhändler (1953)
FT: Der Vogelhändler (1968)
Voice of the Turtle, The (1943) (*Das Lied der Taube* 1951)
A: Druten, John William van
FT: Lied der Taube (1953)
Voices in Summer (1984) (*Wolken am Horizont* 1994)
A: Pilcher, Rosamunde
FT: Rosamunde Pilcher: Wolken am Horizont (1995)
Voie sauvage, La (1974)
A: Odier, Daniel
FT: Lichtjahre entfernt (Les années lumière) (1981)
Voix humaine, La (1930) (*Die geliebte Stimme* 1933)
A: Cocteau, Jean
FT: Die geliebte Stimme (1960)
Volets verts, Les (1950) (*Die grünen Fensterläden* 1953)
A: Simenon, Georges (= Sim, Georges; Aramis; Brulls, Christian)
FT: Die grünen Fensterläden (1987)
Voleur d'enfants, Le (1926) (*Der Kinderdieb* 1949)
A: Supervielle, Jules
FT: Der Kinderdieb (1966)
Volki i ovcy (1875) (*Wölfe und Schafe* 1950)
A: Ostrovskij, Aleksandr N.
FT: Wölfe und Schafe (1971)
Vollendung des Königs Henri Quatre, Die (1938)
A: Mann, Heinrich
FT: Heinrich, der gute König (1979)
Vom Rhein zur Mapimi (1924)
A: May, Karl Friedrich
FT: Die Pyramide des Sonnengottes (Les Mercenaires du Rio Grande) (1965)
Von Gewalt keine Rede: zwei Erzählungen (1992)
A: Ossowski, Leonie
FT: Von Gewalt keine Rede (1990)
Von heute auf morgen (1930)
A: Schönberg, Arnold
FT: Von heute auf morgen (1997)
Von Liebe reden wir später (1954)
A: Braun, Frank F.
FT: Von Liebe reden wir später (1952/53)
Von Travnicek bis Hinterholz 8 (2000)
A: Düringer, Roland
FT: Hinterholz 8 (1998)
Von zwölf bis zwölf (1956)
A: Stahl, Hermann
FT: Von zwölf bis zwölf (1956)
Vor dem Sturm (1878)
A: Fontane, Theodor
FT: Vor dem Sturm (1984)
Vor den Vätern sterben die Söhne (1977)
A: Brasch, Thomas
FT: Vor den Vätern sterben die Söhne (1981)
Vor Himmelskörpern wird gewarnt
A: Gütt, Jürgen
FT: Vor Himmelskörpern wird gewarnt (1959)
Vor Rehen wird gewarnt (1952)
A: Baum, Vicki
FT: Liebe (1956)
Vor Sonnenaufgang (1889)
A: Hauptmann, Gerhart
FT: Vor Sonnenaufgang (1979)
Vor Sonnenuntergang (1889)
A: Hauptmann, Gerhart
FT: Vor Sonnenuntergang (1956)
Vorbild, Das (1980)
A: Wolfgruber, Gernot
FT: Das Vorbild (1980)
(*Der Vorgang* 1970)
A: Mnačko, Ladislav
FT: Der Vorgang (1973)
(*Die vorletzte Schlacht*)
A: Molnár, Ferenc
FT: Die vorletzte Schlacht (1977)
Vorsicht, Jaczek schießt sofort (1975)
A: Murr, Stefan
FT: Flieder für Jaczek (1977)
Vorspiel auf dem Theater (1806)
A: Goethe, Johann Wolfgang von
FT: Vorspiel auf dem Theater (1951)
Vorstadtkrokodile, Die (1976)
A: Grün, Max von der
FT: Die Vorstadtkrokodile (1978)
Vorübergehend verstorben (1996)
A: Klugmann, Norbert
FT: Vorübergehend verstorben (1997)
Voruntersuchung (1930)
A: Alsberg, Max; Hesse, Otto Ernst

FT: Die Voruntersuchung (1967)
Vos souhaits, A (1977) (*Gesundheit, Monsieur* 1981)
A: Chesnot, Pierre
FT: Wohl bekomm's (1982)
Voskresenie (1901) (*Auferstehung* 1899)
A: Tolstoj, Leo
FT: Auferstehung (1958)
Voulez vous jouer avec moi? (1924) (dt. 1925)
A: Achard, Marcel
FT: Darf ich mitspielen? Ein Zirkusspiel (1958)
Voyage de M. Perrichon, Le (1860) (*Die Reise des Herrn Perrichon* 1955)
A: Labiche, Eugène-Marin; Martin, Edouard
FT: Die Reise des Herrn Perrichon (1967)
Voyageurs, Les (1964)
A: Deval, Jacques
FT: Auf einem Bahnhof bei Dijon (1965)
(*Der Voyeur* 1978)
A: MacShane, Mark
FT: Der Voyeur (1999)
Vuk: allatregeny (1965) (*Der schlaue Fuchs* 1968)
A: Fekete, István
FT: Wuk, der Fuchs (1981)
Vulkan, Der (1939)
A: Mann, Klaus
FT: Der Vulkan (1998)
Vyrozumeni (1965) (*Die Benachrichtigung* 1967)
A: Havel, Václav
FT: Die Benachrichtigung (1968)
Waarst doch in Kentucky blieben (1999)
A: Kling, Ulla
FT: Wärst' doch in Kentucky blieben (1999)
Waffe, Die
A: Katschew, Kamen
FT: Die Waffe (1974)
Wahlverwandtschaften, Die (1809)
A: Goethe, Johann Wolfgang von
FT: Die Wahlverwandtschaften (1974)
FT: Tagebuch (1975)
FT: Die Wahlverwandtschaften (1981)
FT: Tarot (1985)
FT: Die Wahlverwandtschaften (Le Affinità elettive) (1996)
Wahn - oder Der Teufel in Boston (1948)
A: Feuchtwanger, Lion
FT: Wahn - oder Der Teufel in Boston (1965)
Wahre Geschichte vom wiederhergestellten Kreuz, Die (1943)
A: Werfel, Franz
FT: Die wahre Geschichte vom geschändeten und wiederhergestellten Kreuz (1963)
Wahre Jakob, Der (1925)
A: Arnold, Franz; Bach, Ernst
FT: Eine Nacht im Séparée (1949)
FT: Der wahre Jakob (1960)
FT: Der wahre Jakob (1965)
FT: Der wahre Jakob (1988)
Während der Stromsperre (1948)
A: Waterstradt, Berta
FT: Die Buntkarierten (1949)
Während der Verlobung wirft einer einen Hering an die Decke (1988)
A: Ziegler, Hilde
FT: Je nach dem, wie der Wind weht, hört man die Glocken von Basel oder die Schüsse im Elsass (1990)
Wald, Der
A: Kopacke, Werner
FT: Der Wald (1996)
Waldfrieden (1917)
A: Thoma, Ludwig
FT: Waldfrieden (1962)
FT: Waldfrieden (1973)
FT: Waldfrieden (1984)
Waldfriedhof
A: Herburger, Günter
FT: Abschied (1967)
Waldheimat (1877)
A: Rosegger, Peter (= P. K. = Kettenfeier, Petri)
FT: Waldheimat (1983)
Waldrausch (1908)
A: Ganghofer, Ludwig
FT: Waldrausch (1962)
FT: Waldrausch (1977)
Waldwinkel (1875)
A: Storm, Theodor
FT: Waldwinkel (1979)
Waldwinter (1902)
A: Keller, Gottfried
FT: Waldwinter (1956)
Walk on the Water (1963)
A: Stoppard, Tom
FT: Der Spleen des George Riley (1965)
FT: Der Spleen des George Riley (1983)
Wallenstein (1973)
A: Mann, Golo
FT: Wallenstein (1978)
Wallensteins Lager; Die Piccolomini; Wallensteins Tod (1799)
A: Schiller, Friedrich von
FT: Wallenstein I & II (1962)
FT: Wallenstein (1987)
Walsche, Die (1982)
A: Zoderer, Joseph
FT: Die Walsche (1986)
Wälsungenblut (1921)
A: Mann, Thomas

FT: Der Weibsteufel (1951)
FT: Der Weibsteufel (1966)
Weichselkirschen (1976)
A: Ossowski, Leonie
FT: Weichselkirschen (1980)
Weihnachtsballade (1965)
A: Mack, Lorenz
FT: Die Trompete (1967)
Weihnachtsgans Auguste, Die (1951)
A: Wolf, Friedrich (Baetz, Christian; Rüedi, Hans; Dr. Isegrimm)
FT: Die Weihnachtsgans (1979)
FT: Die Weihnachtsgans Auguste (1988)
Weinverkostung (1993)
A: Schirmer, Bernd
FT: Viel Spaß mit meiner Frau (1997)
Weißbuch in Sachen Adam Jurácek, Professor für Leibeserziehung und Zeichnen an der Pädagogischen Lehranstalt in K., kontra Sir Isaac Newton, Professor für Physik an der Universität Cambridge (1970)
A: Kohout, Pavel
FT: Der aufsehnerregende Fall des Studienrats Adam Juracek (1976)
Weiße Pest, Die (1926)
A: ZurMühlen, Hermynia
FT: Drachensaat (1990)
Weiße Spinne, Die (1938)
A: Weinert-Wilton, Louis (= Weinert, Alois)
FT: Die weiße Spinne (1963)
Weiße Stadt, Die (1969)
A: Dor, Milo
FT: Die weiße Stadt (1974)
Weise von Liebe und Tod des Cornets Christoph Rilke, Die (1906)
A: Rilke, Rainer Maria
FT: Der Cornet (1955)
Weiße Wolke Carolin (1980)
A: Meyer, Klaus; Schuppan, Ingrid
FT: Weiße Wolke Carolin (1985)
Weisse Taube oder Das nasse Dreieck, Die (1978)
A: Nagel, Otto
FT: Es geht einer vor die Hunde (1983)
Weite Land, Das (1911)
A: Schnitzler, Arthur
FT: Das Leben beginnt morgen (1970)
FT: Das weite Land (1986)
Weiter Weg, Ein (1948)
A: Wurmbrand, Irmgard
FT: Vergiß, wenn du kannst (1956)
Weltuntergang in Berlin
A: Trolle, Lothar
FT: Weltuntergang in Berlin (1980)
Wenn de Hahn kreiht (1933)
A: Hinrichs, August
FT: Wenn der Hahn kräht (1976)
FT: Wenn der Hahn kräht (1985)
FT: Wenn der Hahn kreiht (1985)
FT: Wenn der Hahn kräht (1993)
Wenn der weiße Flieder wieder blüht (1928)
A: Doelle, Franz; Rotter, Fritz Friedrich
FT: Wenn der weiße Flieder wieder blüht (1953)
Wenn die kleinen Veilchen blühen (1932)
A: Hardt-Warden, Bruno; Stolz, Robert; Wiener, Hugo
FT: Wenn die kleinen Veilchen blühen (1985)
Wenn du bloß kein Engel wärst
A: Lorbeer, Inge
FT: Wenn du bloß kein Engel wärst (1984)
Wenn es Rosen sind, werden sie blühen (1950)
A: Edschmid, Kasimir
FT: Friede den Hütten! Krieg den Palästen! (1970)
FT: Eine deutsche Revolution (1981)
Wenn ich kein Vogel wär (1990)
A: Kuczynski, Rita
FT: Zwischen Pankow und Zehlendorf (1990/91)
Wenn sie morgen kommen (1977)
A: Honegger, Arthur
FT: Der ungebetene Gast (1981)
Wenn wir alle Engel wären (1936)
A: Spoerl, Heinrich
FT: Wenn wir alle Engel wären (1956)
Wer einmal aus dem Blechnapf frißt (1934)
A: Fallada, Hans
FT: Wer einmal aus dem Blechnapf frißt (1962)
Wer glaubt schon an den Weihnachtsmann
A: Bloehmer, Klaus; Heim, Peter
FT: Die Frühreifen (1957)
Wer ist denn Wuttke
A: Ender, Roland
FT: Wer ist denn Wuttke (1984)
Wer ist der Nächste?
A: Asmodi, Herbert
FT: Wer ist der Nächste? (1970)
Wer stirbt schon gerne unter Palmen (1972)
A: Konsalik, Heinz Günther (= Pahlen, Henry)
FT: Wer stirbt schon gerne unter Palmen (1974)
Wer war Edgar Allan? (1977)
A: Rosei, Peter
FT: Wer war Edgar Allan? (1984)
Werner - beinhart! (1990)
A: Brösel (= Feldmann, Rötger)

FT: Werner - Beinhart! (1990)
Werner - Volles Rooäää!!!: Fäkalstau in Knöllerup (1999)
A: Brösel (= Feldmann, Rötger)
FT: Werner - Volles Rooäää!!! (1999)
Westminster-Gong, Der
A: Kent, Alexander
FT: Der Westminster-Gong (1990)
Wetter veränderlich (1931)
A: Gürster, Eugen
FT: Wetter veränderlich (1962)
When a Child Kills: Abused Children Who Kill Their Parents (1991) (*Wenn Kinder töten: acht erschütternde Fallgeschichten von mißbrauchten Kindern, die ...* 1993)
A: Mones, Paul A.
FT: Der Pakt - Wenn Kinder töten (1996)
When Hitler Stole Pink Rabbit (1971) (*Als Hitler das rosa Kaninchen stahl* 1973)
A: Kerr, Judith
FT: Als Hitler das rosa Kaninchen stahl (1978)
When Strangers Meet (1956)
A: Bloomfield, Robert
FT: Einer frißt den anderen (1963)
When the Gangs Came to London (1932) (*Gangster in London* 1956)
A: Wallace, Richard Horatio Edgar
FT: Das Rätsel der roten Orchidee (1962)
When We Are Married (1938) (*Man müßte verheiratet sein* 1985)
A: Priestley, John Boynton
FT: Wenn wir verheiratet sind (1982)
Whipping Boy, The (1986) (*Prinz Flegel: fast ein Märchen* 1989)
A: Fleischmann, Sid
FT: Der Prinz und der Prügelknabe (1994)
Whisper into My Good Ear (1963) (*Komm, flüstere in mein gutes Ohr*)
A: Hanley, William
FT: Komm, flüstere in mein gutes Ohr (1969)
Whispering Death, The (1969)
A: Carney, Daniel
FT: Der flüsternde Tod (1975)
White Hare, The (1936) (*Der weiße Hase* 1972)
A: Stuart, Francis
FT: Moondance (1994)
Whole Truth, The (1956)
A: Mackie, Philip
FT: Unerwartet verschied (1961)
Whoopsa-Daisy (1968)
A: Waterhouse, Keith
FT: Leute gibt's (1982)
Why Not Stay for Breakfast? (1974) (*Bleib doch zum Frühstück* 1972)
A: Cooney, Ray; Stone, Gene
FT: Bleib doch zum Frühstück (1990)
Widerstand und Verfolgung: am Beispiel Passaus 1933 - 1939 (1983)
A: Rosmus-Wenninger, Anja
FT: Das schreckliche Mädchen (1990)
Widowers' Houses (1898) (*Die Häuser des Herrn Sartorius* 1911)
A: Shaw, George Bernard
FT: Die Häuser des Herrn Sartorius (1965)
Widows - Erst die Ehe, dann das Vergnügen (1998)
A: Beleites, Edith
FT: Widows - Erst die Ehe, dann das Vergnügen (1998)
Wie andere Leute auch (1982)
A: Brüning, Elfriede
FT: Wie andere Leute auch (1985)
Wie Anne Bäbi Jowäger haushaltet und wie es mit dem Doktern geht (1844)
A: Gotthelf, Jeremias (= Bitzius, Albert)
FT: Anne Bäbi Jowäger - I. Teil: Wie Jakobli zu einer Frau kommt (1960)
FT: Anne Bäbi Jowäger - II. Teil: Jakobli und Meyeli (1962)
Wie Böhmen noch bei Österreich war
A: Melísek, Jirí
FT: Wie Böhmen noch bei Österreich war (1981)
Wie ein Sturmwind (1954)
A: Rhein, Eduard (= Hellmer, Klaus; Horster, Hans U.; Hulsen, Adrian)
FT: Wie ein Sturmwind (1956)
Wie ein Vogel im Schwarm (1984)
A: Sakowski, Helmut
FT: Wie ein Vogel im Schwarm (1990)
Wie eine Träne im Ozean (1961)
A: Sperber, Manès
FT: Wie eine Träne im Ozean (1970)
Wie einst im Mai (1914)
A: Bernauer, Rudolf
FT: Wie einst im Mai (1961)
Wie führe ich eine Ehe? (1940)
A: Ambesser, Axel von
FT: Wie führe ich eine Ehe? (1956)
Wie im Paradies oder Ein gnadenloser Tag im Leben des Alois B.
A: Sengmüller, Franz Xaver
FT: Wie im Paradies oder Ein gnadenloser Tag im Leben des Alois B.
Wie kommt Salz ins Meer? (1977)
A: Schwaiger, Brigitte
FT: Wie kommt Salz ins Meer? (1988)
Wie soll sich eine Frau entscheiden
A: Schloßarek, Erich

FT: Wie soll sich eine Frau entscheiden (1978)
Wie Uli der Knecht glücklich wird (1841)
A: Gotthelf, Jeremias (= Bitzius, Albert)
FT: Uli der Knecht (1954)
Wiedergänger (1984)
A: Riedel, Helga
FT: Tote leben länger (1990)
(*Das Wiedersehen*)
A: Simonov, Konstantin M.
FT: Anja (1971)
Wielki tydzien (1945) (*Warschauer Karwoche* 1964)
A: Andrzejewski, Jerzy
FT: Die Karwoche (1995)
Wiener Klatsch: 6 Einakter (1974)
A: Auernheimer, Raoul
FT: Wiener Klatsch (1984)
Wiesenhendl, 's (1963)
A: Herzmanovsky-Orlando, Fritz Ritter von
FT: 's Wiesenhendl (1968)
Wild Geese (1925) (*Der Ruf der Wildgänse* 1926)
A: Ostenso, Martha
FT: Ruf der Wildgänse (1961)
Wild Mountain Thyme (1978) (*Wilder Thymian* 1993)
A: Pilcher, Rosamunde
FT: Rosamunde Pilcher: Wilder Thymian (1994)
Wildbach (1993)
A: Buchwieser, Andreas
FT: Wildbach (1993-)
Wilde Hilde, Die (1985)
A: Kling, Ulla
FT: Die wilde Hilde (1995)
Wilde Zeiten (1997)
A: Seidl, Gerhard
FT: Wilde Zeiten (1997)
Wilden Kinder, Die (1984)
A: Helfer, Monika
FT: Die wilden Kinder (1988)
Wildes Blut (1968)
A: Fischer, Marie-Louise
FT: Peter und Sabine (1968)
Wildfeuer (1991)
A: Baier, Jo
FT: Wildfeuer (1991)
Wildwechsel (1971)
A: Kroetz, Franz Xaver
FT: Wildwechsel (1972)
Wilhelm Meisters Lehrjahre (1795)
A: Goethe, Johann Wolfgang von
FT: Falsche Bewegung (1975)
FT: Wilhelm Meisters theatralische Sendung (2 Teile) (1982)
Wilhelm Tell (1804)
A: Schiller, Friedrich von
FT: Wilhelm Tell (1955)
FT: Berge in Flammen (1960)
Wilhelm Tell
A: Tschudi, Fridolin
FT: Wilhelm Tell - Flammende Berge (1960)
Willkommen in Mergenthal
A: Brühl, Hans
FT: Ja, so ist das mit der Liebe (1954)
(*Wind der Hoffnung*)
A: Pilcher, Rosamunde
FT: Rosamunde Pilcher: Wind der Hoffnung (1997)
Wind stirbt vor dem Dschungel, Der (1961)
A: Thürk, Harry
FT: Das Mädchen aus dem Dschungel (3 Teile) (1964)
Wind von Südost (1979)
A: Habeck, Fritz
FT: Wind von Südost (2 Teile) (1985)
Winner, The (1954)
A: Rice, Elmer
FT: Die Beklagte (1958)
Winnetou I - III (1893)
A: May, Karl Friedrich
FT: Old Shatterhand (1963)
FT: Winnetou I (1963)
FT: Winnetou und das Halbblut Apanatschi (1966)
FT: Winnetou und Shatterhand im Tal der Toten (1968)
FT: Winnetou ou le Mescalero (1979)
Winnetou II (1893)
A: May, Karl Friedrich
FT: Winnetou II (1964)
Winnetou III (1893)
A: May, Karl Friedrich
FT: Winnetou III (1965)
Winslow Boy, The (1946) (*Kadett Winslow* 1949)
A: Rattigan, Terence
FT: Der Fall Winslow (1955)
FT: Der Fall Winslow (1961)
Winston-Affair, The (1959) (*Die Affäre Winston* 1960)
A: Fast, Howard Melvin
FT: Die Affäre Winston (1976)
Winter Beach, The (1981) (*Winterlicher Strand*)
A: Wilhelm, Kate
FT: Dem Tod auf der Spur (1988)
FT: Ich will leben (1990)
Winter, der ein Sommer war, Der (1972)
A: Paretti, Sandra
FT: Der Winter, der ein Sommer war (3 Teile) (1976)
Winterkühle Hochzeitsreise (1933)
A: Daniger, Margot

FT: Ich hab mich so an dich gewöhnt (1952)
Winterlegende
A: Busson, Paul
FT: Winterlegende (1984)
Winternachtsabenteuer, Das (1965)
A: Kupsch, Joachim
FT: Hauptmann Florian von der Mühle (1969)
Winter's Tale, The (1610) (*Wintermärchen*)
A: Shakespeare, William
FT: Ein Wintermärchen (1965)
Winterschlacht, Die (1953)
A: Becher, Johannes R.
FT: Die Winterschlacht (1963)
Winterspelt (1974)
A: Andersch, Alfred
FT: Winterspelt 1944 (1978)
Wir gerufen haben, Die (1964)
A: Lolland, Jörg
FT: Gerhard Langhammer und die Freiheit (1967)
Wir Kinder vom Bahnhof Zoo: Chrstiane F. (1978)
A: Hermann, Kai; Rieck, Horst
FT: Christiane F.: Wir Kinder vom Bahnhof Zoo (1981)
Wir können auch anders ... (1993)
A: Kahl, Ernst
FT: Wir können auch anders ... (1993)
Wir pfeifen auf den Gurkenkönig (1972)
A: Nöstlinger, Christine
FT: Wir pfeifen auf den Gurkenkönig (1976)
Wir sind doch keine lahmen Enten (1978)
A: Neubert, Horst
FT: Wir sind doch keine lahmen Enten (1988)
Wir sind Utopia (1943)
A: Andres, Stefan
FT: Gottes Utopia (1955)
FT: Wir sind Utopia (1976)
FT: Wir sind Utopia (1987)
Wir werden ihn Mischa nennen
A: Mini, Harald
FT: Wir werden ihn Mischa nennen (1986)
Wir Wunderkinder (1957)
A: Hartung, Hugo
FT: Wir Wunderkinder (1958)
Wirkliche Blau, Das (1967)
A: Seghers, Anna
FT: Das wirkliche Blau (1986)
Wirtshaus im Spessart, Das (1828)
A: Hauff, Wilhelm
FT: Das Wirtshaus im Spessart (1957)
FT: Das Spukschloß im Spessart (1960)
Witte Wyandotten (1963)
A: Hansen, Konrad
FT: Weiße Wyandotten (1965)
Wittiber, Der (1911)
A: Thoma, Ludwig
FT: Der Wittiber (1962)
FT: Der Wittiber (1975)
Witwe Capet, Die (1956)
A: Feuchtwanger, Lion
FT: Die Witwe Capet (1984)
(*Wo andere schweigen*)
A: Schatrow, Michail Filipovic
FT: Wo andere schweigen (1984)
Wo warst du heute Nacht, Caroline
A: Hagnet, Andre
FT: Wo warst du heute Nacht, Caroline (1980)
(*Eine wohltemperierte Ehe*)
A: Wahlgren, Anna (= Feldt, Anna)
FT: Eine wohltemperierte Ehe (1974)
(*Wohlverdiente Ruhe*)
A: Petkevicius, Vytautas
FT: Wohlverdiente Ruhe (1976)
Wohnung mit Telefon
A: Will, Peter
FT: Die gestundete Zeit (1989)
Wolf und die sieben Geißlein, Der (1812)
A: Grimm, Jakob Ludwig Carl; Grimm, Wilhelm Carl
FT: Der Wolf und die sieben Geißlein (1957)
FT: Der Wolf und die sieben Geißlein (1977)
Wolf unter Wölfen (1937)
A: Fallada, Hans
FT: Wolf unter Wölfen (1965)
Wolffs Revier: Russisches Roulette (Bd. 1) (1998)
A: Friedrichs, Horst
FT: Wolffs Revier (1993-)
Wolken ein Stück näher, Den (1971)
A: Görlich, Günter
FT: Den Wolken ein Stück näher (1973)
Wolken sind fliehendes Wasser (1970)
A: Kasper, Hans
FT: Mitteilungen über eine Schuld (1972)
Wolkenschaf, Das (1959)
A: Klemke, Werner; Rodrian, Fred
FT: Zirri - Das Wolkenschaf (1992)
Woman in White, The (1860) (dt. 1965)
A: Collins, Wilkie
FT: Die Frau in Weiß (3 Teile) (1971)
Woman of No Importance, A (1894) (*Eine Frau ohne Bedeutung* 1894)
A: Wilde, Oscar
FT: Eine Frau ohne Bedeutung (1964)
Women, The (1966)
A: Boothe, Claire
FT: Frauen in New York (1977)

Wooden Dish, The (1950) (*Die hölzerne Schüssel* 1956)
A: Morris, Edmund
FT: Die hölzerne Schüssel (1956)
FT: Die Familie (1960)
FT: Die hölzerne Schüssel (1965)
World in my Pocket, The (1958) (*An einem Freitag um halb zwölf* 1973)
A: Chase, James Hadley
FT: An einem Freitag um halb zwölf (1961)
World of Tim Frazer, The (1962) (*Tim Frazer* 1963)
A: Durbridge, Francis Henry
FT: Tim Frazer (1963)
World that Summer, The (1959) (*Die Welt in jenem Sommer* 1960)
A: Muller, Robert (= Bornheim, Wolfgang)
FT: Die Welt in jenem Sommer (1980)
Wovon wir leben und woran wir sterben (1958)
A: Eisenreich, Herbert
FT: Wovon wir leben und woran wir sterben (1960)
Woyzeck (1850)
A: Büchner, Georg
FT: Wozzek (1947)
FT: Woyzeck (1962)
FT: Woyzek (1964)
FT: Woyzeck (1966)
FT: Woyzek (1971)
FT: Woyzeck (1978)
FT: Wodzeck (1983/84)
Wrath of Fu Manchu, The (1973)
A: Rohmer, Sax (= Ward, Arthur Sarsfield)
FT: Die Rache des Dr. Fu Man Chu (1966)
(*Der wunderbare Schatz*)
A: Maljarevski, Pavel G.
FT: Der wunderbare Schatz (1972)
Wunderbaren Jahre, Die (1976)
A: Kunze, Reiner
FT: Die wunderbaren Jahre (1979)
Wunderjahre: Hannas Geschichte (1991)
A: Herfurtner, Rudolf
FT: Wunderjahre (1992)
Wunnigel (1879)
A: Raabe, Wilhelm
FT: Wunnigel (1978)
Wunschlos tot
A: Steingötter, Bert
FT: Wunschlos tot (1987)
Wupper, Die (1909)
A: Lasker-Schüler, Else
FT: Die Wupper (1985)
Wygnani z raju (1961)
A: Kolakowski, Leszek
FT: Eingang und Ausgang (1970)
Y a encore des noisetiers, Il (1969) (*Der Haselnußstrauch* 1970)
A: Simenon, Georges (= Sim, Georges; Aramis; Brulls, Christian)
FT: Es gibt noch Haselnußsträucher (1983)
Y qué ago yo en este pais donde todas las gatos son rubios (*Blonder Tango* 1983)
A: Saavedra Santis, Omar
FT: Blonder Tango (1986)
Yellow Snake, The (1926) (*Die gelbe Schlange* 1951)
A: Wallace, Richard Horatio Edgar
FT: Der Fluch der gelben Schlange (1962)
Yer demir, gok bakir (1963)
A: Yasar Kemal
FT: Eisenerde, Kupferhimmel (1990)
Yerma (1935) (dt. 1953)
A: García Lorca, Federico
FT: Yerma (1984)
You Can't Go Home Again (1940) (*Es führt kein Weg zurück* 1942)
A: Wolfe, Thomas
FT: Erinnerung an einen Sommer in Berlin (1972)
You Have Yourself a Deal (1966) (*Schwarze Perle aus Peking* 1967)
A: Chase, James Hadley
FT: Die Blonde von Peking (1966)
You Never Can Tell (1898) (*Man kann nie wissen* 1926)
A: Shaw, George Bernard
FT: Man kann nie wissen (1963)
You're Out Of My Mind (*Die Traumfrau* 1977)
A: Marsh, Reginald
FT: Die Traumfrau (1978)
Yvette (1883) (*Yvette* 1921)
A: Maupassant, Guy de
FT: Madame und ihre Nichte (1969)
Yvonne (1958)
A: Petersen, Jan
FT: Yvonne (1980)
Z for Zachariah (1974) (*Z wie Zacharias* 1977)
A: O'Brien, Robert C.
FT: Z wie Zacharias (1985)
Z siedmioletnej wojny (1875) (*Aus dem siebenjährigen Krieg* 1953)
A: Kraszewski, Jozef I. (= Boleslawita, Bohdan)
FT: Sachsens Glanz und Preußens Gloria (4 Teile) (1985)
Zahl bar, wenn du kannst (1978)
A: Nowak, Claus
FT: Zahl bar, wenn du kannst (1982)
Zahltag, Der (1975)
A: Jessen, Joachim

FT: ... und dann ist Zahltag (1976)
Zamek (1964)
A: Klíma, Ivan
FT: Ein Schloß (1966)
Zapfenstreich, Der (1903)
A: Beyerlein, Franz Adam
FT: Der große Zapfenstreich (1952)
Zappler, Der (1974)
A: Klee, Ernst
FT: Der Zappler (1982)
Zar und Zimmermann (1837)
A: Lortzing, Albert
FT: Zar und Zimmermann (1955)
Zauberbaum: Die Entstehung der Psychoanalyse im Jahr 1785. Epischer Versuch zur Philosophie der Psychologie, Der (1985)
A: Sloterdijk, Peter
FT: Der Zauberbaum (1988)
Zauberberg, Der (1924)
A: Mann, Thomas
FT: Der Zauberberg (1981)
Zauberflöte, Die (1791)
A: Mozart, Wolfgang Amadeus; Schikaneder, Emanuel
FT: Die kleine Zauberflöte (1998)
Zauberfrau, Die (1995)
A: Lind, Hera
FT: Die Zauberfrau (1998)
(*Eine zauberhafte Erbschaft*)
A: Rezac, Vaclav
FT: Eine zauberhafte Erbschaft (1986)
Zehn Jahre später (1954)
A: Rücker, Günther
FT: Zehn Jahre später (1954)
Zehn kleine Negerlein (1954)
A: Köhler-Rechnitz, Inka
FT: Zehn kleine Negerlein (1954)
Zeit der Einsamkeit, Die (1950)
A: Hermlin, Stephan
FT: Die Zeit der Einsamkeit (1984)
Zeit der Schuldlosen, Die (1962)
A: Lenz, Siegfried
FT: Zeit der Schuldlosen (1962)
FT: Die Zeit der Schuldlosen (1964)
Zeit der Störche (1966)
A: Otto, Herbert
FT: Zeit der Störche (1970)
(*Zeit für Liebe* 1963)
A: Kataev, Valentin P.
FT: Valentin Katajews chirurgische Eingriffe in das Seelenleben des ... (1967)
Zeit zu leben Zeit zu sterben (1954)
A: Remarque, Erich Maria (= Remark, Erich Paul)
FT: Der letzte Akt (1955)
Zeit zum Aufstehen: eine Familienchronik (1975)
A: Kühn, August (= Münch, Helmut)
FT: Zeit zum Aufstehen (1981)
Zelle, Die (1968)
A: Bienek, Horst; Grabner, Hasso
FT: Die Zelle (1971)
FT: Auftrag für M+S (1977)
Zement (1925)
A: Gladkov, Fedor Vasiljevic
FT: Zement (1973)
Zerbrochene Haus, Das (1982)
A: Krüger, Horst
FT: Das zerbrochene Haus (1984)
Zerbrochene Krug, Der (1811)
A: Kleist, Heinrich von
FT: Der zerbrochene Krug (1959)
FT: Der zerbrochene Krug (1965)
FT: Jungfer, sie gefällt mir (1968)
FT: Der zerbrochene Krug (1978)
FT: Der zerbrochene Krug (1990)
FT: Der zerbrochene Krug (1990)
Zerrissene, Der (1845)
A: Nestroy, Johann Nepomuk
FT: Der Zerrissene (1963)
Zertanzten Schuhe, Die (1812)
A: Grimm, Jakob Ludwig Carl; Grimm, Wilhelm Carl
FT: Die zertanzten Schuhe (1977)
(*Zieh den Stecker raus, das Wasser kocht* 1968)
A: Kishon, Ephraim
FT: Zieh den Stecker raus, das Wasser kocht (1985)
Zigeunerbaron, Der (1885)
A: Jokai, Maurus; Schnitzer, Igor; Strauß, Johann
FT: Der Zigeunerbaron (1954)
FT: Der Zigeunerbaron (1962)
Zillejören
A: Ristock, Inge
FT: Zillejören (1988)
Zimmer 777 (1983)
A: Axt, Maria
FT: Whopper-Punch 777 (1988)
Zimmerschlacht (1967)
A: Walser, Martin
FT: Zimmerschlacht (1969)
Zirkuskinder: Aus dem Leben von zwei Artistenkindern (1948)
A: Schumacher, Tony
FT: Zirkuskinder (1986)
Zivoj trup (1900) (*Der lebende Leichnam* 1911)
A: Tolstoj, Leo
FT: Der lebende Leichnam (1981)
Zobelpelz, Der
A: Lichtenberg, Wilhelm
FT: Großstadtnacht (1949)

Zölestine
A: Eckhardt, Fritz
FT: Zölestine (1958)
Zolotoj teleonk (1931) (*Das goldene Kalb* 1946)
A: Il'f, Il'ja; Petrov, Evgenij
FT: Das Glück liegt auf der Straße (1957)
Zopf und Schwert (1844)
A: Gutzkow, Karl Ferdinand
FT: Die preußische Heirat (1974)
Ztizená moznost soustredení (1969)
A: Havel, Václav
FT: Erschwerte Möglichkeit der Konzentration (1970)
Zu einem Mord gehören zwei (1971)
A: -ky (= Bosetzky, Horst)
FT: Zu einem Mord gehören zwei (1973)
Zu klein in einer großen Welt
A: Bollinger, Max
FT: Zu klein in einer großen Welt (1979)
Zu Lasten der Briefträger (1974)
A: Brandstätter, Alois
FT: Zu Lasten der Briefträger (1984)
Zu treuen Händen (1950)
A: Kästner, Erich (= Bürger, Berthold)
FT: Liebe will gelernt sein (1962)
Zucker (1989)
A: Erler, Rainer
FT: Zucker (1989)
Zucker für die Affen : ein dreiteiliger Gala-Abend; exemplarische Ausflüge mit unterschiedlichen Dominanten (1969)
A: Menge, Wolfgang
FT: Zucker für die Affen (1969)
(*Ein Zug nach Manhattan*)
A: Chayefsky, Paddy
FT: Ein Zug nach Manhattan (1981)
Zug nach Süden (1989)
A: Huber, Leopold
FT: Vater, lieber Vater (1994)
Zuhaus in fremden Betten (1977)
A: Borgelt, Hans
FT: Zuhaus in fremden Betten (1981)
Zum Frühstück zwei Männer (1962)
A: Wittlinger, Karl
FT: Zum Frühstück zwei Männer (1981)
Zündschnüre (1973)
A: Degenhardt, Franz-Josef
FT: Zündschnüre (1974)
Zur schönen Aussicht (1969)
A: Horváth, Ödön von
FT: Zur schönen Aussicht (1972)
Züricher Verlobung, Die (1955)
A: Noack, Barbara
FT: Die Züricher Verlobung (1956/57)
Zuschlag, Der (1970)
A: Böll, Heinrich
FT: Der Zuschlag (1973)
Zwangsjacke, Die (1978)
A: Horbelt, Rainer
FT: Die Zwangsjacke (1976)
20. Juli, Der (1947)
A: Lernet-Holenia, Alexander
FT: Land, das meine Sprache spricht (1959)
20. Juli, Der (1947)
A: Lernet-Holenia, Alexander
FT: Das andere Leben (1948)
Zwei alte Hasen (1994)
A: Gößling, Andreas; Martinek, Krystian; Riedel, Neithardt
FT: Zwei alte Hasen (1994)
Zwei Betten in der hohen Tatra
A: Palm, Peter
FT: Zwei Betten in der hohen Tatra (1978)
Zwei blaue Augen
A: Cziffra, Géza von
FT: Der falsche Adam (1955)
Zwei Briefe an Pospischiel (1968)
A: Grün, Max von der
FT: Zwei Briefe an Pospischiel (1970)
FT: Zwei Briefe an Pospischiel (1971)
Zwei Girls vom roten Stern (1965)
A: Norden, Peter
FT: Zwei Girls vom roten Stern (1965)
(*Zwei Gitarren*)
A: Semitjov, Volodja
FT: Alle Tage ist kein Sonntag (1959)
Zwei Herzen und ein Thron
A: Taupe, Joe
FT: Zwei Herzen und ein Thron (1955)
Zwei Krawatten (1930)
A: Kaiser, Georg
FT: Zwei Krawatten (1961)
Zwei leere Stühle (1979)
A: Neutsch, Erik
FT: Zwei leere Stühle (1987)
2 Männer, 2 Frauen - 4 Probleme (1998)
A: Beleites, Edith
FT: 2 Männer, 2 Frauen - 4 Probleme!? (1998)
Zwei Menschen (1911)
A: Voß, Richard
FT: Zwei Menschen (1952)
(*Zwei Schwestern*)
A: Pilcher, Rosamunde
FT: Rosamunde Pilcher: Zwei Schwestern (1994)
Zweikampf, Der
A: Caspari, Carlheinz
FT: Der Zweikampf (1967)
Zweikampf, Der (1810)
A: Kleist, Heinrich von
FT: Der Zweikampf (1971)
(*Die zweite Ermordung des Hundes*)
A: Hlasko, Marek

Maximilian Schell: Geschichten aus dem Wiener Wald, 1978

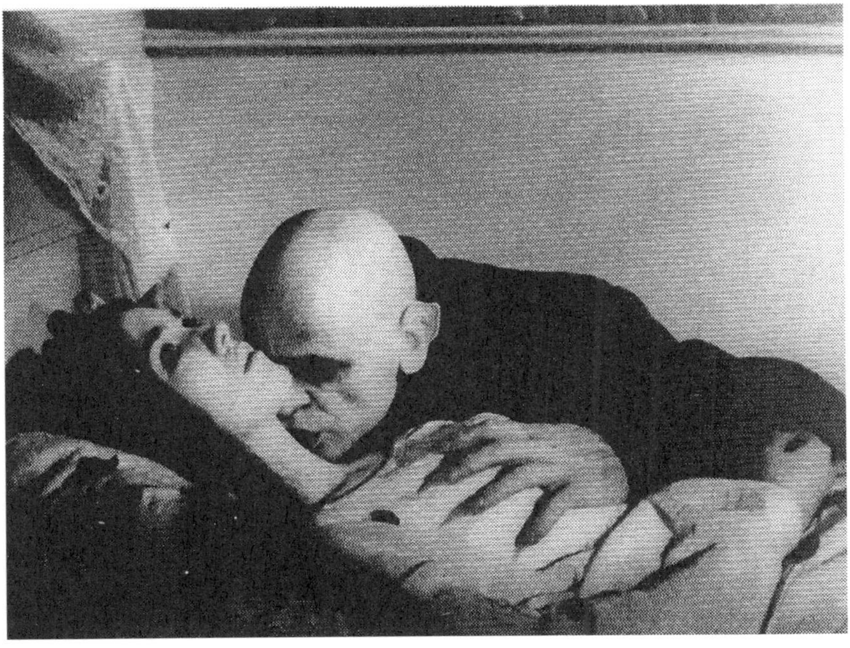

Werner Herzog: Nosferatu, 1978

Filmtitel

Ab mit dir ins Vaterland (1980)
R: Flick, Horst G.; A: Raab, Fritz
BT: *Ab mit dir ins Vaterland* (1977)
Ab nach Nazareth (1984)
R: Dahlen, Armin; A: Bartos-Höppner, Barbara
Abend, eine Nacht, ein Morgen, Ein (1974)
R: Cremer, Ludwig; A: Härtling, Peter
BT: *Ein Abend, eine Nacht, ein Morgen* (1971)
Abends Kammermusik (1965)
R: Cremer, Ludwig; A: Hey, Richard
BT: *Jeden Abend Kammermusik* (1961)
Abendstunde im Spätherbst (1960)
R: Noelte, Rudolf; A: Dürrenmatt, Friedrich
BT: *Herr Korbes empfängt* (1957)
Abendstunde im Spätherbst (1960)
R: Burckhardt, Roger; A: Dürrenmatt, Friedrich
BT: *Herr Korbes empfängt* (1957)
Abendstunde im Spätherbst (1988)
R: Everding, August; A: Dürrenmatt, Friedrich
BT: *Herr Korbes empfängt* (1957)
Abenteuer aus dem englischen Garten (1982)
R: Saad, Margit; A: Fleisser, Marieluise
BT: *Abenteuer aus dem englischen Garten* (1969)
Abenteuer des braven Soldaten Schwejk, Die (1957)
R: Verhoeven, Paul; A: Hašek, Jaroslav
BT: *Osudy dobreho vojaka Švejka ya svetove valky* (1921) (*Die Abenteuer des braven Soldaten Schwejk* 1926)
Abenteuer des braven Soldaten Schwejk, Die (1967)
R: Dunkhase, Heinz; A: Hašek, Jaroslav
BT: *Osudy dobreho vojaka Švejka ya svetove valky* (1921) (*Die Abenteuer des braven Soldaten Schwejk* 1926)
Abenteuer des braven Soldaten Schwejk, Die (1972)
R: Liebeneiner, Wolfgang; A: Hašek, Jaroslav
BT: *Osudy dobreho vojaka Švejka ya svetove valky* (1921) (*Die Abenteuer des braven Soldaten Schwejk* 1926)
Abenteuer des Werner Holt, Die (1964)
R: Kunert, Joachim; A: Noll, Dieter
BT: *Die Abenteuer des Werner Holt* (1960)
Abenteuer einer Seele, Karoline von Günderrode, 1770-1806 (1984)
R: Richter, Jochen; A: Günderrode, Karoline von; Wolf, Christa
BT: *Karoline von Günderrode, Der Schatten eines Traumes* (1979)
Abenteuer eines armen Christenmenschen, Das (1971)
R: Umgelter, Fritz; A: Silone, Ignazio
BT: *L'avventura d'un povero Cristiano* (1968) (*Das Abenteuer eines armen Christen* 1969)
Abenteuer eines Sommers (1974)
R: Pfandler, Helmut; A: Sacher-Masoch, Alexander von
BT: *Abenteuer eines Sommers* (1948)
Abenteuer in einem russischen Hotelzimmer (1981)
R: Schirk, Heinz; A: Vampilow, Alexander Valentinowitsch
BT: (*Abenteuer in einem russischen Hotelzimmer*)
Abenteuer in Norfolk. Eine mystische Kriminalgeschichte (1961)
R: Hess, Joachim; A: Allan, A.J.
Abenteuer in Wien (Gefährliches Abenteuer) (1952)
R: Reinert, Emil Edwin; A: Lernet-Holenia, Alexander
BT: *Ich war Jack Mortimer* (1933)
Abenteurer wider Willen (1985)
R: Unger, Michael; A: Kellner, Wolfgang
BT: *Abenteurer wider Willen: die wechselvolle Jugend des Heinz Stielke* (1984)
Abgehauen (1998)
R: Beyer, Frank; A: Krug, Manfred
BT: *Abgehauen* (1996)
Abgehört (1984)
R: Sydow, Rolf von; A: Ustinov, Peter
Abgeordnete von Bompignac, Der (1977)
R: Preen, Joachim; A: Bisson, Alexandre
BT: *Le député de Bompignac* (1884)

Abgründige in Herrn Gerstenberg, Das (1966)
R: Ambesser, Axel von; A: Ambesser, Axel von
BT: *Das Abgründige in Herrn Gerstenberg* (1946)
Abituriententag (1974)
R: Itzenplitz, Eberhard; A: Werfel, Franz
BT: *Der Abituriententag* (1928)
Abiturientin, Die (1958)
R: Marischka, Georg; A: Fodor, Ladislas (Laszlo)
Abrechnung, Die (1963)
R: Umgelter, Fritz; A: Schneider, Reinhold
BT: *Der Traum des Eroberers. Zar Alexander* (1951)
Abrechnung (Polizeiruf 110), Die (1977)
R: Vogel, Peter; A: Mager, Hasso
BT: *Die Abrechnung*
Absage an Viktoria (1977)
R: Bleiweiß, Celino; A: Panitz, Eberhard
BT: *Absage an Viktoria* (1977)
Abschiebung, Die (1985)
R: Lüdcke, Marianne; A: Wolf, Klaus-Peter
BT: *Die Abschiebung oder Wer tötete Mahmut Perver?* (1984)
Abschied (1967)
R: Lilienthal, Peter; A: Herburger, Günter
BT: *Waldfriedhof*
Abschied (1968)
R: Günther, Egon; A: Becher, Johannes R.
BT: *Abschied* (1940)
Abschied vom falschen Paradies (1988)
R: Baser, Tevfik; A: Scheinhardt, Saliha
BT: *Frauen die sterben, ohne daß sie gelebt hätten* (1983)
Abschied vom Frieden (1979)
R: Kasprzik, Hans-Joachim; A: Weiskopf, Franz Carl
BT: *Abschied vom Frieden* (1950)
Abschied von Agnes (1994)
R: Gwisdek, Michael; A: Löffler, Hans
BT: *Die Stille unter dem Meer* (1993)
Abschied von den Wolken (1959)
R: Reinhardt, Gottfried; A: Fodor, Ladislas (Laszlo)
BT: (*Abschied von den Wolken*)
Abschied von gestern (1966)
R: Kluge, Alexander; A: Kluge, Alexander
BT: *Anita G. (Lebensläufe)* (1962)
Abschiede (2 Teile) (1986)
R: Kovács, Gedeon; A: Schnitzler, Arthur
BT: *Ein Abschied*
Abschiedsdisco (1989)
R: Losansky, Rolf; A: Nowotny, Joachim
BT: *Abschiedsdisco* (1981)
Abschiedsgeschenk, Das (1953)
R: Völger, Werner; A: Rattigan, Terence
BT: *The Browning Version* (1948)
Abschiedsgeschenk, Das (1956)
R: Kolman, Trude; A: Rattigan, Terence
BT: *The Browning Version* (1948)
Abschiedsgeschenk, Das (1962)
R: Fruchtmann, Karl; A: Rattigan, Terence
BT: *The Browning Version* (1948)
Abschiedssouper, Das (1957)
R: Regnier, Charles; A: Schnitzler, Arthur
BT: *Anatol* (1893)
Abstecher, Der (1962)
R: Gräwert, Günter; A: Walser, Martin
BT: *Der Abstecher* (1961)
Abtei, Die (1982)
R: Madeja, Georg; A: Brandstätter, Alois
BT: *Die Abtei* (1977)
Abu Kasems Pantoffeln. Eine orientalische Geschichte (1957)
R: Sellner, Gustav Rudolf; A: Hauff, Wilhelm
Acapulco, Madame (1980)
R: Rüsi, Georg; A: Jamiaque, Yves (= Jedwab, Isaac)
BT: *Acapulco, Madame*
Ach, Du Fröhliche (1961/62)
R: Reisch, Günter; A: Blazek, Vratislav
BT: *Prilis stedry vecer* (1960) (*Und das am Heiligabend* 1961)
Ach, Egon (1961)
R: Schleif, Wolfgang; A: Arnold, Franz; Bach, Ernst
BT: *Hurra, ein Junge* (1926)
Acht Stunden Zeit (1965)
R: May, Paul; A: Maitre, Charles
BT: *Rien pour rien*
Acht Tage in den Bergen (1987)
R: Itzenplitz, Eberhard; A: Silone, Ignazio
BT: *Vino e pane* (1955) (*Brot und Wein* 1936)
Achte Wochentag, Der (1958)
R: Ford, Aleksander; A: Hlasko, Marek
BT: *Ósmy dzie'n tygodnia* (1957) (*Der achte Tag der Woche* 1958)
Achterbahn (1980)
R: Cortesi, Mario; A: Hasler, Eveline
BT: *Achterbahn* (1980)

8-Stunden-Mann, Der (1974)
R: Carlo, Carlo di; A: Ellin, Stanley
BT: (*Der 8-Stunden-Mann*)
'38 (1986)
R: Glück, Wolfgang; A: Torberg, Friedrich
BT: *Auch das war Wien* (1984)
Achtung, Brillenschlange (1960)
R: Langhoff, Udo; A: Rohkohl, Dieter
BT: *Achtung, Brillenschlange*
Achtung! Vranek sieht ganz harmlos aus (1975)
R: Stark, Ulrich; A: Nöstlinger, Christine
BT: *Achtung! Vranek sieht ganz harmlos aus (1975)* (1974)
18. Geburtstag, Der (1962)
R: Lilienthal, Peter; A: Roehler, Klaus
BT: *Der 18. Geburtstag*
Actis (1964)
R: Moszkowicz, Imo; A: Durrell, Lawrence
BT: *Actis* (1961)
Adel im Untergang (1981)
R: Pause, Wolf-Dieter; A: Renn, Ludwig
BT: *Adel im Untergang* (1944)
Adel verpflichtet zu nichts (1985)
R: Schnitzler, Peter Dieter; A: Arnold, Franz; Bach, Ernst
BT: *Stöpsel* (1926)
Adelsnest (1961)
R: Korbschmitt, Hans-Erich; A: Turgenev, Ivan
BT: *Dvorjanskoe gnezdo* (1859) (*Ein Adelsnest* 1947)
Adieu, mon ami (1996)
R: Wirth, Franz Peter; A: Noack, Barbara
BT: *Der Zwillingsbruder* (1988)
Adieu, Prinzessin (3 Teile) (1961)
R: Hess, Joachim; A: Freyhofer, Christian
BT: *Adieu, Prinzessin*
Admiral Bobby (1955)
R: Kroll, Herbert; A: Lindroder, Wolfgang
BT: *Admiral Bobby* (1932)
Adrienne Mesurat (1969)
R: Schuh, Oscar Fritz; A: Green, Julien
BT: *Adrienne Mesurat* (1927) (*Adrienne Mesurat* 1928)
AE 612 ohne Landeerlaubnis (Reihe "Tatort") (1971)
R: Schulze-Rohr, Peter; A: Werremeier, Friedhelm
BT: *Ohne Landeerlaubnis* (1971)
Aeon - Countdown im All (1999)
R: Neuhäuser, Holger; A: Maximilian, Daniel; Pauli, Thomas
BT: *Aeon* (2000)
Affaire Nina B. (1961)
R: Siodmak, Robert; A: Simmel, Johannes Mario
BT: *Die Affaire Nina B.* (1958)
Affäre Blum (1962)
R: Stemmle, Robert A.; A: Stemmle, Robert Adolf
BT: *Affäre Blum* (1948)
Affäre Lerouge, Die (1976)
R: Semmelroth, Wilhelm; A: Gaboriau, Emile
BT: *L'affaire Lerouge* (1866)
Affäre Nachtfrost (1989)
R: Rothemund, Sigi; A: Murr, Stefan
BT: *Affäre Nachtfrost* (1982)
Affäre Winston, Die (1976)
R: Mezger, Theo; A: Fast, Howard Melvin
BT: *The Winston-Affair* (1959) (*Die Affäre Winston* 1960)
Agent Bernd Etzel (Der Simulant; Der falsche Sohn) (1968)
R: Stein, Peter; A: Deichsel, Wolfgang
BT: *Der Simulant; Der falsche Sohn*
Agonie (1981)
R: Hollmann, Hans; A: Schnitzler, Arthur
BT: *Anatol* (1893)
Ahimeh (1963)
R: Podehl, Peter; A: Rechlin, Eva
BT: *Ahimeh* (1958)
Ahnfrau (Fernseh-Oper), Die (1971)
R: Raben, Peer; A: Grillparzer, Franz
BT: *Die Ahnfrau* (1817)
Aimée (1961)
R: Schnell, Raoul Wolfgang; A: Coubier, Heinz
BT: *Aimée oder Der gesunde Menschenverstand* (1938)
Aimée & Jaguar (1997)
R: Färberböck, Max; A: Fischer, Erica
BT: *Aimée & Jaguar* (1994)
Akt mit Geige (1959)
R: Kolman, Trude; A: Coward, Noël (Pierce) Sir
BT: *Nude with Violin* (1957) (*Akt mit Geige* 1948)
Akte Odessa, Die (1974)
R: Neame, Ronald; A: Forsyth, Frederick
BT: *The O.D.E.S.S.A. File* (1972)
Aladin (1987)
R: Formigoni, Carlo; A: Christen, Rosmarie
BT: *Aladin*
Alarm auf dem Dachboden (1978)
R: Noczynski, Fred; A: Niziurski, Edmund
BT: (*Alarm auf dem Dachboden* 1976)

Alarm auf Station 2 (1993)
R: Rödl, Josef; A: Fischer, Marie-Louise
BT: *Frauenstation* (1964)
Alarm im Schloßmuseum (1983)
R: Dahlen, Armin; A: Rechlin, Eva
BT: *Alarm im Schloßmuseum* (1978)
Alaska Kid (1993)
R: Hill, James; A: London, Jack
BT: *Tales of the Far North* (1900)
Alaska-Kids großer Coup (1979)
R: Grabowsky, Klaus; A: London, Jack
BT: *Tales of the Far North* (1900)
Alberta und Alice oder Die Unterwerfung (1981)
R: Haaf, Wilm ten; A: Svevo, Italo
BT: *Con la penna d'oro* (*Die Kusinen* 1976)
Albertine oder Das schlimme Ding (1980)
R: Keil, Gerd; A: Hoffmann, Ernst Theodor Amadeus
BT: *Die Serapionsbrüder* (1819)
Alfons Köhler (1983)
R: Vogel, Peter; A: Richter, Egon
BT: *Alfons Köhler*
Alfons Zitterbacke (1966)
R: Petzold, Konrad; A: Holtz-Baumert, Gerhard
BT: *Alfons Zitterbacke* (1958)
Alfons Zitterbacke (6 Teile) (1986)
R: Schreiber, Andreas; A: Holtz-Baumert, Gerhard
BT: *Alfons Zitterbacke* (1958)
Alfonsos Rückkehr (1981)
R: Kreuz, Hubert; A: Schuller, Viktor
BT: *Katzenmilchjahre* (1979)
Alice (1989)
R: Svankmajer, Jan; A: Carroll, Lewis
BT: *Alice's Adventures in Wonderland* (1865) (*Alice im Wunderland* 1869)
Alice Kaluza tanzt - nach Wilhelm Busch (1958)
R: Quaß, Ernst Michael; A: Busch, Wilhelm
BT: *Hans Huckebein* (1870)
Alle Macht der Erde (1962)
R: Everding, August; A: Ahlsen, Leopold
BT: *Alle Macht der Erde* (1961)
Alle meine Kinder (1976)
R: Kaufmann, Edgar; A: Cederstrand, Ditte
BT: *Bagerbørn* (1967) (*Alle meine Kinder* 1969)
Alle meine Söhne (1955)
R: Wirth, Franz Peter; A: Miller, Arthur
BT: *All My Sons* (1947) (*Alle meine Söhne* 1955)
Alle meine Söhne (1961)
R: Wirth, Franz Peter; A: Miller, Arthur
BT: *All My Sons* (1947) (*Alle meine Söhne* 1955)
Alle meine Töchter (1995)
R: Hübner, Wolfgang; Wicker, Wigbert; A: Giesen, Rolf
BT: *Alle meine Töchter* (1997)
Alle Menschen werden Brüder (1972)
R: Vohrer, Alfred; A: Simmel, Johannes Mario
BT: *Alle Menschen werden Brüder* (1967)
Alle Reichtümer der Welt (1967)
R: Meisel, Kurt; A: O'Neill, Eugene (Gladstone)
BT: *More Stately Mansions* (1962) (*Alle Reichtümer dieser Welt* 1965)
Alle Tage ist kein Sonntag (1959)
R: Weiss, Helmut; A: Semitjov, Volodja
BT: (*Zwei Gitarren*)
Alle unsere Spiele (1967)
R: Davy, Walter; A: Ferolli, Beatrice
BT: *Alle unsere Spiele* (1966)
Alleinseglerin, Die (1987)
R: Zschoche, Herrmann; A: Wolter, Christine
BT: *Die Alleinseglerin* (1982)
Allerleirauh (1977)
R: Jugert, Rudolf; A: Grimm, Jakob Ludwig Carl; Grimm, Wilhelm Carl
BT: *Allerleirauh* (1812)
Alles für die Firma (1950)
R: Dörfler, Ferdinand; A: Lamey, Bernhard
BT: *Alles für die Firma* (1946)
Alles für die Katz (1970)
R: Fischer, Olf; A: Hinrichs, August
BT: *Für die Katz!* (1938)
Alles Glück dieser Erde (1993)
R: Werlin, Michael; A: Mackenrodt, Richard
BT: *Alles Glück dieser Erde* (1994)
Alles im Garten (1979)
R: Loebner, Vera; A: Albee, Edward
BT: *Everything in the Garden* (1968)
Alles nur Tarnung (1996)
R: Zingler, Peter; A: Zickmann, Petra; Zingler, Peter
BT: *Alles nur Tarnung* (1996)
Alles umsonst (1988)
R: Witte, Udo; A: Flieger, Jan
BT: *Der Sog* (1985)
Alles und ein Postamt (1972)
R: Fiedler, Gerlach; A: Petersen, Leif
BT: *Alting og et posthus* (1974)

Alltägliche Geschichte, Eine (1945/48)
R: Rittau, Günther; A: Spallart, Johannes von
BT: *Tintenspritzer*
Allzumal Sünder (1966)
R: Siegmund, Günther; A: Hinrichs, August
BT: *Alltomal Sünner* (1951)
Alm an der Grenze, Die (1951)
R: Janssen, Walter; A: Ganghofer, Ludwig
BT: *Der Besondere. Hochlandgeschichte* (1893)
Almenrausch und Edelweiß (1957)
R: Reinl, Harald; A: Schmid, Herman von
BT: *Almenrausch und Edelweiß*
Alpenkönig und der Menschenfeind, Der (1965)
R: Steinböck, Rudolf; A: Raimund, Ferdinand
BT: *Der Alpenkönig und der Menschenfeind* (1828)
Alpenkönig und Menschenfeind (1962)
R: Berger, Ludwig; A: Raimund, Ferdinand
BT: *Der Alpenkönig und der Menschenfeind* (1828)
Alphateam - Die Lebensretter im OP (1997)
R: Delbridge, John; Erhardt, Gero; Kabisch, Christine; Monk, Sebastian; Schultze, Norbert; A: Friedrichs, Horst
BT: *Alphateam: blutiges Geld* (1998)
Alraune (1952)
R: Rabenalt, Arthur Maria; A: Ewers, Hans Heinz
BT: *Alraune* (1911)
Als Hitler das rosa Kaninchen stahl (1978)
R: Hofmann, Ilse; A: Kerr, Judith
BT: *When Hitler Stole Pink Rabbit* (1971) (*Als Hitler das rosa Kaninchen stahl* 1973)
Als ich Christtagsfreude holen ging (1964)
R: Stockmeier, Paul; A: Rosegger, Peter (= P. K. = Kettenfeier, Petri)
BT: *Als ich Christtagsfreude holen ging* (1902)
Als ich noch der Waldbauernbub war (9 Teile) (1964)
R: Stapenhorst, Fritz; A: Rosegger, Peter (= P. K. = Kettenfeier, Petri)
BT: *Als ich noch der Waldbauernbub war* (1902)
Als Martin vierzehn war (1964)
R: Beck, Walter; A: Schönrock, Hans
BT: *Martin und die Männer* (1961)
Als Mutter streikte (1974)
R: Schröder, Eberhard; A: Malpass, Eric
BT: *O My Darling Daughter* (1970) (*Als Mutter streikte* 1973)
Als Unku Edes Freundin war (1980)
R: Dziuba, Helmut; A: Wedding, Alex
BT: *Ede und Unku* (1931)
Als wär's ein Stück von mir (1976)
R: Everding, August; A: Zuckmayer, Carl
BT: *Als wär's ein Stück von mir* (1966)
Alte aus der Tomatengasse, Der (1982)
R: Kissel, Helmut; A: France, Anatole (= Thibault, Jacques-Anatole)
BT: *L'affaire Crainquebille* (1901)
Alte, Der (1967)
R: Büscher, Lutz; A: Gorkij, Maksim
BT: *Starik: p'esa* (1918) (*Der Alte: Szenen* 1974)
Alte Feinschmecker, Der (1978)
R: Wilhelm, Kurt; A: Thoma, Ludwig
BT: *Der alte Feinschmecker* (1965)
Alte Freunde küßt man nicht (1995)
R: Rönfeldt, Detlef; A: Schoenle, Annemarie
BT: *Alte Freunde küßt man nicht* (1988)
Alte Lied, Das (1945)
R: Buch, Fritz Peter; A: Fontane, Theodor
BT: *Stine (1890) (Roman) und Irrungen, Wirrungen* (1888)
Alte Mädchen (1981)
R: Rostock, Wolfgang; A: Schütz, Friedrich
BT: *Alte Mädchen*
Alte Sünder, Der (1950/51)
R: Antel, Franz; A: Costa, Martin
BT: *Der alte Sünder*
Alte Zeiten (1983)
R: Schweiger, Peter; A: Pinter, Harold
BT: *Old Times* (1971) (*Alte Zeiten* 1972)
Alter Schwede (1990)
R: Hübner, Wolfgang; A: Weber, Hans
BT: *Alter Schwede* (1984)
Altes Herz geht auf die Reise (1987)
R: Knötzsch, Hans; A: Fallada, Hans
BT: *Altes Herz geht auf die Reise* (1936)
Alt-Heidelberg (1959)
R: Marischka, Ernst; A: Meyer-Förster, Wilhelm
BT: *Alt-Heidelberg* (1902)
Altmodische Komödie (1979)
R: Wild, Franz Josef; A: Arbusov, Aleksej Nikolaevič
BT: *Staramodnaja comedija* (1976) (*Altmodische Komödie* 1977)

Alwin auf dem Lande (1974)
R: Leopold, Georg; A: Wolff, Bernd
BT: *Alwin auf der Landstraße* (1971)
Am Abend nach der Oper (1945)
R: Rabenalt, Arthur Maria; A: Nabl, Franz
BT: *Der Fund* (1937)
Am Anfang war der Seitensprung (1999)
R: Griesmayr, Hartmut; A: Fried, Amelie
BT: *Am Anfang war der Seitensprung* (1998)
Am Anfang war es Sünde (1954)
R: Cap, Franz; A: Maupassant, Guy de
BT: *L'histoire d'une fille de ferme* (1881) (*Geschichte einer Magd* 1947)
Am Ende des Ganges (1999)
R: Muschner, Michael; A: Kafka, Franz
BT: *Der Prozeß* (1925)
Am Galgen hängt die Liebe (1960)
R: Zbonek, Edwin; A: Ahlsen, Leopold
BT: *Philemon und Baukis* (1956)
Am grauen Strand, am grauen Meer (1980)
R: Gendries, Klaus; A: Storm, Theodor
BT: *Hans und Heinz Kirch* (1883)
Am grünen Strand der Spree (5 Teile) (1960)
R: Umgelter, Fritz; A: Scholz, Hans
BT: *Am grünen Strand der Spree* (1955)
Am kürzeren Ende der Sonnenallee (1998)
R: Haußmann, Leander; A: Brussig, Thomas
BT: *Am kürzeren Ende der Sonnenallee* (1999)
Am Morgen danach (1995)
R: Zerhau, Gabriela; A: König, Jürgen
BT: *Magnus: von der Begierde der Starken und der Ohnmacht der Schwachen* (1987)
Am Rand (1961/63)
R: Radax, Ferry; A: Bayer, Konrad
Am Südhang (1980)
R: Verhoeven, Michael; A: Keyserling, Eduard von
BT: *Am Südhang* (1916)
Am Wege (1975)
R: Beauvais, Peter; A: Bang, Hermann Joachim
BT: *Stille existenser* (1886) (*Am Wege* 1898)
Am Ziel aller Träume (1970)
R: Haugk, Dietrich; A: Moers, Hermann
BT: *Am Ziel aller Träume* (1969)
Amateur, Der (1972)
R: Erler, Rainer; A: Bodelsen, Anders
BT: *Taenk pa ett tal* (1968)
Amédée oder Die Kunst des Schuhputzens (1965)
R: Jankó, Ilo von; A: Romains, Jules
BT: *Amédée et les messieurs en rang* (1926)
Amely, der Biber und der König auf dem Dach (1985)
R: Eder, Otto Anton; A: Dorst, Tankred
BT: *Amely, der Biber und der König auf dem Dach*
Amerika oder Der Verschollene (1969)
R: Brynych, Zbynek; A: Kafka, Franz
BT: *Amerika* (1927)
Amerikanische Freund, Der (1977)
R: Wenders, Wim; A: Highsmith, Patricia
BT: *Ripley's Game* (1974)
Amigomío (1993)
R: Chiesa, Alcides; Meerapfel, Jeanine; A: Bergel, Pablo
BT: *Historias de papá y amigomío* (1984)
Amor (1978)
R: Lipman, Jerzy; Mrozek, Slawomir; A: Mrozek, Slawomir
BT: *Amor* (1981)
Amouren (1964)
R: Sydow, Rolf von; A: Coward, Noël (Pierce) Sir
BT: *Present Laughter* (1942) (*Nach Afrika* 1951)
Amphitryon (1959)
R: Ambesser, Axel von; A: Molière, Jean Baptiste
BT: *Amphitryon* (1668)
Amphitryon (1975)
R: Rudolph, Niels-Peter; A: Kleist, Heinrich von
BT: *Amphitryon* (1807)
Amphitryon (1981)
R: Groot, Michael de; A: Kleist, Heinrich von
BT: *Amphitryon* (1807)
Amphitryon (1982)
R: Tögel, Hans-Jürgen; A: Hacks, Peter
BT: *Amphitryon* (1968)
Amphitryon 38 (1963)
R: Haugk, Dietrich; A: Giraudoux, Jean
BT: *Amphitryon 38* (1929) (*Amphitryon 38* 1931)
An allem ist Matuschke schuld (1988)
R: Ostrowsky, Hartmut; A: Trute, Sigrid
BT: *An allem ist Matuschke schuld*
An allem schuld (1984)
R: Heizmann, Jean-Pierre; A: Heimann, Erwin
BT: *An allem schuld* (1965)

An diesen Abenden (1952)
R: Vesely, Herbert; A: Trakl, Georg
BT: *Die junge Magd* (1912)
An einem Freitag in Las Vegas (1969)
R: Isasi-Isasmendi, Antonio; A: Lay, André
BT: *Les hommes de Las Vegas* (1969)
An einem Freitag um halb zwölf (1961)
R: Rakoff, Alvin; A: Chase, James Hadley
BT: *The World in my Pocket* (1958) (*An einem Freitag um halb zwölf* 1973)
An einem ganz gewöhnlichen Tag (1966)
R: Engel, Thomas; A: Dor, Milo
BT: *Salto Mortale* (1960)
An Einzeltischen (1968)
R: Wild, Franz Josef; A: Rattigan, Terence
BT: *Separate Tables* (1954) (*An kleinen Tischen* 1957)
An heiligen Wassern (1960)
R: Weidenmann, Alfred; A: Heer, Jacob Christoph
BT: *An heiligen Wassern* (1898)
An klingenden Ufern (1948)
R: Unterkirchner, Hans; A: Lernet-Holenia, Alexander
BT: *An klingenden Ufern* (1947)
Anatol (4 Szenen) (1962)
R: Schenk, Otto; A: Schnitzler, Arthur
BT: *Anatol* (1893)
Andere, Der (1959)
R: Höne, Joachim; A: Durbridge, Francis Henry
BT: *The Other Man* (1958) (*Der Andere* 1962)
Andere, Die (1949)
R: Sistig, Alfred E.; A: Uhl, Renate (= Zobelitz, Erika von; Hoffmann, Renate)
BT: *Die Andere*
Andere Leben, Das (1948)
R: Steinböck, Rudolf; A: Lernet-Holenia, Alexander
BT: *Der 20. Juli* (1947)
Anderer Liebhaber, Ein (1990)
R: Schwarzenberger, Xaver; A: Simenon, Georges (= Sim, Georges; Aramis; Brulls, Christian)
BT: *La prison* (1968) (*Die Schwestern* 1970)
Andorra (1980)
R: Ammann, Max Peter; A: Frisch, Max
BT: *Andorra* (1962)
André und Ursula (1955)
R: Jacobs, Werner; A: Höfler, Polly Maria
BT: *André und Ursula* (1937)
Andreas Vöst (1979)
R: Itzenplitz, Eberhard; A: Thoma, Ludwig
BT: *Andreas Vöst* (1905)
Anekdote aus dem letzten preußischen Kriege (1995)
R: Spirandelli, Zoltan; A: Kleist, Heinrich von
BT: *Anekdote aus dem letzten preußischen Kriege*
Anfrage (1961)
R: Dahlberg, Hannes; A: Geissler, Christian
BT: *Anfrage* (1960)
Angélique I + II (1964)
R: Borderie, Bernard; A: Golon, Anne
BT: *Angélique. La Marquise des Anges* (1957)
Angélique und der König (1965)
R: Borderie, Bernard; A: Golon, Anne
BT: *Angélique et le roi* (1957)
Angélique und der Sultan (1967)
R: Borderie, Bernard; A: Golon, Anne
BT: *Angélique et le roi* (1957)
Angesichts der Wälder (1993)
R: Lilienthal, Peter; A: Yehôsua', Avraham B.
Angler auf dem Dach, Der (1983)
R: Hill, Peter; A: Siebe, Hans
BT: *Der Angler auf dem Dach*
Angriff der Gegenwart auf die übrige Zeit, Der (1985)
R: Kluge, Alexander; A: Kluge, Alexander
BT: *Der Angriff der Gegenwart auf die übrige Zeit* (1985)
Angst (1954)
R: Rossellini, Roberto; A: Zweig, Stefan
BT: *Angst* (1920)
Angst (1978)
R: Damek, Dagmar; A: Zweig, Stefan
BT: *Angst* (1920)
Angst (1981)
R: Rätz, Günter; A: Feustel, Günter
BT: *Die Puppe*
Angst des Tormanns beim Elfmeter, Die (1972)
R: Wenders, Wim; A: Handke, Peter
BT: *Die Angst des Tormanns beim Elfmeter* (1970)
Anita Drögemöller und die Ruhe an der Ruhr (1977)
R: Vohrer, Alfred; A: Lodemann, Jürgen
BT: *Erinnerungen in der Zornigen Ameise an Geburt, Leben, Ansichten und Ende der Anita Drögemöller und die Ruhe an der Ruhr* (1975)
Anja (1971)
R: Veth, Kurt; A: Simonov, Konstantin M.
BT: (*Das Wiedersehen*)

Ankunft bei Nacht (Verwehte Spuren) (1965)
R: Biltz, Karl Peter; A: Rothe, Hans (= Crane, Colin; Lindner, Hans L.)
BT: *Ankunft bei Nacht* (1936)
Anleitung zum Unglücklichsein (1985)
R: Glück, Wolfgang; A: Watzlawick, Paul
BT: *Anleitung zum Unglücklichsein* (1983)
Anna annA (1992)
R: Brauer, Jürgen; Kläy, Greti; A: Hartmann, Lukas
BT: *Anna, annA* (1990)
Anna Maria - eine Frau geht ihren Weg (1994)
R: Bleiweiß, Celino; A: Cordes, Alexandra
BT: *Anna Maria* (1981)
Annas Mutter (1984)
R: Driest, Burkhard; A: Gebhardt, Heiko
BT: *Annas Mutter* (1982)
Anne Bäbi Jowäger - I. Teil: Wie Jakobli zu einer Frau kommt (1960)
R: Schnyder, Franz; A: Gotthelf, Jeremias (= Bitzius, Albert)
BT: *Wie Anne Bäbi Jowäger haushaltet und wie es mit dem Doktern geht* (1844)
Anne Bäbi Jowäger - II. Teil: Jakobli und Meyeli (1962)
R: Schnyder, Franz; A: Gotthelf, Jeremias (= Bitzius, Albert)
BT: *Wie Anne Bäbi Jowäger haushaltet und wie es mit dem Doktern geht* (1844)
Anonyme Briefe (1949)
R: Rabenalt, Arthur Maria; A: Artinger, Annemarie (= Schwarzer, Annemarie)
BT: *Anonyme Briefe* (1949)
Ansichten eines Clowns (1976)
R: Jasny, Vojtech; A: Böll, Heinrich
BT: *Ansichten eines Clowns* (1963)
Antigone (1958)
R: Wild, Franz Josef; A: Anouilh, Jean
BT: *Antigone* (1943) (dt. 1946)
Antigone (1965)
R: Wirth, Franz Peter; A: Anouilh, Jean
BT: *Antigone* (1943) (dt. 1946)
Antigone (1991)
R: Huillet, Danièle; Straub, Jean-Marie; A: Brecht, Bertolt; Hölderlin, Friedrich; Sophokles
BT: *Antigone* (442 v.C.)
Antitoxin (1967)
R: Langhoff, Udo; A: Quednau, Werner
BT: *Antitoxin* (1964)
Anton Sittinger (1979)
R: Wolffhardt, Rainer; A: Graf, Oskar Maria
BT: *Anton Sittinger* (1937)
Antwort kennt nur der Wind, Die (1974)
R: Vohrer, Alfred; A: Simmel, Johannes Mario
BT: *Die Antwort kennt nur der Wind* (1973)
Anwältin Lisa Falk: Eine Frau für alle Fälle (1997-98)
R: Odermatt, Urs; Serafini, Marco; A: Becker, Miriam
BT: *Tödlicher Freispruch: der erste Roman zur Serie im ZDF* (1998)
Anwältin Lisa Falk: Eine Frau für alle Fälle (1997-98)
R: Odermatt, Urs; Serafini, Marco; A: Becker, Miriam
BT: *Gefährliche Liebe: der zweite Roman zur Serie im ZDF* (1998)
Anzeige in der Zeitung, Eine (1980)
R: Kramer, Jurij; A: Görlich, Günter
BT: *Eine Anzeige in der Zeitung* (1978)
Apfel im Moor (1993)
R: Scholz, Marcus; A: Herbig, Heinz-Dieter
BT: *Der kleine Hamlet*
Apfel ist ab, Der (1948)
R: Käutner, Helmut; A: Heyne, Kurt E.
BT: *Der Apfel ist ab* (1935)
Apollo von Bellac, Der (1964)
R: Erfurth, Ulrich; A: Giraudoux, Jean
BT: *L'Appolon du Bellac* (1942) (*Der Apollo von Bellac* 1952)
Apostelspiel, Das (1954)
R: Bublitz, Hans Waldemar; A: Mell, Max
BT: *Das Apostelspiel* (1923)
Apostelspiel, Das (1959)
R: Semmelroth, Wilhelm; A: Mell, Max
BT: *Das Apostelspiel* (1923)
Apostelspiel, Das (1965)
R: Toelle, Tom; A: Mell, Max
BT: *Das Apostelspiel* (1923)
Apothekerin, Die (1997)
R: Kaufmann, Rainer; A: Noll, Ingrid
BT: *Die Apothekerin* (1994)
Aquarium (1995)
R: Krauze, Antoni; A: Suvorov, Victor
BT: *Akvarium* (1987)
Aranka (1983)
R: Eigler, Gernot; A: Zickgraf, Cordula
BT: *Ich lerne leben, weil du sterben mußt* (1979)
Archiv, Das (1986)
R: Bauer, Jochen; A: Frank, Leo (= Maier, Frank Leo)
BT: *Das Archiv* (1978)

Arge Legende, Die (1978)
R: Meili, Gaudenz; A: Werfel, Franz
BT: *Die arge Legende vom gerissenen Galgenstrick*
Ariadna (1990)
R: Richter, Jochen; A: Čechov, Anton Pavlovič
BT: *Ariadna*
Arlette erobert Paris (1953)
R: Tourjansky, Viktor; A: Braun, Frank F.
BT: *Das Mädchen mit der Mundharmonika*
Arme Bitos oder Das Diner der Köpfe, Der (1963)
R: Beauvais, Peter; A: Anouilh, Jean
BT: *Pauvre Bitos ou le dîner des têtes* (1956) (*Der arme Bitos oder Das Diner der Köpfe* 1959)
Armen Reichen, Die (1971)
R: Brühl, Hanno; A: Pohl, Frederik
BT: (*Die armen Reichen*)
Armer Nanosch (1989)
R: Hauff, Reinhard; A: Scheib, Asta
BT: *Armer Nanosch* (1989)
Armer Vater Philipp (1954)
R: Völger, Werner; A: Rohkohl, Dieter
BT: *Vater Philipp* (1954)
Art von Zorn, Eine (1984)
R: Edel, Ulrich; A: Ambler, Eric
BT: *A Kind of Anger* (1964) (*Eine Art von Zorn* 1975)
Artisten in der Zirkuskuppel: ratlos, Die (1968)
R: Kluge, Alexander; A: Kluge, Alexander
BT: *Die Artisten in der Zirkuskuppel: ratlos* (1968)
Arzt am Scheideweg, Der (1963)
R: Wilhelm, Kurt; A: Shaw, George Bernard
BT: *The Doctor's Dilemma* (1906) (*Der Arzt am Scheideweg* 1909)
Arzt von Stalingrad, Der (1958)
R: Rádvany, Géza von; A: Konsalik, Heinz Günther (= Pahlen, Henry)
BT: *Der Arzt von Stalingrad* (1958)
Arzt wider Willen, Der (1967)
R: Hollmann, Hans; A: Molière, Jean Baptiste
BT: *Le médecin malgré lui* (1668)
Asche des Sieges (1969)
R: Haugk, Dietrich; A: Conchon, Georges
BT: *La corrida de la victoire* (1959) (*Die Asche des Sieges* 1961)
Aschenbrödel (1984)
R: Pichler, Ernst; A: Grimm, Jakob Ludwig Carl; Grimm, Wilhelm Carl
BT: *Aschenputtel* (1812)
Aschenglut (1990)
R: Vanderlet, Petrus; A: Schutting, Julian
BT: *Aschenglut* (1990)
Aschenputtel (1955)
R: Genschow, Fritz; A: Grimm, Jakob Ludwig Carl; Grimm, Wilhelm Carl
BT: *Aschenputtel* (1812)
Aschenputtel (1989)
R: Brandauer, Karin; A: Grimm, Jakob Ludwig Carl; Grimm, Wilhelm Carl
BT: *Aschenputtel* (1812)
Ashanti (1978)
R: Fleischer, Richard; A: Vásquez-Figueroa, Alberto
Asmodée (1964)
R: Haaf, Wilm ten; A: Mauriac, François
BT: *Asmodée* (1938) (*Asmodée* 1948)
Assad (1970)
R: Büchner, Norbert; A: Friedrich, Herbert
BT: *Assad und die brennenden Steine* (1961)
Asterix & Obelix gegen Caesar (1998)
R: Zidi, Claude; A: Goscinny, René; Uderzo, Albert
BT: *Astérix et la surprise de César* (1985) (*Asterix Sieg über Caesar* 1986)
Asterix - Operation Hinkelstein (1988)
R: Grimaud, Philippe; A: Goscinny, René; Uderzo, Albert
BT: *Astérix le coup du menhir* (1988) (*Asterix, Operation Hinkelstein* 1989)
Asterix in Amerika (1994)
R: Hahn, Gerhard; A: Goscinny, René; Uderzo, Albert
BT: *Asterix et le nouveau monde* (1994) (*Asterix in Amerika* 1994)
Astragal (1968)
R: Casaril, Guy; A: Sarrazin, Albertine
BT: *L'Astragale* (1965)
Atem, Der (1989)
R: Schilling, Niklaus; A: Franke, Herbert W.
BT: *Der Atem*
Aubergers, Die (1997)
A: Seidl, Gerhard
BT: *Die Aubergers* (1997)
Auf dem Chimborazo (1977)
R: Beauvais, Peter; A: Dorst, Tankred
BT: *Auf dem Chimborazo* (1975)
Auf den Tag genau (1986)
R: Lähn, Michael; A: Murr, Stefan
BT: *Auf den Tag genau* (1982)
Auf der Couch (2000)
R: Feldhusen, Arne; A: Pautsch, Oliver
BT: *Die Schmerzen der Krieger* (1999)

Auf der grünen Wiese (1953)
R: Böttger, Fritz; A: Benes, Jara; Tolarski, Viktor
BT: *Auf der grünen Wiese* (1936)
Auf der grünen Wiese (1971)
R: Zbonek, Edwin; A: Benes, Jara; Tolarski, Viktor
BT: *Auf der grünen Wiese* (1936)
Auf der Suche nach dem Glück (1961)
R: Rothe, Edward; A: Rosow, Viktor
BT: *Auf der Suche nach Freude* (1959)
Auf der Suche nach Gott (1976)
R: Schiemann, Helmut; A: Neutsch, Erik
BT: *Auf der Suche nach Gott* (1973)
Auf eigene Gefahr (1993)
R: Berner, Dieter; Imboden, Markus; Lukschy, Stefan; A: Grän, Christine
Auf einem Bahnhof bei Dijon (1965)
R: Itzenplitz, Eberhard; A: Deval, Jacques
BT: *Les voyageurs* (1964)
Auf einem langen Weg (1985)
R: Görlitz, Helmut Christian; A: Pausewang, Gudrun
BT: *Auf einem langen Weg* (1978)
Auf Engel schießt man nicht (1960)
R: Thiele, Rolf; A: Mihura, Miguel
BT: *Pajaritos y flores* (1911)
Auf freiem Fuß (1978)
R: Keglevic, Peter; A: Wolfgruber, Gernot
BT: *Auf freiem Fuß* (1975)
Auf hoher See (1965)
R: Hädrich, Rolf; A: Mrozek, Slawomir
BT: *Na pelnym morzu* (1961) (*Auf hoher See* 1963)
Auf nach Bethlehem (1984)
R: Dahlen, Armin; A: Bartos-Höppner, Barbara
Auf Wiedersehen (1961)
R: Philipp, Harald; A: Pabel, Reinhold
BT: *Feinde sind auch Menschen: 7 Jahre in Chicago untergetaucht. Flucht u. Abenteuer eines dteutschen Kriegsgefangenen* (1957)
Auf Wiedersehn am blauen Meer (1961)
R: Weiss, Helmut; A: Billinger, Richard
Aufenthalt, Der (1983)
R: Beyer, Frank; A: Kant, Hermann
BT: *Der Aufenthalt* (1976)
Auferstehhung oder Ein korrekter Mann (1986)
R: Stoss, Franz; A: Salten, Felix (= Salzmann, Siegmund)
BT: *Auferstehung oder Ein korrekter Mann*
Auferstehung (1958)
R: Hansen, Rolf; A: Tolstoj, Leo
BT: *Voskresenie* (1901) (*Auferstehung* 1899)
Auf'm Amt (1981)
R: Strecker, Frank; A: Auerbach, Alfred
BT: *Auf'm Amt*
Aufrichtige Lügnerin, Die (1968)
R: Kolman, Trude; A: Achard, Marcel
BT: *L'idiote* (1960)
Aufrichtige Lügnerin, Die (1989)
R: Klingenberg, Gerhard; A: Achard, Marcel
BT: *L'idiote* (1960)
Aufrüstung, Die (1960)
R: Overhoff, Gerhard; A: Averčenko, Arkadij T.
Auf's Horn genommen (1973)
R: Sander, Ingrid; A: Bierce, Ambrose
Auf's Kreuz gelegt (1973)
R: Holub, Otto; A: Porter, William Sydney (= O'Henry)
Aufsehnerregende Fall des Studienrats Adam Juracek, Der (1976)
R: Toelle, Tom; A: Kohout, Pavel
BT: *Weißbuch in Sachen Adam Jurácek, Professor für Leibeserziehung und Zeichnen an der Pädagogischen Lehranstalt in K., kontra Sir Isaac Newton, Professor für Physik an der Universität Cambridge* (1970)
Aufstand alter Männer, Ein (1987)
R: Schlöndorff, Volker; A: Gaines, Ernest J.
BT: *A Gathering of Old Men* (1983) (*Ein Aufstand alter Männer* 1987)
Aufstand, Der (1981)
R: Lilienthal, Peter; A: Skármeta, Antonio
BT: *La insurrección* (1981) (*Der Aufstand* 1981)
Aufstand der Fischer von St. Barbara (1988)
R: Langhoff, Thomas; A: Seghers, Anna
BT: *Aufstand der Fischer von St. Barbara* (1928)
Auftrag für M+S (1977)
R: Deutsch, Peter; A: Bienek, Horst; Grabner, Hasso
BT: *Die Zelle* (1968)
Auftrag: überleben (1977)
R: Veth, Kurt; A: Hanke, Erich
BT: *Erinnerungen eines Illegalen* (1974)
August, August, August (1970)
R: Belka, Jiri; A: Kohout, Pavel
BT: *August, August, August* (1967) (*August, August, August* 1969)

Auguste (1961)
R: Pfeiffer, Hermann; A: Castans, Raymond
BT: *Auguste* (1958)
Auguste Bolte (1974)
R: Winkler, Gerd; A: Schwitters, Kurt
BT: *Auguste Bolte* (1923)
Auguste Dupin findet den entwendeten Brief (1954)
R: Horn, Peter A.; A: Poe, Edgar Allan
BT: *The Purloined Letter* (1840) (*Der entwendete Brief* 1914)
Augustos Tod (1987)
R: Dor, Milan; A: Simenon, Georges (= Sim, Georges; Aramis; Brulls, Christian)
BT: *La mort d'Auguste* (1966) (*Der Tod des Auguste Mature* 1980)
Augustus tut, was er kann (1967)
R: Steinbach, Peter; A: Shaw, George Bernard
BT: *Augustus Does His Bit* (1919)
Aus dem Dschungel kam, Der (1965)
R: Langhoff, Udo; A: Plate, Herbert
BT: *Der aus dem Dschungel kam* (1963)
Aus dem Leben eines Taugenichts (1973)
R: Bleiweiß, Celino; A: Eichendorff, Joseph Freiherr von
BT: *Aus dem Leben eines Taugenichts* (1826)
Aus dem Tagebuch eines Minderjährigen (1965)
R: Gendries, Klaus; A: David, Kurt
BT: *Freitags wird gebadet: aus dem Tagebuch eines Minderjährigen* (1964)
Aus der Ferne sehe ich dieses Land (1978)
R: Ziewer, Christian; A: Skármeta, Antonio
BT: (*Nix passiert*)
Aus der Franzosenzeit (1981)
R: Damek, Dagmar; A: Reuter, Fritz
BT: *Ut de Franzosentid* (1859)
Aus einem deutschen Leben (1979)
R: Kotulla, Theodor; A: Merle, Robert
BT: *La mort est mon métier* (1952) (*Der Tod ist mein Beruf* 1957)
Aus heiterem Himmel (1980)
R: Panzer, Wolfgang; A: Stein, Sol
BT: *The Childkeeper* (1975) (*Aus heiterem Himmel* 1980)
Aus meiner Kindheit (1974)
R: Stephan, Bernhard; A: Thälmann, Ernst
BT: *Zwischen Erinnerung und Erwartung: autobiografische Aufzeichnungen, geschrieben in faschistischer Haft* (1977)
Aus unserer Zeit (1969)
R: Simon, Rainer; A: Bräunig, Werner
BT: *Gewöhnliche Leute* (1969)
Aus unserer Zeit (Episode: Das Duell) (1969)
R: Kunert, Joachim; A: Seghers, Anna
BT: *Das Duell* (1965)
Ausbruch des Weltfriedens (1979)
R: Fuchs, Herbert; A: Goetz, Curt
BT: *Ausbruch des Weltfriedens*
Ausgangstag, Ein (1957)
R: Semmelroth, Wilhelm; A: Fischer, Otto Peter Leck
BT: *Frisondag* (1954) (dt. 1956)
Ausgesperrten, Die (1982)
R: Novotny, Franz; A: Jelinek, Elfriede
BT: *Die Ausgesperrten* (1980)
Aussichtsturm, Der (1964)
R: Haaf, Wilm ten; A: Coppel, Alec
BT: *The Gazebo* (1959)
Auster und die Perle, Die (1954)
R: Farenburg, Hanns; A: Saroyan, William
BT: (*Die Auster und die Perle* 1954)
Auster und die Perle, Die (1961)
R: Schnell, Raoul Wolfgang; A: Saroyan, William
BT: (*Die Auster und die Perle* 1954)
Auswanderer, Der (1967)
R: Rothe, Edward; A: Schéhadé, Georges
BT: *L'émigré de Brisbane* (1964) (*Der Auswanderer* 1965)
Autogramm, Das (1984)
R: Lilienthal, Peter; A: Soriano, Osvaldo
BT: *Cuarteles de invierno* (1982) (*Das Autogramm* 1986)
Automärchen (1983)
R: Stranka, Erwin; A: Marek, Jiri
Axel Munthe, der Arzt von San Michele (1962)
R: Capitani, Giorgio; Jugert, Rudolf; Marischka, Georg; A: Munthe, Axel
BT: *The Story of San Michele* (1929) (*Das Buch von San Michele* 1931)
Axel von Auersperg (1973)
R: Praunheim, Rosa von; A: Villiers de l'Isle-Adam, Jean-Marie Mathias Philippe-Auguste, Comte de
BT: *Axel* (1890) (*Axel* 1914)
Baal (1969)
R: Schlöndorff, Volker; A: Brecht, Bertolt
BT: *Baal* (1918)
Babar - König der Elefanten (1998)
R: Jafelice, Raymond; A: Brunhoff, Jean de
BT: *Histoire de Babar, le petit éléphant* (1931) (*Die Geschichte von Babar, dem kleinen Elefanten* 1939)

Babutz, Der (1971)
R: Cella, Ettore; A: Marceau, Félicien
BT: *Le Babour* (1969)
Bacchusfest, Das (1953)
R: Burmester, Gustav; A: Schnitzler, Arthur
BT: *Das Bacchusfest* (1902)
Backfischliebe (1985)
R: Hädrich, Rolf; A: Bartlett, Vernon
BT: *Calf Love* (1929) (*Backfischliebe*)
Badearzt, Der (1990)
R: Faenza, Roberto; A: Schnitzler, Arthur
BT: *Dr. Gräsler, Badearzt* (1917)
Bagnosträfling, Der (1949)
R: Fröhlich, Gustav; A: Balzac, Honoré de
Bahnwärter Thiel (1968)
R: Völger, Werner; A: Hauptmann, Gerhart
BT: *Bahnwärter Thiel* (1892)
Bahnwärter Thiel (1982)
R: Kasprzik, Hans-Joachim; A: Hauptmann, Gerhart
BT: *Bahnwärter Thiel* (1892)
Balko (1995-)
R: Bausch, Andi; Cronberg, Heino; Engelhardt, Wilhelm; Helfer, Daniel; Henschel, Wolfgang F.; Lang, Carl; Lauscher, Ernst Josef; Möller, Uli; Rest, John Van de; Samir; Stelzer, Manfred; Tiefenbacher, Matthias; A: Paul, Nora
BT: *Balko: Headhunter* (1996)
Balko (1995-)
R: Bausch, Andi; Cronberg, Heino; Engelhardt, Wilhelm; Helfer, Daniel; Henschel, Wolfgang F.; Lang, Carl; Lauscher, Ernst Josef; Möller, Uli; Rest, John Van de; Samir; Stelzer, Manfred; Tiefenbacher, Matthias; A: Paul, Nora
BT: *Balko: Die Zeugin* (1996)
Ball im Savoy (1955)
R: Martin, Paul; A: Abraham, Paul; Grünwald, Alfred
BT: *Ball im Savoy* (1933)
Ballade von der Geige, Die (1972)
R: Sander, Ingrid; A: Dostojewski, Feodor
BT: (*Die Ballade von der Geige*)
Bande des Schreckens, Die (1960)
R: Reinl, Harald; A: Wallace, Richard Horatio Edgar
BT: *The Terrible People* (1926) (*Die Bande des Schreckens* 1950)
Banditendoktor, Der (1957)
R: Horn, Peter A.; A: Traven, B. (Bruno) (= Marut, Ret; Maurhut, Richard; Torsvan, Traven)
BT: *Der Banditendoktor* (1958)
Bangkok Story (1989)
R: Sydow, Rolf von; A: Blettenberg, Detlef
BT: *Siamesische Hunde* (1987)
Bär, Der (1955)
R: Horn, Peter A.; A: Čechov, Anton Pavlovič
BT: *Medved* (1888) (*Der Bär*)
Bär, Der (1984)
R: Askarian, Don; A: Čechov, Anton Pavlovič
BT: *Medved* (1888) (*Der Bär*)
Bär ist los, Der (2000)
R: Vávrová, Dana; A: Vávrová, Dana; Vilsmaier, Joseph
BT: *Der Bär ist los* (2000)
Barbara (1961)
R: Wisbar, Frank; A: Jacobsen, Jørgen-Frantz
BT: *Barbara* (1939) (*Barbara* 1960)
Bärenhäuter, Der (1986)
R: Beck, Walter; A: Grimm, Jakob Ludwig Carl; Grimm, Wilhelm Carl
BT: *Der Bärenhäuter* (1812)
Barfuß im Park (1980)
R: Assmann, Arno; A: Simon, Neil
BT: *Barefoot in the Park* (1964)
Bartholomäusnacht (1994)
R: Chéreau, Patrice; A: Dumas, Alexandre (père)
BT: *La reine Margot* (1845) (*Die Königin Margot* 1845)
Bas-Boris Bode. Der Junge, den es zweimal gab (6 Teile) (1985)
R: Baer, Harry; A: Baer, Harry; Pfaue, Justus
BT: *Bas-Boris Bode. Der Junge, den es zweimal gibt* (1985)
Bastard, Der (1968)
R: Tessari, Duccio; A: Tessin, Brigitte von
BT: *Der Bastard* (1978)
Bastard (2 Teile), Der (1983)
R: Gendries, Klaus; A: Höricke, Lothar
BT: *Rando* (1977)
Bastardzeichen, Das (1969)
R: Vesely, Herbert; A: Nabokov, Vladimir
BT: *Bend Sinister* (1947) (*Das Bastardzeichen* 1962)
Bauer als Millionär (Das Mädchen aus der Feenwelt), Der (1963)
R: Wilhelm, Kurt; A: Raimund, Ferdinand
BT: *Das Mädchen aus der Feenwelt oder Der Bauer als Millionär* (1826)

Bauer als Millionär, Der (1961)
R: Steinböck, Rudolf; Stöger, Alfred; A: Raimund, Ferdinand
BT: *Das Mädchen aus der Feenwelt oder Der Bauer als Millionär* (1826)
Bauern, Bonzen und Bomben (5 Teile) (1973)
R: Monk, Egon; A: Fallada, Hans
BT: *Bauern, Bonzen und Bomben* (1931)
Bauernpassion. Ein Osterspiel, Die (1955)
R: Lippl, Alois Johannes; A: Billinger, Richard
BT: *Die Bauernpassion* (1955)
Baum des vergessenen Hundes (1976)
R: Eckl, C. Rainer; A: Frischmuth, Barbara
BT: *Baum des vergessenen Hundes*
Bäume sterben aufrecht (1958)
R: Hamel, Peter; A: Casona, Alejandro
BT: *Los árboles mueren de pie* (1949) (*Bäume sterben aufrecht* 1950)
Baumwollpflücker, Die (1973)
R: Goslar, Jürgen; A: Traven, B. (Bruno) (= Marut, Ret; Maurhut, Richard; Torsvan, Traven)
BT: *Die Baumwollpflücker* (1928)
Beate und Mareile (1981)
R: Gies, Hajo; A: Keyserling, Eduard von
BT: *Beate und Mareile* (1903)
Beatles Forever, The (1990)
R: Kovács, Gedeon; A: Ransbeek, Roger van
BT: *The Beatles Forever* (1986)
Beatrice und Juana (1963)
R: Klingenberg, Gerhard; A: Eich, Günter
BT: *Beatrice und Juana*
Becket oder Die Ehre Gottes (1962)
R: Wolffhardt, Rainer; A: Anouilh, Jean
BT: *Becket ou l'honneur de Dieu* (1959) (*Becket oder Die Ehre Gottes* 1960)
Bedaure, falsch verbunden (1962)
R: Verhoeven, Paul; A: Fletcher, Lucille; Ullman, Allan
BT: *Sorry, Wrong Number* (1948) (*Falsch verbunden* 1953)
Bedienung, bitte! (1960)
R: Hädrich, Rolf; A: Boretz, Allen; Murray, John
BT: *Room Service* (1937) (*Theater im Hotel* 1973)
Beethoven (Le neveu de Beethoven) (1986)
R: Morrissey, Paul; A: Magnani, Luigi
BT: *Il nipote de Beethoven* (1976)
Begegnung im Balkan-Express (1955)
R: Lietzau, Hans; A: Hildesheimer, Wolfgang
BT: *Begegnung im Balkan-Express* (1956)
Begegnung im Nebel (1976)
R: Lesowsky, Wolfgang; A: Simmel, Johannes Mario
BT: *Begegnung im Nebel* (1947)
Begegnung im Nebel (1982)
R: Lesowsky, Wolfgang; A: Simmel, Johannes Mario
BT: *Begegnung im Nebel* (1947)
Begegnung in Salzburg (1963)
R: Friedmann, Max; A: Huber, Helmuth
Begegnung mit Werther (1949)
R: Stroux, Karl Heinz; A: Goethe, Johann Wolfgang von
BT: *Die Leiden des jungen Werther* (1774)
Begierde (1950)
R: Külb, Karl Georg; A: Maupassant, Guy de
BT: (*Falsche Perlen*)
Begnadete Angst, Die (1958)
R: Wagner, Konrad; A: Bernanos, Georges
BT: *Dialogue des Carmélites* (1949) (dt. 1950)
Bei Anruf - Mord (1959)
R: Wolffhardt, Rainer; A: Knott, Frederick
BT: *Dial "M" for Murder* (1953) (*Bei Anruf - Mord* 1954)
Bei Pichler stimmt die Kasse nicht (1961)
R: Quest, Hans; A: Polgar, Alfred
BT: *Die Defraudanten* (1931)
Bei Tag und bei Nacht (1964)
R: Umgelter, Fritz; A: Neveux, Georges
BT: *Le chien du jardinier* (1955) (*Bei Tag und Nacht* 1956)
Bei Tag und bei Nacht oder Der Hund des Gärtners (1957)
R: Beauvais, Peter; A: Neveux, Georges
BT: *Le chien du jardinier* (1955) (*Bei Tag und Nacht* 1956)
Bei Westwind hört man keinen Schuß (1976)
R: Strubel, Sepp; A: Martin, Hansjörg
BT: *Bei Westwind hört man keinen Schuß* (1973)
Beichte eines Mörders (1969)
R: Haaf, Wilm ten; A: Roth, Joseph
BT: *Beichte eines Mörders, erzählt in einer Nacht* (1936)
Beichtgeheimnis, Das (1956)
R: Tourjansky, Viktor; A: Brautlacht, Erich
BT: *Das Beichtgeheimnis* (1956)

Beiden Freundinnen, Die (1978)
R: Corti, Axel; A: Döblin, Alfred
BT: *Die beiden Freundinnen und der Giftmord* (1925)
Beiden Klingsberg, Die (1964)
R: Rabenalt, Arthur Maria; A: Kotzebue, August von
BT: *Die beiden Klingsberg* (1801)
Beil von Wandsbek, Das (1951)
R: Harnack, Falk; A: Zweig, Arnold
BT: *Das Beil von Wandsbek* (1943)
Beil von Wandsbek, Das (1982)
R: Breloer, Heinrich; Königstein, Horst; A: Zweig, Arnold
BT: *Das Beil von Wandsbek* (1943)
Beil von Wandsbek, Das (1983)
R: Harnack, Falk; A: Zweig, Arnold
BT: *Das Beil von Wandsbek* (1943)
Beim nächsten Mann wird alles anders (1988)
R: Schwarzenberger, Xaver; A: Heller, Eva
BT: *Beim nächsten Mann wird alles anders* (1987)
Bekehrung des Ferdys Pistora, Die (1958)
R: Wolffhardt, Rainer; A: Langer, Frantisek
BT: *Obrácení Ferdyse Pistory* (1929) (*Die Bekehrung des Ferdys Pistora* 1929)
Bekenntnis der Ina Kahr, Das (1954)
R: Pabst, Georg Wilhelm; A: Dits, Hans Emil
BT: *Das Bekenntnis der Ina Kahr* (1950)
Bekenntnisse des Hochstaplers Felix Krull (1957)
R: Hoffmann, Kurt; A: Mann, Thomas
BT: *Bekenntnisse des Hochstaplers Felix Krull* (1922)
Bekenntnisse des Hochstaplers Felix Krull (1982)
R: Sinkel, Bernhard; A: Mann, Thomas
BT: *Bekenntnisse des Hochstaplers Felix Krull* (1922)
Bekenntnisse eines möblierten Herrn (1963)
R: Wirth, Franz Peter; A: Hassencamp, Oliver
BT: *Bekenntnisse eines möblierten Herrn* (1960)
Beklagte, Die (1958)
R: Olden, John; A: Rice, Elmer
BT: *The Winner* (1954)
Bel Ami (1955)
R: Daquin, Louis; A: Maupassant, Guy de
BT: *Bel Ami* (1885) (*Der Liebling* 1899)
Bel Ami (2 Teile) (1968)
R: Käutner, Helmut; A: Maupassant, Guy de
BT: *Bel Ami* (1885) (*Der Liebling* 1899)
Belagerungszustand, Der (1963)
R: Umgelter, Fritz; A: Camus, Albert
BT: *La peste* (1947) (*Belagerungszustand* 1948)
Belcanto oder Darf eine Nutte schluchzen (1977)
R: Ackeren, Robert von; A: Mann, Heinrich
BT: *Empfang bei der Welt* (1950)
Bella Block - Blinde Liebe (1999)
R: Horman, Sherry; A: Gercke, Doris
BT: *Ein Fall mit Liebe: ein Bella-Block-Roman* (1994)
Bella Block - Die Kommissarin (1993)
R: Färberböck, Max; A: Gercke, Doris
Bella Block - Tod eines Mädchens (1997)
R: Imboden, Markus; A: Gercke, Doris
BT: *Kinderkorn* (1991)
Bellas Tod (1979)
R: Storch, Wolfgang; A: Simenon, Georges (= Sim, Georges; Aramis; Brulls, Christian)
BT: *La mort de Belle* (1952) (*Bellas Tod* 1958)
Bellavita (1963)
R: Cella, Ettore; A: Pirandello, Luigi
BT: *Bellavita* (1937) (*Bellavita* 1999)
Benachrichtigung, Die (1968)
R: Haaf, Wilm ten; A: Havel, Václav
BT: *Vyrozumeni* (1965) (*Die Benachrichtigung* 1967)
Bereit zum Mord (1985)
R: Itzenplitz, Eberhard; A: Darbon, Leslie
BT: *Time to Kill* (1979)
Berg Berg (1972)
R: Radax, Ferry; A: Bayer, Konrad
BT: *Thorstein*
Berg, Der (1990)
R: Imhoof, Markus; A: Hürlimann, Thomas
BT: *Der Berg*
Bergdoktor, Der (1993)
R: Bleiweiß, Celino; Jacob, Thomas; Vogel, Peter; A: Scheibler, Susanne
BT: *Der Bergdoktor* (1992)
Berge in Flammen (1960)
R: Dickhoff, Michel; Hartl, Karl; A: Schiller, Friedrich von
BT: *Wilhelm Tell* (1804)
Bergkristall (1954)
R: Lippert, Albert; A: Forster, Friedrich
BT: *Bergkristall: Ein weihnachtl. Spiel nach Adalbert Stifter* (1954)

Bergkristall (Der Wildschütz von Tirol) (1949)
R: Reinl, Harald; A: Stifter, Adalbert
BT: *Bergkristall* (1845) (*Der heilige Abend*)
Bergwind (1964)
R: Borsody, Eduard von; A: Klier, Heinrich E.
BT: *Bergwind und Träume*
Bericht für eine Akademie, Ein (1983)
A: Kafka, Franz
BT: *Ein Bericht für eine Akademie* (1917)
Berlin - Alexanderplatz (1931)
R: Jutzi, Piel; A: Döblin, Alfred
BT: *Berlin Alexanderplatz* (1929)
Berlin Alexanderplatz (13 Teile) (1980)
R: Fassbinder, Rainer Werner; A: Döblin, Alfred
BT: *Berlin Alexanderplatz* (1929)
Berliner Antigone (1968)
R: Wolffhardt, Rainer; A: Hochhuth, Rolf
BT: *Berliner Antigone* (1966)
Bernhardiner namens Möpschen, Ein (1996)
R: Unterberg, Gabriele; Unterberg, Hannelore; A: Bredow, Ilse von
BT: *Ein Bernhardiner namens Möpschen und andere Erinnerungen an eine glückliche Kindheit in der Mark Brandenburg* (1991)
Berta Garlan (1966)
R: Cremer, Ludwig; A: Schnitzler, Arthur
BT: *Frau Bertha Garlan* (1901)
Bertinis (5 Teile), Die (1988)
R: Monk, Egon; A: Giordano, Ralph
BT: *Die Bertinis* (1982)
Berufung wird abgewiesen, Die (1957)
R: Horn, Peter A.; A: Williams, Emlyn
Berührte, Die (1981)
R: Sanders-Brahms, Helma; A: G., Rita
Beryll-Diadem, Das (1968)
R: May, Paul; A: Doyle, Arthur Conan Sir
Bescheidene Genie, Das (1982)
R: Schwarzbach, Helmut; A: Dies, Albert Christoph
BT: *Biographische Nachrichten von Josef Haydn* (1810)
Beschreibung einer Verfolgung (1971)
R: Nola, Jürgen; A: Kremer, Rüdiger
BT: *Beschreibung einer Verfolgung* (1970)
Beschreibung eines Dorfes (1970)
R: Bienek, Horst; A: Kaschnitz, Marie Luise
BT: *Beschreibung eines Dorfes* (1966)
Beschreibung eines Sommers (1962)
R: Kirsten, Ralf; A: Jakobs, Karl-Heinz
BT: *Beschreibung eines Sommers* (1961)
Besessenen, Die (1962)
R: Kehlmann, Michael; A: Camus, Albert
BT: *Les possédés* (1959) (*Besessenen* 1960)
Besserer Herr, Ein (1988)
R: Thyret, Margot; A: Hasenclever, Walter
BT: *Ein besserer Herr* (1927)
Bessie Bosch (1955)
R: Trösch, Robert; A: Wüsten, Johannes
BT: *Bessie Bosch* (1936)
Bestie, Die (1988)
R: Thyret, Margot; A: Brecht, Bertolt
BT: *Die Bestie*
Besuch auf einem kleinen Planeten (1971)
R: Liebeneiner, Wolfgang; A: Vidal, Gore
BT: *Visit to a Small Planet* (1957) (*Besuch auf einem kleinen Planeten* 1970)
Besuch aus der Zone (1958)
R: Wolffhardt, Rainer; A: Meichsner, Dieter
BT: *Besuch aus der Zone* (1961)
Besuch bei ihr (1982)
R: Büchner, Norbert; A: Rauchfuss, Hildegard M.
BT: *War ich zu taktlos, Felix?* (1976)
Besuch bei van Gogh (1985)
R: Seemann, Horst; A: Gansowski, Sewr S.
BT: *Vinsent van Gog*
Besuch, Der (1963)
R: Wicki, Bernhard; A: Dürrenmatt, Friedrich
BT: *Der Besuch der alten Dame* (1956)
Besuch, Der (1975)
R: Mueller-Stahl, Hagen; A: Vring, Georg von der
Besuch der alten Dame, Der (1959)
R: Cremer, Ludwig; A: Dürrenmatt, Friedrich
BT: *Der Besuch der alten Dame* (1956)
Besuch der alten Dame, Der (1982)
R: Ammann, Max Peter; A: Dürrenmatt, Friedrich
BT: *Der Besuch der alten Dame* (1956)
Besuch gegen zehn (1970)
R: Cremer, Ludwig; A: Schneider, Rolf
BT: *Besuch gegen zehn* (1963)
Besuch im Karzer, Der (1961)
R: Mezger, Theo; A: Eckstein, Ernst
BT: *Der Besuch im Carcer* (1875)

Besuchszeit (1991)
R: Morak, Franz; A: Mitterer, Felix
BT: *Besuchszeit* (1985)

Besuchszeit (1991)
R: Kovács, Gedeon; A: Mitterer, Felix
BT: *Besuchszeit* (1985)

Betongräser (1995)
R: Svoboda, Antonin; A: Betz, Martin

Betrogen bis zum jüngsten Tag (1957)
R: Jung-Alsen, Kurt; A: Fühmann, Franz
BT: *Kameraden* (1955)

Betrug der Zeiten (1967)
R: Liebeneiner, Wolfgang; A: Bramble, Forbes
BT: *Two Timers* (*Zwischen der Zeit* 1960)

Bett voller Gäste, Ein (1979)
R: Fuchs, Herbert; A: Freeman, David
BT: *A Bedfull of Foreigners* (1976) (*Ein Bett voller Gäste* 1976)

Bettelprinzeß, Die (1974)
R: Voges, Bruno; A: Courths-Mahler, Hedwig
BT: *Die Bettelprinzeß* (1914)

Bettelstudent, Der (1956)
R: Jacobs, Werner; A: Sardou, Victorien
BT: *Fernande* (1870)

Bettenstudent oder Was mach' ich mit dem Mädchen?, Der (1969)
R: Verhoeven, Michael; A: Søeborg, Finn
BT: *Sådan er der så meget* (1950) (*Und sowas lebt* 1953)

Bettina und der Engel Kran (1983)
R: Schwarzbach, Helmut; A: Walter, Silja
BT: *Beors Bileams Weihnacht* (1961)

Beule oder Wie man einen Tresor knackt (1988)
R: Gregan, Ralf; A: Klugmann, Norbert; Mathews, Peter
BT: *Beule oder Wie man einen Tresor knackt* (1984)

Bewegte Mann, Der (1994)
R: Wortmann, Sönke; A: König, Ralf
BT: *Der bewegte Mann* (1987)

Bezaubernde Arabella (1959)
R: Ambesser, Axel von; A: Heyer, Georgette
BT: *Arabella* (1949) (*Bezaubernde Arabelle* 1954)

Bezaubernde Julia (1960)
R: Haaf, Wilm ten; A: Bolton, Guy; Maugham, W. Somerset
BT: *Theatre* (1937) (*Julia, du bist zauberhaft* 1966)

Bezauberndes Fräulein (1953)
R: Thomalla, Georg; A: Benatzky, Ralph
BT: *Bezauberndes Fräulein* (1933)

Biberpelz, Der (1949)
R: Engel, Erich; A: Hauptmann, Gerhart
BT: *Der Biberpelz* (1893)

Biberpelz, Der (1955)
R: Völger, Werner; A: Hauptmann, Gerhart
BT: *Der Biberpelz* (1893)

Biberpelz, Der (1962)
R: Olden, John; A: Hauptmann, Gerhart
BT: *Der Biberpelz* (1893)

Biberspur (1984)
R: Beck, Walter; A: Wolff, Bernd
BT: *Biberspur* (1979)

Biedermann und die Brandstifter (1963)
R: Matiasek, Helmuth; A: Frisch, Max
BT: *Herr Biedermann und die Brandstifter* (1958)

Biedermann und die Brandstifter. Ein Lehrstück ohne Lehre (1967)
R: Wolffhardt, Rainer; A: Frisch, Max
BT: *Herr Biedermann und die Brandstifter* (1958)

Bilanz eines Lebens (1982)
R: Schwarzbach, Helmut; A: Böll, Heinrich
BT: *Bilanz* (1958)

Bilder des Zeugen Schattmann (4 Teile), Die (1972)
R: Jung-Alsen, Kurt; A: Edel, Peter
BT: *Die Bilder des Zeugen Schattmann* (1969)

Bilderkomödie (1963)
R: Beauvais, Peter; A: Fauchois, René
BT: *Prenez garde à la peinture* (1932)

Bildnis des Dorian Gray, Das (1961)
R: Semmelroth, Wilhelm; A: Wilde, Oscar
BT: *The Picture of Dorian Gray* (1891) (*Das Bildnis des Dorian Gray* 1901)

Bildnis des Dorian Gray, Das (1970)
R: Dallamano, Massimo; A: Wilde, Oscar
BT: *The Picture of Dorian Gray* (1891) (*Das Bildnis des Dorian Gray* 1901)

Bin ich schön (1998)
R: Dörrie, Doris; A: Dörrie, Doris
BT: *Bin ich schön* (1994)

Biografie. Ein Spiel (1970)
R: Hädrich, Rolf; A: Frisch, Max
BT: *Biografie. Ein Spiel* (1967)

Biographie und Liebe (1961)
R: Schroth, Carl-Heinz; A: Behrman, Samuel Nathaniel
BT: *Biography* (1933) (dt. 1948)

Biologie! (1990)
R: Foth, Jörg; A: Spillner, Wolf
Biologie und Tennis (1958)
R: Kehlmann, Michael; A: Andersch, Alfred
BT: *Biologie und Tennis* (1961)
Birke da oben, Die (1979)
R: Vogel, Peter; A: Knappe, Joachim
BT: *Die Birke da oben* (1970)
Birnbaum und Hollerstauden (1971)
R: Grädler, Theodor; A: Brüggemann, Kurt; Lutz, Josef Maria
BT: *Birnbaum und Hollerstauden* (1951)
Bis ans Ende (1964)
R: Haaf, Wilm ten; A: Walpole, Hugh Seymour Sir
BT: *The Old Ladies* (1924)
Bis später - ich muss mich erschießen (1984)
R: Jasny, Vojtech; A: Erdman, Nikolaj Robertowitsch
BT: *Samoubijca* (1928) (*Der Selbstmörder*)
Bis zum Ende aller Tage (1961)
R: Wirth, Franz Peter; A: Hauser, Heinrich
BT: *Brackwasser* (1928)
Bis zum Horizont und weiter (1998)
R: Kahane, Peter; A: Bukowski, Oliver
BT: *Bis zum Horizont und weiter*
Bis zur bitteren Neige (1975)
R: Oswald, Gerd; A: Simmel, Johannes Mario
BT: *Bis zur bitteren Neige* (1975)
Bitte laßt die Blumen leben (1985)
R: Tessari, Duccio; A: Simmel, Johannes Mario
BT: *Bitte laßt die Blumen leben* (1983)
Bitte nicht stören (1985)
R: Wood, Peter; A: Spark, Muriel
BT: *Not to Disturb* (1971) (*Bitte nicht stören* 1990)
Bitte recht freundlich (1963)
R: Graf, Rüdiger; A: Moore, Allan
Bitte recht freundlich, es wird geschossen! (2 Teile) (1969)
R: Sydow, Rolf von; A: Yeldham, Peter
Bittere Ernte (1984/85)
R: Holland, Agnieszka; A: Field, Herman H.; Mierzenski, Stanislaw
BT: *Angry Harvest* (1958) (*Bittere Ernte* 1961)
Bitteren Tränen der Petra von Kant, Die (1972)
R: Fassbinder, Rainer Werner; A: Fassbinder, Rainer Werner
BT: *Die bitteren Tränen der Petra von Kant* (1971)
Blanche oder Das Atelier im Garten (1985)
R: Heyme, Hansgünther; A: Kornfeld, Paul
BT: *Blanche oder Das Atelier im Garten* (1957)
Blaßblaue Frauenhandschrift, Eine (1984)
R: Corti, Axel; A: Werfel, Franz
BT: *Eine blaßblaue Frauenhandschrift* (1941)
Blaßlila Briefe (Tatort) (1982)
R: Barabás, Stanislav; A: Rosendorfer, Kurt
BT: *Blaßlila Briefe*
Blaubart (1984)
R: Zanussi, Krzysztof; A: Frisch, Max
BT: *Blaubart* (1982)
Blaue Bidet oder Ein Kapitalist wird besichtigt, Das (1982)
R: Witt, Claus Peter; A: Breitbach, Joseph
BT: *Das blaue Bidet oder Das eigentliche Leben* (1970)
Blaue, Der (1993)
R: Wawrzyn, Lienhard; A: Wawrzyn, Lienhard
BT: *Der Blaue: das Spitzelsystem der DDR* (1990)
Blaue Hand, Die (1967)
R: Vohrer, Alfred; A: Wallace, Richard Horatio Edgar
BT: *Blue Hand* (1923) (*Die blaue Hand* 1928)
Blaue Helm, Der (1979)
R: Schmenger, Ursula; A: Görlich, Günter
BT: *Der blaue Helm* (1976)
Blaue Hotel, Das (1975)
R: Barabás, Stanislav; A: Crane, Stephen
BT: *The Blue Hotel* (*Das blaue Hotel* 1955)
Blaue Licht, Das (1975)
R: Gusner, Iris; A: Grimm, Jakob Ludwig Carl; Grimm, Wilhelm Carl
BT: *Das blaue Licht* (1812)
Blaue Maus, Die (1978)
R: Wilhelm, Kurt; A: Kraatz, Curt; Laufs, Carl; Wiener, Hugo
BT: *Die blaue Maus* (1978)
Blaue Palais: Das Genie, Das (1974)
R: Erler, Rainer; A: Erler, Rainer
BT: *Das blaue Palais: ein Thriller, d. morgen schon Realität sein kann (5 Romane in e. Bd.)* (1987)
Blaue Palais: Das Medium, Das (1974)
R: Erler, Rainer; A: Erler, Rainer
BT: *Das blaue Palais: ein Thriller, d. morgen schon Realität sein kann (5 Romane in e. Bd.)* (1987)

Blaue Palais: Der Gigant, Das (1976)
R: Erler, Rainer; A: Erler, Rainer
BT: *Das blaue Palais: ein Thriller, d. morgen schon Realität sein kann (5 Romane in e. Bd.)* (1987)
Blaue Palais: Der Verräter, Das (1974)
R: Erler, Rainer; A: Erler, Rainer
BT: *Das blaue Palais: ein Thriller, d. morgen schon Realität sein kann (5 Romane in e. Bd.)* (1987)
Blaue Palais: Unsterblichkeit...?, Das (1976)
R: Erler, Rainer; A: Erler, Rainer
BT: *Das blaue Palais: ein Thriller, d. morgen schon Realität sein kann (5 Romane in e. Bd.)* (1987)
Blaue Pferdchen, Das (1975)
R: Asch, Wolfgang Claus; A: Machado, Maria Clara
BT: *O cavalhino azul* (1969) (*Das blaue Pferdchen* 1971)
Blaue Stern des Südens, Der (1951)
R: Liebeneiner, Wolfgang; A: Rumpff, Heinrich
BT: *Duell mit Diamanten* (1933)
Blaue Strohhut, Der (1949)
R: Tourjansky, Viktor; A: Michael, Friedrich
BT: *Der blaue Strohhut* (1942)
Blaue Strohhut, Der (1959)
R: Tannert, Hannes; A: Michael, Friedrich
BT: *Der blaue Strohhut* (1942)
Blaue Strohhut, Der (1968)
R: Schwarze, Hans-Dieter; A: Michael, Friedrich
BT: *Der blaue Strohhut* (1942)
Blaue Zimmer, Das (1964)
R: Vernay, Robert; A: Mérimée, Prosper
BT: *La chambre bleue* (1872) (*Das blaue Zimmer* 1947)
Blauen und die grauen Tage, Die
R: Damek, Dagmar; A: Feth, Monika
BT: *Die blauen und die grauen Tage* (1996)
Blaues Wild (1970)
R: Schulze-Rohr, Peter; A: Bachmann, Ingeborg
BT: *Unter Mördern und Irren* (1961)
Blaumilchkanal, Der (1969)
R: Kishon, Ephraim; A: Kishon, Ephraim
BT: (*Der Blaumilchkanal* 1971)
Blauvogel (1984)
R: Weiß, Ulrich; A: Jürgens, Anna (= Müller-Tannewitz, Anna)
BT: *Blauvogel* (1984)
Blechtrommel, Die (1979)
R: Schlöndorff, Volker; A: Grass, Günter
BT: *Die Blechtrommel* (1959)
Bleib doch zum Frühstück (1990)
R: Wilbrandt, Jörg; A: Cooney, Ray; Stone, Gene
BT: *Why Not Stay for Breakfast?* (1974) (*Bleib doch zum Frühstück* 1972)
Blick über den Zaun (1962)
R: Haaf, Wilm ten; A: Hunter, Norman Charles
Blick von der Brücke (1967)
R: Cremer, Ludwig; A: Miller, Arthur
BT: *A View from the Bridge* (1955) (*Blick von der Brücke* 1956)
Blick zurück im Zorn (1958)
R: Mittler, Leo; A: Osborne, John James
BT: *Look Back in Anger* (1957) (*Blick zurück im Zorn* 1958)
Blinde, Der (1995)
R: Keglevic, Peter; A: Wallace, Richard Horatio Edgar
Blonde Affe, Der (1998)
R: Jauch, Thomas; A: Wetering, Janwillem van de
BT: *The Blond Baboon* (*Der blonde Affe* 1986)
Blonde von Peking, Die (1966)
R: Gessner, Nicolas; A: Chase, James Hadley
BT: *You Have Yourself a Deal* (1966) (*Schwarze Perle aus Peking* 1967)
Blonder Tango (1986)
R: Warneke, Lothar; A: Saavedra Santis, Omar
BT: *Y qué ago yo en este pais donde todas las gatos son rubios* (*Blonder Tango* 1983)
Blue Moon - Atemlos durch die Nacht (1984)
R: Wichniarz, Karsten; A: Hammann, Joachim
BT: *Die dritte Nacht*
Blühende Träume (1959)
R: Burmester, Gustav; A: Bolt, Robert Oxton
BT: *Flowering Cherry* (1958)
Blume von Hawaii, Die (1953)
R: Cziffra, Géza von; A: Abraham, Paul
BT: *Die Blume von Hawaii* (1931)
Blut floß auf Blendings Castle (1967)
R: Sydow, Rolf von; A: Wodehouse, Pelham Grenville
BT: *The Crime Wave at Blandings* (1937) (*Eine Welle von Verbrechen*)
Blutbund (1966)
R: Schlechte, Werner; A: Del Valle-Inclan, Ramón M.
Bluthochzeit (1962)
R: Döpke, Oswald; A: García Lorca, Federico
BT: *Bodas de sangre* (1933) (dt. 1944)

Blutiger Ernst (1997)
R: Böhlich, Bernd; A: Murr, Stefan
BT: *Blutiger Ernst* (1981)
Bockerer, Der (1981)
R: Antel, Franz; A: Becher, Ulrich; Preses, Peter
BT: *Der Bockerer* (1946)
Bockerer. Ein dramatisches Possenspiel, Der (1963)
R: Kehlmann, Michael; A: Becher, Ulrich; Preses, Peter
BT: *Der Bockerer* (1946)
Bockerer II - Österreich ist frei, Der (1996)
R: Antel, Franz; A: Becher, Ulrich; Preses, Peter
BT: *Der Bockerer* (1946)
Bockerer III - Die Brücke von Andau, Der (2000)
R: Antel, Franz; A: Becher, Ulrich; Preses, Peter
BT: *Der Bockerer* (1946)
Bockshorn (1984)
R: Beyer, Frank; A: Meckel, Christoph
BT: *Bockshorn* (1973)
Boeing-Boeing (1965)
R: Quest, Hans; A: Camoletti, Marc
BT: *Boeing-Boeing* (1961)
Boeing-Boeing (1978)
R: Haugk, Dietrich; A: Camoletti, Marc
BT: *Boeing-Boeing* (1961) (*Boeing-Boeing* 1970)
Bohème, La (1965)
R: Semmelroth, Wilhelm; A: Giacosa, Giacomo; Illica, Luigi; Puccini, Giacomo
BT: *La Bohème* (1896)
Bolwieser (1976/77) 2 Teile (1983)
R: Fassbinder, Rainer Werner; A: Graf, Oskar Maria
BT: *Bolwieser* (1931)
Bombe, Die (1988)
R: Görlitz, Helmut Christian; A: Molin, Lars
BT: *Bomsalva* (1970) (*Die Bombe* 1982)
Bomber für Japan (1958)
R: Cella, Ettore; A: Guggenheim, Werner Johannes
BT: *Bomber für Japan* (1938)
Bombestimmig (1990)
R: Gröner, Werner; A: Keller, Markus
BT: *Bombestimmig* (1989)
Boot - Der Director's Cut, Das (1996)
R: Petersen, Wolfgang; A: Buchheim, Lothar-Günther
BT: *Das Boot* (1973)
Boot, Das (1979-81)
R: Petersen, Wolfgang; A: Buchheim, Lothar-Günther
BT: *Das Boot* (1973)
Boot im Walde, Das (1971)
R: Pause, Wolf-Dieter; A: Khaitov, Nikolai
BT: (*Das Boot im Walde*)
Bös, bös, Jo-Jo! (1972)
R: Cremer, Ludwig; A: Herlihy, James Leo
BT: *Bad, Bad Jo-Jo* (1969)
Böse, Das (1997)
R: Görlitz, Helmut Christian; A: Sülzer, Bernd
Böse Geist Lumpazivagabundus oder Das liederliche Kleeblatt, Der (1953)
R: Schöne, Werner; A: Nestroy, Johann Nepomuk
BT: *Der böse Geist Lumpazivagabundus oder Das liederliche Kleeblatt* (1835)
Böses Erwachen (1991)
R: Koralnik, Pierre; A: Boileau, Pierre; Narcejac, Thomas
BT: *Celle qui n'était plus* (1952) (*Tote sollten schweigen* 1974)
Botenjunge, Der (1978)
R: Alcala-Toca, Francisco; A: Tenn, William
Boubouroche (1956)
R: Ginsberg, Ernst; A: Courteline, Georges
BT: *Boubouroche* (1893) (*Boubouroche* 1901)
Boxer, Der (1980)
R: Fruchtmann, Karl; A: Becker, Jurek
BT: *Der Boxer* (1976)
Brandnacht (1992)
R: Fischer, Markus; A: Jaun, Sam
BT: *Die Brandnacht* (1986)
Brandstellen (1977)
R: Brandt, Horst E.; A: Degenhardt, Franz-Josef
BT: *Brandstellen* (1975)
Bratkartoffeln inbegriffen (1967)
R: Umgelter, Fritz; A: Wesker, Arnold
BT: *Chips with Everything* (1961) (*Bratkartoffeln, nichts als Bratkartoffeln* 1970)
Braut des Satans, Die (1975)
R: Sykes, Peter; A: Wheatley, Dennis
BT: *To The Devil - A Daughter* (1953)
Braut Nadja, Die (1975)
R: Keil, Gerd; A: Čechov, Anton Pavlovič
BT: (*Die Braut Nadja*)
Bräutigam, die Komödiantin und der Zuhälter, Der (1968)
R: Huillet, Danièle; Straub, Jean-Marie; A: Bruckner, Ferdinand
BT: *Krankheit der Jugend* (1947)
Bräutigam für Marcella, Ein (1970)
R: Toelle, Tom; A: Klíma, Ivan
BT: (*Ein Bräutigam für Marcella* 1969)

Brave Diebe (1965)
R: Scharf, Frank; A: Popplewell, Jack
BT: *Dear Delinquent* (1957) (*Brave Diebe* 1960)
Brave Soldat Schwejk, Der (1960)
R: Ambesser, Axel von; A: Hašek, Jaroslav
BT: *Osudy dobreho vojaka Švejka ya svetove valky* (1921) (*Die Abenteuer des braven Soldaten Schwejk* 1926)
Bremer Freiheit; Frau Geesche Gottfried - Ein bürgerliches Trauerspiel (1972)
R: Fassbinder, Rainer Werner; A: Fassbinder, Rainer Werner
BT: *Bremer Freiheit. Ein bürgerliches Trauerspiel* (1973)
Bremer Stadtmusikanten, Die (1959)
R: Geis, Rainer; A: Grimm, Jakob Ludwig Carl; Grimm, Wilhelm Carl
BT: *Die Bremer Stadtmusikanten* (1812)
Bremer Stadtmusikanten, Die (1979)
R: Jessen, Uwe-Detlev; A: Grimm, Jakob Ludwig Carl; Grimm, Wilhelm Carl
BT: *Die Bremer Stadtmusikanten* (1812)
Brennende Ruhr
R: Korbschmitt, Hans-Erich; A: Grünberg, Karl
BT: *Brennende Ruhr* (1929)
Brennendes Geheimnis (1977)
R: Haaf, Wilm ten; A: Zweig, Stefan
BT: *Brennendes Geheimnis* (1914)
Brennendes Geheimnis (1988)
R: Birkin, Andrew; A: Zweig, Stefan
BT: *Brennendes Geheimnis* (1914)
Brennendes Herz - Tagebuch einer Flucht (1996)
R: Patzak, Peter; A: Regler, Gustav
BT: *Das Ohr des Malchus* (1958)
Brennpunkt (1961)
R: Hädrich, Rolf; A: Miller, Arthur
BT: *Focus* (1945) (*Brennpunkt* 1955)
Briefträger ging vorbei, Ein (1954)
R: Farenburg, Hanns; A: Kolbenhoff, Walter (= Hoffmann, Walter)
BT: *Der Briefträger ging vorbei*
Brigitta (1982)
R: Glück, Wolfgang; A: Stifter, Adalbert
BT: *Brigitta* (1843)
Brigitta (1993)
R: Knöpfel, Dagmar; A: Stifter, Adalbert
BT: *Brigitta* (1843)
Bronsteins Kinder (1990)
R: Kawalerowicz, Jerzy; A: Becker, Jurek
BT: *Bronsteins Kinder* (1986)
Brooklyn-Ballade (1965)
R: Klingenberg, Gerhard; A: Shaw, Irwin
BT: *The Gentle People* (1939) (*Gangster* 1957)
Brot der frühen Jahre, Das (1962)
R: Vesely, Herbert; A: Böll, Heinrich
BT: *Das Brot der frühen Jahre* (1955)
Bruch, Der (1988)
R: Beyer, Frank; A: Kohlhaase, Wolfgang
BT: *Der Bruch* (1989)
Brücke, Die (1959)
R: Wicki, Bernhard; A: Gregor, Manfred (= Dietrich, Erwin C.)
BT: *Die Brücke* (1958)
Bruder, Der (1955)
R: Hildebrandt, Hans-Joachim; A: Weinert, Erich
BT: *Der Bruder*
Brüder, Die (1976)
R: Gremm, Wolf; A: Dale, Septimus
BT: *The Little Girl Eater*
Bruder Jakob oder Die Stunde (1958)
R: Monk, Egon; A: Maupassant, Guy de
Brüder Lautensack, Die (1971-73)
R: Kasprzik, Hans-Joachim; A: Feuchtwanger, Lion
BT: *Die Brüder Lautensack* (1945)
Brüderchen und Schwesterchen (1953)
R: Oehmichen, Walter; A: Grimm, Jakob Ludwig Carl; Grimm, Wilhelm Carl
BT: *Brüderchen und Schwesterchen* (1812)
Brudermord, Ein (1967)
R: Elsässer, Lothar; Geissler, Michael; A: Kafka, Franz
BT: *Ein Landarzt* (1919)
Brummeisenprinzessin, Die (1987)
R: Schmenger, Ursula; A: Volkmann, Richard von (= Leander, Richard)
BT: *Die Brummeisenprinzessin*
Bubusch (1962)
R: Ode, Erik; A: Vaszary, Gábor von
BT: *Bubus* (*Schäm' dich, Brigitta!*)
Buchholzens, Die (1974)
R: Philipp, Harald; A: Stinde, Julius
BT: *Familie Buchholz* (1886)
Buckel (1978)
R: Fantl, Thomas; A: Mrozek, Slawomir
BT: *Garbus* (*Buckel* 1975)
Bucklige von Soho, Der (1966)
R: Vohrer, Alfred; A: Wallace, Richard Horatio Edgar
BT: *The Sinister Man* (1924) (*Der Unheimliche* 1951)
Budapester Moral (Spätlese) (1974)
A: Molnár, Ferenc
BT: (*Budapester Moral*)

Buddenbrooks (1978)
R: Wirth, Franz Peter; A: Mann, Thomas
BT: *Die Buddenbrooks* (1922)
Buddenbrooks (Teil I und II) (1959)
R: Weidenmann, Alfred; A: Mann, Thomas
BT: *Die Buddenbrooks* (1922)
Bühne frei für Kolowitz
R: Gregan, Ralf; A: Reiner, Carl
Bund der Haifische, Der (1961)
R: Langhoff, Udo; A: Lux, Hanns Maria
BT: *Der Bund der Haifische* (1961)
Buntkarierten, Die (1949)
R: Maetzig, Kurt; A: Waterstradt, Berta
BT: *Während der Stromsperre* (1948)
Bürger als Edelmann, Der (1969)
R: Matiasek, Helmuth; A: Hofmannsthal, Hugo von; Molière, Jean Baptiste; Strauss, Richard
BT: *Ariadne auf Naxos* (1912)
Bürger Schippel (1964)
R: Schwarze, Hans-Dieter; A: Sternheim, Carl
BT: *Bürger Schippel* (1913)
Bürger von Calais, Die (1958)
R: Lothar, Frank; A: Kaiser, Georg
BT: *Die Bürger von Calais* (1914)
Bürgermeister Anna (1950)
R: Müller, Hans; A: Wolf, Friedrich (Baetz, Christian; Rüedi, Hans; Dr. Isegrimm)
BT: *Bürgermeister Anna* (1952)
Bürgermeister, Der (1965)
R: Cremer, Ludwig; A: Hofmann, Gert
BT: *Der Bürgermeister* (1963)
Burggespenst Lülü, Das (1992)
R: Mohl, Manfred; A: Kühl, Katharina
BT: *Das Burggespenst Lülü* (1992)
Bürgschaft für ein Jahr (1981)
R: Zschoche, Herrmann; A: Schulze Gerlach, Tine
BT: *Bürgschaft für ein Jahr* (1981)
Buschgespenst, Das (1986)
R: Loebner, Vera; A: May, Karl Friedrich
BT: *Das Buschgespenst* (1898)
Butch paß aufs Baby auf (1961)
R: Rohkohl, Dieter; A: Runyon, (Alfred) Damon
BT: *Butch Minds the Baby* (1935)
Butterbrot (1990)
R: Barylli, Gabriel; A: Barylli, Gabriel
BT: *Butterbrot* (1986)
Ca va! (La Brige, Rapéteaux) (1962)
R: Michal, Robert; A: Courteline, Georges
BT: *La Brige, Rapéteaux*

Caballero im geborgten Frack (1978)
R: Wilbrandt, Jörg; A: Icaza, Jorge
BT: *El chulla Rombero y Florez* (1958) (*Caballero im geborgten Frack* 1965)
Caesar und Cleopatra (1964)
R: Schwarze, Hans-Dieter; A: Shaw, George Bernard
BT: *Caesar and Cleopatra* (1900) (*Cäsar und Cleopatra* 1904)
Cagliostro (1973/74)
R: Hunebelle, André; A: Dumas, Alexandre (père)
BT: *Joseph Balsamo* (1846) (*Joseph Balsamo genannt Graf Cagliostro: aus den Memoiren eines Arztes* 1900)
Caine war ihr Schicksal, Die (1959)
R: Farenburg, Hanns; A: Wouk, Herman
BT: *The Caine Mutiny* (1951) (*Die "Caine" war ihr Schicksal* 1952)
Campus, Der (1997)
R: Wortmann, Sönke; A: Schwanitz, Dietrich
BT: *Der Campus* (1995)
Canaris (1954)
R: Weidenmann, Alfred; A: Abshagen, Karl Heinz
BT: *Canaris: Patriot und Weltbürger* (1950)
Candida (1963)
R: Schweikart, Hans; A: Shaw, George Bernard
BT: *Candida* (1898) (*Candida* 1906)
Candida (1984)
R: Eckermann, Martin; A: Shaw, George Bernard
BT: *Candida* (1898) (*Candida* 1906)
Cardillac (1968)
R: Reitz, Edgar; A: Hoffmann, Ernst Theodor Amadeus
BT: *Das Fräulein von Scuderi* (1819)
Caribia (1977)
R: Rabenalt, Arthur Maria; A: Marivaux, Pierre Carlet Chamblain de
BT: *La dispute* (1778) (*Der Streit* 1982)
Carlos (1971)
R: Geissendörfer, Hans W.; A: Schiller, Friedrich von
BT: *Don Carlos, Infant von Spanien* (1787)
Caroline (1966)
R: Umgelter, Fritz; A: Maugham, W. Somerset
BT: (*Caroline*)
Caroline Cherie (Schön wie die Sünde) (1967)
R: Patellière, Denys de la; A: Saint-Laurent, Cécil
BT: *Caroline chérie* (1950) (*Am Anfang war nur Liebe* 1950)

Cascadeur: die Jagd nach dem Bernsteinzimmer (1998)
R: Martins, Hardy; A: Friedrichs, Horst
BT: *Cascadeur: die Jagd nach dem Bernsteinzimmer* (1998)
Catherine - Ein Leben für die Liebe (1968)
R: Borderie, Bernard; A: Benzoni, Juliette
BT: *Catherine* (1963)
Cecile (1977)
R: Damek, Dagmar; A: Fontane, Theodor
BT: *Cecile* (1887)
Cécile oder Die Schule der Väter (1962)
R: Schwarze, Hans-Dieter; A: Anouilh, Jean
BT: *Cécile ou l'école des pères* (1953) (*Cécile oder Die Schule der Väter* 1955)
Céleste (1981)
R: Adlon, Percy; A: Albaret, Céleste
BT: *Monsieur Proust. Souvenirs recueillis par Georges Belmont* (1973) (*Monsieur Proust. Céleste Albaret. Aufgezeichnet von Georges Belmont.* 1974)
Cella oder Die Überwinder (1978)
R: Itzenplitz, Eberhard; A: Werfel, Franz
BT: *Cella oder Die Überwinder* (1970)
Cenerentola, La (1981)
R: Ponnell, Jean-Pierre; A: Ferretti, Jacopo; Rossini, Gioacchini Antonio
BT: *La Cenerentola, ossia La bontà in trionfo* (1817)
César (1958)
R: Haaf, Wilm ten; A: Pagnol, Marcel
BT: *César* (1931) (*César* 1948)
Chabichou (1964)
R: Podehl, Peter; A: Duvernois, Henri
BT: *Chabichou* (1925)
Champagner für die Damen (1983)
R: Unger, Michael; A: Seidemann, Maria
BT: *Champagner für die Dame*
Champagner und Kamillentee (1997)
R: Vajda, Marijan David; A: Stalmann, Franziska
BT: *Champagner und Kamillentee* (1992)
Chamsin (1970)
R: Relin, Veit; A: Schiller, Friedrich von
BT: *Die Braut von Messina* (1803)
Change (1971)
R: Wirth, Franz Peter; A: Bauer, Wolfgang
BT: *Change* (1969)
Change (1974)
R: Fischerauer, Bernd; A: Bauer, Wolfgang
BT: *Change* (1969)
Charleston für Lady Macbeth, Ein (1969)
R: Sydow, Rolf von; A: Valmain, Frédéric
Charleys Tante (1955)
R: Quest, Hans; A: Thomas, Brandon
BT: *Charley's Aunt* (1892) (*Charleys Tante* 1919)
Charleys Tante (1963)
R: Cziffra, Géza von; A: Thomas, Brandon
BT: *Charley's Aunt* (1892) (*Charleys Tante* 1919)
Charleys Tante (1996)
R: Wortmann, Sönke; A: Thomas, Brandon
BT: *Charley's Aunt* (1892) (*Charleys Tante* 1919)
Charlie & Louise - Das doppelte Lottchen (1993)
R: Vilsmaier, Joseph; A: Kästner, Erich (= Bürger, Berthold)
BT: *Das doppelte Lottchen* (1949)
Charlotte (1980)
R: Weisz, Frans; A: Salomon, Charlotte
BT: *Leven of theater?* (1981) (*Leben oder Theater?: Ein autobiographisches Singspiel in 769 Bildern* 1981)
Charms: Zwischenfälle (1995)
R: Kreihsel, Michael; A: Charms, Daniil I.
BT: (*Zwischenfälle* 1990)
Chiaravalle wird entdeckt (1955)
R: Wirth, Franz Peter; A: Manzari, Nicola
BT: *Il trionfo del diritto* (*Zuviel des Guten* 1947)
Chiaravalle wird entdeckt (1963)
R: Tannert, Hannes; A: Manzari, Nicola
BT: *Il trionfo del diritto* (*Zuviel des Guten* 1947)
Chiffriert an Chef - Ausfall Nummer 5 (1979)
R: Dziuba, Helmut; A: Karau, Gisela; Karau, Günter
Chinese, Der (1979)
R: Gloor, Kurt; A: Glauser, Friedrich
BT: *Der Chinese* (1938)
Chinesische Mauer, Die (1958)
R: Cremer, Ludwig; A: Frisch, Max
BT: *Die chinesische Mauer* (1947)
Chinesische Mauer, Die (1965)
R: Lietzau, Hans; A: Frisch, Max
BT: *Die chinesische Mauer* (1947)
Chingachcook, die große Schlange (1967)
R: Groschopp, Richard; A: Cooper, James Fenimore
BT: *The Deerslayer* (1841) (*Der Wildtöter* 1841)

Christiane F.: Wir Kinder vom Bahnhof Zoo (1981)
R: Edel, Ulrich; A: Hermann, Kai; Rieck, Horst
BT: *Wir Kinder vom Bahnhof Zoo: Chrstiane F.* (1978)
Christinas Heimreise (1965)
R: Cremer, Ludwig; A: Hofmannsthal, Hugo von
BT: *Christinas Heimreise* (1910)
Christine (1958)
R: Gaspard-Huit, Pierre; A: Schnitzler, Arthur
BT: *Liebelei* (1895)
Christoffel von Grimmelshausen abenteuerlicher Simplizissimus, Des (1975)
R: Umgelter, Fritz; A: Grimmelshausen, Christoffel von
BT: *Der abenteuerliche Simplizissimus* (1669)
Christoph Columbus oder Die Entdeckung Amerikas (1969)
R: Käutner, Helmut; A: Hasenclever, Walter
BT: *Christoph Columbus* (1932)
Chronik eines Mordes (1965)
R: Hasler, Joachim; A: Frank, Leonhard
BT: *Die Jünger Jesu* (1949)
Ciske - ein Kind braucht Liebe (1955)
R: Staudte, Wolfgang; A: Bakker, Piet
BT: *Ciske de Rat* (1941) (dt. 1946)
Claire (1966)
R: Lilienthal, Peter; A: Wheeler, Hugh (= Quentin, Patrick; Webb, Richard Wilson)
Clarissa - Tränen der Zärtlichkeit (1997)
R: Deray, Jacques; A: Zweig, Stefan
BT: *Clarissa* (1961)
Claudia (1960)
R: Reichert, Franz; A: Franken, Rose
BT: *Claudia* (1938)
Clavigo (1959)
R: Völger, Werner; A: Goethe, Johann Wolfgang von
BT: *Clavigo* (1774)
Clavigo (1970)
R: Ophüls, Marcel; A: Goethe, Johann Wolfgang von
BT: *Clavigo* (1774)
Clavigo (1978)
R: Keil, Gerd; A: Goethe, Johann Wolfgang von
BT: *Clavigo* (1774)
Clivia (1954)
R: Anton, Karl; A: Dostal, Nico
BT: *Clivia* (1934)
Cobra Verde (1987)
R: Herzog, Werner; A: Chatwin, Bruce
BT: *The Viceroy of Ouidah* (1980) (*Der Vizekönig von Ouidah* 1982)
Cocktailparty, Die (1964)
R: Lauterbach, Ulrich; A: Eliot, Thomas Stearns
BT: *The Cocktail Party* (1949) (*Die Cocktailparty* 1950)
Collin (1981)
R: Schulze-Rohr, Peter; A: Heym, Stefan
BT: *Collin* (1979)
Colomba (1975)
R: Jariv, Nathan; A: Mérimée, Prosper
BT: *Colomba* (1840) (*Colomba* 1880)
Colombe (1958)
R: Erfurth, Ulrich; A: Anouilh, Jean
BT: *Colombe* (1950) (*Colombe* 1951)
Comedian Harmonists (1999)
R: Vilsmaier, Joseph; A: Fechner, Eberhard
BT: *Die Comedian Harmonists: 6 Lebensläufe* (1988)
Conchita und der Ingenieur (1954)
R: Eichhorn, Franz; A: Taut, Franz
BT: *Conchita und der Ingenieur* (1951)
Cordula (1950)
R: Ucicky, Gustav; A: Wildgans, Anton
BT: *Kirbisch oder Der Gendarm, die Schande und das Glück* (1927)
Corinna (1984)
R: Zanke, Susanne; A: Hammerl, Elfriede
BT: *Corinna*
Corinna Schmidt (1951)
R: Pohl, Arthur; A: Fontane, Theodor
BT: *Frau Jenny Treibel* (1892)
Corinne und der Seebär (1968)
R: Engel, Thomas; A: Wittlinger, Karl
BT: *Corinne und der Seebär* (1966)
Cornet, Der (1955)
R: Reisch, Walter; A: Rilke, Rainer Maria
BT: *Die Weise von Liebe und Tod des Cornets Christoph Rilke* (1906)
Crazy (2000)
R: Schmid, Hans-Christian; A: Lebert, Benjamin
BT: *Crazy* (1999)
Cuba Cabana (1952)
R: Buch, Fritz Peter; A: Yost, Tibor
Czardas der Herzen (1951)
R: Slatinay, Alexander von; A: Nóti, Károly (= Noti, Karl)
BT: (*Servus, Peter*)
Dachserin, Die (1965)
R: Steinberger, Edmund; A: Thoma, Ludwig
BT: *Die Dachserin und andere Geschichten aus dem Nachlaß* (1922)

Dachserin, Die (1988)
R: Strecker, Frank; A: Thoma, Ludwig
BT: *Die Dachserin und andere Geschichten aus dem Nachlaß* (1922)
Dame ist nicht fürs Feuer, Die (1960)
R: Rothe, Edward; A: Fry, Christopher
BT: *The Lady's Not For Burning* (1949) (*Die Dame ist nicht fürs Feuer* 1950)
Dame Kobold (1953)
R: Völger, Werner; A: Calderón de la Barca, Pedro
BT: *La dama duende* (1636) (*Dame Kobold* 1822)
Dame und die Unterwelt, Die (1984)
R: Wolffhardt, Rainer; A: Reinecker, Herbert
BT: *Die Dame und die Unterwelt*
Dämonen (4 Teile), Die (1977)
R: Witt, Claus Peter; A: Dostojewski, Feodor
BT: *Besy* (1872) (*Die Dämonen* 1907)
Dämonische Liebe (1950)
R: Meisel, Kurt; A: Scheu, Just
BT: *Der Teufel stellt Mr. Darcy ein Bein*
Dann eben mit Gewalt (1993)
R: Kaufmann, Rainer; A: Zanger, Jan F. de
BT: *Dann eben mit Gewalt* (1987)
Dann geh zu Thorp (1964)
R: Lietzau, Hans; A: Billetdoux, François
BT: *Va donc chez Tèrpe* (1961)
Dann steig ich eben aus ... (1977)
R: Noczynski, Fred; A: Lüdemann, Hans-Ulrich
BT: *Doppelzweier* (1972)
Danton (1982)
R: Wajda, Andrzej; A: Przybyszewska, Stanislawa
BT: *Sprawa Dantona* (1950)
Dantons Tod (1963)
R: Umgelter, Fritz; A: Büchner, Georg
BT: *Dantons Tod* (1835)
Dany, bitte schreiben Sie (1956)
R: Borsody, Eduard von; A: Rösener, Inge
BT: *Dany, bitte schreiben Sie* (1950)
Daphne Laureola (1962)
R: Schwarz, Heinz Wilhelm; A: Bridie, James
BT: *Daphne Laureola* (1949) (*Daphne Laureola* 1956)
Darf ich mitspielen? Ein Zirkusspiel (1958)
R: Wall, Marcel; A: Achard, Marcel
BT: *Voulez vous jouer avec moi?* (1924) (dt. 1925)
Datterich, Der (1958)
R: Wagner, Klaus; A: Niebergall, Ernst-Elias
BT: *Datterich* (1841)
Datterich, Der (1972)
R: Wagner, Klaus; A: Niebergall, Ernst-Elias
BT: *Datterich* (1841)
Datterich, Der (1983)
R: Wagner, Klaus; A: Niebergall, Ernst-Elias
BT: *Datterich* (1841)
Daunenträger, Der (1992)
R: Kijowski, Janusz; A: Janicki, Jerzy
BT: *Tragarz puchu* (1992) (*Der Federträger* 1992)
David (1979)
R: Lilienthal, Peter; A: BenGershôm, Ezra (= König, Joel)
BT: *Den Netzen entronnen. Die Aufzeichnungen des Joel König* (1967)
David und Dorothee (1979)
R: Krippendorf, Klaus-Peter; A: Bayer, Ingeborg
BT: *David und Dorothee* (1977)
Davids Rache (1997)
R: Griesmayr, Hartmut; A: Kettenbach, Hans Werner
BT: *Davids Rache* (1994)
Davor (1971)
R: Schulze-Rohr, Peter; A: Grass, Günter
BT: *Davor* (1969)
Deal, Der (1991)
R: Görlitz, Helmut Christian; A: Sülzer, Bernd
BT: *Bensberger Zwischenspiel* (1988)
Death Watch - Der gekaufte Tod (1979)
R: Tavernier, Bertrand; A: Compton, David Guy
BT: *The Continuous Catherine Mortenhoe* (1974) (*Der gekaufte Tod* 1981)
Decameron 40 (1974)
A: Boccaccio, Giovanni
BT: *Decamerone* (1353)
Defraudanten (1954)
R: Mittler, Leo; A: Polgar, Alfred
BT: *Die Defraudanten* (1931)
Defraudanten (1973)
R: Pfandler, Helmut; A: Polgar, Alfred
BT: *Die Defraudanten* (1931)
Dein Herz ist meine Heimat (1953)
R: Häussler, Richard; A: Wurmbrand, Irmgard
BT: *Tauerngold* (1941)
Dein unbekannter Bruder (1982)
R: Weiß, Ulrich; A: Bredel, Willi
BT: *Dein unbekannter Bruder* (1937)

Deine Zärtlichkeiten (1969)
R: Schamoni, Peter; Vesely, Herbert; A: Lopez, Estebán
BT: *Als broer en zuester, pijulijke vertellingen* (1965) (*Wie Bruder und Schwester & andere bittere Sachen* 1967)

Delirium zu zweit auf unbegrenzte Zeit (1967)
R: Schulze-Rohr, Peter; A: Ionesco, Eugène
BT: *Délire à deux* (1966) (*Delirium zu zweit* 1964)

Demokratische Terrorist, Der (1992)
R: Berglund, Per; A: Guillou, Jan
BT: *Den demokratiske terroristen* (1989) (*Der demokratische Terrorist* 1990)

Demonstration (1972)
R: Müller, Hans Bernd; A: Tabori, George

Denkmal wird erschossen, Ein (1988)
R: Engel, Thomas; A: Reinecker, Herbert
BT: *Ein Denkmal wird erschossen* (1977)

Denn das Weib ist schwach (1961)
R: Glück, Wolfgang; A: Hampel, Bruno

Denunziantin, Die (1993)
R: Mitscherlich, Thomas; A: Marßolek, Inge
BT: *Die Denunziantin: Helene Schwärzel, 1944-47* (1993)

Depressionen (1975)
R: Vesely, Herbert; A: Muhr, Caroline
BT: *Depressionen - Tagebuch einer Krankheit* (1970)

Desideria (1980)
R: Barcelloni, Gianni; A: Moravia, Alberto
BT: *La vita interiore* (1978) (*Desideria* 1979)

Detective Story (Polizeirevier 21) (1963)
R: Mezger, Theo; A: Kingsley, Sidney (= Kirshner, Sidney)
BT: *Detective Story* (1949) (*Polizeirevier 21*)

Deutsche, Die (1981)
R: Wolffhardt, Rainer; A: Larevic, Lazar
BT: (*Die Deutsche*)

Deutsche Novelle (1972)
R: Döpke, Oswald; A: Frank, Leonhard
BT: *Deutsche Novelle* (1954)

Deutsche Revolution, Eine (1981)
R: Herbst, Helmut; A: Edschmid, Kasimir
BT: *Wenn es Rosen sind, werden sie blühen* (1950)

Deutschstunde, Die (1971)
R: Beauvais, Peter; A: Lenz, Siegfried
BT: *Die Deutschstunde* (1968)

Diamant des Geisterkönigs, Der (1992)
R: Marboe, Ernst Wolfram; A: Raimund, Ferdinand
BT: *Der Diamant des Geisterkönigs* (1825)

Diamantenwirbel (1962)
R: Kolman, Trude; A: Régnier, Bernard
BT: *Trésor party* (*Diamantenwirbel* 1964)

Diarium des Dr. Döblinger, Das (1986)
R: Schottenberg, Michael; A: Doderer, Heimito von
BT: *Eine Tätowierte; Eine Person von Porzellan; Trethofen; Ein anderer Kratki-Baschik* (1972)

Dicke Kind, Das (1985)
R: Loew, Sabine; Siwik-Hasecke, Christiane; A: Kaschnitz, Marie Luise
BT: *Das dicke Kind* (1951)

Dicke Tilla, Die (1984)
R: Bergmann, Werner; A: Klein, Rosel
BT: *Die dicke Tilla* (1984)

Dicke und ich, Der (1981)
R: Lotz, Karl-Heinz; A: Bahre, Jens
BT: *Der Dicke und ich* (1976)

Diebe in der Nacht (3 Teile) (1989)
R: Storch, Wolfgang; A: Koestler, Arthur
BT: *Thieves in the Night* (1946) (*Diebe in der Nacht* 1949)

Diebelei (1957)
R: Bublitz, Hans Waldemar; A: Lettunich, Mateo
BT: *Bright Interval*

Diebinnen (1995)
R: Weck, Peter; A: Salvati, John
BT: *The Thieves*

Diederk soll heiraten (1966)
R: Siegmund, Günther; A: Hinrichs, August
BT: *Diederk schall freen* (1931)

Diener und andere Herren (1978)
R: Glück, Wolfgang; A: Maugham, W. Somerset; Porter, William Sydney (= O'Henry); Wodehouse, Pelham Grenville

Diener zweier Herrn (1956)
R: Hübner, Bruno; A: Goldoni, Carlo
BT: *Il servitore di due padroni* (1745) (*Der Diener zweyer Herren* 1762)

Dienstagmann, Der (1988)
R: Guthke, Frank; A: Breinersdorfer, Fred
BT: *Der Dienstagmann* (1984)

Dienstverhältnis, Ein (1975)
R: Kunz, Hartmut; A: Malamud, Bernard
BT: (*Ein Dienstverhältnis*)
Dies Bildnis ist zum Morden schön (1987)
R: Gräwert, Günter; A: Durbridge, Francis Henry
BT: *The Gentle Hook* (1975) (*Dies Bildnis ist zum Morden schön* 1974)
Dieser Mann gehört mir (1950)
R: Verhoeven, Paul; A: Beste, Konrad
BT: *Das vergnügliche Leben der Doktorin Löhnefink* (1934)
Diesmal muß es Kaviar sein (1961)
R: Rádvany, Géza von; A: Simmel, Johannes Mario
BT: *Es muß nicht immer Kaviar sein* (1960)
Dinner für acht (1980)
R: Hauk, Herbert; A: Dickens, Charles
BT: *A Christmas Carol* (1843) (*Der Weihnachtsabend* 1847)
Disco mit Einlage (1978)
R: Kaufmann, Edgar; A: Schirmer, Bernd
BT: *Disco mit Einlage*
Distel, Die (1992)
R: Krää, Gernot; A: Evert, Manfred; Krää, Gernot
BT: *Die Distel* (1992)
Division Brandenburg (1960)
R: Philipp, Harald; A: Berthold, Will (= Gimpel, Erich)
BT: *Division Brandenburg: Die Haustruppe des Admiral Canaris* (1960)
DM-Killer (1964)
R: Thiele, Rolf; A: Norden, Peter
BT: *DM-Killer* (1964)
Doktor Faustus (1982)
R: Seitz, Franz; A: Mann, Thomas
BT: *Doktor Faustus* (1947)
Doktor Knock (1996)
R: Graf, Dominik; A: Romains, Jules
BT: *Knock, ou le triomphe de la médicine* (1923) (*Knock oder Der Triumph der Medizin* 1947)
Doktor Wanner (1959)
R: Richter, Hans-Michael; A: Wolf, Friedrich (Baetz, Christian; Rüedi, Hans; Dr. Isegrimm)
BT: *Dr. Lilli Wanner* (1946)
Don Carlos (1957)
R: Stöger, Alfred; A: Schiller, Friedrich von
BT: *Don Carlos, Infant von Spanien* (1787)
Don Carlos (1957)
R: Umgelter, Fritz; A: Schiller, Friedrich von
BT: *Don Carlos, Infant von Spanien* (1787)
Don Carlos, Infant von Spanien (1963)
R: Wirth, Franz Peter; A: Schiller, Friedrich von
BT: *Don Carlos, Infant von Spanien* (1787)
Don Juan kommt zurück (1963)
R: Wilhelm, Kurt; A: Horváth, Ödön von
BT: *Don Juan kommt aus dem Krieg* (1930)
Don Juan oder Die Liebe zur Geometrie (1965)
R: Kehlmann, Michael; A: Frisch, Max
BT: *Don Juan oder Die Liebe zur Geometrie* (1953)
Don Quijote von der Mancha (1965)
R: Rien, Carlo; A: Cervantes Saavedra, Miguel de
BT: *Don Quijote de la Mancha* (1605)
Dona Rosita bleibt ledig oder Die Sprache der Blumen (1962)
R: Müller, Hans-Reinhard; A: García Lorca, Federico
BT: *Doña Rosita la soltera* (1935) (dt. 1950)
Donadieu (1962)
R: Grädler, Theodor; A: Hochwälder, Fritz
BT: *Donadieu* (1953)
Doppelselbstmord (1961)
R: Grädler, Theodor; A: Anzengruber, Ludwig
BT: *Doppelselbstmord* (1876)
Doppelte Lottchen, Das (1950)
R: Baky, Josef von; A: Kästner, Erich (= Bürger, Berthold)
BT: *Das doppelte Lottchen* (1949)
Doppelte Moritz, Der (1978)
R: Wesseler, Karl; A: Impekoven, Toni; Mathern, Carl
BT: *Der doppelte Moritz* (1926)
Doppelte Nikolaus, Der (1964)
R: Erler, Rainer; A: Storz, Oliver
BT: *Der doppelte Nikolaus* (1962)
Doppelte Welt, Die (1985)
R: Kühn, Kristian; A: Poliakoff, Stephen
BT: *Strawberry Fields* (1977) (*Strawberry Fields* 1977)
Doppeltes Spiel (Polizeiruf 110) (1978)
R: Sander, Ingrid; A: Wittgen, Tom (= Siebenstädt, Ingeburg)
Dorf in der Heimat, Das (1956)
R: Pohl, Arthur; A: Storm, Theodor
BT: *Draußen im Heidedorf* (1873)

Dorf ohne Männer, Ein (1963)
R: Corti, Axel; A: Horváth, Ödön von
BT: *Ein Dorf ohne Männer* (1937)
Dorf ohne Männer, Ein (1969)
R: Kehlmann, Michael; A: Horváth, Ödön von
BT: *Ein Dorf ohne Männer* (1937)
Dorf unterm Himmel, Das (1952/ 53)
R: Häussler, Richard; A: Olsen, Rolf
BT: *Der Januck*
Dorflinde, Die (1980)
R: Hattop, Karola; A: Beseler, Horst
BT: *Die Linde vor Priebes Haus* (1970)
Dornröschen (1955)
R: Genschow, Fritz; A: Grimm, Jakob Ludwig Carl; Grimm, Wilhelm Carl
BT: *Dornröschen* (1812)
Dornröschen (1971)
R: Beck, Walter; A: Grimm, Jakob Ludwig Carl; Grimm, Wilhelm Carl
BT: *Dornröschen* (1812)
Dornröschen (1980)
R: Bellmann, Dieter; A: Grimm, Jakob Ludwig Carl; Grimm, Wilhelm Carl
BT: *Dornröschen* (1812)
Dornröschen (1980)
R: Dörre, Peter; A: Grimm, Jakob Ludwig Carl; Grimm, Wilhelm Carl
BT: *Dornröschen* (1812)
Dorothea Angermann (1958)
R: Siodmak, Robert; A: Hauptmann, Gerhart
BT: *Dorothea Angermann* (1926)
Dort oben im Wald bei diesen Leuten (1989)
R: Keglevic, Peter; A: Zauner, Friedrich Ch.
BT: *Dort oben im Wald bei diesen Leuten* (1981)
Dr. Bappe (1984)
R: Ammann, Max Peter; A: Leonard, Hugh
BT: (*Dr. Bappe*)
Dr. Berg - Nur das Leben zählt (1997)
R: Dayan, Josée; A: Konsalik, Heinz Günther (= Pahlen, Henry)
Dr. Joanna Marlowe (1963)
R: Haaf, Wilm ten; A: Morgan, Joan
BT: *Dr. Jo* (1956) (*Dr. Jo* 1956)
Dr. Katzenbergers Badereise (2 Teile) (1971)
R: Schultze, Norbert jr.; A: Jean Paul (= Richter, Johann Paul Friedrich)
BT: *Dr. Katzenbergers Badereise* (1809)
Dr. Knock oder Der Triumph der Medizin (1960)
R: Henn, Walter; A: Romains, Jules
BT: *Knock, ou le triomphe de la médicine* (1923) (*Knock oder Der Triumph der Medizin* 1947)
Dr. M (1989)
R: Chabrol, Claude; A: Jacques, Norbert
BT: *Dr. Mabuse, der Spieler* (1921)
Dr. Margarete Johnson (1982)
R: Damek, Dagmar; A: Pilgrim, Volker Elis
BT: *Frau Dr. Johnson* (1988)
Dr. med. Hiob Prätorius (1958)
R: Verhoeven, Paul; A: Goetz, Curt
BT: *Dr. med. Hiob Prätorius* (1934)
Dr. med. Hiob Prätorius (1964)
R: Hoffmann, Kurt; A: Goetz, Curt
BT: *Dr. med. Hiob Prätorius* (1934)
Dr. Murkes gesammeltes Schweigen (1964)
R: Hädrich, Rolf; A: Böll, Heinrich
BT: *Doktor Murkes gesammeltes Schweigen* (1958)
Dr. Valmy (1980)
R: Schiemann, Georg; A: Buero Vallejo, Antonio
BT: *The Double Case History of Dr. Valmy* (1969)
Drache, Der (1963)
R: Schwarze, Hans-Dieter; A: Svarc, Evgenij L'Ovic
BT: *Drakon* (1943) (*Der Drache* 1962)
Drachenprinzessin, Die (1980)
R: Hattop, Karola; A: Rechmann, Georg
BT: *Die Drachenprinzessin*
Drachensaat (1990)
R: Gendries, Klaus; A: ZurMühlen, Hermynia
BT: *Die weiße Pest* (1926)
Draußen im Heidedorf (1980)
R: Proll, Jens-Peter; A: Storm, Theodor
BT: *Draußen im Heidedorf* (1873)
Draußen in der Stadt (18 Teile) (1978)
R: Rossacher, Hannes; A: Brödl, Günter
BT: *Draußen in der Stadt* (1978)
Draußen vor der Tür (1957)
R: Noelte, Rudolf; A: Borchert, Wolfgang
BT: *Draußen vor der Tür* (1947)
Dreht euch nicht um! (1962)
R: Fleckenstein, Günther; A: Häcker, Hans-Joachim
BT: *Dreht euch nicht um* (1961)
Drei, Die (1996)
R: Bohn, Ralph; Carow, Heiner; Klein, Dietmar; Lähn, Michael; Stephan, Bernhard; A: Fuger, Berry
BT: *Die Drei: Machtspiele* (1996)

Drei Dorfheiligen, Die (1949)
R: Dörfler, Ferdinand; A: Ferner, Max (= Sommer, Max); Neal, Max
BT: *Die drei Dorfheiligen* (1929)
Drei Dorfheiligen, Die (1973)
R: Fischer, Olf; A: Ferner, Max (= Sommer, Max); Neal, Max
BT: *Die drei Dorfheiligen* (1929)
Drei Dorfheiligen, Die (1993)
R: Löwinger, Sissy; A: Ferner, Max (= Sommer, Max); Neal, Max
BT: *Die drei Dorfheiligen* (1929)
Drei Dschungeldetektive, Die (1991)
R: Strubel, Sepp; A: Strubel, Sepp
BT: *Dschungeldetektive* (1992)
Drei Falken, Die (1974)
R: Cap, Franz; A: Bergengruen, Werner
BT: *Die drei Falken* (1937)
Drei gegen Hollywood (1982)
R: Rothemund, Sigi; A: Hart, Moss
BT: *Once in a Lifetime* (1930)
Drei goldenen Haare des Sonnenkönigs, Die (1985)
R: Tapak, Martin; A: Grimm, Jakob Ludwig Carl; Grimm, Wilhelm Carl
BT: *Der Teufel mit den drei goldenen Haaren* (1812)
Drei Haselnüsse für Aschenbrödel (1972)
R: Englberger, Michael; Vorlicek, Václav; A: Grimm, Jakob Ludwig Carl; Grimm, Wilhelm Carl
BT: *Aschenputtel* (1812)
Drei Jahre (1967)
R: Itzenplitz, Eberhard; A: Čechov, Anton Pavlovič
Drei Jungen, ein Mädchen (1955)
R: Beauvais, Peter; A: Ferdinand, Roger
BT: *Trois garçons, une fille* (1947) (*Drei Jungen und ein Mädchen* 1948)
Drei Jungen und ein Mädchen (1962)
R: Sydow, Rolf von; A: Ferdinand, Roger
BT: *Trois garçons, une fille* (1947) (*Drei Jungen und ein Mädchen* 1948)
Drei Mann auf einem Pferd (1957)
R: Meisel, Kurt; A: Abbott, George; Holm, John C.
BT: *Three Men on a Horse* (1935) (*Drei Mann auf einem Pferd* 1947)
Drei Mann auf einem Pferd (1978)
R: Moszkowicz, Imo; A: Abbott, George; Holm, John C.
BT: *Three Men on a Horse* (1935) (*Drei Mann auf einem Pferd* 1947)
Drei Mann in einem Boot (1961)
R: Weiss, Helmut; A: Jerome, Jerome K.
BT: *Three Men in a Boat* (1889) (*Drei Mann in einem Boot* 1897)
Drei Männer im Schnee (1955)
R: Hoffmann, Kurt; A: Kästner, Erich (= Bürger, Berthold)
BT: *Drei Männer im Schnee* (1934)
Drei Männer im Schnee (1974)
R: Vohrer, Alfred; A: Kästner, Erich (= Bürger, Berthold)
BT: *Drei Männer im Schnee* (1934)
Drei Männer im Schnee (1986)
R: Gallo, Inigo; A: Kästner, Erich (= Bürger, Berthold)
BT: *Drei Männer im Schnee* (1934)
Drei mit Herz (1999)
R: Gies, Hajo; Gies, Martin; Kratz, Käthe; A: Becker, Miriam
BT: *Drei mit Herz: Claudias Geschichte* (1999)
Drei mit Herz (1999)
R: Gies, Hajo; Gies, Martin; Kratz, Käthe; A: Becker, Miriam
BT: *Drei mit Herz: Evas Geschichte* (1999)
Drei mit Herz (1999)
R: Gies, Hajo; Gies, Martin; Kratz, Käthe; A: Becker, Miriam
BT: *Drei mit Herz: Brittas Geschichte* (1999)
Drei Musketiere, Die (1993)
R: Herek, Stephen; A: Dumas, Alexandre (père)
BT: *Les trois mousquetaires* (1844) (*Die drei Musketiere* 1844)
3. November 1918 (1968)
R: Zbonek, Edwin; A: Csokor, Franz Theodor
BT: *3. November 1918* (1936)
Drei Orangen (1959)
R: Bublitz, Hans Waldemar; A: Rohkohl, Dieter
BT: *Drei Orangen*
3 Posträuber, Die (1998)
R: Prochaska, Andreas; A: Nöstlinger, Christine
BT: *Die 3 Posträuber* (1998)
Drei Rosen aus Papier (1967)
R: Lauterbach, Ulrich; A: Bieler, Manfred
BT: *Drei Rosen aus Papier* (1970)
Drei Schwestern (1984)
R: Langhoff, Thomas; A: Čechov, Anton Pavlovič
BT: *Tri sestry* (1901) (*Drei Schwestern* 1902)
Drei Spiele von Samuel Beckett (1990)
R: Asmus, Walter D.; A: Beckett, Samuel
BT: *He Joe* (1966)

Drei Spiele von Samuel Beckett (1990)
R: Asmus, Walter D.; A: Beckett, Samuel
BT: *Rockaby* (1981)
Drei Spiele von Samuel Beckett (1990)
R: Asmus, Walter D.; A: Beckett, Samuel
BT: *Footfalls* (1976)
Drei Tage bis Mitternacht (1966)
R: Witt, Claus Peter; A: Koestler, Arthur
BT: *Twilight Bar* (1945)
Drei Väter (1955)
R: Collande, Volker von; A: Heynicke, Kurt
BT: *Mein Sohn Matteo*
Drei vom Varieté (1954)
R: Neumann, Kurt; A: Holländer, Felix
BT: *Der Eid des Stefan Huller* (1912)
Drei, von denen man spricht (Glück muß man haben) (1953)
R: Ambesser, Axel von; A: Vulpius, Paul
BT: *Jugend voran oder Hau-ruck!* (1933)
Drei Wege zum See (1976)
R: Haneke, Michael; A: Bachmann, Ingeborg
BT: *Drei Wege zum See* (1972)
Drei Wohnungen (1990)
R: Kramer, Jurij; A: Görlich, Günter
BT: *Drei Wohnungen* (1988)
Dreigroschenoper, Die (1931)
R: Pabst, Georg Wilhelm; A: Brecht, Bertolt; Weill, Kurt
BT: *Die Dreigroschenoper* (1928)
Dreigroschenoper, Die (1957)
R: Kehlmann, Michael; A: Brecht, Bertolt; Weill, Kurt
BT: *Die Dreigroschenoper* (1928)
Dreigroschenoper, Die (1962)
R: Staudte, Wolfgang; A: Brecht, Bertolt; Weill, Kurt
BT: *Die Dreigroschenoper* (1928)
Dreigroschenoper, Die (1995)
R: Hollmann, Hans; A: Brecht, Bertolt; Weill, Kurt
BT: *Die Dreigroschenoper* (1928)
Dreimäderlhaus, Das (1958)
R: Marischka, Ernst; A: Bartsch, Rudolf Hans
BT: *Schwammerl* (1912) (*Schubertroman*)
Dreispitz, Der (1967)
R: Erler, Rainer; A: Alarcón y Ariza, Pedro Antonio de
BT: *El sombrero de tres picos* (1874) (dt. 1886)
13. Stock, Der (1999)
R: Rusnak, Josef; A: Galouye, Daniel F.
BT: *Simulacron-3* (1964) (*Welt am Draht* 1965)
Dressierte Frau, Die (1972)
R: Hofbauer, Ernst; A: Kardorff, Ursula von; Schütz, Hannelore
BT: *Die dressierte Frau* (1972)
Dritte, Der (1971)
R: Günther, Egon; A: Panitz, Eberhard
BT: *Gisela Ufer erzählt* (1969)
Dritte Grad, Der (1974)
R: Fleischmann, Peter; A: Samarakis, Antonis
BT: *To lathos* (1965) (*Der Fehler* 1969)
Dritte Mann, Der (1949)
R: Reed, Carol; A: Greene, Graham
BT: *The Third Man* (1950)
Drohung bei Mondlicht (1987)
R: Haaf, Wilm ten; A: Hamilton, Patrick (A.W.)
BT: *Menace by moonlight* (*Drohung bei Mondlicht* 1982)
Drücker (1970)
R: Spieker, Franz Josef; A: Jägersberg, Otto
BT: *Nette Leute* (1967)
Drunter und drüber (1990)
R: Gottlieb, Franz Josef; A: Graham, John
BT: *Desperate Hours*
Du bist die Richtige (1954)
R: Baky, Josef von; A: Ervine, St. John Greer
BT: *The First Mrs. Fraser* (1929) (*Die erste Frau Selby* 1960)
Du bist min (1969)
R: Thorndike, Andrew; Thorndike, Annelie; A: Thorndike, Annelie
BT: *Jeder Tag war schön: Erlebnisse, Träume, Geständnisse, notiert zwischen Antwerpen u. Bombay* (1966)
Du darfst nicht länger schweigen (1955)
R: Stemmle, Robert A.; A: Gudmunsson, Kristmann
BT: *Livets morgen* (1929) (*Morgen des Lebens* 1934)
Du mein stilles Tal (Schweigepflicht) (1955)
R: Steckel, Leonard; A: Companeez, Jacques
BT: (*Schweigepflicht*)
Du sollst nicht töten (1957)
R: Winds, Erich-Alexander; A: Meyer, Conrad Ferdinand
BT: *Die Füße im Feuer* (1864)
Dubrovskij (1970)
R: Vollmar, Wolf; A: Puschkin, Alexandr Sergejewitsch
BT: *Dubrovskij* (1832) (*Dubrowskij* 1910)

Duell, Das (1964)
R: Schweikart, Hans; A: Čechov, Anton Pavlovič
BT: (*Das Duell*)
Duell, Das (1973)
R: Burger, Hanns; A: Seghers, Anna
BT: *Das Duell* (1965)
Duett im Zwielicht (1969)
R: Wilhelm, Kurt; A: Coward, Noël (Pierce) Sir
BT: *Song at twilight* (1966) (*Duett im Zwielicht* 1968)
Duett zu Dritt (1976)
R: Janda, Gerhard; A: Ferolli, Beatrice
BT: *Fetzen fliegen* (1978)
Duft von Blumen, Ein (1967)
R: Beauvais, Peter; A: Saunders, James
BT: *A Scent of Flowers* (1965) (*Ein Duft von Blumen* 1967)
Dumala (1963)
R: Rilla, Walter; A: Keyserling, Eduard von
BT: *Dumala* (1908)
Dumme Augustine, Die (1993)
R: Herz, Juraj; A: Lentz, Herbert; Preußler, Otfried
BT: *Die dumme Augustine* (1972)
Dummheit macht auch der Gescheiteste, Eine (1959)
R: Horwitz, Kurt; A: Ostrovskij, Aleksandr N.
BT: *Na vsjakogo mudreca dovol'no prostoty* (1868) (*Eine Dummheit macht auch der Gescheiteste* 1947)
Dummheit macht auch der Gescheiteste, Eine (1978)
R: Itzenplitz, Eberhard; A: Ostrovskij, Aleksandr N.
BT: *Na vsjakogo mudreca dovol'no prostoty* (1868) (*Eine Dummheit macht auch der Gescheiteste* 1947)
Dunja (1955)
R: Baky, Josef von; A: Puschkin, Alexandr Sergejewitsch
BT: *Stanconnyj Smotritel* (1831) (*Der Postmeister* 1900)
Dunkel ist Licht genug, Das (1963)
R: Wolffhardt, Rainer; A: Fry, Christopher
BT: *The Dark is Light Enough* (1954) (*Das Dunkel ist Licht genug* 1955)
Durch den kaufmännischen Verein (1981)
R: Kaus, Wolfgang; Thouet, Peter M.; A: Stoltze, Adolf
BT: *Durch den kaufmännischen Verein* (1921)
Durch die Wälder, durch die Auen (1956)
R: Pabst, Georg Wilhelm; A: Watzlik, Hans
BT: *Die romantische Reise des Herrn Carl Maria von Weber* (1932)
Durchreise (1992)
R: Weck, Peter; A: Flatow, Curth
BT: *Durchreise* (1984)
Durchs wilde Kurdistan (1965)
R: Gottlieb, Franz Josef; A: May, Karl Friedrich
BT: *Durchs wilde Kurdistan* (1892)
Dynamit in grüner Seide (1967)
R: Reinl, Harald; A: Cotton, Jerry (= Höber, Heinz-Werner; Müller, Heinz-Werner)
BT: *Dynamit in grüner Seide* (1965)
Dzamilja (1975)
R: Veth, Kurt; A: Aitmatov, Cingiz T.
BT: *Dzamilja* (1958) (*Dshamilja* 1962)
E Inspäkter kumt (1983)
R: Kaspar, Bruno; A: Priestley, John Boynton
BT: *An Inspector Calls* (1945) (*Ein Inspektor kommt* 1947)
Echo (1963)
R: Haaf, Wilm ten; A: Cary, Falkland L.
BT: *Echo*
Echten Sedemunds, Die (1965)
R: Lietzau, Hans; A: Barlach, Ernst
BT: *Die echten Sedemunds* (1920)
Echter Wiener geht nicht unter, Ein (1975-80)
R: Schwabenitzky, Reinhard; A: Hinterberger, Ernst
BT: *Salz der Erde* (1966)
Eckehard (1990)
R: Klante, Diethard; A: Scheffel, Viktor von
BT: *Ekkehard* (1885)
Edelweißkönig, Der (1957)
R: Ucicky, Gustav; A: Ganghofer, Ludwig
BT: *Der Edelweißkönig* (1886)
Edelweißkönig, Der (1975)
R: Vohrer, Alfred; A: Ganghofer, Ludwig
BT: *Der Edelweißkönig* (1886)
Eden End (1978)
R: Döpke, Oswald; A: Priestley, John Boynton
BT: *Eden End* (1934)
Ediths Tagebuch (1983)
R: Geissendörfer, Hans W.; A: Highsmith, Patricia
BT: *Edith's Diary* (1977) (*Ediths Tagebuch* 1978)

Effi Briest (1970)
R: Luderer, Wolfgang; A: Fontane, Theodor
BT: *Effie Briest* (1895)
Egmont (1962)
R: Spörri, Reinhart; A: Goethe, Johann Wolfgang von
BT: *Egmont* (1788)
Egmont (1982)
R: Wirth, Franz Peter; A: Goethe, Johann Wolfgang von
BT: *Egmont* (1788)
Egoistische Liebe, Eine (1973)
R: Liebeneiner, Wolfgang; A: Lawrence, David Herbert
BT: *Sons & Lovers* (1913) (*Söhne und Liebhaber* 1925)
Egon und das achte Weltwunder (1964)
R: Steinke, Christian; A: Wohlgemuth, Joachim
BT: *Egon und das achte Weltwunder* (1962)
Ehe der Hahn kräht (1978)
R: Jasny, Vojtech; A: Bukovcan, Ivan
BT: *Kým kohút nezaspieva* (1971) (*Ehe der Hahn kräht* 1977)
Ehe der Maria Braun, Die (1978)
R: Fassbinder, Rainer Werner; A: Zwerenz, Gerhard (= Lauenheim, Peter; Markwart, Leslie; Tarrok, Peer)
BT: *Die Ehe der Maria Braun* (1979)
Ehe des Herrn Mississippi, Die (1961)
R: Hoffmann, Kurt; A: Dürrenmatt, Friedrich
BT: *Die Ehe des Herrn Mississippi* (1952)
Ehe für eine Nacht (1952)
R: Tourjansky, Viktor; A: Berger, Josef; Seitz, Franz sen.
Ehe im Schatten (1947)
R: Maetzig, Kurt; A: Schweikart, Hans
BT: *Es wird schon nicht so schlimm*
Ehe oder Liebe (1982)
R: Rothemund, Sigi; A: Winiewicz, Lida
BT: *Keine Ehe wegen der Liebe* (1970)
Ehe ungenügend (1981)
R: Winter, Klaus; A: Kertesz, Imre
BT: *Sorstalanság regény* (1975) (*Ehe ungenügend* 1981)
Ehestreik (1953)
R: Stöckel, Joe; A: Pohl, Julius
BT: *Der Ehestreik* (1924)
Ehestreik, Der (1970)
R: Fischer, Olf; A: Pohl, Julius
BT: *Der Ehestreik* (1924)
Ehestreik, Der (1996)
R: Helfrich, Bernhard; A: Pohl, Julius
BT: *Der Ehestreik* (1924)

Ehrenbürger (1982)
R: Wesseler, Karl; A: Schirmer, Paul
BT: *Ehrenbürger*
Ehrentag, Der (1978)
R: Schulze-Rohr, Peter; A: Schnitzler, Arthur
BT: *Der Ehrentag* (1898)
Ehrlich währt am längsten (1978)
R: Assmann, Arno; A: Traven, B. (Bruno) (= Marut, Ret; Maurhut, Richard; Torsvan, Traven)
BT: *Adwych Forces* (*Zyklus*)
Ehrliche Luigi, Der (1963)
R: Podehl, Peter; A: Ridge, Antonia
Eiche und Angora. Eine deutsche Chronik (1964)
R: Wolffhardt, Rainer; A: Walser, Martin
BT: *Eiche und Angora* (1962)
Eifersucht (1977)
R: Wildhagen, Georg; A: Guitry, Sacha
BT: *La jalousie* (1934)
Eigene Haut, Die (1974)
R: Bleiweiß, Celino; A: Wurzberger, Karl
BT: *Die eigene Haut*
Einer fehlt beim Kurkonzert (1968)
R: Roland, Jürgen; A: Martin, Hansjörg
BT: *Einer fehlt beim Kurkonzert* (1966)
Einer frißt den anderen (1963)
R: Nazzaro, Ray; Zugsmith, Albert; A: Bloomfield, Robert
BT: *When Strangers Meet* (1956)
Einer für alle (1990)
R: Griesmayr, Hartmut; A: Kunert, Günter
BT: *Der Stellvertreter*
Einer meiner ältesten Freunde (1994)
R: Kaufmann, Rainer; A: Fitzgerald, Francis Scott
Einer vom Rummel (1983)
R: Großmann, Lothar; A: Falkenhayn, Harry
BT: *Einer vom Rummel* (1977)
Einer von den Vermißten (1984)
R: Kramberg, Karl-Heinz; A: Bierce, Ambrose
BT: *One of the Missing* (1891) (*Tales of Soldiers and Civilians*)
Einer von uns beiden (1973)
R: Petersen, Wolfgang; A: -ky (= Bosetzky, Horst)
BT: *Einer von uns beiden* (1972)
Eines langen Tages Reise in die Nacht (1980)
R: Drescher, Piet; A: O'Neill, Eugene (Gladstone)
BT: *Long Day's Journey Into Night* (1956) (*Eines langen Tages Reise in die Nacht* 1966)

Eines schönen Tages (1964)
R: Munck, Dieter; A: Menge, Wolfgang
BT: *Der Engel aus Quedlinburg* (1963)
Eines Tages ... (1954)
R: Erfurth, Ulrich; A: Kampendonk, Gustav
Einfach abhauen (1981)
R: Borgelt, Hans-Henning; A: Steenfatt, Margret
BT: *Das Schülertelefon* (1979)
Einfache Mädchen, Das (1957)
R: Jacobs, Werner; A: Flatow, Curth
BT: *Das einfache Mädchen*
Eingang und Ausgang (1970)
R: Lauterbach, Ulrich; A: Kolakowski, Leszek
BT: *Wygnani z raju* (1961)
Eingebildete Doktor, Der (1956)
R: Wolffhardt, Rainer; A: Weigel, Hans
BT: *Der eingebildete Doktor* (1960)
Eingebildete Doktor, Der (1978)
R: Lanske, Hermann; A: Weigel, Hans
BT: *Der eingebildete Doktor* (1960)
Eingebildete Kranke, Der (1952)
R: König, Hans H.; A: Molière, Jean Baptiste
BT: *Le malade imaginaire* (1673)
Eingebildete Kranke, Der (1960)
R: Kehlmann, Michael; A: Molière, Jean Baptiste
BT: *Le malade imaginaire* (1673)
Eingeschlossenen, Die (1978)
R: Braun, Pinkas; A: Sartre, Jean-Paul
BT: *Les séquestrés d'Altona* (1960) (*Die Eingeschlossenen von Altona* 1960)
Einhorn, Das (1978)
R: Patzak, Peter; A: Walser, Martin
BT: *Das Einhorn* (1966)
Einladung, Die (1968)
R: Schimmelpfennig, Heinz; A: Ziem, Jochen
BT: *Die Einladung* (1967)
Einladung ins Schloß (1961)
R: Wagner, Klaus; A: Anouilh, Jean
BT: *L'invitation au château* (1947) (*Einladung ins Schloß oder Die Kunst, das Spiel zu spielen* 1948)
Einladung zur Enthauptung (1973)
R: Flick, Horst G.; A: Nabokov, Vladimir
BT: *Invitation to a Beheading* (1959) (*Einladung zur Enthauptung* 1970)
Einmal am heiligen Abend (1978)
R: Friedrich, Otto; A: Stifter, Adalbert
BT: *Bergkristall* (1845) (*Der heilige Abend*)
Einmal die Luise sein (1983)
R: Noczynski, Fred; A: Hardel, Lilo
BT: *Theater in der kleinen Stadt* (1959)
Einmal hunderttausend Taler (1980)
R: Spier, Wolfgang; A: Kalisch, David
BT: *Hunderttausend Taler* (1850)
Einmal kehr ich wieder ... Dalmatinische Hochzeit (1953)
R: Bolváry, Géza von; A: Reinecker, Herbert
Einmal keine Sorgen haben (1953)
R: Marischka, Georg; A: Nestroy, Johann Nepomuk
BT: *Einen Jux will er sich machen* (1844)
Einöd (1975)
R: Gräwert, Günter; A: Rodrian, Irene
BT: *Ein bißchen Föhn, und du bist tot* (1975)
Eins, zwei, drei (1955)
R: Wild, Franz Josef; A: Molnár, Ferenc
BT: *Egy, kettö, harom* (1929) (*Eins, zwei, drei* 1929)
Einschreiben vom Anwalt (1980)
R: Borgelt, Hans-Henning; A: Richter, Hans Peter
BT: *Einschreiben vom Anwalt* (1974)
Einträgliche Stelle, Eine (1966)
R: Schwarze, Hans-Dieter; A: Ostrovskij, Aleksandr N.
BT: *Beésenye de'ngi* (1870) (*Tolles Geld*)
Eisbären (1978)
R: Haaf, Wilm ten; A: Kaschnitz, Marie Luise
BT: *Eisbären* (1972)
Eisenerde, Kupferhimmel (1990)
R: Livaneli, Zülfü; A: Yasar Kemal
BT: *Yer demir, gok bakir* (1963)
Eisenhans, Der (1988)
R: Lotz, Karl-Heinz; A: Grimm, Jakob Ludwig Carl; Grimm, Wilhelm Carl
BT: *Eisenhans* (1812)
Eiserne Gustav, Der (1979)
R: Staudte, Wolfgang; A: Fallada, Hans
BT: *Der eiserne Gustav* (1938)
Eismeer ruft, Das (1984)
R: Foth, Jörg; A: Wedding, Alex
BT: *Das Eismeer ruft* (1936)
Eisprinzessin (1995)
R: Huston, Danny; A: Grimm, Jakob Ludwig Carl; Grimm, Wilhelm Carl
BT: *Aschenputtel* (1812)
Eiszeit (1974)
R: Zadek, Peter; A: Hamsun, Knut
BT: *På gjengrodde stier* (1949) (*Auf überwachsenen Pfaden* 1950)
Elektra (1966)
R: Müller, Hans-Reinhard; A: Sophokles
BT: *Elektra*

Elektra (1981)
R: Friedrich, Götz; A: Hofmannsthal, Hugo von; Strauss, Richard
BT: *Elektra* (1909)
Elenden I & II, Die (1958)
R: Le Chanois, Jean-Paul (= Dreyfus, Jean-Paul); A: Hugo, Victor
BT: *Les Misérables* (1862) (*Die Elenden* 1929)
Elf Jahre und ein Tag (1963)
R: Reinhardt, Gottfried; A: Balchin, Nigel
BT: *A Way through the Woods* (1951) (*Elf Jahre und ein Tag* 1952)
Elio oder Eine fröhliche Gesellschaft (1970)
R: Fiedler, Gerlach; A: Walther, Otto Friedrich
BT: *Elio oder Eine fröhliche Gesellschaft* (1965)
Elisabeth von England (1961)
R: Korngiebel, Hanns; A: Bruckner, Ferdinand
BT: *Elisabeth von England* (1930)
Elixiere des Teufels, Die (1972)
R: Kirsten, Ralf; A: Hoffmann, Ernst Theodor Amadeus
BT: *Die Elixiere des Teufels* (1815)
Elixiere des Teufels, Die (1976)
R: Purzer, Manfred; A: Hoffmann, Ernst Theodor Amadeus
BT: *Die Elixiere des Teufels* (1815)
Ellenbogenspiele (1969)
R: Becker, Wolfgang; A: Dorpat, Draginja
BT: *Ellenbogenspiele* (1965)
Else - Geschichte einer leidenschaftlichen Frau (1999)
R: Günther, Egon; A: Schrobsdorff, Angelika
BT: *"Du bist nicht so wie andre Mütter": die Geschichte einer leidenschaftlichen Frau* (1992)
Emil der Versager (1982)
R: Kissimov, Georgi; A: Turek, Ludwig
BT: *Emil Bierstedt*
Emil und die Detektive (1954)
R: Stemmle, Robert A.; A: Kästner, Erich (= Bürger, Berthold)
BT: *Emil und die Detektive* (1929)
Emilia Galotti (1957)
R: Hellberg, Martin; A: Lessing, Gotthold Ephraim
BT: *Emilia Galotti* (1772)
Emilia Galotti (1960)
R: Ginsberg, Ernst; A: Lessing, Gotthold Ephraim
BT: *Emilia Galotti* (1772)
Emilia Galotti (1970)
R: Cremer, Ludwig; A: Lessing, Gotthold Ephraim
BT: *Emilia Galotti* (1772)
Emilia Galotti (1981)
R: Kirst, Klaus Dieter; A: Lessing, Gotthold Ephraim
BT: *Emilia Galotti* (1772)
Emilia Galotti (1984)
R: Langhoff, Thomas; A: Lessing, Gotthold Ephraim
BT: *Emilia Galotti* (1772)
Empfohlenes Haus (1960)
R: Siebert, Günter; A: Avermaete, Roger
Ende der Anfrage (1966)
R: Bellag, Lothar; A: Geissler, Christian
BT: *Ende der Anfrage* (1967)
Ende des sechsten Stocks (1955)
R: Olden, John; A: Gehri, Alfred
BT: *Sixième étage* (1937) (*Neues aus dem 6. Stock* 1950)
Ende einer Dienstfahrt (1971)
R: Schwarze, Hans-Dieter; A: Böll, Heinrich
BT: *Ende einer Dienstfahrt* (1966)
Ende schlecht - alles gut (1962)
R: Glück, Wolfgang; A: Bush-Fekete, Leslie (Ladislas)
Ende vom Anfang, Das (1963)
R: Ode, Erik; A: O'Casey, Sean
BT: *The End of the Beginning* (1949) (*Das Ende vom Anfang* 1969)
Ende vom Anfang, Das (1981)
R: Görlitz, Helmut Christian; A: Holzner, Michael
BT: *Treibjagd: die Geschichte des Benjamin Holberg* (1978)
Ende vom Lied (1979)
R: Kramer, Jurij; A: Frank, Leonhard
BT: *Das Ochsenfurter Männerquartett* (1927)
Ende vom Lied, Das (1963)
R: Toelle, Tom; A: Hall, Willis
BT: *The Long and the Short and the Tall* (1959)
Endlich Schluß (1998)
R: Berner, Dieter; A: Turrini, Peter
BT: *Endlich Schluß* (1997)
Endstation Harembar (1992)
R: Wolffhardt, Rainer; A: Mann, Heinrich
BT: *Professor Unrat oder Das Ende eines Tyrannen* (1905)
Engel, der seine Harfe versetzte, Der (1958)
R: Hoffmann, Kurt; A: Terrot, Charles
BT: *The Angel Who Pawned Her Harp* (1954) (*Der Engel, der seine Harfe versetzte* 1955)

Engel mit dem Flammenschwert, Der (1954)
R: Lamprecht, Gerhard; A: Rhein, Eduard (= Hellmer, Klaus; Horster, Hans U.; Hulsen, Adrian)
BT: *Der Engel mit dem Flammenschwert* (1953)
Engel mit der Posaune, Der (1948)
R: Hartl, Karl; A: Lothar, Ernst
BT: *Der Engel mit der Posaune* (1944)
Ente klingelt um 1/2 8, Die (1968)
R: Thiele, Rolf; A: Stenthoft, Aage
BT: *Vier allesammen tossede*
Entführte Prinz, Der (1983)
R: Hübner, Wolfgang; A: Holtz-Baumert, Gerhard
BT: *Der entführte Prinz und das Gärtnermädchen* (1988)
Entführung, Die (1971)
R: Lhotsky, Georg; A: Mnačko, Ladislav
BT: (*Die Entführung*)
Enthüllung, Die (1985)
R: Madeja, Georg; A: Brandstätter, Alois
BT: *Altenehrung* (1983)
Entscheidende Augenblick, Der (1957)
R: Haaf, Wilm ten; A: Barrie, James Matthew Sir
BT: *The Twelve Pound Look* (1910)
Episode: Verliebt, Verlobt, BRD-igt (1981)
R: Weilemann, Gisela; A: Schnitzler, Arthur
BT: *Der Reigen* (1900)
Epitaph für einen König (1969)
R: Umgelter, Fritz; A: Strindberg, August
BT: *Carl XII* (1901)
Er ging an meiner Seite (1961)
R: Kehlmann, Michael; A: Laurents, Arthur
BT: *Invitation to a March* (1961)
Er kann's nicht lassen (1962)
R: Ambesser, Axel von; A: Chesterton, Gilbert Keith
Er läßt die Hand küssen (1978)
R: Schulze-Rohr, Peter; A: Ebner-Eschenbach, Marie von
Er nannte sich Hohenstein (1994)
R: Grabe, Hans-Dieter; A: Bock, Franz Heinrich (= Hohenstein, Alexander)
BT: *Wartheländisches Tagebuch aus den Jahren 1941/42* (1961)
Er starb vor 15 Jahren (1956)
R: Collande, Volker von; A: Giménez-Arnau, José Antonio
BT: *Murió hace quinze años* (1953)
Erbarmungslose, Der (1969)
R: Granier-Deferre, Pierre; A: Lambesc, Michel
BT: *La "Horse"* (1968)
Erbe vom Pruggerhof, Das (1955)
R: König, Hans H.; A: Gluth, Oskar
BT: *Das stärkere Leben* (1931)
Erbe von Björndal, Das (1960)
R: Ucicky, Gustav; A: Gulbranssen, Trygve
BT: *Det blåser fra Dauingfjell; Ingen vej går utenom (1935)* (1934) (*Das Erbe von Björndal* 1936)
Erbförster, Der (1945)
R: Lippl, Alois Johannes; A: Ludwig, Otto
BT: *Der Erbförster* (1853)
Erbin, Die (1958)
R: Wild, Franz Josef; A: James, Henry
BT: *Washington Square* (1881) (*Die Erbin* 1960)
Erbin, Die (1982)
R: Wild, Franz Josef; A: James, Henry
BT: *Washington Square* (1881) (*Die Erbin* 1960)
Erbschaft, Die (1972)
R: Barabás, Stanislav; A: Maupassant, Guy de
BT: *Le testament* (1892) (*Die Erbschaft* 1896)
Erbschaft, Die (1981)
R: Knötzsch, Hans; A: Maupassant, Guy de
BT: *Le testament* (1892) (*Die Erbschaft* 1896)
Erdbeben in Chili, Das (1975)
R: Sanders-Brahms, Helma; A: Kleist, Heinrich von
BT: *Das Erdbeben von Chili* (1810)
Erde (Trotzige Herzen) (1947)
R: Hainisch, Leopold; A: Schönherr, Karl
BT: *Erde* (1908)
Erdsegen (1986)
R: Brandauer, Karin; A: Rosegger, Peter (= P. K. = Kettenfeier, Petri)
BT: *Erdsegen* (1900)
Eremit wird entdeckt, Ein (1965)
R: Lietzau, Hans; A: Saunders, James
BT: *Next Time I'll Sing to You* (1963) (*Ein Eremit wird entdeckt* 1963)
Erfinder, Der (1980)
R: Gloor, Kurt; A: Schneider, Hansjörg
BT: *Der Erfinder* (1975)
Erfindung des Wassermotors, Die (1985)
R: Zischler, Hanns; A: Mamet, David
BT: *The Water Engine: An American Fable* (1976) (*Das Jahrhundert des Fortschritts oder Die Erfindung des Wassermotors* 1980)
Erfolg (1991)
R: Seitz, Franz; A: Feuchtwanger, Lion
BT: *Der Wartesaal: Erfolg* (1934)

Er-Goetzliches (1984)
R: Wögel, Hans-Jürgen; A: Goetz, Curt
BT: *Der Hund im Hirn; Lohengrin (1919); Der Mörder (1924); Minna Magdalena (1919)* (1937)
Erinnerst Du dich? (Familienleben) (1961)
R: Beauvais, Peter; A: Osborn, Paul
BT: *The Vinegar Tree* (1931) (*Erinnerst Du Dich* 1949)
Erinnerung an einen Sommer in Berlin (1972)
R: Hädrich, Rolf; A: Wolfe, Thomas
BT: *You Can't Go Home Again* (1940) (*Es führt kein Weg zurück* 1942)
Erinnerung an zwei Montage (1966)
R: Fruchtmann, Karl; A: Miller, Arthur
BT: *A Memory of Two Mondays* (1955) (*Erinnerung an zwei Montage* 1962)
Erinnerungen an die Zukunft (1969)
R: Reinl, Harald; A: Däniken, Erich von
BT: *Erinnerungen an die Zukunft* (1968)
Ermittlung, Die (1966)
R: Bellag, Lothar; A: Weiss, Peter
BT: *Die Ermittlung* (1965)
Ermittlung, Die (1966)
R: Schulze-Rohr, Peter; A: Weiss, Peter
BT: *Die Ermittlung* (1965)
Eroberung der Zitadelle, Die (1975)
R: Wicki, Bernhard; A: Herburger, Günter
BT: *Die Eroberung der Zitadelle* (1972)
Erotica (1962)
R: Lucignani, Luciano; Sollima, Sergio; A: Moravia, Alberto
Errettung Fatmes, Die (1984)
R: Kramberg, Karl-Heinz; A: Hauff, Wilhelm
BT: *Die Errettung Fatmes* (1826)
Erscheinen Pflicht (1983)
R: Dziuba, Helmut; A: Holtz-Baumert, Gerhard
BT: *Erscheinen Pflicht* (1981)
Erschwerte Möglichkeit der Konzentration (1970)
R: Bünte, Michael; A: Havel, Václav
BT: *Ztizená moznost soustredení* (1969)
Erste Frühlingstag, Der (1956)
R: Olden, John; A: Smith, Dodie
BT: (*Der erste Frühlingstag*)
Erste Frühlingstag, Der (1956)
R: Weiss, Helmut; A: Smith, Dodie
BT: (*Der erste Frühlingstag*)
Erste Frühlingstag, Der (1961)
R: Jaray, Hans; A: Smith, Dodie
BT: (*Der erste Frühlingstag*)
Erste Frühlingstag, Der (1962)
R: Pfeiffer, Hermann; A: Smith, Dodie
BT: (*Der erste Frühlingstag*)
Erste Legion, Die (1964)
R: Buckwitz, Harry; A: Lavery, Emmet
BT: *The First Legion* (1934) (*Die erste Legion* 1948)
Erste Mrs. Selby, Die (1960)
R: Quest, Hans; A: Ervine, St. John Greer
BT: *The First Mrs. Fraser* (1929) (*Die erste Frau Selby* 1960)
Erste Polka, Die (1978)
R: Emmerich, Klaus; A: Bienek, Horst
BT: *Die erste Polka* (1979)
Erste Reihe, Die (1987)
R: Vogel, Peter; A: Hermlin, Stephan
BT: *Die erste Reihe* (1951)
Erster Verlust (1990)
R: Dessau, Maxim; A: Reimann, Brigitte
BT: *Die Frau am Pranger* (1956)
Erstes Haus, linker Hand (1976)
R: Honert, Hans Werner; A: Nowotny, Joachim
BT: *Erstes Haus, linker Hand* (1967)
Erzähl mir nichts (1964)
R: Haugk, Dietrich; A: Rösler, Jo Hanns
BT: *Erzähl mir nichts* (1965)
Erzählung der Magd Zerlinde, Die (1990)
R: Saad, Margit; A: Broch, Hermann
BT: *Die Schuldlosen* (1950)
Erzherzog Johanns große Liebe (1950)
R: Schott-Schöbinger, Hans; A: Kernmayr, Hans Gustl
BT: *Erzherzog Johanns große Liebe. Die Liebesgeschichte der steirischen Postmeisterstochter Anna Plodel mit Erzherzog Johann* (1949)
Erziehung vor Verdun (1973)
R: Günther, Egon; A: Zweig, Arnold
BT: *Erziehung vor Verdun* (1935)
Es bleibt alles in der Familie (1983)
R: Wilhelm, Kurt; A: Rosendorfer, Herbert
BT: *Es bleibt alles in der Familie* (1984)
Es bleibt in der Familie (1958)
R: Jankó, Ilo von; A: Benatzky, Ralph; Berr, Georges; Verneuil, Louis (= Bocage, Louis Colin du)
BT: *Les Chantrels*
Es bleibt in der Familie (1981)
R: Spier, Wolfgang; A: Benatzky, Ralph; Berr, Georges; Verneuil, Louis (= Bocage, Louis Colin du)
BT: *Les Chantrels*
Es geht einer vor die Hunde (1983)
R: Knötzsch, Hans; A: Nagel, Otto
BT: *Die weisse Taube oder Das nasse Dreieck* (1978)

Es geht seinen Gang oder Mühen in unserer Ebene (1981)
R: Gräwert, Günter; A: Loest, Erich (= Walldorf, Hans; Naß, Waldemar)
BT: *Es geht seinen Gang oder Mühen in unseren Ebenen* (1978)
Es geschah am hellichten Tag (1958)
R: Vajda, Ladislaus; A: Dürrenmatt, Friedrich
BT: *Das Versprechen* (1958)
Es geschah am hellichten Tag (1996)
R: Hofmann, Nico; A: Dürrenmatt, Friedrich
BT: *Das Versprechen* (1958)
Es gibt noch Haselnußsträucher (1983)
R: Jasny, Vojtech; A: Simenon, Georges (= Sim, Georges; Aramis; Brulls, Christian)
BT: *Il y a encore des noisetiers* (1969) (*Der Haselnußstrauch* 1970)
... es ist die Liebe (1979)
R: Griesmayr, Hartmut; A: Reinecker, Herbert
BT: *Vier heitere Geschichten*
Es ist nicht leicht, ein Gott zu sein (1989)
R: Fleischmann, Peter; A: Strugatzki, Arkadij; Strugatzki, Boris N.
BT: *Trudno byt'bogom* (1964) (*Es ist nicht leicht, ein Gott zu sein* 1971)
Es ist soweit (1960)
R: Quest, Hans; A: Durbridge, Francis Henry
BT: *A Time of Day* (1959) (*Es ist soweit* 1961)
Es kommt ein Tag (1950)
R: Jugert, Rudolf; A: Penzoldt, Ernst
BT: *Korporal Mombour* (1941)
Es muß nicht immer Kaviar sein (1961)
R: Rádvany, Géza von; A: Simmel, Johannes Mario
BT: *Es muß nicht immer Kaviar sein* (1960)
Es muß nicht immer Kaviar sein (1977)
R: Engel, Thomas; A: Simmel, Johannes Mario
BT: *Es muß nicht immer Kaviar sein* (1960)
Es steht der Wald so schweigend (1984/85)
R: Hübner, Wolfgang; A: Storm, Theodor
BT: *Schweigen* (1883)
Es wird alles wieder gut (1957)
R: Bolváry, Géza von; A: Selinko, Annemarie
Esch oder die Anarchie (1978)
R: Boldt, Rainer; A: Broch, Hermann
BT: *Esch oder Die Anarchie* (1931)
Eskalation (1974)
R: Witt, Claus Peter; A: Wellershoff, Dieter
BT: *Einladung an alle* (1972)
Esther (1960)
R: Trösch, Robert; A: Apitz, Bruno
BT: *Esther* (1959)
Etappenhase, Der (1956)
R: Becker, Wolfgang; A: Bunje, Carl
BT: *Der Etappenhase* (1936)
Ettores Enkel (1973)
R: Sander, Ingrid; A: Gorkij, Maksim
BT: (*Ettores Enkel*)
Etwas sonderbare Dame, Eine (1960)
R: Wagner, Klaus; A: Patrick, John
BT: *The Curious Savage* (1950) (*Eine etwas sonderbare Dame* 1955)
Etwas sonderbare Dame, Eine (1982)
R: Sydow, Rolf von; A: Patrick, John
BT: *The Curious Savage* (1950) (*Eine etwas sonderbare Dame* 1955)
Eugen Onegin (1990)
R: Weigl, Petr; A: Puschkin, Alexandr Sergejewitsch; Tschaikowsky, Peter Iljitsch
BT: *Evgenij Onegin* (1832) (*Eugen Onegin* 1916)
Europa abends (1990)
R: Schröder, Claudia; A: Ehrenburg, Ilja
BT: *Trest D. E.* (1923) (*Trust D. E. oder die Geschichte vom Untergang Europas* 1925)
Eurydice (1957)
R: Braun, Harald; A: Anouilh, Jean
BT: *Eurydice* (1942) (*Euridike* 1946)
Eurydike (1964)
R: Cremer, Ludwig; A: Anouilh, Jean
BT: *Eurydice* (1942) (*Eurydike* 1946)
Eurydike oder Das Mädchen von Nirgendwo (1978)
R: Richter, Jochen; A: Langelaan, George
BT: *The Girl from Nowhere*
Ewige Gatte, Der (1969)
R: Barabás, Stanislav; A: Dostojewski, Feodor
BT: *Vecnyj muz* (1870) (*Der ewige Gatte*)
Ewige Spießer, Der (1985)
R: Madeisky, Uschi; Werner, Klaus; A: Horváth, Ödön von
BT: *Der ewige Spießer* (1930)
Ewigen Gefühle, Die (1984)
R: Beauvais, Peter; A: Brentano, Bernard von
BT: *Die ewigen Gefühle* (1939)

Ewiger Walzer (Frauen um Johann Strauss) (1955)
R: Verhoeven, Paul; A: Silbermann, Ruth Charlotte
Exil (1981)
R: Günther, Egon; A: Feuchtwanger, Lion
BT: *Exil* (1940)
Exklusiv! (1969)
R: Schulze-Rohr, Peter; A: Werremeier, Friedhelm
BT: *Ich verkaufe mich exklusiv* (1968)
Eyes Wide Shut (1999)
R: Kubrick, Stanley; A: Schnitzler, Arthur
BT: *Traumnovelle* (1926)
Fabian (1979)
R: Gremm, Wolf; A: Kästner, Erich (= Bürger, Berthold)
BT: *Fabian* (1931)
Fabrik der Offiziere (1960)
R: Wisbar, Frank; A: Kirst, Hans Hellmut
BT: *Fabrik der Offiziere* (1960)
Fabrik der Offiziere (1988)
R: Vollmar, Wolf; A: Kirst, Hans Hellmut
BT: *Fabrik der Offiziere* (1960)
Fächer, Der (1956)
R: Borsche, Dieter; A: Goldoni, Carlo
BT: *Il ventaglio* (1773) (*Der Fächer* 1875)
Fahne von Kriwoj Rog, Die (1960)
R: Tragelehn, B. K.; A: Gotsche, Otto
BT: *Die Fahne von Kriwoj Rog* (1959)
Fahne von Kriwoj Rog, Die (1967)
R: Maetzig, Kurt; A: Gotsche, Otto
BT: *Die Fahne von Kriwoj Rog* (1959)
Fähnlein der sieben Aufrechten, Das (2000)
R: Aeby, Simon; A: Keller, Gottfried
BT: *Das Fähnlein der sieben Aufrechten* (1861)
Fahrschule (1986)
R: Stephan, Bernhard; A: Schirmer, Bernd
BT: *Fahrschule*
Fahrt ins Blaue, Die (1956)
R: Beauvais, Peter; A: Caillavet, Gaston A. de; Flers, Robert de; Rey, Étienne
BT: *La belle aventure* (1920) (*Die Fahrt ins Blaue* 1920)
Fahrt nach Schlangenbad, Die (1981)
R: Barabás, Stanislav; A: Schreeb, Hans-Dieter; Thiemt, Hans-Georg
Fährten (1960)
R: Kehlmann, Michael; A: Bruckner, Ferdinand
BT: *Fährten* (1945)
Fall Bundhund, Der (1976)
R: Hauff, Eberhard; A: Nelissen-Haken, Bruno
BT: *Der Fall Bundhund* (1930)
Fall erledigt (1965)
R: Fortuin, Herman; A: England, Barry
BT: *End of Conflict* (1964)
Fall für TKKG: Drachenauge (1992)
R: König, Ulrich; A: Wolf, Stefan (= Kalmuczak, Rolf)
BT: *Ein Fall für TKKG: Drachenauge* (1992)
Fall für TKKG: Ein Drachenauge (1992)
R: König, Ulrich; A: Wolf, Stefan (= Kalmuczak, Rolf)
BT: *Ein Fall für TKKG: Der Schatz in der Drachenhöhle* (1979)
Fall für TKKG (7 Teile), Ein (1985)
R: Büscher, Lutz; A: Wolf, Stefan (= Kalmuczak, Rolf)
BT: *Ein Fall für TKKG (Reihe)* (1979)
Fall Lena Christ, Der (1969)
R: Geissendörfer, Hans W.; A: Benedix, Peter; Christ, Lena
BT: *Erinnerungen einer Überflüssigen* (1912)
Fall Lucona, Der (1993)
R: Gold, Jack; A: Pretterebner, Hans
BT: *Der Fall Lucona: Ost-Spionage, Korruption und Mord im Dunstkreis der Regierungsspitze: ein Sittenbild der Zweiten Republik* (1987)
Fall Maurizius, Der (1981)
R: Kotulla, Theodor; A: Wassermann, Jakob
BT: *Der Fall Maurizius* (1928)
Fall Ö., Der (1990)
R: Simon, Rainer; A: Fühmann, Franz
BT: *König Ödipus* (1966)
Fall Pinedus, Der (1959)
R: Harnack, Falk; A: Levi, Paolo
BT: *Il Caso Pinedus* (1955) (*Der Fall Pinedus* 1955)
Fall Winslow, Der (1955)
R: Cartier, Rudolph; A: Rattigan, Terence
BT: *The Winslow Boy* (1946) (*Kadett Winslow* 1949)
Fall Winslow, Der (1961)
R: Wirth, Franz Peter; A: Rattigan, Terence
BT: *The Winslow Boy* (1946) (*Kadett Winslow* 1949)
Fallada - letztes Kapitel (1988)
R: Gräf, Roland; A: Crepon, Tom
BT: *Leben und Tode des Hans Fallada* (1978)

Falle, Die (1961)
R: Schnell, Raoul Wolfgang; A: Thomas, Robert
BT: *Piège pour un homme seul* (1962) (*Die Falle* 1960)
Falle, Die (1983)
R: Döpke, Oswald; A: Thomas, Robert
BT: *Piège pour un homme seul* (1962) (*Die Falle* 1960)
Falsche Adam, Der (1955)
R: Cziffra, Géza von; A: Cziffra, Géza von
BT: *Zwei blaue Augen*
Falsche Bewegung (1975)
R: Wenders, Wim; A: Goethe, Johann Wolfgang von
BT: *Wilhelm Meisters Lehrjahre* (1795)
Falsche Gewicht, Das (1970)
R: Wicki, Bernhard; A: Roth, Joseph
BT: *Das falsche Gewicht* (1937)
Falsche Prinz, Der (1967)
R: Trabold, Peter; A: Hauff, Wilhelm
BT: *Das Märchen vom falschen Prinzen* (1826)
Falsche Prinz. Ein orientalisches Märchen um Schein und Sein, Der (1985)
R: Rabos, Dusan; A: Hauff, Wilhelm
BT: *Das Märchen vom falschen Prinzen* (1826)
Falsche Spuren (1990)
R: Dietrich, Wolf; A: Popplewell, Jack
BT: *Blind Alley* (1956)
Falschen Nasen. Eine Komödie aus einem Märchenland, Die (1955)
R: Beauvais, Peter; A: Sartre, Jean-Paul
Fälscher von London, Der (1961)
R: Reinl, Harald; A: Wallace, Richard Horatio Edgar
BT: *The Forger* (1927) (*Der Banknotenfälscher* 1952)
Fälschung, Die (1981)
R: Schlöndorff, Volker; A: Born, Nicolas
BT: *Die Fälschung* (1979)
Familie, Die (1960)
R: Beauvais, Peter; A: Morris, Edmund
BT: *The Wooden Dish* (1950) (*Die hölzerne Schüssel* 1956)
Familie Rechlin (1982)
R: Loebner, Vera; A: Hauser, Jochen
BT: *Familie Rechlin* (1978)
Familie Schroffenstein, Die (1984)
R: Neuenfels, Hans; A: Kleist, Heinrich von
BT: *Die Familie Schroffenstein* (1803)
Familienfoto (1981)
R: Büchner, Norbert; A: Eckert, Wolfgang
BT: *Familienfoto* (1981)
Familienpapiere
R: Wilhelm, Kurt; A: Deval, Jacques
BT: *Mon enfant, ma soeur*
Familienschande (1988)
R: Wirth, Franz Peter; A: Wheeler, Hugh (= Quentin, Patrick; Webb, Richard Wilson)
BT: *Family Skeletons* (1965)
Familienvater, Der (1964)
R: Wilhelm, Kurt; A: Galsworthy, John
BT: *A Family Man* (1921) (*Der Familienvater* 1928)
Fangschuß (Coup de Grâce), Der (1977)
R: Schlöndorff, Volker; A: Yourcenar, Marguerite
BT: *Le coup de grâce* (1939) (*Der Fangschuß* 1968)
Fanny (1958)
R: Tannert, Hannes; A: Pagnol, Marcel
BT: *Fanny* (1931) (*Fanny* 1932)
Fanny Hill (1964)
R: Meyer, Russ; A: Cleland, John
BT: *Memoirs of a Woman of Pleasure* (1749) (*Fanny Hill* 1906)
Fanny Margane (1984)
R: Ickert, Klaus; A: Feydeau, Georges
BT: *Fanny* (1858) (*Fanny* 1974)
Farben der Vögel, Die (1988/89)
R: Brödl, Herbert; A: Brödl, Herbert
BT: *Die Farben der Vögel* (1980)
Farssmann oder Zu Fuß in die Sackgasse (1991)
R: Oehme, Roland; A: Kant, Hermann
BT: *Bronzezeit: Geschichten aus dem Leben des Buchhalters Farssmann* (1986)
Fäßchen Amontillado (Spätlese), Ein (1974)
A: Poe, Edgar Allan
BT: *A Cask of Amontillado* (1845) (*Das Faß Amontillado* 1914)
Fast ein Poet (1961)
R: Goslar, Jürgen; A: O'Neill, Eugene (Gladstone)
BT: *A Touch of the Poet* (1957) (*Fast ein Poet* 1959)
Fast eine Weihnachtsgeschichte (1984)
R: Zeidler, Werner; A: Wollenberger, Werner
BT: *Fast eine Weihnachtsgeschichte* (1984)
Fast mögliche Geschichte, Eine (1958)
R: Kehlmann, Michael; A: Savory, Gerald
BT: *A Likely Tale* (1956) (*Eine fast mögliche Geschichte* 1958)
Fastnachtsbeichte (1976)
R: Itzenplitz, Eberhard; A: Zuckmayer, Carl
BT: *Die Fastnachtsbeichte* (1959)

Fastnachtsbeichte, Die (1960)
R: Dieterle, William; A: Zuckmayer, Carl
BT: *Die Fastnachtsbeichte* (1959)
Fastnachtsspiele (1953)
R: Küpper, Hannes; A: Sachs, Hans
BT: *Der farend Schüler im Paradeiß* (1550)
Faust (1960)
R: Gorski, Peter; A: Goethe, Johann Wolfgang von
BT: *Faust I* (1808)
Faust (1987/88)
R: Dorn, Dieter; A: Goethe, Johann Wolfgang von
BT: *Faust I* (1808)
Fee, Die (1957)
R: Beauvais, Peter; A: Molnár, Ferenc
BT: *A jó tündér* (1930) (*Die Fee* 1931)
Fee, die keiner haben wollte, Die (1982)
R: Pichler, Ernst; A: Koczian, Johanna von
BT: *Die Fee, die keiner haben wollte* (1980)
Fegefeuer (1988)
R: Hengstler, Willi; A: Unterweger, Jack
BT: *Fegefeuer oder Die Reise ins Zuchthaus* (1983)
Feind, Der (1961)
R: Müller, Hans-Reinhard; A: Green, Julien
BT: *L'ennemi* (1954) (*Der Feind* 1955)
Feine Herrschaften (Modell Frühlingshauch) (1966)
R: Wild, Franz Josef; A: Coke, Peter
BT: *Breath of Spring* (1959)
Feldherrnhügel, Der (1970)
R: Wildhagen, Georg; A: Roda-Roda, Alexander (= Rosenfeld, Sándor Friedrich); Rössler, Carl
BT: *Der Feldherrnhügel* (1910)
Feldmarschall, Der (1968)
R: Kutscher, Hermann; A: Molnár, Ferenc
BT: (*Der Feldmarschall*)
Felidae (1993)
R: Schaack, Michael; A: Pirinçci, Akif
BT: *Felidae* (1989)
Fenster der Rouets, Das (1989)
R: Rusnak, Josef; A: Simenon, Georges (= Sim, Georges; Aramis; Brulls, Christian)
BT: *La fenêtre des Rouets* (1945) (*Das Fenster der Rouets* 1969)
Ferien mit Piroschka (1965)
R: Gottlieb, Franz Josef; A: Hartung, Hugo
BT: *Ich denke oft an Piroschka* (1954)
Ferien vom Ich (1952)
R: Deppe, Hans; A: Keller, Paul
BT: *Ferien vom Ich* (1915)
Ferien vom Ich (1963)
R: Grimm, Hans; A: Keller, Paul
BT: *Ferien vom Ich* (1915)
Ferien wie noch nie (1962/63)
R: Schleif, Wolfgang; A: Thomas, Hans
Feststellung, Die (1957/58)
R: Bergmann, Werner; Fischer, Hannes; Klein, Gerhard; A: Baierl, Helmut
BT: *Die Feststellung* (1958)
Festung Bastiani (1976)
R: Zamurovic, Ceco; A: Buzzati, Dino
BT: *Il deserto dei Tartari* (1940) (*Die Festung* 1954)
Fette Welt (1998)
R: Schütte, Jan; A: Krausser, Helmut
BT: *Fette Welt* (1992)
Feuer für den großen Drachen (1984)
R: Itzenplitz, Eberhard; A: -ky (= Bosetzky, Horst)
BT: *Feuer für den großen Drachen* (1982)
Feuer um Mitternacht (2 Teile) (1980)
R: Ehmck, Gustav; A: Lornsen, Boy
BT: *Der Brandstifter von Tarrafal* (1974)
Feuer und Schwert (1987)
R: Fürstenberg, Veith von; A: Gottfried von Straßburg
BT: *Tristan und Isolde* (1210)
Feuerschiff, Das (1963)
R: Vajda, Ladislaus; A: Lenz, Siegfried
BT: *Das Feuerschiff* (1960)
Feuerwasser (1977/78)
R: Staudte, Wolfgang; A: Becher, Ulrich
BT: *Feuerwasser* (1951)
Feuerwerk (1954)
R: Hoffmann, Kurt; A: Amstein, Jürg; Burkhard, Paul; Charell, Erik; Sautter, Emil
BT: *Das Feuerwerk* (1949)
Feuerzangenbowle, Die (1970)
R: Käutner, Helmut; A: Spoerl, Heinrich
BT: *Die Feuerzangenbowle* (1935)
Feuerzeichen, Das (1965)
R: Wisbar, Frank; A: Bergengruen, Werner
BT: *Das Feuerzeichen* (1949)
Feuerzeug, Das (1959)
R: Hartmann, Siegfried; A: Andersen, Hans Christian
BT: (*Das Feuerzeug*)
Fiakermilli - Liebling von Wien (1952)
R: Rabenalt, Arthur Maria; A: Costa, Martin
BT: *Fiakermilli - Liebling von Wien*

Fidele Bauer, Der (1951)
R: Marischka, Georg; A: Fall, Leo; Léon, Victor
BT: *Der fidele Bauer* (1907)
Fidelio (1955)
R: Felsenstein, Walter; A: Beethoven, Ludwig van; Bouilly, Jean Nicolas; Sonnleithner, Joseph; Treitschke, Friedrich
BT: *Fidelio* (1814)
Fieberkopf. Roman in Briefen (1975)
R: Homschak, Claus; A: Bauer, Wolfgang
BT: *Der Fieberkopf* (1967)
Figaros Hochzeit (1949)
R: Wildhagen, Georg; A: Beaumarchais, Pierre Augustin Caron de; Da Ponte, Lorenzo; Mozart, Wolfgang Amadeus
BT: *Nozze di Figaro* (1786) (*Figaros Hochzeit* 1880)
Finden Sie, daß sich Constanze richtig verhält? (1962)
R: Pevsner, Tom; A: Maugham, W. Somerset
BT: *The Constant Wife* (1926) (dt. 1927)
Findling, Der (1967)
R: Moorse, George; A: Kleist, Heinrich von
BT: *Der Findling* (1810)
Fingerzeig, Der (1956)
R: Horn, Peter A.; A: Schaeffer, Albrecht
BT: *Josef Montfort* (1918)
Fink und Fliederbusch (1969)
R: Beauvais, Peter; A: Schnitzler, Arthur
BT: *Fink und Fliederbusch* (1917)
First love - die grosse Liebe (1997-98)
R: Behrens, Gloria; Bielawa, Michel; Krawinkel, Lenard Fritz; Steurer, Matthias; Zeisberg, Karola; A: Gärtner, Pia
BT: *First love - die grosse Liebe: Gefühle im Wind* (1998)
First Love/Erste Liebe (1970)
R: Schell, Maximilian; A: Turgenev, Ivan
BT: *Pervaja Ljubov* (1860) (*Erste Liebe* 1881)
Fisch zu viert (1972)
R: Lauterbach, Ulrich; A: Kohlhaase, Wolfgang; Zimmer, Rita
BT: *Fisch zu viert* (1969)
Fische, Die (1982)
R: Gregorek, Karin; A: Hacks, Peter
BT: *Die Fische* (1977)
Fischkonzert (1973)
R: Hädrich, Rolf; A: Laxness, Halldor
BT: *Brekkukotsannall* (1957) (*Das Fischkonzert* 1961)
Fischzüge (1984)
R: Stahnke, Günter; A: Höricke, Lothar
BT: *Fischzüge - Unternehmungen des Kapitäns Jan Nipmerow ...* (1972)
Flächenbrand (1981)
R: Eschwege, Alexander von; A: Grün, Max von der
BT: *Flächenbrand* (1979)
Flachsmann als Erzieher (1968)
R: Sydow, Rolf von; A: Ernst, Otto
BT: *Flachsmann als Erzieher* (1901)
Flaschenteufel, Der (1952)
R: Diehl, Ferdinand; A: Stevenson, Robert Louis
BT: *The Bottle Imp* (1893) (*Der Flaschenteufel* 1926)
Fledermaus, Die (1946)
R: Bolváry, Géza von; A: Geneé, Richard; Haffner, Carl; Strauß, Johann
BT: *Die Fledermaus* (1874)
Fledermaus, Die (1961)
R: Cziffra, Géza von; A: Geneé, Richard; Haffner, Carl; Strauß, Johann
BT: *Die Fledermaus* (1874)
Fledermaus, Die (1988)
R: Schenk, Otto; A: Geneé, Richard; Haffner, Carl; Strauß, Johann
BT: *Die Fledermaus* (1874)
Fledermaus. Rauschende Melodien, Die (1955)
R: Fiedler, E.(rnst) W.(ilhelm); A: Geneé, Richard; Haffner, Carl; Strauß, Johann
BT: *Die Fledermaus* (1874)
Fleisch (1979)
R: Erler, Rainer; A: Erler, Rainer
BT: *Fleisch* (1980)
Fleisch der Orchidee, Das (1974)
R: Chéreau, Patrice; A: Chase, James Hadley
BT: *The Flesh of the Orchid* (1948) (*Ein Grab voll roter Orchideen* 1971)
Fleur Lafontaine (1978)
R: Seemann, Horst; A: Nelken, Dinah
BT: *Das angstvolle Heldenleben einer gewissen Fleur Lafontaine* (1971)
Flieder für Jaczek (1977)
R: Umgelter, Fritz; A: Murr, Stefan
BT: *Vorsicht, Jaczek schießt sofort* (1975)
Fliegen, Die (1966)
R: Noelte, Rudolf; A: Sartre, Jean-Paul
BT: *Les mouches* (1947) (*Die Fliegen*)
Fliegende Holländer, Der (1964)
R: Herz, Joachim; A: Wagner, Richard
BT: *Der fliegende Holländer* (1843)

Fliegende Holländer, Der (1992)
R: Schmidt, Eckhart; A: Wagner, Richard
BT: *Der fliegende Holländer* (1843)
Fliegende Hunde (1973)
R: Sander, Ingrid; A: Erdinç, Fahri
BT: (*Fliegende Hunde*)
Fliegende Klassenzimmer, Das (1954)
R: Hoffmann, Kurt; A: Kästner, Erich (= Bürger, Berthold)
BT: *Das fliegende Klassenzimmer* (1933)
Fliegende Klassenzimmer, Das (1973)
R: Jacobs, Werner; A: Kästner, Erich (= Bürger, Berthold)
BT: *Das fliegende Klassenzimmer* (1933)
Fliegende Windmühle, Die (1981)
R: Rätz, Günter; A: Feustel, Günter
BT: *Die fliegende Windmühle* (1976)
Fliehendes Pferd, Ein (1986)
R: Beauvais, Peter; A: Walser, Martin
BT: *Ein fliehendes Pferd* (1978)
Flitterwochen (1962)
R: Wildhagen, Georg; A: Helwig, Paul
BT: *Flitterwochen* (1938)
Floh im Ohr, Der (1966)
R: Sydow, Rolf von; A: Feydeau, Georges
BT: *La puce à l'oreille* (1907) (*Der Floh im Ohr* 1953)
Floh im Ohr, Der (1980)
R: Rothemund, Sigi; A: Feydeau, Georges
BT: *La puce à l'oreille* (1907) (*Der Floh im Ohr* 1953)
Florence und der Zahnarzt (1962)
R: Graf, Rüdiger; A: Giltène, Jean; Joffé, Alex (= Joffe, Alexandre)
BT: *Florence et le dentiste* (1952)
Florentiner 73 (1972)
R: Gendries, Klaus; A: Holland-Moritz, Renate
BT: *Das Durchgangszimmer* (1967)
Flotter Dreier, Ein (1996)
A: Friedrichs, Horst
BT: *Flotter Dreier* (1996)
Fluch der gelben Schlange, Der (1962)
R: Gottlieb, Franz Josef; A: Wallace, Richard Horatio Edgar
BT: *The Yellow Snake* (1926) (*Die gelbe Schlange* 1951)
Fluch der grünen Augen, Der (1965)
R: Ráthony, Ákos von; A: Stoker, Bram
BT: *Dracula* (1897)
Flucht aus London (1982)
R: Storch, Wolfgang; A: Procter, Maurice
BT: *Two Men in Twenty* (1964) (*Zwei von zwanzig* 1966)
Flucht, Die (1962)
R: Collande, Volker von; A: Galsworthy, John
BT: *The Fugitive* (1913) (*Flucht* 1914)
Flucht, Die (1977)
R: Baumgärtner, Hajo; A: Stifter, Adalbert
BT: *Der Hochwald* (1842)
Flucht in den Norden (1985)
R: Engström, Ingemo; A: Mann, Klaus
BT: *Flucht in den Norden* (1934)
Flucht ins Schweigen (1966)
R: Hartmann, Siegfried; A: Held, Wolfgang
BT: *Der Tod zahlt mit Dukaten* (1964)
Flucht mit Lucifer (4 Teile) (1989)
R: Cortesi, Mario; A: Schlageter, Jeanne
BT: *Flucht mit Lucifer* (1969)
Flucht nach Ägypten, Die (1969)
R: Haugk, Dietrich; A: Schnurre, Wolfdietrich
BT: *Als Vaters Bart noch rot war* (1958)
Flucht ohne Ausweg (1967)
R: Wirth, Franz Peter; A: Mackenzie, Donald
BT: *Nowhere to Go* (1956) (*Flucht ohne Ausweg* 1959)
Flucht ohne Ende (1984)
R: Kehlmann, Michael; A: Roth, Joseph
BT: *Flucht ohne Ende* (1927)
Flüchtige Bekanntschaft (1983)
R: Kramer, Jurij; A: David, Kurt
BT: *Rosamunde, aber nicht von Schubert* (1982)
Flüchtling, Der (1956)
R: Umgelter, Fritz; A: Hochwälder, Fritz
BT: *Der Flüchtling* (1948) (*Neufassung* 1955)
Flüchtling, Der (1961)
R: Völger, Werner; A: Hochwälder, Fritz
BT: *Der Flüchtling* (1948)
Flüchtlingsgespräche (1964)
R: Buckwitz, Harry; A: Brecht, Bertolt
BT: *Flüchtlingsgespräche* (1961)
Fluchtpunkt Berlin (Flight to Berlin) (1983)
R: Petit, Christopher; A: Potter, Jennifer
BT: *Strange Days*
Fluchtversuch (1976)
R: Jasny, Vojtech; A: Wippersberg, Walter J.M.
BT: *Fluchtversuch* (1976)
Fluchtweg nach Marseille (1977)
R: Engström, Ingemo; A: Seghers, Anna
BT: *Transit* (1944)

Flug des Falken (1985; 4 Teile)
R: Wekwerth, Peter; A: Baumert, Walter
BT: *Schau auf die Erde: die Jugend des Friedrich Engels* (1981)
Flug in Gefahr (1964)
R: Mezger, Theo; A: Hailey, Arthur
BT: *Flight into Danger* (1965)
Flugfieber (1988)
R: Ehlers, Jens Carl; A: Bilenkin, Dimitrii
Flußpiraten vom Mississippi, Die (1963)
R: Roland, Jürgen; A: Gerstäcker, Friedrich
BT: *Die Flußpiraten des Mississippi* (1848)
Flüsternde Tod, Der (1975)
R: Goslar, Jürgen; A: Carney, Daniel
BT: *The Whispering Death* (1969)
Fontane Effi Briest (1974)
R: Fassbinder, Rainer Werner; A: Fontane, Theodor
BT: *Effi Briest* (1895)
Försterbuben, Die (1955)
R: Stemmle, Robert A.; A: Rosegger, Peter (= P. K. = Kettenfeier, Petri)
BT: *Die Försterbuben* (1908)
Försterbuben, Die (1984)
R: Patzak, Peter; A: Rosegger, Peter (= P. K. = Kettenfeier, Petri)
BT: *Die Försterbuben* (1908)
Förster-Christl, Die (1952)
R: Rabenalt, Arthur Maria; A: Buchbinder, Ludwig Bernhard (= Klinger, Gustav); Jarno, Georg
BT: *Die Förster-Christl* (1908)
Förster-Christl, Die (1962)
R: Gottlieb, Franz Josef; A: Buchbinder, Ludwig Bernhard (= Klinger, Gustav); Jarno, Georg
BT: *Die Förster-Christl* (1908)
Foto, Das (1969)
R: Küfner, Rudolf; A: Sender, Ramón José
BT: *La fotografia de aniversario* (1963)
Fragmente einer Ehe (1989)
R: Kubli, Guy; A: Goll, Claire; Goll, Yvan
BT: *Meiner Seele Töne: das literarische Dokument eines Lebens zwischen Kunst und Liebe, aufgezeichnet in ihren Briefen* (1978)
Francesco (1989)
R: Cavani, Liliana; A: Hesse, Hermann
BT: *Franz von Assisi* (1904)
Frank V, Oper einer Privatbank (1967)
R: Dürrenmatt, Friedrich; A: Dürrenmatt, Friedrich
BT: *Frank V, Oper einer Privatbank* (1960)
Frankensteins Spukschloß (1975)
R: Passer, Ivan; A: Chase, James Hadley
Frankfurter Kreuz, Das (1997)
R: Karmakar, Romuald; A: Fauser, Jörg
BT: *Für eine Mark und acht*
Franta (1989)
R: Allary, Mathias; A: Weiß, Ernst
BT: *Franta Zlin* (1920)
Franza (1987)
R: Schwarzenberger, Xaver; A: Bachmann, Ingeborg
BT: *Der Fall Franza* (1979)
Franziska (1985)
R: Mühl, Christa; A: Fontane, Theodor
BT: *Graf Petöfy* (1884)
Frau am Fenster, Die (1974)
R: Granier-Deferre, Pierre; A: Drieu La Rochelle, Pierre
BT: *Une femme à sa fenêtre* (1930)
Frau am Wege, Die (1948)
R: Borsody, Eduard von; A: Hochwälder, Fritz
BT: *Der Flüchtling* (1948) (*Neufassung* 1955)
Frau aus Arles, Die (1988)
R: Laemmle, Peter; A: Daudet, Alphonse
BT: *L'Arlésienne* (1872)
Frau Berta Garlan (1989)
R: Patzak, Peter; A: Schnitzler, Arthur
BT: *Frau Bertha Garlan* (1901)
Frau Cheneys Ende (1961)
R: Wild, Franz Josef; A: Lonsdale, Frederick
BT: *The Last of Mrs. Cheney* (1925) (*Mistress Cheney's Ende* 1955)
Frau deiner Jugend, Die (1958)
R: Wenninger, Hermann; A: Deval, Jacques
BT: *La femme de ta jeunesse* (1949) (*Die Frau deiner Jugend* 1952)
Frau des Anderen, Die (1959)
R: Vicas, Victor; A: Sudermann, Hermann
BT: *Jons und Erdme* (1917)
Frau des Bäckers, Die (1958)
R: Léon, Pierre; A: Pagnol, Marcel
BT: *La femme du boulanger* (1946) (*Die Frau des Bäckers (Madame Aurélie)* 1948)
Frau des Fotografen, Die (1967)
R: Engel, Thomas; A: Pagnol, Marcel
BT: *La belle amour*
Frau des Fotografen oder Die große Liebe, Die (1958)
R: Moszkowicz, Imo; A: Pagnol, Marcel
BT: *La belle amour*

Frau, die weiß, was sie will, Eine (1957)
R: Rabenalt, Arthur Maria; A: Grünwald, Alfred; Strauss, Oscar
BT: *Eine Frau, die weiß, was sie will* (1950)

Frau genügt nicht?, Eine (1955)
R: Erfurth, Ulrich; A: Soltikow, Michael Alexander Graf
BT: *Eine Frau genügt nicht?* (1955)

Frau Holle (1954)
R: Genschow, Fritz; A: Grimm, Jakob Ludwig Carl; Grimm, Wilhelm Carl
BT: *Frau Holle* (1812)

Frau Holle (1961)
R: Podehl, Peter; A: Grimm, Jakob Ludwig Carl; Grimm, Wilhelm Carl
BT: *Frau Holle* (1812)

Frau Holle (1963)
R: Kolditz, Gottfried; A: Grimm, Jakob Ludwig Carl; Grimm, Wilhelm Carl
BT: *Frau Holle* (1812)

Frau Holle (1977)
R: Jugert, Rudolf; A: Grimm, Jakob Ludwig Carl; Grimm, Wilhelm Carl
BT: *Frau Holle* (1812)

Frau Holle (1984)
R: Jakubisko, Juraj; A: Grimm, Jakob Ludwig Carl; Grimm, Wilhelm Carl
BT: *Frau Holle* (1812)

Frau in Weiß (3 Teile), Die (1971)
R: Semmelroth, Wilhelm; A: Collins, Wilkie
BT: *The Woman in White* (1860) (dt. 1965)

Frau Irene Besser (1961)
R: Olden, John; A: Habe, Hans (= Bekessy, Janos)
BT: *Frau Irene Besser* (1961)

Frau Jenny Treibel (1972)
R: Ballmann, Herbert; A: Fontane, Theodor
BT: *Frau Jenny Treibel* (1892)

Frau Jenny Treibel (1982)
R: Wild, Franz Josef; A: Fontane, Theodor
BT: *Frau Jenny Treibel* (1892)

Frau Jenny Treibel oder Wo sich Herz zu Herzen findet (1976)
R: Albiro, Hartwig; A: Fontane, Theodor
BT: *Frau Jenny Treibel* (1892)

Frau Juliane Winter (1983)
R: Günther, Michael; A: Thonet, Peter M.
BT: *Hände weg von Oma* (1981)

Frau mit den Karfunkelsteinen, Die (1985)
R: Damek, Dagmar; A: Marlitt, Eugenie
BT: *Die Frau mit den Karfunkelsteinen* (1885)

Frau ohne Bedeutung, Eine (1964)
A: Wilde, Oscar
BT: *A Woman of No Importance* (1894) (*Eine Frau ohne Bedeutung* 1894)

Frau Rettich, die Czerni und ich (1997)
R: Imboden, Markus; A: Borowiak, Simone
BT: *Frau Rettich, die Czerni und ich* (1992)

Frau und der Fremde, Die (1984)
R: Simon, Rainer; A: Frank, Leonhard
BT: *Karl und Anna* (1927)

Frau vom Meer, Die (1980)
R: Bronken, Per; A: Ibsen, Henrik
BT: *Fruen fra Havet* (1888) (*Die Frau vom Meer* 1989)

Frau von Bebenburg (1975)
R: Itzenplitz, Eberhard; A: Schnitzler, Arthur

Frau Warrens Gewerbe (1960)
R: Ráthony, Ákos von; A: Shaw, George Bernard
BT: *Mrs. Warren's Profession* (1898) (*Frau Warrens Gewerbe* 1906)

Frau zu sein bedarf es wenig (1997)
R: Rothemund, Sigi; A: Lind, Hera
BT: *Frau zu sein bedarf es wenig* (1992)

Frauen in New York (1977)
R: Fassbinder, Rainer Werner; A: Boothe, Claire
BT: *The Women* (1966)

Frauen lügen besser (2000)
R: Naefe, Vivian; A: Schoenle, Annemarie
BT: *Frauen lügen besser* (1998)

Frauen morden leichter (1997)
R: Näter, Thorsten; A: Kreis, Gabriele
BT: *Frauen morden leichter* (1997)

Frauenarzt Dr. Prätorius (1950)
R: Gillmann, Peter; Goetz, Curt; A: Goetz, Curt
BT: *Dr. med. Hiob Prätorius* (1933)

Frauensee (1958)
R: Jugert, Rudolf; A: Zuckmayer, Carl
BT: *Ein Sommer in Österreich* (1937)

Frauenstation (1975)
R: Thiele, Rolf; A: Fischer, Marie-Louise
BT: *Frauenstation* (1964)

Fräulein als Bäuerin, Das (1976)
R: Emmerich, Klaus; A: Puschkin, Alexandr Sergejewitsch
BT: (*Das Fräulein als Bäuerin*)

Fräulein, Das (1980)
R: Jasny, Vojtech; A: Andric, Ivo
BT: *Gospojdica* (1945) (*Das Fräulein*)

Fräulein Else (1974)
R: Haeussermann, Ernst; A: Schnitzler, Arthur
BT: *Fräulein Else* (1924)

Fräulein Julie (1968)
R: Umgelter, Fritz; A: Strindberg, August
BT: *Fröken Julie* (1888)
Fräulein Smillas Gespür für Schnee (1997)
R: August, Bille; A: Høeg, Peter
BT: *Frøken Smillas fornemmelse for sne* (1992) (*Fräulein Smillas Gespür für Schnee* 1994)
Fräulein von Scuderi, Das (1955)
R: York, Eugen; A: Hoffmann, Ernst Theodor Amadeus
BT: *Das Fräulein von Scuderi* (1819)
Fräulein von Scuderi, Das (1976)
R: Büscher, Lutz; A: Hoffmann, Ernst Theodor Amadeus
BT: *Das Fräulein von Scuderi* (1819)
Freak Orlando (1981)
R: Ottinger, Ulrike; A: Woolf, Virginia
BT: *Orlando* (1928) (*Orlando* 1929)
Freier, Die (1969)
R: Umgelter, Fritz; A: Eichendorff, Joseph Freiherr von
BT: *Die Freier* (1833)
Freier Fall (1997)
R: Görlitz, Helmut Christian; A: Sülzer, Bernd
BT: *Freier Fall* (1994)
Fremd bin ich erzogen (1978)
R: Leber, Titus; A: Schubert, Franz
BT: *Fremd bin ich erzogen*
Fremde, Die (1972)
R: Caspari, Carlheinz; A: Djilas, Milovan
BT: (*Die Fremde* 1966)
Fremder in der Stadt, Ein (1989)
R: Cazaneuve, Fabrice; A: Simenon, Georges (= Sim, Georges; Aramis; Brulls, Christian)
BT: *La danseuse du Gai-Moulin* (1931) (*Ein Fremder stirbt* 1950)
Fremder kam ins Haus, Ein (1957)
R: Haaf, Wilm ten; A: Christie, Agatha
BT: *Love from a Stranger* (1936) (*Ein Fremder klopft an* 1967)
Fremdes Land oder Als die Freiheit noch zu haben war (1983)
R: Witt, Claus Peter; A: Surminski, Arno
BT: *Fremdes Land oder Als die Freiheit noch zu haben war* (1980)
Frettchen, Das (1980)
R: Kubli, Guy; A: Morweiser, Fanny
BT: *Das Frettchen*
Freudenhaus, Das (1970)
R: Weidenmann, Alfred; A: Jaeger, Henry
BT: *Das Freudenhaus* (1966)
Freundschaft wider Willen (1979)
R: Nicolaescu, Sergiu; A: London, Jack
BT: *Michael, Brother of Jerry* (1917)
Friede den Hütten! Krieg den Palästen! (1970)
R: Klingenberg, Gerhard; A: Edschmid, Kasimir
BT: *Wenn es Rosen sind, werden sie blühen* (1950)
Friedensfest, Das (1956)
R: Völger, Werner; A: Hauptmann, Gerhart
BT: *Das Friedensfest* (1890)
Friedensfest, Das (1979)
R: Keil, Gerd; A: Hauptmann, Gerhart
BT: *Das Friedensfest* (1890)
Friederike von Barring (Die Barrings) (1955)
R: Thiele, Rolf; A: Simpson, William von
BT: *Die Barrings* (1937)
Friedhöfe, Die (1960)
R: Hädrich, Rolf; A: Hlasko, Marek
Friedrich und der verzauberte Einbrecher (1996)
R: Losansky, Rolf; A: Kozik, Christa
BT: *Der verzauberte Einbrecher* (1994)
Friedrich und Friederike (9 Teile) (1988)
R: Eschwege, Alexander von; A: Grün, Max von der
BT: *Friedrich und Friederike* (1983)
Fritz Schmenkel. Szenischer Bericht über einen deutschen Patrioten (1977)
R: Hausdorf, Rainer; A: Neuhaus, Wolfgang
BT: *Kampf gegen Sternlauf. Der Weg des deutschen Partisanen Fritz Schmenkel* (1968)
Froher Herbst des Lebens (1961)
R: Verhoeven, Paul; A: Barrie, James Matthew Sir
BT: *Alice, Sitbythe-Fire* (1905)
Fröhliche Dorf, Das (1955)
R: Schündler, Rudolf; A: Hinrichs, August
BT: *Das fröhliche Dorf*
Fröhliche Wallfahrt, Die (1956)
R: Dörfler, Ferdinand; A: Rosegger, Peter (= P. K. = Kettenfeier, Petri)
BT: *Die Fahnenträgerin*
Fröhliche Weinberg, Der (1952)
R: Engel, Erich; A: Zuckmayer, Carl
BT: *Der fröhliche Weinberg* (1925)
Fröhliche Weinberg, Der (1961)
R: Pfeiffer, Hermann; A: Zuckmayer, Carl
BT: *Der fröhliche Weinberg* (1925)

Fromme Helene, Die (1965)
R: Ambesser, Axel von; A: Busch, Wilhelm
BT: *Die fromme Helene* (1873)
Frontgockel, Der (1955)
R: Dörfler, Ferdinand; A: Fitz, Hans
BT: *Der Frontgockel* (1937)
Frosch mit der Maske, Der (1959)
R: Reinl, Harald; A: Wallace, Richard Horatio Edgar
BT: *Fellowship of the Frog* (1925) (*Der Frosch mit der Maske*)
Froschkönig (1988)
R: Beck, Walter; A: Grimm, Jakob Ludwig Carl; Grimm, Wilhelm Carl
BT: *Der Froschkönig* (1812)
Froschkönig, Der (1954)
R: Meyer, Otto; A: Grimm, Jakob Ludwig Carl; Grimm, Wilhelm Carl
BT: *Der Froschkönig* (1812)
Froschkönig, Der (1982)
R: Hoflehner, Johannes; A: Grimm, Jakob Ludwig Carl; Grimm, Wilhelm Carl
BT: *Der Froschkönig* (1812)
Froschkönig, Der (1987)
R: Beck, Walter; A: Grimm, Jakob Ludwig Carl; Grimm, Wilhelm Carl
BT: *Der Froschkönig* (1812)
Frühere Verhältnisse (1955)
R: Kehlmann, Michael; A: Nestroy, Johann Nepomuk
BT: *Frühere Verhältnisse* (1890)
Frühere Verhältnisse (1960)
R: Hübner, Bruno; A: Nestroy, Johann Nepomuk
BT: *Frühere Verhältnisse* (1890)
Frühere Verhältnisse (1968)
R: Klingenberg, Gerhard; A: Nestroy, Johann Nepomuk
BT: *Frühere Verhältnisse* (1890)
Frühlingsfluten (1974)
R: Jasny, Vojtech; A: Turgenev, Ivan
BT: *Vesnie vody* (1872) (*Frühlingsfluten* 1972)
Frühreifen, Die (1957)
R: Baky, Josef von; A: Bloehmer, Klaus; Heim, Peter
BT: *Wer glaubt schon an den Weihnachtsmann*
Frühstück mit Julia (1982)
R: Wilhelm, Kurt; A: Graham, Burton
BT: *Breakfast with Julia* (*Frühstück mit Julia* 1960)
Fuchs im Hühnerstall, Der (1978)
R: Kishon, Ephraim; A: Kishon, Ephraim
BT: *Ha- Shu'al B'Lool Hatarnagalot* (*Der Fuchs im Hühnerstall* 1969)
Fuhrmann Henschel (1956)
R: Baky, Josef von; A: Hauptmann, Gerhart
BT: *Fuhrmann Henschel* (1898)
Fünf Freunde in der Tinte (1970)
R: Hedman, Katrin; A: Blyton, Enid (Mary)
BT: *Five on a Treasure Island* (1945) (*Fünf Freunde erforschen die Schatzinsel* 1953)
Fünfminutenvater (Die Wirtin zum Roten Ochsen), Der (1951)
R: Hübler-Kahla, J. A.; A: Fischer, Josef
BT: *Der Fünfminutenvater*
15 Schritte Distanz (1975)
R: Proll, Jens-Peter; A: Franzos, Karl Emil
Funken in der Asche (1962)
R: Wilhelm, Kurt; A: Langer, Frantisek
Für die Katz (1974)
R: Ragotzky, Karl-Otto; A: Hinrichs, August
BT: *Für die Katz!* (1938)
Furcht und Elend des dritten Reiches (1981)
R: Bonhoff, Ursula; A: Brecht, Bertolt
BT: *Furcht und Elend des dritten Reiches* (1945)
Fürchte dich nicht, Jakob! (1981)
R: Gabrea, Radu; A: Caragiale, Jon Luca
BT: *O faclie de pasti* (1889) (*Eine Osterkerze* 1892)
Fürchten und Lieben (1987)
R: Trotta, Margarethe von; A: Čechov, Anton Pavlovič
BT: *Tri sestry* (1901) (*Drei Schwestern* 1902)
Furchtlosen Vier, Die (1997)
R: Coldewey, Michael; Junkersdorf, Eberhard; Richter, Jürgen; A: Grimm, Jakob Ludwig Carl; Grimm, Wilhelm Carl
BT: *Die Bremer Stadtmusikanten* (1812)
Für'n Groschen Brause (1983)
R: Itzenplitz, Eberhard; A: Zimmer, Dieter
BT: *Für'n Groschen Brause: eine liebenswerte Familienchronik aus unliebsamen Zeiten* (1983)
Fürst von Pappenheim, Der (1952)
R: Deppe, Hans; A: Arnold, Franz; Bach, Ernst
BT: *Der Fürst von Pappenheim* (1923)
Füße im Feuer, Die (1985)
R: Glasow, Katrin von; A: Meyer, Conrad Ferdinand
BT: *Die Füße im Feuer* (1864)

Gabriel komm zurück (1988)
R: Kahakorpi, Hannu; A: Waltari, Mika
Gabriel Schillings Flucht (1962)
R: Dieterle, William; A: Hauptmann, Gerhart
BT: *Gabriel Schillings Flucht* (1912)
Galgenbrücke, Die (1989)
R: Werner, Hans; A: Keyserling, Eduard von
BT: *Dumala* (1908)
Galgentoni, Die (1972)
R: Kehlmann, Michael; A: Kisch, Egon Erwin
BT: *Die Himmelfahrt der Galgentoni* (1922)
Gang, Die (1997)
R: Gies, Hajo; Kreinsen, Olaf; Schönherr, Hans; Verbong, Ben; A: Schwamm, Bernd
BT: *Die Gang* (1997)
Gangster, Gold und flotte Mädchen (1963)
R: Deville, Michel; A: Robert, Jacques
BT: *L'appartement des filles* (1963)
Ganovenehre (1966)
R: Staudte, Wolfgang; A: Rudolph, Charles
Gänse von Bützow, Die (1985)
R: Vogel, Frank; A: Raabe, Wilhelm
BT: *Die Gänse von Bützow: eine Historia* (1906)
Gänsebraten vom Dienst, Der (1968)
R: Drobraczynski, Romouald; A: Roda-Roda, Alexander (= Rosenfeld, Sándor Friedrich)
Gänsehirtin am Brunnen, Die (1979)
R: Schmenger, Ursula; A: Grimm, Jakob Ludwig Carl; Grimm, Wilhelm Carl
BT: *Die Gänsemagd* (1812)
Gänsehirtin am Brunnen, Die (1983)
R: Pichler, Ernst; A: Grimm, Jakob Ludwig Carl; Grimm, Wilhelm Carl
BT: *Die Gänsemagd* (1812)
Gänsemagd, Die (1957)
R: Genschow, Fritz; A: Grimm, Jakob Ludwig Carl; Grimm, Wilhelm Carl
BT: *Die Gänsemagd* (1812)
Gänsemagd, Die (1977)
R: Jugert, Rudolf; A: Grimm, Jakob Ludwig Carl; Grimm, Wilhelm Carl
BT: *Die Gänsemagd* (1812)
Ganz große Ding, Das (1966)
R: Neureuther, Erich; A: Canning, Victor
BT: *The Great Affair* (1969)
Ganz helle Licht, Das (1986)
R: Damek, Dagmar; A: Bachmann, Ingeborg
BT: *Der Schweißer* (1978)
Ganz unter uns
R: Schirk, Heinz; A: Ayckbourn, Alan
BT: *Just Between Ourselves* (1978)
Garantiert ungestört (1990)
R: Balsinger, Johannes; A: Bencsik, Imre
Gardine, Die (1964)
R: Erler, Rainer; A: Oelschlegel, Gerd
BT: *Die Gardine* (1964)
Garten, Der (1983)
R: Liebeneiner, Wolfgang; A: Aspinall, Tim
BT: (*Der Garten*)
Garten der Finzi Contini, Der (1970)
R: Sica, Vittorio De; A: Bassani, Giorgio
BT: *Il giardino dei Finzi Contini* (1962) (*Der Garten der Finzi Contini* 1963)
Garten der Foltern. Eine Halluzination (1970)
R: Kramberg, Karl-Heinz; A: Mirabeau, Octave
BT: *Le jardin des supplices* (1899) (dt. 1902)
Gartenlaube, Die (1969)
R: Staudte, Wolfgang; A: Ungar, Hermann
BT: *Die Gartenlaube* (1929)
Gartenparty (1972)
R: Jung-Alsen, Kurt; A: Behan, Brendan
BT: *A Garden Party* (1967) (*Eine Garten-Party* 1983)
Gärtner von Toulouse, Der (1982)
R: Gräwert, Günter; A: Kaiser, Georg
BT: *Der Gärtner von Toulouse* (1938)
Gärtnerin aus Liebe, Die (1989)
R: Mielke, Georg F.; A: Calzabigi, Raniero da; Mozart, Wolfgang Amadeus
BT: *La finta giardinera* (1775)
Gaslicht (1956)
R: Cartier, Rudolph; A: Hamilton, Patrick (A.W.)
BT: *Gas Light* (1938) (*Gaslicht* 1950)
Gaslicht (1960)
R: Haaf, Wilm ten; A: Hamilton, Patrick (A.W.)
BT: *Gas Light* (1938) (*Gaslicht* 1950)
Gaspar Varros Recht (1966)
R: Munck, Dieter; A: Hay, Guyla (Julius)
BT: *Gaspar Varros Recht* (1955)
Gast, Der (1956)
R: Wagner, Konrad; A: Meyer, Conrad Ferdinand
BT: *Die Füße im Feuer* (1864)
Gäste im Haus (1957)
R: Lothar, Ralph; A: Walpole, Hugh Seymour Sir

Gasthaus an der Themse, Das (1962)
R: Vohrer, Alfred; A: Wallace, Bryan Edgar
BT: *The India-Rubber Men* (1929) (*Das Gasthaus an der Themse* 1930)
Gastmahl, Das (1974)
A: Čechov, Anton Pavlovič
BT: (*Das Gastmahl*)
Gavre Princip - Himmel unter Steinen (1990)
R: Patzak, Peter; A: Koning, Hans
BT: *Death of a Schoolboy* (1974)
Gavroche (1987)
R: Bellmann, Dieter; A: Ensikat, Peter
BT: *Gavroche* (1967)
Gebell, Das (1976)
R: Glück, Wolfgang; A: Bachmann, Ingeborg
BT: *Das Gebell* (1972)
Geborgte Weihnachtsbaum, Der (1966)
R: Haugk, Dietrich; A: Schnurre, Wolfdietrich
BT: *Der geborgte Weihnachtsbaum*
Geburtstag unserer Ehe, Der (1960)
R: Schündler, Rudolf; A: Wittlinger, Karl
BT: *Junge Liebe auf Besuch* (1956)
Geburtstagsfeier, Die (1978)
R: Flimm, Jürgen; A: Pinter, Harold
BT: *The Birthday Party* (1960) (*Die Geburtstagsfeier* 1961)
Gefährliche Fahndung (7 Teile) (1978)
R: Hausdorf, Rainer; A: Mader, Julius; Plieseis, Sepp
BT: *Partisan der Berge: Lebenskampf eines österreichischen Arbeiters* (1971)
Gefährliche Neugier (1970)
R: Schwarze, Hans-Dieter; A: Martin, Hansjörg
BT: *Gefährliche Neugier* (1965)
Gefährlicher Mensch, Ein (1958)
R: Lietzau, Hans; A: Hubalek, Claus
BT: *Ein gefährlicher Mensch* (1960)
Gefährtin, Die (1954)
R: Braun, Alfred; A: Schnitzler, Arthur
BT: *Die Gefährtin* (1899)
Gefährtin, Die (1966)
R: Steinbach, Peter; A: Schnitzler, Arthur
BT: *Die Gefährtin* (1899)
Gefallen (1975)
R: Quest, Hans; A: Mann, Thomas
BT: *Gefallen* (1894)
Gefangen in Frankreich. Theodor Fontane im Krieg 1870/71 (1979)
R: Mezger, Theo; A: Fontane, Theodor
BT: *Kriegsgefangen* (1870)
Gefangene der Botschaft, Der (1964)
R: Gessner, Nicolas; A: Schaper, Edzard
BT: *Der Gefangene der Botschaft* (1964)
Gefangenen von Murano, Die (1966)
R: Langhoff, Udo; A: Quednau, Werner
BT: *Die Gefangenen von Murano* (1954)
Gefleckte Band, Das (1967)
R: May, Paul; A: Doyle, Arthur Conan Sir
BT: *The Adventure of the Speckled Band* (1892)
Gefrorene Herz, Das (1981)
R: Koller, Xavier; A: Inglin, Meinrad
BT: *Begräbnis eines Schirmflickers* (1980)
Gefrorenen Blitze, Die (1967)
R: Veiczi, Janos; A: Mader, Julius
BT: *Geheimnis von Huntsville: Die wahre Karriere des Raketenbarons Wernher von Braun* (1963)
Gefrühstückt wird um 8 (1978)
R: Ostrowsky, Hartmut; A: Focke, Gerd
BT: *Gefrühstückt wird um 8*
Gefühlssachen (1984)
R: Ickert, Klaus; A: Constant de Rebecque, Benjamin de
BT: *Adolphe: anecdote trouvée dans les papiers d'un inconnu* (1816) (*Adolphe: Erzählung aus den gefundenen Papieren eines Unbekannten* 1817)
Gegen den Strich (1988)
R: Braun, Christina von; A: Huysmans, Joris-Karl
BT: *A rebours* (1884) (*Gegen den Strich* 1921)
Gegenlicht (1984)
R: Kehlmann, Michael; A: Wippersberg, Walter J.M.
BT: *Gegenlicht* (1979)
Geheimarchiv an der Elbe (1963)
R: Jung-Alsen, Kurt; A: Nassibow, Alexander
BT: (*Geheimarchiv an der Elbe* 1965)
Geheime Mission (1985)
R: Gies, Hajo; Gies, Martin; A: McKenzie, Donald
BT: (*In geheimer Mission*)
Geheimnis, Das (1957)
R: Völger, Werner; A: Greene, Graham
BT: *The Potting Shed* (1957) (*Das Geheimnis* 1957)
Geheimnis der alten Mamsell, Das (1972)
R: Ballmann, Herbert; A: Marlitt, Eugenie
BT: *Das Geheimnis der alten Mamsell* (1868)

Geheimnis der chinesischen Nelke (1964)
R: Zehetgruber, Rudolf; A: Weinert-Wilton, Louis (= Weinert, Alois)
BT: *Die chinesische Nelke* (1936)
Geheimnis der drei Dschunken, Das (1965)
R: Hofbauer, Ernst; A: Godefroy, Georges
BT: *La rivière de trois jonques* (1956)
Geheimnis der gelben Narzissen, Das (1961)
R: Ráthony, Ákos von; A: Wallace, Richard Horatio Edgar
BT: *The Daffodil Mystery* (1920) (*Das Geheimnis der gelben Narzissen* 1951)
Geheimnis der grünen Stecknadel, Das (1971)
R: Dallamano, Massimo; A: Wallace, Richard Horatio Edgar
BT: *The Clue of the New Pin* (1923) (*Das Geheimnis der Stecknadel* 1955)
Geheimnis der Lederschlinge, Das (1964)
R: Capuano, Luigi; A: Salgari, Emilio
BT: *I misteri della giungla nera* (1926) (*Die Geheimnisse des schwarzen Dschungels* 1929)
Geheimnis der schwarzen Handschuhe, Das (1969)
R: Argento, Dario; A: Wallace, Bryan Edgar
Geheimnis der schwarzen Koffer, Das (1962)
R: Klingler, Werner; A: Wallace, Bryan Edgar
BT: *Death Packs a Suitcase* (1961) (*Der Tod packt seinen Koffer* 1961)
Geheimnis der schwarzen Witwe, Das (1963)
R: Gottlieb, Franz Josef; A: Weinert-Wilton, Louis (= Weinert, Alois)
Geheimnis der weißen Nonne, Das (1966)
R: Frankel, Cyril; A: Wallace, Richard Horatio Edgar
BT: (*Das Geheimnis der weißen Nonne*)
Geheimnis des gelben Geparden, Das (1990)
R: Rola, Carlo; A: Boileau, Pierre; Narcejac, Thomas
BT: *Maléfices* (1961) (*Das Geheimnis des gelben Geparden* 1962)
Geheimnis des Ödipus, Das (1974)
R: Jung-Alsen, Kurt; A: Fühmann, Franz
BT: *König Ödipus* (1966)
Geheimnis des 7. Weges, Das (1984)
R: Mewen, Karst van der; A: Dragt, Tonke
BT: *De zevensprong* (*Das Geheimnis des 7. Weges* 1984)
Geheimnis einer Ärztin (1955)
R: Rieger, August; Stanzl, Karl; A: Reingruber, Victor
BT: *Rauschgift*
Geheimnis einer Ehe, Das (1951)
R: Weiss, Helmut; A: Weiss, Helmut
BT: *Talent zum Glück* (1950)
Geheimnisse in goldenen Nylons (1967)
R: Christian-Jaque (= Maudet, Christian); A: Sheckley, Robert
BT: *Live Gold* (1962)
Geheimnisträger, Der (1975)
R: Gottlieb, Franz Josef; A: Konsalik, Heinz Günther (= Pahlen, Henry)
Geheimnisvolle Bild, Das (1955)
R: Horn, Peter A.; A: Chatrian, Alexandre; Erckmann, Émile
BT: *L'esquisse mystérieuse* (1899)
Geheimnisvolle Dr. Mander, Der (1957)
R: Verhoeven, Paul; A: Brett, Michael
BT: *Doctor in Person* (1959)
Gehilfe, Der (1978)
R: Cremer, Ludwig; A: Malamud, Bernard
BT: *The Assistant* (1957) (*Der Gehilfe* 1960)
Gehülfe, Der (1977)
R: Koerfer, Thomas; A: Walser, Robert
BT: *Der Gehülfe* (1908)
Geierwally (1990)
R: Bockmayer, Walter; A: Hillern, Wilhelmine von
BT: *Die Geier-Wally* (1875)
Geierwally, Die (1956)
R: Cap, Franz; A: Hillern, Wilhelmine von
BT: *Die Geier-Wally* (1875)
Geigenmacher von Mittenwald, Der (1950)
R: Schündler, Rudolf; A: Ganghofer, Ludwig
BT: *Der Geigenmacher von Mittenwald* (1884)
Geishas des Käpt'n Fisby, Die (1953)
R: Burmester, Gustav; A: Goggan, John Patrick (= Patrick, John); Sneider, Vern
BT: *Teahouse of the August Moon* (1952) (*Die Geishas des Käpt'n Fisby: Das kleine Teehaus* 1955)
Geist der Mirabelle. Geschichten aus Bollerup, Der (1978)
R: Pieper, Eberhard; A: Lenz, Siegfried
BT: *Geist der Mirabelle* (1975)
Geisterhaus, Das (1993)
R: August, Bille; A: Allende, Isabel
BT: *La casa de los espíritus* (1982) (*Das Geisterhaus* 1984)

Geisterjäger John Sinclair (1999)
R: Anderson, Daniel; A: Dark, Jason
BT: *Alptraum-Sommer: Geisterjäger John Sinclair (Romanserie)* (1992)
Geisterjäger John Sinclair - Die Dämonenhochzeit (1997)
R: Knoesel, Klaus; A: Dark, Jason
BT: *Die Dämonenhochzeit* (1997)
Geisterkomödie (1962)
R: Tausig, Otto; A: Coward, Noël (Pierce) Sir
BT: *Blithe Spirit* (1941) (*Heitere Geister* 1949)
Geisterseher, Der (1956)
R: Horn, Peter A.; A: Schiller, Friedrich von
BT: *Der Geisterseher* (1788)
Geisterseher, Der (1987)
R: Bär, Rainer; A: Schiller, Friedrich von
BT: *Der Geisterseher* (1788)
Geisterzug, Der (1957)
R: Wolffhardt, Rainer; A: Ridley, Arnold
BT: *The Ghost Train* (1927) (*Der Geisterzug* 1927)
Geizige, Der (1960)
R: Lauterbach, Ulrich; A: Molière, Jean Baptiste
BT: *L'avare* (1668)
Gejagten, Die (1961)
R: Michel, Max; A: Blickensdorfer, Walter
BT: *Die Gejagten*
Gekaufte Ehemann, Der (1985)
R: Wilbrandt, Jörg; A: Zola, Émile
BT: *Nantas* (1884) (*Nantas* 1984)
Gekaufte Mädchen, Das (1978)
R: Seidel, Dieter; A: Günther, Egon
BT: *Das gekaufte Mädchen* (1957)
Gelähmte Schwingen (1956)
R: Umgelter, Fritz; A: Thoma, Ludwig
BT: *Gelähmte Schwingen* (1918)
Gelähmte Schwingen (1988)
R: Strecker, Frank; A: Thoma, Ludwig
BT: *Gelähmte Schwingen* (1918)
Gelbe Haus am Pinnasberg, Das (1970)
R: Vohrer, Alfred; A: Bischoff, Bengta
BT: *Das gelbe Haus am Pinnasberg* (1970)
Geld, das auf der Straße liegt, Das (1958)
R: Monk, Egon; A: Lüddecke, Werner-Jörg
BT: *Das Geld, das auf der Straße liegt* (1955)
Geld liegt auf der Straße, Das (1978)
R: Wesseler, Karl; A: Flatow, Curth
BT: *Das Geld liegt auf der Bank* (1968)
Geld ohne Arbeit (1956)
R: Beauvais, Peter; A: Colantuoni, Alberto
BT: *I fratelli Catiglioni* (1932) (*Geld ohne Arbeit* 1932)
Geld und Geist (1964)
R: Schnyder, Franz; A: Gotthelf, Jeremias (= Bitzius, Albert)
BT: *Geld und Geist, oder Die Versöhnung* (1844)
Gelegenheitsarbeit einer Sklavin (1973)
R: Kluge, Alexander; A: Kluge, Alexander
BT: *Gelegenheitsarbeit einer Sklavin* (1973)
Gelehrten Frauen, Die (1966)
R: Klingenberg, Gerhard; A: Molière, Jean Baptiste
BT: *L'école des femmes* (1662)
Geliebte Bestie (1958)
R: Rabenalt, Arthur Maria; A: Seidel, Heinrich
BT: *Männer müssen so sein*
Geliebte Corinna (1956)
R: Borsody, Eduard von; A: Pilchowski, Robert
BT: *Geliebte Corinna* (1951)
Geliebte der großen Bärin, Der (1971)
R: Orsini, Valentino; A: Piasecki, Sergiusz
BT: *Kochanek wielkiej niedzwiedzicy* (1937) (*Der Geliebte der großen Bärin* 1957)
Geliebte Feindin (1954)
R: Hansen, Rolf; A: Kirchbach, Maria von
BT: *Geliebte Feindin* (1938)
Geliebte Stimme, Die (1960)
R: Wild, Franz Josef; A: Cocteau, Jean
BT: *La voix humaine* (1930) (*Die geliebte Stimme* 1933)
Geliebter Schatten (1953)
R: Bublitz, Hans Waldemar; A: Deval, Jacques
BT: *Ombre chère* (1952)
Geliebtes Scheusal (1972)
R: Goslar, Jürgen; A: Rayburn, Joyce
General Quixotte (1961)
R: Beauvais, Peter; A: Anouilh, Jean
BT: *L'Hurluberlu ou le réactionnaire amoureux* (1959) (*General Quixotte oder der verliebte Reaktionär* 1959)
Genesung (1956)
R: Wolf, Konrad; A: Egel, Karl Georg; Wiens, Paul
BT: *Genesung* (1956)
Genie und die Göttin, Das (1959)
R: Rilla, Walter; A: Huxley, Aldous
BT: *The Genius and the Goddess* (1955) (*Das Genie und die Göttin* 1956)

Genosse Brüggemann (1993)
R: Lettow, Hagen; Ruprecht, Horst; A: Szyszkowitz, Gerald
BT: *Genosse Brüggemann. Commander Carrigan* (1969)
Georg (1985)
R: Unger, Michael; A: Leskien, Jürgen; Würfel, Wolfgang
BT: *Georg* (1984)
Georg Elser - Einer aus Deutschland (1989)
R: Brandauer, Klaus Maria; A: Sheppard, Stephen
BT: *The Artisan* (1986) (*Georg Elser* 1989)
Georges Dandin (1964)
R: Haugk, Dietrich; A: Molière, Jean Baptiste
BT: *George Dandin, ou le mari confondu* (1668)
Georginas Gründe (1975)
R: Schlöndorff, Volker; A: James, Henry
BT: *Georgina's Reasons* (1885)
Gepäckschein 666 (1961)
R: Mezger, Theo; A: Weidenmann, Alfred
BT: *Gepäckschein 666* (1953)
Gerade Weg, Der (1998)
R: Neureuther, Erich; A: Gruber, Michael
Gerechten, Die (1959)
R: Hädrich, Rolf; A: Camus, Albert
BT: *Les justes* (1950) (*Die Gerechten* 1950)
Gerechten, Die (1981)
R: Guthke, Frank; A: Camus, Albert
BT: *Les justes* (1950) (*Die Gerechten* 1950)
Gerechten von Kummerow, Die (1982)
R: Luderer, Wolfgang; A: Welk, Ehm
BT: *Die Heiden von Kummerow* (1937)
Gerechtigkeit in Worowogorsk (1964)
R: Haugk, Dietrich; A: Čechov, Anton Pavlovič
Gerhard Langhammer und die Freiheit (1967)
R: Busch, Rolf; A: Lolland, Jörg
BT: *Die wir gerufen haben* (1964)
Gericht bei Nacht (1957)
R: Völger, Werner; A: Fodor, Ladislas (Laszlo)
Gericht über Las Casas (1955)
R: Umgelter, Fritz; A: Schneider, Reinhold
BT: *Las Casas vor Karl V* (1938)
Gerichtet bei Nacht (1960)
R: Kasprzik, Hans-Joachim; A: Simmel, Johannes Mario
BT: *Mich wundert, daß ich so fröhlich bin* (1949)
Gerichtsreporterin, Die (1994)
R: Griesmayr, Hartmut; A: Zingler, Peter
BT: *Die Gerichtsreporterin* (1994)
Geschäft am Nachmittag (1980)
R: Kaspar, Bruno; A: Walbert, Helmut
BT: *Geschäft am Nachmittag* (1978)
Geschäfte des Herrn Marcadet, Die (1965)
R: Hoffmann, Paul; A: Balzac, Honoré de
BT: *Mercadet ou le faiseur* (1851) (*Herr Mercadet, der Schwindler* 1851)
Geschenk der Weisen, Das (1974)
R: Holub, Otto; A: Porter, William Sydney (= O'Henry)
BT: *Gifts of the Magi*
Geschenk eines Heiratsschwindlers (1976)
R: Hoffmann, Kurt; A: Čapek, Karel
Geschichte der Dienerin, Die (1989)
R: Schlöndorff, Volker; A: Atwood, Margaret Eleanor
BT: *The Handmaid's Tale* (1985)
Geschichte der O., Die (1975)
R: Jäckin, Just; A: Réage, Pauline
BT: *Histoire d'O* (1954) (*Die Geschichte der O.* 1967)
Geschichte der 1002. Nacht, Die (1985)
R: Beauvais, Peter; A: Roth, Joseph
BT: *Die Geschichte von der 1002. Nacht* (1939)
Geschichte der 1002. Nacht (2 Teile), Die (1969)
R: Beauvais, Peter; A: Roth, Joseph
BT: *Die Geschichte von der 1002. Nacht* (1939)
Geschichte des Rittmeisters Schach von Wuthenow, Die (1966)
R: Schwarze, Hans-Dieter; A: Fontane, Theodor
BT: *Schach von Wuthenow* (1883)
Geschichte einer Liebe (1978)
R: Damek, Dagmar; A: Roth, Joseph
BT: *April: die Geschichte einer Liebe* (1925)
Geschichte einer Vielgeliebten, Die (1982)
R: Davy, Walter; A: Mauthe, Jörg
BT: *Die Vielgeliebte* (1979)
Geschichte vom armen Hassan (1958)
R: Klein, Gerhard; A: Anonym
Geschichte vom goldenen Taler, Die (1985)
R: Fürneisen, Bodo; A: Fallada, Hans
BT: *Die Geschichte vom goldenen Taler*
Geschichte vom guten alten Herrn und dem schönen Mädchen, Die (1985)
R: Saad, Margit; A: Svevo, Italo
BT: *La novella del buon vecchio e della bella fanciulla* (1930) (*Die Geschichte vom guten alten Herrn und vom schönen Mädchen* 1967)

Geschichte vom kleinen Muck, Die (1953)
R: Staudte, Wolfgang; A: Hauff, Wilhelm
BT: *Der kleine Muck* (1826)
Geschichte von der Gänseprinzessin und ihrem treuen Pferd Falada, Die (1988)
R: Petzold, Konrad; A: Grimm, Jakob Ludwig Carl; Grimm, Wilhelm Carl
BT: *Die Geschichte von der Gänseprinzessin und ihrem treuen Pferd Falada* (1812)
Geschichten aus dem Wienerwald (1957)
R: Neuberg, Erich; A: Horváth, Ödön von
BT: *Geschichten aus dem Wienerwald* (1931)
Geschichten aus dem Wienerwald (1979)
R: Schell, Maximilian; A: Horváth, Ödön von
BT: *Geschichten aus dem Wienerwald* (1931)
Geschichtenerzähler, Der (1989)
R: Boldt, Rainer; A: Highsmith, Patricia
BT: *The Storyteller* (1965) (*Der Geschichtenerzähler* 1977)
Geschichtsunterricht (1972)
R: Huillet, Danièle; Straub, Jean-Marie; A: Brecht, Bertolt
BT: *Die Geschäfte des Herrn Julius Caesar* (1957)
Geschiedene Frau, Die (1953)
R: Jacoby, Georg; A: Fall, Leo
BT: *Die geschiedene Frau* (1908)
Geschlossene Gesellschaft (1959)
R: Schweikart, Hans; A: Sartre, Jean-Paul
BT: *Huis clos* (1947) (*Geschlossene Gesellschaft* 1949)
Geschlossene Gesellschaft (1966)
R: Wirth, Franz Peter; A: Sartre, Jean-Paul
BT: *Huis clos* (1947) (*Geschlossene Gesellschaft* 1949)
Geschmuggelte Henry, Der (1987)
R: Gottlieb, Franz Josef; A: Gallico, Paul William
BT: *Mrs. Harris Goes to New York* (1960) (*Der geschmuggelte Henry* 1961)
Geschwader Fledermaus (1956)
R: Lothar, Frank; A: Honegger, Arthur
BT: *Geschwader Fledermaus* (1957)
Geschwister, Die (1954)
R: Küpper, Hannes; A: Goethe, Johann Wolfgang von
BT: *Die Geschwister* (1776)
Geschwister Oppermann, Die (1983)
R: Monk, Egon; A: Feuchtwanger, Lion
BT: *Die Geschwister Oppermann* (1933)
Gesellschaft der Gänseblümchen. Eine Groteske (1956)
R: Elsner, Reinhard; A: Wunderlich, Heinz
BT: *Gesellschaft der Gänseblümchen* (1955)
Gesellschaftsspiel (1966)
R: Schulze-Rohr, Peter; A: Choderlos de Laclos, P.A.
BT: *Les liaisons dangereuses* (1782)
Gesetz der Liebe, Das (1949)
R: Schweikart, Hans; A: Andreas, Fred
BT: *Das Gesetz der Liebe* (1936)
Gesetz ohne Gnade (1951)
R: Reinl, Harald; A: Loven, Karl
BT: *Das Gipfelkreuz* (1951)
Gesicht im Dunkeln, Das (1969)
R: Freda, Riccardo; A: Wallace, Richard Horatio Edgar
BT: *The Face in the Night* (1924) (*Das Gesicht im Dunkel* 1930)
Gesichte der Simone Machard, Die (1960)
R: Bellag, Lothar; A: Brecht, Bertolt
BT: *Die Gesichte der Simone Machard* (1943)
Gesichte der Simone Machard, Die (1968)
R: Karge, Manfred; A: Brecht, Bertolt
BT: *Die Gesichte der Simone Machard* (1943)
Gesichter des Schattens (1984)
R: Kühn, Kristian; A: Boileau, Pierre; Narcejac, Thomas
BT: *Les visages de l'ombre* (1953) (*Die Gesichter des Schattens* 1961)
Gesine (1971)
R: Hausdorf, Rainer; A: Neumann, Karl
BT: *Das Mädchen hieß Gesine* (1966)
Gespenster (1966)
R: Beauvais, Peter; A: Ibsen, Henrik
BT: *Gengangere* (1881) (*Gespenster* 1884)
Gespenster (1985)
R: Panzer, Wolfgang; A: Bowen, Elizabeth D. C.
Gespräch, Das (1981)
R: Kaufmann, Edgar; A: Schuder, Rosemarie
BT: *Serveto vor Pilatus* (1982)
Geständnis einer Sechzehnjährigen (1961)
R: Tressler, Georg; A: Pilchowski, Robert
BT: *Das Geständnis einer Sechzehnjährigen* (1956)
Geständnis unter vier Augen (1954)
R: Michel, Andre; A: Kritz, Hugo Maria (= Kritzkovsky, Hugo)
BT: *Geständnis unter vier Augen* (1954)

Gestatten, mein Name ist Cox (1954)
R: Jacoby, Georg; A: Becker, Rolf
BT: *Gestatten - mein Name ist Cox* (1954)
Gestiefelte Kater, Der (1955)
R: Fredersdorf, Herbert B.; Kornowitz, Ted; A: Grimm, Jakob Ludwig Carl; Grimm, Wilhelm Carl
BT: *Der gestiefelte Kater* (1812)
Gestiefelte Kater, Der (1981)
R: Pichler, Ernst; A: Grimm, Jakob Ludwig Carl; Grimm, Wilhelm Carl
BT: *Der gestiefelte Kater* (1812)
Gestohlene Jahr, Das (1950)
R: Fraß, Wilfried; A: Zweig, Stefan
Gestundete Zeit, Die (1989)
R: Böhlich, Bernd; A: Will, Peter
BT: *Wohnung mit Telefon*
Gesucht wird Ricki Forster (1991)
R: Gremm, Wolf; A: Johnston, Jane
BT: *Pray for Ricky Forster* (1985)
Gesundheit! (1979)
R: Patzak, Peter; A: Forte, Dieter
BT: *Gesundheit!* (1979)
Geteilte Himmel, Der (1964)
R: Wolf, Konrad; A: Wolf, Christa
BT: *Der geteilte Himmel* (1964)
Gevatter Tod (1980)
R: Hübner, Wolfgang; A: Grimm, Jakob Ludwig Carl; Grimm, Wilhelm Carl
BT: *Gevatter Tod* (1812)
Gewissen in Aufruhr (5 Teile) (1961)
R: Kasprzik, Hans-Joachim; Reisch, Günter; A: Petershagen, Rudolf
BT: *Gewissen in Aufruhr* (1957)
Gewisser Judas, Ein (1958)
R: Werner, Oskar; A: Puget, Claude-André
BT: *Un nommé Judas* (1954)
Gewitter im Mai (1988)
R: Schwarzenberger, Xaver; A: Ganghofer, Ludwig
BT: *Gewitter im Mai* (1904)
Gideon (1966)
R: Semmelroth, Wilhelm; A: Chayefsky, Paddy
BT: *Gideon* (1961)
Gier (1986)
R: Knötzsch, Hans; A: Mager, Hasso
BT: *Gier* (1983)
Gigerln von Wien, Die (1965)
R: Glück, Wolfgang; A: Steinbrecher, Alexander; Wimmer, I.
BT: *Die Gigerln von Wien* (1930)
Giselle (1969)
R: Niebeling, Hugo; A: Heine, Heinrich
Glas Wasser, Das (1960)
R: Käutner, Helmut; A: Scribe, Eugène
BT: *Le verre d'eau, ou les effets et les causes* (1840) (dt. 1841)
Glas Wasser, Ein (1958)
R: Lietzau, Hans; A: Scribe, Eugène
BT: *Le verre d'eau, ou les effets et les causes* (1840) (dt. 1841)
Gläserne Wappen, Das (1983)
R: Zanke, Susanne; A: Bakos, Eva
BT: *Das gläserne Wappen* (1983)
Gläserne Zelle, Die (1978)
R: Geissendörfer, Hans W.; A: Highsmith, Patricia
BT: *The Glass Cell* (1964) (*Das unsichtbare Gitter* 1966)
Glasmenagerie, Die (1958)
R: Braun, Harald; A: Williams, Tennessee
BT: *The Glass Menagerie* (1944) (*Die Glasmenagerie* 1946)
Glasmenagerie, Die (1969)
R: Cremer, Ludwig; A: Williams, Tennessee
BT: *The Glass Menagerie* (1944) (*Die Glasmenagerie* 1946)
Glatteis (1998)
R: Gutmann, Michael; A: Kettenbach, Hans Werner
BT: *Glatteis* (1982)
Glaube, Liebe, Hoffnung (1958)
R: Wirth, Franz Peter; A: Horváth, Ödön von
BT: *Glaube, Liebe, Hoffnung* (1932)
Glaube, Liebe, Hoffnung (1969)
R: Fuchs, Herbert; A: Horváth, Ödön von
BT: *Glaube, Liebe, Hoffnung* (1932)
Glaube, Liebe, Hoffnung (1980)
R: Kehlmann, Michael; A: Horváth, Ödön von
BT: *Glaube, Liebe, Hoffnung* (1932)
Gleichung geht nicht auf, Die (1990)
R: Favart, Michel; A: Boileau, Pierre; Narcejac, Thomas
BT: *L'ingénieur aimait trop les chiffres* (1953) (*Die Gleichung geht nicht auf* 1983)
Gletscherclan, Der (1994)
R: Müllerschön, Nikolai; A: Gassner, Jochen
BT: *Der Gletscherclan: zwischen Liebe und Haß* (1994)
Glocken von London, Die (1962)
R: Haaf, Wilm ten; A: Dickens, Charles
BT: *The Chimes* (1845) (*Die Sylvesterglocken* 1876)
Glockenkrieg, Der (1983)
R: Lippl, Alois Johannes; A: Lippl, Alois Johannes
BT: *Der Glockenkrieg*

Glöcklein unterm Himmelbett, Das (1970)
R: Heinrich, Hans; A: Graf, Oskar Maria
BT: *Das bayrische Dekameron* (1928)

Gloomy Sunday - Ein Lied von Liebe und Tod (1999)
R: Schübel, Rolf; A: Barkow, Nick
BT: *Das Lied vom traurigen Sonntag* (1988)

Glück beim Händewaschen, Das (1982)
R: Masten, Werner; A: Zoderer, Joseph
BT: *Das Glück beim Händewaschen* (1976)

Glück im Hinterhaus (1979)
R: Zschoche, Herrmann; A: Bruyn, Günter de
BT: *Buridans Esel* (1968)

Glück in Frankreich (1965)
R: May, Paul; A: Salomon, Ernst von
BT: *Der Fragebogen* (1951)

Glück liegt auf der Straße, Das (1957)
R: Antel, Franz; A: Il'f, Il'ja; Petrov, Evgenij
BT: *Zolotoj teleonk* (1931) (*Das goldene Kalb* 1946)

Glück muß man haben (1945)
R: Lingen, Theo; A: Millöcker, Karl
BT: *Der arme Jonathan* (1890)

Glück sucht seine Kinder, Das (1958)
R: Schimmelpfennig, Heinz; A: Capote, Truman
BT: *Jug of Silver* (1949)

Glücklich aber verheiratet (1981)
R: Hill, Peter; A: Ender, Roland
BT: *Glücklich aber verheiratet*

Glückliche Reise (1954)
R: Engel, Thomas; A: Künneke, Eduard
BT: *Glückliche Reise* (1933)

Glücklichen Jahre der Thorwalds, Die (1962)
R: Olden, John; Staudte, Wolfgang; A: Priestley, John Boynton
BT: *Time and the Conways* (1937) (*Die Zeit und die Conways* 1941)

Glücklose Mann, Der (1982)
R: Basedow, Rolf; A: Stark, Richard
BT: *Blind Eye*

Glückskind, Das (1973)
R: Beke, Judith; A: Grimm, Jakob Ludwig Carl; Grimm, Wilhelm Carl
BT: *Das Glückskind* (1812)

Glückspforte (1986)
R: Sydow, Max von; A: Matsubara, Hisako
BT: (*Glückspforte* 1980)

Glückstopf, Der (1966)
R: Liebeneiner, Wolfgang; A: Teuber, Alfons
BT: *Der Glückstopf* (1937)

Gnadenlos (1983)
R: Panzer, Wolfgang; A: Juracek, Pavel

Golden Boy (Goldene Hände) (1962)
R: Olden, John; A: Odets, Clifford
BT: *Golden Boy* (1937) (*Goldene Hände* 1950)

Goldene Äpfelchen, Das (1973)
R: Sander, Ingrid; A: Weiskopf, Franz Carl
BT: *Das goldene Äpfelchen*

Goldene Brücke, Die (1956)
R: Verhoeven, Paul; A: Zilahy, Lajos
BT: *A fegzverek viszszanéznek* (1936) (*Die goldene Brücke* 1940)

Goldene Gans, Die (1953)
R: Oehmichen, Walter; A: Grimm, Jakob Ludwig Carl; Grimm, Wilhelm Carl
BT: *Die goldene Gans* (1812)

Goldene Gans, Die (1964)
R: Hartmann, Siegfried; A: Grimm, Jakob Ludwig Carl; Grimm, Wilhelm Carl
BT: *Die goldene Gans* (1812)

Goldene Gans, Die (1988)
R: Hartmann, Siegfried; A: Grimm, Jakob Ludwig Carl; Grimm, Wilhelm Carl
BT: *Die goldene Gans* (1812)

Goldenen Schuhe (5 Teile), Die (1983)
R: Haugk, Dietrich; A: Baum, Vicki
BT: *Die goldenen Schuhe* (1958)

Goldsucher von Arkansas, Die (1964)
R: Martin, Paul; A: Gerstäcker, Friedrich
BT: *Die Regulatoren in Arkansas* (1845)

Gorilla von Soho, Der (1968)
R: Vohrer, Alfred; A: Wallace, Richard Horatio Edgar
BT: *Big Foot* (1927) (*Großfuß* 1954)

Gott schützt die Liebenden (1973)
R: Vohrer, Alfred; A: Simmel, Johannes Mario
BT: *Gott schützt die Liebenden* (1956)

Gottes Engel sind überall (1947)
R: Thimig, Hans; A: Francke, Peter
BT: *Gottes Engel sind überall* (1947)

Gottes Utopia (1955)
R: Wild, Franz Josef; A: Andres, Stefan
BT: *Wir sind Utopia* (1943)

Göttliche Freundin, Die (1957)
R: Haaf, Wilm ten; A: Bratt, Harald
BT: *Die göttliche Freundin* (1946)

Götz von Berlichingen (1955)
R: Stöger, Alfred; A: Goethe, Johann Wolfgang von
BT: *Götz von Berlichingen* (1773)

Götz von Berlichingen mit der eisernen Hand (1978)
R: Liebeneiner, Wolfgang; Reinl, Harald; A: Goethe, Johann Wolfgang von
BT: *Götz von Berlichingen* (1773)
Goya oder Der arge Weg der Erkenntnis (1971)
R: Wolf, Konrad; A: Feuchtwanger, Lion
BT: *Goya oder Der arge Weg der Erkenntnis* (1951)
Graf Öderland (1968)
R: Hädrich, Rolf; A: Frisch, Max
BT: *Graf Öderland* (1951)
Graf von Luxemburg, Der (1957)
R: Jacobs, Werner; A: Bodansky, Robert; Böttger, Fritz; Lehár, Franz; Willner, Alfred Maria
BT: *Der Graf von Luxemburg* (1909)
Graf von Monte Christo, Der (1998)
R: Dayan, Josée; A: Dumas, Alexandre (père)
BT: *Le comte de Monte-Christo* (1846) (*Der Graf von Monte-Christo* 1913)
Gräfin Cosel (2 Teile) (1987)
R: Kasprzik, Hans-Joachim; A: Kraszewski, Jozef I. (= Boleslawita, Bohdan)
BT: *Hrabina Cosel* (1873) (*Gräfin Cosel* 1952)
Gräfin Mariza (1958)
R: Schündler, Rudolf; A: Grünwald, Alfred; Kálmán, Emmerich
BT: *Gräfin Mariza* (1924)
Gräfin Mariza (1973)
R: York, Eugen; A: Grünwald, Alfred; Kálmán, Emmerich
BT: *Gräfin Mariza* (1924)
Gräfin von Rathenow, Die (1973)
R: Beauvais, Peter; A: Kleist, Heinrich von
BT: *Die Marquise von O.* (1810)
Grammophon, Das (1962)
R: Overhoff, Gerhard; A: Averčenko, Arkadij T.
Grashaus oder Die Aufteilung von 35.000 Frauen auf 2 Mann, Das (1976)
R: Krätzig, Helmut; A: Laabs, Jochen
BT: *Das Grashaus oder Die Aufteilung von 35.000 Frauen auf 2 Mann* (1971)
Graue, Der (1955)
R: Umgelter, Fritz; A: Forster, Friedrich
BT: *Der Graue* (1931)
Grauen kam aus dem Nebel, Das (1970)
R: Tessari, Duccio; A: Scerbanenco, Giorgio
Graupenschloss, Das (1982)
R: Werner, Hans; A: Gerlach, Harald
BT: *Das Graupenhaus* (1976)
Greco malt den Großinquisitor, El (1976)
R: Barabás, Stanislav; A: Andres, Stefan
BT: *El Greco malt den Großinquisitor* (1936)
Grenadier Wordelmann (1980)
R: Hildebrandt, Hans-Joachim; A: Hermann, Georg
BT: *Grenadier Wordelmann* (1930)
Grenzen (1958)
R: Knaus, Walter; A: Hengge, Paul
Grenzziehung, Die (1966)
R: Hädrich, Rolf; A: Mrozek, Slawomir
BT: (*Die Grenzziehung* 1981)
Grete Minde. Der Wald ist voller Wölfe (1977)
R: Genée, Heidi; A: Fontane, Theodor
BT: *Grete Minde* (1880)
Grieche sucht Griechin (1966)
R: Thiele, Rolf; A: Dürrenmatt, Friedrich
BT: *Grieche sucht Griechin* (1955)
Grille und Ameise (1979)
R: Engel, Thomas; A: Paso, Alfonso
BT: *El canto de la cigarra* (1960) (*Grille und Ameise* 1960)
Grimms Märchen vom lüsternen Pärchen (1969)
R: Thiele, Rolf; A: Grimm, Jakob Ludwig Carl; Grimm, Wilhelm Carl
Gripsholm (2000)
R: Koller, Xavier; A: Tucholsky, Kurt
BT: *Schloß Gripsholm* (1931)
Griseldis (1974)
R: Beauvais, Peter; A: Courths-Mahler, Hedwig
BT: *Griseldis* (1916)
Gritta vom Rattenschloß (1985)
R: Brauer, Jürgen; A: Arnim, Bettina von; Arnim, Gisela von
BT: *Reichsgräfin Gritta von Rattenzuhausbeiuns* (1843)
Groß und klein (1980)
R: Stein, Peter; A: Strauß, Botho
BT: *Groß und klein* (1978)
Groß-Cophta, Der (1960)
R: Lietzau, Hans; A: Goethe, Johann Wolfgang von
BT: *Der Groß-Cophta* (1791)
Große ABC, Das (1957)
R: Wolffhardt, Rainer; A: Pagnol, Marcel
BT: *Topaze* (1928) (*Das große ABC* 1928)
Große Bagarozy, Der (1999)
R: Eichinger, Bernd; A: Krausser, Helmut
BT: *Der große Bagarozy* (1997)

Große Bellheim, Der (1992)
R: Wedel, Dieter; A: Harksen, Verena C.
BT: *Der große Bellheim* (1992)
Große Flatter (3 Teile), Die (1979)
R: Lüdcke, Marianne; A: Ossowski, Leonie
BT: *Die große Flatter* (1977)
Große Horizont, Der (1975)
R: Lehner, Fritz; A: Roth, Gerhard
BT: *Der große Horizont* (1974)
Große Karpfen Ferdinand und andere Weihnachtsgeschichten, Der (1978)
R: Weidenmann, Alfred; A: Böll, Heinrich
BT: *Monolog eines Kellners* (1952)
Große Liebe, Eine (1957)
R: Ode, Erik; A: Birabeau, André
Große Liebe gesucht (1989)
R: Vogel, Peter; A: Preuß, Gunter
BT: *Große Liebe gesucht* (1983)
Große Liebesspiel, Das (1963)
R: Weidenmann, Alfred; A: Schnitzler, Arthur
BT: *Der Reigen* (1900)
Große Messer, Das (1959)
R: Wild, Franz Josef; A: Odets, Clifford
BT: *The Big Knife* (1949) (*Das große Messer* 1950)
Große Protektion, Die (1956)
R: Kehlmann, Michael; A: Kishon, Ephraim
BT: (*Die große Protektion* 1970)
Große Reise der Agatha Schweigert, Die (1972)
R: Kunert, Joachim; A: Seghers, Anna
BT: *Agathe Schweigert* (1965)
Große Reise, Die (1960)
R: Dieterle, William; A: Rice, Elmer
BT: *The Grand Tour* (1951) (*Die große Reise* 1960)
Große Schmährede an der Stadtmauer (1963)
R: Klingenberg, Gerhard; A: Dorst, Tankred
BT: *Große Schmährede an der Stadtmauer* (1962)
Große Schuld, Die (1952)
R: Lehner, Alfred; A: Fischer, Josef
BT: *Die große Schuld*
Große Szene, Die (1962)
R: Liebeneiner, Wolfgang; A: Schnitzler, Arthur
BT: *Die große Szene* (1915)
Große Versuchung, Die (1952)
R: Hansen, Rolf; A: Kades, Hans
BT: *Der Erfolgreiche* (1951)
Große Wildenberg. Ein Feuilleton, Der (1965)
R: Vesely, Herbert; A: Lenz, Siegfried
BT: *Der große Wildenberg* (1958)
Große Woge, Die (1958)
R: Gorski, Peter; A: Buck, Pearl S.
BT: *The Big Wave* (1948) (*Die springende Flut* 1953)
Große Wut des Philipp Hotz, Die (1960)
R: Verhoeven, Paul; A: Frisch, Max
BT: *Die große Wut des Philipp Hotz* (1958)
Große Zapfenstreich, Der (1952)
R: Hurdalek, Georg; A: Beyerlein, Franz Adam
BT: *Der Zapfenstreich* (1903)
Großen Sebastians, Die (1979)
R: Spier, Wolfgang; A: Crouse, Russel; Lindsay, Howard
BT: *The Great Sebastians* (1956) (*Die großen Sebastians* 1963)
Großinquisitor, Der (1985)
R: Senter, Harald; A: Dostojewski, Feodor
BT: *Brat'ja Karamazovy* (1880) (*Die Brüder Karamasov*)
Grosse Abenteuer des Kaspar Schmeck, Das (1982)
R: Gunter, Friedrich; A: Wedding, Alex
BT: *Das große Abenteuer des Kaspar Schmeck* (1954)
Großstadtnacht (1949)
R: Wolff, Hans; A: Lichtenberg, Wilhelm
BT: *Der Zobelpelz*
Grotte, Die (1963)
R: Kehlmann, Michael; A: Anouilh, Jean
BT: *La grotte* (1961) (*Die Grotte* 1962)
Gruft mit dem Rätselschloß, Die (1964)
R: Gottlieb, Franz Josef; A: Wallace, Richard Horatio Edgar
BT: *Angel Esquire* (1908) (*Der Safe mit dem Rätselschloß* 1948)
Grüne Bogenschütze, Der (1960)
R: Roland, Jürgen; A: Wallace, Richard Horatio Edgar
BT: *The Green Archer* (1923) (*Der grüne Bogenschütze* 1959)
Grüne Heinrich, Der (1994)
R: Koerfer, Thomas; A: Keller, Gottfried
BT: *Der grüne Heinrich* (1854)
Grüne Kakadu, Der (1955)
R: Lippl, Alois Johannes; A: Schnitzler, Arthur
BT: *Der grüne Kakadu* (1899)
Grüne Kakadu, Der (1964)
R: Kehlmann, Michael; A: Schnitzler, Arthur
BT: *Der grüne Kakadu* (1899)

Grüne Kakadu, Der (1977)
R: Brandauer, Klaus Maria; A: Schnitzler, Arthur
BT: *Der grüne Kakadu* (1899)
Grüne Seite, Die (1981)
R: Chotsky, Georg; A: Kolleritsch, Alfred
BT: *Die grüne Seite* (1974)
Grüne Stern, Der (1982)
R: Pils, Heide; A: Weigel, Hans
BT: *Der grüne Stern* (1945)
Grüne Ungeheuer, Das (1962)
R: Kurz, Rudi; A: Schreyer, Wolfgang
BT: *Das grüne Ungeheuer* (1959)
Grünen Fensterläden, Die (1987)
R: Dor, Milan; A: Simenon, Georges (= Sim, Georges; Aramis; Brulls, Christian)
BT: *Les volets verts* (1950) (*Die grünen Fensterläden* 1953)
Grünen Teufel von Monte Cassino, Die (1958)
R: Reinl, Harald; A: Böhmler, Rudolf
BT: *Monte Cassino* (1955)
Grüningers Fall (1997)
R: Dindo, Richard; A: Keller, Stefan
BT: *Grüningers Fall* (1993)
Grünstein-Variante, Die (1983)
R: Wicki, Bernhard; A: Kohlhaase, Wolfgang
BT: *Die Grünstein-Variante* (1976)
Gruppenbild mit Dame (1977)
R: Petrovic, Aleksandar; A: Böll, Heinrich
BT: *Gruppenbild mit Dame* (1971)
Gruß und Kuß aus der Wachau (1950)
R: Schulz, Fritz; A: Breuer, Kurt; Eckhardt, Fritz; Löhner, Fritz; Wiener, Hugo
BT: *Gruß und Kuß aus der Wachau* (1949)
Grüße aus Bad Walden (1980)
R: Oelschlegel, Gerd; A: Lorenzen, Rudolf
BT: *Grüße aus Bad Walden*
Gsund Paziant, Der (1983)
R: Scheidegger, Josef; A: Molière, Jean Baptiste
BT: *Le malade imaginaire* (1673)
Gudrun (1992)
R: Geissendörfer, Hans W.; A: Kusz, Fitzgerald
Gülibik (1982/83)
R: Haase, Jürgen; A: Öner, Cetin
BT: *Gülibik* (*Gülibik, der Hahn* 1977)
Günther Wallraff - Ganz unten (1985)
R: Gfrörer, Jörg; A: Wallraff, Günther
BT: *Ganz unten* (1986)
Guppies zum Tee (1994)
R: Meyer, Stephan; A: Cobbold, Marika
BT: *Guppies for tea* (1993) (*Guppies zum Tee* 1994)
Gustav Adolfs Page (1960)
R: Hansen, Rolf; A: Meyer, Conrad Ferdinand
BT: *Gustav Adolfs Page* (1882)
Güte der Fürsten, Die (1983)
R: Eder, Otto Anton; A: Hašek, Jaroslav
Gute Doktor, Der (1979)
R: Cremer, Ludwig; A: Čechov, Anton Pavlovič
Gute Gott von Manhattan, Der (1972)
R: Kirschner, Klaus; A: Bachmann, Ingeborg
BT: *Der gute Gott von Manhattan* (1958)
Gute Mensch, Der (1980)
R: Schirk, Heinz; A: Vampilow, Alexander Valentinowitsch
BT: (*Der gute Mensch*)
Gute Mensch von Sezuan, Der (1966)
R: Umgelter, Fritz; A: Brecht, Bertolt
BT: *Der gute Mensch von Sezuan* (1942)
Gute Nacht, Mary (1950)
R: Weiss, Helmut; A: Tidmarsh, E. Vivian
BT: (*Gute Nacht, Mary*)
Gute Sieben, Die (1959)
R: Hamel, Peter; A: Zinn, Adelbert Alexander
BT: *Die gute Sieben* (1938)
Gute Zeiten - Schlechte Zeiten (1992-)
R: Distl, Geral; Klimke, Klaus; Knöpfel, Dagmar; Kossack, Joachim; Neumann, Jurij; Onneken, Edzard; Schäfer, Johannes; Schels, Evelyn; Senn, Andreas; Weber Jürgen; Willbrandt, Jörg; Zeller, Ariane; Zimmermann, Peter; Zschiechow, Michaela; A: Fuger, Berry
BT: *Gute Zeiten - Schlechte Zeiten (3 Bde.)* (1993)
Guten Morgen, du Schöne! (1979/80)
R: Langhoff, Thomas; Loebner, Vera; A: Wander, Maxie
BT: *Guten Morgen, du Schöne!* (1977)
Gutes Gewissen ..., Ein (1967)
R: Runze, Ottokar; A: Miller, Arthur
Gutmütige Grantler, Der (1982)
R: Schlechte, Werner; A: Goldoni, Carlo
BT: *Le bourru bienfaisant* (1771) (*Der gutherzige Murrkopf* 1785)
Gyzgnäpper, Der (1982)
R: Scheidegger, Josef; A: Molière, Jean Baptiste
BT: *L'avare* (1668)

Haben (1964)
R: Hädrich, Rolf; A: Hay, Guyla (Julius)
BT: *Das Tal der Witwen* (1938)
Haben (1975)
R: Vogeler, Volker; A: Hay, Guyla (Julius)
BT: *Das Tal der Witwen* (1938)
Haben Sie Interesse an der Sache? (1973)
R: Baratier, Jacques; A: Eymouche, Claude
BT: *Et le bel aujourd'hui* (1972)
Hafengasse Nr.8 (1962)
R: Batta, Ernst; A: Rechlin, Eva
BT: *Hafengasse Nr. 8* (1964)
Hahn im Korb, Ein (1978)
R: Proll, Jens-Peter; A: Kent, Alexander
BT: *Ein Hahn im Korb*
Hahn ist tot, Der (1999)
R: Huntgeburth, Hermine; A: Noll, Ingrid
BT: *Der Hahn ist tot* (1991)
Haie an Bord (1970)
R: Rabenalt, Arthur Maria; A: Becker-Riepen, Rolf O.
BT: *Leichte Beute* (1970)
Haie und kleine Fische (1957)
R: Wisbar, Frank; A: Ott, Wolfgang
BT: *Haie und kleine Fische* (1956)
Hakim, El (1957)
R: Thiele, Rolf; A: Knittel, John
BT: *El Hakim* (1936)
Halb zwei (1977)
R: Glück, Wolfgang; A: Schnitzler, Arthur
BT: *Halb zwei* (1902) (*Lebendige Stunden*)
Halbzarte, Die (1959)
R: Thiele, Rolf; A: Jacoby, Hans
BT: *Die Halbzarte*
Halleluja beinand (1998)
R: Helfrich, Bernhard; A: Kling, Ulla
BT: *Halleluja beinand* (1999)
Halstuch, Das (1962)
R: Quest, Hans; A: Durbridge, Francis Henry
BT: *The Scarf* (1960) (*Das Halstuch* 1962)
Hamlet (1960)
R: Wirth, Franz Peter; A: Shakespeare, William
BT: *Hamlet* (1600)
Hammermörder, Der (1990)
R: Schadewald, Bernd; A: Breinersdorfer, Fred
BT: *Der Hammermörder* (1986)
Hamsun (1996)
R: Troell, Jan; A: Hansen, Thorkild
BT: *Processen mod Hamsun* (1978) (*Der Hamsun-Prozeß* 1979)
Hand voll Gras, Eine (2000)
R: Richter, Roland Suso; A: Breinersdorfer, Fred
BT: *Eine Hand voll Gras* (2000)
Hände hoch, Herr Trimmel! (1980)
R: Caspari, Carlheinz; Werremeier, Friedhelm; A: Werremeier, Friedhelm
BT: *Hände hoch, Herr Trimmel!* (1976)
Handel, Ein (1980)
R: Karmasolo, Kari; A: Maupassant, Guy de
Händels Auferstehung (1980)
R: Lindemann, Klaus; A: Zweig, Stefan
BT: *Georg Friedrich Händels Auferstehung* (1937)
Handkuss, Der (1980)
R: Seiter, Alexander J.; A: Glauser, Friedrich
Hanneles Himmelfahrt (1957)
R: Horn, Peter A.; A: Hauptmann, Gerhart
BT: *Hannele* (1894)
Hans - ein Junge in Deutschland (1985)
R: Frick, Hans; A: Frick, Hans Joe
BT: *Die blaue Stunde* (1977)
Hans im Glück (1949)
R: Hamel, Peter; A: Grimm, Jakob Ludwig Carl; Grimm, Wilhelm Carl
BT: *Hans im Glück* (1812)
Hans im Glück (1976)
R: Petersen, Wolfgang; A: Grimm, Jakob Ludwig Carl; Grimm, Wilhelm Carl
BT: *Hans im Glück* (1812)
Hans im Glück (1998)
R: Losansky, Rolf; A: Grimm, Jakob Ludwig Carl; Grimm, Wilhelm Carl
BT: *Hans im Glück* (1812)
Hans und Heinz Kirch (1976)
R: Gräwert, Günter; A: Storm, Theodor
BT: *Hans und Heinz Kirch* (1883)
Hänsel und Gretel (1954)
R: Janssen, Walter; A: Grimm, Jakob Ludwig Carl; Grimm, Wilhelm Carl
BT: *Hänsel und Gretel* (1812)
Hänsel und Gretel (1954)
R: Genschow, Fritz; A: Grimm, Jakob Ludwig Carl; Grimm, Wilhelm Carl
BT: *Hänsel und Gretel* (1812)
Hänsel und Gretel (1981)
R: Everding, August; A: Grimm, Jakob Ludwig Carl; Grimm, Wilhelm Carl
BT: *Hänsel und Gretel* (1812)
Happy Birthday, Türke! (1991)
R: Dörrie, Doris; A: Arjouni, Jakob
BT: *Happy Birthday, Türke! Ein Kayankaya-Roman* (1987)

Happy End (1972)
R: Schirk, Heinz; A: Hauptmann, Elisabeth
BT: *Happy End* (1929)
Harmloser Anfang (Polizeiruf 110) (1981)
R: Nitschke, Helmut; A: Kleine, Dorothea
BT: *Polizeiruf 110*
Harry & Sunny (1993)
R: Haugk, Dietrich; A: Becker, Rolf A.
BT: *Harry & Sunny* (1993)
Harte Brot, Das (1966)
R: Müller, Hans-Reinhard; A: Claudel, Paul
BT: *Le pain dur* (1918) (*Das harte Brot* 1926)
Harte Handel, Der (1978)
R: Edel, Ulrich; A: Graf, Oskar Maria
BT: *Der harte Handel* (1935)
Hasard und Entenbraten (1974)
R: Radax, Ferry; A: Artmann, Hans Carl
BT: *How much, Schatzi?* (1971)
Hase und der Igel, Der (1982)
R: Bellmann, Dieter; A: Grimm, Jakob Ludwig Carl; Grimm, Wilhelm Carl
BT: *Der Hase und der Igel* (1812)
Hasenhüter, Der (1976)
R: Schmenger, Ursula; A: Grimm, Jakob Ludwig Carl; Grimm, Wilhelm Carl
BT: *Der Vogel Greif* (1812)
Hast noch der Söhne ja ...? (1959)
R: Ammann, Lukas; A: Heimann, Erwin
BT: *Hast noch der Söhne ja* (1956)
Haunter of the Dark, The (2000)
R: Weimer, Alexander; A: Lovecraft, Howard Phillips
BT: *The Haunter of the Dark, and other Tales of Horror* (1950)
Häupter meiner Lieben, Die (1998)
R: Bücking, Hans-Günther; A: Noll, Ingrid
BT: *Die Häupter meiner Lieben* (1993)
Hauptlehrer Hofer (1975)
R: Lilienthal, Peter; A: Herburger, Günter
BT: *Hauptlehrer Hofer* (1975)
Häuptling Abendwind oder Das greuliche Festmahl (1965)
R: Neuber, Wolf; A: Nestroy, Johann Nepomuk
BT: *Häuptling Abendwind oder Das greuliche Festmahl: Indianische Faschingsburleske* (1890)
Hauptmann Florian von der Mühle (1969)
R: Wallroth, Werner W.; A: Kupsch, Joachim
BT: *Das Winternachtsabenteuer* (1965)
Hauptmann und sein Held, Der (1955)
R: Nosseck, Max; A: Hubalek, Claus
BT: *Der Hauptmann und sein Held* (1954)
Hauptmann von Köpenick, Der (1956)
R: Käutner, Helmut; A: Zuckmayer, Carl
BT: *Der Hauptmann von Köpenick* (1930)
Hauptmann von Köpenick, Der (1960)
R: Wolffhardt, Rainer; A: Zuckmayer, Carl
BT: *Der Hauptmann von Köpenick* (1930)
Hauptmann von Köpenick, Der (1997)
R: Beyer, Frank; A: Zuckmayer, Carl
BT: *Der Hauptmann von Köpenick* (1930)
Haus am Fluß, Das (1986)
R: Gräf, Roland; A: Wolf, Friedrich (Baetz, Christian; Rüedi, Hans; Dr. Isegrimm)
BT: *Der Russenpelz* (1942)
Haus am Kanal, Das (1987)
R: Rusnak, Josef; A: Simenon, Georges (= Sim, Georges; Aramis; Brulls, Christian)
BT: *La maison du canal* (1932) (*Das Haus am Kanal* 1986)
Haus auf dem Hügel, Das (1964)
R: Klingler, Werner; A: Charpentier, Jules (= Charpentier, Josef); Engelsberger, Berta
BT: *Das Haus auf dem Hügel*
Haus aus lauter Liebe, Ein (1966)
R: Vesely, Herbert; A: Lenz, Siegfried
BT: *Ein Haus aus lauter Liebe* (1958)
Haus bei den Blutbuchen, Das (1968)
R: May, Paul; A: Doyle, Arthur Conan Sir
Haus der Frauen (1978)
R: Zanussi, Krzysztof; A: Nalkowska, Zofia
BT: *Dom kobiet* (1930) (*Landhaus mit Damen* 1977)
Haus der Krokodile, Das (1976)
R: Haaf, Wilm ten; A: Ballot, Helmut
BT: *Das Haus der Krokodile* (1974)
Haus der Schönheit (1963)
R: York, Eugen; A: Baum, Vicki
BT: *Pariser Platz 13* (1931)
Haus des Lebens (1952)
R: Hartl, Karl; A: Lambert, Käthe
BT: *Haus des Lebens* (1939)
Haus Herzenstod (1968)
R: Meisel, Kurt; A: Shaw, George Bernard
BT: *Heartbreak House* (1919) (*Haus Herzenstod* 1920)

Haus im Nebel, Das (1987)
R: Döpke, Oswald; A: Rayman, Sylvia
BT: *Time to Speak* (1959)
Haus in der Karpfengasse, Das (1964)
R: Hoffmann, Kurt; A: Ben-Gavriel, Mosche, Y.
BT: *Das Haus in der Karpfengasse* (1958)
Haus in der Karpfengasse (3 Teile), Das (1965)
R: Wirth, Franz Peter; A: Ben-Gavriel, Mosche, Y.
BT: *Das Haus in der Karpfengasse* (1958)
Haus in Montevideo, Das (1951)
R: Goetz, Curt; Martens, Valerie von; A: Goetz, Curt
BT: *Das Haus in Montevideo* (1946)
Haus in Montevideo, Das (1963)
R: Käutner, Helmut; A: Goetz, Curt
BT: *Das Haus in Montevideo* (1946)
Haus ohne Hüter (1975)
R: Wolffhardt, Rainer; A: Böll, Heinrich
BT: *Haus ohne Hüter* (1954)
Haus voll Liebe, Ein (1954)
R: Schweikart, Hans; A: Fodor, Ladislas (Laszlo)
BT: (*Fräulein Fortuna*)
Häuser des Herrn Sartorius, Die (1965)
R: Haugk, Dietrich; A: Shaw, George Bernard
BT: *Widowers' Houses* (1898) (*Die Häuser des Herrn Sartorius* 1911)
Hausfreund, Der (1969)
R: Matiasek, Helmuth; A: Valentin, Thomas
BT: *Der Hausfreund* (1969)
Häuslschleicha (1989)
R: Schmucker, Ernst; A: Maier, Georg
BT: *Häuslschleicha*
Haustyrann, Der (1958)
R: Deppe, Hans; A: Reimann, Hans
Hautfarbe Nebensache (1971)
R: Langhoff, Udo; A: Noack, Hans Georg
BT: *Hautfarbe Nebensache* (1960)
Havarist, Der (1983)
R: Bühler, Wolf-Eckart; A: Hayden, Sterling
BT: *Wanderer* (1963)
He Joe (1979)
R: Beckett, Samuel; A: Beckett, Samuel
BT: *He Joe* (1966) (*He Joe* 1968)
Hecktaler, Der (1954)
R: Thieme, Bernhard; A: Leskov, Nikolaj Semenovič
BT: (*Der Heckrubel*)
Hedda Gabler (1963)
R: Hoffmann, Paul; A: Ibsen, Henrik
BT: *Hedda Gabler* (1890) (*Hedda Gabler* 1891)
Hedda Gabler (1979)
R: Hoffmann, Paul; A: Ibsen, Henrik
BT: *Hedda Gabler* (1890) (*Hedda Gabler* 1891)
Hedda Gabler (1980)
R: Langhoff, Thomas; A: Ibsen, Henrik
BT: *Hedda Gabler* (1890) (*Hedda Gabler* 1891)
Heidemarie (1956)
R: Kugelstadt, Hermann; A: Spyri, Johanna
BT: *Heidis Lehr- und Wanderjahre* (1881)
Heiden von Kummerow und ihre lustigen Streiche, Die (1967)
R: Jacobs, Werner; A: Welk, Ehm
BT: *Die Heiden von Kummerow* (1937)
Heideschulmeister Uwe Karsten (1954)
R: Deppe, Hans; A: Rose, Felicitas
BT: *Heideschulmeister Uwe Karsten* (1909)
Heidi (1952)
R: Comencini, Luigi; A: Spyri, Johanna
BT: *Heidis Lehr- und Wanderjahre* (1881)
Heidi (1965)
R: Jacobs, Werner; A: Spyri, Johanna
BT: *Heidis Lehr- und Wanderjahre* (1881)
Heidi (1979/80)
R: Flaadt, Tony; Hess, Joachim; A: Spyri, Johanna
BT: *Heidis Lehr- und Wanderjahre* (1881)
Heidi - Heida - Teil I (1990)
R: Otto, Gunter; A: Spyri, Johanna
BT: *Heidis Lehr- und Wanderjahre* (1881)
Heidi kehrt heim (1967)
R: Mann, Delbert; A: Spyri, Johanna
BT: *Heidi kehrt heim* (1881)
Heidi und Erni (1990)
R: Borsche, Kai; Füting, Michael; Neureuther, Erich; A: Ulrici, Rolf
BT: *Campingpark: Heidi und Erni* (1992)
Heidi und Peter (1955)
R: Schnyder, Franz; A: Spyri, Johanna
BT: *Heidis Lehr- und Wanderjahre* (1881)
Heilige Experiment, Das (1956)
R: Wagner, Konrad; A: Hochwälder, Fritz
BT: *Das heilige Experiment* (1947)

Heilige Experiment, Das (1966)
R: Wolffhardt, Rainer; A: Hochwälder, Fritz
BT: *Das heilige Experiment* (1947)
Heilige Flamme, Die (1961)
R: Elsner, Reinhard; A: Maugham, W. Somerset
BT: *The Sacred Flame* (1929)
Heilige Hure, Die (1998)
R: Othenin-Girard, Dominique; A: Emmermann, Heide-Marie
BT: *Die heilige Hure: "Credo an Gott und sein Fleisch"* (1991)
Heilige Johanna der Schlachthöfe, Die (1981)
R: Kirchner, Alfred; A: Brecht, Bertolt
BT: *Die heilige Johanna der Schlachthöfe* (1932)
Heilige Johanna, Die (1971)
R: Wild, Franz Josef; A: Shaw, George Bernard
BT: *Saint Joan* (1923) (*Die heilige Johanna* 1924)
Heilige Kühe (1993)
R: Janson, Uwe; A: Czeslik, Oliver
BT: *Heilige Kühe* (1992)
Heilige und ihr Narr, Die (1957)
R: Ucicky, Gustav; A: Günther, Agnes
BT: *Die Heilige und ihr Narr* (1913)
Heiligenschein, Der (1977)
R: Schirk, Heinz; A: Siodmak, Curt
BT: *Der Heiligenschein* (1973)
Heiliger Abend, Ein (1980)
R: Homschak, Claus; A: Bayer, Konrad
BT: *Stille Nacht, heilige Nacht* (1962)
Heimat (1980)
R: Kroetz, Franz Xaver; A: Kroetz, Franz Xaver
BT: *Heimat* (1975)
Heimat, deine Sterne (1951)
R: Kugelstadt, Hermann; A: Thoma, Ludwig
BT: *Der Jagerloisl* (1921)
Heimatland (1955)
R: Antel, Franz; A: Ebner-Eschenbach, Marie von
BT: *Krambambuli* (1883)
Heimatmuseum (1987)
R: Günther, Egon; A: Lenz, Siegfried
BT: *Heimatmuseum* (1978)
Heimkehr des Helden (1955)
R: Mittler, Leo; A: Macken, Walter
BT: *Home is the Hero* (1953)
Heimkehr des Joachim Ott, Die (1980)
R: Kaufmann, Edgar; A: Selbmann, Fritz
BT: *Die Heimkehr des Joachim Ott* (1962)
Heimkehr in ein fremdes Land (1976)
R: Mosblech, Manfred; A: Görlich, Günter
BT: *Heimkehr in ein fremdes Land* (1974)
Heimsuchung des Assistenten Jung, Die (1981)
R: Schamoni, Thomas; A: Höfele, Andreas
BT: *Die Heimsuchung des Assistenten Jung* (1978)
Heimweh des Walerjan Wrobel, Das (1990)
R: Schübel, Rolf; A: Schminck-Gustavus, Christoph Ulrich
BT: *Das Heimweh des Walerjan Wrobel. Ein Sondergerichtsverfahren 1941/42* (1986)
Heinrich (1977)
R: Sanders-Brahms, Helma; A: Kleist, Heinrich von
Heinrich auf der Erbse (1981)
R: Gressmann, Martin; A: Simons, Christoph
BT: *Nebel bei Unterpfaffenhofen*
Heinrich, der gute König (1979)
R: Camus, Marcel; A: Mann, Heinrich
BT: *Die Vollendung des Königs Henri Quatre* (1938)
Heinrich von Kleist 'Penthesilea', Träumereien um eine Inszenierung (1982)
R: Neuenfels, Hans; A: Kleist, Heinrich von
BT: *Penthesilea* (1808)
Heinzelmännchen, Die (1956)
R: Kobler, Erich; A: Grimm, Jakob Ludwig Carl; Grimm, Wilhelm Carl
BT: *Die Heinzelmännchen von Köln* (1812)
Heirate mich, Cheri (1964)
R: Ambesser, Axel von; A: Vaszary, Gábor von
BT: *Heirate mich, Chéri* (1956)
Heirate nur keine Wienerin (1977)
R: Eder, Otto Anton; A: Bakos, Eva
BT: *Heirate nur keine Wienerin* (1977)
Heiraten ist immer ein Risiko (1963)
R: Haaf, Wilm ten; A: O'Hara, Saul
BT: *Risky Marriage* (1959) (*Heiraten ist immer ein Risiko* 1960)
Heiraten ist immer ein Risiko (1967)
R: Assmann, Arno; A: O'Hara, Saul
BT: *Risky Marriage* (1959) (*Heiraten ist immer ein Risiko* 1960)
Heiraten ist immer ein Risiko (1984)
R: Tögel, Hans-Jürgen; A: O'Hara, Saul
BT: *Risky Marriage* (1959) (*Heiraten ist immer ein Risiko* 1960)
Heiratsannonce, Die (1985)
R: Eckermann, Martin; A: Maupassant, Guy de

Heiratsschwindler heiratet, Der (1966)
R: Spier, Wolfgang; A: Danek, Oldrich
BT: *Svatba snatkového podvodnìka* (1962) (*Der Heiratsschwindler heiratet* 1970)
Heiratsvermittlerin, Die (1955)
R: Olden, John; A: Wilder, Thornton
BT: *The Merchant of Yonkers* (1939) (*Die Heiratsvermittlerin* 1954)
Heiß - kalt (Kaltes Fieber) (1993)
R: Fischer, Markus; A: Loustal, Jacques de; Topin, Tito
BT: *V comme engeance* (*Kaltes Fieber*)
Heiß und kalt (1997)
R: Sydow, Rolf von; A: Hammesfahr, Petra
BT: *Heiß und kalt* (1997)
Heiße Herz, Das (1955)
R: Steinböck, Rudolf; A: Patrick, John
BT: *The Hasty Heart* (1945) (*Das heiße Herz* 1955)
Heiße Herz, Das (1957)
R: Beauvais, Peter; A: Patrick, John
BT: *The Hasty Heart* (1945) (*Das heiße Herz* 1955)
Heiße Herz, Das (1982)
R: Kehlmann, Michael; A: Patrick, John
BT: *The Hasty Heart* (1945) (*Das heiße Herz* 1955)
Heißen Nächte der Josephine Mutzenbacher, Die (1981)
R: Billian, Hans; A: Salten, Felix (= Salzmann, Siegmund)
BT: *Josephine Mutzenbacher oder Die Geschichte einer wienerischen Dirne* (1906)
Heißer Sand (1971)
R: Gräwert, Günter; A: Bergius, C. C.
BT: *Heißer Sand* (1961)
Held, Der (1972)
R: Mueller-Stahl, Hagen; A: Neumann, Alfred
BT: *Der Held* (1930)
Held meiner Träume, Der (1960)
R: Rabenalt, Arthur Maria; A: Puget, Claude-André
BT: *Les jours heureux* (1938)
Helden (1958)
R: Wirth, Franz Peter; A: Shaw, George Bernard
BT: *Arms and the Man* (1898) (*Helden* 1905)
Helden (1987)
R: Ammann, Max Peter; A: Shaw, George Bernard
BT: *Arms and the Man* (1898) (*Helden* 1905)
Helden sind müde, Die (1954)
R: Ciampi, Yves; A: Garnier, Christine
BT: *Les héros sont fatigués* (1953)
Helden wie wir (1999)
R: Peterson, Sebastian; A: Brussig, Thomas
BT: *Helden wie wir* (1995)
Heldentum nach Ladenschluß (1955)
R: Schleif, Wolfgang; Stapenhorst, Fritz; A: Fernau, Joachim (= Forster, John)
BT: *Heldentum nach Ladenschluß* (1954)
Heldinnen (1960)
R: Haugk, Dietrich; A: Lessing, Gotthold Ephraim
BT: *Minna von Barnhelm* (1767)
Helena und die Heimsuchung (1983)
R: Schiemann, Georg; A: Nachbar, Herbert
BT: *Helena und die Heimsuchung* (1981)
Hell in Frauensee (1983)
R: Panzer, Wolfgang; A: Baum, Vicki
BT: *Hell in Frauensee* (1927)
Helle Nächte (1964)
R: Semmelroth, Wilhelm; A: Dostojewski, Feodor
BT: *Belye noci* (1848) (*Helle Nächte* 1911)
Hellseher wider Willen (4 Teile) (1983)
R: Weck, Peter; A: Jaeger, Henry
BT: *Hellseher wider Willen* (1977)
Hemmungslose Manon (1968)
R: Aurel, Jean; A: Prévost d'Exiles, Abbé
BT: *Histoire du chevalier des Grieux et de Manon Lescaut* (1728)
Henker von London, Der (1963)
R: Zbonek, Edwin; A: Wallace, Bryan Edgar
Henkers Bruder, Des (1979)
R: Beck, Walter; A: Kraze, Hanna-Heide
BT: *Des Henkers Bruder* (1955)
Henri Dunant (1990)
R: Riklin, Hans Peter; A: Weideli, Walter
BT: *Henri Dunant*
Herberge, Die (1957)
R: Burmester, Gustav; A: Hochwälder, Fritz
BT: *Die Herberge* (1956)
Herbert Engelmann (1959)
R: Lietzau, Hans; A: Hauptmann, Gerhart
BT: *Herbert Engelmann* (1952)
Herbst (1976)
R: Kühn, Kristian; A: Strindberg, August
BT: (*Herbst*)
Herbst. Eine Miniatur (1968)
R: Wilhelm, Kurt; A: Goetz, Curt
BT: *Herbst* (1962)

Herbstmilch (1988)
R: Vilsmaier, Joseph; A: Wimschneider, Anna
BT: *Herbstmilch* (1986)
Herkulespillen (1980)
R: Günther, Michael; A: Bilhaud, Paul
BT: *Les dragées d'Hercules* (1883) (*Herkulespillen*)
Hermannsschlacht, Die (1996)
R: Deckert, Christian; Kiesel, Hartmut; Köster, Christoph; Mischer, Stefan; Völker, Cornelius; A: Grabbe, Christian Dietrich; Kleist, Heinrich von
BT: *Die Hermannsschlacht* (1838)
Herodes und Mariamne (1965)
R: Semmelroth, Wilhelm; A: Hebbel, Christian Friedrich
BT: *Herodes und Mariamne* (1850)
Heroische Komödie (1962)
R: Rothe, Edward; A: Bruckner, Ferdinand
BT: *Heroische Komödie* (1955)
Herr Hofrat, Der (1969)
R: Glück, Wolfgang; A: Bahr, Hermann
BT: *Der Krampus* (1902)
Herr im ersten Stock, Der (1957)
R: Haaf, Wilm ten; A: Hamilton, Patrick (A.W.)
BT: *The Man Upstairs* (1954)
Herr Karl, Der (1963)
R: Neuberg, Erich; A: Merz, Carl; Qualtinger, Helmut
BT: *Der Herr Karl* (1962)
Herr Ornifle, Der (1959)
R: Schnell, Raoul Wolfgang; A: Anouilh, Jean
BT: *Ornifle ou le courant d'air* (1955) (*Der Herr Ornifle* 1956)
Herr Puntila und sein Knecht Matti (1955)
R: Cavalcanti, Alberto; A: Brecht, Bertolt
BT: *Herr Puntila und sein Knecht Matti* (1948)
Herr Puntila und sein Knecht Matti (1966)
R: Hädrich, Rolf; A: Brecht, Bertolt
BT: *Herr Puntila und sein Knecht Matti* (1948)
Herr über Leben und Tod (1955)
R: Vicas, Victor; A: Zuckmayer, Carl
BT: *Herr über Leben und Tod* (1938)
Herrenhaus (1966)
R: Umgelter, Fritz; A: Wolfe, Thomas
BT: *Mannerhouse* (1948) (*Herrenhaus* 1953)
Herrenjahre (1983)
R: Corti, Axel; A: Wolfgruber, Gernot
BT: *Herrenjahre* (1976)
Herrgottschnitzer vom Ammergau, Der (1952)
R: Reinl, Harald; A: Ganghofer, Ludwig
BT: *Der Herrgottschnitzer vom Ammergau* (1880)
Herrlicher Tag, Ein (1976)
R: Klante, Diethard; A: Bang, Hermann Joachim
BT: (*Ein herrlicher Tag*)
Herrscher ohne Krone (1956)
R: Braun, Harald; A: Neumann, Robert
BT: *Struensee* (1935)
Herz aller Dinge (4 Teile), Das (1983)
R: Leto, Marco; A: Greene, Graham
BT: *The Heart of the Matter* (1948) (*Das Herz aller Dinge* 1949)
Herz des Piraten, Das (1987)
R: Brauer, Jürgen; A: Pludra, Benno
BT: *Das Herz des Piraten* (1985)
Herz für Laura, Ein (1995)
R: Griesmayr, Hartmut; A: Neumann, Wolfgang
Herz mit Löffel (1990)
R: Blank, Richard; A: Grünmandl, Otto
Herz ohne Gnade (1958)
R: Tourjansky, Viktor; A: Rhein, Eduard (= Hellmer, Klaus; Horster, Hans U.; Hulsen, Adrian)
BT: *Herz ohne Gnade* (1956)
Herz schlägt für dich, Ein (1955)
R: Stöckel, Joe; A: Hillern, Wilhelmine von
BT: *'s Reis am Weg*
Herz spielt falsch, Ein (1953)
R: Jugert, Rudolf; A: Rhein, Eduard (= Hellmer, Klaus; Horster, Hans U.; Hulsen, Adrian)
BT: *Ein Herz spielt falsch* (1950)
Herz über Kopf (1997)
R: Tögel, Hans-Jürgen; A: Schoenle, Annemarie
BT: *Und abends nur noch Mondschein* (1989)
Herzen im Sturm (1995)
R: Frazzi, Andrea; Frazzi, Antonio; A: Venturi, Maria
BT: *La storia spezzata* (1989) (*Sieg der Liebe* 1992)
Herzensangelegenheit, Eine (1997)
R: Steinheimer, Gert; A: Quadflieg, Roswitha
BT: *Bis dann* (1994)
Herzflimmern (1998)
R: Kehler, Dieter; A: Wood, Barbara
BT: *Vital Signs* (1985) (*Herzflimmern* 1992)
Herzkönig (1947)
R: Weiss, Helmut; A: Weiss, Helmut
BT: *Herzkönig*

Herzlich willkommen (1990)
R: Bohm, Hark; A: Kempowski, Walter
BT: *Herzlich willkommen* (1984)
Herzliches Beileid (1981)
R: Eckl, C. Rainer; A: Feydeau, Georges
BT: *Consolation* (1872) (*Herzliches Beileid*)
Herzog Ernst (1993)
R: Dammbeck, Lutz; A: Anonym
BT: *Herzog Ernst* (1180)
Herzspezialist, Der (1957)
R: Olden, John; A: Holt, Hans
BT: *Der Herzspezialist* (1956)
Hessische Korporal, Der (1972)
R: Cramer, Heinz von; A: Foster, Paul
BT: *The Hessian Corporal* (1967)
Heuchler, Die (1960)
R: Michel, Max; A: Blickensdorfer, Walter
Heut' abend tanzt Lysistrate (1980)
R: Palma, Bernd; A: Aristophanes
BT: *Lysistrata* (411 v.C.)
Heute heiratet mein Mann (1956)
R: Hoffmann, Kurt; A: Selinko, Annemarie
BT: (*Heute heiratet mein Mann* 1940)
Heute nacht in Samarkand (1961)
R: Rothe, Edward; A: Deval, Jacques
BT: *Ce soir à Samarcande* (1950)
Heute sterben immer nur die Andern (1990)
R: Kühn, Siegfried; A: Worgitzky, Charlotte
BT: *Heute sterben immer nur die Andern* (1986)
Hexe, Die (1954)
R: Ucicky, Gustav; A: Andreas, Fred
BT: *Die Hexe* (1952)
Hexe von Köln, Die (1989)
R: Mueller-Stahl, Hagen; A: Lohmeyer, Wolfgang
BT: *Die Hexe* (1976)
Hexen von Salem, Die (1957)
R: Rouleau, Raymond; A: Miller, Arthur
BT: *The Crucible* (1953) (*Hexenjagd* 1954)
Hexenjagd (1960)
R: Cremer, Ludwig; A: Miller, Arthur
BT: *The Crucible* (1953) (*Hexenjagd* 1954)
Hexenschuß (1987)
R: Gottlieb, Franz Josef; A: Graham, John
BT: *A Slip of the Disc* (*Hexenschuß oder Bandscheibenvorfall*)
Hexer, Der (1956)
R: Wirth, Franz Peter; A: Wallace, Richard Horatio Edgar
BT: *The Ringer* (1926) (*Der Hexer* 1952)
Hexer, Der (1963)
R: Erler, Rainer; A: Wallace, Richard Horatio Edgar
BT: *The Ringer* (1926) (*Der Hexer* 1952)
Hexer, Der (1964)
R: Vohrer, Alfred; A: Wallace, Richard Horatio Edgar
BT: *The Ringer* (1926) (*Der Hexer* 1952)
Hier bin ich - hier bleib ich (1958)
R: Jacobs, Werner; A: Valmy, Jean (= Roland, Edmond); Vincy, Raymond (= Ovanessian, Raymond)
BT: *J'y suis ... j'y reste* (1951)
Hier bin ich, mein Vater (1969)
R: Cremer, Ludwig; A: Torberg, Friedrich
BT: *Hier bin ich, mein Vater* (1948)
Hieronymus Lotter (1982)
R: Unger, Michael; A: Arnold, Johannes
BT: *Hieronymus Lotter* (1979)
Hilde, das Dienstmädchen (1986)
R: Brauer, Jürgen; Rücker, Günther; A: Rücker, Günther
BT: *Hilde, das Dienstmädchen* (1984)
Hilfe, ich bin ein Kind (1978)
R: Schmenger, Ursula; A: Sotnik, Jurij Wjatscheslawowitsch
BT: *Prosto uézas* (1965) (*Hilfe, ich bin ein Kind* 1972)
Hilfe, mich liebt eine Jungfrau (1970)
R: Rabenalt, Arthur Maria; A: Crébillon, Claude de
BT: *La nuit et le moment* (1755) (*Die Verführung* 1948)
Himbeerpflücker, Der (1965)
R: Neuberg, Erich; A: Hochwälder, Fritz
BT: *Der Himbeerpflücker* (1965)
Himmel, Amor und Zwirn (1960)
R: Erfurth, Ulrich; A: Westa, Thomas
BT: *Himmel, Amor und Zwirn*
Himmel und Erde (1976)
R: Fruchtmann, Karl; A: Reinshagen, Gerlind
BT: *Himmel und Erde* (1974)
Himmelbett, Das (1963)
R: Quest, Hans; A: Hartog, Jan de
BT: *The Fourposter* (1947)
Hin und Her (1948)
R: Lingen, Theo; A: Horváth, Ödön von
BT: *Hin und Her* (1933)
Hin und Her (1954)
A: Horváth, Ödön von
BT: *Hin und Her* (1933)
Hin und Her (1963)
R: Schenk, Otto; Wilhelm, Kurt; A: Horváth, Ödön von
BT: *Hin und Her* (1933)

Hinrichtung, Die (1966)
R: Neuberg, Erich; A: Merz, Carl; Qualtinger, Helmut
BT: *Die Hinrichtung* (1964)
Hinrichtung, Die (1981)
R: Henschel, Wolfgang F.; A: Merz, Carl; Qualtinger, Helmut
BT: *Die Hinrichtung* (1964)
Hinter Klostermauern (1952)
R: Reinl, Harald; A: Naderer, Hans
BT: *Das unheilige Haus* (1947)
Hinterholz 8 (1998)
R: Sicheritz, Harald; A: Düringer, Roland
BT: *Von Travnicek bis Hinterholz 8* (2000)
Hinzelmeier (1976)
R: Eigler, Gernot; A: Storm, Theodor
BT: *Hinzelmeier* (1857)
Hiob (1977)
R: Kehlmann, Michael; A: Roth, Joseph
BT: *Hiob* (1930)
Hitlerjunge Salomon (1989)
R: Holland, Agnieszka; A: Perel, Shlomo
BT: *Kor'im li Shelomoh Perel* (1991) (*Ich war Hitlerjunge Salomon* 1992)
Hitlers Helfer (1996)
R: Dehnhardt, Sebastian; Deick, C.; Knopp, Guido; A: Knopp, Guido
BT: *Hitlers Helfer* (1996)
Hochhaus, Das (1980)
R: Hartwig, Thomas; A: Drewitz, Ingeborg
BT: *Das Hochhaus* (1975)
Hochmut kommt vor dem Fall (1962)
R: Grädler, Theodor; A: Kranewitter, Franz
BT: *Die sieben Todsünden* (1925)
Hochstaplerin der Liebe (1954)
R: König, Hans H.; A: Mantello, H. H.
BT: *Heiratsschwindlerin*
Hochzeit (1970)
R: Fischerauer, Bernd; A: Molnár, Ferenc; Rindom, Svend
BT: (*Kupferne Hochzeit* 1928)
Hochzeit (1985)
R: Wilhelm, Kurt; A: Thoma, Ludwig
BT: *Hochzeit* (1902)
Hochzeit auf Reisen (1953)
R: Verhoeven, Paul; A: Spoerl, Heinrich
BT: *Die Hochzeitsreise* (1946)
Hochzeit im Haifisch (1979)
R: Timm, Curt; A: Scharrelmann, Wilhelm
BT: *Hochzeit im Haifisch*
Hochzeit im Heu (1951)
R: Rabenalt, Arthur Maria; A: Anzengruber, Ludwig
BT: *Doppelselbstmord* (1876)
Hochzeit in Weltzow (1979)
R: Kissimov, Georgi; A: Bruyn, Günter de
BT: *Hochzeit in Weltzow* (1960)
Hochzeit mit Erika (1950)
R: Borsody, Eduard von; A: Künneke, Eduard; Webels, Willi
BT: *Hochzeit mit Erika* (1949)
Hochzeit von Länneken, Die (1963)
R: Carow, Heiner; A: Nachbar, Herbert
BT: *Die Hochzeit von Länneken* (1960)
Hochzeitsfest, Das (1977)
R: Fruchtmann, Karl; A: Dostojewski, Feodor
BT: *Skvernyj anekdot* (*Eine heikle Geschichte* 1890)
Hochzeitskleid war tintenblau, Das (1972)
R: Respondek, Gerhard; A: Belicke, Kurt
BT: *Das Hochzeitskleid war tintenblau*
Hochzeitsnacht im Paradies (1950)
R: Bolváry, Géza von; A: Hentschke, Heinz
BT: *Hochzeitsnacht im Paradies* (1942)
Hochzeitsreise (1977)
R: Glück, Wolfgang; A: Auernheimer, Raoul
BT: *Die Hochzeitsreise nach Baden-Baden: fröhliche Reise- und Badegeschichten* (1929)
Höfliche Alptraumkrokodil, Das (1977)
R: Strecker, Frank; A: Weise, Ulrich
BT: *Das höfliche Alptraumkrokodil und andere komische Gruselgeschichten* (1974)
Hofrat Geiger (1947/48)
R: Wolff, Hans; A: Costa, Martin; Lang, Hans
BT: *Hofrat Geiger*
Hofrat Geiger (1996)
R: Weck, Peter; A: Costa, Martin; Lang, Hans
BT: *Hofrat Geiger*
Höhere Schule, Die (1964)
R: Semmelroth, Wilhelm; A: Scholem Aleichem (= Rabinowitz, Sholem Yakov)
Höhlenkinder, Die (1963)
A: Sonnleitner, Alois Th.
BT: *Die Höhlenkinder* (1918)
Hokuspokus (1953)
R: Hoffmann, Kurt; A: Goetz, Curt
BT: *Hokuspokus* (1926)
Hokuspokus oder Wie lasse ich meinen Mann verschwinden? (1965)
R: Hoffmann, Kurt; A: Goetz, Curt
BT: *Hokuspokus* (1926)

Holledauer Schimmel. Ein Schelmenstück aus dem Hopfenlande, Der (1968)
R: Wilhelm, Kurt; A: Lippl, Alois Johannes
BT: *Der Holledauer Schimmel* (1937)
Hölleisengretl (1994)
R: Baier, Jo; A: Graf, Oskar Maria
Höllische Liebe (1949)
R: Cziffra, Géza von; A: Cziffra, Géza von
BT: *Anita und der Teufel*
Holozän (1993)
R: Bütler, Heinz; Eicher, Manfred; A: Frisch, Max
BT: *Der Mensch erscheint im Holozän* (1979)
Hölzerne Schüssel, Die (1956)
R: Horn, Peter A.; A: Morris, Edmund
BT: *The Wooden Dish* (1950) (*Die hölzerne Schüssel* 1956)
Hölzerne Schüssel, Die (1965)
R: Früh, Kurt; A: Morris, Edmund
BT: *The Wooden Dish* (1950) (*Die hölzerne Schüssel* 1956)
Homo Faber (1990)
R: Schlöndorff, Volker; A: Frisch, Max
BT: *Homo Faber* (1957)
Honigmond (1996)
R: Barylli, Gabriel; A: Barylli, Gabriel
BT: *Honigmond* (1990)
Hörigkeit des Herzens (1993)
R: Rola, Carlo; A: Fischer, Marie-Louise
BT: *Hörigkeit des Herzens* (1993)
Horror (1969)
R: Lilienthal, Peter; A: Farrell, Henry
BT: *How Awful about Allan* (1963) (*Scheußlich, die Sache mit Allan* 1965)
Hose, Die (1966)
R: Wagner, Klaus; A: Sternheim, Carl
BT: *Die Hose* (1911)
Hose, Die (1985)
R: Schenk, Otto; A: Sternheim, Carl
BT: *Die Hose* (1911)
Hose, Die (1986)
R: Drinda, Horst; A: Sternheim, Carl
BT: *Die Hose* (1911)
Hosen des Ritters von Bredow, Die (1973)
R: Petzold, Konrad; A: Alexis, Willibald (= Häring, Georg Wilhelm Heinrich)
BT: *Die Hosen des Herrn von Bredow* (1846)
Hosianna (1961)
R: Podehl, Peter; A: Rechlin, Eva
Hotel Adlon (1955)
R: Baky, Josef von; A: Adlon, Hedda
BT: *Hotel Adlon; das Haus, in dem die Welt zu Gast war* (1955)
Hotel der toten Gäste (1965)
R: Itzenplitz, Eberhard; A: Gardiner, Heather
Hotel du Commerce (1969)
R: Lietzau, Hans; A: Hochwälder, Fritz
BT: *Hotel du Commerce* (1954)
Hotel Elfie (1999)
R: Kabisch, Christine; A: Beleites, Edith; Pfannenschmidt, Christian
BT: *Hotel Elfie* (2000)
Hotel Iphigenie (1964)
R: Schaaf, Johannes; A: Vinaver, Michel
BT: *Iphigénie Hotel* (1963) (*Hotel Iphigenie* 1964)
Hotel Paradies (1979)
R: Günther, Michael; A: Feydeau, Georges
BT: *L'hôtel de libre-échange* (1894)
Hotel Polan und seine Gäste (1982)
R: Seemann, Horst; A: Koplowitz, Jan
BT: *Bohemia, mein Schicksal* (1979)
Hufelands Töchter (1984)
R: Pichler, Ernst; A: Grimm, Jakob Ludwig Carl; Grimm, Wilhelm Carl
BT: *Aschenputtel* (1812)
Huncke (1990)
R: Krause, Michael; A: Huncke, Herbert
BT: *The Evening Sun Turned Crimson* (1980) (*Bickford's Cafeteria* 1990)
Hund aus der Elbe, Der (1998)
R: Zeuschner, Mirko; A: Giordano, Mario
BT: *Der aus den Docks* (1997)
Hund, Der (1966)
R: Busch, Rolf; A: Mrozek, Slawomir
BT: (*Der Hund* 1981)
Hund des Generals, Der (1964)
R: Wirth, Franz Peter; A: Kipphardt, Heinar
BT: *Der Hund des Generals* (1963)
Hund im Hirn (1953)
R: Schroth, Carl-Heinz; A: Goetz, Curt
BT: *Der Hund im Hirn und andere Miniaturen* (1985)
Hund von Baskerville, Der (1955)
R: Umgelter, Fritz; A: Doyle, Arthur Conan Sir
BT: *The Hound of the Baskervilles* (1902) (*Der Hund von Baskerville* 1950)
Hund von Blackwood Castle, Der (1967)
R: Vohrer, Alfred; A: Wallace, Bryan Edgar
BT: *The Hound of Blackwood Castle*
Hunde, wollt ihr ewig leben (1958)
R: Wisbar, Frank; A: Wöss, Fritz
BT: *Hunde, wollt ihr ewig leben* (1958)
Hundert Jahre Brecht (1997)
R: Runze, Ottokar; A: Brecht, Bertolt
BT: *Flüchtlingsgespräche* (1961) (*Furcht und Elend des dritten Reiches* 1945)

Hunderttausend Dollar Belohnung (1961)
R: Schwarz, Heinz Wilhelm; A: Giannini, Guiglielmo
Hure des Königs, Die (1990)
R: Corti, Axel; A: Tournier, Jacques
BT: *Jeanne de Luynes, comtesse de Verue* (1984) (*Jeanne - die Hure des Königs* 1985)
Hurra - ein Junge (1953)
R: Marischka, Ernst; A: Arnold, Franz; Bach, Ernst
BT: *Hurra - ein Junge* (1926)
Husaren kommen, Die (1955)
R: Richter, Hans; A: Bréal, Pierre-Aristide
BT: *Les Hussards* (1954)
Hut Fedora, Der (1964)
R: Vasil, Paul; A: Molnár, Ferenc
BT: (*Der Hut Fedora*)
Hypochonder, Der (1976)
R: Haaf, Wilm ten; A: Molière, Jean Baptiste
BT: *Le malade imaginaire* (1673)
Ibrahim, der Araber Peters des Großen (1979)
R: Mitta, Alexander; A: Puschkin, Alexandr Sergejewitsch
BT: *Arab Petra Velikogo* (1837) (*Der Mohr Peters des Großen* 1927)
Ich - dann eine Weile nichts (1979)
R: Friedrich, Gunter; A: Lüdemann, Hans-Ulrich
BT: *Ich - dann eine Weile nichts* (1976)
Ich bin ein Elefant, Madame (1968)
R: Zadek, Peter; A: Valentin, Thomas
BT: *Die Unberatenen* (1963)
Ich bin erst 19 (1985)
R: Unger, Michael; A: Heinze, Harald
BT: *Ich bin erst neunzehn* (1983)
Ich bin meine eigene Frau (1992)
R: Praunheim, Rosa von; A: Mahlsdorf, Charlotte von
BT: *Ich bin meine eigene Frau* (1992)
Ich denke oft an Piroschka (1955)
R: Hoffmann, Kurt; A: Hartung, Hugo
BT: *Ich denke oft an Piroschka* (1954)
Ich fand Julia Harrington (1960)
R: Dieterle, William; A: Carroll, Sidney
Ich glaube an dich (Mein Herz gehört dir) (1945)
R: Hansen, Rolf; A: Fontane, Theodor
BT: *Mathilde Möhring* (1907)
Ich hab' mein Herz in Heidelberg verloren (1952)
R: Neubach, Ernst; A: Neubach, Ernst; Raymond, Fred
BT: *Ich hab' mein Herz in Heidelberg verloren* (1925)
Ich hab mich so an dich gewöhnt (1952)
R: Borsody, Eduard von; A: Daniger, Margot
BT: *Winterkühle Hochzeitsreise* (1933)
Ich heirate Herrn Direktor (1959)
R: Liebeneiner, Wolfgang; A: Krackardt, Heinrich
BT: *Ich heirate Herrn Direktor* (1954)
Ich klage an (1993)
R: Guthke, Frank; A: Veith, Ines
Ich liebe Dich (1963)
R: Schroth, Carl-Heinz; A: Niewiarowicz, Roman
BT: (*Ich liebe dich* 1937)
Ich liebe dich - April! April! (1988)
R: Gusner, Iris; A: Kramer, Jutta
BT: *Ich liebe dich - April! April!*
Ich liebe meine Familie, ehrlich (1998)
R: Lukschy, Stefan; A: Johann, Anna
BT: *Ich liebe meine Familie, ehrlich* (1996)
Ich schenk dir meinen Mann (1998)
R: Hattop, Karola; A: Keller, Claudia
BT: *Ich schenk dir meinen Mann* (1995)
Ich schwöre und gelobe (1959)
R: Rádvany, Géza von; A: Ravius, Ernst Ludwig
BT: *Ich schwöre und gelobe* (1959)
Ich sehe was, was du nicht siehst (1983)
R: Steinke, Christian; A: Stephan, Martin
BT: *Ich sehe was, was du nicht siehst*
Ich stehe Ihnen natürlich zur Verfügung (1984)
R: Münstermann, Wolfgang; A: Feuchtwanger, Lion
BT: (*Briefwechsel mit Stefan Zweig*)
Ich stehe zur Verfügung (1968)
R: Koch, Heinrich; A: Amery, Carl
BT: *Ich stehe zur Verfügung* (1967)
Ich suche dich (1953)
R: Fischer, O.W.; A: Cronin, Archibald Joseph
BT: *Jupiter Laughs* (1940) (*Jupiter lacht*)
Ich und du (1953)
R: Weidenmann, Alfred; A: Bock, Christian
Ich war ein häßliches Mädchen (1955)
R: Liebeneiner, Wolfgang; A: Selinko, Annemarie
BT: (*Ich war ein häßliches Mädchen* 1936)
Ich weiß, wofür ich lebe (1955)
R: Verhoeven, Paul; A: Neubach, Ernst
Ich werde dich auf Händen tragen (1958)
R: Bolváry, Géza von; A: Storm, Theodor
BT: *Viola Tricolor* (1874)

Ich werde warten (1982)
R: Barabás, Stanislav; A: Chandler, Raymond
BT: *I'll be waiting* (*Ich werde warten* 1982)
Ich will doch nur, daß ihr mich liebt (1975/76)
R: Fassbinder, Rainer Werner; A: Antes, Klaus
BT: *Lebenslänglich, Protokolle aus der Haft* (1972)
Ich will leben (1990)
R: Gremm, Wolf; A: Wilhelm, Kate
BT: *The Winter Beach* (1981) (*Winterlicher Strand*)
Ich will nicht leise sterben (1978)
R: Langhoff, Thomas; A: Stephan, Martin
BT: *Ich will nicht leise sterben*
Ich zähle täglich meine Sorgen (1960)
R: Martin, Paul; A: Fredersdorf, Herbert B.
Ich zwing dich zu leben (1978)
R: Kirsten, Ralf; A: Sewart, Karl
BT: *Ich zwing dich zu leben* (1972)
Idealer Gatte, Ein (1958)
R: Farenburg, Hanns; A: Wilde, Oscar
BT: *An Ideal Husband* (1895) (*Ein idealer Gatte* 1903)
Idealer Gatte, Ein (1966)
R: Wild, Franz Josef; A: Wilde, Oscar
BT: *An Ideal Husband* (1895) (*Ein idealer Gatte* 1903)
Idealer Gatte, Ein (1984)
R: Jaray, Hans; A: Wilde, Oscar
BT: *An Ideal Husband* (1895) (*Ein idealer Gatte* 1903)
Idealer Gatte, Ein (1986)
R: Knof, Michael; A: Wilde, Oscar
BT: *An Ideal Husband* (1895) (*Ein idealer Gatte* 1903)
Idiot (3 Teile), Der (1968)
R: Sydow, Rolf von; A: Dostojewski, Feodor
BT: *Idiot* (1868) (*Der Idiot* 1921)
Idol von Mordassow, Das (1979)
R: Pause, Wolf-Dieter; A: Dostojewski, Feodor
BT: *Djadjuskin son* (*Onkelchens Traum* 1909)
Idylle (1967)
R: Busch, Rolf; A: Ionesco, Eugène
Igelfreundschaft (1961)
R: Zschoche, Herrmann; A: Viertel, Martin
BT: *Igelfreundschaft* (1962)
Ihr glücklichen Augen (1992)
R: Heinrich, Margaretha; A: Bachmann, Ingeborg
BT: *Ihr glücklichen Augen* (1972)
Ihr Kinderlein kommet (1979)
R: Ostrowsky, Hartmut; A: Schölzel, Margot
BT: *Ihr Kinderlein kommet ...*
Ihr 106. Geburtstag (1957)
R: Tannert, Hannes; A: Sarment, Jean
BT: *Mamouret* (*Ihr 106. Geburtstag* 1955)
Ihr 106. Geburtstag (1958)
R: Lüders, Günther; A: Sarment, Jean
BT: *Mamouret* (*Ihr 106. Geburtstag* 1955)
Ihr 106. Geburtstag (1980)
R: Engel, Thomas; A: Sarment, Jean
BT: *Mamouret* (*Ihr 106. Geburtstag* 1955)
Ilse ist weg, Die (1976)
R: Hofmann, Ilse; A: Nöstlinger, Christine
BT: *Ilse Janda, 14* (1974)
Im Banne des Unheimlichen (1968)
R: Vohrer, Alfred; A: Wallace, Bryan Edgar
BT: *The Hand of Power* (1927) (*Im Banne des Unheimlichen* 1953)
Im Fliegen sterben (1974)
R: Proll, Jens-Peter; A: Hailey, Arthur
BT: *Flight into Danger* (1965)
Im Hause des Kommerzienrates (1976)
R: Ballmann, Herbert; A: Marlitt, Eugenie
BT: *Im Hause des Kommerzienrates* (1886)
Im Kreis der Iris (1992)
R: Patzak, Peter; A: Nabl, Franz
BT: *Die Augen* (1923)
Im Krug zum grünen Kranze (1953)
R: Löwinger, Paul; Steinwendner, Kurt; A: Pohl, Julius
BT: *Die fünf Karnickel* (1926)
Im Namen des Teufels (1961)
R: Carstairs, John Paddy; A: Habe, Hans (= Bekessy, Janos)
BT: *Im Namen des Teufels: Aufzeichnungen eines Geheimkuriers* (1956)
Im Namen einer Mutter (1960)
R: Engels, Erich; A: Bork, Teda
BT: *Im Namen einer Mutter* (1956)
Im Prater blüh'n wieder die Bäume (1958)
R: Wolff, Hans; A: Oesterreicher, Rudolf
BT: *Die Sachertorte* (1929)
Im Reich des Silbernen Löwen (1965)
R: Gottlieb, Franz Josef; A: May, Karl Friedrich
BT: *Im Reiche des Silbernen Löwen* (1899)

Im Schatten der Angst (1988)
R: Gremm, Wolf; A: Fremlin, Celia (= Goller, Celia Margaret)
BT: *Appointment with Yesterday* (1972) (*Begegnung mit der Vergangenheit* 1976)
Im Schillingshof (1973)
R: Ballmann, Herbert; A: Marlitt, Eugenie
BT: *Im Schillingshof* (1881)
Im Schlafe geschehen (1976)
R: Növer, Hans; A: Hawthorne, Nathaniel
BT: *David Swan* (1837) (*Im Schlafe geschehen* 1851)
Im Schlaraffenland (1965)
R: Witt, Claus Peter; A: Mann, Heinrich
BT: *Im Schlaraffenland* (1900)
Im Schlaraffenland (1975)
R: Jung-Alsen, Kurt; A: Mann, Heinrich
BT: *Im Schlaraffenland* (1900)
Im Schlaraffenland (1981)
R: Umgelter, Fritz; A: Mann, Heinrich
BT: *Im Schlaraffenland* (1900)
Im sechsten Stock (1959)
R: Olden, John; A: Gehri, Alfred
BT: *Sixième étage* (1937) (*Neues aus dem 6. Stock* 1950)
Im Trüben fischen (Les Arrivistes), Die (1960)
R: Daquin, Louis; A: Balzac, Honoré de
BT: *La Rabouilleuse* (1842) (*Ein Junggesellenheim*)
Im Weißen Rößl (1952)
R: Forst, Willi; A: Benatzky, Ralph; Gilbert, Robert; Müller, Hans
BT: *Im Weißen Rößl* (1930)
Im Zeichen des Kreuzes (1983)
R: Boldt, Rainer; A: Leukefeld, Peter
BT: *Im Zeichen des Kreuzes* (1983)
Im Zossener Bad (1977)
R: Keglevic, Peter; A: Kappacher, Walter
Imaginäre Leben des Straßenkehrers Auguste G., Das (1968)
R: Itzenplitz, Eberhard; A: Gatti, Armand
BT: *La vie imaginaire de l'éboueur Auguste Geai* (1961) (*Das imaginäre Leben des Straßenkehrers Auguste G.* 1963)
Immenhof (1994)
R: Bartmann, Stefan; Erhardt, Gero; A: Blobel, Brigitte
BT: *Immenhof* (1993)
Immensee (1989)
R: Gendries, Klaus; A: Storm, Theodor
BT: *Immensee* (1851)
Immer nur Mordgeschichten (1968)
R: Semmelroth, Wilhelm; A: Brandel, Marc (= Beresford, Marcus)
BT: *Ashes to Ashes*
Immer und noch ein Tag (1965)
R: Quest, Hans; A: Bush-Fekete, Leslie (Ladislas)
BT: (*Immer und noch ein Tag*)
Immer, wenn Lehmann kommt (1984)
R: Hill, Peter; A: Kähler, Jörg
BT: *Immer wenn Lehmann kommt*
Immer wieder Sonntag (1995)
R: Luderer, Wolfgang; A: Ulrici, Rolf
BT: *Immer wieder Sonntag* (1993)
Impresario von Smyrna, Der (1962)
R: Rabenalt, Arthur Maria; A: Goldoni, Carlo
BT: *Impressario delle Smirne* (1759) (*Der Impresario von Smyrna* 1777)
In allen Gassen wohnt das Glück (1956)
R: Früh, Kurt; A: Früh, Kurt
BT: *In allen Gassen wohnt das Glück*
In alter Freundschaft (1998)
R: Satin, Dennis; A: Kehrer, Jürgen
BT: *In alter Freundschaft* (1991)
In der Sackgasse (1982)
R: Busch, Rolf; A: Veresaev, Vikentij Vikent'evic
BT: *V tupike* (1924) (*In der Sackgasse* 1924)
In der Wüste (1986)
R: Fuster Pardo, Rafael; A: Skármeta, Antonio
In des Waldes tiefsten Gründen (1979)
R: Henschel, Wolfgang F.; A: Tucholsky, Kurt
BT: *Die Q-Tagebücher: 1934 - 1935* (1978)
In einem Atem (1988)
R: Hochmuth, Dietmar; A: Makanin, Vladimir Semenowitsch
BT: (*In einem Atem*)
In einem Garten in Aviano (1964)
R: Olden, John; A: Hubalek, Claus
BT: *In einem Garten in Aviano* (1964)
In einem Monat, in einem Jahr (1969)
R: Haaf, Wilm ten; A: Sagan, Françoise
BT: *Dans un mois dans un an* (1957) (*In einem Monat, in einem Jahr* 1958)
In Ewigkeit Amen (1962)
R: Grädler, Theodor; A: Wildgans, Anton
BT: *In Ewigkeit Amen* (1913)
In Ewigkeit Amen (1981)
R: Eder, Otto Anton; A: Wildgans, Anton
BT: *In Ewigkeit Amen* (1913)

In Gefahr und größter Not bringt der Mittelweg den Tod (1974)
R: Kluge, Alexander; Reitz, Edgar; A: Kluge, Alexander; Reitz, Edgar
BT: *In Gefahr und größter Not bringt der Mittelweg den Tod* (1975)
In geheimer Mission (1975)
R: Flaadt, Tony; A: Carter, Nick
In Hamburg sind die Nächte lang (1955)
R: Michel, Max; A: Francke, Peter
BT: *In Hamburg sind die Nächte lang*
In inniger Feindschaft (1990)
R: Faraldo, Claude; A: Boileau, Pierre; Narcejac, Thomas
BT: *Champ clos* (1988) (*In inniger Feindschaft* 1992)
In seinem Garten liebt Don Perlimplin Belisa (1961)
R: Döpke, Oswald; A: García Lorca, Federico
BT: *Amor de Don Perimplín con Belisa en su jardín* (1933) (dt. 1954)
Indien (1993)
R: Harather, Paul; A: Dörfer, Alfred; Hader, Josef
BT: *Indien*
Indische Grabmal, Das (1958)
R: Lang, Fritz; A: Harbou, Thea von
BT: *Das indische Grabmal* (1917)
Indische Tuch, Das (1963)
R: Vohrer, Alfred; A: Wallace, Richard Horatio Edgar
BT: *The Frightened Lady* (1933) (*Das indische Tuch* 1956)
Inferno (1973)
R: Barabás, Stanislav; A: Strindberg, August
BT: *En blå bok* (1912) (*Das Buch der Liebe: Ungedrucktes und Gedrucktes aus dem Blaubuch* 1910)
Inge, April und Mai (1992)
R: Denecke, Gabriele; Kohlhaase, Wolfgang; A: Kohlhaase, Wolfgang
Ingeborg (1960)
R: Liebeneiner, Wolfgang; A: Goetz, Curt
BT: *Ingeborg* (1921)
Inka-Connection (1995)
R: Gremm, Wolf; A: Breitwieser, Peter
BT: *Embryo-XY*
Insel der Krebse, Die (1975)
R: Schmidt, Gerhard; A: Dujeprow, Anatolij
Insel der Schwäne (1983)
R: Zschoche, Herrmann; A: Pludra, Benno
BT: *Insel der Schwäne* (1980)
Insel der Silberreiher, Die (1976)
R: Jires, Jaromil; A: Dvorsky, Ladislav
BT: (*Die Insel der Silberreiher*)
Insel im See (1981)
A: Stephan, Martin
BT: *Insel im See*
Inselsommer (1974)
R: Ekkermann, Martin; A: Meyer-Scharffenberg, Fritz
BT: *Der Mann auf dem Kirr* (1969)
Inserat, Das (1974)
R: Proll, Jens-Peter; A: Porter, William Sydney (= O'Henry)
Intermezzo (1971)
R: Deickert, Karl-Heinz; A: Andrzejewski, Jerzy
BT: *Intermezzo i inne opowiadania* (1945)
Intermezzo für 5 Hände (1976)
R: Cremer, Ludwig; A: Härtling, Peter
Internationale Zone (1994)
R: Dor, Milo; A: Dor, Milo; Federmann, Reinhard
BT: *Internationale Zone* (1953)
Intimitäten (1959)
R: Hamel, Peter; A: Coward, Noël (Pierce) Sir
BT: *Private Lives* (1930) (*Intimitäten* 1931)
Iphigenie auf Tauris (1968)
R: Hartleb, Hans; A: Goethe, Johann Wolfgang von
BT: *Iphigenie auf Tauris* (1779)
Irre von Chaillot, Die (1960)
R: Buckwitz, Harry; A: Giraudoux, Jean
BT: *La folle de Chaillot* (1945) (*Die Irre von Chaillot* 1950)
Irren ist männlich (1996)
R: Horman, Sherry; A: Beleites, Edith
BT: *Vatertag* (1996)
Irrer Duft von frischem Heu, Ein (1977)
R: Oehme, Roland; A: Strahl, Rudi
BT: *Ein irrer Duft von frischem Heu* (1975)
Irrlicht und Feuer (2 Teile) (1966)
R: Brandt, Horst E.; Thiel, Heinz; A: Grün, Max von der
BT: *Irrlicht und Feuer* (1966)
Irrtum ausgeschlossen (1979)
R: Hill, Peter; A: Schölzel, Margot
BT: *Irrtum ausgeschlossen*
Irrungen - Wirrungen (1966)
R: Noelte, Rudolf; A: Fontane, Theodor
BT: *Irrungen - Wirrungen* (1888)
Isabel auf der Treppe (1984)
R: Unterberg, Hannelore; A: Lewin, Waltraud
BT: *Isabel auf der Treppe*
Isewixer (1979)
R: Imhoof, Markus; A: Henkel, Heinrich
BT: *Eisenwichser* (1970)

Ist die stille Zeit im Jahr, Das (1984)
R: Pichler, Ernst; Reiser, Tobias; A: Waggerl, Karl Heinrich
Ist nicht von gestern, Die (1959)
R: Wild, Franz Josef; A: Kanin, Garson
BT: *Born Yesterday* (1946)
Italiener. Ein Film, Der (1971)
R: Radax, Ferry; A: Bernhard, Thomas
BT: *Der Italiener. Fragment* (1971)
Italienische Nacht (1966)
R: Kehlmann, Michael; A: Horváth, Ödön von
BT: *Italienische Nacht* (1931)
Italienreise - Liebe inbegriffen (1958)
R: Becker, Wolfgang; A: Noack, Barbara
BT: *Italienreise, Liebe inbegriffen: ein Roman, in dem es munter zugeht* (1957)
Iwan und die Schreckliche (1956)
R: Elsner, Reinhard; A: Leonoff, Akim
BT: *Iwan und die Schreckliche* (1956)
Ja, so ist das mit der Liebe (1954)
R: Antel, Franz; A: Brühl, Hans
BT: *Willkommen in Mergenthal*
Jack Holborn (1982)
R: Rothemund, Sigi; A: Garfield, Leon
BT: *Jack Holborn* (1964) (*Jack Holborn*)
Jack Mortimer (1961)
R: Kehlmann, Michael; A: Lernet-Holenia, Alexander
BT: *Ich war Jack Mortimer* (1933)
Jack und Jenny (1963)
R: Vicas, Victor; A: Piper, Anne
BT: *Early to Bed* (1951) (*Jack und Jenny* 1955)
Jacob hinter der blauen Tür (1990)
R: Senft, Haro; A: Härtling, Peter
BT: *Jakob hinter der blauen Tür* (1990)
Jadup und Boel (1988)
R: Simon, Rainer; A: Schäfer, Paul Kanut
BT: *Jadup: Die Höllenfahrt eines Helden unserer Tage* (1975)
Jagd nach dem Stiefel, Die (1961)
R: Petzold, Konrad; A: Zimmering, Max
BT: *Die Jagd nach dem Stiefel* (1953)
Jagdgast, Der (1980)
R: Lehner, Fritz; A: Wolfgruber, Gernot
BT: *Der Jagdgast* (1978)
Jagdszenen (1980)
R: Hesse, Volker; A: Sperr, Martin
BT: *Jagdszenen aus Niederbayern* (1966)
Jagdszenen aus Niederbayern (1969)
R: Fleischmann, Peter; A: Sperr, Martin
BT: *Jagdszenen aus Niederbayern* (1966)
Jäger vom Roteck, Der (1955)
R: Kugelstadt, Hermann; A: Mairock, Andre
BT: *Der Jäger vom Roteck* (1956)
Jäger von Fall, Der (1954)
R: Weiss, Helmut; A: Ganghofer, Ludwig
BT: *Der Jäger von Fall* (1883)
Jäger von Fall, Der (1974)
R: Reinl, Harald; A: Ganghofer, Ludwig
BT: *Der Jäger von Fall* (1883)
Jägerblut (1996)
R: Asam, Werner; A: Dreher, Konrad; Krägel, Josef; Rauchenegger, Benno
BT: *Jägerblut* (1898)
Jagerloisl, Der (1982)
R: Wilhelm, Kurt; A: Thoma, Ludwig
BT: *Der Jagerloisl* (1921)
Jagerloisl, Der (1987)
R: Rinser, Stephan; A: Thoma, Ludwig
BT: *Der Jagerloisl* (1921)
Jahr der Schildkröte, Das (1990)
R: Wieland, Ute; A: Kettenbach, Hans Werner
BT: *Sterbetage* (1988)
Jahre des Schweigens (1950/51)
R: Hinrich, Hans; A: Neumann, Alfred
BT: *Abel* (1944)
Jahrgang 22 (1959)
R: Dreger, Percy; A: Weinert, Erich
BT: *Jahrgang 22* (1951)
Jähzornige, Der (1980)
R: Gies, Hajo; A: Čechov, Anton Pavlovič
BT: (*Der Jähzornige*)
Jähzornige junge Mann, Der (1963)
R: Erler, Rainer; A: Čechov, Anton Pavlovič
BT: (*Der Jähzornige*)
Jakob der Letzte (1976)
R: Corti, Axel; A: Rosegger, Peter (= P. K. = Kettenfeier, Petri)
BT: *Jakob der Letzte* (1888)
Jakob der Lügner (1974)
R: Beyer, Frank; A: Becker, Jurek
BT: *Jakob der Lügner* (1969)
Jakob von Gunten (1971)
R: Lilienthal, Peter; A: Walser, Robert
BT: *Jakob von Gunten* (1909)
Jakobovsky und der Oberst (1967)
R: Wolffhardt, Rainer; A: Werfel, Franz
BT: *Jakobovsky und der Oberst* (1944)
Jalousie, La (1972)
R: Kirschner, Klaus; A: Robbe-Grillet, Alain
BT: *La jalousie* (1957)
Jamila (1994)
R: Teuber, Monica; A: Aitmatov, Cingiz T.
BT: *Dzamilja* (1958) (*Dshamilja* 1962)

Jan auf der Zille (1985)
R: Dziuba, Helmut; A: Lazar, Auguste (= Wieghardt-Lazar, Auguste)
BT: *Jan auf der Zille* (1950)
Jan Oppen (1987)
R: Hattop, Karola; A: Beuchler, Klaus
BT: *Jan Oppen: eine Berliner Familiengeschichte* (1983)
Jan und das Wildpferd (1967)
R: Lombard, Benton Claus; A: Denneborg, Heinrich Maria
BT: *Jan und das Wildpferd* (1957)
Jan vom goldenen Stern (1980)
R: Podehl, Peter; A: Key, Alexander
BT: *The Forgotten Door* (1965) (*Die Tür zu einer anderen Welt* 1976)
Jana und Jan (1992)
R: Dziuba, Helmut; A: Trojanová, Jirina
BT: *Jana a Jan* (*Jan und Jana* 1982)
Jane (1979)
R: Liebeneiner, Wolfgang; A: Maugham, W. Somerset
BT: *Jane* (1931)
Jauche und Levkojen (17 Teile) (1979-80)
R: Gräwert, Günter; Wolffhardt, Rainer; A: Brückner, Christine
BT: *Jauche und Levkojen* (1975)
Je nach dem, wie der Wind weht, hört man die Glocken von Basel oder die Schüsse im Elsass (1990)
R: Reichenbach, Peter; Ryhiner, Nicolas; A: Ziegler, Hilde
BT: *Während der Verlobung wirft einer einen Hering an die Decke* (1988)
Jean Paul: Dr. Katzenbergers Badereise (1978)
R: Winkler, Gerd; A: Jean Paul (= Richter, Johann Paul Friedrich)
BT: *Dr. Katzenbergers Badereise* (1809)
Jeanne oder Die Lerche (1956)
R: Wirth, Franz Peter; A: Anouilh, Jean
BT: *L'alouette* (1953) (*Jeanne oder Die Lerche* 1956)
Jede Menge Schmidt (1989)
R: Gottlieb, Franz Josef; A: Graham, John
BT: *A Surfeit of Smiths*
Jede Nacht in einem anderen Bett (1956)
R: Verhoeven, Paul; A: Kernmayr, Hans Gustl
BT: *Jede Nacht in einem anderen Bett* (1956)
Jede Stunde verletzt und die letzte tötet (Guernica) (1963)
R: Lilienthal, Peter; A: Arrabal, Fernando
BT: *Guernica* (1959)
Jedem die Seine (1954)
R: Kehlmann, Michael; A: Schwiefert, Fritz
BT: *Marguerite durch drei* (1930)
Jeden Mittwoch (1982)
R: Spier, Wolfgang; A: Resnik, Muriel
BT: *Any Wednesday* (1964) (*Jeden Mittwoch* 1970)
Jeder Augenblick, den ich lebe, ist ganz dein (1981)
R: Habeck, Anne; A: Arnim, Bettina von
BT: *Die Günderode* (1840)
Jeder für sich und Gott gegen alle (1974)
R: Herzog, Werner; A: Wassermann, Jakob
BT: *Kaspar Hauser. Die Trägheit des Herzens* (1908)
Jeder lebt allein (1957)
R: Völger, Werner; A: Funt, Julian
BT: *The Magic and the Loss* (1954)
Jeder stirbt für sich allein (1962)
R: Harnack, Falk; A: Fallada, Hans
BT: *Jeder stirbt für sich allein* (1947)
Jeder stirbt für sich allein (1976)
R: Vohrer, Alfred; A: Fallada, Hans
BT: *Jeder stirbt für sich allein* (1947)
Jeder stirbt für sich allein (3 Teile) (1970)
R: Kasprzik, Hans-Joachim; A: Fallada, Hans
BT: *Jeder stirbt für sich allein* (1947)
Jeder Tag im Herbst (1975)
R: Perlwitz, Dieter; A: Bräunig, Werner
BT: *Jeder Tag im Herbst*
Jedermann (1961)
R: Reinhardt, Gottfried; A: Hofmannsthal, Hugo von
BT: *Jedermann* (1911)
Jegor Bulytschow und andere (1966)
R: Beauvais, Peter; A: Gorkij, Maksim
BT: *Egor Bulycov i drugie* (1932) (*Jegor Bulytschow und andere* 1947)
Jelena (1969)
R: Korbschmitt, Hans-Erich; A: Turgenev, Ivan
BT: *Pervaya ljubov* (1860) (*Erste Liebe* 1881)
Jenatsch (1987)
R: Schmid, Daniel; A: Meyer, Conrad Ferdinand
BT: *Georg Jenatsch* (1876)
Jenny (1983)
R: Bronken, Per; A: Undset, Sigrid
BT: *Jenny* (1920) (*Jenny* 1921)
Jenseits der Wolken (1995)
R: Antonioni, Michelangelo; A: Antonioni, Michelangelo

Jenseits vom Horizont (1958)
R: Düggelin, Werner; A: O'Neill, Eugene (Gladstone)
BT: *Beyond the Horizon* (1920) (*Jenseits vom Horizont* 1952)
Jesus von Ottakring (1975)
R: Pellert, Wilhelm; A: Korherr, Helmut; Pellert, Wilhelm
BT: *Jesus von Ottakring* (1980)
Jetzt und in der Stunde meines Todes (1963)
R: Petzold, Konrad; A: Günther, Egon
BT: *Die schwarze Limousine* (1963)
Jim Knopf (Serie - 52 Folgen) (1999)
A: Ende, Michael
BT: *Jim Knopf und Lukas der Lokomotivführer* (1960) (*Jim Knopf und die Wilde 13* 1961)
Jim Knopf und die Wilde 13 (1962)
A: Ende, Michael
BT: *Jim Knopf und die Wilde 13* (1961)
Jim Knopf und die Wilde 13 (1977)
A: Ende, Michael
BT: *Jim Knopf und die Wilde 13* (1961)
Jim Knopf und Lukas der Lokomotivführer (1961)
A: Ende, Michael
BT: *Jim Knopf und Lukas der Lokomotivführer* (1960) (*Jim Knopf und die Wilde 13* 1961)
Jim Knopf und Lukas der Lokomotivführer (1976)
R: Jenning, Manfred; A: Ende, Michael
BT: *Jim Knopf und Lukas der Lokomotivführer* (1960) (*Jim Knopf und die Wilde 13* 1961)
Jim Owens wunderbares Weihnachten oder Ein verhindertes ... (1973)
R: Schöbel, Helfried; A: Weiskopf, Franz Carl
BT: *Jim Owens wunderbares Weihnachten oder Ein verhindertes ...*
Jimmy the Kid (1999)
R: Dickmann, Wolfgang; A: Westlake, Donald Edwin
BT: *Jimmy the Kid* (1974) (*Jimmy the Kid* 1975)
Johanna von Lothringen (1959)
R: Kehlmann, Michael; A: Anderson, Maxwell
BT: *Joan of Lorraine* (1947) (*Johanna von Lothringen* 1953)
Johannes Kreisler, des Kapellmeisters musikalische Leiden (1953)
R: Hess, Günter; A: Hoffmann, Ernst Theodor Amadeus
BT: *Lebens-Ansichten des Katers Murr nebst fragmentarischer Biographie des Kapellmeisters Johannes Kreisler* (1820)
Johannisnacht (1965)
R: Reinl, Harald; A: Hill, Werner
BT: *Johannisnacht*
John Glückstadt (1975)
R: Miehe, Ulf; A: Storm, Theodor
BT: *Ein Doppelgänger* (1886)
John Walker schreibt seiner Mutter (1954)
R: Götz-Pflug, Curt; A: Mostar, Gerhart Herrmann
BT: *John Walker schreibt seiner Mutter*
Johnny Belinda (1961)
R: Wild, Franz Josef; A: Harris, Elmer
BT: *Johnny Belinda* (1956) (*Johnny Belinda* 1956)
Jokehnen oder Wie lange fährt man von Ostpreußen nach Deutschland? (1987)
R: Lähn, Michael; A: Surminski, Arno
BT: *Jokehnen oder Wie lange fährt man von Ostpreußen nach Deutschland?* (1974)
Joker, Der (1987)
R: Patzak, Peter; A: Mortimer, Ellis
Jonas oder Der Künstler bei der Arbeit (1970)
R: Barabás, Stanislav; A: Camus, Albert
BT: *Jonas ou L'artiste au travail* (1957) (*Jonas oder Der Künstler bei der Arbeit* 1959)
Jonathan, Vampire sterben nicht (1970)
R: Geissendörfer, Hans W.; A: Stoker, Bram
BT: *Dracula* (1897)
Jonny stiehlt die Welt (1953)
R: Horn, Peter A.; A: Kramer, Gert G.
BT: *Jonny stiehlt die Welt*
Jorinde und Joringel (1984)
R: Leupschitz, Florian; A: Grimm, Jakob Ludwig Carl; Grimm, Wilhelm Carl
BT: *Jorinde und Joringel* (1812)
Jorinde und Joringel (1986)
R: Hübner, Wolfgang; A: Grimm, Jakob Ludwig Carl; Grimm, Wilhelm Carl
BT: *Jorinde und Joringel* (1812)
Josephine Mutzenbacher (1970)
R: Nachmann, Kurt; A: Salten, Felix (= Salzmann, Siegmund)
BT: *Josephine Mutzenbacher oder Die Geschichte einer wienerischen Dirne* (1906)

Josephine Mutzenbacher (1990)
R: Enz, Jürgen; A: Salten, Felix (= Salzmann, Siegmund)
BT: *Josephine Mutzenbacher oder Die Geschichte einer wienerischen Dirne* (1906)
Josephs Tochter (1983)
R: Ehmck, Gustav; A: Heinrich, Jutta
BT: *Das Geschlecht der Gedanken* (1977)
Joshua (1972)
R: Kreuz, Hubert; A: Schollak, Sigmar
BT: *Joshua-Trilogie* (1972)
Journalisten, Die (1961)
R: Umgelter, Fritz; A: Freytag, Gustav
BT: *Die Journalisten* (1854)
Joy Fieldings Lebenslang ist nicht genug (1997)
R: Rothemund, Sigi; A: Fielding, Joy
BT: *Life Penalty* (1986) (*Lebenslang ist nicht genug* 1986)
Joy Fieldings Mörderischer Sommer (1996)
R: Rothemund, Sigi; A: Fielding, Joy
BT: *The Deep End* (1986) (*Ein mörderischer Sommer* 1988)
Jozia - die Tochter des Delegierten (1979)
R: Fiwek, Wojciech; A: Seghers, Anna
BT: *Die Tochter des Delegierten* (1970)
Jubilarin, Die (1969)
R: Fiedler, Gerlach; A: Breitbach, Joseph
BT: *Das Jubiläum* (1960)
Jubilarin, Die (1979)
R: Kaus, Wolfgang; A: Breitbach, Joseph
BT: *Das Jubiläum* (1960)
Jubiläum, Das (1962)
R: Zadek, Peter; A: Čechov, Anton Pavlovič
BT: (*Das Jubiläum*)
Judas (1986)
R: Schwarzbach, Helmut; A: Pagnol, Marcel
BT: *Judas* (1956) (*Judas* 1956)
Judenbuche, Die (1980)
R: Horbelt, Rainer; A: Droste-Hülshoff, Annette von
BT: *Die Judenbuche* (1842)
Jüdische Frau, Die (1964)
A: Brecht, Bertolt
BT: *Furcht und Elend des dritten Reiches* (1945)
Judith (1966)
R: Haaf, Wilm ten; A: Hebbel, Christian Friedrich
BT: *Judith* (1841)
Jugend, Liebe und die Wacht am Rhein (1978)
R: Döpke, Oswald; A: Kessler, Harry Graf von
BT: *Tagebücher* (1961)
Jugend ohne Gott (1969)
R: Knof, Michael; A: Horváth, Ödön von
BT: *Jugend ohne Gott* (1938)
Jugendstreiche des Knaben Karl, Die (1980)
R: Seitz, Franz; A: Valentin, Karl
BT: *Der Knabe Karl* (1951)
Julia (1985)
R: Glück, Wolfgang; A: Bolton, Guy; Maugham, W. Somerset
BT: *Theatre* (1937) (*Julia, du bist zauberhaft* 1966)
Julia, du bist zauberhaft (1961)
R: Weidenmann, Alfred; A: Bolton, Guy; Maugham, W. Somerset
BT: *Theatre* (1937) (*Julia, du bist zauberhaft* 1966)
Junge Engländer, Der (1958)
R: Kolditz, Gottfried; A: Hauff, Wilhelm
BT: *Der junge Engländer*
Junge Frau von 1914 (1969)
R: Günther, Egon; A: Zweig, Arnold
BT: *Junge Frau von 1914* (1931)
Junge Herr Siegmund, Der (1986)
R: Böhlich, Bernd; A: Tieck, Ludwig
BT: *Die beiden merkwürdigsten Tage in Siegmunds Leben*
Junge Leute brauchen Liebe (1980)
R: Kratz, Käthe; A: Perny, Wilhelm
BT: *Die Bande*
Junge Leute in der Stadt (1985)
R: Lotz, Karl-Heinz; A: Braune, Rudolf
BT: *Junge Leute in der Stadt* (1932)
Junge Magd, Die (1988)
R: Emmerling, Hans; A: Trakl, Georg
BT: *Die junge Magd* (1912)
Junge mit dem großen schwarzen Hund, Der (1986)
R: Unterberg, Hannelore; A: Schumacher, Hildegard; Schumacher, Siegfried
BT: *Der Junge mit dem großen schwarzen Hund* (1980)
Junge Roth, Der (1969)
R: Wolffhardt, Rainer; A: Bieler, Manfred
BT: *Der junge Roth* (1968)
Junge Törless, Der (1966)
R: Schlöndorff, Volker; A: Musil, Robert
BT: *Die Verwirrungen des Zöglings Törless* (1906)

Junger Mann, der alles kann (1957)
R: Engel, Thomas; A: Rudolphi, Ernst
BT: *Junger Mann, der alles kann* (1955)
Jungfer Miras Mirakel (1986)
A: Zschokke, Heinrich
BT: *Das blaue Wunder* (1825)
Jungfer, sie gefällt mir (1968)
R: Reisch, Günter; A: Kleist, Heinrich von
BT: *Der zerbrochene Krug* (1811)
Jungfernfahrt der "Antje B"., Die (1980)
R: Pieper, Eberhard; A: Nathan, Robert
BT: *The Entchanted Voyage* (1936) (*Verzauberte Reise* 1948)
Jungfrau auf dem Dach, Die (1952)
R: Preminger, Otto; A: Herbert, F. (Frederick) Hugh
BT: *The Moon is Blue* (1951)
Jungfrauenkrieg (1957)
R: Kugelstadt, Hermann; A: Matschners, Hans
Junggesellenfalle, Die (1952)
R: Böttger, Fritz; A: Kalkus, Albert
BT: *Die Junggesellenfalle*
Jüngste Tag, Der (1960)
R: Neuberg, Erich; A: Horváth, Ödön von
BT: *Der jüngste Tag* (1938)
Jüngste Tag, Der (1961)
R: Kehlmann, Michael; A: Horváth, Ödön von
BT: *Der jüngste Tag* (1938)
Jüngste Tag, Der (1988)
R: Davy, Walter; A: Horváth, Ödön von
BT: *Der jüngste Tag* (1938)
Juno und der Pfau (1956)
R: Kehlmann, Michael; A: O'Casey, Sean
BT: *Juno and the Peacock* (1925) (*Juno und der Pfau* 1953)
Justine, das Sexgeschöpf des Marquis de Sade (1968)
R: Franco, Jess; A: Sade, Donatien Marquis de
BT: *Justine ou les malheurs de la vertue* (1791)
Justitias kleine Fische (26 Folgen) (1988)
R: Dietrich, Wolf; Frohmann, Clemens; Schirk, Heinz; Schnell, Heinz-Otto; Schultze, Norbert jr.; A: Cornelsen, Horst
BT: *Kleine Fische auf Justitias Grill* (1984)
Justiz (1993)
R: Geissendörfer, Hans W.; A: Dürrenmatt, Friedrich
BT: *Der Richter und sein Henker* (1952)
Jux will er sich machen, Einen (1958)
R: Stöger, Alfred; A: Nestroy, Johann Nepomuk
BT: *Einen Jux will er sich machen* (1844)
Jux will er sich machen, Einen (1962)
R: Kehlmann, Michael; A: Nestroy, Johann Nepomuk
BT: *Einen Jux will er sich machen* (1844)
Kabale und Liebe (1955)
R: Götz-Pflug, Curt; A: Schiller, Friedrich von
BT: *Kabale und Liebe* (1784)
Kabale und Liebe (1959)
R: Hellberg, Martin; A: Schiller, Friedrich von
BT: *Kabale und Liebe* (1784)
Kabale und Liebe (1959)
R: Braun, Harald; A: Schiller, Friedrich von
BT: *Kabale und Liebe* (1784)
Kabale und Liebe (1965)
R: Neuberg, Erich; A: Schiller, Friedrich von
BT: *Kabale und Liebe* (1784)
Kabale und Liebe (1967)
R: Klingenberg, Gerhard; A: Schiller, Friedrich von
BT: *Kabale und Liebe* (1784)
Kabale und Liebe (1980)
R: Schirk, Heinz; A: Schiller, Friedrich von
BT: *Kabale und Liebe* (1784)
Kabale und Liebe (1982)
R: Drescher, Piet; A: Schiller, Friedrich von
BT: *Kabale und Liebe* (1784)
Kaffeehaus, Das (1970)
R: Fassbinder, Rainer Werner; A: Goldoni, Carlo
BT: *La bottega del caffè* (1750) (*Das Kaffeehaus* 1924)
Kahle Sängerin, Die (1961)
R: Dhomme, Sylvain; A: Ionesco, Eugène
BT: *La cantatrice chauve* (1950) (*Die kahle Sängerin* 1959)
Kahn der fröhlichen Leute, Der (1950)
R: Heinrich, Hans; A: Klepper, Jochen
BT: *Der Kahn der fröhlichen Leute* (1933)
Kai aus der Kiste (1960)
R: Mezger, Theo; A: Durian, Wolf (= Bechtle, Walter Wolfgang)
BT: *Kai aus der Kiste* (1936)
Kai aus der Kiste (1988)
R: Meyer, Günther; A: Durian, Wolf (= Bechtle, Walter Wolfgang)
BT: *Kai aus der Kiste* (1936)

Kaiser Jones (1961)
R: Semmelroth, Wilhelm; A: O'Neill, Eugene (Gladstone)
BT: *The Emperor Jones* (1921) (*Kaiser Jones* 1923)
Kaiser Joseph und die Bahnwärtertochter (1962)
R: Corti, Axel; A: Herzmanovsky-Orlando, Fritz Ritter von
BT: *Kaiser Joseph und die Bahnwärtertochter* (1963)
Kaiser von Amerika, Der (1959)
R: Schmidt, Willi; A: Shaw, George Bernard
BT: *The Apple Cart* (1929) (*Der Kaiser von Amerika* 1930)
Kaiserhofstraße 12 (1980)
R: Wolffhardt, Rainer; A: Senger, Valentin
BT: *Kaiserhofstraße 12* (1978)
Kaiserin von China, Die (1959)
R: Sekely, Steve; A: Stolp, Hannes Peter (= Loeb, Wilhelm)
BT: *Himmeldonnerwetter, Victoria* (1956)
Kaisermühlen Blues (1992)
R: Riedelsperger, Erhard; Schwabenitzky, Reinhard; Sicheritz, Harald; A: Hinterberger, Ernst
BT: *Kaisermühlen Blues* (1994)
Kaisers neue Kleider, Des (1962)
R: Schäfer, Harald; A: Andersen, Hans Christian
BT: *Kejserens nye klaeder* (*Des Kaisers neue Kleider*)
Kaisers neue Kleider, Des (1978)
R: Brüggemann, Erika; A: Andersen, Hans Christian
BT: *Kejserens nye klaeder* (*Des Kaisers neue Kleider*)
Kaisers neue Kleider, Des (1987)
R: Hoflehner, Johannes; A: Andersen, Hans Christian
BT: *Kejserens nye klaeder* (*Des Kaisers neue Kleider*)
Kaisers neue Kleider, Des (1993)
R: Herz, Juraj; A: Andersen, Hans Christian
BT: *Kejserens nye klaeder* (*Des Kaisers neue Kleider*)
Kaktusgarten, Der (1967)
R: Haaf, Wilm ten; A: Campton, David
BT: *The Cactus Garden* (1967) (*Der Kaktusgarten* 1960)
Kalif Storch (1981)
R: Hoflehner, Johannes; A: Hauff, Wilhelm
BT: *Die Geschichte vom Kalif Storch* (1826)
Kalkstein (1983)
R: Moszkowicz, Imo; A: Stifter, Adalbert
BT: *Kalkstein* (1848)
Kalles Oma (1976)
R: Borgelt, Hans-Henning; A: Härtling, Peter
BT: *Oma: die Geschichte von Kalle, der seine Eltern verliert und von seiner Großmutter aufgenommen wird* (1975)
Kalt ist der Abendhauch (2000)
R: Kaufmann, Rainer; A: Noll, Ingrid
BT: *Kalt ist der Abendhauch* (1996)
Kalte Herz, Das (1950)
R: Verhoeven, Paul; A: Hauff, Wilhelm
BT: *Das kalte Herz* (1828)
Kalte Herz, Das (1978)
R: Reinhold, Werner; A: Hauff, Wilhelm
BT: *Das kalte Herz* (1828)
Kalte Herz, Das (1983)
R: Leupschitz, Florian; A: Hauff, Wilhelm
BT: *Das kalte Herz* (1828)
Kalte Küsse (1997)
R: Schenkel, Carl; A: Deitmer, Sabine
BT: *Kalte Küsse* (1993)
Kalte Licht, Das (1955)
R: Mittler, Leo; A: Zuckmayer, Carl
BT: *Das kalte Licht* (1955)
Kaltenbach-Papiere, Die (1990)
R: Erler, Rainer; A: Erler, Rainer
BT: *Die Kaltenbach-Papiere* (1991)
Kaltes Fieber (1988)
R: Rusnak, Josef; A: Camus, Albert
BT: *La mort heureuse* (1971) (*Der glückliche Tod* 1972)
Kamasutra - Vollendung der Liebe (1968)
R: Jäger, Kobi; A: Vatsyayna, Mallanaga
BT: *Kamasutra* (250) (*Das Kamasutram*)
Kamel geht durch das Nadelöhr, Das (1960)
R: Wild, Franz Josef; A: Langer, Frantisek
BT: *Velbloud uchem jehly* (1923) (*Das Kamel geht durch das Nadelöhr* 1929)
Kameliendame, Die (1978)
R: Toelle, Tom; A: Dumas, Alexandre (fils)
BT: *La dame aux camelias* (1848) (*Die Kameliendame* 1919)
Kameliendame, Die (1987)
R: Neumeier, John; A: Dumas, Alexandre (fils)
BT: *La dame aux camelias* (1848) (*Die Kameliendame* 1919)
Kameraden (1981)
R: Klante, Diethard; A: Strindberg, August
BT: *Kamraterna* (1888)

Kamikaze '89 (1982)
R: Gremm, Wolf; A: Sjöwall, Maj; Wahlöö, Per
BT: *Mord på 31: a våningen* (*Mord im 31. Stock* 1977)
Kammerdiener als Nebenbuhler, Der (1979)
R: Volkmer, Rüdiger; A: Scribe, Eugène
Kammerjungfer (1964)
R: Quest, Hans; A: Deval, Jacques
BT: *Soubrette*
Kampf der Tertia, Der (1952)
R: Ode, Erik; A: Speyer, Wilhelm
BT: *Der Kampf der Tertia* (1927)
Kampf um Rom, 2 Teile (1968/69)
R: Siodmak, Robert; A: Dahn, Felix
BT: *Ein Kampf um Rom* (1876)
Kanak Attack (2000)
R: Becker, Lars; A: Zaimoglu, Feridun
BT: *Kanak Sprak: 24 Misstöne vom Rande der Gesellschaft* (1995)
Kandidat Cormoran (1965)
R: Liebeneiner, Wolfgang; A: Paliard, François
BT: *Candidat Cormoran* (1962) (*Kandidat Cormoran* 1965)
Kandidat, Der (1965)
R: Wagner, Klaus; A: Flaubert, Gustave
BT: *Le candidat* (1874) (*Der Kandidat* 1914)
Kandidat, Der (1986)
R: Engel, Thomas; A: Flaubert, Gustave
BT: *Le candidat* (1874) (*Der Kandidat* 1914)
Kaninchen bin ich, Das (1972)
R: Maetzig, Kurt; A: Bieler, Manfred
BT: *Das Kaninchen bin ich* (1962)
Kannibalen (1970)
R: Mieke, Reinhard; A: Tabori, George
BT: *Cannibals* (1968)
Kapitän Brassbounds Bekehrung (1967)
R: Glück, Wolfgang; A: Shaw, George Bernard
BT: *Captain Brassbound's Conversion* (1900) (*Kapitän Brassbounds Bekehrung* 1926)
Kapitän, Der (1971)
R: Hoffmann, Kurt; A: Gordon, Richard
BT: *The Captain's Table* (1954) (*Käpt'n Ebbs: Seebär und Salonlöwe* 1955)
Kapitän Karagöz (1963)
R: Benesch, Harald; A: Gaulis, Louis
BT: *Capitaine Karagheuz. Chronique en un prologue, cinq tableaux et un épilogue* (1967) (*Kapitän Karagöz*)
Kapitäne bleiben an Bord (1958)
R: Hellberg, Martin; A: Lenz, Jürgen
BT: *Kapitäne bleiben an Bord* (1956)
Kapitel für sich (3 Teile), Ein (1979)
R: Fechner, Eberhard; A: Kempowski, Walter
BT: *Uns geht's ja noch gold. Roman einer Familie; Im Block; Ein Haftbericht (1969); Ein Kapitel für sich (1975)* (1972)
Käpt'n Bay-Bay (1952)
R: Käutner, Helmut; A: Grasshoff, Fritz; Schultze, Norbert
BT: *Käpt'n Bay-Bay* (1952)
Käpt'n Blaubär - der Film (1999)
R: Freitag, Hayo; A: Moers, Walter
BT: *Käpt'n Blaubär* (1997)
Käpt'n Blaubärs Seemannsgarn (1990)
A: Moers, Walter
BT: *Käpt'n Blaubärs Seemannsgarn* (1990)
Kara Ben Nemsi Effendi (1973)
R: Gräwert, Günter; A: May, Karl Friedrich
BT: *Durch die Wüste* (1892)
Karakum (1997)
R: Aghte, Arend; A: Giordano, Mario
BT: *Karakum* (1993)
Kardinal von Spanien, Der (1965)
R: Everding, August; A: Montherlant, Henry de
BT: *Le Cardinal d'Espagne* (1960) (*Der Kardinal von Spanien* 1960)
Karl III. und Anna von Österreich (1953)
R: Götz-Pflug, Curt; A: Rößner, Manfred
BT: *Karl III. und Anna von Österreich* (1939)
Karl III. und Anna von Österreich (1962)
R: Wilhelm, Kurt; A: Rößner, Manfred
BT: *Karl III. und Anna von Österreich* (1939)
Karla (1965)
R: Zschoche, Herrmann; A: Plenzdorf, Ulrich
BT: *Karla. Der alte Mann, das Pferd, die Straße* (1980)
Karlchen, durchhalten! (1979)
R: Hartmann, Siegfried; A: Balász, Béla
Karnickel, Das (1980)
R: Moorse, George; A: Rivemale, Alexandre
Karol (1962)
R: Hädrich, Rolf; A: Mrozek, Slawomir
BT: *Karol* (1961) (dt. 1963)
Karpfenschlacht, Die (1985)
R: Munck, Eckhard; A: Purzer, Manfred
BT: *Die Karpfenschlacht*
Karriere (1968-70)
R: Carow, Heiner; A: Richter, Egon
BT: *Die Anzeige*

Karriere in Paris (1952)
R: Klaren, Georg C.; Rudolph, Hans Georg; A: Balzac, Honoré de
BT: *Le père Goriot* (1834) (*Vater Goriot*)
Karten lügen nicht, Die (1981)
R: Weidenmann, Alfred; A: Slesar, Henry
Kartoffeln mit Stippe (3 Teile) (1990)
R: Gottlieb, Franz Josef; A: Bredow, Ilse von
BT: *Kartoffeln mit Stippe* (1979)
Karwoche, Die (1995)
R: Wajda, Andrzej; A: Andrzejewski, Jerzy
BT: *Wielki tydzien* (1945) (*Warschauer Karwoche* 1964)
Kasachstan Lady (2000)
R: Astrakhan, Dmitri; A: Brauner, Artur (= Bernd, Art)
Kaßbach (1981)
R: Patzak, Peter; A: Zenker, Helmut
BT: *Kaßbach* (1974)
Käserei in der Vehfreude, Die (1958)
R: Schnyder, Franz; A: Gotthelf, Jeremias (= Bitzius, Albert)
BT: *Die Käserei in der Vehfreude* (1850)
Kasimir und Karoline (1959)
R: Kehlmann, Michael; A: Horváth, Ödön von
BT: *Kasimir und Karoline* (1932)
Kasper Laris Abenteuer (1979)
R: Maiwald, Armin; A: Kruse, Max
BT: *Kasper Laris neue Kleider* (1976)
Kassette, Die (1961)
R: Noelte, Rudolf; A: Sternheim, Carl
BT: *Die Kassette* (1912)
Katharina Knie (1964)
R: Grädler, Theodor; A: Zuckmayer, Carl
BT: *Katharina Knie* (1929)
Katharina oder Die Kunst, Arbeit zu finden (1995)
R: Trottnow, Barbara; A: Seghers, Anna
BT: *Katharina oder Die Kunst, Arbeit zu finden*
Käthchen von Heilbronn oder Die Feuerprobe, Das (1981)
R: Beauvais, Peter; A: Kleist, Heinrich von
BT: *Das Käthchen von Heilbronn* (1810)
Katrin wird Soldat (14 Teile), Die (1988)
R: Deutsch, Peter; A: Thomas, Adrienne
BT: *Die Katrin wird Soldat* (1930)
Katz und Maus (1967)
R: Pohland, Hans Jürgen; A: Grass, Günter
BT: *Katz und Maus* (1961)
Katze auf dem Gleis, Die (1970)
R: Corti, Axel; A: Topol, Josef
BT: *Kocka na kolejích* (1966) (*Die Katze auf dem Gleis* 1966)
Katze, Die (1997)
R: Graf, Dominik; A: Erichsen, Uwe
BT: *Das Leben einer Katze* (1984)
Katze im Sack, Die (1965)
R: Roland, Jürgen; A: Chase, James Hadley
BT: *Lay Her Among the Lilies* (1950) (*Die Katze im Sack* 1960)
Katze im Sack (oder Der Sänger aus Bordeaux), Die (1967)
R: Vasil, Paul; A: Feydeau, Georges
BT: *Le chat en poche* (1888) (*Die Katze im Sack*)
Katze läßt das Mausen nicht, Die (1983)
R: Scheidegger, Josef; A: Stamm, Alfred
BT: *... und weiche keinen Finger breit* (1977)
Katzelmacher (1969)
R: Fassbinder, Rainer Werner; A: Fassbinder, Rainer Werner
BT: *Katzelmacher* (1968)
Katzenspiel (1983)
R: Szabó, István; A: Örkeny, Istvan
BT: *Macskajáték* (1969) (*Katzen-Spiel* 1972)
Katzensteg, Der (1975)
R: Gräwert, Günter; A: Sudermann, Hermann
BT: *Der Katzensteg* (1888)
Kaufmann von Venedig, Der (1968)
R: Schenk, Otto; A: Shakespeare, William
BT: *The Merchant of Venice* (1597) (*Der Kaufmann von Venedig*)
Kaukasische Kreidekreis, Der (1958)
R: Wirth, Franz Peter; A: Brecht, Bertolt
BT: *Der kaukasische Kreidekreis* (1949)
Kean (1963)
R: Klingenberg, Gerhard; A: Sartre, Jean-Paul
BT: *Kean* (1954)
Keiler vom Keilersberg, Der (1980)
R: Hill, Peter; A: Kent, Alexander
BT: *Der Keiler vom Keilersberg*
Kein Alibi für eine Leiche (1986)
R: Dietrich, Wolf; A: Durbridge, Francis Henry
BT: *Greatly-Missed* (1986) (*Kein Alibi für eine Leiche* 1986)

Kein Grund zur Unruhe (1964)
R: Pfeiffer, Hermann; A: Spooner, John D.
Kein Hüsung (1954)
R: Pohl, Arthur; A: Reuter, Fritz
BT: *Kein Hüsung* (1858)
Kein Platz für Idioten (1994)
R: Kovács, Gedeon; A: Mitterer, Felix
BT: *Kein Platz für Idioten* (1979)
Kein Platz für Teufel (1979)
R: Schreiber, Andreas; A: Grabbe, Christian Dietrich
BT: *Scherz, Satire, Ironie und tiefere Bedeutung* (1827)
Kein Reihenhaus für Robin Hood (1980)
R: Gremm, Wolf; A: -ky (= Bosetzky, Horst)
BT: *Kein Reihenhaus für Robin Hood* (1979)
Kein Wort von Einsamkeit (1990)
R: Böhlich, Bernd; A: Endert, Torsten
BT: *Kein Wort von Einsamkeit* (1986)
Keine Angst vor großen Tieren (1953)
R: Erfurth, Ulrich; A: Nóti, Károly (= Noti, Karl)
Keine Gondel für die Leiche (1989)
R: Gottlieb, Franz Josef; A: Scarnacci, Giulio; Tarabusi, Renzo
BT: (*Kaviar und Linsen*)
Keine Zeit für Komödie (Der Elfenbeinturm) (1961)
R: Wild, Franz Josef; A: Behrman, Samuel Nathaniel
BT: *No Time for Comedy* (1939) (*Der Elfenbeinturm* 1947)
Keiner liebt mich (1994)
R: Dörrie, Doris; A: Dörrie, Doris
BT: *Keiner liebt mich*
Keller, Der (1957)
R: Fischer, Hannes; A: Lucke, Hans
BT: *Der Keller* (1957)
Kennen Sie die Milchstraße? (1955)
R: Elsner, Reinhard; A: Wittlinger, Karl
BT: *Kennen Sie die Milchstraße?* (1956)
Kennen Sie die Milchstraße? (1958)
R: Pfleghar, Michael; A: Wittlinger, Karl
BT: *Kennen Sie die Milchstraße?* (1956)
Kennwort: Reiher (1963)
R: Jugert, Rudolf; A: Morgan, Charles
BT: *The River Line* (1949) (*Der Reiher* 1954)
Kerbels Flucht (1984)
R: Keusch, Erwin; A: Timm, Uwe
BT: *Kerbels Flucht* (1980)
Kesselflickers Hochzeit (1972)
R: Fiedler, Gerlach; A: Synge, John Millington
BT: *The Tinker's Wedding* (1908) (*Die Kesselflickerhochzeit* 1964)
Kette an Deinem Hals, Die (1965)
R: Witt, Claus Peter; A: Erb, Ute
BT: *Die Kette an Deinem Hals* (1960)
Kette, Die (1977)
R: Sydow, Rolf von; A: Durbridge, Francis Henry
BT: *A Game of Murder* (1975) (*Die Kette* 1978)
Ketten (1976)
R: Fruchtmann, Karl; A: Cook, Kenneth
BT: *Chain of Darkness* (1962)
Keusche Adam, Der (1950)
R: Löwinger, Paul; Sztollar, Karl; A: Löwinger, Gretl; Löwinger, Paul
BT: *Der keusche Adam*
Keusche Josef, Der (1953)
R: Böse, Carl; A: Arnold, Franz; Bach, Ernst
BT: *Unter Geschäftsaufsicht* (1928)
Keusche Lebemann, Der (1952)
R: Böse, Carl; A: Arnold, Franz; Bach, Ernst
BT: *Der keusche Lebemann* (1921)
Keusche Lebemann, Der (1978)
R: Weidenmann, Alfred; A: Arnold, Franz; Bach, Ernst
BT: *Der keusche Lebemann* (1921)
Keusche Lebemann, Der (1992)
R: Millowitsch, Willy; A: Arnold, Franz; Bach, Ernst
BT: *Der keusche Lebemann* (1921)
Kiebich und Duz (1989)
R: Solange, Lucas; A: Waechter, Friedrich Karl
BT: *Kiebich und Dutz* (1975)
Kiez - Aufstieg und Fall eines Luden (1982)
R: Bockmayer, Walter; Bührmann, Rolf; A: Greiner, Peter
BT: *Kiez* (1980)
Killer kennen keine Furcht (1989)
R: Gottlieb, Franz Josef; A: Graham, John
BT: *All Change*
Kind, Das (1975)
R: Schirk, Heinz; A: Carlon, Patricia
BT: *The Price of an Orphan* (1964) (*Das Kind*)
Kinder (1981)
R: Döpke, Oswald; A: Cheever, John
BT: *Children*

Kinder aus Nr. 67 oder Heil Hitler, ich hätt' gern 'n paar Pferdeäppel, Die (1979)
R: Barthelmeß-Weller, Usch; Meyer, Werner; A: Tetzner, Lisa
BT: *Erlebnisse und Abenteuer der Kinder aus Nr. 67. Odyssee einer Jugend* (1939)
Kinder des Schattens (1968)
R: Gräwert, Günter; A: Wittlinger, Karl
BT: *Kinder des Schattens* (1957)
Kinder, Die (1979)
R: Wilhelm, Kurt; A: Bahr, Hermann
BT: *Die Kinder* (1911)
Kinder, Mütter und ein General (1954)
R: Benedek, Laszlo; A: Reinecker, Herbert
BT: *Kinder, Mütter und ein General* (1953)
Kinderdieb, Der (1966)
R: Westphal, Gert; A: Supervielle, Jules
BT: *Le voleur d'enfants* (1926) (*Der Kinderdieb* 1949)
Kinderkrankheiten (1961)
R: Weiler, Margit; A: Twain, Mark
Kinderparty (1978)
R: Neureuther, Ulrich; A: Waterhouse, Keith
BT: *Children's Day* (1975)
Kinderseele (1977)
R: Kubli, Guy; A: Hesse, Hermann
BT: *Kinderseele* (1919)
Kindersegen heißt sich regen (1980)
R: Kulosa, Christa; A: Beckmann, Heinz
BT: *Kindersegen heißt sich regen*
Kinderspiel, Ein (1972)
R: Fiedler, Gerlach; A: Walser, Martin
BT: *Ein Kinderspiel* (1970)
King of Evergreen (1997)
R: Klein, Dietmar; A: Polák, Jirí
Kingstontown am Schotterteich (1986)
A: Zanke, Susanne
BT: *Kingston Town am Schotterteich* (1977)
Kinoerzähler, Der (1993)
R: Sinkel, Bernhard; A: Hofmann, Gert
BT: *Der Kinoerzähler* (1990)
Kippenberg (1981)
R: Steinke, Christian; A: Noll, Dieter
BT: *Kippenberg* (1979)
Kirsch und Kern (1971)
R: Grädler, Theodor; A: Bender, Ludwig
BT: *Kirsch und Kern* (1950)
Kirschgarten, Der (1981)
R: Karge, Manfred; Langhoff, Matthias; A: Čechov, Anton Pavlovič
BT: *Visnevyj sad* (1904) (*Der Kirschgarten* 1960)
Kit & Co (1974)
R: Petzold, Konrad; A: London, Jack
BT: *Tales of the far North* (1900)
Kitty und die große Welt (1956)
R: Weidenmann, Alfred; A: Donat, Stefan
BT: *Kitty und die Weltkonferenz* (1938)
Klarer Fall, Ein (1994)
R: Lyssy, Rolf; A: Born, Hanspeter
BT: *Mord im Kehrsatz* (1989)
Klasse (Lehrer Blau), Die (1968)
R: Staudte, Wolfgang; A: Ungar, Hermann
BT: *Die Klasse* (1927)
Klassenaufsatz, Der (1963)
R: Benesch, Harald; A: Wickert, Erwin
BT: *Der Klassenaufsatz* (1960)
Klassenfeind (1982)
R: Stein, Peter; A: Williams, Nigel
BT: *Class Enemy* (1978) (*Klassenfeind* 1978)
Klassenverhältnisse (1983)
R: Huillet, Danièle; Straub, Jean-Marie; A: Kafka, Franz
BT: *Amerika* (1927)
Klavier (3 Teile), Das (1986)
R: Umgelter, Fritz; A: Tinzmann, Julius
BT: *Das Klavier* (1968)
Klavier (2 Teile), Das (1972)
R: Umgelter, Fritz; A: Tinzmann, Julius
BT: *Das Klavier* (1968)
Klavierspiele (1981)
R: Kelling, Gerhard; A: Roth, Friederike
BT: *Klavierspiele* (1981)
Klawitter (1983)
R: Gräwert, Günter; A: Kaiser, Georg
BT: *Klawitter* (1943)
Klax, Der (1954)
R: Essberger, Ruprecht; A: Dockwiller, Henrik
BT: *Der Mann in der Schürze* (1947)
Kleene Punker, Der (1989/91)
R: Schaack, Michael; A: Niebisch, Jackie
BT: *Der kleene Punker aus Berlin* (1987)
Kleid von Dior, Ein (1982)
R: Weck, Peter; A: Gallico, Paul William
BT: *Flowers for Mrs. Harris* (1959) (*Ein Kleid von Dior* 1959)
Kleider machen Leute (1969)
R: Verhoeven, Paul; A: Keller, Gottfried
BT: *Kleider machen Leute* (1856)
Klein Zaches, genannt Zinnober (1982)
R: Strecker, Frank; A: Hoffmann, Ernst Theodor Amadeus
BT: *Klein Zaches, genannt Zinnober* (1819)

Klein Zaches, genannt Zinnober (1983)
R: Bleiweiß, Celino; A: Hoffmann, Ernst Theodor Amadeus
BT: *Klein Zaches, genannt Zinnober* (1819)
Kleinbürgerhochzeit (1969)
R: Wolffhardt, Rainer; A: Brecht, Bertolt
BT: *Die Hochzeit* (1919)
Kleine Bezirksgericht, Das (1961)
R: Glück, Wolfgang; A: Bielen, Otto Karl Stephan
BT: *Das kleine Bezirksgericht*
Kleine Figur meines Vaters, Die (1980)
R: Glück, Wolfgang; A: Henisch, Peter
BT: *Die kleine Figur meines Vaters* (1975)
Kleine Friedländer, Der (1956)
R: Horn, Peter A.; A: Zuckmayer, Carl
BT: *Das kalte Licht* (1955)
Kleine Geschäfte (1962)
R: Pohl, Arthur; A: Huisman, Loek
BT: (*Kleine Geschäfte*)
Kleine Gespenst, Das
R: Linda, Curt; A: Preußler, Otfried
BT: *Das kleine Gespenst (1992)* (1966)
Kleine Häwelmann (in "Sendung mit der Maus"), Der (1987)
R: Fischer, Klaus Hein; A: Storm, Theodor
BT: *Der kleine Häwelmann* (1849)
Kleine Häwelmann (Puppentrick), Der (1955)
R: Schulz, Herbert K.; A: Storm, Theodor
BT: *Der kleine Häwelmann* (1849)
Kleine Herr Friedemann, Der (1990)
R: Vogel, Peter; A: Mann, Thomas
BT: *Der kleine Herr Friedemann* (1898)
Kleine Hexe, die nicht böse sein konnte, Die (1972)
R: Pichler, Ernst; A: Machado, Maria Clara
BT: (*Die kleine Hexe, die nicht böse sein konnte* 1968)
Kleine Hofkonzert, Das (1955)
R: Olden, John; A: Nick, Edmund; Verhoeven, Paul
BT: *Das kleine Hofkonzert* (1935)
Kleine Hotel, Das (1981)
R: Hauff, Eberhard; A: Frost, Rex
BT: *Small Hotel* (1956) (*Das kleine Hotel*)
Kleine Kadi, Der
R: Dörre, Peter; A: Meise, Grete
BT: *1001 Nacht*
Kleine Lord, Der (1962)
R: Wild, Franz Josef; A: Burnett, Frances Hodgson
BT: *Little Lord Fauntleroy* (1886) (*Der kleine Lord* 1949)
Kleine Lord, Der (1980)
R: Pichler, Ernst; A: Burnett, Frances Hodgson
BT: *Little Lord Fauntleroy* (1886) (*Der kleine Lord* 1949)
Kleine Lord, Der (1994)
R: Albano, Gianfranco; A: Burnett, Frances Hodgson
BT: *Little Lord Fauntleroy* (1886) (*Der kleine Lord* 1949)
Kleine Muck, Der (1971)
R: Eder, Otto Anton; A: Hauff, Wilhelm
BT: *Der kleine Muck* (1826)
Kleine Prinz, Der (1966)
R: Wolf, Konrad; A: Saint-Exupéry, Antoine-Marie Roger de
BT: *Le petit prince* (1943) (*Der kleine Prinz* 1950)
Kleine Prinz, Der (1990)
R: Jakuba, Jaroslav; Kerp, Theo; A: Saint-Exupéry, Antoine-Marie Roger de
BT: *Le petit prince* (1943) (*Der kleine Prinz* 1950)
Kleine Riese, Der (1985)
R: Moszkowicz, Imo; A: Reinecker, Herbert
Kleine Teehaus, Das (1967)
R: Martin, Paul; A: Goggan, John Patrick (= Patrick, John); Sneider, Vern
BT: *Teahouse of the August Moon* (1952) (*Die Geishas des Käpt'n Fisby: Das kleine Teehaus* 1955)
Kleine und der große Klaus, Der (1971)
R: Bleiweiß, Celino; A: Andersen, Hans Christian
BT: (*Der kleine und der große Klaus*)
Kleine Ursachen - große Wirkungen (1954)
R: Biltz, Karl Peter; A: Tucholsky, Kurt
Kleine Vampir - Neue Abenteuer, Der (1993)
R: Görlitz, Helmut Christian; A: Sommer-Bodenburg, Angela
BT: *Der kleine Vampir verreist/Der kleine Vampir auf dem Bauernhof* (1986)
Kleine Vampir (The Little Vampire), Der (2000)
R: Edel, Ulrich; A: Sommer-Bodenburg, Angela
BT: *Der kleine Vampir verreist/Der kleine Vampir auf dem Bauernhof* (1986)

Kleine Weihnachtsmann, Der (1979)
R: Meyer, Günther; A: Holland-Moritz, Renate
BT: *Der kleine Weihnachtsmann*
Kleine Zauberflöte, Die (1998)
R: Linda, Curt; A: Mozart, Wolfgang Amadeus; Schikaneder, Emanuel
BT: *Die Zauberflöte* (1791)
Kleinen Füchse, Die (1961)
R: Beauvais, Peter; A: Hellman, Lillian
BT: *The Little Foxes* (1939) (*Kleine Füchse* 1945)
Kleinen Reisen des Herrn Aghios, Die (1981)
R: Lhotsky, Georg; A: Svevo, Italo
Kleinen Verwandten, Die (1961)
R: Mezger, Theo; A: Thoma, Ludwig
BT: *Die kleinen Verwandten* (1916)
Kleinen Verwandten, Die (1988)
R: Strecker, Frank; A: Thoma, Ludwig
BT: *Die kleinen Verwandten* (1916)
Kleiner Engel ohne Bedeutung (1956)
R: Lothar, Frank; A: Puget, Claude-André
BT: *Un petit ange de rien du tout* (1940) (*Kleiner Engel ohne Bedeutung*)
Kleiner Mann, was nun? (1967)
R: Kasprzik, Hans-Joachim; A: Fallada, Hans
BT: *Kleiner Mann, was nun?* (1932)
Kleiner Mann, was nun? (1973)
R: Zadek, Peter; A: Fallada, Hans
BT: *Kleiner Mann, was nun?* (1932)
kleinere taschenkunststücke. fast eine chinoiserie (1977)
R: Schwabenitzky, Reinhard; A: Artmann, Hans Carl
BT: *kleinere taschenkunststücke. fast eine chinoiserie* (1969)
Kleines Arschloch - Der Film (1997)
R: Schaack, Michael; Vollmer, Veit; A: Moers, Walter
BT: *Kleines Arschloch* (1990)
Kleines Kammerspiel (1981)
R: Kaspar, Bruno; A: Schwaiger, Brigitte
BT: *Kleines Kammerspiel. Steirerkostüm* (1971)
Klemperer - Ein Leben in Deutschland (1999)
R: Kleinert, Andreas; Wessel, Kai; A: Klemperer, Victor
BT: *Ich will Zeugnis ablegen bis zum letzten 1933-1945* (1995)
Klettermaxe (1952)
R: Hoffmann, Kurt; A: Possendorf, Hans (= Mahner-Mons, Hans)
BT: *Klettermaxe* (1951)
Klick aus dem Spielzeugladen (1962)
R: Bernhardt, Hanns; A: Schnack, Friedrich
BT: *Klick aus dem Spielzeugladen* (1933)
Klick und der Goldschatz (1962)
R: Müller, Peter; A: Schnack, Friedrich
BT: *Klick und der Goldschatz* (1938)
Klippen des Todes (1993)
R: Gremm, Wolf; A: Fremlin, Celia (= Goller, Celia Margaret)
BT: *The Spider Orchid* (1977) (*Die Spinnenorchidee* 1988)
Klopfzeichen (1980)
R: Schwarzbach, Helmut; A: Böll, Heinrich
BT: *Klopfzeichen* (1961)
Klosterjäger, Der (1953)
R: Reinl, Harald; A: Ganghofer, Ludwig
BT: *Der Klosterjäger* (1892)
Kluge Bauerntochter, Die (1977)
R: Jugert, Rudolf; A: Grimm, Jakob Ludwig Carl; Grimm, Wilhelm Carl
BT: *Die kluge Bauerntochter* (1812)
Kluge Witwe, Die (1981)
R: Dietrich, Wolf; A: Spiegelgass, Leonhard
BT: *Die kluge Witwe*
Knabe mit den 13 Vätern, Der (1976)
R: Fantl, Thomas; A: Roda-Roda, Alexander (= Rosenfeld, Sándor Friedrich)
BT: *Der Knabe mit den 13 Vätern* (1927)
Knall und Fall als Detektive (1953)
R: Heinrich, Hans; A: Stolp, Hannes Peter (= Loeb, Wilhelm)
BT: *Die Sache mit dem Koffer* (1951)
Knall und Fall als Hochstapler (1953)
R: Marischka, Hubert; A: Stolp, Hannes Peter (= Loeb, Wilhelm)
BT: *Die Sache mit dem Koffer* (1951)
Knastmusik (1991)
A: Brandenburg, Rainer
BT: *Knastmusik: das Buch zur Fernsehserie* (1991)
Kneuss (1977)
R: Meili, Gaudenz; A: Brechbühl, Beat
BT: *Kneuss* (1970)
Knickerbocker-Bande - Das sprechende Grab, Die (1995)
R: Vajda, Marijan David; A: Brezina, Thomas
BT: *Die Knickerbocker-Bande* (1993)
Knickerbockerbande (TV Miniserie), Die (1997)
R: Lasnig, Guntmar; A: Brezina, Thomas
BT: *Die Knickerbockerbande* (1993)

Knock out (1981)
R: Mechow, Ulf von; A: Martin, Hansjörg
BT: *K.O. und O.K.* (1975)
Knockin' on Heaven's Door (1997)
R: Jahn, Thomas; A: Jahn, Thomas
BT: *Knocking on Heaven's Door* (1997)
Kolibri (1971)
R: Jariv, Nathan; A: Corbett, Gerda; Mansfeld, Michael (= Heinze, Eckart)
BT: *Kolibri*
Koll (1964)
R: Witt, Claus Peter; A: Moers, Hermann
BT: *Koll* (1962)
Kollege Crampton (1967)
R: Semmelroth, Wilhelm; A: Hauptmann, Gerhart
BT: *College Crampton* (1892)
Kollektion, Die (1963)
R: Wagner, Klaus; A: Pinter, Harold
BT: *The Collection* (1963) (*Die Kollektion* 1967)
Kollektion, Die (1967)
R: Geis, Rainer; A: Pinter, Harold
BT: *The Collection* (1963) (*Die Kollektion* 1967)
Kolportage (1957)
R: Lietzau, Hans; A: Kaiser, Georg
BT: *Kolportage* (1924)
Kolportage (1968)
R: Semmelroth, Wilhelm; A: Kaiser, Georg
BT: *Kolportage* (1924)
Kolportage (1980)
R: Weck, Peter; A: Kaiser, Georg
BT: *Kolportage* (1924)
Kolumbus auf der Havel, Ein (1978)
R: Kratzert, Hans; A: Abraham, Peter
BT: *Ein Kolumbus auf der Havel* (1975)
Komm, flüstere in mein gutes Ohr (1969)
R: Spier, Wolfgang; A: Hanley, William
BT: *Whisper into My Good Ear* (1963) (*Komm, flüstere in mein gutes Ohr*)
Komm, liebe Maid, und mache ... (1969)
R: Zachar, Josef; A: Balzac, Honoré de
BT: *Contes drôlatiques* (1837) (*Drollige Erzählungen*)
Komm mit mir nach Chicago (1982)
R: Fürneisen, Bodo; A: Abraham, Peter
BT: *Komm mit mir nach Chicago* (1979)
Komm nur, mein liebstes Vögelein (1968)
R: Thiele, Rolf; A: Fernau, Joachim (= Forster, John)
BT: *Und sie schämeten sich nicht: ein Zweitausend-Jahrbericht* (1958)
Komm wieder, kleine Sheba (1961)
R: Dörfler, Walter; A: Inge, William (Motter)
BT: *Come Back Little Sheba* (1950) (*Komm wieder, kleine Sheba* 1955)
Kommissar Beck: Alarm in Sköldgatan (1993)
R: Gies, Hajo; A: Sjöwall, Maj; Wahlöö, Per
BT: *Brandbilen som försvannt* (1969) (*Alarm in Sköldgatan* 1972)
Kommissar Beck: Der Mann auf dem Dach (1993)
R: Alfredson, Daniel; A: Sjöwall, Maj; Wahlöö, Per
BT: *Mannen pa balkongen* (1969) (*Der Mann auf dem Balkon* 1970)
Kommissar Beck: Der Polizistenmörder (1993)
R: Keglevic, Peter; A: Sjöwall, Maj; Wahlöö, Per
BT: *Polismördaren* (*Der Polizistenmörder* 1976)
Kommissar Beck: Die Tote im Götakanal (1994)
R: Alfredson, Daniel; A: Sjöwall, Maj; Wahlöö, Per
BT: *Roseanna* (1965) (*Die Tote im Götakanal* 1968)
Kommissar Beck: Stockholm Marathon (1994)
R: Keglevic, Peter; A: Sjöwall, Maj; Wahlöö, Per
BT: *Terroristerna* (1975) (*Die Terroristen* 1975)
Kommissar Beck: Und die Großen läßt man laufen (1994)
R: Berglund, Pelle; A: Sjöwall, Maj; Wahlöö, Per
BT: *Polis, polis, potatismos!* (1970) (*Und die Großen läßt man laufen* 1972)
Kommissar Engel und das Baby (1975)
R: Proll, Jens-Peter; A: Čapek, Karel
Kommissar Rex (1994-)
R: Carpentier, Peter; Dickmann, Wolfgang; Fürneisen, Bodo; Gies, Hajo; Hirschbiegel, Oliver; Kreinsen, Olaf; Riebel, Michael; Rönfeldt, Detlef; Werner, Hans; Witte, Udo; Zschoche, Herrmann; A: Schuster, Gaby
BT: *Kommissar Rex - Tanz auf dem Vulkan* (1998)
Kommissar Schimpanski (1997)
A: Götz, Georg
BT: *Kommissar Schimpanski: Bd. 1: Die Babydiebin* (1979)
Kommissar Schimpanski (1997)
A: Götz, Georg
BT: *Kommissar Schimpanski: Bd. 2: Sesam, öffne dich!* (1997)

Kommissar X: Drei blaue Panther (1967)
R: Kramer, Frank; A: Island, Bert F.
BT: *Drei blaue Panther. Kommissar X* (1968)
Kommissar X: Drei gelbe Katzen (1966)
R: Zehetgruber, Rudolf; A: Island, Bert F.
BT: *Drei gelbe Katzen. Kommissar X* (1966)
Kommissar X: Drei goldene Schlangen (1968)
R: Mauri, Robert; A: Island, Bert F.
BT: *Drei goldene Schlangen. Kommissar X* (1969)
Kommissar X: Drei grüne Hunde (1967)
R: Zehetgruber, Rudolf; A: Island, Bert F.
BT: *Drei grüne Hunde. Kommissar X* (1967)
Kommissar X: In den Klauen des goldenen Drachen (1966)
R: Kramer, Frank; A: Island, Bert F.
BT: *In den Klauen des goldenen Drachen. Kommissar X* (1966)
Kommissar X: Jagd auf Unbekannt (1965)
R: Kramer, Frank; A: Island, Bert F.
BT: *Jagd auf Unbekannt. Kommissar X* (1966)
Kommissar X jagt den roten Tiger (1971)
R: Reinl, Harald; A: Wegener, M.
BT: *Kommissar X jagt die roten Tiger* (1971)
Kommissarin, Die (1994)
R: Egger, Urs; Fürneisen, Bodo; Grünler, Jörg; Keusch, Erwin; Liccini, Rolf; A: Renziehausen, Thomas
BT: *Die Kommissarin* (1994)
Kommode, Die (1969)
R: Wilhelm, Kurt; A: Goetz, Curt
BT: *Die Kommode* (1962)
Komödie der Irrungen (1964)
R: Schwarze, Hans-Dieter; A: Shakespeare, William
BT: *Comedy of Errors* (1593) (*Irrungen, Wirrungen*)
Komplizen, Die (1985)
R: Barabás, Stanislav; A: Simenon, Georges (= Sim, Georges; Aramis; Brulls, Christian)
BT: *La chambre bleue* (1963) (*Das blaue Zimmer* 1964)
Komplizierter Mensch, Ein (1962)
R: Overhoff, Gerhard; A: Abse, Dannie
BT: *The Eccentric* (1961)
Komtesse Mizzi (1966)
R: Glück, Wolfgang; A: Schnitzler, Arthur
BT: *Komtesse Mizzi oder Der Familientag* (1909)
Komtesse Mizzi (1974)
R: Schenk, Otto; A: Schnitzler, Arthur
BT: *Komtesse Mizzi oder Der Familientag* (1909)
Kondom des Grauens, Das (1996)
R: Walz, Martin; A: König, Ralf
BT: *Das Kondom des Grauens* (1988)
Kondor, Der (1982)
R: Richter, Jochen; A: Stifter, Adalbert
BT: *Der Condor* (1840)
Konferenz der Tiere, Die (1969)
R: Linda, Curt; A: Kästner, Erich (= Bürger, Berthold)
BT: *Die Konferenz der Tiere* (1949)
König, Dame, Bube (Herzbube) (1971)
R: Skolimovsky, Jerzy; A: Nabokov, Vladimir
BT: *Korol, dama, valet* (1928) (*König, Dame, Bube* 1959)
König der Bernina, Der (1957)
R: Lehner, Alfred; A: Heer, Jacob Christoph
BT: *Der König der Bernina* (1900)
König der letzten Tage (1993)
R: Toelle, Tom; A: Barret, Pierre; Gurgan, Jean-Noël
BT: *Le roi des derniers jours* (1981) (*Der König der letzten Tage: die grauenvolle und exemplarische Geschichte der Wiedertäufer zu Münster 1534-1535* 1982)
König Drosselbart (1954)
R: Fredersdorf, Herbert B.; A: Grimm, Jakob Ludwig Carl; Grimm, Wilhelm Carl
BT: *König Drosselbart* (1812)
König Drosselbart (1965)
R: Beck, Walter; A: Grimm, Jakob Ludwig Carl; Grimm, Wilhelm Carl
BT: *König Drosselbart* (1812)
König Drosselbart (1976)
R: Jugert, Rudolf; A: Grimm, Jakob Ludwig Carl; Grimm, Wilhelm Carl
BT: *König Drosselbart* (1812)
König Drosselbart (1978)
R: Pichler, Ernst; A: Grimm, Jakob Ludwig Carl; Grimm, Wilhelm Carl
BT: *König Drosselbart* (1812)
König Drosselbart (1984)
R: Luther, Miloslav; A: Grimm, Jakob Ludwig Carl; Grimm, Wilhelm Carl
BT: *König Drosselbart* (1812)
König Karl (1986)
R: Stahnke, Peter; A: Volksdorf, Peter
BT: *König Karl*
König Nicolo (1965)
R: Semmelroth, Wilhelm; A: Wedekind, Frank
BT: *König Nicolo* (1902)

König Richard der Zweite (1968)
R: Wild, Franz Josef; A: Shakespeare, William
BT: *King Richard II* (1595)
König Richard III (1964)
R: Umgelter, Fritz; A: Shakespeare, William
BT: *Richard III* (1592)
König stirbt, Der (1965)
R: Korngiebel, Hanns; A: Ionesco, Eugène
BT: *Le roi se meurt* (1963) (*Der König stirbt* 1964)
König und sein Narr, Der (1981)
R: Beyer, Frank; A: Stade, Martin
BT: *Der König und sein Narr* (1975)
König von Bärenbach, Der (1994)
R: Panzer, Wolfgang; A: Huby, Felix (= Hungerbühler, Eberhard)
BT: *Die Leute von Bärenbach* (1994)
König von St. Pauli, Der (1998)
R: Wedel, Dieter; A: Wedel, Dieter
BT: *Der König von St. Pauli* (1997)
Königin Christine (1970)
R: Cremer, Ludwig; A: Strindberg, August
BT: *Kristina* (1903)
Königin der Arena (1952)
R: Meyer, Rolf; A: Hauptmann, Gerhart
BT: *Wanda* (1928)
Königin einer Nacht (1951)
R: Hoffmann, Kurt; A: Meisel, Will; Nebhut, Ernst; Scheu, Just
BT: *Königin einer Nacht* (1943)
Königinnen von Frankreich (1953)
R: Krüger, Detlof; A: Wilder, Thornton
BT: *Queens of France* (1931) (*Königinnen von Frankreich* 1958)
Königinnen von Frankreich (1961)
R: Schwarze, Hans-Dieter; A: Wilder, Thornton
BT: *Queens of France* (1931) (*Königinnen von Frankreich* 1958)
Königlich bayrisches Amtsgericht (1969)
R: Schmucker, Ernst; A: Lohmeier, Georg
BT: *Königlich bayrisches Amtsgericht* (1969)
Königliche Hoheit (1953)
R: Braun, Harald; A: Mann, Thomas
BT: *Königliche Hoheit* (1909)
Königliches Abenteuer (1966)
R: Hess, Joachim; A: Biller, Gerhard
BT: *Königliches Abenteuer*
Königsstechen, Das (1988)
R: Kovács, Gedeon; A: Morweiser, Fanny
BT: *Das Königsstechen*
Konrad oder Das Kind aus der Konservenbüchse (1982)
R: Schröder, Claudia; A: Nöstlinger, Christine
BT: *Konrad oder Das Kind aus der Konservenbüchse* (1975)
Konsequente Frau, Eine (1971)
R: Liebeneiner, Wolfgang; A: Maugham, W. Somerset
BT: *The Constant Wife* (1926) (dt. 1927)
Konsequenz, Die (1978)
R: Petersen, Wolfgang; A: Ziegler, Alexander
BT: *Die Konsequenz* (1975)
Konsul Möllers Erben (1983)
R: Witt, Claus Peter; A: Wittmaack, Rudolph
BT: *Konsul Möllers Erben* (1913)
Konto ausgeglichen (1959)
R: Wirth, Franz Peter; A: Cain, James Mallahan
BT: *The Embezzler* (1943) (*Der Defraudant* 1951)
Konzert, Das (1956)
R: Völger, Werner; A: Bahr, Hermann
BT: *Das Konzert* (1909)
Konzert, Das (1975)
R: Haugk, Dietrich; A: Bahr, Hermann
BT: *Das Konzert* (1909)
Konzert für Alice (1985)
R: Koerfer, Thomas; A: Sargorodskij, Lev P.
Kopf des Vitus Behring, Der (1970)
R: Radax, Ferry; A: Bayer, Konrad
BT: *Der Kopf des Vitus Behring* (1963)
Kopf des Vitus Behring, Der (1983)
R: Renner, Ulrike; A: Bayer, Konrad
BT: *Der Kopf des Vitus Behring* (1963)
Kopf in der Schlinge (1955)
R: Wild, Franz Josef; A: Bradley, John
BT: *The Neck in the Rope*
Kopf oder Zahl (1953)
R: Schöne, Werner; A: Thomas, Peter
BT: *Kopf oder Zahl* (1949)
Kopf oder Zahl (1957)
R: Bublitz, Hans Waldemar; A: Thomas, Peter
BT: *Kopf oder Zahl* (1949)
Kopfgeld (1959)
R: Hädrich, Rolf; A: Mönnich, Horst
BT: *Kopfgeld* (1959)
Koppenreuter kommt nicht (1987)
R: Seibert, Heinz; A: Neumann, Gerhard
BT: *Koppenreuter kommt nicht* (1986)
Korczak und die Kinder (1961)
R: Besekow, Sam; A: Sylvanus, Erwin
BT: *Korczak und die Kinder* (1959)

Kornelia (1984)
R: Haaf, Wilm ten; A: Abramow-Newerly, Jaroslav
BT: *Klik-Klak* (1975)
Korporal aus Java, Der (1955)
R: Neumann, Martin; A: Vring, Georg von der
Korruption (1957)
R: Wirth, Franz Peter; A: Betti, Ugo
BT: *Corruzione al Palazzo di Giustizia* (1944) (*Korruption im Justizpalast* 1950)
Kottan ermittelt - Hartlgasse 16a (1976)
R: Patzak, Peter; A: Zenker, Helmut
BT: *Der Mord in der Hartlgasse* (1975)
Kotte (1979)
R: Flick, Horst G.; A: Schlesinger, Klaus
BT: *Alte Filme* (1975)
Krabat (1983)
R: Zeman, Karel; A: Preußler, Otfried
BT: *Krabat* (1971)
Krach im Hinterhaus (1949)
R: Kobler, Erich; A: Böttcher, Maximilian
BT: *Krach im Hinterhaus* (1934)
Krach im Hinterhaus (1966)
R: Lanske, Hermann; A: Böttcher, Maximilian
BT: *Krach im Hinterhaus* (1934)
Krach um Jolanthe (1967)
R: Fischer, Olf; A: Hinrichs, August
BT: *Krach um Jolanthe* (1933)
Krach um Jolanthe (1996)
R: Helfrich, Bernhard; A: Hinrichs, August
BT: *Krach um Jolanthe* (1933)
Kraft und die Herrlichkeit, Die (1957)
R: Wolffhardt, Rainer; A: Greene, Graham
BT: *The Power and the Glory* (1940) (*Die Kraft und die Herrlichkeit* 1948)
Kraftprobe (1982)
R: Genée, Heidi; A: Kekulé, Dagmar
BT: *Ich bin eine Wolke* (1978)
Krähenbaum, Der (1988)
R: Guthke, Frank; A: Schröder, Matthias
Krake, Der (1965)
R: Hess, Joachim; A: Parr, Wolf; Raymon, Harry
BT: *Der Krake* (1965)
Krambambuli (1998)
R: Schwarzenberger, Xaver; A: Ebner-Eschenbach, Marie von
BT: *Krambambuli* (1883)
Krampus und Angelika (1965)
R: Quest, Hans; A: Helwig, Paul
BT: *Krampus und Angelika* (1964)
Krankensaal 6 (1974)
R: Fruchtmann, Karl; A: Čechov, Anton Pavlovič
BT: *Palata No.6* (1892) (*Krankensaal No.6*)
Krebsstation (1970)
R: Schirk, Heinz; A: Solschenizyn, Aleksandr I.
BT: *Rakovyj korpus* (1968) (*Krebsstation* 1968)
Kreidegarten, Der (1967)
R: Rothe, Edward; A: Bagnold, Enid
BT: *The Chalk Garden* (1956)
Kreidekreis, Der (1961)
R: Goslar, Jürgen; A: Klabund (= Henschke, Alfred)
BT: *Der Kreidekreis* (1925)
Kreidekreuz, Das (1966)
R: Kampf, Helmut; A: Brecht, Bertolt
BT: *Furcht und Elend des dritten Reiches* (1945)
Kreuz As bedeutet Tod (1981)
R: Proll, Jens-Peter; A: Stevenson, Robert Louis
Kreuze am Horizont (1960)
R: Farenburg, Hanns; A: Krischke, Traugott
BT: *Kreuze am Horizont* (1958)
Kreuzfahrten eines Globetrotters (1980)
R: Witt, Claus Peter; A: Maugham, W. Somerset
BT: *Cosmopolitans* (1936) (*Kreuzfahrten eines Globetrotters* 1948)
Kreuzlschreiber, Die (1950)
R: Borsody, Eduard von; A: Anzengruber, Ludwig
BT: *Die Kreuzlschreiber* (1872)
Kriegsbraut, Die (1974)
R: Toelle, Tom; A: Courths-Mahler, Hedwig
BT: *Die Kriegsbraut* (1915)
Kriegsende, Ein (1984)
R: Vogeler, Volker; A: Lenz, Siegfried
BT: *Ein Kriegsende* (1984)
Kriegsgericht (1959)
R: Meisel, Kurt; A: Berthold, Will (= Gimpel, Erich)
BT: *Kreuzer Pommern* (1959)
Kriminalobermeisterin E. (1973)
R: Schulze-Rohr, Peter; A: Glauser, Friedrich
BT: *Kriminalobermeisterin E.*
Krock & Co. (1977)
R: Wolffhardt, Rainer; A: Glauser, Friedrich
BT: *Krock & Co.* (1937)
Kronanwalt, Der (1962)
R: Cartier, Rudolph; A: Mann, Philip Grenville
BT: (*Der Kronanwalt*)

Krücke (1992)
R: Grünler, Jörg; A: Härtling, Peter
BT: *Krücke* (1986)
Krug, Der (1963)
R: Cella, Ettore; A: Pirandello, Luigi
BT: *La giara* (1925) (*Der Krug* 1953)
Krupp und Krause (3 Teile) (1969)
R: Brandt, Horst E.; Thiel, Heinz; A: Helms, K. H.
BT: *Krupp und Krause* (1965)
Kubinke (1966)
R: Stemmle, Robert A.; A: Hermann, Georg
BT: *Kubinke* (1910)
Kuckuck im Nest, Ein (1989)
R: Günther, Michael; A: Travers, Ben
BT: *A Cuckoo in the Nest* (1925)
Kuckucksei, Das (1948)
R: Firner, Walter; A: Firner, Walter
BT: *Das Kuckucksei* (1942)
Kudenow oder An fremden Wassern weinen (2 Teile) (1981)
R: Witt, Claus Peter; A: Surminski, Arno
BT: *Kudenow oder An fremden Wassern weinen* (1978)
Kühne Schwimmer, Der (1967)
R: Kraus, Fred; A: Arnold, Franz; Bach, Ernst
BT: *Der kühne Schwimmer* (1923)
Kühne Schwimmer, Der (1981)
R: Wesseler, Karl; A: Arnold, Franz; Bach, Ernst
BT: *Der kühne Schwimmer* (1923)
Kulterer, Der (1974)
R: Jasny, Vojtech; A: Bernhard, Thomas
BT: *Der Kulterer* (1967)
Kündigung, Die (1983)
R: Kaufmann, Edgar; A: Sewart, Karl
BT: *Die Kündigung* (1972)
Kündigungen (1969)
R: Cremer, Ludwig; A: Hofmann, Gert
BT: *Kündigungen* (1969)
Kunst ist Kunst (1959)
R: Quest, Hans; A: Kurnitz, Harry
BT: *Reclining Figure* (1952) (*Kunst ist Kunst* 1955)
Kunstseidene Mädchen, Das (1959)
R: Duvivier, Julien; A: Keun, Irmgard
BT: *Das kunstseidene Mädchen* (1932)
Kupferne Hochzeit, Die (1948)
R: Rühmann, Heinz; A: Molnár, Ferenc; Rindom, Svend
BT: (*Kupferne Hochzeit* 1928)
Kur in Travemünde (1979)
R: Beauvais, Peter; A: Mühl, Karl Otto
BT: *Kur in Bad Wiessee* (1976)
Kurier des Zaren, Der (1999)
R: Costa, Fabrizio; A: Verne, Jules
BT: *Michel Strogoff* (1871) (*Der Courier des Czar* 1877)
Kurklinik Rosenau (1995)
A: Scheibler, Susanne
BT: *Kurklinik Rosenau* (1995)
Kurve, Die (1961)
R: Zadek, Peter; A: Dorst, Tankred
BT: *Die Kurve* (1960)
Kurze Brief zum langen Abschied, Der (1978)
R: Vesely, Herbert; A: Handke, Peter
BT: *Der kurze Brief zum langen Abschied* (1972)
Kurzer Prozeß (1967)
R: Kehlmann, Michael; A: Ashford, Jeffrey
Küssen ist keine Sünd' (1950)
R: Marischka, Hubert; A: Eysler, Edmund; Lindau, Carl; Stein, Leo
BT: *Bruder Straubinger* (1903)
Kyritz-Pyritz (1979)
R: Wigger, Stefan; A: Justinus, O.; Michaelis, Gustav; Wilken, Heinrich
BT: *Kyritz-Pyritz* (1885)
Labyrinth (1959)
R: Thiele, Rolf; A: Rezzori, Gregor von
Lächeln am Fuße der Leiter, Das (1987)
R: Netzsch, Jutta; A: Miller, Henry
BT: *The Smile at the Foot of the Ladder* (1948) (*Das Lächeln am Fuße der Leiter* 1957)
Lächeln der Ewigkeit, Das (1957)
R: Götz-Pflug, Curt; A: Hirsch, Peter
BT: *Das Lächeln der Ewigkeit*
Lächeln der Gioconda, Das (1953)
R: Völger, Werner; A: Huxley, Aldous
BT: *The Gioconda Smile* (1924) (*Das Lächeln der Gioconda* 1931)
Lächeln der Gioconda, Das (1958)
R: Kehlmann, Michael; A: Huxley, Aldous
BT: *The Gioconda Smile* (1924) (*Das Lächeln der Gioconda* 1931)
Lächeln im Sturm, Ein (1950)
R: Chanas, Rene; A: Constantin-Weyer, Maurice
BT: *Un sourire dans la tempête* (1947) (*Ein Lächeln im Sturm*)
Laden, Der (1998)
R: Baier, Jo; A: Strittmatter, Erwin
BT: *Der Laden* (1992)
Lady Audleys Gemeimnis (1978)
R: Semmelroth, Wilhelm; A: Braddon, Mary Elizabeth
BT: *Lady Audley's Secret* (1862) (*Lady Audleys Gemeimnis* 1975)

Lady Hamilton - zwischen Schmach und Liebe (1968)
R: Christian-Jaque (= Maudet, Christian); A: Dumas, Alexandre (père)
BT: *Souvenirs d'une favorite* (1865) (*Lady Hamilton: die Memoiren einer Favoritin* 1905)
Lady Macbeth von Mzensk
R: Weigl, Petr; A: Leskov, Nikolaj Semenovič; Shostakovich, Dmitrii Dmitrievich
BT: *Ledi Makbet Mcenskogo uezda* (1932) (*Lady Macbeth von Mcensk* 1979)
Lady Windermeres Fächer (1965)
R: Regnier, Charles; A: Wilde, Oscar
BT: *Lady Windermere's Fan* (1893) (*Lady Windermeres Fächer* 1902)
Lamm, Das (1964)
R: Staudte, Wolfgang; A: Kramp, Willy
BT: *Das Lamm* (1959)
Lamm des Armen, Das (1978)
R: Döpke, Oswald; A: Zweig, Stefan
BT: *Das Lamm des Armen* (1929)
Land (1972)
R: Gall, Roland; A: Jägersberg, Otto
BT: *Land* (1972)
Land, das meine Sprache spricht (1959)
R: Kehlmann, Michael; A: Lernet-Holenia, Alexander
BT: *Der 20. Juli* (1947)
Land der Berge (1987)
R: Gabrielli, Manfred; Seidel, Bernd; A: Stifter, Adalbert
BT: *Bergkristall* (1845) (*Der heilige Abend*)
Land der Blinden oder Von einem, der auszog, Das (1976)
R: Ariel, Pete; A: Wells, Herbert George
BT: *The Country of the Blind* (1911) (*Das Land der Blinden* 1912)
Land der Verheißung, Das (1960)
R: Kurth, Otto; A: Maugham, W. Somerset
BT: *The Land of Promise* (1914) (*Das Land der Verheißung*)
Land des Lächelns, Das (1952)
R: Deppe, Hans; A: Herzer, Ludwig; Lehár, Franz; Lohner, Fritz
BT: *Das Land des Lächelns* (1929)
Landhaus, Das (1965)
R: Cremer, Ludwig; A: Balzac, Honoré de
Landläufiger Tod (2 Teile) (1990)
R: Schottenberg, Michael; A: Roth, Gerhard
BT: *Landläufiger Tod (1984)* (1984)
Ländliche Werbung (1961)
R: Haugk, Dietrich; A: Shaw, George Bernard
BT: *Village Wooing on the Rocks* (1934) (*Ländliche Werbung* 1934)
Landschaft (1971)
R: Hänsel, Johann-Richard; A: Pinter, Harold
BT: *Landscape* (1969) (*Landschaft* 1969)
Landstreicher (2 Teile) (1990)
R: Solum, Ola; A: Hamsun, Knut
BT: *Landstrykere* (1927) (*Landstreicher* 1928)
Landvogt von Greifensee, Der (1978)
R: Bolliger, Wilfried; A: Keller, Gottfried
BT: *Der Landvogt von Greifensee* (1876)
Lang soll er leben (1987)
R: Dietrich, Wolf; A: Mally, Anita
BT: *Mehr als ein Leben* (1982)
Lange Gespräch mit dem Vogel, Das (1990)
R: Zanussi, Krzysztof; A: Dorst, Tankred
BT: *Das lange Gespräch mit dem Vogel*
Lange Weihnachtsmahl, Das (1956)
R: Tannert, Hannes; A: Wilder, Thornton
BT: *The Long Christmas Dinner* (1931) (*Das lange Weihnachtsmahl* 1954)
Lange Weihnachtsmahl, Das (1962)
R: Rilla, Walter; A: Wilder, Thornton
BT: *The Long Christmas Dinner* (1931) (*Das lange Weihnachtsmahl* 1954)
Langes Wochenende, Ein (1986)
R: Wilhelm, Kurt; A: Schwerla, Carl Borromäus
BT: *Ein langes Wochenende*
Längste Sekunde, Die (1980)
R: Kühn, Kristian; A: Ballinger, Bill S.
BT: *The Longest Second* (1957) (*Die längste Sekunde* 1960)
Langusten (1960)
R: Semmelroth, Wilhelm; A: Denger, Fred
BT: *Langusten* (1955)
Langusten (1961)
R: Grädler, Theodor; A: Denger, Fred
BT: *Langusten* (1955)
Langusten (1989)
R: Hädrich, Rolf; A: Denger, Fred
BT: *Langusten* (1955)
Laokoon-Gruppe, Die (1963)
R: Fontheim, Joachim; A: Różewicz, Tadeusz
BT: *Grupa Laokoon* (1962) (*Die Laokoon-Gruppe*)

Laß jucken, Kumpel (3) Maloche, Bier und Bett (1974)
R: Marischka, Franz; A: Claer, Hans Henning
BT: *Laß jucken, Kumpel* (1971)
Laß jucken, Kumpel (1) (1972)
R: Marischka, Franz; A: Claer, Hans Henning
BT: *Laß jucken, Kumpel* (1971)
Laß jucken, Kumpel (5) Zwei Kumpel auf der Alm (1974)
R: Marischka, Franz; A: Claer, Hans Henning
BT: *Laß jucken, Kumpel* (1971)
Laß jucken, Kumpel (6) Laß laufen, Kumpel (1981)
R: Marischka, Franz; A: Claer, Hans Henning
BT: *Laß jucken, Kumpel* (1971)
Laß jucken, Kumpel (4) Der Kumpel läßt das Jucken nicht (1974)
R: Marischka, Franz; A: Claer, Hans Henning
BT: *Laß jucken, Kumpel* (1971)
Laß jucken, Kumpel (2) Das Bullenkloster (1972)
R: Marischka, Franz; A: Claer, Hans Henning
BT: *Laß jucken, Kumpel* (1971)
Lasset die Kindlein ... (1976)
R: Rauer, Evelyn; A: Kohlhaase, Wolfgang
Last der Berge, Die (1983)
R: Unger, Michael; A: Klein, Eduard
BT: *Die Last der Berge* (1982)
Lästerschule, Die (1962)
R: Räck, Kurt; A: Hildesheimer, Wolfgang
BT: *Die Lästerschule* (1962)
Lästige Ungar - oder Rigoletto hat keine Pause, Der (1980)
R: Weck, Peter; A: Rosendorfer, Herbert
Lästigen, Die (1977)
R: Glück, Wolfgang; A: Hofmannsthal, Hugo von
BT: *Die Lästigen* (1915)
Lauf doch nicht splitternackt herum (1969)
R: Loos, Peter; A: Feydeau, Georges
BT: *Mais ne te promène donc pas toute nue* (1912) (*Lauf doch nicht splitternackt herum*)
Laune des Verliebten, Die (1956)
R: Düggelin, Werner; A: Goethe, Johann Wolfgang von
BT: *Die Laune des Verliebten* (1767)
Launen des Herrn Lasukow, Die (1966)
R: Braut, Thomas; A: Nekrasov, Nicolaj Alekseev
Laura (1962)
R: Wild, Franz Josef; A: Caspary, Vera
BT: *Laura* (1943) (*Laura* 1952)
Laura und Louis (6 Teile) (1989)
R: Strecker, Frank; A: Pfaue, Justus
BT: *Laura und Luis* (1989)
Laurencia (1967)
R: Eckermann, Martin; A: Wolf, Friedrich (Baetz, Christian; Rüedi, Hans; Dr. Isegrimm)
BT: *Laurencia* (1952)
Lausbubengeschichten (1964)
R: Käutner, Helmut; A: Thoma, Ludwig
BT: *Lausbubengeschichten* (1905)
Lauter Lügen (1961)
R: Engel, Thomas; A: Schweikart, Hans
BT: *Lauter Lügen* (1937)
Lauter nette Nachbarn (1990)
R: Silber, Rolf; A: Yorke, Margaret (= Beda, Margaret; Nicholson, Larminie)
BT: *No Medals for the Major* (1974) (*Der Haß der Selbstgerechten* 1988)
Lautlose Waffen (1966)
R: Levy, Raoul; A: Thomas, Paul
BT: *The Spy* (1965)
Lavendel, eine ganz unmoralische Geschichte (1953)
R: Rabenalt, Arthur Maria; A: Schuppler, Bruno
BT: *Lavendel*
Leb in mir. Aus Bettina von Arnims "Frühlingskranz" (1983)
R: Hercher, Karin; A: Arnim, Bettina von
BT: *Frühlingskranz* (1844)
Lebeck (1968)
R: Schaaf, Johannes; A: Seuren, Günter
BT: *Lebeck* (1966)
Lebemann, Der (1979)
R: Corti, Axel; A: Scharang, Michael
BT: *Der Lebemann* (1979)
Leben beginnt morgen, Das (1970)
R: Beauvais, Peter; A: Schnitzler, Arthur
BT: *Das weite Land* (1911)
Leben beginnt um acht, Das (1962)
R: Kehlmann, Michael; A: Williams, Emlyn
BT: *The Light of Heart* (1940) (*Die leichten Herzens sind* 1950)
Leben des Galilei (1962)
R: Monk, Egon; A: Brecht, Bertolt
BT: *Das Leben des Galilei* (1943)
Leben des schizophrenen Dichters März, Das (1975)
R: Jasny, Vojtech; A: Kipphardt, Heinar
BT: *März* (1976)

Leben ein Alptraum, Das (1990)
R: Caiano, Mario; A: Boileau, Pierre; Narcejac, Thomas
BT: *La vie en miettes* (1972) (*Das Leben ein Alptraum* 1974)
Leben ein Traum, Das (1963)
R: Erfurth, Ulrich; A: Calderón de la Barca, Pedro
BT: *La vida es sueño* (1636) (*Das Leben ein Traum* 1812)
Leben einer Frau, Das (1976)
R: Proll, Jens-Peter; A: Čechov, Anton Pavlovič
BT: (*Das Leben einer Frau*)
Leben für Do, Ein (1953)
R: Ucicky, Gustav; A: Pilchowski, Robert
BT: *Daddy und Do* (1951)
Leben im Winter (1982)
R: Griesmayr, Hartmut; A: Schlesinger, Klaus
BT: *Leben im Winter* (1980)
Leben in meiner Hand, Das (1966)
R: Sydow, Rolf von; A: Ustinov, Peter
BT: *The Life In My Hands* (*Das Leben in meiner Hand* 1966)
Leben meines Bruders, Das (1966)
R: Haaf, Wilm ten; A: Winiewicz, Lida
BT: *Das Leben meines Bruders* (1960)
Leben und leben lassen (1969)
R: Palitzsch, Peter; A: Arden, John
BT: *Live Like Pigs* (1958) (*Leben und leben lassen* 1966)
Leben wie die Fürsten (1966)
R: Käutner, Helmut; A: Anouilh, Jean
BT: *L'invitation au château* (1947) (*Einladung ins Schloß oder Die Kunst, das Spiel zu spielen* 1948)
Lebende Leichnam, Der (1981)
R: Schenk, Otto; A: Tolstoj, Leo
BT: *Zivoj trup* (1900) (*Der lebende Leichnam* 1911)
Lebens Überfluß, Des (1950)
R: Liebeneiner, Wolfgang; A: Tieck, Ludwig
BT: *Des Lebens Überfluß* (1839)
Lebens Überfluß, Des (1980)
R: Kahane, Peter; A: Tieck, Ludwig
BT: *Des Lebens Überfluß* (1839)
Lebenskünstler (1964)
R: Fruchtmann, Karl; A: Skowronski, Zdzislaw
Lebenslängliche Kind, Das (1954)
R: Götz-Pflug, Curt; A: Neuner, Robert
BT: *Das lebenslängliche Kind* (1934)
Lebenszeichen (1968)
R: Herzog, Werner; A: Arnim, Achim von
BT: *Der tolle Invalide auf dem Fort Ratonneau* (1818)
Legende einer Liebe (1954)
R: Cartier, Rudolph; A: O'Brien, Kate
Legende eines Lebens (1954)
R: Lothar, Frank; A: Zweig, Stefan
BT: *Legende eines Lebens* (1919)
Legende vom heiligen Trinker, Die (1963)
R: Wild, Franz Josef; A: Roth, Joseph
BT: *Die Legende vom heiligen Trinker* (1939)
Legende vom heiligen Trinker, Die (1988)
R: Olmi, Ermanno; A: Roth, Joseph
BT: *Die Legende vom heiligen Trinker* (1939)
Legende von Paul und Paula, Die (1974)
R: Carow, Heiner; A: Plenzdorf, Ulrich
BT: *Die Legende von Paul und Paula* (1974)
Legende von Pinocchio, Die (1996)
R: Barron, Steve; A: Collodi, Carlo
BT: *Le aventure di Pinocchio* (1883) (*Die Geschichte vom hölzernen Bengele* 1905)
Lehmanns Erzählungen (1975)
R: Staudte, Wolfgang; A: Lenz, Siegfried
BT: *Lehmanns Erzählungen oder So schön war mein Markt* (1964)
Leiche auf Urlaub (1981)
R: Tögel, Hans-Jürgen; A: Boileau, Pierre
BT: *Operation Primevère* (1973) (*Leiche auf Urlaub* 1976)
Leichenreden (1989)
R: Gruber, Andreas; A: Marti, Kurt
BT: *Leichenreden* (1969)
Leiden des jungen Werther, Die (1976)
R: Günther, Egon; A: Goethe, Johann Wolfgang von
BT: *Die Leiden des jungen Werther* (1774)
Leidenschaften (Inferno Berlinese) (1985)
R: Cavani, Liliana; A: Tanizaki, Juni'chirô
BT: *Manji* (1967) (*Svastika* 1985)
Leidenschaftliche Blümchen (1977)
R: Farwagi, Andre; A: Erskine, Rosalind
BT: *Passion Flower Hotel* (1962) (*The Passion-Flower Hotel* 1962)
Leidenschaftlichen. Goethes Werther: Dichtung und Wahrheit, Die (1981)
R: Koerfer, Thomas; A: Goethe, Johann Wolfgang von
BT: *Die Leiden des jungen Werther* (1774)
Leihhauslegende (1959)
R: Völger, Werner; A: Shiffrin, Abraham B.
BT: *Angel in the Pawn Shop* (1951)

Leinen aus Irland (1971)
R: Davy, Walter; A: Kamare, Stefan
BT: *Leinen aus Irland* (1929)
Leise flehen meine Lieder (1978)
R: Hawemann, Horst; A: David, Kurt
BT: *Der Spielmann vom Himmelpfortgrund* (1978)
Leise Gift, Das (1984)
R: Keusch, Erwin; A: Nester, Marcus P.
BT: *Das leise Gift* (1982)
Leise Schatten (1992)
R: Horman, Sherry; A: Barrett, Karen Lawton
BT: *Cheated Hearts* (1990) (*Wilde Herzen* 1992)
Lemmi und die Schmöker (1983)
R: Podehl, Peter; A: Nöstlinger, Christine
Lenau (1975)
R: Gall, Roland; A: Herburger, Günter
BT: *Lenau*
Leni (1967)
R: Hollmann, Hans; A: Kay, Juliane
BT: *Leni*
Lenz (1971)
R: Moorse, George; A: Büchner, Georg
BT: *Lenz* (1839)
Lenz oder Die Freiheit (1986)
R: Berner, Dieter; A: Heym, Stefan
BT: *Die Papiere des Andreas Lenz* (1963)
Leo und Claire (1999)
R: Vilsmaier, Joseph; A: Kohl, Christiane
BT: *Der Jude und das Mädchen* (1999)
Leocadia (1958)
R: Wolffhardt, Rainer; A: Anouilh, Jean
BT: *Léocadia* (1939) (*Leocadia* 1947)
Leonce und Lena (1963)
R: Schwarz, Heinz Wilhelm; A: Büchner, Georg
BT: *Leonce und Lena* (1836)
Leonore (1962)
R: Wälterlin, Oskar; A: Clavel, Maurice
BT: *Leonor*
Leporella (1992)
R: Damek, Dagmar; A: Zweig, Stefan
BT: *Leporella* (1929)
Lerche (1966)
R: Moszkowicz, Imo; A: Anouilh, Jean
BT: *L'alouette* (1953) (*Jeanne oder Die Lerche* 1956)
Letzte Akt, Der (1955)
R: Pabst, Georg Wilhelm; A: Remarque, Erich Maria (= Remark, Erich Paul)
BT: *Zeit zu leben Zeit zu sterben* (1954)
Letzte Ausfahrt Brooklyn (Last Exit to Brooklyn) (1988)
R: Edel, Ulrich; A: Selby, Hubert
BT: *Last Exit to Brooklyn* (1964) (*Letzte Ausfahrt Brooklyn* 1968)
Letzte Folge, Die (1964)
R: Lang, Franz M.; A: Arnaud, Michel
BT: *D'après nature ou presque* (1957) (*Die letzte Folge*)
Letzte Gast, Der (1981)
R: Mock, Joachim; A: Rausch, Theo
BT: *Der letzte Gast*
Letzte Geschichte von Schloß Königswald, Die (1990)
R: Schamoni, Peter; A: Bienek, Horst
BT: *Königswald oder Die letzte Geschichte* (1984)
Letzte Heuer, Die (1951)
R: Fiedler, E.(rnst) W.(ilhelm); Heinrich, Hans; A: Turek, Ludwig
BT: *Die letzte Heuer* (1935)
Letzte Kapitel, Das (1961)
R: Liebeneiner, Wolfgang; A: Hamsun, Knut
BT: *Siste Kapitel* (1923) (*Das letzte Kapitel* 1924)
Letzte Kapitel, Das (1965)
R: Busch, Rolf; A: Pump, Hans W.
Letzte meiner echt goldenen Uhren, Die (1961)
R: Cremer, Ludwig; A: Williams, Tennessee
BT: *The Last of My Solid Gold Watches* (1953) (*Die Letzte meiner echtgoldenen Uhren* 1970)
Letzte Mohikaner, Der (1965)
R: Reinl, Harald; A: Cooper, James Fenimore
BT: *The Last of the Mohicans* (1826) (*Der letzte Mohikaner* 1826)
Letzte Mohikaner, Der (1969)
R: Gaspard-Huit, Pierre; A: Cooper, James Fenimore
BT: *The Last of the Mohicans* (1826) (*Der letzte Mohikaner* 1826)
Letzte Nacht, Die (1949)
R: York, Eugen; A: Hartau, Friedrich
BT: *Die letzte Nacht*
Letzte Nacht, Die (1957)
R: Winds, Erich-Alexander; A: Hartau, Friedrich
BT: *Die letzte Nacht*
Letzte Nacht, Die (1960/61)
R: Kunert, Joachim; A: Hartau, Friedrich
BT: *Die letzte Nacht*
Letzte Rezept, Das (1951)
R: Hansen, Rolf; A: Forster, Thomas B.
BT: *Das letzte Rezept* (1935)

Letzte Sommer, Der (1954)
R: Braun, Harald; A: Huch, Ricarda
BT: *Der letzte Sommer* (1910)
Letzte Winter, Der (1991)
R: Unterberg, Hannelore; A: Seidemann, Maria
BT: *Neunfinger* (1983)
Letzte Zeuge, Der (1998)
R: Stephan, Bernhard; A: Seidl, Gerhard
BT: *Der letzte Zeuge: Gift im Blut* (1999)
Letzte Zeuge, Der (1998)
R: Stephan, Bernhard; A: Seidl, Gerhard
BT: *Der letzte Zeuge: Dreieck des Todes* (1998)
Letzte Zeuge, Der (1998)
R: Stephan, Bernhard; A: Seidl, Gerhard
BT: *Der letzte Zeuge: Wenn das Böse erwacht* (1998)
Letzten Masken, Die (1962)
R: Schäfer, Heinz; Wolffhardt, Rainer; A: Schnitzler, Arthur
BT: *Die letzten Masken* (1901)
Letzten Tage von Pompeji, Die (1959)
R: Bonnard, Mario; A: Bulwer, Edward G. Lord Lytton
BT: *The Last Days of Pompeji* (1834) (*Die letzten Tage von Pompeji* 1834)
Letzten werden die Ersten sein, Die (1956)
R: Hansen, Rolf; A: Galsworthy, John
BT: *The First and the Last* (1927) (*Die Ersten und die Letzten* 1931)
Leuchtfeuer (1963)
R: Elsner, Reinhard; A: Ardrey, Robert
BT: *Thunderrock* (1951) (*Leuchtfeuer*)
Leuchtturm, Der (1972)
R: Jasny, Vojtech; A: Mnačko, Ladislav
BT: (*Der Leuchtturm*)
Leute gibt's (1982)
R: Gregan, Ralf; A: Waterhouse, Keith
BT: *Whoopsa-Daisy* (1968)
Leute von Feichtenreut, Die (1976)
R: Wirth, Franz Peter; A: Burger, Hannes
BT: *Feichtenreut* (1973)
Leutnant Gustl (1963)
R: Olden, John; A: Schnitzler, Arthur
BT: *Leutnant Gustl* (1901)
Leutnant Nant (1965)
R: Westphal, Gert; A: Gripari, Pierre
BT: *Lieutenant Tenant* (1962) (*Leutnant Nant*)
Leutnant und sein Richter, Der (1984)
R: Goldschmidt, John; A: Fagyas, Maria (= Bush-Fekete, Maria)
BT: *The Devil's Lieutenant* (1970) (*Der Leutnant und sein Richter* 1971)
Leutnant Yorck von Wartenburg (1981)
R: Vogel, Peter; A: Hermlin, Stephan
BT: *Leutnant Yorck von Wartenburg* (1946)
Levins Mühle (1980)
R: Seemann, Horst; A: Bobrowski, Johannes
BT: *Levins Mühle* (1964)
Liane (1987)
R: Stranka, Erwin; A: Dahn, Daniela
BT: *Warum ausgerechnet ich* (1984)
Liane - die weiße Sklavin (1957)
R: Leitner, Hermann; A: Day-Helveg, Anne (= Lothringer, Anne)
BT: *Liane zwischen zwei Welten* (1957)
Liane, das Mädchen aus dem Urwald (1956)
R: Borsody, Eduard von; A: Day-Helveg, Anne (= Lothringer, Anne)
BT: *Liane, das Mädchen aus dem Urwald* (1956)
Licht auf dem Galgen, Das (1976)
R: Nitschke, Helmut; A: Seghers, Anna
BT: *Das Licht auf dem Galgen* (1961)
Licht der Liebe, Das (1990)
R: Scholz, Gunter; A: Hertz, Henrik
BT: *Kong Renés datter* (1845) (*König Renés Tochter* 1856)
Licht der schwarzen Kerze, Das (1973)
R: Hagen, Peter; A: Held, Wolfgang
BT: *Das Licht der schwarzen Kerze* (1967)
Lichtenberg. Ein Querschnitt (1980)
R: Franksen, Jan; A: Benjamin, Walter
BT: *Lichtenberg. Ein Querschnitt* (1979)
Lichter der Gerechten, Die (1981)
R: Yannick, Andrei; A: Troyat, Henri (= Tarassov, Lev)
BT: *La lumière des justes* (1963) (*Die Lichter der Gerechten* 1963)
Lichtjahre entfernt (Les années lumière) (1981)
R: Tanner, Alain; A: Odier, Daniel
BT: *La voie sauvage* (1974)
Lichtschlacht (1967)
R: Schwarze, Hans-Dieter; A: Wishengrad, Morton
BT: *Militant Angel* (1951)
Lichtschlag (1989)
R: Buetti, Daniele; Giuliani, Danielle; Marioth, Georg; A: Flaubert, Gustave
BT: *Bouvard et Pécuchet* (1881)
Liddl 17 (1987)
R: Wolffhardt, Rainer; A: Magiera, Kurtmartin
BT: *Liddl, Eichhorn und andere* (1969)

Lieb Vaterland magst ruhig sein (1975)
R: Klick, Roland; A: Simmel, Johannes Mario
BT: *Lieb Vaterland magst ruhig sein* (1965)
Liebe (1956)
R: Hächler, Horst; A: Baum, Vicki
BT: *Vor Rehen wird gewarnt* (1952)
Liebe - und wie man sie heilt (1961)
R: Schwarze, Hans-Dieter; A: Wilder, Thornton
BT: *Love and How to Cure It* (1931) (*Liebe, und wie man sie heilt* 1958)
Liebe Augustin, Der (1959)
R: Thiele, Rolf; A: Geissler, Horst Wolfram
BT: *Der liebe Augustin* (1921)
Liebe einer Frau, Die (1979)
R: Costa-Gavras, Constantin; A: Gary, Romain
BT: *Clair de femme* (1977) (*Frauenlicht* 1979)
Liebe Familie, Die (1956)
R: Weiss, Helmut; A: Douglas, Felicity (= Royal-Dawson, Felicity)
BT: *It's Never Too Late* (1956) (*Die liebe Familie* 1956)
Liebe Familie, Die (1957)
R: Olden, John; A: Douglas, Felicity (= Royal-Dawson, Felicity)
BT: *It's Never Too Late* (1956) (*Die liebe Familie* 1956)
Liebe Familie, Die (1960)
R: Jaray, Hans; A: Douglas, Felicity (= Royal-Dawson, Felicity)
BT: *It's Never Too Late* (1956) (*Die liebe Familie* 1956)
Liebe im Finanzamt (1952)
R: Hoffmann, Kurt; A: Arnold, Franz; Bach, Ernst
BT: *Weekend im Paradies* (1928)
Liebe im Schatten des Drachen (1997)
R: Jahrreiss, Otto Alexander; A: Konsalik, Heinz Günther (= Pahlen, Henry)
Liebe im September (1962)
R: Rabenalt, Arthur Maria; A: Casey, Rosemary
BT: *Late Love* (1954) (*Liebe im September* 1970)
Liebe in Deutschland, Eine (1983)
R: Wajda, Andrzej; A: Hochhuth, Rolf
BT: *Eine Liebe in Deutschland* (1978)
Liebe ist etwas Zärtliches (1976)
R: Scandurra, Sofia; A: Maraini, Dacia
Liebe ist kein Argument (1985)
R: Lüdcke, Marianne; A: Ossowski, Leonie
BT: *Liebe ist kein Argument* (1981)
Liebe ist nur ein Wort (1971)
R: Vohrer, Alfred; A: Simmel, Johannes Mario
BT: *Liebe ist nur ein Wort* (1963)
Liebe ist stärker als der Tod (1988)
R: Herz, Juraj; A: Konsalik, Heinz Günther (= Pahlen, Henry)
BT: *Liebe ist stärker als der Tod* (1975)
Liebe läßt alle Blumen blühen (1985)
R: Serafini, Marco; A: Konsalik, Heinz Günther (= Pahlen, Henry)
BT: *Liebe läßt alle Blumen blühen* (1979)
Liebe, Luft und lauter Lügen (1959)
R: Beauvais, Peter; A: Zumbro, Karl
BT: *Ehe zwischen Tür und Angel*
Liebe, Lügen und Geheimnisse (1998)
R: Camoglio, Maria Teresa; A: Blobel, Brigitte
BT: *Liebe, Lügen und Geheimnisse* (1997)
Liebe ohne Illusion (1955)
R: Engel, Erich; A: Fodor, Ladislas (Laszlo)
BT: (*Ärztliches Geheimnis*)
Liebe 47 (1948)
R: Liebeneiner, Wolfgang; A: Borchert, Wolfgang
BT: *Draußen vor der Tür* (1947)
Liebe, Tanz und 1000 Schlager (1955)
R: Martin, Paul; A: Kohner, Frederick
Liebe und Trompetenblasen (1953)
R: Weiss, Helmut; A: Bachwitz, Hans; Roland, Marc; Rotter, Fritz Friedrich; Stransky, Otto; Sturm, Hans
BT: *Liebe und Trompetenblasen* (1928)
Liebe unter Geschäftsleuten (1980)
R: Schwarze, Hans-Dieter; A: Arnold, Franz; Bach, Ernst
BT: *Liebe unter Geschäftsleuten*
Liebe verboten - Heiraten erlaubt (1959)
R: Meisel, Kurt; A: Nicklisch, Hans
Liebe von Swann, Eine (1983)
R: Schlöndorff, Volker; A: Proust, Marcel
BT: *A la recherche du temps perdu* (1913) (*Auf der Suche nach der verlorenen Zeit* 1926)
Liebe will gelernt sein (1962)
R: Hoffmann, Kurt; A: Kästner, Erich (= Bürger, Berthold)
BT: *Zu treuen Händen* (1950)
Liebelei (1958)
R: Olden, John; A: Schnitzler, Arthur
BT: *Liebelei* (1895)
Liebelei (1969)
R: Schnitzler, Heinrich; A: Schnitzler, Arthur
BT: *Liebelei* (1895)

Lieben Sie Kishon? (1974-77/78)
R: Tausig, Otto; Weck, Peter; A: Kishon, Ephraim
Lieben Sie Träume? oder Farjatjews Phantasien (1982)
R: Bleiweiß, Celino; A: Sokolova, Alla
BT: *Fantazii Farjat'eva* (*Farjatjews Phantasien* 1977)
Lieben wie gedruckt (13 Teile) (1994)
R: Reitzenstein, Anton; A: Szyszkowitz, Gerald
BT: *Lieben wie gedruckt oder Die Herren der Herrengasse* (1993)
Liebenden von Zumpa, Die (1984)
R: Bechert, Hilde; A: Galeano, Eduardo
Liebes- und Skandalgeschichten aus dem alten Berlin (1980)
R: Proll, Jens-Peter; A: Gräser, Erdmann
BT: *Lemkes selige Witwe* (1907)
Liebesbriefe auf blauem Papier (1977)
R: Moorse, George; A: Wesker, Arnold
BT: *Love Letters on Blue Paper* (1974) (*Liebesbriefe auf blauem Papier* 1977)
Liebesbriefe einer portugiesischen Nonne (1976)
R: Franco, Jess; A: Alcoforado, Mariana
BT: *Cartas de amor de la monja portuguesa* (1696) (*Liebesbriefe eine portugiesischen Nonne* 1913)
Liebesfallen (1975)
R: Wallroth, Werner W.; A: Turek, Ludwig
BT: *Die Liebesfalle* (1969)
Liebesgeschichte, Eine (1954)
R: Jugert, Rudolf; A: Zuckmayer, Carl
BT: *Eine Liebesgeschichte* (1934)
Liebesgeschichten. Erzählung einer Unbekannten (1979)
R: Vogel, Peter; A: Čechov, Anton Pavlovič
Liebeskonzil (1981)
R: Schroeter, Werner; A: Panizza, Oskar
BT: *Himmelstragödie* (1894)
Liebesnächte in der Taiga (1968)
R: Philipp, Harald; A: Konsalik, Heinz Günther (= Pahlen, Henry)
BT: *Liebesnächte in der Taiga* (1966)
Liebesversuche (1980)
R: Pataky, Zoltan; A: Schwaiger, Brigitte
BT: *Liebesversuche* (1979)
Liebling, du irrst (1979)
R: Kulosa, Christa; A: Pörschmann, Jürgen
BT: *Liebling, du irrst*
Liebling, ich laß mich scheiden (1980)
R: Moszkowicz, Imo; A: Gottlieb, Alex
BT: *Divorce Me, Darling* (1975) (*Liebling, ich laß mich scheiden*)
Liebling, ich muß dich erschießen (1962)
R: Goslar, Jürgen; A: O'Hara, John
Liebling Kreuzberg (1986-)
R: Loebner, Vera; Masten, Werner; Schirk, Heinz; A: Friedrichs, Horst
BT: *Liebling Kreuzberg: Der Verbieter* (1997)
Liebling Kreuzberg (1986-)
R: Loebner, Vera; Masten, Werner; Schirk, Heinz; A: Friedrichs, Horst
BT: *Liebling Kreuzberg - Die Sache Anja Clemens* (1998)
Liebling Kreuzberg (1986-)
R: Loebner, Vera; Masten, Werner; Schirk, Heinz; A: Friedrichs, Horst
BT: *Liebling Kreuzberg - Der Bauch eines Richters* (1997)
Liebling, mir fehlen die Worte (1988)
R: Ostrowsky, Hartmut; A: Claus, Manfred
BT: *Liebling, mir fehlen die Worte*
Lied der Taube (1953)
R: Bublitz, Hans Waldemar; A: Druten, John William van
BT: *The Voice of the Turtle* (1943) (*Das Lied der Taube* 1951)
Lied vom Trompeter, Das (1964)
R: Petzold, Konrad; A: Gotsche, Otto
BT: *Unser kleiner Trompeter* (1961)
Liga der Rothaarigen, Die (1967)
R: May, Paul; A: Doyle, Arthur Conan Sir
BT: (*Die Liga der Rothaarigen*)
Lightship, The (1985)
R: Skolimovsky, Jerzy; A: Lenz, Siegfried
BT: *Das Feuerschiff* (1960)
Lili Marleen (1981)
R: Fassbinder, Rainer Werner; A: Andersen, Lale
BT: *Der Himmel hat viele Farben* (1974)
Liliom (1971)
R: Schenk, Otto; A: Molnár, Ferenc
BT: *Liliom* (1909) (*Liliom* 1912)
Linden von Lautenbach, Die (1982)
R: Saint-Jacques, Bernard; A: Egen, Jean
BT: *Les tilleuls de Lautenbach* (1979) (*Die Linden von Lautenbach* 1983)
Lindhoops Frau (1985)
R: Itzenplitz, Eberhard; A: Dünnebier, Anna
BT: *Lindhoops Frau* (1981)
Linkshändige Frau, Die (1977)
R: Handke, Peter; A: Handke, Peter
BT: *Die linkshändige Frau* (1976)
Lippls Traum (1990)
R: Käfer, Karl Heinz; A: Maar, Paul
BT: *Lippls Traum* (1984)

Lisi und der General (1988)
R: Rissi, Mark M.; A: Heimann, Alexander
BT: *Lisi* (1994)
Lissy (1957)
R: Wolf, Konrad; A: Weiskopf, Franz Carl
BT: *Die Versuchung* (1937) (*Lissy* 1954)
Literatur (1965)
R: Rabenalt, Arthur Maria; A: Schnitzler, Arthur
BT: *Literatur* (1902) (*Lebendige Stunden*)
Literatur (1969)
R: Fleckenstein, Günther; A: Schnitzler, Arthur
BT: *Literatur* (1902) (*Lebendige Stunden*)
Literatur (1970)
R: Marboe, Ernst Wolfram; A: Schnitzler, Arthur
BT: *Literatur* (1902) (*Lebendige Stunden*)
Literatur (1974)
R: Glück, Wolfgang; A: Schnitzler, Arthur
BT: *Literatur* (1902) (*Lebendige Stunden*)
Lockende Tiefe (1962)
R: Schnell, Raoul Wolfgang; A: Rattigan, Terence
BT: *The Deep Blue Sea* (1952) (*Tiefe blaue See* 1953)
Lockruf des Goldes (4 Teile) (1975)
R: Nicolaescu, Sergiu; Staudte, Wolfgang; A: London, Jack
BT: *Burning Daylight* (1910) (*Lockruf des Goldes*)
L'ogre (1986)
R: Edelstein, Simon; A: Chessex, Jacques
BT: *L'ogre* (1973)
Lokalbahn, Die (1960)
R: Müller, Hans-Reinhard; A: Thoma, Ludwig
BT: *Die Lokalbahn* (1902)
Lokalbahn, Die (1972)
R: Wilhelm, Kurt; A: Thoma, Ludwig
BT: *Die Lokalbahn* (1902)
Lokomotive, Die (1986)
R: Görlitz, Helmut Christian; A: Roussin, André
BT: *La locomotive* (1967)
Lola rennt (1998)
R: Tykwer, Tom; A: Tykwer, Tom
BT: *Lola rennt* (1998)
Lorbeermaske, Die (1958)
R: Meyen, Harry; A: Coubier, Heinz
BT: *Die Lorbeermaske*
Lord Arthur Saviles unvermeidbare Mordtat (1975)
R: Proll, Jens-Peter; A: Wilde, Oscar
BT: *Lord Arthur Savile's Crime* (1891) (*Lord Arthur Saviles Verbrechen* 1910)
Lord Arthur Saviles Verbrechen (1967)
R: Sydow, Rolf von; A: Wilde, Oscar
BT: *Lord Arthur Savile's Crime* (1891) (*Lord Arthur Saviles Verbrechen* 1910)
Lord von Barmbek, Der (1973)
R: Runze, Ottokar; A: Petersen, Julius Adolf
BT: *Der Lord von Barmbeck: das Leben des berüchtigten Ein- und Ausbrechers Julius Adolf Petersen, von ihm selbst erzählt* (1973)
Lorenz im Land der Lügner (1996)
R: Brauer, Jürgen; Lygum, Per; A: Rodari, Gianni
BT: *Gelsomino nel paese dei bugiardi* (1958) (*Gelsomino im Lande der Lügner* 1961)
Lotosblüten für Miss Quon (1966)
R: Roland, Jürgen; A: Chase, James Hadley
BT: *A Lotus for Miss Quon* (1961) (*Lotosblüten für Miss Quon* 1963)
Lotte in Weimar (1975)
R: Günther, Egon; A: Mann, Thomas
BT: *Lotte in Weimar* (1939)
Lotterieschwede, Der (1958)
R: Kunert, Joachim; A: Andersen Nexø, Martin
BT: *Lotterisvensken* (1919)
Love from a Stranger (1967)
R: Goldbaum, Peter; A: Vosper, Frank
BT: *Love from a Stranger* (1936) (*Ein Fremder klopft an* 1967)
Löwe von Babylon (En las ruínas de Babilonia), Der (1959)
R: Kai, Johannes; Torrado, Ramón; A: May, Karl Friedrich
BT: *Im Reiche des Silbernen Löwen* (1899)
Lucie und der Angler von Paris (1963)
R: Jung-Alsen, Kurt; A: Wolf, Friedrich (Baetz, Christian; Rüedi, Hans; Dr. Isegrimm)
BT: *Lucie und der Angler von Paris* (1946)
Lucilla (1980)
R: Semmelroth, Wilhelm; A: Collins, Wilkie
BT: *Poor Miss Finch* (1872)
Lude, Der (1984)
R: Brandt, Horst E.; A: Küchenmeister, Claus; Küchenmeister, Wera
BT: *Elend und Glanz des Wilhelm Knaupe, genannt Bello*

Ludwig auf Freiersfüßen (1969)
R: Seitz, Franz; A: Thoma, Ludwig
BT: *Ludwig Thoma: die Geschichte seiner Liebe und Ehe* (1928)

Ludwigshöhe (1978)
R: Cornell, Jonas; A: Bang, Hermann Joachim
BT: *Ludvigsbakke* (1896) (*Ludwigshöhe* 1908)

Luftschiff, Das (1983)
R: Simon, Rainer; A: Fries, Fritz Rudolf
BT: *Das Luftschiff* (1974)

Lüge, Die (1950)
R: Fröhlich, Gustav; A: Gehrke, Martha Maria
BT: *Mörder ohne Mord*

Lüge zuviel, Eine (1997)
R: Jacob, Thomas; A: Konsalik, Heinz Günther (= Pahlen, Henry)
BT: *Eine Sünde zuviel* (1966)

Lügner, Der (1961)
R: Vajda, Ladislaus; A: Shiffrin, Abraham B.
BT: *Eleven Lives of Leo*

Lügner und die Nonne, Der (1967)
R: Thiele, Rolf; A: Goetz, Curt
BT: *Der Lügner und die Nonne* (1929)

Lulu (1962)
R: Thiele, Rolf; A: Wedekind, Frank
BT: *Erdgeist (1895); Die Büchse der Pandora* (1904)

Lulu (1979)
R: Borowczyk, Walerian; A: Wedekind, Frank
BT: *Erdgeist (1895); Die Büchse der Pandora* (1904)

Lümmel von der ersten Bank (3) Pepe, der Paukerschreck, Die (1969)
R: Reinl, Harald; A: Wolf, Alexander
BT: *Die Lümmel von der ersten Bank* (1963)

Lümmel von der ersten Bank (1) Zur Hölle mit den Paukern, Die (1967)
R: Jacobs, Werner; A: Wolf, Alexander
BT: *Die Lümmel von der ersten Bank* (1963)

Lümmel von der ersten Bank (5) Wir hau'n die Pauker ..., Die (1970)
R: Reinl, Harald; A: Wolf, Alexander
BT: *Die Lümmel von der ersten Bank* (1963)

Lümmel von der ersten Bank (6) Morgen fällt die Schule.., Die (1971)
R: Jacobs, Werner; A: Wolf, Alexander
BT: *Die Lümmel von der ersten Bank* (1963)

Lümmel von der ersten Bank (7) Betragen ungenügend, Die (1972)
R: Gottlieb, Franz Josef; A: Wolf, Alexander
BT: *Die Lümmel von der ersten Bank* (1963)

Lümmel von der ersten Bank (4) Hurra, die Schule brennt, Die (1969)
R: Jacobs, Werner; A: Wolf, Alexander
BT: *Die Lümmel von der ersten Bank* (1963)

Lümmel von der ersten Bank (2) Zum Teufel mit der Penne, Die (1968)
R: Jacobs, Werner; A: Wolf, Alexander
BT: *Die Lümmel von der ersten Bank* (1963)

Lumpazivagabundus (1956)
R: Antel, Franz; A: Nestroy, Johann Nepomuk
BT: *Der böse Geist Lumpazivagabundus oder Das liederliche Kleeblatt* (1835)

Lumpazivagabundus (1967)
R: Zbonek, Edwin; A: Nestroy, Johann Nepomuk
BT: *Der böse Geist Lumpazivagabundus oder Das liederliche Kleeblatt* (1835)

Lustige Witwe, Die (1962)
R: Jacobs, Werner; A: Lehár, Franz; Léon, Victor
BT: *Die lustige Witwe* (1906)

Lustigen Weiber von Windsor, Die (1950)
R: Wildhagen, Georg; A: Nicolai, Otto; Shakespeare, William
BT: *The Merry Wives of Windsor* (1598) (*Die lustigen Weiber von Windsor*)

Lustigen Weiber von Windsor, Die (1964)
R: Tressler, Georg; A: Nicolai, Otto; Shakespeare, William
BT: *The Merry Wives of Windsor* (1598) (*Die lustigen Weiber von Windsor*)

Lütt Matten und die weiße Muschel (1963)
R: Zschoche, Herrmann; A: Pludra, Benno
BT: *Lütt Matten und die weiße Muschel* (1963)

Macbeth (1971)
R: Praunheim, Rosa von; A: Shakespeare, William; Verdi, Giuseppe
BT: *Macbeth* (1605)

Macbeth (1971)
R: Schroeter, Werner; A: Shakespeare, William
BT: *Macbeth* (1605)

Macbeth (1988)
R: Anna, Claude de; A: Shakespeare, William; Verdi, Giuseppe
BT: *Macbeth* (1605)

Machorka-Muff (1963)
R: Straub, Jean-Marie; A: Böll, Heinrich
BT: *Hauptstädtisches Journal*
Macht der Finsternis, Die (1959)
R: Korngiebel, Hanns; A: Tolstoj, Leo
BT: *Vlast t'my* (1886) (*Die Macht der Finsternis* 1890)
Macht der Finsternis, Die (1978)
R: Döpke, Oswald; A: Tolstoj, Leo
BT: *Vlast t'my* (1886) (*Die Macht der Finsternis* 1890)
Macht der Gefühle, Die (1983)
R: Kluge, Alexander; A: Kluge, Alexander
BT: *Die Macht der Gefühle* (1984)
Madame Aurélie (1955)
R: Haaf, Wilm ten; A: Pagnol, Marcel
BT: *La femme du boulanger* (1946) (*Die Frau des Bäckers (Madame Aurélie)* 1948)
Madame Bäurin (1993)
R: Bogner, Franz Xaver; A: Christ, Lena
BT: *Madam Bäurin* (1920)
Madame Bovary (Miniserie) (1968)
R: Schwarze, Hans-Dieter; A: Flaubert, Gustave
BT: *Madame Bovary* (1857) (*Madame Bovary* 1907)
Madame de ... (1961)
R: Beauvais, Peter; A: Vilmorin, Louise
BT: *Madame de ...* (1951) (*Madame de ...* 1954)
Madame Husson und ihr Tugendjüngling (1987)
R: Büchner, Norbert; A: Maupassant, Guy de
BT: *Le rosier de Madame Husson* (1888) (*Der Rosenjüngling der Madame Husson* 1964)
Madame Legros (1968)
R: Kehlmann, Michael; A: Mann, Heinrich
BT: *Madame Legros* (1913)
Madame Sans-Gêne (1960)
R: Olden, John; A: Sardou, Victorien
BT: *Madame Sans-Gêne* (1893) (dt. 1895)
Madame und ihre Nichte (1969)
R: Schröder, Eberhard; A: Maupassant, Guy de
BT: *Yvette* (1883) (*Yvette* 1921)
Mädchen aus dem Dschungel (3 Teile), Das (1964)
R: Jung-Alsen, Kurt; A: Thürk, Harry
BT: *Der Wind stirbt vor dem Dschungel* (1961)
Mädchen aus dem Fahrstuhl, Das (1990)
R: Zschoche, Herrmann; A: Herzog, Gabriele
BT: *Das Mädchen aus dem Fahrstuhl* (1985)
Mädchen aus Flandern, Ein (1956)
R: Käutner, Helmut; A: Zuckmayer, Carl
BT: *Engele von Loewen* (1952)
Mädchen in Uniform (1958)
R: Rádvany, Géza von; A: Winsloe, Christa
BT: *The Child Manuela: The Novel of Madchen in Uniform* (1933) (*Das Mädchen Manuela. Der Roman von Mädchen in Uniform* 1934)
Mädchen Krümel, Das (1976)
R: Hausdorf, Rainer; A: Ludwig, Martha
BT: *Das Mädchen Krümel* (1970)
Mädchen Leo, Das (1988)
R: Grabowsky, Klaus; A: Zinner, Hedda
BT: *Das Mädchen Leo*
Mädchen mit Beziehungen (1950)
R: Ráthony, Ákos von; A: Vadnay, László
Mädchen mit der Peitsche (La fille au fouet), Das (1951)
R: Dréville, Jean; A: Zahn, Ernst
BT: *Pietro der Schmuggler* (1930)
Mädchen ohne Pyjama, Das (1957)
R: Quest, Hans; A: Bock, Christian
Mädchen Rosemarie, Das (1958)
R: Thiele, Rolf; A: Kuby, Erich
BT: *Rosemarie* (1958)
Mädchen Rosemarie, Das (1996)
R: Eichinger, Bernd; A: Kuby, Erich
BT: *Da Mädchen Rosemarie* (1958)
Mädchen und der Junge, Das (1982)
R: Hübner, Wolfgang; A: Görlich, Günter
BT: *Das Mädchen und der Junge* (1981)
Mädchen vom Eisberg, Das (1981)
R: Hattop, Karola; A: Gossens, Anne
Mädchen vom Lande, Ein (1961)
R: Balzer, Horst; A: Odets, Clifford
BT: *The Country Girl* (1950) (*Ein Mädchen vom Lande* 1951)
Mädchen vom Moorhof, Das (1958)
R: Ucicky, Gustav; A: Lagerlöf, Selma
BT: *Tösen från Stormyrtorpet* (1913) (*Das Mädchen vom Moorhof* 1913)
Mädchen vom Pfarrhof, Das (1955)
R: Lehner, Alfred; A: Anzengruber, Ludwig
BT: *Der Pfarrer vom Kirchfeld* (1871)
Mädchen vom Plakat, Das (1984)
R: Unger, Michael; A: Gerisch, Klaus
BT: *Das Mädchen vom Plakat* (1983)

Mädchenjahre einer Königin (1954)
R: Marischka, Ernst; A: Sil-Vara, Geza A.
BT: *Mädchenjahre einer Königin* (1933)
Mädchenkrieg, Der (1977)
R: Brustellin, Alf; Sinkel, Bernhard; A: Bieler, Manfred
BT: *Der Mädchenkrieg* (1975)
Mädel von heute (Primanerinnen) (1951)
R: Thiele, Rolf; A: Börner, Klaus Erich; Keller, Gottfried
BT: *Ursula*
Mädels vom Immenhof, Die (1955)
R: Schleif, Wolfgang; A: Bruns, Ursula
BT: *Dick und Dalli und die Ponies* (1952)
Mademoiselle Fifi (1986)
R: Fruchtmann, Karl; A: Maupassant, Guy de
BT: *Mademoiselle Fifi* (1883) (*Fräulein Fifi* 1964)
Mademoiselle Löwenzorn (1965)
R: Klingenberg, Gerhard; A: Becher, Ulrich
BT: *Mademoiselle Löwenzorn* (1953)
Mädl aus der Vorstadt, Das (1963)
R: Rabenalt, Arthur Maria; A: Nestroy, Johann Nepomuk
BT: *Das Mädl aus der Vorstadt* (1845)
Magd, Die (1976)
R: Jent, Louis; A: Bosshart, Jakob
BT: *Durch Schmerzen empor* (1903)
Magdalena (1955)
R: Lippl, Alois Johannes; A: Thoma, Ludwig
BT: *Magdalena* (1912)
Magdalena (1983)
R: Graser, Jörg; A: Thoma, Ludwig
BT: *Magdalena* (1912)
Magdalenenbaum, Der (1989)
R: Behrend, Rainer; A: Müller, Armin
BT: *Der Magdalenenbaum* (1979)
Maghrebinische Geschichten (1975)
R: Davy, Walter; A: Rezzori, Gregor von
BT: *Maghrebinische Geschichten* (1953)
Magic Afternoon (1971)
R: Bauer, Wolfgang; A: Bauer, Wolfgang
BT: *Magic Afternoon* (1969)
Magie (1965)
R: Umgelter, Fritz; A: Chesterton, Gilbert Keith
BT: *Magic* (1913) (*Magie* 1914)
Magier, Der (1979)
R: Golan, Menahem; A: Singer, Isaac Bashevis
BT: *The Magician of Lublin* (1960)
Magnetiseur, Der (1981)
R: Weck, Peter; A: Hoffmann, Ernst Theodor Amadeus
BT: *Der Magnetiseur* (1813)
Mahl/Orangen-Soufflé, Das (1968)
R: Löbe, Horst; A: Bellow, Saul
BT: (*Das Mahl/Orangensoufflé*)
Maigret und sein größter Fall (1966)
R: Weidenmann, Alfred; A: Simenon, Georges (= Sim, Georges; Aramis; Brulls, Christian)
BT: *Les nouvelles enquêtes de Maigret* (1944) (*Sechs neue Fälle für Maigret* 1985)
Mainzer Tod, Der (1986)
R: Henschel, Wolfgang F.; A: Kasper, Hans
BT: *Der Mainzer Tod*
Majestät auf Abwegen (1958)
R: Stemmle, Robert A.; A: Lewis, Sinclair
BT: *Let Us Play King* (1937) (*... König sein dagegen sehr* 1956)
Major und die Stiere, Der (1955)
R: Borsody, Eduard von; A: Venatier, Hans
BT: *Der Major und die Stiere* (1953)
Mal des Todes, Das (1986)
R: Handke, Peter; A: Duras, Marguerite
BT: *La maladie de la mort* (1982) (*Die Krankheit Tod* 1985)
Malina (1990)
R: Schroeter, Werner; A: Bachmann, Ingeborg
BT: *Malina* (1971)
Mama mia (1987)
R: Witte, Udo; A: Biesalski, Kurt
BT: *Letzte Liebe* (1986)
Mamitschka (1955)
R: Thiele, Rolf; A: Schuller, Viktor
BT: *Das Glück am Sonntagabend*
Man bleibt sich treu ... (7 Teile) (1990)
R: Deutsch, Peter; A: Maupassant, Guy de
Man ist nur zweimal jung (1958)
R: Weiss, Helmut; A: Beer, Otto F.; Preses, Peter
BT: *Man ist nur zweimal jung* (1956)
Man kann nie wissen (1963)
R: Haugk, Dietrich; A: Shaw, George Bernard
BT: *You Never Can Tell* (1898) (*Man kann nie wissen* 1926)
Man lebt nur einmal (1952)
R: Neubach, Ernst; A: Neubach, Ernst
BT: *Jim, der Mann mit der Narbe*
Mandala (1972)
R: Wolffhardt, Rainer; A: Duncan, Ronald Fred. H.

Mann auf der Mauer, Der (1982)
R: Hauff, Reinhard; A: Schneider, Peter
BT: *Der Mann auf der Mauer* (1982)
Mann aus dem Bootshaus, Der (1966/67)
R: Schaaf, Johannes; A: Mortimer, John C.
BT: *The Narrowing Stream* (1954) (*Der Mann aus dem Bootshaus* 1957)
Mann aus der Siedlung, Der (1981)
R: Unger, Michael; A: Kampling, Harry
BT: *Der Mann aus der Siedlung* (1981)
Mann aus London, Der (1971)
R: Schirk, Heinz; A: Simenon, Georges (= Sim, Georges; Aramis; Brulls, Christian)
BT: *L'homme de Londres* (1934) (*Der Mann aus London* 1981)
Mann aus Melbourne, Der (1966)
R: Haaf, Wilm ten; A: Maugham, Robin
BT: *The Claimant* (*Der Mann aus Melbourne* 1960)
Mann, der Donnerstag war, Der (1960)
R: Umgelter, Fritz; A: Chesterton, Gilbert Keith
BT: *The Man Who Was Thursday* (1908) (*Der Mann, der Donnerstag war* 1910)
Mann, der keinen Mord beging, Der (1963)
R: Quest, Hans; A: Spoerl, Alexander
BT: *Der Mann, der keinen Mord beging* (1958)
Mann, der nach der Oma kam, Der (1972)
R: Oehme, Roland; A: Holland-Moritz, Renate
BT: *Graffunda räumt auf* (1969)
Mann, der nie über Kafka schrieb, Der (1974)
R: Radax, Ferry; A: Torberg, Friedrich
BT: *Der Mann, der nie über Kafka schrieb*
Mann, der seinen Namen änderte, Ein (1958)
R: Völger, Werner; A: Wallace, Richard Horatio Edgar
BT: *The Man Who Was Nobody* (1927) (*Ein Mann, der seinen Namen änderte* 1956)
Mann, der sich in Luft auflöste, Der (1980)
R: Bacso, Peter; A: Sjöwall, Maj; Wahlöö, Per
BT: *Mannen som gick upp i rök* (1969) (*Der Mann, der sich in Luft auflöste* 1977)
Mann, der zweimal leben wollte, Der (1950)
R: Tourjansky, Viktor; A: Andreas, Fred
BT: *Der Mann, der zweimal leben wollte* (1932)
Mann des Schicksals (Der Schlachtenlenker), Der (1963)
R: Schwarze, Hans-Dieter; A: Shaw, George Bernard
BT: *The Man of Destiny* (1898) (*Der Mann des Schicksals (Der Schlachtenlenker)* 1915)
Mann für gewisse Sekunden, Ein (1999)
R: Stephan, Bernhard; A: Holst, Evelyn
BT: *Ein Mann für gewisse Sekunden* (1992)
Mann für jede Tonart, Ein (1992)
R: Timm, Peter; A: Lind, Hera
BT: *Ein Mann für jede Tonart* (1989)
Mann für Mama, Ein (1974)
R: Eder, Otto Anton; A: Nöstlinger, Christine
BT: *Ein Mann für Mama* (1972)
Mann für Mama, Ein (1976)
R: Tressler, Georg; A: Nöstlinger, Christine
BT: *Ein Mann für Mama* (1972)
Mann gegen Mann (1974/75)
R: Maetzig, Kurt; A: Biesalski, Kurt
BT: *Mann gegen Mann* (1976)
Mann geht durch die Wand, Ein (1959)
R: Vajda, Ladislaus; A: Aymé, Marcel
BT: *Le passe muraille* (1943)
Mann im Fahrstuhl, Der (1962)
R: Löbe, Horst; A: Fletcher, Lucille
BT: (*Der Mann im Lift* 1962)
Mann im Manne, Der (1959)
R: Beauvais, Peter; A: Thurber, James
BT: *The Male Animal* (1940) (*Der Mann im Manne*)
Mann im Salz, Der (1989)
R: Wolffhardt, Rainer; A: Ganghofer, Ludwig
BT: *Der Mann im Salz* (1906)
Mann im Schilf, Der (1977)
R: Purzer, Manfred; A: Saiko, George
BT: *Der Mann im Schilf* (1971)
Mann im schönsten Alter, Ein (1963)
R: Wirth, Franz Peter; A: Schneider-Schelde, Rudolf
BT: *Ein Mann im schönsten Alter* (1963)
Mann im schwarzen Mantel, Der (1994)
R: Königstein, Horst; A: Lahann, Birgit
BT: *Genosse Judas: die zwei Leben des Ibrahim Böhme* (1992)
Mann im Strom, Der (1958)
R: York, Eugen; A: Lenz, Siegfried
BT: *Der Mann im Strom* (1957)
Mann in der Wanne, Der (1952)
R: Antel, Franz; A: Felmar, Karl; Friese, Ernst
BT: *Der Mann in der Wanne* (1945)

Mann ist soeben erschossen worden, Ein (1964)
R: Rothe, Edward; A: Salomon, Jaime
BT: (*Ein Mann ist soeben erschosssen worden*)
Mann ist soeben erschossen worden, Ein (1985)
R: Engel, Thomas; A: Salomon, Jaime
BT: (*Ein Mann ist soeben erschossen worden*)
Mann mit dem Falken, Der (1981)
R: Kramberg, Karl-Heinz; A: Boccaccio, Giovanni
BT: *Decamerone* (1353)
Mann mit dem Glasauge, Der (1968)
R: Vohrer, Alfred; A: Wallace, Richard Horatio Edgar
Mann mit dem Ring im Ohr, Der (1984)
R: Hasler, Joachim; A: Seeger, Bernhard
BT: *Der Harmonikaspieler* (1981)
Mann mit den Bäumen, Der (1989)
R: Kubny, Werner; A: Giono, Jean
BT: *L'homme qui plantait des arbres* (1937) (*Der Mann, der die Bäume pflanzte* 1937)
Mann mit den Rosen, Der (1984)
R: Junek, Kurt; A: Mini, Harald
BT: *Räuber und Gendarm*
Mann mit der Blume im Mund, Der (1962)
R: Cella, Ettore; A: Pirandello, Luigi
BT: *L'uomo dal fiore in bocca* (1926) (*Der Mann mit der Blume im Mund* 1986)
Mann mit der Torpedohaut, Der (1969)
R: Delannoy, Jean; A: Ryck, Francis
BT: *La peau de Torpédo* (1968)
Mann namens Harry Bent, Ein (1968)
R: Beauvais, Peter; A: Durbridge, Francis Henry
BT: *A Man called Harry Bent* (1970) (*Ein Mann namens Harry Bent* 1970)
Mann nebenan, Der (1964)
R: Rilla, Walter; A: Ginsbury, Norman
BT: *The First Gentleman* (1940) (*Der Mann nebenan* 1963)
Mann nebenan, Der (1991)
R: Haffter, Petra; A: Rendell, Ruth (= Vine, Barbara)
BT: *A Demon in My View* (1976) (*Dämon hinter Spitzenstores* 1986)
Man(n) sucht Frau (1994)
R: Naefe, Vivian; A: Nürnberger-Gerster, Christian
BT: *My first lady: Liebe per Inserat und die Folgen* (1990)
Mann und sein Name, Der (1983)
R: Loebner, Vera; A: Seghers, Anna
BT: *Der Mann und sein Name* (1952)
Mann und sein Schatten, Der (1963)
R: Respondek, Gerhard; A: Selbmann, Fritz
BT: *Der Mann und sein Schatten* (1962)
Mann vom Eaton Place, Der (1991)
R: Frankau, John; Hodson, Christopher; Leitner, Hermann; A: Wallace, Richard Horatio Edgar
BT: *The Mixer* (1927) (*Der Preller* 1952)
Mann von draußen, Der (1961)
R: Haaf, Wilm ten; A: Dinelli, Mel
BT: *The Man* (1950)
Mann will nach oben, Ein (1978)
R: Ballmann, Herbert; A: Fallada, Hans
BT: *Ein Mann will nach oben* (1953)
Mann wird jünger, Ein (1978)
R: Wirth, Franz Peter; A: Svevo, Italo
BT: *La rigenerazione* (1928) (*Ein Mann wird jünger* 1960)
Mann zum Heiraten, Ein (1983)
R: Knötzsch, Hans; A: Tóth, Miklós
BT: (*Ein Mann zum Heiraten*)
Männer am Sonntag (1963)
R: Fruchtmann, Karl; A: Roncoroni, Jean-Louis
BT: *Les hommes du dimanche* (1957) (*Die Männer am Sonntag* 1960)
Männer ohne Bart (1970/71)
R: Simon, Rainer; A: Kant, Uwe
BT: *Das Klassenfest* (1969)
Männer sind wie Schokolade (1999)
R: Wilhelm, Uwe; A: Grube, Tina
BT: *Männer sind wie Schokolade* (1995)
Männer und andere Katastrophen (1998)
R: Baumann, Ulli; A: Gier, Kerstin
BT: *Männer und andere Katastrophen* (1996)
Männerpension (1996)
R: Buck, Detlev; A: Beleites, Edith
BT: *Männerpension* (1996)
Männerquartett, Das (1977)
R: Verhoeven, Michael; A: Frank, Leonhard
BT: *Das Ochsenfurter Männerquartett* (1927)
Manni der Libero (13 Teile) (1982)
R: Gottlieb, Franz Josef; A: Conradi, Peter
BT: *Manni der Libero* (1980)
Mantel, Der (1953)
R: Bublitz, Hans Waldemar; A: Gogol, Nicolaj
BT: *Sinel'* (1842) (*Der Mantel* 1884)
Mantel, Der (1963)
R: Henn, Walter; A: Gogol, Nicolaj
BT: *Sinel'* (1842) (*Der Mantel* 1884)

Mantel des Ketzers, Der (1989)
R: Vogel, Peter; A: Brecht, Bertolt
BT: *Der Mantel des Ketzers*
Märchen, Das (1966)
R: Grädler, Theodor; A: Schnitzler, Arthur
BT: *Das Märchen* (1804)
Märchen vom falschen Prinzen, Das (1978)
R: Dörre, Peter; A: Hauff, Wilhelm
BT: *Das Märchen vom falschen Prinzen* (1826)
Märchenschloß, Das (1960/61)
R: Zschoche, Herrmann; A: Rodrian, Fred
BT: *Das Märchenschloß*
Maresi (Der Angeklagte hat das Wort) (1948)
R: Thimig, Hans; A: Lernet-Holenia, Alexander
BT: *Maresi* (1947)
Margarita (1986)
R: Denecke, Gabriele; A: Barckhausen, Christiane
BT: *Schwestern: Tonbandprotokolle aus 6 Ländern* (1985)
Maria (1974)
R: Moorse, George; A: Ephräm, von Edessa
BT: (*Das Leben der heiligen Maria*)
Maria am Fenster (1987)
R: Verdan, Renée; A: Cerio, Claretta
BT: *Alte Weiber stinken*
Maria Johanna (1953)
R: Hasso, Harry; Hasso, Signe; A: Hansjakob, Heinrich
Maria Magdalena (1973)
R: Kroetz, Franz Xaver; A: Hebbel, Christian Friedrich
BT: *Maria Magdalena* (1844)
Maria Morzeck. Ein Mädchen aus Ost-Berlin (1976)
R: Flick, Horst G.; A: Bieler, Manfred
BT: *Maria Morzeck oder Das Kaninchen bin ich* (1969)
Maria Stuart (1956)
R: Stöger, Alfred; A: Schiller, Friedrich von
BT: *Maria Stuart* (1801)
Maria Stuart (1963)
R: Lietzau, Hans; A: Schiller, Friedrich von
BT: *Maria Stuart* (1801)
Maria Stuart (1986)
R: Schirk, Heinz; A: Schiller, Friedrich von
BT: *Maria Stuart* (1801)
Maria Stuart (1988)
R: Weigl, Petr; A: Donizetti, Gaetano; Schiller, Friedrich von
BT: *Maria Stuarda* (1835)
Maria und der Paragraph (1974)
R: Hölzke, Hubert; A: Krey, Franz
BT: *Maria und der Paragraph* (1972)
Maria und Josef (1980)
R: Pevny, Wilhelm; A: Turrini, Peter
BT: *Josef und Maria* (1980)
Mariana Piñeda (1965)
R: Haaf, Wilm ten; A: García Lorca, Federico
BT: *Mariana Piñeda* (1928) (dt. 1954)
Mariandl (1961)
R: Jacobs, Werner; A: Costa, Martin; Lang, Hans
BT: *Hofrat Geiger*
Marianengraben (1994)
R: Bornhak, Achim; A: Lem, Stanislaw
Marianne (1954)
R: Duvivier, Julien; Wall, Marcel; A: Mendelssohn, Peter de
BT: *Schmerzliches Arkadien* (1932)
Marie Grubbe (3 Teile) (1990)
R: Steinke, Christian; A: Jacobsen, Jens Peter
BT: *Fru Marie Grubbe* (1876) (*Frau Marie Grubbe* 1878)
Marienhof (1992)
R: Braun, Bettina; Grieser, Johannes; Haimrich, Raoul W.; Klingenfuss, Rainer; Krää, Günther; Lang, Carl; Roitzheim, Tanja; Schäfer, Johannes; Schlotterbeck, Dieter; Wagner, Hannes; Wiedl, Alexander; Zimmermann, Peter; A: Becker, Rolf A.
BT: *Marienhof* (1992)
Marija (1978)
R: Flick, Horst G.; A: Babel, Isaak
BT: *Marija* (1935)
Marili (1959)
R: Baky, Josef von; A: Zágon, István
BT: *Marika*
Mario und der Zauberer (1978)
R: Luther, Miloslav; A: Mann, Thomas
BT: *Mario und der Zauberer* (1930)
Mario und der Zauberer (1994)
R: Brandauer, Klaus Maria; A: Mann, Thomas
BT: *Mario und der Zauberer* (1930)
Marionetten (1987)
R: Stoss, Franz; A: Schnitzler, Arthur
BT: *Marionetten* (1906)
Marios Trompete (1975)
R: Hermann, Ludwig; A: Bollinger, Max
BT: *Marios Trompete*
Marius (1955)
R: Haaf, Wilm ten; A: Pagnol, Marcel
BT: *Marius* (1929) (*Marius* 1930)
Märkische Forschungen (1982)
R: Gräf, Roland; A: Bruyn, Günter de
BT: *Märkische Forschungen* (1978)

Marktplatz der Sensationen (5 Teile) (1985)
R: Holly, Martin; A: Kisch, Egon Erwin
BT: *Marktplatz der Sensationen* (1942)
Marquis von Keith, Der (1962)
R: Corti, Axel; A: Wedekind, Frank
BT: *Der Marquis von Keith* (1901)
Marquis von Keith, Der (1972)
R: Lietzau, Hans; A: Wedekind, Frank
BT: *Der Marquis von Keith* (1901)
Marquise von Arcis, Die (1961)
R: Harnack, Falk; A: Sternheim, Carl
BT: *Die Marquise von Arcis* (1919)
Marquise von O., Die (1976)
R: Rohmer, Eric; A: Kleist, Heinrich von
BT: *Die Marquise von O.* (1810)
Marsmenschen / Monsieur Quinot / Vergessen (1963)
R: Heyme, Hansgünther; A: Paliard, François
BT: *Monsieur Quinot* (1962) (*Marsmenschen; Vergessen und andere Einakter* 1962)
Martha (1974)
R: Fassbinder, Rainer Werner; A: Woolrich, Cornell (= Irish, George Hopley William)
BT: *For the Rest of Her Life*
Martha Dubronski (1984)
R: Kuert, Beat; A: Puganigg, Ingrid
BT: *Fasnacht* (1981)
Martinsklause, Die (1951)
R: Häussler, Richard; A: Ganghofer, Ludwig
BT: *Die Martinsklause* (1894)
Martyrium des Peter O'Hey, Das (1964)
R: Lilienthal, Peter; A: Mrozek, Slawomir
BT: *Meczenstwo Piotra O'Heya* (1959) (*Das Martyrium des Piotr O'Hey*)
Mary Rose (1961)
R: Rothe, Edward; A: Barrie, James Matthew Sir
BT: *Mary Rose* (1920) (dt. 1920)
Maß für Maß (1958)
R: Berger, Ludwig; A: Shakespeare, William
BT: *Measure for Measure* (1604) (*Maß für Maß*)
Maß ist voll, Das (1961)
R: Thieme, Bernhard; A: Coward, Noël (Pierce) Sir
Maschenka (1986)
R: Goldschmidt, John; A: Nabokov, Vladimir
BT: *Mashenka* (1926) (*Sie kommt, kommt sie?* 1928)
Maske in Blau (1952)
R: Jacoby, Georg; A: Hentschke, Heinz; Raymond, Fred
BT: *Maske in Blau* (1937)
Mathias Kneissl (1971)
R: Hauff, Reinhard; A: Sperr, Martin
BT: *Der Räuber Mathias Kneissl* (1971)
Mathilde Möhring (1968)
R: Witt, Claus Peter; A: Fontane, Theodor
BT: *Mathilde Möhring* (1907)
Mathilde Möhring (1977)
R: Schleif, Wolfgang; A: Fontane, Theodor
BT: *Mathilde Möhring* (1907)
Mathilde Möhring (1983)
R: Hercher, Karin; A: Fontane, Theodor
BT: *Mathilde Möhring* (1907)
Matlosa (1984)
R: Hermann, Villi; A: Orelli, Giovanni
Matrone von Ephesus, Die (1966)
R: Stenzel, Hans-Christof; A: Lessing, Gotthold Ephraim
BT: *Die Matrone von Ephesus* (1784)
Matrosen von Cattaro, Die (1979)
R: Bornemann, Fritz; A: Wolf, Friedrich (Baetz, Christian; Rüedi, Hans; Dr. Isegrimm)
BT: *Die Matrosen von Cattaro* (1930)
Matt in 13 Zügen (13 Teile) (1984)
R: Barabás, Stanislav; A: Horla, Alexander (= Flechtner, Hans Joachim)
BT: *Matt in 13 Zügen* (1953)
Matto regiert (1947)
R: Lindtberg, Leopold; A: Glauser, Friedrich
BT: *Matto regiert* (1936)
Matto regiert (1980)
R: Panzer, Wolfgang; A: Glauser, Friedrich
BT: *Matto regiert* (1936)
Matulla und Busch (1995)
R: Geschonneck, Matti; A: Schlesinger, Klaus
BT: *Matulla und Busch* (1984)
Maulkorb, Der (1958)
R: Staudte, Wolfgang; A: Spoerl, Heinrich
BT: *Der Maulkorb* (1936)
Maulkorb, Der (1979)
R: Wesseler, Karl; A: Spoerl, Heinrich
BT: *Der Maulkorb* (1936)
Max Frisch, Journal I-III (1981)
R: Dindo, Richard; A: Frisch, Max
BT: *Montauk* (1980)

Max und Moritz (1956)
R: Schultze, Norbert; Stefani, Francesco; A: Busch, Wilhelm
BT: *Max und Moritz; eine Bubengeschichte in sieben Streichen* (1865)
Max und Moritz (1959)
R: Mezger, Theo; A: Busch, Wilhelm
BT: *Max und Moritz; eine Bubengeschichte in sieben Streichen* (1865)
Max und Moritz (1968)
R: Hudecek, Vaclav; A: Busch, Wilhelm
BT: *Max und Moritz; eine Bubengeschichte in sieben Streichen* (1865)
Max und Moritz (1999)
R: Vollmer, Veit; A: Busch, Wilhelm
BT: *Max und Moritz; eine Bubengeschichte in sieben Streichen* (1865)
Mayday - Flug in den Tod (1997)
R: Bould, Chris; A: Konsalik, Heinz Günther (= Pahlen, Henry)
BT: *Mayday... Mayday... - Gefahr über den Wolken* (1995)
Mazurka der Liebe (1957)
R: Müller, Hans; A: Geneé, Richard; Millöcker, Karl; Zell, F.
BT: *Der Bettelstudent* (1882)
Medaille, Die (1955)
R: Delcroix, Konstantin; A: Thoma, Ludwig
BT: *Die Medaille* (1901)
Meeres und der Liebe Wellen, Des (1968)
R: Grädler, Theodor; A: Grillparzer, Franz
BT: *Des Meeres und der Liebe Wellen* (1840)
Mein blauer Vogel fliegt (1975)
R: Bleiweiß, Celino; A: Karau, Gisela
BT: *Der gute Stern des Janusz K.* (1972)
Mein Bruder Alf (1963)
R: Rothe, Edward; A: Turner, David
Mein Dorf (1975)
R: Korbschmitt, Hans-Erich; A: Gotsche, Otto
BT: *Mein Dorf* (1974)
Mein Freund Harvey (1959)
R: Moszkowicz, Imo; A: Chase, James Hadley
BT: *Harvey* (1945) (*Mein Freund Harvey* 1950)
Mein Freund Harvey (1967)
R: Sydow, Rolf von; A: Chase, James Hadley
BT: *Harvey* (1945) (*Mein Freund Harvey* 1950)
Mein Freund Joe (1995)
R: Bould, Chris; A: Pohl, Peter
BT: *Janne, min vän* (1988) (*Jan, mein Freund* 1989)
Mein Herz ist im Hochland (1963)
R: Cremer, Ludwig; A: Saroyan, William
BT: *My Heart's in the Highlands* (1939) (dt. 1942)
Mein Leopold (1955)
R: Bolváry, Géza von; A: L'Arronge, Adolphe
BT: *Mein Leopold* (1893)
Mein lieber Alexander (1984)
R: Hill, Peter; A: Gauglitz, Peter
BT: *Mein lieber Alexander*
Mein lieber Onkel Hans (3 Teile) (1985)
R: Wittmers, Dagmar; A: Panitz, Eberhard
BT: *Mein lieber Onkel Hans* (1983)
Mein Name ist Weiss (1970)
R: Vesely, Herbert; A: Ellin, Stanley
BT: *Huneker Gambit*
Mein oder Dein (1964)
R: Wild, Franz Josef; A: Kanin, Michael
BT: *His and Hers* (1954)
Mein Onkel - der Gangster (1963)
R: Lautner, Georges; A: Simonin, Albert
Mein Onkel Benjamin (1973)
R: Engel, Thomas; A: Tillier, Claude
BT: *Mon oncle Benjamin* (1843) (*Mein Onkel Benjamin* 1866)
Mein Onkel Theodor oder Wie man sein Geld im Schlaf verdient (1977)
R: Ehmck, Gustav; A: Spang, Günter
BT: *Mein Onkel Theodor oder Der Sohn einer männlichen Hausfrau* (1974)
Mein Schulfreund (1960)
R: Siodmak, Robert; A: Simmel, Johannes Mario
BT: *Der Schulfreund* (1958)
Mein Sohn, der Herr Minister (1958)
R: Tannert, Hannes; A: Birabeau, André
BT: *Fiston* (1937) (*Mein Sohn, der Herr Minister* 1937)
Mein Sohn, der Herr Minister (1982)
R: Hauff, Eberhard; A: Birabeau, André
BT: *Fiston* (1937) (*Mein Sohn, der Herr Minister* 1937)
Mein Vater ist ein Dieb (1983)
R: Hochmuth, Dietmar; A: Kühl, Barbara
BT: *Til und der Körnerdieb* (1980)
Meine beste Freundin (1962)
R: Goslar, Jürgen; A: Druten, John William van
BT: *Old Acquaintance* (1941) (*Meine beste Freundin* 1957)

Meine Frau erfährt kein Wort (1969)
R: Wild, Franz Josef; A: Axelrod, George
BT: *The Seven Year Itch* (1952) (*Meine Frau erfährt kein Wort* 1955)
Meine Frau Inge und meine Frau Schmidt (1985)
R: Oehme, Roland; A: Brehmer, Joachim
BT: *Meine Frau Inge und meine Frau Schmidt*
Meine Freundin Sybille (1967)
R: Luderer, Wolfgang; A: Strahl, Rudi
BT: *Meine Freundin Sybille* (1962)
Meine 5 Frauen (1983)
R: Pause, Wolf-Dieter; A: Hähnel, Brigitte
BT: *Meine 5 Frauen* (1983)
Meine 99 Bräute (1958)
R: Vohrer, Alfred; A: Sommer, Siegfried
BT: *Blasius der Spaziergänger* (1978)
Meine Nichte Susanne (1949)
R: Liebeneiner, Wolfgang; A: Adler, Hans; Steinbrecher, Alexander
BT: *Meine Nichte Susanne* (1948)
Meine schöne Mama (1957)
R: Martin, Paul; A: Walewska, Mathilde
BT: *Meine schöne Mama* (1956)
Meine Schwester und ich (1954)
R: Martin, Paul; A: Benatzky, Ralph; Berr, Georges; Verneuil, Louis (= Bocage, Louis Colin du)
BT: *Ma soeur et moi* (1931) (*Meine Schwester und ich* 1930)
Meine Schwester und ich (1956)
R: Wirth, Franz Peter; A: Blum, Robert
BT: *Meine Schwester und ich* (1927)
Meineidbauer, Der (1956)
R: Jugert, Rudolf; A: Anzengruber, Ludwig
BT: *Der Meineidbauer* (1871)
Meines Vaters Pferde (1950)
R: Lamprecht, Gerhard; A: Laar, Clemens
BT: *Meines Vaters Pferde* (1951)
Meines Vaters Straßenbahn (1980)
R: Bleiweiß, Celino; A: Panitz, Eberhard
BT: *Meines Vaters Straßenbahn* (1981)
Meister des jüngsten Tages, Der (1989)
R: Kehlmann, Michael; A: Perutz, Leo
BT: *Der Meister des jüngsten Tages* (1923)
Meister Eder und sein Pumuckl (1980)
R: König, Ulrich; A: Kaut, Ellis
BT: *Meister Eder und sein Pumuckl* (1966)
Meister Timpe (2 Teile) (1980)
R: Griesmayr, Hartmut; A: Kretzer, Max
BT: *Meister Timpe* (1888)
Meisterboxer, Der (1968)
R: Kraus, Fred; A: Mathern, Carl; Schwartz, Otto
BT: *Der Meisterboxer* (1923)
Meisterdieb, Der (1978)
R: Hübner, Wolfgang; A: Grimm, Jakob Ludwig Carl; Grimm, Wilhelm Carl
BT: *Der Meisterdieb* (1812)
Melanie van der Straaten (1982)
R: Langhoff, Thomas; A: Fontane, Theodor
BT: *L'Adultera* (1882)
Melanios letzte Liebe (1988)
R: Kaufmann, Edgar; A: Saavedra Santis, Omar
BT: (*Die Kunst des Kochens*)
Melissa (1966)
R: May, Paul; A: Durbridge, Francis Henry
BT: *My Wife Melissa* (1967) (*Melissa* 1968)
Melzer oder die Tiefe der Jahre (1987)
R: Madeja, Georg; A: Doderer, Heimito von
BT: *Die Strudlhofstiege oder Melzer und die Tiefe der Jahre* (1951)
Memento Mori (1975)
R: Cremer, Ludwig; A: Spark, Muriel
BT: *Memento Mori* (1959) (*Memento Mori* 1960)
Memoiren der Sarah Bernhardt, Die (1983)
R: Degen, Michael; A: Murrell, John
BT: *Memoir* (1978) (*Memoiren* 1978)
Mensch Hermann (6 Teile) (1987)
R: Wittmers, Dagmar; A: Gnüchtel, Werner
BT: *Großvater will heiraten* (1982)
Mensch Meier (1981)
R: Riklin, Hans Peter; A: Kroetz, Franz Xaver
BT: *Mensch Meier* (1978)
Mensch, Pia! (1996)
R: Hattop, Karola; A: Blobel, Brigitte
BT: *Mensch, Pia!* (1996)
Menschen im Hotel (1959)
R: Reinhardt, Gottfried; A: Baum, Vicki
BT: *Menschen im Hotel* (1929)
Menschenhasser, Der (1979)
R: Marquardt, Fritz; A: Molière, Jean Baptiste
BT: *Le Misanthrope* (1667)
Mephisto (1980)
R: Mnouchkine, Ariane; A: Mann, Klaus
BT: *Mephisto* (1936)

Mephisto (1981)
R: Szabó, István; A: Mann, Klaus
BT: *Mephisto* (1936)
Mercedes mon amour (1995)
R: Okan, Bay; A: Agaoglu, Adalet
Mercier und Camier (1983)
R: Bertram, Christian; A: Beckett, Samuel
BT: *Mercier et Camier* (1970) (*Mercier und Camier* 1972)
Mérette (1981)
R: Lagrange, Jean-Jacques; A: Keller, Gottfried
BT: *Der grüne Heinrich* (1854)
Merkwürdige Lebensgeschichte des Friedrich Freiherrn von der Trenck (1972)
R: Umgelter, Fritz; A: Frank, Bruno
BT: *Trenck* (1926)
Merkwürdiges Beispiel einer weiblichen Rache (1987)
R: Fürneisen, Bodo; A: Diderot, Denis
BT: *Jacques le fataliste* (1796) (*Jakob und sein Herr* 1792)
Meschkas Enkel (1981)
R: Gendries, Klaus; A: Schulz, Helmut H.
BT: *Meschkas Enkel*
Meschugge (1998)
R: Levy, Dani; A: Schrader, Maria
BT: *Meschugge* (1999)
Messe der erfüllten Wünsche, Die (1971)
R: Wirth, Franz Peter; A: Paral, Vladimir
BT: *Veletrh splněných přání* (1964) (*Die Messe der erfüllten Wünsche* 1966)
Meteor, Der (1968)
R: Lindtberg, Leopold; A: Dürrenmatt, Friedrich
BT: *Der Meteor* (1966)
Metteur, Der (1980)
R: Schirk, Heinz; A: Vampilow, Alexander Valentinowitsch
BT: (*Die Geschichte mit dem Metteur* 1976)
Mexikaner Felipe Rivera, Der (1984)
R: Kaufmann, Edgar; A: London, Jack
BT: *The Mexican*
Mich dürstet (1956)
R: Paryla, Karl; A: Gorrish, Walter
BT: *Um Spaniens Freiheit* (1946)
Mich wundert, daß ich so fröhlich bin (1982)
R: Kehlmann, Michael; A: Simmel, Johannes Mario
BT: *Mich wundert, daß ich so fröhlich bin* (1949)
Michael Kohlhaas (1969)
R: Vollmar, Wolf; A: Kleist, Heinrich von
BT: *Michael Kohlhaas* (1810)
Michael Kohlhaas. Der Rebell (1969)
R: Schlöndorff, Volker; A: Kleist, Heinrich von
BT: *Michael Kohlhaas* (1810)
Michael Kramer (1955)
R: Braun, Alfred; A: Hauptmann, Gerhart
BT: *Michael Kramer* (1900)
Michael Kramer (1978)
R: Bonhoff, Ursula; A: Hauptmann, Gerhart
BT: *Michael Kramer* (1900)
Miele (1987)
R: Heyme, Hansgünther; A: Schlaf, Johannes
BT: *Miele* (1920)
Mijnheer hat lauter Töchter (1968)
R: Vogeler, Volker; A: Becker, Marta
BT: *Mijnheer hat lauter Töchter* (1962)
Mike Blaubart (1967)
R: Winkler, Gerd; A: Perrault, Charles
BT: *Barbe bleue* (1697)
Miks Bumbullis (1973)
R: Gräwert, Günter; A: Sudermann, Hermann
BT: *Miks Bumbullis, der Wilderer* (1917)
Millionen des Knut Brümmer, Die (1977)
R: Schiemann, Georg; A: Nachbar, Herbert
BT: *Die Millionen des Knut Brümmer* (1970)
Millionenschuster, Der (1980)
R: Wilhelm, Kurt; A: Thoma, Ludwig
BT: *Der Schusternazi* (1939)
Milo Barus. Der stärkste Mann der Welt (1981/82)
R: Stegmüller, Henning; A: Weise, Roland
BT: *Milo Barus. Der Mann, der Pferde trug. Legende und Wahrheit über den stärksten Mann der Welt* (1966)
Minna Magdalene (1953)
R: Farenburg, Hanns; A: Goetz, Curt
BT: *Minna Magdalena* (1919)
Minna von Barnhelm (1957)
R: Erfurth, Ulrich; A: Lessing, Gotthold Ephraim
BT: *Minna von Barnhelm* (1767)
Minna von Barnhelm (1964)
R: Cremer, Ludwig; A: Lessing, Gotthold Ephraim
BT: *Minna von Barnhelm* (1767)
Minna von Barnhelm (1966)
R: Wirth, Franz Peter; A: Lessing, Gotthold Ephraim
BT: *Minna von Barnhelm* (1767)

Minna von Barnhelm (1979)
R: Drescher, Piet; A: Lessing, Gotthold Ephraim
BT: *Minna von Barnhelm* (1767)
Minna von Barnhelm oder Das Soldatenglück (1962)
R: Hellberg, Martin; A: Lessing, Gotthold Ephraim
BT: *Minna von Barnhelm* (1767)
Minnie (1989)
R: Gessner, Nicolas; A: Kettenbach, Hans Werner
BT: *Minnie oder Ein Fall von Geringfügigkeit* (1984)
Mir hat es immer Spaß gemacht (1970)
R: Tremper, Will; A: Keefe, Lynn
BT: *How Did a Nice Girl Like You Get into this Business?* (1960) (*Mir hat es immer Spass gemacht* 1969)
Mir nach, Kanaillen (1964)
R: Kirsten, Ralf; A: Kupsch, Joachim
BT: *Eine Sommerabenddreistigkeit* (1959)
Mirage, Le (1992)
R: Guiguet, Jean-Claude; A: Mann, Thomas
BT: *Die Betrogene* (1953)
Mirandolina (1963)
R: Haugk, Dietrich; A: Goldoni, Carlo
BT: *La locandiera* (1752) (*Mirandolina* 1777)
Miriam (1968)
R: Corti, Axel; A: Capote, Truman
BT: *Miriam* (1949) (*Miriam* 1962)
Mirjams Mutter (1993)
R: Loebner, Vera; A: Wisselinck, Erika
BT: *Anna am goldenen Tor* (1990)
Mirko und Franca (1979)
R: Lhotsky, Georg; A: Spiel, Hilde
BT: *Mirko und Franca* (1980)
Mißbrauchten Liebesbriefe, Die (1969)
R: Schwarze, Hans-Dieter; A: Keller, Gottfried
BT: *Die mißbrauchten Liebesbriefe* (1856)
Mißgeschick, ein Lord zu sein, Das (1966)
R: Sydow, Rolf von; A: Home, William Douglas
BT: *The Reluctant Peer* (1964) (*Das Mißgeschick, ein Lord zu sein* 1976)
Mission, Die (1967)
R: Cremer, Ludwig; A: Habe, Hans (= Bekessy, Janos)
BT: *Die Mission* (1965)
Mister Barnett (1969)
R: Liebeneiner, Wolfgang; A: Anouilh, Jean
BT: *Monsieur Barnett* (1975)
Mister Dynamit - morgen küßt Euch der Tod (1966)
R: Gottlieb, Franz Josef; A: Guenter, C.H.
BT: *Mister Dynamit - morgen küßt Euch der Tod* (1955)
Mißvergnügten, Die (1978)
R: Moszkowicz, Imo; A: Mérimée, Prosper
BT: *Les mécontents* (1833) (*Die Mißvergnügten* 1913)
Mißverständnis, Das (1960)
R: Pfeiffer, Hermann; A: Magnier, Claude
BT: *Oscar* (1958) (*Oscar: ein Mißverständnis* 1958)
Mißverständnis, Das (1960)
R: Cremer, Ludwig; A: Camus, Albert
BT: *Le malentendu* (1944) (*Das Mißverständnis* 1950)
Mit besten Empfehlungen (1963)
R: Nachmann, Kurt; A: Schubert, Hans
BT: *Mit den besten Empfehlungen* (1963)
Mit den Clowns kamen die Tränen (1990)
R: Hauff, Reinhard; A: Simmel, Johannes Mario
BT: *Doch mit den Clowns kamen die Tränen* (1987)
Mit fünfzig küssen Männer anders (1998)
R: Trotta, Margarethe von; A: Zinn, Dorit
BT: *Mit fünfzig küssen Männer anders* (1995)
Mit Himbeergeist geht alles besser (1960)
R: Marischka, Georg; A: Simmel, Johannes Mario
Mit Schnurrbart und Korsett (O, diese Bayern) (1960)
R: Schröder, Arnulf; A: Thoma, Ludwig
BT: *Die Medaille* (1901)
Mit siebzehn beginnt das Leben (1953)
R: Martin, Paul; A: Vaszary, Gábor von
BT: *Alszik az isten* (*Mit siebzehn beginnt das Leben* 1955)
Mit und ohne Begleitung (1954)
R: Assmann, Arno; A: Ashe, Judith
Mit zwei Füßen im Grab (1964)
R: Heyme, Hansgünther; A: Valmain, Frédéric
Mitschuldigen, Die (1961)
R: Schweikart, Hans; A: Goethe, Johann Wolfgang von
BT: *Die Mitschuldigen* (1768)
Mittagspause (1961)
R: Löbe, Horst; A: Mortimer, John C.
BT: *Lunch Hour* (1960) (*Mittagspause* 1961)

Mitteilungen über eine Schuld (1972)
R: Guthke, Frank; A: Kasper, Hans
BT: *Wolken sind fliehendes Wasser* (1970)
Mittelstürmer verweigert das Paradies, Der (1987)
R: Wekwerth, Peter; A: Cuzzani, Augustín
BT: *El centroforward murió al amanecer* (1955)
Mitten im kalten Winter (1967)
R: Thein, Ulrich; A: Kant, Hermann
BT: *Mitten im kalten Winter* (1962)
Mitternacht (1961)
R: Bublitz, Hans Waldemar; A: Sifton, Claire Ginsburg; Sifton, Paul
BT: *Midnight* (1930)
Mittlere Fenster, Das (1959)
R: Umgelter, Fritz; A: Goudge, Elizabeth
BT: *The Middle Window* (1933) (*Das mittlere Fenster*)
Mobbing Girls (1998)
A: Fuger, Berry
BT: *Mobbing Girls: vier gegen den Rest der Firma* (1998)
Moebius (1991)
R: Geschonneck, Matti; A: Deutsch, A. J.
BT: *A subway Named Moebius*
Mohrenlegende, Die (1984)
R: Friedel, Gernot; A: Fussenegger, Gertrud
BT: *Die Mohrenlegende* (1937)
Mohrenwäsche (1966)
R: Wolffhardt, Rainer; A: Asmodi, Herbert
BT: *Mohrenwäsche* (1964)
Molle mit Korn (10 Teile) (1989)
R: Frießner, Uwe; A: Lentz, Georg
BT: *Muckefuck; Molle mit Korn (1979)* (1976)
Momo (1985/86)
R: Schaaf, Johannes; A: Ende, Michael
BT: *Momo* (1973)
Monat der fallenden Blätter, Der (1968)
R: Haugk, Dietrich; A: Marshall, Bruce
BT: *The Month of Falling Leaves* (1963) (*Der Monat der fallenden Blätter* 1964)
Mönch ärgere dich nicht (1986)
R: Keil, Gerd; A: Balzac, Honoré de
BT: *Contes drôlatiques* (1837) (*Drollige Erzählungen*)
Mönch mit der Peitsche, Der (1967)
R: Vohrer, Alfred; A: Wallace, Richard Horatio Edgar
BT: *The College Girl Murders*
Mönch und der Räuber, Der (1987)
R: Schwarzbach, Helmut; A: Böll, Heinrich
BT: *Der Mönch und der Räuber*
Mönche, Mädchen und Panduren (1952)
R: Palme, Erich; A: Ferner, Max (= Sommer, Max)
BT: *Salvator*
Mond für die Beladenen, Ein (1961)
R: Cremer, Ludwig; A: O'Neill, Eugene (Gladstone)
BT: *A Moon for the Misbegotten* (1952) (*Ein Mond für die Beladenen* 1954)
Mond, Mond, Mond (1977)
R: Moszkowicz, Imo; A: Wölfel, Ursula
BT: *Mond, Mond, Mond* (1962)
Mond scheint auch für Untermieter, Der (1995)
A: Niklas, Martin
BT: *Der Mond scheint auch für Untermieter* (1991)
Mond scheint auf Kilinamoe, Der (1980)
R: Kauenhowen, Jan; A: O'Casey, Sean
BT: *The Moon Shines On Kylenamoe* (1961)
Mond über dem Fluß (1969)
R: Döpke, Oswald; A: Srámek, Fràna
BT: *Mesic na rekou* (1922) (*Mond über dem Fluß*)
Monddiamant, Der (1974)
R: Semmelroth, Wilhelm; A: Collins, Wilkie
BT: *The Moonstone* (1868) (*Der Monddiamant* 1973)
Mondjäger (1989)
R: Behrend, Jens-Peter; A: Heuck, Sigrid
BT: *Mondjäger* (1983)
Mondo Montag. Die rote Zora und ihre Bande (1979)
R: Umgelter, Fritz; A: Held, Kurt
BT: *Die rote Zora und ihre Bande* (1943)
Mondscheingasse, Die (1988)
R: Molinaro, Edouard; A: Zweig, Stefan
BT: *Die Mondscheingasse* (1923)
Monika und die Sechzehnjährigen (1975)
R: Steinberger, Charly; A: Eser, Willibald
BT: *Monika und die Sechzehnjährigen*
Monopteros, Der (1961)
R: Graf, Rüdiger; A: Lippl, Alois Johannes
BT: *Der Monopteros*
Monpti (1957)
R: Käutner, Helmut; A: Vaszary, Gábor von
BT: *Monpti* (1934)

Monsieur bleibt im Schatten (1982)
R: Keil, Gerd; A: Evertier, Paul (= Brinkmann, Jürgen)
BT: *Monsieur bleibt im Schatten* (1971)
Monsieur Chasse (1972)
R: Sydow, Rolf von; A: Feydeau, Georges
BT: *Monsieur Chasse* (1892) (*Monsieur Chasse oder Wie man Hasen jagt* 1955)
Monsignores große Stunde (1957)
R: Umgelter, Fritz; A: Lavery, Emmet
BT: *Monsignore* (1935) (*Monsignores große Stunde* 1936)
Montserrat (1957)
R: Umgelter, Fritz; A: Roblès, Emmanuel
BT: *Montserrat* (1948) (*Montserrat* 1949)
Montserrat (1962)
R: Umgelter, Fritz; A: Roblès, Emmanuel
BT: *Montserrat* (1948) (*Montserrat* 1949)
Moondance (1994)
R: Hirtz, Dagmar; A: Stuart, Francis
BT: *The White Hare* (1936) (*Der weiße Hase* 1972)
Moonys Kindchen weint nicht (1961)
R: Döpke, Oswald; A: Williams, Tennessee
BT: *Moony's Kid Don't Cry* (1948) (*Moonys Kindchen weint nicht* 1984)
Moos auf den Steinen (1968)
R: Lhotsky, Georg; A: Fritsch, Gerhard
BT: *Moos auf den Steinen* (1956)
Moral (1958)
R: Wolffhardt, Rainer; A: Thoma, Ludwig
BT: *Moral* (1909)
Moral (1979)
R: Wilhelm, Kurt; A: Thoma, Ludwig
BT: *Moral* (1909)
Mord am Canale Grande (1963)
R: Versini, André; A: Chase, James Hadley
BT: *Mission to Venice* (1954) (*Mord am Canale Grande* 1964)
Mord am Lietzensee, Ein (1978)
R: Büscher, Lutz; A: Hey, Richard
BT: *Ein Mord am Lietzensee* (1973)
Mord am Pool (1986)
R: Klingenberg, Gerhard; A: Durbridge, Francis Henry
BT: *Nightcap* (1986) (*Mord am Pool* 1984)
Mord den jeder begeht, Ein (1979)
R: Witt, Claus Peter; A: Doderer, Heimito von
BT: *Ein Mord den jeder begeht* (1938)
Mord im Dom (1962)
R: Lietzau, Hans; A: Eliot, Thomas Stearns
BT: *Murder in the Cathedral* (1935) (*Mord im Dom* 1946)
Mord im Spiel (1985)
R: Griesmayr, Hartmut; A: Lichtenfeld, Herbert
BT: *Nachtaufnahme* (1981)
Mord in Gateway (2 Teile) (1962)
R: Wallroth, Werner W.; A: Jessup, Richard
BT: *Cry Passion* (1956)
Mord liegt auf der Hand, Ein (1983)
R: Gregan, Ralf; A: Wilde, Oscar
BT: *Lord Arthur Savile's Crime* (1891) (*Lord Arthur Saviles Verbrechen* 1910)
Mord nach der Oper (1969)
R: Hädrich, Rolf; A: Graham, Winston M.
BT: *Take my Life* (1949) (*Die zweite Geige stirbt* 1966)
Mord ohne Sühne (1962)
R: Balhaus, Carl; A: Harych, Theo
BT: *Im Namen des Volkes* (1958)
Mordanschlag, Ein (1971)
R: Biltz, Karl Peter; A: Čapek, Karel
Mörder, Der (1976)
R: Kramer, Jurij; A: Frank, Leonhard
BT: *Die Ursache* (1916)
Mörder, Der (1979)
R: Runze, Ottokar; A: Simenon, Georges (= Sim, Georges; Aramis; Brulls, Christian)
BT: *L'assassin* (1937) (*Der Mörder* 1977)
Mörder, Der (1984)
R: Reitzenstein, Anton; A: Schnitzler, Arthur
BT: *Der Mörder* (1897)
Mörder sitzt im Wembley-Stadion, Der (1970)
R: Respondek, Gerhard; A: Walldorf, Hans
BT: *Der Mörder saß im Wembley-Stadion* (1967)
Mordgedanken (1975)
R: Jantoss, Bruno; A: Murr, Stefan
Mord-Menü, Das (1986)
R: Günther, Michael; A: Paice, Eric
BT: *Deadly Embrace* (1992)
Mordnacht in Manhattan (1965)
R: Philipp, Harald; A: Cotton, Jerry (= Höber, Heinz-Werner; Müller, Heinz-Werner)
BT: *Mordnacht in Manhattan* (1963)
Morenga (3 Teile) (1984)
R: Günther, Egon; A: Timm, Uwe
BT: *Morenga* (1978)

Morgen (1980)
R: Klingenberg, Gerhard; A: Conrad, Joseph
BT: *Tomorrow* (1903) (*Morgen* 1965)
Morgen, ein Fenster zur Straße (1970)
R: Schlotterbeck, Dieter; A: Grumberg, Jean Claude
BT: *Demain, une fenêtre sur rue* (1968) (*Morgen, ein Fenster zur Straße*)
Morgen ist alles besser (1948)
R: Rabenalt, Arthur Maria; A: Selinko, Annemarie
BT: (*Morgen ist alles besser* 1938)
Morgen kommt der Schornsteinfeger (1981)
R: Grabowsky, Klaus; A: Hammel, Claus
BT: *Morgen kommt der Schornsteinfeger* (1967)
Morgen werde ich einen Sombrero tragen (1981)
R: Bornemann, Fritz; A: Dragun, Osvaldo
BT: *Heroica de Buenos Aires* (1967)
Morgen wirst du um mich weinen (1959)
R: Braun, Alfred; A: Zumbro, Karl
BT: *Morgen wirst du um mich weinen* (1958)
Morgens in der Kneipe (1981)
R: Werner, Hans; A: Stephan, Martin
Morgens um sieben ist die Welt noch in Ordnung (1968)
R: Hoffmann, Kurt; A: Malpass, Eric
BT: *Morning's at Seven* (1965) (*Morgens um sieben ist die Welt noch in Ordnung* 1967)
Moritz in der Litfaßsäule (1983)
R: Losansky, Rolf; A: Kozik, Christa
BT: *Moritz in der Litfaßsäule* (1980)
Moritzgeschichten (1982)
R: Ullrich, Hans-Georg; A: Bröger, Achim
BT: *Moritzgeschichten* (1979)
Moselfahrt aus Liebeskummer (1953)
R: Hoffmann, Kurt; A: Binding, Rudolf G.
BT: *Moselfahrt aus Liebeskummer*
Moses und Aaron (1975)
R: Huillet, Danièle; Straub, Jean-Marie; A: Schönberg, Arnold
BT: *Moses und Aaron* (1932)
Moskau - Petuschki (1991)
R: Ehlers, Jens Carl; A: Erofeew, Venedikt V.
BT: *Moskva-Petuski* (1977) (*Die Reise nach Petuschki* 1978)
Möwe, Die (1963)
R: Herlischka, Bohumil; A: Čechov, Anton Pavlovič
BT: *Cajka* (1896) (*Die Möve*)
Möwen über Sorrent (1956)
R: Völger, Werner; A: Hastings, Hugh
BT: *Seagulls Over Sorrento* (1951) (*Möwen über Sorrent*)
Möwengeschrei (1977)
R: Schirk, Heinz; A: Gorkij, Maksim
Mr. Carlis und seine abenteuerlichen Geschichten (1979)
R: Schleif, Wolfgang; Weck, Peter; A: Gogol, Nicolaj
Mr. Gillie (1957)
R: Götz-Pflug, Curt; A: Bridie, James
BT: *Mr. Gillie* (1950)
Mr. Pim möchte nicht stören (1962)
R: Spier, Wolfgang; A: Milne, Alan A.
BT: *Mr. Pim Passes by* (1919) (*Mr. Pim möchte nicht stören* 1930)
Mrs. Billings Scheidung (1961)
R: Trenk-Trebitsch, Willy; A: Porter, William Sydney (= O'Henry)
Mrs. Cheneys Ende (1957)
R: Beauvais, Peter; A: Lonsdale, Frederick
BT: *The Last of Mrs. Cheney* (1925) (*Mistress Cheney's Ende* 1955)
Mrs. Harris - Freund mit Rolls Royce (1984)
R: Tressler, Georg; A: Gallico, Paul William
BT: *Mrs. Harris, M. P.* (1965) (*Freund mit Rolls-Royce* 1969)
Mrs. Harris fährt nach Monte Carlo (1989)
R: Gottlieb, Franz Josef; A: Gallico, Paul William
BT: *Mrs. Harris goes to Paris* (1958)
Mrs. Harris fährt nach Moskau (1987)
R: Gottlieb, Franz Josef; A: Gallico, Paul William
BT: *Mrs. Harris Goes to Moscow* (1974) (*Mrs. Harris fliegt nach Moskau* 1976)
Mrs. Harris und der Heiratsschwindler (1991)
R: Gottlieb, Franz Josef; A: Gallico, Paul William
BT: *Flowers for Mrs. Harris* (1958)
Mrs. Klein (1994)
R: Engström, Ingemo; A: Wright, Nicholas
BT: *Mrs. Klein* (1988) (*Frau Klein* 1989)
Muck, Der (1958)
R: Tannert, Hannes; A: Grupe-Lörcher, Erica
BT: *Der Muck*
Mücke, Die (1954)
R: Reisch, Walter; A: Reisch, Walter
BT: *Die Mücke* (1954)

Müde Ehemann, Der (1979)
R: Matter, Franz; A: Cooney, Ray
BT: *Not Now Darling* (1970) (*Nid jetz, Schatz!* 1970)
Müde Theodor, Der (1979)
R: Wesseler, Karl; A: Ferner, Max (= Sommer, Max); Neal, Max
BT: *Der müde Theodor* (1927)
Müde Theodor, Der (1995)
R: Asam, Werner; A: Ferner, Max (= Sommer, Max); Neal, Max
BT: *Der müde Theodor* (1927)
Muff, Der (1976)
R: Brandauer, Karin; A: Ebner-Eschenbach, Marie von
BT: *Der Muff*
Muhme Mehle (1980)
R: Langhoff, Thomas; A: Werner, Ruth
BT: *Muhme Mehle*
Mulligans Rückkehr (1978)
R: Käutner, Helmut; A: Frick, Hans Joe
BT: *Mulligans Rückkehr* (1972)
Münchhausen (1966)
R: Umgelter, Fritz; A: Hasenclever, Walter
BT: *Münchhausen* (1934)
Münchhausens letzte Liebe (1988)
R: Glück, Wolfgang; A: Hasenclever, Walter
BT: *Münchhausen* (1934)
Münchnerinnen (1975)
R: Itzenplitz, Eberhard; A: Thoma, Ludwig
BT: *Münchnerinnen* (1923)
Musen (1981)
R: Habbema, Cox; A: Hacks, Peter
BT: *Musen* (1979)
Musik bei Nacht (1953)
R: Hoffmann, Kurt; A: Braun, Curt Johannes
BT: *Die große Kurve* (1941)
Mustergatte, Der (1963)
R: Hollmann, Hans; A: Hopwood, Avery
BT: *Fair and Warmer* (1915) (*Der Mustergatte*)
Mustergatte, Der (1983)
R: Liebeneiner, Wolfgang; A: Hopwood, Avery
BT: *Fair and Warmer* (1915) (*Der Mustergatte*)
Mustergatte, Der (1985)
R: Roderer, Walter; A: Hopwood, Avery
BT: *Fair and Warmer* (1915) (*Der Mustergatte*)
Mütter (1975)
R: Wolffhardt, Rainer; A: Slesar, Henry
Mutter Courage und ihre Kinder (1956)
R: Staudte, Wolfgang; A: Brecht, Bertolt
BT: *Mutter Courage und ihre Kinder* (1941)
Mutter Courage und ihre Kinder (1960)
R: Palitzsch, Peter; Wekwerth, Manfred; A: Brecht, Bertolt
BT: *Mutter Courage und ihre Kinder* (1941)
Mutter Courage und ihre Kinder (1987)
R: Karge, Manfred; A: Brecht, Bertolt
BT: *Mutter Courage und ihre Kinder* (1941)
Mutter des Mörders, Die (1978)
A: Kisch, Egon Erwin
BT: *Prager Pitaval* (1931)
Mutter, Die (1978)
R: Jent, Louis; A: Chayefsky, Paddy
BT: (*Die Mutter*)
Mutter, Die (1981)
R: Heinz, Wolfgang; A: Brecht, Bertolt
BT: *Die Mutter* (1932)
Mutters Courage (1995)
R: Verhoeven, Michael; A: Tabori, George
BT: *Mutters Courage* (1981)
Muttertag (1990)
R: Woess, Werner; A: Eckhardt, Fritz
BT: *Muttertag*
Mutti muß heiraten (1950)
R: Froelich, Carl; A: Zobeltitz, Fedor von
BT: *Drei Mädchen am Spinnrad* (1932)
Mutzenbacher 2. Teil - Meine 365 Liebhaber (1970)
R: Nachmann, Kurt; A: Salten, Felix (= Salzmann, Siegmund)
BT: *Josephine Mutzenbacher oder Die Geschichte einer wienerischen Dirne* (1906)
Mylord weiß sich zu helfen (1958)
R: Engel, Thomas; A: Wilde, Oscar
BT: *Lord Arthur Savile's Crime* (1891) (*Lord Arthur Saviles Verbrechen* 1910)
Nach all den Jahren (1967)
R: Ode, Erik; A: Clemens, Brian
Nach Damaskus (1966)
R: Semmelroth, Wilhelm; A: Strindberg, August
BT: *Till Damaskus* (1898) (*Nach Damaskus* 1919)
Nach dem Sturm (1949)
R: Ucicky, Gustav; A: Zuckmayer, Carl
BT: *Nach dem Sturm* (1949)
Nach Jahr und Tag (1978)
R: Engel, Richard; A: Schirmer, Bernd
BT: *Nach Jahr und Tag*

Nach Mitternacht (1981)
R: Gremm, Wolf; A: Keun, Irmgard
BT: *Nach Mitternacht* (1937)
Nachbarn (Aus heiterem Himmel) Ein Film in 9 Episoden, Die (1982)
R: Oppermann, Ingrid; A: Ebner-Eschenbach, Marie von
Nachbarn und nette Menschen (1979)
R: Liebeneiner, Wolfgang; A: Reinecker, Herbert
BT: *Heitere Geschichten über das Leben Wand an Wand*
Nachfolge Christi-Spiel, Das (1966)
R: Matiasek, Helmuth; Neuberg, Erich; A: Mell, Max
BT: *Das Nachfolge Christi-Spiel* (1927)
Nachlaß, Der (1978)
R: Deutsch, Peter; A: Rentzsch, Gerhard
BT: *Der Nachlaß* (1967)
Nachricht aus Colebrook (1971)
R: Klante, Diethard; A: Conrad, Joseph
Nachrichten aus der Provinz (1969)
R: Witt, Claus Peter; A: Ziem, Jochen
BT: *Nachrichten aus der Provinz* (1967)
Nachruf auf Egon Müller (1965)
R: Schwarze, Hans-Dieter; A: Wittlinger, Karl
BT: *Nachruf auf Egon Müller* (1970)
Nachruf auf Jürgen Trahnke (1962)
R: Hädrich, Rolf; A: Meichsner, Dieter
BT: *Studenten von Berlin* (1954)
Nachruf auf Othello (1983)
R: Braun, Michael; A: Erné, Nino
BT: *Nachruf auf Othello* (1976)
Nachsaison (1961)
R: Fuchs, Herbert; A: Asmodi, Herbert
BT: *Nachsaison* (1959)
Nachsaison (1962)
R: Wolffhardt, Rainer; A: Asmodi, Herbert
BT: *Nachsaison* (1959)
Nächste bitte, Der (1981)
R: Günther, Michael; A: Feydeau, Georges
BT: (*Der Nächste bitte*)
Nacht aus Blei, Die (1972)
R: Weigl, Petr; A: Jahnn, Hans Henny
BT: *Die Nacht aus Blei* (1956)
Nacht der Schrecken, Die (1963)
R: Sydow, Rolf von; A: Čechov, Anton Pavlovič
Nacht der Zwölf, Die (1949)
R: Schweikart, Hans; A: Reznicek, Felicitas von
BT: *Shiva und die Nacht der 12* (1943) ( )
Nacht im Jägerhaus, Die (1956)
R: Völger, Werner; A: Hebbel, Christian Friedrich
BT: *Die Nacht im Jägerhaus*
Nacht im Séparée, Eine (1949)
R: Deppe, Hans; A: Arnold, Franz; Bach, Ernst
BT: *Der wahre Jakob* (1925)
Nacht, in der der Chef geschlachtet wurde, Die (1979)
R: Jasny, Vojtech; A: Kipphardt, Heinar
BT: *Die Nacht, in der der Chef geschlachtet wurde* (1967)
Nacht in Venedig, Eine (1953)
R: Wildhagen, Georg; A: Geneé, Richard; Strauß, Johann; Zell, F.
BT: *Eine Nacht in Venedig* (1883)
Nacht und Träume (1983)
R: Beckett, Samuel; A: Beckett, Samuel
BT: *Nacht und Träume* (1983)
Nacht von Lissabon, Die (1971)
R: Brynych, Zbynek; A: Remarque, Erich Maria (= Remark, Erich Paul)
BT: *Die Nacht von Lissabon* (1961)
Nachtasyl (1959)
R: Verhoeven, Paul; A: Gorkij, Maksim
BT: *Na dne* (1902) (*Nachtasyl* 1902)
Nachtblende (1974)
R: Zulawski, Andrzej; A: Frank, Christopher
BT: *La nuit américaine* (1972) (*Nachtblende* 1973)
Nächte am Nil (1949)
R: Rabenalt, Arthur Maria; A: Lüthge, Bobby E.
BT: *Darf man? Darf man nicht?*
Nachtgelächter (1985)
R: Damek, Dagmar; A: Bachmann, Ingeborg
BT: *Alles* (1961)
Nachtigallenwald, Der (1972)
R: Ehrlich, Harry; A: Grimm, Jakob Ludwig Carl; Grimm, Wilhelm Carl
BT: *Jorinde und Joringel* (1812)
Nachtländische Reich des Doktor Lipsky, Das (1983)
R: Madeja, Georg; A: Eisendle, Helmut
BT: *Das nachtländische Reich des Doktor Lipsky* (1979)
Nachtlang Feuerland (E Nachtlang Füürland), Eine (1981)
R: Klopfenstein, Clemens; Legnazzi, Remo; A: Gfeller, Alex
BT: *Land und Leute* (1980)
Nächtliche Praxis (1963)
R: Pfeiffer, Hermann; A: Givert, Yvon

Nächtliche Schatten (1987)
R: Mueller-Stahl, Hagen; A: Rayman, Sylvia
BT: *Night Shade* (*Nächtliche Schatten* 1983)
Nächtliches Gespräch mit einem verachteten Menschen (1962)
R: Schlechte, Werner; A: Dürrenmatt, Friedrich
BT: *Nächtliches Gespräch mit einem verachteten Menschen* (1957)
Nächtliches Gespräch mit einem verachteten Menschen (1981)
R: Kubli, Guy; A: Dürrenmatt, Friedrich
BT: *Nächtliches Gespräch mit einem verachteten Menschen* (1957)
Nachts auf den Straßen (1951)
R: Jugert, Rudolf; A: Rotter, Fritz Friedrich
BT: *Nachts auf den Straßen* (1952)
Nachts schlafen die Ratten doch. Die Küchenuhr (1969)
R: Farell, Rene; A: Borchert, Wolfgang
BT: *Nachts schlafen die Ratten doch. Die Küchenuhr* (1947)
Nachts wenn der Teufel kam (1959)
R: Siodmak, Robert; A: Berthold, Will (= Gimpel, Erich)
BT: *Nachts wenn der Teufel kam* (1959)
Nachts, wenn Dracula erwacht (1971)
R: Manera, Jesus Franco; A: Stoker, Bram
BT: *Dracula* (1897)
Nachtstreife (1985)
R: Bauer, Jochen; A: Frank, Leo (= Maier, Frank Leo)
BT: *Nachtstreife* (1983)
Nackt unter Wölfen (1960)
R: Leopold, Georg; A: Apitz, Bruno
BT: *Nackt unter Wölfen* (1958)
Nackt unter Wölfen (1962)
R: Beyer, Frank; A: Apitz, Bruno
BT: *Nackt unter Wölfen* (1958)
Nackte Bovary, Die (1969)
R: Schott-Schöbinger, Hans; A: Flaubert, Gustave
BT: *Madame Bovary* (1857) (*Madame Bovary* 1907)
Nackten kleiden, Die (1963)
R: Müller, Hans-Reinhard; A: Pirandello, Luigi
BT: *Maschere nude* (1921) (*Die Nackten kleiden* 1925)
Nadine, meine Liebe (1989)
R: Werner, Hans; A: Hauser, Harald
BT: *Es waren zwei Königskinder* (1981)
Nadja - Heimkehr in die Fremde (1995)
R: Näter, Thorsten; A: Däs, Nelly
BT: *Das Mädchen vom Fährhaus* (1988)
Nagel, Der (1970)
R: Döpke, Oswald; A: Alarcón y Ariza, Pedro Antonio de
BT: *El clavo* (*Der Nagel*)
Name der Rose, Der (1986)
R: Annaud, Jean-Jacques; A: Eco, Umberto
BT: *Il nome della rosa* (1980) (*Der Name der Rose* 1982)
Namenstagfeier, Die (1967)
R: Hädrich, Rolf; A: Mrozek, Slawomir
BT: (*Die Namenstagfeier*)
Napoleon - König der Köche (1985)
R: Kramberg, Karl-Heinz; A: Sternheim, Carl
BT: *Napoleon* (1915)
Napoleon in New Orleans (1959)
R: Moszkowicz, Imo; A: Kaiser, Georg
BT: *Napoleon in New Orleans* (1941)
Narrenspiegel (1971)
R: Quest, Hans; A: Neumann, Alfred
BT: *Narrenspiegel* (1932)
Narrenweisheit oder Tod und Verklärung des Jean Jacques Rousseau (2 Teile) (1989)
R: Kramer, Jurij; A: Feuchtwanger, Lion
BT: *Narrenweisheit oder Tod und Verklärung des Jean Jacques Rousseau* (1952)
Nashörner, Die (1972)
R: Sellner, Gustav Rudolf; A: Ionesco, Eugène
BT: *Les rhinocéros* (1959) (*Die Nashörner* 1960)
Nasrin oder Die Kunst zu träumen (1972)
R: Jasny, Vojtech; A: Asmodi, Herbert
BT: *Nasrin oder Die Kunst zu träumen* (1970)
Nathan der Weise (1967)
R: Wirth, Franz Peter; A: Lessing, Gotthold Ephraim
BT: *Nathan der Weise* (1779)
Nathan der Weise (1979)
R: Kirst, Klaus Dieter; A: Lessing, Gotthold Ephraim
BT: *Nathan der Weise* (1779)
Nathan der Weise (1979)
R: Döpke, Oswald; A: Lessing, Gotthold Ephraim
BT: *Nathan der Weise* (1779)
Nebbich, Der (1965)
R: Zadek, Peter; A: Sternheim, Carl
BT: *Der Nebbich* (1922)
Nebel (1957)
R: Völger, Werner; A: Schweikart, Hans
BT: *Nebel* (1947)

Nebel im Fjord (1987)
R: Itzenplitz, Eberhard; A: Bergius, C. C.
BT: *Nebel im Fjord der Lachse* (1973)
Nebel von Avalon, Die (2001)
R: Edel, Ulrich; A: Bradley, Marion Zimmer
BT: *The Mists of Avalon* (1982) (*Die Nebel von Avalon* 1983)
Nebelschlucht, Die (1982)
R: Kipping, Herwig; A: Synge, John Millington
BT: *In the Shadow of the Glen* (1903) (*Die Nebelschlucht* 1918)
Nebeneinander (1964)
R: Benesch, Harald; A: Kaiser, Georg
BT: *Nebeneinander* (1923)
Neffe, Der (1996)
R: Zerhau, Gabriela; A: Helfer, Monika
BT: *Der Neffe* (1991)
Nekromant, Der (1978)
R: Jurgons, Gert; A: Ariosto, Ludovico
BT: *Il negromante* (1520)
Nemo taucht auf (1965)
R: Hamel, Peter; A: Rivemale, Alexandre
BT: *Nemo* (1956) (*Nemo taucht auf* 1956)
Nero (1979)
R: Krauss, Gerd; Reichmann, Wolfgang; Schlechte, Werner; A: Marceau, Félicien
BT: *La Mort de Néron* (1965)
Nerz ist in der kleinsten Hütte (1961)
R: Devaux, Danielo; A: Mather, Berkely
Nerze nachts am Straßenrand (1973)
R: Staudte, Wolfgang; A: Martin, Hansjörg
BT: *Feuer auf mein Haupt* (1972)
Nest, Das (1979)
R: Kovács, Gedeon; A: Kroetz, Franz Xaver
BT: *Das Nest* (1975)
Nesthäkchen (Serie) (1983)
R: Erhardt, Gero; A: Ury, Else
BT: *Nesthäkchen (Romanserie)* (1921)
Netter Abend, Ein (1962)
R: Fruchtmann, Karl; A: Joudry, Patricia
Netz, Das (1975)
R: Purzer, Manfred; A: Habe, Hans (= Bekessy, Janos)
BT: *Das Netz* (1969)
Neue Talar, Der (1961)
R: Siebert, Günter; A: Bergman, Hjalmar
Neuen Leiden des jungen W., Die (1975)
R: Itzenplitz, Eberhard; A: Plenzdorf, Ulrich
BT: *Die neuen Leiden des jungen W.* (1972)
Neues aus dem sechsten Stock (1954)
R: Olden, John; A: Gehri, Alfred
BT: *Sixième étage* (1937) (*Neues aus dem 6. Stock* 1950)
Neues vom Hexer (1965)
R: Vohrer, Alfred; A: Wallace, Richard Horatio Edgar
BT: *Again the Ringer* (1929) (*Neues vom Hexer* 1956)
Neues vom Räuber Hotzenplotz (1979)
R: Ehmck, Gustav; A: Preußler, Otfried
BT: *Neues vom Räuber Hotzenplotz* (1969)
Neuland unterm Pflug (1967)
R: Keil, Gerd; A: Šolochov, Michail A.
BT: *Podnjataja celina* (1932) (*Neuland unterm Pflug* 1934)
Neulich am Deich (1995)
R: Rieke, Janek; A: Čechov, Anton Pavlovič
BT: (*Das Duell*)
Neunschwänzige Katze, Die (1970)
R: Argento, Dario; A: Wallace, Bryan Edgar
29 Grad im Schatten (1979)
R: Seidel, Dieter; A: Labiche, Eugène-Marin; Martin, Edouard
1913 (1964)
R: Lietzau, Hans; A: Sternheim, Carl
BT: *1913* (1915)
1913 (1986)
R: Drinda, Horst; A: Sternheim, Carl
BT: *1913* (1915)
90 Minuten nach Mitternacht (1962)
R: Goslar, Jürgen; A: Hayes, Joseph
BT: *The Hours after Midnight* (1958) (*Die Stunden nach Mitternacht* 1960)
News - Bericht über eine Reise in eine strahlende Zukunft (1986)
R: Erler, Rainer; A: Erler, Rainer
BT: *Reise in eine strahlende Zukunft* (1986)
Nibelungen, Die (1967)
R: Semmelroth, Wilhelm; A: Hebbel, Christian Friedrich
BT: *Die Nibelungen* (1862)
Nibelungen Teil I: Siegfried, Die (1966)
R: Reinl, Harald; A: Anonym
BT: *Das Nibelungenlied* (1200)
Nibelungen: 2. Teil: Kriemhilds Rache, Die (1967)
R: Reinl, Harald; A: Anonym
BT: *Das Nibelungenlied* (1200)
Nicht einmal das halbe Leben (1973)
R: Wirth, Franz Peter; A: Kliment, Alexandr
BT: *Marie* (1963) (*Eine ahnungslose Frau* 1970)

Nicht einmal Klavier (1985)
R: Pataky, Zoltan; A: Boesch, Wolfgang
BT: *Nicht einmal Klavier* (1981)
Nicht nur zur Weihnachtszeit (1970)
R: Jasny, Vojtech; A: Böll, Heinrich
BT: *Nicht nur zur Weihnachtszeit* (1952)
Nicht nur zur Weihnachtszeit (1978)
R: Hausdorf, Rainer; A: Addamo, Sebastiano
BT: (*Morgens ging er aus dem Haus*)
Nicht ohne meine Eltern (1998)
R: Castelberg, Christian von; A: Frede, Richard
BT: *The Boy, the Devil and Divorce* (1993) (*Nicht ohne meine Eltern* 1996)
Nicht versöhnt oder Es hilft nur Gewalt, wo Gewalt herrscht (1965)
R: Straub, Jean-Marie; A: Böll, Heinrich
BT: *Billard um halbzehn* (1959)
Nicht von gestern (1953)
R: Schöne, Werner; A: Kanin, Garson
BT: *Born Yesterday* (1946)
Nicht von schlechten Eltern (1993)
R: Boldt, Rainer; A: Thamm, Volker
BT: *Nicht von schlechten Eltern: eine Familien-Saga* (1997)
Nichten der Frau Oberst - 2. Teil: Mein Bett ist meine Burg, Die (1968)
R: Thomas, Michael; A: Maupassant, Guy de
BT: *Les cousines de la colonelle* (*Die Nichten der Frau Oberst* 1968)
Nichten der Frau Oberst, Die (1968)
R: Thomas, Michael; A: Maupassant, Guy de
BT: *Les cousines de la colonelle* (*Die Nichten der Frau Oberst* 1968)
Nichten der Frau Oberst, Die (1979)
R: Thomas, Michael; A: Maupassant, Guy de
BT: *Les cousines de la colonelle* (*Die Nichten der Frau Oberst* 1968)
Nichts als Ärger mit der Liebe (1956)
R: Engel, Thomas; A: Bahr, Hermann
BT: *Das Konzert* (1909)
Nichts als Erinnerung (1973)
R: Kehlmann, Michael; A: Dor, Milo
BT: *Nichts als Erinnerung* (1959)
Nichts als Sünde (1965)
R: Burger, Hanns; A: Shakespeare, William
BT: *The Tempest* (1611) (*Der Sturm*)
Niemandsland (1981)
R: Berner, Dieter; A: Wolfgruber, Gernot
BT: *Niemandsland* (1978)
Nikodemus (1955)
R: Lothar, Frank; A: Schaper, Edzard
BT: *Um die neunte Stunde oder Nikodemus und Simon* (1950)
Nikolaikirche (1995)
R: Beyer, Frank; A: Loest, Erich (= Walldorf, Hans; Naß, Waldemar)
BT: *Nikolaikirche* (1995)
Nina (Romeo und Julia in Wien) (1956)
R: Jugert, Rudolf; A: Dor, Milo
BT: *Romeo und Julia in Wien* (1954)
Ninotschka sucht den Frühling (1973)
R: Schmenger, Ursula; A: Cjurupa, Esfir' J.
BT: *Olesek* (*Oljeschek* 1965)
Nirgendwo in Afrika (2000)
R: Link, Caroline; A: Zweig, Stefanie
BT: *Nirgendwo in Afrika* (1995)
Nirgendwo ist Poenichen (36 Teile) (1980-82)
R: Hädrich, Rolf; Wolffhardt, Rainer; A: Brückner, Christine
BT: *Nirgendwo ist Poenichen* (1979)
Nju (1965)
R: Semmelroth, Wilhelm; A: Dymow, Ossip
BT: *Nju* (1908)
Nobelpreis, Der (1959)
R: Völger, Werner; A: Bergman, Hjalmar
BT: *Swedenhielms* (1925) (*Der Nobelpreis* 1940)
Nocturno (1971)
R: Gies, Hajo; A: Rodenbach, Georges
BT: *Bruges-la-Morte* (1892) (*Das tote Brügge* 1918)
Nonni und Manni (6 Teile) (1988)
R: Gudmundsson, August; A: Svensson, Jón
BT: *Nonni og Manni* (1914) (*Nonni und Manni* 1914)
Nora (1961)
R: Kehlmann, Michael; A: Ibsen, Henrik
BT: *Et dukkehjem* (1879) (*Nora oder Ein Puppenheim* 1880)
Nora Helmer (1973/74)
R: Fassbinder, Rainer Werner; A: Ibsen, Henrik
BT: *Et dukkehjem* (1879) (*Nora oder Ein Puppenheim* 1880)
Nora oder Ein Puppenheim (1955)
R: Farenburg, Hanns; A: Ibsen, Henrik
BT: *Et dukkehjem* (1879) (*Nora oder Ein Puppenheim* 1880)
Nora S. (1981)
R: Schiemann, Georg; A: Neutsch, Erik
BT: *Akte Nora S.* (1978)

Nordkurve: Montag bis Freitag kannst Du vergessen, Samstag ist der Tag (1993)
R: Winkelmann, Adolf; A: Klaus, Michael
BT: *Nordkurve* (1993)
Nosferatu, Phantom der Nacht (1979)
R: Herzog, Werner; A: Stoker, Bram
BT: *Dracula* (1897)
Novalis - Die blaue Blume (1995)
R: Kipping, Herwig; A: Novalis (= Hardenberg, Georg Philipp Friedrich Freiherr von)
BT: *Heinrich von Ofterdingen* (1802)
Novellen aus dem wilden Westen (1975)
R: Grädler, Theodor; A: Harte, (Francis) Brett(t)
Novellen aus dem wilden Westen. Buck und Perry (1978)
R: Grädler, Theodor; A: Porter, William Sydney (= O'Henry)
Novemberkatzen (1985)
R: Koeppe, Sigrun; A: Pressler, Mirjam
BT: *Novemberkatzen* (1982)
08/15 in der Heimat (Teil 3) (1955)
R: May, Paul; A: Kirst, Hans Hellmut
BT: *08/15 bis zum Ende: Der gefährliche Endsieg des Soldaten Asch* (1955)
08/15 (Teil 1) (1954)
R: May, Paul; A: Kirst, Hans Hellmut
BT: *08/15 in der Kaserne: Die abenteuerliche Revolte des Gefreiten Asch* (1954)
08/15 (Teil 2) (1955)
R: May, Paul; A: Kirst, Hans Hellmut
BT: *08/15 im Kriege: Die seltsamen Kriegserlebnisse des Soldaten Asch* (1954)
Nun singen sie wieder (1965)
R: Umgelter, Fritz; A: Frisch, Max
BT: *Nun singen sie wieder* (1946)
Nur der Freiheit gehört unser Leben (1969)
R: Itzenplitz, Eberhard; A: Horváth, Ödön von
BT: *Jugend ohne Gott* (1938)
Nur ein toter Mann ist ein guter Mann (1998)
R: Gremm, Wolf; A: Hauptmann, Gaby
BT: *Nur ein toter Mann ist ein guter Mann* (1996)
Nur eine Karaffe ... (1962)
R: Semmelroth, Wilhelm; A: Bernard, Marc
BT: *Le carafon* (1961)
Nur einer wird leben (1966)
R: Umgelter, Fritz; A: Picot, André
BT: *La vérité de minuit* (1958) (*Nur einer wird leben* 1963)
Nur Fleisch (1962)
R: Toelle, Tom; A: London, Jack
Nur fliegen ist schwerer (1985)
R: Kahn, Reinhard; A: Walser, Robert
Nur kein Cello (1968)
R: Kausch, Walter; A: Wallach, Ira Jan
BT: *The Absence of a Cello* (1960) (*Nur kein Cello* 1965)
O (Szenengespräche aus der Reihe "Die Theaterwerkstatt") (1970)
R: Fiedler, Gerlach; A: Key-Åberg, Sandro Gustav
BT: *O!* (1965)
O Wildnis (1959)
R: Braun, Harald; A: O'Neill, Eugene (Gladstone)
BT: *Ah, Wilderness* (1933) (*O Wildnis* 1949)
Obdach, Das (1981)
R: Schmenger, Ursula; Walsinger, Hannes; A: Seghers, Anna
BT: *Das Obdach* (1943)
Oben fährt der große Wagen (1966)
R: Steinke, Christian; A: Nachbar, Herbert
BT: *Oben fährt der große Wagen* (1963)
Oberarzt Dr. Solm (1954)
R: May, Paul; A: Baumgarten, Harald
BT: *Oberarzt Dr. Solm* (1954)
Oberösterreich (1981)
R: Kaspar, Bruno; A: Kroetz, Franz Xaver
BT: *Oberösterreich* (1972)
Oberst Chabert (1956)
R: Collande, Volker von; A: Balzac, Honoré de
BT: *Le colonel Chabert* (1832) (*Oberst Chabert* 1884)
Oberst Chabert (1967)
R: Cremer, Ludwig; A: Balzac, Honoré de
BT: *Le colonel Chabert* (1832) (*Oberst Chabert* 1884)
Oberst Jenatsch (1976)
R: Flaadt, Tony; A: Meyer, Conrad Ferdinand
BT: *Georg Jenatsch* (1876)
Oberst Redl (1985)
R: Szabó, István; A: Osborne, John James
BT: *A Patriot for Me* (1965) (*Ein Patriot für mich* 1968)
Obersteiger, Der (1952)
R: Antel, Franz; A: Zeller, Carl
BT: *Der Obersteiger* (1894)
Oberwachtmeister Borck (1955)
R: Lamprecht, Gerhard; A: Reitzenstein, Hans Joachim Freiherr von
BT: *Oberwachtmeister Schwenke* (1933)

Oblomovs Liebe (1977)
R: Witt, Claus Peter; A: Gončarow, Ivan Alexandrovič
BT: *Oblomov* (1859) (*Oblomow* 1923)
Ochsenkrieg, Der (1986)
R: Rothemund, Sigi; A: Ganghofer, Ludwig
BT: *Der Ochsenkrieg* (1914)
Of und der Mond (1956)
R: Spier, Wolfgang; A: Willems, Paul
BT: *Off et la lune* (1954) (*Of und der Mond* 1955)
Öffentliche Ankläger, Der (1955)
R: Wagner, Konrad; A: Hochwälder, Fritz
BT: *Der öffentliche Ankläger* (1954)
Öffentliche Ankläger, Der (1958)
R: Wilhelm, Kurt; A: Hochwälder, Fritz
BT: *Der öffentliche Ankläger* (1954)
Öffentliche Ankläger, Der (1961)
R: Lanske, Hermann; A: Hochwälder, Fritz
BT: *Der öffentliche Ankläger* (1954)
Öffentliche Ankläger, Der (1967)
R: Schwarze, Hans-Dieter; A: Hochwälder, Fritz
BT: *Der öffentliche Ankläger* (1954)
O'Flaherty (1967)
R: Steinbach, Peter; A: Shaw, George Bernard
BT: *O'Flaherty, V.C.* (1919) (*O'Flaherty: ein Aufruf zum Wehrdienst* 1966)
Oh, Rosalinda (1955)
R: Powell, Michael; Pressburger, Emeric; A: Geneé, Richard; Haffner, Carl; Strauß, Johann
BT: *Die Fledermaus* (1874)
Ohne Kampf kein Sieg (5 Teile) (1966)
R: Kurz, Rudi; A: Brauchitsch, Manfred von
BT: *Ohne Kampf kein Sieg* (1964)
Ohne Mutter geht es nicht (1958)
R: Ode, Erik; A: Nicklisch, Hans
BT: *Ohne Mutter geht es nicht* (1957)
Ohrfeigen (1970)
R: Thiele, Rolf; A: Aszlanyi, Karoly
BT: *Hét pofon: Aludni is tilos* (1958) (*Sieben Ohrfeigen* 1962)
Öl und Champagner (1956)
R: Umgelter, Fritz; A: Molnár, Ferenc
Old Shatterhand (1963)
R: Fregonese, Hugo; A: May, Karl Friedrich
BT: *Winnetou I - III* (1893)
Old Surehand (1965)
R: Vohrer, Alfred; A: May, Karl Friedrich
BT: *Old Surehand* (1894)
Olifant (1973)
R: Dallmayr, Horst; A: Penzoldt, Ernst
BT: *Olifant*
Oliver (1971)
R: Cremer, Ludwig; A: Diggelmann, Walter M.
BT: *Die Vergnügungsfahrt* (1969)
Oliver Maass (6 Teile) (1985)
R: Erhardt, Gero; A: Pfaue, Justus
BT: *Oliver Maass: das Spiel mit der Zaubergeige* (1985)
Olivia (1958)
R: Umgelter, Fritz; A: Rattigan, Terence
BT: *Love in Idleness* (1945) (*Olivia* 1960)
Olivia (1965)
R: Sydow, Rolf von; A: Rattigan, Terence
BT: *Love in Idleness* (1945) (*Olivia* 1960)
Ollapotrida (1966)
R: Glück, Wolfgang; A: Lernet-Holenia, Alexander
BT: *Ollapotrida* (1927)
Ölprinz, Der (1965)
R: Philipp, Harald; A: May, Karl Friedrich
BT: *Der Ölprinz* (1897)
Olympia (1979)
R: Cremer, Ludwig; A: Molnár, Ferenc
BT: *Olimpia* (1928) (*Olympia* 1951)
Olympia (1983)
R: Thoren, Orly; A: Hoffmann, Ernst Theodor Amadeus
BT: *Der Sandmann* (1815)
Olympias Wiederkehr (1983)
R: Wesel, Franz; A: Hoffmann, Ernst Theodor Amadeus
BT: *Der Sandmann* (1815)
Olympische Sommer, Der (1991/92)
R: Maugg, Gordian; A: Rücker, Günther
BT: *Der Geselle* (1985)
Onkel aus Amerika, Der (1952)
R: Böse, Carl; A: Altkirch, Ferdinand; Bibo, Günther; Rosen, Willy
BT: *Man braucht kein Geld* (1932)
Onkel Filser - Allerneueste Lausbubengeschichten (1966)
R: Jacobs, Werner; A: Thoma, Ludwig
BT: *Lausbubengeschichten* (1905)
Onkel Harry (1962)
R: Beauvais, Peter; A: Job, Thomas
BT: *Uncle Harry* (1942) (*Onkel Harry* 1946)
Onkel Silas (1977)
R: Semmelroth, Wilhelm; A: Le Fanu, Joseph Sheridan
BT: *Uncle Silas* (1864) (*Onkel Silas oder das verhängnisvolle Erbe* 1865)

Onkel Toms Hütte (1965)
R: Rádvany, Géza von; A: Stowe, Harriet Beecher
BT: *Uncle Tom's Cabin* (1852) (*Onkel Toms Hütte* 1938)
Opernball (1956)
R: Marischka, Ernst; A: Heuberger, Richard; Léon, Victor; Waldberg, Hugo
BT: *Opernball* (1895)
Opernball - Die Opfer/Die Täter (2 Teile) (1997)
R: Egger, Urs; A: Haslinger, Josef
BT: *Opernball* (1995)
Opfer der Leidenschaft (1976)
R: Doniol-Valcroze, Jacques; A: Beaty, David
Opfer für den Wind, Ein (1954)
R: Cartier, Rudolph; A: Obey, André
BT: *Une fille pour du vent* (1953)
Ophelia und die Wörter (1970)
R: Franksen, Jan; A: Shakespeare, William
BT: *Hamlet* (1600)
Opodeldoks, Die (1980)
R: Strubel, Sepp; A: Maar, Paul; Strubel, Sepp
BT: *Die Opodeldoks* (1980)
Oppen und Ehrlich (1992)
A: Brandenburg, Rainer
BT: *Oppen & Ehrlich* (1992)
Orchester, Das (1981)
R: Haugk, Dietrich; A: Anouilh, Jean
BT: *L'orchestre* (1960) (*Das Orchester* 1960)
Orchesterprobe, Die (1979)
R: Dörre, Peter; A: Valentin, Karl
BT: *Die Orchesterprobe* (1932)
Ordensband, Das (1981)
R: Günther, Michael; A: Feydeau, Georges
BT: *Le ruban* (1894) (*Das Ordensband*)
Ordnung muß sein (1984)
R: Geiger, Franz; A: Rosendorfer, Herbert
BT: *Die Anzeige; Der Verkehrsunfall; Am See; Vor dem Schaufenster*
Orestie, Die (1966)
R: Wild, Franz Josef; A: Aischylos
BT: *Orestie* (458 v.C.)
Ornifle oder Der erzürnte Himmel (1972)
R: Käutner, Helmut; A: Anouilh, Jean
BT: *Ornifle ou le courant d'air* (1955) (*Der Herr Ornifle* 1956)
Orpheus in der Unterwelt (1973)
R: Bonnet, Horst; A: Crémieux, Hector Jonathan; Halévy, Ludovic; Offenbach, Jacques
BT: *Orphée aux enfers* (1858) (*Orpheus in der Unterwelt* 1926)
Orpheus und Eurydike (1968)
R: Kaslik, Václav; A: Calzabigi, Raniero da; Gluck, Christoph Willibald
BT: *Orfeo ed Euridice. Che faro senza Euridice* (1762)
Ortelsburg - Szczytno (1990)
R: Goedel, Peter; A: Koeppen, Wolfgang
BT: *Es war einmal in Masuren* (1991)
Ortliebschen Frauen, Die (1979)
R: Bondy, Luc; A: Nabl, Franz
BT: *Das Grab des Lebendigen* (1917)
Oskar kommt mit der dritten Stadtbahn (1954)
R: Wirth, Franz Peter; A: Gundermann, Max
Ostende (1968)
R: Mrakitsch, Michael; A: Grün, Max von der
BT: *Ostende*
Ostern (1968)
R: Haaf, Wilm ten; A: Strindberg, August
BT: *Påsk* (1901)
Ostern kommt die Oma (1979)
R: Raytschev, Peter; A: Stachowa, Angela
Othello (1958)
R: Wild, Franz Josef; A: Shakespeare, William
BT: *Othello* (1604)
Othon. Die Augen wollen sich nicht zu jeder Zeit schließen oder Vielleicht wird Rom sich ... (1970)
R: Straub, Jean-Marie; A: Corneille, Pierre
BT: *Othon* (1664)
Otter (1985)
R: Hawlik, Alois; A: Frischmuth, Barbara
BT: *Otter*
Output (1974)
R: Fengler, Michael; A: Miehe, Ulf
BT: *Ich hab noch einen Toten in Berlin* (1973)
Paarungen (1967)
R: Verhoeven, Michael; A: Strindberg, August
BT: *Dödsdansen* (1901) (*Totentanz*)
Page vom Palast-Hotel, Der (1957)
R: Engel, Thomas; A: Peteani, Maria von
BT: *Der Page vom Dalmasse-Hotel* (1933)

Pakt - Wenn Kinder töten, Der (1996)
R: Alexandre, Miguel; A: Mones, Paul A.
BT: *When a Child Kills: Abused Children Who Kill Their Parents* (1991) (*Wenn Kinder töten: acht erschütternde Fallgeschichten von mißbrauchten Kindern, die ...* 1993)

Palme im Rosengarten (1967)
R: Witt, Claus Peter; A: Roberts, Meade
BT: *A Palm Tree in a Rosegarden* (1958)

Palmetto - dumme sterben nicht aus (1998)
R: Schlöndorff, Volker; A: Chase, James Hadley
BT: *Just Another Sucker* (1960) (*Dumme sterben nicht aus* 1962)

Paloma, La (1974)
R: Schmid, Daniel; A: Ewers, Hans Heinz
BT: *Der Letzte Wille der Stanislawa d'Asp*

Pan Tau (Herr Tau) (1952/1972)
R: Polak, Jindrich; A: Hofmann, Ota
BT: *Pan Tau* (1951) (*Monsieur Tau*)

Panne, Die (1957)
R: Umgelter, Fritz; A: Dürrenmatt, Friedrich
BT: *Die Panne* (1956)

Panoptikum (1958)
R: Kehlmann, Michael; Remond, Fritz; A: Molnár, Ferenc
BT: *Panoptikum* (1944) (*Panoptikum* 1949)

Panoptikum (1965)
R: Tannert, Hannes; A: Molnár, Ferenc
BT: *Panoptikum* (1944) (*Panoptikum* 1949)

Papiermühle (1962)
R: Schwarze, Hans-Dieter; A: Kaiser, Georg
BT: *Papiermühle* (1927)

Paprika (1959)
R: Wilhelm, Kurt; A: Reimann, Max; Schwartz, Otto
BT: *Der Sprung in die Ehe* (1923)

Parade, Die (1974)
R: Davy, Walter; A: Sacher-Masoch, Alexander von
BT: *Die Parade* (1946)

Paradies, Das (1960)
R: Quest, Hans; A: Birabeau, André
BT: *Dame nature* (1936) (*Das Paradies* 1964)

Paradies der Matrosen (1959)
R: Reinl, Harald; A: Bastian-Klinger, Vineta
BT: *Paradies der Matrosen*

Paradox über den Komödianten (1970)
R: Cramer, Heinz von; A: Diderot, Denis
BT: *Paradoxe sur le comédien* (1758) (*Das Paradox über den Schauspieler*)

Paragraph 51 - Seelenarzt Dr. Laduner (1946)
R: Lindtberg, Leopold; A: Glauser, Friedrich
BT: *Matto regiert* (1936)

Parasit, Der (1957)
R: Wagner, Konrad; A: Picard, Louis-Benoît
BT: *Médiocre et rampant* (1797) (*Der Parasit, oder Die Kunst sein Glück zu machen* 1806)

Parasit, Der (1965)
R: Haaf, Wilm ten; A: Picard, Louis-Benoît
BT: *Médiocre et rampant* (1797) (*Der Parasit, oder Die Kunst sein Glück zu machen* 1806)

Pardon die Leiche bin ich (1982)
R: Knötzsch, Hans; A: Clairvaux, Gustave
BT: (*Pardon die Leiche bin ich*)

Parfum für eine Selbstmörderin (1990)
R: Bonnot, Alain; A: Boileau, Pierre; Narcejac, Thomas
BT: *La mort a dit: peut-être* (1967) (*Parfum für eine Selbstmörderin* 1969)

Paria (1970)
R: Steckel, Leonard; A: Strindberg, August
BT: *Paria* (1888)

Pariser Abenteuer, Ein (1982)
R: Gies, Hajo; A: Maupassant, Guy de
BT: *Une aventure parisienne* (1886) (*Pariser Abenteuer* 1955)

Pariserin, Die (1959)
R: Steckel, Leonard; A: Becque, Henri
BT: *La Parisienne* (1885) (dt. 1901)

Park für alle (13 Teile), Ein (1980)
R: Bieber, Karlheinz; A: Noack, Paul Robert

Parkstraße 13 (1962)
R: Hädrich, Rolf; A: Ivers, Axel
BT: *Parkstraße 13* (1942)

Parlez-vous français? (1962)
R: Reichert, Franz; A: Rattigan, Terence
BT: *French without tears* (1937) (*Parlez-vous français?* 1948)

Parsifal (1982)
R: Syberberg, Hans-Jürgen; A: Wagner, Richard
BT: *Parsifal* (1877)

Party, Die (1963)
R: Rothe, Edward; A: Arden, Jane
BT: *The Party* (1958)

Party im Zwielicht (1965)
R: Wagner, Klaus; A: Ross, George; Singer, Campbell; Thomas, Gwyn
BT: *Guilty Party* (1961)
Passage (1989)
R: Bornemann, Fritz; A: Hein, Christoph
BT: *Passage* (1987)
Pater Brown findet Daniel Boom (1955)
R: Horn, Peter A.; A: Chesterton, Gilbert Keith
BT: *The Father Brown Stories* (1929)
Patricia (1979)
R: Schäfer, Eberhard; A: Smirnowa, Mira
BT: *Patricia*
Patrik Pacard. Die Entscheidung am Fjord (1984)
R: Erhardt, Gero; A: Pfaue, Justus
BT: *Patrik Pacard* (1984)
Patriot, Der (1959)
R: Cartier, Rudolph; A: Neumann, Alfred
BT: *Der Patriot* (1925)
Patriotin, Die (1979)
R: Kluge, Alexander; A: Kluge, Alexander
BT: *Die Patriotin* (1979)
Patsy (1962)
R: Schwarz, Heinz Wilhelm; A: Conners, Barry
BT: *The Patsy* (1925) (*Uschi* 1963)
Pattbergs Erbe (1987)
R: Lüdcke, Marianne; A: Wellershoff, Dieter
BT: *Der Sieger nimmt alles* (1983)
Paul Bowles - Halbmond (1994)
R: Alberti, Irene von; Schlaich, Frieder; A: Bowles, Paul
Paul Eszterag schweigt (1959)
R: Lewitt, Paul; A: Gergely, Sandor
BT: (*Der Fall Eszterag*)
Paul IV (1994)
R: Schwartz-Grünberg, Cornelia; A: Steinhövel, Andreas
Paul und Julia (1958)
R: Wilhelm, Kurt; A: Hartung, Hugo
BT: *Paul und Julia*
Paulines Geburtstag oder die Bestie von Notre Dame (1977)
R: Matthies, Fritz; A: Pauly, Harry
BT: *Die Bestie von Notre Dame*
Pause für Wanzka (1989)
R: Loebner, Vera; A: Wellm, Alfred
BT: *Pause für Wanzka oder Die Reise nach Descansar* (1968)
Pawlaks, Die (1982)
R: Staudte, Wolfgang; A: Jägersberg, Otto
BT: *Die Pawlaks* (1982)
Pawluscha (1970)
R: Kött, Regina; A: Pogodin, Radij P.
Pelle, der Eroberer (1984/85)
R: Steinke, Christian; A: Andersen Nexø, Martin
BT: *Pelle erobreren* (1906) (*Pelle der Eroberer* 1912)
Pension Schöller (1952)
R: Lüthge, Bobby E.; A: Jacoby, Wilhelm; Laufs, Carl
BT: *Pension Schöller* (1890)
Pension Schöller (1960)
R: Jacoby, Wilhelm; A: Jacoby, Wilhelm; Laufs, Carl
BT: *Pension Schöller* (1890)
Pension Schöller (1993)
R: Wesseler, Karl; A: Jacoby, Wilhelm; Laufs, Carl
BT: *Pension Schöller* (1890)
Pension Schöller (1997)
R: Wölffer, Jürgen; A: Jacoby, Wilhelm; Laufs, Carl
BT: *Pension Schöller* (1890)
Pension Sünnenschien (1992)
R: Jankó, Ilo von; A: Wittlinger, Karl
BT: *Pension Sünnschien* (1992)
Penthesilea (1989)
R: Syberberg, Hans-Jürgen; A: Kleist, Heinrich von
BT: *Penthesilea* (1808)
Penthesilea von Kleist (1983)
R: Neuenfels, Hans; A: Kleist, Heinrich von
BT: *Penthesilea* (1808)
Pepolino und der Schatz der Meerjungfrau (1995)
R: Uzsák, János; A: Rodrian, Irene
BT: *Pepolino* (1994)
Peppino (8 Teile) (1983)
R: Cortesi, Mario; A: Hasler, Eveline
BT: *Komm wieder, Peppino* (1975)
Per Saldo Mord (1980)
R: Arnold, Jack; A: Klenman, Norman (= Callaghan, Morley; Stanley, Michael)
BT: *The Swiss Conspiracy*
Perahim - die zweite Chance (1974)
R: Geissendörfer, Hans W.; A: Gheorghiu, Constantin Virgil
BT: *La seconde chance* (1952) (*Die zweite Chance* 1957)
Peripherie (1959)
R: Rothe, Edward; A: Langer, Frantisek
BT: *Periferie* (1925) (*Peripherie* 1926)
Perle, Die (1977)
R: Schleif, Wolfgang; A: Binding, Rudolf G.
BT: *Die Perle* (1938)

Perle von Tokay, Die (1953)
R: Marischka, Hubert; A: Raymond, Fred
BT: *Die Perle von Tokay* (1941)
Perlenkomödie (1966)
R: Umgelter, Fritz; A: Frank, Bruno
BT: *Perlenkomödie* (1928)
Perser, Die (1961)
R: Lietzau, Hans; A: Aischylos
BT: *Die Perser* (472 v.C.)
Person, Die (1970)
R: Staudte, Wolfgang; A: Bieler, Manfred
BT: *Der junge Roth* (1968)
Pestalozzis Berg (1990)
R: Gunten, Peter von; A: Hartmann, Lukas
BT: *Pestalozzis Berg* (1988)
Peter Pan (1962)
R: Verhoeven, Paul; A: Barrie, James Matthew Sir
BT: *Peter Pan* (1904) (dt. 1911)
Peter Schlemihl (1955)
R: Hess, Günter; A: Chamisso, Adelbert von
BT: *Peter Schlemihls wundersame Reise* (1814)
Peter Schlemihl (1966)
R: Cravenne, Marcel; A: Chamisso, Adelbert von
BT: *Peter Schlemihls wundersame Reise* (1814)
Peter Squentz (1978)
R: Abgottspon, Franziskus; A: Gryphius, Andreas
BT: *Absurda Comica oder Herr Peter Squentz* (1658)
Peter und Sabine (1968)
R: Rieger, August; A: Fischer, Marie-Louise
BT: *Wildes Blut* (1968)
Peter Voss der Held des Tages (1959)
R: Marischka, Georg; A: Seeliger, Ewald G.
BT: *Peter Voss der Millionendieb* (1913)
Peter Voss der Millionendieb (1945)
R: Anton, Karl; A: Seeliger, Ewald G.
BT: *Peter Voss der Millionendieb* (1913)
Peter Voss der Millionendieb (1958)
R: Becker, Wolfgang; A: Seeliger, Ewald G.
BT: *Peter Voss der Millionendieb* (1913)
Peter Voss der Millionendieb (1976)
R: Lodynski, Peter; A: Seeliger, Ewald G.
BT: *Peter Voss der Millionendieb* (1913)
Peterchens Mondfahrt (1990)
R: Urchs, Wolfgang; A: Bassewitz, Gerdt von
BT: *Peterchens Mondfahrt* (1912)
Peterchens Mondfahrt (1990)
R: Urchs, Wolfgang; A: Bassewitz, Gerdt von
BT: *Peterchens Mondfahrt* (1912)
Pfarrer von Gillbach, Der (1968)
R: Grädler, Theodor; A: Lohmeier, Georg
BT: *Der Pfarrer von Gillbach* (1964)
Pfarrer von Kirchfeld, Der (1950)
R: Fleck, Jacob; Fleck, Luise; A: Anzengruber, Ludwig
BT: *Der Pfarrer vom Kirchfeld* (1871)
Pfarrer von Kirchfeld, Der (1955)
R: Deppe, Hans; A: Anzengruber, Ludwig
BT: *Der Pfarrer vom Kirchfeld* (1871)
Pfarrerin Lenau (1990)
R: Voges, Bruno; A: Huby, Felix (= Hungerbühler, Eberhard)
BT: *Pfarrerin Lenau* (1990)
Pfarrers Freude, Des (1966)
R: Thiemt, Hans Georg; A: Dahl, Roald
BT: *Parson's Pleasure* (1959)
Pfarrhauskomödie, Die (1971)
R: Relin, Veit; A: Lautensack, Heinrich
BT: *Die Pfarrhauskomödie* (1911)
Pfau wird gerupft, Ein (1978)
R: Hill, Peter; A: Ristock, Inge
BT: *Ein Pfau wird gerupft*
Pfauen, Die (1983)
R: Mittermayer, Berthold; A: Jünger, Friedrich Georg
BT: *Die Pfauen* (1952)
Pferdeapfel und die Rose, Der (1982)
R: Engelmann, Ulrich; A: Courteline, Georges
BT: *Les gaietés de l'escadron* (1886)
Pferdemädchen, Das (1978)
R: Schlegel, Egon; A: Wellm, Alfred
BT: *Das Pferdemädchen* (1974)
Pfingstorgel. Eine Moritat aus dem Gäuboden, Die (1965)
R: Wilhelm, Kurt; A: Lippl, Alois Johannes
BT: *Die Pfingstorgel* (1933)
Pflicht ist Pflicht (1966)
R: Schwarze, Hans-Dieter; A: Čechov, Anton Pavlovič
Pflichtmandat, Das (1958)
R: Wall, Marcel; A: Mortimer, John C.
BT: *The Dock Brief* (1958) (*Das Pflichtmandat* 1960)
Phantasie, Die (1976)
R: Kairat, Gerd; A: Lenz, Siegfried
BT: *Die Phantasie*

Phantom von Soho, Das (1963)
R: Gottlieb, Franz Josef; A: Wallace, Bryan Edgar
BT: *Murder by Proxy*
Phantomkutsche, Die (1985)
R: Moorse, George; A: McLaughlin, John
Philadelphia, ich bin da! (1967)
R: Fruchtmann, Karl; A: Friel, Brian
BT: *Philadelphia, here I come!* (1965) (*Ich komme, Philadelphia* 1981)
Philemon und Baucis (1956)
R: Völger, Werner; A: Ahlsen, Leopold
BT: *Philemon und Baukis* (1956)
Philoktet (1967)
R: Cremer, Ludwig; A: Müller, Heiner
BT: *Philoktet* (1966)
Philomena Marturano (1960)
R: Cella, Ettore; A: Filippo, Eduardo de
BT: *Filumena Marturano* (1947) (*Philomena Marturano* 1957)
Phönix zuviel, Ein (1955)
R: Umgelter, Fritz; A: Fry, Christopher
BT: *A Phoenix Too Frequent* (1946) (*Ein Phönix zuviel* 1954)
Phönix zuviel, Ein (1963)
R: Bommert, Günter; A: Fry, Christopher
BT: *A Phoenix Too Frequent* (1946) (*Ein Phönix zuviel* 1954)
Physiker, Die (1964)
R: Umgelter, Fritz; A: Dürrenmatt, Friedrich
BT: *Die Physiker* (1962)
Pianke (1982)
R: Friedrich, Gunter; A: Abraham, Peter
BT: *Pianke* (1981)
Piccadilly null Uhr zwölf (1963)
R: Zehetgruber, Rudolf; A: Durbridge, Francis Henry
Picknick im Felde (1962)
R: Lilienthal, Peter; A: Arrabal, Fernando
BT: *Piquenique en campagne* (1952) (*Picknick im Felde* 1969)
Pikanterie (1950)
R: Braun, Alfred; A: Gribitz, Franz J.
BT: *Eine jener seltenen Frauen*
Pikdame (Pique Dame) (1966)
R: Keigel, Leonard; A: Puschkin, Alexandr Sergejewitsch
BT: *Pikovaja dama* (1833) (*Pique Dame* 1910)
Pilatus (1984)
R: Schwarzbach, Helmut; A: Fussenegger, Gertrud
BT: *Pilatus* (1979)
Pilatus und andere (1972)
R: Wajda, Andrzej; A: Bulgakow, Michail
BT: *Master i Margarita* (1968) (*Der Meister und Margarita* 1968)
Pioniere in Ingolstadt (1971)
R: Fassbinder, Rainer Werner; A: Fleisser, Marieluise
BT: *Pioniere in Ingolstadt* (1928)
Pippi außer Rand und Band (1970)
R: Hellbom, Olle; A: Lindgren, Astrid
BT: *Pippi Långstrump* (1945) (*Pippi Langstrumpf* 1957)
Pippi geht von Bord (1968)
R: Hellbom, Olle; A: Lindgren, Astrid
BT: *Pippi Långstrump* (1945) (*Pippi Langstrumpf* 1957)
Pippi in Taka-Tuka-Land (1969)
R: Hellbom, Olle; A: Lindgren, Astrid
BT: *Pippi Långstrump* (1945) (*Pippi Langstrumpf* 1957)
Pippi Langstrumpf (1968)
R: Hellbom, Olle; A: Lindgren, Astrid
BT: *Pippi Långstrump* (1945) (*Pippi Langstrumpf* 1957)
Pippi Langstrumpf (1971)
R: Hellbom, Olle; A: Lindgren, Astrid
BT: *Pippi Långstrump* (1945) (*Pippi Langstrumpf* 1957)
Pippi Langstrumpf (1994)
R: Smith, Clive; A: Lindgren, Astrid
BT: *Pippi Långstrump* (1945) (*Pippi Langstrumpf* 1957)
Pirat, Der (1997)
R: Schadewald, Bernd; A: Aust, Stefan
BT: *Der Pirat: die Drogenkarriere des Jan C.* (1990)
Pirat mit Hindernissen (1975)
R: Hübner, Wolfgang; A: Beuchler, Klaus
BT: *Pirat mit Hindernissen* (1974)
Piroschka (1960)
R: Wagner, Klaus; A: Hartung, Hugo
BT: *Ich denke oft an Piroschka* (1954)
Pittsville - Ein Safe voll Blut (Lohngelder für Pittsville) (1974)
R: Zanussi, Krzysztof; A: Chase, James Hadley
BT: *I would rather stay poor* (1962) (*Lohngelder für Pittsville* 1964)
Plädoyer für einen Rebellen (1963)
R: Kehlmann, Michael; A: Roblès, Emmanuel
BT: *Plaidoyer pour un rebelle* (1965)
Plastic Nightmare, The (1979)
R: Petersen, Wolfgang; A: Neely, Richard
BT: *The Plastic Nightmare* (1969) (*Du bist Marriott* 1971)

Platz oder Sieg? (1981)
R: Dobberke, Claus; A: Dick, Sieglinde
BT: *Sattel im Gepäck* (1975)

Platzverweis für Trimmel (1973)
R: Schulze-Rohr, Peter; A: Werremeier, Friedhelm
BT: *Platzverweis für Trimmel* (1972)

Plaza Fortuna (1973)
R: Liebeneiner, Wolfgang; A: Pausewang, Gudrun
BT: *Plaza Fortuna* (1966)

Plebejer proben den Aufstand, Die (1970)
R: Lietzau, Hans; A: Grass, Günter
BT: *Die Plebejer proben den Aufstand* (1966)

Plötzlich (1970)
R: Fruchtmann, Karl; A: Fruchtmann, Karl
BT: *Plötzlich* (1961)

Plötzlich und unerwartet (1985)
R: Engel, Thomas; A: Durbridge, Francis Henry
BT: *Suddenly at Home* (1973) (*Plötzlich und unerwartet* 1972)

Plötzliche Reichtum der armen Leute von Kombach, Der (1971)
R: Schlöndorff, Volker; A: Franz, Carl
BT: *Der Postraub in der Subach* (1825)

Poggenpuhls, Die (1984)
R: Hercher, Karin; A: Fontane, Theodor
BT: *Die Poggenpuhls* (1896)

Pole Poppenspäler (1954)
R: Pohl, Arthur; A: Storm, Theodor
BT: *Pole Poppenspäler* (1875)

Pole Poppenspäler (1968)
R: Anders, Günther; A: Storm, Theodor
BT: *Pole Poppenspäler* (1875)

Pole Poppenspäler (1988)
R: Kubli, Guy; A: Storm, Theodor
BT: *Pole Poppenspäler* (1875)

Polenblut (1966)
R: Liebeneiner, Wolfgang; A: Nedbal, Oskar; Stein, Leo
BT: *Polenblut* (1913)

Polenweiher, Der (1986)
R: Hofmann, Nico; A: Strittmatter, Thomas
BT: *Der Polenweiher* (1982)

Polikuschka (1958)
R: Gallone, Carmine; A: Tolstoj, Leo
BT: *Polikuska* (1863) (*Polikuschka* 1888)

Polizei, Die (1960)
R: Overhoff, Gerhard; A: Mrozek, Slawomir
BT: *Policja* (1958) (*Die Polizei* 1960)

Polizeiruf 110 - Feuer! (1996)
R: Krilli, Maria; A: Wolf, Klaus-Peter
BT: *Feuerball* (1996)

Polizistin, Die (2000)
R: Dresen, Andreas; A: Held, Annegret
BT: *Meine Nachtgestalten* (1988)

Polterabend, Ein (1955)
R: Bois, Curt; A: Bernhardy, Werner
BT: *Ein Polterabend*

Popp und Mingel (1975)
R: Stöckl, Ulla; A: Kaschnitz, Marie Luise
BT: *Popp und Mingel und andere Erzählungen* (1988)

Pornofilm, Der (1980)
R: Hostettler, Thomas; A: Walbert, Helmut
BT: *Der Pornofilm* (1978)

Port Royal (1963)
R: Beauvais, Peter; A: Montherlant, Henry de
BT: *Port Royal* (1954) (*Port Royal* 1956)

Porträt einer Madonna (1962)
R: Döpke, Oswald; A: Williams, Tennessee
BT: *Portrait of a Madonna* (1953) (*Porträt einer Madonna* 1963)

Posthalter, Der (1976)
R: Edel, Ulrich; A: Puschkin, Alexandr Sergejewitsch
BT: *Stanconnyj Smotritel* (1831) (*Der Postmeister* 1900)

Pott, Der (1971)
R: Zadek, Peter; A: O'Casey, Sean
BT: *The Silver Tassie* (1928)

Powenzbande, Die (1974)
R: Braun, Michael; A: Penzoldt, Ernst
BT: *Die Powenzbande* (1930)

Präludium, Das (1956)
R: Horn, Peter A.; A: Schaeffer, Albrecht
BT: *Josef Montfort* (1918)

Präriejäger in Mexiko (2 Teile) (1988)
R: Knötzsch, Hans; A: May, Karl Friedrich

Präsidentin, Die (1982)
R: Günther, Michael; A: Hennequin, Maurice; Veber, Pierre Eugène
BT: *La présidente* (1913)

Praterherzen (Tingeltangel) (1952)
R: Verhoeven, Paul; A: Schubert, Hans
BT: *Tingeltangel*

Preludio 11 (1963)
R: Maetzig, Kurt; A: Schreyer, Wolfgang
BT: *Preludio 11* (1963)

Preußen kommen, Die (1970)
R: Devaux, Danielo; A: Scheu, Just
BT: *Die Preußen kommen* (1970)

Preußische Heirat, Die (1974)
R: Käutner, Helmut; A: Gutzkow, Karl Ferdinand
BT: *Zopf und Schwert* (1844)
Primel macht ihr Haus verrückt (1979)
R: Teuber, Monica; A: Jaenicke, Käthe
Prinz Eisenherz (1996)
R: Hickox, Anthony; A: Foster, Harold R.
BT: *Prince Valiant in the Days of King Arthur* (1951) (*Prinz Eisenherz* 1955)
Prinz Friedrich von Homburg (1961)
R: Umgelter, Fritz; A: Kleist, Heinrich von
BT: *Der Prinz von Homburg* (1821)
Prinz Friedrich von Homburg (1988)
R: Stein, Peter; A: Kleist, Heinrich von
BT: *Der Prinz von Homburg* (1821)
Prinz Friedrich von Homburg (1989)
R: Bornemann, Fritz; A: Kleist, Heinrich von
BT: *Der Prinz von Homburg* (1821)
Prinz hinter den sieben Meeren, Der (1982)
R: Beck, Walter; A: Grimm, Jakob Ludwig Carl; Grimm, Wilhelm Carl
BT: *Das singende, springende Löweneckerchen* (1812)
Prinz und der Prügelknabe, Der (1994)
R: Macartney, Sydney; A: Fleischmann, Sid
BT: *The Whipping Boy* (1986) (*Prinz Flegel: fast ein Märchen* 1989)
Prinz von Homburg, Der (1973)
R: Stein, Peter; A: Kleist, Heinrich von
BT: *Der Prinz von Homburg* (1821)
Prinz von Pumpelonien, Der (1990)
R: Strubel, Sepp; A: Kühl, Katharina
BT: *Der Prinz von Pumpelonien* (1991)
Prinzessin auf der Erbse, Die (1975)
R: Kögel, Heinz; A: Andersen, Hans Christian
BT: *Prindsessen på aerten* (*Die Prinzessin auf der Erbse*)
Prinzessin und der Schweinehirt, Die (1953)
R: Fredersdorf, Herbert B.; A: Andersen, Hans Christian
BT: *Svinedrenegen* (*Der Schweinehirt*)
Prinzessin und der Schweinehirt, Die (1970)
R: Leupschitz, Florian; A: Andersen, Hans Christian
BT: *Svinedrenegen* (*Der Schweinehirt*)
Prinzessin und der Schweinehirt, Die (1975)
R: Ehrlich, Harry; A: Andersen, Hans Christian
BT: *Svinedrenegen* (*Der Schweinehirt*)
Prinzessin von St. Wolfgang, Die (1957)
R: Reinl, Harald; A: Neubach, Ernst
BT: *Die Prinzessin von St. Wolfgang*
Privatdetektiv, Der (1963)
R: Cremer, Ludwig; A: Mortimer, John C.
BT: *I Spy* (1958) (*Der Privatdetektiv* 1970)
Privatsekretär, Der (1963)
R: Wild, Franz Josef; A: Eliot, Thomas Stearns
BT: *The Confidential Clerk* (1953) (*Der Privatsekretär* 1954)
Priwalowschen Millionen (12 Teile), Die (1982)
R: Klante, Diethard; A: Mamin-Sibirjak, Dimitrij Narkisowitsch
BT: *Priwalowskije millionii* (1892)
Produkt oder Rudi Ingar - eine Geschichte aus Wien, Das (1979)
R: Buchrieser, Franz; A: Buchrieser, Franz
BT: *Das Produkt* (1976)
Professor Bernhardi (1962)
R: Neuberg, Erich; A: Schnitzler, Arthur
BT: *Professor Bernhardi* (1912)
Professor Bernhardi (1964)
R: Beauvais, Peter; A: Schnitzler, Arthur
BT: *Professor Bernhardi* (1912)
Professor Bernhardi (1968)
R: Beauvais, Peter; A: Schnitzler, Arthur
BT: *Professor Bernhardi* (1912)
Professor Mamlock (1958)
R: Schulz-Wittan, Werner; A: Wolf, Friedrich (Baetz, Christian; Rüedi, Hans; Dr. Isegrimm)
BT: *Professor Mamlock* (1935)
Professor Mamlock (1961)
R: Wolf, Konrad; A: Wolf, Friedrich (Baetz, Christian; Rüedi, Hans; Dr. Isegrimm)
BT: *Professor Mamlock* (1935)
Proserpina (1970)
R: Hänsel, Johann-Richard; A: Goethe, Johann Wolfgang von
BT: *Proserpina* (1778)
Prozeß beginnt, Der (1969)
R: Lemmel, Dieter; A: Sinjavskij, Andrej D.
BT: *Sud idet* (1960) (dt. 1966)
Prozeß, Der (1948)
R: Pabst, Georg Wilhelm; A: Brunngraber, Rudolf
BT: *Prozeß auf Leben und Tod* (1948)
Prozeß, Der (1962)
R: Welles, Orson; A: Kafka, Franz
BT: *Der Prozeß* (1925)

Prozeß der Jeanne d'Arc zu Rouen 1431, Der (1964)
R: Palitzsch, Peter; A: Brecht, Bertolt
BT: *Der Prozeß der Jeanne d'Arc zu Rouen 1431* (1952)
Prozeß Mary Dugan, Der (1956)
R: Bublitz, Hans Waldemar; A: Veiller, Bayard
BT: *The Trial of Mary Dugan* (1928) (*Der Prozeß Mary Dugan* 1928)
Prozeß Mary Dugan, Der (1960)
R: Harnack, Falk; A: Veiller, Bayard
BT: *The Trial of Mary Dugan* (1928) (*Der Prozeß Mary Dugan* 1928)
Prozeß Medusa (1976)
R: Staudte, Wolfgang; A: Münz, Erwin K.
BT: *Prozeß Medusa* (1964)
Prozeß Sokrates, Der (1962)
R: Fischer, Hans Conrad; A: Platon
BT: *Apologia Sokratus* (390 v.C.)
Prozeß wird vertagt, Der (1958)
R: Ballmann, Herbert; A: Frank, Leonhard
BT: *Michaels Rückkehr* (1957)
Prüfung, Die (1973)
R: Deickert, Karl-Heinz; A: Matheson, Richard
BT: (*Die Prüfung*)
Pudelnackt in Oberbayern (1968)
R: Albin, Hans; A: Ammer, Peter
Pugowitza (1981)
R: Brauer, Jürgen; A: Wellm, Alfred
BT: *Pugowitza oder Die silberne Schlüsseluhr* (1975)
Pulle und Pummi oder Ein Tag mit Onkel Willi (1972)
R: Lemmel, Dieter; A: Schnell, Robert Wolfgang
BT: *Pulle und Pummi* (1969)
Pünktchen und Anton (1953)
R: Engel, Thomas; A: Kästner, Erich (= Bürger, Berthold)
BT: *Pünktchen und Anton* (1931)
Pünktchen und Anton (1958)
R: Schneider, Jörg; A: Kästner, Erich (= Bürger, Berthold)
BT: *Pünktchen und Anton* (1931)
Pünktchen und Anton (1960)
R: Langhoff, Udo; A: Kästner, Erich (= Bürger, Berthold)
BT: *Pünktchen und Anton* (1931)
Pünktchen und Anton (1999)
R: Link, Caroline; A: Kästner, Erich (= Bürger, Berthold)
BT: *Pünktchen und Anton* (1931)
Puppen von Poshansk, Die (1955)
R: Biltz, Karl Peter; A: Neumann, Robert
BT: *Die Puppen von Poshansk* (1952)
Puppenheim in Pinnow, Das (1983)
R: Steinke, Christian; A: Wohlgemuth, Joachim
BT: *Das Puppenheim in Pinnow* (1983)
Puppenspieler, Der (1944/45, unvollendet)
R: Braun, Alfred; A: Storm, Theodor
BT: *Pole Poppenspäler* (1875)
Putzfraueninsel, Die (1996)
R: Timm, Peter; A: Moser, Milena
BT: *Die Putzfraueninsel* (1991)
Pygmalion (1956)
R: Tannert, Hannes; A: Shaw, George Bernard
BT: *Pygmalion* (1912) (*Pygmalion* 1914)
Pyramide des Sonnengottes (Les Mercenaires du Rio Grande), Die (1965)
R: Siodmak, Robert; A: May, Karl Friedrich
BT: *Vom Rhein zur Mapimi* (1924)
Pyramide für mich, Eine (1976)
R: Kirsten, Ralf; A: Jakobs, Karl-Heinz
BT: *Eine Pyramide für mich* (1971)
Quadrat I + II (1981)
R: Beckett, Samuel; A: Beckett, Samuel
BT: *Quad* (1992) (*Quadrat* 1996)
Quadratur des Kreises (1968)
R: Barlog, Boleslaw; A: Kataev, Valentin P.
BT: *Kvatratura kruga* (1928) (*Die Quadratur des Kreises* 1930)
Quadrille (1961)
R: Schroth, Carl-Heinz; A: Coward, Noël (Pierce) Sir
BT: *Quadrille* (1950) (*Quadrille* 1952)
Quadrille (1961)
R: Wild, Franz Josef; A: Coward, Noël (Pierce) Sir
BT: *Quadrille* (1950) (*Quadrille* 1952)
Qualtingers Wien (1997)
R: Sicheritz, Harald; A: Qualtinger, Helmut
Querelle (1982)
R: Fassbinder, Rainer Werner; A: Genet, Jean
BT: *Querelle de Brest* (1953) (*Querelle* 1955)
Querulant, Der (1969)
R: Hudecek, Vaclav; A: Bahr, Hermann
BT: *Der Querulant* (1914)
Rabe, Der (1951)
R: Kudrunofsky, Wolfgang; Steinwendner, Kurt; A: Poe, Edgar Allan
BT: *The Raven* (1845) (*Der Rabe*)
Rabe, Pilz & 13 Stühle (1972/73)
R: Marischka, Franz; A: Il'f, Il'ja
BT: *Dvenadzat stjulev* (1924) (*Zwölf Stühle* 1954)

Rabeneck (1981)
R: Münch, Richard; A: Gmür, Richard
BT: *Rabeneck* (1981)
Rache des Dr. Fu Man Chu, Die (1966)
R: Summers, Jeremy; A: Rohmer, Sax (= Ward, Arthur Sarsfield)
BT: *The Wrath of Fu Manchu* (1973)
Rache des Kapitäns Mitchell, Die (1979)
R: Mühl, Christa; A: Brecht, Bertolt
BT: *Safety first* (1927)
Rache, Die (1962)
R: Erler, Rainer; A: Čechov, Anton Pavlovič
Rache, Die (1974)
R: Schirk, Heinz; A: Mnačko, Ladislav
Rächer, Der (1960)
R: Anton, Karl; A: Wallace, Richard Horatio Edgar
BT: *The Avenger* (1926) (*Der Rächer* 1951)
Radetzkymarsch (1965)
R: Kehlmann, Michael; A: Roth, Joseph
BT: *Radetzkymarsch* (1932)
Radetzkymarsch (1994)
R: Corti, Axel; Roll, Gernot; A: Roth, Joseph
BT: *Radetzkymarsch* (1932)
Radfahrer von San Cristobal, Der (1989)
R: Lilienthal, Peter; A: Skármeta, Antonio
BT: *El ciclista de San Cristobal* (1973)
Radieschen (1979)
R: Busch, Rolf; A: Breitbach, Joseph
BT: *Die Radieschen. Rot gegen Rot. Zwei Erzählungen aus den 20er Jahren* (1929)
Rapunzel oder Der Zauber der Tränen (1988)
R: Schmenger, Ursula; A: Grimm, Jakob Ludwig Carl; Grimm, Wilhelm Carl
BT: *Rapunzel* (1812)
Rasende Reporter, Der (1968)
R: Stemmle, Robert A.; A: Kisch, Egon Erwin
BT: *Der rasende Reporter* (1925)
Raskolnikoff (1959)
R: Wirth, Franz Peter; A: Dostojewski, Feodor
BT: *Prestuplenie i nakazanie* (1866) (*Schuld und Sühne* 1891)
Raskolnikow (1953)
R: Lothar, Frank; A: Dostojewski, Feodor
BT: *Prestuplenie i nakazanie* (1866) (*Schuld und Sühne* 1891)
Rätsel der roten Orchidee, Das (1962)
R: Ashley, Helmut(h); A: Wallace, Richard Horatio Edgar
BT: *When the Gangs Came to London* (1932) (*Gangster in London* 1956)
Rätsel des silbernen Halbmonds, Das (1972)
R: Lenzi, Umberto; A: Wallace, Richard Horatio Edgar
Ratten, Die (1955)
R: Siodmak, Robert; A: Hauptmann, Gerhart
BT: *Die Ratten* (1911)
Ratten, Die (1959)
R: Olden, John; A: Hauptmann, Gerhart
BT: *Die Ratten* (1911)
Ratten, Die (1969)
R: Beauvais, Peter; A: Hauptmann, Gerhart
BT: *Die Ratten* (1911)
Rättin, Die (1997)
R: Buchhorn, Martin; A: Grass, Günter
BT: *Die Rättin* (1986)
Raub der Sabinerinnen, Der (1954)
R: Hoffmann, Kurt; A: Schönthan, Franz Edler von Pernwald; Schönthan, Paul Edler von Pernwald
BT: *Der Raub der Sabinerinnen* (1885)
Raub der Sabinerinnen, Der (1959)
R: Pfeiffer, Hermann; A: Schönthan, Franz Edler von Pernwald; Schönthan, Paul Edler von Pernwald
BT: *Der Raub der Sabinerinnen* (1885)
Raub der Sabinerinnen, Der (1966)
R: Schwarze, Hans-Dieter; A: Schönthan, Franz Edler von Pernwald; Schönthan, Paul Edler von Pernwald
BT: *Der Raub der Sabinerinnen* (1885)
Raub der Sabinerinnen, Der (1971)
R: Wesseler, Karl; A: Schönthan, Franz Edler von Pernwald; Schönthan, Paul Edler von Pernwald
BT: *Der Raub der Sabinerinnen* (1885)
Raub der Sabinerinnen, Der (1973)
R: Meuschel, Stefan; A: Schönthan, Franz Edler von Pernwald; Schönthan, Paul Edler von Pernwald
BT: *Der Raub der Sabinerinnen* (1885)
Raub der Sabinerinnen, Der (1976)
R: Heussermann, Ernst; A: Schönthan, Franz Edler von Pernwald; Schönthan, Paul Edler von Pernwald
BT: *Der Raub der Sabinerinnen* (1885)
Raub der Sabinerinnen, Der (1983)
R: Sydow, Rolf von; A: Schönthan, Franz Edler von Pernwald; Schönthan, Paul Edler von Pernwald
BT: *Der Raub der Sabinerinnen* (1885)

Raub der Sabinerinnen, Der (1991)
R: Wesseler, Karl; A: Schönthan, Franz Edler von Pernwald; Schönthan, Paul Edler von Pernwald
BT: *Der Raub der Sabinerinnen* (1885)
Räuber, Die (1959)
R: Umgelter, Fritz; A: Schiller, Friedrich von
BT: *Die Räuber* (1781)
Räuber, Die (1982)
R: Bleiweiß, Celino; A: Schiller, Friedrich von
BT: *Die Räuber* (1781)
Räuber Hotzenplotz, Der (1973)
R: Ehmck, Gustav; A: Preußler, Otfried
BT: *Der Räuber Hotzenplotz* (1962)
Räuber mit der sanften Hand, Der (1995)
R: Mühlbauer, Wolfgang; A: Dennery, Siegfried N.
BT: *Der Räuber mit der sanften Hand* (1995)
Räubergeschichte, Eine (1971)
R: Kuri, Waldemar; A: Čapek, Karel
Raubfischer in Hellas (1959)
R: Hächler, Horst; A: Helwig, Werner
BT: *Raubfischer in Hellas* (1939)
Rauch (1991/92)
R: Schachmaliewa, Ajan; A: Turgenev, Ivan
BT: *Dym* (1867) (*Rauch (Dunst)* 1868)
Rauhe Leben, Das (1987)
R: Pils, Heide; A: Petzold, Alfons
BT: *Das rauhe Leben. Roman eines Lebens* (1920)
Rauhnacht (1985)
R: Weise, Klaus; A: Billinger, Richard
BT: *Rauhnacht* (1931)
Rausch der Verwandlung (2 Teile) (1988)
R: Molinaro, Edouard; A: Zweig, Stefan
BT: *Rausch der Verwandlung* (1950)
Rausch einer Nacht (1950)
R: Borsody, Eduard von; A: Bratt, Harald
BT: *Alexa* (1940)
Rebeccas Töchter (1991)
R: Francis, Karl; A: Thomas, Dylan
BT: *Rebecca's Daughters* (1965) (*Rebeccas Töchter* 1983)
Rebellion der Gehenkten (2 Teile) (1987)
A: Traven, B. (Bruno) (= Marut, Ret; Maurhut, Richard; Torsvan, Traven)
BT: *Die Rebellion der Gehenkten* (1931)
Rebellion der Verlorenen (1969)
R: Umgelter, Fritz; A: Jaeger, Henry
BT: *Rebellion der Verlorenen* (1963)
Rebellion, Die (1962)
R: Staudte, Wolfgang; A: Roth, Joseph
BT: *Die Rebellion* (1924)
Rebellion, Die (1992)
R: Haneke, Michael; A: Roth, Joseph
BT: *Die Rebellion* (1924)
Rechnen Sie mit dem Schlimmsten (1972)
R: Schulze-Rohr, Peter; A: Werremeier, Friedhelm
BT: *Ein EKG für Trimmel* (1972)
Rechnung eiskalt serviert, Die (1966)
R: Ashley, Helmut(h); A: Cotton, Jerry (= Höber, Heinz-Werner; Müller, Heinz-Werner)
BT: *Die Rechnung eiskalt serviert* (1966)
Recht, nicht Rache - die Geschichte des Simon Wiesenthal (1989)
R: Gibson, Brian; A: Wiesenthal, Simon
BT: *Recht, nicht Rache* (1988)
Rechtsfindung (1964)
R: Busch, Rolf; A: Brecht, Bertolt
BT: *Furcht und Elend des dritten Reiches* (1945)
Red (1993)
R: Fischerauer, Bernd; A: Maugham, W. Somerset
Red Heat - Unschuld in Ketten (1985)
R: Collector, Robert; A: Thiemann, Ellen
BT: *Stell Dich mit den Schergen gut: Erinnerungen an die DDR* (1984)
Reelle Unternehmen, Das (1975)
R: Proll, Jens-Peter; A: Hašek, Jaroslav
BT: (*Das reelle Unternehmen*)
Regenmacher, Der (1966)
R: Wirth, Franz Peter; A: Nash, Richard N.
BT: *The Rainmaker* (1954)
Regenmacher, Der (1982)
R: Cremer, Ludwig; A: Nash, Richard N.
BT: *The Rainmaker* (1954)
Regentrude, Die (1976)
R: Schmenger, Ursula; A: Storm, Theodor
BT: *Die Regentrude* (1864)
Regimentskommandeur, Der (1971)
R: Bellag, Lothar; A: Flegel, Walter
BT: *Der Regimentskommandeur* (1971)
Regimentstochter, Die (1953)
R: Klaren, Georg C.; A: Bayard, Jean-François; Donizetti, Gaetano; Saint-Georges, Henri
BT: *La fille du régiment* (1840) (*Die Regimentstochter*)
Regina Amstetten (1953)
R: Neumann, Kurt; A: Wiechert, Ernst
BT: *Regina Amstetten* (1936)
Regina auf den Stufen (1990)
R: Fischerauer, Bernd; A: Danella, Utta
BT: *Regina auf den Stufen* (1969)

Regine (1956)
R: Braun, Harald; A: Keller, Gottfried
BT: *Regine* (1882)
Regine oder Die Falle (1980)
R: Proll, Jens-Peter; A: Holländer, Felix
BT: *Sturmwind im Westen* (1896)
Reich mir die Hand, mein Leben. Mozart (1955)
R: Hartl, Karl; A: Habeck, Fritz
Reiche Kunden killt man nicht (1991)
R: Guthke, Frank; A: Breinersdorfer, Fred
BT: *Reiche Kunden killt man nicht* (1988)
Reifende Jugend (1955)
R: Erfurth, Ulrich; A: Dreyer, Max
BT: *Reifeprüfung*
Reifender Sommer (1959)
R: Reinecke, Horst; A: Hild, August
BT: *Reifender Sommer* (1959)
Reifenwechsel (1983)
R: Storch, Wolfgang; A: Simenon, Georges (= Sim, Georges; Aramis; Brulls, Christian)
BT: *Feux rouges* (1953) (*Schlußlichter* 1982)
Reigen, Der (1973)
R: Schenk, Otto; A: Schnitzler, Arthur
BT: *Der Reigen* (1900)
Reigen (La ronde), Der (1950)
R: Ophüls, Max; A: Schnitzler, Arthur
BT: *Der Reigen* (1900)
Reineke Fuchs (1973)
R: Eder, Otto Anton; A: Fauquez, Arthur
BT: *Gestes de Renart le Goupil* (1960) (*Reineke Fuchs* 1965)
Reineke Fuchs (1976)
R: Jessen, Uwe-Detlev; A: Fauquez, Arthur
BT: *Gestes de Renart le Goupil* (1960) (*Reineke Fuchs* 1965)
Reineke Fuchs (1987-89)
R: Durniok, Manfred; Minjin, Zhuang; Yumen, He; A: Goethe, Johann Wolfgang von
BT: *Reineke Fuchs* (1794)
Reise auf den Mond, Die (1982)
R: Mielke, Georg F.; A: Verne, Jules
BT: *De la terre à la lune* (1865) (*Von der Erde zum Mond* 1882)
Reise des Herrn Perrichon, Die (1967)
R: Kreppel, Herbert; A: Labiche, Eugène-Marin; Martin, Edouard
BT: *Le voyage de M. Perrichon* (1860) (*Die Reise des Herrn Perrichon* 1955)
Reise, Die (1986)
R: Imhoof, Markus; A: Vesper, Bernward
BT: *Die Reise* (1977)
Reise in das Innere von Wien, Eine (1995)
R: Schütte, Jan; A: Roth, Gerhard
BT: *Eine Reise in das Innere von Wien: Essays* (1991)
Reise ins Licht - Despair, Eine (1977)
R: Fassbinder, Rainer Werner; A: Nabokov, Vladimir
BT: *Otcajanje* (1936) (*Verzweiflung* 1968)
Reise nach Mallorca, Die (1973)
R: Wilhelm, Kurt; A: Rösler, Jo Hanns
BT: *Die Reise nach Mallorca* (1973)
Reise nach Marrakesch, Die (1949)
R: Eichberg, Richard; A: Vigny, Benno
BT: *Amy Jolly, die Frau aus Marrakesch* (1927)
Reise nach Steiermark, Die (1965)
R: Grädler, Theodor; A: Bauer, Josef Martin
BT: *Die Reise nach Steiermark* (1971)
Reise nach Sundevit, Die (1966)
R: Carow, Heiner; A: Pludra, Benno
BT: *Die Reise nach Sundevit* (1965)
Reise ohne Wiederkehr (1989)
R: Grote, Alexandra von; A: Lutzius, Franz
BT: *Verschleppt* (1987)
Reise um die Erde, Die (1964)
R: Schwarze, Hans-Dieter; A: Kohout, Pavel
BT: *Cesta kolem sveta za 80 dni* (1962) (*Reise um die Erde in 80 Tagen* 1965)
Reise um die Erde in 80 Tagen (1998)
R: Durniok, Manfred; Zhaohong, Hu; A: Verne, Jules
BT: *Le tour du monde en 80 jours* (1873) (*Die Reise um die Welt in achtzig Tagen* 1885)
Reise von Neukuckow nach Novosibirsk, Die
R: Kreuz, Hubert; A: Kant, Uwe
BT: *Die Reise von Neukuckow nach Novosibirsk* (1980)
Reise zum Quarkstern, Die (1983)
R: Genth, Wolfgang; A: Hüttner, Hannes
BT: *Das Blaue vom Himmel* (1975)
Reisefieber (1970)
R: Korbschmitt, Hans-Erich; A: Floss, Rolf
BT: *Irina* (1969)
Reisegesellschaft (1968)
R: Itzenplitz, Eberhard; A: Maupassant, Guy de
BT: *Boule de suif* (1881) (*Fettklößchen* 1927)
Reisekamerad, Der (1990)
R: Ráza, Ludvíc; A: Andersen, Hans Christian

Reisepläne (Der Abendkurs) (1967)
R: Jankó, Ilo von; A: Livingston, Douglas

Rendezvous der Damen (1983)
R: Vohrer, Alfred; A: Reinecker, Herbert
BT: *Der Kavalier. Die Annonce*

Rendezvous in Paris (1982)
R: Kubach, Gabi; A: Baum, Vicki
BT: *Rendezvous in Paris* (1951)

Rendezvous in Paris (1983)
R: Haugk, Dietrich; A: Baum, Vicki
BT: *Rendezvous in Paris* (1951)

Renn, Oma, renn! (1998)
R: Kreß, Christian; A: Kling, Ulla
BT: *Renn, Oma, renn!: eine "fast" kriminalistische Story rund um einen Flohmarkt* (1999)

Rennschwein Rudi Rüssel (1995)
R: Timm, Peter; A: Timm, Uwe
BT: *Rennschwein Rudi Rüssel* (1989)

Requiem für eine Nonne (1965)
R: Meisel, Kurt; A: Faulkner, William
BT: *Requiem for a Nun* (1951) (*Requiem für eine Nonne* 1956)

Requiem für eine romantische Frau (1998)
R: Knöpfel, Dagmar; A: Enzensberger, Hans Magnus
BT: *Requiem für eine romantische Frau: die Geschichte von Auguste Bumann und Clemens Brentano; mit einem Capriccio als Zugabe* (1988)

Requiem für Hans Grundig (1976)
R: Hübner, Achim; A: Grundig, Hans
BT: *Hans Grundig* (1962)

Reserl am Hofe (1984)
R: Voges, Bruno; A: Schumacher, Tony
BT: *Reserl am Hofe* (1898)

Respektvolle Dirne, Die (1957)
R: Wagner, Konrad; A: Sartre, Jean-Paul
BT: *La putain respectueuse* (1946) (*Die ehrbare Dirne* 1952)

Rest ist Schweigen, Der (1959)
R: Käutner, Helmut; A: Shakespeare, William
BT: *Hamlet* (1600)

Rettungslos, Das (1984)
R: Madeja, Georg; A: Marginter, Peter
BT: *Das Rettungslos* (1983)

Reunion - Der wiedergefundene Freund (1989)
R: Schatzberg, Jerry; A: Uhlmann, Fred
BT: *Reunion* (1971) (*Der wiedergefundene Freund* 1978)

Revisor, Der (1955)
R: Lauterbach, Ulrich; A: Gogol, Nicolaj
BT: *Revisor* (1836) (*Der Revisor* 1877)

Revisor, Der (1967)
R: Sellner, Gustav Rudolf; A: Gogol, Nicolaj
BT: *Revisor* (1836) (*Der Revisor* 1877)

Revolution entläßt ihre Kinder, Die (1964)
R: Hädrich, Rolf; A: Leonhard, Wolfgang
BT: *Die Revolution entläßt ihre Kinder* (1955)

Rheingold, Das (1980)
R: Karajan, Herbert von; A: Wagner, Richard
BT: *Das Rheingold* (1876)

Rheinsberg (1967)
R: Hoffmann, Kurt; A: Tucholsky, Kurt
BT: *Rheinsberg* (1912)

Rheinsberg (1990)
R: Gendries, Klaus; A: Tucholsky, Kurt
BT: *Rheinsberg* (1912)

Richter am Yukon, Der (1973)
R: Grabowsky, Klaus; A: London, Jack
BT: (*Der Richter am Yukon*)

Richter in Weiß, Der (1971)
R: Schulze-Rohr, Peter; A: Werremeier, Friedhelm
BT: *Der Richter in Weiß* (1971)

Richter und sein Henker, Der (1957)
R: Wirth, Franz Peter; A: Dürrenmatt, Friedrich
BT: *Der Richter und sein Henker* (1952)

Richter und sein Henker, Der (1975)
R: Schell, Maximilian; A: Dürrenmatt, Friedrich
BT: *Der Richter und sein Henker* (1952)

Richter von London, Der (1966)
R: Haugk, Dietrich; A: Dekker, Thomas
BT: *Shoemaker's Holiday* (1600)

Richter von Zalamea, Der (1955)
R: Hellberg, Martin; A: Calderón de la Barca, Pedro
BT: *El alcalde de Zalamea* (1651) (*Der Richter von Zalamea* 1822)

Richter von Zalamea, Der (1958)
R: Wagner, Konrad; A: Calderón de la Barca, Pedro
BT: *El alcalde de Zalamea* (1643)

Riedland (1976)
R: Bolliger, Wilfried; A: Guggenheim, Kurt
BT: *Riedland* (1938)

Riesenrad, Das (1961)
R: Rádvany, Géza von; A: Hartog, Jan de
BT: *The Fourposter* (1947)

Rififi in Paris (1965)
R: Patellière, Denys de la; A: Breton, Auguste le
BT: *Du rififi chez les hommes* (1953)

Rike (1989)
R: Hattop, Karola; A: Aderhold, Egon
BT: *Rike* (1985)
Rinaldo Rinaldini, der Räuberhauptmann (1968)
R: Cap, Franz; A: Vulpius, Christian August
BT: *Rinaldo Rinaldini, der Räuberhauptmann* (1798)
Ringe aus Zinn, Die (1979)
R: Jessen, Uwe-Detlev; A: Gabbe, Tamara Grigorewna
BT: (*Die Ringe aus Zinn*)
Ringe des Saturn, Die (1982)
R: Kehlmann, Michael; A: Zeindler, Peter
BT: *Die Ringe des Saturn* (1984)
Ritter Blaubart (1973)
R: Felsenstein, Walter; Mielke, Georg F.; A: Halévy, Ludovic; Meilhac, Henri; Offenbach, Jacques
BT: *Barbe bleue* (1866) (*Ritter Blaubart* 1963)
Ritter der Tafelrunde, Die (1990)
R: Bornemann, Fritz; A: Hein, Christoph
BT: *Die Ritter der Tafelrunde* (1989)
Ritter von der traurigen Gestalt, Der (1972)
R: Moszkowicz, Imo; A: Jamiaque, Yves (= Jedwab, Isaac)
BT: *Don Quichotte* (1964)
Rivalen (1969)
R: Fiedler, Gerlach; A: Hildesheimer, Wolfgang
BT: *Rivalen* (1961)
Rivalinnen der Liebe (Wer die Nachtigall hört) (1999)
R: Zeisberg, Karola; A: Bingham, Charlotte
BT: *To Hear a Nightingale* (1988) (*Flieg mit dem Wind* 1991)
Riviera-Story (1961)
R: Becker, Wolfgang; A: Nicklisch, Hans; Steinhardt, Wolfgang O.
Robert (Abgründe) (1966)
R: Lilienthal, Peter; A: Ellin, Stanley
BT: *The Blessington Method* (1964) (*Die Segensreich-Methode und andere seltsame Geschichten* 1966)
Robert und Bertram (1961)
R: Deppe, Hans; A: Räder, Gustav
BT: *Robert und Bertram* (1899)
Robinson soll nicht sterben (1957)
R: Baky, Josef von; A: Forster, Friedrich
BT: *Robinson soll nicht sterben* (1932)
Robinson soll nicht sterben (1963)
R: Wild, Franz Josef; A: Forster, Friedrich
BT: *Robinson soll nicht sterben* (1932)
Rochade (1991)
R: Patzak, Peter; A: Mnačko, Ladislav
Roda-Roda - Pikantes und Amüsantes aus seiner Zeit (6 Teile) (1988)
R: Leitner, Hermann; A: Roda-Roda, Alexander (= Rosenfeld, Sándor Friedrich)
Rokoko (1996)
R: Pfeiffer, Ulrike; A: Goldoni, Carlo
BT: *La locandiera* (1752) (*Mirandolina* 1777)
Rolle seines Lebens, Die (1967)
R: Haaf, Wilm ten; A: Montanelli, Indro
BT: *Il Generale della Rovere* (1959) (*Die Rolle seines Lebens* 1965)
Rolltreppe abwärts (1987)
R: Ruffert, Martin; A: Noack, Hans Georg
BT: *Rolltreppe abwärts* (1970)
Roman eines Frauenarztes (1954)
R: Harnack, Falk; A: Riess, Curt
BT: *Roman eines Frauenarztes* (1954)
Roman von der Baßgeige (1971)
R: Hornak, Vido; A: Čechov, Anton Pavlovič
Romantic Sisters, Die
R: Ickert, Klaus; A: Tieck, Ludwig
BT: *Der blonde Eckbert* (1797)
Romanze mit Amélie (1981)
R: Thein, Ulrich; A: Wogatzki, Benito
BT: *Romanze mit Amélie* (1977)
Romeo und Jeanette (1958)
R: Goslar, Jürgen; A: Anouilh, Jean
BT: *Romeo et Jeannette* (1946) (*Romeo und Jeanette* 1949)
Romeo und Jeanette (1968)
R: Biltz, Karl Peter; A: Anouilh, Jean
BT: *Romeo et Jeannette* (1946) (*Romeo und Jeanette* 1949)
Romeo und Julia (1964)
R: Klingenberg, Gerhard; A: Shakespeare, William
BT: *Romeo and Juliet* (1595)
Romeo und Julia auf dem Dorfe (1968)
R: Schmidt, Willi; A: Keller, Gottfried
BT: *Romeo und Julia auf dem Dorfe* (1876)
Romeo und Julia auf dem Dorfe (1984)
R: Kühn, Siegfried; A: Keller, Gottfried
BT: *Romeo und Julia auf dem Dorfe* (1876)
Romeo und Julia auf dem Dorfe (1984)
R: Weigl, Petr; A: Delius, Frederick; Keller, Gottfried
BT: *Romeo und Julia auf dem Dorfe* (1901)
Romeo und Julia in Berlin (1957)
R: Carls, Carl Dietrich; A: Oelschlegel, Gerd
BT: *Romeo und Julia* (1952)

Romulus der Große (1965)
R: Käutner, Helmut; A: Dürrenmatt, Friedrich
BT: *Romulus der Große* (1958)
Ron & Tania (1990)
R: Boldt, Rainer; A: Huby, Felix (= Hungerbühler, Eberhard); Mattner, Christoph
BT: *Ron & Tania* (1990)
Ronde, La (1964)
R: Vadim, Roger; A: Schnitzler, Arthur
BT: *Der Reigen* (1900)
Rosa Roth - Lügen (1996)
R: Rola, Carlo; A: Boeser, Knut
BT: *Rosa Roth* (1996)
Rosa Roth - ...Montag, 26. November (1996)
R: Rola, Carlo; A: Boeser, Knut
BT: *Rosa Roth* (1996)
Rosalie (1970)
R: Borowczyk, Walerian; A: Maupassant, Guy de
BT: *Rosalie prudente*
Rosalinde (1957)
R: Neumann, Martin; A: Barrie, James Matthew Sir
BT: *Mary Rose* (1920) (dt. 1920)
Rosamunde (1997)
R: Beilharz, Norbert; A: Chézy, Helmina von (= Klencke, Wilhelmine Christiane von)
BT: *Rosamunde* (1824)
Rosamunde Pilcher: Blüte des Lebens (1999)
R: Erhardt, Gero; A: Pilcher, Rosamunde
Rosamunde Pilcher: Das Ende eines Sommers (1994)
R: Tögel, Hans-Jürgen; A: Pilcher, Rosamunde
BT: *The End of a Summer* (1971) (*Ende eines Sommers* 1994)
Rosamunde Pilcher: Das große Erbe (1999)
R: Langton, Simon; A: Pilcher, Rosamunde
Rosamunde Pilcher: Das Haus an der Küste (1996)
R: Kehler, Dieter; A: Pilcher, Rosamunde
BT: (*Tee mit dem Professor*)
Rosamunde Pilcher: Der lange Weg zum Glück (1999)
R: Kehler, Dieter; A: Pilcher, Rosamunde
Rosamunde Pilcher: Die zweite Chance (1997)
R: Kehler, Dieter; A: Pilcher, Rosamunde
BT: (*Der Ringelblumengarten*)
Rosamunde Pilcher: Dornen im Tal der Blumen (1998)
R: Kehler, Dieter; A: Pilcher, Rosamunde
Rosamunde Pilcher: Eine besondere Liebe (1996)
R: Deutsch, Peter; A: Pilcher, Rosamunde
BT: *Miss Cameron* (*Miss Camerons Weihnachtsfest*)
Rosamunde Pilcher: Heimkehr (1998)
R: Foster, Giles; A: Pilcher, Rosamunde
BT: *Coming Home* (1995) (*Heimkehr* 1995)
Rosamunde Pilcher: Irrwege des Herzens (1997)
R: Zeisberg, Karola; A: Pilcher, Rosamunde
BT: (*Der Brombeertag* 1995)
Rosamunde Pilcher: Karussell des Lebens (1994)
R: Sydow, Rolf von; A: Pilcher, Rosamunde
BT: *The Carousel* (1982) (*Karussell des Lebens* 1992)
Rosamunde Pilcher: Klippen der Liebe (1999)
R: Kehler, Dieter; A: Pilcher, Rosamunde
BT: (*Klippen der Liebe*)
Rosamunde Pilcher: Lichterspiele (1996)
R: Nikel, Thomas; A: Pilcher, Rosamunde
BT: *Another View* (1968) (*Lichterspiele* 1991)
Rosamunde Pilcher: Magie der Liebe (1998)
R: Sydow, Rolf von; A: Pilcher, Rosamunde
BT: (*Magie der Liebe*)
Rosamunde Pilcher: Melodie des Herzens (1998)
R: Tögel, Hans-Jürgen; A: Pilcher, Rosamunde
BT: *Lalla*
Rosamunde Pilcher: Möwen im Wind (1999)
R: Sydow, Rolf von; A: Pilcher, Rosamunde
BT: (*Möwen im Wind*)
Rosamunde Pilcher: Preis der Liebe (1997)
R: Sydow, Rolf von; A: Pilcher, Rosamunde
BT: (*Preis der Liebe*)
Rosamunde Pilcher: Rosen im Sturm (1998)
R: Bartmann, Stefan; A: Pilcher, Rosamunde
Rosamunde Pilcher: Rückkehr ins Paradies (1998)
R: Kehler, Dieter; A: Pilcher, Rosamunde
BT: (*Rückblick und Ausblick*)

Rosamunde Pilcher: Schlafender Tiger (1995)
R: Sydow, Rolf von; A: Pilcher, Rosamunde
BT: *Sleeping Tiger* (1967) (*Schlafender Tiger* 1994)
Rosamunde Pilcher: Schneesturm im Frühling (1996)
R: Sydow, Rolf von; A: Pilcher, Rosamunde
BT: *Snow in April* (1972) (*Schneesturm im Frühling* 1993)
Rosamunde Pilcher: Sommer am Meer (1995)
R: Tögel, Hans-Jürgen; A: Pilcher, Rosamunde
BT: *The Empty House* (1973) (*Sommer am Meer* 1992)
Rosamunde Pilcher: Stunden der Entscheidung (1997)
R: Zeisberg, Karola; A: Pilcher, Rosamunde
BT: *Christabel* (*Stunden der Entscheidung*)
Rosamunde Pilcher: Stürmische Begegnung (1993)
R: Förnbacher, Helmut; A: Pilcher, Rosamunde
BT: *The Day of the Storm* (1975) (*Stürmische Begegnung* 1992)
Rosamunde Pilcher: Wechselspiel der Liebe (1994)
R: Sydow, Rolf von; A: Pilcher, Rosamunde
BT: *Under Gemini* (1976) (*Wechselspiel der Liebe* 1989)
Rosamunde Pilcher: Wilder Thymian (1994)
R: Erhardt, Gero; A: Pilcher, Rosamunde
BT: *Wild Mountain Thyme* (1978) (*Wilder Thymian* 1993)
Rosamunde Pilcher: Wind der Hoffnung (1997)
R: Sydow, Rolf von; A: Pilcher, Rosamunde
BT: (*Wind der Hoffnung*)
Rosamunde Pilcher: Wolken am Horizont (1995)
R: Sydow, Rolf von; A: Pilcher, Rosamunde
BT: *Voices in Summer* (1984) (*Wolken am Horizont* 1994)
Rosamunde Pilcher: Zeit der Erkenntnis (2000)
R: Neureuther, Erich; A: Pilcher, Rosamunde
Rosamunde Pilcher: Zwei Schwestern (1994)
R: Sydow, Rolf von; A: Pilcher, Rosamunde
BT: (*Zwei Schwestern*)
Rosaura kam um zehn (1976)
R: Gräwert, Günter; A: Denevi, Marco
BT: *Rosaura a las diez* (1955) (*Rosaura kam um zehn* 1961)
Rose Bernd (1956)
R: Staudte, Wolfgang; A: Hauptmann, Gerhart
BT: *Rose Bernd* (1903)
Rose Bernd (1962)
R: Burmester, Gustav; A: Hauptmann, Gerhart
BT: *Rose Bernd* (1903)
Rose von Stambul, Die (1953)
R: Anton, Karl; A: Fall, Leo
BT: *Die Rose von Stambul* (1916)
Rosen im Herbst/Effi Briest (1955)
R: Jugert, Rudolf; A: Fontane, Theodor
BT: *Effi Briest* (1895)
Rosen-Emil (1993)
R: Gabrea, Radu; A: Hermann, Georg
BT: *Rosenemil* (1933)
Rosengarten, Der (1989)
R: Rademakers, Fons; A: Brauner, Artur (= Bernd, Art)
Rosenmontag (1955)
R: Birgel, Willi; A: Hartleben, Otto Erich
BT: *Rosenmontag* (1900)
Rosen-Resli (1954)
R: Reinl, Harald; A: Spyri, Johanna
BT: *Rosenresli* (1881)
Rosina (1980)
R: Pils, Heide; A: Kappacher, Walter
BT: *Rosina* (1978)
Rosse (1988)
R: Baier, Jo; A: Billinger, Richard
BT: *Rosse* (1931)
Rote, Die (1962)
R: Käutner, Helmut; A: Andersch, Alfred
BT: *Die Rote* (1960)
Rote Erde (1978)
R: Groeger, Peter; A: Sastre, Alfonso
BT: *Tierra roja* (1963) (*Rote Erde*)
Rote Hahn, Der (1962)
R: Olden, John; A: Hauptmann, Gerhart
BT: *Der rote Hahn* (1901)
Rote Kapelle, Die (1972)
R: Wirth, Franz Peter; A: Höhne, Heinz
BT: *Kennwort: Direktor* (1971)

Rote Kreis, Der (1959)
R: Roland, Jürgen; A: Wallace, Richard Horatio Edgar
BT: *The Crimson Circle* (1922) (*Der rote Kreis* 1951)
Rote Liebe (1980/82)
R: Praunheim, Rosa von; A: Kollontaj, Alexandra
BT: *Vassilissa Malegyma* (1927)
Rote Rausch, Der (1962)
R: Schleif, Wolfgang; A: Rhein, Eduard (= Hellmer, Klaus; Horster, Hans U.; Hulsen, Adrian)
BT: *Der rote Rausch* (1952)
Rote Schal, Der (1973)
R: Semmelroth, Wilhelm; A: Collins, Wilkie
BT: *Armadale* (1866) (*Der rote Schal* 1967)
Rote Strumpf, Der (1980)
R: Tumler, Wolfgang; A: Donelly, Elfie
BT: *Der rote Strumpf* (1979)
Rote Vogel (Miniserie), Der (1993)
R: Erhardt, Gero; A: Paretti, Sandra; Scheibler, Susanne
BT: *Der rote Vogel* (1993)
Roten Elefanten (Serie), Die (1986)
R: Dietrich, Wolf; A: Kolarz, Henry
BT: *Die roten Elefanten* (1981)
Rotkäppchen (1953)
R: Genschow, Fritz; A: Grimm, Jakob Ludwig Carl; Grimm, Wilhelm Carl
BT: *Rotkäppchen* (1812)
Rotkäppchen (1954)
R: Janssen, Walter; A: Grimm, Jakob Ludwig Carl; Grimm, Wilhelm Carl
BT: *Rotkäppchen* (1812)
Rotkäppchen (1962)
R: Friedrich, Götz; A: Grimm, Jakob Ludwig Carl; Grimm, Wilhelm Carl
BT: *Rotkäppchen* (1812)
Rotkäppchen (1975)
R: Friedrich, Götz; A: Grimm, Jakob Ludwig Carl; Grimm, Wilhelm Carl
BT: *Rotkäppchen* (1812)
Rotmord (1969)
R: Zadek, Peter; A: Dorst, Tankred
BT: *Toller* (1968)
Roulette (1977)
R: Wirth, Franz Peter; A: Andreev, Leonid N.
BT: (*Finsternis*)
Rublak - Die Legende vom vermessenen Land (1983)
R: Herrmann, Konrad; A: Koch, Jurij
BT: *Landvermesser*
Rückfahrt in den Tod (1986)
R: Tögel, Hans-Jürgen; A: Boileau, Pierre; Narcejac, Thomas
BT: *Terminus* (1980) (*Abschied von Lucienne* 1982)
Rückfahrt von Venedig (1973)
R: Toelle, Tom; A: Simenon, Georges (= Sim, Georges; Aramis; Brulls, Christian)
BT: *Le train de Venise* (1965) (*Rückfahrt von Venedig* 1965)
Rückkehr aus der Wüste (1989)
R: Stephan, Bernhard; A: Potthoff, Konrad
BT: *Rückkehr aus der Wüste oder Der Siebentagering* (1986)
Rückkehr, Eine (1980)
R: Mrozek, Slawomir; A: Mrozek, Slawomir
BT: (*Eine Rückkehr*)
Ruepp, Der (1979)
R: Wilhelm, Kurt; A: Thoma, Ludwig
BT: *Der Ruepp* (1922)
Ruf der Wälder (1965)
R: Antel, Franz; A: Ebner-Eschenbach, Marie von
BT: *Krambambuli* (1883)
Ruf der Wildgänse (1961)
R: Heinrich, Hans; A: Ostenso, Martha
BT: *Wild Geese* (1925) (*Der Ruf der Wildgänse* 1926)
Ruf der Wildnis (1972)
R: Annakin, Ken; A: London, Jack
BT: *The Call of the Wild* (1903) (*Der Ruf der Wildnis* 1907)
Ruf ohne Echo (1959)
R: Wolffhardt, Rainer; A: Cesbron, Gilbert
BT: *Les Saints vont en enfer* (1952) (*Die Heiligen gehen in die Hölle* 1953)
Ruf zur Leidenschaft (1961)
R: Olden, John; A: Rice, Elmer
BT: *Cue for Passion* (1959) (*Die Heimkehr Tony Burgess'* 1973)
Ruhetag, Ein (1978)
R: Kraut, Werner; A: Kataev, Valentin P.
BT: (*Ein Ruhetag*)
Ruhiges Heim, Ein (1970)
R: Umgelter, Fritz; A: Courteline, Georges
BT: *Les Boulingrin* (1898)
Rumpelstilz (1969)
R: Beauvais, Peter; A: Muschg, Adolf
BT: *Rumpelstilz* (1968)
Rumpelstilz (1980)
R: Ammann, Max Peter; A: Muschg, Adolf
BT: *Rumpelstilz* (1968)

Rumpelstilzchen (1955)
R: Fredersdorf, Herbert B.; A: Grimm, Jakob Ludwig Carl; Grimm, Wilhelm Carl
BT: *Rumpelstilzchen* (1812)
Rumplhanni (2 Teile), Die (1981)
R: Wolffhardt, Rainer; A: Christ, Lena
BT: *Die Rumplhanni* (1916)
Russen kommen, Die (1968/71)
R: Carow, Heiner; A: Richter, Egon
BT: *Die Anzeige*
Sache mit dem Ring, Die (1961)
R: Verhoeven, Paul; A: Browne, Wynyard
BT: *The Ring of Truth* (1960)
Sachrang (3 Teile) (1988)
R: Storz, Oliver; A: Renner, Carl Oskar
BT: *Der Müllner Peter von Sachrang* (1971)
Sachrang (Serie) (1978)
R: Dietrich, Wolf; A: Renner, Carl Oskar
BT: *Der Müllner Peter von Sachrang* (1971)
Sachsens Glanz und Preußens Gloria (4 Teile) (1985)
R: Kasprzik, Hans-Joachim; A: Kraszewski, Jozef I. (= Boleslawita, Bohdan)
BT: *Z siedmioletnej wojny* (1875) (*Aus dem siebenjährigen Krieg* 1953)
Saids Schicksale (1969)
R: Trabold, Peter; A: Hauff, Wilhelm
BT: *Saids Schicksale* (1828)
Saison in Salzburg (1952)
R: Marischka, Ernst; A: Feltz, Kurt; Hentschke, Heinz; Raymond, Fred; Wallner, Max
BT: *Saison in Salzburg* (1939)
Saison in Salzburg (1961)
R: Gottlieb, Franz Josef; A: Feltz, Kurt; Hentschke, Heinz; Raymond, Fred; Wallner, Max
BT: *Saison in Salzburg* (1939)
Sakramentskarosse, Die (1965)
R: Erfurth, Ulrich; A: Mérimée, Prosper
BT: *La carosse du Saint-Sacrement* (1829) (*Die Sakramentskarosse* 1949)
Salome (1971)
R: Schroeter, Werner; A: Wilde, Oscar
BT: *Salome* (1894) (*Salome* 1903)
Salomonische Frühstück, Das (1956)
R: Biltz, Karl Peter; A: Günther, Johannes von
BT: *Der Kreidekreis* (1942)
Salz auf unserer Haut (1991)
R: Birkin, Andrew; A: Groult, Benoîte
BT: *Les vaisseaux du coeur* (1988) (*Salz auf unserer Haut* 1989)
Salz und Brot und gute Laune (1980)
R: Werner, Hans; A: Selber, Martin
BT: *Salz und Brot und gute Laune*
Salzbaron, Der (1994)
R: Fischerauer, Bernd; A: Pigge, Helmut
BT: *Der Salzbaron* (1994)
Salzburger Geschichten (1956)
R: Hoffmann, Kurt; A: Kästner, Erich (= Bürger, Berthold)
BT: *Der kleine Grenzverkehr oder Georg und die Zwischenfälle* (1938)
Salzburger große Welttheater, Das (1961)
R: Jaray, Hans; A: Hofmannsthal, Hugo von
BT: *Das Salzburger große Welttheater* (1922)
Samba (1966)
R: Dieterle, William; A: Becher, Ulrich
BT: *Samba* (1950)
Samstag - Sonntag - Montag (1998)
R: Mouchtar-Samorai, David; A: Filippo, Eduardo de
BT: *Sabato, domenica e lunedi* (*Samstag, Sonntag, Montag* 1975)
San Domingo (1970)
R: Syberberg, Hans-Jürgen; A: Kleist, Heinrich von
BT: *Die Verlobung in San Domingo* (1810)
San Salvatore (1955)
R: Jacobs, Werner; A: Kades, Hans
BT: *San Salvatore* (1946)
Sandmann, Der (1983)
R: Damek, Dagmar; A: Hoffmann, Ernst Theodor Amadeus
BT: *Der Sandmann* (1815)
Sandmann, Der (1993)
R: Schmidt, Eckhart; A: Hoffmann, Ernst Theodor Amadeus
BT: *Der Sandmann* (1815)
Sandmännchen, Das (1955)
R: Surmann, Emil; A: Wilde, Oscar
BT: *The Canterville Ghost* (1891) (*Der Geist von Canterville* 1897)
Sanfte, Die (1964)
R: Schmidt, Willi; A: Dostojewski, Feodor
BT: *Krotkaja* (1876) (*Die Sanfte*)
Sanfte, Die (1969)
R: Barabás, Stanislav; A: Dostojewski, Feodor
BT: *Krotkaja* (1876) (*Die Sanfte*)
Sanfte Morde (1997)
R: Schadewald, Bernd; A: Driest, Burkhard
BT: *Sanfte Morde* (1997)

Sanfter Schrecken. Unheimliche Geschichten am Kamin (1977)
R: Weidenmann, Alfred; A: Slesar, Henry
BT: *Clean Crimes and Neat Murderers* (1960)
Sängerin, Die (1978)
R: Schulze-Rohr, Peter; A: Hauff, Wilhelm
BT: *Die Sängerin* (1827)
Sankt Peters Regenschirm (1971)
R: Pfandler, Helmut; A: Mikszath, Kalman
BT: *Syent Peter esernyöje* (1895) (*Sankt Peters Regenschirm* 1898)
Sankt Urban (4 Teile) (1969)
R: Schiemann, Helmut; A: Viertel, Martin
BT: *Sankt Urban* (1968)
Sansibar (1961)
R: Wolffhardt, Rainer; A: Andersch, Alfred
BT: *Sansibar oder Der letzte Grund* (1957)
Sansibar oder Der letzte Grund (1987)
R: Wicki, Bernhard; A: Andersch, Alfred
BT: *Sansibar oder Der letzte Grund* (1957)
Santa Cruz (1961)
R: Moszkowicz, Imo; A: Frisch, Max
BT: *Santa Cruz* (1947)
Säntis (Alles aus Liebe) (1986)
R: Boldt, Rainer; A: Walser, Martin
BT: *Säntis* (1978)
Sarg aus Honkong, Ein (1964)
R: Köhler, Manfred R.; A: Chase, James Hadley
BT: *A Coffin from Hongkong* (1962) (*Ein Sarg aus Honkong* 1963)
S.A.S. Malko - Im Auftrag des Pentagon (1982)
R: Coutard, Raoul; A: Villiers, Gérard de
BT: *S.A.S. le cycle Malko*
Satan ist auf Gottes Seite (1983)
R: Staudte, Wolfgang; A: Herlin, Hans
BT: *Satan ist auf Gottes Seite* (1981)
Sationen aus Schwester Gerdas Tagebuch (1978)
R: Fiedler, Gerlach; A: Karll, Agnes
Sauerbruch - Das war mein Leben (1954)
R: Hansen, Rolf; A: Sauerbruch, Ernst-Ferdinand
BT: *Das war mein Leben* (1951)
Scampolo (1957)
R: Weidenmann, Alfred; A: Niccodemi, Dario
BT: *Scampolo* (1916) (*Scampolo* 1929)
Scampolo (1960)
R: Wild, Franz Josef; A: Niccodemi, Dario
BT: *Scampolo* (1916) (*Scampolo* 1929)
Scarabea - Wieviel Erde braucht der Mensch (1968)
R: Syberberg, Hans-Jürgen; A: Tolstoj, Leo
Scarlett (1993)
R: Erman, John; A: Ripley, Alexandra
BT: *Scarlett* (1991) (*Scarlett* 1991)
Schach und Matt (1974)
A: Niemojewski, Ludwik
BT: (*Schach und Matt*)
Schach von Wuthenow (1977)
R: Engel, Richard; A: Fontane, Theodor
BT: *Schach von Wuthenow* (1883)
Schachnovelle (1960)
R: Oswald, Gerd; A: Zweig, Stefan
BT: *Schachnovelle* (1942)
Schäfer vom Trutzberg, Der (1958)
R: Borsody, Eduard von; A: Ganghofer, Ludwig
BT: *Die Trutze von Trutzberg.Eine Geschichte aus anno domini* (1915)
Schalom meine Liebe (1998)
R: Rödl, Josef; A: Seligmann, Rafael
BT: *Schalom meine Liebe* (1998)
Schäm' dich, Brigitte! (1952)
R: Emo, E.W. (= Wojtek, Emerich Josef); A: Vaszary, Gábor von
BT: *Bubus* (*Schäm' dich, Brigitta!*)
Schandfleck, Der (1956)
R: Fredersdorf, Herbert B.; A: Anzengruber, Ludwig
BT: *Der Schandfleck* (1877)
Schandfleck, Der (1999)
R: Pölsler, Julian; A: Anzengruber, Ludwig
BT: *Der Schandfleck* (1877)
Scharlachrote Buchstabe, Der (1972)
R: Wenders, Wim; A: Hawthorne, Nathaniel
BT: *The Scarlet Letter* (1850) (*Der scharlachrote Buchstabe* 1851)
Schatten, Der (1963)
R: Düggelin, Werner; A: Svarc, Evgenij L'Ovic
BT: *Ten'* (1940) (*Der Schatten* 1946)
Schatten der Engel (1976)
R: Schmid, Daniel; A: Fassbinder, Rainer Werner
BT: *Der Müll, die Stadt und der Tod* (1976)
Schatten der Helden (1960)
R: Kehlmann, Michael; A: Ardrey, Robert
BT: *Shadow of Heroes* (1958) (dt. 1961)

Schatten in der 3. Avenue (1956)
R: Beauvais, Peter; A: Zoff, Otto
BT: *Schatten in der 3. Avenue*
Schattengrenze, Die (1978)
R: Gremm, Wolf; A: Wellershoff, Dieter
BT: *Die Schattengrenze* (1969)
Schattenmann, Der (1997)
R: Wedel, Dieter; A: Wedel, Dieter
BT: *Held* (1997)
Schatz, Der (1979)
R: Seidel, Dieter; A: Lessing, Gotthold Ephraim
BT: *Der Schatz* (1764)
Schatz der Azteken, Der (1964)
R: Siodmak, Robert; A: May, Karl Friedrich
BT: *Schloß Rodriganda* (1940)
Schatz im Silbersee, Der (1962)
R: Reinl, Harald; A: May, Karl Friedrich
BT: *Der Schatz im Silbersee* (1894)
Schätze des Teufels, Die (1955)
R: York, Eugen; A: Hoffmann, Ernst Theodor Amadeus
BT: *Die Serapionsbrüder* (1821)
Schatzinsel (4 Teile), Die (1966/67)
R: Liebeneiner, Wolfgang; A: Stevenson, Robert Louis
BT: *Treasure Island* (1883) (*Die Schatzinsel* 1897)
Schau heimwärts, Engel (1961)
R: Olden, John; A: Frings, Ketti; Wolfe, Thomas
BT: *Look Homeward, Angel* (1929) (*Schau heimwärts, Engel* 1932)
Schaukel, Die (1983)
R: Adlon, Percy; A: Kolb, Annette
BT: *Die Schaukel* (1934)
Schauspielerin, Die (1988)
R: Kühn, Siegfried; A: Zinner, Hedda
BT: *Arrangement mit dem Tod* (1984)
Scheidung auf französisch (1980)
R: Spier, Wolfgang; A: Alazraki, Bernard
BT: *Divorce à la française* (*Scheidung auf französisch* 1978)
Scheidung in Tennessee (1974)
R: Proll, Jens-Peter; A: Porter, William Sydney (= O'Henry)
BT: (*Scheidung in Tennessee*)
Scheidungsgrund: Liebe (1960)
R: Frankel, Cyril; A: Hartung, Ellinor
BT: *Marylin*
Scheidungsprozeß (1973)
R: Bellag, Lothar; A: Richter, Egon
BT: *Scheidungsprozess* (1973)
Scheingemahl, Der (1974)
R: Westphal, Gert; A: Courths-Mahler, Hedwig
BT: *Der Scheingemahl* (1919)
Scheiterhaufen, Der (1966)
R: Schneider, Siegmar; A: Strindberg, August
BT: *Branda tomten* (1907) (*Der Scheiterhaufen*)
Schelme im Paradies, Die (1965)
R: Liebeneiner, Wolfgang; A: Martens, Gaston Marie
BT: *Les gueux au paradis* (1953)
Schenk mir drei Söhne (1975)
R: Sauer, Horst; A: Spergirjov, Jewgenij
BT: (*Schenk mir drei Söhne*)
Schenke zur ewigen Liebe, Die (1945)
R: Weidenmann, Alfred; A: Vollmer, Walter
BT: *Die Schenke zur ewigen Liebe* (1937)
Schicksal der Lilian H., Das (1993)
R: Vajda, Marijan David; A: Fischer, Marie-Louise
BT: *Das Schicksal der Lilian H.* (1975)
Schicksal in Ketten (1950)
R: Hösch, Eduard; A: Jantsch, Karl
Schieber, Die (1983)
R: Balik, Jaroslav; Zell, Hannes; A: Müller, Robert
BT: *Filibustier: ein Kulturbild* (1922)
Schiedsrichter, Der (1985)
R: Sydow, Rolf von; A: Lotmar, Lorenz
BT: *Der Schiedsrichter*
Schiff auf der Donau, Das (1962)
R: Bornemann, Fritz; A: Wolf, Friedrich (Baetz, Christian; Rüedi, Hans; Dr. Isegrimm)
BT: *Das Schiff auf der Donau* (1955)
Schiff in den Wolken, Das (1964)
R: Neumann, Martin; A: Rechlin, Eva
BT: *Das Schiff in den Wolken* (1963)
Schiff ohne Hafen (1956)
R: Farenburg, Hanns; A: Hartog, Jan de
BT: *Schipper naast God* (1945)
Schildbürger, Die (1977)
R: Friedrich, Gunter; A: Anonym
BT: *Lalebuch* (1597)
Schilfrohr, Das (1974)
R: Kunert, Joachim; A: Seghers, Anna
BT: *Das Schilfrohr* (1968)
Schilten (1978/79)
R: Kuert, Beat; A: Burger, Hermann
BT: *Schilten: Schulbericht zuhanden der Inspektorenkonferenz* (1976)
Schimmelreiter, Der (1978)
R: Weidenmann, Alfred; A: Storm, Theodor
BT: *Der Schimmelreiter* (1888)
Schimmelreiter, Der (1984)
R: Gendries, Klaus; A: Storm, Theodor
BT: *Der Schimmelreiter* (1888)

Schimmi (1984)
R: Masten, Werner; A: Pestum, Jo
BT: *Auf einem weißen Pferd nach Süden* (1978)
Schinderhannes (1957)
R: Beauvais, Peter; A: Zuckmayer, Carl
BT: *Der Schinderhannes* (1927)
Schinderhannes (1968)
R: Wirth, Franz Peter; A: Zuckmayer, Carl
BT: *Der Schinderhannes* (1927)
Schinderhannes, Der (1958)
R: Käutner, Helmut; A: Zuckmayer, Carl
BT: *Der Schinderhannes* (1927)
Schischyphusch oder Der Kellner meines Onkels (1981)
R: Kubli, Guy; A: Borchert, Wolfgang
BT: *Schischyphusch oder Der Kellner meines Onkels* (1947)
Schlacht bei Lobositz, Die (1968)
R: Wirth, Franz Peter; A: Hacks, Peter
BT: *Die Schlacht bei Lobositz* (1956)
Schlaf der Gerechten, Der (1962)
R: Hädrich, Rolf; A: Goes, Albrecht
BT: *Das Brandopfer* (1954)
Schlafes Bruder (1995)
R: Vilsmaier, Joseph; A: Schneider, Robert
BT: *Schlafes Bruder* (1992)
Schlaflose Tage (1982)
R: Klante, Diethard; A: Becker, Jurek
BT: *Schlaflose Tage* (1978)
Schlaflose Tage (1991)
A: Becker, Jurek
BT: *Schlaflose Tage* (1978)
Schlag auf Schlag (1958)
R: Cziffra, Géza von; A: Boldt, Johannes
Schlamm (1971)
R: Cramer, Heinz von; A: Ionesco, Eugène
BT: *La vase* (1962) (*Schlamm* 1962)
Schlange, Die (1972)
R: Verneuil, Henri; A: Nord, Pierre
BT: *Le serpent*
Schlangengrube und das Pendel, Die (1967)
R: Reinl, Harald; A: Poe, Edgar Allan
BT: *The Pit and the Pendulum* (1845) (*Grube und Pendel* 1914)
Schlechte Soldat Smith, Der (1963)
R: Umgelter, Fritz; A: Home, William Douglas
BT: *The Bad Soldier Smith* (1962)
Schlemmer-Orgie/Who is Killing the Great Chefs of Europe, Die (1978)
R: Kotcheff, Ted; A: Lyons, Ivan; Lyons, Nan
BT: *Someone is Killing the Great Chefs of Europe* (1976) (*Die Schlemmer-Orgie* 1980)
Schleuse (1958)
R: Elsner, Reinhard; A: Altendorf, Wolfgang
BT: *Schleuse* (1957)
Schlinge, Die (1985)
R: Hädrich, Rolf; A: Hlasko, Marek
BT: (*Die Schlinge*)
Schloß, Das (1962)
R: Dhomme, Sylvain; A: Kafka, Franz
BT: *Das Schloß* (1926)
Schloß, Das (1968)
R: Noelte, Rudolf; A: Kafka, Franz
BT: *Das Schloß* (1926)
Schloß, Das (1997)
R: Haneke, Michael; A: Kafka, Franz
BT: *Das Schloß* (1926)
Schloß, Ein (1966)
R: Wirth, Franz Peter; A: Klíma, Ivan
BT: *Zamek* (1964)
Schloß Gripsholm (1963)
R: Hoffmann, Kurt; A: Tucholsky, Kurt
BT: *Schloß Gripsholm* (1931)
Schloß Hubertus (1954)
R: Weiss, Helmut; A: Ganghofer, Ludwig
BT: *Schloß Hubertus* (1895)
Schloß Hubertus (1973)
R: Reinl, Harald; A: Ganghofer, Ludwig
BT: *Schloß Hubertus* (1895)
Schloß in den Wolken (1968)
R: Kehlmann, Michael; A: Locke, Sam
Schloß mit späten Gästen (1982)
R: Hawlik, Alois; A: Amanshauser, Gerhard
BT: *Schloß mit späten Gästen* (1975)
Schloßgespenst, Das (1980)
R: Wesseler, Karl; A: Travers, Ben
Schloßhotel Orth (1996)
R: Witt, Claus Peter; A: Ferolli, Beatrice
BT: *Schloßhotel Orth* (1997)
Schluck und Jau (1962)
R: Beauvais, Peter; A: Hauptmann, Gerhart
BT: *Schluck und Jau* (1900)
Schluckauf, Der (1981)
R: Koch, Reinhard; A: Gies, Karl-Heinz
BT: *Der Schluckauf*
Schlüssel, Die (1966)
R: May, Paul; A: Durbridge, Francis Henry
BT: *The desperate people* (1966) (*Der Schlüssel* 1967)

Schmerzensgeld (1985)
R: Luderer, Wolfgang; A: Hebel, Peter
BT: *Die Patentlösung* (1980)
Schmetterlinge (1988)
R: Becker, Wolfgang (I); A: McEwan, Ian
BT: *Butterflies* (1975)
Schmetterlinge weinen nicht (1970)
R: Überall, Klaus; A: Heinrich, Willi
BT: *Schmetterlinge weinen nicht* (1969)
Schmetterlingsschlacht, Die (1963)
R: Schwarze, Hans-Dieter; A: Sudermann, Hermann
BT: *Die Schmetterlingsschlacht* (1895)
Schmied seines Glücks, Der (1965)
R: Witt, Claus Peter; A: Keller, Gottfried
BT: *Der Schmied seines Glückes* (1856)
Schmutzige Hände (1968)
R: Wirth, Franz Peter; A: Sartre, Jean-Paul
BT: *Les mains sales* (1948) (*Die schmutzigen Hände* 1949)
Schneekönigin, Die (1964)
R: Spier, Wolfgang; A: Svarc, Evgenij L'Ovic
BT: *Sneznaja koroleva* (1938) (*Die Schneekönigin* 1964)
Schneemann, Der (1985)
R: Bringmann, Peter F.; A: Fauser, Jörg
BT: *Der Schneemann* (1981)
Schneeschmelze (1969)
R: Podehl, Peter; A: Kaschnitz, Marie Luise
BT: *Schneeschmelze* (1960)
Schneesturm, Der (1976)
R: Gies, Hajo; A: Puschkin, Alexandr Sergejewitsch
BT: *Metelj* (1831) (*Der Schneesturm* 1900)
Schneeweißchen und Rosenrot (1955)
R: Kobler, Erich; A: Grimm, Jakob Ludwig Carl; Grimm, Wilhelm Carl
BT: *Schneeweißchen und Rosenrot* (1812)
Schneeweißchen und Rosenrot (1978)
R: Hartmann, Siegfried; A: Grimm, Jakob Ludwig Carl; Grimm, Wilhelm Carl
BT: *Schneeweißchen und Rosenrot* (1812)
Schneeweißchen und Rosenrot (1984)
R: Nowottnick-Genschow, Rita-Maria; A: Grimm, Jakob Ludwig Carl; Grimm, Wilhelm Carl
BT: *Schneeweißchen und Rosenrot* (1812)
Schneewittchen und das Geheimnis der Zwerge (1992)
R: Ráza, Ludvík; A: Grimm, Jakob Ludwig Carl; Grimm, Wilhelm Carl
BT: *Schneewittchen und die sieben Zwerge* (1812)
Schneewittchen und die sieben Zwerge (1955)
R: Kobler, Erich; A: Grimm, Jakob Ludwig Carl; Grimm, Wilhelm Carl
BT: *Schneewittchen und die sieben Zwerge* (1812)
Schneewittchen und die sieben Zwerge (1961)
R: Kolditz, Gottfried; A: Grimm, Jakob Ludwig Carl; Grimm, Wilhelm Carl
BT: *Schneewittchen und die sieben Zwerge* (1812)
Schneewittchen und die sieben Zwerge (1997)
R: Qian Yun Da; Shen Ru Dong; A: Grimm, Jakob Ludwig Carl; Grimm, Wilhelm Carl
BT: *Schneewittchen und die sieben Zwerge* (1812)
Schneider Wibbel (1959)
R: Hamel, Peter; A: Müller-Schlösser, Hans
BT: *Schneider Wibbel* (1914)
Schneider Wibbel (1966)
R: Spier, Wolfgang; A: Müller-Schlösser, Hans
BT: *Schneider Wibbel* (1914)
Schneller als das Auge (Supertrick) (1988)
R: Gessner, Nicolas; A: Cueni, Claude
BT: *Schneller als das Auge* (1987)
Schnelles Geld (1981)
R: Koplin, Raimund; Stegmüller, Renate; A: Göhre, Frank
BT: *Schnelles Geld* (1981)
Schokoladenschnüffler, Die (1986)
R: Menzel, Jiri; A: Wallace, Richard Horatio Edgar
Schöne Abenteuer, Das (1959)
R: Hoffmann, Kurt; A: Ridge, Antonia
BT: *Family Album* (1952) (*Das schöne Abenteuer* 1959)
Schöne Bescherung, Eine (1963)
R: Wagner, Klaus; A: Husson, Albert
BT: *La cuisine des anges* (1952) (*Eine schöne Bescherung* 1962)
Schöne bißchen Leben, Das (1987)
R: Hujer, Gerald; A: Kleine, Dorothea
BT: *Das schöne bißchen Leben: Protokoll einer Krise* (1985)
Schöne Gleichgültige, Der (1956)
R: Wirth, Franz Peter; A: Cocteau, Jean
BT: *Le bel indifférent* (1940) (*Der schöne Teilnahmslose* 1965)

Schöne irre Judenmädchen, Das (1984)
R: Fischer, Götz; A: Spieß, Christian Heinrich
BT: *Biographien der Wahnsinnigen* (1795)
Schöne Kurtisane, Die (1984)
R: Knötzsch, Hans; A: Balzac, Honoré de
BT: *Splendeurs et misères des courtisanes* (1839) (*Glanz und Elend der Kurtisanen* 1923)
Schöne Leben, Das (1983)
R: Damek, Dagmar; A: Moravia, Alberto
BT: *L'automa* (1963) (*Das schöne Leben* 1967)
Schöne Lügnerin, Die (1958)
R: Kutschera, Rolf; A: Nebhut, Ernst; Scheu, Just
BT: *Die schöne Lügnerin* (1953)
Schöne Lügnerin, Die (1959)
R: Ambesser, Axel von; A: Nebhut, Ernst; Scheu, Just
BT: *Die schöne Lügnerin* (1953)
Schöne Lurette, Die (1960)
R: Kolditz, Gottfried; A: Blau, Edouard; Offenbach, Jacques; Toché, Raoul
BT: *Belle Lurette* (1883) (*Die schöne Lurette*)
Schöne Mann, Der (1978)
R: Mikaeljan, Margarita; A: Ostrovskij, Aleksandr N.
Schöne Mann, Der (1988)
R: Lüdcke, Marianne; A: Wellershoff, Dieter
BT: *Der schöne Mann und andere Erzählungen* (1986)
Schöne Tage (1981)
R: Lehner, Fritz; A: Innerhofer, Franz
BT: *Schöne Tage* (1974)
Schöne Tölzerin, Die (1952)
R: Häussler, Richard; A: Weinberger, Karl
BT: *Die schöne Tölzerin* (1942)
Schöne Wilhelmine, Die (1984)
R: Sydow, Rolf von; A: Salomon, Ernst von
BT: *Die schöne Wilhelmine* (1965)
Schönes Weekend, Mr. Bennett (1963)
R: Schwarz, Heinz Wilhelm; A: Watkyn, Arthur
BT: *Not in the Book* (1958) (*Schönes Weekend Mr. Bennett* 1963)
Schönheit des Schimpansen, Die (1990)
R: Lähn, Michael; A: Wellershoff, Dieter
BT: *Die Schönheit des Schimpansen* (1977)
Schonzeit für Füchse (1966)
R: Schamoni, Peter; A: Seuren, Günter
BT: *Das Gatter* (1964)
Schotter und Ginster (1980)
R: Werner, Hans; A: Brinkmann, Jürgen
BT: *Schotter und Ginster*
Schpuntz, Der (1967)
R: Fleckenstein, Günther; A: Pagnol, Marcel
BT: *Le Schpountz* (1938) (*Der Schpountz* 1938)
Schraubstock, Der (1962)
R: Cella, Ettore; A: Pirandello, Luigi
BT: *La morsa* (1926) (*Der Schraubstock* 1998)
Schreckliche Mädchen, Das (1990)
R: Verhoeven, Michael; A: Rosmus-Wenninger, Anja
BT: *Widerstand und Verfolgung: am Beispiel Passaus 1933 - 1939* (1983)
Schrei der Eule, Der (1987)
R: Toelle, Tom; A: Highsmith, Patricia
BT: *The Cry of the Owl* (1962) (*Der Schrei der Eule* 1976)
Schrei der schwarzen Wölfe, Der (1972)
R: Reinl, Harald; A: London, Jack
BT: *The Son of the Wolf* (1900)
Schrei des Shi-Kai, Der (1984)
R: Klar, Hanna Laura; Le Page, Pierre; A: Degener, Volker
BT: *Geht's uns was an?* (1981)
Schüchterne, der Feuer fing, Der (1978)
R: Basedow, Rolf; A: Aveline, Claude
BT: *Madame Maillart* (1949) (*Herbst der Leidenschaft* 1950)
Schuld allein ist der Wein (1948)
R: Kirchhoff, Fritz; A: Neuhaus, Paul; Thierbach, Walter
BT: *Schweinefleisch in Dosen* (1947)
Schuld und Sühne (1988)
R: Vajda, Andrzej; A: Dostojewski, Feodor
BT: *Prestuplenie i nakazanie* (1866) (*Schuld und Sühne* 1891)
Schuldig (1965)
R: Jankó, Ilo von; A: Granick, Harry
BT: (*Die Tage des Menschen sind wie der Wind*)
Schule am See, Die (1997)
R: Dresewski, Brigitte; A: Bentin, Jenny
BT: *Die Schule am See* (1997)
Schule der Gattinnen (1962)
R: Lingen, Theo; A: Roussin, André
Schule für Eheglück (1953)
R: Markwardt, Ernst; A: Maurois, André
BT: *Cours de bonheur conjugal* (1951) (*Schule für Eheglück* 1951)

Schule für Eheglück (1954)
R: Geis, Rainer; Schelkopf, Anton; A: Maurois, André
BT: *Cours de bonheur conjugal* (1951) (*Schule für Eheglück* 1951)

Schüler Gerber, Der (1981)
R: Glück, Wolfgang; A: Torberg, Friedrich
BT: *Der Schüler Gerber hat absolviert* (1930)

Schulfreund, Der (1963)
R: Wolffhardt, Rainer; A: Simmel, Johannes Mario
BT: *Der Schulfreund* (1958)

Schulgespenst, Das (1987)
R: Losansky, Rolf; A: Abraham, Peter
BT: *Das Schulgespenst* (1978)

Schulmeister, Der (1967)
R: Brühl, Hanno; A: Saunders, James
BT: *The Pedagogue* (*Der Schulmeister* 1963)

Schulmeister Spitzbart (1989)
R: Hübner, Wolfgang; A: Schummel, Johann Gottlieb
BT: *Spitzbart, eine komitragische Geschichte* (1779)

Schüsse aus dem Geigenkasten (1965)
R: Umgelter, Fritz; A: Cotton, Jerry (= Höber, Heinz-Werner; Müller, Heinz-Werner)
BT: *Schüsse aus dem Geigenkasten* (1965)

Schüsse der Arche Noah, Die (1983)
R: Schlegel, Egon; A: Abraham, Peter
BT: *Die Schüsse der Arche Noah* (1970)

Schüsse unterm Galgen (1968)
R: Seemann, Horst; A: Stevenson, Robert Louis
BT: *Kidnapped* (1886) (*Entführt* 1889)

Schut, Der (1964)
R: Siodmak, Robert; A: May, Karl Friedrich
BT: *Der Schut* (1892)

Schützenliesel (1954)
R: Schündler, Rudolf; A: Eysler, Edmund; Lindau, Carl; Stein, Leo
BT: *Schützenliesel* (1905)

Schützling, Der (1981)
R: Sydow, Rolf von; A: Kishon, Ephraim
BT: (*Der Schützling*)

Schwärmer, Die (1985)
R: Neuenfels, Hans; A: Musil, Robert
BT: *Die Schwärmer* (1921)

Schwarz auf Weiß (1963)
R: Korngiebel, Hanns; A: Kishon, Ephraim
BT: (*Schwarz auf Weiß* 1958)

Schwarz greift ein (1994)
R: Metzger, Helmut; Serafini, Marco; Steinheimer, Gert; Weissflog, Peter; A: Kappel, Markus
BT: *Schwarz greift ein* (1994)

Schwarze Abt, Der (1963)
R: Gottlieb, Franz Josef; A: Wallace, Richard Horatio Edgar
BT: *The Black Abbot* (1926) (*Der schwarze Abt* 1952)

Schwarze Bumerang, Der (1982)
R: Dietrich, Wolf; A: Bahr, Rüdiger
BT: *Der schwarze Bumerang* (1982)

Schwarze Galeere, Die (1961)
R: Hellberg, Martin; A: Raabe, Wilhelm
BT: *Die schwarze Galeere* (1902)

Schwarze Katze, Die (1971)
R: Anczykowski, Paul; A: Poe, Edgar Allan
BT: *The Black Cat* (1840) (*Die schwarze Katze* 1914)

Schwarze Katze, Die (1980)
R: Kramberg, Karl-Heinz; A: Poe, Edgar Allan
BT: *The Black Cat* (1840) (*Die schwarze Katze* 1914)

Schwarze Mühle, Die (1975)
R: Bleiweiß, Celino; A: Brězan, Jurij (= Svitz, Dužan)
BT: *Die schwarze Mühle* (1968)

Schwarze Obelisk, Der (1988)
R: Deutsch, Peter; A: Remarque, Erich Maria (= Remark, Erich Paul)
BT: *Der schwarze Obelisk* (1956)

Schwarze Schaf, Das (1960)
R: Ashley, Helmut(h); A: Chesterton, Gilbert Keith
BT: *The Amazing Adventures Of Father Brown* (1935)

Schwarze Sonne, Die (1968)
R: Harnack, Falk; A: Lange, Horst
BT: *Verlöschende Feuer* (1956)

Schwarze Spinne, Die (1960)
R: Düggelin, Werner; A: Gotthelf, Jeremias (= Bitzius, Albert)
BT: *Die schwarze Spinne* (1842)

Schwarze Spinne, Die (1983)
R: Rissi, Mark M.; A: Gotthelf, Jeremias (= Bitzius, Albert)
BT: *Die schwarze Spinne* (1842)

Schwarze Storch, Der (1976)
R: Ballmann, Herbert; A: Molzahn, Ilse
BT: *Der schwarze Storch* (1936)

Schwarze Sünde, Die (1990)
R: Huillet, Danièle; Straub, Jean-Marie; A: Hölderlin, Friedrich
BT: *Der Tod des Empedokles* (1826)

Schwarze Tanner, Der (1985)
R: Koller, Xavier; A: Inglin, Meinrad
BT: *Der schwarze Tanner und andere Erzählungen* (1985)
Schwarzen Brüder (12 Teile), Die (1983)
R: Klante, Diethard; A: Tetzner, Lisa
BT: *Die schwarzen Brüder* (1941)
Schwarzenberg (2 Teile) (1989)
R: Itzenplitz, Eberhard; A: Heym, Stefan
BT: *Schwarzenberg* (1984)
Schwarzer Nerz auf zarter Haut (1969)
R: Dietrich, Erwin C.; A: Konsalik, Heinz Günther (= Pahlen, Henry)
BT: *Schwarzer Nerz auf zarter Haut* (1968)
Schwarzgoldene Schlange, Die (1988)
R: Harbort, Christine; A: Baschow, Pavel P.
Schwarzkünstler, Der (1955)
R: Haaf, Wilm ten; A: Cervantes Saavedra, Miguel de
BT: (*Der Adept*)
Schwarzwaldmädel (1950)
R: Deppe, Hans; A: Jessel, Leon; Neidhardt, August
BT: *Schwarzwaldmädel* (1891)
Schwarzwaldmädel (1973)
R: Liebeneiner, Wolfgang; A: Jessel, Leon; Neidhardt, August
BT: *Schwarzwaldmädel* (1891)
Schwarzweiß-rote Himmelbett, Das (1962)
R: Thiele, Rolf; A: Berndorff, Hans Rudolf
BT: *Cancan und großer Zapfenstreich* (1962)
Schwedische Zündholz, Das (1967)
R: Klingenberg, Gerhard; A: Radok, Alfred; Tesarová, Marie
BT: (*Das schwedische Zündholz* 1961)
Schweigen (1971)
R: Hänsel, Johann-Richard; A: Pinter, Harold
BT: *Silence* (1969) (*Schweigen* 1970)
Schweigen am Himmel, Ein (1968)
R: Wild, Franz Josef; A: Le Fort, Gertrud von
BT: *Am Tor des Himmels* (1954)
Schweigen, Das (1961)
R: Korngiebel, Hanns; A: Brandstätter, Roman
BT: *Milczenie* (1957) (*Das Schweigen* 1958)
Schweigen des Dichters, Das (1988)
R: Lilienthal, Peter; A: Yehôsua', Avraham B.
BT: *Mot ha saken* (1962) (*Das Schweigen des Dichters* 1988)
Schweigen des Meeres, Das (1954)
R: Lothar, Frank; A: Vercors (= Bruller, Jean)
BT: *Le silence de la mer* (1942) (*Das Schweigen des Meeres* 1945)
Schweigen des Meeres, Das (1967)
R: Brühl, Hanno; A: Vercors (= Bruller, Jean)
BT: *Le silence de la mer* (1942) (*Das Schweigen des Meeres* 1945)
Schweigen im Walde, Das (1955)
R: Weiss, Helmut; A: Ganghofer, Ludwig
BT: *Das Schweigen im Walde* (1899)
Schweigen im Walde, Das (1976)
R: Vohrer, Alfred; A: Ganghofer, Ludwig
BT: *Das Schweigen im Walde* (1899)
Schweigende Mund, Der (1951)
R: Hartl, Karl; A: Kritz, Hugo Maria (= Kritzkovsky, Hugo)
BT: *Geheimnis um Georgia* (1937)
Schweigende Stern (Raumschiff Venus antwortet nicht), Der (1959)
R: Maetzig, Kurt; Przybyl, Hieronim; A: Lem, Stanislaw
BT: *Astronauci* (1951) (*Der Planet des Todes* 1961)
Schwein gehabt (1988)
R: Heymann, Karl-Heinz; A: Püschel, Walter
BT: *Das Schulschwein* (1982)
Schweizer Familie Robinson, Die (1974)
R: Mayer, Gerald; A: Wyss, Johann David
BT: *Der schweizerische Robinson* (1812)
Schweizer namens Nötzli, Ein (1988)
R: Ehmck, Gustav; A: Schubert, Hans
BT: *Mit besten Empfehlungen* (1963)
Schwejks Flegeljahre (1963)
R: Liebeneiner, Wolfgang; A: Hašek, Jaroslav
BT: *Osudy dobreho vojaka Švejka ya svetove valky* (1921) (*Die Abenteuer des braven Soldaten Schwejk* 1926)
Schwester Bonaventura (1958)
R: Haaf, Wilm ten; A: Hastings, Charlotte
BT: *Bonaventure* (1950)
Schwestern, Die (1957)
R: Wilhelm, Kurt; A: DuFrênes, Alix
BT: *Die Schwestern* (1952)
Schweyk im Zweiten Weltkrieg (1965)
R: Wolffhardt, Rainer; A: Brecht, Bertolt
BT: *Schweyk im Zweiten Weltkrieg* (1944)

Schwierige, Der (1961)
R: Olden, John; A: Hofmannsthal, Hugo von
BT: *Der Schwierige* (1921)
Schwierige, Der (1974)
R: Barabás, Stanislav; A: Hofmannsthal, Hugo von
BT: *Der Schwierige* (1921)
Schwitzkasten (1977)
R: Cook, John; A: Zenker, Helmut
BT: *Das Froschfest* (1977)
Schwüle Tage (1978)
R: Gies, Hajo; A: Keyserling, Eduard von
BT: *Schwüle Tage* (1906)
Schwur des Soldaten Pooley, Der (1961)
R: Jung-Alsen, Kurt; A: Jolly, Cyril
BT: *The Vengeance of Private Pooley* (1956) (*Die Vergeltung des Soldaten Pooley* 1957)
Scotland Yard jagt Dr. Mabuse (1963)
R: May, Paul; A: Wallace, Bryan Edgar
BT: *The Device* (1962)
Sechs Kummerbuben, Die (1968)
R: Schnyder, Franz; A: Müller, Elisabeth
BT: *Die sechs Kummerbuben* (1942)
Sechs Personen suchen einen Autor (1964)
R: Itzenplitz, Eberhard; A: Pirandello, Luigi
BT: *Sei personaggi in cerca d'autore* (1917) (*Sechs Personen suchen einen Autor* 1925)
Sechs Stunden Angst (1964)
R: York, Eugen; A: Didelot, Francis
BT: *Six heueres d'angoisse* (*Sechs Stunden Angst* 1957)
Sechse kommen durch die Welt (1971/72)
R: Simon, Rainer; A: Grimm, Jakob Ludwig Carl; Grimm, Wilhelm Carl
BT: *Sechse kommen durch die Welt*
Sechste Frau, Die (1959)
R: Erfurth, Ulrich; A: Feiler, Max Christian
BT: *Die sechste Frau* (1939)
Sechsunddreißig Stunden (1981)
R: Madeja, Georg; A: Horváth, Ödön von
BT: *Sechsunddreißig Stunden: die Geschichte vom Fräulein Pollinger* (1979)
See, Der (1997)
R: Roth, Thomas; A: Roth, Gerhard
BT: *Der See* (1995)
Seehundskomödie (1978)
R: Wilhelm, Kurt; A: Rössler, Carl
BT: *Die beiden Seehunde* (1917)
Seele eines Hundes (1976)
R: Hoffmann, Kurt; A: Traven, B. (Bruno) (= Marut, Ret; Maurhut, Richard; Torsvan, Traven)
BT: *Seele eines Hundes*
See-Leben I (1975)
R: Griesmayr, Hartmut; A: Koch, Werner
BT: *See-Leben I* (1971)
Seelenbräu, Der (1950)
R: Ucicky, Gustav; A: Zuckmayer, Carl
BT: *Der Seelenbräu* (1945)
Seelenwanderung (1962)
R: Erler, Rainer; A: Wittlinger, Karl
BT: *Seelenwanderung* (1962)
Seen und Schlösser (1969)
R: Fiedler, Gerlach; A: Duras, Marguerite
BT: *Les eaux et forêts* (1965) (*Seen und Schlösser* 1966)
Seewolf (Miniserie), Der (1971)
R: Croitoru, Alec; Nicolaescu, Sergiu; Staudte, Wolfgang; A: London, Jack
BT: *The Sea Wolf* (1904) (*Der Seewolf* 1926)
Sehnsucht (1989)
R: Brauer, Jürgen; A: Koch, Jurij
BT: *Der Kirschbaum* (1984)
Sehnsucht des Herzens (1951)
R: Martin, Paul; A: Peteani, Maria von
BT: *D-Zug 517* (1948)
Sei doch ned so dumm (1999)
R: Helfrich, Bernhard; A: Kling, Ulla
BT: *Sei doch net so dumm: eine wahre Begebenheit in drei Akten* (1990)
Seidene Schuh, Der (1955)
R: Wild, Franz Josef; A: Claudel, Paul
BT: *Le soulier de satin* (1930) (*Der seidene Schuh* 1939)
Seidene Schuh, Der (1965)
R: Sellner, Gustav Rudolf; A: Claudel, Paul
BT: *Le soulier de satin* (1930) (*Der seidene Schuh* 1939)
Sein Doppelgänger (1982)
R: Günther, Michael; A: Duval, Georges; Hennequin, Maurice
BT: *Le coup de fouet* (1900) (*Sein Doppelgänger* 1908)
Sein letzter Fall (1976)
R: Veth, Kurt; A: Engelmann, Bernt
BT: *Großes Verdienstkreuz* (1974)
Seine beste Rolle (1989)
R: Tögel, Hans-Jürgen; A: Rubin, Chris
BT: *Seine beste Rolle* (1989)
Seine Tochter ist der Peter (1955)
R: Fröhlich, Gustav; A: Zellweker, Edith
BT: *Und seine Tochter ist der Peter* (1935)

Seit Adam und Eva (1955)
R: Beauvais, Peter; A: Priestley, John Boynton
BT: *Ever Since Paradise* (1946) (*Seit Adam und Eva* 1948)

Seit Adam und Eva (1962)
R: Verhoeven, Paul; A: Priestley, John Boynton
BT: *Ever Since Paradise* (1946) (*Seit Adam und Eva* 1948)

Seitenstechen (1985)
R: Pröttel, Dieter; A: Späth, Bernd
BT: *Seitenstechen* (1981)

Selbstbildnis Beatrice S. (1974)
R: Wolffhardt, Rainer; A: Schweizer, Beatrice
BT: *Selbstbildnis Beatrice S.*

Selbstversuch (1989)
R: Vogel, Peter; A: Wolf, Christa
BT: *Selbstversuch. Traktat zu einem Protokoll* (1980)

Selige Christopher Bohn, Der (1955)
R: Beauvais, Peter; A: Fauchois, René
BT: *Prenez garde à la peinture* (1932)

Selige Edwina Black, Die (1958)
R: Verhoeven, Paul; A: Dinner, William; Morum, William
BT: *The Late Edwina Black* (1949) (*Die selige Edwina Black* 1958)

Seltsame Geschichte des Brandner Kasper, Die (1949)
R: Baky, Josef von; A: Lutz, Josef Maria
BT: *Der Brandner Kasper schaut ins Paradies* (1934)

Seltsame Gräfin, Die (1961)
R: Baky, Josef von; A: Wallace, Richard Horatio Edgar
BT: *The Strange Countess* (1926) (*Die seltsame Gräfin* 1928)

Seltsame Leben des Herrn Bruggs, Das (1951)
R: Engel, Erich; A: Braun, Curt Johannes
BT: *Das verschlossene Haus* (1948)

Seltsamen Abenteuer des Geheimkanzlersekretärs Tusmann, Die (1971)
R: Käutner, Helmut; A: Hoffmann, Ernst Theodor Amadeus
BT: *Die Serapionsbrüder* (1821)

Sendung der Lysistrata, Die (1960)
R: Kortner, Fritz; A: Aristophanes
BT: *Lysistrata* (411 v.C.)

Sennetuntschi (1981)
R: Schneider, Hansjörg; A: Schneider, Hansjörg
BT: *Sennetuntschi* (1980)

Sensation im Savoy (1950)
R: Borsody, Eduard von; A: Külb, Karl Georg
BT: *Sensation in Budapest* (1941)

September (1996)
R: Bucksey, Colin; A: Pilcher, Rosamunde
BT: *September* (1990) (*September* 1993)

Septemberflut (1953)
R: Bublitz, Hans Waldemar; A: Du Maurier, Daphne
BT: *September Tide* (1949)

Septembergewitter (1968)
R: Wolffhardt, Rainer; A: Lampe, Friedo
BT: *Septembergewitter* (1937)

Serbische Mädchen, Das (1990)
R: Sehr, Peter; A: Lenz, Siegfried
BT: *Das serbische Mädchen* (1987)

Sergeant Cuff kann den Mondstein nicht finden (1955)
R: Horn, Peter A.; A: Collins, Wilkie
BT: *The Moonstone* (1868) (*Der Monddiamant* 1973)

Severino (1977)
R: Dobberke, Claus; A: Klein, Eduard
BT: *Severino von den Inseln* (1972)

Sex-Abenteuer der drei Musketiere, Die (1970)
R: Thomas, Michael; A: Dumas, Alexandre (père)
BT: *Les trois Mousquetaires* (1844) (*Die drei Musketiere* 1844)

Shanghai 1937 (1996)
R: Patzak, Peter; A: Baum, Vicki
BT: *Hotel Shanghai* (1939)

Sheriff Teddy (1965/66)
R: Carow, Heiner; A: Pludra, Benno
BT: *Sheriff Teddy* (1956)

Sherlock Holmes liegt im Sterben (1954)
R: Horn, Peter A.; A: Doyle, Arthur Conan Sir

Sherlock Holmes und das Halsband des Todes (1962)
R: Fisher, Terence; A: Doyle, Arthur Conan Sir

Shiva und die Galgenblume (1945/93)
R: Andres, Hans Georg; Steinhoff, Hans; A: Berndorff, Hans Rudolf
BT: *Shiva und die Galgenblume* (1943)

Sibirien (1991)
R: Morak, Franz; A: Mitterer, Felix
BT: *Sibirien* (1989)

Sich einen Mann backen (1984)
R: Seibert, Heinz; A: Werner, Petra
BT: *Sich einen Mann backen* (1982)

Sicher ist sicher (1964)
R: Wilhelm, Kurt; A: Hulke, Malcolm A.; Paice, Eric
BT: *The Safecrackers*

Sicilia! (1999)
R: Huillet, Danièle; Straub, Jean-Marie; A: Vittorini, Elio
BT: *Coversazione in Sicilia* (1953)
Sidonie (1990)
R: Brandauer, Karin; A: Hackl, Erich
BT: *Abschied von Sidonie* (1989)
Sie (1954)
R: Thiele, Rolf; A: Vaszary, Gábor von
BT: *Sie* (1935)
Sie können's mir glauben (1960)
R: Lingen, Theo; A: Mortimer, John C.
Sie rüsten zur Reise ins Dritte Reich. Kurt Tucholsky und der Prozeß Harden (1985)
R: Behrend, Jens-Peter; A: Tucholsky, Kurt
Sie werden sterben, Sire (1964)
R: Moszkowicz, Imo; A: Ahlsen, Leopold
BT: *Sie werden sterben, Sire* (1964)
Sieben Affären der Doña Juanita, Die (1972/73)
R: Beyer, Frank; A: Panitz, Eberhard
BT: *Die sieben Affären der Doña Juanita* (1972)
Sieben Kleider der Katrin, Die (1954)
R: Deppe, Hans; A: Gruber, Gisi (= Alsegger, Maria Barbara)
BT: *Die sieben Kleider der Katrin* (1940)
Sieben Ohrfeigen, Die (1971)
R: Liebeneiner, Wolfgang; A: Aszlanyi, Karoly
BT: *Hét pofon: Aludni is tilos* (1958) (*Sieben Ohrfeigen* 1962)
Sieben Tage Frist (1969)
R: Vohrer, Alfred; A: Henricks, Paul
BT: *Sieben Tage Frist für Schramm* (1966)
Siebte Opfer, Das (1964)
R: Gottlieb, Franz Josef; A: Wallace, Bryan Edgar
Siebzehn Brote (1974)
R: Vogel, Peter; A: Wolf, Friedrich (Baetz, Christian; Rüedi, Hans; Dr. Isegrimm)
BT: *Siebzehn Brote: Erzählungen, Märchen, Grotesken u.a..* (1988)
Siebzehn und zwei (1955)
R: Farenburg, Hanns; A: Hinrichs, August
BT: *Siebzehn und zwei* (1952)
Siedlung Arkadien (1967)
R: Schwarze, Hans-Dieter; A: Søeborg, Finn
BT: *Vi har det jo dejlist* (1955) (*Das Paradies liegt auf der Straße* 1957)
Sieg, Der (1985)
R: Matwejew, Jewgenij; A: Cakowskij, Alexander Borisowitsch
BT: *Pobeda* (1981) (*Der Sieg* 1981)
Siegel Gottes (Schuld und Sühne), Das (1949)
R: Stöger, Alfred; A: Rosegger, Peter (= P. K. = Kettenfeier, Petri)
Sieger von Tambo, Der (1974)
R: Haugk, Dietrich; A: Vallejo, Manuel Mejia (= Mejia Vallejo, Manuel)
BT: *El dia señaldo* (1964) (*Der Stichtag* 1967)
Silberflöte, Die (1964)
R: Mezger, Theo; A: McEnroe, Robert Edward
BT: *The Silver Whistle* (1949)
Silberschnur, Die (1957)
R: Horn, Peter A.; A: Howard, Sidney
BT: *The Silver Cord* (1926)
Simon (Um die neunte Stunde) (1954)
R: Burmester, Gustav; A: Schaper, Edzard
BT: *Um die neunte Stunde oder Nikodemus und Simon* (1953)
Simone, der Hummer und die Ölsardine (1969)
R: Schroth, Carl-Heinz; A: Deval, Jacques
BT: *La manière forte* (*Simone, der Hummer und die Ölsardine* 1956)
Simsalabimbambum oder Der Barometermacher auf der Zauberinsel (1985)
R: Marboe, Ernst Wolfram; A: Raimund, Ferdinand
BT: *Der Barometermacher auf der Zauberinsel* (1823)
Sind wir das nicht alle? (1962)
R: Haaf, Wilm ten; A: Lonsdale, Frederick
BT: *Aren't we all?* (1923)
Singende, klingende Bäumchen, Das (1957)
R: Stefani, Francesco; A: Grimm, Jakob Ludwig Carl; Grimm, Wilhelm Carl
BT: *Das singende, klingende Bäumchen* (1812)
Sirenengesang (1974)
R: Doniol-Valcroze, Jacques; A: Beaty, David
BT: *The Siren Song* (1964) (*Sirenengesang* 1965)
Sissi (1955)
R: Marischka, Ernst; A: Blank-Eismann, Marie
BT: *Sissi; Schicksalsweg einer Kaiserin* (1937)
Skandal in der Botschaft (1950)
R: Ode, Erik; A: Fraser, Georg (= Zeiz, August Hermann)
BT: *Ein anständiger Mensch* (1950)

Skandal in Ischl (1957)
R: Thiele, Rolf; A: Bahr, Hermann
BT: *Der Meister* (1904)
Skandal um Dodo (1958)
R: Borsody, Eduard von; A: Arnold, Franz; Wiener, Hugo
BT: *Skandal um Dodo*
Skandal um Dr. Vlimmen (1956)
R: Rabenalt, Arthur Maria; A: Roothaert, Antonius M.H.
BT: *Doctor Vlimmen* (1939) (*Dr. Vlimmen* 1940)
Skandalösen Frauen, Die (1993)
R: Schwarzenberger, Xaver; A: Kaus, Gina
BT: *Die Schwestern Kleh* (1933)
Skimeister von morgen (1956/57)
R: Kirsten, Ralf; A: Görtz, Adolf
BT: *Die goldenen Schneeschuhe* (1954)
Skizze eines Unglücks (1985)
R: Bechert, Hilde; A: Frisch, Max
BT: *Tagebuch 1966-1971* (1972)
Sklavenkarawane (1958)
R: Marischka, Georg; A: May, Karl Friedrich
BT: *Die Sklavenkarawane* (1893)
Sladek oder Die schwarze Armee (1976)
R: Döpke, Oswald; A: Horváth, Ödön von
BT: *Sladek, der schwarze Reichswehmann* (1930)
Smaragden-Geschichte (1956)
R: Wilhelm, Kurt; A: Oppenheim, Edward Phillips
BT: *The Ostrokoff Jewels* (1932)
Snob, Der (1968)
R: Schweikart, Hans; A: Sternheim, Carl
BT: *Der Snob* (1914)
Snob, Der (1984)
R: Staudte, Wolfgang; A: Sternheim, Carl
BT: *Der Snob* (1914)
Snob, Der (1986)
R: Drinda, Horst; A: Sternheim, Carl
BT: *Der Snob* (1914)
So ein Millionär hat's schwer (1958)
R: Cziffra, Géza von; A: Altkirch, Ferdinand
So ist das Leben (1979)
R: Grabowsky, Klaus; A: Maltz, Albert
BT: *The Way Things Are* (1938) (*So ist das Leben* 1964)
So ist es - ist es so? (1960)
R: Müller, Hans-Reinhard; A: Pirandello, Luigi
BT: *Cosi e se vi pare* (1918) (*So ist es - wie Sie meinen* 1925)
So viele Träume (1986)
R: Carow, Heiner; A: Lüning, Imma
BT: *Die Hebamme*
So war Herr Brummell (1967)
R: Umgelter, Fritz; A: Penzoldt, Ernst
BT: *So war Herr Brummell* (1933)
So war Mama (1962)
R: Engel, Thomas; A: Druten, John William van
BT: *I Remember Mama* (1944) (*So war Mama* 1960)
So weit die Füße tragen (6 Teile) (1959)
R: Umgelter, Fritz; A: Bauer, Josef Martin
BT: *So weit die Füße tragen* (1955)
So zärtlich war Suleyken (13 Teile) (1971-1975)
R: Mensak, Alfred; Siedler, Ernst W.; A: Lenz, Siegfried
BT: *So zärtlich war Suleyken* (1955)
Sog, Der (1968)
R: Mezger, Theo; A: Hendrich, Johannes
BT: *Der Sog*
Sohn aus gutem Hause, Ein (1989)
R: Brandauer, Karin; A: Tschuppik, Karl
BT: *Ein Sohn aus gutem Hause* (1937)
Sohn, Der (1984)
R: Unger, Michael; A: Joho, Wolfgang; Neumann, Margarethe
BT: *Der Sohn* (1974)
Sohn des Bullen, Der (1984)
R: Schirk, Heinz; A: Schirk, Heinz
BT: *Der Sohn des Bullen* (1980)
Sohn des Cotopaxi, Der (1970)
R: Kögel, Heinz; A: Kauter, Kurt (= Rocafuerte, José Maria)
BT: *Der Sohn des Cotopaxi* (1969)
Sohn des Schauspielers, Der (1979)
R: Loebner, Vera; A: Joho, Wolfgang; Neumann, Margarethe
BT: *Der Sohn* (1974)
Sohn eines Landarbeiters wird Bauarbeiter und baut sich ein Haus, Der (1975)
R: Corti, Axel; A: Scharang, Michael
BT: *Der Sohn eines Landarbeiters* (1976)
Söhne der großen Bärin, Die (1965)
R: Mach, Josef; A: Welskopf-Henrich, Liselotte
BT: *Die Söhne der großen Bärin (Trilogie)* (1962)
Söhne, Die (1968)
R: Vogeler, Volker; A: Herburger, Günter
BT: *Die Söhne* (1968)
Solang es hübsche Mädchen gibt (1955)
R: Rabenalt, Arthur Maria; A: Artinger, Annemarie (= Schwarzer, Annemarie)
BT: *Ok Mama!* (1949)

Soldaten, Die (1962)
R: Buckwitz, Harry; A: Lenz, Jakob Michael R.
BT: *Die Soldaten* (1776)
Soldatensender Calais (1960)
R: May, Paul; A: Mohr, Michael
BT: *Soldatensender Calais* (1960)
Soledad (1957)
R: Haaf, Wilm ten; A: Audry, Colette
BT: *Soledad, pièce en trois actes* (1956)
Solo für Klarinette (1998)
R: Hofmann, Nico; A: Lewin, Elsa
BT: *I, Anna* (1984) (*Solo für Klarinette* 1989)
Sommer in Lesmona (6 Teile) (1987)
R: Beauvais, Peter; A: Berck, Marga
BT: *Sommer in Lesmona* (1951)
Sommer in Nohant (1980)
R: Kunz, Hartmut; A: Schneider, Rolf
BT: *Sommer in Nohant* (1980)
Sommer mit 13, Ein (1976)
R: Cortesi, Mario; A: Bollinger, Max
BT: *Ein Sommer mit 13*
Sommerfrische, Die (1965)
R: Beauvais, Peter; A: Goldoni, Carlo
BT: *La trilogia della villeggiatura* (*Sommerfrische*)
Sommergäste (1976)
R: Stein, Peter; A: Gorkij, Maksim
BT: *Dacniki* (1904) (*Sommergäste* 1974)
Sommernachtstraum, Ein (1958)
R: Berger, Ludwig; A: Shakespeare, William
BT: *A Midsummer-Night's Dream* (1595) (*Sommernachtstraum*)
Sonderurlaub (1963)
R: Erler, Rainer; A: Oelschlegel, Gerd
BT: *Sonderurlaub* (1963)
Sonja schafft die Wirklichkeit ab oder Ein unheimlich starker Abgang (1973)
R: Verhoeven, Michael; A: Sommer, Harald
BT: *Ein unheimlich starker Abgang* (1970)
Sonjas Rapport (1982)
R: Stephan, Bernhard; A: Werner, Ruth
BT: *Sonjas Rapport* (1977)
Sonnblick ruft, Der (1952)
R: Frowein, Eberhard; A: Bendl, Edmund Josef
BT: *Der Sonnblick ruft* (1951)
Sonne angreifen, Die (1971)
R: Lilienthal, Peter; A: Gombrowicz, Witold
BT: *Pornografía* (1960) (*Verführung* 1963)
Sonne von St. Moritz, Die (1954)
R: Rabenalt, Arthur Maria; A: Höcker, Paul Oskar
BT: *Die Sonne von St. Moritz* (1909)
Sonnenbrucks, Die (1951)
R: Klaren, Georg C.; A: Kruczkowski, Leon
BT: *Niemcy* (1949) (*Die Sonnenbrucks* 1951)
Sonnenfinsternis (1963)
R: Cella, Ettore; A: Kingsley, Sidney (= Kirshner, Sidney)
BT: *Darkness at Noon* (1951)
Sonnenschein und Wolkenbruch (1955)
R: Nußgruber, Rudolf; A: Knechtl-Ostenburg, Fritz
BT: *Abenteuer in Budapest*
Sonnig aber Frosteinbrüche (1978)
R: Stahnke, Günter; A: Arbusov, Aleksej Nikolaevič
BT: (*Sonnig aber Frosteinbrüche*)
Sonntag (1985)
R: Barabás, Stanislav; A: Simenon, Georges (= Sim, Georges; Aramis; Brulls, Christian)
BT: *Dimanche* (1959) (*Es geschah an einem Sonntag* 1960)
Sonntags am Meer (1970)
R: Peymann, Claus; A: Adrien, Philippe
BT: *La Baye* (1967)
Sonntagsgeschichten (1976)
R: Hoffmann, Kurt; A: Traven, B. (Bruno) (= Marut, Ret; Maurhut, Richard; Torsvan, Traven)
Sonntagskind, Das (1956)
R: Meisel, Kurt; A: Müller-Schlösser, Hans
BT: *Schneider Wibbel* (1914)
Sonntagskind oder Der Umstände halber, Das (1988)
R: Rosenbaum, Marianne S.W.; A: Mebs, Gudrun
BT: *Sonntagskind* (1983)
Sonntagskinder (1979)
R: Verhoeven, Michael; A: Reinshagen, Gerlind
BT: *Sonntagskinder* (1976)
Sonny Boys (1982)
R: Sydow, Rolf von; A: Simon, Neil
BT: *Sunshine Boys* (1973)
Souper (1955)
R: Völger, Werner; A: Molnár, Ferenc
BT: (*Souper*)
Souterrain (1989)
R: Schwarzenberger, Xaver; A: Wippersberg, Walter J.M.
BT: *Souterrain* (1989)
Sozialaristokraten (1966)
R: Witt, Claus Peter; A: Holz, Arno
BT: *Socialaristokraten* (1896)

Space Pirates (1987)
R: Margheriti, Antonio; A: Stevenson, Robert Louis
BT: *Treasure Island* (1883) (*Die Schatzinsel* 1897)
Spanische Fliege, Die (1954)
R: Böse, Carl; A: Arnold, Franz; Bach, Ernst
BT: *Die spanische Fliege* (1913)
Spanische Fliege, Die (1967)
R: Neureuther, Erich; A: Arnold, Franz; Bach, Ernst
BT: *Die spanische Fliege* (1913)
Spanische Fliege, Die (1970)
R: Kraus, Fred; A: Arnold, Franz; Bach, Ernst
BT: *Die spanische Fliege* (1913)
Spanische Fliege, Die (1995)
A: Arnold, Franz; Bach, Ernst
BT: *Die spanische Fliege* (1913)
Spaßmacher (1969)
R: Fruchtmann, Karl; A: Rosow, Viktor
BT: *Sutnik* (*Spaßmacher* 1967)
Spät bezahlte Schuld, Die (1989)
R: Kubli, Guy; A: Zweig, Stefan
BT: *Die spät bezahlte Schuld* (1951)
Späte Liebe (1965)
R: Fruchtmann, Karl; A: Ostrovskij, Aleksandr N.
BT: *Pozdnjaja ljubov'* (*Späte Liebe* 1960)
Späte Liebe (1978)
R: Hofmann, Ilse; A: Grün, Max von der
BT: *Späte Liebe* (1977)
Spätes Erröten (1986)
R: Wirth, Franz Peter; A: Huth, Angela
BT: *The Understanding* (1982)
Spätholz (1983)
R: Kubli, Guy; A: Kauer, Walter
BT: *Spätholz* (1976)
Spätsommer (1964)
R: Beauvais, Peter; A: Lehman, Leo
BT: *Late Summer Affair*
Spätsommer (1966)
R: York, Eugen; A: Dreyer, Max
BT: *Altersschwach* (1910)
Spatzen in Gottes Hand (Glück aus Ohio) (1950)
R: Paul, Heinz; A: Bender, Ludwig; Kahn, Edgar
BT: *Spatzen in Gottes Hand* (1934)
Spatzenmörder, Der (1989)
R: Gremm, Wolf; A: Breest, Jürgen
BT: *Der Spatzenmörder* (1987)
Spaziergang, Ein (1977)
R: Laub, Jakob; A: Kalbeck, Florian
BT: *Ein Spaziergang* (1972)
Spaziergängerin von Sans-Souci, Die (1982)
R: Rouffio, Jacques; A: Kessel, Joseph
BT: *La passante de Sanssouci* (1936)
Sperrbezirk (1966)
R: Tremper, Will; A: Neubach, Ernst
BT: *Sperrbezirk*
Spiegel (1980)
R: Malzacher, Gig; A: Frenkel, Frank Dimitri
BT: (*Spiegel*)
Spiegel, Der (1984)
R: Kiral, Erden; A: Sahin, Osman
Spiel (1965)
R: Fruchtmann, Karl; A: Beckett, Samuel
BT: *Play* (1963) (*Spiel* 1963)
Spiel im Morgengrauen (1963)
R: Cremer, Ludwig; A: Schnitzler, Arthur
BT: *Spiel im Morgengrauen* (1927)
Spiel im Morgengrauen (1974)
R: Cravenne, Marcel; A: Schnitzler, Arthur
BT: *Spiel im Morgengrauen* (1927)
Spiel im Schloß (1959)
R: Müller, Hans-Reinhard; A: Molnár, Ferenc
BT: *Játék a kastelyban* (*Spiel im Schloß* 1926)
Spiel im Schloß (1985)
R: Schenk, Otto; A: Molnár, Ferenc
BT: *Játék a kastelyban* (*Spiel im Schloß* 1926)
Spiel von Liebe und Zufall, Das (1968)
R: Müller, Hans-Reinhard; A: Marivaux, Pierre Carlet Chamblain de
BT: *Le jeu de l'amour et du hasard* (1730) (*Das Spiel von Liebe und Zufall* 1961)
Spiel von Tod und Liebe, Das (1957)
R: Völger, Werner; A: Rolland, Romain
BT: *Le jeu de l'amour et de la mort* (1925) (*Das Spiel von Tod und Liebe* 1925)
Spieler, Der (1954)
R: Berger, Ludwig; A: Gogol, Nicolaj
BT: *Igroki* (1842) (*Der Spieler* 1927)
Spieler, Der (1962)
R: Cella, Ettore; A: Betti, Ugo
BT: *Il giocatore* (1953)
Spieler, Der (1963)
R: Henn, Walter; A: Gogol, Nicolaj
BT: *Igroki* (1842) (*Der Spieler* 1927)
Spielplatz (1966)
R: Haaf, Wilm ten; A: Popplewell, Jack
BT: *Not Before the Children* (1962) (*Armer Harry* 1964)

Spinnenmörder, Der (1978)
R: Klingenberg, Gerhard; A: Roberts, Richard Emery
BT: (*Der Spinnenmörder*)
Spinnennetz, Das (1956)
R: Umgelter, Fritz; A: Christie, Agatha
BT: *The Spider's Web* (1957) (*Das Spinnennetz* 1965)
Spinnennetz, Das (1988)
R: Wicki, Bernhard; A: Roth, Joseph
BT: *Das Spinnennetz* (1923)
Spion für Deutschland (1956)
R: Klingler, Werner; A: Berthold, Will (= Gimpel, Erich)
BT: *Spion für Deutschland* (1956)
Spitzel, Der (1964)
R: Scholz, Marcus; A: Brecht, Bertolt
BT: *Furcht und Elend des dritten Reiches* (1945)
Spitzenklöpplerin, Die (1977)
R: Goretta, Claude; A: Lainé, Pascal
BT: *La dentellière* (1974) (*Die Spitzenklöpplerin* 1976)
Spleen des George Riley, Der (1965)
R: Itzenplitz, Eberhard; A: Stoppard, Tom
BT: *Walk on the Water* (1963)
Spleen des George Riley, Der (1983)
R: Günther, Michael; A: Stoppard, Tom
BT: *Walk on the Water* (1963)
Spreelore oder Das heisse Blut (1980)
R: Proll, Jens-Peter; A: Gräser, Erdmann
BT: *Spreelore* (1950)
Springer mit den langen Ohren, Der (1981)
R: Schmenger, Ursula; A: Karau, Günter
BT: *Der Springer mit den langen Ohren*
Spuk mit Max und Moritz (1951)
R: Diehl, Ferdinand; A: Busch, Wilhelm
BT: *Max und Moritz; eine Bubengeschichte in sieben Streichen* (1865)
Spukschloß im Spessart, Das (1960)
R: Hoffmann, Kurt; A: Hauff, Wilhelm
BT: *Das Wirtshaus im Spessart* (1828)
Spur der roten Fässer, Die (1996)
R: Wessel, Kai; A: West, Ursula
Spur der Steine (1965/66)
R: Beyer, Frank; A: Neutsch, Erik
BT: *Spur der Steine* (1964)
Spur der Vermißten, Die (1980)
R: Kunert, Joachim; A: Skármeta, Antonio
BT: *La huella del desaparecido* (*Die Spur der Vermißten* 1980)
Spur führt ins Verderben, Die (1993)
R: Gremm, Wolf; A: Symons, Julian
BT: *The Name of Anabel Lee* (1983) (*Mit Namen Annabel Lee* 1983)
Spur führt zum Silbersee, Die (1989)
R: Rätz, Günter; A: May, Karl Friedrich
BT: *Der Schatz im Silbersee* (1894)
Spuren (1987)
R: Pieper, Eberhard; A: Sell, Hans Joachim
BT: *Der rote Priester*
Squirrel (1955)
R: Kolman, Trude; A: Penzoldt, Ernst
BT: *Squirrel* (1954)
Squirrel (1980)
R: Clarin, Hans; A: Penzoldt, Ernst
BT: *Squirrel* (1954)
St. Angela (1997-)
R: Delbridge, John; Petsch, Hans-Klaus; A: Hofmann, Mariella
BT: *St. Angela - Lehrjahre* (1998)
St. Angela (1997-)
R: Delbridge, John; Petsch, Hans-Klaus; A: Hofmann, Mariella
BT: *St. Angela - Liebe ist ansteckend* (1999)
St. Pauli Nacht (1999)
R: Wortmann, Sönke; A: Göhre, Frank
BT: *St. Pauli Nacht* (1993)
St. Petri-Schnee (1990)
R: Patzak, Peter; A: Perutz, Leo
BT: *St. Petri-Schnee* (1933)
Staatsaffairen (1961)
R: Collande, Volker von; A: Benatzky, Ralph; Berr, Georges; Verneuil, Louis (= Bocage, Louis Colin du)
BT: *Affairs of State* (1952)
Staatsexamen (1968)
R: Matiasek, Helmuth; A: Vampilow, Alexander Valentinowitsch
BT: *Prosenje v ijune* (1967) (*Staatsexamen* 1967)
Stadt ist voller Geheimnisse, Die (1954)
R: Kortner, Fritz; A: Braun, Curt Johannes
BT: *Die Stadt ist voller Geheimnisse* (1947)
Stadt ohne Mitleid (Town without Pity) (1961)
R: Reinhardt, Gottfried; A: Gregor, Manfred (= Dietrich, Erwin C.)
BT: *Das Urteil* (1960)
Stadtpark (1951)
R: Marischka, Hubert; A: Schubert, Hans
BT: *Stadtpark* (1960)
Stadtpark (1963)
R: Wagner, Klaus; A: Schubert, Hans
BT: *Stadtpark* (1960)

Stadttheater (1985)
R: Fantl, Thomas; A: Raab, Fritz
BT: *Stadttheater* (1984)
Stalingrad (1963)
R: Burmester, Gustav; A: Plivier, Theodor
BT: *Stalingrad* (1945)
Stammheim (1986)
R: Hauff, Reinhard; A: Aust, Stefan
BT: *Der Baader-Meinhof-Komplex* (1985)
Stan Becker - echte Freunde (1999)
R: Heidelbach, Kaspar; A: Friedrichs, Horst
BT: *Stan Becker - echte Freunde* (1999)
Stan und Ollie in Deutschland (1981)
R: Lindner, Heinz; A: Widmer, Urs
BT: *Stan und Ollie in Deutschland* (1979)
Standarte, Die (1977)
R: Runze, Ottokar; A: Lernet-Holenia, Alexander
BT: *Die Standarte* (1934)
Starke Ferdinand, Der (1976)
R: Kluge, Alexander; A: Kluge, Alexander
BT: *Ein Bolschewist des Kapitals* (1973)
Starke Stamm, Der (1956)
R: Wild, Franz Josef; A: Fleisser, Marieluise
BT: *Der starke Stamm* (1946)
Stärkere, Die (1953)
R: Liebeneiner, Wolfgang; A: Linden, Christa
BT: *Die Stärkere*
Starten Sie vor dem Schuß (1978)
R: Schäfer, Eberhard; A: Müller, Dieter
BT: *Starten Sie vor dem Schuß*
Stationschef Fallmerayer (1976)
R: Davy, Walter; A: Roth, Joseph
BT: *Stationschef Fallmerayer*
Stechlin (3 Teile), Der (1974/75)
R: Hädrich, Rolf; A: Fontane, Theodor
BT: *Der Stechlin* (1899)
Steckbrief eines Unerwünschten (1975)
R: Kunert, Joachim; A: Wallraff, Günther
BT: *Steckbrief eines Unerwünschten*
Stefanie (1958)
R: Baky, Josef von; A: Cetto, Gitta von
BT: *Stefanie oder Die liebenswerten Torheiten* (1956)
Stein des Glücks, Der (1977)
R: Kreuz, Hubert; A: Reyes, Carlos Jose
BT: *La piedra de la felicidad* (*Der Stein des Glücks* 1973)
Steiner - Das Eiserne Kreuz (1977)
R: Peckinpah, Sam; A: Heinrich, Willi
BT: *Das geduldige Fleisch* (1955)
Steinreich (1976)
R: Holub, Otto; A: Dreiser, Theodore
Steinzeitballade (1960)
R: Kirsten, Ralf; A: Turek, Ludwig
BT: *Anna Lubitzke* (1952)
Stella (1954)
R: Wild, Franz Josef; A: Goethe, Johann Wolfgang von
BT: *Stella* (1776)
Stella (1954)
R: Schalla, Hans; A: Goethe, Johann Wolfgang von
BT: *Stella* (1776)
Stella (1966)
R: Käutner, Helmut; A: Goethe, Johann Wolfgang von
BT: *Stella* (1776)
Stella (1982)
R: Langhoff, Thomas; A: Goethe, Johann Wolfgang von
BT: *Stella* (1776)
Stella (1982)
R: Wild, Franz Josef; A: Goethe, Johann Wolfgang von
BT: *Stella* (1776)
Stellenweise Glatteis (1975)
R: Petersen, Wolfgang; A: Grün, Max von der
BT: *Stellenweise Glatteis* (1975)
Steppenwolf (1974)
R: Haines, Fred; A: Hesse, Hermann
BT: *Der Steppenwolf* (1927)
Sterben (1971)
R: Beauvais, Peter; A: Schnitzler, Arthur
BT: *Sterben* (1895)
Stern ohne Himmel (1982)
R: Runze, Ottokar; A: Ossowski, Leonie
BT: *Stern ohne Himmel* (1978)
Stern von Rio (1955)
R: Neumann, Kurt; A: Kohner, Frederick
BT: *Stern von Rio*
Sternbergs - Ärzte, Brüder, Leidenschaften, Die (1999)
R: Liechti, Hans; A: Kleint, Scarlett
BT: *Die Sternbergs* (1999)
Sternsteinhof (1975)
R: Geissendörfer, Hans W.; A: Anzengruber, Ludwig
BT: *Der Sternsteinhof* (1885)
Sternstunde des Konstantin E. Ziolkowski, Die (1977)
R: Bahls, Karl-Heinz; A: Rezac, Vaclav
BT: (*Der verrückte Erfinder oder Wie sich das Leben des Konstantin Eduardowitsch Ziolkowski durch ...* 1973)

Stielke, Heinz, fünfzehn ... (1987)
R: Kann, Michael; A: Kellner, Wolfgang
BT: *Abenteurer wider Willen: die wechselvolle Jugend des Heinz Stielke* (1984)

Stille Amerikaner, Der (1975)
R: Vogel, Peter; A: Greene, Graham
BT: *The Quiet American* (1953) (*Der stille Amerikaner* 1956)

Stille Herr Genardy, Der (1999)
R: Rola, Carlo; A: Hammesfahr, Petra
BT: *Der stille Herr Genardy* (1993)

Stille Ozean, Der (1982)
R: Schwarzenberger, Xaver; A: Roth, Gerhard
BT: *Der stille Ozean* (1980)

Stille Tage in Clichy
R: Chabrol, Claude; A: Miller, Henry
BT: *Quiet Days in Clichy* (1966) (*Stille Tage in Clichy* 1968)

Stimme im Glas, Die (1961)
R: Vollmar, Wolf; A: Husson, Albert
BT: *La cuisine des anges* (1952) (*Eine schöne Bescherung* 1961)

Stimmen von Marrakesch, Die (1984)
R: Lesowsky, Wolfgang; A: Canetti, Elias
BT: *Die Stimmen von Marrakesch* (1967)

Stine (1967)
R: Haaf, Wilm ten; A: Fontane, Theodor
BT: *Stine* (1890)

Stine (1979)
R: Langhoff, Thomas; A: Fontane, Theodor
BT: *Stine* (1890)

Stine vom Löh auf großer Fahrt (1961)
R: Kreye, Walter Arthur; A: Kreye, Walter Arthur
BT: *Anker op* (1961)

Stinkwut (1986)
R: Verhoeven, Michael; A: Kusz, Fitzgerald
BT: *Stinkwut* (1980)

Stoff, aus dem die Träume sind, Der (1972)
R: Vohrer, Alfred; A: Simmel, Johannes Mario
BT: *Der Stoff, aus dem die Träume sind* (1971)

Stolen Identity (1953)
R: Fritsch, Gunther von; A: Lernet-Holenia, Alexander
BT: *Ich war Jack Mortimer* (1933)

Stolzer Hahn (1979)
R: Ostrowsky, Hartmut; A: Czerwenka, Rudi
BT: *Stolzer Hahn* (1979)

Story von Monty Spinnerratz, Die (1996)
R: Huse, Michael F.; A: Seidler, Tor
BT: *A Rat's Tale* (1986) (*Die Story von Monty Spinnerratz* 1988)

Strafbatallion 999 (1960)
R: Philipp, Harald; A: Konsalik, Heinz Günther (= Pahlen, Henry)
BT: *Strafbatallion 999* (1959)

Strafverteidiger, Der (1961)
R: Wild, Franz Josef; A: Rice, Elmer
BT: *Counsellor-at-Law* (1931) (*Der Staranwalt von Manhattan* 1934)

Straßenknotenpunkt (1955)
R: Farenburg, Hanns; A: Levi, Paolo
BT: (*Straßenknotenpunkt*)

Streichholz unterm Bett, Das (1955)
R: Krüger, Detlof; A: Čechov, Anton Pavlovič
BT: (*Das schwedische Zündholz*)

Streichquartett (1962)
R: Marischka, Georg; A: Szakall, Szöke (= Sakall, S. Z.)
BT: (*Streichquartett* 1950)

Streichquartett (1981)
R: Günther, Michael; A: Szakall, Szöke (= Sakall, S. Z.)
BT: (*Streichquartett* 1950)

Streit um den Sergeanten Grischa, Der (1963)
R: Mueller-Stahl, Hagen; A: Zweig, Arnold
BT: *Der Streit um den Sergeanten Grischa* (1927)

Streit um den Sergeanten Grischa, Der (1968)
R: Schiemann, Helmut; A: Zweig, Arnold
BT: *Der Streit um den Sergeanten Grischa* (1927)

Streit um des Esels Schatten, Der (1989)
R: Beck, Walter; A: Wieland, Christoph Martin
BT: *Die Abderiden* (1774)

Strick um den Hals, Der (1974)
R: Semmelroth, Wilhelm; A: Gaboriau, Emile
BT: *La corde au cou* (1873) (*Die tugendhafte Gräfin* 1968)

Striptease (1963)
R: Lilienthal, Peter; A: Mrozek, Slawomir
BT: *Strip-Tease* (1961)

Stromer, Der (1983)
R: Hawlik, Alois; A: Mander, Mathias
BT: *Der Stromer*

Struwwelpeter, Der (1954)
R: Genschow, Fritz; A: Hoffmann, Heinrich
BT: *Der Struwwelpeter* (1847)

Stück Himmel, Ein (1982/86)
R: Wirth, Franz Peter; A: David, Janina
BT: *A Square of Sky and A Touch of Earth* (1964) (*Ein Stück Himmel* 1981)
Stück Nacht trennt mich von dir, Ein (1983)
R: Haus, Dieter; A: Brandmeier, Monika
BT: *Ein Stück Nacht trennt mich von dir*
Stück von uns, Ein (1963)
R: Fiedler, Gerlach; A: Grass, Günter
BT: *Eine öffentliche Diskussion* (1963)
Stückgut (1970)
R: Winkler, Gerd; A: Lissner, Ivar
Studentin Helene Willfüer (1955)
R: Jugert, Rudolf; A: Baum, Vicki
BT: *Stud. Chem. Helene Willfüer* (1929)
Stühle des Herrn Szmil, Die (1979)
R: Jasny, Vojtech; A: Kipphardt, Heinar
BT: *Die Stühle des Herrn Szmil* (1958)
Stühle, Die (1964)
R: Zadek, Peter; A: Ionesco, Eugène
BT: *Les chaises* (1952) (*Die Stühle* 1960)
Stumme, Der (1976)
R: Meili, Gaudenz; A: Walther, Otto Friedrich
BT: *Der Stumme* (1959)
Stumme Diener, Der (1963)
R: Vollmar, Wolf; A: Pinter, Harold
BT: *The Dumb Waiter* (1960) (*Der stumme Diener* 1969)
Stumme Gast, Der (1945)
R: Braun, Harald; A: Fontane, Theodor
BT: *Unterm Birnbaum* (1885)
Stunde Aufenthalt, Eine (1975)
R: Hölzke, Hubert; A: Holland-Moritz, Renate
BT: *Eine Stunde Aufenthalt* (1973)
Stunde der Antigone, Die (1960)
R: Schröder-Jahn, Fritz; A: Hubalek, Claus
BT: *Die Stunde der Antigone* (1960)
Stunde der Füchse (1993)
R: Röhnfeldt, Detlef; A: Schönbohm, Wulf
BT: *Parteifreunde* (1990)
Stunde der Wahrheit (1958)
R: Burmester, Gustav; A: Böll, Heinrich
BT: *Bilanz* (1963)
Stunde des Leon Bisquet, Die (1986)
R: Büscher, Lutz; A: Simenon, Georges (= Sim, Georges; Aramis; Brulls, Christian)
Stunden vor dem Morgengrauen, Die (1996)
R: Gremm, Wolf; A: Fremlin, Celia (= Goller, Celia Margaret)
BT: *The Hours Before Dawn* (1958) (*Die Stunden vor Morgengrauen* 1987)
Sturm am Wilden Kaiser (1963)
R: Borsody, Eduard von; A: Klier, Heinrich E.
BT: *Sturm am Wilden Kaiser*
Sturm im Wasserglas (1955)
R: Purukker, Willy; A: Frank, Bruno
BT: *Sturm im Wasserglas* (1930)
Sturm im Wasserglas (1960)
R: Baky, Josef von; A: Frank, Bruno
BT: *Sturm im Wasserglas* (1930)
Sturm im Wasserglas (1969)
R: Grädler, Theodor; A: Frank, Bruno
BT: *Sturm im Wasserglas* (1930)
Sturm im Wasserglas (1990)
R: Graf, Rüdiger; A: Frank, Bruno
BT: *Sturm im Wasserglas* (1930)
Sturmzeit (1999)
R: Böhlich, Bernd; A: Link, Charlotte
BT: *Sturmzeit* (1989)
Sturz, Der (1978)
R: Brustellin, Alf; A: Walser, Martin
BT: *Der Sturz* (1973)
Sturzflieger, Die (1995)
R: Bringmann, Peter F.; A: Beleites, Edith
BT: *Die Sturzflieger* (1994)
Stützen der Gesellschaft, Die (1953)
R: Buckwitz, Harry; A: Ibsen, Henrik
BT: *Samfundets støtter* (1877) (*Stützen der Gesellschaft* 1878)
Stützen der Gesellschaft, Die (1978)
R: Schlechte, Werner; A: Ibsen, Henrik
BT: *Samfundets støtter* (1877) (*Stützen der Gesellschaft* 1878)
Suchkind 312 (1955)
R: Machaty, Gustav; A: Rhein, Eduard (= Hellmer, Klaus; Horster, Hans U.; Hulsen, Adrian)
BT: *Suchkind 312: Die Geschichte einer unerfüllten Liebe* (1955)
Süden (1972)
R: Klingenberg, Gerhard; A: Green, Julien
BT: *Sud* (1953) (*Der Mann, der aus der Fremde kommt* 1953)
Südsee - eigene Insel (1999)
R: Bahmann, Thomas; A: Friedrichs, Horst
BT: *Südsee - eigene Insel* (1999)
Südsee-Affäre (1965)
R: Wilhelm, Kurt; A: Coward, Noël (Pierce) Sir
BT: *South Sea Bubble* (1950)
Sünde der Engel, Die (1998)
R: Gremm, Wolf; A: Link, Charlotte
BT: *Die Sünde der Engel* (1996)
Sünde zuviel, Eine (1997)
R: Witte, Udo; A: Konsalik, Heinz Günther (= Pahlen, Henry)
BT: *Eine Sünde zuviel* (1966)

Sündenbock, Der (1965)
R: Umgelter, Fritz; A: Rinser, Luise
BT: *Der Sündenbock* (1955)
Sünderin vom Fernerhof, Die (1956)
R: Jugert, Rudolf; A: Anzengruber, Ludwig
BT: *Der Meineidbauer* (1871)
Sündige Dorf, Das (1966)
R: Jacobs, Werner; A: Ferner, Max (= Sommer, Max); Neal, Max
BT: *Das sündige Dorf* (1932)
Sündige Dorf, Das (1974)
R: Fischer, Olf; A: Ferner, Max (= Sommer, Max); Neal, Max
BT: *Das sündige Dorf* (1932)
Sündigen Engel, Die (1962)
R: Cremer, Ludwig; A: James, Henry
BT: *The Turn of the Screw* (1898) (*Die sündigen Engel* 1954)
Superweib, Des (1995)
R: Wortmann, Sönke; A: Lind, Hera
BT: *Das Superweib* (1994)
Susanna und der arme Teufel (1983)
R: Knust, Dieter; A: Clausen, Thomas
Süße Zeit mit Kalimagdora, Die (1967)
R: Lahola, Leopold; A: Weiss, Jan
Susi oder Das verschenkte Girl (1980)
R: Engel, Richard; A: Braune, Rudolf
BT: *Junge Leute in der Stadt* (1932)
Suturp - eine Liebesgeschichte (1981)
R: Keil, Gerd; A: Mann, Heinrich
BT: *Eine Liebesgeschichte* (1953)
Sylter Novelle (1983)
R: Deutsch, Peter; A: Storm, Theodor
BT: *Sylter Novelle* (1887)
Sylvia - eine Klasse für sich (1998)
R: Keusch, Erwin; Kranz, Heidi; A: Friedrichs, Horst
BT: *Sylvia - eine Klasse für sich* (1998)
System Fabrizi, Das (1972)
R: Moszkowicz, Imo; A: Husson, Albert
BT: *Système Fabrizzi* (1963) (*Das System Fabrizi*)
System II (1963)
R: Janko, Ilo von; A: Neveux, Georges
BT: *Le système deux* (1955)
System Ribadier (1981)
R: Witt, Claus Peter; A: Feydeau, Georges
BT: *Le système Ribadier* (1892)
Szenen aus dem Eheleben (1972)
R: Biltz, Karl Peter; A: Bermange, Barry
Szenen aus dem Paris der Jahrhundertwende (1953)
R: Barma, Claude; A: Courteline, Georges
BT: (*Pariser Geschichten: groteske Szenen und Einakter* 1956)
Szenen mit Elsbet (1971)
R: Hey, Richard; A: Hey, Richard
BT: *Szenen um Elsbet* (1969)
Tadellöser & Wolff (1975)
R: Fechner, Eberhard; A: Kempowski, Walter
BT: *Tadellöser & Wolff* (1971)
Tadesse, warum? (1994)
R: Baudissin, Christian; A: Söhl, Irmhild
BT: *Tadesse, warum?: Das kurze Leben eines äthiopischen Kindes in einem deutschen Dorf* (1991)
Tag, an dem Anton nicht ankam (6 Teile), Der (1989)
R: Lhotsky, Georg; A: Schreiber-Wicke, Edith
BT: *Der Tag, an dem Anton nicht ankam* (1983)
Tag, an dem die Kinder verschwanden, Der (1967)
R: York, Eugen; A: Philips, Judson Pentecost (=Pentecost, Hugh)
Tag der Abrechnung, Der (1982)
R: Schadewald, Bernd; A: Highsmith, Patricia
Tag der offenen Tür (1967)
R: Verstappen, Wim; A: Herburger, Günter
BT: *Tag der offenen Tür* (1966)
Tag des Krähenflügels, Der (1970)
R: Wild, Franz Josef; A: Winiewicz, Lida
BT: *Der Tag des Krähenflügels* (1970)
Tag des Zornes, Der (1966)
R: Meisel, Kurt; A: Brandstätter, Roman
BT: *Dzien gniewa* (1962) (*Der Tag des Zornes* 1964)
Tag fast wie sonst, Ein (1955)
R: Götz-Pflug, Curt; A: Böll, Heinrich
BT: *Ein Tag wie sonst* (1980)
Tag für Tag (1969)
R: Müller, Hans-Reinhard; A: Wesker, Arnold
BT: *Roots* (1959)
Tag im April, Ein (1965)
R: Wild, Franz Josef; A: Benedetti, Aldo de
Tag im Leben von ..., Ein (1961)
R: Fux, Herbert; A: Popplewell, Jack
BT: *A Day in the Life of ...* (1959) (*Ein Tag im Leben von ...* 1960)
Tag ohne Morgen, Ein (1966)
R: Haaf, Wilm ten; A: Deval, Jacques
Tage der Rache (1970)
R: Mezger, Theo; A: Mason, Edward J.; Willis, Ted

Tagebuch (1975)
R: Thome, Rudolf; A: Goethe, Johann Wolfgang von
BT: *Die Wahlverwandtschaften* (1809)
Tagebuch des Verführers (1979)
R: Hild, Michael; A: Kierkegaard, Søren
BT: *Forførens dagbog* (1843) (*Tagebuch des Verführers* 1903)
Tagebuch einer Verliebten (1953)
R: Baky, Josef von; A: Nelken, Dinah
BT: *Ich an mich* (1951)
Tagebuch eines Frauenmörders (1969)
R: Käutner, Helmut; A: Békefi, István (Stephan); Stella, Adorján
Tagebuch für einen Mörder (1988)
R: Gottlieb, Franz Josef; A: Durbridge, Francis Henry
BT: *A Touch of Fear*
Tageszeiten der Liebe (1958)
R: Moszkowicz, Imo; A: Niccodemi, Dario
BT: *L'alba, il giorno e la notte* (1921) (*Tageszeiten der Liebe* 1940)
Taiga (1958)
R: Liebeneiner, Wolfgang; A: Reinecker, Herbert
BT: *Taiga* (1958)
Tal der sieben Monde, Das (1966)
R: Kolditz, Gottfried; A: Thürk, Harry
BT: *Das Tal der sieben Monde* (1960)
Talisman, Der (1969)
R: Klingenberg, Gerhard; A: Nestroy, Johann Nepomuk
BT: *Der Talisman* (1843)
Talisman, Der (1981)
R: Ammann, Max Peter; A: Nestroy, Johann Nepomuk
BT: *Der Talisman* (1843)
Talmas Ende (1965)
R: Wagner, Klaus; A: Polgar, Alfred
BT: *Talmas Ende*
Tamara (1968)
R: Pohland, Hans-Jürgen; A: Martin, Hansjörg
BT: *Keinen Schnaps für Tamara* (1966)
Tandem (1991)
R: Stephan, Bernhard; A: Schirmer, Bernd
Tangospieler, Der (1990)
R: Gräf, Roland; A: Hein, Christoph
BT: *Der Tangospieler* (1989)
Tanker (1969)
R: Vogeler, Volker; A: Herburger, Günter
BT: *Tanker* (1965)
Tannerhütte, Die (1976)
R: Kratisch, Ingo; Lüdcke, Marianne; A: Pinner, Felix
BT: *Die Tannerhütte* (1928)
Tante Frieda - Neue Lausbubengeschichte (1965)
R: Jacobs, Werner; A: Thoma, Ludwig
BT: *Tante Frieda* (1907)
Tante Jolesch, Die (1979)
R: Henschel, Wolfgang F.; A: Torberg, Friedrich
BT: *Die Tante Jolesch oder Der Untergang des Abendlandes in Anekdoten* (1975)
Tante Jutta aus Kalkutta (1953)
R: Külb, Karl Georg; A: Reimann, Max; Schwartz, Otto
BT: *Familie Hannemann* (1951)
Tanz auf der Kippe (1991)
R: Brauer, Jürgen; A: Koch, Jurij
BT: *Augenoperation* (1988)
Tanz des Sergeanten Musgrave, Der (1969)
R: Umgelter, Fritz; A: Arden, John
BT: *Sergeant Musgrave's Dance* (1959)
Tanz ins Glück (1952)
R: Stöger, Alfred; A: Bodansky, Robert; Hardt-Warden, Bruno; Stolz, Robert
BT: *Der Tanz ins Glück* (1920)
Tanzende Herz, Das (1953)
R: Liebeneiner, Wolfgang; A: Fichelscher, Walter F.
Tanzstunde eines jungen Mannes (1981)
R: Büchner, Norbert; A: Floss, Rolf
BT: *Tanzstunde eines jungen Mannes* (1979)
Tapfere Schneiderlein, Das (1956)
R: Spieß, Helmut; A: Grimm, Jakob Ludwig Carl; Grimm, Wilhelm Carl
BT: *Das tapfere Schneiderlein* (1812)
Tapfere Schneiderlein, Das (1981)
R: Jessen, Uwe-Detlev; A: Grimm, Jakob Ludwig Carl; Grimm, Wilhelm Carl
BT: *Das tapfere Schneiderlein* (1812)
Tarabas (1982)
R: Kehlmann, Michael; A: Roth, Joseph
BT: *Tarabas, ein Gast auf dieser Erde* (1934)
Tarare (1989)
R: Martinoty, Jean-Louis; A: Beaumarchais, Pierre Augustin Caron de; Salieri, Antonio
BT: *Tarare* (1787)
Tarot (1985)
R: Thome, Rudolf; A: Goethe, Johann Wolfgang von
BT: *Die Wahlverwandtschaften* (1809)
Tartuffe (1964)
R: Lauterbach, Ulrich; A: Molière, Jean Baptiste
BT: *Le Tartuffe* (1669)

Tarzan und die verlorene Stadt (1997)
R: Schenkel, Carl; A: Burroughs, Edgar Rice
BT: *Tarzan and the Forbidden City* (1938)
Tatort - Bienzle und das Narrenspiel (1994)
R: Griesmayr, Hartmut; A: Huby, Felix (= Hungerbühler, Eberhard)
BT: *Bienzle und das Narrenspiel* (1988)
Tatort - Bienzle und der Biedermann (1992)
R: Adam, Peter; A: Huby, Felix (= Hungerbühler, Eberhard)
BT: *Bienzle und der Biedermann* (1994)
Tatort - Bienzle und der Champion (1998)
R: Schlotterbeck, Dieter; A: Huby, Felix (= Hungerbühler, Eberhard)
BT: *Bienzle und der Champion* (1999)
Tatort - Bienzle und die kalte Wut (1998)
R: Griesmayr, Hartmut; A: Huby, Felix (= Hungerbühler, Eberhard)
BT: *Bienzle und die lange Wut* (2000)
Tatort - Bienzle und die schöne Lau (1993)
R: Griesmayr, Hartmut; A: Huby, Felix (= Hungerbühler, Eberhard)
BT: *Bienzle und die schöne Lau* (1993)
Tatort - Passion (2000)
R: Hofmann, Ilse; A: Mitterer, Felix
BT: *Stigma: eine Passion* (1982)
Tatort - Sein letzter Wille (1988)
R: Griesmayr, Hartmut; A: Huby, Felix (= Hungerbühler, Eberhard)
BT: *Sein letzter Wille* (1979)
Taubenjule (1983)
R: Kratzert, Hans; A: Bergner, Edith; Zaprasis, Fotis
BT: *Das Mädchen mit dem roten Pullover* (1975)
Taugenichts (1978)
R: Sinkel, Bernhard; A: Eichendorff, Joseph Freiherr von
BT: *Aus dem Leben eines Taugenichts* (1826)
Taxi nach Leipzig (1970)
R: Schulze-Rohr, Peter; A: Werremeier, Friedhelm
BT: *Taxi nach Leipzig* (1970)
Tea Party (Teegesellschaft) (1968)
R: Wolffhardt, Rainer; A: Pinter, Harold
BT: *Tea Party and Other Plays* (1967) (*Teegesellschaft* 1968)
Tee und etwas Sympathie (1967)
R: Kolman, Trude; A: Anderson, Robert
BT: *Tea and Sympathy* (1953) (dt. 1955)
Teegebäck und Platzpatronen (1980)
R: Spier, Wolfgang; A: Carmichael, Fred
BT: (*Teegebäck und Platzpatronen*)
Tempel des Satans (1962)
R: Leopold, Georg; A: Schreyer, Wolfgang
BT: *Tempel des Satans* (1960)
Teppich des Grauens, Der (1962)
R: Reinl, Harald; A: Weinert-Wilton, Louis (= Weinert, Alois)
BT: *Der Teppich des Grauens* (1938)
Teufel fährt in der 3. Klasse, Der (1954)
R: Schröder-Jahn, Fritz; A: Bock, Christian
BT: (*Der Teufel fährt in der 3. Klasse*)
Teufel in Seide (1955)
R: Hansen, Rolf; A: Kaus, Gina
BT: *Der Teufel nebenan* (1939)
Teufel ist los, Der (1961)
R: Hamel, Peter; A: Grabbe, Christian Dietrich
BT: *Scherz, Satire, Ironie und tiefere Bedeutung* (1827)
Teufel kam aus Akasawa, Der (1970)
R: Franco, Jess; A: Wallace, Richard Horatio Edgar
BT: *The Devil Came from Akasawa*
Teufel lebt nicht mehr, mein Herr, Der (1979)
R: Wild, Franz Josef; A: Jens, Walter
BT: *Der Teufel ... Ein Totengespräch zwischen Lessing und Heine*
Teufel mit den drei goldenen Haaren, Der (1955)
R: Wilhelm Hans F.; A: Grimm, Jakob Ludwig Carl; Grimm, Wilhelm Carl
BT: *Der Teufel mit den drei goldenen Haaren* (1812)
Teufel und der liebe Gott, Der (1967)
R: Beauvais, Peter; A: Sartre, Jean-Paul
BT: *Le Diable et le Bon Dieu* (1951)
Teufel vom Mühlenberg, Der (1954)
R: Ballmann, Herbert; A: Anonym
Teufels Advokat, Des (1977)
R: Green, Guy; A: West, Morris L.
BT: *The Devil's Advocate* (1959) (*Des Teufels Advokat* 1960)
Teufels General, Des (1954)
R: Käutner, Helmut; A: Zuckmayer, Carl
BT: *Des Teufels General* (1946)
Teufels General, Des (1997)
R: Castorf, Frank; A: Zuckmayer, Carl
BT: *Des Teufels General* (1946)
Teufels Paradies, Des (1989)
R: Glowna, Vadim; A: Conrad, Joseph
BT: *Victory* (1915) (*Sieg* 1927)
Teufelsbraut, Die (1966)
R: Matiasek, Helmuth; A: Kranewitter, Franz
BT: *Die Teufelsbraut* (1911)

Teufelsbraut, Die (1977)
R: Schwarze, Hans-Dieter; A: Kranewitter, Franz
BT: *Die Teufelsbraut* (1911)
Teufelskreis, Der (1956)
R: Balhaus, Carl; A: Zinner, Hedda
BT: *Der Teufelskreis* (1953)
Teufelskreis, Der (1982)
R: Drinda, Horst; Grabowsky, Klaus; A: Zinner, Hedda
BT: *Der Teufelskreis* (1953)
Teufelsspur, Die (1964)
R: Umgelter, Fritz; A: Jamiaque, Yves (= Jedwab, Isaac)
BT: *La queue du diable* (1958)
Tevye und seine sieben Töchter (1967)
R: Golan, Menahem; A: Scholem Aleichem (= Rabinowitz, Sholem Yakov)
BT: *Tewje der Milchiger* (1894) (dt. 1921)
Tevye und seine Töchter (1962)
R: Klingenberg, Gerhard; A: Scholem Aleichem (= Rabinowitz, Sholem Yakov)
BT: *Tewje der Milchiger* (1894) (dt. 1921)
Theater in Trance (1981)
R: Fassbinder, Rainer Werner; A: Artaud, Antonin
BT: *Le théâtre et son double* (1938)
Theaterblut (1985)
R: Günther, Michael; A: Gray, Simon
BT: *Stage Struck* (1979)
Theodor Chindler. Die Geschichte einer deutschen Familie (1979)
R: Geissendörfer, Hans W.; A: Brentano, Bernard von
BT: *Theodor Chindler* (1936)
Theorie und Praxis (1962)
R: Ode, Erik; A: Popplewell, Jack
BT: *Dear Children* (1967) (*Theorie und Praxis* 1969)
Therese Raquin (1956)
R: Burmester, Gustav; A: Zola, Émile
BT: *Thérèse Raquin* (1867) (*Thérèse Raquin* 1884)
Therese Raquin (1966)
R: Korngiebel, Hanns; A: Zola, Émile
BT: *Thérèse Raquin* (1867) (*Thérèse Raquin* 1884)
Thomas More (1964)
R: Klingenberg, Gerhard; A: Bolt, Robert Oxton
BT: *A Man for All Seasons* (1960) (*Thomas More* 1960)
Thomas Müntzer (1955/56)
R: Hellberg, Martin; A: Wolf, Friedrich (Baetz, Christian; Rüedi, Hans; Dr. Isegrimm)
BT: *Thomas Müntzer. Der Mann mit der Regenbogenfahne* (1953)
Thron für Christine, Ein (1959)
R: Amadori, Luis Cesar; A: Rubio, José López (= Lopez Rubio, José)
BT: *Un tron para Christy* (1952)
Tiefe blaue See (1971)
R: Müller, Hans-Reinhard; A: Rattigan, Terence
BT: *The Deep Blue Sea* (1952) (*Tiefe blaue See* 1953)
Tiefe Wasser (1983)
R: Wirth, Franz Peter; A: Highsmith, Patricia
BT: *Deep Water* (1957) (*Stille Wasser sind tief* 1963)
Tiefer blauer See (1981)
R: Noczynski, Fred; A: Beseler, Horst
BT: *Tiefer blauer See* (1976)
Tiefland (1954)
R: Riefenstahl, Leni; A: Albert, Eugen d'; Guimerá, Angel; Lothar, Rudolf
BT: *Tierra Baja* (1903) (*Tiefland* 1904)
Tiefland (1964)
R: Kelch, Werner; A: Albert, Eugen d'; Guimerá, Angel; Lothar, Rudolf
BT: *Tierra Baja* (1903) (*Tiefland* 1904)
Tiefparterre (1968)
R: Moszkowicz, Imo; A: Pinter, Harold
BT: *The Basement* (1967) (*Tiefparterre* 1967)
Tiefschlag (1964)
R: Defrank, Rolf; A: O'Cleaner, James
Tiger Akbar, Der (1950/51)
R: Piel, Harry; A: Quindt, William
BT: *Der Tiger Akbar* (1933)
Tiger von Eschnapur, Der (1958)
R: Lang, Fritz; A: Harbou, Thea von
BT: *Das indische Grabmal* (1917)
Tigerin, Die (1992)
R: Howard, Karin; A: Serner, Walter (= Seligmann, Walter)
BT: *Die Tigerin: eine absonderliche Liebesgeschichte* (1925)
Till Eulenspiegel (1971)
R: Ophüls, Marcel; A: Bote, Hermann
BT: *Dil Ulenspiegel* (1515)
Till Eulenspiegel (1974)
R: Simon, Rainer; A: Wolf, Christa
BT: *Till Eulenspiegel. Erzählung für den Film* (1973)

Till Ulenspiegel, der lachende Rebell (1956)
R: Philipe, Gérard; A: Coster, Charles de
BT: *La legende et les aventures ... d'Ulenspiegel* (1868) (*Tyll Ulenspiegel und Lamm Goedzak: Legende von ihren heroischen,lustigen und ruhmreichen Abenteuern im Lande Flandern und andern Orts* 1909)

Tim Frazer (1963)
R: Quest, Hans; A: Durbridge, Francis Henry
BT: *The world of Tim Frazer* (1962) (*Tim Frazer* 1963)

Tim Frazer - Der Fall Salinger (1964)
R: Quest, Hans; A: Durbridge, Francis Henry
BT: *Tim Frazer Again* (1964) (*Tim Frazer und der Fall Salinger* 1965)

Timm Thaler (1979)
R: Rothemund, Sigi; A: Krüss, James
BT: *Timm Thaler* (1962)

Timon von Athen (1979)
R: Döpke, Oswald; A: Shakespeare, William
BT: *Timon of Athens* (1608)

Tinko (1957)
R: Ballmann, Herbert; A: Strittmatter, Erwin
BT: *Tinko* (1954)

Tippfehler (1981)
R: Dietrich, Wolf; A: Purucker, Willy A.
BT: *Tippfehler*

Tischlein deck' dich (1956)
R: Alten, Jürgen von; A: Grimm, Jakob Ludwig Carl; Grimm, Wilhelm Carl
BT: *Tischlein deck' dich, Esel streck' dich ...* (1812)

Tischlein deck' dich (1979)
R: Pichler, Ernst; A: Grimm, Jakob Ludwig Carl; Grimm, Wilhelm Carl
BT: *Tischlein deck' dich, Esel streck' dich ...* (1812)

Tobias Knopp, Abenteuer eines Junggesellen (1950)
R: Fieber, Gerhard; Liebeneiner, Wolfgang; A: Busch, Wilhelm
BT: *Tobias Knopp* (1875)

Tobias Totz und sein Löwe (1999)
R: Rothkirch, Thilo; Rycker, Piet de; A: Rothkirch, Leonhard Graf von; Rothkirch, Thilo Graf von
BT: *Tobias Totz und sein Löwe* (1982)

Tochter des Brunnenmachers, Die (1956)
R: Haaf, Wilm ten; A: Pagnol, Marcel
BT: *La fille du puisatier* (1940) (*Die Tochter des Brunnenmachers* 1955)

Tochter des Brunnenmachers, Die (1965)
R: Schwarze, Hans-Dieter; A: Pagnol, Marcel
BT: *La fille du puisatier* (1940) (*Die Tochter des Brunnenmachers* 1955)

Tochter des Schweigens (1978)
R: Schwarze, Hans-Dieter; A: West, Morris L.
BT: *Daughter of Silence* (1962)

Tochter, Die (1956)
R: Collande, Volker von; A: McCrone, Guy
BT: *Edenbrook's Daughter*

Tod auf der Spur, Dem (1988)
R: Gremm, Wolf; A: Wilhelm, Kate
BT: *The Winter Beach* (1981) (*Winterlicher Strand*)

Tod auf der Spur, Dem (1997)
R: Herrero, Gerardo; A: Pérez-Reverte, Arturo
BT: *Territorio commanche* (1994)

Tod auf der Themse (1973)
R: Döpke, Oswald; A: Snow, Charles Percy
BT: *Death under Sail* (1932)

Tod des alten Mannes, Der (1984)
R: Unger, Michael; A: Richter, Egon
BT: *Der Tod des alten Mannes* (1983)

Tod des Empedokles, Der (1987)
R: Huillet, Danièle; Straub, Jean-Marie; A: Hölderlin, Friedrich
BT: *Der Tod des Empedokles* (1826)

Tod des Handlungsreisenden, Der (1958)
R: Wirth, Franz Peter; A: Miller, Arthur
BT: *Death of a Salesman* (1949) (*Der Tod des Handlungsreisenden* 1950)

Tod des Handlungsreisenden, Der (1963)
R: Kehlmann, Michael; A: Miller, Arthur
BT: *Death of a Salesman* (1949) (*Der Tod des Handlungsreisenden* 1950)

Tod des Iwan Iljitsch, Der (1967)
R: Heyme, Hansgünther; A: Tolstoj, Leo
BT: *Smert' Ivana Il'ica* (1886) (*Der Tod des Iwan Iljitsch* 1913)

Tod des Judas, Der (1965)
R: Dhomme, Sylvain; A: Claudel, Paul
BT: *Mort de Judas* (1936)

Tod des Junggesellen (1968)
R: Fuchs, Herbert; A: Schnitzler, Arthur
BT: *Der Tod des Junggesellen* (1912)

Tod des Kleinbürgers, Der (1974)
R: Hollmann, Hans; A: Werfel, Franz
BT: *Der Tod des Kleinbürgers* (1927)

Tod des Sokrates, Der (1957)
R: Berger, Ludwig; A: Platon
BT: *Phaidon* (367 v.C.)

Tod des Sokrates, Der (1967)
R: Rilla, Walter; A: Platon
BT: *Phaidon* (367 v.C.)
Tod eines Handlungsreisenden (1985)
R: Schlöndorff, Volker; A: Miller, Arthur
BT: *Death of a Salesman* (1949) (*Der Tod des Handlungsreisenden* 1950)
Tod im Apfelbaum (Galgenfrist), Der (1960)
R: Semmelroth, Wilhelm; A: Osborn, Paul
BT: *On Borrowed Time* (1938) (*Galgenfrist* 1947)
Tod im Elefantenhaus (1987)
R: Schadewald, Bernd; A: Weissflog, Peter
BT: *Tod im Elefantenhaus* (1982)
Tod im roten Jaguar, Der (1968)
R: Reinl, Harald; A: Cotton, Jerry (= Höber, Heinz-Werner; Müller, Heinz-Werner)
BT: *Der Tod im roten Jaguar* (1968)
Tod in der Flasche, Der (1973)
R: Keil, Gerd; A: Smirnow, Viktor
BT: *Der Tod in der Flasche*
Tod in Sacre Coeur (1987)
R: Kirchner, Wolfgang; A: Pézeril, Daniel
BT: (*Tod in Sacre Coeur*)
Tod in Venedig (1971)
R: Visconti, Luchino; A: Mann, Thomas
BT: *Tod in Venedig* (1913)
Tod kam als Freund, Der (1991)
R: Hofmann, Nico; A: Popp, Walter; Schlink, Bernhard
BT: *Selbs Justiz* (1987)
Tod kommt durch die Tür, Der (1983)
R: Gremm, Wolf; A: Slesar, Henry
BT: *The Thing At The Door* (1974) (*Hinter der Tür* 1978)
Tod oder Freiheit (1978)
R: Gremm, Wolf; A: Schiller, Friedrich von
BT: *Die Räuber* (1781)
Tod ritt Dienstags, Der (1967)
R: Valerii, Tonino; A: Barker, Ronald Ernest
BT: (*Der Tod ritt Dienstags*)
Tod und Auferstehung des Wilhelm Hausmann (1977)
R: Mühl, Christa; A: Brecht, Bertolt
BT: *Der Arbeitsplatz oder Im Schweiße deines Angesichts sollst du kein Brot essen* (1930)
Todesarten (1977)
R: Horbelt, Rainer; A: Körner, Wolfgang
Todesfall wird vorbereitet, Ein (1963)
R: Fruchtmann, Karl; A: Popplewell, Jack
BT: *Someone to Kill* (1959) (*Ein Todesfall wird vorbereitet* 1960)
Todesfuge, Die (1977)
R: Dubowski, Grzegorz; Opel, Adolf; A: Celan, Paul
BT: *Die Todesfuge* (1948)
Todeskuß des Dr. Fu Man Chu, Der (1968)
R: Franco, Jess; A: Rohmer, Sax (= Ward, Arthur Sarsfield)
BT: *Dr. Fu Manchu* (1913)
Todesrächer von Soho, Der (1971)
R: Franco, Jess; A: Wallace, Bryan Edgar
Todesschüsse am Broadway (1968)
R: Reinl, Harald; A: Cotton, Jerry (= Höber, Heinz-Werner; Müller, Heinz-Werner)
BT: *Todesschüsse am Broadway* (1967)
Todesspiel (1997)
R: Breloer, Heinrich; A: Breloer, Heinrich
BT: *Todesspiel* (1996)
Tödliche Dienstreise (1996)
R: Müller, Ray; A: Chraïbi, Driss
BT: *Une enquête au pays* (1982) (*Ermittlungen im Landesinnern* 1992)
Tödliche Liebe (1986)
R: Gremm, Wolf; A: Fremlin, Celia (= Goller, Celia Margaret)
BT: *Possession* (1969) (*Klimax oder außerordentliches Beispiel von Mutterliebe* 1972)
Tödliche Lüge, Die (1956)
R: Lothar, Frank; A: Oelschlegel, Gerd
BT: *Die tödliche Lüge* (1956)
Tödlichen Träume, Die (1950)
R: Martin, Paul; A: Hoffmann, Ernst Theodor Amadeus
BT: *Die Serapionsbrüder* (1821)
Tödlicher Ausgang (1979)
R: Barabás, Stanislav; A: Andresen, Thomas (= Christ, Martin)
Tödliches Geheimnis (4 Teile) (1980)
R: Wise, Herbert; A: Godwin, William
BT: *Things as They Are or The Adventures of Caleb Williams* (1790) (*Caleb Williams oder Die Dinge wie sie sind* 1931)
Tödliches Geld (1995)
R: Rönfeldt, Detlef; A: Herlin, Hans
BT: *Die Belmonts* (1992)
Tolldreisten Geschichten nach Honoré de Balzac, Die (1968)
R: Zachar, Josef; A: Balzac, Honoré de
BT: *Contes drôlatiques* (1837) (*Drollige Erzählungen*)

Tolle Bomberg, Der (1957)
R: Thiele, Rolf; A: Winckler, Josef
BT: *Der tolle Bomberg* (1922)
Tolle Lola, Die (1954)
R: Deppe, Hans; A: Benatzky, Ralph; Hirsch, Hugo; Kadelburg, Gustav; Rebner, Arthur
BT: *Die tolle Lola* (1922)
Tolle Tag, Der (1962)
R: Erfurth, Ulrich; A: Beaumarchais, Pierre Augustin Caron de
BT: *La folle journée ou le mariage de Figaro* (1785) (dt. 1906)
Toller Hecht auf krummer Tour (1961)
R: Ráthony, Ákos von; A: Groß, Heinz; Schleinitz, Egon G.
BT: *Toller Hecht auf krummer Tour* (1959)
Toller Tag, Ein (1945)
R: Schuh, Oscar Fritz; A: Beaumarchais, Pierre Augustin Caron de
BT: *La folle journée ou le mariage de Figaro* (1785) (dt. 1906)
Tollste Tag, Der (1983)
R: Welunschek, Karl; A: Turrini, Peter
BT: *Der tollste Tag* (1973)
Tölpelhans (1989)
R: Schwarz, Bodo; A: Andersen, Hans Christian
BT: (*Tölpelhans*)
Tom Dooley - Held der grünen Hölle (1957/58)
R: Sulistrowski, Zygmunt; A: Manville, Anita
Tom Sawyers und Huckleberry Finns Abenteuer (1968)
R: Liebeneiner, Wolfgang; A: Twain, Mark
BT: *The Adventures of Tom Sawyer* (1876) (*Die Abenteuer von Tom Sawyer* 1876)
Tom und Hucks Ballonfahrt (1972)
R: Moorse, George; A: Twain, Mark
BT: *The Adventures of Tom Sawyer* (1876) (*Die Abenteuer von Tom Sawyer* 1876)
Tom und seine Söhne (1964)
R: Umgelter, Fritz; A: Murphy, John
BT: *The Country Boy* (1960)
Tommaso Blu (1988)
R: Furtwängler, Florian; A: Ciaula, Tommaso Di
BT: *Tuta Blu: ire, ricordi e sogni di un operaio del Sud* (1978) (*Der Fabrikaffe und die Bäume: Wut, Erinnerungen und Träume eines apulischen Bauern, der unter die Arbeiter fiel* 1983)
Tonino und Toinette (1994)
R: Schwarzenberger, Xaver; A: Preradovic, Paula von
BT: *Pavel und Pero* (1940)
Tonio Kröger (1964)
R: Thiele, Rolf; A: Mann, Thomas
BT: *Tonio Kröger* (1914)
Tor und der Tod, Der (1974)
R: Eigler, Gernot; A: Hofmannsthal, Hugo von
BT: *Der Thor und der Tod* (1900)
Torquato Tasso (1968)
R: Moszkowicz, Imo; A: Goethe, Johann Wolfgang von
BT: *Torquato Tasso* (1789)
Tot auf Halde (1995)
R: Kotulla, Theodor; A: Jaeger, Henry
BT: *Glückauf Kumpel oder Der große Beschiß* (1988)
Totale Familie, Die (1981)
R: Schmidt, Ernst jr.; A: Doderer, Heimito von
BT: *Die Merowinger oder Die totale Familie* (1962)
Tote auf Urlaub (1980)
R: Davy, Walter; A: Dor, Milo
BT: *Tote auf Urlaub* (1952)
Tote aus der Themse, Die (1971)
R: Philipp, Harald; A: Wallace, Richard Horatio Edgar
Tote Gabriel, Der (1968)
R: Dietrich, Wolf; A: Schnitzler, Arthur
BT: *Der tote Gabriel* (1912)
Tote leben länger (1990)
R: Krämer, Innes Anna; A: Riedel, Helga
BT: *Wiedergänger* (1984)
Tote leben nicht allein (1990)
R: Grosse, Nina; A: Boileau, Pierre; Narcejac, Thomas
BT: *Le tenaille* (1975) (*Wenn eine Tote mit zwei Männern lebt* 1977)
Tote ohne Begräbnis (1964)
R: Wolffhardt, Rainer; A: Sartre, Jean-Paul
BT: *Morts sans sépulture* (1946) (*Tote ohne Begräbnis* 1949)
Tote Onkel, Der (1981)
R: Lhotsky, Georg; A: Marginter, Peter
BT: *Der tote Onkel* (1967)
Tote soll ermordet werden, Eine (1972)
R: Semmelroth, Wilhelm; A: Freund, Philip
BT: *The Pursuit of Dr. Plummer*
Tote von Beverly Hills, Die (1964)
R: Pfleghar, Michael; A: Goetz, Curt
BT: *Die Tote von Beverly Hills* (1951)

Toten Augen von London, Die (1961)
R: Vohrer, Alfred; A: Wallace, Richard Horatio Edgar
BT: *The Dark Eyes of London* (1924) (*Die toten Augen von London* 1961)
Toten bleiben jung, Die (1968)
R: Kunert, Joachim; A: Seghers, Anna
BT: *Die Toten bleiben jung* (1949)
Toten schweigen, Die (1968)
R: Lesowsky, Wolfgang; A: Schnitzler, Arthur
BT: *Die Toten schweigen* (1898)
Toteninsel, Die (1955)
R: Tourjansky, Viktor; A: Rhein, Eduard (= Hellmer, Klaus; Horster, Hans U.; Hulsen, Adrian)
BT: *Die Toteninsel: Der Roman einer ausweglosen Liebe* (1951)
Totenreich, Das (1985)
R: Brandauer, Karin; A: Pontoppidan, Henrik
BT: *De doedes rige* (1916) (*Das Totenreich* 1920)
Totenschiff, Das (1959)
R: Tressler, Georg; A: Traven, B. (Bruno) (= Marut, Ret; Maurhut, Richard; Torsvan, Traven)
BT: *Das Totenschiff* (1926)
Totentanz (1970)
R: Müller, Hans-Reinhard; A: Strindberg, August
BT: *Dödsdansen* (1901) (*Totentanz*)
Toter stoppt den 6 Uhr 10, Ein (1972)
R: Braun, Michael; A: Murr, Stefan
BT: *Ein Toter stoppt den 6 Uhr 10* (1972)
Toter Taucher nimmt kein Gold, Ein (1974)
R: Reinl, Harald; A: Konsalik, Heinz Günther (= Pahlen, Henry)
BT: *Ein toter Taucher nimmt kein Gold* (1973)
Totstellen (1975)
R: Corti, Axel; A: Scharang, Michael
BT: *Der Sohn eines Landarbeiters* (1976)
Towarisch (1955)
R: Tannert, Hannes; A: Deval, Jacques
BT: *Tovaritch* (1934) (*Towàrisch* 1935)
Towarisch (1961)
R: Ammann, Max Peter; A: Deval, Jacques
BT: *Tovaritch* (1934) (*Towàrisch* 1935)
Trabant zu verkaufen (1981)
R: Kulosa, Christa; A: Pörschmann, Jürgen
BT: *Trabant zu verkaufen*
Tragödie auf der Jagd (1987)
R: Klingenberg, Gerhard; A: Čechov, Anton Pavlovič
BT: (*Tragödie auf der Jagd*)
Tragödie einer Leidenschaft (1949)
R: Meisel, Kurt; A: Leskov, Nikolaj Semenovič
BT: *Pavlin* (*Pawlin* 1945)
Tränende Herzen (1980)
R: Pfahl, Berengar; A: Steinwachs, Ginka
BT: *Tränende Herzen* (1977)
Transaktion, Die (1966)
R: Hädrich, Rolf; A: Mrozek, Slawomir
BT: (*Die Transaktion*)
Transport, Der (1961)
R: Roland, Jürgen; A: Altendorf, Wolfgang
BT: *Der Transport* (1959)
Trauer muß Elektra tragen (1970)
R: Beauvais, Peter; A: O'Neill, Eugene (Gladstone)
BT: *Mourning Becomes Electra* (1931) (*Trauer muß Elektra tragen* 1947)
Trauerspiel von Julius Cäsar, Das (1969)
R: Kehlmann, Michael; A: Shakespeare, William
BT: *Julius Caesar* (1599)
Traum des Hauptmann Loy, Der (1961)
R: Maetzig, Kurt; A: Schreyer, Wolfgang
BT: *Der Traum des Hauptmann Loy* (1956)
Traum vom Elch, Der (1986)
R: Kühn, Siegfried; A: Otto, Herbert
BT: *Der Traum vom Elch* (1983)
Traum vom schlafenden Hund, Der (1998)
R: Gisler, Marcel; A: Frank, Martin
BT: *Ter Fögi ische Souhung* (1998)
Träumende Mädchen, Das (1956)
R: Tannert, Hannes; A: Rice, Elmer
BT: *Dream Girl* (1946) (*Das träumende Mädchen* 1950)
Träumende Mund, Der (1952)
R: Baky, Josef von; A: Bernstein, Henry
BT: *Melo* (1929)
Traumfrau, Die (1978)
R: Überall, Klaus; A: Marsh, Reginald
BT: *You're Out Of My Mind* (*Die Traumfrau* 1977)
Traumfrau mit Nebenwirkungen (1998)
R: Freundner, Thomas; A: Fried, Amelie
BT: *Traumfrau mit Nebenwirkungen* (1996)
Traumnovelle (1969)
R: Glück, Wolfgang; A: Schnitzler, Arthur
BT: *Traumnovelle* (1926)
Traumspiel, Ein (1959)
R: Semmelroth, Wilhelm; A: Strindberg, August
BT: *Et drömspel* (1902) (*EinTraumspiel*)

Traumstadt (1973)
R: Schaaf, Johannes; A: Kubin, Alfred
BT: *Die andere Seite* (1909)
Traumulus (1965)
R: Collande, Volker von; A: Holz, Arno; Jerschke, Oskar
BT: *Traumulus* (1904)
Traurige Geschichte von Friedrich dem Großen, Die (1983)
R: Lang, Alexander; A: Mann, Heinrich
BT: *Die traurige Geschichte von Friedrich dem Grossen* (1958)
Trauschein, Der (1984)
R: Kishon, Ephraim; Reichel, Hans W.; A: Kishon, Ephraim
BT: *The Licence* (*Der Trauschein* 1960)
Treffen in Travers (1988)
R: Gwisdek, Michael; A: Hofmann, Fritz
Treffpunkt im Unendlichen (1984)
R: Königstein, Horst; A: Mann, Klaus
BT: *Treffpunkt im Unendlichen* (1932)
Treibhaus, Das (1986/1987)
R: Goedel, Peter; A: Koeppen, Wolfgang
BT: *Das Treibhaus* (1953)
Treue (1979)
R: Hesse, Volker; A: Schwarz, Manfred
BT: *Treue* (1979)
Treue Johannes, Der (1988)
R: Luther, Miloslav; A: Grimm, Jakob Ludwig Carl; Grimm, Wilhelm Carl
BT: *Der treue Johannes* (1812)
Treuer Diener seines Herrn, Ein (1967)
R: Semmelroth, Wilhelm; A: Grillparzer, Franz
BT: *Ein treuer Diener seines Herrn* (1830)
Trilltrall und seine Brüder (1965)
R: Davy, Walter; A: Ponto, Erich
BT: *Trilltrall und seine Brüder. Ein Märchen nach Clemens Brentano* (1927)
Trilogie des Wiedersehens (1978)
R: Stein, Peter; A: Strauß, Botho
BT: *Trilogie des Wiedersehens* (1976)
Trimmel hält ein Plädoyer (1976)
R: Schulze-Rohr, Peter; A: Werremeier, Friedhelm
BT: *Trimmel hält ein Plädoyer* (1976)
Trimmel und der Tulpendieb (1976)
R: Schulze-Rohr, Peter; A: Werremeier, Friedhelm
BT: *Trimmel und der Tulpendieb* (1974)
Trini (1976)
R: Beck, Walter; A: Renn, Ludwig
BT: *Trini* (1954)
Trinker, Der (1967)
R: Haugk, Dietrich; A: Fallada, Hans
BT: *Der Trinker* (1950)
Trinker, Der (1995)
R: Toelle, Tom; A: Fallada, Hans
BT: *Der Trinker* (1950)
Trio Infernal (1974)
R: Girod, Francis; A: Fasquelle, Solange
BT: *Le trio infernal* (1972)
Trip nach Tunis (1993)
R: Goedel, Peter; A: Highsmith, Patricia
BT: *The Tremor of Forgery* (1969) (*Das Zittern des Fälschers* 1970)
Tristan (1975)
R: Ballmann, Herbert; A: Mann, Thomas
BT: *Tristan* (1903)
Tristan und Isolde - Eine Liebe für die Ewigkeit (1998)
R: Costa, Fabrizio; A: Gottfried von Straßburg
BT: *Tristan und Isolde* (1210)
Tritschtratsch-Müller, Kohlenbrenner und Sesselträger oder Die Träume von Schale und Kern, Der (1960)
R: Moszkowicz, Imo; A: Nestroy, Johann Nepomuk
BT: *Die Träume von Schale und Kern* (1890)
Triumph der Liebe (1947)
R: Stöger, Alfred; A: Aristophanes
BT: *Lysistrata* (411 v.C.)
Troerinnen des Euripides, Die (1959)
R: Verhoeven, Paul; A: Braun, Matthias
BT: *Die Troerinnen des Euripides* (1959)
Trojanische Krieg findet nicht statt, Der (1957)
R: Sellner, Gustav Rudolf; A: Giraudoux, Jean
BT: *La guerre de Troie n'aura pas lieu* (1935) (*Kein Krieg in Troja* 1936)
Trojanische Krieg findet nicht statt, Der (1964)
R: Wild, Franz Josef; A: Giraudoux, Jean
BT: *La guerre de Troie n'aura pas lieu* (1935) (*Kein Krieg in Troja* 1936)
Trompete, Die (1967)
R: Stemberger, Elisabeth; A: Mack, Lorenz
BT: *Weihnachtsballade* (1965)
Trostgasse 7. Eine Kindheit in Wien 1934-1938 (1988)
R: Reitzenstein, Anton; A: Hofer, Elisabeth
BT: *Trostgasse 7* (1982)

Trotta (1971)
R: Schaaf, Johannes; A: Roth, Joseph
BT: *Die Kapuzinergruft* (1938)
Trotzkopf, Der (1983)
R: Ashley, Helmut(h); A: Rhodan, Emmy von
BT: *Der Trotzkopf* (1885)
Trouble im Penthouse (1988)
R: Gottlieb, Franz Josef; A: Graham, John
BT: *Tangled Web*
Truck Stop (1996)
R: Muschner, Michael; A: Sanguinetti, Eduardo
Truhe, Die (1964)
R: May, Paul; A: Liggat, James
Trumpeners Irrtum (1988)
R: Gall, Roland; A: Mühl, Karl Otto
BT: *Trumpeners Irrtum* (1981)
Tüchtigen gehört die Welt, Den (1981)
R: Patzak, Peter; A: Zenker, Helmut; Zenker, Margit
BT: *Schußgefahr* (1979)
Tule Hinrichs Sofa (1983)
R: Unger, Michael; A: Beseler, Horst
BT: *Tule Hinrichs Sofa* (1981)
Tür mit den sieben Schlössern, Die (1962)
R: Vohrer, Alfred; A: Wallace, Richard Horatio Edgar
BT: *The Door with Seven Locks* (1926) (*Die Tür mit den sieben Schlössern* 1951)
Turandot (1963)
R: Westphal, Gert; A: Hildesheimer, Wolfgang
BT: *Der Drachenthron* (1955)
Turandot (1984)
R: Eikke, Anne; A: Schiller, Friedrich von
BT: *Turandot* (1802)
Turandot- Prinzessin von China (1959)
R: Schalla, Hans; A: Schiller, Friedrich von
BT: *Turandot* (1802)
Türen knallen, Die (1962)
R: Fuchs, Herbert; A: Fermaud, Michel
BT: *Les portes claquent* (1950) (*Die Türen knallen* 1950)
Turlis Abenteuer (1969)
R: Beck, Walter; A: Collodi, Carlo
BT: *Le aventure di Pinocchio* (1883) (*Die Geschichte vom hölzernen Bengele* 1905)
Turm, Der (1985)
R: Junek, Kurt; A: Mnačko, Ladislav
Turm der verbotenen Liebe, Der (1968)
R: Antel, Franz; A: Dumas, Alexandre (père)
BT: *La tour de Nesle* (1832) (*Der Turm von Nesle* 1833)
Turmengele, Das (1986)
R: Voges, Bruno; A: Schumacher, Tony
BT: *Das Turm-Engele* (1950)
U 47-Kapitänleutnant Prien (1958)
R: Reinl, Harald; A: Frank, Wolfgang
BT: *Der Stier von Scapa Flow: Leben und Taten des U-Boot-Kommandanten Günther Prien* (1958)
Über den Dörfern (1985)
R: Homschak, Claus; A: Handke, Peter
BT: *Über den Dörfern* (1981)
Über die Brücke (1975)
R: Zamurovic, Ceco; A: Highsmith, Patricia
BT: *Another Bridge to Cross* (1970) (*Über die Brücke*)
Über die Schwierigkeit, seinen Mann umzubringen (1971)
R: Sydow, Rolf von; A: Roussin, André
BT: *Le mari, la femme et la mort* (1954)
Über 7 Brücken mußt du gehen (1978)
R: Werner, Hans; A: Richter, Egon
BT: *Über 7 Brücken mußt du gehen* (1978)
Überfahrt (1955)
R: Biltz, Karl Peter; A: Vane, Sutton
BT: *Outward Bound* (1924) (*Überfahrt* 1925)
Überfahrt (1963)
R: Rilla, Walter; A: Vane, Sutton
BT: *Outward Bound* (1924) (*Überfahrt* 1925)
Überfahrt (1984)
R: Bornemann, Fritz; A: Seghers, Anna
BT: *Überfahrt* (1971)
Überfall in Glasgow (1981)
R: Hantke, Wolfgang; A: Knox, Bill
BT: (*Schlafwagen nach Glasgow* 1962)
Übergewicht (1961)
R: Freisewinkel, Ernst-Ludwig; A: Wells, Herbert George
Überlebende, Die (1975)
R: Steinke, Christian; A: David, Kurt
BT: *Die Überlebende* (1972)
Übers Jahr, wenn die Kornblumen blühen (Jugendliebe) (1944/47)
R: Borsody, Eduard von; A: Keller, Gottfried
BT: *Romeo und Julia auf dem Dorfe* (1876)
Uli der Knecht (1954)
R: Schnyder, Franz; A: Gotthelf, Jeremias (= Bitzius, Albert)
BT: *Wie Uli der Knecht glücklich wird* (1841)
Ulisses (1980)
R: Nekes, Werner; A: Oram, Neil
BT: *The Warp* (1980)

Ultimatum, Das (1976)
R: Aldrich, Robert; A: Wagner, Walter
Um jeden Preis (1993)
R: Wessel, Kai; A: Sülzer, Bernd
BT: *Fette Jahre* (1993)
Um Mitternacht (1962)
R: Semmelroth, Wilhelm; A: Obey, André
BT: *Trois coups de minuit* (1960)
Um Null Uhr schnappt die Falle zu (1966)
R: Philipp, Harald; A: Cotton, Jerry (= Höber, Heinz-Werner; Müller, Heinz-Werner)
BT: *Um Null Uhr schnappt die Falle zu*
Umbruch (1964)
R: Wagner, Konrad; A: Lanham, Edwin Moultrie
BT: *The Iron Maiden* (1954) (*Diese Frau* 1956)
Umsonst (1967)
R: Kehlmann, Michael; A: Nestroy, Johann Nepomuk
BT: *Umsonst* (1857)
Unbekannte aus der Seine, Die (1968)
R: Kehlmann, Michael; A: Horváth, Ödön von
BT: *Die Unbekannte aus der Seine* (1933)
Unbekannte Großvater, Der (1987)
R: Friedrich, Gunter; A: Görlich, Günter
BT: *Der unbekannte Großvater* (1984)
Unbekannten Autors ungeschriebenes Stück, Des (1961)
R: Trenk-Trebitsch, Willy; A: Saroyan, William
Unbekannten im eigenen Haus, Die (1985)
R: Fischerauer, Bernd; A: Simenon, Georges (= Sim, Georges; Aramis; Brulls, Christian)
BT: *Les inconnus dans la maison* (1940) (*Die Unbekannten im eigenen Haus* 1978)
Unbeschriebenes Blatt, Ein (1959)
R: Hädrich, Rolf; A: Conty, Jean-Pierre
BT: *Affaire vous concernant* (1955) (*Ein unbeschriebenes Blatt* 1980)
Unbestechliche, Der (1968)
R: Klingenberg, Gerhard; A: Hofmannsthal, Hugo von
BT: *Der Unbestechliche* (1923)
Unbewohnte Eiland, Das (1957)
R: Lietzau, Hans; A: Dufresne, Auguste-Charles
BT: (*Das unbewohnte Eiland*)
Unbezähmbare Angélique (1967)
R: Borderie, Bernard; A: Golon, Anne
BT: *Indomptable Angélique* (1957)
... und dann ist Zahltag (1976)
R: Roland, Jürgen; A: Jessen, Joachim
BT: *Der Zahltag* (1975)
Und das am Mäntigmorge (Und das am Montagmorgen) (1983)
R: Kaspar, Bruno; A: Priestley, John Boynton
BT: *The Scandalous Affair of Mr. Kettle and Mrs. Moon* (1956) (*Und das am Montagmorgen* 1957)
Und das am Montagmorgen (1957)
R: Elsner, Reinhard; A: Priestley, John Boynton
BT: *The Scandalous Affair of Mr. Kettle and Mrs. Moon* (1956) (*Und das am Montagmorgen* 1957)
Und das am Montagmorgen (1959)
R: Comencini, Luigi; A: Priestley, John Boynton
BT: *The Scandalous Affair of Mr. Kettle and Mrs. Moon* (1956) (*Und das am Montagmorgen* 1957)
Und das zum 80. Geburtstag (1982)
R: Sydow, Rolf von; A: Wallace, Lewis Grant
Und der Himmel lacht dazu (1954)
R: Ambesser, Axel von; A: Costa, Martin
BT: *Bruder Martin* (1929)
... und der Himmel steht still (1993)
R: Schlesinger, John; A: McEwan, Ian
BT: *The Innocent* (1990) (*Unschuldige* 1990)
Und der Regen verwischt jede Spur (1973)
R: Vohrer, Alfred; A: Puschkin, Alexandr Sergejewitsch
BT: *Metelj* (1831) (*Der Schneesturm* 1900)
Und die Kinder spielen so gern Soldaten (1951)
R: Vesely, Herbert; A: Kafka, Franz
... und die Liebe lacht dazu (1957)
R: Stemmle, Robert A.; A: Nebhut, Ernst; Schulenburg, Werner von
BT: *Schwarzbrot und Kipferl* (1935)
Und die Toten läßt man ruhen (1995)
R: Neukirchen, Dorothea; A: Kehrer, Jürgen
BT: *Und die Toten läßt man ruhen* (1990)
Und ewig bleibt die Liebe (1954)
R: Liebeneiner, Wolfgang; A: Sudermann, Hermann
BT: *Johannisfeuer* (1901)
... und ewig knallen Räuber (1962)
R: Antel, Franz; A: Perkonig, Johannes
BT: *Nikolaus Tschinderle, Räuberhauptmann* (1936)

... und ewig ruft die Heimat (1955)
R: Schnyder, Franz; A: Gotthelf, Jeremias (= Bitzius, Albert)
BT: *Uli der Pächter* (1849)
Und ewig singen die Wälder (1959)
R: May, Paul; A: Gulbranssen, Trygve
BT: *Og bakom synger skogene* (1933) (*Und ewig singen die Wälder* 1935)
... und führe uns nicht in Versuchung (1957)
R: Hansen, Rolf; A: Horváth, Ödön von
BT: *Der jüngste Tag* (1938)
Und hätte die Liebe nicht (1959)
R: Schnell, Raoul Wolfgang; A: Baldi, Claude
BT: *Les Vigies*
Und Jimmy ging zum Regenbogen (1971)
R: Vohrer, Alfred; A: Simmel, Johannes Mario
BT: *Und Jimmy ging zum Regenbogen* (1970)
Und keiner weint mir nach (1995)
R: Vilsmaier, Joseph; A: Sommer, Siegfried
BT: *Und keiner weint mir nach* (1969)
Und laß dir kein Unrecht gefallen (1984)
R: Friedrich, Gunter; A: Bredel, Willi
BT: *Peter Brakel* (1940)
... und nichts als die Wahrheit (1958)
R: Wirth, Franz Peter; A: Huch, Ricarda
BT: *Der Fall Deruga* (1917)
Und Pippa tanzt (1961)
R: Umgelter, Fritz; A: Hauptmann, Gerhart
BT: *Und Pippa tanzt* (1906)
Und plötzlich war alles anders (1997)
R: Damek, Dagmar; A: Blobel, Brigitte
BT: *Plötzlich ist alles anders* (1997)
Und tschüß (1995-)
R: Büld, Wolfgang; A: Tanner, Peter
BT: *Und tschüß* (1995)
Undine (1955)
R: Berger, Ludwig; A: Giraudoux, Jean
BT: *Ondine* (1939) (*Undine* 1946)
Undine (1965)
R: Beauvais, Peter; A: Giraudoux, Jean
BT: *Ondine* (1939) (*Undine* 1946)
Undine (1991)
R: Schmidt, Eckhart; A: Motte-Fouqué, Friedrich de la
BT: *Undine* (1811)
Undine 74 (1974)
R: Thiele, Rolf; A: Motte-Fouqué, Friedrich de la
BT: *Undine* (1811)
Unendliche Geschichte, Die (1983)
R: Petersen, Wolfgang; A: Ende, Michael
BT: *Die unendliche Geschichte: von A bis Z* (1979)
Unendliche Geschichte II, Die (1988)
R: Miller, George; A: Ende, Michael
BT: *Die unendliche Geschichte: von A bis Z* (1979)
Unendliche Geschichte III, Die
R: MacDonald, Peter; A: Ende, Michael
BT: *Die unendliche Geschichte: von A bis Z* (1979)
Unentschuldigte Stunde (1957)
R: Kutschera, Rolf; A: Békefi, István (Stephan); Stella, Adorján
BT: (*Die unentschuldigte Stunde*)
Unentschuldigte Stunde, Die (1957)
R: Forst, Willi; A: Békefi, István (Stephan); Stella, Adorján
BT: (*Die unentschuldigte Stunde*)
Unerwartet verschied (1961)
R: Horwitz, Kurt; A: Mackie, Philip
BT: *The Whole Truth* (1956)
Unfisch, Der (1997)
R: Dornhelm, Robert; A: Köhlmeier, Michael
BT: *Der Unfisch* (1997)
Unfried, Der (1986)
R: Wolffhardt, Rainer; A: Ganghofer, Ludwig
BT: *Der Unfried* (1888)
Ungebetene Gast, Der (1954)
R: Krüger, Detlof; A: Cordier, Charles
Ungebetene Gast, Der (1981)
R: Wekwerth, Peter; A: Honegger, Arthur
BT: *Wenn sie morgen kommen* (1977)
Ungebetener Gast, Ein (1963)
R: Schaaf, Johannes; A: Cooper, Giles
Ungeduld des Herzens (1979)
R: Molinaro, Edouard; A: Zweig, Stefan
BT: *Ungeduld des Herzens* (1938)
Ungeheuer von London City, Das (1964)
R: Zbonek, Edwin; A: Wallace, Bryan Edgar
BT: (*Das Ungeheuer von London City*)
Ungehorsame Frau, Eine (1998)
R: Naefe, Vivian; A: Schoenle, Annemarie
BT: *Eine ungehorsame Frau* (1994)
Ungeliebte Frau, Eine (1974)
R: Toelle, Tom; A: Courths-Mahler, Hedwig
BT: *Eine ungeliebte Frau* (1918)
Unglück, Das (1976)
R: Radanowicz, Georg; A: Frisch, Max
BT: *Skizze eines Unglücks* (1972)
Unheilige Sophia (2 Teile), Die (1975)
R: Wekwerth, Manfred; A: Panitz, Eberhard
BT: *Die unheilige Sophia* (1974)

Unheimliche, Der (1951)
R: Weiss, Helmut; A: Hurk, Paul van der
BT: *Die unheimliche Schachpartie* (1949)

Unheimliche Mönch, Der (1965)
R: Reinl, Harald; A: Wallace, Richard Horatio Edgar
BT: *The Terror* (1929) (*Der unheimliche Mönch* 1957)

Unhold, Der (1996)
R: Schlöndorff, Volker; A: Tournier, Michel
BT: *Le roi des aulnes* (1970) (*Der Erlkönig* 1972)

Union der festen Hand (2 Teile) (1979)
R: Witt, Claus Peter; A: Dreger, Erik
BT: *Union der festen Hand* (1931)

Unordnung und frühes Leid (1976)
R: Seitz, Franz; A: Mann, Thomas
BT: *Unordnung und frühes Leid* (1926)

Unruhige Nacht (1955)
R: Wirth, Franz Peter; A: Goes, Albrecht
BT: *Unruhige Nacht* (1950)

Unruhige Nacht (1958)
R: Harnack, Falk; A: Goes, Albrecht
BT: *Unruhige Nacht* (1950)

Unruhiger Sommer, Ein (1980)
R: Graf, Rüdiger; A: Geiger, Franz
BT: *Unruhiger Sommer oder das Poetische der Utopie* (1975)

Unschuld (1986)
R: Hermann, Villi; A: Chiesa, Francesco
BT: *L'innocenza* (1986)

Unschuld der Krähen, Die (1998)
R: Sczerba, Horst; A: Woolrich, Cornell (= Irish, George Hopley William)
BT: *Momentum*

Unschuldigen mit den schmutzigen Händen, Die (1974)
R: Chabrol, Claude; A: Neely, Richard
BT: *The Damned Innocents* (1971) (*Unschuldig wie die Schlange* 1972)

Unseliger Sommer (1961)
R: Burmester, Gustav; A: Odets, Clifford
BT: *End of the Summer* (1939)

Unser Charly (1995)
R: Förnbacher, Helmut; Gottlieb, Franz Josef; A: Karallus, Thomas
BT: *Unser Charly* (1995)

Unser Herr Vater (1958)
R: Olden, John; A: Sauvajon, Marc-Gilbert

Unser kurzes Leben (1980)
R: Warneke, Lothar; A: Reimann, Brigitte
BT: *Franziska Linkerhand* (1974)

Unser Lehrer Dr. Specht (1994)
R: Loebner, Vera; Masten, Werner; A: Ulmer, Michael
BT: *Unser Lehrer Dr. Specht: Willkommen auf Krähenwerder* (1994)

Unsere kleine Stadt (1954)
R: Braun, Harald; A: Wilder, Thornton
BT: *Our Town* (1938) (*Unsere kleine Stadt* 1959)

Unsere kleine Stadt (1961)
R: Cremer, Ludwig; A: Wilder, Thornton
BT: *Our Town* (1938) (*Eine kleine Stadt* 1946)

Unsichtbare Freund, Der (1990)
R: Müller, Ray; A: Lem, Stanislaw

Unsichtbare Sammlung, Die (1953)
R: Farenburg, Hanns; A: Zweig, Stefan
BT: *Die unsichtbare Sammlung* (1946)

Unsterbliche Antlitz, Das (1947)
R: Cziffra, Géza von; A: Cziffra, Géza von
BT: *Das unsterbliche Antlitz* (1942)

Unsterbliche Geliebte (1950)
R: Harlan, Veit; A: Storm, Theodor
BT: *Aquis Submersus* (1877)

Unsterbliche Liebe/Was die Schwalbe sang (1956)
R: Bolváry, Géza von; A: Storm, Theodor
BT: *Immensee* (1851)

Unsterbliche Lump, Der (1953)
R: Rabenalt, Arthur Maria; A: Dörmann, Felix; Eysler, Edmund
BT: *Der unsterbliche Lump* (1910)

Unter den tausend Laternen (1951/52)
R: Engel, Erich; A: Gilbert, Robert
BT: *Das Lied ist aus*

Unter Geiern (1964)
R: Vohrer, Alfred; A: May, Karl Friedrich
BT: *Unter Geiern* (1892)

Unterbrochene Akt, Der (1970)
R: Fiedler, Gerlach; A: Rózewicz, Tadeusz
BT: *Akt przerywany* (*Der unterbrochene Akt* 1966)

Untergang der "Freiheit", Der (1960)
R: Farenburg, Hanns; A: Hartog, Jan de
BT: *De ondergang van "De Vrijheid"* (1937)

Unterm Birnbaum (1963)
R: Klingenberg, Gerhard; A: Fontane, Theodor
BT: *Unterm Birnbaum* (1885)

Unterm Birnbaum (1973)
R: Kirsten, Ralf; A: Fontane, Theodor
BT: *Unterm Birnbaum* (1885)

Unternehmen Edelweiß (1954)
R: Paul, Heinz; A: Kernmayr, Hans Gustl
BT: *Der gläserne Berg, eine deutsche Odyssee vom hohen Norden* (1941)
Unternehmen Jacotobi (6 Teile) (1990)
R: Nola, Jürgen; A: Martin, Hansjörg
BT: *Unternehmen JACOTOBI* (1989)
Unternehmen Schlafsack (1955)
R: Rabenalt, Arthur Maria; A: Nogly, Hans
Unternehmer (1970)
R: Itzenplitz, Eberhard; A: Ziem, Jochen
BT: *Unternehmer* (1970)
Unterrichtsstunde, Die (1961)
R: Dhomme, Sylvain; A: Ionesco, Eugène
BT: *La leçon* (1951) (*Die Unterrichtsstunde* 1954)
Untersuchung an Mädeln (1999)
R: Payer, Peter; A: Drach, Albert
BT: *Untersuchung an Mädeln* (1971)
Untertan, Der (1951)
R: Staudte, Wolfgang; A: Mann, Heinrich
BT: *Der Untertan* (1918)
Unterwegs nach Atlantis (1982)
R: Fantl, Thomas; A: Koczian, Johanna von
BT: *Abenteuer in der Vollmondnacht* (1977)
Unterwegs zu Lenin (1970)
R: Reisch, Günter; A: Kurella, Alfred
BT: *Lenin* (1934)
Unvergessliche (So war Mama), Die (1955)
R: Völger, Werner; A: Druten, John William van
BT: *I Remember Mama* (1944) (*So war Mama* 1960)
Unvergleichliche, Die (1976)
R: Hoffmann, Kurt; A: Maugham, W. Somerset
Unverhoffte Glück, Das (1986)
R: Wild, Franz Josef; A: Davis, Gustav
BT: *Das Protektionskind*
Unwiederbringlich (1968)
R: Harnack, Falk; A: Fontane, Theodor
BT: *Unwiederbringlich* (1891)
Unwürdige Existenz, Eine (1971)
R: Sydow, Rolf von; A: La Fontaine, Jean de
BT: (*Die Ameise und die Grille*)
Unwürdige Greisin, Die (1985)
R: Hercher, Karin; A: Brecht, Bertolt
BT: *Die unwürdige Greisin* (1934)
Unwürdige Liebhaber, Der (1980)
R: Cremer, Ludwig; A: Borchardt, Rudolf
BT: *Der unwürdige Liebhaber* (1923)
Unzertrennlichen, Die (1994)
A: Blobel, Brigitte
BT: *Die Unzertrennlichen* (1994)
Urlaub auf Ehrenwort (1955)
R: Liebeneiner, Wolfgang; A: Koll, Kilian (= Bloem, Walter Julius)
BT: *Urlaub auf Ehrenwort; Geschichten um den Krieg* (1937)
Urlaub mit Nackenstützen (1984)
R: Ostrowsky, Hartmut; A: Hattwig, Martin; Winter, Klaus
BT: *Des Königs Datsche oder Nackenstützen für Badewannen* (1982)
Ursache, Die (1980)
R: Verhoeven, Michael; A: Frank, Leonhard
BT: *Die Ursache* (1916)
Ursula (1978)
R: Günther, Egon; A: Börner, Klaus Erich; Keller, Gottfried
BT: *Ursula*
Ut de Franzosentid (1983)
R: Caspari, Carlheinz; A: Reuter, Fritz
BT: *Ut de Franzosentid* (1859)
Utz (1992)
R: Sluizer, George; A: Chatwin, Bruce
BT: *Utz* (1988) (*Utz* 1992)
Vagabund für 5 Tage (1972)
R: Friedrich, Gunter; A: Rjasanowa, Ekaterina
BT: (*Vagabund für fünf Tage* 1964)
Vagabunden der Liebe (1950)
R: Hansen, Rolf; A: Kay, Juliane
BT: *Vagabunden* (1942)
Valentin Katajews chirurgische Eingriffe in das Seelenleben des ... (1967)
R: Käutner, Helmut; A: Kataev, Valentin P.
BT: (*Zeit für Liebe* 1963)
Valentins Sündenfall (1951)
R: Löwinger, Paul; A: Löwinger, Gretl
BT: *Valentins Sündenfall*
Valnocha, der Koch (1962)
R: Neuberg, Erich; A: Jellinek, Oskar
BT: *Valnocha, der Koch* (1950)
Van der Valk und das Mädchen (1972)
R: Zadek, Peter; A: Freeling, Nicolas
BT: *Gun Before Butter* (1963)
Van der Valk und die Reichen (1973)
R: Petersen, Wolfgang; A: Freeling, Nicolas
BT: *Love in Amsterdam* (1962)
Van der Valk und die Toten (1975)
R: Cravenne, Marcel; A: Freeling, Nicolas
BT: (*Van der Valk und die Toten*)
Van Gogh (1969)
R: Fantl, Thomas; A: Matusche, Alfred
BT: *Van Gogh* (1966)

Variante Tramper (1989)
R: Hujer, Gerald; A: Möckel, Klaus
BT: *Variante Tramper* (1984)
Variété (1985)
R: Eckermann, Martin; A: Mann, Heinrich
BT: *Variété* (1910)
Vater braucht eine Frau (1954)
R: Schröder-Jahn, Fritz; A: Bock, Christian
BT: (*Vater braucht eine Frau*)
Vater, Der (1963)
R: Semmelroth, Wilhelm; A: Strindberg, August
BT: *Fadren* (1887)
Vater eines Mörders, Der (1987)
R: Caspari, Carlheinz; A: Andersch, Alfred
BT: *Der Vater eines Mörders* (1980)
Vater Goriot (1972)
R: Jorre, Guy; A: Balzac, Honoré de
BT: *Le père Goriot* (1834) (*Vater Goriot*)
Vater, lieber Vater (1994)
R: Huber, Leopold; A: Huber, Leopold
BT: *Zug nach Süden* (1989)
Vater Mutter Mörderkind (1993)
R: Carow, Heiner; A: Plenzdorf, Ulrich
BT: *Vater Mutter Mörderkind* (1994)
Vater sein dagegen sehr (1957)
R: Meisel, Kurt; A: Biernath, Horst
BT: *Vater sein dagegen sehr* (1953)
Väter und Söhne (1978)
R: Witt, Claus Peter; A: Turgenev, Ivan
BT: *Otscy i deti* (1862) (*Väter und Söhne* 1875)
Vatermörder von Mayo, Der (1980)
R: Minks, Wilfried; A: Synge, John Millington
BT: *The Playboy of the Western World* (1907) (*Der Held des Westerlands* 1912)
Veilchen, Das (1968)
R: Glück, Wolfgang; A: Molnár, Ferenc
BT: (*Das Veilchen*)
Veilchen, Das (1979)
R: Schenk, Otto; A: Molnár, Ferenc
BT: (*Das Veilchen*)
Veilchenblaue Auto, Das (1961)
R: Erler, Rainer; A: Sills, Josef Rudolf
BT: *Jahrgang 1928*
Venezianische Tür, Die (1966)
R: Rilla, Walter; A: Priestley, John Boynton
BT: *The Venetian Door* (*Die venezianische Tür* 1961)
Venus im Licht (1960)
R: Beauvais, Peter; A: Fry, Christopher
BT: *Venus Observed* (1950) (*Venus im Licht* 1951)
Venus im Pelz (1968)
R: Dillmann, Max; A: Sacher-Masoch, Leopold von (= Arand, Charlotte; Rodenbach, Zoë von)
BT: *Venus im Pelz* (1870)
Vera Wesskamp (1992)
R: Strecker, Frank; A: Brandenburg, Rainer
BT: *Vera Wesskamp: die Geschichte einer starken Frau* (1993)
Verantwortlicher entläßt einen Unverantwortlichen, Ein (1971)
R: Brödl, Herbert; A: Scharang, Michael
BT: *Ein Verantwortlicher entläßt einen Unverantwortlichen* (1970)
Verbannte (1972)
R: Schmidt, Willi; A: Joyce, James
BT: *Exiles* (1918) (*Verbannte* 1968)
Verbotene Liebe (1989)
R: Dziuba, Helmut; A: Schulz, Helmut H.
BT: *Der Sündenfall* (1988)
Verbrechen mit Vorbedacht (1967)
R: Lilienthal, Peter; Read, Piers Paul; A: Gombrowicz, Witold
Verbrechen nach Schulschluß (1975)
R: Vohrer, Alfred; A: Reinecker, Herbert
Verbrecher, Die (1964)
R: Kehlmann, Michael; A: Bruckner, Ferdinand
BT: *Die Verbrecher* (1929)
Verdacht, Der (1991)
R: Beyer, Frank; A: Braun, Volker
BT: *Unvollendete Geschichte* (1977)
Verdammt, er liebt mich (1995)
R: Severin, Sven; A: Schoenle, Annemarie
BT: *Verdammt, er liebt mich* (1992)
... verdammt, ich bin erwachsen (1974)
R: Losansky, Rolf; A: Nowotny, Joachim
BT: *Der Riese im Paradies* (1969)
Verdammt zur Sünde (1964)
R: Weidenmann, Alfred; A: Jaeger, Henry
BT: *Die Festung* (1962)
Verdammte, Der (1957)
R: Bublitz, Hans Waldemar; A: Alexander, Patrick
BT: *Der Verdammte* (1957)
Verdammte Engel (1977)
R: Bauer, Jochen; A: Babel, Isaak
Verfehlung (1991)
R: Karow, Heiner; A: Heiduczek, Werner
BT: *Verfehlung* (1987)
Verflixtes Missgeschick (1989)
R: Unterberg, Hannelore; A: Marschak, Samuil Akovlewitsch

Verfolger, Der (1974)
R: Harnack, Falk; A: Weisenborn, Günther
BT: *Der Verfolger* (1961)
Verfolgung, Die (1973)
R: Carlo, Carlo di; A: Calvino, Italo
Verfolgung und Ermordung Jean Paul Marats, Die (1967)
R: Schulze-Rohr, Peter; A: Weiss, Peter
BT: *Die Verfolgung und Ermordung Jean Paul Marats* (1965)
Verführbaren, Die (1977)
R: Schiemann, Helmut; A: Mann, Heinrich
BT: *Ein ernstes Leben* (1932)
Verführung: Die grausame Frau (1985)
R: Mikesch, Elfi; Treut, Monika; A: Sacher-Masoch, Leopold von (= Arand, Charlotte; Rodenbach, Zoë von)
BT: *Grausame Frauen (1907)*
Vergeblichkeit der Erinnerungen (1981)
R: Büchner, Norbert; A: Richter, Egon
BT: *Vergeblichkeit der Erinnerungen*
Vergeltung (1980)
R: Vogel, Peter; A: Mager, Hasso
Vergessene Gesichter (1953)
R: Lietzau, Hans; A: Jens, Walter
BT: *Vergessene Gesichter* (1952)
Vergessenen Kinder, Die (1981)
R: Hieber, Kurt K.; A: Uhlig, Otto
BT: *Die Schwabenkinder aus Tirol und Vorarlberg* (1978)
Vergiß nicht, deine Frau zu küssen (1967)
R: Kolstö, Egil; A: Breinholst, Willy
BT: *Kys din kone, aegtemandens hobbybok* (1962)
Vergiß, wenn du kannst (1956)
R: König, Hans H.; A: Wurmbrand, Irmgard
BT: *Ein weiter Weg* (1948)
Vergnügen, anständig zu sein, Das (1962)
R: Dieterle, William; A: Pirandello, Luigi
BT: *Il piacere dell'onesta* (1917) (*Das Vergnügen, anständig zu sein* 1925)
Vergnügen, anständig zu sein, Das (1966)
R: Lietzau, Hans; A: Pirandello, Luigi
BT: *Il piacere dell'onesta* (1917) (*Das Vergnügen, anständig zu sein* 1925)
Verhaftung des Johann Nepomuk Nestroy, Die (2000)
R: Berner, Dieter; A: Turrini, Peter
BT: *Die Verhaftung des Johann Nepomuk Nestroy* (1998)
Verhör, Das (1977)
R: Kunert, Joachim; A: Egel, Karl Georg; Kurganow, Oskar
BT: *Der erste Frühling*
Verhör, Das (1981)
R: Werner, Hans; A: Hofé, Günter
BT: *Der dalmatinische Dolch* (1980)
Verkaufte Träume (1977)
R: Kubach, Gabi; A: Capote, Truman
Verlobte, Die (1980)
R: Reisch, Günter; Rücker, Günther; A: Lippold, Eva
BT: *Haus der schweren Tore* (1971)
Verlobung in Hullerbusch (1979)
R: Gendries, Klaus; A: Wohlgemuth, Joachim
BT: *Verlobung in Hullerbusch* (1969)
Verlorene, Der (1951)
R: Lorre, Peter; A: Lorre, Peter
BT: *Der Verlorene* (1950)
Verlorene Ehre der Katharina Blum, Die (1975)
R: Schlöndorff, Volker; Trotta, Margarethe von; A: Böll, Heinrich
BT: *Die verlorene Ehre der Katharina Blum* (1974)
Verlorene Engel (Ein Tag im Leben des Bildhauers Ernst Barlach), Der (1971)
R: Kirsten, Ralf; A: Fühmann, Franz
BT: *Das schlimme Jahr* (1963)
Verlorener Brief, Ein (1962)
R: Pfeiffer, Hermann; A: Caragiale, Jon Luca
BT: *O scrisoare perduta* (1884) (*Ein verlorener Liebesbrief* 1942)
Verlorenes Leben (1975)
R: Runze, Ottokar; A: Hirche, Peter
BT: *Der Verlorene* (1963)
Vermächtnis, Das (1969)
R: Rilla, Walter; A: Bedford, Sybille
BT: *A Legacy* (1956) (*Das Legat* 1964)
Vermächtnis des Inka (Viva Gringo), Das (1965)
R: Marischka, Georg; A: May, Karl Friedrich
BT: *Das Vermächtnis des Inka* (1895)
Vermißt wird ... (1981)
R: Scheidegger, Josef; A: Schmidli, Werner
BT: *Gustavs Untaten* (1976)
Vernehmung der Zeugen (1987)
R: Scholz, Gunter; A: Meyer, Inge
BT: *Vernehmung der Zeugen* (1986)
Verrat, Der (1964)
R: Ladiges, Peter M.; A: Brecht, Bertolt
BT: *Furcht und Elend des dritten Reiches* (1945)
Verrat ist kein Gesellschaftsspiel (1972)
R: Staudte, Wolfgang; A: Anderland, Raoul (= Rein, Rolf Dieter)
BT: *Verrat ist kein Gesellschaftsspiel* (1969)

Verraten und verkauft (1969)
R: Wirth, Franz Peter; A: Mackenzie, Donald
BT: *Cool Sleeps Balaban* (1964) (*Verraten und verkauft* 1964)

Verräter, Der (1956)
R: Umgelter, Fritz; A: Wouk, Herman
BT: *The Traitor* (1949) (*Der Verräter* 1960)

Verräterische Herz, Das (1954)
R: Haaf, Wilm ten; A: Poe, Edgar Allan
BT: *Tell-Tale Heart* (1840) (*Das verräterische Herz* 1914)

Verräterische Herz, Das (1961)
R: Hassert, Günther; A: Poe, Edgar Allan
BT: *Tell-Tale Heart* (1840) (*Das verräterische Herz* 1914)

Verräterische Herz, Das (1962)
R: Hainisch, Leopold; A: Poe, Edgar Allan
BT: *Tell-Tale Heart* (1840) (*Das verräterische Herz* 1914)

Verräterische Herz, Das (1979)
R: Kramberg, Karl-Heinz; A: Poe, Edgar Allan
BT: *Tell-Tale Heart* (1840) (*Das verräterische Herz* 1914)

Verräterische Spuren (1962)
R: Schnell, Raoul Wolfgang; A: Sheriff, Robert Cedric
BT: *A Shred of Evidence* (1960)

Verrätertor, Das (1964)
R: Francis, Freddie; A: Wallace, Richard Horatio Edgar
BT: *The Traitor's Gate* (1927) (*Das Verrätertor* 1951)

Verrohung des Franz Blum, Die (1974)
R: Hauff, Reinhard; A: Driest, Burkhard
BT: *Die Verrohung des Franz Blum* (1974)

Verrückten Reichen, Die (1975)
R: Chabrol, Claude; A: Faure, Lucie
BT: *Le malheur fou* (1970)

Versager, Der (1979)
R: Ostrowsky, Hartmut; A: Bennecke, Traudel
BT: *Der Versager*

Verschenkten Jahre, Die (1966)
R: Kolman, Trude; A: Savory, Gerald
BT: *The Twinkling of an Eye* (1965) (*Die verschenkten Jahre* 1965)

Verschlossene Tür, Die (1953)
R: Schröder-Jahn, Fritz; A: Hörschelmann, Fred von
BT: *Die verschlossene Tür* (1958)

Verschollene Inka-Gold, Das (1977)
R: Staudte, Wolfgang; A: London, Jack
BT: *The Hussy*

Verschwender, Der (1952)
R: Hainisch, Leopold; A: Raimund, Ferdinand
BT: *Der Verschwender* (1834)

Verschwender, Der (1957)
R: Olden, John; A: Raimund, Ferdinand
BT: *Der Verschwender* (1834)

Verschwender, Der (1981)
R: Marboe, Ernst Wolfram; A: Raimund, Ferdinand
BT: *Der Verschwender* (1834)

Verschwörung des Fiesco zu Genua, Die (1986)
R: Wirth, Franz Peter; A: Schiller, Friedrich von
BT: *Die Verschwörung des Fiesko zu Genua* (1783)

Verschwörung, Die (1985)
R: Panzer, Wolfgang; A: Edwards, Amelia Ann Blanford
BT: *The Demon Lover*

Verschwundene Graf, Der (1957)
R: Kehlmann, Michael; A: Kuby, Erich

Verschwundene Miniatur, Die (1954)
R: Schroth, Carl-Heinz; A: Kästner, Erich (= Bürger, Berthold)
BT: *Die verschwundene Miniatur* (1936)

Verschwundene Miniatur, Die (1989)
R: Loebner, Vera; A: Kästner, Erich (= Bürger, Berthold)
BT: *Die verschwundene Miniatur* (1936)

Versetzung (1968)
R: Toelle, Tom; A: Körner, Wolfgang
BT: *Versetzung* (1966)

Verspätung, Die (1969)
R: Neureuther, Erich; A: Hildesheimer, Wolfgang
BT: *Die Verspätung* (1961)

Verspielte Liebe (1985)
R: Wilbrandt, Jörg; A: Schnitzler, Arthur
BT: *Spiel im Morgengrauen* (1927)

Versteinerte Wald, Der (1957)
R: Kehlmann, Michael; A: Sherwood, Robert E.
BT: *The Petrified Forest* (1935) (dt. 1955)

Vertagte Hochzeitsnacht, Die (1986)
R: Huber, Eduard; Wesseler, Karl; A: Arnold, Franz; Bach, Ernst
BT: *Die vertagte Nacht* (1924)

Vertagte Nacht, Die (1970)
R: Eder, Otto Anton; A: Arnold, Franz; Bach, Ernst
BT: *Die vertagte Nacht* (1924)

Verträumte Tage (1950)
R: Reinert, Emil Edwin; Zimmermann, Franz; A: Baum, Vicki
BT: *Das Joch* (1931)
Veruntreute Himmel, Der (1958)
R: Marischka, Ernst; A: Werfel, Franz
BT: *Der veruntreute Himmel* (1939)
Veruntreute Himmel, Der (1958)
R: Grädler, Theodor; A: Werfel, Franz
BT: *Der veruntreute Himmel* (1939)
Veruntreute Himmel, Der (1990)
R: Runze, Ottokar; A: Werfel, Franz
BT: *Der veruntreute Himmel* (1939)
Verwandelte Komödiant, Der (1992)
R: Gmeiner, Klaus; A: Zweig, Stefan
BT: *Der verwandelte Komödiant. Ein Spiel aus dem deutschen Rokokko* (1913)
Verwandlung, Die (1975)
R: Nemec, Jan; A: Kafka, Franz
BT: *Die Verwandlung* (1916)
Verwandte und Bekannte (1974)
R: Leopold, Georg; A: Bredel, Willi
BT: *Verwandte und Bekannte* (1943)
Verwirrung der Gefühle (1981)
R: Pérrier, Étienne; A: Zweig, Stefan
BT: *Verwirrung der Gefühle* (1927)
Verzauberten Brüder, Die (1988)
R: Bellmann, Dieter; A: Svarc, Evgenij L'Ovic
BT: (*Die verzauberten Brüder* 1960)
Verzeihung, hab' ich sie geweckt? (1988)
R: Hildebrandt, Hans-Joachim; A: Anar
Verzeihung, sehen Sie Fußball? (1983)
R: Scholz, Gunter; A: Cerda, Carlos
BT: *Transmission*
Via Mala (1945)
R: Baky, Josef von; A: Knittel, John
BT: *Via Mala* (1943)
Via Mala (1961)
R: May, Paul; A: Knittel, John
BT: *Via Mala* (1943)
Via Mala (1985)
R: Toelle, Tom; A: Knittel, John
BT: *Via Mala* (1943)
Vibia Perpetua (1964)
R: Räpple, Rudolf; A: Spiecker, Rochus
BT: *Vibia Perpetua: Spiele zwischen Tag und Traum* (1963)
Victoria (1978)
R: Widerberg, Bo; A: Hamsun, Knut
BT: *Victoria* (1898) (dt. 1899)
Viehjud Levi (1998)
R: Danquart, Didi; A: Strittmatter, Thomas
BT: *Viehjud Levi* (1984)
Viel Getu' um nichts (1971)
R: Umgelter, Fritz; A: Shakespeare, William
BT: *Much Ado About Nothing* (1598) (*Viel Lärm um nichts*)
Viel Lärm um nichts (1958)
R: Berger, Ludwig; A: Shakespeare, William
BT: *Much Ado About Nothing* (1598) (*Viel Lärm um nichts*)
Viel Lärm um nichts (1963)
R: Hellberg, Martin; A: Shakespeare, William
BT: *Much Ado About Nothing* (1598) (*Viel Lärm um nichts*)
Viel Spaß mit meiner Frau (1997)
R: Welz, Peter; A: Schirmer, Bernd
BT: *Weinverkostung* (1993)
Viel, viel Geld (1972)
R: Wigger, Stefan; A: Cooney, Ray
BT: *Funny Money* (1995)
Viele heißen Kain (1967)
R: Utzerath, Hansjörg; A: Neumann, Alfred
BT: *Viele heißen Kain* (1950)
Vier gegen die Bank (1976)
R: Petersen, Wolfgang; A: Maloney, Ralph
BT: *The Nixon Recession Caper* (1972) (*Gentlemen in roten Zahlen* 1974)
Vier Männer und ein Pokerspiel (1968)
R: Vollmar, Wolf; A: Brecht, Bertolt
BT: *Vier Männer und ein Pokerspiel oder Zuviel Glück ist kein Glück* (1926)
Vier Schlüssel (1965)
R: Roland, Jürgen; A: Schaeffer, Max Pierre
BT: *Vier Schlüssel* (1962)
Vier Tage unentschuldigt (1964)
R: Busch, Rolf; A: Küpper, Heinz
BT: *Vier Tage unentschuldigt* (1971)
Vierte, Der (1962)
R: Bellag, Lothar; A: Simonov, Konstantin M.
BT: *Cetvertyj* (*Der Vierte* 1962)
Vierte Gebot, Das (1964)
R: Davy, Walter; A: Anzengruber, Ludwig
BT: *Das vierte Gebot* (1878)
Vierte Gebot (Der Weg abwärts), Das (1950)
R: Borsody, Eduard von; A: Anzengruber, Ludwig
BT: *Das vierte Gebot* (1878)
Vierte Platz, Der (1969)
R: Hess, Joachim; A: Mönnich, Horst
BT: *Der vierte Platz* (1962)
Vierte Zeit, Die (1984)
R: Andre, Klaus; A: Sacher-Masoch, Alexander von

Vierundzwanzig Stunden aus dem Leben einer Frau (1965)
R: Cremer, Ludwig; A: Zweig, Stefan
BT: *Vierundzwanzig Stunden aus dem Leben einer Frau* (1946)
Vierundzwanzig Stunden aus dem Leben einer Frau (1967)
R: Delouche, Dominique; A: Zweig, Stefan
BT: *Vierundzwanzig Stunden aus dem Leben einer Frau* (1946)
40 Minuten der Henriette Dupont, Die (1955)
R: Wild, Franz Josef; A: Zusanek, Harald
BT: *Die Schauspielerin* (1953)
Viktoria (1957)
R: Lothar, Frank; A: Hamsun, Knut
BT: *Victoria* (1898) (*Viktoria* 1899)
Viktoria und ihr Husar (1954)
R: Schündler, Rudolf; A: Abraham, Paul
BT: *Viktoria und ihr Husar* (1930)
Viola und Sebastian (1972)
R: Runze, Ottokar; A: Shakespeare, William
BT: *As You Like It* (1599) (*Wie es euch gefällt*)
Violanta (1977)
R: Schmid, Daniel; A: Meyer, Conrad Ferdinand
BT: *Die Richterin* (1885)
Vogel läßt das Singen nicht, Der (1966)
R: Theopold, Hans-Bernhard; A: Weitnauer, Alfred
BT: *Sing nicht, Vogel* (1965)
Vogelhändler, Der (1953)
R: Rabenalt, Arthur Maria; A: Held, Ludwig; West, Moritz; Zeller, Carl
BT: *Der Vogelhändler* (1891)
Vogelhändler, Der (1968)
R: Hess, Joachim; A: Held, Ludwig; West, Moritz; Zeller, Carl
BT: *Der Vogelhändler* (1891)
Volksfeind, Ein (1955)
R: Umgelter, Fritz; A: Ibsen, Henrik
BT: *En folkefiende* (1882) (*Ein Volksfeind* 1883)
Volksfeind, Ein (1964)
R: Neuberg, Erich; A: Ibsen, Henrik
BT: *En folkefiende* (1882) (*Ein Volksfeind* 1883)
Volksfeind, Ein (1978)
R: Marischka, Georg; A: Ibsen, Henrik
BT: *En folkefiende* (1882) (*Ein Volksfeind* 1883)
Vollmacht zum Mord (1975)
R: Frankel, Cyril; A: Estridge, Robin
BT: *Permission To Kill*
Vom anderen Stern (1982)
R: Haffter, Petra; A: Carey, Peter
Vom Teufel geholt (1969)
R: Haaf, Wilm ten; A: Hamsun, Knut
BT: *Livet ivolt* (1910) (*Vom Teufel geholt* 1911)
Vom Webstuhl zur Weltmacht (1982)
R: Schirk, Heinz; A: Ogger, Günter
BT: *Kauf dir einen Kaiser* (1978)
Von der Liebe besiegt (1956)
R: Trenker, Luis; A: Trenker, Luis
BT: *Schicksal am Matterhorn* (1957)
Von der Müllerstochter, die Gold spinnen wollte (1984)
R: Grasse, Gerd; A: Grimm, Jakob Ludwig Carl; Grimm, Wilhelm Carl
BT: *Rumpelstilzchen* (1812)
Von der Wolke zum Widerstand (1978)
R: Huillet, Danièle; Straub, Jean-Marie; A: Pavese, Cesare
BT: *La luna* (1950) (*Junger Mond* 1954)
Von ewiger Liebe (1979)
R: Lhotsky, Georg; A: Salten, Felix (= Salzmann, Siegmund)
BT: *Der Schrei der Liebe* (1904)
Von Gewalt keine Rede (1990)
R: Kotulla, Theodor; A: Ossowski, Leonie
BT: *Von Gewalt keine Rede: zwei Erzählungen* (1992)
Von heute auf morgen (1997)
R: Huillet, Danièle; Straub, Jean-Marie; A: Schönberg, Arnold
BT: *Von heute auf morgen* (1930)
Von Liebe reden wir später (1952/53)
R: Anton, Karl; A: Braun, Frank F.
BT: *Von Liebe reden wir später* (1954)
Von Mäusen und Menschen (1968)
R: Hädrich, Rolf; A: Steinbeck, John
BT: *Of Mice and Men* (1937) (*Von Mäusen und Menschen* 1940)
Von unten hervor (1969)
R: Tausig, Otto; A: Bellow, Saul
Von zwölf bis zwölf (1956)
R: Bublitz, Hans Waldemar; A: Stahl, Hermann
BT: *Von zwölf bis zwölf* (1956)
Vor dem Sturm (1984)
R: Wirth, Franz Peter; A: Fontane, Theodor
BT: *Vor dem Sturm* (1878)
Vor den Vätern sterben die Söhne (1981)
R: Holldack, Claudia; A: Brasch, Thomas
BT: *Vor den Vätern sterben die Söhne* (1977)
Vor Gericht seh'n wir uns wieder (2 Teile) (1978)
R: Weck, Peter; A: Fritsch, Gerhard

Vor Himmelskörpern wird gewarnt (1959)
R: Goslar, Jürgen; A: Gütt, Jürgen
BT: *Vor Himmelskörpern wird gewarnt*
Vor Sonnenaufgang (1979)
R: Döpke, Oswald; A: Hauptmann, Gerhart
BT: *Vor Sonnenaufgang* (1889)
Vor Sonnenuntergang (1956)
R: Reinhardt, Gottfried; A: Hauptmann, Gerhart
BT: *Vor Sonnenuntergang* (1889)
Vorbild, Das (1980)
R: Patzak, Peter; A: Wolfgruber, Gernot
BT: *Das Vorbild* (1980)
Vorgang, Der (1973)
R: Umgelter, Fritz; A: Mnačko, Ladislav
BT: (*Der Vorgang* 1970)
Vorhang auf, wir spielen Mord (1978)
R: Umgelter, Fritz; A: Slesar, Henry
BT: *Enter Murderers* (1960)
Vorhang fällt, Der (1986)
R: Davy, Walter; A: Ambesser, Axel von
BT: *Die Totenehrung*
Vorletzte Schlacht, Die (1977)
R: Glück, Wolfgang; A: Molnár, Ferenc
BT: (*Die vorletzte Schlacht*)
Vorsätzlich (1961)
R: Wagner, Konrad; A: Atkinson, Alex
BT: *Exit Charlie* (1955)
Vorspiel auf dem Theater (1951)
R: Farenburg, Hanns; A: Goethe, Johann Wolfgang von
BT: *Vorspiel auf dem Theater* (1806)
Vorstadtkrokodile, Die (1978)
R: Becker, Wolfgang; A: Grün, Max von der
BT: *Die Vorstadtkrokodile* (1976)
Vorübergehend verstorben (1997)
R: Rothemund, Sigi; A: Klugmann, Norbert
BT: *Vorübergehend verstorben* (1996)
Voruntersuchung, Die (1967)
R: Hess, Joachim; A: Alsberg, Max; Hesse, Otto Ernst
BT: *Voruntersuchung* (1930)
Voyeur, Der (1999)
R: Kuhn, Roman; A: MacShane, Mark
BT: (*Der Voyeur* 1978)
Vulkan, Der (1998)
R: Runze, Ottokar; A: Mann, Klaus
BT: *Der Vulkan* (1939)
Wächter Murtaza, Der (1986)
R: Özgentürk, Ali; A: Orhan Kemal (= Mehmet Rasit Ögütçü)
BT: *Murtaza* (1950) (*Murtaza - oder Das Pflichtbewußtsein des kleinen Mannes* 1978)
Wächter (6 Teile), Die (1986)
R: Wirth, Franz Peter; A: Christopher, John
BT: *The Guardians* (1970) (*Die Wächter* 1975)
Waffe, Die (1974)
R: Proll, Jens-Peter; A: Katschew, Kamen
BT: *Die Waffe*
Wahlverwandtschaften, Die (1974)
R: Kühn, Siegfried; A: Goethe, Johann Wolfgang von
BT: *Die Wahlverwandtschaften* (1809)
Wahlverwandtschaften, Die (1981)
R: Chabrol, Claude; A: Goethe, Johann Wolfgang von
BT: *Die Wahlverwandtschaften* (1809)
Wahlverwandtschaften (Le Affinità elettive), Die (1996)
R: Taviani, Paolo; Taviani, Vittorio; A: Goethe, Johann Wolfgang von
BT: *Die Wahlverwandtschaften* (1809)
Wahn - oder Der Teufel in Boston (1965)
R: Klingenberg, Gerhard; A: Feuchtwanger, Lion
BT: *Wahn - oder Der Teufel in Boston* (1948)
Wahre Geschichte vom geschändeten und wiederhergestellten Kreuz, Die (1963)
R: Toelle, Tom; A: Werfel, Franz
BT: *Die wahre Geschichte vom wiederhergestellten Kreuz* (1943)
Wahre Jakob, Der (1960)
R: Schündler, Rudolf; A: Arnold, Franz; Bach, Ernst
BT: *Der wahre Jakob* (1925)
Wahre Jakob, Der (1965)
R: Neureuther, Erich; A: Arnold, Franz; Bach, Ernst
BT: *Der wahre Jakob* (1925)
Wahre Jakob, Der (1988)
R: Millowitsch, Willy; A: Arnold, Franz; Bach, Ernst
BT: *Der wahre Jakob* (1925)
Wahrer Held, Ein (1961)
R: Lietzau, Hans; A: Synge, John Millington
BT: *The Playboy of the Western World* (1907) (*Der Held des Westerlands* 1912)
Wald, Der (1971)
R: Glück, Wolfgang; A: Ostrovskij, Aleksandr N.
BT: *Les* (1871) (*Der Wald* 1950)
Wald, Der (1981)
R: Haaf, Wilm ten; A: Ostrovskij, Aleksandr N.
BT: *Les* (1871) (*Der Wald* 1950)

Wald, Der (1996)
R: Griesmayr, Hartmut; A: Kopacke, Werner
BT: *Der Wald*
Waldbauernbub, Der (1983)
R: Leitner, Hermann; A: Rosegger, Peter (= P. K. = Kettenfeier, Petri)
BT: *Als ich noch der Waldbauernbub war* (1902)
Waldfrieden (1962)
R: Fitz, Hans; A: Thoma, Ludwig
BT: *Waldfrieden* (1917)
Waldfrieden (1973)
R: Wilhelm, Kurt; A: Thoma, Ludwig
BT: *Waldfrieden* (1917)
Waldfrieden (1984)
R: Müller, Hanns Christian; A: Thoma, Ludwig
BT: *Waldfrieden* (1917)
Waldheimat (1983)
R: Dietrich, Wolf; Leitner, Hermann; A: Rosegger, Peter (= P. K. = Kettenfeier, Petri)
BT: *Waldheimat* (1877)
Waldrausch (1962)
R: May, Paul; A: Ganghofer, Ludwig
BT: *Waldrausch* (1908)
Waldrausch (1977)
R: Hächler, Horst; A: Ganghofer, Ludwig
BT: *Waldrausch* (1908)
Waldwinkel (1979)
R: Witt, Claus Peter; A: Storm, Theodor
BT: *Waldwinkel* (1875)
Waldwinter (1956)
R: Liebeneiner, Wolfgang; A: Keller, Gottfried
BT: *Waldwinter* (1902)
Wallenstein (1978)
R: Wirth, Franz Peter; A: Mann, Golo
BT: *Wallenstein* (1973)
Wallenstein (1987)
R: Wirth, Franz Peter; A: Schiller, Friedrich von
BT: *Wallensteins Lager; Die Piccolomini; Wallensteins Tod* (1799)
Wallenstein I & II (1962)
R: Wirth, Franz Peter; A: Schiller, Friedrich von
BT: *Wallensteins Lager; Die Piccolomini; Wallensteins Tod* (1799)
Wallers letzter Gang (1988)
R: Wagner, Christian; A: Köpf, Gerhard
BT: *Die Strecke* (1985)
Wallnerbub, Der (1950)
R: Stöger, Alfred; A: Waggerl, Karl Heinrich
BT: *Das Jahr des Herrn* (1933)
Walsche, Die (1986)
R: Masten, Werner; A: Zoderer, Joseph
BT: *Die Walsche* (1982)
Wälsungenblut (1964)
R: Thiele, Rolf; A: Mann, Thomas
BT: *Wälsungenblut* (1921)
Walzer des Toreros, Der (1962)
R: Beauvais, Peter; A: Anouilh, Jean
BT: *La valse des toréadors* (1952) (*Der Walzer des Toreros* 1957)
Walzertraum, Ein (1969)
R: Kraus, Fred; A: Dörmann, Felix; Jacobson, Leopold; Strauss, Oscar
BT: *Ein Walzertraum* (1907)
Wanderer zwischen beiden Welten (1987)
R: Kramberg, Karl-Heinz; A: Flex, Walter
BT: *Wanderer zwischen beiden Welten* (1916)
Wanderungen durch die Mark Brandenburg (5 Teile) (1986)
R: Itzenplitz, Eberhard; A: Fontane, Theodor
BT: *Wanderungen durch die Mark Brandenburg* (1882)
Wann heiraten Sie meine Frau? (1978)
R: Pein, Joachim; A: Conty, Jean-Pierre
BT: *Quand épousez-vous ma femme?* (*Wann heiraten Sie meine Frau?* 1971)
War Urmuz. Dokumentation eines Falles von Poesie, Das (1968)
R: Cramer, Heinz von; A: Ionesco, Eugène
Warmes Herz und kalte Güsse (1999)
R: Helfrich, Bernhard; A: Kling, Ulla
BT: *Warmes Herz und kalte Güsse* (1999)
Wärst' doch in Kentucky blieben (1999)
R: Helfrich, Bernhard; A: Kling, Ulla
BT: *Waarst doch in Kentucky blieben* (1999)
Warten auf Dodo (1962)
R: Sydow, Rolf von; A: Loon, Gerard Willem van
Warten auf Godot (1963)
R: Hädrich, Rolf; A: Beckett, Samuel
BT: *En attendant Godot* (1952) (*Warten auf Godot* 1954)
Wartezimmer zum Jenseits (1964)
R: Vohrer, Alfred; A: Chase, James Hadley
Warum bellt Herr Bobikow? (1975)
R: Lattuada, Alberto; A: Bulgakow, Michail
BT: *Sobac'e serdce* (1968) (*Hundeherz* 1968)
Warum kann ich nicht artig sein? (1974)
R: Friedrich, Gunter; A: Böttcher, Alfred
BT: *Betragen: 4* (1968)

Weiberwirtschaft (1984)
R: Kahane, Peter; A: Nowotny, Joachim
BT: *Weiberwirtschaft* (1983)
Weibliche Name des Widerstands, Der (1981)
R: Zanke, Susanne; A: Kerschbaumer, Marie-Thérèse
BT: *Der weibliche Name des Widerstands* (1980)
Weibsteufel, Der (1951)
R: Liebeneiner, Wolfgang; A: Schönherr, Karl
BT: *Der Weibsteufel* (1914)
Weibsteufel, Der (1966)
R: Tressler, Georg; A: Schönherr, Karl
BT: *Der Weibsteufel* (1914)
Weichselkirschen (1980)
R: Günther, Michael; A: Ossowski, Leonie
BT: *Weichselkirschen* (1976)
Weidenbaum, Der (1984)
R: Saless, Sohrab S.; A: Čechov, Anton Pavlovič
Weihnachten auf dem Marktplatz (1961)
R: Schwarz, Heinz Wilhelm; A: Ghéon, Henri
BT: *Le Noel sur la place ou Les enfances de Jesus* (1935) (*Weihnachten auf dem Marktplatz* 1955)
Weihnachten bei Buchholzens - Ein Alt-Berliner Bilderbogen (1953)
R: Schöne, Werner; A: Stinde, Julius
BT: *Familie Buchholz* (1886)
Weihnachten schneit's (1990)
R: Kaye, Renata; A: Margraf, Miriam
Weihnachtsgans Auguste, Die (1988)
R: Fürneisen, Bodo; A: Wolf, Friedrich (Baetz, Christian; Rüedi, Hans; Dr. Isegrimm)
BT: *Die Weihnachtsgans Auguste* (1951)
Weihnachtsgans, Die (1979)
R: Loos, Harald; A: Wolf, Friedrich (Baetz, Christian; Rüedi, Hans; Dr. Isegrimm)
BT: *Die Weihnachtsgans Auguste* (1951)
Weihnachtslied in Prosa, Ein (1955)
R: Haaf, Wilm ten; A: Dickens, Charles
BT: *A Christmas Carol* (1843) (*Der Weihnachtsabend* 1847)
Weihnachtslied in Prosa, Ein (1960)
R: Wild, Franz Josef; A: Dickens, Charles
BT: *A Christmas Carol* (1843) (*Der Weihnachtsabend* 1847)
Weihnachtstraum, Ein (1984)
R: Hechelmann, Friedrich; Weißflog, Peter; A: Andersen, Hans Christian
BT: *Lille pige med svovlstikkerne* (*Das Mädchen mit den Schwefelhölzchen*)
Weil's solche Liebe nicht tagtäglich gibt (1986)
R: Guthke, Frank; A: Beauvoir, Simone de
BT: *La femme rompue* (1967) (*Eine gebrochene Frau* 1969)
Weiningers Nacht (1990)
R: Manker, Paulus; A: Sôbôl, Yehôsua
BT: *The Soul of a Jew* (*Weiningers Nacht* 1986)
Weiß gibt auf (1966)
R: Harnack, Falk; A: Raphael, Frederic
Weißblaue Löwe, Der (1952)
R: Fischer, Olf; Jacobs, Werner; A: Thoma, Ludwig
BT: *Erster Klasse* (1910)
Weiße Spinne, Die (1963)
R: Reinl, Harald; A: Weinert-Wilton, Louis (= Weinert, Alois)
BT: *Die weiße Spinne* (1938)
Weiße Stadt, Die (1974)
R: Kehlmann, Michael; A: Dor, Milo
BT: *Die weiße Stadt* (1969)
Weiße Wolke Carolin (1985)
R: Losansky, Rolf; A: Meyer, Klaus; Schuppan, Ingrid
BT: *Weiße Wolke Carolin* (1980)
Weiße Wyandotten (1965)
R: Räpple, Rudolf; A: Hansen, Konrad
BT: *Witte Wyandotten* (1963)
Weißer Elefant (Ein Elefant im Haus), Ein (1958)
R: Völger, Werner; A: Rivemale, Alexandre
BT: *Azouk ou l'éléphant dans la maison* (1954)
Weite Land, Das (1986)
R: Bondy, Luc; A: Schnitzler, Arthur
BT: *Das weite Land* (1911)
Weite Strassen - stille Liebe (1969)
R: Zschoche, Herrmann; A: Lietz, Hans-Georg
BT: *Endlose Straßen* (1966)
Welt am Draht (1973)
R: Fassbinder, Rainer Werner; A: Galouye, Daniel F.
BT: *Simulacron-3* (1964) (*Welt am Draht* 1965)
Welt aus Spaß, Die (1979)
R: Friedrich, Gunter; A: Küchenmeister, Wera
BT: *Die Stadt aus Spaß* (1966)

Welt in jenem Sommer, Die (1980)
R: Hofmann, Ilse; A: Muller, Robert (= Bornheim, Wolfgang)
BT: *The World that Summer* (1959) (*Die Welt in jenem Sommer* 1960)
Weltuntergang (1984)
R: Moszkowicz, Imo; A: Dor, Milo
BT: *Der letzte Sonntag* (1982)
Weltuntergang in Berlin (1980)
R: Bertram, Christian; Storch, Wolfgang; A: Trolle, Lothar
BT: *Weltuntergang in Berlin*
Wendezeit (1990)
R: Capra, Bernt; A: Capra, Fritjof
BT: *The Turning Point: Science, Society and the Rising Culture* (1982) (*Wendezeit* 1983)
Wenn alle Deutschen schlafen (1994)
R: Beyer, Frank; A: Becker, Jurek
BT: *Die Mauer* (1994)
Wenn der Hahn kräht (1976)
R: Siegmund, Günther; A: Hinrichs, August
BT: *Wenn de Hahn kreiht* (1933)
Wenn der Hahn kräht (1985)
R: Fischer, Olf; A: Hinrichs, August
BT: *Wenn de Hahn kreiht* (1933)
Wenn der Hahn kräht (1993)
R: Steuer, Wolfgang; A: Hinrichs, August
BT: *Wenn de Hahn kreiht* (1933)
Wenn der Hahn kreiht (1985)
R: Ott, Hans-Jürgen; A: Hinrichs, August
BT: *Wenn de Hahn kreiht* (1933)
Wenn der weiße Flieder wieder blüht (1953)
R: Deppe, Hans; A: Doelle, Franz; Rotter, Fritz Friedrich
BT: *Wenn der weiße Flieder wieder blüht* (1928)
Wenn die kleinen Veilchen blühen (1985)
R: Lanske, Hermann; A: Hardt-Warden, Bruno; Stolz, Robert; Wiener, Hugo
BT: *Wenn die kleinen Veilchen blühen* (1932)
Wenn die Sonne nicht wiederkäme (1987)
R: Goretta, Claude; A: Ramuz, Charles Ferdinand
BT: *Si le soleil ne revenait pas* (1937) (*Wenn die Sonne nicht wiederkäme* 1939)
Wenn du bloß kein Engel wärst (1984)
R: Hill, Peter; A: Lorbeer, Inge
BT: *Wenn du bloß kein Engel wärst*
Wenn eine Frau liebt (1950)
R: Liebeneiner, Wolfgang; A: Rißmann, Charlotte
BT: *Versprich mir nichts* (1936)
Wenn ich dich nicht hätte oder Der Schmied seines Glücks (1982)
R: Proll, Jens-Peter; A: Keller, Gottfried
BT: *Der Schmied seines Glückes* (1856)
Wenn Ludwig ins Manöver zieht (1967)
R: Jacobs, Werner; A: Thoma, Ludwig
BT: *Lausbubengeschichten* (1905)
Wenn man will ... (1964)
R: Batta, Ernst; A: Andersen, Hans Christian
Wenn Poldi ins Manöver zieht (1956)
R: Quest, Hans; A: Nestroy, Johann Nepomuk
BT: *Der Färber und sein Zwillingsbruder* (1840)
Wenn süß das Mondlicht auf den Hügeln schläft (1969)
R: Liebeneiner, Wolfgang; A: Malpass, Eric
BT: *At the Height of the Moon* (1967) (*Wenn süß das Mondlicht auf den Hügeln schläft* 1968)
Wenn wir alle Engel wären (1956)
R: Lüders, Günther; A: Spoerl, Heinrich
BT: *Wenn wir alle Engel wären* (1936)
Wenn wir verheiratet sind (1982)
R: Kaufmann, Hans-Peter; A: Priestley, John Boynton
BT: *When We Are Married* (1938) (*Man müßte verheiratet sein* 1985)
Wer bist du, den ich liebe? (1949)
R: Bolváry, Géza von; A: Kritz, Hugo Maria (= Kritzkovsky, Hugo)
BT: *Die Abenteuer des Herrn von Barabas* (1943)
Wer einmal aus dem Blechnapf frißt (1962)
R: Umgelter, Fritz; A: Fallada, Hans
BT: *Wer einmal aus dem Blechnapf frißt* (1934)
Wer ist denn Wuttke (1984)
R: Schäfer, Eberhard; A: Ender, Roland
BT: *Wer ist denn Wuttke*
Wer ist der Nächste? (1970)
R: Assmann, Arno; A: Asmodi, Herbert
BT: *Wer ist der Nächste?*
Wer reißt denn gleich vorm Teufel aus? (Der Teufel mit den drei goldenen Haaren) (1978)
R: Schlegel, Egon; A: Grimm, Jakob Ludwig Carl; Grimm, Wilhelm Carl
BT: *Der Teufel mit den drei goldenen Haaren* (1812)
Wer schlug zuerst? (1979)
R: Grabowsky, Klaus; A: London, Jack
Wer stirbt schon gerne unter Palmen (1974)
R: Vohrer, Alfred; A: Konsalik, Heinz Günther (= Pahlen, Henry)
BT: *Wer stirbt schon gerne unter Palmen* (1972)

Wer war Edgar Allan? (1984)
R: Haneke, Michael; A: Rosei, Peter
BT: *Wer war Edgar Allan?* (1977)

Wer zweimal lügt (1993)
R: Boxberg, Bertram von; A: Hülsbeck, Hartmut

Werner - Beinhart! (1990)
R: Hahn, Gerhard; List, Niki; A: Brösel (= Feldmann, Rötger)
BT: *Werner - beinhart!* (1990)

Werner - Das muß kesseln!!! (1996)
R: Beißel, Udo; Schaack, Michael; A: Brösel (= Feldmann, Rötger)
BT: *Das Rennen* (1988)

Werner - Volles Rooäää!!! (1999)
R: Hahn, Gerhard; A: Brösel (= Feldmann, Rötger)
BT: *Werner - Volles Rooäää!!!: Fäkalstau in Knöllerup* (1999)

Westminster-Gong, Der (1990)
R: Ostrowsky, Hartmut; A: Kent, Alexander
BT: *Der Westminster-Gong*

Wetter veränderlich (1962)
R: Regnier, Charles; A: Gürster, Eugen
BT: *Wetter veränderlich* (1931)

Wetterleuchten (1964)
R: Glück, Wolfgang; A: Strindberg, August
BT: *Oväder* (1907)

Wetterleuchten am Dachstein (1952)
R: Kutter, Anton; A: Koref-Geyer, Elmire
BT: *Die kleine Passion* (1948)

Wetterleuchten um Maria (1957)
R: Trenker, Luis; A: Ernst, Hans
BT: *Im Herbst verblühen die Rosen* (1956)

Whisky, Wodka, Wienerin (1958)
R: Weiss, Helmut; A: Eckhardt, Fritz
BT: *Rendezvous in Wien* (1948)

Whopper-Punch 777 (1988)
R: Tröster, Jürgen; A: Axt, Maria
BT: *Zimmer 777* (1983)

Widerspenstigen, Die (1977)
R: Fischer, Olf; A: Anzengruber, Ludwig

Widerspenstigen Zähmung, Der (1958)
R: Berger, Ludwig; A: Shakespeare, William
BT: *The Taming of the Shrew* (1594) (*Der widerspenstigen Zähmung*))

Widows - Erst die Ehe, dann das Vergnügen (1998)
R: Horman, Sherry; A: Beleites, Edith
BT: *Widows - Erst die Ehe, dann das Vergnügen* (1998)

Wie andere Leute auch (1985)
R: Unger, Michael; A: Brüning, Elfriede
BT: *Wie andere Leute auch* (1982)

Wie bitte werde ich ein Held? (1971)
R: Borderie, Bernard; A: Lernet-Holenia, Alexander
BT: *Die Abenteuer eines jungen Herrn in Polen* (1931)

Wie Böhmen noch bei Österreich war (1981)
R: Gottlieb, Franz Josef; A: Melísek, Jirí
BT: *Wie Böhmen noch bei Österreich war*

Wie ein Blitz (1970)
R: Sydow, Rolf von; A: Durbridge, Francis Henry
BT: *Bat out of Hell* (1972) (*Wie ein Blitz* 1972)

Wie ein Dieb in der Nacht (1945)
R: Thimig, Hans; A: Gottwald, Fritz
BT: *Das Mädchen im Fenster* (1940)

Wie ein Sturmwind (1956)
R: Harnack, Falk; A: Rhein, Eduard (= Hellmer, Klaus; Horster, Hans U.; Hulsen, Adrian)
BT: *Wie ein Sturmwind* (1954)

Wie ein Vogel im Schwarm (1990)
R: Bellag, Lothar; A: Sakowski, Helmut
BT: *Wie ein Vogel im Schwarm* (1984)

Wie eine Träne im Ozean (1970)
R: Umgelter, Fritz; A: Sperber, Manès
BT: *Wie eine Träne im Ozean* (1961)

Wie einst im Mai (1961)
R: Engel, Thomas; A: Bernauer, Rudolf
BT: *Wie einst im Mai* (1914)

Wie es euch gefällt (1958)
R: Berger, Ludwig; A: Shakespeare, William
BT: *As You Like It* (1599) (*Wie es euch gefällt*)

Wie führe ich eine Ehe? (1956)
R: Tannert, Hannes; A: Ambesser, Axel von
BT: *Wie führe ich eine Ehe?* (1940)

Wie heiratet man einen König (1969)
R: Simon, Rainer; A: Grimm, Jakob Ludwig Carl; Grimm, Wilhelm Carl
BT: *Die kluge Bauerntochter* (1812)

Wie ich ein Neger wurde (1969)
R: Gall, Roland; A: Horváth, Ödön von
BT: *Jugend ohne Gott* (1938)

Wie im Paradies oder Ein gnadenloser Tag im Leben des Alois B.
R: Fischerauer, Bernd; A: Sengmüller, Franz Xaver
BT: *Wie im Paradies oder Ein gnadenloser Tag im Leben des Alois B.*

Wie in schlechten Romanen (1966)
R: Witt, Claus Peter; A: Böll, Heinrich

Wie Knastermann zu seinem Recht kam (1980)
R: Werner, Hans; A: Seeger, Bernhard
BT: *Der Harmonikaspieler* (1981)
Wie kommt Salz ins Meer? (1988)
R: Beauvais, Peter; A: Schwaiger, Brigitte
BT: *Wie kommt Salz ins Meer?* (1977)
Wie Rauch und Staub (1979)
R: Schleif, Wolfgang; A: Storm, Theodor
BT: *Aquis submersus* (1877)
Wie soll sich eine Frau entscheiden (1978)
R: Gendries, Klaus; A: Schloßarek, Erich
BT: *Wie soll sich eine Frau entscheiden*
Wie war das damals? (1983)
R: Engel, Thomas; A: Bouchaud, Jean
BT: *C'était comment déjà?* (*Wie war das damals?* 1965)
Wie wär's, Monsieur (1966)
R: Sydow, Rolf von; A: Mithois, Marcel
BT: *Croque-monsieur* (1964)
Wiedergefundene Paradies (3 Teile), Das (1980)
R: Hädrich, Rolf; A: Laxness, Halldor
BT: *Paradisarheimt* (1960) (*Das wiedergefundene Paradies* 1961)
Wiedergefundene Zeit (1986)
R: Richter, Jochen; A: Tanzer, Francisco
BT: *Das Ehepaar* (1978)
Wiener Klatsch (1984)
R: Madeja, Georg; A: Auernheimer, Raoul
BT: *Wiener Klatsch: 6 Einakter* (1974)
Wiener Walzer (Wien tanzt) (1951)
R: Reinert, Emil Edwin; A: Vigny, Benno
BT: *Amy Jolly, die Frau aus Marrakesch* (1927)
Wiesenhendl, 's (1968)
R: Wilhelm, Kurt; A: Herzmanovsky-Orlando, Fritz Ritter von
BT: *'s Wiesenhendl* (1963)
Wigwam für die Störche, Ein (1986)
R: Schreiber, Andreas; A: Spillner, Wolf
Wildbach (1993-)
R: Henschel, Wolfgang F.; Klisch, Stefan; Liechti, Hans; Nikel, Thomas; Nüchtern, Rüdiger; Pölsler, Julian; Riedlsperger, Erhard; Werner, Hans; Witting, Klaus; Zens, Michael; A: Buchwieser, Andreas
BT: *Wildbach* (1993)
Wilde Flamme, Die (1979)
R: Haaf, Wilm ten; A: Steinbeck, John
BT: *Burning Bright* (1950) (*Die wilde Flamme* 1952)
Wilde Hilde, Die (1995)
R: Helfrich, Bernhard; A: Kling, Ulla
BT: *Die wilde Hilde* (1985)
Wilde Zeiten (1997)
R: Nüchtern, Rüdiger; A: Seidl, Gerhard
BT: *Wilde Zeiten* (1997)
Wilden Fünfziger, Die (1982)
R: Zadek, Peter; A: Simmel, Johannes Mario
BT: *Hurra, wir leben noch* (1978)
Wilden Kinder, Die (1988)
R: Berger, Christian; A: Helfer, Monika
BT: *Die wilden Kinder* (1984)
Wildente, Die (1961)
R: Noelte, Rudolf; A: Ibsen, Henrik
BT: *Vildanden* (1884) (*Die Wildente* 1887)
Wildente, Die (1976)
R: Geissendörfer, Hans W.; A: Ibsen, Henrik
BT: *Vildanden* (1884) (*Die Wildente* 1887)
Wildfeuer (1991)
R: Baier, Jo; A: Baier, Jo
BT: *Wildfeuer* (1991)
Wildtöter, Der (1966)
R: Groschopp, Richard; A: Cooper, James Fenimore
BT: *The Deerslayer* (1841) (*Der Wildtöter* 1841)
Wildwechsel (1972)
R: Fassbinder, Rainer Werner; A: Kroetz, Franz Xaver
BT: *Wildwechsel* (1971)
Wilhelm Meisters theatralische Sendung (2 Teile) (1982)
R: Bleiweiß, Celino; A: Goethe, Johann Wolfgang von
BT: *Wilhelm Meisters Lehrjahre* (1795)
Wilhelm Tell (1955)
R: Stöger, Alfred; A: Schiller, Friedrich von
BT: *Wilhelm Tell* (1804)
Wilhelm Tell - Flammende Berge (1960)
R: Dickhoff, Michel; A: Tschudi, Fridolin
BT: *Wilhelm Tell*
Willi (1969)
R: Wedel, Dieter; A: Schnurre, Wolfdietrich
BT: *Reusenheben* (1966)
Wind von Südost (2 Teile) (1985)
R: Glück, Wolfgang; A: Habeck, Fritz
BT: *Wind von Südost* (1979)

Windhund und Seehund (1958)
R: Spier, Wolfgang; A: Gilroy, Frank Daniel
Winnetou I (1963)
R: Reinl, Harald; A: May, Karl Friedrich
BT: *Winnetou I - III* (1893)
Winnetou II (1964)
R: Reinl, Harald; A: May, Karl Friedrich
BT: *Winnetou II* (1893)
Winnetou III (1965)
R: Reinl, Harald; A: May, Karl Friedrich
BT: *Winnetou III* (1893)
Winnetou ou le Mescalero (1979)
R: Camus, Marcel; A: May, Karl Friedrich
BT: *Winnetou I - III* (1893)
Winnetou und das Halbblut Apanatschi (1966)
R: Philipp, Harald; A: May, Karl Friedrich
BT: *Winnetou I - III* (1893)
Winnetou und sein Freund Old Firehand (1966)
R: Vohrer, Alfred; A: May, Karl Friedrich
BT: *Old Firehand* (1875)
Winnetou und Shatterhand im Tal der Toten (1968)
R: Reinl, Harald; A: May, Karl Friedrich
BT: *Winnetou I - III* (1893)
Winter auf Mallorca, Ein (1983)
R: Moszkowicz, Imo; A: Krüger, Answald; Matray, Maria
BT: *Die Liebenden* (1977)
Winter, der ein Sommer war (3 Teile), Der (1976)
R: Umgelter, Fritz; A: Paretti, Sandra
BT: *Der Winter, der ein Sommer war* (1972)
Winterlegende (1984)
R: Matula, Barbara; A: Busson, Paul
BT: *Winterlegende*
Wintermärchen, Ein (1965)
R: Klingenberg, Gerhard; A: Shakespeare, William
BT: *The Winter's Tale* (1610) (*Wintermärchen*)
Winterreise im Olympiastadion (1969)
R: Grüber, Klaus Michael; A: Hölderlin, Friedrich
BT: *Hyperion oder Der Eremit in Griechenland* (1797)
Winterschlacht, Die (1963)
R: Bornemann, Fritz; A: Becher, Johannes R.
BT: *Die Winterschlacht* (1953)
Winterschläfer (1997)
R: Tykwer, Tom; A: Pyszora, Anne-Françoise
BT: *Expense of Spirit*
Winterschläfer, Der (1959)
R: Goslar, Jürgen; A: Bernard-Luc, Jean
BT: *Hibernatus* (1957) (*Der Winterschläfer* 1960)
Winterspelt 1944 (1978)
R: Fechner, Eberhard; A: Andersch, Alfred
BT: *Winterspelt* (1974)
Wir (1982)
R: Jasny, Vojtech; A: Zamjatin, Jevgenij Ivanovic
BT: *My* (1922) (*Wir* 1958)
Wir fahren mit der U-Bahn nach St. Pauli (1970)
R: Muras, Claus; A: Boyss, Frank
Wir können auch anders ... (1993)
R: Buck, Detlev; A: Kahl, Ernst
BT: *Wir können auch anders ...* (1993)
Wir pfeifen auf den Gurkenkönig (1976)
R: Bohm, Hark; A: Nöstlinger, Christine
BT: *Wir pfeifen auf den Gurkenkönig* (1972)
Wir sind doch keine Engel (1979)
R: Volkmer, Rüdiger; A: Fehér, Klára
BT: *Nem vagyunk angyalok* (1959) (*Wir sind doch keine Engel* 1965)
Wir sind doch keine lahmen Enten (1988)
R: Bahls, Karl-Heinz; A: Neubert, Horst
BT: *Wir sind doch keine lahmen Enten* (1978)
Wir sind mitten in der Operation (1957)
R: Schröder-Jahn, Fritz; A: Lutowski, Jerzy
BT: *Proba sil* (1950) (*Nachtdienst* 1956)
Wir sind Sieben (6 Teile) (1990)
R: Clayton, Alan; A: Troy, Una
BT: *We Are Seven* (1955) (*Wir sind Sieben* 1958)
Wir sind Utopia (1976)
R: Barabás, Stanislav; A: Andres, Stefan
BT: *Wir sind Utopia* (1943)
Wir sind Utopia (1987)
R: Damek, Dagmar; A: Andres, Stefan
BT: *Wir sind Utopia* (1943)
Wir waren Drei (1961)
R: Wolffhardt, Rainer; A: Sarment, Jean
Wir werden das Kind schon schaukeln (1952)
R: Emo, E. W. (= Wojtek, Emerich Josef); A: Vaszary, Gábor von
BT: *Bubus* (*Schäm' dich, Brigitta!*)
Wir werden ihn Mischa nennen (1986)
R: Junek, Kurt; A: Mini, Harald
BT: *Wir werden ihn Mischa nennen*

Wir Wunderkinder (1958)
R: Hoffmann, Kurt; A: Hartung, Hugo
BT: *Wir Wunderkinder* (1957)
Wirbel um Irene (Irene in Nöten) (1953)
R: Emo, E. W. (= Wojtek, Emerich Josef); A: Nüchtern, Hans
BT: *Verwirrung um Inge* (1947)
Wirkliche Blau, Das (1986)
R: Mühl, Christa; A: Seghers, Anna
BT: *Das wirkliche Blau* (1967)
Wirtin an der Lahn, Die (1955)
R: Hübler-Kahla, J. A.; A: Kihn, Hans Alfred
BT: *Meiseken* (1925)
Wirtshaus im Spessart, Das (1957)
R: Hoffmann, Kurt; A: Hauff, Wilhelm
BT: *Das Wirtshaus im Spessart* (1828)
Wirtshaus von Dartmoor, Das (1964)
R: Zehetgruber, Rudolf; A: Gunn, Victor
BT: *The Painted Dog* (1955)
Wittiber, Der (1962)
R: Grädler, Theodor; A: Thoma, Ludwig
BT: *Der Wittiber* (1911)
Wittiber, Der (1975)
R: Wirth, Franz Peter; A: Thoma, Ludwig
BT: *Der Wittiber* (1911)
Witwe Capet, Die (1984)
R: Keil, Gerd; A: Feuchtwanger, Lion
BT: *Die Witwe Capet* (1956)
Wo andere schweigen (1984)
R: Kirsten, Ralf; A: Schatrow, Michail Filipovic
BT: (*Wo andere schweigen*)
Wo die Liebe ist, da ist auch Gott (1955)
R: Tannert, Hannes; A: Tolstoj, Leo
Wo du hingehst ... (1957)
R: Hellberg, Martin; A: Claudius, Eduard
BT: *Grüne Oliven und nackte Berge* (1945)
Wo war David Preston (1956)
R: Haaf, Wilm ten; A: Skripper, John
BT: (*Er war David Preston* 1956)
Wo warst du heute Nacht, Caroline (1980)
R: Stahnke, Günter; A: Hagnet, Andre
BT: *Wo warst du heute Nacht, Caroline*
Wo wir fröhlich gewesen sind (1966)
R: Klingenberg, Gerhard; A: Whiting, John
BT: *A Penny for a Song* (1951) (*Wo wir fröhlich gewesen sind* 1958)
Wodzeck (1983/84)
R: Herbrich, Oliver; A: Büchner, Georg
BT: *Woyzeck* (1850)

Wohin mit Elwood Tillman? (1970)
R: Lewis, Jim; A: McConnell, James V. (= Rutherford, Douglas)
BT: *Notes from an Empty Room*
Wohin wir gehen (1977)
R: Fuchs, Herbert; A: Habeck, Fritz
BT: *Dezemberabend*
Wohl bekomm's (1982)
R: Sydow, Rolf von; A: Chesnot, Pierre
BT: *A vos souhaits* (1977) (*Gesundheit, Monsieur* 1981)
Wohltemperierte Ehe, Eine (1974)
R: Proll, Jens-Peter; A: Wahlgren, Anna (= Feldt, Anna)
BT: (*Eine wohltemperierte Ehe*)
Wohlverdiente Ruhe (1976)
R: Seidel, Dieter; A: Petkevicius, Vytautas
BT: (*Wohlverdiente Ruhe*)
Wolf und die sieben Geißlein, Der (1957)
R: Podehl, Peter; A: Grimm, Jakob Ludwig Carl; Grimm, Wilhelm Carl
BT: *Der Wolf und die sieben Geißlein* (1812)
Wolf und die sieben Geißlein, Der (1977)
R: Jessen, Uwe-Detlev; A: Grimm, Jakob Ludwig Carl; Grimm, Wilhelm Carl
BT: *Der Wolf und die sieben Geißlein* (1812)
Wolf unter Wölfen (1965)
R: Kasprzik, Hans-Joachim; A: Fallada, Hans
BT: *Wolf unter Wölfen* (1937)
Wölfe und Schafe (1971)
R: Haaf, Wilm ten; A: Ostrovskij, Aleksandr N.
BT: *Volki i ovcy* (1875) (*Wölfe und Schafe* 1950)
Wolffs Revier (1993-)
R: Adam, Peter; Bohn, Ralph; Fratzscher, Peter; Hofmann, Ilse; Lähn, Michael; Mackenroth, Michael; Prietzel, Claudia; Stelzer, Manfred; Stephan, Bernhard; Wiegand, Christine; A: Friedrichs, Horst
BT: *Wolffs Revier: Russisches Roulette (Bd. 1)* (1998)
Wolken ein Stück näher, Den (1973)
R: Steinke, Christian; A: Görlich, Günter
BT: *Den Wolken ein Stück näher* (1971)
Wort für das andere, Ein (1971)
R: Schnitzler, Heinrich; A: Tardieu, Jean
BT: *Un mot pour un autre* (1951) (*Ein Wort für das andere* 1966)

Worte kommen meist zu spät - Hécate (1981)
R: Schmid, Daniel; A: Morand, Paul
BT: *Hécate et ses chiens* (1954)
Wovon wir leben und woran wir sterben (1960)
R: Döpke, Oswald; A: Eisenreich, Herbert
BT: *Wovon wir leben und woran wir sterben* (1958)
Woyzeck (1962)
R: Herlischka, Bohumil; A: Büchner, Georg
BT: *Woyzeck* (1850)
Woyzeck (1966)
R: Noelte, Rudolf; A: Büchner, Georg
BT: *Woyzeck* (1850)
Woyzeck (1978)
R: Herzog, Werner; A: Büchner, Georg
BT: *Woyzeck* (1850)
Woyzek (1964)
R: Bluwal, Marcel; A: Büchner, Georg
BT: *Woyzeck* (1850)
Woyzek (1971)
R: Hess, Joachim; A: Büchner, Georg
BT: *Woyzeck* (1850)
Wozzek (1947)
R: Klaren, Georg C.; A: Büchner, Georg
BT: *Woyzeck* (1850)
Wuk, der Fuchs (1981)
R: Dargay, Attila; A: Fekete, István
BT: *Vuk: allatregeny* (1965) (*Der schlaue Fuchs* 1968)
Wunder der Erziehung, Die (1978)
R: Eigler, Gernot; A: Schreber, Daniel Paul
BT: *Denkwürdigkeiten eines Nervenkranken* (1903)
Wunder des Malachias, Das (1960/61)
R: Wicki, Bernhard; A: Marshall, Bruce
BT: *Father Malachy's Miracle* (1931) (*Das Wunder des Malachias* 1951)
Wunder des San Gennaro, Das (1963)
R: Besekow, Sam; A: Marai, Sandor
BT: *San Gennaro vere* (1965) (*Das Blut des San Gennaro* 1966)
Wunderbare Schatz, Der (1972)
R: Friedrich, Gunter; A: Maljarevski, Pavel G.
BT: (*Der wunderbare Schatz*)
Wunderbaren Jahre, Die (1979)
R: Kunze, Reiner; A: Kunze, Reiner
BT: *Die wunderbaren Jahre* (1976)
Wunderbarer Sommer, Ein (1957)
R: Tressler, Georg; A: Gallico, Paul William
BT: *Ludmilla* (1955) (*Ludmilla* 1957)
Wunderjahre (1992)
R: Arend, Aghte; A: Herfurtner, Rudolf
BT: *Wunderjahre: Hannas Geschichte* (1991)
Wunnigel (1978)
R: Döpke, Oswald; A: Raabe, Wilhelm
BT: *Wunnigel* (1879)
Wunschlos tot (1987)
R: Junek, Kurt; A: Steingötter, Bert
BT: *Wunschlos tot*
Wupper, Die (1985)
R: Flimm, Jürgen; A: Lasker-Schüler, Else
BT: *Die Wupper* (1909)
Würger von Schloß Blackmoor, Der (1963)
R: Reinl, Harald; A: Wallace, Bryan Edgar
Yerma (1984)
R: Gyöngyössy, Imre; Kabay, Barna; A: García Lorca, Federico
BT: *Yerma* (1935) (dt. 1953)
Yester - der Name stimmt doch? (1971)
R: Bieber, Karlheinz; A: Wallis, James Harold
BT: *The Two of Them*
Yvonne (1980)
R: Sander, Ingrid; A: Petersen, Jan
BT: *Yvonne* (1958)
Z wie Zacharias (1985)
R: Caspari, Carlheinz; Podehl, Peter; A: O'Brien, Robert C.
BT: *Z for Zachariah* (1974) (*Z wie Zacharias* 1977)
Zahl bar, wenn du kannst (1982)
R: Deutsch, Peter; A: Nowak, Claus
BT: *Zahl bar, wenn du kannst* (1978)
Zahlungsaufschub (1962)
R: Wirth, Franz Peter; A: Forester, Cecil Scott
BT: *Payment Deferred* (1926) (*Zahlungsaufschub* 1951)
Zappler, Der (1982)
R: Deutschmann, Wolfram; A: Klee, Ernst
BT: *Der Zappler* (1974)
Zar und Zimmermann (1955)
R: Müller, Hans; A: Lortzing, Albert
BT: *Zar und Zimmermann* (1837)
Zärtliche Cousinen (1980)
R: Hamilton, David; A: Lainé, Pascal
BT: *Tendres Cousines* (1979) (*Zärtliche Cousinen*)
Zärtliches Geheimnis (1955)
R: Schleif, Wolfgang; A: Tetzner, Lisa
BT: *Was am See geschah* (1935)

Zieh den Stecker raus, das Wasser kocht (1985)
R: Kishon, Ephraim; A: Kishon, Ephraim
BT: (*Zieh den Stecker raus, das Wasser kocht* 1968)
Zigeunerbaron, Der (1954)
R: Rabenalt, Arthur Maria; A: Jokai, Maurus; Schnitzer, Igor; Strauß, Johann
BT: *Der Zigeunerbaron* (1885)
Zigeunerbaron, Der (1962)
R: Wilhelm, Kurt; A: Jokai, Maurus; Schnitzer, Igor; Strauß, Johann
BT: *Der Zigeunerbaron* (1885)
Zille und ick (1983)
R: Wallroth, Werner W.; A: Wardetzky, Dieter
BT: *Der Maler von Berlin*
Zillejören (1988)
R: Schäfer, Eberhard; A: Ristock, Inge
BT: *Zillejören*
Zimmer 13 (1963)
R: Reinl, Harald; A: Wallace, Richard Horatio Edgar
BT: *Room Thirteen* (1924) (*Zimmer 13* 1950)
Zimmer 418 (1986)
R: Unger, Michael; A: Grosz, Christiane; Schnitzler, Sonja; Schwarz, Renate; Strahl, Rudi
Zimmerschlacht (1969)
R: Wirth, Franz Peter; A: Walser, Martin
BT: *Zimmerschlacht* (1967)
Zimmerwirtin, Die (1967)
R: Cremer, Ludwig; A: Audiberti, Jacques
BT: *La logeuse* (1954)
Zinker, Der (1963)
R: Vohrer, Alfred; A: Wallace, Richard Horatio Edgar
BT: *The Squeaker* (1927) (*Der Zinker* 1948)
Zinnkrug, Der (1961)
R: Burckhardt, Roger; A: Reich, Richard
BT: *House Without Windows* (1952) (*Das Haus ohne Fenster* 1952)
Zirkuskinder (1986)
R: Voges, Bruno; A: Schumacher, Tony
BT: *Zirkuskinder: Aus dem Leben von zwei Artistenkindern* (1948)
Zirri - Das Wolkenschaf (1992)
R: Losansky, Rolf; A: Klemke, Werner; Rodrian, Fred
BT: *Das Wolkenschaf* (1959)
Zitronen aus Sizilien (1963)
R: Cella, Ettore; A: Pirandello, Luigi
BT: *Lumie di Sicilia* (1926) (*Zitronen aus Sizilien* 1948)
Zofen, Die (1964)
R: Engel, Thomas; A: Genet, Jean
BT: *Les bonnes* (1957) (*Die Zofen* 1957)
Zölestine (1958)
R: Wilhelm, Kurt; A: Eckhardt, Fritz
BT: *Zölestine*
Zu einem Mord gehören zwei (1973)
R: Wolffhardt, Rainer; A: -ky (= Bosetzky, Horst)
BT: *Zu einem Mord gehören zwei* (1971)
Zu klein in einer großen Welt (1979)
R: Gröner, Werner; A: Bollinger, Max
BT: *Zu klein in einer großen Welt*
Zu Lasten der Briefträger (1984)
R: Madeja, Georg; A: Brandstätter, Alois
BT: *Zu Lasten der Briefträger* (1974)
Zuchthaus (1967)
R: Hädrich, Rolf; A: Jaeger, Henry
BT: *Die bestrafte Zeit* (1964)
Zucker (1989)
R: Erler, Rainer; A: Erler, Rainer
BT: *Zucker* (1989)
Zucker für den Mörder (1968)
R: Owens, Richard; A: Saint Moore, Adam
Zucker für die Affen (1969)
R: Fiedler, Gerlach; A: Menge, Wolfgang
BT: *Zucker für die Affen : ein dreiteiliger Gala-Abend; exemplarische Ausflüge mit unterschiedlichen Dominanten* (1969)
Zufall, alles Zufall oder Die vertagte Hochzeitsnacht (1972)
R: Wesseler, Karl; A: Arnold, Franz; Bach, Ernst
BT: *Die vertagte Hochzeitsnacht*
Zug nach Manhattan, Ein (1981)
R: Sydow, Rolf von; A: Chayefsky, Paddy
BT: (*Ein Zug nach Manhattan*)
Zuhaus in fremden Betten (1981)
R: Günther, Michael; A: Borgelt, Hans
BT: *Zuhaus in fremden Betten* (1977)
Zum Diktat, Miss Smith (1970)
R: Moszkowicz, Imo; A: Gébler, Ernest
BT: *Shall I Eat You Now?* (1969)
Zum Freispruch verurteilt (1954)
A: Frisch, Max
BT: *Rip van Winkle* (1953)
Zum Frühstück zwei Männer (1981)
R: Philipp, Harald; A: Wittlinger, Karl
BT: *Zum Frühstück zwei Männer* (1962)

Zum Geburtstag (1960)
R: Moszkowicz, Imo; A: Loos, Anita
BT: *Happy birthday* (1947) (*Zum Geburtstag*)
Zündschnüre (1974)
R: Hauff, Reinhard; A: Degenhardt, Franz-Josef
BT: *Zündschnüre* (1973)
Zur schönen Aussicht (1972)
R: Hollmann, Hans; A: Horváth, Ödön von
BT: *Zur schönen Aussicht* (1969)
Zürich Transit (1992)
R: Bechert, Hilde; A: Frisch, Max
BT: *Mein Name sei Gantenbein* (1964)
Züricher Verlobung, Die (1956/57)
R: Käutner, Helmut; A: Noack, Barbara
BT: *Die Züricher Verlobung* (1955)
Zurück, wo ich begann (1970)
R: Rinser, Stephan; A: McCullers, Carson
BT: *The Square Root of Wonderful* (1958)
Zuschlag, Der (1973)
R: Vollmar, Wolf; A: Böll, Heinrich
BT: *Der Zuschlag* (1970)
Zwang zur Unrast (1994)
R: Faudon, Curt M.; A: Morton, Frederic (= Mandelbaum, Fritz)
BT: *Crosstown Sabbath - A Street Journey Through History* (1987) (*Crosstown Sabbath. Über den Zwang zur Unrast* 1993)
Zwangsjacke, Die (1976)
R: Horbelt, Rainer; A: Horbelt, Rainer
BT: *Die Zwangsjacke* (1978)
Zwei alte Hasen (1994)
R: Bartmann, Stefan; A: Gößling, Andreas; Martinek, Krystian; Riedel, Neithardt
BT: *Zwei alte Hasen* (1994)
Zwei Betten in der hohen Tatra (1978)
R: Schäfer, Eberhard; A: Palm, Peter
BT: *Zwei Betten in der hohen Tatra*
Zwei blaue Augen (1955)
R: Ucicky, Gustav; A: Babay, Jósef
Zwei Briefe an Pospischiel (1970)
R: Kirsten, Ralf; A: Grün, Max von der
BT: *Zwei Briefe an Pospischiel* (1968)
Zwei Briefe an Pospischiel (1971)
R: Gall, Roland; A: Grün, Max von der
BT: *Zwei Briefe an Pospischiel* (1968)
Zwei ganze Tage (Wir wollen uns ein Luftschloß bauen) (1970)
R: Ophüls, Marcel; A: Guitry, Sacha
BT: *Faisons un rêve* (1934)
Zwei Gesichter des Januar, Die (1985)
R: Storch, Wolfgang; A: Highsmith, Patricia
BT: *The Two Faces of January* (1964) (*Der Unfall auf Kreta* 1966)
Zwei Gesichter einer Frau, Die (1980)
R: Risi, Dino; A: Milani, Mino
Zwei Girls vom roten Stern (1965)
R: Drechsel, Sammy; A: Norden, Peter
BT: *Zwei Girls vom roten Stern* (1965)
Zwei Herren aus Verona (1966)
R: Schwarze, Hans-Dieter; A: Shakespeare, William
BT: *Two Gentlemen of Verona* (1594) (*Zwei Herren aus Verona*)
Zwei Herren aus Verona (1966)
R: Benesch, Harald; A: Shakespeare, William
BT: *Two Gentlemen of Verona* (1594) (*Zwei Herren aus Verona*)
Zwei Herzen und ein Thron (1955)
R: Schott-Schöbinger, Hans; A: Taupe, Joe
BT: *Zwei Herzen und ein Thron*
Zwei himmlische Dickschädel (1974)
R: Jacobs, Werner; A: Lehmann, Arthur-Heinz
Zwei kluge Männer und die Treue einer Frau (1973)
R: Lehner, Georg; A: Goethe, Johann Wolfgang von
BT: *Unterhaltungen deutscher Ausgewanderten* (1798)
Zwei Körper (1993)
R: B, Beth (= Billingsly, Beth); A: Bell, Neal
BT: *Two Small Bodies* (1980)
Zwei Krawatten (1961)
R: Hamel, Peter; A: Kaiser, Georg
BT: *Zwei Krawatten* (1930)
Zwei Leben des Dr. Gundlach, Die (1985)
R: Kramer, Jurij; A: Schreyer, Wolfgang
BT: *Die fünf Leben des Dr. Gundlach* (1982)
Zwei leere Stühle (1987)
R: Schiemann, Georg; A: Neutsch, Erik
BT: *Zwei leere Stühle* (1979)
Zwei Liebesgeschichten (1979)
R: Witt, Claus Peter; A: Heyse, Paul
BT: *Das Mädchen von Treppi* (1894)
2 Männer, 2 Frauen - 4 Probleme!? (1998)
R: Naefe, Vivian; A: Beleites, Edith
BT: *2 Männer, 2 Frauen - 4 Probleme* (1998)
Zwei Menschen (1952)
R: May, Paul; A: Voß, Richard
BT: *Zwei Menschen* (1911)
Zwei oder drei Ehen (1954)
R: Völger, Werner; A: Saroyan, William

Zwei Profis steigen aus (Un dimanche de flics) (1982/ 83)
R: Vianey, Michel; A: Coburn, Andrew
BT: *Off duty* (1981) (*Die Schwarzarbeiter* 1981)
Zwei Reisen mit Flesch (1986)
R: Dexel, Klaus; A: Wohmann, Gabriele
Zwei wilde Compañeros (1971)
R: Tessari, Duccio; A: Patten, Lewis Byford
BT: *Guns at Gray Butte* (1963) (*Die Brüder Caine* 1964)
Zweierlei Maß (1963)
R: Verhoeven, Paul; A: Shakespeare, William
BT: *Measure for Measure* (1604) (*Maß für Maß*)
Zweikampf, Der (1967)
R: Caspari, Carlheinz; A: Caspari, Carlheinz
BT: *Der Zweikampf*
Zweikampf, Der (1971)
R: Griesmayr, Hartmut; A: Kleist, Heinrich von
BT: *Der Zweikampf* (1810)
Zweimal Adam, einmal Eva (1959)
R: Lang, Franz M.; A: Soini, Yrjö
BT: *Aatamiu puvussa ... ja vahan Eevakin* (1943) (*Zweimal Adam, einmal Eva* 1943)
Zweite Ermordung des Hundes, Die (1973)
R: Schulze-Rohr, Peter; A: Hlasko, Marek
BT: (*Die zweite Ermordung des Hundes*)
Zweite Frau, Die (1983)
R: Ballmann, Herbert; A: Marlitt, Eugenie
BT: *Die zweite Frau* (1874)
Zweite Leben, Das (1954)
R: Vicas, Victor; A: Giraudoux, Jean
BT: *Siegfried et le limousin* (1922) (*Siegfried oder Die zwei Leben des Jacques Forestier* 1962)
Zweite Leben, Das (1990)
R: Rola, Carlo; A: Simenon, Georges (= Sim, Georges; Aramis; Brulls, Christian)
BT: *Une vie comme neuve* (1953) (*Der Rückfall* 1990)
Zweite Leben des Friedrich Wilhelm Georg Platow, Das (1973)
R: Kühn, Siegfried; A: Baierl, Helmut
BT: *Das zweite Leben des Friedrich Wilhelm Georg Platow*
Zwerg im Kopf, Der (1991)
R: Schröder, Claudia; A: Nöstlinger, Christine
BT: *Der Zwerg im Kopf* (1989)
Zwerg Nase (1952)
R: Stefani, Francesco; A: Hauff, Wilhelm
BT: *Der Zwerg Nase* (1827)
Zwerg Nase (1978)
R: Bahls, Karl-Heinz; A: Hauff, Wilhelm
BT: *Der Zwerg Nase* (1827)
Zwerg Nase (1980)
R: Hoflehner, Johannes; A: Hauff, Wilhelm
BT: *Der Zwerg Nase* (1827)
Zwiespalt des Herzens (1953)
R: Steckel, Leonard; A: Haggenmacher, Peter (= Welti, J.)
BT: *Die Venus von Tivoli* (1931)
Zwischen Abschied und Wiedersehen (1986)
R: Schmenger, Ursula; A: Bredel, Willi
BT: *Die Enkel* (1953)
Zwischen den Zügen (1961)
R: Beauvais, Peter; A: Coward, Noël (Pierce) Sir
Zwischen Erde und Himmel (1955)
R: Bublitz, Hans Waldemar; A: Rothe, Hans (= Crane, Colin; Lindner, Hans L.)
Zwischen Himmel und Erde (1990)
R: Engel, Thomas; A: Ludwig, Otto
BT: *Zwischen Himmel und Erde* (1856)
Zwischen Meer und Himmel (1957)
R: Wild, Franz Josef; A: Melville, Herman
BT: *Benito Cereno* (1855) (*Benito Cereno* 1962)
Zwischen Pankow und Zehlendorf (1990/91)
R: Seemann, Horst; A: Kuczynski, Rita
BT: *Wenn ich kein Vogel wär* (1990)
Zwischen Rosen (1996)
R: Flimm, Jürgen; A: Neikrug, Marc
BT: *Through Roses* (1986)
Zwischen Tag und Nacht (1975)
R: Brandt, Horst E.; A: Weinert, Erich
Zwischen Zwölf und Eins (1957)
R: Horn, Peter A.; A: Čechov, Anton Pavlovič
Zwischenlandung Paris (Escale à Orly) (1955)
R: Dréville, Jean; A: Riess, Curt
BT: *Zwischenlandung Paris* (1954)
Zwölftausend (1956)
R: Umgelter, Fritz; A: Frank, Bruno
BT: *Zwölftausend* (1927)
Zyklone, Die (1955)
R: Umgelter, Fritz; A: Roy, Jules
BT: *Les cyclones* (1954)

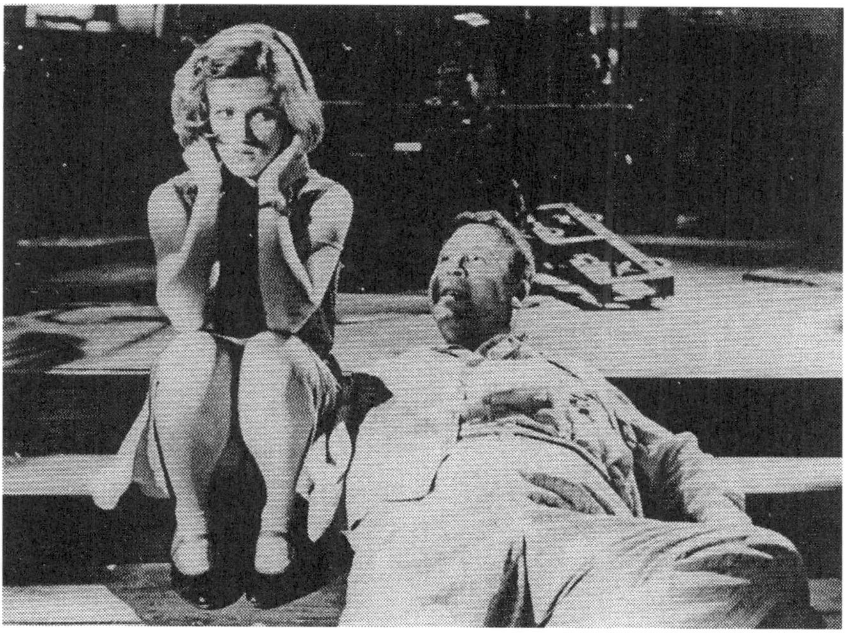

Rainer Werner Fassbinder: Berlin Alexanderplatz, 1980

Joseph Vilsmaier: Herbstmilch, 1988

Regisseure und Regisseurinnen

Abgottspon, Franziskus
FT: Peter Squentz (1978)
A: Gryphius, Andreas
Ackeren, Robert von
FT: Belcanto oder Darf eine Nutte schluchzen (1977)
A: Mann, Heinrich
Adam, Peter
FT: Tatort - Bienzle und der Biedermann (1992)
A: Huby, Felix (= Hungerbühler, Eberhard)
FT: Wolffs Revier (1993-)
A: Friedrichs, Horst
Adlon, Percy
FT: Céleste (1981)
A: Albaret, Céleste
FT: Die Schaukel (1983)
A: Kolb, Annette
Aeby, Simon
FT: Das Fähnlein der sieben Aufrechten (2000)
A: Keller, Gottfried
Aghte, Arend
FT: Karakum (1997)
A: Giordano, Mario
Albano, Gianfranco
FT: Der kleine Lord (1994)
A: Burnett, Frances Hodgson
Alberti, Irene von
FT: Paul Bowles - Halbmond (1994)
A: Bowles, Paul
Albin, Hans
FT: Pudelnackt in Oberbayern (1968)
A: Ammer, Peter
Albiro, Hartwig
FT: Frau Jenny Treibel oder Wo sich Herz zu Herzen findet (1976)
A: Fontane, Theodor
Alcala-Toca, Francisco
FT: Der Botenjunge (1978)
A: Tenn, William
Aldrich, Robert
FT: Das Ultimatum (1976)
A: Wagner, Walter
Alexandre, Miguel
FT: Der Pakt - Wenn Kinder töten (1996)
A: Mones, Paul A.
Alfredson, Daniel
FT: Kommissar Beck: Der Mann auf dem Dach (1993)
A: Sjöwall, Maj; Wahlöö, Per
FT: Kommissar Beck: Die Tote im Götakanal (1994)
A: Sjöwall, Maj; Wahlöö, Per
Allary, Mathias
FT: Franta (1989)
A: Weiß, Ernst
Alten, Jürgen von
FT: Tischlein deck' dich (1956)
A: Grimm, Jakob Ludwig Carl; Grimm, Wilhelm Carl
Amadori, Luis Cesar
FT: Ein Thron für Christine (1959)
A: Rubio, José López (= Lopez Rubio, José)
Ambesser, Axel von
FT: Drei, von denen man spricht (Glück muß man haben) (1953)
A: Vulpius, Paul
FT: Und der Himmel lacht dazu (1954)
A: Costa, Martin
FT: Amphitryon (1959)
A: Molière, Jean Baptiste
FT: Bezaubernde Arabella (1959)
A: Heyer, Georgette
FT: Die schöne Lügnerin (1959)
A: Nebhut, Ernst; Scheu, Just
FT: Der brave Soldat Schwejk (1960)
A: Hašek, Jaroslav
FT: Er kann's nicht lassen (1962)
A: Chesterton, Gilbert Keith
FT: Heirate mich, Cheri (1964)
A: Vaszary, Gábor von
FT: Die fromme Helene (1965)
A: Busch, Wilhelm
FT: Das Abgründige in Herrn Gerstenberg (1966)
A: Ambesser, Axel von
Ammann, Lukas
FT: Hast noch der Söhne ja ...? (1959)
A: Heimann, Erwin
Ammann, Max Peter
FT: Towarisch (1961)
A: Deval, Jacques
FT: Andorra (1980)
A: Frisch, Max
FT: Rumpelstilz (1980)
A: Muschg, Adolf
FT: Der Talisman (1981)
A: Nestroy, Johann Nepomuk
FT: Der Besuch der alten Dame (1982)
A: Dürrenmatt, Friedrich
FT: Dr. Bappe (1984)

A: Leonard, Hugh
FT: Helden (1987)
A: Shaw, George Bernard
Anczykowski, Paul
FT: Die schwarze Katze (1971)
A: Poe, Edgar Allan
Anders, Günther
FT: Pole Poppenspäler (1968)
A: Storm, Theodor
Anderson, Daniel
FT: Geisterjäger John Sinclair (1999)
A: Dark, Jason
Andre, Klaus
FT: Die vierte Zeit (1984)
A: Sacher-Masoch, Alexander von
Andres, Hans Georg
FT: Shiva und die Galgenblume (1945/93)
A: Berndorff, Hans Rudolf
Anna, Claude de
FT: Macbeth (1988)
A: Shakespeare, William; Verdi, Giuseppe
Annakin, Ken
FT: Ruf der Wildnis (1972)
A: London, Jack
Annaud, Jean-Jacques
FT: Der Name der Rose (1986)
A: Eco, Umberto
Antel, Franz
FT: Der alte Sünder (1950/51)
A: Costa, Martin
FT: Der Mann in der Wanne (1952)
A: Felmar, Karl; Friese, Ernst
FT: Der Obersteiger (1952)
A: Zeller, Carl
FT: Ja, so ist das mit der Liebe (1954)
A: Brühl, Hans
FT: Heimatland (1955)
A: Ebner-Eschenbach, Marie von
FT: Lumpazivagabundus (1956)
A: Nestroy, Johann Nepomuk
FT: Das Glück liegt auf der Straße (1957)
A: Il'f, Il'ja; Petrov, Evgenij
FT: ... und ewig knallen Räuber (1962)
A: Perkonig, Johannes
FT: Ruf der Wälder (1965)
A: Ebner-Eschenbach, Marie von
FT: Der Turm der verbotenen Liebe (1968)
A: Dumas, Alexandre (père)
FT: Was geschah auf Schloß Wildberg (Sie nannten ihn Krambambuli) (1972)
A: Ebner-Eschenbach, Marie von
FT: Der Bockerer (1981)
A: Becher, Ulrich; Preses, Peter
FT: Der Bockerer II - Österreich ist frei (1996)
A: Becher, Ulrich; Preses, Peter
FT: Der Bockerer III - Die Brücke von Andau (2000)
A: Becher, Ulrich; Preses, Peter
Anton, Karl
FT: Peter Voss der Millionendieb (1945)
A: Seeliger, Ewald G.
FT: Von Liebe reden wir später (1952/53)
A: Braun, Frank F.
FT: Die Rose von Stambul (1953)
A: Fall, Leo
FT: Clivia (1954)
A: Dostal, Nico
FT: Der Rächer (1960)
A: Wallace, Richard Horatio Edgar
Antonioni, Michelangelo
FT: Jenseits der Wolken (1995)
A: Antonioni, Michelangelo
Arend, Aghte
FT: Wunderjahre (1992)
A: Herfurtner, Rudolf
Argento, Dario
FT: Das Geheimnis der schwarzen Handschuhe (1969)
A: Wallace, Bryan Edgar
FT: Die neunschwänzige Katze (1970)
A: Wallace, Bryan Edgar
Ariel, Pete
FT: Das Land der Blinden oder Von einem, der auszog (1976)
A: Wells, Herbert George
Arnold, Jack
FT: Per Saldo Mord (1980)
A: Klenman, Norman (= Callaghan, Morley; Stanley, Michael)
Asam, Werner
FT: Der müde Theodor (1995)
A: Ferner, Max (= Sommer, Max); Neal, Max
FT: Jägerblut (1996)
A: Dreher, Konrad; Krägel, Josef; Rauchenegger, Benno
Asch, Wolfgang Claus
FT: Das blaue Pferdchen (1975)
A: Machado, Maria Clara
Ashley, Helmut(h)
FT: Das schwarze Schaf (1960)
A: Chesterton, Gilbert Keith
FT: Das Rätsel der roten Orchidee (1962)
A: Wallace, Richard Horatio Edgar
FT: Die Rechnung eiskalt serviert (1966)
A: Cotton, Jerry (= Höber, Heinz-Werner; Müller, Heinz-Werner)
FT: Der Trotzkopf (1983)
A: Rhodan, Emmy von
Askarian, Don
FT: Der Bär (1984)
A: Čechov, Anton Pavlovič

Asmus, Walter D.
FT: Drei Spiele von Samuel Beckett (1990)
A: Beckett, Samuel
Assmann, Arno
FT: Mit und ohne Begleitung (1954)
A: Ashe, Judith
FT: Heiraten ist immer ein Risiko (1967)
A: O'Hara, Saul
FT: Wer ist der Nächste? (1970)
A: Asmodi, Herbert
FT: Ehrlich währt am längsten (1978)
A: Traven, B. (Bruno) (= Marut, Ret; Maurhut, Richard; Torsvan, Traven)
FT: Barfuß im Park (1980)
A: Simon, Neil
Astrakhan, Dmitri
FT: Kasachstan Lady (2000)
A: Brauner, Artur (= Bernd, Art)
August, Bille
FT: Das Geisterhaus (1993)
A: Allende, Isabel
FT: Fräulein Smillas Gespür für Schnee (1997)
A: Høeg, Peter
Aurel, Jean
FT: Hemmungslose Manon (1968)
A: Prévost d'Exiles, Abbé
B, Beth (= Billingsly, Beth)
FT: Zwei Körper (1993)
A: Bell, Neal
Bacso, Peter
FT: Der Mann, der sich in Luft auflöste (1980)
A: Sjöwall, Maj; Wahlöö, Per
Baer, Harry
FT: Bas-Boris Bode. Der Junge, den es zweimal gab (6 Teile) (1985)
A: Baer, Harry; Pfaue, Justus
Bahls, Karl-Heinz
FT: Die Sternstunde des Konstantin E. Ziolkowski (1977)
A: Rezac, Vaclav
FT: Zwerg Nase (1978)
A: Hauff, Wilhelm
FT: Wir sind doch keine lahmen Enten (1988)
A: Neubert, Horst
Bahmann, Thomas
FT: Südsee - eigene Insel (1999)
A: Friedrichs, Horst
Baier, Jo
FT: Rosse (1988)
A: Billinger, Richard
FT: Wildfeuer (1991)
A: Baier, Jo
FT: Hölleisengretl (1994)
A: Graf, Oskar Maria
FT: Der Laden (1998)
A: Strittmatter, Erwin
Baky, Josef von
FT: Via Mala (1945)
A: Knittel, John
FT: Die seltsame Geschichte des Brandner Kasper (1949)
A: Lutz, Josef Maria
FT: Das doppelte Lottchen (1950)
A: Kästner, Erich (= Bürger, Berthold)
FT: Der träumende Mund (1952)
A: Bernstein, Henry
FT: Tagebuch einer Verliebten (1953)
A: Nelken, Dinah
FT: Du bist die Richtige (1954)
A: Ervine, St. John Greer
FT: Dunja (1955)
A: Puschkin, Alexandr Sergejewitsch
FT: Hotel Adlon (1955)
A: Adlon, Hedda
FT: Fuhrmann Henschel (1956)
A: Hauptmann, Gerhart
FT: Die Frühreifen (1957)
A: Bloehmer, Klaus; Heim, Peter
FT: Robinson soll nicht sterben (1957)
A: Forster, Friedrich
FT: Stefanie (1958)
A: Cetto, Gitta von
FT: Marili (1959)
A: Zágon, István
FT: Sturm im Wasserglas (1960)
A: Frank, Bruno
FT: Die seltsame Gräfin (1961)
A: Wallace, Richard Horatio Edgar
Balhaus, Carl
FT: Der Teufelskreis (1956)
A: Zinner, Hedda
FT: Mord ohne Sühne (1962)
A: Harych, Theo
Balik, Jaroslav
FT: Die Schieber (1983)
A: Müller, Robert
Ballmann, Herbert
FT: Der Teufel vom Mühlenberg (1954)
A: Anonym
FT: Tinko (1957)
A: Strittmatter, Erwin
FT: Der Prozeß wird vertagt (1958)
A: Frank, Leonhard
FT: Das Geheimnis der alten Mamsell (1972)
A: Marlitt, Eugenie
FT: Frau Jenny Treibel (1972)
A: Fontane, Theodor
FT: Im Schillingshof (1973)
A: Marlitt, Eugenie
FT: Tristan (1975)
A: Mann, Thomas
FT: Der schwarze Storch (1976)
A: Molzahn, Ilse

FT: Im Hause des Kommerzienrates (1976)
A: Marlitt, Eugenie
FT: Ein Mann will nach oben (1978)
A: Fallada, Hans
FT: Die zweite Frau (1983)
A: Marlitt, Eugenie
Balsinger, Johannes
FT: Garantiert ungestört (1990)
A: Bencsik, Imre
Balzer, Horst
FT: Ein Mädchen vom Lande (1961)
A: Odets, Clifford
Bär, Rainer
FT: Der Geisterseher (1987)
A: Schiller, Friedrich von
Barabás, Stanislav
FT: Der ewige Gatte (1969)
A: Dostojewski, Feodor
FT: Die Sanfte (1969)
A: Dostojewski, Feodor
FT: Jonas oder Der Künstler bei der Arbeit (1970)
A: Camus, Albert
FT: Die Erbschaft (1972)
A: Maupassant, Guy de
FT: Inferno (1973)
A: Strindberg, August
FT: Der Schwierige (1974)
A: Hofmannsthal, Hugo von
FT: Das blaue Hotel (1975)
A: Crane, Stephen
FT: El Greco malt den Großinquisitor (1976)
A: Andres, Stefan
FT: Wir sind Utopia (1976)
A: Andres, Stefan
FT: Tödlicher Ausgang (1979)
A: Andresen, Thomas (= Christ, Martin)
FT: Die Fahrt nach Schlangenbad (1981)
A: Schreeb, Hans-Dieter; Thiemt, Hans-Georg
FT: Blaßlila Briefe (Tatort) (1982)
A: Rosendorfer, Kurt
FT: Ich werde warten (1982)
A: Chandler, Raymond
FT: Matt in 13 Zügen (13 Teile) (1984)
A: Horla, Alexander (= Flechtner, Hans Joachim)
FT: Die Komplizen (1985)
A: Simenon, Georges (= Sim, Georges; Aramis; Brulls, Christian)
FT: Sonntag (1985)
A: Simenon, Georges (= Sim, Georges; Aramis; Brulls, Christian)
Baratier, Jacques
FT: Haben Sie Interesse an der Sache? (1973)
A: Eymouche, Claude
Barcelloni, Gianni
FT: Desideria (1980)
A: Moravia, Alberto
Barlog, Boleslaw
FT: Quadratur des Kreises (1968)
A: Kataev, Valentin P.
Barma, Claude
FT: Szenen aus dem Paris der Jahrhundertwende (1953)
A: Courteline, Georges
Barron, Steve
FT: Die Legende von Pinocchio (1996)
A: Collodi, Carlo
Barthelmeß-Weller, Usch
FT: Die Kinder aus Nr. 67 oder Heil Hitler, ich hätt' gern 'n paar Pferdeäppel (1979)
A: Tetzner, Lisa
Bartmann, Stefan
FT: Immenhof (1994)
A: Blobel, Brigitte
FT: Zwei alte Hasen (1994)
A: Gößling, Andreas; Martinek, Krystian; Riedel, Neithardt
FT: Rosamunde Pilcher: Rosen im Sturm (1998)
A: Pilcher, Rosamunde
Barylli, Gabriel
FT: Butterbrot (1990)
A: Barylli, Gabriel
FT: Honigmond (1996)
A: Barylli, Gabriel
Basedow, Rolf
FT: Der Schüchterne, der Feuer fing (1978)
A: Aveline, Claude
FT: Der glücklose Mann (1982)
A: Stark, Richard
Baser, Tevfik
FT: Abschied vom falschen Paradies (1988)
A: Scheinhardt, Saliha
Batta, Ernst
FT: Hafengasse Nr.8 (1962)
A: Rechlin, Eva
FT: Wenn man will ... (1964)
A: Andersen, Hans Christian
Baudissin, Christian
FT: Tadesse, warum? (1994)
A: Söhl, Irmhild
Bauer, Jochen
FT: Verdammte Engel (1977)
A: Babel, Isaak
FT: Nachtstreife (1985)
A: Frank, Leo (= Maier, Frank Leo)
FT: Das Archiv (1986)

A: Frank, Leo (= Maier, Frank Leo)
Bauer, Wolfgang
FT: Magic Afternoon (1971)
A: Bauer, Wolfgang
Baumann, Ulli
FT: Männer und andere Katastrophen (1998)
A: Gier, Kerstin
Baumgärtner, Hajo
FT: Die Flucht (1977)
A: Stifter, Adalbert
Bausch, Andi
FT: Balko (1995-)
A: Paul, Nora
Beauvais, Peter
FT: Der selige Christopher Bohn (1955)
A: Fauchois, René
FT: Die falschen Nasen. Eine Komödie aus einem Märchenland (1955)
A: Sartre, Jean-Paul
FT: Drei Jungen, ein Mädchen (1955)
A: Ferdinand, Roger
FT: Seit Adam und Eva (1955)
A: Priestley, John Boynton
FT: Die Fahrt ins Blaue (1956)
A: Caillavet, Gaston A. de; Flers, Robert de; Rey, Étienne
FT: Geld ohne Arbeit (1956)
A: Colantuoni, Alberto
FT: Schatten in der 3. Avenue (1956)
A: Zoff, Otto
FT: Bei Tag und bei Nacht oder Der Hund des Gärtners (1957)
A: Neveux, Georges
FT: Das heiße Herz (1957)
A: Patrick, John
FT: Die Fee (1957)
A: Molnár, Ferenc
FT: Mrs. Cheneys Ende (1957)
A: Lonsdale, Frederick
FT: Schinderhannes (1957)
A: Zuckmayer, Carl
FT: Der Mann im Manne (1959)
A: Thurber, James
FT: Liebe, Luft und lauter Lügen (1959)
A: Zumbro, Karl
FT: Die Familie (1960)
A: Morris, Edmund
FT: Venus im Licht (1960)
A: Fry, Christopher
FT: Die kleinen Füchse (1961)
A: Hellman, Lillian
FT: Erinnerst Du dich? (Familienleben) (1961)
A: Osborn, Paul
FT: General Quixotte (1961)
A: Anouilh, Jean
FT: Madame de ... (1961)
A: Vilmorin, Louise
FT: Zwischen den Zügen (1961)
A: Coward, Noël (Pierce) Sir
FT: Der Walzer des Toreros (1962)
A: Anouilh, Jean
FT: Onkel Harry (1962)
A: Job, Thomas
FT: Schluck und Jau (1962)
A: Hauptmann, Gerhart
FT: Bilderkomödie (1963)
A: Fauchois, René
FT: Der arme Bitos oder Das Diner der Köpfe (1963)
A: Anouilh, Jean
FT: Port Royal (1963)
A: Montherlant, Henry de
FT: Professor Bernhardi (1964)
A: Schnitzler, Arthur
FT: Spätsommer (1964)
A: Lehman, Leo
FT: Die Sommerfrische (1965)
A: Goldoni, Carlo
FT: Undine (1965)
A: Giraudoux, Jean
FT: Gespenster (1966)
A: Ibsen, Henrik
FT: Jegor Bulytschow und andere (1966)
A: Gorkij, Maksim
FT: Der Teufel und der liebe Gott (1967)
A: Sartre, Jean-Paul
FT: Ein Duft von Blumen (1967)
A: Saunders, James
FT: Ein Mann namens Harry Bent (1968)
A: Durbridge, Francis Henry
FT: Professor Bernhardi (1968)
A: Schnitzler, Arthur
FT: Die Geschichte der 1002. Nacht (2 Teile) (1969)
A: Roth, Joseph
FT: Die Ratten (1969)
A: Hauptmann, Gerhart
FT: Fink und Fliederbusch (1969)
A: Schnitzler, Arthur
FT: Rumpelstilz (1969)
A: Muschg, Adolf
FT: Das Leben beginnt morgen (1970)
A: Schnitzler, Arthur
FT: Trauer muß Elektra tragen (1970)
A: O'Neill, Eugene (Gladstone)
FT: Die Deutschstunde (1971)
A: Lenz, Siegfried
FT: Sterben (1971)
A: Schnitzler, Arthur
FT: Die Gräfin von Rathenow (1973)
A: Kleist, Heinrich von
FT: Griseldis (1974)

A: Courths-Mahler, Hedwig
FT: Am Wege (1975)
A: Bang, Hermann Joachim
FT: Auf dem Chimborazo (1977)
A: Dorst, Tankred
FT: Kur in Travemünde (1979)
A: Mühl, Karl Otto
FT: Das Käthchen von Heilbronn oder Die Feuerprobe (1981)
A: Kleist, Heinrich von
FT: Die ewigen Gefühle (1984)
A: Brentano, Bernard von
FT: Die Geschichte der 1002. Nacht (1985)
A: Roth, Joseph
FT: Ein fliehendes Pferd (1986)
A: Walser, Martin
FT: Sommer in Lesmona (6 Teile) (1987)
A: Berck, Marga
FT: Wie kommt Salz ins Meer? (1988)
A: Schwaiger, Brigitte

Bechert, Hilde
FT: Die Liebenden von Zumpa (1984)
A: Galeano, Eduardo
FT: Skizze eines Unglücks (1985)
A: Frisch, Max
FT: Zürich Transit (1992)
A: Frisch, Max

Beck, Walter
FT: Als Martin vierzehn war (1964)
A: Schönrock, Hans
FT: König Drosselbart (1965)
A: Grimm, Jakob Ludwig Carl; Grimm, Wilhelm Carl
FT: Turlis Abenteuer (1969)
A: Collodi, Carlo
FT: Dornröschen (1971)
A: Grimm, Jakob Ludwig Carl; Grimm, Wilhelm Carl
FT: Trini (1976)
A: Renn, Ludwig
FT: Des Henkers Bruder (1979)
A: Kraze, Hanna-Heide
FT: Der Prinz hinter den sieben Meeren (1982)
A: Grimm, Jakob Ludwig Carl; Grimm, Wilhelm Carl
FT: Biberspur (1984)
A: Wolff, Bernd
FT: Der Bärenhäuter (1986)
A: Grimm, Jakob Ludwig Carl; Grimm, Wilhelm Carl
FT: Der Froschkönig (1987)
A: Grimm, Jakob Ludwig Carl; Grimm, Wilhelm Carl
FT: Froschkönig (1988)
A: Grimm, Jakob Ludwig Carl; Grimm, Wilhelm Carl
FT: Der Streit um des Esels Schatten (1989)
A: Wieland, Christoph Martin

Becker, Lars
FT: Kanak Attack (2000)
A: Zaimoglu, Feridun

Becker, Wolfgang
FT: Der Etappenhase (1956)
A: Bunje, Carl
FT: Italienreise - Liebe inbegriffen (1958)
A: Noack, Barbara
FT: Peter Voss der Millionendieb (1958)
A: Seeliger, Ewald G.
FT: Riviera-Story (1961)
A: Nicklisch, Hans; Steinhardt, Wolfgang O.
FT: Ellenbogenspiele (1969)
A: Dorpat, Draginja
FT: Die Vorstadtkrokodile (1978)
A: Grün, Max von der

Becker, Wolfgang (I)
FT: Schmetterlinge (1988)
A: McEwan, Ian

Beckett, Samuel
FT: He Joe (1979)
A: Beckett, Samuel
FT: Quadrat I + II (1981)
A: Beckett, Samuel
FT: Nacht und Träume (1983)
A: Beckett, Samuel

Behrend, Jens-Peter
FT: Sie rüsten zur Reise ins Dritte Reich. Kurt Tucholsky und der Prozeß Harden (1985)
A: Tucholsky, Kurt
FT: Mondjäger (1989)
A: Heuck, Sigrid

Behrend, Rainer
FT: Der Magdalenenbaum (1989)
A: Müller, Armin

Behrens, Gloria
FT: First love - die grosse Liebe (1997-98)
A: Gärtner, Pia

Beilharz, Norbert
FT: Rosamunde (1997)
A: Chézy, Helmina von (= Klencke, Wilhelmine Christiane von)

Beißel, Udo
FT: Werner - Das muß kesseln!!! (1996)
A: Brösel (= Feldmann, Rötger)

Beke, Judith
FT: Das Glückskind (1973)
A: Grimm, Jakob Ludwig Carl; Grimm, Wilhelm Carl

Belka, Jiri
FT: August, August, August (1970)
A: Kohout, Pavel

Bellag, Lothar
FT: Die Gesichte der Simone Machard (1960)
A: Brecht, Bertolt
FT: Der Vierte (1962)
A: Simonov, Konstantin M.
FT: Was Ihr wollt (1963)
A: Shakespeare, William
FT: Die Ermittlung (1966)
A: Weiss, Peter
FT: Ende der Anfrage (1966)
A: Geissler, Christian
FT: Der Regimentskommandeur (1971)
A: Flegel, Walter
FT: Scheidungsprozeß (1973)
A: Richter, Egon
FT: Wie ein Vogel im Schwarm (1990)
A: Sakowski, Helmut
Bellmann, Dieter
FT: Dornröschen (1980)
A: Grimm, Jakob Ludwig Carl; Grimm, Wilhelm Carl
FT: Der Hase und der Igel (1982)
A: Grimm, Jakob Ludwig Carl; Grimm, Wilhelm Carl
FT: Gavroche (1987)
A: Ensikat, Peter
FT: Die verzauberten Brüder (1988)
A: Svarc, Evgenij L'Ovic
Benedek, Laszlo
FT: Kinder, Mütter und ein General (1954)
A: Reinecker, Herbert
Benesch, Harald
FT: Der Klassenaufsatz (1963)
A: Wickert, Erwin
FT: Kapitän Karagöz (1963)
A: Gaulis, Louis
FT: Nebeneinander (1964)
A: Kaiser, Georg
FT: Zwei Herren aus Verona (1966)
A: Shakespeare, William
Berger, Christian
FT: Die wilden Kinder (1988)
A: Helfer, Monika
Berger, Ludwig
FT: Der Spieler (1954)
A: Gogol, Nicolaj
FT: Undine (1955)
A: Giraudoux, Jean
FT: Der Tod des Sokrates (1957)
A: Platon
FT: Der Widerspenstigen Zähmung (1958)
A: Shakespeare, William
FT: Ein Sommernachtstraum (1958)
A: Shakespeare, William
FT: Maß für Maß (1958)
A: Shakespeare, William
FT: Viel Lärm um nichts (1958)
A: Shakespeare, William
FT: Was Ihr wollt (1958)
A: Shakespeare, William
FT: Wie es euch gefällt (1958)
A: Shakespeare, William
FT: Alpenkönig und Menschenfeind (1962)
A: Raimund, Ferdinand
Berglund, Pelle
FT: Kommissar Beck: Und die Großen läßt man laufen (1994)
A: Sjöwall, Maj; Wahlöö, Per
Berglund, Per
FT: Der demokratische Terrorist (1992)
A: Guillou, Jan
Bergmann, Rudolf
FT: Was heißt hier nach Hause? (1980)
A: Schuster-Schmah, Sigrid
Bergmann, Werner
FT: Die Feststellung (1957/58)
A: Baierl, Helmut
FT: Die dicke Tilla (1984)
A: Klein, Rosel
Berner, Dieter
FT: Niemandsland (1981)
A: Wolfgruber, Gernot
FT: Lenz oder Die Freiheit (1986)
A: Heym, Stefan
FT: Auf eigene Gefahr (1993)
A: Grän, Christine
FT: Endlich Schluß (1998)
A: Turrini, Peter
FT: Die Verhaftung des Johann Nepomuk Nestroy (2000)
A: Turrini, Peter
Bernhardt, Hanns
FT: Klick aus dem Spielzeugladen (1962)
A: Schnack, Friedrich
Bertram, Christian
FT: Weltuntergang in Berlin (1980)
A: Trolle, Lothar
FT: Mercier und Camier (1983)
A: Beckett, Samuel
Besekow, Sam
FT: Korczak und die Kinder (1961)
A: Sylvanus, Erwin
FT: Das Wunder des San Gennaro (1963)
A: Marai, Sandor
Beyer, Frank
FT: Nackt unter Wölfen (1962)
A: Apitz, Bruno
FT: Spur der Steine (1965/66)
A: Neutsch, Erik
FT: Die sieben Affären der Doña Juanita (1972/73)
A: Panitz, Eberhard

FT: Jakob der Lügner (1974)
A: Becker, Jurek
FT: Der König und sein Narr (1981)
A: Stade, Martin
FT: Der Aufenthalt (1983)
A: Kant, Hermann
FT: Bockshorn (1984)
A: Meckel, Christoph
FT: Der Bruch (1988)
A: Kohlhaase, Wolfgang
FT: Der Verdacht (1991)
A: Braun, Volker
FT: Wenn alle Deutschen schlafen (1994)
A: Becker, Jurek
FT: Nikolaikirche (1995)
A: Loest, Erich (= Walldorf, Hans; Naß, Waldemar)
FT: Der Hauptmann von Köpenick (1997)
A: Zuckmayer, Carl
FT: Abgehauen (1998)
A: Krug, Manfred

Bieber, Karlheinz
FT: Yester - der Name stimmt doch? (1971)
A: Wallis, James Harold
FT: Ein Park für alle (13 Teile) (1980)
A: Noack, Paul Robert

Bielawa, Michel
FT: First love - die grosse Liebe (1997-98)
A: Gärtner, Pia

Bienek, Horst
FT: Beschreibung eines Dorfes (1970)
A: Kaschnitz, Marie Luise
FT: Die Zelle (1971)
A: Bienek, Horst; Grabner, Hasso

Billian, Hans
FT: Die heißen Nächte der Josephine Mutzenbacher (1981)
A: Salten, Felix (= Salzmann, Siegmund)

Biltz, Karl Peter
FT: Kleine Ursachen - große Wirkungen (1954)
A: Tucholsky, Kurt
FT: Die Puppen von Poshansk (1955)
A: Neumann, Robert
FT: Überfahrt (1955)
A: Vane, Sutton
FT: Das salomonische Frühstück (1956)
A: Günther, Johannes von
FT: Ankunft bei Nacht (Verwehte Spuren) (1965)
A: Rothe, Hans (= Crane, Colin; Lindner, Hans L.)
FT: Romeo und Jeanette (1968)
A: Anouilh, Jean
FT: Ein Mordanschlag (1971)
A: Čapek, Karel
FT: Szenen aus dem Eheleben (1972)
A: Bermange, Barry

Birgel, Willi
FT: Rosenmontag (1955)
A: Hartleben, Otto Erich

Birkin, Andrew
FT: Brennendes Geheimnis (1988)
A: Zweig, Stefan
FT: Salz auf unserer Haut (1991)
A: Groult, Benoîte
FT: Der Zementgarten (1992)
A: McEwan, Ian

Birth, Ottomar
FT: Der Zaubergarten (1984)
A: Heine, Heinrich

Blank, Richard
FT: Herz mit Löffel (1990)
A: Grünmandl, Otto

Bleiweiß, Celino
FT: Der kleine und der große Klaus (1971)
A: Andersen, Hans Christian
FT: Aus dem Leben eines Taugenichts (1973)
A: Eichendorff, Joseph Freiherr von
FT: Die eigene Haut (1974)
A: Wurzberger, Karl
FT: Die schwarze Mühle (1975)
A: Brězan, Jurij (= Svitz, Dužan)
FT: Mein blauer Vogel fliegt (1975)
A: Karau, Gisela
FT: Absage an Viktoria (1977)
A: Panitz, Eberhard
FT: Meines Vaters Straßenbahn (1980)
A: Panitz, Eberhard
FT: Die Räuber (1982)
A: Schiller, Friedrich von
FT: Lieben Sie Träume? oder Farjatjews Phantasien (1982)
A: Sokolova, Alla
FT: Wilhelm Meisters theatralische Sendung (2 Teile) (1982)
A: Goethe, Johann Wolfgang von
FT: Klein Zaches, genannt Zinnober (1983)
A: Hoffmann, Ernst Theodor Amadeus
FT: Der Bergdoktor (1993)
A: Scheibler, Susanne
FT: Anna Maria - eine Frau geht ihren Weg (1994)
A: Cordes, Alexandra

Bluwal, Marcel
FT: Woyzek (1964)
A: Büchner, Georg

Bockmayer, Walter
FT: Kiez - Aufstieg und Fall eines Luden (1982)
A: Greiner, Peter

FT: Geierwally (1990)
A: Hillern, Wilhelmine von
Bogner, Franz Xaver
FT: Madame Bäurin (1993)
A: Christ, Lena
Böhlich, Bernd
FT: Der junge Herr Siegmund (1986)
A: Tieck, Ludwig
FT: Die gestundete Zeit (1989)
A: Will, Peter
FT: Kein Wort von Einsamkeit (1990)
A: Endert, Torsten
FT: Blutiger Ernst (1997)
A: Murr, Stefan
FT: Sturmzeit (1999)
A: Link, Charlotte
Bohm, Hark
FT: Wir pfeifen auf den Gurkenkönig (1976)
A: Nöstlinger, Christine
FT: Herzlich willkommen (1990)
A: Kempowski, Walter
Bohn, Ralph
FT: Wolffs Revier (1993-)
A: Friedrichs, Horst
FT: Die Drei (1996)
A: Fuger, Berry
Bois, Curt
FT: Ein Polterabend (1955)
A: Bernhardy, Werner
Boldt, Rainer
FT: Esch oder die Anarchie (1978)
A: Broch, Hermann
FT: Im Zeichen des Kreuzes (1983)
A: Leukefeld, Peter
FT: Säntis (Alles aus Liebe) (1986)
A: Walser, Martin
FT: Der Geschichtenerzähler (1989)
A: Highsmith, Patricia
FT: Ron & Tania (1990)
A: Huby, Felix (= Hungerbühler, Eberhard); Mattner, Christoph
FT: Nicht von schlechten Eltern (1993)
A: Thamm, Volker
Bolliger, Wilfried
FT: Riedland (1976)
A: Guggenheim, Kurt
FT: Der Landvogt von Greifensee (1978)
A: Keller, Gottfried
Bolváry, Géza von
FT: Die Fledermaus (1946)
A: Geneé, Richard; Haffner, Carl; Strauß, Johann
FT: Wer bist du, den ich liebe? (1949)
A: Kritz, Hugo Maria (= Kritzkovsky, Hugo)
FT: Hochzeitsnacht im Paradies (1950)
A: Hentschke, Heinz
FT: Einmal kehr ich wieder ... Dalmatinische Hochzeit (1953)
A: Reinecker, Herbert
FT: Mein Leopold (1955)
A: L'Arronge, Adolphe
FT: Unsterbliche Liebe/Was die Schwalbe sang (1956)
A: Storm, Theodor
FT: Es wird alles wieder gut (1957)
A: Selinko, Annemarie
FT: Ich werde dich auf Händen tragen (1958)
A: Storm, Theodor
Bommert, Günter
FT: Ein Phönix zuviel (1963)
A: Fry, Christopher
Bondy, Luc
FT: Die Ortliebschen Frauen (1979)
A: Nabl, Franz
FT: Das weite Land (1986)
A: Schnitzler, Arthur
Bonhoff, Ursula
FT: Michael Kramer (1978)
A: Hauptmann, Gerhart
FT: Furcht und Elend des dritten Reiches (1981)
A: Brecht, Bertolt
Bonnard, Mario
FT: Die letzten Tage von Pompeji (1959)
A: Bulwer, Edward G. Lord Lytton
Bonnet, Horst
FT: Orpheus in der Unterwelt (1973)
A: Crémieux, Hector Jonathan; Halévy, Ludovic; Offenbach, Jacques
Bonnot, Alain
FT: Parfum für eine Selbstmörderin (1990)
A: Boileau, Pierre; Narcejac, Thomas
Borderie, Bernard
FT: Angélique I + II (1964)
A: Golon, Anne
FT: Angélique und der König (1965)
A: Golon, Anne
FT: Angélique und der Sultan (1967)
A: Golon, Anne
FT: Unbezähmbare Angélique (1967)
A: Golon, Anne
FT: Catherine - Ein Leben für die Liebe (1968)
A: Benzoni, Juliette
FT: Wie bitte werde ich ein Held? (1971)
A: Lernet-Holenia, Alexander
Borgelt, Hans-Henning
FT: Kalles Oma (1976)
A: Härtling, Peter
FT: Einschreiben vom Anwalt (1980)
A: Richter, Hans Peter

FT: Einfach abhauen (1981)
A: Steenfatt, Margret

Bornemann, Fritz
FT: Das Schiff auf der Donau (1962)
A: Wolf, Friedrich (Baetz, Christian; Rüedi, Hans; Dr. Isegrimm)
FT: Der Weg nach Füssen (1962)
A: Becher, Johannes R.
FT: Die Winterschlacht (1963)
A: Becher, Johannes R.
FT: Die Matrosen von Cattaro (1979)
A: Wolf, Friedrich (Baetz, Christian; Rüedi, Hans; Dr. Isegrimm)
FT: Morgen werde ich einen Sombrero tragen (1981)
A: Dragun, Osvaldo
FT: Überfahrt (1984)
A: Seghers, Anna
FT: Passage (1989)
A: Hein, Christoph
FT: Prinz Friedrich von Homburg (1989)
A: Kleist, Heinrich von
FT: Die Ritter der Tafelrunde (1990)
A: Hein, Christoph

Bornhak, Achim
FT: Marianengraben (1994)
A: Lem, Stanislaw

Borowczyk, Walerian
FT: Rosalie (1970)
A: Maupassant, Guy de
FT: Lulu (1979)
A: Wedekind, Frank

Borsche, Dieter
FT: Der Fächer (1956)
A: Goldoni, Carlo

Borsche, Kai
FT: Heidi und Erni (1990)
A: Ulrici, Rolf

Borsody, Eduard von
FT: Übers Jahr, wenn die Kornblumen blühen (Jugendliebe) (1944/47)
A: Keller, Gottfried
FT: Die Frau am Wege (1948)
A: Hochwälder, Fritz
FT: Das vierte Gebot (Der Weg abwärts) (1950)
A: Anzengruber, Ludwig
FT: Die Kreuzlschreiber (1950)
A: Anzengruber, Ludwig
FT: Hochzeit mit Erika (1950)
A: Künneke, Eduard; Webels, Willi
FT: Rausch einer Nacht (1950)
A: Bratt, Harald
FT: Sensation im Savoy (1950)
A: Külb, Karl Georg
FT: Ich hab mich so an dich gewöhnt (1952)
A: Daniger, Margot
FT: Der Major und die Stiere (1955)
A: Venatier, Hans
FT: Dany, bitte schreiben Sie (1956)
A: Rösener, Inge
FT: Geliebte Corinna (1956)
A: Pilchowski, Robert
FT: Liane, das Mädchen aus dem Urwald (1956)
A: Day-Helveg, Anne (= Lothringer, Anne)
FT: Der Schäfer vom Trutzberg (1958)
A: Ganghofer, Ludwig
FT: Skandal um Dodo (1958)
A: Arnold, Franz; Wiener, Hugo
FT: Sturm am Wilden Kaiser (1963)
A: Klier, Heinrich E.
FT: Bergwind (1964)
A: Klier, Heinrich E.

Böse, Carl
FT: Der keusche Lebemann (1952)
A: Arnold, Franz; Bach, Ernst
FT: Der Onkel aus Amerika (1952)
A: Altkirch, Ferdinand; Bibo, Günther; Rosen, Willy
FT: Der keusche Josef (1953)
A: Arnold, Franz; Bach, Ernst
FT: Die spanische Fliege (1954)
A: Arnold, Franz; Bach, Ernst

Böttger, Fritz
FT: Die Junggesellenfalle (1952)
A: Kalkus, Albert
FT: Auf der grünen Wiese (1953)
A: Benes, Jara; Tolarski, Viktor

Bould, Chris
FT: Mein Freund Joe (1995)
A: Pohl, Peter
FT: Mayday - Flug in den Tod (1997)
A: Konsalik, Heinz Günther (= Pahlen, Henry)

Boxberg, Bertram von
FT: Wer zweimal lügt (1993)
A: Hülsbeck, Hartmut

Brandauer, Karin
FT: Der Muff (1976)
A: Ebner-Eschenbach, Marie von
FT: Der Weg ins Freie (1983)
A: Schnitzler, Arthur
FT: Das Totenreich (1985)
A: Pontoppidan, Henrik
FT: Erdsegen (1986)
A: Rosegger, Peter (= P. K. = Kettenfeier, Petri)
FT: Aschenputtel (1989)
A: Grimm, Jakob Ludwig Carl; Grimm, Wilhelm Carl
FT: Ein Sohn aus gutem Hause (1989)
A: Tschuppik, Karl
FT: Sidonie (1990)
A: Hackl, Erich

Brandauer, Klaus Maria
FT: Der grüne Kakadu (1977)
A: Schnitzler, Arthur
FT: Georg Elser - Einer aus Deutschland (1989)
A: Sheppard, Stephen
FT: Mario und der Zauberer (1994)
A: Mann, Thomas
Brandt, Horst E.
FT: Irrlicht und Feuer (2 Teile) (1966)
A: Grün, Max von der
FT: Krupp und Krause (3 Teile) (1969)
A: Helms, K. H.
FT: Zwischen Tag und Nacht (1975)
A: Weinert, Erich
FT: Brandstellen (1977)
A: Degenhardt, Franz-Josef
FT: Der Lude (1984)
A: Küchenmeister, Claus; Küchenmeister, Wera
Brauer, Jürgen
FT: Pugowitza (1981)
A: Wellm, Alfred
FT: Gritta vom Rattenschloß (1985)
A: Arnim, Bettina von; Arnim, Gisela von
FT: Hilde, das Dienstmädchen (1986)
A: Rücker, Günther
FT: Das Herz des Piraten (1987)
A: Pludra, Benno
FT: Sehnsucht (1989)
A: Koch, Jurij
FT: Tanz auf der Kippe (1991)
A: Koch, Jurij
FT: Anna annA (1992)
A: Hartmann, Lukas
FT: Lorenz im Land der Lügner (1996)
A: Rodari, Gianni
Braun, Alfred
FT: Der Puppenspieler (1944/45, unvollendet)
A: Storm, Theodor
FT: Pikanterie (1950)
A: Gribitz, Franz J.
FT: Die Gefährtin (1954)
A: Schnitzler, Arthur
FT: Michael Kramer (1955)
A: Hauptmann, Gerhart
FT: Morgen wirst du um mich weinen (1959)
A: Zumbro, Karl
Braun, Bettina
FT: Marienhof (1992)
A: Becker, Rolf A.
Braun, Christina von
FT: Gegen den Strich (1988)
A: Huysmans, Joris-Karl
Braun, Harald
FT: Der stumme Gast (1945)
A: Fontane, Theodor
FT: Königliche Hoheit (1953)
A: Mann, Thomas
FT: Der letzte Sommer (1954)
A: Huch, Ricarda
FT: Unsere kleine Stadt (1954)
A: Wilder, Thornton
FT: Herrscher ohne Krone (1956)
A: Neumann, Robert
FT: Regine (1956)
A: Keller, Gottfried
FT: Eurydice (1957)
A: Anouilh, Jean
FT: Die Glasmenagerie (1958)
A: Williams, Tennessee
FT: Kabale und Liebe (1959)
A: Schiller, Friedrich von
FT: O Wildnis (1959)
A: O'Neill, Eugene (Gladstone)
Braun, Michael
FT: Ein Toter stoppt den 6 Uhr 10 (1972)
A: Murr, Stefan
FT: Die Powenzbande (1974)
A: Penzoldt, Ernst
FT: Nachruf auf Othello (1983)
A: Erné, Nino
Braun, Pinkas
FT: Die Eingeschlossenen (1978)
A: Sartre, Jean-Paul
Braut, Thomas
FT: Die Launen des Herrn Lasukow (1966)
A: Nekrasov, Nicolaj Alekseev
Breloer, Heinrich
FT: Das Beil von Wandsbek (1982)
A: Zweig, Arnold
FT: Todesspiel (1997)
A: Breloer, Heinrich
Bringmann, Peter F.
FT: Der Schneemann (1985)
A: Fauser, Jörg
FT: Die Sturzflieger (1995)
A: Beleites, Edith
Brödl, Herbert
FT: Ein Verantwortlicher entläßt einen Unverantwortlichen (1971)
A: Scharang, Michael
FT: Die Farben der Vögel (1988/89)
A: Brödl, Herbert
Bronken, Per
FT: Die Frau vom Meer (1980)
A: Ibsen, Henrik
FT: Jenny (1983)
A: Undset, Sigrid
Brüggemann, Erika
FT: Des Kaisers neue Kleider (1978)
A: Andersen, Hans Christian
Brühl, Hanno
FT: Das Schweigen des Meeres (1967)
A: Vercors (= Bruller, Jean)

FT: Der Schulmeister (1967)
A: Saunders, James
FT: Die armen Reichen (1971)
A: Pohl, Frederik
Brustellin, Alf
FT: Der Mädchenkrieg (1977)
A: Bieler, Manfred
FT: Der Sturz (1978)
A: Walser, Martin
Brynych, Zbynek
FT: Amerika oder Der Verschollene (1969)
A: Kafka, Franz
FT: Die Nacht von Lissabon (1971)
A: Remarque, Erich Maria (= Remark, Erich Paul)
Bublitz, Hans Waldemar
FT: Der Mantel (1953)
A: Gogol, Nicolaj
FT: Geliebter Schatten (1953)
A: Deval, Jacques
FT: Lied der Taube (1953)
A: Druten, John William van
FT: Septemberflut (1953)
A: Du Maurier, Daphne
FT: Das Apostelspiel (1954)
A: Mell, Max
FT: Zwischen Erde und Himmel (1955)
A: Rothe, Hans (= Crane, Colin; Lindner, Hans L.)
FT: Der Prozeß Mary Dugan (1956)
A: Veiller, Bayard
FT: Der Weg ist dunkel (1956)
A: Levi, Paolo
FT: Von zwölf bis zwölf (1956)
A: Stahl, Hermann
FT: Der Verdammte (1957)
A: Alexander, Patrick
FT: Diebelei (1957)
A: Lettunich, Mateo
FT: Kopf oder Zahl (1957)
A: Thomas, Peter
FT: Drei Orangen (1959)
A: Rohkohl, Dieter
FT: Mitternacht (1961)
A: Sifton, Claire Ginsburg; Sifton, Paul
Buch, Fritz Peter
FT: Das alte Lied (1945)
A: Fontane, Theodor
FT: Cuba Cabana (1952)
A: Yost, Tibor
Buchhorn, Martin
FT: Die Rättin (1997)
A: Grass, Günter
Büchner, Norbert
FT: Assad (1970)
A: Friedrich, Herbert
FT: Familienfoto (1981)
A: Eckert, Wolfgang
FT: Tanzstunde eines jungen Mannes (1981)
A: Floss, Rolf
FT: Vergeblichkeit der Erinnerungen (1981)
A: Richter, Egon
FT: Besuch bei ihr (1982)
A: Rauchfuss, Hildegard M.
FT: Madame Husson und ihr Tugendjüngling (1987)
A: Maupassant, Guy de
Buchrieser, Franz
FT: Das Produkt oder Rudi Ingar - eine Geschichte aus Wien (1979)
A: Buchrieser, Franz
Buck, Detlev
FT: Wir können auch anders ... (1993)
A: Kahl, Ernst
FT: Männerpension (1996)
A: Beleites, Edith
Bücking, Hans-Günther
FT: Die Häupter meiner Lieben (1998)
A: Noll, Ingrid
Bucksey, Colin
FT: September (1996)
A: Pilcher, Rosamunde
Buckwitz, Harry
FT: Die Stützen der Gesellschaft (1953)
A: Ibsen, Henrik
FT: Die Irre von Chaillot (1960)
A: Giraudoux, Jean
FT: Die Soldaten (1962)
A: Lenz, Jakob Michael R.
FT: Die erste Legion (1964)
A: Lavery, Emmet
FT: Flüchtlingsgespräche (1964)
A: Brecht, Bertolt
Buetti, Daniele
FT: Lichtschlag (1989)
A: Flaubert, Gustave
Bühler, Wolf-Eckart
FT: Der Havarist (1983)
A: Hayden, Sterling
Bührmann, Rolf
FT: Kiez - Aufstieg und Fall eines Luden (1982)
A: Greiner, Peter
Büld, Wolfgang
FT: Und tschüß (1995-)
A: Tanner, Peter
Bünte, Michael
FT: Erschwerte Möglichkeit der Konzentration (1970)
A: Havel, Václav
Burckhardt, Roger
FT: Abendstunde im Spätherbst (1960)
A: Dürrenmatt, Friedrich
FT: Der Zinnkrug (1961)
A: Reich, Richard

Burger, Hanns
FT: Nichts als Sünde (1965)
A: Shakespeare, William
FT: Das Duell (1973)
A: Seghers, Anna
Burmester, Gustav
FT: Das Bacchusfest (1953)
A: Schnitzler, Arthur
FT: Die Geishas des Käpt'n Fisby (1953)
A: Goggan, John Patrick (= Patrick, John); Sneider, Vern
FT: Simon (Um die neunte Stunde) (1954)
A: Schaper, Edzard
FT: Therese Raquin (1956)
A: Zola, Émile
FT: Die Herberge (1957)
A: Hochwälder, Fritz
FT: Stunde der Wahrheit (1958)
A: Böll, Heinrich
FT: Blühende Träume (1959)
A: Bolt, Robert Oxton
FT: Unseliger Sommer (1961)
A: Odets, Clifford
FT: Rose Bernd (1962)
A: Hauptmann, Gerhart
FT: Stalingrad (1963)
A: Plivier, Theodor
Busch, Rolf
FT: Rechtsfindung (1964)
A: Brecht, Bertolt
FT: Vier Tage unentschuldigt (1964)
A: Küpper, Heinz
FT: Das letzte Kapitel (1965)
A: Pump, Hans W.
FT: Der Hund (1966)
A: Mrozek, Slawomir
FT: Gerhard Langhammer und die Freiheit (1967)
A: Lolland, Jörg
FT: Idylle (1967)
A: Ionesco, Eugène
FT: Radieschen (1979)
A: Breitbach, Joseph
FT: In der Sackgasse (1982)
A: Veresaev, Vikentij Vikent'evic
Büscher, Lutz
FT: Der Alte (1967)
A: Gorkij, Maksim
FT: Das Fräulein von Scuderi (1976)
A: Hoffmann, Ernst Theodor Amadeus
FT: Ein Mord am Lietzensee (1978)
A: Hey, Richard
FT: Ein Fall für TKKG (7 Teile) (1985)
A: Wolf, Stefan (= Kalmuczak, Rolf)
FT: Die Stunde des Leon Bisquet (1986)
A: Simenon, Georges (= Sim, Georges; Aramis; Brulls, Christian)
Bütler, Heinz
FT: Holozän (1993)
A: Frisch, Max
Caiano, Mario
FT: Das Leben ein Alptraum (1990)
A: Boileau, Pierre; Narcejac, Thomas
Camoglio, Maria Teresa
FT: Liebe, Lügen und Geheimnisse (1998)
A: Blobel, Brigitte
Camus, Marcel
FT: Heinrich, der gute König (1979)
A: Mann, Heinrich
FT: Winnetou ou le Mescalero (1979)
A: May, Karl Friedrich
Cap, Franz
FT: Am Anfang war es Sünde (1954)
A: Maupassant, Guy de
FT: Die Geierwally (1956)
A: Hillern, Wilhelmine von
FT: Rinaldo Rinaldini, der Räuberhauptmann (1968)
A: Vulpius, Christian August
FT: Die drei Falken (1974)
A: Bergengruen, Werner
Capitani, Giorgio
FT: Axel Munthe, der Arzt von San Michele (1962)
A: Munthe, Axel
Capra, Bernt
FT: Wendezeit (1990)
A: Capra, Fritjof
Capuano, Luigi
FT: Das Geheimnis der Lederschlinge (1964)
A: Salgari, Emilio
Carlo, Carlo di
FT: Die Verfolgung (1973)
A: Calvino, Italo
FT: Der 8-Stunden-Mann (1974)
A: Ellin, Stanley
Carls, Carl Dietrich
FT: Romeo und Julia in Berlin (1957)
A: Oelschlegel, Gerd
Carow, Heiner
FT: Die Hochzeit von Länneken (1963)
A: Nachbar, Herbert
FT: Sheriff Teddy (1965/66)
A: Pludra, Benno
FT: Die Reise nach Sundevit (1966)
A: Pludra, Benno
FT: Karriere (1968-70)
A: Richter, Egon
FT: Die Russen kommen (1968/71)
A: Richter, Egon
FT: Die Legende von Paul und Paula (1974)
A: Plenzdorf, Ulrich
FT: So viele Träume (1986)
A: Lüning, Imma

FT: Vater Mutter Mörderkind (1993)
A: Plenzdorf, Ulrich
FT: Die Drei (1996)
A: Fuger, Berry

Carpentier, Peter
FT: Kommissar Rex (1994-)
A: Schuster, Gaby

Carstairs, John Paddy
FT: Im Namen des Teufels (1961)
A: Habe, Hans (= Bekessy, Janos)

Cartier, Rudolph
FT: Ein Opfer für den Wind (1954)
A: Obey, André
FT: Legende einer Liebe (1954)
A: O'Brien, Kate
FT: Der Fall Winslow (1955)
A: Rattigan, Terence
FT: Gaslicht (1956)
A: Hamilton, Patrick (A.W.)
FT: Der Patriot (1959)
A: Neumann, Alfred
FT: Der Kronanwalt (1962)
A: Mann, Philip Grenville

Casaril, Guy
FT: Astragal (1968)
A: Sarrazin, Albertine

Caspari, Carlheinz
FT: Der Zweikampf (1967)
A: Caspari, Carlheinz
FT: Die Fremde (1972)
A: Djilas, Milovan
FT: Hände hoch, Herr Trimmel! (1980)
A: Werremeier, Friedhelm
FT: Ut de Franzosentid (1983)
A: Reuter, Fritz
FT: Z wie Zacharias (1985)
A: O'Brien, Robert C.
FT: Der Vater eines Mörders (1987)
A: Andersch, Alfred

Castelberg, Christian von
FT: Nicht ohne meine Eltern (1998)
A: Frede, Richard

Castorf, Frank
FT: Des Teufels General (1997)
A: Zuckmayer, Carl

Cavalcanti, Alberto
FT: Herr Puntila und sein Knecht Matti (1955)
A: Brecht, Bertolt

Cavani, Liliana
FT: Leidenschaften (Inferno Berlinese) (1985)
A: Tanizaki, Juni'chirô
FT: Francesco (1989)
A: Hesse, Hermann

Cazaneuve, Fabrice
FT: Ein Fremder in der Stadt (1989)
A: Simenon, Georges (= Sim, Georges; Aramis; Brulls, Christian)

Cella, Ettore
FT: Bomber für Japan (1958)
A: Guggenheim, Werner Johannes
FT: Philomena Marturano (1960)
A: Filippo, Eduardo de
FT: Der Mann mit der Blume im Mund (1962)
A: Pirandello, Luigi
FT: Der Schraubstock (1962)
A: Pirandello, Luigi
FT: Der Spieler (1962)
A: Betti, Ugo
FT: Bellavita (1963)
A: Pirandello, Luigi
FT: Der Krug (1963)
A: Pirandello, Luigi
FT: Sonnenfinsternis (1963)
A: Kingsley, Sidney (= Kirshner, Sidney)
FT: Zitronen aus Sizilien (1963)
A: Pirandello, Luigi
FT: Der Babutz (1971)
A: Marceau, Félicien

Chabrol, Claude
FT: Die Unschuldigen mit den schmutzigen Händen (1974)
A: Neely, Richard
FT: Die verrückten Reichen (1975)
A: Faure, Lucie
FT: Die Wahlverwandtschaften (1981)
A: Goethe, Johann Wolfgang von
FT: Dr. M (1989)
A: Jacques, Norbert
FT: Stille Tage in Clichy
A: Miller, Henry

Chanas, Rene
FT: Ein Lächeln im Sturm (1950)
A: Constantin-Weyer, Maurice

Chéreau, Patrice
FT: Das Fleisch der Orchidee (1974)
A: Chase, James Hadley
FT: Bartholomäusnacht (1994)
A: Dumas, Alexandre (père)

Chiesa, Alcides
FT: Amigomío (1993)
A: Bergel, Pablo

Chotsky, Georg
FT: Die grüne Seite (1981)
A: Kolleritsch, Alfred

Christian-Jaque (= Maudet, Christian)
FT: Geheimnisse in goldenen Nylons (1967)
A: Sheckley, Robert
FT: Lady Hamilton - zwischen Schmach und Liebe (1968)
A: Dumas, Alexandre (père)

Ciampi, Yves
FT: Die Helden sind müde (1954)
A: Garnier, Christine

Clarin, Hans
FT: Squirrel (1980)
A: Penzoldt, Ernst
Clayton, Alan
FT: Wir sind Sieben (6 Teile) (1990)
A: Troy, Una
Coldewey, Michael
FT: Die furchtlosen Vier (1997)
A: Grimm, Jakob Ludwig Carl; Grimm, Wilhelm Carl
Collande, Volker von
FT: Drei Väter (1955)
A: Heynicke, Kurt
FT: Die Tochter (1956)
A: McCrone, Guy
FT: Er starb vor 15 Jahren (1956)
A: Giménez-Arnau, José Antonio
FT: Oberst Chabert (1956)
A: Balzac, Honoré de
FT: Staatsaffairen (1961)
A: Benatzky, Ralph; Berr, Georges; Verneuil, Louis (= Bocage, Louis Colin du)
FT: Die Flucht (1962)
A: Galsworthy, John
FT: Traumulus (1965)
A: Holz, Arno; Jerschke, Oskar
Collector, Robert
FT: Red Heat - Unschuld in Ketten (1985)
A: Thiemann, Ellen
Comencini, Luigi
FT: Heidi (1952)
A: Spyri, Johanna
FT: Und das am Montagmorgen (1959)
A: Priestley, John Boynton
Cook, John
FT: Schwitzkasten (1977)
A: Zenker, Helmut
Cornell, Jonas
FT: Ludwigshöhe (1978)
A: Bang, Hermann Joachim
Cortesi, Mario
FT: Ein Sommer mit 13 (1976)
A: Bollinger, Max
FT: Achterbahn (1980)
A: Hasler, Eveline
FT: Peppino (8 Teile) (1983)
A: Hasler, Eveline
FT: Flucht mit Lucifer (4 Teile) (1989)
A: Schlageter, Jeanne
Corti, Axel
FT: Der Marquis von Keith (1962)
A: Wedekind, Frank
FT: Kaiser Joseph und die Bahnwärtertochter (1962)
A: Herzmanovsky-Orlando, Fritz Ritter von
FT: Ein Dorf ohne Männer (1963)
A: Horváth, Ödön von
FT: Miriam (1968)
A: Capote, Truman
FT: Die Katze auf dem Gleis (1970)
A: Topol, Josef
FT: Der Sohn eines Landarbeiters wird Bauarbeiter und baut sich ein Haus (1975)
A: Scharang, Michael
FT: Totstellen (1975)
A: Scharang, Michael
FT: Jakob der Letzte (1976)
A: Rosegger, Peter (= P. K. = Kettenfeier, Petri)
FT: Die beiden Freundinnen (1978)
A: Döblin, Alfred
FT: Der Lebemann (1979)
A: Scharang, Michael
FT: Herrenjahre (1983)
A: Wolfgruber, Gernot
FT: Eine blaßblaue Frauenhandschrift (1984)
A: Werfel, Franz
FT: Die Hure des Königs (1990)
A: Tournier, Jacques
FT: Radetzkymarsch (1994)
A: Roth, Joseph
Costa, Fabrizio
FT: Tristan und Isolde - Eine Liebe für die Ewigkeit (1998)
A: Gottfried von Straßburg
FT: Der Kurier des Zaren (1999)
A: Verne, Jules
Costa-Gavras, Constantin
FT: Die Liebe einer Frau (1979)
A: Gary, Romain
Coutard, Raoul
FT: S.A.S. Malko - Im Auftrag des Pentagon (1982)
A: Villiers, Gérard de
Cramer, Heinz von
FT: Das war Urmuz. Dokumentation eines Falles von Poesie (1968)
A: Ionesco, Eugène
FT: Paradox über den Komödianten (1970)
A: Diderot, Denis
FT: Schlamm (1971)
A: Ionesco, Eugène
FT: Der hessische Korporal (1972)
A: Foster, Paul
Cravenne, Marcel
FT: Peter Schlemihl (1966)
A: Chamisso, Adelbert von
FT: Spiel im Morgengrauen (1974)
A: Schnitzler, Arthur
FT: Van der Valk und die Toten (1975)
A: Freeling, Nicolas

Cremer, Ludwig
FT: Die chinesische Mauer (1958)
A: Frisch, Max
FT: Der Besuch der alten Dame (1959)
A: Dürrenmatt, Friedrich
FT: Das Mißverständnis (1960)
A: Camus, Albert
FT: Hexenjagd (1960)
A: Miller, Arthur
FT: Der Weg ist dunkel (1961)
A: Levi, Paolo
FT: Die letzte meiner echt goldenen Uhren (1961)
A: Williams, Tennessee
FT: Ein Mond für die Beladenen (1961)
A: O'Neill, Eugene (Gladstone)
FT: Unsere kleine Stadt (1961)
A: Wilder, Thornton
FT: Die sündigen Engel (1962)
A: James, Henry
FT: Der Privatdetektiv (1963)
A: Mortimer, John C.
FT: Mein Herz ist im Hochland (1963)
A: Saroyan, William
FT: Spiel im Morgengrauen (1963)
A: Schnitzler, Arthur
FT: Eurydike (1964)
A: Anouilh, Jean
FT: Minna von Barnhelm (1964)
A: Lessing, Gotthold Ephraim
FT: Abends Kammermusik (1965)
A: Hey, Richard
FT: Christinas Heimreise (1965)
A: Hofmannsthal, Hugo von
FT: Das Landhaus (1965)
A: Balzac, Honoré de
FT: Der Bürgermeister (1965)
A: Hofmann, Gert
FT: Vierundzwanzig Stunden aus dem Leben einer Frau (1965)
A: Zweig, Stefan
FT: Berta Garlan (1966)
A: Schnitzler, Arthur
FT: Blick von der Brücke (1967)
A: Miller, Arthur
FT: Die Mission (1967)
A: Habe, Hans (= Bekessy, Janos)
FT: Die Zimmerwirtin (1967)
A: Audiberti, Jacques
FT: Oberst Chabert (1967)
A: Balzac, Honoré de
FT: Philoktet (1967)
A: Müller, Heiner
FT: Die Glasmenagerie (1969)
A: Williams, Tennessee
FT: Hier bin ich, mein Vater (1969)
A: Torberg, Friedrich
FT: Kündigungen (1969)
A: Hofmann, Gert
FT: Besuch gegen zehn (1970)
A: Schneider, Rolf
FT: Emilia Galotti (1970)
A: Lessing, Gotthold Ephraim
FT: Königin Christine (1970)
A: Strindberg, August
FT: Oliver (1971)
A: Diggelmann, Walter M.
FT: Bös, bös, Jo-Jo! (1972)
A: Herlihy, James Leo
FT: Ein Abend, eine Nacht, ein Morgen (1974)
A: Härtling, Peter
FT: Memento Mori (1975)
A: Spark, Muriel
FT: Intermezzo für 5 Hände (1976)
A: Härtling, Peter
FT: Der Gehilfe (1978)
A: Malamud, Bernard
FT: Der gute Doktor (1979)
A: Čechov, Anton Pavlovič
FT: Olympia (1979)
A: Molnár, Ferenc
FT: Der unwürdige Liebhaber (1980)
A: Borchardt, Rudolf
FT: Zeit zum Aufstehen (1981)
A: Kühn, August (= Münch, Helmut)
FT: Der Regenmacher (1982)
A: Nash, Richard N.

Croitoru, Alec
FT: Der Seewolf (Miniserie) (1971)
A: London, Jack

Cronberg, Heino
FT: Balko (1995-)
A: Paul, Nora

Cziffra, Géza von
FT: Das unsterbliche Antlitz (1947)
A: Cziffra, Géza von
FT: Höllische Liebe (1949)
A: Cziffra, Géza von
FT: Die Blume von Hawaii (1953)
A: Abraham, Paul
FT: Der falsche Adam (1955)
A: Cziffra, Géza von
FT: Schlag auf Schlag (1958)
A: Boldt, Johannes
FT: So ein Millionär hat's schwer (1958)
A: Altkirch, Ferdinand
FT: Die Fledermaus (1961)
A: Geneé, Richard; Haffner, Carl; Strauß, Johann
FT: Charleys Tante (1963)
A: Thomas, Brandon

Dahlberg, Hannes
FT: Anfrage (1961)
A: Geissler, Christian

Dahlen, Armin
FT: Alarm im Schloßmuseum (1983)
A: Rechlin, Eva

FT: Ab nach Nazareth (1984)
A: Bartos-Höppner, Barbara
FT: Auf nach Bethlehem (1984)
A: Bartos-Höppner, Barbara

Dallamano, Massimo
FT: Das Bildnis des Dorian Gray (1970)
A: Wilde, Oscar
FT: Das Geheimnis der grünen Stecknadel (1971)
A: Wallace, Richard Horatio Edgar

Dallmayr, Horst
FT: Olifant (1973)
A: Penzoldt, Ernst

Damek, Dagmar
FT: Cecile (1977)
A: Fontane, Theodor
FT: Angst (1978)
A: Zweig, Stefan
FT: Geschichte einer Liebe (1978)
A: Roth, Joseph
FT: Aus der Franzosenzeit (1981)
A: Reuter, Fritz
FT: Dr. Margarete Johnson (1982)
A: Pilgrim, Volker Elis
FT: Das schöne Leben (1983)
A: Moravia, Alberto
FT: Der Sandmann (1983)
A: Hoffmann, Ernst Theodor Amadeus
FT: Die Frau mit den Karfunkelsteinen (1985)
A: Marlitt, Eugenie
FT: Nachtgelächter (1985)
A: Bachmann, Ingeborg
FT: Das ganz helle Licht (1986)
A: Bachmann, Ingeborg
FT: Wir sind Utopia (1987)
A: Andres, Stefan
FT: Leporella (1992)
A: Zweig, Stefan
FT: Und plötzlich war alles anders (1997)
A: Blobel, Brigitte
FT: Die blauen und die grauen Tage
A: Feth, Monika

Dammbeck, Lutz
FT: Herzog Ernst (1993)
A: Anonym

Danquart, Didi
FT: Viehjud Levi (1998)
A: Strittmatter, Thomas

Daquin, Louis
FT: Bel Ami (1955)
A: Maupassant, Guy de
FT: Die im Trüben fischen (Les Arrivistes) (1960)
A: Balzac, Honoré de

Dargay, Attila
FT: Wuk, der Fuchs (1981)
A: Fekete, István

Davy, Walter
FT: Das vierte Gebot (1964)
A: Anzengruber, Ludwig
FT: Trilltrall und seine Brüder (1965)
A: Ponto, Erich
FT: Alle unsere Spiele (1967)
A: Ferolli, Beatrice
FT: Leinen aus Irland (1971)
A: Kamare, Stefan
FT: Die Parade (1974)
A: Sacher-Masoch, Alexander von
FT: Maghrebinische Geschichten (1975)
A: Rezzori, Gregor von
FT: Stationschef Fallmerayer (1976)
A: Roth, Joseph
FT: Tote auf Urlaub (1980)
A: Dor, Milo
FT: Die Geschichte einer Vielgeliebten (1982)
A: Mauthe, Jörg
FT: Der Vorhang fällt (1986)
A: Ambesser, Axel von
FT: Der jüngste Tag (1988)
A: Horváth, Ödön von

Dayan, Josée
FT: Dr. Berg - Nur das Leben zählt (1997)
A: Konsalik, Heinz Günther (= Pahlen, Henry)
FT: Der Graf von Monte Christo (1998)
A: Dumas, Alexandre (père)

Deckert, Christian
FT: Die Hermannsschlacht (1996)
A: Grabbe, Christian Dietrich; Kleist, Heinrich von

Defrank, Rolf
FT: Tiefschlag (1964)
A: O'Cleaner, James

Degen, Michael
FT: Die Memoiren der Sarah Bernhardt (1983)
A: Murrell, John

Dehnhardt, Sebastian
FT: Hitlers Helfer (1996)
A: Knopp, Guido

Deick, C.
FT: Hitlers Helfer (1996)
A: Knopp, Guido

Deickert, Karl-Heinz
FT: Intermezzo (1971)
A: Andrzejewski, Jerzy
FT: Die Prüfung (1973)
A: Matheson, Richard

Delannoy, Jean
FT: Der Mann mit der Torpedohaut (1969)
A: Ryck, Francis

Delbridge, John
FT: Alphateam - Die Lebensretter im OP (1997)
A: Friedrichs, Horst
FT: St. Angela (1997-)
A: Hofmann, Mariella
Delcroix, Konstantin
FT: Die Medaille (1955)
A: Thoma, Ludwig
Delouche, Dominique
FT: Vierundzwanzig Stunden aus dem Leben einer Frau (1967)
A: Zweig, Stefan
Denecke, Gabriele
FT: Margarita (1986)
A: Barckhausen, Christiane
FT: Inge, April und Mai (1992)
A: Kohlhaase, Wolfgang
Deppe, Hans
FT: Eine Nacht im Séparée (1949)
A: Arnold, Franz; Bach, Ernst
FT: Schwarzwaldmädel (1950)
A: Jessel, Leon; Neidhardt, August
FT: Das Land des Lächelns (1952)
A: Herzer, Ludwig; Lehár, Franz; Lohner, Fritz
FT: Der Fürst von Pappenheim (1952)
A: Arnold, Franz; Bach, Ernst
FT: Ferien vom Ich (1952)
A: Keller, Paul
FT: Wenn der weiße Flieder wieder blüht (1953)
A: Doelle, Franz; Rotter, Fritz Friedrich
FT: Die sieben Kleider der Katrin (1954)
A: Gruber, Gisi (= Alsegger, Maria Barbara)
FT: Die tolle Lola (1954)
A: Benatzky, Ralph; Hirsch, Hugo; Kadelburg, Gustav; Rebner, Arthur
FT: Heideschulmeister Uwe Karsten (1954)
A: Rose, Felicitas
FT: Der Pfarrer von Kirchfeld (1955)
A: Anzengruber, Ludwig
FT: Der Haustyrann (1958)
A: Reimann, Hans
FT: Robert und Bertram (1961)
A: Räder, Gustav
Deray, Jacques
FT: Clarissa - Tränen der Zärtlichkeit (1997)
A: Zweig, Stefan
Dessau, Maxim
FT: Erster Verlust (1990)
A: Reimann, Brigitte
Deutsch, Peter
FT: Auftrag für M+S (1977)
A: Bienek, Horst; Grabner, Hasso
FT: Der Nachlaß (1978)
A: Rentzsch, Gerhard
FT: Zahl bar, wenn du kannst (1982)
A: Nowak, Claus
FT: Sylter Novelle (1983)
A: Storm, Theodor
FT: Der schwarze Obelisk (1988)
A: Remarque, Erich Maria (= Remark, Erich Paul)
FT: Die Katrin wird Soldat (14 Teile) (1988)
A: Thomas, Adrienne
FT: Man bleibt sich treu ... (7 Teile) (1990)
A: Maupassant, Guy de
FT: Rosamunde Pilcher: Eine besondere Liebe (1996)
A: Pilcher, Rosamunde
Deutschmann, Wolfram
FT: Der Zappler (1982)
A: Klee, Ernst
Devaux, Danielo
FT: Nerz ist in der kleinsten Hütte (1961)
A: Mather, Berkely
FT: Die Preußen kommen (1970)
A: Scheu, Just
Deville, Michel
FT: Gangster, Gold und flotte Mädchen (1963)
A: Robert, Jacques
Dexel, Klaus
FT: Zwei Reisen mit Flesch (1986)
A: Wohmann, Gabriele
Dhomme, Sylvain
FT: Die kahle Sängerin (1961)
A: Ionesco, Eugène
FT: Die Unterrichtsstunde (1961)
A: Ionesco, Eugène
FT: Das Schloß (1962)
A: Kafka, Franz
FT: Der Tod des Judas (1965)
A: Claudel, Paul
Dickhoff, Michel
FT: Berge in Flammen (1960)
A: Schiller, Friedrich von
FT: Wilhelm Tell - Flammende Berge (1960)
A: Tschudi, Fridolin
Dickmann, Wolfgang
FT: Kommissar Rex (1994-)
A: Schuster, Gaby
FT: Jimmy the Kid (1999)
A: Westlake, Donald Edwin
Diehl, Ferdinand
FT: Spuk mit Max und Moritz (1951)
A: Busch, Wilhelm
FT: Der Flaschenteufel (1952)
A: Stevenson, Robert Louis

Dieterle, William
FT: Die Fastnachtsbeichte (1960)
A: Zuckmayer, Carl
FT: Die große Reise (1960)
A: Rice, Elmer
FT: Ich fand Julia Harrington (1960)
A: Carroll, Sidney
FT: Das Vergnügen, anständig zu sein (1962)
A: Pirandello, Luigi
FT: Gabriel Schillings Flucht (1962)
A: Hauptmann, Gerhart
FT: Samba (1966)
A: Becher, Ulrich
Dietrich, Erwin C.
FT: Schwarzer Nerz auf zarter Haut (1969)
A: Konsalik, Heinz Günther (= Pahlen, Henry)
Dietrich, Wolf
FT: Der tote Gabriel (1968)
A: Schnitzler, Arthur
FT: Sachrang (Serie) (1978)
A: Renner, Carl Oskar
FT: Die kluge Witwe (1981)
A: Spiegelgass, Leonhard
FT: Tippfehler (1981)
A: Purucker, Willy A.
FT: Der schwarze Bumerang (1982)
A: Bahr, Rüdiger
FT: Waldheimat (1983)
A: Rosegger, Peter (= P. K. = Kettenfeier, Petri)
FT: Die roten Elefanten (Serie) (1986)
A: Kolarz, Henry
FT: Kein Alibi für eine Leiche (1986)
A: Durbridge, Francis Henry
FT: Lang soll er leben (1987)
A: Mally, Anita
FT: Justitias kleine Fische (26 Folgen) (1988)
A: Cornelsen, Horst
FT: Falsche Spuren (1990)
A: Popplewell, Jack
Dillmann, Max
FT: Venus im Pelz (1968)
A: Sacher-Masoch, Leopold von (= Arand, Charlotte; Rodenbach, Zoë von)
Dindo, Richard
FT: Max Frisch, Journal I-III (1981)
A: Frisch, Max
FT: Grüningers Fall (1997)
A: Keller, Stefan
Distl, Geral
FT: Gute Zeiten - Schlechte Zeiten (1992-)
A: Fuger, Berry
Dobberke, Claus
FT: Severino (1977)
A: Klein, Eduard
FT: Platz oder Sieg? (1981)
A: Dick, Sieglinde
Doniol-Valcroze, Jacques
FT: Sirenengesang (1974)
A: Beaty, David
FT: Opfer der Leidenschaft (1976)
A: Beaty, David
Döpke, Oswald
FT: Wovon wir leben und woran wir sterben (1960)
A: Eisenreich, Herbert
FT: In seinem Garten liebt Don Perlimplin Belisa (1961)
A: García Lorca, Federico
FT: Moonys Kindchen weint nicht (1961)
A: Williams, Tennessee
FT: Bluthochzeit (1962)
A: García Lorca, Federico
FT: Porträt einer Madonna (1962)
A: Williams, Tennessee
FT: Mond über dem Fluß (1969)
A: Srámek, Frána
FT: Der Nagel (1970)
A: Alarcón y Ariza, Pedro Antonio de
FT: Deutsche Novelle (1972)
A: Frank, Leonhard
FT: Tod auf der Themse (1973)
A: Snow, Charles Percy
FT: Sladek oder Die schwarze Armee (1976)
A: Horváth, Ödön von
FT: Das Lamm des Armen (1978)
A: Zweig, Stefan
FT: Die Macht der Finsternis (1978)
A: Tolstoj, Leo
FT: Eden End (1978)
A: Priestley, John Boynton
FT: Jugend, Liebe und die Wacht am Rhein (1978)
A: Kessler, Harry Graf von
FT: Wunnigel (1978)
A: Raabe, Wilhelm
FT: Nathan der Weise (1979)
A: Lessing, Gotthold Ephraim
FT: Timon von Athen (1979)
A: Shakespeare, William
FT: Vor Sonnenaufgang (1979)
A: Hauptmann, Gerhart
FT: Kinder (1981)
A: Cheever, John
FT: Die Falle (1983)
A: Thomas, Robert
FT: Das Haus im Nebel (1987)
A: Rayman, Sylvia
Dor, Milan
FT: Augustos Tod (1987)
A: Simenon, Georges (= Sim, Georges; Aramis; Brulls, Christian)

FT: Die grünen Fensterläden (1987)
A: Simenon, Georges (= Sim, Georges; Aramis; Brulls, Christian)

Dor, Milo
FT: Internationale Zone (1994)
A: Dor, Milo; Federmann, Reinhard

Dörfler, Ferdinand
FT: Die drei Dorfheiligen (1949)
A: Ferner, Max (= Sommer, Max); Neal, Max
FT: Alles für die Firma (1950)
A: Lamey, Bernhard
FT: Der Frontgockel (1955)
A: Fitz, Hans
FT: Die fröhliche Wallfahrt (1956)
A: Rosegger, Peter (= P. K. = Kettenfeier, Petri)

Dörfler, Walter
FT: Komm wieder, kleine Sheba (1961)
A: Inge, William (Motter)

Dorn, Dieter
FT: Faust (1987/88)
A: Goethe, Johann Wolfgang von
FT: Der zerbrochene Krug (1990)
A: Kleist, Heinrich von

Dornhelm, Robert
FT: Der Unfisch (1997)
A: Köhlmeier, Michael

Dörre, Peter
FT: Das Märchen vom falschen Prinzen (1978)
A: Hauff, Wilhelm
FT: Die Orchesterprobe (1979)
A: Valentin, Karl
FT: Dornröschen (1980)
A: Grimm, Jakob Ludwig Carl; Grimm, Wilhelm Carl
FT: Der kleine Kadi
A: Meise, Grete

Dörrie, Doris
FT: Happy Birthday, Türke! (1991)
A: Arjouni, Jakob
FT: Keiner liebt mich (1994)
A: Dörrie, Doris
FT: Bin ich schön (1998)
A: Dörrie, Doris

Drechsel, Sammy
FT: Zwei Girls vom roten Stern (1965)
A: Norden, Peter

Dreger, Percy
FT: Jahrgang 22 (1959)
A: Weinert, Erich

Drescher, Piet
FT: Minna von Barnhelm (1979)
A: Lessing, Gotthold Ephraim
FT: Eines langen Tages Reise in die Nacht (1980)
A: O'Neill, Eugene (Gladstone)
FT: Kabale und Liebe (1982)
A: Schiller, Friedrich von

Dresen, Andreas
FT: Die Polizistin (2000)
A: Held, Annegret

Dresewski, Brigitte
FT: Die Schule am See (1997)
A: Bentin, Jenny

Dréville, Jean
FT: Das Mädchen mit der Peitsche (La fille au fouet) (1951)
A: Zahn, Ernst
FT: Zwischenlandung Paris (Escale à Orly) (1955)
A: Riess, Curt

Driest, Burkhard
FT: Annas Mutter (1984)
A: Gebhardt, Heiko

Drinda, Horst
FT: Der Teufelskreis (1982)
A: Zinner, Hedda
FT: Der Snob (1986)
A: Sternheim, Carl
FT: Die Hose (1986)
A: Sternheim, Carl
FT: 1913 (1986)
A: Sternheim, Carl

Drobraczynski, Romouald
FT: Der Gänsebraten vom Dienst (1968)
A: Roda-Roda, Alexander (= Rosenfeld, Sándor Friedrich)

Dubowski, Grzegorz
FT: Die Todesfuge (1977)
A: Celan, Paul

Düggelin, Werner
FT: Die Laune des Verliebten (1956)
A: Goethe, Johann Wolfgang von
FT: Jenseits vom Horizont (1958)
A: O'Neill, Eugene (Gladstone)
FT: Die schwarze Spinne (1960)
A: Gotthelf, Jeremias (= Bitzius, Albert)
FT: Der Schatten (1963)
A: Svarc, Evgenij L'Ovic

Dunkhase, Heinz
FT: Die Abenteuer des braven Soldaten Schwejk (1967)
A: Hašek, Jaroslav

Durniok, Manfred
FT: Reineke Fuchs (1987-89)
A: Goethe, Johann Wolfgang von
FT: Reise um die Erde in 80 Tagen (1998)
A: Verne, Jules

Dürrenmatt, Friedrich
FT: Frank V, Oper einer Privatbank (1967)
A: Dürrenmatt, Friedrich

Duvivier, Julien
FT: Marianne (1954)
A: Mendelssohn, Peter de

FT: Das kunstseidene Mädchen (1959)
A: Keun, Irmgard

Dziuba, Helmut
FT: Chiffriert an Chef - Ausfall Nummer 5 (1979)
A: Karau, Gisela; Karau, Günter
FT: Als Unku Edes Freundin war (1980)
A: Wedding, Alex
FT: Erscheinen Pflicht (1983)
A: Holtz-Baumert, Gerhard
FT: Jan auf der Zille (1985)
A: Lazar, Auguste (= Wieghardt-Lazar, Auguste)
FT: Verbotene Liebe (1989)
A: Schulz, Helmut H.
FT: Jana und Jan (1992)
A: Trojanová, Jirina

Eckermann, Martin
FT: Laurencia (1967)
A: Wolf, Friedrich (Baetz, Christian; Rüedi, Hans; Dr. Isegrimm)
FT: Candida (1984)
A: Shaw, George Bernard
FT: Die Heiratsannonce (1985)
A: Maupassant, Guy de
FT: Variété (1985)
A: Mann, Heinrich

Eckl, C. Rainer
FT: Baum des vergessenen Hundes (1976)
A: Frischmuth, Barbara
FT: Herzliches Beileid (1981)
A: Feydeau, Georges

Edel, Ulrich
FT: Der Posthalter (1976)
A: Puschkin, Alexandr Sergejewitsch
FT: Der harte Handel (1978)
A: Graf, Oskar Maria
FT: Christiane F.: Wir Kinder vom Bahnhof Zoo (1981)
A: Hermann, Kai; Rieck, Horst
FT: Eine Art von Zorn (1984)
A: Ambler, Eric
FT: Letzte Ausfahrt Brooklyn (Last Exit to Brooklyn) (1988)
A: Selby, Hubert
FT: Der kleine Vampir (The Little Vampire) (2000)
A: Sommer-Bodenburg, Angela
FT: Die Nebel von Avalon (2001)
A: Bradley, Marion Zimmer

Edelstein, Simon
FT: L'ogre (1986)
A: Chessex, Jacques

Eder, Otto Anton
FT: Die vertagte Nacht (1970)
A: Arnold, Franz; Bach, Ernst
FT: Der kleine Muck (1971)
A: Hauff, Wilhelm
FT: Reineke Fuchs (1973)
A: Fauquez, Arthur
FT: Ein Mann für Mama (1974)
A: Nöstlinger, Christine
FT: Heirate nur keine Wienerin (1977)
A: Bakos, Eva
FT: In Ewigkeit Amen (1981)
A: Wildgans, Anton
FT: Die Güte der Fürsten (1983)
A: Hašek, Jaroslav
FT: Amely, der Biber und der König auf dem Dach (1985)
A: Dorst, Tankred

Egger, Urs
FT: Die Kommissarin (1994)
A: Renziehausen, Thomas
FT: Opernball - Die Opfer/Die Täter (2 Teile) (1997)
A: Haslinger, Josef

Ehlers, Jens Carl
FT: Flugfieber (1988)
A: Bilenkin, Dimitrii
FT: Moskau - Petuschki (1991)
A: Erofeew, Venedikt V.

Ehmck, Gustav
FT: Der Räuber Hotzenplotz (1973)
A: Preußler, Otfried
FT: Mein Onkel Theodor oder Wie man sein Geld im Schlaf verdient (1977)
A: Spang, Günter
FT: Neues vom Räuber Hotzenplotz (1979)
A: Preußler, Otfried
FT: Feuer um Mitternacht (2 Teile) (1980)
A: Lornsen, Boy
FT: Josephs Tochter (1983)
A: Heinrich, Jutta
FT: Ein Schweizer namens Nötzli (1988)
A: Schubert, Hans

Ehrlich, Harry
FT: Der Nachtigallenwald (1972)
A: Grimm, Jakob Ludwig Carl; Grimm, Wilhelm Carl
FT: Die Prinzessin und der Schweinehirt (1975)
A: Andersen, Hans Christian

Eichberg, Richard
FT: Die Reise nach Marrakesch (1949)
A: Vigny, Benno

Eicher, Manfred
FT: Holozän (1993)
A: Frisch, Max

Eichhorn, Franz
FT: Conchita und der Ingenieur (1954)
A: Taut, Franz

Eichinger, Bernd
FT: Das Mädchen Rosemarie (1996)
A: Kuby, Erich

FT: Der große Bagarozy (1999)
A: Krausser, Helmut
Eigler, Gernot
FT: Der Tor und der Tod (1974)
A: Hofmannsthal, Hugo von
FT: Hinzelmeier (1976)
A: Storm, Theodor
FT: Die Wunder der Erziehung (1978)
A: Schreber, Daniel Paul
FT: Aranka (1983)
A: Zickgraf, Cordula
Eikke, Anne
FT: Turandot (1984)
A: Schiller, Friedrich von
Ekkermann, Martin
FT: Inselsommer (1974)
A: Meyer-Scharffenberg, Fritz
Elsässer, Lothar
FT: Ein Brudermord (1967)
A: Kafka, Franz
Elsner, Reinhard
FT: Kennen Sie die Milchstraße? (1955)
A: Wittlinger, Karl
FT: Gesellschaft der Gänseblümchen. Eine Groteske (1956)
A: Wunderlich, Heinz
FT: Iwan und die Schreckliche (1956)
A: Leonoff, Akim
FT: Und das am Montagmorgen (1957)
A: Priestley, John Boynton
FT: Schleuse (1958)
A: Altendorf, Wolfgang
FT: Die heilige Flamme (1961)
A: Maugham, W. Somerset
FT: Leuchtfeuer (1963)
A: Ardrey, Robert
Emmerich, Klaus
FT: Das Fräulein als Bäuerin (1976)
A: Puschkin, Alexandr Sergejewitsch
FT: Die erste Polka (1978)
A: Bienek, Horst
Emmerling, Hans
FT: Die junge Magd (1988)
A: Trakl, Georg
Emo, E. W. (= Wojtek, Emerich Josef)
FT: Wir werden das Kind schon schaukeln (1952)
A: Vaszary, Gábor von
FT: Wirbel um Irene (Irene in Nöten) (1953)
A: Nüchtern, Hans
Emo, E.W. (= Wojtek, Emerich Josef)
FT: Schäm' dich, Brigitte! (1952)
A: Vaszary, Gábor von
Engel, Christoph
FT: Das Zaubermännchen (1960)
A: Grimm, Jakob Ludwig Carl; Grimm, Wilhelm Carl
Engel, Erich
FT: Der Biberpelz (1949)
A: Hauptmann, Gerhart
FT: Das seltsame Leben des Herrn Bruggs (1951)
A: Braun, Curt Johannes
FT: Unter den tausend Laternen (1951/52)
A: Gilbert, Robert
FT: Der fröhliche Weinberg (1952)
A: Zuckmayer, Carl
FT: Liebe ohne Illusion (1955)
A: Fodor, Ladislas (Laszlo)
Engel, Richard
FT: Schach von Wuthenow (1977)
A: Fontane, Theodor
FT: Nach Jahr und Tag (1978)
A: Schirmer, Bernd
FT: Susi oder Das verschenkte Girl (1980)
A: Braune, Rudolf
Engel, Thomas
FT: Pünktchen und Anton (1953)
A: Kästner, Erich (= Bürger, Berthold)
FT: Glückliche Reise (1954)
A: Künneke, Eduard
FT: Nichts als Ärger mit der Liebe (1956)
A: Bahr, Hermann
FT: Der Page vom Palast-Hotel (1957)
A: Peteani, Maria von
FT: Junger Mann, der alles kann (1957)
A: Rudolphi, Ernst
FT: Mylord weiß sich zu helfen (1958)
A: Wilde, Oscar
FT: Lauter Lügen (1961)
A: Schweikart, Hans
FT: Wie einst im Mai (1961)
A: Bernauer, Rudolf
FT: So war Mama (1962)
A: Druten, John William van
FT: Die Zofen (1964)
A: Genet, Jean
FT: An einem ganz gewöhnlichen Tag (1966)
A: Dor, Milo
FT: Die Frau des Fotografen (1967)
A: Pagnol, Marcel
FT: Corinne und der Seebär (1968)
A: Wittlinger, Karl
FT: Mein Onkel Benjamin (1973)
A: Tillier, Claude
FT: Es muß nicht immer Kaviar sein (1977)
A: Simmel, Johannes Mario
FT: Grille und Ameise (1979)
A: Paso, Alfonso
FT: Ihr 106. Geburtstag (1980)
A: Sarment, Jean

FT: Wie war das damals? (1983)
A: Bouchaud, Jean
FT: Ein Mann ist soeben erschossen worden (1985)
A: Salomon, Jaime
FT: Plötzlich und unerwartet (1985)
A: Durbridge, Francis Henry
FT: Der Kandidat (1986)
A: Flaubert, Gustave
FT: Ein Denkmal wird erschossen (1988)
A: Reinecker, Herbert
FT: Zwischen Himmel und Erde (1990)
A: Ludwig, Otto

Engelhardt, Wilhelm
FT: Balko (1995-)
A: Paul, Nora

Engelmann, Ulrich
FT: Der Pferdeapfel und die Rose (1982)
A: Courteline, Georges

Engels, Erich
FT: Im Namen einer Mutter (1960)
A: Bork, Teda

Englberger, Michael
FT: Drei Haselnüsse für Aschenbrödel (1972)
A: Grimm, Jakob Ludwig Carl; Grimm, Wilhelm Carl

Engström, Ingemo
FT: Fluchtweg nach Marseille (1977)
A: Seghers, Anna
FT: Flucht in den Norden (1985)
A: Mann, Klaus
FT: Mrs. Klein (1994)
A: Wright, Nicholas

Enz, Jürgen
FT: Josephine Mutzenbacher (1990)
A: Salten, Felix (= Salzmann, Siegmund)

Erfurth, Ulrich
FT: Keine Angst vor großen Tieren (1953)
A: Nóti, Károly (= Noti, Karl)
FT: Eines Tages ... (1954)
A: Kampendonk, Gustav
FT: Eine Frau genügt nicht? (1955)
A: Soltikow, Michael Alexander Graf
FT: Reifende Jugend (1955)
A: Dreyer, Max
FT: Minna von Barnhelm (1957)
A: Lessing, Gotthold Ephraim
FT: Colombe (1958)
A: Anouilh, Jean
FT: Die sechste Frau (1959)
A: Feiler, Max Christian
FT: Himmel, Amor und Zwirn (1960)
A: Westa, Thomas
FT: Der tolle Tag (1962)
A: Beaumarchais, Pierre Augustin Caron de
FT: Das Leben ein Traum (1963)
A: Calderón de la Barca, Pedro
FT: Der Apollo von Bellac (1964)
A: Giraudoux, Jean
FT: Die Sakramentskarosse (1965)
A: Mérimée, Prosper

Erhardt, Gero
FT: Nesthäkchen (Serie) (1983)
A: Ury, Else
FT: Patrik Pacard. Die Entscheidung am Fjord (1984)
A: Pfaue, Justus
FT: Oliver Maass (6 Teile) (1985)
A: Pfaue, Justus
FT: Der rote Vogel (Miniserie) (1993)
A: Paretti, Sandra; Scheibler, Susanne
FT: Immenhof (1994)
A: Blobel, Brigitte
FT: Rosamunde Pilcher: Wilder Thymian (1994)
A: Pilcher, Rosamunde
FT: Alphateam - Die Lebensretter im OP (1997)
A: Friedrichs, Horst
FT: Rosamunde Pilcher: Blüte des Lebens (1999)
A: Pilcher, Rosamunde

Erler, Rainer
FT: Das veilchenblaue Auto (1961)
A: Sills, Josef Rudolf
FT: Die Rache (1962)
A: Čechov, Anton Pavlovič
FT: Seelenwanderung (1962)
A: Wittlinger, Karl
FT: Der Hexer (1963)
A: Wallace, Richard Horatio Edgar
FT: Der jähzornige junge Mann (1963)
A: Čechov, Anton Pavlovič
FT: Sonderurlaub (1963)
A: Oelschlegel, Gerd
FT: Der doppelte Nikolaus (1964)
A: Storz, Oliver
FT: Die Gardine (1964)
A: Oelschlegel, Gerd
FT: Der Dreispitz (1967)
A: Alarcón y Ariza, Pedro Antonio de
FT: Der Amateur (1972)
A: Bodelsen, Anders
FT: Das blaue Palais: Das Genie (1974)
A: Erler, Rainer
FT: Das blaue Palais: Das Medium (1974)
A: Erler, Rainer
FT: Das blaue Palais: Der Verräter (1974)
A: Erler, Rainer

FT: Das blaue Palais: Der Gigant (1976)
A: Erler, Rainer
FT: Das blaue Palais: Unsterblichkeit...? (1976)
A: Erler, Rainer
FT: Fleisch (1979)
A: Erler, Rainer
FT: News - Bericht über eine Reise in eine strahlende Zukunft (1986)
A: Erler, Rainer
FT: Zucker (1989)
A: Erler, Rainer
FT: Die Kaltenbach-Papiere (1990)
A: Erler, Rainer

Erman, John
FT: Scarlett (1993)
A: Ripley, Alexandra

Eschwege, Alexander von
FT: Flächenbrand (1981)
A: Grün, Max von der
FT: Friedrich und Friederike (9 Teile) (1988)
A: Grün, Max von der

Essberger, Ruprecht
FT: Der Klax (1954)
A: Dockwiller, Henrik

Everding, August
FT: Alle Macht der Erde (1962)
A: Ahlsen, Leopold
FT: Der Kardinal von Spanien (1965)
A: Montherlant, Henry de
FT: Als wär's ein Stück von mir (1976)
A: Zuckmayer, Carl
FT: Hänsel und Gretel (1981)
A: Grimm, Jakob Ludwig Carl; Grimm, Wilhelm Carl
FT: Abendstunde im Spätherbst (1988)
A: Dürrenmatt, Friedrich

Faenza, Roberto
FT: Der Badearzt (1990)
A: Schnitzler, Arthur

Fantl, Thomas
FT: Die Zeit der Schuldlosen (1964)
A: Lenz, Siegfried
FT: Van Gogh (1969)
A: Matusche, Alfred
FT: Der Knabe mit den 13 Vätern (1976)
A: Roda-Roda, Alexander (= Rosenfeld, Sándor Friedrich)
FT: Buckel (1978)
A: Mrozek, Slawomir
FT: Unterwegs nach Atlantis (1982)
A: Koczian, Johanna von
FT: Stadttheater (1985)
A: Raab, Fritz

Faraldo, Claude
FT: In inniger Feindschaft (1990)
A: Boileau, Pierre; Narcejac, Thomas

Färberböck, Max
FT: Bella Block - Die Kommissarin (1993)
A: Gercke, Doris
FT: Aimée & Jaguar (1997)
A: Fischer, Erica

Farell, Rene
FT: Nachts schlafen die Ratten doch. Die Küchenuhr (1969)
A: Borchert, Wolfgang

Farenburg, Hanns
FT: Vorspiel auf dem Theater (1951)
A: Goethe, Johann Wolfgang von
FT: Die unsichtbare Sammlung (1953)
A: Zweig, Stefan
FT: Minna Magdalene (1953)
A: Goetz, Curt
FT: Die Auster und die Perle (1954)
A: Saroyan, William
FT: Ein Briefträger ging vorbei (1954)
A: Kolbenhoff, Walter (= Hoffmann, Walter)
FT: Nora oder Ein Puppenheim (1955)
A: Ibsen, Henrik
FT: Siebzehn und zwei (1955)
A: Hinrichs, August
FT: Straßenknotenpunkt (1955)
A: Levi, Paolo
FT: Schiff ohne Hafen (1956)
A: Hartog, Jan de
FT: Ein idealer Gatte (1958)
A: Wilde, Oscar
FT: Die Caine war ihr Schicksal (1959)
A: Wouk, Herman
FT: Der Untergang der "Freiheit" (1960)
A: Hartog, Jan de
FT: Kreuze am Horizont (1960)
A: Krischke, Traugott

Farwagi, Andre
FT: Leidenschaftliche Blümchen (1977)
A: Erskine, Rosalind

Fassbinder, Rainer Werner
FT: Katzelmacher (1969)
A: Fassbinder, Rainer Werner
FT: Das Kaffeehaus (1970)
A: Goldoni, Carlo
FT: Pioniere in Ingolstadt (1971)
A: Fleisser, Marieluise
FT: Bremer Freiheit; Frau Geesche Gottfried - Ein bürgerliches Trauerspiel (1972)
A: Fassbinder, Rainer Werner
FT: Die bitteren Tränen der Petra von Kant (1972)
A: Fassbinder, Rainer Werner
FT: Wildwechsel (1972)
A: Kroetz, Franz Xaver
FT: Welt am Draht (1973)
A: Galouye, Daniel F.

FT: Nora Helmer (1973/74)
A: Ibsen, Henrik
FT: Fontane Effi Briest (1974)
A: Fontane, Theodor
FT: Martha (1974)
A: Woolrich, Cornell (= Irish, George Hopley William)
FT: Ich will doch nur, daß ihr mich liebt (1975/76)
A: Antes, Klaus
FT: Eine Reise ins Licht - Despair (1977)
A: Nabokov, Vladimir
FT: Frauen in New York (1977)
A: Boothe, Claire
FT: Die Ehe der Maria Braun (1978)
A: Zwerenz, Gerhard (= Lauenheim, Peter; Markwart, Leslie; Tarrok, Peer)
FT: Berlin Alexanderplatz (13 Teile) (1980)
A: Döblin, Alfred
FT: Lili Marleen (1981)
A: Andersen, Lale
FT: Theater in Trance (1981)
A: Artaud, Antonin
FT: Querelle (1982)
A: Genet, Jean
FT: Bolwieser (1976/77) 2 Teile (1983)
A: Graf, Oskar Maria

Faudon, Curt M.
FT: Zwang zur Unrast (1994)
A: Morton, Frederic (= Mandelbaum, Fritz)

Favart, Michel
FT: Die Gleichung geht nicht auf (1990)
A: Boileau, Pierre; Narcejac, Thomas

Fechner, Eberhard
FT: Tadellöser & Wolff (1975)
A: Kempowski, Walter
FT: Winterspelt 1944 (1978)
A: Andersch, Alfred
FT: Ein Kapitel für sich (3 Teile) (1979)
A: Kempowski, Walter

Feldhusen, Arne
FT: Auf der Couch (2000)
A: Pautsch, Oliver

Felsenstein, Walter
FT: Fidelio (1955)
A: Beethoven, Ludwig van; Bouilly, Jean Nicolas; Sonnleithner, Joseph; Treitschke, Friedrich
FT: Ritter Blaubart (1973)
A: Halévy, Ludovic; Meilhac, Henri; Offenbach, Jacques

Fengler, Michael
FT: Output (1974)
A: Miehe, Ulf

Fieber, Gerhard
FT: Tobias Knopp, Abenteuer eines Junggesellen (1950)
A: Busch, Wilhelm

Fiedler, E.(rnst) W.(ilhelm)
FT: Die letzte Heuer (1951)
A: Turek, Ludwig
FT: Die Fledermaus. Rauschende Melodien (1955)
A: Geneé, Richard; Haffner, Carl; Strauß, Johann

Fiedler, Gerlach
FT: Ein Stück von uns (1963)
A: Grass, Günter
FT: Die Jubilarin (1969)
A: Breitbach, Joseph
FT: Rivalen (1969)
A: Hildesheimer, Wolfgang
FT: Seen und Schlösser (1969)
A: Duras, Marguerite
FT: Zucker für die Affen (1969)
A: Menge, Wolfgang
FT: Der unterbrochene Akt (1970)
A: Rózewicz, Tadeusz
FT: Elio oder Eine fröhliche Gesellschaft (1970)
A: Walther, Otto Friedrich
FT: O (Szenengespräche aus der Reihe "Die Theaterwerkstatt") (1970)
A: Key-Åberg, Sandro Gustav
FT: Alles und ein Postamt (1972)
A: Petersen, Leif
FT: Ein Kinderspiel (1972)
A: Walser, Martin
FT: Kesselflickers Hochzeit (1972)
A: Synge, John Millington
FT: Sationen aus Schwester Gerdas Tagebuch (1978)
A: Karll, Agnes

Firner, Walter
FT: Das Kuckucksei (1948)
A: Firner, Walter

Fischer, Götz
FT: Das schöne irre Judenmädchen (1984)
A: Spieß, Christian Heinrich

Fischer, Hannes
FT: Der Keller (1957)
A: Lucke, Hans
FT: Die Feststellung (1957/58)
A: Baierl, Helmut

Fischer, Hans Conrad
FT: Der Prozeß Sokrates (1962)
A: Platon

Fischer, Klaus Hein
FT: Der kleine Häwelmann (in "Sendung mit der Maus") (1987)
A: Storm, Theodor

Fischer, Markus
FT: Brandnacht (1992)
A: Jaun, Sam
FT: Heiß - kalt (Kaltes Fieber) (1993)
A: Loustal, Jacques de; Topin, Tito
Fischer, Olf
FT: Der weißblaue Löwe (1952)
A: Thoma, Ludwig
FT: Krach um Jolanthe (1967)
A: Hinrichs, August
FT: Alles für die Katz (1970)
A: Hinrichs, August
FT: Der Ehestreik (1970)
A: Pohl, Julius
FT: Die drei Dorfheiligen (1973)
A: Ferner, Max (= Sommer, Max); Neal, Max
FT: Das sündige Dorf (1974)
A: Ferner, Max (= Sommer, Max); Neal, Max
FT: Die Widerspenstigen (1977)
A: Anzengruber, Ludwig
FT: Wenn der Hahn kräht (1985)
A: Hinrichs, August
Fischer, O.W.
FT: Ich suche dich (1953)
A: Cronin, Archibald Joseph
Fischerauer, Bernd
FT: Hochzeit (1970)
A: Molnár, Ferenc; Rindom, Svend
FT: Change (1974)
A: Bauer, Wolfgang
FT: Die Unbekannten im eigenen Haus (1985)
A: Simenon, Georges (= Sim, Georges; Aramis; Brulls, Christian)
FT: Regina auf den Stufen (1990)
A: Danella, Utta
FT: Red (1993)
A: Maugham, W. Somerset
FT: Der Salzbaron (1994)
A: Pigge, Helmut
FT: Wie im Paradies oder Ein gnadenloser Tag im Leben des Alois B.
A: Sengmüller, Franz Xaver
Fisher, Terence
FT: Sherlock Holmes und das Halsband des Todes (1962)
A: Doyle, Arthur Conan Sir
Fitz, Hans
FT: Waldfrieden (1962)
A: Thoma, Ludwig
Fiwek, Wojciech
FT: Jozia - die Tochter des Delegierten (1979)
A: Seghers, Anna
Flaadt, Tony
FT: In geheimer Mission (1975)
A: Carter, Nick
FT: Oberst Jenatsch (1976)
A: Meyer, Conrad Ferdinand
FT: Heidi (1979/80)
A: Spyri, Johanna
Fleck, Jacob
FT: Der Pfarrer von Kirchfeld (1950)
A: Anzengruber, Ludwig
Fleck, Luise
FT: Der Pfarrer von Kirchfeld (1950)
A: Anzengruber, Ludwig
Fleckenstein, Günther
FT: Dreht euch nicht um! (1962)
A: Häcker, Hans-Joachim
FT: Der Schpuntz (1967)
A: Pagnol, Marcel
FT: Literatur (1969)
A: Schnitzler, Arthur
Fleischer, Richard
FT: Ashanti (1978)
A: Vásquez-Figueroa, Alberto
Fleischmann, Peter
FT: Jagdszenen aus Niederbayern (1969)
A: Sperr, Martin
FT: Der dritte Grad (1974)
A: Samarakis, Antonis
FT: Es ist nicht leicht, ein Gott zu sein (1989)
A: Strugatzki, Arkadij; Strugatzki, Boris N.
Flick, Horst G.
FT: Einladung zur Enthauptung (1973)
A: Nabokov, Vladimir
FT: Maria Morzeck. Ein Mädchen aus Ost-Berlin (1976)
A: Bieler, Manfred
FT: Marija (1978)
A: Babel, Isaak
FT: Kotte (1979)
A: Schlesinger, Klaus
FT: Ab mit dir ins Vaterland (1980)
A: Raab, Fritz
Flimm, Jürgen
FT: Die Geburtstagsfeier (1978)
A: Pinter, Harold
FT: Die Wupper (1985)
A: Lasker-Schüler, Else
FT: Zwischen Rosen (1996)
A: Neikrug, Marc
Fontheim, Joachim
FT: Die Laokoon-Gruppe (1963)
A: Różewicz, Tadeusz
Ford, Aleksander
FT: Der achte Wochentag (1958)
A: Hlasko, Marek
Formigoni, Carlo
FT: Aladin (1987)
A: Christen, Rosmarie

Förnbacher, Helmut
FT: Rosamunde Pilcher: Stürmische Begegnung (1993)
A: Pilcher, Rosamunde
FT: Unser Charly (1995)
A: Karallus, Thomas
Forst, Willi
FT: Im Weißen Rößl (1952)
A: Benatzky, Ralph; Gilbert, Robert; Müller, Hans
FT: Die unentschuldigte Stunde (1957)
A: Békefi, István (Stephan); Stella, Adorján
Fortuin, Herman
FT: Fall erledigt (1965)
A: England, Barry
Foster, Giles
FT: Rosamunde Pilcher: Heimkehr (1998)
A: Pilcher, Rosamunde
Foth, Jörg
FT: Das Eismeer ruft (1984)
A: Wedding, Alex
FT: Biologie! (1990)
A: Spillner, Wolf
Francis, Freddie
FT: Das Verrätertor (1964)
A: Wallace, Richard Horatio Edgar
Francis, Karl
FT: Rebeccas Töchter (1991)
A: Thomas, Dylan
Franco, Jess
FT: Der Todeskuß des Dr. Fu Man Chu (1968)
A: Rohmer, Sax (= Ward, Arthur Sarsfield)
FT: Justine, das Sexgeschöpf des Marquis de Sade (1968)
A: Sade, Donatien Marquis de
FT: Der Teufel kam aus Akasawa (1970)
A: Wallace, Richard Horatio Edgar
FT: Der Todesrächer von Soho (1971)
A: Wallace, Bryan Edgar
FT: Liebesbriefe einer portugiesischen Nonne (1976)
A: Alcoforado, Mariana
Frankau, John
FT: Der Mann vom Eaton Place (1991)
A: Wallace, Richard Horatio Edgar
Frankel, Cyril
FT: Scheidungsgrund: Liebe (1960)
A: Hartung, Ellinor
FT: Das Geheimnis der weißen Nonne (1966)
A: Wallace, Richard Horatio Edgar
FT: Vollmacht zum Mord (1975)
A: Estridge, Robin
Franksen, Jan
FT: Ophelia und die Wörter (1970)
A: Shakespeare, William
FT: Lichtenberg. Ein Querschnitt (1980)
A: Benjamin, Walter
Fraß, Wilfried
FT: Das gestohlene Jahr (1950)
A: Zweig, Stefan
Fratzscher, Peter
FT: Wolffs Revier (1993-)
A: Friedrichs, Horst
Frazzi, Andrea
FT: Herzen im Sturm (1995)
A: Venturi, Maria
Frazzi, Antonio
FT: Herzen im Sturm (1995)
A: Venturi, Maria
Freda, Riccardo
FT: Das Gesicht im Dunkeln (1969)
A: Wallace, Richard Horatio Edgar
Fredersdorf, Herbert B.
FT: Die Prinzessin und der Schweinehirt (1953)
A: Andersen, Hans Christian
FT: König Drosselbart (1954)
A: Grimm, Jakob Ludwig Carl; Grimm, Wilhelm Carl
FT: Der gestiefelte Kater (1955)
A: Grimm, Jakob Ludwig Carl; Grimm, Wilhelm Carl
FT: Rumpelstilzchen (1955)
A: Grimm, Jakob Ludwig Carl; Grimm, Wilhelm Carl
FT: Der Schandfleck (1956)
A: Anzengruber, Ludwig
Fregonese, Hugo
FT: Old Shatterhand (1963)
A: May, Karl Friedrich
Freisewinkel, Ernst-Ludwig
FT: Übergewicht (1961)
A: Wells, Herbert George
Freitag, Hayo
FT: Käpt'n Blaubär - der Film (1999)
A: Moers, Walter
Freundner, Thomas
FT: Traumfrau mit Nebenwirkungen (1998)
A: Fried, Amelie
Frick, Hans
FT: Hans - ein Junge in Deutschland (1985)
A: Frick, Hans Joe
Friedel, Gernot
FT: Die Mohrenlegende (1984)
A: Fussenegger, Gertrud
Friedmann, Max
FT: Begegnung in Salzburg (1963)
A: Huber, Helmuth
Friedrich, Götz
FT: Rotkäppchen (1962)
A: Grimm, Jakob Ludwig Carl; Grimm, Wilhelm Carl; Grimm, Jakob Ludwig Carl; Grimm, Wilhelm Carl

FT: Elektra (1981)
A: Hofmannsthal, Hugo von; Strauss, Richard

Friedrich, Gunter
FT: Der wunderbare Schatz (1972)
A: Maljarevski, Pavel G.
FT: Vagabund für 5 Tage (1972)
A: Rjasanowa, Ekaterina
FT: Warum kann ich nicht artig sein? (1974)
A: Böttcher, Alfred
FT: Die Schildbürger (1977)
A: Anonym
FT: Die Welt aus Spaß (1979)
A: Küchenmeister, Wera
FT: Ich - dann eine Weile nichts (1979)
A: Lüdemann, Hans-Ulrich
FT: Pianke (1982)
A: Abraham, Peter
FT: Und laß dir kein Unrecht gefallen (1984)
A: Bredel, Willi
FT: Der unbekannte Großvater (1987)
A: Görlich, Günter

Friedrich, Otto
FT: Einmal am heiligen Abend (1978)
A: Stifter, Adalbert

Frießner, Uwe
FT: Molle mit Korn (10 Teile) (1989)
A: Lentz, Georg

Fritsch, Gunther von
FT: Stolen Identity (1953)
A: Lernet-Holenia, Alexander

Froelich, Carl
FT: Mutti muß heiraten (1950)
A: Zobeltitz, Fedor von

Fröhlich, Gustav
FT: Der Bagnosträfling (1949)
A: Balzac, Honoré de
FT: Die Lüge (1950)
A: Gehrke, Martha Maria
FT: Seine Tochter ist der Peter (1955)
A: Zellweker, Edith

Frohmann, Clemens
FT: Justitias kleine Fische (26 Folgen) (1988)
A: Cornelsen, Horst

Frowein, Eberhard
FT: Der Sonnblick ruft (1952)
A: Bendl, Edmund Josef

Fruchtmann, Karl
FT: Das Abschiedsgeschenk (1962)
A: Rattigan, Terence
FT: Ein netter Abend (1962)
A: Joudry, Patricia
FT: Ein Todesfall wird vorbereitet (1963)
A: Popplewell, Jack
FT: Männer am Sonntag (1963)
A: Roncoroni, Jean-Louis
FT: Lebenskünstler (1964)
A: Skowronski, Zdzislaw
FT: Späte Liebe (1965)
A: Ostrovskij, Aleksandr N.
FT: Spiel (1965)
A: Beckett, Samuel
FT: Erinnerung an zwei Montage (1966)
A: Miller, Arthur
FT: Philadelphia, ich bin da! (1967)
A: Friel, Brian
FT: Spaßmacher (1969)
A: Rosow, Viktor
FT: Plötzlich (1970)
A: Fruchtmann, Karl
FT: Krankensaal 6 (1974)
A: Čechov, Anton Pavlovič
FT: Himmel und Erde (1976)
A: Reinshagen, Gerlind
FT: Ketten (1976)
A: Cook, Kenneth
FT: Das Hochzeitsfest (1977)
A: Dostojewski, Feodor
FT: Der Boxer (1980)
A: Becker, Jurek
FT: Mademoiselle Fifi (1986)
A: Maupassant, Guy de

Früh, Kurt
FT: In allen Gassen wohnt das Glück (1956)
A: Früh, Kurt
FT: Die hölzerne Schüssel (1965)
A: Morris, Edmund

Fuchs, Herbert
FT: Nachsaison (1961)
A: Asmodi, Herbert
FT: Die Türen knallen (1962)
A: Fermaud, Michel
FT: Tod des Junggesellen (1968)
A: Schnitzler, Arthur
FT: Glaube, Liebe, Hoffnung (1969)
A: Horváth, Ödön von
FT: Wohin wir gehen (1977)
A: Habeck, Fritz
FT: Ausbruch des Weltfriedens (1979)
A: Goetz, Curt
FT: Ein Bett voller Gäste (1979)
A: Freeman, David

Fürneisen, Bodo
FT: Komm mit mir nach Chicago (1982)
A: Abraham, Peter
FT: Die Geschichte vom goldenen Taler (1985)
A: Fallada, Hans
FT: Merkwürdiges Beispiel einer weiblichen Rache (1987)
A: Diderot, Denis
FT: Die Weihnachtsgans Auguste (1988)

A: Wolf, Friedrich (Baetz, Christian; Rüedi, Hans; Dr. Isegrimm)
FT: Die Kommissarin (1994)
A: Renziehausen, Thomas
FT: Kommissar Rex (1994-)
A: Schuster, Gaby

Fürstenberg, Veith von
FT: Feuer und Schwert (1987)
A: Gottfried von Straßburg

Furtwängler, Florian
FT: Tommaso Blu (1988)
A: Ciaula, Tommaso Di

Fuster Pardo, Rafael
FT: In der Wüste (1986)
A: Skármeta, Antonio

Füting, Michael
FT: Heidi und Erni (1990)
A: Ulrici, Rolf

Fux, Herbert
FT: Ein Tag im Leben von ... (1961)
A: Popplewell, Jack

Gabrea, Radu
FT: Fürchte dich nicht, Jakob! (1981)
A: Caragiale, Jon Luca
FT: Rosen-Emil (1993)
A: Hermann, Georg

Gabrielli, Manfred
FT: Land der Berge (1987)
A: Stifter, Adalbert

Gall, Roland
FT: Wie ich ein Neger wurde (1969)
A: Horváth, Ödön von
FT: Zwei Briefe an Pospischiel (1971)
A: Grün, Max von der
FT: Land (1972)
A: Jägersberg, Otto
FT: Lenau (1975)
A: Herburger, Günter
FT: Trumpeners Irrtum (1988)
A: Mühl, Karl Otto

Gallo, Inigo
FT: Drei Männer im Schnee (1986)
A: Kästner, Erich (= Bürger, Berthold)

Gallone, Carmine
FT: Polikuschka (1958)
A: Tolstoj, Leo

Gaspard-Huit, Pierre
FT: Christine (1958)
A: Schnitzler, Arthur
FT: Der letzte Mohikaner (1969)
A: Cooper, James Fenimore

Geiger, Franz
FT: Ordnung muß sein (1984)
A: Rosendorfer, Herbert

Geis, Rainer
FT: Schule für Eheglück (1954)
A: Maurois, André
FT: Die Bremer Stadtmusikanten (1959)
A: Grimm, Jakob Ludwig Carl; Grimm, Wilhelm Carl
FT: Die Kollektion (1967)
A: Pinter, Harold

Geissendörfer, Hans W.
FT: Der Fall Lena Christ (1969)
A: Benedix, Peter; Christ, Lena
FT: Jonathan, Vampire sterben nicht (1970)
A: Stoker, Bram
FT: Carlos (1971)
A: Schiller, Friedrich von
FT: Perahim - die zweite Chance (1974)
A: Gheorghiu, Constantin Virgil
FT: Sternsteinhof (1975)
A: Anzengruber, Ludwig
FT: Die Wildente (1976)
A: Ibsen, Henrik
FT: Die gläserne Zelle (1978)
A: Highsmith, Patricia
FT: Theodor Chindler. Die Geschichte einer deutschen Familie (1979)
A: Brentano, Bernard von
FT: Der Zauberberg (1981)
A: Mann, Thomas
FT: Ediths Tagebuch (1983)
A: Highsmith, Patricia
FT: Gudrun (1992)
A: Kusz, Fitzgerald
FT: Justiz (1993)
A: Dürrenmatt, Friedrich

Geissler, Michael
FT: Ein Brudermord (1967)
A: Kafka, Franz

Gendries, Klaus
FT: Aus dem Tagebuch eines Minderjährigen (1965)
A: David, Kurt
FT: Florentiner 73 (1972)
A: Holland-Moritz, Renate
FT: Wie soll sich eine Frau entscheiden (1978)
A: Schloßarek, Erich
FT: Verlobung in Hullerbusch (1979)
A: Wohlgemuth, Joachim
FT: Am grauen Strand, am grauen Meer (1980)
A: Storm, Theodor
FT: Meschkas Enkel (1981)
A: Schulz, Helmut H.
FT: Der Bastard (2 Teile) (1983)
A: Höricke, Lothar
FT: Der Schimmelreiter (1984)
A: Storm, Theodor
FT: Immensee (1989)
A: Storm, Theodor
FT: Drachensaat (1990)
A: ZurMühlen, Hermynia
FT: Rheinsberg (1990)
A: Tucholsky, Kurt

Genée, Heidi
FT: Grete Minde. Der Wald ist voller Wölfe (1977)
A: Fontane, Theodor
FT: Kraftprobe (1982)
A: Kekulé, Dagmar
Genschow, Fritz
FT: Rotkäppchen (1953)
A: Grimm, Jakob Ludwig Carl; Grimm, Wilhelm Carl
FT: Der Struwwelpeter (1954)
A: Hoffmann, Heinrich
FT: Frau Holle (1954)
A: Grimm, Jakob Ludwig Carl; Grimm, Wilhelm Carl
FT: Hänsel und Gretel (1954)
A: Grimm, Jakob Ludwig Carl; Grimm, Wilhelm Carl
FT: Aschenputtel (1955)
A: Grimm, Jakob Ludwig Carl; Grimm, Wilhelm Carl
FT: Dornröschen (1955)
A: Grimm, Jakob Ludwig Carl; Grimm, Wilhelm Carl
FT: Die Gänsemagd (1957)
A: Grimm, Jakob Ludwig Carl; Grimm, Wilhelm Carl
Genth, Wolfgang
FT: Die Reise zum Quarkstern (1983)
A: Hüttner, Hannes
Geschonneck, Matti
FT: Moebius (1991)
A: Deutsch, A. J.
FT: Matulla und Busch (1995)
A: Schlesinger, Klaus
Gessner, Nicolas
FT: Der Gefangene der Botschaft (1964)
A: Schaper, Edzard
FT: Die Blonde von Peking (1966)
A: Chase, James Hadley
FT: Schneller als das Auge (Supertrick) (1988)
A: Cueni, Claude
FT: Minnie (1989)
A: Kettenbach, Hans Werner
Gfrörer, Jörg
FT: Günther Wallraff - Ganz unten (1985)
A: Wallraff, Günther
Gibson, Brian
FT: Recht, nicht Rache - die Geschichte des Simon Wiesenthal (1989)
A: Wiesenthal, Simon
Gies, Hajo
FT: Nocturno (1971)
A: Rodenbach, Georges
FT: Der Schneesturm (1976)
A: Puschkin, Alexandr Sergejewitsch
FT: Schwüle Tage (1978)
A: Keyserling, Eduard von
FT: Der Jähzornige (1980)
A: Čechov, Anton Pavlovič
FT: Beate und Mareile (1981)
A: Keyserling, Eduard von
FT: Ein Pariser Abenteuer (1982)
A: Maupassant, Guy de
FT: Geheime Mission (1985)
A: McKenzie, Donald
FT: Kommissar Beck: Alarm in Sköldgatan (1993)
A: Sjöwall, Maj; Wahlöö, Per
FT: Kommissar Rex (1994-)
A: Schuster, Gaby
FT: Die Gang (1997)
A: Schwamm, Bernd
FT: Drei mit Herz (1999)
A: Becker, Miriam
Gies, Martin
FT: Geheime Mission (1985)
A: McKenzie, Donald
FT: Drei mit Herz (1999)
A: Becker, Miriam
Gillmann, Peter
FT: Frauenarzt Dr. Prätorius (1950)
A: Goetz, Curt
Ginsberg, Ernst
FT: Boubouroche (1956)
A: Courteline, Georges
FT: Emilia Galotti (1960)
A: Lessing, Gotthold Ephraim
Girod, Francis
FT: Trio Infernal (1974)
A: Fasquelle, Solange
Gisler, Marcel
FT: Der Traum vom schlafenden Hund (1998)
A: Frank, Martin
Giuliani, Danielle
FT: Lichtschlag (1989)
A: Flaubert, Gustave
Glasow, Katrin von
FT: Die Füße im Feuer (1985)
A: Meyer, Conrad Ferdinand
Gloor, Kurt
FT: Der Chinese (1979)
A: Glauser, Friedrich
FT: Der Erfinder (1980)
A: Schneider, Hansjörg
Glowna, Vadim
FT: Des Teufels Paradies (1989)
A: Conrad, Joseph
Glück, Wolfgang
FT: Das kleine Bezirksgericht (1961)
A: Bielen, Otto Karl Stephan
FT: Denn das Weib ist schwach (1961)
A: Hampel, Bruno
FT: Ende schlecht - alles gut (1962)
A: Bush-Fekete, Leslie (Ladislas)
FT: Wetterleuchten (1964)
A: Strindberg, August

FT: Die Gigerln von Wien (1965)
A: Steinbrecher, Alexander; Wimmer, I.
FT: Komtesse Mizzi (1966)
A: Schnitzler, Arthur
FT: Ollapotrida (1966)
A: Lernet-Holenia, Alexander
FT: Kapitän Brassbounds Bekehrung (1967)
A: Shaw, George Bernard
FT: Das Veilchen (1968)
A: Molnár, Ferenc
FT: Der Herr Hofrat (1969)
A: Bahr, Hermann
FT: Traumnovelle (1969)
A: Schnitzler, Arthur
FT: Der Wald (1971)
A: Ostrovskij, Aleksandr N.
FT: Literatur (1974)
A: Schnitzler, Arthur
FT: Das Gebell (1976)
A: Bachmann, Ingeborg
FT: Die Lästigen (1977)
A: Hofmannsthal, Hugo von
FT: Die vorletzte Schlacht (1977)
A: Molnár, Ferenc
FT: Halb zwei (1977)
A: Schnitzler, Arthur
FT: Hochzeitsreise (1977)
A: Auernheimer, Raoul
FT: Diener und andere Herren (1978)
A: Maugham, W. Somerset; Porter, William Sydney (= O'Henry); Wodehouse, Pelham Grenville
FT: Die kleine Figur meines Vaters (1980)
A: Henisch, Peter
FT: Der Schüler Gerber (1981)
A: Torberg, Friedrich
FT: Brigitta (1982)
A: Stifter, Adalbert
FT: Anleitung zum Unglücklichsein (1985)
A: Watzlawick, Paul
FT: Julia (1985)
A: Bolton, Guy; Maugham, W. Somerset
FT: Wind von Südost (2 Teile) (1985)
A: Habeck, Fritz
FT: '38 (1986)
A: Torberg, Friedrich
FT: Münchhausens letzte Liebe (1988)
A: Hasenclever, Walter

Gmeiner, Klaus
FT: Der verwandelte Komödiant (1992)
A: Zweig, Stefan

Goedel, Peter
FT: Das Treibhaus (1986/1987)
A: Koeppen, Wolfgang
FT: Ortelsburg - Szczytno (1990)
A: Koeppen, Wolfgang
FT: Trip nach Tunis (1993)
A: Highsmith, Patricia

Goetz, Curt
FT: Frauenarzt Dr. Prätorius (1950)
A: Goetz, Curt
FT: Das Haus in Montevideo (1951)
A: Goetz, Curt

Golan, Menahem
FT: Tevye und seine sieben Töchter (1967)
A: Scholem Aleichem (= Rabinowitz, Sholem Yakov)
FT: Der Magier (1979)
A: Singer, Isaac Bashevis

Gold, Jack
FT: Der Fall Lucona (1993)
A: Pretterebner, Hans

Goldbaum, Peter
FT: Love from a Stranger (1967)
A: Vosper, Frank

Goldschmidt, John
FT: Der Leutnant und sein Richter (1984)
A: Fagyas, Maria (= Bush-Fekete, Maria)
FT: Maschenka (1986)
A: Nabokov, Vladimir

Goretta, Claude
FT: Die Spitzenklöpplerin (1977)
A: Lainé, Pascal
FT: Wenn die Sonne nicht wiederkäme (1987)
A: Ramuz, Charles Ferdinand

Görlitz, Helmut Christian
FT: Das Ende vom Anfang (1981)
A: Holzner, Michael
FT: Auf einem langen Weg (1985)
A: Pausewang, Gudrun
FT: Die Lokomotive (1986)
A: Roussin, André
FT: Die Bombe (1988)
A: Molin, Lars
FT: Der Deal (1991)
A: Sülzer, Bernd
FT: Der kleine Vampir - Neue Abenteuer (1993)
A: Sommer-Bodenburg, Angela
FT: Das Böse (1997)
A: Sülzer, Bernd
FT: Freier Fall (1997)
A: Sülzer, Bernd

Gorski, Peter
FT: Die große Woge (1958)
A: Buck, Pearl S.
FT: Faust (1960)
A: Goethe, Johann Wolfgang von

Goslar, Jürgen
FT: Romeo und Jeanette (1958)
A: Anouilh, Jean
FT: Der Winterschläfer (1959)
A: Bernard-Luc, Jean
FT: Vor Himmelskörpern wird gewarnt (1959)
A: Gütt, Jürgen
FT: Der Kreidekreis (1961)
A: Klabund (= Henschke, Alfred)
FT: Fast ein Poet (1961)
A: O'Neill, Eugene (Gladstone)
FT: Liebling, ich muß dich erschießen (1962)
A: O'Hara, John
FT: Meine beste Freundin (1962)
A: Druten, John William van
FT: 90 Minuten nach Mitternacht (1962)
A: Hayes, Joseph
FT: Geliebtes Scheusal (1972)
A: Rayburn, Joyce
FT: Die Baumwollpflücker (1973)
A: Traven, B. (Bruno) (= Marut, Ret; Maurhut, Richard; Torsvan, Traven)
FT: Der flüsternde Tod (1975)
A: Carney, Daniel

Gottlieb, Franz Josef
FT: Saison in Salzburg (1961)
A: Feltz, Kurt; Hentschke, Heinz; Raymond, Fred; Wallner, Max
FT: Der Fluch der gelben Schlange (1962)
A: Wallace, Richard Horatio Edgar
FT: Die Förster-Christl (1962)
A: Buchbinder, Ludwig Bernhard (= Klinger, Gustav); Jarno, Georg
FT: Das Geheimnis der schwarzen Witwe (1963)
A: Weinert-Wilton, Louis (= Weinert, Alois)
FT: Das Phantom von Soho (1963)
A: Wallace, Bryan Edgar
FT: Der schwarze Abt (1963)
A: Wallace, Richard Horatio Edgar
FT: Das siebte Opfer (1964)
A: Wallace, Bryan Edgar
FT: Die Gruft mit dem Rätselschloß (1964)
A: Wallace, Richard Horatio Edgar
FT: Durchs wilde Kurdistan (1965)
A: May, Karl Friedrich
FT: Ferien mit Piroschka (1965)
A: Hartung, Hugo
FT: Im Reich des Silbernen Löwen (1965)
A: May, Karl Friedrich
FT: Mister Dynamit - morgen küßt Euch der Tod (1966)
A: Guenter, C.H.
FT: Die Lümmel von der ersten Bank (7) Betragen ungenügend (1972)
A: Wolf, Alexander
FT: Der Geheimnisträger (1975)
A: Konsalik, Heinz Günther (= Pahlen, Henry)
FT: Wie Böhmen noch bei Österreich war (1981)
A: Melísek, Jirí
FT: Manni der Libero (13 Teile) (1982)
A: Conradi, Peter
FT: Der geschmuggelte Henry (1987)
A: Gallico, Paul William
FT: Hexenschuß (1987)
A: Graham, John
FT: Mrs. Harris fährt nach Moskau (1987)
A: Gallico, Paul William
FT: Tagebuch für einen Mörder (1988)
A: Durbridge, Francis Henry
FT: Trouble im Penthouse (1988)
A: Graham, John
FT: Jede Menge Schmidt (1989)
A: Graham, John
FT: Keine Gondel für die Leiche (1989)
A: Scarnacci, Giulio; Tarabusi, Renzo
FT: Killer kennen keine Furcht (1989)
A: Graham, John
FT: Mrs. Harris fährt nach Monte Carlo (1989)
A: Gallico, Paul William
FT: Drunter und drüber (1990)
A: Graham, John
FT: Kartoffeln mit Stippe (3 Teile) (1990)
A: Bredow, Ilse von
FT: Mrs. Harris und der Heiratsschwindler (1991)
A: Gallico, Paul William
FT: Unser Charly (1995)
A: Karallus, Thomas

Götz-Pflug, Curt
FT: Karl III. und Anna von Österreich (1953)
A: Rößner, Manfred
FT: Das lebenslängliche Kind (1954)
A: Neuner, Robert
FT: John Walker schreibt seiner Mutter (1954)
A: Mostar, Gerhart Herrmann
FT: Ein Tag fast wie sonst (1955)
A: Böll, Heinrich
FT: Kabale und Liebe (1955)
A: Schiller, Friedrich von
FT: Das Lächeln der Ewigkeit (1957)
A: Hirsch, Peter
FT: Mr. Gillie (1957)
A: Bridie, James

Grabe, Hans-Dieter
FT: Er nannte sich Hohenstein (1994)
A: Bock, Franz Heinrich (= Hohenstein, Alexander)
Grabowsky, Klaus
FT: Der Richter am Yukon (1973)
A: London, Jack
FT: Alaska-Kids großer Coup (1979)
A: London, Jack
FT: So ist das Leben (1979)
A: Maltz, Albert
FT: Wer schlug zuerst? (1979)
A: London, Jack
FT: Morgen kommt der Schornsteinfeger (1981)
A: Hammel, Claus
FT: Der Teufelskreis (1982)
A: Zinner, Hedda
FT: Das Mädchen Leo (1988)
A: Zinner, Hedda
Grädler, Theodor
FT: Der veruntreute Himmel (1958)
A: Werfel, Franz
FT: Doppelselbstmord (1961)
A: Anzengruber, Ludwig
FT: Langusten (1961)
A: Denger, Fred
FT: Der Wittiber (1962)
A: Thoma, Ludwig
FT: Donadieu (1962)
A: Hochwälder, Fritz
FT: Hochmut kommt vor dem Fall (1962)
A: Kranewitter, Franz
FT: In Ewigkeit Amen (1962)
A: Wildgans, Anton
FT: Katharina Knie (1964)
A: Zuckmayer, Carl
FT: Die Reise nach Steiermark (1965)
A: Bauer, Josef Martin
FT: Das Märchen (1966)
A: Schnitzler, Arthur
FT: Der Pfarrer von Gillbach (1968)
A: Lohmeier, Georg
FT: Des Meeres und der Liebe Wellen (1968)
A: Grillparzer, Franz
FT: Sturm im Wasserglas (1969)
A: Frank, Bruno
FT: Birnbaum und Hollerstauden (1971)
A: Brüggemann, Kurt; Lutz, Josef Maria
FT: Kirsch und Kern (1971)
A: Bender, Ludwig
FT: Novellen aus dem wilden Westen (1975)
A: Harte, (Francis) Brett(t)
FT: Novellen aus dem wilden Westen. Buck und Perry (1978)
A: Porter, William Sydney (= O'Henry)
Graf, Dominik
FT: Doktor Knock (1996)
A: Romains, Jules
FT: Die Katze (1997)
A: Erichsen, Uwe
Gräf, Roland
FT: Märkische Forschungen (1982)
A: Bruyn, Günter de
FT: Das Haus am Fluß (1986)
A: Wolf, Friedrich (Baetz, Christian; Rüedi, Hans; Dr. Isegrimm)
FT: Fallada - letztes Kapitel (1988)
A: Crepon, Tom
FT: Der Tangospieler (1990)
A: Hein, Christoph
Graf, Rüdiger
FT: Der Monopteros (1961)
A: Lippl, Alois Johannes
FT: Florence und der Zahnarzt (1962)
A: Giltène, Jean; Joffé, Alex (= Joffe, Alexandre)
FT: Bitte recht freundlich (1963)
A: Moore, Allan
FT: Ein unruhiger Sommer (1980)
A: Geiger, Franz
FT: Sturm im Wasserglas (1990)
A: Frank, Bruno
Granier-Deferre, Pierre
FT: Die Zeit der Kirschen ist vorbei (1967)
A: Poirot-Delpech, Bertrand
FT: Der Erbarmungslose (1969)
A: Lambesc, Michel
FT: Die Frau am Fenster (1974)
A: Drieu La Rochelle, Pierre
Graser, Jörg
FT: Magdalena (1983)
A: Thoma, Ludwig
Grasse, Gerd
FT: Von der Müllerstochter, die Gold spinnen wollte (1984)
A: Grimm, Jakob Ludwig Carl; Grimm, Wilhelm Carl
Gräwert, Günter
FT: Der Abstecher (1962)
A: Walser, Martin
FT: Kinder des Schattens (1968)
A: Wittlinger, Karl
FT: Die Weber (1971)
A: Hauptmann, Gerhart
FT: Heißer Sand (1971)
A: Bergius, C. C.
FT: Kara Ben Nemsi Effendi (1973)
A: May, Karl Friedrich
FT: Miks Bumbullis (1973)
A: Sudermann, Hermann

FT: Der Katzensteg (1975)
A: Sudermann, Hermann
FT: Einöd (1975)
A: Rodrian, Irene
FT: Hans und Heinz Kirch (1976)
A: Storm, Theodor
FT: Rosaura kam um zehn (1976)
A: Denevi, Marco
FT: Jauche und Levkojen (17 Teile) (1979-80)
A: Brückner, Christine
FT: Es geht seinen Gang oder Mühen in unserer Ebene (1981)
A: Loest, Erich (= Walldorf, Hans; Naß, Waldemar)
FT: Der Gärtner von Toulouse (1982)
A: Kaiser, Georg
FT: Klawitter (1983)
A: Kaiser, Georg
FT: Dies Bildnis ist zum Morden schön (1987)
A: Durbridge, Francis Henry

Green, Guy
FT: Des Teufels Advokat (1977)
A: West, Morris L.

Gregan, Ralf
FT: Leute gibt's (1982)
A: Waterhouse, Keith
FT: Ein Mord liegt auf der Hand (1983)
A: Wilde, Oscar
FT: Beule oder Wie man einen Tresor knackt (1988)
A: Klugmann, Norbert; Mathews, Peter
FT: Bühne frei für Kolowitz
A: Reiner, Carl

Gregorek, Karin
FT: Die Fische (1982)
A: Hacks, Peter

Gremm, Wolf
FT: Die Brüder (1976)
A: Dale, Septimus
FT: Die Schattengrenze (1978)
A: Wellershoff, Dieter
FT: Tod oder Freiheit (1978)
A: Schiller, Friedrich von
FT: Fabian (1979)
A: Kästner, Erich (= Bürger, Berthold)
FT: Kein Reihenhaus für Robin Hood (1980)
A: -ky (= Bosetzky, Horst)
FT: Nach Mitternacht (1981)
A: Keun, Irmgard
FT: Kamikaze '89 (1982)
A: Sjöwall, Maj; Wahlöö, Per
FT: Der Tod kommt durch die Tür (1983)
A: Slesar, Henry
FT: Tödliche Liebe (1986)
A: Fremlin, Celia (= Goller, Celia Margaret)
FT: Dem Tod auf der Spur (1988)
A: Wilhelm, Kate
FT: Im Schatten der Angst (1988)
A: Fremlin, Celia (= Goller, Celia Margaret)
FT: Der Spatzenmörder (1989)
A: Breest, Jürgen
FT: Ich will leben (1990)
A: Wilhelm, Kate
FT: Gesucht wird Ricki Forster (1991)
A: Johnston, Jane
FT: Die Spur führt ins Verderben (1993)
A: Symons, Julian
FT: Klippen des Todes (1993)
A: Fremlin, Celia (= Goller, Celia Margaret)
FT: Inka-Connection (1995)
A: Breitwieser, Peter
FT: Die Stunden vor dem Morgengrauen (1996)
A: Fremlin, Celia (= Goller, Celia Margaret)
FT: Die Sünde der Engel (1998)
A: Link, Charlotte
FT: Nur ein toter Mann ist ein guter Mann (1998)
A: Hauptmann, Gaby

Gressmann, Martin
FT: Heinrich auf der Erbse (1981)
A: Simons, Christoph

Grieser, Johannes
FT: Marienhof (1992)
A: Becker, Rolf A.

Griesmayr, Hartmut
FT: Der Zweikampf (1971)
A: Kleist, Heinrich von
FT: See-Leben I (1975)
A: Koch, Werner
FT: ... es ist die Liebe (1979)
A: Reinecker, Herbert
FT: Meister Timpe (2 Teile) (1980)
A: Kretzer, Max
FT: Leben im Winter (1982)
A: Schlesinger, Klaus
FT: Mord im Spiel (1985)
A: Lichtenfeld, Herbert
FT: Tatort - Sein letzter Wille (1988)
A: Huby, Felix (= Hungerbühler, Eberhard)
FT: Einer für alle (1990)
A: Kunert, Günter
FT: Tatort - Bienzle und die schöne Lau (1993)
A: Huby, Felix (= Hungerbühler, Eberhard)
FT: Die Gerichtsreporterin (1994)

A: Zingler, Peter
FT: Tatort - Bienzle und das Narrenspiel (1994)
A: Huby, Felix (= Hungerbühler, Eberhard)
FT: Ein Herz für Laura (1995)
A: Neumann, Wolfgang
FT: Der Wald (1996)
A: Kopacke, Werner
FT: Davids Rache (1997)
A: Kettenbach, Hans Werner
FT: Tatort - Bienzle und die kalte Wut (1998)
A: Huby, Felix (= Hungerbühler, Eberhard)
FT: Am Anfang war der Seitensprung (1999)
A: Fried, Amelie

Grimaud, Philippe
FT: Asterix - Operation Hinkelstein (1988)
A: Goscinny, René; Uderzo, Albert

Grimm, Hans
FT: Ferien vom Ich (1963)
A: Keller, Paul

Groeger, Peter
FT: Rote Erde (1978)
A: Sastre, Alfonso

Gröner, Werner
FT: Zu klein in einer großen Welt (1979)
A: Bollinger, Max
FT: Bombestimmig (1990)
A: Keller, Markus

Groot, Michael de
FT: Amphitryon (1981)
A: Kleist, Heinrich von

Groschopp, Richard
FT: Der Wildtöter (1966)
A: Cooper, James Fenimore
FT: Chingachcook, die große Schlange (1967)
A: Cooper, James Fenimore

Großmann, Lothar
FT: Einer vom Rummel (1983)
A: Falkenhayn, Harry

Grosse, Nina
FT: Tote leben nicht allein (1990)
A: Boileau, Pierre; Narcejac, Thomas

Grote, Alexandra von
FT: Reise ohne Wiederkehr (1989)
A: Lutzius, Franz

Gruber, Andreas
FT: Leichenreden (1989)
A: Marti, Kurt

Grüber, Klaus Michael
FT: Winterreise im Olympiastadion (1969)
A: Hölderlin, Friedrich

Grünler, Jörg
FT: Krücke (1992)
A: Härtling, Peter
FT: Die Kommissarin (1994)
A: Renziehausen, Thomas

Gudmundsson, August
FT: Nonni und Manni (6 Teile) (1988)
A: Svensson, Jón

Guiguet, Jean-Claude
FT: Le Mirage (1992)
A: Mann, Thomas

Gunten, Peter von
FT: Pestalozzis Berg (1990)
A: Hartmann, Lukas

Gunter, Friedrich
FT: Das grosse Abenteuer des Kaspar Schmeck (1982)
A: Wedding, Alex

Günther, Egon
FT: Abschied (1968)
A: Becher, Johannes R.
FT: Junge Frau von 1914 (1969)
A: Zweig, Arnold
FT: Der Dritte (1971)
A: Panitz, Eberhard
FT: Erziehung vor Verdun (1973)
A: Zweig, Arnold
FT: Lotte in Weimar (1975)
A: Mann, Thomas
FT: Die Leiden des jungen Werther (1976)
A: Goethe, Johann Wolfgang von
FT: Ursula (1978)
A: Börner, Klaus Erich; Keller, Gottfried
FT: Exil (1981)
A: Feuchtwanger, Lion
FT: Morenga (3 Teile) (1984)
A: Timm, Uwe
FT: Heimatmuseum (1987)
A: Lenz, Siegfried
FT: Else - Geschichte einer leidenschaftlichen Frau (1999)
A: Schrobsdorff, Angelika

Günther, Michael
FT: Hotel Paradies (1979)
A: Feydeau, Georges
FT: Herkulespillen (1980)
A: Bilhaud, Paul
FT: Weichselkirschen (1980)
A: Ossowski, Leonie
FT: Das Ordensband (1981)
A: Feydeau, Georges
FT: Der Nächste bitte (1981)
A: Feydeau, Georges
FT: Streichquartett (1981)
A: Szakall, Szöke (= Sakall, S. Z.)
FT: Zuhaus in fremden Betten (1981)
A: Borgelt, Hans
FT: Die Präsidentin (1982)

A: Hennequin, Maurice; Veber, Pierre Eugène
FT: Sein Doppelgänger (1982)
A: Duval, Georges; Hennequin, Maurice
FT: Der Spleen des George Riley (1983)
A: Stoppard, Tom
FT: Frau Juliane Winter (1983)
A: Thonet, Peter M.
FT: Theaterblut (1985)
A: Gray, Simon
FT: Das Mord-Menü (1986)
A: Paice, Eric
FT: Ein Kuckuck im Nest (1989)
A: Travers, Ben

Gusner, Iris
FT: Das blaue Licht (1975)
A: Grimm, Jakob Ludwig Carl; Grimm, Wilhelm Carl
FT: Ich liebe dich - April! April! (1988)
A: Kramer, Jutta

Guthke, Frank
FT: Mitteilungen über eine Schuld (1972)
A: Kasper, Hans
FT: Die Gerechten (1981)
A: Camus, Albert
FT: Weil's solche Liebe nicht tagtäglich gibt (1986)
A: Beauvoir, Simone de
FT: Der Dienstagmann (1988)
A: Breinersdorfer, Fred
FT: Der Krähenbaum (1988)
A: Schröder, Matthias
FT: Reiche Kunden killt man nicht (1991)
A: Breinersdorfer, Fred
FT: Ich klage an (1993)
A: Veith, Ines

Gutmann, Michael
FT: Glatteis (1998)
A: Kettenbach, Hans Werner

Gwisdek, Michael
FT: Treffen in Travers (1988)
A: Hofmann, Fritz
FT: Abschied von Agnes (1994)
A: Löffler, Hans

Gyöngyössy, Imre
FT: Yerma (1984)
A: García Lorca, Federico

Haaf, Wilm ten
FT: Das verräterische Herz (1954)
A: Poe, Edgar Allan
FT: Der Schwarzkünstler (1955)
A: Cervantes Saavedra, Miguel de
FT: Ein Weihnachtslied in Prosa (1955)
A: Dickens, Charles
FT: Madame Aurélie (1955)
A: Pagnol, Marcel
FT: Marius (1955)
A: Pagnol, Marcel
FT: Die Tochter des Brunnenmachers (1956)
A: Pagnol, Marcel
FT: Wo war David Preston (1956)
A: Skripper, John
FT: Der entscheidende Augenblick (1957)
A: Barrie, James Matthew Sir
FT: Der Herr im ersten Stock (1957)
A: Hamilton, Patrick (A.W.)
FT: Die göttliche Freundin (1957)
A: Bratt, Harald
FT: Ein Fremder kam ins Haus (1957)
A: Christie, Agatha
FT: Soledad (1957)
A: Audry, Colette
FT: César (1958)
A: Pagnol, Marcel
FT: Schwester Bonaventura (1958)
A: Hastings, Charlotte
FT: Bezaubernde Julia (1960)
A: Bolton, Guy; Maugham, W. Somerset
FT: Gaslicht (1960)
A: Hamilton, Patrick (A.W.)
FT: Der Mann von draußen (1961)
A: Dinelli, Mel
FT: Blick über den Zaun (1962)
A: Hunter, Norman Charles
FT: Die Glocken von London (1962)
A: Dickens, Charles
FT: Sind wir das nicht alle? (1962)
A: Lonsdale, Frederick
FT: Dr. Joanna Marlowe (1963)
A: Morgan, Joan
FT: Echo (1963)
A: Cary, Falkland L.
FT: Heiraten ist immer ein Risiko (1963)
A: O'Hara, Saul
FT: Asmodée (1964)
A: Mauriac, François
FT: Bis ans Ende (1964)
A: Walpole, Hugh Seymour Sir
FT: Der Aussichtsturm (1964)
A: Coppel, Alec
FT: Der Parasit (1965)
A: Picard, Louis-Benoît
FT: Mariana Piñeda (1965)
A: García Lorca, Federico
FT: Das Leben meines Bruders (1966)
A: Winiewicz, Lida
FT: Der Mann aus Melbourne (1966)
A: Maugham, Robin
FT: Ein Tag ohne Morgen (1966)
A: Deval, Jacques
FT: Judith (1966)
A: Hebbel, Christian Friedrich

FT: Spielplatz (1966)
A: Popplewell, Jack
FT: Der Kaktusgarten (1967)
A: Campton, David
FT: Die Rolle seines Lebens (1967)
A: Montanelli, Indro
FT: Stine (1967)
A: Fontane, Theodor
FT: Die Benachrichtigung (1968)
A: Havel, Václav
FT: Ostern (1968)
A: Strindberg, August
FT: Beichte eines Mörders (1969)
A: Roth, Joseph
FT: In einem Monat, in einem Jahr (1969)
A: Sagan, Françoise
FT: Vom Teufel geholt (1969)
A: Hamsun, Knut
FT: Wölfe und Schafe (1971)
A: Ostrovskij, Aleksandr N.
FT: Das Haus der Krokodile (1976)
A: Ballot, Helmut
FT: Der Hypochonder (1976)
A: Molière, Jean Baptiste
FT: Brennendes Geheimnis (1977)
A: Zweig, Stefan
FT: Eisbären (1978)
A: Kaschnitz, Marie Luise
FT: Die wilde Flamme (1979)
A: Steinbeck, John
FT: Alberta und Alice oder Die Unterwerfung (1981)
A: Svevo, Italo
FT: Der Wald (1981)
A: Ostrovskij, Aleksandr N.
FT: Kornelia (1984)
A: Abramow-Newerly, Jaroslav
FT: Drohung bei Mondlicht (1987)
A: Hamilton, Patrick (A.W.)

Haase, Jürgen
FT: Gülibik (1982/83)
A: Öner, Cetin

Habbema, Cox
FT: Musen (1981)
A: Hacks, Peter

Habeck, Anne
FT: Jeder Augenblick, den ich lebe, ist ganz dein (1981)
A: Arnim, Bettina von

Hächler, Horst
FT: Liebe (1956)
A: Baum, Vicki
FT: Raubfischer in Hellas (1959)
A: Helwig, Werner
FT: Waldrausch (1977)
A: Ganghofer, Ludwig

Hädrich, Rolf
FT: Die Gerechten (1959)
A: Camus, Albert
FT: Ein unbeschriebenes Blatt (1959)
A: Conty, Jean-Pierre
FT: Kopfgeld (1959)
A: Mönnich, Horst
FT: Bedienung, bitte! (1960)
A: Boretz, Allen; Murray, John
FT: Die Friedhöfe (1960)
A: Hlasko, Marek
FT: Brennpunkt (1961)
A: Miller, Arthur
FT: Der Schlaf der Gerechten (1962)
A: Goes, Albrecht
FT: Karol (1962)
A: Mrozek, Slawomir
FT: Nachruf auf Jürgen Trahnke (1962)
A: Meichsner, Dieter
FT: Parkstraße 13 (1962)
A: Ivers, Axel
FT: Warten auf Godot (1963)
A: Beckett, Samuel
FT: Die Revolution entläßt ihre Kinder (1964)
A: Leonhard, Wolfgang
FT: Dr. Murkes gesammeltes Schweigen (1964)
A: Böll, Heinrich
FT: Haben (1964)
A: Hay, Guyla (Julius)
FT: Auf hoher See (1965)
A: Mrozek, Slawomir
FT: Die Grenzziehung (1966)
A: Mrozek, Slawomir
FT: Die Transaktion (1966)
A: Mrozek, Slawomir
FT: Herr Puntila und sein Knecht Matti (1966)
A: Brecht, Bertolt
FT: Die Namenstagfeier (1967)
A: Mrozek, Slawomir
FT: Zuchthaus (1967)
A: Jaeger, Henry
FT: Graf Öderland (1968)
A: Frisch, Max
FT: Von Mäusen und Menschen (1968)
A: Steinbeck, John
FT: Mord nach der Oper (1969)
A: Graham, Winston M.
FT: Biografie. Ein Spiel (1970)
A: Frisch, Max
FT: Erinnerung an einen Sommer in Berlin (1972)
A: Wolfe, Thomas
FT: Fischkonzert (1973)
A: Laxness, Halldor
FT: Der Stechlin (3 Teile) (1974/75)
A: Fontane, Theodor
FT: Das wiedergefundene Paradies (3 Teile) (1980)
A: Laxness, Halldor

FT: Nirgendwo ist Poenichen (36 Teile) (1980-82)
A: Brückner, Christine
FT: Backfischliebe (1985)
A: Bartlett, Vernon
FT: Die Schlinge (1985)
A: Hlasko, Marek
FT: Langusten (1989)
A: Denger, Fred

Haeussermann, Ernst
FT: Fräulein Else (1974)
A: Schnitzler, Arthur

Haffter, Petra
FT: Vom anderen Stern (1982)
A: Carey, Peter
FT: Der Mann nebenan (1991)
A: Rendell, Ruth (= Vine, Barbara)

Hagen, Peter
FT: Das Licht der schwarzen Kerze (1973)
A: Held, Wolfgang

Hahn, Gerhard
FT: Werner - Beinhart! (1990)
A: Brösel (= Feldmann, Rötger)
FT: Asterix in Amerika (1994)
A: Goscinny, René; Uderzo, Albert
FT: Werner - Volles Rooäää!!! (1999)
A: Brösel (= Feldmann, Rötger)

Haimrich, Raoul W.
FT: Marienhof (1992)
A: Becker, Rolf A.

Haines, Fred
FT: Steppenwolf (1974)
A: Hesse, Hermann

Hainisch, Leopold
FT: Erde (Trotzige Herzen) (1947)
A: Schönherr, Karl
FT: Der Verschwender (1952)
A: Raimund, Ferdinand
FT: Das verräterische Herz (1962)
A: Poe, Edgar Allan

Hamel, Peter
FT: Hans im Glück (1949)
A: Grimm, Jakob Ludwig Carl; Grimm, Wilhelm Carl
FT: Bäume sterben aufrecht (1958)
A: Casona, Alejandro
FT: Die gute Sieben (1959)
A: Zinn, Adelbert Alexander
FT: Intimitäten (1959)
A: Coward, Noël (Pierce) Sir
FT: Schneider Wibbel (1959)
A: Müller-Schlösser, Hans
FT: Der Teufel ist los (1961)
A: Grabbe, Christian Dietrich
FT: Zwei Krawatten (1961)
A: Kaiser, Georg
FT: Nemo taucht auf (1965)
A: Rivemale, Alexandre

Hamilton, David
FT: Zärtliche Cousinen (1980)
A: Lainé, Pascal

Handke, Peter
FT: Die linkshändige Frau (1977)
A: Handke, Peter
FT: Das Mal des Todes (1986)
A: Duras, Marguerite

Haneke, Michael
FT: Drei Wege zum See (1976)
A: Bachmann, Ingeborg
FT: Wer war Edgar Allan? (1984)
A: Rosei, Peter
FT: Die Rebellion (1992)
A: Roth, Joseph
FT: Das Schloß (1997)
A: Kafka, Franz

Hänsel, Johann-Richard
FT: Proserpina (1970)
A: Goethe, Johann Wolfgang von
FT: Landschaft (1971)
A: Pinter, Harold
FT: Schweigen (1971)
A: Pinter, Harold

Hansen, Rolf
FT: Ich glaube an dich (Mein Herz gehört dir) (1945)
A: Fontane, Theodor
FT: Vagabunden der Liebe (1950)
A: Kay, Juliane
FT: Das letzte Rezept (1951)
A: Forster, Thomas B.
FT: Die große Versuchung (1952)
A: Kades, Hans
FT: Geliebte Feindin (1954)
A: Kirchbach, Maria von
FT: Sauerbruch - Das war mein Leben (1954)
A: Sauerbruch, Ernst-Ferdinand
FT: Teufel in Seide (1955)
A: Kaus, Gina
FT: Die Letzten werden die Ersten sein (1956)
A: Galsworthy, John
FT: ... und führe uns nicht in Versuchung (1957)
A: Horváth, Ödön von
FT: Auferstehung (1958)
A: Tolstoj, Leo
FT: Gustav Adolfs Page (1960)
A: Meyer, Conrad Ferdinand

Hantke, Wolfgang
FT: Überfall in Glasgow (1981)
A: Knox, Bill

Harather, Paul
FT: Indien (1993)
A: Dörfer, Alfred; Hader, Josef

Harbort, Christine
FT: Die schwarzgoldene Schlange (1988)
A: Baschow, Pavel P.

Harlan, Veit
FT: Unsterbliche Geliebte (1950)
A: Storm, Theodor
Harnack, Falk
FT: Das Beil von Wandsbek (1951)
A: Zweig, Arnold
FT: Roman eines Frauenarztes (1954)
A: Riess, Curt
FT: Wie ein Sturmwind (1956)
A: Rhein, Eduard (= Hellmer, Klaus; Horster, Hans U.; Hulsen, Adrian)
FT: Unruhige Nacht (1958)
A: Goes, Albrecht
FT: Der Fall Pinedus (1959)
A: Levi, Paolo
FT: Der Prozeß Mary Dugan (1960)
A: Veiller, Bayard
FT: Die Marquise von Arcis (1961)
A: Sternheim, Carl
FT: Jeder stirbt für sich allein (1962)
A: Fallada, Hans
FT: Weiß gibt auf (1966)
A: Raphael, Frederic
FT: Die schwarze Sonne (1968)
A: Lange, Horst
FT: Unwiederbringlich (1968)
A: Fontane, Theodor
FT: Der Verfolger (1974)
A: Weisenborn, Günther
FT: Das Beil von Wandsbek (1983)
A: Zweig, Arnold
Hartl, Karl
FT: Der Engel mit der Posaune (1948)
A: Lothar, Ernst
FT: Der schweigende Mund (1951)
A: Kritz, Hugo Maria (= Kritzkovsky, Hugo)
FT: Haus des Lebens (1952)
A: Lambert, Käthe
FT: Weg in die Vergangenheit (1954)
A: Christensen, Wilfred
FT: Reich mir die Hand, mein Leben. Mozart (1955)
A: Habeck, Fritz
FT: Berge in Flammen (1960)
A: Schiller, Friedrich von
Hartleb, Hans
FT: Iphigenie auf Tauris (1968)
A: Goethe, Johann Wolfgang von
Hartmann, Siegfried
FT: Das Feuerzeug (1959)
A: Andersen, Hans Christian
FT: Die goldene Gans (1964)
A: Grimm, Jakob Ludwig Carl; Grimm, Wilhelm Carl
FT: Flucht ins Schweigen (1966)
A: Held, Wolfgang
FT: Schneeweißchen und Rosenrot (1978)
A: Grimm, Jakob Ludwig Carl; Grimm, Wilhelm Carl
FT: Karlchen, durchhalten! (1979)
A: Balász, Béla
FT: Die goldene Gans (1988)
A: Grimm, Jakob Ludwig Carl; Grimm, Wilhelm Carl
Hartwig, Thomas
FT: Das Hochhaus (1980)
A: Drewitz, Ingeborg
Hasler, Joachim
FT: Chronik eines Mordes (1965)
A: Frank, Leonhard
FT: Der Mann mit dem Ring im Ohr (1984)
A: Seeger, Bernhard
Hassert, Günther
FT: Das verräterische Herz (1961)
A: Poe, Edgar Allan
Hasso, Harry
FT: Maria Johanna (1953)
A: Hansjakob, Heinrich
Hasso, Signe
FT: Maria Johanna (1953)
A: Hansjakob, Heinrich
Hattop, Karola
FT: Die Dorflinde (1980)
A: Beseler, Horst
FT: Die Drachenprinzessin (1980)
A: Rechmann, Georg
FT: Das Mädchen vom Eisberg (1981)
A: Gossens, Anne
FT: Jan Oppen (1987)
A: Beuchler, Klaus
FT: Rike (1989)
A: Aderhold, Egon
FT: Mensch, Pia! (1996)
A: Blobel, Brigitte
FT: Ich schenk dir meinen Mann (1998)
A: Keller, Claudia
Hauff, Eberhard
FT: Der Fall Bundhund (1976)
A: Nelissen-Haken, Bruno
FT: Das kleine Hotel (1981)
A: Frost, Rex
FT: Mein Sohn, der Herr Minister (1982)
A: Birabeau, André
Hauff, Reinhard
FT: Mathias Kneissl (1971)
A: Sperr, Martin
FT: Die Verrohung des Franz Blum (1974)
A: Driest, Burkhard
FT: Zündschnüre (1974)
A: Degenhardt, Franz-Josef
FT: Der Mann auf der Mauer (1982)
A: Schneider, Peter
FT: Stammheim (1986)
A: Aust, Stefan

FT: Armer Nanosch (1989)
A: Scheib, Asta
FT: Mit den Clowns kamen die Tränen (1990)
A: Simmel, Johannes Mario

Haugk, Dietrich
FT: Heldinnen (1960)
A: Lessing, Gotthold Ephraim
FT: Ländliche Werbung (1961)
A: Shaw, George Bernard
FT: Amphitryon 38 (1963)
A: Giraudoux, Jean
FT: Man kann nie wissen (1963)
A: Shaw, George Bernard
FT: Mirandolina (1963)
A: Goldoni, Carlo
FT: Erzähl mir nichts (1964)
A: Rösler, Jo Hanns
FT: Georges Dandin (1964)
A: Molière, Jean Baptiste
FT: Gerechtigkeit in Worowogorsk (1964)
A: Čechov, Anton Pavlovič
FT: Die Häuser des Herrn Sartorius (1965)
A: Shaw, George Bernard
FT: Der geborgte Weihnachtsbaum (1966)
A: Schnurre, Wolfdietrich
FT: Der Richter von London (1966)
A: Dekker, Thomas
FT: Der Trinker (1967)
A: Fallada, Hans
FT: Der Monat der fallenden Blätter (1968)
A: Marshall, Bruce
FT: Asche des Sieges (1969)
A: Conchon, Georges
FT: Die Flucht nach Ägypten (1969)
A: Schnurre, Wolfdietrich
FT: Am Ziel aller Träume (1970)
A: Moers, Hermann
FT: Der Sieger von Tambo (1974)
A: Vallejo, Manuel Mejia (= Mejia Vallejo, Manuel)
FT: Das Konzert (1975)
A: Bahr, Hermann
FT: Boeing-Boeing (1978)
A: Camoletti, Marc
FT: Das Orchester (1981)
A: Anouilh, Jean
FT: Die goldenen Schuhe (5 Teile) (1983)
A: Baum, Vicki
FT: Rendezvous in Paris (1983)
A: Baum, Vicki
FT: Harry & Sunny (1993)
A: Becker, Rolf A.

Hauk, Herbert
FT: Dinner für acht (1980)
A: Dickens, Charles

Haus, Dieter
FT: Ein Stück Nacht trennt mich von dir (1983)
A: Brandmeier, Monika

Hausdorf, Rainer
FT: Gesine (1971)
A: Neumann, Karl
FT: Das Mädchen Krümel (1976)
A: Ludwig, Martha
FT: Fritz Schmenkel. Szenischer Bericht über einen deutschen Patrioten (1977)
A: Neuhaus, Wolfgang
FT: Gefährliche Fahndung (7 Teile) (1978)
A: Mader, Julius; Plieseis, Sepp
FT: Nicht nur zur Weihnachtszeit (1978)
A: Addamo, Sebastiano

Haußmann, Leander
FT: Am kürzeren Ende der Sonnenallee (1998)
A: Brussig, Thomas

Häussler, Richard
FT: Die Martinsklause (1951)
A: Ganghofer, Ludwig
FT: Die schöne Tölzerin (1952)
A: Weinberger, Karl
FT: Das Dorf unterm Himmel (1952/53)
A: Olsen, Rolf
FT: Dein Herz ist meine Heimat (1953)
A: Wurmbrand, Irmgard

Hawemann, Horst
FT: Leise flehen meine Lieder (1978)
A: David, Kurt

Hawlik, Alois
FT: Schloß mit späten Gästen (1982)
A: Amanshauser, Gerhard
FT: Der Stromer (1983)
A: Mander, Mathias
FT: Otter (1985)
A: Frischmuth, Barbara

Hechelmann, Friedrich
FT: Ein Weihnachtstraum (1984)
A: Andersen, Hans Christian

Hedman, Katrin
FT: Fünf Freunde in der Tinte (1970)
A: Blyton, Enid (Mary)

Heidelbach, Kaspar
FT: Stan Becker - echte Freunde (1999)
A: Friedrichs, Horst

Heinrich, Hans
FT: Der Kahn der fröhlichen Leute (1950)
A: Klepper, Jochen
FT: Die letzte Heuer (1951)
A: Turek, Ludwig

FT: Knall und Fall als Detektive (1953)
A: Stolp, Hannes Peter (= Loeb, Wilhelm)
FT: Ruf der Wildgänse (1961)
A: Ostenso, Martha
FT: Das Glöcklein unterm Himmelbett (1970)
A: Graf, Oskar Maria

Heinrich, Margaretha
FT: Ihr glücklichen Augen (1992)
A: Bachmann, Ingeborg

Heinz, Wolfgang
FT: Die Mutter (1981)
A: Brecht, Bertolt

Heizmann, Jean-Pierre
FT: An allem schuld (1984)
A: Heimann, Erwin

Helfer, Daniel
FT: Balko (1995-)
A: Paul, Nora

Helfrich, Bernhard
FT: Die wilde Hilde (1995)
A: Kling, Ulla
FT: Der Ehestreik (1996)
A: Pohl, Julius
FT: Krach um Jolanthe (1996)
A: Hinrichs, August
FT: Halleluja beinand (1998)
A: Kling, Ulla
FT: Sei doch ned so dumm (1999)
A: Kling, Ulla
FT: Warmes Herz und kalte Güsse (1999)
A: Kling, Ulla
FT: Wärst' doch in Kentucky blieben (1999)
A: Kling, Ulla

Hellberg, Martin
FT: Der Richter von Zalamea (1955)
A: Calderón de la Barca, Pedro
FT: Thomas Müntzer (1955/56)
A: Wolf, Friedrich (Baetz, Christian; Rüedi, Hans; Dr. Isegrimm)
FT: Emilia Galotti (1957)
A: Lessing, Gotthold Ephraim
FT: Wo du hingehst ... (1957)
A: Claudius, Eduard
FT: Kapitäne bleiben an Bord (1958)
A: Lenz, Jürgen
FT: Kabale und Liebe (1959)
A: Schiller, Friedrich von
FT: Die schwarze Galeere (1961)
A: Raabe, Wilhelm
FT: Minna von Barnhelm oder Das Soldatenglück (1962)
A: Lessing, Gotthold Ephraim
FT: Viel Lärm um nichts (1963)
A: Shakespeare, William

Hellbom, Olle
FT: Pippi geht von Bord (1968)
A: Lindgren, Astrid
FT: Pippi Langstrumpf (1968)
A: Lindgren, Astrid
FT: Pippi in Taka-Tuka-Land (1969)
A: Lindgren, Astrid
FT: Pippi außer Rand und Band (1970)
A: Lindgren, Astrid
FT: Pippi Langstrumpf (1971)
A: Lindgren, Astrid

Hengstler, Willi
FT: Fegefeuer (1988)
A: Unterweger, Jack

Henn, Walter
FT: Dr. Knock oder Der Triumph der Medizin (1960)
A: Romains, Jules
FT: Der Mantel (1963)
A: Gogol, Nicolaj
FT: Der Spieler (1963)
A: Gogol, Nicolaj

Henschel, Wolfgang F.
FT: Die Tante Jolesch (1979)
A: Torberg, Friedrich
FT: In des Waldes tiefsten Gründen (1979)
A: Tucholsky, Kurt
FT: Die Hinrichtung (1981)
A: Merz, Carl; Qualtinger, Helmut
FT: Der Mainzer Tod (1986)
A: Kasper, Hans
FT: Wildbach (1993-)
A: Buchwieser, Andreas
FT: Balko (1995-)
A: Paul, Nora

Herbrich, Oliver
FT: Wodzeck (1983/84)
A: Büchner, Georg

Herbst, Helmut
FT: Eine deutsche Revolution (1981)
A: Edschmid, Kasimir

Hercher, Karin
FT: Leb in mir. Aus Bettina von Arnims "Frühlingskranz" (1983)
A: Arnim, Bettina von
FT: Mathilde Möhring (1983)
A: Fontane, Theodor
FT: Die Poggenpuhls (1984)
A: Fontane, Theodor
FT: Die unwürdige Greisin (1985)
A: Brecht, Bertolt

Herek, Stephen
FT: Die drei Musketiere (1993)
A: Dumas, Alexandre (père)

Herlischka, Bohumil
FT: Woyzeck (1962)
A: Büchner, Georg
FT: Die Möwe (1963)
A: Čechov, Anton Pavlovič

Hermann, Ludwig
FT: Marios Trompete (1975)
A: Bollinger, Max
Hermann, Villi
FT: Matlosa (1984)
A: Orelli, Giovanni
FT: Unschuld (1986)
A: Chiesa, Francesco
Herrero, Gerardo
FT: Dem Tod auf der Spur (1997)
A: Pérez-Reverte, Arturo
Herrmann, Konrad
FT: Rublak - Die Legende vom vermessenen Land (1983)
A: Koch, Jurij
Herz, Joachim
FT: Der fliegende Holländer (1964)
A: Wagner, Richard
Herz, Juraj
FT: Liebe ist stärker als der Tod (1988)
A: Konsalik, Heinz Günther (= Pahlen, Henry)
FT: Des Kaisers neue Kleider (1993)
A: Andersen, Hans Christian
FT: Die dumme Augustine (1993)
A: Lentz, Herbert; Preußler, Otfried
Herzog, Werner
FT: Lebenszeichen (1968)
A: Arnim, Achim von
FT: Jeder für sich und Gott gegen alle (1974)
A: Wassermann, Jakob
FT: Woyzeck (1978)
A: Büchner, Georg
FT: Nosferatu, Phantom der Nacht (1979)
A: Stoker, Bram
FT: Cobra Verde (1987)
A: Chatwin, Bruce
Hess, Günter
FT: Johannes Kreisler, des Kapellmeisters musikalische Leiden (1953)
A: Hoffmann, Ernst Theodor Amadeus
FT: Peter Schlemihl (1955)
A: Chamisso, Adelbert von
Hess, Joachim
FT: Der zerbrochene Krug (1959)
A: Kleist, Heinrich von
FT: Abenteuer in Norfolk. Eine mystische Kriminalgeschichte (1961)
A: Allan, A.J.
FT: Adieu, Prinzessin (3 Teile) (1961)
A: Freyhofer, Christian
FT: Der Krake (1965)
A: Parr, Wolf; Raymon, Harry
FT: Königliches Abenteuer (1966)
A: Biller, Gerhard
FT: Die Voruntersuchung (1967)
A: Alsberg, Max; Hesse, Otto Ernst
FT: Der Vogelhändler (1968)
A: Held, Ludwig; West, Moritz; Zeller, Carl
FT: Der vierte Platz (1969)
A: Mönnich, Horst
FT: Woyzek (1971)
A: Büchner, Georg
FT: Heidi (1979/80)
A: Spyri, Johanna
Hesse, Volker
FT: Treue (1979)
A: Schwarz, Manfred
FT: Jagdszenen (1980)
A: Sperr, Martin
Heussermann, Ernst
FT: Der Raub der Sabinerinnen (1976)
A: Schönthan, Franz Edler von Pernwald; Schönthan, Paul Edler von Pernwald
Hey, Richard
FT: Szenen mit Elsbet (1971)
A: Hey, Richard
Heymann, Karl-Heinz
FT: Schwein gehabt (1988)
A: Püschel, Walter
Heyme, Hansgünther
FT: Marsmenschen / Monsieur Quinot / Vergessen (1963)
A: Paliard, François
FT: Mit zwei Füßen im Grab (1964)
A: Valmain, Frédéric
FT: Der Tod des Iwan Iljitsch (1967)
A: Tolstoj, Leo
FT: Blanche oder Das Atelier im Garten (1985)
A: Kornfeld, Paul
FT: Miele (1987)
A: Schlaf, Johannes
Hickox, Anthony
FT: Prinz Eisenherz (1996)
A: Foster, Harold R.
Hieber, Kurt K.
FT: Die vergessenen Kinder (1981)
A: Uhlig, Otto
Hild, Michael
FT: Tagebuch des Verführers (1979)
A: Kierkegaard, Søren
Hildebrandt, Hans-Joachim
FT: Der Bruder (1955)
A: Weinert, Erich
FT: Grenadier Wordelmann (1980)
A: Hermann, Georg
FT: Verzeihung, hab' ich sie geweckt? (1988)
A: Anar
Hill, James
FT: Alaska Kid (1993)
A: London, Jack

Hill, Peter
FT: Ein Pfau wird gerupft (1978)
A: Ristock, Inge
FT: Irrtum ausgeschlossen (1979)
A: Schölzel, Margot
FT: Der Keiler vom Keilersberg (1980)
A: Kent, Alexander
FT: Glücklich aber verheiratet (1981)
A: Ender, Roland
FT: Der Angler auf dem Dach (1983)
A: Siebe, Hans
FT: Immer, wenn Lehmann kommt (1984)
A: Kähler, Jörg
FT: Mein lieber Alexander (1984)
A: Gauglitz, Peter
FT: Wenn du bloß kein Engel wärst (1984)
A: Lorbeer, Inge
Hinrich, Hans
FT: Jahre des Schweigens (1950/51)
A: Neumann, Alfred
Hirschbiegel, Oliver
FT: Kommissar Rex (1994-)
A: Schuster, Gaby
Hirtz, Dagmar
FT: Moondance (1994)
A: Stuart, Francis
Hochmuth, Dietmar
FT: Mein Vater ist ein Dieb (1983)
A: Kühl, Barbara
FT: In einem Atem (1988)
A: Makanin, Vladimir Semenowitsch
Hodson, Christopher
FT: Der Mann vom Eaton Place (1991)
A: Wallace, Richard Horatio Edgar
Hofbauer, Ernst
FT: Das Geheimnis der drei Dschunken (1965)
A: Godefroy, Georges
FT: Die dressierte Frau (1972)
A: Kardorff, Ursula von; Schütz, Hannelore
Hoffmann, Kurt
FT: Königin einer Nacht (1951)
A: Meisel, Will; Nebhut, Ernst; Scheu, Just
FT: Klettermaxe (1952)
A: Possendorf, Hans (= Mahner-Mons, Hans)
FT: Liebe im Finanzamt (1952)
A: Arnold, Franz; Bach, Ernst
FT: Hokuspokus (1953)
A: Goetz, Curt
FT: Moselfahrt aus Liebeskummer (1953)
A: Binding, Rudolf G.
FT: Musik bei Nacht (1953)
A: Braun, Curt Johannes
FT: Das fliegende Klassenzimmer (1954)
A: Kästner, Erich (= Bürger, Berthold)
FT: Der Raub der Sabinerinnen (1954)
A: Schönthan, Franz Edler von Pernwald; Schönthan, Paul Edler von Pernwald
FT: Feuerwerk (1954)
A: Amstein, Jürg; Burkhard, Paul; Charell, Erik; Sautter, Emil
FT: Drei Männer im Schnee (1955)
A: Kästner, Erich (= Bürger, Berthold)
FT: Ich denke oft an Piroschka (1955)
A: Hartung, Hugo
FT: Heute heiratet mein Mann (1956)
A: Selinko, Annemarie
FT: Salzburger Geschichten (1956)
A: Kästner, Erich (= Bürger, Berthold)
FT: Bekenntnisse des Hochstaplers Felix Krull (1957)
A: Mann, Thomas
FT: Das Wirtshaus im Spessart (1957)
A: Hauff, Wilhelm
FT: Der Engel, der seine Harfe versetzte (1958)
A: Terrot, Charles
FT: Wir Wunderkinder (1958)
A: Hartung, Hugo
FT: Das schöne Abenteuer (1959)
A: Ridge, Antonia
FT: Das Spukschloß im Spessart (1960)
A: Hauff, Wilhelm
FT: Die Ehe des Herrn Mississippi (1961)
A: Dürrenmatt, Friedrich
FT: Liebe will gelernt sein (1962)
A: Kästner, Erich (= Bürger, Berthold)
FT: Schloß Gripsholm (1963)
A: Tucholsky, Kurt
FT: Das Haus in der Karpfengasse (1964)
A: Ben-Gavriel, Mosche, Y.
FT: Dr. med. Hiob Prätorius (1964)
A: Goetz, Curt
FT: Hokuspokus oder Wie lasse ich meinen Mann verschwinden? (1965)
A: Goetz, Curt
FT: Rheinsberg (1967)
A: Tucholsky, Kurt
FT: Morgens um sieben ist die Welt noch in Ordnung (1968)
A: Malpass, Eric
FT: Der Kapitän (1971)
A: Gordon, Richard
FT: Die Unvergleichliche (1976)
A: Maugham, W. Somerset
FT: Geschenk eines Heiratsschwindlers (1976)
A: Čapek, Karel

FT: Seele eines Hundes (1976)
A: Traven, B. (Bruno) (= Marut, Ret; Maurhut, Richard; Torsvan, Traven)
FT: Sonntagsgeschichten (1976)
A: Traven, B. (Bruno) (= Marut, Ret; Maurhut, Richard; Torsvan, Traven)

Hoffmann, Paul
FT: Hedda Gabler (1963)
A: Ibsen, Henrik
FT: Die Geschäfte des Herrn Marcadet (1965)
A: Balzac, Honoré de
FT: Hedda Gabler (1979)
A: Ibsen, Henrik

Hoflehner, Johannes
FT: Zwerg Nase (1980)
A: Hauff, Wilhelm
FT: Kalif Storch (1981)
A: Hauff, Wilhelm
FT: Der Froschkönig (1982)
A: Grimm, Jakob Ludwig Carl; Grimm, Wilhelm Carl
FT: Des Kaisers neue Kleider (1987)
A: Andersen, Hans Christian

Hofmann, Ilse
FT: Die Ilse ist weg (1976)
A: Nöstlinger, Christine
FT: Als Hitler das rosa Kaninchen stahl (1978)
A: Kerr, Judith
FT: Späte Liebe (1978)
A: Grün, Max von der
FT: Die Welt in jenem Sommer (1980)
A: Muller, Robert (= Bornheim, Wolfgang)
FT: Wolffs Revier (1993-)
A: Friedrichs, Horst
FT: Die Zauberfrau (1998)
A: Lind, Hera
FT: Tatort - Passion (2000)
A: Mitterer, Felix

Hofmann, Nico
FT: Der Polenweiher (1986)
A: Strittmatter, Thomas
FT: Der Tod kam als Freund (1991)
A: Popp, Walter; Schlink, Bernhard
FT: Es geschah am hellichten Tag (1996)
A: Dürrenmatt, Friedrich
FT: Solo für Klarinette (1998)
A: Lewin, Elsa

Holland, Agnieszka
FT: Bittere Ernte (1984/85)
A: Field, Herman H.; Mierzenski, Stanislaw
FT: Hitlerjunge Salomon (1989)
A: Perel, Shlomo

Holldack, Claudia
FT: Vor den Vätern sterben die Söhne (1981)
A: Brasch, Thomas

Hollmann, Hans
FT: Der Mustergatte (1963)
A: Hopwood, Avery
FT: Der Arzt wider Willen (1967)
A: Molière, Jean Baptiste
FT: Leni (1967)
A: Kay, Juliane
FT: Zur schönen Aussicht (1972)
A: Horváth, Ödön von
FT: Der Tod des Kleinbürgers (1974)
A: Werfel, Franz
FT: Agonie (1981)
A: Schnitzler, Arthur
FT: Die Dreigroschenoper (1995)
A: Brecht, Bertolt; Weill, Kurt

Holly, Martin
FT: Marktplatz der Sensationen (5 Teile) (1985)
A: Kisch, Egon Erwin

Holub, Otto
FT: Auf's Kreuz gelegt (1973)
A: Porter, William Sydney (= O'Henry)
FT: Das Geschenk der Weisen (1974)
A: Porter, William Sydney (= O'Henry)
FT: Steinreich (1976)
A: Dreiser, Theodore

Hölzke, Hubert
FT: Maria und der Paragraph (1974)
A: Krey, Franz
FT: Eine Stunde Aufenthalt (1975)
A: Holland-Moritz, Renate

Homschak, Claus
FT: Fieberkopf. Roman in Briefen (1975)
A: Bauer, Wolfgang
FT: Ein heiliger Abend (1980)
A: Bayer, Konrad
FT: Über den Dörfern (1985)
A: Handke, Peter

Höne, Joachim
FT: Der Andere (1959)
A: Durbridge, Francis Henry

Honert, Hans Werner
FT: Erstes Haus, linker Hand (1976)
A: Nowotny, Joachim

Horbelt, Rainer
FT: Die Zwangsjacke (1976)
A: Horbelt, Rainer
FT: Todesarten (1977)
A: Körner, Wolfgang
FT: Die Judenbuche (1980)
A: Droste-Hülshoff, Annette von

Horman, Sherry
FT: Leise Schatten (1992)
A: Barrett, Karen Lawton
FT: Irren ist männlich (1996)

A: Beleites, Edith
FT: Widows - Erst die Ehe, dann das Vergnügen (1998)
A: Beleites, Edith
FT: Bella Block - Blinde Liebe (1999)
A: Gercke, Doris

Horn, Peter A.
FT: Jonny stiehlt die Welt (1953)
A: Kramer, Gert G.
FT: Auguste Dupin findet den entwendeten Brief (1954)
A: Poe, Edgar Allan
FT: Sherlock Holmes liegt im Sterben (1954)
A: Doyle, Arthur Conan Sir
FT: Das geheimnisvolle Bild (1955)
A: Chatrian, Alexandre; Erckmann, Émile
FT: Der Bär (1955)
A: Čechov, Anton Pavlovič
FT: Pater Brown findet Daniel Boom (1955)
A: Chesterton, Gilbert Keith
FT: Sergeant Cuff kann den Mondstein nicht finden (1955)
A: Collins, Wilkie
FT: Das Präludium (1956)
A: Schaeffer, Albrecht
FT: Der Fingerzeig (1956)
A: Schaeffer, Albrecht
FT: Der Geisterseher (1956)
A: Schiller, Friedrich von
FT: Der kleine Friedländer (1956)
A: Zuckmayer, Carl
FT: Die hölzerne Schüssel (1956)
A: Morris, Edmund
FT: Der Banditendoktor (1957)
A: Traven, B. (Bruno) (= Marut, Ret; Maurhut, Richard; Torsvan, Traven)
FT: Die Berufung wird abgewiesen (1957)
A: Williams, Emlyn
FT: Die Silberschnur (1957)
A: Howard, Sidney
FT: Hanneles Himmelfahrt (1957)
A: Hauptmann, Gerhart
FT: Zwischen Zwölf und Eins (1957)
A: Čechov, Anton Pavlovič

Hornak, Vido
FT: Roman von der Baßgeige (1971)
A: Čechov, Anton Pavlovič

Horwitz, Kurt
FT: Eine Dummheit macht auch der Gescheiteste (1959)
A: Ostrovskij, Aleksandr N.
FT: Unerwartet verschied (1961)
A: Mackie, Philip

Hösch, Eduard
FT: Schicksal in Ketten (1950)
A: Jantsch, Karl

Hostettler, Thomas
FT: Der Pornofilm (1980)
A: Walbert, Helmut

Howard, Karin
FT: Die Tigerin (1992)
A: Serner, Walter (= Seligmann, Walter)

Huber, Eduard
FT: Die vertagte Hochzeitsnacht (1986)
A: Arnold, Franz; Bach, Ernst

Huber, Leopold
FT: Vater, lieber Vater (1994)
A: Huber, Leopold

Hübler-Kahla, J. A.
FT: Der Fünfminutenvater (Die Wirtin zum Roten Ochsen) (1951)
A: Fischer, Josef
FT: Die Wirtin an der Lahn (1955)
A: Kihn, Hans Alfred

Hübner, Achim
FT: Requiem für Hans Grundig (1976)
A: Grundig, Hans

Hübner, Bruno
FT: Diener zweier Herrn (1956)
A: Goldoni, Carlo
FT: Frühere Verhältnisse (1960)
A: Nestroy, Johann Nepomuk

Hübner, Wolfgang
FT: Pirat mit Hindernissen (1975)
A: Beuchler, Klaus
FT: Der Meisterdieb (1978)
A: Grimm, Jakob Ludwig Carl; Grimm, Wilhelm Carl
FT: Gevatter Tod (1980)
A: Grimm, Jakob Ludwig Carl; Grimm, Wilhelm Carl
FT: Das Mädchen und der Junge (1982)
A: Görlich, Günter
FT: Der entführte Prinz (1983)
A: Holtz-Baumert, Gerhard
FT: Es steht der Wald so schweigend (1984/85)
A: Storm, Theodor
FT: Jorinde und Joringel (1986)
A: Grimm, Jakob Ludwig Carl; Grimm, Wilhelm Carl
FT: Schulmeister Spitzbart (1989)
A: Schummel, Johann Gottlieb
FT: Alter Schwede (1990)
A: Weber, Hans
FT: Alle meine Töchter (1995)
A: Giesen, Rolf

Hudecek, Vaclav
FT: Max und Moritz (1968)
A: Busch, Wilhelm
FT: Der Querulant (1969)
A: Bahr, Hermann

Huillet, Danièle
FT: Der Bräutigam, die Komödiantin und der Zuhälter (1968)
A: Bruckner, Ferdinand
FT: Geschichtsunterricht (1972)
A: Brecht, Bertolt
FT: Moses und Aaron (1975)
A: Schönberg, Arnold
FT: Von der Wolke zum Widerstand (1978)
A: Pavese, Cesare
FT: Klassenverhältnisse (1983)
A: Kafka, Franz
FT: Der Tod des Empedokles (1987)
A: Hölderlin, Friedrich
FT: Die schwarze Sünde (1990)
A: Hölderlin, Friedrich
FT: Antigone (1991)
A: Brecht, Bertolt; Hölderlin, Friedrich; Sophokles
FT: Von heute auf morgen (1997)
A: Schönberg, Arnold
FT: Sicilia! (1999)
A: Vittorini, Elio
Hujer, Gerald
FT: Das schöne bißchen Leben (1987)
A: Kleine, Dorothea
FT: Variante Tramper (1989)
A: Möckel, Klaus
Hunebelle, André
FT: Cagliostro (1973/74)
A: Dumas, Alexandre (père)
Huntgeburth, Hermine
FT: Der Hahn ist tot (1999)
A: Noll, Ingrid
Hurdalek, Georg
FT: Der große Zapfenstreich (1952)
A: Beyerlein, Franz Adam
Huse, Michael F.
FT: Die Story von Monty Spinnerratz (1996)
A: Seidler, Tor
Huston, Danny
FT: Eisprinzessin (1995)
A: Grimm, Jakob Ludwig Carl; Grimm, Wilhelm Carl
Ickert, Klaus
FT: Fanny Margane (1984)
A: Feydeau, Georges
FT: Gefühlssachen (1984)
A: Constant de Rebecque, Benjamin de
FT: Die Romantic Sisters
A: Tieck, Ludwig
Imboden, Markus
FT: Auf eigene Gefahr (1993)
A: Grän, Christine
FT: Bella Block - Tod eines Mädchens (1997)
A: Gercke, Doris
FT: Frau Rettich, die Czerni und ich (1997)
A: Borowiak, Simone
Imhoof, Markus
FT: Isewixer (1979)
A: Henkel, Heinrich
FT: Die Reise (1986)
A: Vesper, Bernward
FT: Der Berg (1990)
A: Hürlimann, Thomas
Isasi-Isasmendi, Antonio
FT: An einem Freitag in Las Vegas (1969)
A: Lay, André
Itzenplitz, Eberhard
FT: Sechs Personen suchen einen Autor (1964)
A: Pirandello, Luigi
FT: Auf einem Bahnhof bei Dijon (1965)
A: Deval, Jacques
FT: Der Spleen des George Riley (1965)
A: Stoppard, Tom
FT: Hotel der toten Gäste (1965)
A: Gardiner, Heather
FT: Drei Jahre (1967)
A: Čechov, Anton Pavlovič
FT: Das imaginäre Leben des Straßenkehrers Auguste G. (1968)
A: Gatti, Armand
FT: Reisegesellschaft (1968)
A: Maupassant, Guy de
FT: Nur der Freiheit gehört unser Leben (1969)
A: Horváth, Ödön von
FT: Unternehmer (1970)
A: Ziem, Jochen
FT: Abituriententag (1974)
A: Werfel, Franz
FT: Die neuen Leiden des jungen W. (1975)
A: Plenzdorf, Ulrich
FT: Frau von Bebenburg (1975)
A: Schnitzler, Arthur
FT: Münchnerinnen (1975)
A: Thoma, Ludwig
FT: Fastnachtsbeichte (1976)
A: Zuckmayer, Carl
FT: Cella oder Die Überwinder (1978)
A: Werfel, Franz
FT: Eine Dummheit macht auch der Gescheiteste (1978)
A: Ostrovskij, Aleksandr N.
FT: Andreas Vöst (1979)
A: Thoma, Ludwig
FT: Für'n Groschen Brause (1983)
A: Zimmer, Dieter
FT: Feuer für den großen Drachen (1984)

A: -ky (= Bosetzky, Horst)
FT: Bereit zum Mord (1985)
A: Darbon, Leslie
FT: Lindhoops Frau (1985)
A: Dünnebier, Anna
FT: Wanderungen durch die Mark Brandenburg (5 Teile) (1986)
A: Fontane, Theodor
FT: Acht Tage in den Bergen (1987)
A: Silone, Ignazio
FT: Nebel im Fjord (1987)
A: Bergius, C. C.
FT: Schwarzenberg (2 Teile) (1989)
A: Heym, Stefan

Jäckin, Just
FT: Die Geschichte der O. (1975)
A: Réage, Pauline

Jacob, Thomas
FT: Der Bergdoktor (1993)
A: Scheibler, Susanne
FT: Eine Lüge zuviel (1997)
A: Konsalik, Heinz Günther (= Pahlen, Henry)

Jacobs, Werner
FT: Der weißblaue Löwe (1952)
A: Thoma, Ludwig
FT: André und Ursula (1955)
A: Höfler, Polly Maria
FT: San Salvatore (1955)
A: Kades, Hans
FT: Der Bettelstudent (1956)
A: Sardou, Victorien
FT: Das einfache Mädchen (1957)
A: Flatow, Curth
FT: Der Graf von Luxemburg (1957)
A: Bodansky, Robert; Böttger, Fritz; Lehár, Franz; Willner, Alfred Maria
FT: Hier bin ich - hier bleib ich (1958)
A: Valmy, Jean (= Roland, Edmond); Vincy, Raymond (= Ovanessian, Raymond)
FT: Mariandl (1961)
A: Costa, Martin; Lang, Hans
FT: Die lustige Witwe (1962)
A: Lehár, Franz; Léon, Victor
FT: Heidi (1965)
A: Spyri, Johanna
FT: Tante Frieda - Neue Lausbubengeschichte (1965)
A: Thoma, Ludwig
FT: Das sündige Dorf (1966)
A: Ferner, Max (= Sommer, Max); Neal, Max
FT: Onkel Filser - Allerneueste Lausbubengeschichten (1966)
A: Thoma, Ludwig
FT: Die Heiden von Kummerow und ihre lustigen Streiche (1967)
A: Welk, Ehm
FT: Die Lümmel von der ersten Bank (1) Zur Hölle mit den Paukern (1967)
A: Wolf, Alexander
FT: Wenn Ludwig ins Manöver zieht (1967)
A: Thoma, Ludwig
FT: Die Lümmel von der ersten Bank (2) Zum Teufel mit der Penne (1968)
A: Wolf, Alexander
FT: Die Lümmel von der ersten Bank (4) Hurra, die Schule brennt (1969)
A: Wolf, Alexander
FT: Was ist denn bloß mit Willi los? (1970)
A: Lichtenberg, Wilhelm
FT: Die Lümmel von der ersten Bank (6) Morgen fällt die Schule.. (1971)
A: Wolf, Alexander
FT: Das fliegende Klassenzimmer (1973)
A: Kästner, Erich (= Bürger, Berthold)
FT: Zwei himmlische Dickschädel (1974)
A: Lehmann, Arthur-Heinz

Jacoby, Georg
FT: Maske in Blau (1952)
A: Hentschke, Heinz; Raymond, Fred
FT: Die geschiedene Frau (1953)
A: Fall, Leo
FT: Gestatten, mein Name ist Cox (1954)
A: Becker, Rolf

Jacoby, Wilhelm
FT: Pension Schöller (1960)
A: Jacoby, Wilhelm; Laufs, Carl

Jafelice, Raymond
FT: Babar - König der Elefanten (1998)
A: Brunhoff, Jean de

Jäger, Kobi
FT: Kamasutra - Vollendung der Liebe (1968)
A: Vatsyayna, Mallanaga

Jahn, Thomas
FT: Knockin' on Heaven's Door (1997)
A: Jahn, Thomas

Jahrreiss, Otto Alexander
FT: Liebe im Schatten des Drachen (1997)
A: Konsalik, Heinz Günther (= Pahlen, Henry)

Jakuba, Jaroslav
FT: Der kleine Prinz (1990)
A: Saint-Exupéry, Antoine-Marie Roger de

Jakubisko, Juraj
FT: Frau Holle (1984)
A: Grimm, Jakob Ludwig Carl; Grimm, Wilhelm Carl

Janda, Gerhard
FT: Duett zu Dritt (1976)
A: Ferolli, Beatrice
Janko, Ilo von
FT: System II (1963)
A: Neveux, Georges
Jankó, Ilo von
FT: Es bleibt in der Familie (1958)
A: Benatzky, Ralph; Berr, Georges; Verneuil, Louis (= Bocage, Louis Colin du)
FT: Amédée oder Die Kunst des Schuhputzens (1965)
A: Romains, Jules
FT: Schuldig (1965)
A: Granick, Harry
FT: Reisepläne (Der Abendkurs) (1967)
A: Livingston, Douglas
FT: Pension Sünnenschien (1992)
A: Wittlinger, Karl
Janson, Uwe
FT: Heilige Kühe (1993)
A: Czeslik, Oliver
Janssen, Walter
FT: Die Alm an der Grenze (1951)
A: Ganghofer, Ludwig
FT: Hänsel und Gretel (1954)
A: Grimm, Jakob Ludwig Carl; Grimm, Wilhelm Carl
FT: Rotkäppchen (1954)
A: Grimm, Jakob Ludwig Carl; Grimm, Wilhelm Carl
Jantoss, Bruno
FT: Mordgedanken (1975)
A: Murr, Stefan
Jaray, Hans
FT: Die liebe Familie (1960)
A: Douglas, Felicity (= Royal-Dawson, Felicity)
FT: Das Salzburger große Welttheater (1961)
A: Hofmannsthal, Hugo von
FT: Der erste Frühlingstag (1961)
A: Smith, Dodie
FT: Ein idealer Gatte (1984)
A: Wilde, Oscar
Jariv, Nathan
FT: Kolibri (1971)
A: Corbett, Gerda; Mansfeld, Michael (= Heinze, Eckart)
FT: Colomba (1975)
A: Mérimée, Prosper
Jasny, Vojtech
FT: Nicht nur zur Weihnachtszeit (1970)
A: Böll, Heinrich
FT: Der Leuchtturm (1972)
A: Mnačko, Ladislav
FT: Nasrin oder Die Kunst zu träumen (1972)
A: Asmodi, Herbert
FT: Der Kulterer (1974)
A: Bernhard, Thomas
FT: Frühlingsfluten (1974)
A: Turgenev, Ivan
FT: Das Leben des schizophrenen Dichters März (1975)
A: Kipphardt, Heinar
FT: Ansichten eines Clowns (1976)
A: Böll, Heinrich
FT: Fluchtversuch (1976)
A: Wippersberg, Walter J.M.
FT: Ehe der Hahn kräht (1978)
A: Bukovcan, Ivan
FT: Die Nacht, in der der Chef geschlachtet wurde (1979)
A: Kipphardt, Heinar
FT: Die Stühle des Herrn Szmil (1979)
A: Kipphardt, Heinar
FT: Das Fräulein (1980)
A: Andric, Ivo
FT: Wir (1982)
A: Zamjatin, Jevgenij Ivanovic
FT: Es gibt noch Haselnußsträucher (1983)
A: Simenon, Georges (= Sim, Georges; Aramis; Brulls, Christian)
FT: Bis später - ich muss mich erschießen (1984)
A: Erdman, Nikolaj Robertowitsch
Jauch, Thomas
FT: Der blonde Affe (1998)
A: Wetering, Janwillem van de
Jenning, Manfred
FT: Jim Knopf und Lukas der Lokomotivführer (1976)
A: Ende, Michael
Jent, Louis
FT: Die Magd (1976)
A: Bosshart, Jakob
FT: Die Mutter (1978)
A: Chayefsky, Paddy
Jessen, Uwe-Detlev
FT: Reineke Fuchs (1976)
A: Fauquez, Arthur
FT: Der Wolf und die sieben Geißlein (1977)
A: Grimm, Jakob Ludwig Carl; Grimm, Wilhelm Carl
FT: Die Bremer Stadtmusikanten (1979)
A: Grimm, Jakob Ludwig Carl; Grimm, Wilhelm Carl
FT: Die Ringe aus Zinn (1979)
A: Gabbe, Tamara Grigorewna
FT: Das tapfere Schneiderlein (1981)
A: Grimm, Jakob Ludwig Carl; Grimm, Wilhelm Carl

Jires, Jaromil
FT: Die Insel der Silberreiher (1976)
A: Dvorsky, Ladislav
Jorre, Guy
FT: Vater Goriot (1972)
A: Balzac, Honoré de
Jugert, Rudolf
FT: Es kommt ein Tag (1950)
A: Penzoldt, Ernst
FT: Nachts auf den Straßen (1951)
A: Rotter, Fritz Friedrich
FT: Ein Herz spielt falsch (1953)
A: Rhein, Eduard (= Hellmer, Klaus; Horster, Hans U.; Hulsen, Adrian)
FT: Eine Liebesgeschichte (1954)
A: Zuckmayer, Carl
FT: Rosen im Herbst/Effi Briest (1955)
A: Fontane, Theodor
FT: Studentin Helene Willfüer (1955)
A: Baum, Vicki
FT: Der Meineidbauer (1956)
A: Anzengruber, Ludwig
FT: Die Sünderin vom Fernerhof (1956)
A: Anzengruber, Ludwig
FT: Nina (Romeo und Julia in Wien) (1956)
A: Dor, Milo
FT: Frauensee (1958)
A: Zuckmayer, Carl
FT: Zeit des Glücks (1961)
A: Achard, Marcel
FT: Axel Munthe, der Arzt von San Michele (1962)
A: Munthe, Axel
FT: Kennwort: Reiher (1963)
A: Morgan, Charles
FT: König Drosselbart (1976)
A: Grimm, Jakob Ludwig Carl; Grimm, Wilhelm Carl
FT: Allerleirauh (1977)
A: Grimm, Jakob Ludwig Carl; Grimm, Wilhelm Carl
FT: Die Gänsemagd (1977)
A: Grimm, Jakob Ludwig Carl; Grimm, Wilhelm Carl
FT: Die kluge Bauerntochter (1977)
A: Grimm, Jakob Ludwig Carl; Grimm, Wilhelm Carl
FT: Frau Holle (1977)
A: Grimm, Jakob Ludwig Carl; Grimm, Wilhelm Carl
Junek, Kurt
FT: Der Mann mit den Rosen (1984)
A: Mini, Harald
FT: Der Turm (1985)
A: Mnačko, Ladislav
FT: Wir werden ihn Mischa nennen (1986)
A: Mini, Harald
FT: Wunschlos tot (1987)
A: Steingötter, Bert
Jung-Alsen, Kurt
FT: Betrogen bis zum jüngsten Tag (1957)
A: Fühmann, Franz
FT: Der Schwur des Soldaten Pooley (1961)
A: Jolly, Cyril
FT: Geheimarchiv an der Elbe (1963)
A: Nassibow, Alexander
FT: Lucie und der Angler von Paris (1963)
A: Wolf, Friedrich (Baetz, Christian; Rüedi, Hans; Dr. Isegrimm)
FT: Das Mädchen aus dem Dschungel (3 Teile) (1964)
A: Thürk, Harry
FT: Die Bilder des Zeugen Schattmann (4 Teile) (1972)
A: Edel, Peter
FT: Gartenparty (1972)
A: Behan, Brendan
FT: Das Geheimnis des Ödipus (1974)
A: Fühmann, Franz
FT: Im Schlaraffenland (1975)
A: Mann, Heinrich
Junkersdorf, Eberhard
FT: Die furchtlosen Vier (1997)
A: Grimm, Jakob Ludwig Carl; Grimm, Wilhelm Carl
Jurgons, Gert
FT: Der Nekromant (1978)
A: Ariosto, Ludovico
Jutzi, Piel
FT: Berlin - Alexanderplatz (1931)
A: Döblin, Alfred
Kabay, Barna
FT: Yerma (1984)
A: García Lorca, Federico
Kabisch, Christine
FT: Alphateam - Die Lebensretter im OP (1997)
A: Friedrichs, Horst
FT: Hotel Elfie (1999)
A: Beleites, Edith; Pfannenschmidt, Christian
Käfer, Karl Heinz
FT: Lippls Traum (1990)
A: Maar, Paul
Kahakorpi, Hannu
FT: Gabriel komm zurück (1988)
A: Waltari, Mika
Kahane, Peter
FT: Des Lebens Überfluß (1980)
A: Tieck, Ludwig
FT: Weiberwirtschaft (1984)
A: Nowotny, Joachim
FT: Bis zum Horizont und weiter (1998)
A: Bukowski, Oliver

Kahn, Reinhard
FT: Nur fliegen ist schwerer (1985)
A: Walser, Robert
Kai, Johannes
FT: Der Löwe von Babylon (En las ruínas de Babilonia) (1959)
A: May, Karl Friedrich
Kairat, Gerd
FT: Die Phantasie (1976)
A: Lenz, Siegfried
Kampf, Helmut
FT: Das Kreidekreuz (1966)
A: Brecht, Bertolt
Kann, Michael
FT: Stielke, Heinz, fünfzehn ... (1987)
A: Kellner, Wolfgang
Karajan, Herbert von
FT: Das Rheingold (1980)
A: Wagner, Richard
Karge, Manfred
FT: Die Gesichte der Simone Machard (1968)
A: Brecht, Bertolt
FT: Der Kirschgarten (1981)
A: Čechov, Anton Pavlovič
FT: Mutter Courage und ihre Kinder (1987)
A: Brecht, Bertolt
Karmakar, Romuald
FT: Das Frankfurter Kreuz (1997)
A: Fauser, Jörg
Karmasolo, Kari
FT: Ein Handel (1980)
A: Maupassant, Guy de
Karow, Heiner
FT: Verfehlung (1991)
A: Heiduczek, Werner
Kaslik, Václav
FT: Orpheus und Eurydike (1968)
A: Calzabigi, Raniero da; Gluck, Christoph Willibald
Kaspar, Bruno
FT: Geschäft am Nachmittag (1980)
A: Walbert, Helmut
FT: Kleines Kammerspiel (1981)
A: Schwaiger, Brigitte
FT: Oberösterreich (1981)
A: Kroetz, Franz Xaver
FT: E Inspäkter kumt (1983)
A: Priestley, John Boynton
FT: Und das am Mäntigmorge (Und das am Montagmorgen) (1983)
A: Priestley, John Boynton
Kasprzik, Hans-Joachim
FT: Gerichtet bei Nacht (1960)
A: Simmel, Johannes Mario
FT: Gewissen in Aufruhr (5 Teile) (1961)
A: Petershagen, Rudolf
FT: Wolf unter Wölfen (1965)
A: Fallada, Hans
FT: Kleiner Mann, was nun? (1967)
A: Fallada, Hans
FT: Jeder stirbt für sich allein (3 Teile) (1970)
A: Fallada, Hans
FT: Die Brüder Lautensack (1971-73)
A: Feuchtwanger, Lion
FT: Abschied vom Frieden (1979)
A: Weiskopf, Franz Carl
FT: Bahnwärter Thiel (1982)
A: Hauptmann, Gerhart
FT: Sachsens Glanz und Preußens Gloria (4 Teile) (1985)
A: Kraszewski, Jozef I. (= Boleslawita, Bohdan)
FT: Gräfin Cosel (2 Teile) (1987)
A: Kraszewski, Jozef I. (= Boleslawita, Bohdan)
Kauenhowen, Jan
FT: Der Mond scheint auf Kilinamoe (1980)
A: O'Casey, Sean
Kaufmann, Edgar
FT: Alle meine Kinder (1976)
A: Cederstrand, Ditte
FT: Disco mit Einlage (1978)
A: Schirmer, Bernd
FT: Die Heimkehr des Joachim Ott (1980)
A: Selbmann, Fritz
FT: Das Gespräch (1981)
A: Schuder, Rosemarie
FT: Die Kündigung (1983)
A: Sewart, Karl
FT: Der Mexikaner Felipe Rivera (1984)
A: London, Jack
FT: Melanios letzte Liebe (1988)
A: Saavedra Santis, Omar
Kaufmann, Hans-Peter
FT: Wenn wir verheiratet sind (1982)
A: Priestley, John Boynton
Kaufmann, Rainer
FT: Dann eben mit Gewalt (1993)
A: Zanger, Jan F. de
FT: Einer meiner ältesten Freunde (1994)
A: Fitzgerald, Francis Scott
FT: Die Apothekerin (1997)
A: Noll, Ingrid
FT: Kalt ist der Abendhauch (2000)
A: Noll, Ingrid
Kaus, Wolfgang
FT: Die Jubilarin (1979)
A: Breitbach, Joseph
FT: Durch den kaufmännischen Verein (1981)
A: Stoltze, Adolf

Kausch, Walter
FT: Nur kein Cello (1968)
A: Wallach, Ira Jan
FT: Was man so die Liebe nennt (1968)
A: Brett, Michael
Käutner, Helmut
FT: Der Apfel ist ab (1948)
A: Heyne, Kurt E.
FT: Käpt'n Bay-Bay (1952)
A: Grasshoff, Fritz; Schultze, Norbert
FT: Des Teufels General (1954)
A: Zuckmayer, Carl
FT: Der Hauptmann von Köpenick (1956)
A: Zuckmayer, Carl
FT: Ein Mädchen aus Flandern (1956)
A: Zuckmayer, Carl
FT: Die Züricher Verlobung (1956/57)
A: Noack, Barbara
FT: Monpti (1957)
A: Vaszary, Gábor von
FT: Der Schinderhannes (1958)
A: Zuckmayer, Carl
FT: Der Rest ist Schweigen (1959)
A: Shakespeare, William
FT: Das Glas Wasser (1960)
A: Scribe, Eugène
FT: Die Rote (1962)
A: Andersch, Alfred
FT: Das Haus in Montevideo (1963)
A: Goetz, Curt
FT: Lausbubengeschichten (1964)
A: Thoma, Ludwig
FT: Romulus der Große (1965)
A: Dürrenmatt, Friedrich
FT: Leben wie die Fürsten (1966)
A: Anouilh, Jean
FT: Stella (1966)
A: Goethe, Johann Wolfgang von
FT: Valentin Katajews chirurgische Eingriffe in das Seelenleben des ... (1967)
A: Kataev, Valentin P.
FT: Bel Ami (2 Teile) (1968)
A: Maupassant, Guy de
FT: Christoph Columbus oder Die Entdeckung Amerikas (1969)
A: Hasenclever, Walter
FT: Tagebuch eines Frauenmörders (1969)
A: Békefi, István (Stephan); Stella, Adorján
FT: Die Feuerzangenbowle (1970)
A: Spoerl, Heinrich
FT: Die seltsamen Abenteuer des Geheimkanzlersekretärs Tusmann (1971)
A: Hoffmann, Ernst Theodor Amadeus
FT: Ornifle oder Der erzürnte Himmel (1972)
A: Anouilh, Jean
FT: Die preußische Heirat (1974)
A: Gutzkow, Karl Ferdinand
FT: Mulligans Rückkehr (1978)
A: Frick, Hans Joe
Kawalerowicz, Jerzy
FT: Bronsteins Kinder (1990)
A: Becker, Jurek
Kaye, Renata
FT: Weihnachten schneit's (1990)
A: Margraf, Miriam
Keglevic, Peter
FT: Im Zossener Bad (1977)
A: Kappacher, Walter
FT: Auf freiem Fuß (1978)
A: Wolfgruber, Gernot
FT: Dort oben im Wald bei diesen Leuten (1989)
A: Zauner, Friedrich Ch.
FT: Kommissar Beck: Der Polizistenmörder (1993)
A: Sjöwall, Maj; Wahlöö, Per
FT: Kommissar Beck: Stockholm Marathon (1994)
A: Sjöwall, Maj; Wahlöö, Per
FT: Der Blinde (1995)
A: Wallace, Richard Horatio Edgar
Kehler, Dieter
FT: Rosamunde Pilcher: Das Haus an der Küste (1996)
A: Pilcher, Rosamunde
FT: Rosamunde Pilcher: Die zweite Chance (1997)
A: Pilcher, Rosamunde
FT: Herzflimmern (1998)
A: Wood, Barbara
FT: Rosamunde Pilcher: Dornen im Tal der Blumen (1998)
A: Pilcher, Rosamunde
FT: Rosamunde Pilcher: Rückkehr ins Paradies (1998)
A: Pilcher, Rosamunde
FT: Rosamunde Pilcher: Der lange Weg zum Glück (1999)
A: Pilcher, Rosamunde
FT: Rosamunde Pilcher: Klippen der Liebe (1999)
A: Pilcher, Rosamunde
Kehlmann, Michael
FT: Die Wäscherin des Herrn Bonaparte (1953)
A: Sardou, Victorien
FT: Jedem die Seine (1954)
A: Schwiefert, Fritz
FT: Frühere Verhältnisse (1955)
A: Nestroy, Johann Nepomuk
FT: Die große Protektion (1956)

A: Kishon, Ephraim
FT: Juno und der Pfau (1956)
A: O'Casey, Sean
FT: Der verschwundene Graf (1957)
A: Kuby, Erich
FT: Der versteinerte Wald (1957)
A: Sherwood, Robert E.
FT: Die Dreigroschenoper (1957)
A: Brecht, Bertolt; Weill, Kurt
FT: Biologie und Tennis (1958)
A: Andersch, Alfred
FT: Das Lächeln der Gioconda (1958)
A: Huxley, Aldous
FT: Eine fast mögliche Geschichte (1958)
A: Savory, Gerald
FT: Panoptikum (1958)
A: Molnár, Ferenc
FT: Johanna von Lothringen (1959)
A: Anderson, Maxwell
FT: Kasimir und Karoline (1959)
A: Horváth, Ödön von
FT: Land, das meine Sprache spricht (1959)
A: Lernet-Holenia, Alexander
FT: Der eingebildete Kranke (1960)
A: Molière, Jean Baptiste
FT: Fährten (1960)
A: Bruckner, Ferdinand
FT: Schatten der Helden (1960)
A: Ardrey, Robert
FT: Der jüngste Tag (1961)
A: Horváth, Ödön von
FT: Er ging an meiner Seite (1961)
A: Laurents, Arthur
FT: Jack Mortimer (1961)
A: Lernet-Holenia, Alexander
FT: Nora (1961)
A: Ibsen, Henrik
FT: Das Leben beginnt um acht (1962)
A: Williams, Emlyn
FT: Die Besessenen (1962)
A: Camus, Albert
FT: Einen Jux will er sich machen (1962)
A: Nestroy, Johann Nepomuk
FT: Der Bockerer. Ein dramatisches Possenspiel (1963)
A: Becher, Ulrich; Preses, Peter
FT: Der Tod des Handlungsreisenden (1963)
A: Miller, Arthur
FT: Die Grotte (1963)
A: Anouilh, Jean
FT: Plädoyer für einen Rebellen (1963)
A: Roblès, Emmanuel
FT: Der grüne Kakadu (1964)
A: Schnitzler, Arthur
FT: Die Verbrecher (1964)
A: Bruckner, Ferdinand
FT: Don Juan oder Die Liebe zur Geometrie (1965)
A: Frisch, Max
FT: Radetzkymarsch (1965)
A: Roth, Joseph
FT: Italienische Nacht (1966)
A: Horváth, Ödön von
FT: Kurzer Prozeß (1967)
A: Ashford, Jeffrey
FT: Umsonst (1967)
A: Nestroy, Johann Nepomuk
FT: Die Unbekannte aus der Seine (1968)
A: Horváth, Ödön von
FT: Madame Legros (1968)
A: Mann, Heinrich
FT: Schloß in den Wolken (1968)
A: Locke, Sam
FT: Das Trauerspiel von Julius Cäsar (1969)
A: Shakespeare, William
FT: Ein Dorf ohne Männer (1969)
A: Horváth, Ödön von
FT: Die Galgentoni (1972)
A: Kisch, Egon Erwin
FT: Nichts als Erinnerung (1973)
A: Dor, Milo
FT: Die weiße Stadt (1974)
A: Dor, Milo
FT: Hiob (1977)
A: Roth, Joseph
FT: Glaube, Liebe, Hoffnung (1980)
A: Horváth, Ödön von
FT: Das heiße Herz (1982)
A: Patrick, John
FT: Die Ringe des Saturn (1982)
A: Zeindler, Peter
FT: Mich wundert, daß ich so fröhlich bin (1982)
A: Simmel, Johannes Mario
FT: Tarabas (1982)
A: Roth, Joseph
FT: Flucht ohne Ende (1984)
A: Roth, Joseph
FT: Gegenlicht (1984)
A: Wippersberg, Walter J.M.
FT: Der Meister des jüngsten Tages (1989)
A: Perutz, Leo

Keigel, Leonard
FT: Pikdame (Pique Dame) (1966)
A: Puschkin, Alexandr Sergejewitsch

Keil, Gerd
FT: Neuland unterm Pflug (1967)
A: Šolochov, Michail A.
FT: Der Tod in der Flasche (1973)
A: Smirnow, Viktor
FT: Die Braut Nadja (1975)

A: Čechov, Anton Pavlovič
FT: Clavigo (1978)
A: Goethe, Johann Wolfgang von
FT: Das Friedensfest (1979)
A: Hauptmann, Gerhart
FT: Albertine oder Das schlimme Ding (1980)
A: Hoffmann, Ernst Theodor Amadeus
FT: Suturp - eine Liebesgeschichte (1981)
A: Mann, Heinrich
FT: Monsieur bleibt im Schatten (1982)
A: Evertier, Paul (= Brinkmann, Jürgen)
FT: Die Witwe Capet (1984)
A: Feuchtwanger, Lion
FT: Mönch ärgere dich nicht (1986)
A: Balzac, Honoré de
FT: Der zerbrochene Krug (1990)
A: Kleist, Heinrich von

Kelch, Werner
FT: Tiefland (1964)
A: Albert, Eugen d'; Guimerá, Angel; Lothar, Rudolf

Kelling, Gerhard
FT: Klavierspiele (1981)
A: Roth, Friederike

Kerp, Theo
FT: Der kleine Prinz (1990)
A: Saint-Exupéry, Antoine-Marie Roger de

Keusch, Erwin
FT: Das leise Gift (1984)
A: Nester, Marcus P.
FT: Kerbels Flucht (1984)
A: Timm, Uwe
FT: Die Kommissarin (1994)
A: Renziehausen, Thomas
FT: Sylvia - eine Klasse für sich (1998)
A: Friedrichs, Horst

Kiesel, Hartmut
FT: Die Hermannsschlacht (1996)
A: Grabbe, Christian Dietrich; Kleist, Heinrich von

Kijowski, Janusz
FT: Der Daunenträger (1992)
A: Janicki, Jerzy

Kipping, Herwig
FT: Die Nebelschlucht (1982)
A: Synge, John Millington
FT: Novalis - Die blaue Blume (1995)
A: Novalis (= Hardenberg, Georg Philipp Friedrich Freiherr von)

Kiral, Erden
FT: Der Spiegel (1984)
A: Sahin, Osman

Kirchhoff, Fritz
FT: Schuld allein ist der Wein (1948)
A: Neuhaus, Paul; Thierbach, Walter

Kirchner, Alfred
FT: Die heilige Johanna der Schlachthöfe (1981)
A: Brecht, Bertolt

Kirchner, Wolfgang
FT: Tod in Sacre Coeur (1987)
A: Pézeril, Daniel

Kirschner, Klaus
FT: Der gute Gott von Manhattan (1972)
A: Bachmann, Ingeborg
FT: La Jalousie (1972)
A: Robbe-Grillet, Alain

Kirst, Klaus Dieter
FT: Nathan der Weise (1979)
A: Lessing, Gotthold Ephraim
FT: Emilia Galotti (1981)
A: Lessing, Gotthold Ephraim

Kirsten, Ralf
FT: Skimeister von morgen (1956/57)
A: Görtz, Adolf
FT: Steinzeitballade (1960)
A: Turek, Ludwig
FT: Beschreibung eines Sommers (1962)
A: Jakobs, Karl-Heinz
FT: Mir nach, Kanaillen (1964)
A: Kupsch, Joachim
FT: Zwei Briefe an Pospischiel (1970)
A: Grün, Max von der
FT: Der verlorene Engel (Ein Tag im Leben des Bildhauers Ernst Barlach) (1971)
A: Fühmann, Franz
FT: Die Elixiere des Teufels (1972)
A: Hoffmann, Ernst Theodor Amadeus
FT: Unterm Birnbaum (1973)
A: Fontane, Theodor
FT: Eine Pyramide für mich (1976)
A: Jakobs, Karl-Heinz
FT: Ich zwing dich zu leben (1978)
A: Sewart, Karl
FT: Wo andere schweigen (1984)
A: Schatrow, Michail Filipovic

Kishon, Ephraim
FT: Der Blaumilchkanal (1969)
A: Kishon, Ephraim
FT: Der Fuchs im Hühnerstall (1978)
A: Kishon, Ephraim
FT: Der Trauschein (1984)
A: Kishon, Ephraim
FT: Zieh den Stecker raus, das Wasser kocht (1985)
A: Kishon, Ephraim

Kissel, Helmut
FT: Der Alte aus der Tomatengasse (1982)
A: France, Anatole (= Thibault, Jacques-Anatole)

Kissimov, Georgi
FT: Hochzeit in Weltzow (1979)
A: Bruyn, Günter de
FT: Emil der Versager (1982)
A: Turek, Ludwig
Klante, Diethard
FT: Nachricht aus Colebrook (1971)
A: Conrad, Joseph
FT: Ein herrlicher Tag (1976)
A: Bang, Hermann Joachim
FT: Kameraden (1981)
A: Strindberg, August
FT: Die Priwalowschen Millionen (12 Teile) (1982)
A: Mamin-Sibirjak, Dimitrij Narkisowitsch
FT: Schlaflose Tage (1982)
A: Becker, Jurek
FT: Die schwarzen Brüder (12 Teile) (1983)
A: Tetzner, Lisa
FT: Eckehard (1990)
A: Scheffel, Viktor von
Klar, Hanna Laura
FT: Der Schrei des Shi-Kai (1984)
A: Degener, Volker
Klaren, Georg C.
FT: Wozzek (1947)
A: Büchner, Georg
FT: Die Sonnenbrucks (1951)
A: Kruczkowski, Leon
FT: Karriere in Paris (1952)
A: Balzac, Honoré de
FT: Die Regimentstochter (1953)
A: Bayard, Jean-François; Donizetti, Gaetano; Saint-Georges, Henri
Kläy, Greti
FT: Anna annA (1992)
A: Hartmann, Lukas
Klein, Dietmar
FT: Die Drei (1996)
A: Fuger, Berry
FT: King of Evergreen (1997)
A: Polák, Jirí
Klein, Gerhard
FT: Die Feststellung (1957/58)
A: Baierl, Helmut
FT: Geschichte vom armen Hassan (1958)
A: Anonym
Kleinert, Andreas
FT: Klemperer - Ein Leben in Deutschland (1999)
A: Klemperer, Victor
Klick, Roland
FT: Lieb Vaterland magst ruhig sein (1975)
A: Simmel, Johannes Mario
Klimke, Klaus
FT: Gute Zeiten - Schlechte Zeiten (1992-)
A: Fuger, Berry
Klingenberg, Gerhard
FT: Tevye und seine Töchter (1962)
A: Scholem Aleichem (= Rabinowitz, Sholem Yakov)
FT: Beatrice und Juana (1963)
A: Eich, Günter
FT: Große Schmährede an der Stadtmauer (1963)
A: Dorst, Tankred
FT: Kean (1963)
A: Sartre, Jean-Paul
FT: Unterm Birnbaum (1963)
A: Fontane, Theodor
FT: Romeo und Julia (1964)
A: Shakespeare, William
FT: Thomas More (1964)
A: Bolt, Robert Oxton
FT: Brooklyn-Ballade (1965)
A: Shaw, Irwin
FT: Ein Wintermärchen (1965)
A: Shakespeare, William
FT: Mademoiselle Löwenzorn (1965)
A: Becher, Ulrich
FT: Wahn - oder Der Teufel in Boston (1965)
A: Feuchtwanger, Lion
FT: Die gelehrten Frauen (1966)
A: Molière, Jean Baptiste
FT: Wo wir fröhlich gewesen sind (1966)
A: Whiting, John
FT: Das schwedische Zündholz (1967)
A: Radok, Alfred; Tesarová, Marie
FT: Kabale und Liebe (1967)
A: Schiller, Friedrich von
FT: Der Unbestechliche (1968)
A: Hofmannsthal, Hugo von
FT: Frühere Verhältnisse (1968)
A: Nestroy, Johann Nepomuk
FT: Der Talisman (1969)
A: Nestroy, Johann Nepomuk
FT: Friede den Hütten! Krieg den Palästen! (1970)
A: Edschmid, Kasimir
FT: Süden (1972)
A: Green, Julien
FT: Der Spinnenmörder (1978)
A: Roberts, Richard Emery
FT: Morgen (1980)
A: Conrad, Joseph
FT: Mord am Pool (1986)
A: Durbridge, Francis Henry
FT: Tragödie auf der Jagd (1987)
A: Čechov, Anton Pavlovič
FT: Die aufrichtige Lügnerin (1989)
A: Achard, Marcel

FT: Konzert für Alice (1985)
A: Sargorodskij, Lev P.
FT: Der grüne Heinrich (1994)
A: Keller, Gottfried

Kögel, Heinz
FT: Der Sohn des Cotopaxi (1970)
A: Kauter, Kurt (= Rocafuerte, José Maria)
FT: Die Prinzessin auf der Erbse (1975)
A: Andersen, Hans Christian

Köhler, Manfred R.
FT: Ein Sarg aus Honkong (1964)
A: Chase, James Hadley

Kohlhaase, Wolfgang
FT: Inge, April und Mai (1992)
A: Kohlhaase, Wolfgang

Kolditz, Gottfried
FT: Der junge Engländer (1958)
A: Hauff, Wilhelm
FT: Die schöne Lurette (1960)
A: Blau, Edouard; Offenbach, Jacques; Toché, Raoul
FT: Schneewittchen und die sieben Zwerge (1961)
A: Grimm, Jakob Ludwig Carl; Grimm, Wilhelm Carl
FT: Frau Holle (1963)
A: Grimm, Jakob Ludwig Carl; Grimm, Wilhelm Carl
FT: Das Tal der sieben Monde (1966)
A: Thürk, Harry

Koller, Xavier
FT: Das gefrorene Herz (1981)
A: Inglin, Meinrad
FT: Der schwarze Tanner (1985)
A: Inglin, Meinrad
FT: Gripsholm (2000)
A: Tucholsky, Kurt

Kolman, Trude
FT: Squirrel (1955)
A: Penzoldt, Ernst
FT: Das Abschiedsgeschenk (1956)
A: Rattigan, Terence
FT: Akt mit Geige (1959)
A: Coward, Noël (Pierce) Sir
FT: Diamantenwirbel (1962)
A: Régnier, Bernard
FT: Die verschenkten Jahre (1966)
A: Savory, Gerald
FT: Tee und etwas Sympathie (1967)
A: Anderson, Robert
FT: Die aufrichtige Lügnerin (1968)
A: Achard, Marcel

Kolstö, Egil
FT: Vergiß nicht, deine Frau zu küssen (1967)
A: Breinholst, Willy

König, Hans H.
FT: Der eingebildete Kranke (1952)
A: Molière, Jean Baptiste
FT: Hochstaplerin der Liebe (1954)
A: Mantello, H. H.
FT: Das Erbe vom Pruggerhof (1955)
A: Gluth, Oskar
FT: Vergiß, wenn du kannst (1956)
A: Wurmbrand, Irmgard

König, Ulrich
FT: Meister Eder und sein Pumuckl (1980)
A: Kaut, Ellis
FT: Fall für TKKG: Drachenauge (1992)
A: Wolf, Stefan (= Kalmuczak, Rolf)
FT: Fall für TKKG: Ein Drachenauge (1992)
A: Wolf, Stefan (= Kalmuczak, Rolf)

Königstein, Horst
FT: Das Beil von Wandsbek (1982)
A: Zweig, Arnold
FT: Treffpunkt im Unendlichen (1984)
A: Mann, Klaus
FT: Der Mann im schwarzen Mantel (1994)
A: Lahann, Birgit

Koplin, Raimund
FT: Schnelles Geld (1981)
A: Göhre, Frank

Koralnik, Pierre
FT: Böses Erwachen (1991)
A: Boileau, Pierre; Narcejac, Thomas

Korbschmitt, Hans-Erich
FT: Adelsnest (1961)
A: Turgenev, Ivan
FT: Jelena (1969)
A: Turgenev, Ivan
FT: Reisefieber (1970)
A: Floss, Rolf
FT: Mein Dorf (1975)
A: Gotsche, Otto
FT: Brennende Ruhr
A: Grünberg, Karl

Korngiebel, Hanns
FT: Die Macht der Finsternis (1959)
A: Tolstoj, Leo
FT: Das Schweigen (1961)
A: Brandstätter, Roman
FT: Elisabeth von England (1961)
A: Bruckner, Ferdinand
FT: Schwarz auf Weiß (1963)
A: Kishon, Ephraim
FT: Der König stirbt (1965)
A: Ionesco, Eugène
FT: Therese Raquin (1966)
A: Zola, Émile

Kornowitz, Ted
FT: Der gestiefelte Kater (1955)
A: Grimm, Jakob Ludwig Carl; Grimm, Wilhelm Carl

Kortner, Fritz
FT: Die Stadt ist voller Geheimnisse (1954)
A: Braun, Curt Johannes
FT: Die Sendung der Lysistrata (1960)
A: Aristophanes
Kossack, Joachim
FT: Gute Zeiten - Schlechte Zeiten (1992-)
A: Fuger, Berry
Köster, Christoph
FT: Die Hermannsschlacht (1996)
A: Grabbe, Christian Dietrich; Kleist, Heinrich von
Kotcheff, Ted
FT: Die Schlemmer-Orgie/Who is Killing the Great Chefs of Europe (1978)
A: Lyons, Ivan; Lyons, Nan
Kött, Regina
FT: Pawluscha (1970)
A: Pogodin, Radij P.
Kotulla, Theodor
FT: Aus einem deutschen Leben (1979)
A: Merle, Robert
FT: Der Fall Maurizius (1981)
A: Wassermann, Jakob
FT: Von Gewalt keine Rede (1990)
A: Ossowski, Leonie
FT: Tot auf Halde (1995)
A: Jaeger, Henry
Kovács, Gedeon
FT: Das Nest (1979)
A: Kroetz, Franz Xaver
FT: Abschiede (2 Teile) (1986)
A: Schnitzler, Arthur
FT: Das Königsstechen (1988)
A: Morweiser, Fanny
FT: The Beatles Forever (1990)
A: Ransbeek, Roger van
FT: Besuchszeit (1991)
A: Mitterer, Felix
FT: Kein Platz für Idioten (1994)
A: Mitterer, Felix
Krää, Gernot
FT: Die Distel (1992)
A: Evert, Manfred; Krää, Gernot
Krää, Günther
FT: Marienhof (1992)
A: Becker, Rolf A.
Kramberg, Karl-Heinz
FT: Garten der Foltern. Eine Halluzination (1970)
A: Mirabeau, Octave
FT: Das verräterische Herz (1979)
A: Poe, Edgar Allan
FT: Die schwarze Katze (1980)
A: Poe, Edgar Allan
FT: Der Mann mit dem Falken (1981)
A: Boccaccio, Giovanni
FT: Die Errettung Fatmes (1984)
A: Hauff, Wilhelm
FT: Einer von den Vermißten (1984)
A: Bierce, Ambrose
FT: Napoleon - König der Köche (1985)
A: Sternheim, Carl
FT: Wanderer zwischen beiden Welten (1987)
A: Flex, Walter
Kramer, Frank
FT: Kommissar X: Jagd auf Unbekannt (1965)
A: Island, Bert F.
FT: Kommissar X: In den Klauen des goldenen Drachen (1966)
A: Island, Bert F.
FT: Kommissar X: Drei blaue Panther (1967)
A: Island, Bert F.
Krämer, Innes Anna
FT: Tote leben länger (1990)
A: Riedel, Helga
Kramer, Jurij
FT: Der Mörder (1976)
A: Frank, Leonhard
FT: Ende vom Lied (1979)
A: Frank, Leonhard
FT: Eine Anzeige in der Zeitung (1980)
A: Görlich, Günter
FT: Flüchtige Bekanntschaft (1983)
A: David, Kurt
FT: Die zwei Leben des Dr. Gundlach (1985)
A: Schreyer, Wolfgang
FT: Narrenweisheit oder Tod und Verklärung des Jean Jacques Rousseau (2 Teile) (1989)
A: Feuchtwanger, Lion
FT: Drei Wohnungen (1990)
A: Görlich, Günter
Kranz, Heidi
FT: Sylvia - eine Klasse für sich (1998)
A: Friedrichs, Horst
Kratisch, Ingo
FT: Die Tannerhütte (1976)
A: Pinner, Felix
Kratz, Käthe
FT: Junge Leute brauchen Liebe (1980)
A: Perny, Wilhelm
FT: Drei mit Herz (1999)
A: Becker, Miriam
Kratzert, Hans
FT: Ein Kolumbus auf der Havel (1978)
A: Abraham, Peter
FT: Taubenjule (1983)
A: Bergner, Edith; Zaprasis, Fotis
Krätzig, Helmut
FT: Das Grashaus oder Die Aufteilung von 35.000 Frauen auf 2 Mann (1976)
A: Laabs, Jochen

Küfner, Rudolf
FT: Das Foto (1969)
A: Sender, Ramón José
Kugelstadt, Hermann
FT: Heimat, deine Sterne (1951)
A: Thoma, Ludwig
FT: Der Jäger vom Roteck (1955)
A: Mairock, Andre
FT: Heidemarie (1956)
A: Spyri, Johanna
FT: Jungfrauenkrieg (1957)
A: Matschners, Hans
Kühn, Kristian
FT: Herbst (1976)
A: Strindberg, August
FT: Die längste Sekunde (1980)
A: Ballinger, Bill S.
FT: Gesichter des Schattens (1984)
A: Boileau, Pierre; Narcejac, Thomas
FT: Die doppelte Welt (1985)
A: Poliakoff, Stephen
Kühn, Regine
FT: Zeit der Störche (1970)
A: Otto, Herbert
Kuhn, Roman
FT: Der Voyeur (1999)
A: MacShane, Mark
Kühn, Siegfried
FT: Zeit der Störche (1970)
A: Otto, Herbert
FT: Das zweite Leben des Friedrich Wilhelm Georg Platow (1973)
A: Baierl, Helmut
FT: Die Wahlverwandtschaften (1974)
A: Goethe, Johann Wolfgang von
FT: Romeo und Julia auf dem Dorfe (1984)
A: Keller, Gottfried
FT: Der Traum vom Elch (1986)
A: Otto, Herbert
FT: Die Schauspielerin (1988)
A: Zinner, Hedda
FT: Heute sterben immer nur die Andern (1990)
A: Worgitzky, Charlotte
Külb, Karl Georg
FT: Begierde (1950)
A: Maupassant, Guy de
FT: Tante Jutta aus Kalkutta (1953)
A: Reimann, Max; Schwartz, Otto
Kulosa, Christa
FT: Liebling, du irrst (1979)
A: Pörschmann, Jürgen
FT: Kindersegen heißt sich regen (1980)
A: Beckmann, Heinz
FT: Trabant zu verkaufen (1981)
A: Pörschmann, Jürgen
Kunert, Joachim
FT: Der Lotterieschwede (1958)
A: Andersen Nexø, Martin
FT: Die letzte Nacht (1960/61)
A: Hartau, Friedrich
FT: Die Abenteuer des Werner Holt (1964)
A: Noll, Dieter
FT: Die Toten bleiben jung (1968)
A: Seghers, Anna
FT: Aus unserer Zeit (Episode: Das Duell) (1969)
A: Seghers, Anna
FT: Die große Reise der Agatha Schweigert (1972)
A: Seghers, Anna
FT: Das Schilfrohr (1974)
A: Seghers, Anna
FT: Steckbrief eines Unerwünschten (1975)
A: Wallraff, Günther
FT: Das Verhör (1977)
A: Egel, Karl Georg; Kurganow, Oskar
FT: Die Spur der Vermißten (1980)
A: Skármeta, Antonio
Kunz, Hartmut
FT: Ein Dienstverhältnis (1975)
A: Malamud, Bernard
FT: Sommer in Nohant (1980)
A: Schneider, Rolf
Kunze, Reiner
FT: Die wunderbaren Jahre (1979)
A: Kunze, Reiner
Küpper, Hannes
FT: Fastnachtsspiele (1953)
A: Sachs, Hans
FT: Die Geschwister (1954)
A: Goethe, Johann Wolfgang von
Kuri, Waldemar
FT: Eine Räubergeschichte (1971)
A: Čapek, Karel
Kurth, Otto
FT: Das Land der Verheißung (1960)
A: Maugham, W. Somerset
Kurz, Rudi
FT: Das grüne Ungeheuer (1962)
A: Schreyer, Wolfgang
FT: Ohne Kampf kein Sieg (5 Teile) (1966)
A: Brauchitsch, Manfred von
Kutscher, Hermann
FT: Der Feldmarschall (1968)
A: Molnár, Ferenc
Kutschera, Rolf
FT: Unentschuldigte Stunde (1957)
A: Békefi, István (Stephan); Stella, Adorján
FT: Die schöne Lügnerin (1958)
A: Nebhut, Ernst; Scheu, Just
Kutter, Anton
FT: Wetterleuchten am Dachstein (1952)
A: Koref-Geyer, Elmire

Ladiges, Peter M.
FT: Der Verrat (1964)
A: Brecht, Bertolt
Laemmle, Peter
FT: Die Frau aus Arles (1988)
A: Daudet, Alphonse
Lagrange, Jean-Jacques
FT: Mérette (1981)
A: Keller, Gottfried
Lähn, Michael
FT: Auf den Tag genau (1986)
A: Murr, Stefan
FT: Jokehnen oder Wie lange fährt man von Ostpreußen nach Deutschland? (1987)
A: Surminski, Arno
FT: Die Schönheit des Schimpansen (1990)
A: Wellershoff, Dieter
FT: Wolffs Revier (1993-)
A: Friedrichs, Horst
FT: Die Drei (1996)
A: Fuger, Berry
Lahola, Leopold
FT: Die süße Zeit mit Kalimagdora (1967)
A: Weiss, Jan
Lamprecht, Gerhard
FT: Meines Vaters Pferde (1950)
A: Laar, Clemens
FT: Der Engel mit dem Flammenschwert (1954)
A: Rhein, Eduard (= Hellmer, Klaus; Horster, Hans U.; Hulsen, Adrian)
FT: Oberwachtmeister Borck (1955)
A: Reitzenstein, Hans Joachim Freiherr von
Lang, Alexander
FT: Die traurige Geschichte von Friedrich dem Großen (1983)
A: Mann, Heinrich
Lang, Carl
FT: Marienhof (1992)
A: Becker, Rolf A.
FT: Balko (1995-)
A: Paul, Nora
Lang, Franz M.
FT: Zweimal Adam, einmal Eva (1959)
A: Soini, Yrjö
FT: Die letzte Folge (1964)
A: Arnaud, Michel
Lang, Fritz
FT: Das indische Grabmal (1958)
A: Harbou, Thea von
FT: Der Tiger von Eschnapur (1958)
A: Harbou, Thea von
Langhoff, Matthias
FT: Der Kirschgarten (1981)
A: Čechov, Anton Pavlovič
Langhoff, Thomas
FT: Ich will nicht leise sterben (1978)
A: Stephan, Martin
FT: Stine (1979)
A: Fontane, Theodor
FT: Guten Morgen, du Schöne! (1979/80)
A: Wander, Maxie
FT: Hedda Gabler (1980)
A: Ibsen, Henrik
FT: Muhme Mehle (1980)
A: Werner, Ruth
FT: Melanie van der Straaten (1982)
A: Fontane, Theodor
FT: Stella (1982)
A: Goethe, Johann Wolfgang von
FT: Drei Schwestern (1984)
A: Čechov, Anton Pavlovič
FT: Emilia Galotti (1984)
A: Lessing, Gotthold Ephraim
FT: Aufstand der Fischer von St. Barbara (1988)
A: Seghers, Anna
Langhoff, Udo
FT: Achtung, Brillenschlange (1960)
A: Rohkohl, Dieter
FT: Pünktchen und Anton (1960)
A: Kästner, Erich (= Bürger, Berthold)
FT: Der Bund der Haifische (1961)
A: Lux, Hanns Maria
FT: Der aus dem Dschungel kam (1965)
A: Plate, Herbert
FT: Die Gefangenen von Murano (1966)
A: Quednau, Werner
FT: Antitoxin (1967)
A: Quednau, Werner
FT: Hautfarbe Nebensache (1971)
A: Noack, Hans Georg
Langton, Simon
FT: Rosamunde Pilcher: Das große Erbe (1999)
A: Pilcher, Rosamunde
Lanske, Hermann
FT: Der öffentliche Ankläger (1961)
A: Hochwälder, Fritz
FT: Krach im Hinterhaus (1966)
A: Böttcher, Maximilian
FT: Der eingebildete Doktor (1978)
A: Weigel, Hans
FT: Wenn die kleinen Veilchen blühen (1985)
A: Hardt-Warden, Bruno; Stolz, Robert; Wiener, Hugo
Lasnig, Guntmar
FT: Die Knickerbockerbande (TV Miniserie) (1997)
A: Brezina, Thomas
Lattuada, Alberto
FT: Warum bellt Herr Bobikow? (1975)
A: Bulgakow, Michail

Laub, Jakob
FT: Ein Spaziergang (1977)
A: Kalbeck, Florian
Lauscher, Ernst Josef
FT: Balko (1995-)
A: Paul, Nora
Lauterbach, Ulrich
FT: Der Revisor (1955)
A: Gogol, Nicolaj
FT: Der Geizige (1960)
A: Molière, Jean Baptiste
FT: Die Cocktailparty (1964)
A: Eliot, Thomas Stearns
FT: Tartuffe (1964)
A: Molière, Jean Baptiste
FT: Drei Rosen aus Papier (1967)
A: Bieler, Manfred
FT: Eingang und Ausgang (1970)
A: Kolakowski, Leszek
FT: Fisch zu viert (1972)
A: Kohlhaase, Wolfgang; Zimmer, Rita
Lautner, Georges
FT: Mein Onkel - der Gangster (1963)
A: Simonin, Albert
Le Chanois, Jean-Paul (= Dreyfus, Jean-Paul)
FT: Die Elenden I & II (1958)
A: Hugo, Victor
Le Page, Pierre
FT: Der Schrei des Shi-Kai (1984)
A: Degener, Volker
Leber, Titus
FT: Fremd bin ich erzogen (1978)
A: Schubert, Franz
Legnazzi, Remo
FT: Eine Nachtlang Feuerland (E Nachtlang Füürland) (1981)
A: Gfeller, Alex
Lehner, Alfred
FT: Die große Schuld (1952)
A: Fischer, Josef
FT: Das Mädchen vom Pfarrhof (1955)
A: Anzengruber, Ludwig
FT: Der König der Bernina (1957)
A: Heer, Jacob Christoph
Lehner, Fritz
FT: Der große Horizont (1975)
A: Roth, Gerhard
FT: Der Jagdgast (1980)
A: Wolfgruber, Gernot
FT: Schöne Tage (1981)
A: Innerhofer, Franz
Lehner, Georg
FT: Zwei kluge Männer und die Treue einer Frau (1973)
A: Goethe, Johann Wolfgang von
Leitner, Hermann
FT: Liane - die weiße Sklavin (1957)
A: Day-Helveg, Anne (= Lothringer, Anne)
FT: Der Waldbauernbub (1983)
A: Rosegger, Peter (= P. K. = Kettenfeier, Petri)
FT: Waldheimat (1983)
A: Rosegger, Peter (= P. K. = Kettenfeier, Petri)
FT: Roda-Roda - Pikantes und Amüsantes aus seiner Zeit (6 Teile) (1988)
A: Roda-Roda, Alexander (= Rosenfeld, Sándor Friedrich)
FT: Der Mann vom Eaton Place (1991)
A: Wallace, Richard Horatio Edgar
Lemmel, Dieter
FT: Der Prozeß beginnt (1969)
A: Sinjavskij, Andrej D.
FT: Pulle und Pummi oder Ein Tag mit Onkel Willi (1972)
A: Schnell, Robert Wolfgang
Lenzi, Umberto
FT: Das Rätsel des silbernen Halbmonds (1972)
A: Wallace, Richard Horatio Edgar
Léon, Pierre
FT: Die Frau des Bäckers (1958)
A: Pagnol, Marcel
Leopold, Georg
FT: Nackt unter Wölfen (1960)
A: Apitz, Bruno
FT: Tempel des Satans (1962)
A: Schreyer, Wolfgang
FT: Alwin auf dem Lande (1974)
A: Wolff, Bernd
FT: Verwandte und Bekannte (1974)
A: Bredel, Willi
Lesowsky, Wolfgang
FT: Die Toten schweigen (1968)
A: Schnitzler, Arthur
FT: Begegnung im Nebel (1976)
A: Simmel, Johannes Mario; Simmel, Johannes Mario
FT: Die Stimmen von Marrakesch (1984)
A: Canetti, Elias
Leto, Marco
FT: Das Herz aller Dinge (4 Teile) (1983)
A: Greene, Graham
Lettow, Hagen
FT: Genosse Brüggemann (1993)
A: Szyszkowitz, Gerald
Leupschitz, Florian
FT: Die Prinzessin und der Schweinehirt (1970)
A: Andersen, Hans Christian
FT: Das kalte Herz (1983)
A: Hauff, Wilhelm
FT: Jorinde und Joringel (1984)
A: Grimm, Jakob Ludwig Carl; Grimm, Wilhelm Carl

Levy, Dani
FT: Meschugge (1998)
A: Schrader, Maria
Levy, Raoul
FT: Lautlose Waffen (1966)
A: Thomas, Paul
Lewis, Jim
FT: Wohin mit Elwood Tillman? (1970)
A: McConnell, James V. (= Rutherford, Douglas)
Lewitt, Paul
FT: Paul Eszterag schweigt (1959)
A: Gergely, Sandor
Lhotsky, Georg
FT: Moos auf den Steinen (1968)
A: Fritsch, Gerhard
FT: Die Entführung (1971)
A: Mnačko, Ladislav
FT: Mirko und Franca (1979)
A: Spiel, Hilde
FT: Von ewiger Liebe (1979)
A: Salten, Felix (= Salzmann, Siegmund)
FT: Der tote Onkel (1981)
A: Marginter, Peter
FT: Die kleinen Reisen des Herrn Aghios (1981)
A: Svevo, Italo
FT: Der Tag, an dem Anton nicht ankam (6 Teile) (1989)
A: Schreiber-Wicke, Edith
Liccini, Rolf
FT: Die Kommissarin (1994)
A: Renziehausen, Thomas
Liebeneiner, Wolfgang
FT: Liebe 47 (1948)
A: Borchert, Wolfgang
FT: Meine Nichte Susanne (1949)
A: Adler, Hans; Steinbrecher, Alexander
FT: Des Lebens Überfluß (1950)
A: Tieck, Ludwig
FT: Tobias Knopp, Abenteuer eines Junggesellen (1950)
A: Busch, Wilhelm
FT: Wenn eine Frau liebt (1950)
A: Rißmann, Charlotte
FT: Der blaue Stern des Südens (1951)
A: Rumpff, Heinrich
FT: Der Weibsteufel (1951)
A: Schönherr, Karl
FT: Das tanzende Herz (1953)
A: Fichelscher, Walter F.
FT: Die Stärkere (1953)
A: Linden, Christa
FT: Und ewig bleibt die Liebe (1954)
A: Sudermann, Hermann
FT: Ich war ein häßliches Mädchen (1955)
A: Selinko, Annemarie
FT: Urlaub auf Ehrenwort (1955)
A: Koll, Kilian (= Bloem, Walter Julius)
FT: Waldwinter (1956)
A: Keller, Gottfried
FT: Taiga (1958)
A: Reinecker, Herbert
FT: Ich heirate Herrn Direktor (1959)
A: Krackardt, Heinrich
FT: Ingeborg (1960)
A: Goetz, Curt
FT: Das letzte Kapitel (1961)
A: Hamsun, Knut
FT: Die große Szene (1962)
A: Schnitzler, Arthur
FT: Schwejks Flegeljahre (1963)
A: Hašek, Jaroslav
FT: Die Schelme im Paradies (1965)
A: Martens, Gaston Marie
FT: Kandidat Cormoran (1965)
A: Paliard, François
FT: Der Glückstopf (1966)
A: Teuber, Alfons
FT: Polenblut (1966)
A: Nedbal, Oskar; Stein, Leo
FT: Die Schatzinsel (4 Teile) (1966/67)
A: Stevenson, Robert Louis
FT: Betrug der Zeiten (1967)
A: Bramble, Forbes
FT: Tom Sawyers und Huckleberry Finns Abenteuer (1968)
A: Twain, Mark
FT: Mister Barnett (1969)
A: Anouilh, Jean
FT: Wenn süß das Mondlicht auf den Hügeln schläft (1969)
A: Malpass, Eric
FT: Besuch auf einem kleinen Planeten (1971)
A: Vidal, Gore
FT: Die sieben Ohrfeigen (1971)
A: Aszlanyi, Karoly
FT: Eine konsequente Frau (1971)
A: Maugham, W. Somerset
FT: Die Abenteuer des braven Soldaten Schwejk (1972)
A: Hašek, Jaroslav
FT: Eine egoistische Liebe (1973)
A: Lawrence, David Herbert
FT: Plaza Fortuna (1973)
A: Pausewang, Gudrun
FT: Schwarzwaldmädel (1973)
A: Jessel, Leon; Neidhardt, August
FT: Götz von Berlichingen mit der eisernen Hand (1978)
A: Goethe, Johann Wolfgang von
FT: Jane (1979)
A: Maugham, W. Somerset
FT: Nachbarn und nette Menschen (1979)

A: Reinecker, Herbert
FT: Der Garten (1983)
A: Aspinall, Tim
FT: Der Mustergatte (1983)
A: Hopwood, Avery

Liechti, Hans
FT: Wildbach (1993-)
A: Buchwieser, Andreas
FT: Die Sternbergs - Ärzte, Brüder, Leidenschaften (1999)
A: Kleint, Scarlett

Lietzau, Hans
FT: Vergessene Gesichter (1953)
A: Jens, Walter
FT: Begegnung im Balkan-Express (1955)
A: Hildesheimer, Wolfgang
FT: Das unbewohnte Eiland (1957)
A: Dufresne, Auguste-Charles
FT: Kolportage (1957)
A: Kaiser, Georg
FT: Ein gefährlicher Mensch (1958)
A: Hubalek, Claus
FT: Ein Glas Wasser (1958)
A: Scribe, Eugène
FT: Herbert Engelmann (1959)
A: Hauptmann, Gerhart
FT: Der Groß-Cophta (1960)
A: Goethe, Johann Wolfgang von
FT: Die Perser (1961)
A: Aischylos
FT: Ein wahrer Held (1961)
A: Synge, John Millington
FT: Mord im Dom (1962)
A: Eliot, Thomas Stearns
FT: Maria Stuart (1963)
A: Schiller, Friedrich von
FT: Dann geh zu Thorp (1964)
A: Billetdoux, François
FT: 1913 (1964)
A: Sternheim, Carl
FT: Die chinesische Mauer (1965)
A: Frisch, Max
FT: Die echten Sedemunds (1965)
A: Barlach, Ernst
FT: Ein Eremit wird entdeckt (1965)
A: Saunders, James
FT: Das Vergnügen, anständig zu sein (1966)
A: Pirandello, Luigi
FT: Hotel du Commerce (1969)
A: Hochwälder, Fritz
FT: Die Plebejer proben den Aufstand (1970)
A: Grass, Günter
FT: Der Marquis von Keith (1972)
A: Wedekind, Frank

Lilienthal, Peter
FT: Der 18. Geburtstag (1962)
A: Roehler, Klaus
FT: Picknick im Felde (1962)
A: Arrabal, Fernando
FT: Jede Stunde verletzt und die letzte tötet (Guernica) (1963)
A: Arrabal, Fernando
FT: Striptease (1963)
A: Mrozek, Slawomir
FT: Das Martyrium des Peter O'Hey (1964)
A: Mrozek, Slawomir
FT: Claire (1966)
A: Wheeler, Hugh (= Quentin, Patrick; Webb, Richard Wilson)
FT: Robert (Abgründe) (1966)
A: Ellin, Stanley
FT: Abschied (1967)
A: Herburger, Günter
FT: Verbrechen mit Vorbedacht (1967)
A: Gombrowicz, Witold
FT: Horror (1969)
A: Farrell, Henry
FT: Die Sonne angreifen (1971)
A: Gombrowicz, Witold
FT: Jakob von Gunten (1971)
A: Walser, Robert
FT: Hauptlehrer Hofer (1975)
A: Herburger, Günter
FT: David (1979)
A: BenGershôm, Ezra (= König, Joel)
FT: Der Aufstand (1981)
A: Skármeta, Antonio
FT: Das Autogramm (1984)
A: Soriano, Osvaldo
FT: Das Schweigen des Dichters (1988)
A: Yehôsua', Avraham B.
FT: Der Radfahrer von San Cristobal (1989)
A: Skármeta, Antonio
FT: Angesichts der Wälder (1993)
A: Yehôsua', Avraham B.
FT: Wassermann - Der singende Hund (1994)
A: Qanyûq, Yôram (= Kaniuk, Yoram)

Linda, Curt
FT: Die Konferenz der Tiere (1969)
A: Kästner, Erich (= Bürger, Berthold)
FT: Die kleine Zauberflöte (1998)
A: Mozart, Wolfgang Amadeus; Schikaneder, Emanuel
FT: Das kleine Gespenst
A: Preußler, Otfried

Lindemann, Klaus
FT: Händels Auferstehung (1980)
A: Zweig, Stefan

Lindner, Heinz
FT: Stan und Ollie in Deutschland (1981)
A: Widmer, Urs
Lindtberg, Leopold
FT: Paragraph 51 - Seelenarzt Dr. Laduner (1946)
A: Glauser, Friedrich
FT: Matto regiert (1947)
A: Glauser, Friedrich
FT: Der Meteor (1968)
A: Dürrenmatt, Friedrich
Lingen, Theo
FT: Glück muß man haben (1945)
A: Millöcker, Karl
FT: Hin und Her (1948)
A: Horváth, Ödön von
FT: Sie können's mir glauben (1960)
A: Mortimer, John C.
FT: Schule der Gattinnen (1962)
A: Roussin, André
Link, Caroline
FT: Pünktchen und Anton (1999)
A: Kästner, Erich (= Bürger, Berthold)
FT: Nirgendwo in Afrika (2000)
A: Zweig, Stefanie
Lipman, Jerzy
FT: Amor (1978)
A: Mrozek, Slawomir
Lippert, Albert
FT: Bergkristall (1954)
A: Forster, Friedrich
Lippl, Alois Johannes
FT: Der Erbförster (1945)
A: Ludwig, Otto
FT: Der grüne Kakadu (1955)
A: Schnitzler, Arthur
FT: Die Bauernpassion. Ein Osterspiel (1955)
A: Billinger, Richard
FT: Magdalena (1955)
A: Thoma, Ludwig
FT: Der Glockenkrieg (1983)
A: Lippl, Alois Johannes
List, Niki
FT: Werner - Beinhart! (1990)
A: Brösel (= Feldmann, Rötger)
Livaneli, Zülfü
FT: Eisenerde, Kupferhimmel (1990)
A: Yasar Kemal
Löbe, Horst
FT: Mittagspause (1961)
A: Mortimer, John C.
FT: Der Mann im Fahrstuhl (1962)
A: Fletcher, Lucille
FT: Das Mahl/Orangen-Soufflé (1968)
A: Bellow, Saul
Lodynski, Peter
FT: Peter Voss der Millionendieb (1976)
A: Seeliger, Ewald G.
Loebner, Vera
FT: Alles im Garten (1979)
A: Albee, Edward
FT: Der Sohn des Schauspielers (1979)
A: Joho, Wolfgang; Neumann, Margarethe
FT: Guten Morgen, du Schöne! (1979/80)
A: Wander, Maxie
FT: Familie Rechlin (1982)
A: Hauser, Jochen
FT: Der Mann und sein Name (1983)
A: Seghers, Anna
FT: Das Buschgespenst (1986)
A: May, Karl Friedrich
FT: Liebling Kreuzberg (1986-)
A: Friedrichs, Horst
FT: Die verschwundene Miniatur (1989)
A: Kästner, Erich (= Bürger, Berthold)
FT: Pause für Wanzka (1989)
A: Wellm, Alfred
FT: Mirjams Mutter (1993)
A: Wisselinck, Erika
FT: Unser Lehrer Dr. Specht (1994)
A: Ulmer, Michael
Loew, Sabine
FT: Das dicke Kind (1985)
A: Kaschnitz, Marie Luise
Lombard, Benton Claus
FT: Jan und das Wildpferd (1967)
A: Denneborg, Heinrich Maria
Loos, Harald
FT: Die Weihnachtsgans (1979)
A: Wolf, Friedrich (Baetz, Christian; Rüedi, Hans; Dr. Isegrimm)
Loos, Peter
FT: Lauf doch nicht splitternackt herum (1969)
A: Feydeau, Georges
Lorre, Peter
FT: Der Verlorene (1951)
A: Lorre, Peter
Losansky, Rolf
FT: ... verdammt, ich bin erwachsen (1974)
A: Nowotny, Joachim
FT: Moritz in der Litfaßsäule (1983)
A: Kozik, Christa
FT: Weiße Wolke Carolin (1985)
A: Meyer, Klaus; Schuppan, Ingrid
FT: Das Schulgespenst (1987)
A: Abraham, Peter
FT: Abschiedsdisco (1989)
A: Nowotny, Joachim
FT: Zirri - Das Wolkenschaf (1992)
A: Klemke, Werner; Rodrian, Fred
FT: Friedrich und der verzauberte Einbrecher (1996)
A: Kozik, Christa
FT: Hans im Glück (1998)

A: Grimm, Jakob Ludwig Carl; Grimm, Wilhelm Carl
Lothar, Frank
FT: Raskolnikow (1953)
A: Dostojewski, Feodor
FT: Das Schweigen des Meeres (1954)
A: Vercors (= Bruller, Jean)
FT: Legende eines Lebens (1954)
A: Zweig, Stefan
FT: Nikodemus (1955)
A: Schaper, Edzard
FT: Die tödliche Lüge (1956)
A: Oelschlegel, Gerd
FT: Geschwader Fledermaus (1956)
A: Honegger, Arthur
FT: Kleiner Engel ohne Bedeutung (1956)
A: Puget, Claude-André
FT: Viktoria (1957)
A: Hamsun, Knut
FT: Die Bürger von Calais (1958)
A: Kaiser, Georg
Lothar, Ralph
FT: Gäste im Haus (1957)
A: Walpole, Hugh Seymour Sir
Lotz, Karl-Heinz
FT: Der Dicke und ich (1981)
A: Bahre, Jens
FT: Junge Leute in der Stadt (1985)
A: Braune, Rudolf
FT: Der Eisenhans (1988)
A: Grimm, Jakob Ludwig Carl; Grimm, Wilhelm Carl
Löwinger, Paul
FT: Der keusche Adam (1950)
A: Löwinger, Gretl; Löwinger, Paul
FT: Valentins Sündenfall (1951)
A: Löwinger, Gretl
FT: Im Krug zum grünen Kranze (1953)
A: Pohl, Julius
Löwinger, Sissy
FT: Die drei Dorfheiligen (1993)
A: Ferner, Max (= Sommer, Max); Neal, Max
Lucignani, Luciano
FT: Erotica (1962)
A: Moravia, Alberto
Lüdcke, Marianne
FT: Die Tannerhütte (1976)
A: Pinner, Felix
FT: Die große Flatter (3 Teile) (1979)
A: Ossowski, Leonie
FT: Die Abschiebung (1985)
A: Wolf, Klaus-Peter
FT: Liebe ist kein Argument (1985)
A: Ossowski, Leonie
FT: Pattbergs Erbe (1987)
A: Wellershoff, Dieter
FT: Der schöne Mann (1988)
A: Wellershoff, Dieter
Luderer, Wolfgang
FT: Meine Freundin Sybille (1967)
A: Strahl, Rudi
FT: Effi Briest (1970)
A: Fontane, Theodor
FT: Die Gerechten von Kummerow (1982)
A: Welk, Ehm
FT: Schmerzensgeld (1985)
A: Hebel, Peter
FT: Immer wieder Sonntag (1995)
A: Ulrici, Rolf
Lüders, Günther
FT: Wenn wir alle Engel wären (1956)
A: Spoerl, Heinrich
FT: Ihr 106. Geburtstag (1958)
A: Sarment, Jean
Lukschy, Stefan
FT: Auf eigene Gefahr (1993)
A: Grän, Christine
FT: Ich liebe meine Familie, ehrlich (1998)
A: Johann, Anna
Luther, Miloslav
FT: Mario und der Zauberer (1978)
A: Mann, Thomas
FT: König Drosselbart (1984)
A: Grimm, Jakob Ludwig Carl; Grimm, Wilhelm Carl
FT: Der treue Johannes (1988)
A: Grimm, Jakob Ludwig Carl; Grimm, Wilhelm Carl
Lüthge, Bobby E.
FT: Pension Schöller (1952)
A: Jacoby, Wilhelm; Laufs, Carl
Lygum, Per
FT: Lorenz im Land der Lügner (1996)
A: Rodari, Gianni
Lyssy, Rolf
FT: Ein klarer Fall (1994)
A: Born, Hanspeter
Macartney, Sydney
FT: Der Prinz und der Prügelknabe (1994)
A: Fleischmann, Sid
MacDonald, Peter
FT: Die unendliche Geschichte III
A: Ende, Michael
Mach, Josef
FT: Die Söhne der großen Bärin (1965)
A: Welskopf-Henrich, Liselotte
Machaty, Gustav
FT: Suchkind 312 (1955)
A: Rhein, Eduard (= Hellmer, Klaus; Horster, Hans U.; Hulsen, Adrian)
Mackenroth, Michael
FT: Wolffs Revier (1993-)
A: Friedrichs, Horst
Madeisky, Uschi
FT: Der ewige Spießer (1985)
A: Horváth, Ödön von

Madeja, Georg
FT: Sechsunddreißig Stunden (1981)
A: Horváth, Ödön von
FT: Die Abtei (1982)
A: Brandstätter, Alois
FT: Das nachtländische Reich des Doktor Lipsky (1983)
A: Eisendle, Helmut
FT: Das Rettungslos (1984)
A: Marginter, Peter
FT: Wiener Klatsch (1984)
A: Auernheimer, Raoul
FT: Zu Lasten der Briefträger (1984)
A: Brandstätter, Alois
FT: Die Enthüllung (1985)
A: Brandstätter, Alois
FT: Melzer oder die Tiefe der Jahre (1987)
A: Doderer, Heimito von
Maetzig, Kurt
FT: Ehe im Schatten (1947)
A: Schweikart, Hans
FT: Die Buntkarierten (1949)
A: Waterstradt, Berta
FT: Der schweigende Stern (Raumschiff Venus antwortet nicht) (1959)
A: Lem, Stanislaw
FT: Der Traum des Hauptmann Loy (1961)
A: Schreyer, Wolfgang
FT: Preludio 11 (1963)
A: Schreyer, Wolfgang
FT: Die Fahne von Kriwoj Rog (1967)
A: Gotsche, Otto
FT: Das Kaninchen bin ich (1972)
A: Bieler, Manfred
FT: Mann gegen Mann (1974/75)
A: Biesalski, Kurt
Mahr, Fred
FT: Der Zerrissene (1963)
A: Nestroy, Johann Nepomuk
Maiwald, Armin
FT: Kasper Laris Abenteuer (1979)
A: Kruse, Max
Malzacher, Gig
FT: Spiegel (1980)
A: Frenkel, Frank Dimitri
Manera, Jesus Franco
FT: Nachts, wenn Dracula erwacht (1971)
A: Stoker, Bram
Manker, Paulus
FT: Weiningers Nacht (1990)
A: Sôbôl, Yehôsua
Mann, Delbert
FT: Heidi kehrt heim (1967)
A: Spyri, Johanna
Marboe, Ernst Wolfram
FT: Literatur (1970)
A: Schnitzler, Arthur
FT: Der Verschwender (1981)
A: Raimund, Ferdinand
FT: Simsalabimbambum oder Der Barometermacher auf der Zauberinsel (1985)
A: Raimund, Ferdinand
FT: Der Diamant des Geisterkönigs (1992)
A: Raimund, Ferdinand
Margheriti, Antonio
FT: Space Pirates (1987)
A: Stevenson, Robert Louis
Marioth, Georg
FT: Lichtschlag (1989)
A: Flaubert, Gustave
Marischka, Ernst
FT: Saison in Salzburg (1952)
A: Feltz, Kurt; Hentschke, Heinz; Raymond, Fred; Wallner, Max
FT: Hurra - ein Junge (1953)
A: Arnold, Franz; Bach, Ernst
FT: Mädchenjahre einer Königin (1954)
A: Sil-Vara, Geza A.
FT: Sissi (1955)
A: Blank-Eismann, Marie
FT: Opernball (1956)
A: Heuberger, Richard; Léon, Victor; Waldberg, Hugo
FT: Das Dreimäderlhaus (1958)
A: Bartsch, Rudolf Hans
FT: Der veruntreute Himmel (1958)
A: Werfel, Franz
FT: Alt-Heidelberg (1959)
A: Meyer-Förster, Wilhelm
Marischka, Franz
FT: Laß jucken, Kumpel (1) (1972)
A: Claer, Hans Henning
FT: Laß jucken, Kumpel (2) Das Bullenkloster (1972)
A: Claer, Hans Henning
FT: Rabe, Pilz & 13 Stühle (1972/73)
A: Il'f, Il'ja
FT: Laß jucken, Kumpel (3) Maloche, Bier und Bett (1974)
A: Claer, Hans Henning
FT: Laß jucken, Kumpel (4) Der Kumpel läßt das Jucken nicht (1974)
A: Claer, Hans Henning
FT: Laß jucken, Kumpel (5) Zwei Kumpel auf der Alm (1974)
A: Claer, Hans Henning
FT: Laß jucken, Kumpel (6) Laß laufen, Kumpel (1981)
A: Claer, Hans Henning
Marischka, Georg
FT: Der fidele Bauer (1951)
A: Fall, Leo; Léon, Victor
FT: Einmal keine Sorgen haben (1953)
A: Nestroy, Johann Nepomuk

FT: Die Abiturientin (1958)
A: Fodor, Ladislas (Laszlo)
FT: Sklavenkarawane (1958)
A: May, Karl Friedrich
FT: Peter Voss der Held des Tages (1959)
A: Seeliger, Ewald G.
FT: Mit Himbeergeist geht alles besser (1960)
A: Simmel, Johannes Mario
FT: Axel Munthe, der Arzt von San Michele (1962)
A: Munthe, Axel
FT: Streichquartett (1962)
A: Szakall, Szöke (= Sakall, S. Z.)
FT: Das Vermächtnis des Inka (Viva Gringo) (1965)
A: May, Karl Friedrich
FT: Ein Volksfeind (1978)
A: Ibsen, Henrik

Marischka, Hubert
FT: Küssen ist keine Sünd' (1950)
A: Eysler, Edmund; Lindau, Carl; Stein, Leo
FT: Stadtpark (1951)
A: Schubert, Hans
FT: Die Perle von Tokay (1953)
A: Raymond, Fred
FT: Knall und Fall als Hochstapler (1953)
A: Stolp, Hannes Peter (= Loeb, Wilhelm)

Markwardt, Ernst
FT: Schule für Eheglück (1953)
A: Maurois, André

Marquardt, Fritz
FT: Der Menschenhasser (1979)
A: Molière, Jean Baptiste

Martens, Valerie von
FT: Das Haus in Montevideo (1951)
A: Goetz, Curt

Martin, Paul
FT: Die tödlichen Träume (1950)
A: Hoffmann, Ernst Theodor Amadeus
FT: Sehnsucht des Herzens (1951)
A: Peteani, Maria von
FT: Mit siebzehn beginnt das Leben (1953)
A: Vaszary, Gábor von
FT: Meine Schwester und ich (1954)
A: Benatzky, Ralph; Berr, Georges; Verneuil, Louis (= Bocage, Louis Colin du)
FT: Ball im Savoy (1955)
A: Abraham, Paul; Grünwald, Alfred
FT: Liebe, Tanz und 1000 Schlager (1955)
A: Kohner, Frederick
FT: Meine schöne Mama (1957)
A: Walewska, Mathilde
FT: Ich zähle täglich meine Sorgen (1960)
A: Fredersdorf, Herbert B.
FT: Die Goldsucher von Arkansas (1964)
A: Gerstäcker, Friedrich
FT: Das kleine Teehaus (1967)
A: Goggan, John Patrick (= Patrick, John); Sneider, Vern

Martinoty, Jean-Louis
FT: Tarare (1989)
A: Beaumarchais, Pierre Augustin Caron de; Salieri, Antonio

Martins, Hardy
FT: Cascadeur: die Jagd nach dem Bernsteinzimmer (1998)
A: Friedrichs, Horst

Masten, Werner
FT: Das Glück beim Händewaschen (1982)
A: Zoderer, Joseph
FT: Schimmi (1984)
A: Pestum, Jo
FT: Die Walsche (1986)
A: Zoderer, Joseph
FT: Liebling Kreuzberg (1986-)
A: Friedrichs, Horst
FT: Unser Lehrer Dr. Specht (1994)
A: Ulmer, Michael

Matiasek, Helmuth
FT: Biedermann und die Brandstifter (1963)
A: Frisch, Max
FT: Das Nachfolge Christi-Spiel (1966)
A: Mell, Max
FT: Die Teufelsbraut (1966)
A: Kranewitter, Franz
FT: Staatsexamen (1968)
A: Vampilow, Alexander Valentinowitsch
FT: Der Bürger als Edelmann (1969)
A: Hofmannsthal, Hugo von; Molière, Jean Baptiste; Strauss, Richard
FT: Der Hausfreund (1969)
A: Valentin, Thomas

Matter, Franz
FT: Der müde Ehemann (1979)
A: Cooney, Ray

Matthies, Fritz
FT: Paulines Geburtstag oder die Bestie von Notre Dame (1977)
A: Pauly, Harry

Matula, Barbara
FT: Winterlegende (1984)
A: Busson, Paul

Matwejew, Jewgenij
FT: Der Sieg (1985)
A: Cakowskij, Alexander Borisowitsch

Maugg, Gordian
FT: Der olympische Sommer (1991/92)
A: Rücker, Günther
Mauri, Robert
FT: Kommissar X: Drei goldene Schlangen (1968)
A: Island, Bert F.
May, Paul
FT: Zwei Menschen (1952)
A: Voß, Richard
FT: Oberarzt Dr. Solm (1954)
A: Baumgarten, Harald
FT: 08/15 (Teil 1) (1954)
A: Kirst, Hans Hellmut
FT: 08/15 in der Heimat (Teil 3) (1955)
A: Kirst, Hans Hellmut
FT: 08/15 (Teil 2) (1955)
A: Kirst, Hans Hellmut
FT: Und ewig singen die Wälder (1959)
A: Gulbranssen, Trygve
FT: Soldatensender Calais (1960)
A: Mohr, Michael
FT: Via Mala (1961)
A: Knittel, John
FT: Waldrausch (1962)
A: Ganghofer, Ludwig
FT: Scotland Yard jagt Dr. Mabuse (1963)
A: Wallace, Bryan Edgar
FT: Die Truhe (1964)
A: Liggat, James
FT: Acht Stunden Zeit (1965)
A: Maitre, Charles
FT: Glück in Frankreich (1965)
A: Salomon, Ernst von
FT: Die Schlüssel (1966)
A: Durbridge, Francis Henry
FT: Melissa (1966)
A: Durbridge, Francis Henry
FT: Das gefleckte Band (1967)
A: Doyle, Arthur Conan Sir
FT: Die Liga der Rothaarigen (1967)
A: Doyle, Arthur Conan Sir
FT: Das Beryll-Diadem (1968)
A: Doyle, Arthur Conan Sir
FT: Das Haus bei den Blutbuchen (1968)
A: Doyle, Arthur Conan Sir
Mayer, Gerald
FT: Die schweizer Familie Robinson (1974)
A: Wyss, Johann David
Mechow, Ulf von
FT: Knock out (1981)
A: Martin, Hansjörg
Meerapfel, Jeanine
FT: Amigomío (1993)
A: Bergel, Pablo
Meili, Gaudenz
FT: Der Stumme (1976)
A: Walther, Otto Friedrich
FT: Kneuss (1977)
A: Brechbühl, Beat
FT: Die arge Legende (1978)
A: Werfel, Franz
Meisel, Kurt
FT: Tragödie einer Leidenschaft (1949)
A: Leskov, Nikolaj Semenovič
FT: Dämonische Liebe (1950)
A: Scheu, Just
FT: Das Sonntagskind (1956)
A: Müller-Schlösser, Hans
FT: Drei Mann auf einem Pferd (1957)
A: Abbott, George; Holm, John C.
FT: Vater sein dagegen sehr (1957)
A: Biernath, Horst
FT: Kriegsgericht (1959)
A: Berthold, Will (= Gimpel, Erich)
FT: Liebe verboten - Heiraten erlaubt (1959)
A: Nicklisch, Hans
FT: Requiem für eine Nonne (1965)
A: Faulkner, William
FT: Der Tag des Zornes (1966)
A: Brandstätter, Roman
FT: Alle Reichtümer der Welt (1967)
A: O'Neill, Eugene (Gladstone)
FT: Haus Herzenstod (1968)
A: Shaw, George Bernard
Mensak, Alfred
FT: So zärtlich war Suleyken (13 Teile) (1971-1975)
A: Lenz, Siegfried
Menzel, Jiri
FT: Die Schokoladenschnüffler (1986)
A: Wallace, Richard Horatio Edgar
Metzger, Helmut
FT: Schwarz greift ein (1994)
A: Kappel, Markus
Meuschel, Stefan
FT: Der Raub der Sabinerinnen (1973)
A: Schönthan, Franz Edler von Pernwald; Schönthan, Paul Edler von Pernwald
Mewen, Karst van der
FT: Das Geheimnis des 7. Weges (1984)
A: Dragt, Tonke
Meyen, Harry
FT: Die Lorbeermaske (1958)
A: Coubier, Heinz
Meyer, Günther
FT: Der kleine Weihnachtsmann (1979)
A: Holland-Moritz, Renate
FT: Kai aus der Kiste (1988)
A: Durian, Wolf (= Bechtle, Walter Wolfgang)

FT: Blick zurück im Zorn (1958)
A: Osborne, John James
Mnouchkine, Ariane
FT: Mephisto (1980)
A: Mann, Klaus
Mock, Joachim
FT: Der letzte Gast (1981)
A: Rausch, Theo
Mohl, Manfred
FT: Das Burggespenst Lülü (1992)
A: Kühl, Katharina
Molinaro, Edouard
FT: Ungeduld des Herzens (1979)
A: Zweig, Stefan
FT: Die Mondscheingasse (1988)
A: Zweig, Stefan
FT: Rausch der Verwandlung (2 Teile) (1988)
A: Zweig, Stefan
Möller, Uli
FT: Balko (1995-)
A: Paul, Nora
Monk, Egon
FT: Bruder Jakob oder Die Stunde (1958)
A: Maupassant, Guy de
FT: Das Geld, das auf der Straße liegt (1958)
A: Lüddecke, Werner-Jörg
FT: Leben des Galilei (1962)
A: Brecht, Bertolt
FT: Wassa Schelesnowa (1963)
A: Gorkij, Maksim
FT: Bauern, Bonzen und Bomben (5 Teile) (1973)
A: Fallada, Hans
FT: Die Geschwister Oppermann (1983)
A: Feuchtwanger, Lion
FT: Die Bertinis (5 Teile) (1988)
A: Giordano, Ralph
Monk, Sebastian
FT: Alphateam - Die Lebensretter im OP (1997)
A: Friedrichs, Horst
Moorse, George
FT: Der Findling (1967)
A: Kleist, Heinrich von
FT: Lenz (1971)
A: Büchner, Georg
FT: Tom und Hucks Ballonfahrt (1972)
A: Twain, Mark
FT: Maria (1974)
A: Ephräm, von Edessa
FT: Liebesbriefe auf blauem Papier (1977)
A: Wesker, Arnold
FT: Das Karnickel (1980)
A: Rivemale, Alexandre
FT: Die Phantomkutsche (1985)
A: McLaughlin, John
Morak, Franz
FT: Besuchszeit (1991)
A: Mitterer, Felix
FT: Sibirien (1991)
A: Mitterer, Felix
Morrissey, Paul
FT: Beethoven (Le neveu de Beethoven) (1986)
A: Magnani, Luigi
Mosblech, Manfred
FT: Heimkehr in ein fremdes Land (1976)
A: Görlich, Günter
Moszkowicz, Imo
FT: Die Frau des Fotografen oder Die große Liebe (1958)
A: Pagnol, Marcel
FT: Tageszeiten der Liebe (1958)
A: Niccodemi, Dario
FT: Mein Freund Harvey (1959)
A: Chase, James Hadley
FT: Napoleon in New Orleans (1959)
A: Kaiser, Georg
FT: Der Tritschtratsch-Müller, Kohlenbrenner und Sesselträger oder Die Träume von Schale und Kern (1960)
A: Nestroy, Johann Nepomuk
FT: Zum Geburtstag (1960)
A: Loos, Anita
FT: Santa Cruz (1961)
A: Frisch, Max
FT: Actis (1964)
A: Durrell, Lawrence
FT: Sie werden sterben, Sire (1964)
A: Ahlsen, Leopold
FT: Lerche (1966)
A: Anouilh, Jean
FT: Tiefparterre (1968)
A: Pinter, Harold
FT: Torquato Tasso (1968)
A: Goethe, Johann Wolfgang von
FT: Zum Diktat, Miss Smith (1970)
A: Gébler, Ernest
FT: Das System Fabrizi (1972)
A: Husson, Albert
FT: Der Ritter von der traurigen Gestalt (1972)
A: Jamiaque, Yves (= Jedwab, Isaac)
FT: Mond, Mond, Mond (1977)
A: Wölfel, Ursula
FT: Die Mißvergnügten (1978)
A: Mérimée, Prosper
FT: Drei Mann auf einem Pferd (1978)
A: Abbott, George; Holm, John C.
FT: Liebling, ich laß mich scheiden (1980)
A: Gottlieb, Alex
FT: Ein Winter auf Mallorca (1983)
A: Krüger, Answald; Matray, Maria

FT: Kalkstein (1983)
A: Stifter, Adalbert
FT: Zeig' was du kannst. Eine Komödie aus den 50er Jahren (1983)
A: Simon, Neil
FT: Weltuntergang (1984)
A: Dor, Milo
FT: Der kleine Riese (1985)
A: Reinecker, Herbert

Mouchtar-Samorai, David
FT: Samstag - Sonntag - Montag (1998)
A: Filippo, Eduardo de

Mrakitsch, Michael
FT: Ostende (1968)
A: Grün, Max von der

Mrozek, Slawomir
FT: Amor (1978)
A: Mrozek, Slawomir
FT: Eine Rückkehr (1980)
A: Mrozek, Slawomir

Mueller-Stahl, Hagen
FT: Der Streit um den Sergeanten Grischa (1963)
A: Zweig, Arnold
FT: Der Held (1972)
A: Neumann, Alfred
FT: Der Besuch (1975)
A: Vring, Georg von der
FT: Nächtliche Schatten (1987)
A: Rayman, Sylvia
FT: Die Hexe von Köln (1989)
A: Lohmeyer, Wolfgang

Mühl, Christa
FT: Tod und Auferstehung des Wilhelm Hausmann (1977)
A: Brecht, Bertolt
FT: Die Rache des Kapitäns Mitchell (1979)
A: Brecht, Bertolt
FT: Franziska (1985)
A: Fontane, Theodor
FT: Das wirkliche Blau (1986)
A: Seghers, Anna

Mühlbauer, Wolfgang
FT: Der Räuber mit der sanften Hand (1995)
A: Dennery, Siegfried N.

Müller, Hanns Christian
FT: Waldfrieden (1984)
A: Thoma, Ludwig

Müller, Hans
FT: Bürgermeister Anna (1950)
A: Wolf, Friedrich (Baetz, Christian; Rüedi, Hans; Dr. Isegrimm)
FT: Zar und Zimmermann (1955)
A: Lortzing, Albert
FT: Mazurka der Liebe (1957)
A: Geneé, Richard; Millöcker, Karl; Zell, F.

Müller, Hans Bernd
FT: Demonstration (1972)
A: Tabori, George

Müller, Hans-Reinhard
FT: Spiel im Schloß (1959)
A: Molnár, Ferenc
FT: Die Lokalbahn (1960)
A: Thoma, Ludwig
FT: So ist es - ist es so? (1960)
A: Pirandello, Luigi
FT: Der Feind (1961)
A: Green, Julien
FT: Dona Rosita bleibt ledig oder Die Sprache der Blumen (1962)
A: García Lorca, Federico
FT: Die Nackten kleiden (1963)
A: Pirandello, Luigi
FT: Das harte Brot (1966)
A: Claudel, Paul
FT: Elektra (1966)
A: Sophokles
FT: Das Spiel von Liebe und Zufall (1968)
A: Marivaux, Pierre Carlet Chamblain de
FT: Tag für Tag (1969)
A: Wesker, Arnold
FT: Totentanz (1970)
A: Strindberg, August
FT: Tiefe blaue See (1971)
A: Rattigan, Terence

Müller, Peter
FT: Klick und der Goldschatz (1962)
A: Schnack, Friedrich

Müller, Ray
FT: Der unsichtbare Freund (1990)
A: Lem, Stanislaw
FT: Tödliche Dienstreise (1996)
A: Chraïbi, Driss

Müller-Reitzner, Kurt
FT: Der Zerrissene (1963)
A: Nestroy, Johann Nepomuk

Müllerschön, Nikolai
FT: Der Gletscherclan (1994)
A: Gassner, Jochen

Münch, Richard
FT: Rabeneck (1981)
A: Gmür, Richard

Müncheberg, Hans
FT: Zehn Jahre später (1954)
A: Rücker, Günther

Munck, Dieter
FT: Eines schönen Tages (1964)
A: Menge, Wolfgang
FT: Gaspar Varros Recht (1966)
A: Hay, Guyla (Julius)

Munck, Eckhard
FT: Die Karpfenschlacht (1985)
A: Purzer, Manfred

Münstermann, Wolfgang
FT: Ich stehe Ihnen natürlich zur Verfügung (1984)
A: Feuchtwanger, Lion
Muras, Claus
FT: Wir fahren mit der U-Bahn nach St. Pauli (1970)
A: Boyss, Frank
Muschner, Michael
FT: Truck Stop (1996)
A: Sanguinetti, Eduardo
FT: Am Ende des Ganges (1999)
A: Kafka, Franz
Nachmann, Kurt
FT: Mit besten Empfehlungen (1963)
A: Schubert, Hans
FT: Josephine Mutzenbacher (1970)
A: Salten, Felix (= Salzmann, Siegmund)
FT: Mutzenbacher 2. Teil - Meine 365 Liebhaber (1970)
A: Salten, Felix (= Salzmann, Siegmund)
Naefe, Vivian
FT: Man(n) sucht Frau (1994)
A: Nürnberger-Gerster, Christian
FT: Eine ungehorsame Frau (1998)
A: Schoenle, Annemarie
FT: 2 Männer, 2 Frauen - 4 Probleme!? (1998)
A: Beleites, Edith
FT: Frauen lügen besser (2000)
A: Schoenle, Annemarie
Näter, Thorsten
FT: Zeit der Stille (1986)
A: Jacusso, Nino
FT: Nadja - Heimkehr in die Fremde (1995)
A: Däs, Nelly
FT: Frauen morden leichter (1997)
A: Kreis, Gabriele
Nazzaro, Ray
FT: Einer frißt den anderen (1963)
A: Bloomfield, Robert
Neame, Ronald
FT: Die Akte Odessa (1974)
A: Forsyth, Frederick
Nekes, Werner
FT: Ulisses (1980)
A: Oram, Neil
Nemec, Jan
FT: Die Verwandlung (1975)
A: Kafka, Franz
Netzsch, Jutta
FT: Das Lächeln am Fuße der Leiter (1987)
A: Miller, Henry
Neubach, Ernst
FT: Ich hab' mein Herz in Heidelberg verloren (1952)
A: Neubach, Ernst; Raymond, Fred
FT: Man lebt nur einmal (1952)
A: Neubach, Ernst
Neuber, Wolf
FT: Häuptling Abendwind oder Das greuliche Festmahl (1965)
A: Nestroy, Johann Nepomuk
Neuberg, Erich
FT: Geschichten aus dem Wienerwald (1957)
A: Horváth, Ödön von
FT: Der jüngste Tag (1960)
A: Horváth, Ödön von
FT: Professor Bernhardi (1962)
A: Schnitzler, Arthur
FT: Valnocha, der Koch (1962)
A: Jellinek, Oskar
FT: Der Herr Karl (1963)
A: Merz, Carl; Qualtinger, Helmut
FT: Ein Volksfeind (1964)
A: Ibsen, Henrik
FT: Der Himbeerpflücker (1965)
A: Hochwälder, Fritz
FT: Kabale und Liebe (1965)
A: Schiller, Friedrich von
FT: Das Nachfolge Christi-Spiel (1966)
A: Mell, Max
FT: Die Hinrichtung (1966)
A: Merz, Carl; Qualtinger, Helmut
Neuenfels, Hans
FT: Heinrich von Kleist 'Penthesilea', Träumereien um eine Inszenierung (1982)
A: Kleist, Heinrich von
FT: Penthesilea von Kleist (1983)
A: Kleist, Heinrich von
FT: Die Familie Schroffenstein (1984)
A: Kleist, Heinrich von
FT: Die Schwärmer (1985)
A: Musil, Robert
Neuhäuser, Holger
FT: Aeon - Countdown im All (1999)
A: Maximilian, Daniel; Pauli, Thomas
Neukirchen, Dorothea
FT: Und die Toten läßt man ruhen (1995)
A: Kehrer, Jürgen
Neumann, Jurij
FT: Gute Zeiten - Schlechte Zeiten (1992-)
A: Fuger, Berry
Neumann, Kurt
FT: Regina Amstetten (1953)
A: Wiechert, Ernst
FT: Drei vom Varieté (1954)
A: Holländer, Felix

FT: Stern von Rio (1955)
A: Kohner, Frederick

Neumann, Martin
FT: Der Korporal aus Java (1955)
A: Vring, Georg von der
FT: Rosalinde (1957)
A: Barrie, James Matthew Sir
FT: Das Schiff in den Wolken (1964)
A: Rechlin, Eva

Neumeier, John
FT: Die Kameliendame (1987)
A: Dumas, Alexandre (fils)

Neureuther, Erich
FT: Der wahre Jakob (1965)
A: Arnold, Franz; Bach, Ernst
FT: Das ganz große Ding (1966)
A: Canning, Victor
FT: Die spanische Fliege (1967)
A: Arnold, Franz; Bach, Ernst
FT: Die Verspätung (1969)
A: Hildesheimer, Wolfgang
FT: Heidi und Erni (1990)
A: Ulrici, Rolf
FT: Der Weg in's Paradies (1996)
A: Nicolai, Ina
FT: Der gerade Weg (1998)
A: Gruber, Michael
FT: Rosamunde Pilcher: Zeit der Erkenntnis (2000)
A: Pilcher, Rosamunde

Neureuther, Ulrich
FT: Kinderparty (1978)
A: Waterhouse, Keith

Nicolaescu, Sergiu
FT: Der Seewolf (Miniserie) (1971)
A: London, Jack
FT: Lockruf des Goldes (4 Teile) (1975)
A: London, Jack
FT: Freundschaft wider Willen (1979)
A: London, Jack

Niebeling, Hugo
FT: Giselle (1969)
A: Heine, Heinrich

Nikel, Thomas
FT: Wildbach (1993-)
A: Buchwieser, Andreas
FT: Rosamunde Pilcher: Lichterspiele (1996)
A: Pilcher, Rosamunde

Nitschke, Helmut
FT: Das Licht auf dem Galgen (1976)
A: Seghers, Anna
FT: Harmloser Anfang (Polizeiruf 110) (1981)
A: Kleine, Dorothea

Noczynski, Fred
FT: Dann steig ich eben aus ... (1977)
A: Lüdemann, Hans-Ulrich
FT: Alarm auf dem Dachboden (1978)
A: Niziurski, Edmund
FT: Tiefer blauer See (1981)
A: Beseler, Horst
FT: Einmal die Luise sein (1983)
A: Hardel, Lilo

Noelte, Rudolf
FT: Draußen vor der Tür (1957)
A: Borchert, Wolfgang
FT: Abendstunde im Spätherbst (1960)
A: Dürrenmatt, Friedrich
FT: Die Kassette (1961)
A: Sternheim, Carl
FT: Die Wildente (1961)
A: Ibsen, Henrik
FT: Die Fliegen (1966)
A: Sartre, Jean-Paul
FT: Irrungen - Wirrungen (1966)
A: Fontane, Theodor
FT: Woyzeck (1966)
A: Büchner, Georg
FT: Das Schloß (1968)
A: Kafka, Franz

Nola, Jürgen
FT: Beschreibung einer Verfolgung (1971)
A: Kremer, Rüdiger
FT: Unternehmen Jacotobi (6 Teile) (1990)
A: Martin, Hansjörg

Nosseck, Max
FT: Der Hauptmann und sein Held (1955)
A: Hubalek, Claus

Növer, Hans
FT: Im Schlafe geschehen (1976)
A: Hawthorne, Nathaniel

Novotny, Franz
FT: Die Ausgesperrten (1982)
A: Jelinek, Elfriede

Nowottnick-Genschow, Rita-Maria
FT: Schneeweißchen und Rosenrot (1984)
A: Grimm, Jakob Ludwig Carl; Grimm, Wilhelm Carl

Nüchtern, Rüdiger
FT: Wildbach (1993-)
A: Buchwieser, Andreas
FT: Wilde Zeiten (1997)
A: Seidl, Gerhard

Nußgruber, Rudolf
FT: Sonnenschein und Wolkenbruch (1955)
A: Knechtl-Ostenburg, Fritz

Ode, Erik
FT: Skandal in der Botschaft (1950)
A: Fraser, Georg (= Zeiz, August Hermann)
FT: Der Kampf der Tertia (1952)
A: Speyer, Wilhelm
FT: Eine große Liebe (1957)

A: Birabeau, André
FT: Ohne Mutter geht es nicht (1958)
A: Nicklisch, Hans
FT: Bubusch (1962)
A: Vaszary, Gábor von
FT: Theorie und Praxis (1962)
A: Popplewell, Jack
FT: Das Ende vom Anfang (1963)
A: O'Casey, Sean
FT: Nach all den Jahren (1967)
A: Clemens, Brian

Odermatt, Urs
FT: Anwältin Lisa Falk: Eine Frau für alle Fälle (1997-98)
A: Becker, Miriam

Oehme, Roland
FT: Der Mann, der nach der Oma kam (1972)
A: Holland-Moritz, Renate
FT: Ein irrer Duft von frischem Heu (1977)
A: Strahl, Rudi
FT: Meine Frau Inge und meine Frau Schmidt (1985)
A: Brehmer, Joachim
FT: Farssmann oder Zu Fuß in die Sackgasse (1991)
A: Kant, Hermann

Oehmichen, Walter
FT: Brüderchen und Schwesterchen (1953)
A: Grimm, Jakob Ludwig Carl; Grimm, Wilhelm Carl
FT: Die goldene Gans (1953)
A: Grimm, Jakob Ludwig Carl; Grimm, Wilhelm Carl

Oelschlegel, Gerd
FT: Grüße aus Bad Walden (1980)
A: Lorenzen, Rudolf

Okan, Bay
FT: Mercedes mon amour (1995)
A: Agaoglu, Adalet

Olden, John
FT: Neues aus dem sechsten Stock (1954)
A: Gehri, Alfred
FT: Das kleine Hofkonzert (1955)
A: Nick, Edmund; Verhoeven, Paul
FT: Die Heiratsvermittlerin (1955)
A: Wilder, Thornton
FT: Ende des sechsten Stocks (1955)
A: Gehri, Alfred
FT: Der erste Frühlingstag (1956)
A: Smith, Dodie
FT: Der Herzspezialist (1957)
A: Holt, Hans
FT: Der Verschwender (1957)
A: Raimund, Ferdinand
FT: Die liebe Familie (1957)
A: Douglas, Felicity (= Royal-Dawson, Felicity)
FT: Die Beklagte (1958)
A: Rice, Elmer
FT: Liebelei (1958)
A: Schnitzler, Arthur
FT: Unser Herr Vater (1958)
A: Sauvajon, Marc-Gilbert
FT: Die Ratten (1959)
A: Hauptmann, Gerhart
FT: Im sechsten Stock (1959)
A: Gehri, Alfred
FT: Die Zeit und die Conways (1960)
A: Priestley, John Boynton
FT: Madame Sans-Gêne (1960)
A: Sardou, Victorien
FT: Der Schwierige (1961)
A: Hofmannsthal, Hugo von
FT: Frau Irene Besser (1961)
A: Habe, Hans (= Bekessy, Janos)
FT: Ruf zur Leidenschaft (1961)
A: Rice, Elmer
FT: Schau heimwärts, Engel (1961)
A: Frings, Ketti; Wolfe, Thomas
FT: Der Biberpelz (1962)
A: Hauptmann, Gerhart
FT: Der rote Hahn (1962)
A: Hauptmann, Gerhart
FT: Die glücklichen Jahre der Thorwalds (1962)
A: Priestley, John Boynton
FT: Golden Boy (Goldene Hände) (1962)
A: Odets, Clifford
FT: Leutnant Gustl (1963)
A: Schnitzler, Arthur
FT: In einem Garten in Aviano (1964)
A: Hubalek, Claus

Olmi, Ermanno
FT: Die Legende vom heiligen Trinker (1988)
A: Roth, Joseph

Onneken, Edzard
FT: Gute Zeiten - Schlechte Zeiten (1992-)
A: Fuger, Berry

Opel, Adolf
FT: Die Todesfuge (1977)
A: Celan, Paul

Ophüls, Marcel
FT: Clavigo (1970)
A: Goethe, Johann Wolfgang von
FT: Zwei ganze Tage (Wir wollen uns ein Luftschloß bauen) (1970)
A: Guitry, Sacha
FT: Till Eulenspiegel (1971)
A: Bote, Hermann

Ophüls, Max
FT: Der Reigen (La ronde) (1950)
A: Schnitzler, Arthur

Oppermann, Ingrid
FT: Die Nachbarn (Aus heiterem Himmel) Ein Film in 9 Episoden (1982)
A: Ebner-Eschenbach, Marie von
Orsini, Valentino
FT: Der Geliebte der großen Bärin (1971)
A: Piasecki, Sergiusz
Ostrowsky, Hartmut
FT: Gefrühstückt wird um 8 (1978)
A: Focke, Gerd
FT: Der Versager (1979)
A: Bennecke, Traudel
FT: Ihr Kinderlein kommet (1979)
A: Schölzel, Margot
FT: Stolzer Hahn (1979)
A: Czerwenka, Rudi
FT: Urlaub mit Nackenstützen (1984)
A: Hattwig, Martin; Winter, Klaus
FT: An allem ist Matuschke schuld (1988)
A: Trute, Sigrid
FT: Liebling, mir fehlen die Worte (1988)
A: Claus, Manfred
FT: Der Westminster-Gong (1990)
A: Kent, Alexander
Oswald, Gerd
FT: Schachnovelle (1960)
A: Zweig, Stefan
FT: Bis zur bitteren Neige (1975)
A: Simmel, Johannes Mario
Othenin-Girard, Dominique
FT: Die heilige Hure (1998)
A: Emmermann, Heide-Marie
Ott, Hans-Jürgen
FT: Wenn der Hahn kreiht (1985)
A: Hinrichs, August
Ottinger, Ulrike
FT: Freak Orlando (1981)
A: Woolf, Virginia
Otto, Gunter
FT: Heidi - Heida - Teil I (1990)
A: Spyri, Johanna
Overhoff, Gerhard
FT: Die Aufrüstung (1960)
A: Averčenko, Arkadij T.
FT: Die Polizei (1960)
A: Mrozek, Slawomir
FT: Das Grammophon (1962)
A: Averčenko, Arkadij T.
FT: Ein komplizierter Mensch (1962)
A: Abse, Dannie
Owens, Richard
FT: Zucker für den Mörder (1968)
A: Saint Moore, Adam
Özgentürk, Ali
FT: Der Wächter Murtaza (1986)
A: Orhan Kemal (= Mehmet Rasit Ögütçü)

Pabst, Georg Wilhelm
FT: Die Dreigroschenoper (1931)
A: Brecht, Bertolt; Weill, Kurt
FT: Der Prozeß (1948)
A: Brunngraber, Rudolf
FT: Das Bekenntnis der Ina Kahr (1954)
A: Dits, Hans Emil
FT: Der letzte Akt (1955)
A: Remarque, Erich Maria (= Remark, Erich Paul)
FT: Durch die Wälder, durch die Auen (1956)
A: Watzlik, Hans
Palitzsch, Peter
FT: Mutter Courage und ihre Kinder (1960)
A: Brecht, Bertolt
FT: Der Prozeß der Jeanne d'Arc zu Rouen 1431 (1964)
A: Brecht, Bertolt
FT: Leben und leben lassen (1969)
A: Arden, John
Palma, Bernd
FT: Heut' abend tanzt Lysistrate (1980)
A: Aristophanes
Palme, Erich
FT: Mönche, Mädchen und Panduren (1952)
A: Ferner, Max (= Sommer, Max)
Panzer, Wolfgang
FT: Aus heiterem Himmel (1980)
A: Stein, Sol
FT: Matto regiert (1980)
A: Glauser, Friedrich
FT: Gnadenlos (1983)
A: Juracek, Pavel
FT: Hell in Frauensee (1983)
A: Baum, Vicki
FT: Die Verschwörung (1985)
A: Edwards, Amelia Ann Blanford
FT: Gespenster (1985)
A: Bowen, Elizabeth D. C.
FT: Der König von Bärenbach (1994)
A: Huby, Felix (= Hungerbühler, Eberhard)
Paryla, Karl
FT: Mich dürstet (1956)
A: Gorrish, Walter
FT: Wassa Schelesnowa (1984)
A: Gorkij, Maksim
Passer, Ivan
FT: Frankensteins Spukschloß (1975)
A: Chase, James Hadley
Pataky, Zoltan
FT: Liebesversuche (1980)
A: Schwaiger, Brigitte
FT: Nicht einmal Klavier (1985)
A: Boesch, Wolfgang

Patellière, Denys de la
FT: Rififi in Paris (1965)
A: Breton, Auguste le
FT: Caroline Cherie (Schön wie die Sünde) (1967)
A: Saint-Laurent, Cécil
Patzak, Peter
FT: Kottan ermittelt - Hartlgasse 16a (1976)
A: Zenker, Helmut
FT: Das Einhorn (1978)
A: Walser, Martin
FT: Gesundheit! (1979)
A: Forte, Dieter
FT: Das Vorbild (1980)
A: Wolfgruber, Gernot
FT: Den Tüchtigen gehört die Welt (1981)
A: Zenker, Helmut; Zenker, Margit
FT: Kaßbach (1981)
A: Zenker, Helmut
FT: Die Försterbuben (1984)
A: Rosegger, Peter (= P. K. = Kettenfeier, Petri)
FT: Der Joker (1987)
A: Mortimer, Ellis
FT: Frau Berta Garlan (1989)
A: Schnitzler, Arthur
FT: Gavre Princip - Himmel unter Steinen (1990)
A: Koning, Hans
FT: St. Petri-Schnee (1990)
A: Perutz, Leo
FT: Rochade (1991)
A: Mnačko, Ladislav
FT: Im Kreis der Iris (1992)
A: Nabl, Franz
FT: Brennendes Herz - Tagebuch einer Flucht (1996)
A: Regler, Gustav
FT: Shanghai 1937 (1996)
A: Baum, Vicki
Paul, Heinz
FT: Spatzen in Gottes Hand (Glück aus Ohio) (1950)
A: Bender, Ludwig; Kahn, Edgar
FT: Unternehmen Edelweiß (1954)
A: Kernmayr, Hans Gustl
Pause, Wolf-Dieter
FT: Das Boot im Walde (1971)
A: Khaitov, Nikolai
FT: Das Idol von Mordassow (1979)
A: Dostojewski, Feodor
FT: Adel im Untergang (1981)
A: Renn, Ludwig
FT: Meine 5 Frauen (1983)
A: Hähnel, Brigitte
Payer, Peter
FT: Untersuchung an Mädeln (1999)
A: Drach, Albert
Peckinpah, Sam
FT: Steiner - Das Eiserne Kreuz (1977)
A: Heinrich, Willi
Pein, Joachim
FT: Wann heiraten Sie meine Frau? (1978)
A: Conty, Jean-Pierre
Pellert, Wilhelm
FT: Jesus von Ottakring (1975)
A: Korherr, Helmut; Pellert, Wilhelm
Perlwitz, Dieter
FT: Jeder Tag im Herbst (1975)
A: Bräunig, Werner
Pérrier, Étienne
FT: Verwirrung der Gefühle (1981)
A: Zweig, Stefan
Petersen, Wolfgang
FT: Einer von uns beiden (1973)
A: -ky (= Bosetzky, Horst)
FT: Van der Valk und die Reichen (1973)
A: Freeling, Nicolas
FT: Stellenweise Glatteis (1975)
A: Grün, Max von der
FT: Hans im Glück (1976)
A: Grimm, Jakob Ludwig Carl; Grimm, Wilhelm Carl
FT: Vier gegen die Bank (1976)
A: Maloney, Ralph
FT: Die Konsequenz (1978)
A: Ziegler, Alexander
FT: The Plastic Nightmare (1979)
A: Neely, Richard
FT: Das Boot (1979-81)
A: Buchheim, Lothar-Günther
FT: Die unendliche Geschichte (1983)
A: Ende, Michael
FT: Das Boot - Der Director's Cut (1996)
A: Buchheim, Lothar-Günther
Peterson, Sebastian
FT: Helden wie wir (1999)
A: Brussig, Thomas
Petit, Christopher
FT: Fluchtpunkt Berlin (Flight to Berlin) (1983)
A: Potter, Jennifer
Petrovic, Aleksandar
FT: Gruppenbild mit Dame (1977)
A: Böll, Heinrich
Petsch, Hans-Klaus
FT: St. Angela (1997-)
A: Hofmann, Mariella
Petzold, Konrad
FT: Die Jagd nach dem Stiefel (1961)
A: Zimmering, Max
FT: Jetzt und in der Stunde meines Todes (1963)

A: Günther, Egon
FT: Das Lied vom Trompeter (1964)
A: Gotsche, Otto
FT: Alfons Zitterbacke (1966)
A: Holtz-Baumert, Gerhard
FT: Die Hosen des Ritters von Bredow (1973)
A: Alexis, Willibald (= Häring, Georg Wilhelm Heinrich)
FT: Kit & Co (1974)
A: London, Jack
FT: Die Geschichte von der Gänseprinzessin und ihrem treuen Pferd Falada (1988)
A: Grimm, Jakob Ludwig Carl; Grimm, Wilhelm Carl

Pevny, Wilhelm
FT: Maria und Josef (1980)
A: Turrini, Peter

Pevsner, Tom
FT: Finden Sie, daß sich Constanze richtig verhält? (1962)
A: Maugham, W. Somerset

Peymann, Claus
FT: Sonntags am Meer (1970)
A: Adrien, Philippe

Pfahl, Berengar
FT: Tränende Herzen (1980)
A: Steinwachs, Ginka

Pfandler, Helmut
FT: Sankt Peters Regenschirm (1971)
A: Mikszath, Kalman
FT: Defraudanten (1973)
A: Polgar, Alfred
FT: Abenteuer eines Sommers (1974)
A: Sacher-Masoch, Alexander von

Pfeiffer, Hermann
FT: Der Raub der Sabinerinnen (1959)
A: Schönthan, Franz Edler von Pernwald; Schönthan, Paul Edler von Pernwald
FT: Das Mißverständnis (1960)
A: Magnier, Claude
FT: Auguste (1961)
A: Castans, Raymond
FT: Der fröhliche Weinberg (1961)
A: Zuckmayer, Carl
FT: Der erste Frühlingstag (1962)
A: Smith, Dodie
FT: Ein verlorener Brief (1962)
A: Caragiale, Jon Luca
FT: Nächtliche Praxis (1963)
A: Givert, Yvon
FT: Kein Grund zur Unruhe (1964)
A: Spooner, John D.

Pfeiffer, Ulrike
FT: Rokoko (1996)
A: Goldoni, Carlo

Pfleghar, Michael
FT: Kennen Sie die Milchstraße? (1958)
A: Wittlinger, Karl
FT: Die Tote von Beverly Hills (1964)
A: Goetz, Curt

Philipe, Gérard
FT: Till Ulenspiegel, der lachende Rebell (1956)
A: Coster, Charles de

Philipp, Harald
FT: Division Brandenburg (1960)
A: Berthold, Will (= Gimpel, Erich)
FT: Strafbatallion 999 (1960)
A: Konsalik, Heinz Günther (= Pahlen, Henry)
FT: Auf Wiedersehen (1961)
A: Pabel, Reinhold
FT: Der Ölprinz (1965)
A: May, Karl Friedrich
FT: Mordnacht in Manhattan (1965)
A: Cotton, Jerry (= Höber, Heinz-Werner; Müller, Heinz-Werner)
FT: Um Null Uhr schnappt die Falle zu (1966)
A: Cotton, Jerry (= Höber, Heinz-Werner; Müller, Heinz-Werner)
FT: Winnetou und das Halbblut Apanatschi (1966)
A: May, Karl Friedrich
FT: Liebesnächte in der Taiga (1968)
A: Konsalik, Heinz Günther (= Pahlen, Henry)
FT: Die Tote aus der Themse (1971)
A: Wallace, Richard Horatio Edgar
FT: Die Buchholzens (1974)
A: Stinde, Julius
FT: Zum Frühstück zwei Männer (1981)
A: Wittlinger, Karl

Pichler, Ernst
FT: Die kleine Hexe, die nicht böse sein konnte (1972)
A: Machado, Maria Clara
FT: König Drosselbart (1978)
A: Grimm, Jakob Ludwig Carl; Grimm, Wilhelm Carl
FT: Tischlein deck' dich (1979)
A: Grimm, Jakob Ludwig Carl; Grimm, Wilhelm Carl
FT: Der kleine Lord (1980)
A: Burnett, Frances Hodgson
FT: Der gestiefelte Kater (1981)
A: Grimm, Jakob Ludwig Carl; Grimm, Wilhelm Carl
FT: Die Fee, die keiner haben wollte (1982)
A: Koczian, Johanna von
FT: Die Gänsehirtin am Brunnen (1983)

A: Grimm, Jakob Ludwig Carl; Grimm, Wilhelm Carl
FT: Aschenbrödel (1984)
A: Grimm, Jakob Ludwig Carl; Grimm, Wilhelm Carl
FT: Das ist die stille Zeit im Jahr (1984)
A: Waggerl, Karl Heinrich
FT: Hufelands Töchter (1984)
A: Grimm, Jakob Ludwig Carl; Grimm, Wilhelm Carl

Piel, Harry
FT: Der Tiger Akbar (1950/51)
A: Quindt, William

Pieper, Eberhard
FT: Der Geist der Mirabelle. Geschichten aus Bollerup (1978)
A: Lenz, Siegfried
FT: Die Jungfernfahrt der "Antje B". (1980)
A: Nathan, Robert
FT: Spuren (1987)
A: Sell, Hans Joachim

Pils, Heide
FT: Rosina (1980)
A: Kappacher, Walter
FT: Der grüne Stern (1982)
A: Weigel, Hans
FT: Das rauhe Leben (1987)
A: Petzold, Alfons

Podehl, Peter
FT: Der Wolf und die sieben Geißlein (1957)
A: Grimm, Jakob Ludwig Carl; Grimm, Wilhelm Carl
FT: Frau Holle (1961)
A: Grimm, Jakob Ludwig Carl; Grimm, Wilhelm Carl
FT: Hosianna (1961)
A: Rechlin, Eva
FT: Ahimeh (1963)
A: Rechlin, Eva
FT: Der ehrliche Luigi (1963)
A: Ridge, Antonia
FT: Chabichou (1964)
A: Duvernois, Henri
FT: Schneeschmelze (1969)
A: Kaschnitz, Marie Luise
FT: Jan vom goldenen Stern (1980)
A: Key, Alexander
FT: Lemmi und die Schmöker (1983)
A: Nöstlinger, Christine
FT: Z wie Zacharias (1985)
A: O'Brien, Robert C.

Pohl, Arthur
FT: Corinna Schmidt (1951)
A: Fontane, Theodor
FT: Kein Hüsung (1954)
A: Reuter, Fritz
FT: Pole Poppenspäler (1954)
A: Storm, Theodor
FT: Das Dorf in der Heimat (1956)
A: Storm, Theodor
FT: Kleine Geschäfte (1962)
A: Huisman, Loek

Pohland, Hans Jürgen
FT: Katz und Maus (1967)
A: Grass, Günter

Pohland, Hans-Jürgen
FT: Tamara (1968)
A: Martin, Hansjörg

Polak, Jindrich
FT: Pan Tau (Herr Tau) (1952/1972)
A: Hofmann, Ota

Pölsler, Julian
FT: Wildbach (1993-)
A: Buchwieser, Andreas
FT: Der Schandfleck (1999)
A: Anzengruber, Ludwig

Ponnell, Jean-Pierre
FT: La Cenerentola (1981)
A: Ferretti, Jacopo; Rossini, Gioacchini Antonio

Powell, Michael
FT: Oh, Rosalinda (1955)
A: Geneé, Richard; Haffner, Carl; Strauß, Johann

Praunheim, Rosa von
FT: Macbeth (1971)
A: Shakespeare, William; Verdi, Giuseppe
FT: Axel von Auersperg (1973)
A: Villiers de l'Isle-Adam, Jean-Marie Mathias Philippe-Auguste, Comte de
FT: Rote Liebe (1980/82)
A: Kollontaj, Alexandra
FT: Ich bin meine eigene Frau (1992)
A: Mahlsdorf, Charlotte von

Preen, Joachim
FT: Der Abgeordnete von Bompignac (1977)
A: Bisson, Alexandre

Preminger, Otto
FT: Die Jungfrau auf dem Dach (1952)
A: Herbert, F. (Frederick) Hugh

Pressburger, Emeric
FT: Oh, Rosalinda (1955)
A: Geneé, Richard; Haffner, Carl; Strauß, Johann

Prietzel, Claudia
FT: Wolffs Revier (1993-)
A: Friedrichs, Horst

Prochaska, Andreas
FT: Die 3 Posträuber (1998)
A: Nöstlinger, Christine

Proll, Jens-Peter
FT: Das Inserat (1974)
A: Porter, William Sydney (= O'Henry)
FT: Die Waffe (1974)

A: Katschew, Kamen
FT: Eine wohltemperierte Ehe (1974)
A: Wahlgren, Anna (= Feldt, Anna)
FT: Im Fliegen sterben (1974)
A: Hailey, Arthur
FT: Scheidung in Tennessee (1974)
A: Porter, William Sydney (= O'Henry)
FT: Das reelle Unternehmen (1975)
A: Hašek, Jaroslav
FT: Kommissar Engel und das Baby (1975)
A: Čapek, Karel
FT: Lord Arthur Saviles unvermeidbare Mordtat (1975)
A: Wilde, Oscar
FT: 15 Schritte Distanz (1975)
A: Franzos, Karl Emil
FT: Das Leben einer Frau (1976)
A: Čechov, Anton Pavlovič
FT: Ein Hahn im Korb (1978)
A: Kent, Alexander
FT: Draußen im Heidedorf (1980)
A: Storm, Theodor
FT: Liebes- und Skandalgeschichten aus dem alten Berlin (1980)
A: Gräser, Erdmann
FT: Regine oder Die Falle (1980)
A: Holländer, Felix
FT: Spreelore oder Das heisse Blut (1980)
A: Gräser, Erdmann
FT: Kreuz As bedeutet Tod (1981)
A: Stevenson, Robert Louis
FT: Wenn ich dich nicht hätte oder Der Schmied seines Glücks (1982)
A: Keller, Gottfried

Pröttel, Dieter
FT: Seitenstechen (1985)
A: Späth, Bernd

Przybyl, Hieronim
FT: Der schweigende Stern (Raumschiff Venus antwortet nicht) (1959)
A: Lem, Stanislaw

Purukker, Willy
FT: Sturm im Wasserglas (1955)
A: Frank, Bruno

Purzer, Manfred
FT: Das Netz (1975)
A: Habe, Hans (= Bekessy, Janos)
FT: Die Elixiere des Teufels (1976)
A: Hoffmann, Ernst Theodor Amadeus
FT: Der Mann im Schilf (1977)
A: Saiko, George

Qian Yun Da
FT: Schneewittchen und die sieben Zwerge (1997)
A: Grimm, Jakob Ludwig Carl; Grimm, Wilhelm Carl

Quaß, Ernst Michael
FT: Alice Kaluza tanzt - nach Wilhelm Busch (1958)
A: Busch, Wilhelm

Quest, Hans
FT: Charleys Tante (1955)
A: Thomas, Brandon
FT: Wenn Poldi ins Manöver zieht (1956)
A: Nestroy, Johann Nepomuk
FT: Das Mädchen ohne Pyjama (1957)
A: Bock, Christian
FT: Kunst ist Kunst (1959)
A: Kurnitz, Harry
FT: Das Paradies (1960)
A: Birabeau, André
FT: Die erste Mrs. Selby (1960)
A: Ervine, St. John Greer
FT: Es ist soweit (1960)
A: Durbridge, Francis Henry
FT: Bei Pichler stimmt die Kasse nicht (1961)
A: Polgar, Alfred
FT: Das Halstuch (1962)
A: Durbridge, Francis Henry
FT: Das Himmelbett (1963)
A: Hartog, Jan de
FT: Der Mann, der keinen Mord beging (1963)
A: Spoerl, Alexander
FT: Tim Frazer (1963)
A: Durbridge, Francis Henry
FT: Kammerjungfer (1964)
A: Deval, Jacques
FT: Tim Frazer - Der Fall Salinger (1964)
A: Durbridge, Francis Henry
FT: Boeing-Boeing (1965)
A: Camoletti, Marc
FT: Immer und noch ein Tag (1965)
A: Bush-Fekete, Leslie (Ladislas)
FT: Krampus und Angelika (1965)
A: Helwig, Paul
FT: Narrenspiegel (1971)
A: Neumann, Alfred
FT: Gefallen (1975)
A: Mann, Thomas

Raben, Peer
FT: Die Ahnfrau (Fernseh-Oper) (1971)
A: Grillparzer, Franz

Rabenalt, Arthur Maria
FT: Am Abend nach der Oper (1945)
A: Nabl, Franz
FT: Morgen ist alles besser (1948)
A: Selinko, Annemarie
FT: Anonyme Briefe (1949)
A: Artinger, Annemarie (= Schwarzer, Annemarie)
FT: Nächte am Nil (1949)

A: Lüthge, Bobby E.
FT: Hochzeit im Heu (1951)
A: Anzengruber, Ludwig
FT: Alraune (1952)
A: Ewers, Hans Heinz
FT: Die Förster-Christl (1952)
A: Buchbinder, Ludwig Bernhard (= Klinger, Gustav); Jarno, Georg
FT: Fiakermilli - Liebling von Wien (1952)
A: Costa, Martin
FT: Der unsterbliche Lump (1953)
A: Dörmann, Felix; Eysler, Edmund
FT: Der Vogelhändler (1953)
A: Held, Ludwig; West, Moritz; Zeller, Carl
FT: Lavendel, eine ganz unmoralische Geschichte (1953)
A: Schuppler, Bruno
FT: Der Zigeunerbaron (1954)
A: Jokai, Maurus; Schnitzer, Igor; Strauß, Johann
FT: Die Sonne von St. Moritz (1954)
A: Höcker, Paul Oskar
FT: Solang es hübsche Mädchen gibt (1955)
A: Artinger, Annemarie (= Schwarzer, Annemarie)
FT: Unternehmen Schlafsack (1955)
A: Nogly, Hans
FT: Skandal um Dr. Vlimmen (1956)
A: Roothaert, Antonius M.H.
FT: Eine Frau, die weiß, was sie will (1957)
A: Grünwald, Alfred; Strauss, Oscar
FT: Geliebte Bestie (1958)
A: Seidel, Heinrich
FT: Der Held meiner Träume (1960)
A: Puget, Claude-André
FT: Der Impresario von Smyrna (1962)
A: Goldoni, Carlo
FT: Liebe im September (1962)
A: Casey, Rosemary
FT: Das Mädl aus der Vorstadt (1963)
A: Nestroy, Johann Nepomuk
FT: Die beiden Klingsberg (1964)
A: Kotzebue, August von
FT: Literatur (1965)
A: Schnitzler, Arthur
FT: Haie an Bord (1970)
A: Becker-Riepen, Rolf O.
FT: Hilfe, mich liebt eine Jungfrau (1970)
A: Crébillon, Claude de
FT: Caribia (1977)
A: Marivaux, Pierre Carlet Chamblain de

Rabos, Dusan
FT: Der falsche Prinz. Ein orientalisches Märchen um Schein und Sein (1985)
A: Hauff, Wilhelm
Räck, Kurt
FT: Die Lästerschule (1962)
A: Hildesheimer, Wolfgang
Radanowicz, Georg
FT: Das Unglück (1976)
A: Frisch, Max
Radax, Ferry
FT: Am Rand (1961/63)
A: Bayer, Konrad
FT: Der Kopf des Vitus Behring (1970)
A: Bayer, Konrad
FT: Der Italiener. Ein Film (1971)
A: Bernhard, Thomas
FT: Berg Berg (1972)
A: Bayer, Konrad
FT: Der Mann, der nie über Kafka schrieb (1974)
A: Torberg, Friedrich
FT: Hasard und Entenbraten (1974)
A: Artmann, Hans Carl
Rademakers, Fons
FT: Der Rosengarten (1989)
A: Brauner, Artur (= Bernd, Art)
Rádvany, Géza von
FT: Der Arzt von Stalingrad (1958)
A: Konsalik, Heinz Günther (= Pahlen, Henry)
FT: Mädchen in Uniform (1958)
A: Winsloe, Christa
FT: Ich schwöre und gelobe (1959)
A: Ravius, Ernst Ludwig
FT: Das Riesenrad (1961)
A: Hartog, Jan de
FT: Diesmal muß es Kaviar sein (1961)
A: Simmel, Johannes Mario
FT: Es muß nicht immer Kaviar sein (1961)
A: Simmel, Johannes Mario
FT: Onkel Toms Hütte (1965)
A: Stowe, Harriet Beecher
Ragotzky, Karl-Otto
FT: Für die Katz (1974)
A: Hinrichs, August
Rakoff, Alvin
FT: An einem Freitag um halb zwölf (1961)
A: Chase, James Hadley
Räpple, Rudolf
FT: Vibia Perpetua (1964)
A: Spiecker, Rochus
FT: Weiße Wyandotten (1965)
A: Hansen, Konrad
Ráthony, Ákos von
FT: Mädchen mit Beziehungen (1950)
A: Vadnay, László
FT: Frau Warrens Gewerbe (1960)

A: Shaw, George Bernard
FT: Das Geheimnis der gelben Narzissen (1961)
A: Wallace, Richard Horatio Edgar
FT: Toller Hecht auf krummer Tour (1961)
A: Groß, Heinz; Schleinitz, Egon G.
FT: Der Fluch der grünen Augen (1965)
A: Stoker, Bram

Rätz, Günter
FT: Angst (1981)
A: Feustel, Günter
FT: Die fliegende Windmühle (1981)
A: Feustel, Günter
FT: Die Spur führt zum Silbersee (1989)
A: May, Karl Friedrich

Rauer, Evelyn
FT: Lasset die Kindlein ... (1976)
A: Kohlhaase, Wolfgang

Raytschev, Peter
FT: Ostern kommt die Oma (1979)
A: Stachowa, Angela

Ráza, Ludvíc
FT: Der Reisekamerad (1990)
A: Andersen, Hans Christian

Ráza, Ludvík
FT: Schneewittchen und das Geheimnis der Zwerge (1992)
A: Grimm, Jakob Ludwig Carl; Grimm, Wilhelm Carl

Read, Piers Paul
FT: Verbrechen mit Vorbedacht (1967)
A: Gombrowicz, Witold

Reed, Carol
FT: Der dritte Mann (1949)
A: Greene, Graham

Regnier, Charles
FT: Das Abschiedssouper (1957)
A: Schnitzler, Arthur
FT: Wetter veränderlich (1962)
A: Gürster, Eugen
FT: Lady Windermeres Fächer (1965)
A: Wilde, Oscar

Reichel, Hans W.
FT: Der Trauschein (1984)
A: Kishon, Ephraim

Reichenbach, Peter
FT: Je nach dem, wie der Wind weht, hört man die Glocken von Basel oder die Schüsse im Elsass (1990)
A: Ziegler, Hilde

Reichert, Franz
FT: Claudia (1960)
A: Franken, Rose
FT: Parlez-vous français? (1962)
A: Rattigan, Terence

Reichmann, Wolfgang
FT: Nero (1979)
A: Marceau, Félicien

Reinecke, Horst
FT: Reifender Sommer (1959)
A: Hild, August

Reinert, Emil Edwin
FT: Verträumte Tage (1950)
A: Baum, Vicki
FT: Wiener Walzer (Wien tanzt) (1951)
A: Vigny, Benno
FT: Abenteuer in Wien (Gefährliches Abenteuer) (1952)
A: Lernet-Holenia, Alexander

Reinhardt, Gottfried
FT: Vor Sonnenuntergang (1956)
A: Hauptmann, Gerhart
FT: Abschied von den Wolken (1959)
A: Fodor, Ladislas (Laszlo)
FT: Menschen im Hotel (1959)
A: Baum, Vicki
FT: Jedermann (1961)
A: Hofmannsthal, Hugo von
FT: Stadt ohne Mitleid (Town without Pity) (1961)
A: Gregor, Manfred (= Dietrich, Erwin C.)
FT: Elf Jahre und ein Tag (1963)
A: Balchin, Nigel

Reinhold, Werner
FT: Das kalte Herz (1978)
A: Hauff, Wilhelm

Reinl, Harald
FT: Bergkristall (Der Wildschütz von Tirol) (1949)
A: Stifter, Adalbert
FT: Gesetz ohne Gnade (1951)
A: Loven, Karl
FT: Der Herrgottschnitzer vom Ammergau (1952)
A: Ganghofer, Ludwig
FT: Hinter Klostermauern (1952)
A: Naderer, Hans
FT: Der Klosterjäger (1953)
A: Ganghofer, Ludwig
FT: Rosen-Resli (1954)
A: Spyri, Johanna
FT: Almenrausch und Edelweiß (1957)
A: Schmid, Herman von
FT: Die Prinzessin von St. Wolfgang (1957)
A: Neubach, Ernst
FT: Die grünen Teufel von Monte Cassino (1958)
A: Böhmler, Rudolf
FT: U 47-Kapitänleutnant Prien (1958)
A: Frank, Wolfgang
FT: Der Frosch mit der Maske (1959)
A: Wallace, Richard Horatio Edgar
FT: Paradies der Matrosen (1959)
A: Bastian-Klinger, Vineta
FT: Die Bande des Schreckens (1960)

A: Wallace, Richard Horatio Edgar
FT: Der Fälscher von London (1961)
A: Wallace, Richard Horatio Edgar
FT: Der Schatz im Silbersee (1962)
A: May, Karl Friedrich
FT: Der Teppich des Grauens (1962)
A: Weinert-Wilton, Louis (= Weinert, Alois)
FT: Der Würger von Schloß Blackmoor (1963)
A: Wallace, Bryan Edgar
FT: Die weiße Spinne (1963)
A: Weinert-Wilton, Louis (= Weinert, Alois)
FT: Winnetou I (1963)
A: May, Karl Friedrich
FT: Zimmer 13 (1963)
A: Wallace, Richard Horatio Edgar
FT: Winnetou II (1964)
A: May, Karl Friedrich
FT: Der letzte Mohikaner (1965)
A: Cooper, James Fenimore
FT: Der unheimliche Mönch (1965)
A: Wallace, Richard Horatio Edgar
FT: Johannisnacht (1965)
A: Hill, Werner
FT: Winnetou III (1965)
A: May, Karl Friedrich
FT: Die Nibelungen Teil I: Siegfried (1966)
A: Anonym
FT: Die Nibelungen: 2. Teil: Kriemhilds Rache (1967)
A: Anonym
FT: Die Schlangengrube und das Pendel (1967)
A: Poe, Edgar Allan
FT: Dynamit in grüner Seide (1967)
A: Cotton, Jerry (= Höber, Heinz-Werner; Müller, Heinz-Werner)
FT: Der Tod im roten Jaguar (1968)
A: Cotton, Jerry (= Höber, Heinz-Werner; Müller, Heinz-Werner)
FT: Todesschüsse am Broadway (1968)
A: Cotton, Jerry (= Höber, Heinz-Werner; Müller, Heinz-Werner)
FT: Winnetou und Shatterhand im Tal der Toten (1968)
A: May, Karl Friedrich
FT: Die Lümmel von der ersten Bank (3) Pepe, der Paukerschreck (1969)
A: Wolf, Alexander
FT: Erinnerungen an die Zukunft (1969)
A: Däniken, Erich von
FT: Die Lümmel von der ersten Bank (5) Wir hau'n die Pauker ... (1970)
A: Wolf, Alexander
FT: Kommissar X jagt den roten Tiger (1971)
A: Wegener, M.
FT: Der Schrei der schwarzen Wölfe (1972)
A: London, Jack
FT: Schloß Hubertus (1973)
A: Ganghofer, Ludwig
FT: Der Jäger von Fall (1974)
A: Ganghofer, Ludwig
FT: Ein toter Taucher nimmt kein Gold (1974)
A: Konsalik, Heinz Günther (= Pahlen, Henry)
FT: Götz von Berlichingen mit der eisernen Hand (1978)
A: Goethe, Johann Wolfgang von

Reisch, Günter
FT: Gewissen in Aufruhr (5 Teile) (1961)
A: Petershagen, Rudolf
FT: Ach, Du Fröhliche (1961/62)
A: Blazek, Vratislav
FT: Jungfer, sie gefällt mir (1968)
A: Kleist, Heinrich von
FT: Unterwegs zu Lenin (1970)
A: Kurella, Alfred
FT: Die Verlobte (1980)
A: Lippold, Eva

Reisch, Walter
FT: Die Mücke (1954)
A: Reisch, Walter
FT: Der Cornet (1955)
A: Rilke, Rainer Maria

Reiser, Tobias
FT: Das ist die stille Zeit im Jahr (1984)
A: Waggerl, Karl Heinrich

Reitz, Edgar
FT: Cardillac (1968)
A: Hoffmann, Ernst Theodor Amadeus
FT: In Gefahr und größter Not bringt der Mittelweg den Tod (1974)
A: Kluge, Alexander; Reitz, Edgar

Reitzenstein, Anton
FT: Der Mörder (1984)
A: Schnitzler, Arthur
FT: Trostgasse 7. Eine Kindheit in Wien 1934-1938 (1988)
A: Hofer, Elisabeth
FT: Lieben wie gedruckt (13 Teile) (1994)
A: Szyszkowitz, Gerald

Relin, Veit
FT: Chamsin (1970)
A: Schiller, Friedrich von
FT: Die Pfarrhauskomödie (1971)
A: Lautensack, Heinrich

Remond, Fritz
FT: Panoptikum (1958)
A: Molnár, Ferenc
Renner, Ulrike
FT: Der Kopf des Vitus Behring (1983)
A: Bayer, Konrad
Respondek, Gerhard
FT: Der Mann und sein Schatten (1963)
A: Selbmann, Fritz
FT: Der Mörder sitzt im Wembley-Stadion (1970)
A: Walldorf, Hans
FT: Das Hochzeitskleid war tintenblau (1972)
A: Belicke, Kurt
Rest, John Van de
FT: Balko (1995-)
A: Paul, Nora
Richter, Hans
FT: Die Husaren kommen (1955)
A: Bréal, Pierre-Aristide
Richter, Hans-Michael
FT: Doktor Wanner (1959)
A: Wolf, Friedrich (Baetz, Christian; Rüedi, Hans; Dr. Isegrimm)
Richter, Jochen
FT: Eurydike oder Das Mädchen von Nirgendwo (1978)
A: Langelaan, George
FT: Der Kondor (1982)
A: Stifter, Adalbert
FT: Abenteuer einer Seele, Karoline von Günderrode, 1770-1806 (1984)
A: Günderrode, Karoline von; Wolf, Christa
FT: Wiedergefundene Zeit (1986)
A: Tanzer, Francisco
FT: Ariadna (1990)
A: Čechov, Anton Pavlovič
Richter, Jürgen
FT: Die furchtlosen Vier (1997)
A: Grimm, Jakob Ludwig Carl; Grimm, Wilhelm Carl
Richter, Roland Suso
FT: Eine Hand voll Gras (2000)
A: Breinersdorfer, Fred
Riebel, Michael
FT: Kommissar Rex (1994-)
A: Schuster, Gaby
Riedelsperger, Erhard
FT: Kaisermühlen Blues (1992)
A: Hinterberger, Ernst
Riedlsperger, Erhard
FT: Wildbach (1993-)
A: Buchwieser, Andreas
Riefenstahl, Leni
FT: Tiefland (1954)
A: Albert, Eugen d'; Guimerá, Angel; Lothar, Rudolf
Rieger, August
FT: Geheimnis einer Ärztin (1955)
A: Reingruber, Victor
FT: Peter und Sabine (1968)
A: Fischer, Marie-Louise
Rieke, Janek
FT: Neulich am Deich (1995)
A: Čechov, Anton Pavlovič
Rien, Carlo
FT: Don Quijote von der Mancha (1965)
A: Cervantes Saavedra, Miguel de
Riklin, Hans Peter
FT: Mensch Meier (1981)
A: Kroetz, Franz Xaver
FT: Henri Dunant (1990)
A: Weideli, Walter
Rilla, Walter
FT: Das Genie und die Göttin (1959)
A: Huxley, Aldous
FT: Das lange Weihnachtsmahl (1962)
A: Wilder, Thornton
FT: Dumala (1963)
A: Keyserling, Eduard von
FT: Überfahrt (1963)
A: Vane, Sutton
FT: Der Mann nebenan (1964)
A: Ginsbury, Norman
FT: Die venezianische Tür (1966)
A: Priestley, John Boynton
FT: Der Tod des Sokrates (1967)
A: Platon
FT: Das Vermächtnis (1969)
A: Bedford, Sybille
Rinser, Stephan
FT: Zurück, wo ich begann (1970)
A: McCullers, Carson
FT: Der Jagerloisl (1987)
A: Thoma, Ludwig
Risi, Dino
FT: Die zwei Gesichter einer Frau (1980)
A: Milani, Mino
Rissi, Mark M.
FT: Die schwarze Spinne (1983)
A: Gotthelf, Jeremias (= Bitzius, Albert)
FT: Lisi und der General (1988)
A: Heimann, Alexander
Rittau, Günther
FT: Eine alltägliche Geschichte (1945/48)
A: Spallart, Johannes von
Roderer, Walter
FT: Der Mustergatte (1985)
A: Hopwood, Avery
Rödl, Josef
FT: Alarm auf Station 2 (1993)
A: Fischer, Marie-Louise
FT: Schalom meine Liebe (1998)

A: Seligmann, Rafael

Rohkohl, Dieter
FT: Butch paß aufs Baby auf (1961)
A: Runyon, (Alfred) Damon

Rohmer, Eric
FT: Die Marquise von O. (1976)
A: Kleist, Heinrich von

Röhnfeldt, Detlef
FT: Stunde der Füchse (1993)
A: Schönbohm, Wulf

Roitzheim, Tanja
FT: Marienhof (1992)
A: Becker, Rolf A.

Rola, Carlo
FT: Das Geheimnis des gelben Geparden (1990)
A: Boileau, Pierre; Narcejac, Thomas
FT: Das zweite Leben (1990)
A: Simenon, Georges (= Sim, Georges; Aramis; Brulls, Christian)
FT: Hörigkeit des Herzens (1993)
A: Fischer, Marie-Louise
FT: Rosa Roth - Lügen (1996)
A: Boeser, Knut
FT: Rosa Roth - ...Montag, 26. November (1996)
A: Boeser, Knut
FT: Der stille Herr Genardy (1999)
A: Hammesfahr, Petra

Roland, Jürgen
FT: Der rote Kreis (1959)
A: Wallace, Richard Horatio Edgar
FT: Der grüne Bogenschütze (1960)
A: Wallace, Richard Horatio Edgar
FT: Der Transport (1961)
A: Altendorf, Wolfgang
FT: Die Flußpiraten vom Mississippi (1963)
A: Gerstäcker, Friedrich
FT: Die Katze im Sack (1965)
A: Chase, James Hadley
FT: Vier Schlüssel (1965)
A: Schaeffer, Max Pierre
FT: Lotosblüten für Miss Quon (1966)
A: Chase, James Hadley
FT: Einer fehlt beim Kurkonzert (1968)
A: Martin, Hansjörg
FT: ... und dann ist Zahltag (1976)
A: Jessen, Joachim

Roll, Gernot
FT: Radetzkymarsch (1994)
A: Roth, Joseph

Rönfeldt, Detlef
FT: Kommissar Rex (1994-)
A: Schuster, Gaby
FT: Alte Freunde küßt man nicht (1995)
A: Schoenle, Annemarie
FT: Tödliches Geld (1995)
A: Herlin, Hans

Rosenbaum, Marianne S.W.
FT: Das Sonntagskind oder Der Umstände halber (1988)
A: Mebs, Gudrun

Rossacher, Hannes
FT: Draußen in der Stadt (18 Teile) (1978)
A: Brödl, Günter

Rossellini, Roberto
FT: Angst (1954)
A: Zweig, Stefan

Rostock, Wolfgang
FT: Alte Mädchen (1981)
A: Schütz, Friedrich

Roth, Thomas
FT: Der See (1997)
A: Roth, Gerhard

Rothe, Edward
FT: Peripherie (1959)
A: Langer, Frantisek
FT: Die Dame ist nicht fürs Feuer (1960)
A: Fry, Christopher
FT: Auf der Suche nach dem Glück (1961)
A: Rosow, Viktor
FT: Heute nacht in Samarkand (1961)
A: Deval, Jacques
FT: Mary Rose (1961)
A: Barrie, James Matthew Sir
FT: Heroische Komödie (1962)
A: Bruckner, Ferdinand
FT: Die Party (1963)
A: Arden, Jane
FT: Mein Bruder Alf (1963)
A: Turner, David
FT: Ein Mann ist soeben erschossen worden (1964)
A: Salomon, Jaime
FT: Der Auswanderer (1967)
A: Schéhadé, Georges
FT: Der Kreidegarten (1967)
A: Bagnold, Enid

Rothemund, Sigi
FT: Timm Thaler (1979)
A: Krüss, James
FT: Der Floh im Ohr (1980)
A: Feydeau, Georges
FT: Drei gegen Hollywood (1982)
A: Hart, Moss
FT: Ehe oder Liebe (1982)
A: Winiewicz, Lida
FT: Jack Holborn (1982)
A: Garfield, Leon
FT: Der Ochsenkrieg (1986)
A: Ganghofer, Ludwig
FT: Affäre Nachtfrost (1989)
A: Murr, Stefan
FT: Joy Fieldings Mörderischer Sommer (1996)

FT: Doppeltes Spiel (Polizeiruf 110) (1978)
A: Wittgen, Tom (= Siebenstädt, Ingeburg)
FT: Yvonne (1980)
A: Petersen, Jan

Sanders-Brahms, Helma
FT: Das Erdbeben in Chili (1975)
A: Kleist, Heinrich von
FT: Heinrich (1977)
A: Kleist, Heinrich von
FT: Die Berührte (1981)
A: G., Rita

Satin, Dennis
FT: In alter Freundschaft (1998)
A: Kehrer, Jürgen

Sauer, Horst
FT: Schenk mir drei Söhne (1975)
A: Spergirjov, Jewgenij

Scandurra, Sofia
FT: Liebe ist etwas Zärtliches (1976)
A: Maraini, Dacia

Schaack, Michael
FT: Der kleene Punker (1989/91)
A: Niebisch, Jackie
FT: Felidae (1993)
A: Pirinçci, Akif
FT: Werner - Das muß kesseln!!! (1996)
A: Brösel (= Feldmann, Rötger)
FT: Kleines Arschloch - Der Film (1997)
A: Moers, Walter

Schaaf, Johannes
FT: Ein ungebetener Gast (1963)
A: Cooper, Giles
FT: Hotel Iphigenie (1964)
A: Vinaver, Michel
FT: Der Mann aus dem Bootshaus (1966/67)
A: Mortimer, John C.
FT: Lebeck (1968)
A: Seuren, Günter
FT: Trotta (1971)
A: Roth, Joseph
FT: Traumstadt (1973)
A: Kubin, Alfred
FT: Momo (1985/86)
A: Ende, Michael

Schachmaliewa, Ajan
FT: Rauch (1991/92)
A: Turgenev, Ivan

Schadewald, Bernd
FT: Der Tag der Abrechnung (1982)
A: Highsmith, Patricia
FT: Tod im Elefantenhaus (1987)
A: Weissflog, Peter
FT: Der Hammermörder (1990)
A: Breinersdorfer, Fred
FT: Der Pirat (1997)
A: Aust, Stefan
FT: Sanfte Morde (1997)
A: Driest, Burkhard

Schäfer, Eberhard
FT: Starten Sie vor dem Schuß (1978)
A: Müller, Dieter
FT: Zwei Betten in der hohen Tatra (1978)
A: Palm, Peter
FT: Patricia (1979)
A: Smirnowa, Mira
FT: Wer ist denn Wuttke (1984)
A: Ender, Roland
FT: Zillejören (1988)
A: Ristock, Inge

Schäfer, Harald
FT: Des Kaisers neue Kleider (1962)
A: Andersen, Hans Christian

Schäfer, Heinz
FT: Die letzten Masken (1962)
A: Schnitzler, Arthur

Schäfer, Johannes
FT: Gute Zeiten - Schlechte Zeiten (1992-)
A: Fuger, Berry
FT: Marienhof (1992)
A: Becker, Rolf A.

Schalla, Hans
FT: Stella (1954)
A: Goethe, Johann Wolfgang von
FT: Turandot- Prinzessin von China (1959)
A: Schiller, Friedrich von

Schamoni, Peter
FT: Schonzeit für Füchse (1966)
A: Seuren, Günter
FT: Deine Zärtlichkeiten (1969)
A: Lopez, Estebán
FT: Die letzte Geschichte von Schloß Königswald (1990)
A: Bienek, Horst

Schamoni, Thomas
FT: Die Heimsuchung des Assistenten Jung (1981)
A: Höfele, Andreas

Scharf, Frank
FT: Brave Diebe (1965)
A: Popplewell, Jack

Schatzberg, Jerry
FT: Reunion - Der wiedergefundene Freund (1989)
A: Uhlmann, Fred

Scheidegger, Josef
FT: Vermißt wird ... (1981)
A: Schmidli, Werner
FT: Der Gyzgnäpper (1982)
A: Molière, Jean Baptiste
FT: Der gsund Paziant (1983)
A: Molière, Jean Baptiste
FT: Die Katze läßt das Mausen nicht (1983)

A: Stamm, Alfred
Schelkopf, Anton
FT: Schule für Eheglück (1954)
A: Maurois, André
Schell, Maximilian
FT: First Love/Erste Liebe (1970)
A: Turgenev, Ivan
FT: Der Richter und sein Henker (1975)
A: Dürrenmatt, Friedrich
FT: Geschichten aus dem Wienerwald (1979)
A: Horváth, Ödön von
Schels, Evelyn
FT: Gute Zeiten - Schlechte Zeiten (1992-)
A: Fuger, Berry
Schenk, Otto
FT: Anatol (4 Szenen) (1962)
A: Schnitzler, Arthur
FT: Hin und Her (1963)
A: Horváth, Ödön von
FT: Der Kaufmann von Venedig (1968)
A: Shakespeare, William
FT: Liliom (1971)
A: Molnár, Ferenc
FT: Der Reigen (1973)
A: Schnitzler, Arthur
FT: Komtesse Mizzi (1974)
A: Schnitzler, Arthur
FT: Das Veilchen (1979)
A: Molnár, Ferenc
FT: Der lebende Leichnam (1981)
A: Tolstoj, Leo
FT: Die Hose (1985)
A: Sternheim, Carl
FT: Spiel im Schloß (1985)
A: Molnár, Ferenc
FT: Die Fledermaus (1988)
A: Geneé, Richard; Haffner, Carl; Strauß, Johann
Schenkel, Carl
FT: Kalte Küsse (1997)
A: Deitmer, Sabine
FT: Tarzan und die verlorene Stadt (1997)
A: Burroughs, Edgar Rice
Schiemann, Georg
FT: Die Millionen des Knut Brümmer (1977)
A: Nachbar, Herbert
FT: Dr. Valmy (1980)
A: Buero Vallejo, Antonio
FT: Nora S. (1981)
A: Neutsch, Erik
FT: Helena und die Heimsuchung (1983)
A: Nachbar, Herbert
FT: Zwei leere Stühle (1987)
A: Neutsch, Erik
Schiemann, Helmut
FT: Der Streit um den Sergeanten Grischa (1968)
A: Zweig, Arnold
FT: Sankt Urban (4 Teile) (1969)
A: Viertel, Martin
FT: Auf der Suche nach Gott (1976)
A: Neutsch, Erik
FT: Die Verführbaren (1977)
A: Mann, Heinrich
Schilling, Niklaus
FT: Der Atem (1989)
A: Franke, Herbert W.
Schimmelpfennig, Heinz
FT: Das Glück sucht seine Kinder (1958)
A: Capote, Truman
FT: Die Einladung (1968)
A: Ziem, Jochen
Schirk, Heinz
FT: Krebsstation (1970)
A: Solschenizyn, Aleksandr I.
FT: Der Mann aus London (1971)
A: Simenon, Georges (= Sim, Georges; Aramis; Brulls, Christian)
FT: Happy End (1972)
A: Hauptmann, Elisabeth
FT: Die Rache (1974)
A: Mnačko, Ladislav
FT: Das Kind (1975)
A: Carlon, Patricia
FT: Der Heiligenschein (1977)
A: Siodmak, Curt
FT: Möwengeschrei (1977)
A: Gorkij, Maksim
FT: Der gute Mensch (1980)
A: Vampilow, Alexander Valentinowitsch
FT: Der Metteur (1980)
A: Vampilow, Alexander Valentinowitsch
FT: Kabale und Liebe (1980)
A: Schiller, Friedrich von
FT: Abenteuer in einem russischen Hotelzimmer (1981)
A: Vampilow, Alexander Valentinowitsch
FT: Vom Webstuhl zur Weltmacht (1982)
A: Ogger, Günter
FT: Der Sohn des Bullen (1984)
A: Schirk, Heinz
FT: Liebling Kreuzberg (1986-)
A: Friedrichs, Horst
FT: Maria Stuart (1986)
A: Schiller, Friedrich von
FT: Justitias kleine Fische (26 Folgen) (1988)
A: Cornelsen, Horst

FT: Ganz unter uns
A: Ayckbourn, Alan
Schlaich, Frieder
FT: Paul Bowles - Halbmond (1994)
A: Bowles, Paul
Schlechte, Werner
FT: Nächtliches Gespräch mit einem verachteten Menschen (1962)
A: Dürrenmatt, Friedrich
FT: Blutbund (1966)
A: Del Valle-Inclan, Ramón M.
FT: Die Stützen der Gesellschaft (1978)
A: Ibsen, Henrik
FT: Nero (1979)
A: Marceau, Félicien
FT: Der gutmütige Grantler (1982)
A: Goldoni, Carlo
Schlegel, Egon
FT: Das Pferdemädchen (1978)
A: Wellm, Alfred
FT: Wer reißt denn gleich vorm Teufel aus? (Der Teufel mit den drei goldenen Haaren) (1978)
A: Grimm, Jakob Ludwig Carl; Grimm, Wilhelm Carl
FT: Die Schüsse der Arche Noah (1983)
A: Abraham, Peter
Schleif, Wolfgang
FT: Die Mädels vom Immenhof (1955)
A: Bruns, Ursula
FT: Heldentum nach Ladenschluß (1955)
A: Fernau, Joachim (= Forster, John)
FT: Zärtliches Geheimnis (1955)
A: Tetzner, Lisa
FT: Ach, Egon (1961)
A: Arnold, Franz; Bach, Ernst
FT: Der rote Rausch (1962)
A: Rhein, Eduard (= Hellmer, Klaus; Horster, Hans U.; Hulsen, Adrian)
FT: Ferien wie noch nie (1962/63)
A: Thomas, Hans
FT: Die Perle (1977)
A: Binding, Rudolf G.
FT: Mathilde Möhring (1977)
A: Fontane, Theodor
FT: Mr. Carlis und seine abenteuerlichen Geschichten (1979)
A: Gogol, Nicolaj
FT: Wie Rauch und Staub (1979)
A: Storm, Theodor
Schlesinger, John
FT: ... und der Himmel steht still (1993)
A: McEwan, Ian
Schlöndorff, Volker
FT: Der junge Törless (1966)
A: Musil, Robert
FT: Baal (1969)
A: Brecht, Bertolt
FT: Michael Kohlhaas. Der Rebell (1969)
A: Kleist, Heinrich von
FT: Der plötzliche Reichtum der armen Leute von Kombach (1971)
A: Franz, Carl
FT: Die verlorene Ehre der Katharina Blum (1975)
A: Böll, Heinrich
FT: Georginas Gründe (1975)
A: James, Henry
FT: Der Fangschuß (Coup de Grâce) (1977)
A: Yourcenar, Marguerite
FT: Die Blechtrommel (1979)
A: Grass, Günter
FT: Die Fälschung (1981)
A: Born, Nicolas
FT: Eine Liebe von Swann (1983)
A: Proust, Marcel
FT: Tod eines Handlungsreisenden (1985)
A: Miller, Arthur
FT: Ein Aufstand alter Männer (1987)
A: Gaines, Ernest J.
FT: Die Geschichte der Dienerin (1989)
A: Atwood, Margaret Eleanor
FT: Homo Faber (1990)
A: Frisch, Max
FT: Der Unhold (1996)
A: Tournier, Michel
FT: Palmetto - dumme sterben nicht aus (1998)
A: Chase, James Hadley
Schlotterbeck, Dieter
FT: Morgen, ein Fenster zur Straße (1970)
A: Grumberg, Jean Claude
FT: Marienhof (1992)
A: Becker, Rolf A.
FT: Tatort - Bienzle und der Champion (1998)
A: Huby, Felix (= Hungerbühler, Eberhard)
Schmenger, Ursula
FT: Ninotschka sucht den Frühling (1973)
A: Cjurupa, Esfir' J.
FT: Der Hasenhüter (1976)
A: Grimm, Jakob Ludwig Carl; Grimm, Wilhelm Carl
FT: Die Regentrude (1976)
A: Storm, Theodor
FT: Die zertanzten Schuhe (1977)
A: Grimm, Jakob Ludwig Carl; Grimm, Wilhelm Carl
FT: Hilfe, ich bin ein Kind (1978)
A: Sotnik, Jurij Wjatscheslawowitsch
FT: Der blaue Helm (1979)

A: Görlich, Günter
FT: Die Gänsehirtin am Brunnen (1979)
A: Grimm, Jakob Ludwig Carl; Grimm, Wilhelm Carl
FT: Das Obdach (1981)
A: Seghers, Anna
FT: Der Springer mit den langen Ohren (1981)
A: Karau, Günter
FT: Zwischen Abschied und Wiedersehen (1986)
A: Bredel, Willi
FT: Die Brummeisenprinzessin (1987)
A: Volkmann, Richard von (= Leander, Richard)
FT: Rapunzel oder Der Zauber der Tränen (1988)
A: Grimm, Jakob Ludwig Carl; Grimm, Wilhelm Carl

Schmid, Daniel
FT: La Paloma (1974)
A: Ewers, Hans Heinz
FT: Schatten der Engel (1976)
A: Fassbinder, Rainer Werner
FT: Violanta (1977)
A: Meyer, Conrad Ferdinand
FT: Worte kommen meist zu spät - Hécate (1981)
A: Morand, Paul
FT: Jenatsch (1987)
A: Meyer, Conrad Ferdinand

Schmid, Hans-Christian
FT: Crazy (2000)
A: Lebert, Benjamin

Schmidt, Eckhart
FT: Undine (1991)
A: Motte-Fouqué, Friedrich de la
FT: Der fliegende Holländer (1992)
A: Wagner, Richard
FT: Der Sandmann (1993)
A: Hoffmann, Ernst Theodor Amadeus

Schmidt, Ernst jr.
FT: Die totale Familie (1981)
A: Doderer, Heimito von

Schmidt, Gerhard
FT: Die Insel der Krebse (1975)
A: Dujeprow, Anatolij

Schmidt, Willi
FT: Der Kaiser von Amerika (1959)
A: Shaw, George Bernard
FT: Die Sanfte (1964)
A: Dostojewski, Feodor
FT: Romeo und Julia auf dem Dorfe (1968)
A: Keller, Gottfried
FT: Verbannte (1972)
A: Joyce, James

Schmucker, Ernst
FT: Königlich bayrisches Amtsgericht (1969)
A: Lohmeier, Georg
FT: Häuslschleicha (1989)
A: Maier, Georg

Schneider, Hansjörg
FT: Sennetuntschi (1981)
A: Schneider, Hansjörg

Schneider, Jörg
FT: Pünktchen und Anton (1958)
A: Kästner, Erich (= Bürger, Berthold)

Schneider, Siegmar
FT: Der Scheiterhaufen (1966)
A: Strindberg, August

Schnell, Heinz-Otto
FT: Justitias kleine Fische (26 Folgen) (1988)
A: Cornelsen, Horst

Schnell, Raoul Wolfgang
FT: Der Herr Ornifle (1959)
A: Anouilh, Jean
FT: Und hätte die Liebe nicht (1959)
A: Baldi, Claude
FT: Aimée (1961)
A: Coubier, Heinz
FT: Die Auster und die Perle (1961)
A: Saroyan, William
FT: Die Falle (1961)
A: Thomas, Robert
FT: Lockende Tiefe (1962)
A: Rattigan, Terence
FT: Verräterische Spuren (1962)
A: Sheriff, Robert Cedric

Schnitzler, Heinrich
FT: Liebelei (1969)
A: Schnitzler, Arthur
FT: Ein Wort für das andere (1971)
A: Tardieu, Jean

Schnitzler, Peter Dieter
FT: Adel verpflichtet zu nichts (1985)
A: Arnold, Franz; Bach, Ernst

Schnyder, Franz
FT: Uli der Knecht (1954)
A: Gotthelf, Jeremias (= Bitzius, Albert)
FT: ... und ewig ruft die Heimat (1955)
A: Gotthelf, Jeremias (= Bitzius, Albert)
FT: Heidi und Peter (1955)
A: Spyri, Johanna
FT: Die Käserei in der Vehfreude (1958)
A: Gotthelf, Jeremias (= Bitzius, Albert)
FT: Anne Bäbi Jowäger - I. Teil: Wie Jakobli zu einer Frau kommt (1960)
A: Gotthelf, Jeremias (= Bitzius, Albert)
FT: Anne Bäbi Jowäger - II. Teil: Jakobli und Meyeli (1962)

A: Gotthelf, Jeremias (= Bitzius, Albert)
FT: Geld und Geist (1964)
A: Gotthelf, Jeremias (= Bitzius, Albert)
FT: Die sechs Kummerbuben (1968)
A: Müller, Elisabeth

Schöbel, Helfried
FT: Jim Owens wunderbares Weihnachten oder Ein verhindertes ... (1973)
A: Weiskopf, Franz Carl

Scholz, Gunter
FT: Verzeihung, sehen Sie Fußball? (1983)
A: Cerda, Carlos
FT: Vernehmung der Zeugen (1987)
A: Meyer, Inge
FT: Das Licht der Liebe (1990)
A: Hertz, Henrik

Scholz, Marcus
FT: Der Spitzel (1964)
A: Brecht, Bertolt
FT: Apfel im Moor (1993)
A: Herbig, Heinz-Dieter

Schöne, Werner
FT: Der böse Geist Lumpazivagabundus oder Das liederliche Kleeblatt (1953)
A: Nestroy, Johann Nepomuk
FT: Kopf oder Zahl (1953)
A: Thomas, Peter
FT: Nicht von gestern (1953)
A: Kanin, Garson
FT: Weihnachten bei Buchholzens - Ein Alt-Berliner Bilderbogen (1953)
A: Stinde, Julius

Schönherr, Hans
FT: Die Gang (1997)
A: Schwamm, Bernd

Schottenberg, Michael
FT: Das Diarium des Dr. Döblinger (1986)
A: Doderer, Heimito von
FT: Landläufiger Tod (2 Teile) (1990)
A: Roth, Gerhard

Schott-Schöbinger, Hans
FT: Erzherzog Johanns große Liebe (1950)
A: Kernmayr, Hans Gustl
FT: Zwei Herzen und ein Thron (1955)
A: Taupe, Joe
FT: Die nackte Bovary (1969)
A: Flaubert, Gustave

Schreiber, Andreas
FT: Kein Platz für Teufel (1979)
A: Grabbe, Christian Dietrich
FT: Alfons Zitterbacke (6 Teile) (1986)
A: Holtz-Baumert, Gerhard
FT: Ein Wigwam für die Störche (1986)
A: Spillner, Wolf

Schröder, Arnulf
FT: Mit Schnurrbart und Korsett (O, diese Bayern) (1960)
A: Thoma, Ludwig

Schröder, Claudia
FT: Konrad oder Das Kind aus der Konservenbüchse (1982)
A: Nöstlinger, Christine
FT: Europa abends (1990)
A: Ehrenburg, Ilja
FT: Der Zwerg im Kopf (1991)
A: Nöstlinger, Christine

Schröder, Eberhard
FT: Madame und ihre Nichte (1969)
A: Maupassant, Guy de
FT: Als Mutter streikte (1974)
A: Malpass, Eric

Schröder-Jahn, Fritz
FT: Die verschlossene Tür (1953)
A: Hörschelmann, Fred von
FT: Der Teufel fährt in der 3. Klasse (1954)
A: Bock, Christian
FT: Vater braucht eine Frau (1954)
A: Bock, Christian
FT: Wir sind mitten in der Operation (1957)
A: Lutowski, Jerzy
FT: Die Stunde der Antigone (1960)
A: Hubalek, Claus
FT: Zeit der Schuldlosen (1962)
A: Lenz, Siegfried

Schroeter, Werner
FT: Macbeth (1971)
A: Shakespeare, William
FT: Salome (1971)
A: Wilde, Oscar
FT: Liebeskonzil (1981)
A: Panizza, Oskar
FT: Malina (1990)
A: Bachmann, Ingeborg

Schroth, Carl-Heinz
FT: Hund im Hirn (1953)
A: Goetz, Curt
FT: Die verschwundene Miniatur (1954)
A: Kästner, Erich (= Bürger, Berthold)
FT: Biographie und Liebe (1961)
A: Behrman, Samuel Nathaniel
FT: Quadrille (1961)
A: Coward, Noël (Pierce) Sir
FT: Wege des Zufalls (1961)
A: Jacobsen, Karin
FT: Ich liebe Dich (1963)
A: Niewiarowicz, Roman
FT: Simone, der Hummer und die Ölsardine (1969)
A: Deval, Jacques

Schübel, Rolf
FT: Das Heimweh des Walerjan Wrobel (1990)
A: Schminck-Gustavus, Christoph Ulrich
FT: Gloomy Sunday - Ein Lied von Liebe und Tod (1999)
A: Barkow, Nick
Schuh, Oscar Fritz
FT: Ein toller Tag (1945)
A: Beaumarchais, Pierre Augustin Caron de
FT: Adrienne Mesurat (1969)
A: Green, Julien
Schultze, Norbert
FT: Max und Moritz (1956)
A: Busch, Wilhelm
FT: Alphateam - Die Lebensretter im OP (1997)
A: Friedrichs, Horst
Schultze, Norbert jr.
FT: Dr. Katzenbergers Badereise (2 Teile) (1971)
A: Jean Paul (= Richter, Johann Paul Friedrich)
FT: Justitias kleine Fische (26 Folgen) (1988)
A: Cornelsen, Horst
Schulz, Fritz
FT: Gruß und Kuß aus der Wachau (1950)
A: Breuer, Kurt; Eckhardt, Fritz; Löhner, Fritz; Wiener, Hugo
Schulz, Herbert K.
FT: Der kleine Häwelmann (Puppentrick) (1955)
A: Storm, Theodor
Schulze-Rohr, Peter
FT: Die Ermittlung (1966)
A: Weiss, Peter
FT: Gesellschaftsspiel (1966)
A: Choderlos de Laclos, P.A.
FT: Delirium zu zweit auf unbegrenzte Zeit (1967)
A: Ionesco, Eugène
FT: Die Verfolgung und Ermordung Jean Paul Marats (1967)
A: Weiss, Peter
FT: Exklusiv! (1969)
A: Werremeier, Friedhelm
FT: Blaues Wild (1970)
A: Bachmann, Ingeborg
FT: Taxi nach Leipzig (1970)
A: Werremeier, Friedhelm
FT: AE 612 ohne Landeerlaubnis (Reihe "Tatort") (1971)
A: Werremeier, Friedhelm
FT: Davor (1971)
A: Grass, Günter
FT: Der Richter in Weiß (1971)
A: Werremeier, Friedhelm
FT: Rechnen Sie mit dem Schlimmsten (1972)
A: Werremeier, Friedhelm
FT: Die zweite Ermordung des Hundes (1973)
A: Hlasko, Marek
FT: Kriminalobermeisterin E. (1973)
A: Glauser, Friedrich
FT: Platzverweis für Trimmel (1973)
A: Werremeier, Friedhelm
FT: Trimmel hält ein Plädoyer (1976)
A: Werremeier, Friedhelm
FT: Trimmel und der Tulpendieb (1976)
A: Werremeier, Friedhelm
FT: Der Ehrentag (1978)
A: Schnitzler, Arthur
FT: Die Sängerin (1978)
A: Hauff, Wilhelm
FT: Er läßt die Hand küssen (1978)
A: Ebner-Eschenbach, Marie von
FT: Collin (1981)
A: Heym, Stefan
Schulz-Wittan, Werner
FT: Professor Mamlock (1958)
A: Wolf, Friedrich (Baetz, Christian; Rüedi, Hans; Dr. Isegrimm)
Schündler, Rudolf
FT: Der Geigenmacher von Mittenwald (1950)
A: Ganghofer, Ludwig
FT: Schützenliesel (1954)
A: Eysler, Edmund; Lindau, Carl; Stein, Leo
FT: Viktoria und ihr Husar (1954)
A: Abraham, Paul
FT: Das fröhliche Dorf (1955)
A: Hinrichs, August
FT: Gräfin Mariza (1958)
A: Grünwald, Alfred; Kálmán, Emmerich
FT: Der Geburtstag unserer Ehe (1960)
A: Wittlinger, Karl
FT: Der wahre Jakob (1960)
A: Arnold, Franz; Bach, Ernst
Schütte, Jan
FT: Eine Reise in das Innere von Wien (1995)
A: Roth, Gerhard
FT: Fette Welt (1998)
A: Krausser, Helmut
Schwabenitzky, Reinhard
FT: Ein echter Wiener geht nicht unter (1975-80)
A: Hinterberger, Ernst
FT: kleinere taschenkunststücke. fast eine chinoiserie (1977)
A: Artmann, Hans Carl

FT: Kaisermühlen Blues (1992)
A: Hinterberger, Ernst

Schwartz-Grünberg, Cornelia
FT: Paul IV (1994)
A: Steinhövel, Andreas

Schwarz, Bodo
FT: Tölpelhans (1989)
A: Andersen, Hans Christian

Schwarz, Heinz Wilhelm
FT: Hunderttausend Dollar Belohnung (1961)
A: Giannini, Guiglielmo
FT: Weihnachten auf dem Marktplatz (1961)
A: Ghéon, Henri
FT: Daphne Laureola (1962)
A: Bridie, James
FT: Patsy (1962)
A: Conners, Barry
FT: Leonce und Lena (1963)
A: Büchner, Georg
FT: Schönes Weekend, Mr. Bennett (1963)
A: Watkyn, Arthur

Schwarzbach, Helmut
FT: Klopfzeichen (1980)
A: Böll, Heinrich
FT: Bilanz eines Lebens (1982)
A: Böll, Heinrich
FT: Das bescheidene Genie (1982)
A: Dies, Albert Christoph
FT: Bettina und der Engel Kran (1983)
A: Walter, Silja
FT: Pilatus (1984)
A: Fussenegger, Gertrud
FT: Judas (1986)
A: Pagnol, Marcel
FT: Der Mönch und der Räuber (1987)
A: Böll, Heinrich

Schwarze, Hans-Dieter
FT: Königinnen von Frankreich (1961)
A: Wilder, Thornton
FT: Liebe - und wie man sie heilt (1961)
A: Wilder, Thornton
FT: Was macht Papa denn in Italien? (1961)
A: Eicke, Doris
FT: Cécile oder Die Schule der Väter (1962)
A: Anouilh, Jean
FT: Papiermühle (1962)
A: Kaiser, Georg
FT: Der Drache (1963)
A: Svarc, Evgenij L'Ovic
FT: Der Mann des Schicksals (Der Schlachtenlenker) (1963)
A: Shaw, George Bernard
FT: Die Schmetterlingsschlacht (1963)
A: Sudermann, Hermann
FT: Bürger Schippel (1964)
A: Sternheim, Carl
FT: Caesar und Cleopatra (1964)
A: Shaw, George Bernard
FT: Die Reise um die Erde (1964)
A: Kohout, Pavel
FT: Komödie der Irrungen (1964)
A: Shakespeare, William
FT: Die Tochter des Brunnenmachers (1965)
A: Pagnol, Marcel
FT: Nachruf auf Egon Müller (1965)
A: Wittlinger, Karl
FT: Der Raub der Sabinerinnen (1966)
A: Schönthan, Franz Edler von Pernwald; Schönthan, Paul Edler von Pernwald
FT: Die Geschichte des Rittmeisters Schach von Wuthenow (1966)
A: Fontane, Theodor
FT: Eine einträgliche Stelle (1966)
A: Ostrovskij, Aleksandr N.
FT: Pflicht ist Pflicht (1966)
A: Čechov, Anton Pavlovič
FT: Zwei Herren aus Verona (1966)
A: Shakespeare, William
FT: Der öffentliche Ankläger (1967)
A: Hochwälder, Fritz
FT: Lichtschlacht (1967)
A: Wishengrad, Morton
FT: Siedlung Arkadien (1967)
A: Søeborg, Finn
FT: Der blaue Strohhut (1968)
A: Michael, Friedrich
FT: Madame Bovary (Miniserie) (1968)
A: Flaubert, Gustave
FT: Die mißbrauchten Liebesbriefe (1969)
A: Keller, Gottfried
FT: Gefährliche Neugier (1970)
A: Martin, Hansjörg
FT: Ende einer Dienstfahrt (1971)
A: Böll, Heinrich
FT: Die Teufelsbraut (1977)
A: Kranewitter, Franz
FT: Tochter des Schweigens (1978)
A: West, Morris L.
FT: Liebe unter Geschäftsleuten (1980)
A: Arnold, Franz; Bach, Ernst

Schwarzenberger, Xaver
FT: Der stille Ozean (1982)
A: Roth, Gerhard
FT: Franza (1987)
A: Bachmann, Ingeborg
FT: Beim nächsten Mann wird alles anders (1988)
A: Heller, Eva
FT: Gewitter im Mai (1988)
A: Ganghofer, Ludwig

FT: Souterrain (1989)
A: Wippersberg, Walter J.M.
FT: Ein anderer Liebhaber (1990)
A: Simenon, Georges (= Sim, Georges; Aramis; Brulls, Christian)
FT: Die skandalösen Frauen (1993)
A: Kaus, Gina
FT: Tonino und Toinette (1994)
A: Preradovic, Paula von
FT: Krambambuli (1998)
A: Ebner-Eschenbach, Marie von

Schweiger, Peter
FT: Alte Zeiten (1983)
A: Pinter, Harold

Schweikart, Hans
FT: Das Gesetz der Liebe (1949)
A: Andreas, Fred
FT: Die Nacht der Zwölf (1949)
A: Reznicek, Felicitas von
FT: Ein Haus voll Liebe (1954)
A: Fodor, Ladislas (Laszlo)
FT: Geschlossene Gesellschaft (1959)
A: Sartre, Jean-Paul
FT: Die Mitschuldigen (1961)
A: Goethe, Johann Wolfgang von
FT: Candida (1963)
A: Shaw, George Bernard
FT: Das Duell (1964)
A: Čechov, Anton Pavlovič
FT: Der Snob (1968)
A: Sternheim, Carl

Sczerba, Horst
FT: Die Unschuld der Krähen (1998)
A: Woolrich, Cornell (= Irish, George Hopley William)

Seemann, Horst
FT: Schüsse unterm Galgen (1968)
A: Stevenson, Robert Louis
FT: Fleur Lafontaine (1978)
A: Nelken, Dinah
FT: Levins Mühle (1980)
A: Bobrowski, Johannes
FT: Hotel Polan und seine Gäste (1982)
A: Koplowitz, Jan
FT: Besuch bei van Gogh (1985)
A: Gansowski, Sewr S.
FT: Zwischen Pankow und Zehlendorf (1990/91)
A: Kuczynski, Rita

Sehr, Peter
FT: Das serbische Mädchen (1990)
A: Lenz, Siegfried

Seibert, Heinz
FT: Sich einen Mann backen (1984)
A: Werner, Petra
FT: Koppenreuter kommt nicht (1987)
A: Neumann, Gerhard

Seidel, Bernd
FT: Land der Berge (1987)
A: Stifter, Adalbert

Seidel, Dieter
FT: Wohlverdiente Ruhe (1976)
A: Petkevicius, Vytautas
FT: Das gekaufte Mädchen (1978)
A: Günther, Egon
FT: Der Schatz (1979)
A: Lessing, Gotthold Ephraim
FT: 29 Grad im Schatten (1979)
A: Labiche, Eugène-Marin; Martin, Edouard

Seiter, Alexander J.
FT: Der Handkuss (1980)
A: Glauser, Friedrich

Seitz, Franz
FT: Ludwig auf Freiersfüßen (1969)
A: Thoma, Ludwig
FT: Unordnung und frühes Leid (1976)
A: Mann, Thomas
FT: Die Jugendstreiche des Knaben Karl (1980)
A: Valentin, Karl
FT: Doktor Faustus (1982)
A: Mann, Thomas
FT: Erfolg (1991)
A: Feuchtwanger, Lion

Sekely, Steve
FT: Die Kaiserin von China (1959)
A: Stolp, Hannes Peter (= Loeb, Wilhelm)

Sellner, Gustav Rudolf
FT: Abu Kasems Pantoffeln. Eine orientalische Geschichte (1957)
A: Hauff, Wilhelm
FT: Der Trojanische Krieg findet nicht statt (1957)
A: Giraudoux, Jean
FT: Der seidene Schuh (1965)
A: Claudel, Paul
FT: Der Revisor (1967)
A: Gogol, Nicolaj
FT: Die Nashörner (1972)
A: Ionesco, Eugène

Semmelroth, Wilhelm
FT: Ein Ausgangstag (1957)
A: Fischer, Otto Peter Leck
FT: Das Apostelspiel (1959)
A: Mell, Max
FT: Ein Traumspiel (1959)
A: Strindberg, August
FT: Der Tod im Apfelbaum (Galgenfrist) (1960)
A: Osborn, Paul
FT: Langusten (1960)
A: Denger, Fred
FT: Das Bildnis des Dorian Gray (1961)
A: Wilde, Oscar
FT: Kaiser Jones (1961)
A: O'Neill, Eugene (Gladstone)
FT: Nur eine Karaffe ... (1962)

A: Bernard, Marc
FT: Um Mitternacht (1962)
A: Obey, André
FT: Der Vater (1963)
A: Strindberg, August
FT: Die höhere Schule (1964)
A: Scholem Aleichem (= Rabinowitz, Sholem Yakov)
FT: Helle Nächte (1964)
A: Dostojewski, Feodor
FT: Herodes und Mariamne (1965)
A: Hebbel, Christian Friedrich
FT: König Nicolo (1965)
A: Wedekind, Frank
FT: La Bohème (1965)
A: Giacosa, Giacomo; Illica, Luigi; Puccini, Giacomo
FT: Nju (1965)
A: Dymow, Ossip
FT: Gideon (1966)
A: Chayefsky, Paddy
FT: Nach Damaskus (1966)
A: Strindberg, August
FT: Die Nibelungen (1967)
A: Hebbel, Christian Friedrich
FT: Ein treuer Diener seines Herrn (1967)
A: Grillparzer, Franz
FT: Kollege Crampton (1967)
A: Hauptmann, Gerhart
FT: Immer nur Mordgeschichten (1968)
A: Brandel, Marc (= Beresford, Marcus)
FT: Kolportage (1968)
A: Kaiser, Georg
FT: Die Frau in Weiß (3 Teile) (1971)
A: Collins, Wilkie
FT: Eine Tote soll ermordet werden (1972)
A: Freund, Philip
FT: Der rote Schal (1973)
A: Collins, Wilkie
FT: Der Monddiamant (1974)
A: Collins, Wilkie
FT: Der Strick um den Hals (1974)
A: Gaboriau, Emile
FT: Die Affäre Lerouge (1976)
A: Gaboriau, Emile
FT: Onkel Silas (1977)
A: Le Fanu, Joseph Sheridan
FT: Lady Audleys Gemeimnis (1978)
A: Braddon, Mary Elizabeth
FT: Lucilla (1980)
A: Collins, Wilkie

Senft, Haro
FT: Jacob hinter der blauen Tür (1990)
A: Härtling, Peter

Senn, Andreas
FT: Gute Zeiten - Schlechte Zeiten (1992-)
A: Fuger, Berry

Senter, Harald
FT: Der Großinquisitor (1985)
A: Dostojewski, Feodor

Serafini, Marco
FT: Liebe läßt alle Blumen blühen (1985)
A: Konsalik, Heinz Günther (= Pahlen, Henry)
FT: Schwarz greift ein (1994)
A: Kappel, Markus
FT: Anwältin Lisa Falk: Eine Frau für alle Fälle (1997-98)
A: Becker, Miriam

Severin, Sven
FT: Verdammt, er liebt mich (1995)
A: Schoenle, Annemarie

Shen Ru Dong
FT: Schneewittchen und die sieben Zwerge (1997)
A: Grimm, Jakob Ludwig Carl; Grimm, Wilhelm Carl

Sica, Vittorio De
FT: Der Garten der Finzi Contini (1970)
A: Bassani, Giorgio

Sicheritz, Harald
FT: Kaisermühlen Blues (1992)
A: Hinterberger, Ernst
FT: Qualtingers Wien (1997)
A: Qualtinger, Helmut
FT: Hinterholz 8 (1998)
A: Düringer, Roland

Siebert, Günter
FT: Empfohlenes Haus (1960)
A: Avermaete, Roger
FT: Der neue Talar (1961)
A: Bergman, Hjalmar

Siedler, Ernst W.
FT: So zärtlich war Suleyken (13 Teile) (1971-1975)
A: Lenz, Siegfried

Siegmund, Günther
FT: Allzumal Sünder (1966)
A: Hinrichs, August
FT: Diederk soll heiraten (1966)
A: Hinrichs, August
FT: Wenn der Hahn kräht (1976)
A: Hinrichs, August

Silber, Rolf
FT: Lauter nette Nachbarn (1990)
A: Yorke, Margaret (= Beda, Margaret; Nicholson, Larminie)

Simon, Rainer
FT: Aus unserer Zeit (1969)
A: Bräunig, Werner

FT: Wie heiratet man einen König (1969)
A: Grimm, Jakob Ludwig Carl; Grimm, Wilhelm Carl
FT: Männer ohne Bart (1970/71)
A: Kant, Uwe
FT: Sechse kommen durch die Welt (1971/72)
A: Grimm, Jakob Ludwig Carl; Grimm, Wilhelm Carl
FT: Till Eulenspiegel (1974)
A: Wolf, Christa
FT: Das Luftschiff (1983)
A: Fries, Fritz Rudolf
FT: Die Frau und der Fremde (1984)
A: Frank, Leonhard
FT: Jadup und Boel (1988)
A: Schäfer, Paul Kanut
FT: Der Fall Ö. (1990)
A: Fühmann, Franz

Sinkel, Bernhard
FT: Der Mädchenkrieg (1977)
A: Bieler, Manfred
FT: Taugenichts (1978)
A: Eichendorff, Joseph Freiherr von
FT: Bekenntnisse des Hochstaplers Felix Krull (1982)
A: Mann, Thomas
FT: Der Kinoerzähler (1993)
A: Hofmann, Gert

Siodmak, Robert
FT: Die Ratten (1955)
A: Hauptmann, Gerhart
FT: Dorothea Angermann (1958)
A: Hauptmann, Gerhart
FT: Nachts wenn der Teufel kam (1959)
A: Berthold, Will (= Gimpel, Erich)
FT: Mein Schulfreund (1960)
A: Simmel, Johannes Mario
FT: Affaire Nina B. (1961)
A: Simmel, Johannes Mario
FT: Der Schatz der Azteken (1964)
A: May, Karl Friedrich
FT: Der Schut (1964)
A: May, Karl Friedrich
FT: Die Pyramide des Sonnengottes (Les Mercenaires du Rio Grande) (1965)
A: May, Karl Friedrich
FT: Kampf um Rom, 2 Teile (1968/69)
A: Dahn, Felix

Sistig, Alfred E.
FT: Die Andere (1949)
A: Uhl, Renate (= Zobelitz, Erika von; Hoffmann, Renate)

Siwik-Hasecke, Christiane
FT: Das dicke Kind (1985)
A: Kaschnitz, Marie Luise

Skolimovsky, Jerzy
FT: König, Dame, Bube (Herzbube) (1971)
A: Nabokov, Vladimir
FT: The Lightship (1985)
A: Lenz, Siegfried

Slatinay, Alexander von
FT: Czardas der Herzen (1951)
A: Nóti, Károly (= Noti, Karl)

Sluizer, George
FT: Utz (1992)
A: Chatwin, Bruce

Smith, Clive
FT: Pippi Langstrumpf (1994)
A: Lindgren, Astrid

Solange, Lucas
FT: Kiebich und Duz (1989)
A: Waechter, Friedrich Karl

Sollima, Sergio
FT: Erotica (1962)
A: Moravia, Alberto

Solum, Ola
FT: Landstreicher (2 Teile) (1990)
A: Hamsun, Knut

Spieker, Franz Josef
FT: Drücker (1970)
A: Jägersberg, Otto

Spier, Wolfgang
FT: Of und der Mond (1956)
A: Willems, Paul
FT: Windhund und Seehund (1958)
A: Gilroy, Frank Daniel
FT: Mr. Pim möchte nicht stören (1962)
A: Milne, Alan A.
FT: Die Schneekönigin (1964)
A: Svarc, Evgenij L'Ovic
FT: Der Heiratsschwindler heiratet (1966)
A: Danek, Oldrich
FT: Schneider Wibbel (1966)
A: Müller-Schlösser, Hans
FT: Komm, flüstere in mein gutes Ohr (1969)
A: Hanley, William
FT: Die großen Sebastians (1979)
A: Crouse, Russel; Lindsay, Howard
FT: Einmal hunderttausend Taler (1980)
A: Kalisch, David
FT: Scheidung auf französisch (1980)
A: Alazraki, Bernard
FT: Teegebäck und Platzpatronen (1980)
A: Carmichael, Fred
FT: Es bleibt in der Familie (1981)
A: Benatzky, Ralph; Berr, Georges; Verneuil, Louis (= Bocage, Louis Colin du)
FT: Jeden Mittwoch (1982)
A: Resnik, Muriel

Spieß, Helmut
FT: Das tapfere Schneiderlein (1956)
A: Grimm, Jakob Ludwig Carl; Grimm, Wilhelm Carl
Spirandelli, Zoltan
FT: Anekdote aus dem letzten preußischen Kriege (1995)
A: Kleist, Heinrich von
Spörri, Reinhart
FT: Egmont (1962)
A: Goethe, Johann Wolfgang von
Stahnke, Günter
FT: Sonnig aber Frosteinbrüche (1978)
A: Arbusov, Aleksej Nikolaevič
FT: Wo warst du heute Nacht, Caroline (1980)
A: Hagnet, Andre
FT: Fischzüge (1984)
A: Höricke, Lothar
Stahnke, Peter
FT: König Karl (1986)
A: Volksdorf, Peter
Stanzl, Karl
FT: Geheimnis einer Ärztin (1955)
A: Reingruber, Victor
Stapenhorst, Fritz
FT: Heldentum nach Ladenschluß (1955)
A: Fernau, Joachim (= Forster, John)
FT: Als ich noch der Waldbauernbub war (9 Teile) (1964)
A: Rosegger, Peter (= P. K. = Kettenfeier, Petri)
Stark, Ulrich
FT: Achtung! Vranek sieht ganz harmlos aus (1975)
A: Nöstlinger, Christine
Staudte, Wolfgang
FT: Der Untertan (1951)
A: Mann, Heinrich
FT: Die Geschichte vom kleinen Muck (1953)
A: Hauff, Wilhelm
FT: Ciske - ein Kind braucht Liebe (1955)
A: Bakker, Piet
FT: Mutter Courage und ihre Kinder (1956)
A: Brecht, Bertolt
FT: Rose Bernd (1956)
A: Hauptmann, Gerhart
FT: Der Maulkorb (1958)
A: Spoerl, Heinrich
FT: Die Dreigroschenoper (1962)
A: Brecht, Bertolt; Weill, Kurt
FT: Die glücklichen Jahre der Thorwalds (1962)
A: Priestley, John Boynton
FT: Die Rebellion (1962)
A: Roth, Joseph
FT: Das Lamm (1964)
A: Kramp, Willy
FT: Ganovenehre (1966)
A: Rudolph, Charles
FT: Die Klasse (Lehrer Blau) (1968)
A: Ungar, Hermann
FT: Die Gartenlaube (1969)
A: Ungar, Hermann
FT: Die Person (1970)
A: Bieler, Manfred
FT: Der Seewolf (Miniserie) (1971)
A: London, Jack
FT: Verrat ist kein Gesellschaftsspiel (1972)
A: Anderland, Raoul (= Rein, Rolf Dieter)
FT: Nerze nachts am Straßenrand (1973)
A: Martin, Hansjörg
FT: Lehmanns Erzählungen (1975)
A: Lenz, Siegfried
FT: Lockruf des Goldes (4 Teile) (1975)
A: London, Jack
FT: Prozeß Medusa (1976)
A: Münz, Erwin K.
FT: Das verschollene Inka-Gold (1977)
A: London, Jack
FT: Feuerwasser (1977/78)
A: Becher, Ulrich
FT: Der eiserne Gustav (1979)
A: Fallada, Hans
FT: Die Pawlaks (1982)
A: Jägersberg, Otto
FT: Satan ist auf Gottes Seite (1983)
A: Herlin, Hans
FT: Der Snob (1984)
A: Sternheim, Carl
Steckel, Leonard
FT: Zwiespalt des Herzens (1953)
A: Haggenmacher, Peter (= Welti, J.)
FT: Du mein stilles Tal (Schweigepflicht) (1955)
A: Companeez, Jacques
FT: Die Pariserin (1959)
A: Becque, Henri
FT: Paria (1970)
A: Strindberg, August
Stefani, Francesco
FT: Zwerg Nase (1952)
A: Hauff, Wilhelm
FT: Max und Moritz (1956)
A: Busch, Wilhelm
FT: Das singende, klingende Bäumchen (1957)
A: Grimm, Jakob Ludwig Carl; Grimm, Wilhelm Carl

Stegmüller, Henning
FT: Milo Barus. Der stärkste Mann der Welt (1981/82)
A: Weise, Roland
Stegmüller, Renate
FT: Schnelles Geld (1981)
A: Göhre, Frank
Stein, Peter
FT: Agent Bernd Etzel (Der Simulant; Der falsche Sohn) (1968)
A: Deichsel, Wolfgang
FT: Der Prinz von Homburg (1973)
A: Kleist, Heinrich von
FT: Sommergäste (1976)
A: Gorkij, Maksim
FT: Trilogie des Wiedersehens (1978)
A: Strauß, Botho
FT: Groß und klein (1980)
A: Strauß, Botho
FT: Klassenfeind (1982)
A: Williams, Nigel
FT: Prinz Friedrich von Homburg (1988)
A: Kleist, Heinrich von
Steinbach, Peter
FT: Die Gefährtin (1966)
A: Schnitzler, Arthur
FT: Augustus tut, was er kann (1967)
A: Shaw, George Bernard
FT: O'Flaherty (1967)
A: Shaw, George Bernard
Steinberger, Charly
FT: Monika und die Sechzehnjährigen (1975)
A: Eser, Willibald
Steinberger, Edmund
FT: Die Dachserin (1965)
A: Thoma, Ludwig
Steinböck, Rudolf
FT: Das andere Leben (1948)
A: Lernet-Holenia, Alexander
FT: Das heiße Herz (1955)
A: Patrick, John
FT: Der Bauer als Millionär (1961)
A: Raimund, Ferdinand
FT: Der Alpenkönig und der Menschenfeind (1965)
A: Raimund, Ferdinand
Steinheimer, Gert
FT: Schwarz greift ein (1994)
A: Kappel, Markus
FT: Eine Herzensangelegenheit (1997)
A: Quadflieg, Roswitha
Steinhoff, Hans
FT: Shiva und die Galgenblume (1945/93)
A: Berndorff, Hans Rudolf
Steinke, Christian
FT: Egon und das achte Weltwunder (1964)
A: Wohlgemuth, Joachim
FT: Oben fährt der große Wagen (1966)
A: Nachbar, Herbert
FT: Den Wolken ein Stück näher (1973)
A: Görlich, Günter
FT: Die Überlebende (1975)
A: David, Kurt
FT: Kippenberg (1981)
A: Noll, Dieter
FT: Das Puppenheim in Pinnow (1983)
A: Wohlgemuth, Joachim
FT: Ich sehe was, was du nicht siehst (1983)
A: Stephan, Martin
FT: Pelle, der Eroberer (1984/85)
A: Andersen Nexø, Martin
FT: Marie Grubbe (3 Teile) (1990)
A: Jacobsen, Jens Peter
Steinwendner, Kurt
FT: Der Rabe (1951)
A: Poe, Edgar Allan
FT: Im Krug zum grünen Kranze (1953)
A: Pohl, Julius
Stelzer, Manfred
FT: Wolffs Revier (1993-)
A: Friedrichs, Horst
FT: Balko (1995-)
A: Paul, Nora
Stemberger, Elisabeth
FT: Die Trompete (1967)
A: Mack, Lorenz
Stemmle, Robert A.
FT: Emil und die Detektive (1954)
A: Kästner, Erich (= Bürger, Berthold)
FT: Die Försterbuben (1955)
A: Rosegger, Peter (= P. K. = Kettenfeier, Petri)
FT: Du darfst nicht länger schweigen (1955)
A: Gudmunsson, Kristmann
FT: ... und die Liebe lacht dazu (1957)
A: Nebhut, Ernst; Schulenburg, Werner von
FT: Majestät auf Abwegen (1958)
A: Lewis, Sinclair
FT: Affäre Blum (1962)
A: Stemmle, Robert Adolf
FT: Kubinke (1966)
A: Hermann, Georg
FT: Der rasende Reporter (1968)
A: Kisch, Egon Erwin
Stenzel, Hans-Christof
FT: Die Matrone von Ephesus (1966)
A: Lessing, Gotthold Ephraim
Stephan, Bernhard
FT: Aus meiner Kindheit (1974)
A: Thälmann, Ernst

FT: Sonjas Rapport (1982)
A: Werner, Ruth
FT: Fahrschule (1986)
A: Schirmer, Bernd
FT: Rückkehr aus der Wüste (1989)
A: Potthoff, Konrad
FT: Tandem (1991)
A: Schirmer, Bernd
FT: Wolffs Revier (1993-)
A: Friedrichs, Horst
FT: Die Drei (1996)
A: Fuger, Berry
FT: Der letzte Zeuge (1998)
A: Seidl, Gerhard
FT: Ein Mann für gewisse Sekunden (1999)
A: Holst, Evelyn

Steuer, Wolfgang
FT: Wenn der Hahn kräht (1993)
A: Hinrichs, August

Steurer, Matthias
FT: First love - die grosse Liebe (1997-98)
A: Gärtner, Pia

Stöckel, Joe
FT: Ehestreik (1953)
A: Pohl, Julius
FT: Ein Herz schlägt für dich (1955)
A: Hillern, Wilhelmine von

Stöckl, Ulla
FT: Popp und Mingel (1975)
A: Kaschnitz, Marie Luise

Stockmeier, Paul
FT: Als ich Christtagsfreude holen ging (1964)
A: Rosegger, Peter (= P. K. = Kettenfeier, Petri)

Stöger, Alfred
FT: Triumph der Liebe (1947)
A: Aristophanes
FT: Das Siegel Gottes (Schuld und Sühne) (1949)
A: Rosegger, Peter (= P. K. = Kettenfeier, Petri)
FT: Der Wallnerbub (1950)
A: Waggerl, Karl Heinrich
FT: Tanz ins Glück (1952)
A: Bodansky, Robert; Hardt-Warden, Bruno; Stolz, Robert
FT: Götz von Berlichingen (1955)
A: Goethe, Johann Wolfgang von
FT: Wilhelm Tell (1955)
A: Schiller, Friedrich von
FT: Maria Stuart (1956)
A: Schiller, Friedrich von
FT: Don Carlos (1957)
A: Schiller, Friedrich von
FT: Einen Jux will er sich machen (1958)
A: Nestroy, Johann Nepomuk
FT: Der Bauer als Millionär (1961)
A: Raimund, Ferdinand

Storch, Wolfgang
FT: Bellas Tod (1979)
A: Simenon, Georges (= Sim, Georges; Aramis; Brulls, Christian)
FT: Weltuntergang in Berlin (1980)
A: Trolle, Lothar
FT: Flucht aus London (1982)
A: Procter, Maurice
FT: Reifenwechsel (1983)
A: Simenon, Georges (= Sim, Georges; Aramis; Brulls, Christian)
FT: Die zwei Gesichter des Januar (1985)
A: Highsmith, Patricia
FT: Diebe in der Nacht (3 Teile) (1989)
A: Koestler, Arthur

Storz, Oliver
FT: Sachrang (3 Teile) (1988)
A: Renner, Carl Oskar

Stoss, Franz
FT: Auferstehhung oder Ein korrekter Mann (1986)
A: Salten, Felix (= Salzmann, Siegmund)
FT: Marionetten (1987)
A: Schnitzler, Arthur

Stranka, Erwin
FT: Automärchen (1983)
A: Marek, Jiri
FT: Liane (1987)
A: Dahn, Daniela

Straub, Jean-Marie
FT: Machorka-Muff (1963)
A: Böll, Heinrich
FT: Nicht versöhnt oder Es hilft nur Gewalt, wo Gewalt herrscht (1965)
A: Böll, Heinrich
FT: Der Bräutigam, die Komödiantin und der Zuhälter (1968)
A: Bruckner, Ferdinand
FT: Othon. Die Augen wollen sich nicht zu jeder Zeit schließen oder Vielleicht wird Rom sich ... (1970)
A: Corneille, Pierre
FT: Geschichtsunterricht (1972)
A: Brecht, Bertolt
FT: Moses und Aaron (1975)
A: Schönberg, Arnold
FT: Von der Wolke zum Widerstand (1978)
A: Pavese, Cesare
FT: Klassenverhältnisse (1983)
A: Kafka, Franz
FT: Der Tod des Empedokles (1987)
A: Hölderlin, Friedrich
FT: Die schwarze Sünde (1990)

A: Hölderlin, Friedrich
FT: Antigone (1991)
A: Brecht, Bertolt; Hölderlin, Friedrich; Sophokles
FT: Von heute auf morgen (1997)
A: Schönberg, Arnold
FT: Sicilia! (1999)
A: Vittorini, Elio

Strecker, Frank
FT: Das höfliche Alptraumkrokodil (1977)
A: Weise, Ulrich
FT: Auf'm Amt (1981)
A: Auerbach, Alfred
FT: Klein Zaches, genannt Zinnober (1982)
A: Hoffmann, Ernst Theodor Amadeus
FT: Die Dachserin (1988)
A: Thoma, Ludwig
FT: Die kleinen Verwandten (1988)
A: Thoma, Ludwig
FT: Gelähmte Schwingen (1988)
A: Thoma, Ludwig
FT: Laura und Louis (6 Teile) (1989)
A: Pfaue, Justus
FT: Vera Wesskamp (1992)
A: Brandenburg, Rainer

Stroux, Karl Heinz
FT: Begegnung mit Werther (1949)
A: Goethe, Johann Wolfgang von

Strubel, Sepp
FT: Bei Westwind hört man keinen Schuß (1976)
A: Martin, Hansjörg
FT: Die Opodeldoks (1980)
A: Maar, Paul; Strubel, Sepp
FT: Der Prinz von Pumpelonien (1990)
A: Kühl, Katharina
FT: Was kommt vor im Ofenrohr? (1990)
A: Goller, Anja
FT: Die drei Dschungeldetektive (1991)
A: Strubel, Sepp

Sulistrowski, Zygmunt
FT: Tom Dooley - Held der grünen Hölle (1957/58)
A: Manville, Anita

Summers, Jeremy
FT: Die Rache des Dr. Fu Man Chu (1966)
A: Rohmer, Sax (= Ward, Arthur Sarsfield)

Surmann, Emil
FT: Das Sandmännchen (1955)
A: Wilde, Oscar

Svankmajer, Jan
FT: Alice (1989)
A: Carroll, Lewis

Svoboda, Antonin
FT: Betongräser (1995)
A: Betz, Martin

Syberberg, Hans-Jürgen
FT: Scarabea - Wieviel Erde braucht der Mensch (1968)
A: Tolstoj, Leo
FT: San Domingo (1970)
A: Kleist, Heinrich von
FT: Parsifal (1982)
A: Wagner, Richard
FT: Penthesilea (1989)
A: Kleist, Heinrich von

Sydow, Max von
FT: Glückspforte (1986)
A: Matsubara, Hisako

Sydow, Rolf von
FT: Zehn kleine Negerlein (1954)
A: Köhler-Rechnitz, Inka
FT: Drei Jungen und ein Mädchen (1962)
A: Ferdinand, Roger
FT: Warten auf Dodo (1962)
A: Loon, Gerard Willem van
FT: Die Nacht der Schrecken (1963)
A: Čechov, Anton Pavlovič
FT: Amouren (1964)
A: Coward, Noël (Pierce) Sir
FT: Olivia (1965)
A: Rattigan, Terence
FT: Weekend im Paradies (1965)
A: Arnold, Franz; Bach, Ernst
FT: Das Leben in meiner Hand (1966)
A: Ustinov, Peter
FT: Das Mißgeschick, ein Lord zu sein (1966)
A: Home, William Douglas
FT: Der Floh im Ohr (1966)
A: Feydeau, Georges
FT: Wie wär's, Monsieur (1966)
A: Mithois, Marcel
FT: Blut floß auf Blendings Castle (1967)
A: Wodehouse, Pelham Grenville
FT: Lord Arthur Saviles Verbrechen (1967)
A: Wilde, Oscar
FT: Mein Freund Harvey (1967)
A: Chase, James Hadley
FT: Der Idiot (3 Teile) (1968)
A: Dostojewski, Feodor
FT: Flachsmann als Erzieher (1968)
A: Ernst, Otto
FT: Bitte recht freundlich, es wird geschossen! (2 Teile) (1969)
A: Yeldham, Peter
FT: Ein Charleston für Lady Macbeth (1969)
A: Valmain, Frédéric

FT: Wie ein Blitz (1970)
A: Durbridge, Francis Henry
FT: Eine unwürdige Existenz (1971)
A: La Fontaine, Jean de
FT: Über die Schwierigkeit, seinen Mann umzubringen (1971)
A: Roussin, André
FT: Monsieur Chasse (1972)
A: Feydeau, Georges
FT: Die Kette (1977)
A: Durbridge, Francis Henry
FT: Weekend (1980)
A: Coward, Noël (Pierce) Sir
FT: Der Schützling (1981)
A: Kishon, Ephraim
FT: Ein Zug nach Manhattan (1981)
A: Chayefsky, Paddy
FT: Eine etwas sonderbare Dame (1982)
A: Patrick, John
FT: Sonny Boys (1982)
A: Simon, Neil
FT: Und das zum 80. Geburtstag (1982)
A: Wallace, Lewis Grant
FT: Wohl bekomm's (1982)
A: Chesnot, Pierre
FT: Der Raub der Sabinerinnen (1983)
A: Schönthan, Franz Edler von Pernwald; Schönthan, Paul Edler von Pernwald
FT: Abgehört (1984)
A: Ustinov, Peter
FT: Die schöne Wilhelmine (1984)
A: Salomon, Ernst von
FT: Der Schiedsrichter (1985)
A: Lotmar, Lorenz
FT: Bangkok Story (1989)
A: Blettenberg, Detlef
FT: Rosamunde Pilcher: Karussell des Lebens (1994)
A: Pilcher, Rosamunde
FT: Rosamunde Pilcher: Wechselspiel der Liebe (1994)
A: Pilcher, Rosamunde
FT: Rosamunde Pilcher: Zwei Schwestern (1994)
A: Pilcher, Rosamunde
FT: Rosamunde Pilcher: Schlafender Tiger (1995)
A: Pilcher, Rosamunde
FT: Rosamunde Pilcher: Wolken am Horizont (1995)
A: Pilcher, Rosamunde
FT: Rosamunde Pilcher: Schneesturm im Frühling (1996)
A: Pilcher, Rosamunde
FT: Heiß und kalt (1997)
A: Hammesfahr, Petra
FT: Rosamunde Pilcher: Preis der Liebe (1997)
A: Pilcher, Rosamunde
FT: Rosamunde Pilcher: Wind der Hoffnung (1997)
A: Pilcher, Rosamunde
FT: Rosamunde Pilcher: Magie der Liebe (1998)
A: Pilcher, Rosamunde
FT: Rosamunde Pilcher: Möwen im Wind (1999)
A: Pilcher, Rosamunde

Sykes, Peter
FT: Die Braut des Satans (1975)
A: Wheatley, Dennis

Szabó, István
FT: Mephisto (1981)
A: Mann, Klaus
FT: Katzenspiel (1983)
A: Örkeny, Istvan
FT: Oberst Redl (1985)
A: Osborne, John James

Sztollar, Karl
FT: Der keusche Adam (1950)
A: Löwinger, Gretl; Löwinger, Paul

Tanner, Alain
FT: Lichtjahre entfernt (Les années lumière) (1981)
A: Odier, Daniel

Tannert, Hannes
FT: Towarisch (1955)
A: Deval, Jacques
FT: Wo die Liebe ist, da ist auch Gott (1955)
A: Tolstoj, Leo
FT: Das lange Weihnachtsmahl (1956)
A: Wilder, Thornton
FT: Das träumende Mädchen (1956)
A: Rice, Elmer
FT: Pygmalion (1956)
A: Shaw, George Bernard
FT: Wie führe ich eine Ehe? (1956)
A: Ambesser, Axel von
FT: Ihr 106. Geburtstag (1957)
A: Sarment, Jean
FT: Der Muck (1958)
A: Grupe-Lörcher, Erica
FT: Fanny (1958)
A: Pagnol, Marcel
FT: Mein Sohn, der Herr Minister (1958)
A: Birabeau, André
FT: Der blaue Strohhut (1959)
A: Michael, Friedrich
FT: Chiaravalle wird entdeckt (1963)
A: Manzari, Nicola
FT: Panoptikum (1965)
A: Molnár, Ferenc

Tapak, Martin
FT: Die drei goldenen Haare des Sonnenkönigs (1985)
A: Grimm, Jakob Ludwig Carl; Grimm, Wilhelm Carl
Tausig, Otto
FT: Geisterkomödie (1962)
A: Coward, Noël (Pierce) Sir
FT: Von unten hervor (1969)
A: Bellow, Saul
FT: Lieben Sie Kishon? (1974-77/78)
A: Kishon, Ephraim
Tavernier, Bertrand
FT: Death Watch - Der gekaufte Tod (1979)
A: Compton, David Guy
Taviani, Paolo
FT: Die Wahlverwandtschaften (Le Affinità elettive) (1996)
A: Goethe, Johann Wolfgang von
Taviani, Vittorio
FT: Die Wahlverwandtschaften (Le Affinità elettive) (1996)
A: Goethe, Johann Wolfgang von
Tessari, Duccio
FT: Der Bastard (1968)
A: Tessin, Brigitte von
FT: Das Grauen kam aus dem Nebel (1970)
A: Scerbanenco, Giorgio
FT: Zwei wilde Compañeros (1971)
A: Patten, Lewis Byford
FT: Bitte laßt die Blumen leben (1985)
A: Simmel, Johannes Mario
Teuber, Monica
FT: Primel macht ihr Haus verrückt (1979)
A: Jaenicke, Käthe
FT: Jamila (1994)
A: Aitmatov, Cingiz T.
Thein, Ulrich
FT: Mitten im kalten Winter (1967)
A: Kant, Hermann
FT: Romanze mit Amélie (1981)
A: Wogatzki, Benito
Theopold, Hans-Bernhard
FT: Der Vogel läßt das Singen nicht (1966)
A: Weitnauer, Alfred
Thiel, Heinz
FT: Irrlicht und Feuer (2 Teile) (1966)
A: Grün, Max von der
FT: Krupp und Krause (3 Teile) (1969)
A: Helms, K. H.
Thiele, Rolf
FT: Mädel von heute (Primanerinnen) (1951)
A: Börner, Klaus Erich; Keller, Gottfried
FT: Sie (1954)
A: Vaszary, Gábor von
FT: Friederike von Barring (Die Barrings) (1955)
A: Simpson, William von
FT: Mamitschka (1955)
A: Schuller, Viktor
FT: Der tolle Bomberg (1957)
A: Winckler, Josef
FT: El Hakim (1957)
A: Knittel, John
FT: Skandal in Ischl (1957)
A: Bahr, Hermann
FT: Das Mädchen Rosemarie (1958)
A: Kuby, Erich
FT: Der liebe Augustin (1959)
A: Geissler, Horst Wolfram
FT: Die Halbzarte (1959)
A: Jacoby, Hans
FT: Labyrinth (1959)
A: Rezzori, Gregor von
FT: Auf Engel schießt man nicht (1960)
A: Mihura, Miguel
FT: Das schwarzweiß-rote Himmelbett (1962)
A: Berndorff, Hans Rudolf
FT: Lulu (1962)
A: Wedekind, Frank
FT: DM-Killer (1964)
A: Norden, Peter
FT: Tonio Kröger (1964)
A: Mann, Thomas
FT: Wälsungenblut (1964)
A: Mann, Thomas
FT: Grieche sucht Griechin (1966)
A: Dürrenmatt, Friedrich
FT: Der Lügner und die Nonne (1967)
A: Goetz, Curt
FT: Die Ente klingelt um 1/2 8 (1968)
A: Stenthoft, Aage
FT: Komm nur, mein liebstes Vögelein (1968)
A: Fernau, Joachim (= Forster, John)
FT: Grimms Märchen vom lüsternen Pärchen (1969)
A: Grimm, Jakob Ludwig Carl; Grimm, Wilhelm Carl
FT: Ohrfeigen (1970)
A: Aszlanyi, Karoly
FT: Undine 74 (1974)
A: Motte-Fouqué, Friedrich de la
FT: Frauenstation (1975)
A: Fischer, Marie-Louise
Thieme, Bernhard
FT: Der Hecktaler (1954)
A: Leskov, Nikolaj Semenovič
FT: Das Maß ist voll (1961)
A: Coward, Noël (Pierce) Sir

Thiemt, Hans Georg
FT: Des Pfarrers Freude (1966)
A: Dahl, Roald
Thimig, Hans
FT: Wie ein Dieb in der Nacht (1945)
A: Gottwald, Fritz
FT: Gottes Engel sind überall (1947)
A: Francke, Peter
FT: Maresi (Der Angeklagte hat das Wort) (1948)
A: Lernet-Holenia, Alexander
Thomalla, Georg
FT: Bezauberndes Fräulein (1953)
A: Benatzky, Ralph
Thomas, Michael
FT: Die Nichten der Frau Oberst (1968)
A: Maupassant, Guy de
FT: Die Nichten der Frau Oberst - 2. Teil: Mein Bett ist meine Burg (1968)
A: Maupassant, Guy de
FT: Die Sex-Abenteuer der drei Musketiere (1970)
A: Dumas, Alexandre (père)
FT: Die Nichten der Frau Oberst (1979)
A: Maupassant, Guy de
Thome, Rudolf
FT: Tagebuch (1975)
A: Goethe, Johann Wolfgang von
FT: Tarot (1985)
A: Goethe, Johann Wolfgang von
Thoren, Orly
FT: Olympia (1983)
A: Hoffmann, Ernst Theodor Amadeus
Thorndike, Andrew
FT: Du bist min (1969)
A: Thorndike, Annelie
Thorndike, Annelie
FT: Du bist min (1969)
A: Thorndike, Annelie
Thouet, Peter M.
FT: Durch den kaufmännischen Verein (1981)
A: Stoltze, Adolf
Thyret, Margot
FT: Die Bestie (1988)
A: Brecht, Bertolt
FT: Ein besserer Herr (1988)
A: Hasenclever, Walter
Tiefenbacher, Matthias
FT: Balko (1995-)
A: Paul, Nora
Timm, Curt
FT: Hochzeit im Haifisch (1979)
A: Scharrelmann, Wilhelm
Timm, Peter
FT: Ein Mann für jede Tonart (1992)
A: Lind, Hera
FT: Rennschwein Rudi Rüssel (1995)
A: Timm, Uwe
FT: Die Putzfraueninsel (1996)
A: Moser, Milena
Toelle, Tom
FT: Nur Fleisch (1962)
A: London, Jack
FT: Das Ende vom Lied (1963)
A: Hall, Willis
FT: Die wahre Geschichte vom geschändeten und wiederhergestellten Kreuz (1963)
A: Werfel, Franz
FT: Das Apostelspiel (1965)
A: Mell, Max
FT: Versetzung (1968)
A: Körner, Wolfgang
FT: Ein Bräutigam für Marcella (1970)
A: Klíma, Ivan
FT: Rückfahrt von Venedig (1973)
A: Simenon, Georges (= Sim, Georges; Aramis; Brulls, Christian)
FT: Die Kriegsbraut (1974)
A: Courths-Mahler, Hedwig
FT: Eine ungeliebte Frau (1974)
A: Courths-Mahler, Hedwig
FT: Der aufsehnerregende Fall des Studienrats Adam Juracek (1976)
A: Kohout, Pavel
FT: Die Kameliendame (1978)
A: Dumas, Alexandre (fils)
FT: Via Mala (1985)
A: Knittel, John
FT: Der Schrei der Eule (1987)
A: Highsmith, Patricia
FT: König der letzten Tage (1993)
A: Barret, Pierre; Gurgan, Jean-Noël
FT: Der Trinker (1995)
A: Fallada, Hans
Tögel, Hans-Jürgen
FT: Leiche auf Urlaub (1981)
A: Boileau, Pierre
FT: Amphitryon (1982)
A: Hacks, Peter
FT: Heiraten ist immer ein Risiko (1984)
A: O'Hara, Saul
FT: Rückfahrt in den Tod (1986)
A: Boileau, Pierre; Narcejac, Thomas
FT: Seine beste Rolle (1989)
A: Rubin, Chris
FT: Rosamunde Pilcher: Das Ende eines Sommers (1994)
A: Pilcher, Rosamunde
FT: Rosamunde Pilcher: Sommer am Meer (1995)
A: Pilcher, Rosamunde
FT: Herz über Kopf (1997)
A: Schoenle, Annemarie
FT: Rosamunde Pilcher: Melodie des Herzens (1998)
A: Pilcher, Rosamunde

Torrado, Ramón
FT: Der Löwe von Babylon (En las ruínas de Babilonia) (1959)
A: May, Karl Friedrich
Tourjansky, Viktor
FT: Der blaue Strohhut (1949)
A: Michael, Friedrich
FT: Der Mann, der zweimal leben wollte (1950)
A: Andreas, Fred
FT: Ehe für eine Nacht (1952)
A: Berger, Josef; Seitz, Franz sen.
FT: Arlette erobert Paris (1953)
A: Braun, Frank F.
FT: Die Toteninsel (1955)
A: Rhein, Eduard (= Hellmer, Klaus; Horster, Hans U.; Hulsen, Adrian)
FT: Das Beichtgeheimnis (1956)
A: Brautlacht, Erich
FT: Herz ohne Gnade (1958)
A: Rhein, Eduard (= Hellmer, Klaus; Horster, Hans U.; Hulsen, Adrian)
Trabold, Peter
FT: Der falsche Prinz (1967)
A: Hauff, Wilhelm
FT: Saids Schicksale (1969)
A: Hauff, Wilhelm
Tragelehn, B. K.
FT: Die Fahne von Kriwoj Rog (1960)
A: Gotsche, Otto
Tremper, Will
FT: Sperrbezirk (1966)
A: Neubach, Ernst
FT: Mir hat es immer Spaß gemacht (1970)
A: Keefe, Lynn
Trenker, Luis
FT: Von der Liebe besiegt (1956)
A: Trenker, Luis
FT: Wetterleuchten um Maria (1957)
A: Ernst, Hans
Trenk-Trebitsch, Willy
FT: Des unbekannten Autors ungeschriebenes Stück (1961)
A: Saroyan, William
FT: Mrs. Billings Scheidung (1961)
A: Porter, William Sydney (= O'Henry)
Tressler, Georg
FT: Ein wunderbarer Sommer (1957)
A: Gallico, Paul William
FT: Das Totenschiff (1959)
A: Traven, B. (Bruno) (= Marut, Ret; Maurhut, Richard; Torsvan, Traven)
FT: Geständnis einer Sechzehnjährigen (1961)
A: Pilchowski, Robert
FT: Die lustigen Weiber von Windsor (1964)
A: Nicolai, Otto; Shakespeare, William
FT: Der Weibsteufel (1966)
A: Schönherr, Karl
FT: Ein Mann für Mama (1976)
A: Nöstlinger, Christine
FT: Mrs. Harris - Freund mit Rolls Royce (1984)
A: Gallico, Paul William
Treut, Monika
FT: Verführung: Die grausame Frau (1985)
A: Sacher-Masoch, Leopold von (= Arand, Charlotte; Rodenbach, Zoë von)
Troell, Jan
FT: Hamsun (1996)
A: Hansen, Thorkild
Trösch, Robert
FT: Bessie Bosch (1955)
A: Wüsten, Johannes
FT: Esther (1960)
A: Apitz, Bruno
Tröster, Jürgen
FT: Whopper-Punch 777 (1988)
A: Axt, Maria
Trotta, Margarethe von
FT: Die verlorene Ehre der Katharina Blum (1975)
A: Böll, Heinrich
FT: Fürchten und Lieben (1987)
A: Čechov, Anton Pavlovič
FT: Mit fünfzig küssen Männer anders (1998)
A: Zinn, Dorit
Trottnow, Barbara
FT: Katharina oder Die Kunst, Arbeit zu finden (1995)
A: Seghers, Anna
Tumler, Wolfgang
FT: Der rote Strumpf (1980)
A: Donelly, Elfie
Tykwer, Tom
FT: Winterschläfer (1997)
A: Pyszora, Anne-Françoise
FT: Lola rennt (1998)
A: Tykwer, Tom
Überall, Klaus
FT: Schmetterlinge weinen nicht (1970)
A: Heinrich, Willi
FT: Die Traumfrau (1978)
A: Marsh, Reginald
Ucicky, Gustav
FT: Nach dem Sturm (1949)
A: Zuckmayer, Carl
FT: Cordula (1950)
A: Wildgans, Anton
FT: Der Seelenbräu (1950)
A: Zuckmayer, Carl
FT: Ein Leben für Do (1953)
A: Pilchowski, Robert
FT: Die Hexe (1954)
A: Andreas, Fred

FT: Zwei blaue Augen (1955)
A: Babay, Jósef
FT: Der Edelweißkönig (1957)
A: Ganghofer, Ludwig
FT: Die Heilige und ihr Narr (1957)
A: Günther, Agnes
FT: Das Mädchen vom Moorhof (1958)
A: Lagerlöf, Selma
FT: Das Erbe von Björndal (1960)
A: Gulbranssen, Trygve

Ullrich, Hans-Georg
FT: Moritzgeschichten (1982)
A: Bröger, Achim

Umgelter, Fritz
FT: Der Graue (1955)
A: Forster, Friedrich
FT: Der Hund von Baskerville (1955)
A: Doyle, Arthur Conan Sir
FT: Die Zyklone (1955)
A: Roy, Jules
FT: Ein Phönix zuviel (1955)
A: Fry, Christopher
FT: Ein Volksfeind (1955)
A: Ibsen, Henrik
FT: Gericht über Las Casas (1955)
A: Schneider, Reinhold
FT: Das Spinnennetz (1956)
A: Christie, Agatha
FT: Der Flüchtling (1956)
A: Hochwälder, Fritz
FT: Der Verräter (1956)
A: Wouk, Herman
FT: Gelähmte Schwingen (1956)
A: Thoma, Ludwig
FT: Öl und Champagner (1956)
A: Molnár, Ferenc
FT: Zwölftausend (1956)
A: Frank, Bruno
FT: Die Panne (1957)
A: Dürrenmatt, Friedrich
FT: Don Carlos (1957)
A: Schiller, Friedrich von
FT: Monsignores große Stunde (1957)
A: Lavery, Emmet
FT: Montserrat (1957)
A: Roblès, Emmanuel
FT: Olivia (1958)
A: Rattigan, Terence
FT: Das mittlere Fenster (1959)
A: Goudge, Elizabeth
FT: Die Räuber (1959)
A: Schiller, Friedrich von
FT: So weit die Füße tragen (6 Teile) (1959)
A: Bauer, Josef Martin
FT: Am grünen Strand der Spree (5 Teile) (1960)
A: Scholz, Hans
FT: Der Mann, der Donnerstag war (1960)
A: Chesterton, Gilbert Keith
FT: Die Journalisten (1961)
A: Freytag, Gustav
FT: Prinz Friedrich von Homburg (1961)
A: Kleist, Heinrich von
FT: Und Pippa tanzt (1961)
A: Hauptmann, Gerhart
FT: Montserrat (1962)
A: Roblès, Emmanuel
FT: Wer einmal aus dem Blechnapf frißt (1962)
A: Fallada, Hans
FT: Dantons Tod (1963)
A: Büchner, Georg
FT: Der Belagerungszustand (1963)
A: Camus, Albert
FT: Der schlechte Soldat Smith (1963)
A: Home, William Douglas
FT: Die Abrechnung (1963)
A: Schneider, Reinhold
FT: Bei Tag und bei Nacht (1964)
A: Neveux, Georges
FT: Die Physiker (1964)
A: Dürrenmatt, Friedrich
FT: Die Teufelsspur (1964)
A: Jamiaque, Yves (= Jedwab, Isaac)
FT: König Richard III (1964)
A: Shakespeare, William
FT: Tom und seine Söhne (1964)
A: Murphy, John
FT: Der Sündenbock (1965)
A: Rinser, Luise
FT: Magie (1965)
A: Chesterton, Gilbert Keith
FT: Nun singen sie wieder (1965)
A: Frisch, Max
FT: Schüsse aus dem Geigenkasten (1965)
A: Cotton, Jerry (= Höber, Heinz-Werner; Müller, Heinz-Werner)
FT: Caroline (1966)
A: Maugham, W. Somerset
FT: Der gute Mensch von Sezuan (1966)
A: Brecht, Bertolt
FT: Herrenhaus (1966)
A: Wolfe, Thomas
FT: Münchhausen (1966)
A: Hasenclever, Walter
FT: Nur einer wird leben (1966)
A: Picot, André
FT: Perlenkomödie (1966)
A: Frank, Bruno
FT: Bratkartoffeln inbegriffen (1967)
A: Wesker, Arnold
FT: So war Herr Brummell (1967)
A: Penzoldt, Ernst

FT: Fräulein Julie (1968)
A: Strindberg, August
FT: Der Tanz des Sergeanten Musgrave (1969)
A: Arden, John
FT: Die Freier (1969)
A: Eichendorff, Joseph Freiherr von
FT: Epitaph für einen König (1969)
A: Strindberg, August
FT: Rebellion der Verlorenen (1969)
A: Jaeger, Henry
FT: Ein ruhiges Heim (1970)
A: Courteline, Georges
FT: Wie eine Träne im Ozean (1970)
A: Sperber, Manès
FT: Das Abenteuer eines armen Christenmenschen (1971)
A: Silone, Ignazio
FT: Viel Getu' um nichts (1971)
A: Shakespeare, William
FT: Das Klavier (2 Teile) (1972)
A: Tinzmann, Julius
FT: Merkwürdige Lebensgeschichte des Friedrich Freiherrn von der Trenck (1972)
A: Frank, Bruno
FT: Der Vorgang (1973)
A: Mnačko, Ladislav
FT: Des Christoffel von Grimmelshausen abenteuerlicher Simplizissimus (1975)
A: Grimmelshausen, Christoffel von
FT: Der Winter, der ein Sommer war (3 Teile) (1976)
A: Paretti, Sandra
FT: Flieder für Jaczek (1977)
A: Murr, Stefan
FT: Vorhang auf, wir spielen Mord (1978)
A: Slesar, Henry
FT: Mondo Montag. Die rote Zora und ihre Bande (1979)
A: Held, Kurt
FT: Die Weber (1980)
A: Hauptmann, Gerhart
FT: Im Schlaraffenland (1981)
A: Mann, Heinrich
FT: Das Klavier (3 Teile) (1986)
A: Tinzmann, Julius

Unger, Michael
FT: Der Mann aus der Siedlung (1981)
A: Kampling, Harry
FT: Hieronymus Lotter (1982)
A: Arnold, Johannes
FT: Champagner für die Damen (1983)
A: Seidemann, Maria
FT: Die Last der Berge (1983)
A: Klein, Eduard
FT: Tule Hinrichs Sofa (1983)
A: Beseler, Horst
FT: Das Mädchen vom Plakat (1984)
A: Gerisch, Klaus
FT: Der Sohn (1984)
A: Joho, Wolfgang; Neumann, Margarethe
FT: Der Tod des alten Mannes (1984)
A: Richter, Egon
FT: Abenteurer wider Willen (1985)
A: Kellner, Wolfgang
FT: Georg (1985)
A: Leskien, Jürgen; Würfel, Wolfgang
FT: Ich bin erst 19 (1985)
A: Heinze, Harald
FT: Wie andere Leute auch (1985)
A: Brüning, Elfriede
FT: Zimmer 418 (1986)
A: Grosz, Christiane; Schnitzler, Sonja; Schwarz, Renate; Strahl, Rudi

Unterberg, Gabriele
FT: Ein Bernhardiner namens Möpschen (1996)
A: Bredow, Ilse von

Unterberg, Hannelore
FT: Isabel auf der Treppe (1984)
A: Lewin, Waltraud
FT: Der Junge mit dem großen schwarzen Hund (1986)
A: Schumacher, Hildegard; Schumacher, Siegfried
FT: Verflixtes Missgeschick (1989)
A: Marschak, Samuil Akovlewitsch
FT: Der letzte Winter (1991)
A: Seidemann, Maria
FT: Ein Bernhardiner namens Möpschen (1996)
A: Bredow, Ilse von

Unterkirchner, Hans
FT: An klingenden Ufern (1948)
A: Lernet-Holenia, Alexander

Urchs, Wolfgang
FT: Peterchens Mondfahrt (1990)
A: Bassewitz, Gerdt von

Utzerath, Hansjörg
FT: Viele heißen Kain (1967)
A: Neumann, Alfred

Uzsák, János
FT: Pepolino und der Schatz der Meerjungfrau (1995)
A: Rodrian, Irene

Vadim, Roger
FT: La Ronde (1964)
A: Schnitzler, Arthur

Vajda, Andrzej
FT: Schuld und Sühne (1988)
A: Dostojewski, Feodor

Vajda, Ladislaus
FT: Es geschah am hellichten Tag (1958)
A: Dürrenmatt, Friedrich

FT: Ein Mann geht durch die Wand (1959)
A: Aymé, Marcel
FT: Der Lügner (1961)
A: Shiffrin, Abraham B.
FT: Das Feuerschiff (1963)
A: Lenz, Siegfried

Vajda, Marijan David
FT: Das Schicksal der Lilian H. (1993)
A: Fischer, Marie-Louise
FT: Die Knickerbocker-Bande - Das sprechende Grab (1995)
A: Brezina, Thomas
FT: Champagner und Kamillentee (1997)
A: Stalmann, Franziska

Valerii, Tonino
FT: Der Tod ritt Dienstags (1967)
A: Barker, Ronald Ernest

Vanderlet, Petrus
FT: Aschenglut (1990)
A: Schutting, Julian

Vasil, Paul
FT: Der Hut Fedora (1964)
A: Molnár, Ferenc
FT: Die Katze im Sack (oder Der Sänger aus Bordeaux) (1967)
A: Feydeau, Georges

Vávrová, Dana
FT: Der Bär ist los (2000)
A: Vávrová, Dana; Vilsmaier, Joseph

Veiczi, Janos
FT: Die gefrorenen Blitze (1967)
A: Mader, Julius

Verbong, Ben
FT: Die Gang (1997)
A: Schwamm, Bernd

Verdan, Renée
FT: Maria am Fenster (1987)
A: Cerio, Claretta

Verhoeven, Michael
FT: Paarungen (1967)
A: Strindberg, August
FT: Der Bettenstudent oder Was mach' ich mit dem Mädchen? (1969)
A: Søeborg, Finn
FT: Sonja schafft die Wirklichkeit ab oder Ein unheimlich starker Abgang (1973)
A: Sommer, Harald
FT: Das Männerquartett (1977)
A: Frank, Leonhard
FT: Sonntagskinder (1979)
A: Reinshagen, Gerlind
FT: Am Südhang (1980)
A: Keyserling, Eduard von
FT: Die Ursache (1980)
A: Frank, Leonhard
FT: Stinkwut (1986)
A: Kusz, Fitzgerald
FT: Das schreckliche Mädchen (1990)
A: Rosmus-Wenninger, Anja
FT: Mutters Courage (1995)
A: Tabori, George

Verhoeven, Paul
FT: Das kalte Herz (1950)
A: Hauff, Wilhelm
FT: Dieser Mann gehört mir (1950)
A: Beste, Konrad
FT: Praterherzen (Tingeltangel) (1952)
A: Schubert, Hans
FT: Hochzeit auf Reisen (1953)
A: Spoerl, Heinrich
FT: Ewiger Walzer (Frauen um Johann Strauss) (1955)
A: Silbermann, Ruth Charlotte
FT: Ich weiß, wofür ich lebe (1955)
A: Neubach, Ernst
FT: Die goldene Brücke (1956)
A: Zilahy, Lajos
FT: Jede Nacht in einem anderen Bett (1956)
A: Kernmayr, Hans Gustl
FT: Der geheimnisvolle Dr. Mander (1957)
A: Brett, Michael
FT: Die Abenteuer des braven Soldaten Schwejk (1957)
A: Hašek, Jaroslav
FT: Die selige Edwina Black (1958)
A: Dinner, William; Morum, William
FT: Dr. med. Hiob Prätorius (1958)
A: Goetz, Curt
FT: Die Troerinnen des Euripides (1959)
A: Braun, Matthias
FT: Nachtasyl (1959)
A: Gorkij, Maksim
FT: Die große Wut des Philipp Hotz (1960)
A: Frisch, Max
FT: Die Sache mit dem Ring (1961)
A: Browne, Wynyard
FT: Froher Herbst des Lebens (1961)
A: Barrie, James Matthew Sir
FT: Bedaure, falsch verbunden (1962)
A: Fletcher, Lucille; Ullman, Allan
FT: Peter Pan (1962)
A: Barrie, James Matthew Sir
FT: Seit Adam und Eva (1962)
A: Priestley, John Boynton
FT: Zweierlei Maß (1963)
A: Shakespeare, William
FT: Kleider machen Leute (1969)
A: Keller, Gottfried

Vernay, Robert
FT: Das blaue Zimmer (1964)
A: Mérimée, Prosper

Verneuil, Henri
FT: Die Schlange (1972)
A: Nord, Pierre
Versini, André
FT: Mord am Canale Grande (1963)
A: Chase, James Hadley
Verstappen, Wim
FT: Tag der offenen Tür (1967)
A: Herburger, Günter
Vesely, Herbert
FT: Und die Kinder spielen so gern Soldaten (1951)
A: Kafka, Franz
FT: An diesen Abenden (1952)
A: Trakl, Georg
FT: Das Brot der frühen Jahre (1962)
A: Böll, Heinrich
FT: Der große Wildenberg. Ein Feuilleton (1965)
A: Lenz, Siegfried
FT: Ein Haus aus lauter Liebe (1966)
A: Lenz, Siegfried
FT: Das Bastardzeichen (1969)
A: Nabokov, Vladimir
FT: Deine Zärtlichkeiten (1969)
A: Lopez, Estebán
FT: Mein Name ist Weiss (1970)
A: Ellin, Stanley
FT: Depressionen (1975)
A: Muhr, Caroline
FT: Der kurze Brief zum langen Abschied (1978)
A: Handke, Peter
Veth, Kurt
FT: Anja (1971)
A: Simonov, Konstantin M.
FT: Dzamilja (1975)
A: Aitmatov, Cingiz T.
FT: Sein letzter Fall (1976)
A: Engelmann, Bernt
FT: Auftrag: überleben (1977)
A: Hanke, Erich
Vianey, Michel
FT: Zwei Profis steigen aus (Un dimanche de flics) (1982/ 83)
A: Coburn, Andrew
Vicas, Victor
FT: Das zweite Leben (1954)
A: Giraudoux, Jean
FT: Herr über Leben und Tod (1955)
A: Zuckmayer, Carl
FT: Die Frau des Anderen (1959)
A: Sudermann, Hermann
FT: Jack und Jenny (1963)
A: Piper, Anne
Vilsmaier, Joseph
FT: Herbstmilch (1988)
A: Wimschneider, Anna
FT: Charlie & Louise - Das doppelte Lottchen (1993)
A: Kästner, Erich (= Bürger, Berthold)
FT: Schlafes Bruder (1995)
A: Schneider, Robert
FT: Und keiner weint mir nach (1995)
A: Sommer, Siegfried
FT: Comedian Harmonists (1999)
A: Fechner, Eberhard
FT: Leo und Claire (1999)
A: Kohl, Christiane
Visconti, Luchino
FT: Tod in Venedig (1971)
A: Mann, Thomas
Vogel, Frank
FT: Die Gänse von Bützow (1985)
A: Raabe, Wilhelm
Vogel, Peter
FT: Siebzehn Brote (1974)
A: Wolf, Friedrich (Baetz, Christian; Rüedi, Hans; Dr. Isegrimm)
FT: Der stille Amerikaner (1975)
A: Greene, Graham
FT: Die Abrechnung (Polizeiruf 110) (1977)
A: Mager, Hasso
FT: Die Birke da oben (1979)
A: Knappe, Joachim
FT: Liebesgeschichten. Erzählung einer Unbekannten (1979)
A: Čechov, Anton Pavlovič
FT: Vergeltung (1980)
A: Mager, Hasso
FT: Leutnant Yorck von Wartenburg (1981)
A: Hermlin, Stephan
FT: Alfons Köhler (1983)
A: Richter, Egon
FT: Die Zeit der Einsamkeit (1984)
A: Hermlin, Stephan
FT: Die erste Reihe (1987)
A: Hermlin, Stephan
FT: Der Mantel des Ketzers (1989)
A: Brecht, Bertolt
FT: Große Liebe gesucht (1989)
A: Preuß, Gunter
FT: Selbstversuch (1989)
A: Wolf, Christa
FT: Der kleine Herr Friedemann (1990)
A: Mann, Thomas
FT: Der Bergdoktor (1993)
A: Scheibler, Susanne
Vogeler, Volker
FT: Die Söhne (1968)
A: Herburger, Günter
FT: Mijnheer hat lauter Töchter (1968)
A: Becker, Marta
FT: Tanker (1969)
A: Herburger, Günter
FT: Haben (1975)
A: Hay, Guyla (Julius)

FT: Wat Recht is, mutt Recht bleiben (1982)
A: Lornsen, Boy
FT: Ein Kriegsende (1984)
A: Lenz, Siegfried

Voges, Bruno
FT: Die Bettelprinzeß (1974)
A: Courths-Mahler, Hedwig
FT: Reserl am Hofe (1984)
A: Schumacher, Tony
FT: Das Turmengele (1986)
A: Schumacher, Tony
FT: Zirkuskinder (1986)
A: Schumacher, Tony
FT: Pfarrerin Lenau (1990)
A: Huby, Felix (= Hungerbühler, Eberhard)

Vohrer, Alfred
FT: Meine 99 Bräute (1958)
A: Sommer, Siegfried
FT: Die toten Augen von London (1961)
A: Wallace, Richard Horatio Edgar
FT: Das Gasthaus an der Themse (1962)
A: Wallace, Bryan Edgar
FT: Die Tür mit den sieben Schlössern (1962)
A: Wallace, Richard Horatio Edgar
FT: Das indische Tuch (1963)
A: Wallace, Richard Horatio Edgar
FT: Der Zinker (1963)
A: Wallace, Richard Horatio Edgar
FT: Der Hexer (1964)
A: Wallace, Richard Horatio Edgar
FT: Unter Geiern (1964)
A: May, Karl Friedrich
FT: Wartezimmer zum Jenseits (1964)
A: Chase, James Hadley
FT: Neues vom Hexer (1965)
A: Wallace, Richard Horatio Edgar
FT: Old Surehand (1965)
A: May, Karl Friedrich
FT: Der Bucklige von Soho (1966)
A: Wallace, Richard Horatio Edgar
FT: Winnetou und sein Freund Old Firehand (1966)
A: May, Karl Friedrich
FT: Der Hund von Blackwood Castle (1967)
A: Wallace, Bryan Edgar
FT: Der Mönch mit der Peitsche (1967)
A: Wallace, Richard Horatio Edgar
FT: Die blaue Hand (1967)
A: Wallace, Richard Horatio Edgar
FT: Der Gorilla von Soho (1968)
A: Wallace, Richard Horatio Edgar
FT: Der Mann mit dem Glasauge (1968)
A: Wallace, Richard Horatio Edgar
FT: Im Banne des Unheimlichen (1968)
A: Wallace, Bryan Edgar
FT: Sieben Tage Frist (1969)
A: Henricks, Paul
FT: Das gelbe Haus am Pinnasberg (1970)
A: Bischoff, Bengta
FT: Liebe ist nur ein Wort (1971)
A: Simmel, Johannes Mario
FT: Und Jimmy ging zum Regenbogen (1971)
A: Simmel, Johannes Mario
FT: Alle Menschen werden Brüder (1972)
A: Simmel, Johannes Mario
FT: Der Stoff, aus dem die Träume sind (1972)
A: Simmel, Johannes Mario
FT: Gott schützt die Liebenden (1973)
A: Simmel, Johannes Mario
FT: Und der Regen verwischt jede Spur (1973)
A: Puschkin, Alexandr Sergejewitsch
FT: Die Antwort kennt nur der Wind (1974)
A: Simmel, Johannes Mario
FT: Drei Männer im Schnee (1974)
A: Kästner, Erich (= Bürger, Berthold)
FT: Wer stirbt schon gerne unter Palmen (1974)
A: Konsalik, Heinz Günther (= Pahlen, Henry)
FT: Der Edelweißkönig (1975)
A: Ganghofer, Ludwig
FT: Verbrechen nach Schulschluß (1975)
A: Reinecker, Herbert
FT: Das Schweigen im Walde (1976)
A: Ganghofer, Ludwig
FT: Jeder stirbt für sich allein (1976)
A: Fallada, Hans
FT: Anita Drögemöller und die Ruhe an der Ruhr (1977)
A: Lodemann, Jürgen
FT: Rendezvous der Damen (1983)
A: Reinecker, Herbert

Völger, Werner
FT: Dame Kobold (1953)
A: Calderón de la Barca, Pedro
FT: Das Abschiedsgeschenk (1953)
A: Rattigan, Terence
FT: Das Lächeln der Gioconda (1953)
A: Huxley, Aldous
FT: Armer Vater Philipp (1954)
A: Rohkohl, Dieter
FT: Zwei oder drei Ehen (1954)
A: Saroyan, William
FT: Der Biberpelz (1955)
A: Hauptmann, Gerhart

FT: Die Unvergessliche (So war Mama) (1955)
A: Druten, John William van
FT: Souper (1955)
A: Molnár, Ferenc
FT: Das Friedensfest (1956)
A: Hauptmann, Gerhart
FT: Das Konzert (1956)
A: Bahr, Hermann
FT: Die Nacht im Jägerhaus (1956)
A: Hebbel, Christian Friedrich
FT: Möwen über Sorrent (1956)
A: Hastings, Hugh
FT: Philemon und Baucis (1956)
A: Ahlsen, Leopold
FT: Das Geheimnis (1957)
A: Greene, Graham
FT: Das Spiel von Tod und Liebe (1957)
A: Rolland, Romain
FT: Gericht bei Nacht (1957)
A: Fodor, Ladislas (Laszlo)
FT: Jeder lebt allein (1957)
A: Funt, Julian
FT: Nebel (1957)
A: Schweikart, Hans
FT: Ein Mann, der seinen Namen änderte (1958)
A: Wallace, Richard Horatio Edgar
FT: Ein weißer Elefant (Ein Elefant im Haus) (1958)
A: Rivemale, Alexandre
FT: Clavigo (1959)
A: Goethe, Johann Wolfgang von
FT: Der Nobelpreis (1959)
A: Bergman, Hjalmar
FT: Leihhauslegende (1959)
A: Shiffrin, Abraham B.
FT: Der Flüchtling (1961)
A: Hochwälder, Fritz
FT: Bahnwärter Thiel (1968)
A: Hauptmann, Gerhart

Völker, Cornelius
FT: Die Hermannsschlacht (1996)
A: Grabbe, Christian Dietrich; Kleist, Heinrich von

Volkmer, Rüdiger
FT: Der Kammerdiener als Nebenbuhler (1979)
A: Scribe, Eugène
FT: Wir sind doch keine Engel (1979)
A: Fehér, Klára

Vollmar, Wolf
FT: Die Stimme im Glas (1961)
A: Husson, Albert
FT: Der stumme Diener (1963)
A: Pinter, Harold
FT: Vier Männer und ein Pokerspiel (1968)
A: Brecht, Bertolt
FT: Michael Kohlhaas (1969)
A: Kleist, Heinrich von
FT: Dubrovskij (1970)
A: Puschkin, Alexandr Sergejewitsch
FT: Der Zuschlag (1973)
A: Böll, Heinrich
FT: Fabrik der Offiziere (1988)
A: Kirst, Hans Hellmut

Vollmer, Veit
FT: Kleines Arschloch - Der Film (1997)
A: Moers, Walter
FT: Max und Moritz (1999)
A: Busch, Wilhelm

Vorlicek, Václav
FT: Drei Haselnüsse für Aschenbrödel (1972)
A: Grimm, Jakob Ludwig Carl; Grimm, Wilhelm Carl

Wagner, Christian
FT: Wallers letzter Gang (1988)
A: Köpf, Gerhard

Wagner, Hannes
FT: Marienhof (1992)
A: Becker, Rolf A.

Wagner, Klaus
FT: Der Datterich (1958)
A: Niebergall, Ernst-Elias
FT: Eine etwas sonderbare Dame (1960)
A: Patrick, John
FT: Piroschka (1960)
A: Hartung, Hugo
FT: Einladung ins Schloß (1961)
A: Anouilh, Jean
FT: Die Kollektion (1963)
A: Pinter, Harold
FT: Eine schöne Bescherung (1963)
A: Husson, Albert
FT: Stadtpark (1963)
A: Schubert, Hans
FT: Der Kandidat (1965)
A: Flaubert, Gustave
FT: Party im Zwielicht (1965)
A: Ross, George; Singer, Campbell; Thomas, Gwyn
FT: Talmas Ende (1965)
A: Polgar, Alfred
FT: Die Hose (1966)
A: Sternheim, Carl
FT: Der Datterich (1972)
A: Niebergall, Ernst-Elias; Niebergall, Ernst-Elias

Wagner, Konrad
FT: Der öffentliche Ankläger (1955)
A: Hochwälder, Fritz
FT: Das heilige Experiment (1956)
A: Hochwälder, Fritz
FT: Der Gast (1956)
A: Meyer, Conrad Ferdinand
FT: Der Parasit (1957)

A: Picard, Louis-Benoît
FT: Die respektvolle Dirne (1957)
A: Sartre, Jean-Paul
FT: Der Richter von Zalamea (1958)
A: Calderón de la Barca, Pedro
FT: Die begnadete Angst (1958)
A: Bernanos, Georges
FT: Vorsätzlich (1961)
A: Atkinson, Alex
FT: Umbruch (1964)
A: Lanham, Edwin Moultrie

Wajda, Andrzej
FT: Pilatus und andere (1972)
A: Bulgakow, Michail
FT: Danton (1982)
A: Przybyszewska, Stanislawa
FT: Eine Liebe in Deutschland (1983)
A: Hochhuth, Rolf
FT: Die Karwoche (1995)
A: Andrzejewski, Jerzy

Wall, Marcel
FT: Marianne (1954)
A: Mendelssohn, Peter de
FT: Darf ich mitspielen? Ein Zirkusspiel (1958)
A: Achard, Marcel
FT: Das Pflichtmandat (1958)
A: Mortimer, John C.

Wallroth, Werner W.
FT: Mord in Gateway (2 Teile) (1962)
A: Jessup, Richard
FT: Hauptmann Florian von der Mühle (1969)
A: Kupsch, Joachim
FT: Liebesfallen (1975)
A: Turek, Ludwig
FT: Zille und ick (1983)
A: Wardetzky, Dieter

Walsinger, Hannes
FT: Das Obdach (1981)
A: Seghers, Anna

Wälterlin, Oskar
FT: Leonore (1962)
A: Clavel, Maurice

Walz, Martin
FT: Das Kondom des Grauens (1996)
A: König, Ralf

Warneke, Lothar
FT: Unser kurzes Leben (1980)
A: Reimann, Brigitte
FT: Blonder Tango (1986)
A: Saavedra Santis, Omar

Wawrzyn, Lienhard
FT: Der Blaue (1993)
A: Wawrzyn, Lienhard

Weber Jürgen
FT: Gute Zeiten - Schlechte Zeiten (1992-)
A: Fuger, Berry

Weck, Peter
FT: Lieben Sie Kishon? (1974-77/78)
A: Kishon, Ephraim
FT: Vor Gericht seh'n wir uns wieder (2 Teile) (1978)
A: Fritsch, Gerhard
FT: Mr. Carlis und seine abenteuerlichen Geschichten (1979)
A: Gogol, Nicolaj
FT: Der lästige Ungar - oder Rigoletto hat keine Pause (1980)
A: Rosendorfer, Herbert
FT: Kolportage (1980)
A: Kaiser, Georg
FT: Der Magnetiseur (1981)
A: Hoffmann, Ernst Theodor Amadeus
FT: Ein Kleid von Dior (1982)
A: Gallico, Paul William
FT: Hellseher wider Willen (4 Teile) (1983)
A: Jaeger, Henry
FT: Durchreise (1992)
A: Flatow, Curth
FT: Diebinnen (1995)
A: Salvati, John
FT: Hofrat Geiger (1996)
A: Costa, Martin; Lang, Hans

Wedel, Dieter
FT: Willi (1969)
A: Schnurre, Wolfdietrich
FT: Der große Bellheim (1992)
A: Harksen, Verena C.
FT: Der Schattenmann (1997)
A: Wedel, Dieter
FT: Der König von St. Pauli (1998)
A: Wedel, Dieter

Weidenmann, Alfred
FT: Die Schenke zur ewigen Liebe (1945)
A: Vollmer, Walter
FT: Ich und du (1953)
A: Bock, Christian
FT: Canaris (1954)
A: Abshagen, Karl Heinz
FT: Kitty und die große Welt (1956)
A: Donat, Stefan
FT: Scampolo (1957)
A: Niccodemi, Dario
FT: Buddenbrooks (Teil I und II) (1959)
A: Mann, Thomas
FT: An heiligen Wassern (1960)
A: Heer, Jacob Christoph
FT: Julia, du bist zauberhaft (1961)
A: Bolton, Guy; Maugham, W. Somerset
FT: Das große Liebesspiel (1963)
A: Schnitzler, Arthur
FT: Verdammt zur Sünde (1964)

A: Jaeger, Henry
FT: Maigret und sein größter Fall (1966)
A: Simenon, Georges (= Sim, Georges; Aramis; Brulls, Christian)
FT: Das Freudenhaus (1970)
A: Jaeger, Henry
FT: Sanfter Schrecken. Unheimliche Geschichten am Kamin (1977)
A: Slesar, Henry
FT: Der große Karpfen Ferdinand und andere Weihnachtsgeschichten (1978)
A: Böll, Heinrich
FT: Der keusche Lebemann (1978)
A: Arnold, Franz; Bach, Ernst
FT: Der Schimmelreiter (1978)
A: Storm, Theodor
FT: Die Karten lügen nicht (1981)
A: Slesar, Henry

Weigl, Petr
FT: Die Nacht aus Blei (1972)
A: Jahnn, Hans Henny
FT: Romeo und Julia auf dem Dorfe (1984)
A: Delius, Frederick; Keller, Gottfried
FT: Maria Stuart (1988)
A: Donizetti, Gaetano; Schiller, Friedrich von
FT: Eugen Onegin (1990)
A: Puschkin, Alexandr Sergejewitsch; Tschaikowsky, Peter Iljitsch
FT: Lady Macbeth von Mzensk
A: Leskov, Nikolaj Semenovič; Shostakovich, Dmitrii Dmitrievich

Weilemann, Gisela
FT: Episode: Verliebt, Verlobt, BRD-igt (1981)
A: Schnitzler, Arthur

Weiler, Margit
FT: Kinderkrankheiten (1961)
A: Twain, Mark

Weimer, Alexander
FT: The Haunter of the Dark (2000)
A: Lovecraft, Howard Phillips

Weiß, Ulrich
FT: Dein unbekannter Bruder (1982)
A: Bredel, Willi
FT: Blauvogel (1984)
A: Jürgens, Anna (= Müller-Tannewitz, Anna)

Weise, Klaus
FT: Rauhnacht (1985)
A: Billinger, Richard

Weißflog, Peter
FT: Ein Weihnachtstraum (1984)
A: Andersen, Hans Christian

Weiss, Helmut
FT: Herzkönig (1947)
A: Weiss, Helmut
FT: Gute Nacht, Mary (1950)
A: Tidmarsh, E. Vivian
FT: Das Geheimnis einer Ehe (1951)
A: Weiss, Helmut
FT: Der Unheimliche (1951)
A: Hurk, Paul van der
FT: Liebe und Trompetenblasen (1953)
A: Bachwitz, Hans; Roland, Marc; Rotter, Fritz Friedrich; Stransky, Otto; Sturm, Hans
FT: Der Jäger von Fall (1954)
A: Ganghofer, Ludwig
FT: Schloß Hubertus (1954)
A: Ganghofer, Ludwig
FT: Das Schweigen im Walde (1955)
A: Ganghofer, Ludwig
FT: Der erste Frühlingstag (1956)
A: Smith, Dodie
FT: Die liebe Familie (1956)
A: Douglas, Felicity (= Royal-Dawson, Felicity)
FT: Man ist nur zweimal jung (1958)
A: Beer, Otto F.; Preses, Peter
FT: Whisky, Wodka, Wienerin (1958)
A: Eckhardt, Fritz
FT: Alle Tage ist kein Sonntag (1959)
A: Semitjov, Volodja
FT: Auf Wiedersehn am blauen Meer (1961)
A: Billinger, Richard
FT: Drei Mann in einem Boot (1961)
A: Jerome, Jerome K.

Weiss, Jiri
FT: Waterloo (1969)
A: Sotola, Jiri

Weissflog, Peter
FT: Schwarz greift ein (1994)
A: Kappel, Markus

Weisz, Frans
FT: Charlotte (1980)
A: Salomon, Charlotte

Wekwerth, Manfred
FT: Mutter Courage und ihre Kinder (1960)
A: Brecht, Bertolt
FT: Zement (1973)
A: Gladkov, Fedor Vasiljevic
FT: Die unheilige Sophia (2 Teile) (1975)
A: Panitz, Eberhard

Wekwerth, Peter
FT: Der ungebetene Gast (1981)
A: Honegger, Arthur
FT: Flug des Falken (1985; 4 Teile)
A: Baumert, Walter
FT: Der Mittelstürmer verweigert das Paradies (1987)
A: Cuzzani, Augustín

Welles, Orson
FT: Der Prozeß (1962)
A: Kafka, Franz

Welunschek, Karl
FT: Der tollste Tag (1983)
A: Turrini, Peter
Welz, Peter
FT: Viel Spaß mit meiner Frau (1997)
A: Schirmer, Bernd
Wenders, Wim
FT: Der scharlachrote Buchstabe (1972)
A: Hawthorne, Nathaniel
FT: Die Angst des Tormanns beim Elfmeter (1972)
A: Handke, Peter
FT: Falsche Bewegung (1975)
A: Goethe, Johann Wolfgang von
FT: Der amerikanische Freund (1977)
A: Highsmith, Patricia
Wenninger, Hermann
FT: Die Frau deiner Jugend (1958)
A: Deval, Jacques
Werlin, Michael
FT: Alles Glück dieser Erde (1993)
A: Mackenrodt, Richard
Werner, Hans
FT: Über 7 Brücken mußt du gehen (1978)
A: Richter, Egon
FT: Salz und Brot und gute Laune (1980)
A: Selber, Martin
FT: Schotter und Ginster (1980)
A: Brinkmann, Jürgen
FT: Wie Knastermann zu seinem Recht kam (1980)
A: Seeger, Bernhard
FT: Das Verhör (1981)
A: Hofé, Günter
FT: Morgens in der Kneipe (1981)
A: Stephan, Martin
FT: Das Graupenschloss (1982)
A: Gerlach, Harald
FT: Die Galgenbrücke (1989)
A: Keyserling, Eduard von
FT: Nadine, meine Liebe (1989)
A: Hauser, Harald
FT: Wildbach (1993-)
A: Buchwieser, Andreas
FT: Kommissar Rex (1994-)
A: Schuster, Gaby
Werner, Klaus
FT: Der ewige Spießer (1985)
A: Horváth, Ödön von
Werner, Oskar
FT: Ein gewisser Judas (1958)
A: Puget, Claude-André
Werremeier, Friedhelm
FT: Hände hoch, Herr Trimmel! (1980)
A: Werremeier, Friedhelm
Wesel, Franz
FT: Olympias Wiederkehr (1983)
A: Hoffmann, Ernst Theodor Amadeus
Wessel, Kai
FT: Um jeden Preis (1993)
A: Sülzer, Bernd
FT: Die Spur der roten Fässer (1996)
A: West, Ursula
FT: Klemperer - Ein Leben in Deutschland (1999)
A: Klemperer, Victor
Wesseler, Karl
FT: Der Raub der Sabinerinnen (1971)
A: Schönthan, Franz Edler von Pernwald; Schönthan, Paul Edler von Pernwald
FT: Zufall, alles Zufall oder Die vertagte Hochzeitsnacht (1972)
A: Arnold, Franz; Bach, Ernst
FT: Das Geld liegt auf der Straße (1978)
A: Flatow, Curth
FT: Der doppelte Moritz (1978)
A: Impekoven, Toni; Mathern, Carl
FT: Der Maulkorb (1979)
A: Spoerl, Heinrich
FT: Der müde Theodor (1979)
A: Ferner, Max (= Sommer, Max); Neal, Max
FT: Das Schloßgespenst (1980)
A: Travers, Ben
FT: Der kühne Schwimmer (1981)
A: Arnold, Franz; Bach, Ernst
FT: Ehrenbürger (1982)
A: Schirmer, Paul
FT: Die vertagte Hochzeitsnacht (1986)
A: Arnold, Franz; Bach, Ernst
FT: Der Raub der Sabinerinnen (1991)
A: Schönthan, Franz Edler von Pernwald; Schönthan, Paul Edler von Pernwald
FT: Pension Schöller (1993)
A: Jacoby, Wilhelm; Laufs, Carl
Westphal, Gert
FT: Turandot (1963)
A: Hildesheimer, Wolfgang
FT: Leutnant Nant (1965)
A: Gripari, Pierre
FT: Der Kinderdieb (1966)
A: Supervielle, Jules
FT: Der Scheingemahl (1974)
A: Courths-Mahler, Hedwig
Wichniarz, Karsten
FT: Blue Moon - Atemlos durch die Nacht (1984)
A: Hammann, Joachim
Wicker, Wigbert
FT: Alle meine Töchter (1995)
A: Giesen, Rolf
Wicki, Bernhard
FT: Die Brücke (1959)
A: Gregor, Manfred (= Dietrich, Erwin C.)

FT: Das Wunder des Malachias (1960/61)
A: Marshall, Bruce
FT: Der Besuch (1963)
A: Dürrenmatt, Friedrich
FT: Das falsche Gewicht (1970)
A: Roth, Joseph
FT: Die Eroberung der Zitadelle (1975)
A: Herburger, Günter
FT: Die Grünstein-Variante (1983)
A: Kohlhaase, Wolfgang
FT: Sansibar oder Der letzte Grund (1987)
A: Andersch, Alfred
FT: Das Spinnennetz (1988)
A: Roth, Joseph

Widerberg, Bo
FT: Victoria (1978)
A: Hamsun, Knut

Wiebel, Martin
FT: Der Zauberbaum (1988)
A: Sloterdijk, Peter

Wiedl, Alexander
FT: Marienhof (1992)
A: Becker, Rolf A.

Wiegand, Christine
FT: Wolffs Revier (1993-)
A: Friedrichs, Horst

Wieland, Ute
FT: Das Jahr der Schildkröte (1990)
A: Kettenbach, Hans Werner

Wien, Dieter
FT: Die Zaubergräte (1983)
A: Dickens, Charles

Wigger, Stefan
FT: Viel, viel Geld (1972)
A: Cooney, Ray
FT: Kyritz-Pyritz (1979)
A: Justinus, O.; Michaelis, Gustav; Wilken, Heinrich

Wilbrandt, Jörg
FT: Caballero im geborgten Frack (1978)
A: Icaza, Jorge
FT: Der gekaufte Ehemann (1985)
A: Zola, Émile
FT: Verspielte Liebe (1985)
A: Schnitzler, Arthur
FT: Bleib doch zum Frühstück (1990)
A: Cooney, Ray; Stone, Gene

Wild, Franz Josef
FT: Stella (1954)
A: Goethe, Johann Wolfgang von
FT: Der seidene Schuh (1955)
A: Claudel, Paul
FT: Die 40 Minuten der Henriette Dupont (1955)
A: Zusanek, Harald
FT: Eins, zwei, drei (1955)
A: Molnár, Ferenc
FT: Gottes Utopia (1955)
A: Andres, Stefan
FT: Kopf in der Schlinge (1955)
A: Bradley, John
FT: Der starke Stamm (1956)
A: Fleisser, Marieluise
FT: Weekend (1957)
A: Coward, Noël (Pierce) Sir
FT: Zwischen Meer und Himmel (1957)
A: Melville, Herman
FT: Antigone (1958)
A: Anouilh, Jean
FT: Die Erbin (1958)
A: James, Henry
FT: Othello (1958)
A: Shakespeare, William
FT: Das große Messer (1959)
A: Odets, Clifford
FT: Die ist nicht von gestern (1959)
A: Kanin, Garson
FT: Das Kamel geht durch das Nadelöhr (1960)
A: Langer, Frantisek
FT: Die geliebte Stimme (1960)
A: Cocteau, Jean
FT: Ein Weihnachtslied in Prosa (1960)
A: Dickens, Charles
FT: Scampolo (1960)
A: Niccodemi, Dario
FT: Der Strafverteidiger (1961)
A: Rice, Elmer
FT: Frau Cheneys Ende (1961)
A: Lonsdale, Frederick
FT: Johnny Belinda (1961)
A: Harris, Elmer
FT: Keine Zeit für Komödie (Der Elfenbeinturm) (1961)
A: Behrman, Samuel Nathaniel
FT: Quadrille (1961)
A: Coward, Noël (Pierce) Sir
FT: Der kleine Lord (1962)
A: Burnett, Frances Hodgson
FT: Laura (1962)
A: Caspary, Vera
FT: Der Privatsekretär (1963)
A: Eliot, Thomas Stearns
FT: Die Legende vom heiligen Trinker (1963)
A: Roth, Joseph
FT: Robinson soll nicht sterben (1963)
A: Forster, Friedrich
FT: Der Trojanische Krieg findet nicht statt (1964)
A: Giraudoux, Jean
FT: Mein oder Dein (1964)
A: Kanin, Michael
FT: Ein Tag im April (1965)
A: Benedetti, Aldo de
FT: Die Orestie (1966)

A: Aischylos
FT: Ein idealer Gatte (1966)
A: Wilde, Oscar
FT: Feine Herrschaften (Modell Frühlingshauch) (1966)
A: Coke, Peter
FT: An Einzeltischen (1968)
A: Rattigan, Terence
FT: Ein Schweigen am Himmel (1968)
A: Le Fort, Gertrud von
FT: König Richard der Zweite (1968)
A: Shakespeare, William
FT: Meine Frau erfährt kein Wort (1969)
A: Axelrod, George
FT: Der Tag des Krähenflügels (1970)
A: Winiewicz, Lida
FT: Die heilige Johanna (1971)
A: Shaw, George Bernard
FT: Altmodische Komödie (1979)
A: Arbusov, Aleksej Nikolaevič
FT: Der Teufel lebt nicht mehr, mein Herr (1979)
A: Jens, Walter
FT: Die Erbin (1982)
A: James, Henry
FT: Frau Jenny Treibel (1982)
A: Fontane, Theodor
FT: Stella (1982)
A: Goethe, Johann Wolfgang von
FT: Das unverhoffte Glück (1986)
A: Davis, Gustav

Wildhagen, Georg
FT: Figaros Hochzeit (1949)
A: Beaumarchais, Pierre Augustin Caron de; Da Ponte, Lorenzo; Mozart, Wolfgang Amadeus
FT: Die lustigen Weiber von Windsor (1950)
A: Nicolai, Otto; Shakespeare, William
FT: Eine Nacht in Venedig (1953)
A: Geneé, Richard; Strauß, Johann; Zell, F.
FT: Flitterwochen (1962)
A: Helwig, Paul
FT: Der Feldherrnhügel (1970)
A: Roda-Roda, Alexander (= Rosenfeld, Sándor Friedrich); Rössler, Carl
FT: Eifersucht (1977)
A: Guitry, Sacha

Wilhelm Hans F.
FT: Der Teufel mit den drei goldenen Haaren (1955)
A: Grimm, Jakob Ludwig Carl; Grimm, Wilhelm Carl

Wilhelm, Kurt
FT: Smaragden-Geschichte (1956)
A: Oppenheim, Edward Phillips
FT: Die Schwestern (1957)
A: DuFrênes, Alix
FT: Der öffentliche Ankläger (1958)
A: Hochwälder, Fritz
FT: Paul und Julia (1958)
A: Hartung, Hugo
FT: Zölestine (1958)
A: Eckhardt, Fritz
FT: Paprika (1959)
A: Reimann, Max; Schwartz, Otto
FT: Der Zigeunerbaron (1962)
A: Jokai, Maurus; Schnitzer, Igor; Strauß, Johann
FT: Funken in der Asche (1962)
A: Langer, Frantisek
FT: Karl III. und Anna von Österreich (1962)
A: Rößner, Manfred
FT: Der Arzt am Scheideweg (1963)
A: Shaw, George Bernard
FT: Der Bauer als Millionär (Das Mädchen aus der Feenwelt) (1963)
A: Raimund, Ferdinand
FT: Don Juan kommt zurück (1963)
A: Horváth, Ödön von
FT: Hin und Her (1963)
A: Horváth, Ödön von
FT: Der Familienvater (1964)
A: Galsworthy, John
FT: Sicher ist sicher (1964)
A: Hulke, Malcolm A.; Paice, Eric
FT: Die Pfingstorgel. Eine Moritat aus dem Gäuboden (1965)
A: Lippl, Alois Johannes
FT: Südsee-Affäre (1965)
A: Coward, Noël (Pierce) Sir
FT: Der Holledauer Schimmel. Ein Schelmenstück aus dem Hopfenlande (1968)
A: Lippl, Alois Johannes
FT: Herbst. Eine Miniatur (1968)
A: Goetz, Curt
FT: 's Wiesenhendl (1968)
A: Herzmanovsky-Orlando, Fritz Ritter von
FT: Die Kommode (1969)
A: Goetz, Curt
FT: Duett im Zwielicht (1969)
A: Coward, Noël (Pierce) Sir
FT: Die Lokalbahn (1972)
A: Thoma, Ludwig
FT: Die Reise nach Mallorca (1973)
A: Rösler, Jo Hanns
FT: Waldfrieden (1973)
A: Thoma, Ludwig
FT: Der alte Feinschmecker (1978)
A: Thoma, Ludwig
FT: Die blaue Maus (1978)
A: Kraatz, Curt; Laufs, Carl; Wiener, Hugo

FT: Seehundskomödie (1978)
A: Rössler, Carl
FT: Der Ruepp (1979)
A: Thoma, Ludwig
FT: Die Kinder (1979)
A: Bahr, Hermann
FT: Moral (1979)
A: Thoma, Ludwig
FT: Der Millionenschuster (1980)
A: Thoma, Ludwig
FT: Der Jagerloisl (1982)
A: Thoma, Ludwig
FT: Frühstück mit Julia (1982)
A: Graham, Burton
FT: Es bleibt alles in der Familie (1983)
A: Rosendorfer, Herbert
FT: Hochzeit (1985)
A: Thoma, Ludwig
FT: Ein langes Wochenende (1986)
A: Schwerla, Carl Borromäus
FT: Familienpapiere
A: Deval, Jacques

Wilhelm, Uwe
FT: Männer sind wie Schokolade (1999)
A: Grube, Tina

Willbrandt, Jörg
FT: Gute Zeiten - Schlechte Zeiten (1992-)
A: Fuger, Berry

Winds, Erich-Alexander
FT: Die letzte Nacht (1957)
A: Hartau, Friedrich
FT: Du sollst nicht töten (1957)
A: Meyer, Conrad Ferdinand

Winkelmann, Adolf
FT: Nordkurve: Montag bis Freitag kannst Du vergessen, Samstag ist der Tag (1993)
A: Klaus, Michael

Winkler, Gerd
FT: Mike Blaubart (1967)
A: Perrault, Charles
FT: Stückgut (1970)
A: Lissner, Ivar
FT: Auguste Bolte (1974)
A: Schwitters, Kurt
FT: Jean Paul: Dr. Katzenbergers Badereise (1978)
A: Jean Paul (= Richter, Johann Paul Friedrich)

Winter, Klaus
FT: Ehe ungenügend (1981)
A: Kertesz, Imre

Wirth, Franz Peter
FT: Oskar kommt mit der dritten Stadtbahn (1954)
A: Gundermann, Max
FT: Alle meine Söhne (1955)
A: Miller, Arthur
FT: Chiaravalle wird entdeckt (1955)
A: Manzari, Nicola
FT: Unruhige Nacht (1955)
A: Goes, Albrecht
FT: Der Hexer (1956)
A: Wallace, Richard Horatio Edgar
FT: Der schöne Gleichgültige (1956)
A: Cocteau, Jean
FT: Jeanne oder Die Lerche (1956)
A: Anouilh, Jean
FT: Meine Schwester und ich (1956)
A: Blum, Robert
FT: Der Richter und sein Henker (1957)
A: Dürrenmatt, Friedrich
FT: Korruption (1957)
A: Betti, Ugo
FT: ... und nichts als die Wahrheit (1958)
A: Huch, Ricarda
FT: Der kaukasische Kreidekreis (1958)
A: Brecht, Bertolt
FT: Der Tod des Handlungsreisenden (1958)
A: Miller, Arthur
FT: Glaube, Liebe, Hoffnung (1958)
A: Horváth, Ödön von
FT: Helden (1958)
A: Shaw, George Bernard
FT: Konto ausgeglichen (1959)
A: Cain, James Mallahan
FT: Raskolnikoff (1959)
A: Dostojewski, Feodor
FT: Hamlet (1960)
A: Shakespeare, William
FT: Alle meine Söhne (1961)
A: Miller, Arthur
FT: Bis zum Ende aller Tage (1961)
A: Hauser, Heinrich
FT: Der Fall Winslow (1961)
A: Rattigan, Terence
FT: Wallenstein I & II (1962)
A: Schiller, Friedrich von
FT: Was Ihr wollt (1962)
A: Shakespeare, William
FT: Zahlungsaufschub (1962)
A: Forester, Cecil Scott
FT: Bekenntnisse eines möblierten Herrn (1963)
A: Hassencamp, Oliver
FT: Don Carlos, Infant von Spanien (1963)
A: Schiller, Friedrich von
FT: Ein Mann im schönsten Alter (1963)
A: Schneider-Schelde, Rudolf
FT: Der Hund des Generals (1964)
A: Kipphardt, Heinar
FT: Antigone (1965)
A: Anouilh, Jean

FT: Das Haus in der Karpfengasse (3 Teile) (1965)
A: Ben-Gavriel, Mosche, Y.
FT: Der Regenmacher (1966)
A: Nash, Richard N.
FT: Ein Schloß (1966)
A: Klíma, Ivan
FT: Geschlossene Gesellschaft (1966)
A: Sartre, Jean-Paul
FT: Minna von Barnhelm (1966)
A: Lessing, Gotthold Ephraim
FT: Flucht ohne Ausweg (1967)
A: Mackenzie, Donald
FT: Nathan der Weise (1967)
A: Lessing, Gotthold Ephraim
FT: Die Schlacht bei Lobositz (1968)
A: Hacks, Peter
FT: Schinderhannes (1968)
A: Zuckmayer, Carl
FT: Schmutzige Hände (1968)
A: Sartre, Jean-Paul
FT: Verraten und verkauft (1969)
A: Mackenzie, Donald
FT: Zimmerschlacht (1969)
A: Walser, Martin
FT: Change (1971)
A: Bauer, Wolfgang
FT: Die Messe der erfüllten Wünsche (1971)
A: Paral, Vladimir
FT: Die rote Kapelle (1972)
A: Höhne, Heinz
FT: Nicht einmal das halbe Leben (1973)
A: Kliment, Alexandr
FT: Der Wittiber (1975)
A: Thoma, Ludwig
FT: Die Leute von Feichtenreut (1976)
A: Burger, Hannes
FT: Roulette (1977)
A: Andreev, Leonid N.
FT: Buddenbrooks (1978)
A: Mann, Thomas
FT: Der zerbrochene Krug (1978)
A: Kleist, Heinrich von
FT: Ein Mann wird jünger (1978)
A: Svevo, Italo
FT: Wallenstein (1978)
A: Mann, Golo
FT: Egmont (1982)
A: Goethe, Johann Wolfgang von
FT: Ein Stück Himmel (1982/86)
A: David, Janina
FT: Tiefe Wasser (1983)
A: Highsmith, Patricia
FT: Vor dem Sturm (1984)
A: Fontane, Theodor
FT: Die Verschwörung des Fiesco zu Genua (1986)
A: Schiller, Friedrich von
FT: Die Wächter (6 Teile) (1986)
A: Christopher, John
FT: Spätes Erröten (1986)
A: Huth, Angela
FT: Zerbrochene Brücken (2 Teile) (1986)
A: Braun, Lily
FT: Wallenstein (1987)
A: Schiller, Friedrich von
FT: Familienschande (1988)
A: Wheeler, Hugh (= Quentin, Patrick; Webb, Richard Wilson)
FT: Adieu, mon ami (1996)
A: Noack, Barbara

Wisbar, Frank
FT: Haie und kleine Fische (1957)
A: Ott, Wolfgang
FT: Hunde, wollt ihr ewig leben (1958)
A: Wöss, Fritz
FT: Fabrik der Offiziere (1960)
A: Kirst, Hans Hellmut
FT: Barbara (1961)
A: Jacobsen, Jørgen-Frantz
FT: Das Feuerzeichen (1965)
A: Bergengruen, Werner

Wise, Herbert
FT: Tödliches Geheimnis (4 Teile) (1980)
A: Godwin, William

Witt, Claus Peter
FT: Koll (1964)
A: Moers, Hermann
FT: Der Schmied seines Glücks (1965)
A: Keller, Gottfried
FT: Die Kette an Deinem Hals (1965)
A: Erb, Ute
FT: Im Schlaraffenland (1965)
A: Mann, Heinrich
FT: Drei Tage bis Mitternacht (1966)
A: Koestler, Arthur
FT: Sozialaristokraten (1966)
A: Holz, Arno
FT: Wie in schlechten Romanen (1966)
A: Böll, Heinrich
FT: Palme im Rosengarten (1967)
A: Roberts, Meade
FT: Mathilde Möhring (1968)
A: Fontane, Theodor
FT: Nachrichten aus der Provinz (1969)
A: Ziem, Jochen
FT: Eskalation (1974)
A: Wellershoff, Dieter
FT: Die Dämonen (4 Teile) (1977)
A: Dostojewski, Feodor
FT: Oblomovs Liebe (1977)
A: Gončarow, Ivan Alexandrovič
FT: Väter und Söhne (1978)
A: Turgenev, Ivan

FT: Ein Mord den jeder begeht (1979)
A: Doderer, Heimito von
FT: Union der festen Hand (2 Teile) (1979)
A: Dreger, Erik
FT: Waldwinkel (1979)
A: Storm, Theodor
FT: Zwei Liebesgeschichten (1979)
A: Heyse, Paul
FT: Kreuzfahrten eines Globetrotters (1980)
A: Maugham, W. Somerset
FT: Kudenow oder An fremden Wassern weinen (2 Teile) (1981)
A: Surminski, Arno
FT: System Ribadier (1981)
A: Feydeau, Georges
FT: Das blaue Bidet oder Ein Kapitalist wird besichtigt (1982)
A: Breitbach, Joseph
FT: Fremdes Land oder Als die Freiheit noch zu haben war (1983)
A: Surminski, Arno
FT: Konsul Möllers Erben (1983)
A: Wittmaack, Rudolph
FT: Schloßhotel Orth (1996)
A: Ferolli, Beatrice

Witte, Udo
FT: Mama mia (1987)
A: Biesalski, Kurt
FT: Alles umsonst (1988)
A: Flieger, Jan
FT: Kommissar Rex (1994-)
A: Schuster, Gaby
FT: Eine Sünde zuviel (1997)
A: Konsalik, Heinz Günther (= Pahlen, Henry)

Witting, Klaus
FT: Wildbach (1993-)
A: Buchwieser, Andreas

Wittmers, Dagmar
FT: Mein lieber Onkel Hans (3 Teile) (1985)
A: Panitz, Eberhard
FT: Mensch Hermann (6 Teile) (1987)
A: Gnüchtel, Werner

Woess, Werner
FT: Muttertag (1990)
A: Eckhardt, Fritz

Wögel, Hans-Jürgen
FT: Er-Goetzliches (1984)
A: Goetz, Curt

Wolf, Konrad
FT: Genesung (1956)
A: Egel, Karl Georg; Wiens, Paul
FT: Lissy (1957)
A: Weiskopf, Franz Carl
FT: Professor Mamlock (1961)
A: Wolf, Friedrich (Baetz, Christian; Rüedi, Hans; Dr. Isegrimm)
FT: Der geteilte Himmel (1964)
A: Wolf, Christa
FT: Der kleine Prinz (1966)
A: Saint-Exupéry, Antoine-Marie Roger de
FT: Goya oder Der arge Weg der Erkenntnis (1971)
A: Feuchtwanger, Lion

Wolff, Hans
FT: Hofrat Geiger (1947/48)
A: Costa, Martin; Lang, Hans
FT: Großstadtnacht (1949)
A: Lichtenberg, Wilhelm
FT: Im Prater blüh'n wieder die Bäume (1958)
A: Oesterreicher, Rudolf

Wölffer, Jürgen
FT: Pension Schöller (1997)
A: Jacoby, Wilhelm; Laufs, Carl

Wolffhardt, Rainer
FT: Der eingebildete Doktor (1956)
A: Weigel, Hans
FT: Das große ABC (1957)
A: Pagnol, Marcel
FT: Der Geisterzug (1957)
A: Ridley, Arnold
FT: Die Kraft und die Herrlichkeit (1957)
A: Greene, Graham
FT: Besuch aus der Zone (1958)
A: Meichsner, Dieter
FT: Die Bekehrung des Ferdys Pistora (1958)
A: Langer, Frantisek
FT: Leocadia (1958)
A: Anouilh, Jean
FT: Moral (1958)
A: Thoma, Ludwig
FT: Bei Anruf - Mord (1959)
A: Knott, Frederick
FT: Ruf ohne Echo (1959)
A: Cesbron, Gilbert
FT: Der Hauptmann von Köpenick (1960)
A: Zuckmayer, Carl
FT: Sansibar (1961)
A: Andersch, Alfred
FT: Wir waren Drei (1961)
A: Sarment, Jean
FT: Becket oder Die Ehre Gottes (1962)
A: Anouilh, Jean
FT: Die letzten Masken (1962)
A: Schnitzler, Arthur
FT: Nachsaison (1962)
A: Asmodi, Herbert
FT: Das Dunkel ist Licht genug (1963)
A: Fry, Christopher
FT: Der Schulfreund (1963)
A: Simmel, Johannes Mario

FT: Eiche und Angora. Eine deutsche Chronik (1964)
A: Walser, Martin
FT: Tote ohne Begräbnis (1964)
A: Sartre, Jean-Paul
FT: Schweyk im Zweiten Weltkrieg (1965)
A: Brecht, Bertolt
FT: Das heilige Experiment (1966)
A: Hochwälder, Fritz
FT: Mohrenwäsche (1966)
A: Asmodi, Herbert
FT: Biedermann und die Brandstifter. Ein Lehrstück ohne Lehre (1967)
A: Frisch, Max
FT: Jakobovsky und der Oberst (1967)
A: Werfel, Franz
FT: Berliner Antigone (1968)
A: Hochhuth, Rolf
FT: Septembergewitter (1968)
A: Lampe, Friedo
FT: Tea Party (Teegesellschaft) (1968)
A: Pinter, Harold
FT: Der junge Roth (1969)
A: Bieler, Manfred
FT: Kleinbürgerhochzeit (1969)
A: Brecht, Bertolt
FT: Mandala (1972)
A: Duncan, Ronald Fred. H.
FT: Zu einem Mord gehören zwei (1973)
A: -ky (= Bosetzky, Horst)
FT: Selbstbildnis Beatrice S. (1974)
A: Schweizer, Beatrice
FT: Haus ohne Hüter (1975)
A: Böll, Heinrich
FT: Mütter (1975)
A: Slesar, Henry
FT: Krock & Co. (1977)
A: Glauser, Friedrich
FT: Anton Sittinger (1979)
A: Graf, Oskar Maria
FT: Jauche und Levkojen (17 Teile) (1979-80)
A: Brückner, Christine
FT: Kaiserhofstraße 12 (1980)
A: Senger, Valentin
FT: Nirgendwo ist Poenichen (36 Teile) (1980-82)
A: Brückner, Christine
FT: Die Deutsche (1981)
A: Larevic, Lazar
FT: Die Rumplhanni (2 Teile) (1981)
A: Christ, Lena
FT: Die Dame und die Unterwelt (1984)
A: Reinecker, Herbert
FT: Der Unfried (1986)
A: Ganghofer, Ludwig
FT: Liddl 17 (1987)
A: Magiera, Kurtmartin
FT: Der Mann im Salz (1989)
A: Ganghofer, Ludwig
FT: Endstation Harembar (1992)
A: Mann, Heinrich

Wood, Peter
FT: Bitte nicht stören (1985)
A: Spark, Muriel

Wortmann, Sönke
FT: Der bewegte Mann (1994)
A: König, Ralf
FT: Des Superweib (1995)
A: Lind, Hera
FT: Charleys Tante (1996)
A: Thomas, Brandon
FT: Der Campus (1997)
A: Schwanitz, Dietrich
FT: St. Pauli Nacht (1999)
A: Göhre, Frank

Yannick, Andrei
FT: Die Lichter der Gerechten (1981)
A: Troyat, Henri (= Tarassov, Lev)

York, Eugen
FT: Die letzte Nacht (1949)
A: Hartau, Friedrich
FT: Das Fräulein von Scuderi (1955)
A: Hoffmann, Ernst Theodor Amadeus
FT: Die Schätze des Teufels (1955)
A: Hoffmann, Ernst Theodor Amadeus
FT: Der Mann im Strom (1958)
A: Lenz, Siegfried
FT: Haus der Schönheit (1963)
A: Baum, Vicki
FT: Sechs Stunden Angst (1964)
A: Didelot, Francis
FT: Spätsommer (1966)
A: Dreyer, Max
FT: Der Tag, an dem die Kinder verschwanden (1967)
A: Philips, Judson Pentecost (=Pentecost, Hugh)
FT: Gräfin Mariza (1973)
A: Grünwald, Alfred; Kálmán, Emmerich

Yumen, He
FT: Reineke Fuchs (1987-89)
A: Goethe, Johann Wolfgang von

Zachar, Josef
FT: Die tolldreisten Geschichten nach Honoré de Balzac (1968)
A: Balzac, Honoré de
FT: Komm, liebe Maid, und mache ... (1969)
A: Balzac, Honoré de

Zadek, Peter
FT: Die Kurve (1961)
A: Dorst, Tankred
FT: Das Jubiläum (1962)
A: Čechov, Anton Pavlovič
FT: Die Stühle (1964)

A: Ionesco, Eugène
FT: Der Nebbich (1965)
A: Sternheim, Carl
FT: Ich bin ein Elefant, Madame (1968)
A: Valentin, Thomas
FT: Rotmord (1969)
A: Dorst, Tankred
FT: Der Pott (1971)
A: O'Casey, Sean
FT: Van der Valk und das Mädchen (1972)
A: Freeling, Nicolas
FT: Kleiner Mann, was nun? (1973)
A: Fallada, Hans
FT: Eiszeit (1974)
A: Hamsun, Knut
FT: Die wilden Fünfziger (1982)
A: Simmel, Johannes Mario

Zamurovic, Ceco
FT: Über die Brücke (1975)
A: Highsmith, Patricia
FT: Festung Bastiani (1976)
A: Buzzati, Dino

Zanke, Susanne
FT: Der weibliche Name des Widerstands (1981)
A: Kerschbaumer, Marie-Thérèse
FT: Das gläserne Wappen (1983)
A: Bakos, Eva
FT: Corinna (1984)
A: Hammerl, Elfriede

Zanussi, Krzysztof
FT: Pittsville - Ein Safe voll Blut (Lohngelder für Pittsville) (1974)
A: Chase, James Hadley
FT: Haus der Frauen (1978)
A: Nalkowska, Zofia
FT: Blaubart (1984)
A: Frisch, Max
FT: Das lange Gespräch mit dem Vogel (1990)
A: Dorst, Tankred

Zbonek, Edwin
FT: Am Galgen hängt die Liebe (1960)
A: Ahlsen, Leopold
FT: Der Henker von London (1963)
A: Wallace, Bryan Edgar
FT: Das Ungeheuer von London City (1964)
A: Wallace, Bryan Edgar
FT: Lumpazivagabundus (1967)
A: Nestroy, Johann Nepomuk
FT: 3. November 1918 (1968)
A: Csokor, Franz Theodor
FT: Auf der grünen Wiese (1971)
A: Benes, Jara; Tolarski, Viktor

Zehetgruber, Rudolf
FT: Piccadilly null Uhr zwölf (1963)
A: Durbridge, Francis Henry
FT: Das Wirtshaus von Dartmoor (1964)
A: Gunn, Victor
FT: Geheimnis der chinesischen Nelke (1964)
A: Weinert-Wilton, Louis (= Weinert, Alois)
FT: Kommissar X: Drei gelbe Katzen (1966)
A: Island, Bert F.
FT: Kommissar X: Drei grüne Hunde (1967)
A: Island, Bert F.

Zeidler, Werner
FT: Fast eine Weihnachtsgeschichte (1984)
A: Wollenberger, Werner

Zeisberg, Karola
FT: Rosamunde Pilcher: Irrwege des Herzens (1997)
A: Pilcher, Rosamunde
FT: Rosamunde Pilcher: Stunden der Entscheidung (1997)
A: Pilcher, Rosamunde
FT: First love - die grosse Liebe (1997-98)
A: Gärtner, Pia
FT: Rivalinnen der Liebe (Wer die Nachtigall hört) (1999)
A: Bingham, Charlotte

Zelenka, Z.
FT: Eine zauberhafte Erbschaft (1986)
A: Rezac, Vaclav

Zell, Hannes
FT: Die Schieber (1983)
A: Müller, Robert

Zeller, Ariane
FT: Gute Zeiten - Schlechte Zeiten (1992-)
A: Fuger, Berry

Zeman, Karel
FT: Krabat (1983)
A: Preußler, Otfried

Zens, Michael
FT: Wildbach (1993-)
A: Buchwieser, Andreas

Zerhau, Gabriela
FT: Am Morgen danach (1995)
A: König, Jürgen
FT: Der Neffe (1996)
A: Helfer, Monika

Zeuschner, Mirko
FT: Der Hund aus der Elbe (1998)
A: Giordano, Mario

Zhaohong, Hu
FT: Reise um die Erde in 80 Tagen (1998)
A: Verne, Jules

Zidi, Claude
FT: Asterix & Obelix gegen Caesar (1998)
A: Goscinny, René; Uderzo, Albert
Ziewer, Christian
FT: Aus der Ferne sehe ich dieses Land (1978)
A: Skármeta, Antonio
Zimmermann, Franz
FT: Verträumte Tage (1950)
A: Baum, Vicki
Zimmermann, Peter
FT: Gute Zeiten - Schlechte Zeiten (1992-)
A: Fuger, Berry
FT: Marienhof (1992)
A: Becker, Rolf A.
Zingler, Peter
FT: Alles nur Tarnung (1996)
A: Zickmann, Petra; Zingler, Peter
Zischler, Hanns
FT: Die Erfindung des Wassermotors (1985)
A: Mamet, David
Zschiechow, Michaela
FT: Gute Zeiten - Schlechte Zeiten (1992-)
A: Fuger, Berry
Zschoche, Herrmann
FT: Das Märchenschloß (1960/61)
A: Rodrian, Fred
FT: Igelfreundschaft (1961)
A: Viertel, Martin
FT: Lütt Matten und die weiße Muschel (1963)
A: Pludra, Benno
FT: Karla (1965)
A: Plenzdorf, Ulrich
FT: Weite Strassen - stille Liebe (1969)
A: Lietz, Hans-Georg
FT: Glück im Hinterhaus (1979)
A: Bruyn, Günter de
FT: Bürgschaft für ein Jahr (1981)
A: Schulze Gerlach, Tine
FT: Insel der Schwäne (1983)
A: Pludra, Benno
FT: Die Alleinseglerin (1987)
A: Wolter, Christine
FT: Das Mädchen aus dem Fahrstuhl (1990)
A: Herzog, Gabriele
FT: Kommissar Rex (1994-)
A: Schuster, Gaby
Zugsmith, Albert
FT: Einer frißt den anderen (1963)
A: Bloomfield, Robert
Zulawski, Andrzej
FT: Nachtblende (1974)
A: Frank, Christopher